Beck-Rechtsberater
Wohnungseigentum von A–Z

dtv

Beck-Rechtsberater

Wohnungseigentum von A–Z

Antworten auf alle Fragen
des Wohnungseigentums

Von Prof. Dr. Wolf-Rüdiger Bub,
Rechtsanwalt in München,
Honorarprofessor an der Universität Potsdam,
Ehrenpräsident des Dachverbandes
Deutscher Immobilienverwalter
und
Christian von der Osten,
Rechtsanwalt in München

7., völlig neubearbeitete Auflage 2004
Stand: 1. Januar 2004

Deutscher Taschenbuch Verlag

Originalausgabe
Deutscher Taschenbuch Verlag GmbH & Co. KG,
Friedrichstraße 1a, 80801 München
© 2004. Redaktionelle Verantwortung: Verlag C. H. Beck oHG
Druck und Bindung: Druckerei C. H. Beck, Nördlingen
(Adresse der Druckerei: Wilhelmstraße 9, 80801 München)
Satz: Fotosatz Otto Gutfreund GmbH, Darmstadt,
Umschlaggestaltung: Agentur 42 (Fuhr & Partner), Mainz,
unter Verwendung einer Abbildung des „Herzog-Rudolf-Hofes"
in Markt Schwaben (Architekt: Arnold Hackner, Ampfing)
ISBN 3 423 05054 3 (dtv)
ISBN 3 406 41808 2 (C. H. Beck)

Vorwort

Nachdem die 6. Auflage des Ratgebers zum Wohnungseigentum nunmehr mehr als 10 Jahre zurückliegt, war eine Neuauflage überfällig. Die Fortentwicklungen von Rechtsprechung und Gesetzgebung haben eine vollständige Neubearbeitung erforderlich gemacht. Die Aktivitäten des Gesetzgebers haben das WEG selbst zwar weitgehend unberührt gelassen; da auf das Rechtsverhältnis der Wohnungseigentümer untereinander und die Rechtsbeziehungen der Wohnungseigentümer zum Verwalter oder zu Dritten auch das allgemeine Schuldrecht Anwendung findet, war die Schuldrechtsreform zu berücksichtigen. Stärker als andere Rechtsgebiete ist das Wohnungseigentumsrecht zudem von der Rechtsprechung geprägt. In einer Kette von Grundlagenentscheidungen hat der für das Wohnungseigentumsrecht zuständige Senat des Bundesgerichtshofs dessen dogmatische Grundlagen ausdifferenziert und fortentwickelt.

Der vorliegende Rechtsratgeber ist zur Orientierung im täglichen Gebrauch gedacht. Die Erörterung dogmatischer Streitigkeiten ist nicht seine Aufgabe; insoweit wird auf die einschlägige Kommentarliteratur verwiesen. Besonderer Wert wurde auf eine möglichst umfassende Berücksichtigung der Rechtsprechung des Bundesgerichtshofs und der Oberlandesgerichte gelegt. Die Fundstellen wurden nach Möglichkeit jeweils an einem Ort zusammengefasst. Soweit sich bei einem Stichwort unmittelbar keine Rechtsprechung findet, ist das Stichwort, auf welches durch → verwiesen wird, zu konsultieren.

München, im Januar 2004　　　　　　　　　　*Wolf-Rüdiger Bub*
　　　　　　　　　　　　　　　　　　　Christian von der Osten

Stichwortübersicht

Abberufung des Verwalters
Abdichtungen
Abflussrohre → *Kanalisation, Abflussrohre*
Abgabeschluss → *Wohnungseigentumssachen, Verfahren*
Abgeschlossenheit
Abgeschlossenheitsbescheinigung
Ablesung von Wärmezählern → *Heiz- und Warmwasserkosten*
Abmahnung → *Entziehung des Wohnungseigentums*
Abnahme
Abrechnung, Aufstellung
Abrechnung, Genehmigung
Abrechnungsfehlbeträge, Abrechnungsguthaben
Abschluss von Verträgen → *Vertragswesen*
Abschreibung für Abnutzung → *Einkommensteuer*
Absperrpfähle → *Parkplatz, Kraftfahrzeugstellplätze*
Absperrventil → *Heizungsanlage*
Abstellplätze → *Parkplatz, Kraftfahrzeugstellplätze*
Abstellraum
Abstimmung → *Mehrheitsbeschluss;* → *Stimmrecht*
Abwasserhebeanlage
Abwasserkanal → *Kanalisation, Abflussrohre*
Abweichung zwischen Aufteilungsplan und Bauausführung
Abweichung zwischen Aufteilungsplan und Teilungserklärung
Abwendung von Rechtsnachteilen
Abwesenheit des Wohnungseigentümers, leer stehende und nicht errichtete Wohnungen
Änderung der Gemeinschaftsordnung → *Gemeinschaftsordnung*
Änderung von Mehrheitsbeschlüssen → *Zweitbeschluss*
Alarmanlage
Allgemeine Geschäftsbedingungen
Altbau
Altenpflegeheim
Altschulden → *Abrechnung, Aufstellung;* → *Sonderumlage;* → *Wirtschaftsplan*
Amateurfunkantenne → *Funkantenne*
Amtsermittlungsprinzip → *Wohnungseigentumssachen, Verfahren*
Amtsniederlegung → *Niederlegung des Verwalteramtes*
Anfechtbarkeit und Anfechtung eines Beschlusses
Anlage gemeinschaftlicher Gelder → *Instandhaltungsrückstellung;* → *Verwaltung gemeinschaftlicher Gelder*
Anmietung
Anschaffungskosten → *Einkommensteuer*
Anschlussbeschwerde
Anschlussleitungen → *Versorgungsleitungen*
Antenne, Parabolantenne
Antennensteckdose
Anwaltskanzlei
Anwesenheitsliste
Apotheke
Architekturbüro
Archivraum

Stichwortübersicht

Armaturen → *Badeinrichtung*
Arztpraxis
Asphaltboden → *Fußweg, Plattenbelag*
Attika
Aufbauschulden
Aufbewahrung von Verwaltungsunterlagen
Aufgabe des Wohnungseigentums → *Dereliktion des Wohnungseigentums*
Aufgaben und Befugnisse des Verwalters
Aufklärungspflichten
Auflassung
Aufopferungsanspruch → *Schadensersatzanspruch*
Aufrechnung, Zurückbehaltungsrecht
Aufstockung
Aufteilungsplan
Auftragsvergabe
Aufwendungsersatz
Aufzug → *Fahrstuhl*
Ausgeschiedener Wohnungseigentümer → *Beteiligte;* → *Haftung des Veräußerers;* → *Stimmrecht;* → *Rechtsschutzbedürfnis;* → *Wohnungseigentumssachen, Verfahren;* → *Zustellung, Zustellungsvollmacht*
Ausgeschiedener Verwalter → *Beteiligte;* → *Rechtsschutzbedürfnis;* → *Wohnungseigentumssachen, Verfahren*
Auskunft, Information
Außenjalousien → *Rollläden, Außenjalousien*
Außenkamin → *Kamin, Außenkamin*
Außentreppe
Außenverglasung → *Schaufenster*
Außenwand → *Fassade*
Außergerichtliche Kosten → *Kostenentscheidung*

Aussiedler, Asylbewerber
Austausch von Sondereigentum → *Vereinigung von Wohnungseigentumsrechten*

Badeinrichtung
Bade- und Duschverbot
Balkenkonstruktion
Balkon, Loggia
Balkonbeleuchtung
Balkonbenutzung → *Grillen;* → *Waschmaschine, Wäschetrocknen*
Balkonbrüstung
Balkon- und Dachterrassenbepflanzungen
Balkonverglasung → *Wintergarten, Balkonverglasung*
Ballettstudio
Ballspiele → *Garten, Rasenflächen;* → *Spielen auf gemeinschaftlichen Flächen*
Bankverträge, Bankkonten → *Verwaltung gemeinschaftlicher Gelder*
Barrierefreiheit → *Rollstuhl*
Bauabschnittsweise Fertigstellung
Bauausschuss → *Aufgaben und Befugnisse des Verwalters;* → *Instandhaltung und Instandsetzung*
Baubetreuung
Baugenehmigung
Bauhandwerkersicherungshypothek
Bauliche Veränderung
Baumängel
Bäume → *Garten, Rasenflächen*
Bauruine → *Fertigstellung steckengebliebener Wohnanlagen*
Bauschulden → *Aufbauschulden*
Bautechnik, Regeln
Bauunternehmersicherungshypothek → *Bauhandwerkersicherungshypothek*

Stichwortübersicht

Beeteeinfassungsmauer
Befreiung von Kosten
Begründung von Wohnungseigentum
Beiträge, Beitragsvorschüsse
Beitragsrückstände → *Haftung des Erwerbers;* → *Haftung des Veräußerers*
Belastungen
Belege
Benutzungsregelung → *Gebrauch des gemeinschaftlichen Eigentums;* → *Gebrauch des Sondereigentums;* → *Hausordnung;* → *Sondernutzungsrecht*
Bepflanzung → *Garten, Rasenflächen*
Berufsbild des Verwalters
Beschlussanfechtung → *Anfechtbarkeit und Anfechtung eines Beschlusses*
Beschluss der Wohnungseigentümer → *Mehrheitsbeschluss*
Beschlussfähigkeit
Beschwerde, sofortige und sofortige weitere
Beseitigung von Gefahrenquellen
Beseitigungsanspruch
Besichtigung des gemeinschaftlichen Eigentums → *Kontrollpflicht des Verwalters*
Besichtigung des Sondereigentums → *Betretungsrecht des Verwalters*
Besitz
Bestandteile, wesentliche
Bestellung des Verwalters
Beteiligte
Betretungsrecht des Verwalters
Beweisverfahren, selbständiges → *Selbständiges Beweisverfahren*
Bewertung
Beweissicherung → *Selbständiges Beweisverfahren*

Biergarten
Billardcafé
Bistro
Blitzschutzanlage
Blumenkästen → *Balkon- und Dachterrassenbepflanzungen*
Blumenladen
Blumen- und Pflanztröge
Bodenbelag → *Fußboden, Estrich, Bodenbelag*
Bordell → *Prostitution*
Brandmauer
Brandversicherung → *Versicherungen*
Breitbandkabel → *Kabelfernsehen*
Briefkastenanlage
Buchführung
Büro

Café, Eisdiele
Car-Port → *Garagen, Sammel- und Tiefgaragen*
CB-Funkantenne → *Funkantenne*
Chemische Reinigung

Dach, Dachboden
Dachausbau, Dachfenster
Dachgarten → *Dachterrasse*
Dachterrasse
Darlehen → *Kredit*
Dauerauftrag → *Einzugsermächtigung*
Dauernutzungsrecht
Dauerwohnrecht
Decken und Böden → *Fußboden, Estrich, Bodenbelag*
Decken- und Wanddurchbruch
Deckung von Einnahmen und Ausgaben
Dekorationen → *Flur, Treppenpodest, Treppenhaus;* → *Wohnungseingangstür*
Delegiertenversammlung, Teilversammlung
Dereliktion

Stichwortübersicht

Diele → *Flur, Treppenpodest, Treppenhaus*
Dienstbarkeit
Dienstleistungen → *Persönliche Dienstleistungspflicht*
Diskothek
Doppelhaus
Doppelstockgaragen, Duplexgaragen
Drahtfernsteueranlage
Drogencafé, Methadonabgabestelle
Duldungspflichten
Dunstabzugshaube
Duplexgarage → *Doppelstockgaragen, Duplexgaragen*
Dusche
Duschverbot → *Bade- und Duschverbot*

Ehegattenzustimmung bei Veräußerung
Ehewohnung
Eichpflicht
Eidesstattliche Versicherung
Eigenmacht, verbotene → *Besitz*
Eigentümerliste → *Auskunft, Information*
Eigentümerversammlung → *Wohnungseigentümerversammlung*
Eigentümerwechsel → *Haftung des Erwerbers;* → *Sonderrechtsnachfolge*
Eigentum
Eigentum, gemeinschaftliches → *Gemeinschaftliches Eigentum*
Eigentumsverzicht → *Dereliktion*
Einbauschrank → *Schrank*
Einberufung der Wohnungseigentümerversammlung
Einbruchssicherung → *Fenstergitter*
Eingangshalle
Eingangstür → *Schließregelungen;* → *Wohnungseingangstür*
Einheitlichkeit der Verwaltung

Einkommensteuer
Ein-Mann-Versammlung, Ein-Mann-Beschluss → *Wohnungseigentümerversammlung*
Einsichtsrecht
Einstweilige Anordnung
Eintragung von Beschlüssen im Grundbuch
Einzelabrechnung → *Abrechnung*
Einzelparabolantenne → *Antenne, Parabolantenne*
Einzelwirtschaftsplan → *Wirtschaftsplan*
Einzugsermächtigung
Einzugsschäden → *Umzugskostenpauschale*
Eisdiele → *Café, Eisdiele*
Eiszapfen → *Dach*
Elektrizitätsleitungen → *Versorgungsleitungen*
Elektrizitätszähler
Empfangshalle → *Eingangshalle*
Energieversorgungsanschluss → *Duldungspflichten*
Entgegennahme von Zahlungen und Leistungen
Entlastung des Verwalters
Entlüftungsgitter, Entlüftungsanlage
Entsorgungsleitungen → *Ver- und Entsorgungsleitungen*
Entziehung des Wohnungseigentums
Erbbaurecht → *Wohnungserbbaurecht, Teilerbbaurecht*
Erbe
Erbengemeinschaft
Erbschaftsteuer, Schenkungsteuer
Erfassungsgräte → *Heizkosten- und Warmwasserzähler;* → *Kaltwasserzähler;* → *Verbrauchserfassungsgeräte*
Ergebnisverteilung → *Abrechnung*
Erneuerung, Ersatzbeschaffung

Stichwortübersicht

Erotik-, Sexshop
Erschließungsbeiträge
Erwerber → *Faktische Wohnungseigentümergemeinschaft;* → *Haftung des Erwerbers;* → *Sonderrechtsnachfolge*
Estrich → *Fußboden, Estrich, Bodenbelag*
Etagenheizung
Eventualeinberufung

Fahnenstange
Fahrrad, Kinderwagen
Fahrradraum, Fahrradkeller
Fahrradständer
Fahrstuhl
Faktische Wohnungseigentümergemeinschaft
Fallrohr → *Regenrinne, Fallrohr*
Fassade
Fenster
Fenstergitter
Ferienwohnung
Fernsehantenne → *Antenne, Parabolantenne*
Fernsprecheinrichtung → *Duldungspflichten*
Fernwärme, Nah- und Direktwärme
Fertiggarage → *Garagen, Sammel- und Tiefgaragen*
Fertigstellung stecken gebliebener Wohnanlagen
Feuchtigkeitsschäden
Feuerschutzregelungen
Feuerversicherung → *Versicherungen*
Feuerwehrzufahrt → *Parkplatz, Kraftfahrzeugstellplätze*
Finanz- und Rechnungswesen → *Abrechnung;* → *Rechnungslegung;* → *Wirtschaftsplan*
Fitnesscenter
Flachdach → *Dach, Dachboden*
Flur, Treppenpodest, Treppenhaus

Folgenbeseitigungsanspruch
Fortgeltungsbeschluss → *Wirtschaftsplan, Genehmigung*
Fotokopie → *Einsichtsrecht*
Freiberufliche Tätigkeit
Freiwillige Gerichtsbarkeit → *Wohnungseigentumssachen, Verfahren*
Friseursalon
Funkantenne
Fußboden, Estrich, Bodenbelag
Fußbodenheizung
Fußweg, Plattenbelag

Garagen, Sammel- und Tiefgaragen
Garagentor
Garderobe → *Flur, Treppenpodest, Treppenhaus*
Garten, Rasenflächen
Gartenhaus, Geräteschuppen
Gartenterrasse → *Terrasse*
Gartentor
Gartenzwerge → *Garten*
Gasanschluss, Gasleitungen
Gasetagenheizung → *Etagenheizung*
Gaststätte
Gasuhr
Gebäudeversicherung → *Versicherungen*
Gebrauch des gemeinschaftlichen Eigentums
Gebrauch des Sondereigentums
Gefahrenquellen → *Beseitigung von Gefahrenquellen;* → *Verkehrssicherungspflichten*
Gegenantrag → *Wohnungseigentumssachen, Verfahren*
Gegensprechanlage
Gehweg → *Fußweg*
Geldstrafen → *Strafen*
Geltendmachung gemeinschaftlicher Ansprüche
Gemeinschaftliche Gelder → *Verwaltungsvermögen*

Stichwortübersicht

Gemeinschaftliches Eigentum
Gemeinschaftliches Sondereigentum → *Mitsondereigentum*
Gemeinschaftsantenne → *Antenne, Parabolantenne*
Gemeinschaftsordnung
Gemeinschaftsräume
Gemeinschaftsvermögen → *Verwaltungsvermögen*
Gemeinschaft, Unauflöslichkeit → *Unauflöslichkeit der Gemeinschaft*
Geräteschuppen → *Gartenhaus, Geräteschuppen*
Gerichtskosten → *Kostenentscheidung*
Geruchsbelästigungen
Gesamthypothek → *Grundpfandrechte*
Gesamtschuld
Geschäftsfähigkeit
Geschäftsordnung
Geschäftsraum, Gewerberaum
Geschossdecke → *Fußboden, Estrich, Bodenbelag*
Gesellschaft bürgerlichen Rechts (GbR)
Getränkeautomat
Gewährleistung
Gewässerschutzhaftpflichtversicherung → *Versicherungen*
Gewerbebetrieb des Verwalters
Gewerbliche Nutzung → *Geschäftsraum, Gewerberaum*
Giebel
Gitter → *Fenstergitter*
Glasbausteine → *Flur, Treppenpodest, Treppenhaus*
Glasbruchversicherung → *Versicherungen*
Gleichbehandlungsgrundsatz
Grillen
Grünflächen → *Garten, Rasenflächen*
Grundbuch
Grunddienstbarkeit → *Dienstbarkeit*
Grunderwerbsteuer
Grundpfandrechte
Grundschuld → *Grundpfandrechte*
Grundsteuer
Grundstück
Grundstücksvermittlung → *Makler*
Gutgläubiger Erwerb
Gymnastikstudio

Haftpflichtversicherung → *Versicherungen*
Haftung der Wohnungseigentümer
Haftung des Erwerbers
Haftung des Veräußerers
Haftung des Verwalters
Haftung des Verwaltungsbeirats
Hauptversorgungsleitungen → *Versorgungsleitungen*
Hauseingangstür → *Schließregelungen*
Hausgeld → *Beiträge, Beitragsvorschüsse*
Hausmeister, Hauswart
Hausmeisterwohnung
Hausordnung
Hausratsverordnung → *Ehewohnung*
Hausratsversicherung → *Versicherungen*
Hausreinigung
Haustierhaltung → *Tierhaltung*
Haus- und Grundbesitzerhaftpflicht
Haus- und Grundbesitzerhaftpflichtversicherung → *Versicherungen*
Hausverbot → *Störungen und Beeinträchtigungen des Eigentums*
Hauszugangsweg → *Fußweg, Plattenbelag*
Hebebühne → *Doppelstockgaragen, Duplexgaragen*

Stichwortübersicht

Heimfallanspruch → *Dauerwohnrecht;* → *Erbbaurecht*
Heiz- und Warmwasserkosten
Heizkosten- und Warmwasserzähler
Heizungsanlage, Heizungsraum
Heizungsbetrieb
Heizungsraum → *Heizungsanlage, Heizungsraum*
Herausgabe von Verwaltungsunterlagen
Herstellungskosten → *Einkommensteuer*
Hilfspersonen des Verwalters
Hinweisschilder → *Schilder;* → *Werbe- und Reklameeinrichtungen*
Hobbyraum
Hofflächen
Hotel → *Ferienwohnung*
Humusschicht → *Dachterrasse*
Hypothek → *Grundpfandrecht*

Imbissstube
Immissionen
Immissionsschutzbestimmungen
Innenanstrich
Insolvenz des Bauträgers
Insolvenz eines Wohnungseigentümers
Installationen → *Badeinrichtung;* → *Verbrauchserfassungsgeräte*
Instandhaltungsrückstellung
Instandhaltung und Instandsetzung
Isolierter Miteigentumsanteil → *Miteigentumsanteil*
Isolierungsschichten

Jahresabrechnung → *Abrechnung*
Jalousien → *Rollläden, Außenjalousien*
Jugendheim

Kabelfernsehen
Kaltwasserzähler
Kamin, Außenkamin
Kammer
Kampfhund → *Tierhaltung*
Kampfsportschule → *Sportstudio*
Kanalisation, Abflussrohre
Kantine
Kapitalkosten → *Kredit*
Katzen → *Tierhaltung*
Katzennetz
Kaufvertrag
Keller
Kernbereich des Wohnungseigentums
Kinderschaukel
Kinderspielplatz
Kindertagesstätte
Kinderwagen → *Fahrrad, Kinderwagen*
Kiosk
Klimaanlage
Klingelanlage → *Gegensprechanlage*
Kommunalabgaben
Konkurrenzverbote
Konkurs des Bauträgers → *Insolvenz des Bauträgers*
Konkurs eines Wohnungseigentümers → *Insolvenz eines Wohnungseigentümers*
Kontrollpflichten des Verwalters
Kopfprinzip → *Stimmrecht*
Kosmetiksalon
Kosten des gemeinschaftlichen Eigentums → *Lasten und Kosten*
Kostenentscheidung
Kostenverteilungsschlüssel
Kostenvoranschlag → *Instandhaltung und Instandsetzung*
Kostenvorschuss
Kraftfahrzeugstellplätze → *Parkplatz, Kraftfahrzeugstellplätze*
Krankengymnastikpraxis
Kredit

Stichwortübersicht

Küchengerüche → *Geruchsbelästigungen*
Kündigung des Mietvertrages über Wohnungseigentum
Kündigung des Verwaltervertrages
Kündigung von Verträgen → *Vertragswesen*

Laden
Ladeneingang
Lärm
Lärmschutz → *Schalldämmung*
Lagerraum
Lasten und Kosten
Lastschriftverfahren → *Einzugsermächtigung*
Leer stehende Wohnungen → *Abwesenheit des Wohnungseigentümers, leer stehende und nicht errichtete Wohnungen*
Leuchtreklame → *Werbe- und Reklameeinrichtungen*
Leitungswasserschadensversicherung → *Versicherungen*
Lichtschacht, Lichtkuppeln
Liegewiese → *Garten, Rasenflächen*
Lift → *Fahrstuhl*
Loggia → *Balkon, Loggia*
Lüften von Kleidung → *Waschmaschine, Wäschetrocknen*

Mängel des gemeinschaftlichen Eigentums
Mahngebühren → *Strafen*
Mahnverfahren, gerichtliches
Majorisierung
Makler
Markisen
Massageinstitut
Mauerdurchbruch → *Decken- und Wanddurchbruch*
Mehrhauswohnanlage
Mehrheitsbeschluss
Mehrwertsteuer → *Umsatzsteuer (Mehrwertsteuer)*

Methadonabgabestelle → *Drogencafé, Methadonabgabestelle*
Mietvertrag → *Vermietung von gemeinschaftlichem Eigentum;* → *Vermietung von Wohnungseigentum*
Minderheitenschutz
Minderjährige → *Geschäftsfähigkeit*
Mitbesitz → *Besitz*
Miteigentumsanteil
Mitgebrauchsrecht → *Gebrauch des gemeinschaftlichen Eigentums*
Mitsondereigentum
Mobilfunksendeanlage
Modernisierende Instandsetzung
Müllabwurfanlage, Müllschlucker
Müllcontainerplatz, Mülltonnenplatz
Musikbetrieb → *Diskothek;* → *Gaststätte;* → *Nachtlokal*
Musik-, Volkshochschule
Musizieren

Nachbareigentum → *Mitsondereigentum*
Nachbargrundstück → *Baugenehmigung;* → *Störungen und Beeinträchtigungen des Eigentums*
Nachlassverwaltung → *Erbe*
Nachschusspflicht
Nachtabsenkung → *Heizungsbetrieb*
Nachteil
Nachtlokal
Nachtstromspeicherheizung → *Heizungsanlage*
Nebenintervention
Negativbeschluss
Neubauten
Nichtgebrauch gemeinschaftlicher Einrichtungen → *Befreiung von Kosten*

Stichwortübersicht

Nichtigkeit eines Beschlusses
Niederlegung des Verwalteramtes
Niederschrift
Nießbrauch
Notar, Belehrungspflicht
Notarielle Beurkundung
Notgeschäftsführung durch Verwalter
Notgeschäftsführung durch Wohnungseigentümer
Notverwalter
Nutzungen des gemeinschaftlichen Eigentums
Nutzung, gewerbliche → *Geschäftsraum, Gewerberaum*
Nutzungsentgelte

Oberdeck eines Garagengebäudes → *Garagen, Sammel- und Tiefgaragen*
Öffentlich-rechtliche Pflichten
Öffnungsklausel
Ordnungsgemäße Verwaltung

Parabolantenne → *Antenne, Parabolantenne*
Pärchentreff → *Swinger-Club*
Parkplatz, Kraftfahrzeugstellplätze
Parteifähigkeit der Wohnungseigentümergemeinschaft
Peepshow, Striptease → *Erotik-, Sexshop*
Pergola
Persönliche Dienstleistungspflicht
Pfändung
Pflanztröge → *Blumen- und Pflanztröge*
Pilsstube, Pilsbar
Pizza-Lieferservice
Pizzeria
Pkw-Stellplätze → *Parkplatz, Kraftfahrzeugstellplätze*
Plattenbelag, Plattenboden → *Fußweg, Plattenbelag*

Praxis → *Arztpraxis;* → *Krankengymnastikpraxis*
Prostitution
Protokoll → *Niederschrift*
Prozessführung durch Verwalter
Psychotherapiepraxis

Quorum → *Einberufung der Wohnungseigentümerversammlung*

Räum- und Streupflicht
Rangstelle, Rangverhältnis
Rasenflächen → *Garten, Rasenflächen*
Rauchgasklappe → *Heizungsanlage*
Rauchverbot
Reallast
Realteilung
Rechnungslegung
Rechtliches Gehör
Rechtsanwalt
Rechts- und Parteifähigkeit der Wohnungseigentümergemeinschaft
Rechtsmängel
Rechtsnachteile → *Abwendung von Rechtsnachteilen*
Rechtsschutzbedürfnis
Rederecht in der Wohnungseigentümerversammlung
Regenrinne, Fallrohr
Reklameflächen → *Werbe- und Reklameeinrichtung*
Restaurant → *Café, Eisdiele;* → *Gaststätte;* → *Salatrestaurant*
Rollläden, Außenjalousien
Rollstuhl
Rücklagen der Wohnungseigentümer → *Instandhaltungsrückstellung*
Ruhen des Stimmrechts
Ruhezeiten → *Lärm*
Rundfunk → *Antenne, Parabolantenne;* → *Duldungspflichten;* → *Kabelfernsehen*

Stichwortübersicht

Saalmiete → *Wohnungseigentümerversammlung*
Saalverweis
Sachmängel
Salatrestaurant
Sammelgarage → *Garage, Sammel- und Tiefgaragen*
Sanierungsmaßnahmen
Satellitenfernsehen → *Antenne, Parabolantenne*
Sauna → *Schwimmbad, Sauna*
Schadensersatz
Schalldämmung
Schaufensterscheiben
Schenkungsteuer → *Erbschaftsteuer, Schenkungsteuer*
Schiedsverfahren, Schlichtungsvereinbarung
Schilder
Schließanlage → *Wohnungseingangstür*
Schließregelungen
Schmutz
Schneeräumen → *Räum- und Streupflicht*
Schrank
Schriftlicher Beschluss der Wohnungseigentümer
Schwimmbad, Sauna
Schwimmbecken
Selbständiges Beweisverfahren
Selbstverteidigungsschule → *Sportstudio*
Sexshop → *Erotik-, Sexshop; → Prostitution*
Sichtschutz
Sofortige Beschwerde → *Beschwerde, sofortige und sofortige weitere*
Solarzellen → *Sonnenkollektoren*
Sondereigentum
Sonderfachleute → *Sanierungsmaßnahmen*
Sondernutzungsrecht
Sonderrechtsnachfolge
Sonderumlage
Sonnenkollektoren
Sonnenstudio
Speicher → *Dach, Dachboden*
Spielen auf gemeinschaftlichen Flächen
Spielsalon
Spitzboden → *Dach, Dachboden*
Sportstudio
Sportvereinskantine → *Kantine*
Spruchbänder → *Werbe- und Reklameeinrichtungen*
Startgeld
Stecken gebliebener Bau → *Fertigstellung stecken gebliebener Wohnanlagen*
Steuerberaterpraxis
Stimmabgabe
Stimmenthaltung
Stimmrecht
Stimmrecht bei Mehrhauswohnanlegen → *Mehrhauswohnanlage*
Stimmrechtsausschluss wegen Interessenkollision → *Ruhen des Stimmrechts*
Stimmzahl, Begrenzung → *Majorisierung*
Stockwerkseigentum
Störungen und Beeinträchtigungen des Eigentums
Strafen
Straßencafé → *Café, Eisdiele*
Streitverkündung
Streupflicht → *Räum- und Streupflicht; → Persönliche Dienstleistungen*
Stromkosten
Stromleitungen → *Elektrizitätsleitungen*
Stromversorgungsanlage
Sturmschadenversicherung → *Versicherungen*

Stichwortübersicht

Sturmschäden → *Haus- und Grundbesitzerhaftpflicht*
Swinger-Club

Tätige Mithilfe → *Persönliche Dienstleistungspflicht*
Tagescafé → *Café, Eisdiele*
Tagesordnung
Tankraum → *Heizungsanlage, Heizungsraum*
Tanzstudio → *Gymnastikstudio*
Teestube
Teileigentum
Teilerbbaurecht → *Wohnungserbbaurecht, Teilerbbaurecht*
Teilnahme an der Wohnungseigentümerversammlung
Teilungserklärung, Teilungsvereinbarung → *Begründung von Wohnungseigentum*
Teilungsversteigerung → *Zwangsversteigerung*
Teilveräußerung von Wohnungseigentum → *Unterteilung eines Wohnungseigentums*
Teilversammlung → *Delegiertenversammlung, Teilversammlung*
Telefonanschluss
Telekommunikationsdienste → *Duldungspflicht*
Teppichboden → *Fußboden, Estrich, Bodenbelag*
Terrasse
Testamentsvollstreckung → *Erbe*
Thermostatventile
Tiefgarage → *Garagen, Sammel- und Tiefgaragen*
Tierhaltung
Time-Sharing, Teilzeitwohnrechte
Tischtennis → *Lärm*
Tod des Verwalters → *Verwalter*
Tod eines Wohnungseigentümers → *Erbe*
Tonbandaufzeichnung
Tragende Wand → *Zwischenwände*

Treppenhaus → *Flur, Treppenpodest, Treppenhaus*
Treppenlift → *Rollstuhl*
Trittschallschutz → *Schalldämmung*
Trockner, Trockenplatz → *Waschmaschine, Wäschetrocknen*
Türöffnungsanlage → *Gegensprechanlage*

Überbau
Überhang
Umlage der Betriebs- und Nebenkosten auf den Mieter
Umlaufverfahren → *Schriftlicher Beschluss der Wohnungseigentümer*
Umsatzsteuer (Mehrwertsteuer)
Umwandlung von Mietshäusern in Wohnungseigentum
Umwandlung von Sondereigentum in gemeinschaftliches Eigentum und von gemeinschaftlichem Eigentum in Sondereigentum
Umwandlung von Wohnungseigentum in Teileigentum und von Teileigentum in Wohnungseigentum
Umzugskostenpauschale
Unauflöslichkeit der Gemeinschaft
Ungültigerklärung eines Beschlusses → *Anfechtbarkeit und Anfechtung eines Beschlusses*
Universalversammlung → *Tagesordnung*
Unterlassungsanspruch
Unterteilung eines Wohnungseigentums
Untervollmacht → *Vertretung in der Wohnungseigentümerversammlung*
Unterwohnungseigentum

Stichwortübersicht

Veräußerungsbeschränkung → *Zustimmung zur Veräußerung des Wohnungseigentums*
Veräußerung, Zustimmung des Ehegatten → *Ehegattenzustimmung bei Veräußerung*
Verbrauchserfassungsgeräte
Vereinbarung → *Gemeinschaftsordnung*
Vereinbarungsändernder, vereinbarungsersetzender, vereinbarungswidriger Mehrheitsbeschluss
Vereinigung von Wohnungseigentumsrechten
Verfahren in Wohnungseigentumssachen → *Wohnungseigentumssachen, Verfahren*
Verfahrensführungsbefugnis des Verwalters → *Prozessführung durch den Verwalter*
Verfügungsbeschränkungen
Vergleich
Vergütung des Bauträgers
Vergütung des Verwalters
Verjährung
Verkaufskiosk → *Kiosk*
Verkehrssicherungspflichten
Vermietung von gemeinschaftlichem Eigentum
Vermietung von Wohnungseigentum
Vermittlung einer Eigentumswohnung → *Makler*
Vermögensschadenhaftpflichtversicherung → *Versicherungen*
Versicherungen
Versicherungsagentur
Versorgungssperre → *Verzug, Verzugszinsen, Verzugsschaden*
Ver- und Entsorgungsleitungen
Verteilungsschlüssel → *Kostenverteilungsschlüssel*
Vertragsstrafe → *Strafen*
Vertragswesen
Vertretung in der Wohnungseigentümerversammlung
Vertretungsmacht des Verwalters
Verwalter
Verwaltervergütung → *Vergütung des Verwalters*
Verwaltervertrag
Verwaltervollmacht → *Vertretungsmacht des Verwalters*
Verwaltung des gemeinschaftlichen Eigentums
Verwaltung gemeinschaftlicher Gelder
Verwaltungsbeirat
Verwaltungskosten → *Lasten und Kosten*
Verwaltungsschulden
Verwaltungsunterlagen → *Aufbewahrung von Verwaltungsunterlagen;* → *Einsichtsrecht;* → *Herausgabe von Verwaltungsunterlagen*
Verwaltungsvermögen
Verwirkung
Verzug, Verzugszinsen, Verzugsschaden
Videothek
Videoüberwachung
Vollstreckung → *Zwangsvollstreckung*
Vorhalle → *Eingangshalle*
Vorkaufsrecht
Vormerkung
Vorschussanspruch → *Beitragsvorschüsse*
Vorsitz in der Wohnungseigentümerversammlung

Wärmedämmung
Wärmeversorgung → *Fernwärme, Nah- und Direktwärme;* → *Heizungsanlage;* → *Heizungsbetrieb*
Wahrsagerei
Wanddurchbruch → *Decken- und Wanddurchbruch*
Warmwasseranlage

Stichwortübersicht

Warmwasserkosten → *Heiz- und Warmwasserkosten*
Waschmaschine, Wäschetrocknen
Waschsalon
Wasserenthärtungsanlage
Wasserrohr, Wasserleitung → *Versorgungsleitungen*
Wasseruhr → *Kaltwasserzähler;* → *Verbrauchserfassungsgeräte*
WC
Weinstube, Weinkeller
Werbe- und Reklameeinrichtungen
Werdende Wohnungseigentümergemeinschaft → *Faktische Wohnungseigentümergemeinschaft*
Wertprinzip → *Stimmrecht*
Wesentliche Bestandteile → *Bestandteile, wesentliche*
Wiederaufbau
Wiedereinsetzung in den vorigen Stand
Wiederherstellungsanspruch
Windfang, Windschutz
Wintergarten, Balkonverglasung
Wirtschaftsplan, Aufstellung
Wirtschaftsplan, Genehmigung
Wirtschaftsprüferkanzlei → *Steuerberaterkanzlei*
Wohnfläche
Wohnungseigentümergemeinschaft
Wohnungseigentümerversammlung
Wohnungseigentum
Wohnungseigentumssachen, Verfahren
Wohnungseingangstür
Wohnungserbbaurecht, Teilerbbaurecht
Wohnungsgrundbuch, Teileigentumsgrundbuch
Wohnungsrecht, dingliches

Zahlungsverzug → *Verzug, Verzugszinsen, Verzugsschaden*
Zaun
Zentralheizung → *Etagenheizung;* → *Heizungsanlage;* → *Heiz- und Warmwasserkosten*
Zubehör
Zufahrtsweg
Zurückbehaltungsrecht → *Aufrechnung, Zurückbehaltungsrecht*
Zuschreibung eines Grundstücks
Zuschreibung von Wohnungseigentum → *Vereinigung von Wohnungseigentumsrechten*
Zustellung, Zustellungsvollmacht
Zustimmung des Ehegatten zur Veräußerung → *Ehegattenzustimmung bei Veräußerung*
Zustimmung zur Veräußerung des Wohnungseigentums
Zustimmungsvorbehalt des Verwalters
Zutritt zu gemeinschaftlichen Anlagen und Einrichtungen
Zwangssicherungshypothek
Zwangsversteigerung
Zwangsverwaltung
Zwangsvollstreckung
Zweckbestimmung → *Gebrauch des gemeinschaftlichen Eigentums;* → *Gebrauch des Sondereigentums;* → *Teileigentum;* → *Wohnungseigentum*
Zweitbeschluss
Zweitversammlung → *Eventualeinberufung*
Zweitwohnungsteuer
Zwischenwände

Abkürzungsverzeichnis

a. A.	andere Ansicht
aaO	am angegebenen Ort
Abs.	Absatz
Abt.	Abteilung
AfA	Absetzung für Abnutzung
AFuG	Amateurfunkgesetz
AG	Amtsgericht/Aktiengesellschaft
AGBG	Gesetz zur Regelung der Allgemeinen Geschäftsbedingungen
AIZ	Allgemeine Immobilienzeitung
AktG	Aktiengesetz
Anwaltsblatt	Anwaltsblatt (Zeitschrift)
AO	Abgabenordnung
arg.	argumentum
Az.	Aktenzeichen
BauGB	Baugesetzbuch
BauR	Baurecht (Zeitschrift)
BayNotV	Mitteilungen des Bayerischen Notarvereins (Zeitschrift)
BayObLG	Bayerisches Oberstes Landesgericht
BayObLGZ	Sammlung der Entscheidungen des Bayerischen Obersten Landesgerichts in Zivilsachen
BayVBl	Bayerische Verwaltungsblätter (Zeitschrift)
BayVGH	Bayerischer Verwaltungsgerichtshof
BB	Betriebs-Berater (Zeitschrift)
BBiG	Berufsbildungsgesetz
BDSG	Bundesdatenschutzgesetz
Begr.	Begründung
BeurkG	Beurkundungsgesetz
BewG	Bewertungsgesetz
BFH	Bundesfinanzhof
BFHE	Sammlung der Entscheidungen des BFH
BFH/NV	Sammlung amtlicher nicht veröffentlichter Entscheidungen des BFH (Zeitschrift)
BfW	Bundesfachverband der Wohnungsverwalter
BFW	Bundesverband freier Wohnungsunternehmen
BGB	Bürgerliches Gesetzbuch

Abkürzungsverzeichnis

BGBl.	Bundesgesetzblatt
BGH	Bundesgerichtshof
BGHZ	Sammlung der Entscheidungen des BGH in Zivilsachen
BImSchG	Bundes-Immissionsschutzgesetz
BMF	Bundesminister der Finanzen
BRAGO	Bundesrechtsanwaltsgebührenordnung
BRAO	Bundesrechtsanwaltsordnung
BRat	Bundesrat
BR-Drucks.	Bundesratsdrucksachen
BReg.	Bundesregierung
BStBl	Bundessteuerblatt
II. BV	Zweite Berechnungsverordnung
BVerfG	Bundesverfassungsgericht
BVerwG	Bundesverwaltungsgericht
BPM	Bärmann/Pick/Merle
BwNotZ	Zeitschrift für das Notariat in Baden-Württemberg
DB	Der Betrieb (Zeitschrift)
DDH	Dachverband Deutscher Hausverwalter
DDIV	Dachverband Deutscher Immobilienverwalter
d. h.	das heißt
DNotZ	Deutsche Notar-Zeitschrift
DStR	Deutsches Steuerrecht (Zeitschrift)
DWE	Der Wohnungseigentümer (Zeitschrift)
DWW	Deutsche Wohnungswirtschaft (Zeitschrift)
EFG	Entscheidungen der Finanzgerichte
EichG	Gesetz über das Mess- und Eichwesen (Eichgesetz)
EnEV	Energieeinsparverordnung
ErbbauVO	Erbbaurechtsverordnung
ErbStDV	Erbschaftsteuer-Durchführungsverordnung
ErbStG	Erbschaftsteuergesetz
EStDV	Einkommensteuer-Durchführungsverordnung
EStG	Einkommensteuergesetz
f/ff	folgende/fortfolgende
FamRZ	Zeitschrift für das gesamte Familienrecht
FGG	Gesetz über die Angelegenheiten der Freiwilligen Gerichtsbarkeit
FGPrax	Praxis der freiwilligen Gerichtsbarkeit (Zeitschrift)
GdW	Gesamtverband der Wohnungsunternehmer
GE	Grundeigentum
gem.	gemäß
GBO	Grundbuchordnung

Abkürzungsverzeichnis

GG	Grundgesetz
ggf.	gegebenenfalls
GmbHG	GmbH-Gesetz
grds.	grundsätzlich
GS	Großer Senat
HGB	Handelsgesetzbuch
HansOLG	Hanseatisches Oberlandesgericht
HausratsV	Verordnung über die Behandlung der Ehewohnung und des Hausrats
HeizkVO	Verordnung über Heizkostenabrechnung
HS	Halbsatz
IBR	Zeitschrift für Immobilien- und Baurecht
i. d. R.	in der Regel
i. E.	im Ergebnis
InsO	Insolvenzordnung
i. S. des	im Sinne des
i. S. von	im Sinne von
i-telex	immo-telex (Zeitschrift)
i. V. m.	in Verbindung mit
JurBüro	Das Juristische Büro (Zeitschrift)
Justiz	Die Justiz (Zeitschrift)
JZ	Juristenzeitung
KG	Kammergericht
KO	Konkursordnung
Komm.	Kommentar
KostO	Kostenordnung
KSchG	Kündigungsschutzgesetz
LG	Landgericht
m. abl. Anm.	Mit ablehnender Anmerkung
MaBV	Makler- und Bauträgerverordnung
m. Anm.	mit Anmerkung
MDR	Monatsschrift für Deutsches Recht (Zeitschrift)
MietRB	Miet-Rechtsberater (Zeitschrift)
MittBayNot	Mitteilungen des Bayerischen Notarvereins (Zeitschrift)
MittRhNotk	Mitteilungen der Rheinischen Notarkammer (Zeitschrift)
MRVG	Maßregelvollzug
m. w. Nw.	mit weiteren Nachweisen
NdsRpfl	Niedersächsische Rechtspflege (Zeitschrift)

Abkürzungsverzeichnis

n. F.	neue Fassung
NJOZ	Neue Juristische Online-Zeitschrift (www.beck-online.de)
NJW	Neue Juristische Wochenschrift (Zeitschrift)
NJWE-MietR	NJW-Entscheidungsdienst Miet- und Wohnungsrecht (Zeitschrift)
NJW-RR	NJW-Rechtsprechungs-Report Zivilrecht (Zeitschrift)
NZBau	Neue Zeitschrift für Baurecht und Vergaberecht
NZM	Neue Zeitschrift für Mietrecht
Nr.	Nummer
OLG	Oberlandesgericht
OLGZ	Entscheidungen der OLGe in Zivilsachen
OVG	Oberverwaltungsgericht
PiG	Partner im Gespräch (Zeitschrift)
PuR	Praxis und Recht (Zeitschrift)
RBerG	Rechtsberatungsgesetz
RDM	Ring Deutscher Makler
RG	Reichsgericht
RGZ	Amtliche Sammlung der Entscheidungen des RG in Zivilsachen
RN	Randnummer
Rpfleger	Der Deutsche Rechtspfleger (Zeitschrift)
s.	siehe
S.	Seite/Satz (bei Rechtsnormen)
s. a.	siehe auch
SaarlOLG	Saarländisches Oberlandesgericht
SchlHA	Schleswig-Holsteinische Anzeigen
StGB	Strafgesetzbuch
str.	streitig
s. u.	siehe unten
SchornsteinFG	Schornsteinfegergesetz
sog.	so genannte/r
TOP	Tagungsordnungspunkt
u. Ä.	und Ähnliches
UStG	Umsatzsteuergesetz
u. U.	unter Umständen
VdH	Verbände der Hausverwalter der einzelnen Länder
VDI	Verein Deutscher Ingenieure
VDM	Verband Deutscher Makler
VdW	Verbände der Wohnungsunternehmer

Abkürzungsverzeichnis

VersR	Zeitschrift für Versicherungsrecht
Verw.	Die Verwaltung (Zeitschrift)
VGH	Verwaltungsgerichtshof
vgl.	vergleiche
VOB	Verdingungsordnung für Bauleistungen
Vorbem.	Vorbemerkung
VVG	Versicherungsvertragsgesetz
VwGO	Verwaltungsgerichtsordnung
WärmeschutzVO	Wärmeschutzverordnung
WEG	Wohnungseigentumsgesetz
WEM	Wohnungseigentümer-Magazin
WertV	Wertermittlungsverordnung
WEZ	Der Wohnungseigentümer (Zeitschrift)
WM	Wertpapier-Mitteilungen (Zeitschrift)
WoBauG	Wohnungsbaugesetz
WoBindG	Wohnungsbindungsgesetz
WoVermittG	Wohnungsvermittlungsgesetz
WuM	Wohnungswirtschaft und Mietrecht (Zeitschrift)
z.	zu
ZdWBay	Wohnen – Zeitschrift der Wohnungswirtschaft in Bayern
ZfBR	Zeitschrift für deutsches und internationales Baurecht
ZfIR	Zeitschrift für Immobilienrecht
Ziff.	Ziffer
ZMR	Zeitschrift für Miet- und Raumrecht
ZPO	Zivilprozessordnung
z. T.	zum Teil
ZVG	Gesetz über die Zwangsversteigerung und Zwangsverwaltung
ZWE	Zeitschrift für Wohnungseigentum

Literaturverzeichnis

Basty, Gregor: Der Bauträgervertrag. Schwerpunkte der Vertragsgestaltung unter besonderer Berücksichtigung von AGB-Gesetz und MaBV. 4. Auflage, Köln/Berlin/Bonn/München, 2001

Bärmann, Johannes/Pick, Eckhart/Merle, Werner: Wohnungseigentumsgesetz. Gesetz über das Wohnungseigentum und das Dauerwohnrecht. Kommentar. 9. neubearbeitete Auflage, München 2003

Bärmann, Johannes/Seuß, Hanns: Praxis des Wohnungseigentums. Systematisches Erläuterungswerk mit Formularen und Mustern. Bearb. von Jansen, Hans D. und anderen, 4. vollständig neubearbeitete Auflage 1997

Belz, August: Handbuch des Wohnungseigentums. Erwerb – Verwaltung – Risikobegrenzung. 3. vollständig überarbeitete und erweiterte Auflage, Boorberg 1996

Blümich, Walter: EStG, KStG, GewStG. Einkommensteuergesetz, Körperschaftsteuergesetz, Gewerbesteuergesetz. Loseblatt-Komm. Hrsg. von Ebling, Klaus. 70. Auflage, München Stand August 2003

Boruttau/Ernst P.: Grunderwerbsteuergesetz. Kommentar. Begr. von Boruttau, Ernst P./Klein, Otto. Bis z. 12. Auflage fortgef. von Egly, Hans/Sigloch, Heinrich; bearbeitet von Fischer, Peter/Sack, Hans J./Viskorf, Hermann U., Reihe Beck'sche Steuerkommentare. 15. vollständig neubearb. Auflage, München 2002

Brych, Friedrich/Pause, Hans E.: Bauträgerkauf und Baumodelle. Handbuch. 3. neubearb. Auflage, München 1999

Bub, Wolf-R./Treier, Gerhard (Hrsg.): Handbuch der Geschäfts- und Wohnraummiete. Bearb. von Belz, August/Brunn, Rainer v./Bub, Wolf-R. u. a. 3. überarbeitete Auflage, München 1999

Bunjes, Johann/Geist, Reinhold: Umsatzsteuergesetz (UStG). Bearb. von Zeuner, Helga/Cissée, Bernd/Heidner, Hans H./Wallis, Georg v. 6. vollständig neubearbeitete Auflage, München 2000

Busse, Jürgen: Die neue Bayerische Bauordnung. Handkommentar. Bearbeitet auf der Grundlage der Neufassung vom 4. August 1997. 2., völlig überarbeitete Auflage, München 1997

Deckert, Wolf D. (Hrsg.): Die Eigentumswohnung – vorteilhaft erwerben, nutzen und verwalten. Der aktuelle Praxis-Ratgeber in allen Bau-, Rechts- und Steuerfragen. Loseblatt, Planegg

Demharter, Johann: Grundbuchordnung. Mit dem Text des Grundbuchbereinigungsgesetzes, der Grundbuchverfügung und weiterer Vorschriften.

Literaturverzeichnis

Von der 3. bis zur 16. Auflage bearb. von Horber, Ernst; begr. von Henke, Fritz/Mönch, Gerhard. 24., neubearbeitete Auflage, München 2002

Drasdo, Michael: Verwaltervertrag und -vollmacht. Die praxisorientierte Verwaltung des Wohnungseigentums. Hammonia 1997

Festschrift für Johannes Bärmann und Hermann Weitnauer; hrsg. von Bub, Wolf-R./Pick, Eckhart/Hauger, Maria u. a. München 1985

Festschrift für Johannes Bärmann und Hermann Weitnauer; hrsg. von Bub, Wolf-R./Pick, Eckhart/Hauger, Maria u. a. München 1990

Festschrift für Horst Hagen; hrsg. von Prof. Dr. Brambring, Günther/Prof. Dr. Medicus, Dieter/Vogt, Max. 1999

Festschrift für Hermann Korbion; hrsg. von Pastor, Werner. Düsseldorf 1986

Festschrift für Hanns Seuß; hrsg. von Bärmann, Johannes/Weitnauer, Hermann, Redaktion: Bub, Wolf-R. München 1987

Festschrift für Hanns Seuß; Beiträge zum Wohnungseigentum und zum Mietrecht. München 1997

von Godin, R./Wilhelmi, Hans: Aktiengesetz. 4. Auflage, Berlin 1971

Jennißen, Georg: Die Verwalterabrechnung nach dem Wohnungseigentumsgesetz. 4., vollständig neubearbeitete Auflage, München 1999

Junker, Michael: Die Gesellschaft nach dem Wohnungseigentumsgesetz, München 1993

Keidel, Theodor/Kuntze, Joachim/Winkler, Karl: Freiwillige Gerichtsbarkeit Teil B. Handausgabe des Beurkundungsgesetzes mit Erläuterungen. 14., neubearbeitete Auflage, München 1999

Landmann, Robert v./Rohmer, Gustav: Gewerbeordnung und ergänzende Vorschriften I/II. Loseblatt-Sammlung, München

Leffson, Ulrich: Wirtschaftsprüfung. 2. Nachdr. d. 4., vollst. überarb. und erw. Auflage, Wiesbaden 1995

Löwe/v. Westphalen/Trinkner: Großkommentar zum AGB-Gesetz. 2. Auflage 1983

Marcks: Makler- und Bauträgerverordnung. 7. Auflage, München 2003

Münchener Kommentar zum Bürgerlichen Gesetzbuch, 4. Auflage, München

Niederführ, Werner/Schulze, Hans-Jürgen: Handbuch und Kommentar zum Wohnungseigentumsgesetz. 5. Auflage, Heidelberg 2000

Palandt, Otto: Bürgerliches Gesetzbuch (BGB). Mit Einführungsgesetz (Auszug), Wohnungseigentumsgesetz u. a. Bearb. u. a. von Bassenge, Peter/Diederichsen, Uwe/Edenhofer, Wolfgang u. a. 63. Auflage, München 2004

Reithmann, Christoph/Meichssner, Claus/Heymann, Eckhard v.: Kauf vom Bauträger. Bauherren-/Erwerbermodelle und Immobilienfonds. Finanzierung, rechtliche und steuerliche Gestaltung, Haftung aus Treuhandschaft, Vertrieb, Beratung und Prospekt. Unter Mitarbeit u. a. von Grziwotz, Herbert/Krebs, Falk/Thode, Reinhold. 7., völlig überarbeitete Auflage, Köln 1995

Röll, Ludwig: Handbuch für Wohnungseigentümer und Verwalter. 7., völlig überarbeitete Auflage, Köln 1996

Sauren, Marcel M.: Verwaltervertrag und Verwaltervollmacht im Wohnungseigentum. 2., aktualisierte Auflage, München 1994

Schmidt-Futterer: Mietrecht. 8. Auflage, München 2003

Schmidt, Karsten: Gesellschaftrecht. 4. Auflage, Köln 2002

Scholz, Franz: Kommentar zum GmbH-Gesetz. 9., neubearbeitete Auflage, Köln 2002

Sölch, Otto: Umsatzsteuergesetz. Mit Umsatzsteuer-Durchführungsverordnung und Sechster EG-Umsatzsteuerrichtlinie. Bearb. u. a. von Ringleb, Karl/List, Heinrich/Mößlang, Gerhard. Stand März 2003

Soergel, Hans Theodor/Siebert, Wolfgang: Bürgerliches Gesetzbuch mit Einführungsgesetz und Nebengesetzen. 12. Auflage, Stuttgart

Staudinger/Bub, Kommentar zum BGB (Gesetz über das Wohnungseigentum und das Dauerwohnrecht), 12. Auflage, 1997

Stein, Friedrich/Jonas, Martin: Kommentar zur Zivilprozeßordnung. Bearb. u. a. von Bork, Reinhard/Brehm, Wolfgang/Grunsky, Wolfgang. 12. Auflage, Tübingen

Stöber, Kurt: Zwangsversteigerungsgesetz. Kommentar. 17. Auflage, München 2002

Stuhrmann, Gerd/Christoffel Hans Günter: ABC des Haus- und Grundbesitzes im Steuerrecht. Loseblatt-Sammlung, Bonn

Thomas, Heinz/Putzo, Hans/Reichold Klaus: Zivilprozeßordnung (ZPO). Mit Gerichtsverfassungsgesetz und den Einführungsgesetzen, dem Brüsseler EWG-Übereinkommen u. a. 22., neubearb. Auflage 1999

Tipke, Klaus/Kruse, Heinrich W.: Abgabenordnung/Finanzgerichtsordnung. Kommentar zur AO 1977 und FGO (ohne Steuerstrafrecht). 16. Auflage, Köln 1996

Weitnauer: Wohnungseigentumsgesetz – Gesetz über das Wohnungseigentum und das Dauerwohnrecht. Kommentar. Von Briesemeister, Lothar/Gottschalg, Wolfgang/Lüke, Wolfgang/Mansel, Heinz-P. unter Mitarbeit von Maus, Gerhard/Wilhelmy, Wolfgang. 9. Auflage, München 2004

Wenzel: Die Durchsetzung von Gewährleistungsansprüchen bei Mängeln am Gemeinschaftseigentum. RWS-Forum 13

Werner, Ulrich/Pastor, Walter: Der Bauprozeß. Prozessuale und materielle Probleme des zivilen Bauprozesses. 9. neubearbeitete und erweiterte Auflage, Verlag Werner 1999

Zöller, Richard: Zivilprozessordnung. Kommentar. 24. Aufl., Köln 2004

A

▶ **Abberufung des Verwalters**

Die Abberufung besteht aus dem Abberufungsakt und der Abberufungserklärung gegenüber dem Verwalter als einseitiger, empfangsbedürftiger Willenserklärung, die keine Bedingungen enthalten darf und von der Kündigung des Verwaltervertrages zu unterscheiden ist. Die Abberufung erfolgt entweder gem. § 26 Abs. 1 S. 1 WEG durch einen Beschluss der Wohnungseigentümer – und zwar auch dann, wenn der Verwalter vom Gründer in der Teilungserklärung bestellt wurde (BGH NZM 2002, 788) – oder durch das Gericht. Der Verwalter, der auch Wohnungseigentümer ist, ist – auch als Mehrheitseigentümer (→ Majorisierung) – nur bei der Abberufung aus wichtigem Grund nicht stimmberechtigt (→ Ruhen des Stimmrechts). Der Gründer kann bis zur Entstehung der werdenden Eigentümergemeinschaft (→ faktische Wohnungseigentümergemeinschaft) durch Änderung der Teilungserklärung (→ Gemeinschaftsordnung) den dort bestellten Verwalter (→ Bestellung des Verwalters) wieder abberufen.

1. Wirksamkeit und Anfechtung des Abberufungsbeschlusses

Der Abberufungsbeschluss ist nicht nur ein Instrument der internen Willensbildung der Eigentümergemeinschaft, sondern auf die unmittelbare Aufhebung wohnungseigentumsrechtlicher Befugnisse und Pflichten gerichtet. Er ist konstitutiver Bestandteil des zweistufigen Abberufungsaktes (BGH NZM 2002, 788, 790; Wenzel ZWE 2001, 510, 512), der neben der gemeinschaftlichen Willensbildung und der entsprechenden Abberufungserklärung noch deren Zugang fordert. Mit Bestandskraft des Abberufungsbeschlusses steht das Vorliegen der erforderlichen Abberufungsvoraussetzungen für alle → Beteiligten bindend fest (BGH NZM 2002, 788, 790).

Die Abberufung wird wirksam, sobald der Verwalter von dem Abberufungsbeschluss in Kenntnis gesetzt worden ist; mit Zugang der sog. Abberufungserklärung verliert er seine Rechtsstellung, → Vertretungsmacht und Verwaltungsbefugnisse (BGH NZM 2002, 788f; BayObLG NZM 2003, 243f). Die Abberufung ist im Falle der Anfechtung des Abberufungsbeschlusses so lange als wirksam zu behandeln, bis dieser rechtskräftig für ungültig erklärt worden ist (BGHZ 106, 122; BayObLG NZM 2003, 317f), es sei denn, dass das Gericht im Beschlussanfechtungsverfahren die aufschiebende Wirkung der Anfechtung für die Dauer des Verfahrens gem. § 44 Abs. 3 WEG einstweilen anordnet.

Der Verwalter – nicht aber der Scheinverwalter, der zu keiner Zeit Verwalter war (BayObLG WE 1988, 19) – kann beim Amtsgericht die Ungültigerklärung des Abberufungsbeschlusses in entsprechender Anwendung der §§ 23 Abs. 4, 43 Abs. 1 Nr. 4 WEG beantragen (BGH NZM 2002, 788f; OLG Hamm NJW-RR 1997, 523f; Staudinger/Bub § 26 RN 427). Er verliert durch seine Abberufung nämlich nicht nur seine Rechtsstellung, sondern auch das ihm aus der Bestellung erwachsende schützenswerte Recht, sein Amt bis zu seiner rechtmäßigen Abberufung auszuüben (BGH NZM 2002, 788f; Wenzel ZWE 2001, 510). Der Verwalter verliert das → Rechtsschutzbedürfnis für das Anfechtungsverfahren, sobald seine Amtszeit endet (BayObLG ZWE 2001, 590; a.A. OLG Hamm NZM 2003, 486). Andere nach seiner Abberufung gefasste Beschlüsse, insbesondere über die Bestellung seines Nachfolgers (BayObLGZ 1974, 275, 278; OLG Hamm NJW-RR 1997, 523), kann er dagegen selbst dann nicht mehr anfechten, wenn er den Beschluss über seine Abberufung angefochten hat. Für eine solche Anfechtung besteht kein Rechtsschutzbedürfnis, da er durch einen Beschluss über die Bestellung eines neuen Verwalters nicht in seinen Rechten beeinträchtigt wird (OLG Hamm NJW-RR 1997, 523f).

2. Beschränkungen des Abberufungsrechts

Die ordentliche Abberufung des auf unbestimmte Zeit bestellten Verwalters ist – ohne dass hierfür Gründe vorliegen oder angegeben werden müssen – jederzeit möglich (OLG Düsseldorf NZM 2002, 527; OLG Hamm ZMR 1997, 94; Wenzel ZWE 2001, 510, 512). Das Abberufungsrecht kann aber gem. § 26 Abs. 1 S. 3 WEG auf das Vorliegen eines wichtigen Grundes beschränkt werden. Von dieser Möglichkeit kann auch der aufteilende Gründer, der den ersten Verwalter bereits in der Teilungserklärung bestellt, Gebrauch machen (BGH NZM 2002, 788, 791; OLG Düsseldorf ZWE 2001, 386f). I.d.R. erfolgt diese Beschränkung durch Beschluss, etwa über den Verwaltervertrag, der eine solche enthält (BayObLG NJW-RR 1997, 1443). Eine solche Beschränkung des Abberufungsrechts entspricht dem vom Gesetzgeber ausdrücklich anerkannten Interesse der Eigentümergemeinschaft an einer kontinuierlichen Verwaltung und schränkt damit die Rechte der Eigentümer nicht unangemessen ein. Da die Abberufung aus anderem als aus wichtigem Grunde ausgeschlossen werden kann, kann sie auch eingeschränkt werden, etwa durch das Erfordernis einer qualifizierten Mehrheit (Staudinger/Bub § 26 RN 35; a.A. Weitnauer/Hanger § 26 RN 32), wenn die Abberufung aus wichtigem Grund unbeschränkt bleibt.

Eine ordentliche Abberufung ist auch ausgeschlossen, wenn der Verwalter auf eine bestimmte Zeit – bis zu einer Höchstdauer von fünf Jahren (→ Bestellung des Verwalters) – bestellt ist. Hier erwächst dem Verwalter aus der Bestellung ein subjektives Recht auf Ausübung des Amtes für die Dauer der Bestellungszeit, wenn für eine vorzeitige Beendigung kein wichtiger Grund vorliegt (Wenzel ZWE 2001, 510, 512).

Das Recht zur Abberufung aus wichtigem Grund kann gem. § 26 Abs. 1 S. 4 WEG nicht ausgeschlossen werden. Auch weitere Beschränkungen des Abberufungsrechts der Wohnungseigentümer, z.B. das Erfordernis eines qualifizierten ($2/3$- oder $3/4$-Mehrheit o. Ä.) oder einstimmigen Beschlusses (OLG Köln NZM 2003, 685) oder das Erfordernis der Zustimmung eines Grundpfandrechtsgläubigers (BayObLGZ 1985, 61) oder eine Bestimmung, dass der Abberufungsbeschluss erst mit Rechtskraft einer gerichtlichen Entscheidung über einen etwaigen Antrag auf Ungültigerklärung wirksam wird (KG OLGZ 1978, 178), oder der Ausschluss wichtiger Gründe als Abberufungsgründe (BPM § 26 RN 187) können nicht wirksam vereinbart werden. Erleichterungen der Abberufung sind insoweit zulässig, als der Begriff des wichtigen Grundes erweitert wird (Staudinger/Bub § 26 RN 41).

Eine unzulässige Beschränkung des Abberufungsrechts der Wohnungseigentümer i. S. des § 26 Abs. 1 S. 4 WEG stellt es nicht dar, wenn über die Abberufung nicht nach dem gesetzlichen Kopfprinzip (→ Stimmrecht), sondern aufgrund einer entsprechenden Regelung in der Gemeinschaftsordnung nach dem Objekt- oder Wertprinzip abzustimmen ist (BGH NZM 2002, 995, 997; KG NJW-RR 1986, 643; OLG Düsseldorf ZMR 1995, 604). Dies folgt aus dem Zweck der Vorschrift, eine Bevormundung der Wohnungseigentümer durch Außenstehende zu verhindern. Zur Frage, mit welcher Stimmkraft die einzelnen Wohnungseigentümer an der Abstimmung teilnehmen, kann ihr nichts entnommen werden.

Ist nach der Teilungserklärung zur Gültigkeit eines Beschlusses der Eigentümerversammlung erforderlich, dass der Verwalter die Versammlungsniederschrift unterschreibt, so kann dieser durch die Verweigerung der Unterschriftsleistung nicht die Anfechtbarkeit eines Abberufungsbeschlusses herbeiführen, da dies § 26 Abs. 1 S. 4 WEG widerspräche. Die Wohnungseigentümer müssten nämlich, um der erfolgreichen Beschlussanfechtung zu begegnen, den Verwalter zunächst in einem gesonderten Verfahren auf Leistung der Unterschrift in Anspruch nehmen (OLG Hamm NZM 2002, 295 f).

3. Verhältnis zur Kündigung des Verwaltervertrages

Von der Abberufung des Verwalters ist die → Kündigung des Verwaltervertrages zu unterscheiden (BGH NZM 2002, 788; BayObLG NZM 2000, 48 f). Ob die Abberufung auch die Kündigung des Verwaltervertrages enthält, ist im Wege der Auslegung festzustellen. Im Zweifel ist anzunehmen, dass der Verwaltervertrag nur für die Dauer der Bestellung (Staudinger/Bub § 26 RN 228) und unter der auflösenden Bedingung abgeschlossen wird, dass er mit der Ungültigerklärung der Bestellung oder mit der Bestandskraft des Abberufungsbeschlusses endet (Wenzel ZWE 2001, 510, 513). Weiter beinhaltet ein Abberufungsbeschluss im Zweifel auch den Beschluss, den Verwaltervertrag zu kündigen, ggf. nach §§ 675, 626 BGB aus wichtigem Grund ohne Einhaltung einer Kündigungsfrist (BayObLG NZM 2000, 48 f; OLG Hamm

WuM 1991, 221). Auch die Bestellung eines neuen Verwalters enthält – schon aufgrund des Grundsatzes der → Einheitlichkeit der Verwaltung – i.d.R. die Abberufung des bisherigen Verwalters (BayObLG NZM 2003, 243).

Entsprechendes gilt nicht auch umgekehrt für das Verhältnis von Beendigung des Vertrages und Amt. Da ein schuldrechtlicher Vertrag nicht Voraussetzung für die Erlangung und Beibehaltung des Verwalteramtes ist (sog. „Organtheorie"; → Bestellung des Verwalters), führt nicht jede Beendigung des Verwaltervertrages auch zum Verlust der Rechtsstellung als Verwalter (a.A. noch BayObLGZ 1975, 331 zum Aufhebungsvertrag). Auch die Interessenlage gebietet es nicht, im Zweifel anzunehmen, dass die Bestellung durch eine wirksame Kündigung des Verwaltervertrages auflösend bedingt sein soll. Vielmehr kann es durchaus interessengerecht sein, die Bestellung ohne Vertrag aufrechtzuerhalten, z.B. um sie mit geändertem Vertrag fortzusetzen – Änderungskündigung (Wenzel ZWE 2001, 510, 513). Im Zweifel besteht somit immer nur eine einseitige Abhängigkeit des Vertrages vom Amt, nicht auch umgekehrt.

4. Abberufung aus wichtigem Grund

Ein wichtiger, die Abberufung rechtfertigender Grund liegt vor, wenn den Wohnungseigentümern unter Beachtung aller – nicht notwendig vom Verwalter verschuldeter – Umstände nach Treu und Glauben eine weitere Zusammenarbeit bis zum Ablauf der Bestellungszeit nicht mehr zuzumuten, insbesondere durch diese Umstände das erforderliche Vertrauensverhältnis zwischen Verwalter und Wohnungseigentümern zerstört ist (BGH NZM 2002, 788, 790; BayObLG ZWE 2000, 77; NJW-RR 2000, 676f; OLG Hamm NZM 2002, 295f; OLG Düsseldorf ZWE 2002, 477f). Haben die Wohnungseigentümer allerdings in Kenntnis der Tätigkeit und des Verhaltens des Verwalters und aller übrigen Umstände in seiner abgelaufenen Amtszeit den Verwalter entlastet oder erneut für eine weitere Amtszeit bestellt, so kann ein Antrag auf Abberufung nur dann mit Erfolg auf die bereits bekannten früheren Umstände gestützt werden, wenn zumindest ein neuer wichtiger Grund angeführt wird, der im Zeitpunkt der Wiederbestellung noch nicht vorlag (OLG Celle NZM 1999, 841; OLG Düsseldorf ZWE 2002, 477f; ZWE 2000, 473; OLG Köln ZMR 2003, 703).

Zur Frage, welche Tatsachen konkret die Voraussetzungen eines wichtigen Grundes rechtfertigen, liegt eine umfangreiche Kasuistik vor, die sich in Fallgruppen ordnen lässt, wobei die nachfolgend aufgeführten Beispiele regelmäßig das Ergebnis einer sorgfältigen Interessenabwägung widerspiegeln. Jeder von dem konkret entschiedenen Fall abweichende Umstand kann somit im Einzelfall auch zu einer gegenteiligen Entscheidung führen. Das Gericht hat jeweils im Einzelfall zu prüfen, ob die festgestellten Tatsachen die Annahme eines wichtigen Grundes rechtfertigen (KG WE 1986, 140); dies kann vom Beschwerdegericht in vollem Umfang nachgeprüft werden (BayObLG WE 1991, 358; OLG Hamm WuM 1991, 218, 220; OLG Frankfurt NJW-RR 1988, 1169).

Als Fallgruppen wichtiger Gründe sind anerkannt:
- der Missbrauch der dem Verwalter eingeräumten Rechte, insbesondere die Unterordnung der Interessen der Wohnungseigentümer unter die eigenen Interessen, wobei bereits die Gefahr der Interessenkollision genügt;
- die Nicht- oder Schlechterfüllung übernommener Aufgaben und Pflichten. Da nur schwerwiegende Leistungsstörungen als wichtiger Grund in Betracht kommen, ist eine sorgfältige Interessenabwägung erforderlich; dabei haben Leistungsstörungen im Bereich der dem Verwalter unabdingbar in §27 Abs. 1 und 2 WEG zugewiesenen Aufgaben ein höheres Gewicht, da die Wohnungseigentümer auf die Tätigkeit des Verwalters beschränkt sind und eine Ersatzvornahme durch Dritte ausgeschlossen ist;
- Gründe in der Person, dem Verhalten – auch außerhalb der Verwaltung, z.B. als Baubetreuer (KG OLGZ 1974, 399) – oder der Vermögenslage des Verwalters.

Eine fristlose Abberufung ist u. U. in folgenden Fällen gerechtfertigt:
- **Abrechnungs- und Belegpflicht.** Der Verwalter erfüllt seine Abrechnungs- und Belegpflicht nicht (OLG Karlsruhe NZM 1998, 768; LG Freiburg Rpfleger 1968, 93f; AG Recklinghausen DWE 1990, 36) oder grob fehlerhaft (BayObLG NZM 2001, 754), z.B. weil er tatsächliche Ausgaben nicht in die Jahresabrechnung des

betreffenden Jahres aufnimmt oder bei mangelnder Deckung sie nicht in den Wirtschaftsplan des folgenden Jahres einstellt, sondern erst mehrere Jahre später verrechnet, ohne dass er dies – trotz Aufforderung – erklärt oder erläutert (BayObLG WuM 1996, 116 f), oder weil er den Wirtschaftsplan und die Abrechnung nach Ablauf des Kalenderjahres erheblich verzögert vorlegt (BayObLG NJW-RR 1986, 445 f; ZWE 2000, 38; OLG Karlsruhe NZM 1998, 768; OLG Köln NZM 1998, 960; 1999, 843).

Rechenfehler in der Abrechnung berechtigen die Wohnungseigentümer nicht zur fristlosen Abberufung des Verwalters (OLG Köln NZM 1999, 128).

- **Abtretung von Ansprüchen.** Der Verwalter lässt sich Ansprüche eines Dritten gegen die Wohnungseigentümer abtreten und macht diese – ggf. gegen einen von ihnen als Gesamtschuldner – geltend, da er dadurch unter Verletzung seiner Aufgabe, die Interessen der Wohnungseigentümer wahrzunehmen, die Interessen eines Dritten gegen die Wohnungseigentümer verfolgt (BayObLG WuM 1993, 762 f).
- **Beitragsrückstände.** Der Verwalter verfolgt Beitragsrückstände nicht und verursacht damit Liquiditätsengpässe (LG Bonn PuR 1997, 154 f); dies kann dem Verwalter nicht vorgehalten werden, wenn er einen Rechtsanwalt mit der Einziehung beauftragt hat (KG ZMR 1987, 393).
- **Beleidigung von Wohnungseigentümern.** Der Verwalter beleidigt Wohnungseigentümer oder wird ihnen gegenüber tätlich oder verhält sich unredlich. Es rechtfertigt jedoch nicht die Abberufung, wenn der Verwalter die Korrespondenz verzögerlich führt, ggf. Briefe nicht beantwortet oder unhöflich ist, insbesondere, wenn diese Vorwürfe auf persönlichen Meinungsverschiedenheiten zwischen einem Wohnungseigentümer und dem Verwalter beruhen und die Belange der übrigen Wohnungseigentümer nicht berühren (BayObLG NJW-RR 1986, 445 f).
- **Durchführung von Beschlüssen der Wohnungseigentümer.** Der Verwalter weigert sich, Beschlüsse der Wohnungseigentümer durchzuführen (BayObLG WE 1986, 65), ohne diese anzufechten. Die Durchführung eines Beschlusses kann hingegen auch dann die Abberufung nicht begründen, wenn der Beschluss angefochten wurde.

- **Eigentümerversammlung.** Der Verwalter weigert sich, einem Einberufungsverlangen nach § 24 Abs. 2 WEG Folge zu leisten (BayObLG WuM 1990, 464 f; OLG Düsseldorf NZM 2004, 110 z. einer Verzögerung um 3 Monate; OLG Hamm WuM 2001, 461) oder entgegen einem Antrag eines Wohnungseigentümers, erst recht aber einer Vielzahl von Wohnungseigentümern in die Tagesordnung einer Eigentümerversammlung die Abberufung und Kündigung des Verwaltervertrages – ggf. aus wichtigem Grund – aufzunehmen (BayObLG WuM 1990, 464, 466; OLG Karlsruhe WuM 1988, 327 f; vgl. auch BayObLG WuM 1992, 161) oder die Versammlung an dem von der Mehrheit gewünschten Werktag durchzuführen (BayObLG WE 1986, 65).

Die unterbliebene Einberufung einer Eigentümerversammlung kann ebenfalls die sofortige Abberufung rechtfertigen (BayObLG NZM 1999, 844: Der Verwalter beruft 1½ Jahre nach Entstehen der Eigentümergemeinschaft keine Eigentümerversammlung ein), wenn besondere Umstände hinzutreten, die die Pflichtwidrigkeit des Verwalters als schwerwiegend erscheinen lassen; dies ist z.B. der Fall, wenn ohne die Durchführung einer Eigentümerversammlung die Funktionsfähigkeit der Verwaltung in Frage gestellt ist oder sonstige Gründe eine Einberufung erforderlich machen (BGH NZM 2002, 788, 790 f; OLG Düsseldorf NJW-RR 1999, 163 f).

Es berechtigt die Wohnungseigentümer nicht zur Abberufung, wenn der Verwalter eine Wohnungseigentümerversammlung nicht am Ort der Wohnanlage, sondern einmalig in einer 50 bis 60 km entfernten, mit der Bahn gut erreichbaren auswärtigen Stadt abhält, da dies nicht die Annahme rechtfertigt, der Verwalter wolle sich über den Willen und die Interessen der Gemeinschaft hinwegsetzen oder er handele schikanös (BayObLG WuM 1992, 161); anders kann es dagegen sein, wenn der Verwalter die Versammlung wiederholt nicht am Ort der Wohnanlage abhält (BayObLG WuM 1993, 762 f).

Eine Abberufung kann es auch rechtfertigen, wenn der Verwalter den Wohnungseigentümern das Rederecht willkürlich abschneidet oder ohne triftigen Grund die Wohnungseigentümerversammlung verlässt (BayObLG Rpfleger 1965, 224, 227), insbesondere wenn er dadurch wegen der von ihm als Wohnungseigentümer oder

Bevollmächtigtem ausgeübten Stimmrechte die Beschlussunfähigkeit der Versammlung herbeiführt, was als grobe Missachtung der Wohnungseigentümer zu beurteilen ist.
- **Einsicht in Verwaltungsunterlagen.** Der Verwalter weigert sich, einem Wohnungseigentümer, insbesondere einem mit der Prüfung der Jahresabrechnung beauftragten Verwaltungsbeirat, Einsicht in die Unterlagen zu gewähren (BayObLG WuM 1990, 464f).

Der Verwalter gewährt erst nach Ablauf der Anfechtungsfrist Einsicht in die Niederschrift über Versammlungsbeschlüsse der Wohnungseigentümer (LG Freiburg Rpfleger 1968, 93f).
- **Entnahme von Geldern.** Der Verwalter erfüllt eigenmächtig streitige eigene Ansprüche gegen die Wohnungseigentümer durch Entnahme aus gemeinschaftlichen Geldern (OLG Düsseldorf DWE 1981, 25f).
- **Finanzielle Verhältnisse.** Der Verwalter lässt erhebliche Schulden der Gemeinschaft gegenüber Dritten auflaufen, ohne für eine rechtzeitige Tilgung dieser Verbindlichkeiten und eine geordnete Bereitstellung der dafür erforderlichen Mittel zu sorgen (OLG Köln NZM 1999, 846).
- **Geltendmachung von Ansprüchen.** Der Verwalter macht Ansprüche gegen Wohnungseigentümer oder Dritte gerichtlich geltend, ohne hierzu durch einen Beschluss gem. § 27 Abs. 2 Nr. 5 WEG ermächtigt worden zu sein (a.A. LG Lüneburg PuR 1996, 487f); die nicht legitimierte Einziehung von Beitragsforderungen allein rechtfertigt eine Abberufung aus wichtigem Grund allerdings nicht (KG WE 1986, 140).
- **Insolvenz.** Der Verwalter wird insolvent; ein Insolvenzverfahren über sein Vermögen wird eröffnet oder mangels Masse abgelehnt (OLG Stuttgart OLGZ 1977, 433, 435).
- **Mängel am Gemeinschaftseigentum.** In seiner Eigenschaft als Bauträger führt der Verwalter Prozesse über Mängel am Gemeinschaftseigentum oder Sondereigentum gegen Baubeteiligte, z.B. Handwerker, und informiert die Wohnungseigentümer hierüber trotz Aufforderung nicht (OLG Frankfurt OLGZ 1993, 63f). Der Verwalter, der mit der Bauträgerin wirtschaftlich verflochten ist, unterlässt es, die Wohnungseigentümer über Baumängel aufzuklären und Beschlüsse über das weitere Vorgehen herbeizuführen

(BayObLG NZM 1999, 844). Als Abberufungsgrund kommt auch in Frage, dass der Verwalter Baumängel als Instandsetzungsmaßnahmen beseitigen lässt (vgl. BGHZ 67, 232, 237).
- **Missachtung des Willens der Wohnungseigentümer.** Der Verwalter missachtet den Willen der Wohnungseigentümer, z.B. indem er allein über gemeinschaftliche Gelder trotz entgegenstehender Beschlüsse verfügt, anstatt sich der ihm zustehenden Möglichkeit nach § 43 Abs. 1 Nr. 2 und Nr. 4 WEG zu bedienen, eine Entscheidung des Gerichts über eine Meinungsverschiedenheit herbeizuführen (BayObLGZ 1972, 139, 142; WE 1986, 65; OLG Frankfurt NJW-RR 1988, 1169f).
- **Neutralitätspflicht.** Der Verwalter verletzt die ihm obliegende Pflicht zur Neutralität, indem er die Abrechnung nach den Anweisungen des Mehrheitseigentümers erstellt (OLG Köln NJW-RR 1999, 307).
- **Nutzungsentgelte.** Der Verwalter führt eigenmächtig Nutzungsentgelte, Umzugskostenpauschalen oder Vermietungspauschalen ein (→ Vermietung von Wohnungseigentum).
- **Protokollführung.** Der Verwalter führt das Protokoll unrichtig oder fälscht es gar (BayObLG WEM 1980, 125, 128 z. falschen Protokollierung der Bestellungsdauer; NZM 2004, 108; LG Freiburg Rpfleger 1968, 93f) oder verzögert dessen geschuldete Übersendung erheblich (BayObLG WEM 1980, 125).

Macht der Verwalter hingegen Fehler bei der Protokollführung oder versendet er das Protokoll lediglich verspätet, so rechtfertigt dies keine Abberufung. Gleiches gilt, wenn der Verwalter über die Wohnungseigentümerversammlung kein Wortprotokoll erstellt, da er hierzu nicht verpflichtet ist (BayObLG WuM 1992, 161; → Niederschrift).
- **Provisionen.** Der Verwalter lässt sich ohne eine dies gestattende Vereinbarung mit den Wohnungseigentümern für den Abschluss von Versicherungen für das Gemeinschaftseigentum vom Versicherer Provisionen zahlen und behält diese dann unter Verletzung von § 667 BGB ein (BayObLG WE 1990, 68; OLG Düsseldorf NZM 1998, 487; BPM RN 165; Köhler DWE 1991, 16f).
- **Strafbare Handlungen.** Der Verwalter hat einschlägige strafbare Handlungen, insbesondere Vermögensdelikte, begangen oder ist

solcher hinreichend verdächtigt, wobei sich die Verfehlungen nicht gegen die beschlussfassenden Wohnungseigentümer richten müssen, jedenfalls solange sie nicht getilgt sind (KG WuM 1989, 347; WE 1994, 50; OLG Köln ZMR 2002, 152). Es genügt, wenn die Wohnungseigentümer verständigerweise das dem Verwalter anvertraute Vermögen gefährdet sehen. Deshalb kann auch die Beschäftigung eines einschlägig vorbestraften Mitarbeiters beim Verwalter einen wichtigen Grund darstellen (KG v. 4.7.1984, 24 W 1714/84).

- **Übertragung der Verwaltertätigkeit auf Dritte.** Der Verwalter erklärt, er sehe sich zur Fortführung seiner Tätigkeit wegen Arbeitsüberlastung nicht in der Lage, und überträgt die tatsächliche Verwaltungstätigkeit im Ganzen ohne Zustimmung der Wohnungseigentümer auf einen Dritten (OLG Hamm WuM 1991, 218, 220).
- **Verkaufsmakler.** Der Verwalter, der mit der → Zustimmung zur Veräußerung von Wohnungen gem. § 12 WEG betraut ist, betätigt sich gleichwohl als Verkaufsmakler in derselben Wohnanlage (BayObLGZ 1972, 139, 143). Allein schon das Andienen von Verkaufsmaklerdiensten institutionalisiert eine Interessenkollision (→ Makler).
- **Verkehrssicherungspflichten.** Der Verwalter verletzt die Verkehrssicherungspflicht erheblich, z.B. indem er entgegen einem Beschluss der Wohnungseigentümer einen Gaswartungsvertrag nicht abschließt (BayObLG WE 1986, 65).
- **Versicherungen.** Der Verwalter schließt die vereinbarten Versicherungen nicht ab oder gefährdet den Versicherungsschutz der Wohnungseigentümer durch Verzug mit der Zahlung der Versicherungsprämien oder Unterlassen der unverzüglichen Anzeige von Schäden.
- **Verwaltungsbeirat.** Der Verwalter betreibt ohne triftigen Grund die Abwahl des Verwaltungsbeirates oder verweigert die Zusammenarbeit mit diesem (BayObLG Rpfleger 1965, 224, 227; OLG Frankfurt NJW-RR 1988, 1169f). Das Vertrauensverhältnis zwischen Verwalter und Verwaltungsbeirat ist zerstört (BayObLG NZM 2002, 794); hat der Verwaltungsbeirat allerdings das Zerwürfnis in vorwerfbarer Weise herbeigeführt, rechtfertigt dies keine Abberufung (BayObLG NZM 1999, 283).

- **Vorstrafen.** Der Verwalter antwortet in einer die Verwalterbestellung vorbereitenden Wohnungseigentümerversammlung auf gezielte Fragen der Wohnungseigentümer nach nicht getilgten Vorstrafen falsch oder nur ausweichend und bagatellisierend und erregt dadurch bei einem Teil der anwesenden Wohnungseigentümer falsche Vorstellungen über den Umfang der noch nicht getilgten Vorstrafen (KG WE 1994, 50; Weitnauer/Hauger § 26 RN 33).
- **Zahlungen aus gemeinschaftlichen Geldern.** Der Verwalter tätigt Zahlungen aus den gemeinschaftlichen Geldern ohne Rechtsgrund (KG WE 1988, 168 für eine irrtümliche hohe Zahlung; WE 1989, 201f; OLG Düsseldorf ZfIR 1997, 554).

Dagegen rechtfertigen weniger schwerwiegende Pflichtverletzungen die fristlose Abberufung nicht. Hierzu zählt, dass der Verwalter ohne ermächtigenden Beschluss der Wohnungseigentümer Aufträge zur Ausführung von Instandsetzungsarbeiten im eigenen Namen für eigene Rechnung vergibt, insbesondere bei Dringlichkeit, die keinen Aufschub bis zu einer Wohnungseigentümerversammlung erlaubt (KG WE 1986, 140), oder es versäumt, mit dem Hausmeister einen schriftlichen Vertrag abzuschließen, der Wohnungseigentümergemeinschaft eine Hausordnung vorzuschlagen oder die Müllabfuhr getrennt zu berechnen (AG Arnsberg DWE 1988, 134).

Zu berücksichtigen ist allerdings, dass u. U. ein Grund allein keine fristlose Abberufung rechtfertigt, wohl aber das Zusammentreffen verschiedener Verfehlungen, die einzeln die Wohnungseigentümergemeinschaft nicht zu einer Abberufung veranlassen würden, die aber in ihrer Gesamtheit, insbesondere im Hinblick auf ihre Dauer das Vertrauensverhältnis zerstören (AG Köln NZM 2001, 677f).

Wohnungseigentümer, die die Abberufung des Verwalters und die Kündigung des Verwaltervertrages aus wichtigem Grund erreichen wollen, müssen die Einberufung einer Eigentümerversammlung zur Beschlussfassung darüber zwar nicht gem. § 626 BGB innerhalb von 2 Wochen nach Kenntniserlangung von den für die Abberufung und Kündigung maßgebenden Tatsachen, aber doch innerhalb angemessener Frist verlangen. Ein Wohnungseigentümer, der allein das in § 24 Abs. 2 WEG genannten Quorum erreicht, hat das Recht, Abberufung und Kündigung zu verlangen, jedenfalls nach dem Ablauf von mehr als 2 Monaten ab Kenntniserlangung verwirkt (BayObLG ZWE 2000, 185).

5. Gerichtliche Geltendmachung

Verstößt es gegen die Grundsätze ordnungsmäßiger Verwaltung, den Verwalter nicht abzuberufen (OLG Celle ZWE 2002, 474), was bei Vorliegen eines wichtigen Grundes meist zu bejahen ist, so hat jeder einzelne Wohnungseigentümer Anspruch auf Einberufung einer außerordentlichen Wohnungseigentümerversammlung zu diesem TOP, da die Entscheidung über die Abberufung eine Maßnahme ordnungsmäßiger Verwaltung ist und das Erfordernis einer zeitnahen Klärung die Dringlichkeit begründet. Kommt der Verwalter dem nicht nach, kann der Wohnungseigentümer die Einberufung der Wohnungseigentümerversammlung durch den Verwalter gerichtlich durchsetzen (Staudinger/Bub § 21 RN 109 mwNw).

Stimmt die Mehrheit der Wohnungseigentümer gegen die Abberufung des Verwalters oder ist der das Rechtsschutzbedürfnis begründende erfolglose Versuch, einen Beschluss der Wohnungseigentümer herbeizuführen, ausnahmsweise entbehrlich, weil dem antragstellenden Eigentümer in Anbetracht der Mehrheitsverhältnisse die (erneute) Anrufung der Versammlung nicht zugemutet werden kann (BayObLG NJW-RR 1986, 445; OLG Düsseldorf WE 1991, 252) oder eine nutzlose Formalität wäre (BayObLG WE 1992, 197 [L]), was die Rspr. für das Scheitern eines schriftlichen Beschlusses (OLG Hamburg WuM 1993, 706) oder für die Weigerung des Verwalters, eine Versammlung mit dem TOP „Abberufung des Verwalters" einzuberufen (OLG Düsseldorf ZMR 1994, 523), verneint hat, kann jeder Wohnungseigentümer von den anderen Wohnungseigentümern gem. § 21 Abs. 4 WEG die Zustimmung zum Abberufungsbeschluss verlangen und diese Zustimmung notfalls durch Beschluss des Wohnungseigentumgerichts gem. § 43 Abs. 1 Nr. 1 WEG ersetzen lassen (a.A. aber mit identischem Ergebnis BayObLG NJW-RR 1986, 445; KG ZMR 1988, 110; OLG Düsseldorf ZMR 1997, 96; OLG Frankfurt OLGZ 1993, 319: Ersetzung des Abberufungsbeschlusses durch das Gericht).

Abdichtungen

6. Rechte und Pflichten nach der Abberufung

Nach der Abberufung hat der Verwalter alles, was er zur Ausführung der Verwaltertätigkeit erhalten und durch sie erlangt hat, insbesondere sämtliche Verwaltungsunterlagen im Original und die der Wohnungseigentümergemeinschaft gehörenden Gelder, an die Wohnungseigentümer, i.d.R. zu Händen des neuen Verwalters, gem. §§ 675, 667 BGB herauszugeben (→ Herausgabe von Verwaltungsunterlagen) und hierüber gem. §§ 675, 666 BGB, 28 Abs. 4 WEG Rechnung zu legen (→ Rechnungslegung). Er darf mit Ansprüchen auf rückständige Verwaltervergütung gegen den Anspruch auf Rückzahlung von Gemeinschaftsgeldern aufrechnen (→ Aufrechnung); wegen streitiger Vergütungsansprüche hat er kein Zurückbehaltungsrecht (OLG Frankfurt OLGZ 1994, 538). Im Übrigen muss er darlegen und beweisen, dass er über die Mittel der Wohnungseigentümer ordnungsgemäß verfügt hat (BGH ZfIR 1997, 284, 288). Für Tätigkeiten nach der Abberufung hat der Verwalter u. U. einen → Aufwendungsersatzanspruch.

Das Wohnungseigentumsgericht ist für Ansprüche des ausgeschiedenen Verwalters gegen die Wohnungseigentümer oder der Wohnungseigentümer gegen ihn ausschließlich zuständig (→ Beteiligte).

▶ Abdichtungen

Die Abdichtung zwischen einer Dachterrasse und dem Gebäude gehört zum gemeinschaftlichen Eigentum (BayObLG ZWE 2001, 31). Gleiches gilt für Abdichtungen zwischen Balkonen und Gebäuden sowie anderen Abdichtungen im Bereich des gemeinschaftlichen Eigentums.

▶ Abflussrohre → Kanalisation, Abflussrohre

▶ Abgabebeschluss → Wohnungseigentumssachen, Verfahren

▶ Abgeschlossenheit

Voraussetzung für die Begründung von Wohnungs- und/oder Teileigentum ist gem. § 3 Abs. 2 S. 1 WEG, dass die Wohnungen oder sonstigen Räume funktionsfähig in sich abgeschlossen sind.

1. Begriff der Wohnung

Eine Wohnung ist die Summe der Räume, die eine funktionsfähige Haushaltsführung ermöglichen; dazu gehören also jedenfalls eine Küche oder ein Raum mit Kochgelegenheit (Kochnische), ein WC und eine Wasserversorgung – ein Bad oder eine Dusche – innerhalb der Räume. Ein WC-Raum allein (OLG Düsseldorf NJW 1976, 1458) oder ein Vorflur allein (OLG Hamm OLGZ 1986, 415) sind keine Wohnung. Wenn mehrere Wohnungseigentumseinheiten miteinander vereinigt werden, so müssen diese nicht zu einer in sich abgeschlossenen Wohnung zusammengefasst werden; daher ist auch für die Vereinigung eine neue Abgeschlossenheitsbescheinigung nicht erforderlich (→ Vereinigung von Wohnungseigentumsrechten). Einzelne Hotelzimmer sind auch ohne Küche oder Kochnische in sich abgeschlossen, da sie nicht nur im Zusammenhang mit den übrigen Hoteleinrichtungen wie Frühstücksraum, Restaurant oder Aufenthaltsräume voll funktionsfähig sind (Röll DNotZ 1984, 392; a.A. OVG Lüneburg BauR 1984, 280). Die Entscheidung, ob eine Wohnung oder nicht zu Wohnzwecken dienende Räume vorliegen, trifft das Grundbuchamt; die Angabe der baurechtlichen Grundlagen der zulässigen Nutzung soll diese Entscheidung lediglich erleichtern (OVG Münster MittBayNot 1986, 84).

2. Bautechnische Voraussetzungen

Nr. 5 der allgemeinen Verwaltungsvorschrift zu § 7 Abs. 4 Nr. 2 WEG vom 19.3.1975 definiert die Anforderungen an die Abgeschlossenheit. Erforderlich ist die Abgeschlossenheit gegenüber anderem Sonder- oder Gemeinschaftseigentum, eine Zugangsmöglichkeit und eine bestimmte Mindestausstattung (Staudinger/Rapp § 3 RN 15; Röll MittBayNot 1991, 241).

Die jeweilige Wohnung muss also von anderen Wohnungen und den Räumen, die im gemeinschaftlichen Eigentum stehen, durch Trennwände und Trenndecken – also allseitig (OLG Celle NJW-RR 1991, 1489) – abgeschlossen sein, die den allgemein anerkannten Regeln der Bautechnik und den Anforderungen der Landesbauordnungen, z.B. in Bezug auf Schall-, Brand-, Feuerschutz- und Wärmeschutz, nicht zu entsprechen brauchen (GS der Obersten Gerichtshöfe des Bundes BGHZ 119, 42, 51 ff; Bub, FS für Bärmann und Weitnauer S. 69 ff) und einen eigenen abschließbaren Zugang zum Freien oder zu im gemeinschaftlichen Eigentum stehenden Räumen – Treppenhaus, Flur – haben. Die Abgeschlossenheit soll nämlich nicht baulich und bautechnisch ein störungsfreies Wohnen sicherstellen (so noch BVerfG DNotZ 1990, 251; BVerwG DNotZ 1990, 249), sondern dient ausschließlich der sachenrechtlichen Bestimmtheit in Bezug auf die Abgrenzung von Sondereigentum und gemeinschaftlichem Eigentum (GS der Obersten Gerichtshöfe des Bundes BGHZ 119, 42, 51) und damit der Klarstellung der Eigentums- und Benutzungsverhältnisse innerhalb des in Wohnungseigentum aufgeteilten Gebäudes (BayObLGZ 1971, 107; KG OLGZ 1989, 385). Sinn und Zweck des WEG ist es nicht, Mieterschutz zu gewährleisten und die Begründung von Wohnungseigentum zu erschweren (GS der Obersten Gerichtshöfe des Bundes BGHZ 119, 42, 51). Der Mieterschutz wird durch ein gesetzliches → Vorkaufsrecht bei Umwandlung von Mietshäusern in Eigentumswohnungen gewährleistet. Ist ein gemeinsames WC von mehreren Wohnungen aus zugänglich, so fehlt die Abgeschlossenheit (BayObLG Rpfleger 1984, 407).

Vom Erfordernis der Abgeschlossenheit ausgenommen sind gem. § 3 Abs. 2 S. 2 WEG Garagenstellplätze in Sammelgaragen, die als abgeschlossen gelten, wenn ihre Flächen durch dauerhafte Markierungen ersichtlich sind (→ Garagen, Sammel- und Tiefgaragen). Nicht abgeschlossen sind Stellplätze, die sich nicht in einem Raum befinden, z.B. auf einem offenem Garagendach (KG NJW-RR 1996, 587; OLG Frankfurt OLGZ 1984, 32; a.A. OLG Hamm NZM 1998, 267; OLG Köln DNotZ 1984, 700), auf freier Grundstücksfläche (OLG Karlsruhe DNotZ 1973, 235), in einem seitenoffenen Carport oder in einer → Doppelstockgarage (Duplexstellplatz) mit mechanischer Hebebühne (BayObLGZ 1995, 53; a.A. Hügel ZWE 2001, 42).

3. Rechtsfolgen fehlender Abgeschlossenheit

Werden Wohnungsgrundbücher trotz fehlender Abgeschlossenheit gebildet, so entsteht Sondereigentum, weil § 3 Abs. 2 S. 1 WEG nur eine Sollvorschrift ist (BGH NZM 2001, 196; BayObLG NZM

1999, 277); wenn die Abgeschlossenheit nachträglich durch bauliche Veränderungen aufgehoben wird, geht das Sondereigentum daher auch nicht unter (BayObLG NZM 1999, 277; OLG Köln NJW-RR 1994, 717). Allein der Verlust der Abgeschlossenheit durch einen Decken- oder Wanddurchbruch zur Vereinigung zweier neben- oder übereinanderliegender Wohnungen, wodurch ein der Teilungserklärung widersprechender Zustand geschaffen wird, führt auch nicht zu einem nicht hinzunehmenden → Nachteil i. S. v. § 14 Nr. 1 WEG der übrigen Wohnungseigentümer (→ Decken-, Wanddurchbruch).

Abgeschlossenheitsbescheinigung

Bei der Aufteilung eines Grundstücks in Wohnungseigentum wird für jede Wohnung ein eigenes Grundbuchblatt, ein sog. → Wohnungsgrundbuch, angelegt (bei der Begründung von Teileigentum ein Teileigentumsgrundbuch). Als Eintragungsvoraussetzung (BGH NJW 1994, 650; BayObLG DNotZ 1991, 477) ist dem Eintragungsantrag eine Bescheinigung der jeweils zuständigen Baugenehmigungsbehörde beizufügen, dass die Räume, an denen Wohnungs- oder Teileigentum begründet werden soll, in sich abgeschlossen sind. Die Abgeschlossenheitsbescheinigung ist kein Verwaltungsakt (VG Berlin NZM 1998, 732), sondern zusammen mit dem Aufteilungsplan ein grundbuchverfahrensrechtlicher Nachweis dafür, dass die sachenrechtliche Aufteilung des Grundstücks den nach §§ 8, 3 WEG gebotenen Inhalt hat (BGH NJW 1994, 650 f; VGH München NZM 1999, 260). Einzelheiten regelt die „Allgemeine Verwaltungsvorschrift für die Ausstellung von Bescheinigungen gemäß § 7 Abs. 4 Nr. 2 und § 32 Abs. 2 Nr. 2 des WEG", die gem. § 59 WEG erlassen wurde, nur der einheitlichen Ausführung des WEG dient (BVerfGE 11, 18) und deshalb bei ständiger Verwaltungspraxis die Verwaltung selbst bindet, für die Gerichte aber unverbindlich ist (KG DNotZ 1985, 437).

Da die Bauaufsichtsbehörde mit der Erteilung der Abgeschlossenheitsbescheinigung für ein bestehendes Gebäude dem Grundbuchamt gegenüber die Verantwortung dafür übernimmt, dass der von ihr geprüfte und der Abgeschlossenheitsbescheinigung zugrunde gelegte Aufteilungsplan mit den tatsächlichen baulichen Verhältnissen übereinstimmt, ist sie berechtigt, bei fehlender Übereinstimmung die Erteilung der Abgeschlossenheitsbescheinigung zu verweigern, selbst wenn die Abweichungen die Abgeschlossenheit nicht in Frage stellen (VGH München NZM 1999, 260). Die Baugenehmigungsbehörde hat aber nicht zu prüfen, ob die Voraussetzungen für eine Abgeschlossenheit nach den baupolizeilichen Vorschriften vorliegen (GS der Obersten Gerichtshöfe des Bundes BGHZ 119, 42, 51). Jede über das sachenrechtliche Merkmal der Abgeschlossenheit hinausgehende Aussage zur bautechnischen Ausführung, etwa von Trennwänden und Trenndecken, ist unbeachtlich, weil das Grundbuchamt nicht verpflichtet und nicht in der Lage ist, bautechnische Fragen zu prüfen (BGH WM 1990, 608).

Das Grundbuchamt ist an die Abgeschlossenheitsbescheinigung nicht gebunden, wenn sich aus den zum Vollzug vorgelegten Eintragungsunterlagen, z.B. aus der Gemeinschaftsordnung oder dem Aufteilungsplan, die fehlende Abgeschlossenheit ergibt (GS der Obersten Gerichtshöfe des Bundes BGHZ 119, 42; OLG Düsseldorf FGPrax 1998, 12); erkennt es Fehler, so kann es die Bildung von Wohnungsgrundbüchern verweigern, bis die Abgeschlossenheitsbescheinigung korrigiert ist. Andererseits kann das Grundbuchamt auch aufgrund einer für kraftlos erklärten Abgeschlossenheitsbescheinigung die Aufteilung vollziehen, wenn die Kraftloserklärung auf das Fehlen bautechnischer Anforderungen – also auf unerhebliche Gründe – gestützt wird (BayObLG NJW-RR 1990, 1356). Die Baubehörde darf eine von ihr erteilte Abgeschlossenheitsbescheinigung nachträglich für kraftlos erklären, wenn der zugrunde liegende Aufteilungsplan durch bauliche Veränderungen des Gebäudes unrichtig geworden ist und den Umfang des Sondereigentums sowie des Gemeinschaftseigentums und der zulässigen Nutzung nicht mehr zutreffend darstellt (BVerwG NJW 1997, 71).

▶ **Ablesung von Wärmezählern** → Heiz- und Warmwasserkosten

▶ **Abmahnung** → Entziehung des Wohnungseigentums

Abnahme

Auf den Erwerb einer Eigentumswohnung vom Bauträger findet grds. Werkvertragsrecht insoweit Anwendung, als der Bauträger zur Herstellung des Bauwerks verpflichtet ist (→ Kaufvertrag). Anders als das Kaufrecht sieht das Werkvertragsrecht eine förmliche Abnahme des herzustellenden Objektes vor.

1. Anspruch auf Abnahme

Der Bauträger hat gegen den Erwerber Anspruch auf Abnahme der Eigentumswohnung, d.h. auf Übernahme des Besitzes und auf eine ausdrückliche oder stillschweigende Erklärung, dass der Erwerber die hergestellte Wohnung als im Wesentlichen vertragsgemäß anerkennt (BGH WM 1996, 1151f). Voraussetzung ist die vollständige Herstellung des Werkes, d.h. hinsichtlich der dem Sondereigentum zugeordneten Räume Bezugsfertigkeit (BGH ZfBR 1983, 261), also dass die Wohnung selbst vollständig und alle für die Nutzung des gemeinschaftlichen Eigentums notwendigen Einrichtungen, z.B. die Heizungsanlage, so funktionstauglich fertig gestellt sind, dass ein Bezug zumutbar ist. Nach der Kündigung des Bauvertrages hat der Auftragnehmer einen Anspruch auf Abnahme, wenn die von ihm bis zur Kündigung erbrachte Leistung die Voraussetzungen für die Abnahmepflicht des Auftraggebers erfüllt (BGH NZBau 2003, 265).

Die Abnahme kann nicht wegen unwesentlicher Mängel verweigert werden, §640 Abs.1 S.2 BGB. Der Abnahme steht es gleich, wenn der Erwerber das Gebäude nicht innerhalb einer ihm vom Bauunternehmer gesetzten angemessenen Frist abnimmt, obwohl er hierzu verpflichtet ist, §640 Abs.1 S.3 BGB. Ob bei Streit über die Abnahmefähigkeit des Gebäudes der Unternehmer Klage auf Abnahme mit der Möglichkeit der Zwangsvollstreckung nach §888 ZPO führen kann (so BGHZ 132, 96), ist wegen der Abnahmefiktion zweifelhaft (Palandt/Sprau §640 RN 6). Jedenfalls kann der Unternehmer Klage auf Feststellung einer wirksamen Abnahme erheben.

Gem. §641a Abs.1 BGB steht es der Abnahme ferner gleich, wenn dem Unternehmer von einem Gutachter eine Bescheinigung darüber erteilt wird, dass das Gebäude hergestellt und frei von Mängeln ist, die der Erwerber gegenüber dem Gutachter behauptet hat oder die für den Gutachter bei einer Besichtigung feststellbar waren (Fertigstellungsbescheinigung). Gutachter kann nur ein Sachverständiger sein, auf den sich die Parteien geeinigt haben oder der durch eine Industrie- und Handelskammer, eine Handwerks-, Architekten- oder Ingenieurkammer öffentlich bestellt und vereidigt ist, § 641a Abs. 2 BGB. Er muss einen Besichtigungstermin abhalten, zu welchem der Erwerber mindestens zwei Wochen vorher zu laden ist, § 641a Abs. 3 S. 1 BGB. Beurteilungsgrundlage für die Mängelfreiheit ist der schriftliche Vertrag zwischen den Parteien, wobei, soweit der Vertrag hierzu keine Angaben enthält, die allgemeinen Regeln der Technik zugrunde zu legen sind, § 641a Abs. 3 S. 3 BGB (→ Bautechnik, Regeln).

2. Abnahmewirkungen

Die Abnahme hat folgende rechtliche Wirkungen:
- Beginn der Verjährungsfrist für Gewährleistungsansprüche von fünf Jahren gem. § 634a BGB bzw. von zwei Jahren bei wirksamer Vereinbarung von § 13 VOB Teil B;
- Fälligkeit des Kaufpreises gem. § 641 BGB, sofern nicht im Kaufvertrag eine andere Regelung getroffen ist; die auf den Bauträgerkauf anwendbare MaBV sieht eine abweichende Fälligkeit vor (→ Vergütung des Bauträgers);
- Übergang der Gefahr auf den Erwerber gem. §§ 644, 645 BGB, i.d.R. auch Übergang von Besitz, Nutzungen und Lasten;
- Verlust des Anspruchs auf Neuherstellung, es sei denn, dass ein Mangel auf andere Weise nicht beseitigt werden kann (BGHZ 96, 111);
- Verlust von Mängelbeseitigungs-, Minderungs- und Rücktrittsansprüchen bezüglich bekannter, nicht nur erkennbarer Mängel, wenn sich der Erwerber die Rechte wegen dieser Mängel nicht vorbehält, § 640 Abs. 2 BGB;
- Verlust von Vertragstrafeansprüchen, die sich der Erwerber nicht vorbehält, § 341 Abs. 3 BGB bzw. § 11 Nr. 4 VOB/B;
- Übergang der Beweislast für das Vorhandensein von Mängeln im Zeitpunkt der Abnahme auf den Erwerber (BGH NJW 1981, 2403).

Wegen dieser einschneidenden Wirkungen der Abnahme ist stets die Erstellung eines Abnahmeprotokolls zu Beweiszwecken zu empfehlen, in das die noch ausstehenden Restarbeiten, die erkannten Baumängel und etwaig erforderliche Vorbehalte bezüglich der Vertragsstrafe aufzunehmen sind.

3. Abnahme des gemeinschaftlichen Eigentums

Wie die Abnahme des Sondereigentums, welche allein dem einzelnen Erwerber obliegt, ist auch die Abnahme des gemeinschaftlichen Eigentums grds. kein Gegenstand der gemeinschaftlichen Verwaltung (BayObLG NZM 1999, 862). Zuständig für die Abnahme ist vielmehr aufgrund des Erwerbsvertrages jeder einzelne Wohnungseigentümer (BGH NJW 1985, 1551). Dieser muss deshalb die Abnahme oder Nichtabnahme des gemeinschaftlichen Eigentums durch andere Wohnungseigentümer oder durch deren Mehrheit nicht gegen sich gelten lassen (Staudinger/Bub § 21 RN 242). Die Wohnungseigentümer können eine einheitliche Abnahme des gemeinschaftlichen Eigentums aber vereinbaren. Ein hierauf gerichteter Mehrheitsbeschluss ist nichtig (a.A. BayObLG NZM 1999, 862), da es der Wohnungseigentümerversammlung versagt ist, individuelle Ansprüche der einzelnen Wohnungseigentümer zu einer Angelegenheit der gemeinschaftlichen Verwaltung zu machen (→ Vereinbarungsändernder, vereinbarungsersetzender, vereinbarungswidriger Mehrheitsbeschluss).

In den Erwerbsverträgen kann dem Verwalter Vollmacht zur Abnahme des gemeinschaftlichen Eigentums erteilt werden (BayObLG NZM 2001, 539); ohne eine solche Ermächtigung ist der Verwalter nicht zur Abnahme berechtigt (OLG München DB 1978, 2360; OLG Stuttgart MDR 1980, 495). In diesem Fall bleibt es Sache jedes einzelnen Wohnungseigentümers, Mängelansprüche hinsichtlich des gemeinschaftlichen Eigentums geltend zu machen; die Verjährungsfrist läuft dann für jeden Erwerber individuell (BayObLG NZM 2001, 539f). Auch bei Vereinbarung einer förmlichen Abnahme in den Erwerbsverträgen bleibt Raum für eine stillschweigende Abnahme (BGH NJW-RR 1999, 1246), da beide Parteien – der Wohnungserwerber und der Bauträger – jederzeit durch schlüssiges Verhalten auf eine förmliche Abnahme verzichten können, etwa durch vorbehaltlosen Bezug der Wohnung und vorbehaltlose Zahlung des Kaufpreises oder längerfristige, rügelose Nutzung des Gemeinschaftseigentums (BGH NJW 1996, 1280).

▶ Abrechnung, Aufstellung

Gem. § 28 Abs. 3 WEG hat der Verwalter *nach* Ablauf des Kalenderjahres eine Abrechnung aufzustellen. Ein Anspruch auf Erstellung der Abrechnung als Maßnahme ordnungsmäßiger Verwaltung gem. § 21 Abs. 4 WEG steht jedem einzelnen Eigentümer zu. Aus der Pflicht des Verwalters zur Erstellung einer Abrechnung folgt die zivilrechtliche Pflicht des Verwalters zur ordnungsgemäßen → Buchführung.

Die Wohnungseigentümer können Abweichungen von § 28 WEG vereinbaren (BayObLGZ 1988, 287, 291; KG OLGZ 1990, 437, 439), eine Verpflichtung zur Abrechnung und Rechnungslegung aber nicht ausschließen (LG Berlin ZMR 1984, 424).

1. Begriff und Bedeutung der Abrechnung

Die Abrechnung ist die jeweils auf ein Kalenderjahr bezogene, turnusmäßige Rechenschaftsablegung des Verwalters über die von ihm verwalteten gemeinschaftlichen Gelder (KG WE 1990, 209; OLG Hamm OLGZ 1975, 157). Sie dient der endgültigen Feststellung, wie Einnahmen und Ausgaben zwischen den Wohnungseigentümern verteilt werden (KG NJW-RR 1992, 845; OLG Hamm NZM 1998, 923 f; Staudinger/Bub § 28 RN 13), worüber sie selbst durch Mehrheitsbeschluss verbindlich mit konstitutiver Wirkung entscheiden. Sie hat als Einnahmen- und Ausgabenrechnung klaren Aufschluss über die Verwendung der gemeinschaftlichen Gelder und die Veränderung des liquiden Vermögens der Wohnungseigentümer zum Ende des Abrechnungszeitraums zu geben, nicht aber für eine periodengerechte Abgrenzung nach Ertrag und Aufwand zu sorgen.

Daneben erfüllt der Verwalter mit der Abrechnung die ihn aus dem Verwaltervertrag gem. §§ 675, 666 BGB treffende Rechenschaftspflicht; sie dient damit den Wohnungseigentümern als wesentliche Grundlage der Kontrolle seiner Wirtschaftsführung (KG OLGZ 1994, 141, 145; BPM § 28 RN 52), und zwar nicht nur in rechnerischer Hinsicht, sondern auch unter den Gesichtspunkten der Rechtmäßigkeit, Wirtschaftlichkeit und Zweckmäßigkeit.

Die Abrechnung hat für die Deckung des Finanzbedarfs der Wohnungseigentümergemeinschaft eine nur untergeordnete Bedeutung, da bei ordnungsmäßiger Verwaltung auf der Grundlage ihrer Genehmigung nur der Ausgleich zwischen den Wohnungseigentümern in Bezug auf bereits getätigte Ausgaben stattfindet, nicht aber die Mittel zur Tilgung von – etwa mangels Liquidität – bestehenden Verbindlichkeiten aufgebracht werden. Diese werden vielmehr ausschließlich durch den Beschluss des Wirtschaftsplans oder von Sonderumlagen beschafft (Wenzel PiG 44, 129, 141). Nur ausnahmsweise werden also auf der Grundlage der Abrechnung die Mittel beschafft, die zur nachträglichen Deckung solcher getätigten Aufwendungen erforderlich sind, die die Ansätze des genehmigten Wirtschaftsplans oder einer genehmigten Sonderumlage übersteigen.

Die Abrechnung ist gegenüber Dritten, z.B. ausgeschiedenen Wohnungseigentümern, dem Verwalter (BGH ZfIR 1997, 284, 287) oder anderen Vertragspartnern unverbindlich, da § 10 Abs. 3 WEG den Kreis derer, denen gegenüber Beschlüsse wirksam sind, abschließend regelt. Daher verwirkt ein Verwalter nicht seine Vergütungsansprüche gegenüber den Wohnungseigentümern, wenn diese nicht bezahlt wurden und deshalb nicht in der Abrechnung aufscheinen, auch wenn er sich die Ansprüche nicht vorbehält (a.A. LG Frankfurt MDR 1978, 937; Soergel/Stürner § 26 RN 6).

Eine mittelbare Wirkung entfaltet die genehmigte Abrechnung zwischen dem vermietenden Wohnungseigentümer und seinem Mieter, da sie die auf den Wohnungseigentümer entfallenden Betriebskosten festlegt, die dieser – soweit der Mietvertrag dies vorsieht – auf seinen Mieter umlegen kann (→ Umlage der Nebenkosten auf den Mieter). Insoweit ist die Abrechnung Grundlage der Betriebskostenabrechnung der vermietenden Wohnungseigentümer (OLG Düsseldorf NZM 2001, 48).

2. Verhältnis zum Wirtschaftsplan

Der Beschluss über die Genehmigung des Wirtschaftsplans bestimmt den vorläufigen Beitrag der Wohnungseigentümer zu den

Lasten und Kosten des gemeinschaftlichen Eigentums, der Beschluss über die Jahresabrechnung den endgültigen Beitrag (BayObLG WE 1991, 24 und 26; KG OLGZ 1994, 141, 145; OLG Hamm NZM 1998, 923f). Die Jahresabrechnung steht mit dem Wirtschaftsplan für das Folgejahr insoweit in einem wirtschaftlichen Zusammenhang, als die Wirtschaftsplanansätze auf der Grundlage des Ergebnisses der Vorjahresabrechnung unter Berücksichtigung eingetretener oder mutmaßlich noch eintretender Veränderungen ermittelt werden.

Der Wirtschaftsplan ist für die Abrechnung nicht vorgreiflich (BayObLG Rpfleger 1981, 284, 285; KG NJW-RR 1992, 845). So ist der dem beschlossenen Wirtschaftsplan zugrunde gelegte Verteilungsschlüssel für die Abrechnung über die aufgrund des Wirtschaftsplans geleisteten Vorschüsse nicht verbindlich (BayObLGZ 1974, 172, 177; KG WE 1990, 210); ein unrichtiger Verteilungsschlüssel im Wirtschaftsplan ist also in der Abrechnung durch den richtigen zu ersetzen.

3. Inhalt und Form der Abrechnung

Soweit nichts anderes vereinbart ist, hat die Abrechnung nach den Grundsätzen der ordnungsmäßigen Verwaltung Folgendes zu enthalten:
- Eine geordnete und übersichtliche, inhaltlich zutreffende Gegenüberstellung aller tatsächlichen Einnahmen und Ausgaben in dem betreffenden Kalenderjahr;
- eine Darlegung der Kontostände unter Angabe der Anfangs- und Endbestände;
- die Aufteilung des Ergebnisses der Gesamtabrechnung auf die einzelnen Wohnungseigentümer unter Mitteilung der Verteilerschlüssel, die sog. Einzelabrechnung.

An allgemeinen Angaben enthält die Gesamtabrechnung das Anwesen, auf das sie sich bezieht, und die Abrechnungsperiode; in der Einzelabrechnung ist zusätzlich der Eigentümer der von ihr betroffenen Eigentumseinheit zu benennen und die Eigentumseinheit identifizierbar zu bezeichnen. Im Einzelnen gilt:
- **Abrechnungsfehlbeträge.** Zu den tatsächlich erzielten Einnahmen rechnen die Zahlungen auf Fehlbeträge aus Abrechnungen

über vorangegangene Wirtschaftsjahre (OLG Hamm OLGZ 1975, 157, 159), über die ansonsten nicht Rechnung gelegt würde. Dies erfordert die Angabe des → Saldovortrags in der Abrechnung.
- **Aufrechnung.** Werden einzelne Wohnungseigentümer wirksam durch den Verwalter oder Beschluss der Wohnungseigentümerversammlung mit Arbeiten am gemeinschaftlichen Eigentum beauftragt, z.B. mit der Gartenpflege (OLG Düsseldorf WE 1991, 331 [L]) oder mit Fensteranstricharbeiten (KG OLGZ 1991, 425f), so kann die Aufrechnung der vereinbarten Vergütung mit Beitragszahlungen vereinbart oder durch entsprechende Ausweisung in der Abrechnung zugleich mit dieser beschlossen werden; da die wirksame Aufrechnung die sich gegenüberstehenden Zahlungsansprüche gem. § 389 BGB zum Erlöschen bringt, steht sie wechselseitigen Zahlungen gleich, so dass die von den Wohnungseigentümern geschuldete Vergütung oder ein anerkannter Auslagenersatz als alle Wohnungseigentümer belastende Ausgabe und zugleich als Beitragszahlung der anspruchsberechtigten Wohnungseigentümer auszuweisen ist, auf die damit die Ausgabe anteilmäßig verteilt wird.
- **Ausgeschiedener Wohnungseigentümer.** Beitragszahlungen ausgeschiedener Wohnungseigentümer sind im Abrechnungsjahr deren Sondernachfolgern gutzuschreiben. Erfolgt eine Zahlung auf Beitragsrückstände, so ist in gleicher Weise zu verfahren, solange der betreffende Rückstand im Saldovortrag des Sondernachfolgers berücksichtigt ist; allerdings wird in diesem Fall die im Saldovortrag dokumentierte Forderung ausgeglichen, der folgerichtig stets in die Abrechnung einzubeziehen ist. Wurden die Rückstände bereits als Forderungsausfall auf alle Wohnungseigentümer umgelegt, so sind die Zahlungen hierauf gemeinschaftliche Einnahmen, die die Ausgabenlast mindern.
- **Bauliche Veränderungen.** Nehmen Wohnungseigentümer an den Kosten baulicher Änderungen nicht teil (→ Befreiung von Kosten), so ist dies bei der Verteilung zu berücksichtigen (BGHZ 116, 392, 398).
- **Beitragsvorschüsse.** Zu den Einnahmen zählen insbesondere sämtliche Beitragsvorschüsse und Sonderumlagezahlungen der Wohnungseigentümer (BayObLG WE 1992, 176f; OLG Düssel-

dorf WE 1995, 278f; OLG Frankfurt OLGZ 1984, 333f), auch wenn diese das Vorjahr oder das Folgejahr betreffen (BayObLG WuM 1993, 92f; OLG Hamm ZMR 1997, 251f; Staudinger/Bub § 28 RN 328), einschließlich der Beiträge zur Instandhaltungsrückstellung (OLG Hamm OLGZ 1975, 157, 159); hierzu zählen weiterhin Zahlungen auf Beitragsrückstände ausgeschiedener Wohnungseigentümer (Deckert ZdWBay 1994, 253).

Die Beitragszahlungen können in einem Betrag ausgewiesen werden (a.A. KG WE 1988, 17, das eine Aufschlüsselung der Einnahmen nach Zahlungszeitpunkt und Einzahler fordert). Es ist deshalb auch unschädlich, wenn der Abrechnung eine Kontenübersicht als Bestandteil beigefügt wird, in der die Beitragsvorschüsse jedes einzelnen Wohnungseigentümers angegeben sind (BayObLG WE 1990, 133); fehlerhaft ist eine Abrechnung allerdings, wenn diese Kontenübersicht nur dem Verwalter und Verwaltungsbeirat bei der Beschlussfassung vorliegt und der Gesamtbetrag der Beitragszahlungen in der Gesamtabrechnung nicht angegeben ist. Empfehlenswert, aber nicht zwingend erforderlich ist eine Aufschlüsselung der Beitragszahlungen in Vorschusszahlungen, Sonderumlagen und Zahlungen auf die Vorjahresabrechnung.

Es genügt nicht, die Zahlungen der einzelnen Wohnungseigentümer nur in der jeweiligen Einzelabrechnung auszuweisen (BayObLG NJW-RR 1989, 840f).

- **Belege.** Der Abrechnung sind keine → Belege beizufügen, aber zur Einsicht bereitzuhalten (OLG Frankfurt OLGZ 1984, 333). Die Vorlage der Belege allein, aus denen sich die Wohnungseigentümer eine Abrechnung selbst fertigen können, stellt keinesfalls eine Abrechnung i.S. von § 28 Abs. 3 WEG dar (vgl. BGHZ 39, 87, 95; OLG München Betrieb 1986, 1970), und zwar auch nicht, wenn die Belege erläutert werden (OLG Köln NJW-RR 1989, 528).
- **Benutzungsgebühren.** Einnahmen aus der Vermietung gemeinschaftlichen Eigentums oder Benutzungsgebühren z.B. für Sauna oder Waschmaschinen sind als Einnahmen auszuweisen.
- **Betriebskosten.** Um dem vermietenden Eigentümer die → Umlage der Betriebskosten auf den Mieter zu ermöglichen, empfiehlt es sich, als Kostenarten die Positionen zu übernehmen, die in der

Anlage 3 zu § 27 der II. BV (seit 1.1. 2004 BetriebskostenVO) genannt sind, soweit diese auch bei der Verwaltung der konkreten Wohnungseigentumsanlage anfallen (vgl. aber BayObLG NZM 2000, 507 und OLG Stuttgart WE 1990, 106: keine Verpflichtung hierzu). Anfallende Kostenarten, die in der Anlage 3 zu § 27 der II. BV nicht aufgeführt sind, sollten in der WEG-Abrechnung aufgeführt werden, z.B. Verwaltergebühr, Kapital-, Reparatur- und Anschaffungskosten, Instandhaltungsrückstellung.
- **Bilanz.** Zur Erstellung einer Bilanz mit Gewinn- und Verlustrechnung ist der Verwalter weder verpflichtet (BayObLG NZM 2000, 280f; KG OLGZ 1981, 301, 305) noch berechtigt (BayObLG WE 1994, 184; OLG Frankfurt OLGZ 1984, 333; OLG Hamm ZWE 2001, 446). Gleiches gilt für eine Vermögensaufstellung nach Art einer Bilanz (KG DWE 1994, 83).

Die Wohnungseigentümer können vereinbaren, dass die Abrechnung als Bilanz mit einer Ergebnisrechnung nach periodengerecht abgerechneten Erträgen und Aufwendungen aufzustellen ist (BayObLG ZMR 2000, 687, 689; OLG Zweibrücken NZM 1999, 276); ein Mehrheitsbeschluss widerspricht § 10 Abs. 1 S. 2 WEG und ist nichtig. Der Verwalter hat in Vollzug dieser Vereinbarung eine Bilanz mit Vermögensaktivierung, periodengerechter Abgrenzung, z.B. Öllieferung, Stromlieferung etc., Wertberichtigungen und Rückstellungen sowie eine Gewinn- und Verlustrechnung zu erstellen. Dies ist vorteilhaft, wenn Wohnungseigentümer ihr Wohnungseigentum vermieten, da diese i.d.R. ihren Mietern eine periodengerecht abgegrenzte Betriebskostenabrechnung schulden; allerdings kann eine solche Abrechnung wegen des einkommensteuerlichen Zu- und Abflussprinzips nicht ohne Korrekturen zur Ermittlung der Einkünfte aus Vermietung und Verpachtung herangezogen werden.
- **Eigentümerwechsel.** Kommt es während der Abrechnungsperiode zu einem Eigentümerwechsel, so findet eine zeitanteilige Aufteilung auf die Perioden der Zugehörigkeit von Veräußerer und Erwerber zur Wohnungseigentümergemeinschaft nicht statt, da nur derjenige, der im Zeitpunkt der Fälligkeit des Abrechnungsergebnisses, also i.d.R. bei Genehmigung der Abrechnung, als Eigentümer im Grundbuch eingetragen ist, Gläubiger bzw.

Schuldner des Abrechnungsergebnisses ist (→ Haftung des Erwerbers; → Haftung des Veräußerers). Der Verwalter hat auch keine Zwischenabrechnung für die Zeit bis zum Ausscheiden des Veräußerers aus der Wohnungseigentümergemeinschaft zu erstellen (KG NZM 2000, 830; Palandt/Bassenge § 28 RN 8), zumal da diese nicht mit Bindungswirkung für den Veräußerer beschlossen werden könnte (Staudinger/Bub § 28 RN 363). Es ist Sache des Veräußerers und des Erwerbers, das Ergebnis der Abrechnung nach der im Veräußerungsvertrag getroffenen Vereinbarung untereinander aufzuteilen.

Z. Abrechnung der Heizkosten beim Eigentümerwechsel → Heiz- und Warmwasserkosten.

• **Einnahmen und Ausgaben.** Die Einnahmen- und Ausgabenrechnung hat sämtliche Veränderungen im Bestand der gemeinschaftlichen Gelder so auszuweisen, wie sie tatsächlich erfolgt sind (BGH WE 1996, 144; BayObLG NZM 2002, 455; KG NJW-RR 1992, 845; OLG Hamm ZMR 1997, 251f), also sämtliche Zahlungseingänge und sämtliche Zahlungsausgänge, und zwar unabhängig davon, ob sie materiell-rechtlich zulässig und berechtigt waren (→ Materiell-rechtlich unzulässige Zahlungen). Ausnahmen vom Grundsatz der reinen Einnahmen- und Ausgabenrechnung bestehen nach der Rechtsprechung im Hinblick auf die Heizkostenverordnung bei den → Heizkosten sowie bei der → Instandhaltungsrückstellung.

Einnahmen und Ausgaben dürfen nicht in globalen Beträgen angegeben werden. Eine Aufschlüsselung ist insoweit erforderlich, als es einem berechtigten Informationsbedürfnis entspricht (vgl. OLG München NJW 1995, 465f); daher genügt zur Straffung der Abrechnung eine Aufgliederung nach Kostenarten, die schlagwortartig gekennzeichnet sind (OLG Düsseldorf 5.12.1994, 3 Wx 144/94); eine Bezugnahme auf bestimmte Belege (so noch KG WE 1988, 17) oder gar eine Aufgliederung nach Buchungsdatum, Gegenstand, Belegnummer und Betrag ist nicht erforderlich (KG NJW-RR 1996, 526f). Inwieweit Einzelpositionen zusammengefasst werden können, ist eine Frage des Einzelfalls, wobei kein kleinlicher Maßstab angelegt werden darf (Dürr ZMR 1985, 255; Merle PiG 21, 107, 113f).

Positionen, an denen Wohnungseigentümer unterschiedlich beteiligt sind, z.B. weil einzelne Wohnungseigentümer von der Kostenbeteiligung befreit sind oder weil Kosten nur von einem einzigen Wohnungseigentümer zu tragen sind, sind jedenfalls gesondert auszuweisen. Auch sollten außergewöhnliche Ausgaben, etwa von Kosten beschlossener Großreparaturen (Dürr ZMR 1985, 255 ff), in einer besonderen Position erfasst oder besonders erläutert werden.

• **Einzelabrechnung.** Die Abrechnung besteht aus der Gesamtabrechnung und den Einzelabrechnungen, in denen die Ausgaben unter Mitteilung des jeweils angewendeten Verteilungsschlüssels auf die einzelnen Wohnungseigentümer aufgeteilt werden (BayObLG NJW-RR 1991, 16). Grds. muss sich jede Position der Einzelabrechnung aus der entsprechenden Position der Gesamtabrechnung durch einen Rechenvorgang nachvollziehen lassen (BayObLG WuM 1996, 795; KG NJW-RR 1993, 1105; OLG Hamm ZMR 1997, 251 f). Die Summe der in den Einzelabrechnungen aufgeführten Positionen muss folglich mit den entsprechenden Positionen der Gesamtabrechnung übereinstimmen (Drasdo WE 1996, 12). Keinesfalls darf also das Ergebnis der Gesamtabrechnung, nämlich die Differenz zwischen Einnahmen und Ausgaben, verteilt werden.

Die Genehmigung einer Einzelabrechnung ist anfechtbar, soweit sie Positionen ausweist, die nicht aus der Gesamtabrechnung abgeleitet werden können (vgl. BayObLG WuM 1996, 795). Fehler in der Gesamtabrechnung oder im Verteilungsschlüssel, die sich auf alle Einzelabrechnungen auswirken, führen stets zur Anfechtbarkeit im Ganzen (BayObLG WuM 1994, 568 f; KG NJW-RR 1996, 844, 846).

Anders als beim Wirtschaftsplan kann auf die Einzelabrechnung nicht unter dem Gesichtspunkt der Errechenbarkeit verzichtet werden (OLG Frankfurt OLGZ 1984, 333 f; OLG Hamm NJOZ 2001, 1400, 1403; Staudinger/Bub § 28 RN 356). Aus den Angaben in der Gesamtabrechnung kann die Einzelabrechnung nämlich schon deswegen nicht insgesamt als einfacher rechnerischer Vollzug entwickelt werden, weil die geleisteten Beitragsvorschüsse nicht aus den Gesamteinnahmen errechnet werden kön-

nen und deshalb das Einzelabrechnungsergebnis nicht festgestellt werden kann, auf das es aber entscheidend ankommt (Wenzel, in: FS Seuß [1997] 313, 322).
• **Entnahmen.** Vom Verwalter entnommene Beträge sind in die Jahresabrechnung einzustellen, ohne dass es darauf ankommt, ob er hierzu berechtigt war (BayObLG NZM 2001, 1040). Auch wenn der Verwalter Geld für Angelegenheiten ausgegeben hat, welche nicht die Verwaltung des gemeinschaftlichen Eigentums betreffen, müssen diese Ausgaben in der Abrechnung erscheinen, damit sie schlüssig wird; außerdem wird den Eigentümern nur auf diese Weise ermöglicht, im Rahmen des Entlastungsbeschlusses zu entscheiden, ob sie diese Ausgaben billigen oder vom Verwalter zurückverlangen wollen. Eine solche Entscheidung würde unmöglich gemacht, wenn solche Ausgaben in der Jahresabrechnung nicht zu erscheinen hätten (BayObLGZ 1992, 210).
• **Ergänzung der Abrechnung.** Fehlen Bestandteile der Abrechnung, z.B. die Gesamteinnahmen (BayObLG WuM 1993, 92f) oder Auskünfte, etwa eine Vermögensübersicht (BayObLGZ 1986, 266 zu Forderungen; WE 1994, 184f zum Stand der gemeinschaftlichen Konten), oder fehlt die Einzelabrechnung selbst (BayObLG WuM 1993, 92f) oder Teile davon (KG NJW-RR 1996, 526f), so kann jeder Wohnungseigentümer eine entsprechende Ergänzung der Abrechnung durch den Verwalter und deren Genehmigung durch einen weiteren Beschluss verlangen, nicht aber die Ungültigerklärung der beschlossenen Abrechnung, sofern die Unvollständigkeit keinen Einfluss auf deren Richtigkeit hat (BayObLG NZM 2000, 280f; OLG Hamm NZM 1998, 923f).
• **Erläuterungen.** Erläuterungen einzelner oder gar aller Positionen der Abrechnung sind kein notwendiger Bestandteil der Darstellung. Gleichwohl sollte der Verwalter außergewöhnliche Abrechnungsposten erläutern, da er aufgrund des Verwaltervertrages zur Abgabe von sog. Rechtfertigungserklärungen in Bezug auf die einzelnen Akte seiner Geschäftsführung verpflichtet ist; da die Erläuterungen nicht Gegenstand der Abrechnungsgenehmigung sind – was klargestellt werden sollte –, sondern Grundlage der → Entlastung des Verwalters, kann der Verwalter die Abrechnung auch in der Eigentümerversammlung mündlich erläutern (BayObLGZ

1975, 161). Er muss dies jedenfalls, wenn eine Rechtfertigungserklärung für die Vornahme bestimmter Tätigkeiten von einem der Wohnungseigentümer verlangt wird, z.B. weil er von Beschlüssen der Eigentümerversammlung abgewichen ist oder die Wirtschaftsplanansätze überschritten werden oder Rechnungsposten frühere Abrechnungszeiträume betreffen (BayObLG WE 1996, 237, 239).
- **Erträgnisse des gemeinschaftlichen Eigentums.** Erträgnisse des gemeinschaftlichen Eigentums gem. § 99 Abs. 3 BGB i. V. m. § 16 Abs. 1 WEG, etwa Mieteinnahmen oder Benutzungsentgelte, sind als Einnahmen in die Abrechnung einzustellen.
- **Faktische (werdende) Wohnungseigentümergemeinschaft.** Einnahmen und Ausgaben, die die Zeit vor Entstehen der (werdenden) Wohnungseigentümergemeinschaft betreffen und die dem Verwaltungsvermögen der Wohnungseigentümer zugeflossen oder aus diesem abgeflossen sind, sind getrennt auszuweisen (KG WE 1986, 103, 112; OLGZ 1989, 32). Der Verwalter ist daher verpflichtet, bei Entstehen der (werdenden) Wohnungseigentümergemeinschaft die Maßnahmen zu treffen, die eine korrekte Abgrenzung ermöglichen, z.B. die Strom-, Gas-, Wasser- und Wärmeverbrauchszähler ablesen zu lassen.
- **Forderungen und Verbindlichkeiten.** In die Jahresabrechnung dürfen nur tatsächliche Einnahmen und Ausgaben aufgenommen werden, nicht aber Forderungen und Verbindlichkeiten, etwa offene Handwerkerrechnungen (BayObLG NZM 2000, 280f) oder „Sollbeträge" und Rechnungsabgrenzungsposten (OLG Düsseldorf WE 1995, 278f; Schmid GE 1988, 169f), etwa nicht gezahlte Beitragsvorschüsse, und zwar unabhängig vom Grund der Nichterfüllung im betreffenden Abrechnungsjahr, also z.B. auch, weil es der Verwalter pflichtwidrig unterlassen hat, Beitragsvorschüsse der Wohnungseigentümer einzuziehen (BayObLG DWE 1990, 28), oder weil ein Wohnungseigentümer Beitragsvorschüsse erst im Folgejahr bezahlt hat (BayObLG WE 1991, 168). Ein Wohnungseigentümer kann deswegen insoweit auch keine Ergänzung der Abrechnung verlangen (BayObLG NZM 2000, 280).
- **Form.** Die Abrechnung ist schriftlich zu erteilen, um eine Nachprüfung zu ermöglichen (KG NJW-RR 1996, 526f; Merle PiG 21, 107, 111). Eine Unterschrift des Verwalters ist nicht erforderlich

(KG NJW-RR 1996, 526f, das aber offen gelassen hat, ob die Wohnungseigentümergemeinschaft dies fordern kann).
- **Frist.** Der Verwalter hat die Abrechnung ohne besondere Aufforderung und Beschluss der Wohnungseigentümer (KG WE 1988, 17; OLG Hamm OLGZ 1975, 158) nach Ablauf des Wirtschaftsjahres binnen der vereinbarten, ansonsten einer angemessenen Frist von etwa drei bis höchstens sechs Monaten zu erstellen (BayObLGZ 1975, 369; OLG Düsseldorf NZM 2002, 487f) und den Wohnungseigentümern vorzulegen.
- **Gerichts- und Anwaltskosten.** Verauslagte Vorschüsse auf Kosten für Verfahren gem. § 43 WEG, an denen alle Wohnungseigentümer als Antragsteller oder als Antragsgegner beteiligt sind, sind wie sonstige Verwaltungskosten gem. § 16 Abs. 2 WEG zu verteilen. An den Kosten eines Beschlussanfechtungsverfahrens nehmen die Antragsteller zunächst allerdings nicht teil. Sobald eine rechtskräftige gerichtliche → Kostenentscheidung vorliegt, ist diese maßgeblich; die Kostenverteilung in früheren Abrechnungen ist auf ihrer Grundlage zu korrigieren.
- **Getrennte Ermittlung der Kosten.** Sind die Kosten für verschiedene Gebäude – z.B. bei einer Mehrhauswohnanlage –, Gebäudeteile – z.B. für Wohnungen und Tiefgarage – oder Einrichtungen nach der Vereinbarung der Wohnungseigentümer getrennt zu ermitteln und abzurechnen, so hat eine Aufteilung der Kosten schon in der Gesamtabrechnung stattzufinden, damit aus ihr die Einzelabrechnung nachvollziehbar entwickelt werden kann. Die alle Gebäude bzw. Gebäudeteile betreffenden Kosten können entweder getrennt in voller Höhe oder bereits insoweit aufgeteilt dargestellt werden, als sie nach dem auf die entsprechenden Kosten anzuwendenden Verteilungsschlüssel auf das jeweilige Gebäude entfallen. Wegen des Grundsatzes der gemeinschaftlichen Verwaltung gem. § 21 Abs. 1 WEG ist aber stets eine einheitliche Gesamtabrechnung zu erstellen; getrennte Gesamtabrechnungen für jede „Untergemeinschaft" (BayObLG WuM 1994, 567f für eine Mehrhausanlage; KG ZfIR 1997, 159, 161 für die Abrechnung über die Kosten eines Schwimmbades, das von einer Gruppe Sondernutzungsberechtigter ausschließlich genutzt wird), aber auch getrennte Heizkostenabrechnungen für mehrere Häuser

einer Wohnungseigentumsanlage mit jeweils eigenem Fernwärmeanschluss (BayObLG WuM 1994, 105) widersprechen den Grundsätzen ordnungsmäßiger Verwaltung und sind grds. auf Anfechtung für ungültig zu erklären. Eine Ausnahme von diesem Grundsatz ist nur dann möglich, wenn keine Kosten anfallen, die von allen Wohnungseigentümern zu tragen sind (BayObLG ZMR 2001, 209).

- **Gliederung der Abrechnung.** Eine bestimmte Gliederung der Abrechnung ist nicht vorgeschrieben; insbesondere sind die Gliederungsvorschriften für den Jahresabschluss kaufmännischer Unternehmen gem. §§ 265 ff HGB nicht, auch nicht entsprechend anwendbar. Nicht erforderlich ist eine Aufgliederung der Betriebskosten gem. Anl. 3 zu § 27 II. BV (BayObLG NZM 2000, 507; OLG Stuttgart WE 1990, 106; seit 1.1.2004 BetriebskostenVO), aber zweckmäßig, wenn Eigentumseinheiten vermietet sind. Die einzelnen Posten der Abrechnung sind so zu ordnen und so eindeutig zu bezeichnen, dass die Abrechnung übersichtlich und verständlich ist.

Die Gliederung der Abrechnung sollte dem in der Verwaltungsbuchführung angewandten Kontenplan entsprechen, da dies die Prüfung der Abrechnung erleichtert. Nach dem – allerdings nicht unmittelbar und zwingend – anzuwendenden Grundsatz der Stetigkeit sollte die Gliederung und die Benennung der Abrechnungspositionen aus der Vorjahresabrechnung beibehalten werden.

Ein Übereinstimmen mit der Gliederung des die Abrechnungsperiode betreffenden Wirtschaftsplans erleichtert im Übrigen eine Plausibilitätskontrolle und zeigt – im Falle von Abweichungen – auf, hinsichtlich welcher Positionen ein erhöhter Darlegungs- und Erklärungsbedarf besteht (Röll WE 1987, 146, 149).

- **Guthaben.** Zu den tatsächlichen Ausgaben zählen Zahlungen an Wohnungseigentümer, etwa die Auszahlung von Guthaben aus der Vorjahresabrechnung (Deckert ZdWBay 1994, 253 f).

Die Auszahlungen von Guthaben sind aber nur bei dem Empfänger zu belasten, nicht anteilig von allen Wohnungseigentümern zu tragen; in der Darstellung der Einzelabrechnung ist die Guthabensauszahlung dem Saldovortrag aus der Vorjahresabrechnung gegenüberzustellen, um das Ergebnis nicht zu verfälschen.

Abrechnung, Aufstellung

- **Heizkosten.** Zu den Ausgaben gehören die Kosten der Heizung und Warmwasserversorgung (→ Heiz- und Warmwasserkosten). Hieraus folgt, dass die Jahresabrechnung die Heizkostenabrechnung zu enthalten und die Heizkostenabrechnungsperiode mit der Abrechnungsperiode übereinstimmen sollte, wobei der Ablesetag vom Ende der Abrechnungsperiode geringfügig abweichen darf (BayObLG NJW-RR 1988, 1164).

Eine Besonderheit für die Gegenüberstellung von Einnahmen und Ausgaben ergibt sich aus der gem. § 1 Abs. 2 Ziff. 3 und Abs. 1 Ziff. 1, § 3 HeizkVO auch im Verhältnis der Wohnungseigentümergemeinschaft zum einzelnen Wohnungseigentümer geltenden HeizkVO, die auch für Wohnungseigentümer untereinander eine verbrauchsabhängige Abrechnung von Heiz- und Warmwasserkosten vorschreibt, § 6 HeizkVO (BayObLG WE 1992, 175 f). Bevorraten die Wohnungseigentümer Heizöl, so sind zur Ermittlung der Verbrauchskosten die Anschaffungskosten während der Abrechnungsperiode um den Wert des Anfangsbestandes zu erhöhen und um den Wert des Endbestandes zu vermindern, und zwar nach der Methode „first in – first out" (vgl. OLG Koblenz WuM 1986, 282). Um eine periodengerechte Heizkostenabrechnung erstellen zu können, dürfen nach der Rechtsprechung die im Abrechnungszeitraum tatsächlich angefallenen Verbrauchskosten als Abgrenzungsposten auch dann eingestellt werden, wenn sie mit den in diesem Zeitraum geleisteten Zahlungen nicht übereinstimmen (BayObLG WE 1992, 175 f; OLG Hamm ZWE 2001, 446; a.A. eingehend Staudinger/Bub § 28 RN 349).

Es empfiehlt sich zur Vermeidung weiterer Schwierigkeiten, die Heizkostenabrechnungsperiode dem Wirtschaftsjahr anzupassen.

- **Instandhaltungsrückstellung.** Mittel der Instandhaltungsrückstellung, die zur Erfüllung von Verbindlichkeiten der Wohnungseigentümergemeinschaft tatsächlich ausgegeben wurden, sind zum einen als Einnahmen unter dem Titel „Entnahme aus der Instandhaltungsrückstellung" und zum anderen als Ausgabe, also ergebnisneutral in die Abrechnung aufzunehmen (Staudinger/Bub § 28 RN 342).

Die tatsächlich getätigten Zuweisungen zur Instandhaltungsrückstellung sind als Ausgaben in die Abrechnung aufzunehmen (vgl. BayObLG WE 1991, 164 z. Zuführung der Einnahmen aus dem Waschmünzenverkauf). Darüber hinaus ist – als Ausnahme vom Grundsatz einer reinen Einnahmen- und Ausgabenrechnung – der Sollbetrag der Instandhaltungsrückstellung in der Jahresgesamt- und Einzelabrechnung mit demselben Betrag als Ausgabe anzusetzen wie im Wirtschaftsplan, um sicherzustellen, dass die Instandhaltungsrückstellung angesammelt wird (BayObLG NJW-RR 1991, 16; OLG Hamm ZWE 2001, 446).

- **Kalenderjahr.** Wegen des systematischen Zusammenhangs von Wirtschaftsplan und Abrechnung haben sich sämtliche Angaben auf ein einziges Kalenderjahr zu beziehen; die Abrechnung darf deshalb nicht mehrere Kalenderjahre zusammenfassen (BayObLG WuM 1992, 448, 450; OLG Hamm ZMR 1997, 251f), auch nicht das erste „Rumpfjahr" nach dem Entstehen der (werdenden) Wohnungseigentümergemeinschaft mit dem darauf folgenden vollständigen Kalenderjahr.

Die Wohnungseigentümer können vereinbaren, dass der Abrechnungszeitraum nicht dem Kalenderjahr, sondern einem anderen Zeitraum von 12 Monaten entspricht (Geschäftsjahr), z.B. übereinstimmend mit der Heizperiode (BayObLG WE 1991, 295f). Eine solche Vereinbarung kommt aber nicht stillschweigend durch Billigung einer entsprechenden Abrechnung zustande (OLG Düsseldorf NZM 2001, 546).

- **Klarheit und Verständlichkeit der Abrechnung.** Die Darstellung muss so klar, übersichtlich und verständlich (vgl. § 243 Abs. 2 HGB) sein, dass sie jeder Wohnungseigentümer gedanklich und rechnerisch nachvollziehen und der Verwaltungsbeirat bei Anwendung der ihm zumutbaren Sorgfalt gem. § 29 Abs. 3 WEG sowohl rechnerisch als auch unter den Gesichtspunkten der Rechtmäßigkeit, Wirtschaftlichkeit und Zweckmäßigkeit prüfen kann, ohne einen Buchprüfer oder Wirtschaftsprüfer oder sonstigen Sachverständigen hinzuziehen zu müssen (BayObLG WE 1991, 225; KG NJW-RR 1996, 526; OLG Düsseldorf WE 1995, 278f; OLG Hamm ZWE 2001, 446; Weitnauer/Hauger § 28 RN 23). Abzustellen ist grds. auf die durchschnittlichen Verständnismöglichkeiten eines juristisch und betriebswirtschaftlich nicht geschulten Wohnungseigentümers (BGH NJW 1982, 573f z. Betriebskostenabrechnung des Vermieters von Teileigentum), dem aber ein gewisser Arbeits- und Zeitaufwand zuzumuten ist (BGH WM 1986, 893 z. Prüfung einer Heizkostenabrechnung). Es genügt nicht, wenn die Abrechnung erst durch eine erläuternde Darstellung des Verwalters (OLG Hamm ZWE 2001, 446) oder aus anderen Unterlagen heraus nachvollzogen werden kann, die zur Einsicht bereitgehalten werden (BayObLG NJW-RR 1989, 1163f; OLG Hamm ZMR 1997, 251, 253). Können Unklarheiten nur durch ein Sachverständigengutachten oder einen Wirtschaftsprüfer behoben werden, hat der Verwalter die hierdurch entstandenen Kosten zu ersetzen (BayObLGZ 1975, 369); allerdings widerspricht es den Grundsätzen ordnungsmäßiger und kostensparender Verwaltung, einen derartigen Prüfungsauftrag zu erteilen, bevor die Abrechnung vorliegt (KG WE 1987, 122f).

Erhebliche Mängel der Jahresabrechnung und der Vermögensübersicht, die es den Wohnungseigentümern unmöglich machen, die rechnerische Schlüssigkeit der Gesamtabrechnung nachzuvollziehen, führen im Anfechtungsverfahren dazu, den Genehmigungsbeschluss insgesamt für ungültig zu erklären (BayObLG WE 1995, 30; OLG Düsseldorf NZM 1999, 856). Fehlen lediglich Auskünfte, die der Verwalter im Rahmen der Abrechnung zum Zwecke der Nachvollziehbarkeit und zur Information der Wohnungseigentümer zu erteilen hat, z.B. die Angabe der Kontostände und Saldovorträge, so kann nur deren Nachholung durchgesetzt werden (BayObLG NZM 1999, 377; OLG Frankfurt ZMR 2003, 594); kann wegen des Fehlens solcher Auskünfte die Abrechnung nicht nachvollzogen werden und wird der die Abrechnung genehmigende Beschluss deshalb angefochten, so ist der Antrag nach der Erteilung der Auskünfte zurückzunehmen, wenn sich die genehmigte Abrechnung nunmehr als zutreffend herausstellt. Da die Auskünfte nicht Gegenstand des Genehmigungsbeschlusses nach § 28 Abs. 5 WEG sind (BayObLG NZM 2000, 280), sind Fehler zu korrigieren, rechtfertigen aber nicht die Ungültigerklärung des Beschlusses (a.A. noch BayObLG WE 1994, 19).

• **Kontostände.** In der Abrechnung sind die Anfangs- und Endbestände der Geldkonten der Wohnungseigentümergemeinschaft anzugeben (BGH NZM 2003, 950f; BayObLG NZM 2000, 280f;

KG WE WM 1988, 274f; OLG Hamm ZWE 2001, 446), also i.d.R. des Girokontos, über das die Umsätze an Einnahmen und Ausgaben getätigt werden, und des Kontos, auf dem die liquiden Mittel der Instandhaltungsrückstellung gehalten werden, unter Darstellung der Zuführungen, ggf. auch angelaufener Zinsen, und Entnahmen (BayObLG WuM 1994, 568f; KG WE 1986, 27), sowie ggf. der sonstigen Geldanlagen. Werden daneben Barkassen geführt, so sind die Kassenbestände zu Beginn und am Ende der Abrechnungsperiode auszuweisen (KG NJW-RR 1987, 1160f; OLG Hamm ZMR 1997, 251, 253).

Die Abrechnung darf sich nämlich nicht auf die Darstellung des Ist-Zustandes beschränken, sondern muss die Entwicklung zum Ist-Zustand verfolgen lassen (BayObLG NJW-RR 1989, 1164; OLG Köln NJW-RR 1989, 528); daher sind die jeweiligen Umsätze anzugeben. Die Angabe der Kontostände dient der Nachvollziehbarkeit dieser Entwicklung und der Abrechnung insgesamt, da die Differenz der Einnahmen und Ausgaben mit der Differenz der Anfangs- und Endbestände übereinstimmen muss, ggf. unter Hinzurechnung von Abgrenzungen aus der Heizkostenabrechnung. Die Kontenabstimmung indiziert die rechnerische Richtigkeit der Gesamtabrechnung (BayObLG NZM 2000, 280f; OLG Hamm ZWE 2001, 446).

Der Grundsatz der Kontinuität aufeinanderfolgender Abrechnungen erfordert eine Übereinstimmung zwischen den Angaben der Endbestände der Vorjahresabrechnung und den Anfangsbeständen der Abrechnung.

- **Kostenverteilungsschlüssel.** In der Abrechnung sind die Schlüssel, nach denen die Gesamteinnahmen – mit Ausnahme der Beitragszahlungen – und die Gesamtausgaben hinsichtlich jeder Position (OLG Hamm OLGZ 1975, 157, 160) zwischen den Wohnungseigentümern aufgeteilt werden, auszuweisen (BayObLG WE 1989, 178; KG WM 1988, 274f; OLG Frankfurt OLGZ 1984, 333f).

Werden Ausgaben im Verhältnis der Flächen verteilt, so ist die Gesamtfläche und Fläche der Eigentumseinheit, die die Abrechnung betrifft, auszuweisen. Bei den Heiz- und Warmwasserkosten ist das Verhältnis des verbrauchsabhängigen und des nach festen Größen abgerechneten Teils anzugeben.

- **Lasten und Kosten.** Ausgaben sind die Lasten des gemeinschaftlichen Eigentums und die Kosten der Instandhaltung, Instandsetzung, sonstigen Verwaltung und eines gemeinschaftlichen Gebrauchs des gemeinschaftlichen Eigentums.
- **Materiell-rechtlich unzulässige Zahlungen.** Zahlungen aus gemeinschaftlichen Geldern, zu denen die Wohnungseigentümergemeinschaft nicht verpflichtet war, sind aus Gründen der formellen Richtigkeit als tatsächliche Ausgaben in die Abrechnung aufzunehmen (BGH ZfIR 1997, 284, 287; BayObLG NJW-RR 2001, 1231; KG NJW-RR 1992, 845; OLG Düsseldorf WuM 1991, 619), nicht etwa in eine Nebenabrechnung. Dies gilt unabhängig von der materiell-rechtlichen Befugnis zur Zahlung, also z.B. für Zahlungen
- auf Verbindlichkeiten, die nicht oder nicht in Höhe der jeweiligen Zahlung entstanden waren, etwa auf eine überhöhte Handwerkerrechnung (BayObLG WE 1991, 168; OLG Düsseldorf WE 1995, 278f),
- die zur ordnungsmäßigen Verwaltung nicht erforderlich waren (OLG Köln PuR 1996, 558 z. Einholung vollständiger Grundbuchauszüge für sämtliche Wohnungseigentumseinheiten durch den Verwalter),
- auf Verbindlichkeiten, die vor Begründung der Wohnungseigentümergemeinschaft entstanden waren (KG ZMR 1992, 354f; OLG Hamburg ZMR 1992, 170f),
- auf Verbindlichkeiten einzelner Wohnungseigentümer (BayObLG WuM 1996, 795; KG FGPrax 1997, 56; Bub WE 1993, 3, 7; Seuss WE 1993, 32, 37), z.B. die Zahlung von Grundsteuer (BayObLG WuM 1992, 448, 450) oder von Kosten der Instandhaltung und Instandsetzung des Sondereigentums (KG NJW-RR 1992, 845),
- auf Verbindlichkeiten des Verwalters (BayObLG DWE 1990, 28) oder Dritter (BayObLG DWE 1990, 101),
- die unter Verstoß gegen § 16 Abs. 5 WEG auf Kosten von Verfahren gem. § 43 WEG geleistet werden (BayObLG NZM 1999, 862; KG NJW-RR 1992, 845f).

Nach dem Grundsatz der Entwicklung der Einzelabrechnungen aus der Gesamtabrechnung sind materiell fehlerbehaftete Einnahmen und Ausgaben konsequenterweise auch in der Einzelabrechnung auszuweisen. Ausnahmsweise sind aber mit Zahlungen auf Verbindlichkeiten einzelner Wohnungseigentümer in der Einzelabrechnung nur die durch diese Zahlungen von ihren Verbindlichkeiten befreiten Wohnungseigentümer zu belasten, so dass die materiell-rechtlich erforderliche Korrektur bereits in der Abrechnung selbst verbindlich erfolgt (BayObLG WuM 1992, 448f und KG NJW-RR 1992, 845f für Kosten gerichtlicher Verfahren i. S. des § 16 Abs. 5 WEG; BayObLG WE 1992, 143f für Kosten eines Gutachtens über von einem Wohnungseigentümer verursachte Schäden; BayObLG WuM 1992, 448, 450 für die Zahlung von Grundsteuer; KG FGPrax 1997, 56 für Kosten der Instandhaltung von Sondereigentum).

- **Nicht fertiggestellte Wohnungen.** Stellt der Bauträger einer Wohnungseigentumsanlage nicht verkaufte Wohnungen noch nicht fertig, um Käuferwünsche hinsichtlich der Innenausstattung berücksichtigen zu können, so nimmt er gleichwohl an sämtlichen Ausgaben teil (→ Abwesenheit des Wohnungseigentümers, leerstehende und nicht errichtete Wohnungen).
- **Prüfvermerk.** Zweckmäßig ist es, nach erfolgter Rechnungsprüfung einen Prüfungsvermerk des Verwaltungsbeirats oder anderer, von den Wohnungseigentümern mit der Prüfung beauftragten Personen räumlich am Ende der Abrechnung anzubringen. Lässt der Verwalter die Abrechnung auf eigene Kosten durch einen Wirtschafts- oder Buchprüfer prüfen, was zum einen unwirtschaftlich, zum anderen unzweckmäßig ist, da dieser zumeist zu einer materiellen Prüfung der Rechtmäßigkeit der Ausgaben nicht in der Lage sein wird, so steht es ihm frei, ob er den Wohnungseigentümern das Prüfungsergebnis zugänglich macht. Ein solches Testat beizubringen, ist der Verwalter nur verpflichtet, wenn dies ausdrücklich vereinbart ist (Deckert PiG 18, 149, 153). Beschließt die Wohnungseigentümergemeinschaft die Prüfung durch einen Sachverständigen, z.B. eine Wirtschaftsprüfungsgesellschaft, was ohne Anhaltspunkte für Unregelmäßigkeiten des Verwalters den Grundsätzen ordnungsmäßiger Verwaltung widerspricht (KG WE 1987, 122f; a.A. Jennissen X RN 2; Sauren ZMR 1984, 325), hat sie die hierfür anfallenden Kosten zu tragen.

- **Saldierungsverbot.** Keinesfalls dürfen in der Abrechnung Einnahmen und Ausgaben saldiert werden, z.B. Sollzinsen mit Habenzinsen; das dem Grundgebot der Klarheit dienende, in § 246 Abs. 2 HGB kodifizierte Saldierungsverbot ist entsprechend anzuwenden (OLG Düsseldorf WE 1991, 331).
- **Saldovortrag.** Der Kontrolle der Abrechnung dient die Angabe des sog. Saldovortrags in der Einzelabrechnung, also des Ergebnisses der Vorjahresabrechnung, der nichts anderes ist als der Anfangsbestand des Kontos des jeweiligen Wohnungseigentümers; die Ausweisung des Saldovortrags in der Abrechnung entspricht deshalb den Grundsätzen ordnungsmäßiger Verwaltung (KG ZMR 1991, 405f; OLG Stuttgart OLGZ 1990, 175, 177; a.A. BayObLG NJW-RR 1992, 1169). Das Ergebnis der Einzelabrechnung wird durch die Aufnahme des Saldovortrags und dessen Ausgleich rechnerisch nicht beeinflusst; wurde das Ergebnis der Vorjahresabrechnung nicht oder nicht vollständig ausgeglichen, so dient der Saldovortrag als Erinnerungsposten für eine Forderung oder Verbindlichkeit der Wohnungseigentümergemeinschaft ohne konstitutive Wirkung (KG WuM 1996, 175; Bader DWE 1991, 87). Die Angabe des Saldovortrags ist deshalb nicht Gegenstand der Einzelabrechnung (a.A. BayObLG NZM 2000, 52: Grundlage für einen Zahlungsanspruch), sondern als Kontostandsmitteilung nur eine Auskunft des Verwalters (OLG Köln WE 1995, 221; Staudinger/Bub § 28 RN 396). Sie wird deshalb auch ohne entsprechende Erläuterung nicht von der Bindungswirkung der Genehmigung und der Festlegung der Beitragsschuld erfasst, da der Saldovortrag i.d.R. durch die Genehmigung der Vorjahresabrechnung verbindlich festgestellt wurde; bei Eigentümerwechsel würde ansonsten eine Erwerberhaftung für Beitragsrückstände des Veräußerers eingeführt (→ Haftung des Erwerbers).
- **Vermögen.** Die Abrechnung sollte Auskunft über das gemeinschaftliche Vermögen, insbesondere die Entwicklung der Instandhaltungsrückstellung, geben (BayObLG NZM 2000, 280f), z.B. über Forderungen und Verbindlichkeiten, über Wertpapierbestände oder über einen Heizölbestand am Ende der Abrechnungsperiode, ggf. auch über das zu diesem Zeitpunkt vorhandene Inventar (BayObLG WuM 1994, 230; OLG Frankfurt WE 1986,

138; a.A. Röll WE 1987, 146, 148). Bei Wertpapieren ist der Kurs zum letzten Tag des Wirtschaftsjahres anzugeben (vgl. OLG Düsseldorf 12.8. 1994, 3 Wx 257/94 z. Ausweisung von Bundesschatzbriefen mit dem Bruttosatz [also mit Zinsen, die noch nicht zugeflossen sind]); die Anschaffungskosten geben nämlich keine Auskunft über den Stand des Vermögens. Eine Aufstellung der Forderungen und Verbindlichkeiten ist bei der einfachen Einnahmen- und Ausgabenabrechnung im Hinblick auf die Prüfung der Folgeabrechnung notwendig (Giese DWE 1992, 134, 146).

- **Versichungsprämien.** In die Jahresabrechnung sind Versicherungsprämien in Höhe der im Wirtschaftsjahr tatsächlich geleisteten Zahlungen aufzunehmen; eine periodengerechte Abgrenzung kommt nicht in Betracht (BayObLG NZM 1999, 133).
- **Verwaltungsbeirat.** Der Abrechnung beizufügen ist die Stellungnahme des Verwaltungsbeirats zur Abrechnung gem. § 29 Abs. 3 WEG, wenn diese schriftlich vorliegt.
- **Zinserträge.** Bei den Zinserträgen aus Mitteln der Instandhaltungsrückstellung und anderen liquiden Mitteln handelt es sich grds. um Erträgnisse aus gemeinschaftlichen Geldern, die als Einnahmen zu verzeichnen sind (BayObLGZ 1989, 310, 314; Drasdo DWE 1997, 14f). Werden diese lediglich bei der Auskunft über den Stand der Mittel der Instandhaltungsrückstellung und über die Veränderungen im Abrechnungsjahr als „Zugang" o.Ä. ausgewiesen, so erhöhen sie bei Genehmigung der Abrechnung die Instandhaltungsrückstellung, was i.d.R. mit den Grundsätzen ordnungsmäßiger Verwaltung vereinbar ist (BayObLG WE 1991, 363; KG NJW-RR 1996, 526, 527).

Wegen des Saldierungsverbots, aber auch aus Gründen der Nachprüfbarkeit sind die Zinsen brutto – also einschließlich der Zinsabschlagsteuer – als Einnahme und der Zinsabschlag als Ausgabe auszuweisen.

Vereinnahmte Fälligkeits- oder Verzugszinsen sind ebenfalls als Zinserträge zu verzeichnen, keinesfalls als Beitragszahlung des betroffenen Wohnungseigentümers, da ansonsten die Sanktion entfiele.

Die auf den einzelnen Wohnungseigentümer entfallenden Anteile an den Zinsen und an der Zinsabschlagsteuer sind getrennt auszuweisen; außerdem ist eine Ablichtung der Steuerbescheinigung des Kreditinstituts beizufügen, damit jeder Wohnungseigentümer in die Lage versetzt wird, Zins und Zinsabschlag in seiner Einkommen- oder Körperschaftsteuererklärung ordnungsgemäß zu deklarieren (OFD Frankfurt 17.11. 1995, PuR 1996, 323f). Statt dessen kommt auch eine einheitliche und gesonderte Feststellung der Kapitalerträge gem. § 180 Abs. 1 Nr. 2a AO in Betracht (BMF-Schreiben 28.10. 1992, Betrieb 1992, 2317, 2319). Die Vereinfachungen für Personenzusammenschlüsse nach Maßgabe des BMF-Schreibens v. 18.12. 1992 (DB 1993, 354) gelten nach dessen Ziff. 2b nicht für Wohnungseigentümergemeinschaften. Ein Freistellungsauftrag kommt gleichfalls nicht in Betracht, da diesen nur ein einzelner Steuerpflichtiger, nicht aber die Wohnungseigentümergemeinschaft im Ganzen erteilen kann (Sauren PiG 44, 185, 189; Seuss WE 1993, 70).

4. Durchsetzung des Anspruchs auf Abrechnung

Weigert sich der Verwalter, eine Abrechnung bei Fälligkeit zu erstellen, so kann dies jeder Wohnungseigentümer – nicht aber ein ausgeschiedener Eigentümer, da dessen Abrechnungsanspruch auf den Erwerber übergeht (KG NZM 2000, 830) – ohne ermächtigenden Beschluss erzwingen (BGH NJW 1985, 912f; OLG Hamm FGPrax 1998, 213; Palandt/Bassenge § 28 RN 8; Staudinger/Bub § 28 RN 278). Solange eine vom Verwalter vorgelegte, den formellen Anforderungen im Wesentlichen genügende Abrechnung nicht abgelehnt oder ein Genehmigungsbeschluss nicht rechtskräftig für ungültig erklärt worden ist, ist der Anspruch auf Erstellung einer neuen Abrechnung noch nicht durchsetzbar (BayObLG WE 1989, 144f; KG NJW-RR 1996, 526f; OLG Hamm FGPrax 1998, 213). Bei einer inhaltlich unrichtigen bzw. unvollständigen Abrechnung hat jeder Wohnungseigentümer Anspruch auf Berichtigung und Ergänzung gem. § 21 Abs. 4 WEG (BayObLG NZM 2002, 489, 491; Staudinger/Bub § 28 RN 280). Die pflichtwidrige Weigerung, die geschuldete Abrechnung zu erstellen und die dazugehörenden Belege vorzulegen, kann eine → Abberufung des Verwalters aus wichtigem Grund rechtfertigen. Im Übrigen hat jeder Wohnungseigentümer ein Recht auf Einsicht in die Verwaltungsunterlagen (→ Einsichtsrecht).

Der ausscheidende Verwalter ist zur Abrechnung nur verpflichtet, wenn diese im Zeitpunkt der Beendigung des Verwaltervertrages bereits fällig war (BayObLG WuM 1995, 341f; OLG Düsseldorf NZM 2001, 546f; OLG Hamm NJW-RR 1993, 847), es sei denn, dass er sich hierzu im Verwaltervertrag oder später – etwa im Zusammenhang mit der Beendigung des Verwaltervertrages – verpflichtet hat (BayObLG WuM 1995, 341f; OLG Hamm NJW-RR 1993, 847). Der neue Verwalter ist daher meist verpflichtet, die Abrechnung aufgrund der Rechnungslegung des ausgeschiedenen Verwalters zu erstellen (BayObLG NZM 2002, 489f).

Zuständig für die Entscheidung über diesen Anspruch ist das Wohnungseigentumsgericht gem. § 43 Abs. 1 Nr. 2 WEG. Da die Aufstellung einer Jahresabrechnung mit Einzelabrechnungen keine höchstpersönliche Leistung des Verwalters ist, vielmehr von jedem erbracht werden kann, der über die nötigen Kenntnisse und Zahlungsbelege verfügt, unterliegt sie als vertretbare Handlung der Zwangsvollstreckung im Wege der Ersatzvornahme nach § 45 Abs. 3 WEG i. V. m. § 887 ZPO (BayObLG ZWE 2002, 585, 587; OLG Düsseldorf NZM 1999, 842; Staudinger/Bub § 28 RN 281; a.A. OLG Köln NZM WuM 1998, 375: Vollstreckung durch Zwangsgeld gem. § 888 ZPO; → Zwangsvollstreckung).

Abrechnung, Genehmigung

Gemäß § 28 Abs. 5 WEG beschließen die Wohnungseigentümer durch Stimmenmehrheit über die vom Verwalter erstellte und vorgelegte Abrechnung.

1. Genehmigungsfiktion

Da § 28 WEG abdingbar ist, können die Wohnungseigentümer im Wege der Vereinbarung die Genehmigung der Abrechnung fingieren, wenn keiner der Wohnungseigentümer der Abrechnung – ggf. auch nur der vom Verwalter nach Genehmigung der Gesamtabrechnung erstellten Einzelabrechnung (BayObLG WE 1992, 49) – innerhalb einer angemessenen Frist, i.d.R. nicht weniger als 2 Wochen nach Zugang – widerspricht (BayObLG WEM 1979,

128f; KG DWE 1989, 143 [L]; OLG Frankfurt OLGZ 1986, 45). Diese Regelung ist dahingehend zu verstehen, dass das Schweigen aller Wohnungseigentümer unwiderlegbar als Zustimmung zu einem schriftlichen Beschluss gem. § 23 Abs. 3 WEG vermutet wird (BGHZ 113, 197, 199). Die Wohnungseigentümer sind durch diesen Beschluss auch nicht gehindert, erneut über die Abrechnung zu beschließen (BGH aaO). Unwirksam ist eine Regelung, dass ein Widerspruch nur beachtlich ist, wenn ihn mehr als die Hälfte der Wohnungseigentümer einlegt (BayObLGZ 1988, 291; KG OLGZ 1990, 437; a.A. BayObLG NZM 2001, 754).

2. Stellungnahme des Verwaltungsbeirats

Gemäß § 29 Abs. 3 WEG soll die Abrechnung vor Beschlussfassung von dem Verwaltungsbeirat geprüft und mit dessen Stellungnahme zur sachlichen und rechnerischen Richtigkeit versehen werden. Diese Stellungnahme ist mündlich oder schriftlich spätestens in der beschließenden Versammlung abzugeben (BayObLG DWE 1984, 30); liegt sie bei der Einberufung vor, hat sie der Verwalter mitzuversenden. Die Vorlage der Abrechnung samt prüffähiger Unterlagen (BayObLG WE 1989, 145f: kein Anspruch des Verwaltungsrats auf Überlassung der Originalunterlagen zur Mitnahme) an den Verwaltungsbeirat ist daher angemessene Zeit vor der beschließenden Versammlung erforderlich; dies ermöglicht es dem Verwalter auch, Fehler und Beanstandungen schon vor Beschlussfassung zu berichtigen. Das Fehlen der Stellungnahme ist kein Anfechtungsgrund und steht auch der Gültigkeit des Genehmigungsbeschlusses nicht entgegen (KG ZMR 2004, 144; Staudinger/Bub § 29 RN 109), da andernfalls allein aus dem Fehlen der Vorprüfung ein formaler Anfechtungsgrund ohne Rücksicht auf die materielle Richtigkeit der Abrechnung erwüchse. Zur Anfechtung berechtigt auch nicht der Umstand, dass der Beschluss über die Bestellung des Beirats nichtig ist (BayObLG WuM 2004, 112).

3. Beschlussfassung

Über die Abrechnung haben grds. alle Wohnungseigentümer zu beschließen. Wird die Jahresabrechnung durch Beschluss genehmigt, wird sie insgesamt, also auch bezüglich der mitvorgelegten Einzelabrechnung (BayObLG NJOZ 2001, 1102f), über die nach den Grundsätzen ordnungsgemäßer Verwaltung zugleich mit zu beschließen ist (BayObLG WuM 1994, 568f; KG WE 1986, 26; OLG Köln WuM 1990, 46, 47), verbindlich. Den Wohnungseigentümern müssen hierzu aber nicht alle Einzelabrechnungen vorgelegt werden (a.A. OLG Köln WuM 1998, 50); insoweit genügt die Möglichkeit der Einsichtnahme.

Wird zugleich mit der Abrechnung über die → Entlastung des Verwalters entschieden, ist der Verwalter, der zugleich Wohnungseigentümer ist, hinsichtlich des Entlastungsbeschlusses vom Stimmrecht ausgeschlossen (→ Ruhen des Stimmrechts).

Der Beschlusswortlaut ist so präzise zu formulieren und in der Niederschrift festzuhalten, dass Zweifel über den Beschlussinhalt ausscheiden. Die ausdrückliche Bezeichnung der den Wohnungseigentümern vorgelegten und in der Wohnungseigentümerversammlung erörterten Abrechnungen ist zwar nicht Wirksamkeitsvoraussetzung; aus den Umständen muss aber zu entnehmen sein, über welche Abrechnungen beschlossen wurde (BayObLG NZM 2000, 683). Im Zweifel sind die Einzelabrechnungen mit beschlossen (BayObLG WuM 1991, 618). Ein Beschluss über die Einzelabrechnung ist entbehrlich, wenn die Genehmigungsfiktion vereinbart ist.

Die Genehmigung ist grds. bedingungsfeindlich; eine Genehmigung unter der Rechtsbedingung, dass der Verwaltungsbeirat die Abrechnung billigt, ist deshalb zulässig (BayObLG NJWE-MietR 1997, 15). Der Beschluss eine Abrechnung unter der aufschiebenden Bedingung zu genehmigen, dass der Verwalter noch weitere Nachweise erbringt (BayObLG WEM 1982, 70), ist allerdings anfechtbar. Hat der Verwaltungsbeirat die Genehmigung verweigert, so steht gem. § 158 Abs. 1 BGB fest, dass der Beschluss keine Wirksamkeit mehr entfalten, also auch nicht für ungültig erklärt werden kann (BayObLG WuM 1996, 722f).

Ein bestandskräftiger Beschluss über die Genehmigung einer Abrechnung kann i.d.R. nicht aufgehoben werden. Wird nicht zugleich mit der Aufhebung eine neue Abrechnung genehmigt, widerspricht dies den Grundsätzen ordnungsmäßiger Verwaltung

(KG v. 24.4. 1991, 24 W 6159/90); eine neue Abrechnung macht jedoch nur Sinn, wenn sie von der bereits genehmigten abweicht, so dass ihre Genehmigung regelmäßig in Rechtspositionen einzelner Wohnungseigentümer eingreifen wird, die Bestandsschutz genießen (KG WE 1993, 84f; BayObLG WuM 1988, 322; vgl. auch BGHZ 113, 197; → Zweitbeschluss). Die Wohnungseigentümer können aber über eine bereits bestandskräftige Jahresabrechnung erneut beschließen, wenn sich diese nachträglich infolge eines Irrtums oder unrichtiger Buchführung als fehlerhaft erweist (OLG Düsseldorf ZWE 2000, 368 z. einem fehlerhaft eingebauten Messgerät und falscher Erfassung; ZWE 2000, 475).

4. Wirkung der Genehmigung

Mit dem Beschluss über die Einzelabrechnung entstehen die Ansprüche der Wohnungseigentümer auf Zahlung von Abrechnungsfehlbeträgen und die Ansprüche der einzelnen Wohnungseigentümer auf Rückzahlung von Abrechnungsguthaben (→ Abrechnungsfehlbeträge, Abrechnungsguthaben). Offensichtliche Fehler, insbesondere Schreib- oder Rechenfehler, sind in entsprechender Anwendung von § 319 ZPO auch nach Eintritt der Bestandskraft vom Verwalter zu berichtigen (offen gelassen von BayObLGZ 1989, 266).

Wird von dem Verwalter nur die Gesamtabrechnung zur Beschlussfassung vorgelegt und werden die Einzelabrechnungen erst später aufgrund der genehmigten Gesamtabrechnung erstellt, so können gegen die Richtigkeit der Einzelabrechnungen Einwendungen – beschränkt auf Angaben, die nicht Gegenstand der Gesamtabrechnung waren – erhoben werden, da über diese ein bindender Beschluss im Rahmen der Genehmigung der Gesamtabrechnung nicht gefasst worden ist. Dies gilt auch, wenn nur die Gesamtausgaben beschlossen werden (BayObLG WE 1993, 114). Das Fehlen der Einzelabrechnung rechtfertigt nicht die Anfechtung des Beschlusses über die Gesamtabrechnung, sondern nur einen Anspruch auf Erstellung der Einzelabrechnung (BayObLG NJW-RR 1989, 1163).

Die Genehmigung der Abrechnung beinhaltet i.d.R. die → Entlastung des Verwalters für die in der Abrechnung dargestellten Verwaltungshandlungen, jedenfalls dann, wenn über die Entlastung des Verwalters nicht gesondert abgestimmt wird; eine isolierte Anfechtung ist möglich (→ Entlastung des Verwalters).

5. Anfechtung des Genehmigungsbeschlusses

Die Bestandskraft des Beschlusses über eine unrichtige Abrechnung kann nur dadurch verhindert werden, dass der Beschluss erfolgreich gemäß §23 Abs. 4 WEG angefochten wird. Der Anfechtungsantrag kann dem Verwalter als Zustellungsbevollmächtigtem der Wohnungseigentümer zugestellt werden (→ Zustellung, Zustellungsvollmacht), wenn in dem Verfahren nicht konkrete Pflichtwidrigkeiten des Verwalters zu beurteilen sind (BayObLG WE 1988, 104; OLG Stuttgart OLGZ 1976, 8; OLG Hamm DWE 1989, 69) und wenn die Abrechnung nicht zugleich die Entlastung des Verwalters enthält (OLG Frankfurt OLGZ 1989, 433; Palandt/Bassenge §27 RN 13; a.A. BayObLG WE 1998, 118). Bis zur rechtskräftigen Ungültigerklärung kann die Anfechtung den Ansprüchen aus der beschlossenen Einzelabrechnung nicht entgegengehalten werden (→ Abrechnungsfehlbeträge, Abrechnungsguthaben). Im Anfechtungsverfahren hat das Gericht nach dem Amtsermittlungsprinzip vollständige Feststellungen zu den beanstandeten Posten zu treffen, um den Beteiligten die Berichtigung von Fehlern zu ermöglichen (KG WuM 1986, 154).

Der Antragsteller kann seinen Antrag auf einzelne Positionen der Abrechnung mit der Folge beschränken, dass der Beschluss im Übrigen bestandskräftig wird (BayObLG NZM 2000, 1240; WuM 2003, 413; KG OLGZ 1991, 425f). Wird die gesamte Jahresabrechnung angefochten und erweisen sich nur einzelne Positionen der Abrechnung als mangelhaft, ist die Abrechnung nicht insgesamt für ungültig zu erklären, sondern nur hinsichtlich der mangelhaften Einzelpositionen (BayObLG NZM 2002, 531f; str.). Ein mit der Abrechnungsgenehmigung verbundener Entlastungsbeschluss ist auch bei Beschränkung des Anfechtungsantrags auf einzelne Positionen insgesamt für ungültig zu erklären (BayObLG NZM 2002, 531; KG ZWE 2001, 381). Die Anfechtung kann aber, wenn ein Eigentümerbeschluss, der die Genehmigung der Jahresabrechnung und die Entlastung des Verwalters zum Gegenstand hat, angefochten wird, auf die Ungültigerklärung der Jahresabrechnung beschränkt werden (BayObLG NZM 2001, 296).

6. Durchsetzung des Anspruchs auf Genehmigung

Jeder Wohnungseigentümer kann von seinen Miteigentümern als Maßnahme ordnungsmäßiger Verwaltung gem. § 21 Abs. 4 WEG die Genehmigung einer richtigen Abrechnung verlangen und diesen Anspruch gem. § 43 Abs. 1 Nr. 1 WEG gerichtlich geltend machen (BGH NJW 1985, 912f; KG NZM 2000, 286; Palandt/Bassenge § 28 RN 15), so z.B. seinen Anspruch auf Genehmigung der Einzelabrechnungen, wenn die Wohnungseigentümer nur die Gesamtabrechnung genehmigt haben (BayObLG NJW-RR 1989, 1164; a.A. KG NJW-RR 1990, 396).

Die gerichtliche Entscheidung ersetzt nicht den Abrechnungsbeschluss, sondern die Zustimmung der Wohnungseigentümer (Staudinger/Bub § 28 RN 576; a.A. KG NZM 2000, 286; BPM § 28 RN 58), so dass ein einstimmiger Beschluss ohne weitere Eigentümerversammlung zustande kommt.

▶ Abrechnungsfehlbeträge, Abrechnungsguthaben

Mit dem Beschluss über die Einzelabrechnung gem. § 28 Abs. 5 WEG (→ Abrechnung, Genehmigung) entstehen die Ansprüche der Wohnungseigentümer auf Zahlung von Abrechnungsfehlbeträgen und die Ansprüche der einzelnen Wohnungseigentümer auf Rückzahlung von Abrechnungsguthaben.

1. Fälligkeit

Die Beitragspflicht konkretisiert sich mit der Genehmigung der Einzelabrechnung (BGHZ 142, 290, 296; BayObLG ZWE 2002, 34; KG GE 1997, 89) auf die sich aus ihr ergebenden Guthabensforderungen und Nachzahlungsverpflichtungen der einzelnen Wohnungseigentümer, die mit dem Beschluss fällig werden (BGH ZfIR 1997, 284, 287), und zwar auch dann, wenn sie materiell unrichtig ist, z.B. aufgrund eines Rechenfehlers oder eines falschen Verteilungsschlüssels (BayObLG WuM 1990, 362; OLG Düsseldorf WuM 1990, 361; OLG Frankfurt WE 1986, 135) oder wegen Nichtanwendung der HeizkVO (BayObLG WuM 1988, 332f) oder wegen Nichtberücksichtigung einer Kostenbefreiung gem. § 16 Abs. 3 WEG (BayObLGZ 1977, 92). Vor der Beschlussfassung oder einer sie ersetzenden gerichtlichen Entscheidung sind nur die Beitragsvorauszahlungen fällig, nicht aber die Abrechnungsbeträge. Die Jahresabrechnung muss die individuelle Beitragsschuld des einzelnen Eigentümers ausweisen, es sei denn, dies lässt sich durch einfache Rechenvorgänge ohne weiteres ermitteln (BayObLG NZM 2002, 1033).

Haben die Wohnungseigentümer vereinbart, die Beitragskonten „nach Art eines Staffelkontokorrents" zu führen, so kann ein Abrechnungsergebnis erst nach Genehmigung der Einzelabrechnung eingebucht und gefordert werden, es sei denn, dass der Schuldsaldo von dem jeweiligen Wohnungseigentümer bereits anerkannt wurde und die Zahlungspflicht damit auf einem selbständigen Verpflichtungsgrund beruht (BayObLG WE 1991, 293 f).

2. Schuldner und Gläubiger der Zahlungsansprüche

Spricht man entgegen der (noch) h. M. mit der hier vertretenen Auffassung der Wohnungseigentümergemeinschaft die (Teil-) Rechtsfähigkeit zu (→ Rechts- und Parteifähigkeit der Wohnungseigentümergemeinschaft), ist sie Gläubigerin eines Abrechnungsfehlbetrages und Schuldnerin eines Abrechnungsguthabens.

a) Abrechnungsguthaben

Nach h. M. sind Schuldner der Abrechnungsguthaben die bei Fälligkeit des Anspruchs auf deren Auszahlung im Grundbuch eingetragenen Wohnungseigentümer einschließlich des Gläubigers (Staudinger/Bub § 28 RN 404; Weitnauer/Hauger § 16 RN 33; a.A. KG WE 1993, 51: alle übrigen Wohnungseigentümer), nicht aber der Verwalter, auch wenn dieser über die Konten der Wohnungseigentümer verfügen kann (BayObLG PuR 1994, 577; OLG Hamm OLGZ 1988, 185). Wohnungseigentümer, die zum Zeitpunkt der Beschlussfassung aus der Wohnungseigentümergemeinschaft ausgeschieden waren, können nicht in Anspruch genommen werden, da der Beschluss gegen sie nicht wirkt.

Der Anspruch des Guthabensgläubigers beschränkt sich nicht darauf, dass die anderen Wohnungseigentümer und ggf. auch die ausgeschiedenen Wohnungseigentümer an der Realisierung der Jahresabrechnung mitwirken, zumal da die Wohnungseigentümer in ihrer Gesamtheit gegen ausgeschiedene Wohnungseigentümer keine Ansprüche aus der diesen gegenüber unverbindlichen Abrechnungsgenehmigung herleiten können (a.A. KG ZMR 2001, 846; NJW-RR 1995, 975f; OLG Hamm NJW-RR 1999, 93), sondern ist auf Zahlung gerichtet (Staudinger/Bub §28 RN 405; Weitnauer/Hauger §28 RN 22). Es ist nämlich Sache der Wohnungseigentümer, die für die Erfüllung der Guthabensansprüche erforderlichen Mittel – notfalls durch Umlage, wenn Abrechnungsnachforderungen nicht zeitnah liquidiert werden können oder aus anderen Gründen Deckungslücken bestehen – bereitzustellen. Der Zahlungsanspruch richtet sich deshalb aber nicht etwa gegen einzelne Wohnungseigentümer, die Abrechnungsschulden haben, sondern – soweit er nicht aus gemeinschaftlichen Geldern erfüllt werden kann (insoweit übereinstimmend KG ZMR 2001, 846) – gegen alle Wohnungseigentümer als Teilschuldner.

Ein Abrechnungsguthaben steht allein dem wahren Wohnungseigentümer – also i.d.R. dem bei Fälligkeit des Anspruchs im Grundbuch als Eigentümer Eingetragenen – zu (Soergel/Stürner §16 RN 8f; Weitnauer/Hauger §28 RN 8; Demharter FGPrax 1996, 50f; Drasdo WE 1996, 242). Der Anspruch auf Abrechnung über die eingezahlten Beitragsvorschüsse und Auszahlung eines sich hieraus ergebenden Abrechnungsguthabens geht mit dem Ausscheiden des Wohnungseigentümers auf dessen Nachfolger über und kann somit von dem früheren Eigentümer nicht mehr geltend gemacht werden (KG NZM 2000, 830). Das Guthaben steht dem Erwerber auch dann zu, wenn es davon herrührt, dass der Voreigentümer zu hohe Vorauszahlungen geleistet hat. Ein etwaiger Ausgleich zwischen diesem und dem Erwerber ist nicht Sache der Jahresabrechnung und der Beschlussfassung (Demharter ZWE 2001, 60f), sondern im Kaufvertrag zu regeln.

b) Abrechnungsfehlbeträge

Zum Schuldner eines Abrechnungsfehlbetrages gelten die Ausführung zum Schuldner der Vorschussansprüche entsprechend (→ Beiträge, Beitragsvorschüsse).

Abrechnungsfehlbeträge, Abrechnungsguthaben

Wird nach einem Eigentümerwechsel eine Abrechnung beschlossen, die einen Fehlbetrag ausweist, so haftet der Erwerber lediglich in Höhe der „Abrechnungsspitze", d.h. jenes Betrages, um den die tatsächlich entstandenen Kosten die nach Wirtschaftsplan beschlossenen Beitragsvorschüsse übersteigen (BGHZ 142, 290, 296; 131, 228, 231; BayObLG ZMR 1999, 120; KG ZWE 2000, 275 z. Wiederholung des Abrechnungsbeschlusses; OLG Zweibrücken WE 1999, 117), wobei es nicht darauf ankommt, ob der Eigentumserwerb auf Rechtsgeschäft oder auf einem Zuschlag in der → Zwangsversteigerung (BayObLG NJW-RR 1992, 14f; OLG Düsseldorf NZM 2001, 432) beruht. Der Veräußerer kann hinsichtlich der Abrechnungsspitze nicht in Anspruch genommen werden; könnte nämlich durch einen Beschluss über die Genehmigung der Abrechnung ein neuer Schuldsaldo auch zu Lasten des Veräußerers, der an der Abstimmung nicht mitwirken kann, begründet werden, würde es sich um einen unzulässigen Gesamtakt zu Lasten Dritter handeln (BGHZ 104, 197, 203; WE 1996, 144; OLG Düsseldorf WuM 1996, 173; OLG Hamm NJW-RR 1995, 909f).

Soweit der Abrechnungssaldo allerdings darauf beruht, dass der Veräußerer Beitragsvorschüsse nicht gezahlt hat, bleibt er Schuldner aufgrund des Beschlusses über den Wirtschaftsplan, da die Genehmigung der Jahresabrechnung den Wirtschaftsplan nicht aufhebt, sondern lediglich verstärkt (→ Beiträge, Beitragsvorschüsse). Eine Verbindlichkeit des Erwerbers wird durch die Beschlussfassung über die Abrechnung insoweit nicht, insbesondere nicht im Wege der Novation begründet; eine Beschlussfassung mit diesem Inhalt wäre rechtswidrig, da das Gesetz eine Haftung des Erwerbers für den Veräußerer nicht vorsieht. Ein Beschluss über eine die Beitragsrückstände des Veräußerers einbeziehende Jahresabrechnung bedarf deshalb auch keiner Anfechtung durch den Erwerber (BGHZ 142, 290, 297; KG NZM 1999, 467), da nicht anzunehmen ist, dass die Wohnungseigentümer rechtswidrige Beschlüsse fassen wollen (BGHZ 142, 290, 297). Die Ausweisung der Beitragsrückstände in der Einzelabrechnung des Erwerbers dient daher nur der Nachvollziehbarkeit der Abrechnung im Sinne einer Kontostandsmitteilung (BGHZ 142, 290, 299; Staudinger/Bub § 28 RN 413).

Gleiches gilt für den Ersteher in der → Zwangsversteigerung sowie die Zahlungspflicht des Insolvenzverwalters, der lediglich den Spitzenbetrag als Masseschuld zu begleichen hat; im Übrigen sind bei Eröffnung des Insolvenzverfahrens rückständige Beitragsvorschüsse, auch wenn sie den Abrechnungssaldo erhöhen, einfache Insolvenzforderungen (→ Insolvenz eines Wohnungseigentümers). Dieselben Grundsätze gelten für den Zwangsverwalter, der gem. § 155 Abs. 1 ZVG nur die Abrechnungsspitze aus den Erträgen der Eigentumswohnung zu begleichen hat (→ Zwangsverwaltung).

Ist der gesamte, nach der genehmigten Abrechnung geschuldete Abrechnungsfehlbetrag niedriger als die gesamten beschlossenen Beitragsvorschüsse, so kann nur noch der Abrechnungsfehlbetrag gefordert werden; die Beitragsforderungen werden der Höhe nach auf die niedrigere Abrechnungsforderung begrenzt (→ Beiträge, Beitragsvorschüsse).

3. Einwendungen und Einreden

Ansprüchen aus der beschlossenen Einzelabrechnung kann nicht mit der Begründung begegnet werden, der Genehmigungsbeschluss sei angefochten worden. Der Genehmigungsbeschluss ist so lange als gültig zu behandeln, bis er rechtskräftig für unwirksam erklärt wurde (BayObLG WuM 1995, 54; NZM 2002, 743f; OLG Stuttgart OLGZ 1990, 175, 178); daher ist auch i.d.R. ein auf Zahlung des Abrechnungsfehlbetrages gerichtetes Verfahren nicht wegen Vorgreiflichkeit des Anfechtungsverfahrens in entsprechender Anwendung des § 148 ZPO auszusetzen (BayObLG NJWE-MietR 1996, 256).

Wird der Genehmigungsbeschluss rechtskräftig für ungültig erklärt, so entfällt der Rechtsgrund für die Zahlung eines Abrechnungsfehlbetrages oder für die Auszahlung von Abrechnungsguthaben, was in einem bereits rechtshängigen Verfahren von Amts wegen zu berücksichtigen ist. Bereits bezahlte Abrechnungsfehlbeträge sind zurückzuerstatten (a.A. KG WE 1989, 138 und OLG Düsseldorf 5.12.1994, 3 Wx 144/94: erst wenn die neue Abrechnung genehmigt ist), nicht aber Zahlungen auf den genehmigten Wirtschaftsplan, über die nochmals abzurechnen ist (OLG Saarbrücken PuR 1995, 184). Bei teilweiser Ungültigerklärung gilt dies nur hinsichtlich der für ungültig erklärten Positionen.

Ansprüche aus beschlossenen Jahresabrechnungen verjähren gem. § 195 BGB in drei Jahren (→ Verjährung).

4. Durchsetzung der Zahlungsansprüche

Werden Beitragsvorschüsse bereits gerichtlich geltend gemacht, so kann nach Genehmigung der Jahresabrechnung auf Zahlung des Fehlbetrags aus der Abrechnung umgestellt werden. Hinsichtlich der Höhe ist der Antrag entsprechend zu ändern: Ergibt die Abrechnung eine Nachforderung, kann die Antragsforderung erhöht werden; der bisher geltend gemachte Betrag in Höhe der rückständigen Beitragsvorschüsse kann aber auch weiterhin aufgrund des Wirtschaftsplans und wegen der bestätigenden Wirkung des Abrechnungsbeschlusses zugleich in Anspruchskonkurrenz als Teilbetrag des Abrechnungsfehlbetrags gefordert werden (BayObLG NZM 1999, 853; OLG Zweibrücken NZM 1999, 322; Demharter FGPrax 1996, 50). Eine solche Antragsänderung ist sowohl in erster Instanz als auch im Beschwerdeverfahren i.d.R. als sachdienlich in entsprechender Anwendung von § 264 Nr. 1 und 3 ZPO zulässig (BayObLG WE 1986, 104, 106; OLG Köln WuM 1990, 46f), nicht mehr aber im Verfahren über die sofortige weitere Beschwerde (BayObLG WE 1989, 212). Ergibt die Abrechnung einen Betrag, der niedriger ist als der rückständige Vorschuss, ist das Beitragsverfahren hinsichtlich des Differenzbetrages für erledigt zu erklären (→ Beiträge, Beitragsvorschüsse). Z. Aufrechnung mit oder gegen Abrechnungsguthaben oder -fehlbeträge → Aufrechnung, Zurückbehaltungsrecht.

Abschluss von Verträgen → Vertragswesen

Abschreibung für Abnutzung → Einkommensteuer

Absperrpfähle → Parkplatz, Kraftfahrzeugstellplätze

Absperrventil → Heizungsanlage

Abstellplätze → Parkplatz, Kraftfahrzeugstellplätze

▶ **Abstellraum**

Ein zu einem Wohnungs- bzw. Teileigentum gehörender Raum, der im Aufteilungsplan als „Abstellraum" bezeichnet ist, darf auch als Kosmetiksalon genutzt werden (OLG Bremen WuM 1993, 696).

▶ **Abstimmung** → Mehrheitsbeschluss; → Stimmrecht

▶ **Abwasserhebeanlage**

Ist eine Abwasserhebeanlage Bestandteil einer Hauptentsorgungsleitung, ist sie Gemeinschaftseigentum (BayObLG Rpfleger 1983, 346 z. unterschiedlichen Kostentragung für Wartung und Reparatur; WE 1993, 140 z. Verteilung der Umbaukosten gem. § 16 Abs. 2 WEG). Dient sie hingegen nur der Entsorgung einer bestimmten Sondereigentumseinheit, ist sie Sondereigentum, auch wenn sie sich im gemeinschaftseigenen Heizungskeller befindet (BayObLG WE 1992, 207; OLG Düsseldorf NZM 2001, 752).

▶ **Abwasserkanal** → Kanalisation, Abflussrohre

▶ **Abweichung zwischen Aufteilungsplan und Bauausführung**

Besondere Probleme ergeben sich, wenn der Aufteilungsplan schon vor Baubeginn oder in der Bauzeit auf der Grundlage des Baugenehmigungsplanes erstellt und im Grundbuch vollzogen wurde, aber der Baugenehmigungsplan nachträglich durch sog. Tekturen abgeändert und das Gebäude nach dem geänderten Bauplan errichtet wurde.

1. Abweichung innerhalb des Sondereigentums

Da Sondereigentum nicht an den einzelnen Räumen, sondern an der aus mehreren Räumen zusammengesetzten Wohnung besteht, sind Änderungen der Raumaufteilung innerhalb des Sondereigentums unschädlich (BayObLGZ 1982, 332 für die Zusammenlegung zweier Wohnungen in eine Wohnung; OLG Düsseldorf DNotZ 1970, 42; OLG Köln Rpfleger 1982, 374 für die Aufteilung einer großen Wohnung in mehrere kleinere Wohnungen; Palandt/

Bassenge § 2 RN 7). Unschädlich sind auch Abweichungen der Bauausführung in der einzelnen Ausgestaltung, wie z.B. in der Lage eines Kellerfensters.

Wird ein gemäß Teilungsplan dem Sondereigentum A zugewiesener Raum teilweise baulich in das Sondereigentum B einbezogen – die Trennwand steht im Bereich des Sondereigentums A –, so gehört dieser Raumteil nicht zum Sondereigentum B. Da eine Abgrenzung der Sondereigentumseinheiten voneinander aufgrund des Teilungsplans möglich ist, entsteht Sondereigentum wie in diesem vorgesehen (BayObLG NZM 1998, 973; Palandt/Bassenge § 2 RN 8; a.A. OLG Düsseldorf NJW-RR 1988, 590: gemeinschaftliches Eigentum am Raumteil). Dementsprechend entsteht auch dann Sondereigentum gemäß Teilungsplan, wenn die Trennwand überhaupt nicht errichtet wurde (Merle WE 1992, 11).

Ist die Trennwand zwischen zwei Wohnungseigentumseinheiten im Vergleich zum Aufteilungsplan wesentlich verschoben, besteht ein Anspruch des benachteiligten Wohnungseigentümers gegen den bevorzugten Wohnungseigentümer auf Duldung der Anpassung der Bauausführung an die im Grundbuch eingetragenen Grenzen des Sondereigentums (KG ZMR 2001, 849). Handelt es sich um die Erstherstellung eines dem Aufteilungsplan entsprechenden Zustandes, ist der Anspruch auf Durchführung der erforderlichen Baumaßnahmen gegen alle Wohnungseigentümer zu richten (s.u. 4). Besteht aber nur Streit zwischen zwei benachbarten Wohnungseigentümern über die Größen der in ihrem Sondereigentum stehenden Flächen und werden die übrigen Wohnungseigentümer dadurch nicht beeinträchtigt, kann der eine den anderen allein in Anspruch nehmen (BayObLG ZWE 2001, 72).

Der Anspruch findet seine Grenze in § 242 BGB. Ein Wohnungseigentümer kann daher die Herstellung eines den Plänen entsprechenden Bauzustandes dann nicht verlangen, wenn dies dem Antragsgegner bei Berücksichtigung aller Umstände nach Treu und Glauben nicht zuzumuten ist (BayObLG ZWE 2000, 472f). Ist also die Verschiebung der Trennwand bautechnisch unmöglich oder steht der dafür erforderliche Kostenaufwand in keinem vernünftigen Verhältnis zu dem Raumgewinn, besteht stattdessen ein Anspruch gegenüber den anderen Wohnungseigentümern auf Änderung der Teilungserklärung im Sinn einer Anpassung an die tatsächlichen Verhältnisse (KG ZMR 2001, 849), und zwar, soweit es den durch die Anpassung begünstigten Wohnungseigentümer betrifft, Zug-um-Zug gegen Zahlung eines angemessenen Ausgleichs (BayObLG GE 2001, 1470).

Ein Beschluss der Eigentümerversammlung, welcher die Änderung der Teilungserklärung nach den tatsächlichen Gegebenheiten „genehmigt", ist wegen Formmangels – da die Übertragung eines Teiles des Sondereigentums auf einen anderen Wohnungseigentümer gem. § 311b Abs. 1 BGB der → notariellen Beurkundung bedarf (→ Vereinigung von Wohnungseigentumsrechten) – sowie Unzuständigkeit der Eigentümerversammlung (→ Nichtigkeit eines Beschlusses) nichtig (BayObLG NZM 1998, 873f).

2. Zusätzliche Einheiten

Werden zusätzliche, im Aufteilungsplan nicht vorgesehene Einheiten außerhalb des vorgesehenen Bauvolumens errichtet, z.B. ein zusätzlicher Kellerraum (OLG Stuttgart OLGZ 1979, 21) oder Garagen auf den für Abstellplätze vorgesehenen Flächen (BayObLGZ 1973, 78), so stehen diese Räume im gemeinschaftlichen Eigentum (BayObLG NJW-RR 1990, 657; OLG Frankfurt OLGZ 1987, 290; Staudinger/Rapp § 3 RN 74; Palandt/Bassenge § 2 RN 6). Sie können nur im Wege der → Auflassung unter Mitwirkung aller Wohnungseigentümer in Sondereigentum überführt werden. Es ist eine neue → Abgeschlossenheitsbescheinigung erforderlich. Die Nachreichung allein eines geänderten Plans zum Grundbuchamt genügt nicht, da dieser eine Einigung über die Rechtsänderung von Gemeinschaftseigentum zum Sondereigentum nicht ersetzen kann (→ Umwandlung von Sondereigentum in gemeinschaftliches Eigentum und von gemeinschaftlichem Eigentum in Sondereigentum).

3. Abweichung zwischen Sonder- und Gemeinschaftseigentum

Wird ein Gebäude abweichend vom Aufteilungsplan an anderer Stelle auf dem Grundstück oder in anderer Form errichtet, entsteht sachenrechtlich Wohnungseigentum mit Sondereigentum in diesem Gebäude, sofern Gemeinschafts- und Sondereigentum zweifelsfrei voneinander abgrenzbar sind. Ist trotz der Abweichung eine Abgrenzung möglich, hat der Aufteilungsplan seine Funktion erfüllt und es entsteht Sondereigentum an dem Gebäude, so wie es errichtet wurde (BayObLG NJW-RR 1990, 332; OLG Hamburg NZM 2003, 109f; OLG Karlsruhe NJW-RR 1993, 1294). Solange nämlich die Identität der einzelnen Wohnung sichergestellt ist, sind die Gegenstände von Sonder- und gemeinschaftlichem Eigentum hinreichend bestimmt (BayObLG WE 1982, 21; OLG Hamburg NZM 2003, 109f). Die Wohnungseigentümer sind in diesem Fall zur Berichtigung des Aufteilungsplans verpflichtet (OLG Celle OLGZ 1981, 106; OLG Düsseldorf OLGZ 1988, 239).

Werden die im Sondereigentum stehenden Räume allerdings erheblich abweichend vom Aufteilungsplan errichtet und ist die planerische Darstellung an Ort und Stelle nicht mehr mit der nötigen Sicherheit festzustellen, entsteht wegen fehlender Bestimmbarkeit der Abgrenzung kein Sondereigentum, sondern Gemeinschaftseigentum (BGH NZM 2004, 103; BayObLG NZM 1998, 973; OLG Hamm ZWE 2000, 44, 46; Staudinger/Rapp § 3 RN 80; Palandt/Bassenge § 2 RN 8). Kann aus diesem Grund nur ein isolierter, nicht mit Sondereigentum verbundener → Miteigentumsanteil erworben werden, so sind die Miteigentümer verpflichtet, den Teilungsvertrag nebst → Aufteilungsplan der tatsächlichen Bebauung anzupassen, soweit ihnen dies – ggf. auch gegen Ausgleichszahlungen – zumutbar ist (BGH NZM 2004, 103). Bei einer Überbauung von gemeinschaftlichem Eigentum kann auch nicht entsprechend den Bestimmungen über den entschuldigten oder erlaubten → Überbau (§§ 912ff BGB) Sondereigentum entstehen (OLG Köln NZM 1998, 1015; a.A. Staudinger/Rapp § 3 RN 78).

4. Anspruch auf Herstellung eines dem Aufteilungsplan entsprechenden Zustandes

Die erstmalige Herstellung eines dem Aufteilungsplan sowie den Bauplänen entsprechenden Zustandes ist eine Maßnahme ordnungsmäßiger Instandhaltung und Instandsetzung gem. § 21 Abs. 5 Nr. 2 WEG, die jeder Eigentümer gem. § 21 Abs. 4 WEG verlangen kann (BayObLG ZWE 2000, 472f; WE 1997, 73; KG

OLGZ 1986, 174, 176; OLG Hamm WE 1990, 101; Staudinger/ Bub § 21 RN 186). Hierher gehört z.B. die erstmalige Bepflanzung (→ Garten, Rasenflächen) entsprechend den ursprünglichen Plänen, die Errichtung vorgesehener Einrichtungen, z.B. eines Zaunes (KG OLGZ 1983, 131), eines Regenfallrohres (BayObLG NZM 2000, 315), eines → Zufahrtsweges (BayObLG NZM 1999, 578) oder einer Treppe (BayObLG ZMR 2000, 626; Palandt/Bassenge § 22 RN 6). Es kann ordnungsmäßiger Verwaltung entsprechen, von den ursprünglichen Plänen geringfügig abzuweichen (BayObLG NZM 1999, 578). Stellt ein Wohnungseigentümer erstmals den im Aufteilungsplan vorgesehenen Zustand her, so bedarf er, auch wenn es sich um eine bauliche Veränderung handelt, nicht der Zustimmung der Miteigentümer (BayObLG NZM 1999, 578; NJOZ 2003, 400f).

Die Abweichung vom Aufteilungsplan bei der Erstherstellung und vor Entstehen der – ggf. faktischen – Wohnungseigentümergemeinschaft ist keine bauliche Veränderung i. S. von § 22 Abs. 1 WEG; diese setzt nämlich eine Umgestaltung eines vorhandenen, dem Aufteilungsplan entsprechenden Zustands voraus, wobei es bei ändernden Maßnahmen auf deren Fertigstellung vor Entstehen der faktischen Wohnungseigentümergemeinschaft ankommt, da der Bauträger zu diesem Zeitpunkt seine Änderungsbefugnis verliert (→ Bauliche Veränderung). Deshalb kann die Beseitigung auch nicht von dem Wohnungseigentümer verlangt werden, der sie durch entsprechende Abrede mit dem Bauträger veranlasst hat (BayObLG NZM 1999, 286; OLG Hamm NZM 1998, 199; Palandt/Bassenge § 22 RN 6) oder der in sonstiger Weise mitgewirkt hat, sondern nur die erstmalige Herstellung eines dem Aufteilungsplan entsprechenden Zustands gem. § 21 Abs. 4 WEG auf Kosten der Wohnungseigentümer (BayObLG WuM 1994, 640; KG ZMR 1995, 233; OLG Hamm WE 1993, 318, 320), soweit dies den übrigen Wohnungseigentümern nicht unzumutbar ist (BayObLG ZMR 2001, 469).

Auch der aufteilende Wohnungseigentümer kann nicht in Anspruch genommen werden, es sei denn, dass er von seiner Gestaltungsbefugnis treuwidrig Gebrauch gemacht hat, z.B. weil alle Wohnungseigentümer gemeinsam die Teilungserklärung und den

Aufteilungsplan inhaltlich festgelegt hatten (OLG Schleswig WE 1994, 87f). Dies gilt auch, wenn der Bauträger eine vom Aufteilungsplan abweichende Maßnahme erst nach Entstehen der faktischen Eigentümergemeinschaft fertigstellt (BayObLG ZWE 2000, 312). Unberührt bleiben aber die Ansprüche der Erwerber gegen den Bauträger aus den Erwerbsverträgen auf Herstellung eines vertragsgerechten Zustandes (→ Mängel des gemeinschaftlichen Eigentums).

Ein Beseitigungsanspruch gegen den Wohnungseigentümer besteht aber für bauliche Änderungen, die er nach dem Entstehen einer faktischen Wohnungseigentümergemeinschaft fertiggestellt hat (BayObLG ZWE 2000, 312). Der Anspruch findet seine Grenze in §242 BGB. Ein Wohnungseigentümer kann daher die Herstellung eines den Plänen entsprechenden Bauzustandes dann nicht verlangen, wenn dies dem Antragsgegner bei Berücksichtigung aller Umstände nach Treu und Glauben nicht zuzumuten ist (BayObLG ZWE 2000, 472f; NZM 2002, 267). In diesem Fall kommt ein Ausgleichsanspruch der benachteiligten Wohnungseigentümer in Betracht (BayObLG ZWE 2000, 464f).

Abweichung zwischen Aufteilungsplan und Teilungserklärung

Stimmen die wörtliche Beschreibung des Gegenstandes von Sondereigentum, z.B. hinsichtlich der zulässigen Nutzung, und die Angaben im Aufteilungsplan nicht überein, ist grds. keiner der sich widersprechenden Erklärungsinhalte vorrangig (BGHZ 130, 159f; BayObLG ZWE 2000, 129f; OLG Hamm NJOZ 2003, 2222). Ein Widerspruch zwischen Aufteilungsplan und Teilungserklärung hinsichtlich des Gegenstandes des Sondereigentums führt dazu, dass an hiervon betroffenen Räumen kein Sondereigentum, und zwar auch nicht in der Form von → Mitsondereigentum, entstehen kann, sondern Gemeinschaftseigentum entsteht (BGHZ 109, 179f; 130, 159, 169; BayObLG ZWE 2000, 129f; OLG Hamm NJOZ 2003, 2222, 2224).

Soweit es nicht um die Abgrenzung von Sondereigentum und gemeinschaftlichem Eigentum, sondern um die Zweckbestimmung des Sondereigentums, insbesondere die zulässige Nutzung von Teileigentum handelt, kommt der Beschriftung der einzelnen Räume im Aufteilungsplan gegenüber der Zweckbestimmung in der Teilungserklärung und im Grundbuch keine diese überlagernde und erweiternde oder einschränkende Bedeutung zu. Es bleibt vielmehr dabei, dass maßgebend für die Zweckbestimmung und die zulässige Nutzung die im Grundbuch eingetragenen Angaben der Teilungserklärung sind (BayObLG ZWE 2000, 129f; NZM 1999, 80; NJOZ 2003, 1230f; OLG Düsseldorf NZM 2000, 1008).

▶ Abwendung von Rechtsnachteilen

§ 27 Abs. 2 Nr. 4 WEG berechtigt den Verwalter, im Namen aller Wohnungseigentümer und mit Wirkung für und gegen sie Maßnahmen zu treffen, die zur Wahrung einer Frist oder zur Abwendung eines sonstigen Rechtsnachteils erforderlich sind.

1. Vertretungsmacht des Verwalters

Der Verwalter ist für diese juristischen Erhaltungsakte zum einen gesetzlicher Vertreter (OLG Düsseldorf NJW-RR 1993, 470), zum anderen Verfahrensvertreter jeweils mit beschränkter gesetzlicher Vertretungsmacht (BayObLGZ 1976, 211; a.A. OLG Düsseldorf ZMR 1994, 520; OLG Saarbrücken ZMR 1998, 310; Palandt/Bassenge § 27 RN 14: mit beschränkter Verfahrensvollmacht).

Die Vertretungsmacht ist beschränkt auf objektiv erforderliche Maßnahmen (BayObLG WE 1994, 375). Diese Einschränkung begrenzt zum einen das Risiko, insbesondere das Kostenrisiko der Wohnungseigentümer für die vom Verwalter eingeleiteten Maßnahmen und stellt zum anderen klar, dass der Verwalter – anders als bei Maßnahmen gem. § 27 Abs. 2 Nr. 5 WEG – grds. keinen Beschluss der Wohnungseigentümer herbeiführen muss, bevor er die Maßnahmen ergreift (BayObLGZ 1976, 211); unerheblich ist es deshalb, aus welchen Gründen eine Wohnungseigentümerversammlung nicht mehr einberufen und ein Beschluss der Wohnungseigentümer nicht herbeigeführt werden kann (BayObLG WE 1995, 375). Objektiv erforderlich ist i.d.R. die Beauftragung eines Rechtsanwalts als Vertreter oder Prozessbevollmächtigter der Wohnungseigentümer (Bassenge PiG 30, 107, 114).

Die Vertretungsbefugnis des Verwalters besteht unabhängig von einer Interessenkollision des Verwalters. Eine solche Einschränkung wäre nämlich mit dem Normzweck unvereinbar, die Wohnungseigentümer in Fällen, in denen ein Beschluss der Wohnungseigentümerversammlung vor der zu treffenden Entscheidung wegen der Eilbedürftigkeit nicht herbeigeführt werden kann, vor Rechtsnachteilen zu schützen (BayObLG WE 1994, 375).

Gegenständlich ist die Vertretungsmacht auf Angelegenheiten der gemeinschaftlichen Verwaltung beschränkt, ohne dass es darauf ankommt, ob ein Rechtsnachteil allen, einzelnen oder einem Wohnungseigentümer droht (BayObLG WE 1994, 375).

Ohne dass sich dies auf Vertretungsmacht auswirkt, bleibt der Verwalter verpflichtet, eine Entscheidung der Wohnungseigentümer über das Vorgehen herbeizuführen.

2. Fristwahrung

Dem Verwalter obliegt die pflichtgemäße Fristenkontrolle und die Wahrung oder rechtzeitige Unterbrechung dieser Fristen, die sich auf gemeinschaftliche Rechte beziehen; die Fristwahrung erfolgt z.B. durch die Einleitung eines gerichtlichen Mahnverfahrens oder Widerspruch gegen einen Mahnbescheid, Klageerhebung oder Einlegung eines Rechtsmittels (BGHZ 78, 166).

Als Fristen nach § 27 Abs. 2 Nr. 4 WEG kommen gesetzliche und rechtsgeschäftlich vereinbarte Fristen in Betracht, z.B.
- Fristen für Nachbesserungs- oder Mängelansprüche (KG WE 1992, 197), z.B. nach § 13 Nr. 5 VOB/B oder §§ 633 ff BGB oder für die Inanspruchnahme eines Gewährleistungsbürgen (vgl. BGH NJW 1989, 1606; OLG Düsseldorf NJW-RR 1993, 470; Palandt/Bassenge § 27 RN 14),
- Anfechtungsfristen wegen Irrtums oder Täuschung gem. §§ 121, 124 BGB,
- Verjährungsfristen,
- Ausschlussfristen,
- Fristen zur Klageerhebung (BGHZ 78, 166),
- Rechtsbehelfs- und Rechtsmittelfristen,
- Widerspruchsfristen gegen öffentlich-rechtliche Bescheide (BayObLG WEM 1981, 29).

3. Abwendung von sonstigen Rechtsnachteilen

Die Vertretungsmacht des Verwalters zur Abwendung sonstiger Rechtsnachteile ist gleichfalls auf gemeinschaftliche Rechte und Ansprüche beschränkt; für eine Geltendmachung von Rechten einzelner Wohnungseigentümer gilt § 27 Abs. 2 Nr. 4 EG nicht.

Maßnahmen zur Abwendung sonstiger Rechtsnachteile sind z.b.
- die Einleitung eines → selbständigen Beweisverfahrens (BGH 78, 166, 172; BayObLGZ 1976, 211, 213; Deckert PiG 30, 37, 43),
- Anträge in Verwaltungsverfahren, z.B. auf vorläufigen Rechtsschutz nach § 80 Abs. 5 VwGO gegenüber bauaufsichtlichen Anordnungen,
- Anträge in Zwangsversteigerungs-, Zwangsverwaltungs- oder Zwangsvollstreckungsschutzverfahren,
- Anträge auf Berichtigung des Grundbuchs (OLG Karlsruhe Justiz 1973, 307).

▶ Abwesenheit des Wohnungseigentümers, leerstehende und nicht errichtete Wohnungen

1. Beitragspflicht

Ein Wohnungseigentümer kann Beitragsansprüchen der Wohnungseigentümergemeinschaft nicht entgegenhalten, er nutze seine Wohnung nicht oder zeitweise nicht, etwa weil er längere Zeit abwesend ist oder die Wohnung leerstehen lässt – dies ist bei bauträgereigenen Wohnungen in der Verkaufsphase die Regel. Die Beitragspflicht knüpft nämlich nicht an die *tatsächliche* Nutzung, sondern an die *Möglichkeit der Nutzung* an, so dass es jedem Wohnungseigentümer freisteht, Gebrauchsmöglichkeiten wahrzunehmen oder dies zu unterlassen (BGHZ 92, 18; BayObLG WE 1991, 360 f; OLG Hamm NZM 2000, 505, 507; OLG Schleswig WuM 1996, 785 f). Derjenige Wohnungseigentümer, der sich entschließt, auf die Nutzung seines Wohnungseigentums weitgehend zu verzichten, kann deshalb bei der Anwendung des Kostenverteilungsschlüssels keine Rücksichtnahme auf seine persönlichen Interessen erwarten. Zudem entstehen die meisten Lasten und Kosten unabhängig vom Gebrauch der Wohnung, z.B. für Versicherungen, Hausmeister, Verwalter. Ferner ist eine auf die Anwesenheit und tatsächliche Nutzung des Wohnungseigentümers bezogene Abrechnung nicht durchführbar, da ein sich ständig ändernder, im Ergebnis nicht prüfbarer Verteilungsschlüssel einer Abrechnung nicht zugrunde gelegt werden kann. Die Berufung auf die Zahlungspflicht ist nicht sittenwidrig, obwohl die pauschale Regelung des Gesetzes den konkreten Verhältnissen des Einzelfalls u.U. nicht gerecht werden kann (OLG Hamm OLGZ 1982, 29).

Der Bauträger ist daher für leerstehende – ggf. noch nicht vollständig fertiggestellte – Eigentumswohnungen ebenso in voller Höhe beitragspflichtig (BayObLGZ 1978, 270, das aber die Frage der Pflicht, zur Instandhaltungsrückstellung beizutragen, offen ließ; OLG Karlsruhe OLGZ 1978, 175) wie jeder andere Wohnungseigentümer. Dies gilt auch für verbrauchsabhängige Kosten, etwa für Wasser und Strom (OLG Hamm OLGZ 1982, 20ff; Röll NJW 1976, 1474; Zoebe DWE 1976, 7), oder für die Kosten der Verwaltung (s. a. → Bauabschnittsweise Fertigstellung).

2. Verkehrssicherungspflicht

Der abwesende bzw. seine Wohnung nicht nutzende Eigentümer hat dafür zu sorgen, dass auch während seiner Abwesenheit bzw. während des Leerstehens die ihm gegenüber den übrigen Miteigentümern obliegenden Pflichten erfüllt werden, insbesondere die Instandhaltungs- und Verkehrssicherungspflichten bezüglich des Sondereigentums und die Pflicht, die Wohnung zum Zwecke von Instandhaltungs- und Instandsetzungsarbeiten am gemeinschaftlichen Eigentum betreten zu lassen. Im Hinblick auf die Aufrechterhaltung des Versicherungsschutzes sollte die Wohnung regelmäßig, bei Frostgefahr alle 3 bis 4 Tage, überprüft werden (OLG Celle VersR 1984, 437; OLG Hamm VersR 1982, 966).

Änderung der Gemeinschaftsordnung → Gemeinschaftsordnung

Änderung von Mehrheitsbeschlüssen → Zweitbeschluss

▶ Alarmanlage

Eine Alarmanlage, die sich im Bereich eines Sondereigentums befindet, ist als zu den Räumen gehörender Bestandteil dem Sondereigentum zuzuordnen (OLG München MDR 1979, 934).

▶ Allgemeine Geschäftsbedingungen

Ziel der früher im Gesetz zur Regelung des Rechts der Allgemeinen Geschäftsbedingungen (AGBG) enthaltenen Bestimmungen, die durch die Schuldrechtsreform als §§ 305 ff in das BGB integriert wurden, ist es, die Gestaltungsfreiheit bei der einseitigen Vorformulierung von Vertragsbedingungen im Massenverkehr einzuschränken und dem Verwender die angemessene Berücksichtigung der Interessen der Vertragspartner zur Pflicht zu machen. Verwender ist derjenige, auf dessen Veranlassung ein Formularvertrag dem Vertragsschluss zugrunde gelegt wird.

Voraussetzung für Allgemeine Geschäftsbedingungen sind neben der Vorformulierung ohne individuelles Aushandeln, dass die Vertragsbedingungen von dem Verwender für eine Vielzahl von Fällen vorformuliert sind (BGH NJW 2000, 2988; NZBau 2001, 682). Vorformulierte Vertragsbedingungen sind somit nur dann Allgemeine Geschäftsbedingungen, wenn der Verwender im Zeitpunkt des Vertragsabschlusses die Absicht der Mehrfachverwendung hatte (BGHZ 144, 242). In Verträgen zwischen einem Unternehmer (§ 14 Abs. 1 BGB) und einem Verbraucher (§ 13 BGB) gelten allgemeine Vertragsbedingungen auch dann als vom Unternehmer gestellt, wenn sie auf Formulierungen eines Dritten, z. B. des Notars, beruhen, § 310 Abs. 3 Nr. 1 BGB.

Der Inhaltskontrolle unterfallen insbesondere Bauträgerverträge über den Erwerb von Eigentumswohnungen. Seiner Darlegungslast, dass es sich um Allgemeine Geschäftsbedingungen handelt, genügt der Erwerber in diesem Fall schon durch Vorlage des mit dem Bauträger abgeschlossenen Vertrags, wenn der Vertragspartner gewerblich als Bauträger tätig ist und der Vertrag Klauseln enthält, die typischerweise in Bauträgerverträgen verwendet werden (BGHZ 118, 229, 238; NZBau 2001, 682).

Der Inhaltskontrolle unterliegen weiter für eine Vielzahl von Fällen vorformulierte Verwalterverträge (BayObLG WuM 1991, 312f; WE 1994, 147f; Müller DWE 1991, 46, 50), so dass nach den §§ 305 ff BGB nichtige Klauseln auch dann unwirksam sind, wenn der Mehrheitsbeschluss, auf dem der Abschluss des betreffenden Verwaltervertrages beruht, unangefochten bleibt. Dies gilt auch für einen Verwaltervertrag, der als Bestandteil der Teilungserklärung vom Gründer oder von dem durch ihn ausgewählten Verwalter vorformuliert wurde (Ulmer, in: FS Weitnauer [1980] 205, 214).

Nicht anwendbar sind die §§ 305 ff BGB hingegen auf Gemeinschaftsordnungen, und zwar weder bei einer Aufteilung nach § 8 WEG, da insoweit kein Vertrag vorliegt (OLG Frankfurt NZM 1998, 365; OLG Hamburg FGPrax 1996, 132; Staudinger/Kreuzer § 10 RN 74), noch bei einer Aufteilung nach § 3 WEG (→ Begründung von Wohnungseigentum), da es sich in diesen Fällen i. d. R. um Gemeinschaften mit wenigen Beteiligten handelt, in denen die Gemeinschaftsordnung individuell ausgehandelt worden ist. Gemeinschaftsordnungen unterliegen aber stets einer Inhaltskontrolle gemäß § 242 BGB (BayObLG NJW-RR 1996, 1037).

Altbau

Wohnungseigentum kann nicht nur an erst zu errichtenden Wohnungen, sondern auch an Wohnungen in bereits bestehenden Gebäuden begründet werden. Übernimmt der Veräußerer im Erwerbsvertrag keine Herstellungspflichten, so kann die Gewährleistung wirksam ausgeschlossen werden (BGHZ 98, 100). Der Käufer erwirbt die Eigentumswohnung i.d.R. aber von einem Bauträger, der das gesamte Objekt zuvor in Wohnungseigentumseinheiten aufgeteilt hat und sich zur Durchführung der Sanierung verpflichtet. Zur Vermeidung von Beweisschwierigkeiten hinsichtlich des Haftungsumfanges empfiehlt sich eine genaue Festlegung von Art und Umfang der Sanierung eines jeden einzelnen Gewerks. Will der Käufer die Wohnung im Zuge der Sanierung nach seinen Wünschen ändern, so bedarf dies einer Änderung der Teilungserklärung durch Vereinbarung der Wohnungseigentümer, wenn damit eine nachträgliche Veränderung des Gemeinschaftseigentums verbunden ist. Dies kann auch bei Veränderung des Sondereigentums der Fall sein, wenn diese geeignet ist, z.B. das architektonische Aussehen des Gesamtgebäudes zu verändern. Änderungen, die ausschließlich das Sondereigentum betreffen, z.B. Versetzen von nicht tragenden Innenwänden, sind ohne Zustimmung der Miteigentümer möglich.

Im Verhältnis zum Verkäufer empfiehlt es sich, für den Fall späterer Abweichungen von den beabsichtigten Sanierungsmaßnahmen die Kostentragung und die Anrechnung ersparter Aufwendungen des Verkäufers ausdrücklich zu regeln. Die Erklärung des Verkäufers, das Objekt sei bis auf die Grundmauern saniert, begründet für sich allein nicht die Verpflichtung des Veräußerers, für die aktuellen bauordnungsrechtlichen Anforderungen einzustehen (OLG Düsseldorf NZM 2003, 822). Der Erwerber eines sanierten Altbaus darf nämlich nicht erwarten, dass das gesamte Gebäude nach den geltenden Regeln der Baukunst errichtet ist, sondern allein, dass die durchgeführten Arbeiten mängelfrei sind, allenfalls dass der Veräußerer keine aufgrund des Alters des Bauwerks objektiv erforderlichen Baumaßnahmen unterlassen hat.

Anders als beim Kauf neu errichteter Eigentumswohnungen richtet sich die Haftung des Veräußerers nicht grds. nach Werkvertragsrecht. Werkvertragsrecht gilt bei der Veräußerung von Eigentumswohnungen in aufgeteilten Altbauten nur in Bezug auf die vom Veräußerer vertraglich übernommenen Herstellungs- und Renovierungsleistungen (OLG Frankfurt NJW-RR 1993, 339; OLG Hamburg BauR 1995, 242; OLG Hamm BauR 1995, 846f). Werkvertragsrecht kommt auch für Mängel der Altbausubstanz zur Anwendung, wenn die Baumaßnahme – etwa aufgrund einer sog. Entkernung – nach Umfang und Bedeutung einem Neubau gleichkommt (BGHZ 108, 156, 158; a.A. Brych/Pause RN 469; Koeble BauR 1992, 569), nicht aber wenn die veräußerten Wohnungen ohne wesentliche Eingriffe in die Bausubstanz saniert und modernisiert worden sind (OLG Düsseldorf NZM 2003, 822).

Altenpflegeheim

In einer Wohnanlage mit acht Wohnungen in einem Kurort stellt die Nutzung von drei Wohnungen als Altenpflegeheim eine unzulässige gewerbliche Nutzung dar, die den Wohnwert der übrigen Wohnungen herabsetzt (OLG Hamm, Urt. v. 1. 2. 1988, 15 W 349/87).

Altschulden → Abrechnung; → Sonderumlage; → Wirtschaftsplan, Aufstellung

Amateurfunkantenne → Funkantenne

Amtsermittlungsprinzip → Wohnungseigentumssachen, Verfahren

Amtsniederlegung → Niederlegung des Verwalteramtes

Anfechtbarkeit und Anfechtung eines Beschlusses

Die Wohnungseigentümer regeln ihre Angelegenheiten durch Beschluss, soweit dies im Gesetz oder in der Gemeinschaftsordnung vorgesehen ist. Zu unterscheiden sind wirksame, anfechtbare und nichtige Beschlüsse. Die Besonderheit anfechtbarer Beschlüsse ist, dass sie wirksam sind und bleiben, wenn sie nicht gerichtlich rechtskräftig für ungültig erklärt werden (BGHZ 106, 122, 124; BayObLG NZM 2003, 317f).Wird ein anfechtbarer Beschluss nicht innerhalb der Monatsfrist des § 23 Abs. 4 S. 2 WEG angefochten, so erwächst er in Bestandskraft mit der Folge, dass etwaige Mängel nicht mehr geltend gemacht werden können. Dies gilt auch, wenn der Antrag auf Ungültigerklärung eines Beschlusses nach Ablauf der Anfechtungsfrist zurückgenommen oder rechtskräftig zurückgewiesen worden ist.

Im letztgenannten Fall ist der Beschluss unter allen denkbaren Gesichtspunkten wirksam. Er kann auch nicht mehr als nichtig beurteilt werden (BayObLG NZM 2003, 815 f; OLG Zweibrücken ZWE 2002, 542 f), da im Beschlussanfechtungsverfahren Anfechtungs- und Nichtigkeitsgründe denselben Verfahrensgegenstand bilden (BGH NZM 2003, 946, 949; BayObLGZ 1974, 275, 278; KG OLGZ 1978, 142f; Staudinger/Wenzel § 43 RN 43). Ein Beschlussanfechtungsantrag ist daher immer auch auf die Feststellung der Nichtigkeit des angefochtenen Eigentümerbeschlusses gerichtet, falls dieser an einem als Nichtigkeitsgrund einzuordnenden Mangel leiden sollte; die Feststellung der Nichtigkeit entspricht dem mit der Beschlussanfechtung zum Ausdruck gebrachten Rechtsschutzziel, eine verbindliche Klärung der Gültigkeit des zur Überprüfung gestellten Eigentümerbeschlusses herbeizuführen (BGH NZM 2003, 946, 949; Suilmann ZWE 2001, 402, 404).

Jeder Wohnungseigentümer und auch der Verwalter (→ Rechtsschutzbedürfnis) können nach den §§ 43 Abs. 1 Nr. 4, 23 Abs. 4 WEG beantragen, einen anfechtbaren Beschluss für ungültig zu erklären oder dessen Nichtigkeit festzustellen; sie können entscheiden, ob sie von ihrem Anfechtungsrecht Gebrauch machen oder über die einem Beschluss anhaftenden Mängel hinwegsehen wollen. Zuständig für die Ungültigerklärung ist gem. § 23 Abs. 4 WEG allein der Wohnungseigentumsrichter im Verfahren gem. § 43 Abs. 1 Nr. 4 WEG. Ein bestandskräftiger Beschluss entfaltet seine Bindungswirkung für und gegen alle Wohnungseigentümer, deren → Sonderrechtsnachfolger (§ 10 Abs. 3 WEG), den Verwalter und gegenüber Dritten, soweit der Beschluss Außenwirkung hat (BPM § 23 RN 185).

1. Gegenstand der Anfechtung

Gegenstand der Anfechtung nach § 23 Abs. 4 i.V.m. § 43 Abs. 1 Nr. 4 WEG sind Beschlüsse der Wohnungseigentümer – Versammlungsbeschlüsse nach § 23 Abs. 1 WEG und → schriftliche Beschlüsse nach § 23 Abs. 3 WEG –, die wirksam gefasst wurden und nicht nichtig sind. Anfechtbar sind auch Beschlüsse, mit denen die Wohnungseigentümer einem Beschlussantrag die erforderliche Mehrheit versagt haben, sog. → Negativbeschlüsse. Nicht isoliert anfechtbar sind die in einer Versammlung gefassten Geschäftsordnungsbeschlüsse (→ Geschäftsordnung); sind weitere Beschlüsse aufgrund von fehlerhaften Geschäftsordnungsbeschlüssen zustande gekommen, so können sie mit der Begründung angefochten werden, sie beruhten hierauf kausal.

Die Anfechtung der einzelnen → Stimmabgabe nach §§ 119 ff BGB wegen Irrtums, arglistiger Täuschung oder widerrechtlicher Drohung fällt nicht unter § 23 Abs. 4 WEG und kann daher auch noch nach Ablauf der Monatsfrist des § 23 Abs. 4 S. 2 WEG erklärt werden. Soweit sich die anfängliche Nichtigkeit einer Einzelstimme nach § 142 BGB aber auf das Ergebnis der Beschlussfassung auswirkt, kann die Ungültigerklärung des Beschlusses nur innerhalb der Monatsfrist beantragt werden, wobei dem Antragsteller bei Anfechtung der Stimmabgabe wegen arglistiger Täuschung → Wiedereinsetzung zu gewähren ist (BayObLG NJW 2002, 71).

2. Formelle Mängel

Formelle Mängel beruhen auf einer nicht hinreichenden Beachtung gesetzlicher Form- oder sonstiger Ordnungsvorschriften und führen u. U. zur Anfechtbarkeit gefasster Beschlüsse. Gleiches gilt, falls eine Vereinbarung formelle Vorgaben für die Beschlussfassung enthält. Zu den formellen Fehlern zählen z.B.

- Einberufungsmängel (→ Einberufung der Wohnungseigentümerversammlung),
- die fehlerhafte oder fehlende Ankündigung von Tagesordnungspunkten (→ Tagesordnung),
- der unberechtigte Ausschluss von Wohnungseigentümern von einer Versammlung (→ Teilnahme an der Wohnungseigentümerversammlung) oder
- Mängel der → Beschlussfähigkeit.

Die Anfechtung hat nur dann Erfolg, wenn der Formverstoß für den Inhalt des Beschlusses kausal war. Dabei wird vermutet, dass der angefochtene Beschluss auf dem Verstoß beruht (BayObLGZ NZM 2002, 346f z. einem Einberufungsmangel; OLG Köln WE 1996, 311f; NZM 1998, 920). Diese Kausalitätsvermutung kann nur durch den Nachweis widerlegt werden, dass der Beschluss mit Sicherheit – nicht nur mit hoher Wahrscheinlichkeit – auch ohne den Verstoß inhaltsgleich gefasst worden wäre (BayObLG ZWE 2002, 469f; KG ZfIR 1997, 223f; OLG Düsseldorf WuM 1997, 62; Staudinger/Wenzel § 43 RN 48). An diesen Nachweis sind strenge Anforderungen zu stellen, so dass es nicht auf die Auswirkung des Abstimmungsverhaltens auf das Abstimmungsergebnis allein ankommt, sondern auch auf die Möglichkeit, in einer der Abstimmung vorausgehenden Aussprache das Abstimmungsverhalten der anderen Stimmberechtigten zu beeinflussen (BayObLG ZWE 2002, 469f; OLG Hamm ZMR 1997, 49f; NZM 1998, 875; Palandt/Bassenge §23 RN 21). Der Antragsteller muss allerdings darlegen, mit welchen Argumenten er seine Miteigentümer umzustimmen versucht hätte. Das Gericht hat aber weder die Teilnehmer der Versammlung über ihr Abstimmungsverhalten in Kenntnis der Argumente (BayObLG NZM 1999, 672), noch die Nichtteilnehmer über ihr Abstimmungsverhalten bei Teilnahme (KG NZM 1999, 950) anzuhören.

Verfahrensrechtlich tragen die Antragsgegner die materielle Feststellungslast für die Tatsachen, durch die die Kausalitätsvermutung widerlegt werden soll (BayObLGZ 1985, 436, 438; OLG Hamm OLGZ 1992, 309, 312).

Ein formell fehlerhafter Beschluss ist allerdings nicht für ungültig zu erklären, wenn jeder andere Beschluss den Grundsätzen ordnungsmäßiger Verwaltung widerspräche (KG NZM 2001, 1141).

3. Inhaltliche Mängel

Inhaltliche Mängel weist ein Beschluss auf, wenn er gegen materielles Recht – also anwendbare gesetzliche Vorschriften oder eine Vereinbarung der Wohnungseigentümer, insbesondere die Gemeinschaftsordnung – verstößt. Sie führen zur Anfechtbarkeit, bei Verstößen gegen unabdingbare Vorschriften zur → Nichtigkeit des Beschlusses.

Anfechtbar sind z.B. Beschlüsse, die
- gegen die Grundsätze → ordnungsmäßiger Verwaltung verstoßen;
- gegen vereinbarte Gültigkeitsvoraussetzungen verstoßen;
- in einer → Mehrhausanlage von allen Wohnungseigentümern gefasst wurden, obwohl sie einzelne Maßnahmen zum Gegenstand haben, die nur ein Haus betreffen;
- gegen Treu und Glauben verstoßen, z.B. wenn ein Mehrheitseigentümer die Stimmenmehrheit rechtsmissbräuchlich zum Nachteil der Minderheit ausübt (→ Majorisierung);

- den → Gleichbehandlungsgrundsatz verletzen;
- nicht hinreichend klar und bestimmt sind, sofern eine durchführbare Regelung noch erkennbar ist (→ Mehrheitsbeschluss);
- die gesetzlich vorgeschriebene oder von den Wohnungseigentümern vereinbarte einfache bzw. qualifizierte Mehrheit, Einstimmigkeit oder Allstimmigkeit verfehlt haben, falls der Verwalter gleichwohl das Zustandekommen eines Beschlusses festgestellt hat (→ Mehrheitsbeschluss).

4. Anfechtungsberechtigung

Entschließt sich ein Wohnungseigentümer oder der Verwalter zur Anfechtung eines Beschlusses, so muss er ein gerichtliches Verfahren auf Ungültigerklärung durchführen. Ein Schreiben an den Verwalter, in dem ein Wohnungseigentümer Mängel eines Beschlusses beanstandet, ist wirkungslos. Das Anfechtungsverfahren wird durch einen Antrag auf Ungültigerklärung des betreffenden Beschlusses eingeleitet, der an das Amtsgericht, Abt. für Wohnungseigentumssachen, zu richten ist, in dessen Bezirk die Eigentumswohnanlage liegt, § 43 Abs. 1 S. 4 WEG.

Anfechtungs- und somit antragsberechtigt im gerichtlichen Verfahren ist:
- jeder im Grundbuch eingetragene Wohnungseigentümer;
- jeder werdende Wohnungseigentümer (→ Faktische Wohnungseigentümergemeinschaft), sobald er stimmberechtigt ist;
- der ausgeschiedene Wohnungseigentümer in Bezug auf einen vor seinem Ausscheiden gefassten Beschluss, der ihn noch rechtlich betrifft;
- der Erwerber ab seiner Eintragung im Grundbuch (OLG Frankfurt OLGZ 1992, 439 z. Eintragung während der Antragsfrist) und der Ersteher in der Zwangsversteigerung ab Zuschlagsbeschluss;
- jeder Mitberechtigte an einem Wohnungseigentum, z.B. in Miteigentümer- oder Gesamthandsgemeinschaften wie → Erbengemeinschaft oder → Gesellschaft bürgerlichen Rechts (→ Beteiligte);
- der amtierende Verwalter, soweit der Beschluss ein Recht des Verwalters beeinträchtigt (BGH NJW 2002, 3240; a.A. Reuter ZWE 2001, 286);

- der ausgeschiedene Verwalter in Bezug auf den ihn abberufenden Beschluss, nicht aber in Bezug auf den Bestellungsbeschluss des neuen Verwalters (→ Abberufung des Verwalters);
- der Zwangsverwalter (→ Zwangsverwaltung);
- der Insolvenzverwalter (→ Insolvenz eines Wohnungseigentümers);
- jedes Mitglied des Verwaltungsbeirats, auch wenn es nicht Wohnungseigentümer ist, soweit der Beschluss seine Rechte beeinträchtigt.

Das Rechtsschutzbedürfnis für Beschlussanfechtungen folgt i.d.R. aus der Bindung des Anfechtenden an den Mehrheitsbeschluss. Es steht auch dem Wohnungseigentümer zu, der dem Beschluss zugestimmt (→ Rechtsschutzbedürfnis) oder dessen Stimmrecht bei der Beschlussfassung geruht hat (→ Ruhen des Stimmrechts).

Wird zulässigerweise die Anfechtung durch einen Verfahrensstandschafter – z.B. den Erwerber vor seiner Eintragung im Grundbuch – eingereicht, so ist die Frist nur gewahrt, wenn dieser auch innerhalb der Anfechtungsfrist deutlich macht, dass er das gerichtliche Verfahren nicht aus eigenem Recht, sondern für den Anfechtungsberechtigten durchführt (OLG Celle ZWE 2001, 34; KG NJW-RR 1995, 147; Palandt/Bassenge § 23 RN 16).

Wird ein Beschluss nacheinander von mehreren Wohnungseigentümern angefochten, so sind alle Verfahren wegen Identität des Verfahrensgegenstandes zu verbinden (→ Wohnungseigentumssachen, Verfahren). Alle Wohnungseigentümer, die nicht innerhalb der Anfechtungsfrist einen Antrag auf Ungültigerklärung beim Amtsgericht eingereicht haben, sind Antragsgegner, weil die Entscheidung über die Gültigkeit oder Ungültigkeit eines Beschlusses für und gegen alle Wohnungseigentümer und für und gegen den Verwalter wirkt. Der Anfechtungsantrag muss deshalb dem Verwalter für alle Wohnungseigentümer zugestellt werden (→ Zustellung, Zustellungsvollmacht). Schließt sich ein Wohnungseigentümer nach Fristablauf dem rechtzeitigen Anfechtungsantrag eines Wohnungseigentümers oder des Verwalters an, so ist sein Antrag wegen der Fristversäumung zurückzuweisen (OLG Frankfurt DWE 1989, 70; OLG Zweibrücken NJW-RR 1989, 657).

5. Anfechtungsfrist

Ein Anfechtungsantrag kann gem. § 23 Abs. 4 S. 2 WEG nur binnen eines Monats gestellt werden. Eine Verlängerung der Frist durch Vereinbarung ist im Interesse der Rechtsklarheit unzulässig (BayObLGZ 1981, 21, 27; Staudinger/Bub § 23 RN 62); eine Verkürzung der Frist können die Wohnungseigentümer aber wirksam vereinbaren (BPM § 23 RN 216). Wird die Anfechtungsfrist versäumt, kann u. U. → Wiedereinsetzung in den vorigen Stand gewährt werden. Bei der Frist handelt es sich um eine materiellrechtliche Ausschlussfrist und nicht um eine verfahrensrechtliche Antragsfrist (BGHZ 139, 305 f). Ein verspätet eingereichter Antrag ist deshalb als unbegründet abzuweisen (BayObLG WE 1998, 318 f; 1999, 27 f; Weitnauer/Lüke § 23 RN 28).

Die Monatsfrist beginnt am Tag der Beschlussfassung zu laufen (BayObLGZ 1989, 13; OLG Hamm OLGZ 1985, 147). Dies ist bei Versammlungsbeschlüssen das Datum der Versammlung, in der der Beschluss wirksam zustande gekommen ist, unabhängig davon, ob der Antragsteller an der Versammlung teilgenommen hat oder von dem Beschluss Kenntnis erlangt hat (OLG Hamm WE 1993, 244; Weitnauer/Lüke § 23 RN 28) oder ihm die Niederschrift zugegangen ist (KG NJW-RR 1996, 844 f; OLG Frankfurt WuM 1990, 461). Dauert die Versammlung über Mitternacht hinaus, so ist der Zeitpunkt der Beschlussfeststellung durch den Vorsitzenden (→ Mehrheitsbeschluss), bei → schriftlichen Beschlüssen der Zeitpunkt einer an alle Wohnungseigentümer gerichteten Mitteilung des Beschlussergebnisses maßgeblich.

Der Lauf der Frist berechnet sich nach den allgemeinen Vorschriften des BGB – §§ 186 ff BGB –; sie endet gem. § 188 Abs. 2 BGB mit Ablauf des Monatstages, der dem Tage der Beschlussfassung entspricht. Fällt das Fristende auf einen Samstag, Sonn- oder Feiertag, so endet gem. § 193 BGB die Frist am ersten darauf folgenden Werktag (BayObLGZ 1989, 13).

Die Frist zur Anfechtung wird gewahrt, wenn der Antrag auf Ungültigerklärung rechtzeitig – also vor Ablauf des letzten Tages der Frist – bei Gericht eingereicht wird. Ausreichend ist auch ein Antrag bei einem unzuständigen Gericht innerhalb der Monatsfrist (BGHZ 139, 305; Staudinger/Wenzel §43 RN 42). Die Beschlussanfechtungsfrist wird auch durch eine nicht unterschriebene Antragsschrift gewahrt, wenn kein Zweifel daran besteht, dass das Schriftstück von dem Antragsteller stammt und seinem Willen entspricht (OLG Hamm NZM 2003, 684); der Anfechtungsantrag sollte, muss aber nicht unterschrieben sein (BayObLG NZM 1999, 426; Staudinger/Bub §23 RN 302).

Maßgeblich ist bereits die Anhängigkeit des Antrages, wenn seine Rechtshängigkeit durch Zustellung beim Antragsgegner „demnächst" herbeigeführt wird. §167 ZPO (§270 Abs. 3 ZPO a. F.) ist entsprechend anwendbar (OLG Schleswig NZM 2002, 960; Staudinger/Wenzel §43 RN 42; a.A. Palandt/Bassenge §23 RN 16); danach sind Verzögerungen bei der Zustellung allein aufgrund des Geschäftsablaufs des Gerichts unschädlich (BGH NJW 2000, 2282; OLG Köln NZM 2001, 299; OLG Zweibrücken NJOZ 2003, 2080f). Die Zustellung des Anfechtungsantrags darf grds. auch nicht von der Einzahlung eines → Kostenvorschusses abhängig gemacht werden (BayObLG NZM 2001, 143). Verzögert sich die Zustellung, weil das Gericht unzulässigerweise einen Vorschuss verlangt, so erfolgt die Zustellung deshalb gleichwohl noch „demnächst", wenn das Gericht die Zustellung erst nach Eingang des Vorschusses nach mehreren Monaten veranlasst (OLG Köln NZM 2002, 299; OLG Zweibrücken ZMR 2003, 452f). Will das Gericht so verfahren, so muss es auch einen anwaltlich vertretenen Beteiligten jedenfalls deutlich auf die möglichen Rechtsfolgen einer verzögerlichen Einzahlung des Vorschusses hinweisen (OLG Schleswig NZM 2003, 519).

Inhaltlich muss der Wille zur Anfechtung innerhalb der Frist ausdrücklich erklärt werden. Dem Antrag muss sich entnehmen lassen – u.U. unter Berücksichtigung der anerkannten Auslegungsgrundsätze –, welche Beschlüsse im Einzelnen angefochten werden (BayObLG NZM 1999, 862; KG WuM 1996, 364f; OLG Zweibrücken NJW-RR 1995, 397f; Palandt/Bassenge §23 RN 15). Ficht der Antragsteller alle Beschlüsse einer bestimmten Wohnungseigentümerversammlung an, so genügt dies, wenn der Verwalter das Protokoll über die Eigentümerversammlung nicht innerhalb der Anfechtungsfrist verschickt hat und der Antrag auf

Ungültigerklärung nach Ablauf der Anfechtungsfrist auf bestimmte Tagesordnungspunkte beschränkt wird (BayObLG NJW-RR 1995, 1166). Die Anfechtung aller gefassten Beschlüsse ist auch dann ausreichend, wenn sich der Antragsteller auf einen formellen Einberufungsmangel beruft (BayObLG NZM 2002, 346). Bei einem Vorbehalt, die konkret anzufechtenden Beschlüsse zu benennen, muss die Konkretisierung innerhalb der Anfechtungsfrist erfolgen, da sonst ungewiss bleibt, welche Beschlüsse mit Ablauf der Anfechtungsfrist bestandskräftig werden (BayObLG WuM 1997, 700; OLG Köln WuM 1996, 499 f). Eine Antragsbegründung ist zur Fristwahrung nicht erforderlich (BayObLG NZM 2001, 143), aber im Hinblick auf die Grenzen der Amtsermittlungspflicht und die Feststellungslast des Antragstellers im Verfahren nachzuholen.

6. Rechtsfolgen einer Anfechtung

a) Keine aufschiebende Wirkung

Die Anfechtung eines Beschlusses durch Antrag auf gerichtliche Ungültigerklärung gem. § 43 Abs. 1 Nr. 4 WEG hat keine aufschiebende Wirkung (BPM § 23 RN 202). Demnach ist der Beschluss sowohl für die Wohnungseigentümer und deren Sonderrechtsnachfolger gem. § 10 Abs. 3 WEG als auch für den Verwalter, der gem. § 27 Abs. 1 Nr. 1 WEG zur Durchführung des Beschlusses verpflichtet ist (→ Mehrheitsbeschluss), bis zur Rechtskraft einer gerichtlichen Ungültigerklärung bindend (BayObLG NJW-RR 1993, 788; Niedenführ WE 1993, 101).

Gem. § 44 Abs. 3 WEG kann das Gericht für die Dauer des Verfahrens die aufschiebende Wirkung der Anfechtung einstweilig anordnen, so dass die Vollziehung des Beschlusses für diesen Zeitraum zu unterbleiben hat (BayObLG WuM 1990, 324; → einstweilige Anordnung).

b) Umfang der gerichtlichen Ungültigerklärung

Der Umfang der Ungültigerklärung des Beschlusses richtet sich entsprechend § 308 ZPO nach dem Inhalt des Antrages, also nach dem Willen des Antragstellers, über den sich der Richter nicht hinwegsetzen darf, da andernfalls keine Klarheit über den Umfang der Bestandskraft des Beschlusses besteht (BayObLG WE 1995, 245 f; BPM § 23 RN 204).

Der Antragsteller kann seinen Antrag auf einen abtrennbaren Teil des Beschlusses beschränken (Teilanfechtung); in diesem Fall kommt auch nur eine entsprechende Teilungültigerklärung in Betracht. Hat dagegen der Antragsteller den gesamten Beschluss angefochten, ist der Antrag aber nur hinsichtlich eines Teiles begründet, so ist dennoch der Beschluss i.d.R. insgesamt entsprechend § 139 BGB für ungültig zu erklären, wenn nicht die Wohnungseigentümer den Beschluss auch ohne den ungültigen Teil gefasst hätten (BGH NZM 1998, 955, 958; BayObLG WE 1995, 245, 247; OLG Düsseldorf WE 1991, 251; Palandt/Bassenge § 23 RN 20), z.B. weil der unbeanstandete Teil allein keinen Bestand haben kann (BGH NZM 1998, 955, 958 z. Beschluss über eine → Hausordnung).

Das Gericht kann die Ungültigerklärung nicht auf einen Umstand oder Mangel stützen, den die Beteiligten bewusst nicht geltend machen und auf den die Anfechtung nicht gestützt ist (BayObLG WE 1991, 198). Eine Ungültigerklärung kann auf einen solchen Mangel auch nicht gestützt werden, den ein Wohnungseigentümer, der einen Beschluss anficht, in der Rechtsmittelinstanz bewusst fallen gelassen hat (BayObLGZ 1988, 54).

Eine gestaltende Regelung durch das Gericht kommt zusätzlich zur Ungültigerklärung des Beschlusses in Betracht, wenn der Antragsteller zumindest stillschweigend seinen Antrag auf Ungültigerklärung mit einem Antrag gem. §§ 15 Abs. 3, 21 Abs. 4, 43 Abs. 1 Nr. 1, 2 WEG verbunden hat (BayObLGZ WE 1995, 245; BPM § 23 RN 205; Palandt/Bassenge § 23 RN 20).

c) Rechtsfolgen der gerichtlichen Ungültigerklärung

Wird ein Beschluss für ungültig erklärt, so wirkt dies ex tunc, also mit Rückwirkung. Der Beschluss gilt als nicht gefasst (BGHZ 106, 113, 116; BayObLGZ 1976, 211, 213; OLG Hamm OLGZ 1992, 309; Weitnauer/Lüke § 23 RN 30). Eine dem Verwalter durch Beschluss erteilte Vertretungsmacht fällt durch die Ungültigerklärung des Beschlusses mit Rückwirkung weg (→ Vertretungsmacht des Verwalters). Ist der Beschluss bereits tatsächlich vollzogen und durchgeführt, so hat jeder Wohnungseigentümer, nicht nur der überstimmte, gem. §21 Abs. 4 WEG einen Anspruch auf Folgenbeseitigung gegen die anderen Wohnungseigentümer, nicht jedoch gegen den Verwalter (→ Folgenbeseitungsanspruch). Rechtsgeschäfte, die der Verwalter vor Ungültigerklärung des Beschlusses über seine Bestellung getätigt hat, bleiben in entsprechender Anwendung des §32 FGG wirksam (→ Bestellung des Verwalters).

Anlage gemeinschaftlicher Gelder → Instandhaltungsrückstellung; → Verwaltung gemeinschaftlicher Gelder

Anmietung

Die Wohnungseigentümer können im Rahmen ordnungsmäßiger Verwaltung beschließen, eine Einrichtung, z.B. eine Satellitenanlage, anzumieten, auch wenn dieses im langfristigen Vergleich teurer ist als der Kauf, sofern für die Anmietung nur sonstige vernünftige wirtschaftliche Gründe sprechen, z.B. fehlende Rücklagen und erhebliche anderweitig erforderliche Reparaturen (OLG Köln NZM 1998, 970).

Anschaffungskosten → Einkommensteuer

Anschlussbeschwerde

Über Streitigkeiten in Wohnungseigentumssachen entscheidet das Amtsgericht, in dessen Bezirk das Grundstück liegt, im Verfahren der freiwilligen Gerichtsbarkeit nach Maßgabe von §43 WEG. Gegen die Entscheidungen des Gerichts ist das Rechtsmittel der sofortigen Beschwerde gegeben, wenn der Wert des Beschwerdegegenstandes €750,– übersteigt. Das Gericht kann in der Beschwerdeentscheidung grundsätzlich nicht zum Nachteil des Beschwerdeführers von der Entscheidung des Erstgerichts abweichen (Verbot der reformatio in peius). Will der Beschwerdegegner erreichen, dass das Beschwerdegericht dennoch in vollem Umfang über den Streitgegenstand, also auch insoweit, als die vorangegangene Entscheidung dem Beschwerdeführer günstig ist, entscheidet, so muss er selbst sofortige Beschwerde oder Anschlussbeschwerde einlegen.

Da im streitigen Verfahren der freiwilligen Gerichtsbarkeit, sofern nichts anderes bestimmt ist, die Beteiligten bis zum Erlass der Entscheidung Verfahrens- und Sachanträge stellen dürfen, kann sich der Verfahrensgegner einer anhängigen sofortigen Beschwerde entsprechend § 574 Abs. 4 ZPO so lange anschließen, als die Rechtsmittelentscheidung noch nicht förmlich nach § 16 Abs. 3 FGG bekannt gemacht wurde oder das Gericht zum Zwecke der Zustellung noch nicht im ordnungsgemäßen Geschäftsgang verlassen hat (BGHZ 71, 314; 95, 118, 124), d.h. die für die Beteiligten bestimmten Ausfertigungen noch nicht zur Post hinausgegeben worden sind (BayObLG WE 1991, 369). Die Anschließung erfolgt in der Form, wie sie für die Einlegung der sofortigen Beschwerde gilt (→ Beschwerde, sofortige und sofortige weitere). Erfolgt die Anschließung innerhalb der Beschwerdefrist, handelt es sich um eine selbständige Anschlussbeschwerde. Sie muss nur dann alle Zulässigkeitsvoraussetzungen des Rechtsmittels erfüllen, wenn die Hauptbeschwerde zurückgenommen oder verworfen wird (§ 574 Abs. 4 S. 3 ZPO analog).

Wird die Anschlussbeschwerde nach Ablauf der Beschwerdefrist eingelegt, handelt es sich um eine sog unselbständige Anschlussbeschwerde. Sie setzt keine materielle Beschwer voraus (BGHZ 71, 314, 318; BayObLG WE 1990, 31), weil sie kein Rechtsmittel, sondern nur ein Gegenantrag in dem vom Rechtsmittelführer eröffneten Verfahren ist, der die Grenzen der Nachprüfung erweitert (vgl. BGHZ 80, 146, 149). Ein solcher Antrag muss zwar nicht als Anschlussbeschwerde bezeichnet werden, aber eindeutig erkennen lassen, dass eine Änderung der vorinstanzlichen Entscheidung zugunsten des Beschwerdegegners erreicht werden soll (BGHZ 109, 179, 187 f). Sie kann auf einzelne Punkte, insbesondere die Kostenentscheidung, beschränkt werden, über den Gegenstand der Entscheidung aber nicht hinausgehen (BGH NJW 1983, 1858) und auch nicht dasselbe Ziel wie die Beschwerde verfolgen (BayObLG ZWE 2000, 131 f). Mit ihr kann nach Ablauf der Beschwerdefrist auch nicht mehr die – mit der

Beschwerde nicht angegriffene – Zurückweisung eines Beschlussanfechtungsantrags angefochten werden, weil der Beschluss rechtskräftig geworden ist (KG WuM 1991, 367). Die unselbständige Anschlussbeschwerde verliert analog § 574 Abs. 4 S. 3 ZPO ihre Wirkung, wenn die Beschwerde zurückgenommen oder als unzulässig verworfen wird (BayObLG WE 1996, 472). Keine Anschlussbeschwerde ist die zusätzliche gleichgerichtete Beschwerde eines anderen Beteiligten. Für sie gelten die allgemeinen Zulässigkeitsvoraussetzungen.

▶ **Anschlussleitungen** → Versorgungsleitungen

▶ **Antenne, Parabolantenne**

Wohnungseigentumsanlagen werden in der Regel schon bei ihrer Errichtung mit einer Antenne ausgestattet, die den Empfang der örtlich erreichbaren Fernseh- und Rundfunkprogramme in allen Wohnungen ermöglicht. Antennenanlage und die Zuleitungen zu den einzelnen Wohnungen dienen dem gemeinschaftlichen Gebrauch der Eigentümer und sind gem. § 5 Abs. 2 WEG gemeinschaftliches Eigentum (OLG Frankfurt Rpfleger 1975, 178).

1. Installation einer Gemeinschafts-Parabolantenne

Während das Breitbandkabel heute schon zum allgemein üblichen Ausstattungsstandard zählt (→ Kabelfernsehen), gilt dies noch nicht für eine Gemeinschafts-Parabolantenne, so dass deren Installation i.d.R. als bauliche Veränderung i. S. von § 22 Abs. 1 WEG zu beurteilen ist (BayObLG ZWE 2000, 310; OLG Frankfurt NJW 1993, 2817, 2818; OLG Hamburg DWE 1995) und daher weder gem. § 21 Abs. 3 WEG mehrheitlich beschlossen noch gem. § 21 Abs. 4 WEG verlangt werden kann (BayObLGZ 1991, 296, 299 fordert hierfür eine Durchsetzung dergestalt, dass die Parabolantenne als selbstverständlicher Bestandteil des täglichen Lebens des ganz überwiegenden Teils der Bevölkerung nicht mehr wegzudenken wäre; ebenso OLG Frankfurt NJW 1993, 2817; OLG Hamm NJW 1993, 1276; OLG Zweibrücken NJW 1992, 2899 f). Die Installation einer Gemeinschafts-Parabolantenne kommt aber als Maßnahme ordnungsmäßiger Verwaltung in Betracht, wenn die vorhandene Gemeinschaftsantenne reparaturbedürftig ist, die Kosten der Gemeinschafts-Parabolantenne in einem unter Berücksichtigung der erweiterten Empfangsmöglichkeiten angemessenen Verhältnis zu den Reparaturkosten stehen und der Anschluss an das Breitbandkabelnetz in absehbarer Zeit nicht zu erwarten ist (Briesemeister GE 1993, 621, 623; Herbst WE 1995, 2, 4; Kreile-Kreile, in: FS Gaedertz [1992] 317, 323), aber auch schon dann, wenn eine Wohnanlage nicht an das Breitbandkabelnetz angeschlossen ist (BayObLG WE 1996, 396 f).

2. Installation einer Einzelparabolantenne

Art. 5 Abs. 1 S. 1 HS 2 GG gewährleistet jedermann das Recht, sich aus allgemein zugänglichen Quellen ungehindert zu unterrichten; dieses Grundrecht umfasst die Befugnis, alle technischen Vorkehrungen an seinem Eigentum zu treffen, um Informationsmittel nach freier Wahl empfangen zu können (Depenheuer WE 1994, 124, 130), somit auch die Installation einer Parabolantenne. Dem steht der Anspruch aller übrigen Wohnungseigentümer auf Unterlassung solcher baulichen Veränderungen gegenüber, die sie nicht nur unwesentlich beeinträchtigen. Ein → Nachteil ist bei der Installation einer Parabolantenne am Balkongeländer, an der Fassade, auf dem Dach oder im Garten wegen der damit verbundenen optischen Beeinträchtigung des Gesamtbildes der Wohnanlage und des Eingriffs in die bauliche Substanz zu bejahen (BayObLG WuM 1995, 224 f; NJOZ 2002, 1564; OLG Celle NJW-RR 1994, 977; OLG Köln NJWE-MietR 1996, 109). Dies gilt in gleicher Weise für die Installation auf einem Balkon (LG Bremen WuM 1994, 391) oder einer Loggia (OLG Düsseldorf NJW 1994, 1163). Ein nicht unwesentlicher Nachteil ist auch das Recht der anderen Wohnungseigentümer, in gleicher Weise eine Einzelparabolantenne aufstellen zu dürfen (→ Gleichbehandlungsgrundsatz). Daher ist im konkreten Einzelfall das Recht auf Informationsfreiheit gem. Art. 5 Abs. 1 S. 1 HS 2 GG mit dem Recht auf Schutz des Eigentums gem. Art. 14 GG abzuwägen und zu entscheiden, welche Beeinträchtigung im Rahmen des konkreten Interessenausgleichs überwiegt (BVerfG NJW 1995, 1665; NJW-RR 1996, 205; BGH NZM 2004, 227, 229 f; BayObLGZ 1991, 296, 300).

Die Wohnungseigentümer können in der Gemeinschaftsordnung generell die Anbringung von Parabolantennen untersagen, da es jedem Wohnungseigentümer freisteht, von seinem Grundrecht auf Informationsfreiheit (keinen) Gebrauch zu machen. Das Festhalten an einem solchen Verbot kann aber treuwidrig sein, wenn Satellitenempfangsanlagen aufgrund ihrer Größe und der nun geeigneten Installationsorte das optische Erscheinungsbild der Wohnanlage nicht (mehr) beeinträchtigen und auch sonstige berechtigte Interessen der Wohnungseigentümer nicht berührt sind (BGH NZM 2004, 227, 229f). Zu berücksichtigen ist insoweit auch ein möglicher Anspruch auf Änderung der Gemeinschaftsordnung, sofern im Übrigen die Voraussetzungen hierfür erfüllt sind (→ Gemeinschaftsordnung). Gestattet die Gemeinschaftsordnung die Anbringung von Parabolantennen, so ist ein Mehrheitsbeschluss, der dies untersagt, nichtig (→ Vereinbarungsändernder, vereinbarungsersetzender, vereinbarungswidriger Mehrheitsbeschluss). Auch wenn die Gemeinschaftsordnung hierzu keine Regelung enthält, kann ein generelles Verbot von Parabolantennen nicht mehrheitlich beschlossen werden, da das Grundrecht auf Informationsfreiheit zum mehrheitsfesten → Kernbereich des Wohnungseigentums zählt (BGH NZM 2004, 227, 229f; a.A. noch OLG Zweibrücken NZM 202, 269). Da die Rechtsposition aber nicht schlechthin unentziehbar ist, ist ein Mehrheitsbeschluss nicht nichtig, sondern zunächst lediglich schwebend unwirksam und endgültig unwirksam, sobald ein beeinträchtigter Wohnungseigentümer seine Zustimmung verweigert (BGH aaO). Hierauf kann sich auch ein Ausländer berufen, der erst nach Ablauf der Anfechtungsfrist Wohnungseigentum erwirbt (insoweit zutreffend OLG Zweibrücken NZM 2002, 269).

Bei einem dauerhaft in Deutschland lebenden Ausländer – eine frühere ausländische Staatsangehörigkeit ist nicht ausreichend (BayObLG WuM 1995, 224f; OLG Hamm ZfIR 1998, 34; Palandt/Bassenge § 22 RN 19) – ist bei der Interessenabwägung das besondere Interesse des Ausländers zu berücksichtigen, sich mittels der Programme seines Heimatlandes über das dortige Geschehen zu unterrichten und die kulturelle und sprachliche Verbindung aufrechtzuerhalten. Diese Möglichkeit eröffnet i.d.R. nur eine Satellitenempfangsanlage (BVerfG NJW 1995, 337; OLG Hamm NZM 2002, 445; OLG Schleswig NZM 2003, 558). Der ausländische Wohnungseigentümer hat deshalb, sofern er nicht schon etwa über das Breitbandkabelnetz mehr als zwei Programme in seiner Heimatsprache empfangen kann, gegenüber den übrigen Eigentümern einen Anspruch auf Duldung der Installation einer Parabolantenne (BVerfG NJW 1994, 1147; 1995, 1665; BGH NZM 2004, 227, 229f; OLG Celle NJW-RR 1994, 977; OLG Schleswig NZM 2003, 558f). Der Ausländer kann Duldung aber nicht verlangen, wenn ihm beim Erwerb der Wohnung bekannt war, dass die Gemeinschaftsordnung die Anbringung privater Antennenanlagen am gemeinschaftlichen Eigentum untersagt, da ein Erwerb in Kenntnis dieser Beschränkung als Verzicht auf die Ausübung seines Grundrechts auf Informationsfreiheit zu verstehen ist (BGH NZM 2004, 227, 229f; a.A. OLG Düsseldorf ZWE 2001, 336). Mehrere ausländische Bewohner können auch auf die Möglichkeit einer Gemeinschaftsparabolantenne verwiesen werden (BVerfG NJWE-MietR 1996, 1; BGH NZM 2004, 227, 229f; OLG Celle NJW-RR 1994, 977; OLG Karlsruhe NJW 1993, 2815, 2817).

Ein Duldungsanspruch besteht auch dann, wenn der Wohnungseigentümer die Wohnung vermietet und sein Mieter oder auch dessen Lebenspartner, den dieser berechtigt in die Wohnung aufgenommen hat (BVerfG NJW 2000, 2658), nach diesen Grundsätzen einen Anspruch auf Installation einer Parabolantenne zum Empfang seiner Heimatprogramme hat, da keine tragfähigen und sachgerechten Kriterien für eine Ungleichbehandlung von Mietern und Eigentümern innerhalb einer Wohnungseigentumsanlage bestehen (OLG Celle NJW-RR 1994, 977; OLG Hamm NZM 2002, 445). Untersagt ein früherer Eigentümerbeschluss die Installation von Parabolantennen, hat der vermietende Wohnungseigentümer i.d.R. einen Anspruch auf Neubefassung (OLG Hamm NZM 2002, 445).

Bei gebürtigen deutschen Staatsangehörigen oder auch eingebürgerten Ausländern (s.o.) überwiegen hingegen die Interessen der übrigen Wohnungseigentümer diejenigen des Wohnungseigentümers oder Mieters, so dass kein Anspruch auf Duldung der Installation einer Parabolantenne besteht, insbesondere wenn die Wohnanlage an das Breitbandkabelnetz angeschlossen ist oder in absehbarer Zeit angeschlossen wird (BVerfG NJW 1994, 1157; BayObLG NZM 1999, 432; OLG Frankfurt NJW 1993, 2817; OLG Köln NJWE-MietR 1996, 109f; wegen der Vielzahl der heute über Satellit empfangbaren Programme zweifelnd BGH Beschl. v. 22.1. 2004, V ZB 51/03). Dass sich der Wohnungsnutzer zu dem angelsächsischen Kulturkreis besonders hingezogen fühlt und bestimmte englischsprachige Sender zur privaten Vermögensverwaltung heranzieht, rechtfertigt keine andere Beurteilung (BayObLG ZWE 2001, 102). Das Grundrecht auf ungehinderte Berufsausübung ist bei der Interessenabwägung nur dann zu berücksichtigen, wenn eine zweckbestimmungswidrige Nutzung der Wohnung zu beruflichen oder gewerblichen Zwecken nicht mehr stört als eine Nutzung zu Wohnzwecken (BayObLG NZM 1998, 965).

Besteht ein Duldungsanspruch, so können die Wohnungseigentümer im Rahmen des Interessenausgleichs und des ihnen zustehenden Ermessensspielraums die Gestattung durch Mehrheitsbeschluss davon abhängig machen, dass die Parabolantenne baurechtlich und denkmalschutzrechtlich zulässig (BVerfG NJW 1994, 1232f) an einem unauffälligen, aber technisch geeigneten Ort von einem Fachmann auf Kosten des betreffenden Wohnungseigentümers installiert wird, der ein etwaiges Haftungsrisiko durch den Nachweis des Abschlusses einer Versicherung abdeckt und Sicherheit für die voraussichtlichen Kosten der Entfernung der Anlage erbringt (OLG Celle NJW-RR 1994, 977; OLG Düsseldorf FGPrax 1995, 228f). Die Wohnungseigentümer brauchen deshalb eine eigenmächtig angebrachte Parabolantenne an einem ihnen nicht genehmen Ort nicht zu dulden (BVerfG NJWE-MietR 1996, 26). Bei der Auswahl zwischen mehreren geeigneten Standorten steht dem Wohnungseigentümer ein Mitbestimmungsrecht zu (BGH NZM 2004, 227f; OLG Düsseldorf NJW-RR 1996, 141f). Ein Beschluss der Wohnungseigentümer über einen bestimmten Standort der Antenne entfaltet aber gem. § 242 BGB keine Bindungswirkung, wenn an diesem Standort der Empfang der begehrten Programme nicht gewährleistet ist (OLG Schleswig NZM 2003, 558).

▶ Antennensteckdose

Antennensteckdosen gehören zum Sondereigentum (OLG Köln DWE 1990, 108). Gleiches gilt für die Zuleitungen von der Gemeinschaftsantennenanlage ab der Abzweigung in das Sondereigentum.

▶ Anwaltskanzlei

Der Betrieb einer Anwaltskanzlei in einer Wohnung ist grds. hinzunehmen, weil der mit dieser verbundene eingeschränkte Parteiverkehr nach einer typisierenden Betrachtung keine stärkere Beeinträchtigung der übrigen Wohnungseigentümer darstellt (BayObLG NZM 1998, 130; KG NJW-RR 1986, 1072; OLG Köln NZM 2002, 258).

▶ Anwesenheitsliste

Der Vorsitzende der Versammlung der Wohnungseigentümer soll – ohne hierzu verpflichtet zu sein – während der Eigentümerversammlung eine Anwesenheitsliste führen. Diese dient der Feststellung der → Beschlussfähigkeit und als Arbeitshilfe für die Feststellung von Abstimmungsergebnissen. Da sich die Beschlussfähigkeit gem. § 25 Abs. 3 nach den Miteigentumsanteilen der erschienenen und vertretenen Wohnungseigentümer richtet, sollte die Anwesenheitsliste neben den Namen die jeweiligen Miteigentumsanteile der Wohnungseigentümer ausweisen und von den anwesenden Wohnungseigentümern oder deren Vertretern unterzeichnet werden. Daneben sollte ein eventuell von den Miteigentumsanteilen abweichendes Stimmrecht vermerkt werden, damit Abstimmungen, deren Ergebnis genau, ggf. sogar namentlich, festgestellt werden muss, nicht erst zeitraubend unter Beiziehung anderer Unterlagen ausgewertet werden müssen.

Für den Fall, dass Wohnungseigentümer vertreten werden (→ Vertretung in der Wohnungseigentümerversammlung), sollte neben der Unterschrift des Vertreters der Nachweis ordnungsgemäßer Bevollmächtigung (z.B. eine schriftliche Vollmacht) der Anwesenheitsliste beigefügt werden.

Die Voraussetzungen der Beschlussfähigkeit müssen bei der Abstimmung über jeden einzelnen Beschluss gegeben sein (→ Beschlussfähigkeit). Entfernt sich ein stimmberechtigter Wohnungseigentümer nach der anfänglichen Feststellung der Beschlussfähigkeit, so kann die Kontrolle der Beschlussfähigkeit für die folgenden Abstimmungen über die Anwesenheitsliste erfolgen. In die Anwesenheitsliste sollte also auch während der Versammlung eingetragen werden, zu welchem Zeitpunkt – insbesondere nach welcher Abstimmung – sich ein Eigentümer aus der Versammlung entfernt hat.

Nicht zuletzt ist die Anwesenheitsliste Beweismittel für später entstehende Streitigkeiten über die Voraussetzungen für die Beschlussfassung in der betreffenden Eigentümerversammlung. Sie sollte deshalb der Niederschrift über die Eigentümerversammlung (→ Niederschrift) beigefügt werden.

Apotheke

Ein als Apotheke bezeichnetes Teileigentum darf nicht als Gaststätte genutzt werden, da ein solcher Betrieb nach der maßgeblichen typisierenden Betrachtung stärkere Beeinträchtigungen der übrigen Miteigentümer mit sich bringt als der Betrieb einer Apotheke (OLG Stuttgart WEZ 1987, 51).

Architekturbüro

Die Benutzung einer Wohnung als Architekturbüro ist zulässig, weil sie typischerweise nicht zu Störungen führt, die die bei einer Wohnnutzung auftretenden Störungen übersteigen (KG WE 1995, 19 auch z. Anbringung eines Praxisschildes am Haus- und Wohnungseingang; OLG Düsseldorf FGPrax 1998, 95).

Archivraum

Ein als „Archivraum" bezeichneter Raum darf nicht dauerhaft als Schlafzimmer mit Bad genutzt werden (OLG Stuttgart DWE 1987, 31 [L]). In einer Wohnanlage kann die Nutzung eines Speicherraums zur Lagerung von Notariatsakten grds. nicht untersagt werden (BayObLG NZM 2001, 1083).

▶ **Armaturen** → Badeinrichtung

▶ **Arztpraxis**

Die Ausübung einer Arztpraxis in einer Wohnzwecken dienenden Eigentumswohnung ist grundsätzlich zulässig, weil den übrigen Wohnungseigentümern hierdurch bei typisierender Betrachtungsweise keine über das bei einem geordneten Zusammenleben unvermeidliche Maß hinausgehenden oder anderen Nachteile erwachsen. Zu dulden ist daher i.d.R. eine
- Arztpraxis (KG NJW-RR 1991, 1421),
- Zahnarztpraxis im Erdgeschoss (BayObLG ZMR 1980, 1),
- im 2. Obergeschoss ausgeübte gynäkologische Praxis (OLG Karlsruhe OLGZ 1976, 146),
- Psychotherapiepraxis (OLG Düsseldorf FGPrax 1998, 95),
- Krankengymnastikpraxis (BayObLG DWE 1984, 62),

nicht aber, wenn im konkreten Fall erheblicher Patientenverkehr die übrigen Mitbewohner stört (BayObLG NZM 2001, 137; WE 1997, 319 für eine Kinderarztpraxis).

Etwas anderes kann sich aus der Zweckbestimmung des Gebäudes, z.B. als Altersruhesitz der Bewohner, bei Ausschluss größeren Publikumsverkehrs, oder aus einer Gebrauchsregelung in der Gemeinschaftsordnung, z.B. aus einem Verbot jeglicher Berufs- und Gewerbeausübung in den Eigentumswohnungen, ergeben. Eine unzumutbare Beeinträchtigung liegt vor, wenn die Arztpraxis nur über einen Laubengang zu erreichen ist, an dem andere Wohnungen liegen und von dem aus sie eingesehen werden können (BayObLG ZMR 1980, 125), oder wenn eine Praxis für ansteckende Krankheiten, z.B. mit einer Quarantänestation, geführt werden soll.

Sieht die Gemeinschaftsordnung vor, dass die Gewerbeausübung in einer Wohnzwecken dienenden Eigentumswohnung der Genehmigung bedarf (→ Geschäftsraum, Gewerberaum), so kann die Zustimmung auch unter Auflagen erteilt werden, z.B. der vorherigen Durchführung zusätzlicher Schallschutz- oder Strahlenschutzmaßnahmen bei Röntgeneinrichtungen.

▶ **Asphaltboden** → Fußweg, Plattenbelag

▶ **Attika**

Eine Attika ist zwingend gemeinschaftliches Eigentum (BayObLG WuM 1989, 539).

▶ **Aufbauschulden**

Für die Kosten der Errichtung der Wohnungseigentumsanlage, die die Wohnungseigentümer selbst in Auftrag gegeben haben (sog. Aufbauschulden), haften sie entgegen § 427 BGB im Zweifel, d.h. wenn eine gesamtschuldnerische Haftung nicht ausdrücklich vereinbart ist, nur im vereinbarten Anteilsverhältnis bzw. – bei Fehlen einer Vereinbarung – Verhältnis ihrer Miteigentumsanteile (BGH NZM 2002, 462 z. Außen-GbR; BayObLG ZMR 1998, 179; OLG Karlsruhe WuM 1990, 87 für Vermessungskosten; Staudinger/Kaduk § 427 BGB RN 7a), wobei unerheblich ist, ob sich die Arbeiten auf das Gemeinschaftseigentum oder das Sondereigentum beziehen (BayObLG ZMR 1998, 179). Dies gilt auch für die Kosten der Restfertigstellung eines wegen Insolvenz des Bauträgers stecken gebliebenen Baus (OLG Hamm PuR 1995, 181; → Fertigstellung stecken gebliebener Wohnanlagen) und für die Kosten der grundlegenden Sanierung eines in Wohnungseigentum aufzuteilenden Altbaus (OLG Karlsruhe BauR 1985, 597). Das mit einer gesamtschuldnerischen Haftung verbundene Risiko geht nämlich über das dem einzelnen Wohnungseigentümer zumutbare Risiko hinaus, was für den einzelnen Bauhandwerker ohne weiteres erkennbar ist. Daher haftet ein Wohnungseigentümer grds. auch dann nur im Verhältnis der Miteigentumsanteile, wenn diese im Bauvertrag unrichtig angegeben wurden; werden einem Wohnungseigentümer mehr Miteigentumsanteile zugeschrieben, als er tatsächlich innehat, so kommt eine weitergehende Haftung nach allgemeinen Grundsätzen des Vertrauensschutzes in Frage (OLG Düsseldorf BauR 1992, 413 [L]).

Beauftragt einer der Wohnungseigentümer einen Bauhandwerker mit der Ausführung von Sonderwünschen, so schuldet er den Werklohn allein.

▶ Aufbewahrung von Verwaltungsunterlagen

Die Verwaltungsunterlagen sind Verwaltungsvermögen (BayObLGZ 1978, 231). Der Verwalter ist aufgrund des mit ihm bestehenden Verwaltervertrages lediglich Besitzer, er verwaltet die Unterlagen treuhänderisch und verwahrt sie für die Wohnungseigentümer. Die Pflicht zur Verwahrung und Obhut der Verwaltungsunterlagen obliegt dem Verwalter als Nebenpflicht aus dem Verwaltervertrag (Palandt/Sprau § 662 RN 9). Sie folgt auch daraus, dass der Verwalter verpflichtet ist, nach Beendigung des Verwaltervertrages gem. §§ 675, 667 BGB alles an die Wohnungseigentümer herauszugeben, was er zur Ausführung seines Verwalterauftrages erhalten und im Zusammenhang mit seiner Verwaltertätigkeit angelegt und/oder erlangt hat (→ Herausgabe von Verwaltungsunterlagen). Die Aufbewahrung der Verwaltungsunterlagen hat in der Regel an dem Ort der Verwaltungsführung zu erfolgen, also am Sitz des Verwalters. Hinsichtlich der Dauer der Aufbewahrung muss nach Art der Verwaltungsunterlagen unterschieden werden:

Aus dem in § 24 Abs. 6 Satz 3 WEG geregelten → Einsichtsrecht eines jeden Wohnungseigentümers folgt, dass die Protokolle der Eigentümerversammlungen bis zur Aufhebung der Wohnungseigentümergemeinschaft aufbewahrt werden müssen. Dies gilt auch für schriftliche Beschlüsse gem. § 23 Abs. 3 WEG sowie für Gerichtsentscheidungen über die Gültigkeit oder Nichtigkeit von Beschlüssen, Feststellungen des Inhalts gefasster Beschlüsse und Verwalterbestellungen.

Für die Dauer des Bestehens der Wohnungseigentümergemeinschaft sind außerdem alle Unterlagen aufzubewahren, die zur ordnungsgemäßen Verwaltung des gemeinschaftlichen Eigentums erforderlich sind, z.B. Teilungserklärung/Gemeinschaftsordnung, Hausordnung, Nutzungsordnungen, Eigentümerlisten, Schließpläne, Sicherungsscheine, Generalschlüssel, Betriebsanleitungen, behördliche Verwaltungsakte und Verfügungen.

Sonstige Verwaltungsunterlagen wie WEG-Abrechnungen, Heizkostenabrechnungen, Verträge mit Dritten (Kaufverträge, Wartungsverträge, Hausmeisterverträge, Versicherungsverträge, Mietverträge etc.), Buchhaltungsunterlagen mit geführten Konten, Buchungsbelegen und Bankauszügen sind jedenfalls so lange aufzubewahren, als sie unmittelbare Auswirkungen haben, also z.B. bis zur vollständigen Abwicklung und Erfüllung von Verträgen, um eine ordnungsgemäße Verwaltung zu gewährleisten.

Im Übrigen hat der Verwalter als gesetzlicher Vertreter der Wohnungseigentümer die Verwaltungsunterlagen so lange aufzubewahren, als diese selbst zur Aufbewahrung aufgrund gesetzlicher Vorschriften verpflichtet sind.

Der Verwalter ist gem. § 28 Abs. 1, 3, 4 WEG buchführungs- und abrechnungspflichtig. Die Ergebnisse dieser Tätigkeit finden in der Regel Eingang in die Steuererklärungen der Wohnungseigentümer. Dies gilt z.B. für die Geltendmachung von Werbungskosten durch Wohnungseigentümer, die ihre Eigentumswohnung vermietet haben (→ Einkommensteuer), oder für die Feststellung der Lohnsteuer für den Hausmeister. Aus diesem Grunde nennt der Einführungserlass zur AO (BStBl. 1976 I, 576 ff) ausdrücklich den Verwalter des gemeinschaftlichen Eigentums der Wohnungseigentümer, der aufgrund von § 28 Abs. 1, 3, 4 WEG eine besondere Buchführungs- und Aufzeichnungspflicht zu erfüllen (Tipke/Kruse § 140 RN 6) und insoweit Unterlagen nach § 147 AO aufzubewahren hat (abgeleitete Buchführungs- und Aufzeichnungspflicht).

Die handels- und steuerrechtlichen Vorschriften für die Dauer der Aufbewahrungsfrist sind auf den Verwalter und die Wohnungseigentümergemeinschaft im Hinblick auf den Zweck, die Tätigkeiten noch eine gewisse Zeit zurückverfolgen zu können, entsprechend anzuwenden (LG Bochum PuR 1993, 112); im Einzelnen gelten folgende Fristen:

- Die Lohnkonten (z.B. für den → Hausmeister) sind bis zum Ablauf des sechsten Kalenderjahres, das auf die zuletzt eingetragene Lohnzahlung folgt, aufzubewahren, vgl. § 41 Abs. 1 Satz 6 EStG.
- Bücher und Aufzeichnungen (alle Buchungen innerhalb und außerhalb einer kaufmännischen Buchführung, auch in Form loser Blätter, Karteikarten etc.), Kontenpläne und -register, bei Datenverarbeitung Organisationspläne und Programmbeschreibungen sind gem. § 147 Abs. 1 Nr. 1, Abs. 3 Satz 1 AO 10 Jahre aufzubewahren.

Aufgabe des Wohnungseigentums

- Die die Verwaltung des gemeinschaftlichen Eigentums betreffende Korrespondenz und Aktenvermerke über Telefonate, die Buchhaltungsbelege und sonstigen Unterlagen wie Kassenzettel, Lohnberechnungsunterlagen, Rechnungen, Quittungen, Lieferscheine, Vertragsurkunden, Kontoauszüge, Portokassenbücher sind gem. § 147 Abs. 1, 3 Satz 1 AO i.V.m. § 257 HGB 6 Jahre aufzubewahren (AG München DWE 1990, 40).

Für Datenträger, auf denen Buchungen gespeichert sind oder die Belegfunktion haben, gelten dieselben Aufbewahrungsfristen.

Die vorgenannten Fristen beginnen mit Ablauf des Kalenderjahres, in dem die steuerlich relevanten Vorgänge anfallen (z.B. Zeitpunkt der Beitragszahlung der Wohnungseigentümer, Zeitpunkt der Zahlung von Handwerkerrechnungen durch den Verwalter). Die Frist verlängert sich in Ausnahmefällen bis zum Ablauf der Festsetzungsfrist, §147 Abs. 3 AO. Eine Vereinbarung oder ein Mehrheitsbeschluss, die den Verwalter zur Vernichtung von Unterlagen vor Ablauf der Fristen ermächtigen, sind wegen Verstoßes gegen ein gesetzliches Verbot nichtig (Staudinger/Bub § 28 RN 301). Auch wenn die von dem Verwalter zu beachtenden Fristen abgelaufen sind, folgt daraus jedoch noch nicht, dass er die betreffenden Unterlagen vernichten darf. Da auch die Verwaltungsunterlagen Gemeinschaftseigentum sind (BayObLGZ 1978, 231), muss der Verwalter über die Vernichtung der Unterlagen die Wohnungseigentümer im Wege der Beschlussfassung entscheiden lassen.

▶ **Aufgabe des Wohnungseigentums** → Dereliktion

▶ **Aufgaben und Befugnisse des Verwalters**

Zu den Berufsaufgaben des Verwalters gehören die ökonomisch-kaufmännische Verwaltung unter Einschluss des Finanz- und Rechnungswesens und der Disposition über das Verwaltungsvermögen, die technische Werterhaltung und Wertsteigerung des gemeinschaftlichen Eigentums, die Wahrung der rechtlichen Interessen der Wohnungseigentümer und schließlich die interne Organisation der Wohnungseigentümer.

Aufgaben und Befugnisse des Verwalters

1. Funktionen des Verwalters

Der Verwalter ist **kaufmännischer Geschäftsführer** und Organisator im Bereich der allgemeinen Verwaltung. Hierzu gehören z.B.

- die Vorbereitung, Einberufung und Durchführung von Wohnungseigentümerversammlungen,
- die Auswahl, Einstellung, Führung und Entlassung eines Hausmeisters,
- der Abschluss von Dienstleistungs-, Versicherungs- und Lieferverträgen (→ Vertragswesen),
- die allgemeine Betreuung der Wohnungseigentümer in gemeinschaftlichen Angelegenheiten.

Der Verwalter ist weiter **Finanz- und Vermögensverwalter** der Wohnungseigentümer; ihm obliegt z.B.

- die Einrichtung und Führung einer auf kaufmännischen Grundlagen basierenden Buchhaltung,
- die Aufstellung und Durchführung des → Wirtschaftsplanes und der → Abrechnung,
- die Verwaltung der gemeinschaftlichen Gelder, insbesondere die Führung der Bankkonten der Gemeinschaft (→ Verwaltung gemeinschaftlicher Gelder).

Weiter ist der Verwalter **technischer Geschäftsführer** der Wohnungseigentümergemeinschaft; zu seinen diesbezüglichen Aufgaben gehört

- die laufende Überwachung des baulichen Zustandes der Wohnungseigentumsanlage (→ Kontrollpflicht des Verwalters; → Mängel des gemeinschaftlichen Eigentums),
- die Vorbereitung und Durchführung von Maßnahmen der → Instandhaltung und Instandsetzung des gemeinschaftlichen Eigentums.

Schließlich ist der Verwalter **juristischer Berater** der Wohnungseigentümergemeinschaft in Angelegenheiten der laufenden Verwaltung.

2. Gesetzliche Aufgaben

Die gesetzlichen Aufgaben und Befugnisse des Verwalters sind in den §§ 20 ff WEG, insbesondere § 27 WEG im Einzelnen geregelt.

Aufgaben und Befugnisse des Verwalters

a) Gesetzlicher Aufgabenkatalog

§ 27 Abs. 1 und 2 WEG enthalten einen Katalog der dem Verwalter unabdingbar übertragenen Aufgaben. Danach obliegen dem Verwalter:

- Die Durchführung von Beschlüssen der Wohnungseigentümer und der Hausordnung, § 27 Abs. 1 Nr. 1 WEG (→ Mehrheitsbeschluss; → Hausordnung);
- die erforderlichen Maßnahmen für die ordnungsmäßige Instandhaltung und Instandsetzung des gemeinschaftlichen Eigentums, § 27 Abs. 1 Nr. 2 WEG (→ Instandhaltung und Instandsetzung);
- Notmaßnahmen zur Erhaltung des gemeinschaftlichen Eigentums in dringenden Fällen, § 27 Abs. 1 Nr. 3 WEG (→ Notgeschäftsführung durch Verwalter);
- die Verwaltung gemeinschaftlicher Gelder, § 27 Abs. 1 Nr. 4 i.V.m. Abs. 4 WEG (→ Verwaltung gemeinschaftlicher Gelder).
- die Entgegennahme von Lasten- und Kostenbeiträgen in gemeinschaftlichen Angelegenheiten, § 27 Abs. 2 Nr. 1 WEG (→ Lasten und Kosten; → Kredit);
- die Bewirkung und Entgegennahme von Zahlungen und Leistungen in Bezug auf die Verwaltung des gemeinschaftlichen Eigentums, § 27 Abs. 2 Nr. 2 WEG (→ Lasten und Kosten; → Entgegennahme von Zahlungen);
- die Entgegennahme von Willenserklärungen und Zustellungen in gemeinschaftlichen Angelegenheiten, § 27 Abs. 2 Nr. 3 WEG (→ Zustellung, Zustellungsvollmacht);
- Maßnahmen zur Wahrung einer Frist oder zur Abwendung eines sonstigen Rechtsnachteils, § 27 Abs. 2 Nr. 4 WEG (→ Abwendung von Rechtsnachteilen);
- die gerichtliche und außergerichtliche Geltendmachung gemeinschaftlicher Ansprüche, sofern er hierzu durch Beschluss der Wohnungseigentümer ermächtigt ist, § 27 Abs. 2 Nr. 5 WEG (→ Geltendmachung gemeinschaftlicher Ansprüche);
- die Abgabe von Duldungserklärungen zur Vornahme der in § 21 Abs. 2 Nr. 6 WEG bezeichneten Maßnahmen (Herstellung eines Telefonanschlusses, einer Rundfunkempfangsanlage und des Energieversorgungsanschlusses), § 27 Abs. 2 Nr. 6 WEG (→ Duldungspflicht).

Daneben trifft den Verwalter gem. § 24 Abs. 2 WEG die Pflicht zur → Einberufung der Wohnungseigentümerversammlung, in der er gem. § 24 Abs. 5 WEG den Vorsitz führt (→ Vorsitz in der Wohnungseigentümerversammlung), ferner gem. § 28 Abs. 1 WEG die Pflicht zur Aufstellung eines Wirtschaftsplans (→ Wirtschaftsplan, Aufstellung) und gem. § 28 Abs. 3 WEG die zur Aufstellung einer Abrechnung (→ Abrechnung, Aufstellung).

b) Unabdingbarkeit

Die in § 27 WEG im Einzelnen genannten Aufgaben und Befugnisse des Verwalters können durch Vereinbarung der Wohnungseigentümer gem. § 27 Abs. 3 WEG weder entzogen noch beschränkt werden (BR-Drucks 75/51; BGHZ 67, 232; 78, 166; BayObLG WuM 1995, 677). § 27 Abs. 3 WEG ist als ausdrückliches Verbot und damit als Ausnahme vom Grundsatz der Vertragsfreiheit zu verstehen (MünchKomm/Röll § 27 RN 13). Ausgenommen hiervon sind die außergerichtliche und gerichtliche Geltendmachung von Ansprüchen der Wohnungseigentümer, da er hierzu einer besonderen Ermächtigung durch die Eigentümer bedarf. Weiterhin kann gem. § 27 Abs. 4 S. 2 WEG die Verfügungsmacht des Verwalters über gemeinschaftliche Gelder beschränkt werden (→ Verwaltung gemeinschaftlicher Gelder).

Vereinbarungen, die dem Verwalter die ihm gesetzlich übertragenen Aufgaben und Befugnisse entziehen oder einschränken, sind als Verstoß gegen ein gesetzliches Verbot nichtig (BGH NJW 1996, 1216; Palandt/Bassenge § 27 RN 19). Nichtig ist z.B.
- ein nicht auf die Geldverwaltung und die Verfolgung von Ansprüchen beschränkter allgemeiner Zustimmungsvorbehalt des Verwaltungsbeirats (OLG Zweibrücken NJW-RR 1987, 1366; LAG Düsseldorf ZMR 2002, 303); allenfalls können dem Verwaltungsbeirat beratende, vorbereitende und prüfende Funktionen, etwa bei Maßnahmen des Verwalters im Rahmen der Instandsetzung und Instandhaltung des gemeinschaftlichen Eigentums, eingeräumt werden (OLG Frankfurt OLGZ 1988, 188f z. einem Bauausschuss);
- die Einräumung der Befugnis an einen sog. „Bauausschuss" zum Abschluss von Werkverträgen namens der Wohnungseigen-

tümer (AG Frankfurt 25.4. 1986, 62 UR II 225/85 [bestätigt durch LG Frankfurt 15.10. 1986, 9 T 431/86]);
- eine Regelung, die die Empfangszuständigkeit eines Nichtverwalters für gemeinschaftliche Forderungen anordnet (OLG Köln WuM 1990, 613f).

Eine Umdeutung nichtiger Regelungen kommt unter den Voraussetzungen des §140 BGB in Betracht; so kann die nichtige Übertragung der Verfügungsmacht auf den Verwaltungsbeiratsvorsitzenden in eine Verfügungsbeschränkung gem. §27 Abs.4 S.2 WEG umgedeutet werden (Bub PiG 30, 13, 19).

Diese Grundsätze gelten erst recht für Mehrheitsbeschlüsse (OLG Hamm OLGZ 1992, 126, 128; Bub PiG 30, 13, 19). Zulässig sind aber Mehrheitsbeschlüsse, mit denen die Wohnungseigentümer aufgrund ihrer Entscheidungskompetenz die Art und Weise festlegen, wie der Verwalter die ihm obliegenden Aufgaben erfüllt und die ihm zustehenden Befugnisse ausübt, wenn damit keine Einschränkung einhergeht; hierfür ist maßgeblich, dass der Mehrheitsbeschluss das „Wie" der Aufgabenwahrnehmung und nicht schon das „Ob" betrifft (BPM §27 RN 194; Bub PiG 30, 13, 19), so dass die Kompetenz des Verwalters im Kern unangetastet bleibt; keinesfalls darf dem Verwalter der Vollzug der zur Aufgabenerfüllung notwendigen Maßnahmen aus der Hand genommen werden (BGB-RGRK/Augustin §27 RN 13; Bub PiG 30, 13, 19). An einen hiernach wirksamen Beschluss ist der Verwalter daher gebunden.

3. Vertraglich übernommene Aufgaben

Die Aufgaben und Befugnisse des Verwalters werden i.d.R. durch den abzuschließenden Verwaltervertrag entsprechend der Qualifikation des Verwalters über die gesetzliche Regelung hinaus erweitert (z. Inhalt des Verwaltervertrages → Verwaltervertrag). Werden die Aufgaben des Verwalters in der Gemeinschaftsordnung erweitert, so wirkt dies nur im Verhältnis der Wohnungseigentümer, und zwar dahin gehend, dass die Übertragung dieser Aufgaben auf den Verwalter mehrheitlich beschlossen werden kann. Leistungspflichten des Verwalters zur Erfüllung von Aufgaben, die ihm nach der Vereinbarung der Wohnungseigentümer übertragen werden können, werden also nur begründet, wenn er sie im Verwaltervertrag zumindest stillschweigend übernommen hat (Bub NZM 2001, 502f; Palandt/Bassenge § 27 RN 25; a.A. Merle ZWE 2001, 145: stets). Allerdings sind mit der Erweiterung der Aufgaben und Befugnisse des Verwalters durch die Teilungserklärung, etwa der Einführung der → Zustimmung zur Veräußerung des Wohnungseigentums gem. § 12 WEG, nicht unerhebliche Haftungsrisiken verbunden. Im Ergebnis sind die Wohnungseigentümer deshalb nicht verpflichtet, solche Regelungen im Verwaltervertrag umzusetzen; sie können also auch einen Verwalter bestellen, der es ablehnt, bestimmte Aufgaben zu übernehmen (Bub NZM 2001, 502, 505; J. Schmidt PiG 59, 163, 173 z. § 12 WEG; a.A. BPM § 26 RN 71).

Insbesondere im Rahmen von Maßnahmen der Instandhaltung und Instandsetzung werden dem Verwalter allerdings ständig offen oder verdeckt weitere Kompetenzen übertragen: Je weniger Details der durchzuführenden Maßnahme von den Wohnungseigentümern beschlussweise festgelegt werden, desto größer die faktische Kompetenz des Verwalters nicht nur zur Duchführung des Beschlusses, sondern zur Entscheidung.

4. Nebenpflichten

Zusätzlich zu den vertraglichen Hauptleistungspflichten treffen den Verwalter zahlreiche Nebenleistungspflichten aus seinem Rechtsverhältnis zu den Wohnungseigentümern, die der Vorbereitung, Durchführung und Sicherung der Hauptleistungen dienen und aus dem → Berufsbild des Verwalters abzuleiten sind (Weitnauer/Hauger § 27 RN 11). Dem Verwalter obliegen:

- Informationspflichten gem. § 666 BGB (→ Auskunft, Information). Besondere Bedeutung erlangt die Informationspflicht bei Zustellungen des Gerichts (→ Zustellung, Zustellungsvollmacht), da gem. § 136 Abs. 2 Nr. 2 KostO nur der Verwalter und ggf. sein anwaltlicher Vertreter kostenfrei eine Ausfertigung oder Abschrift der gerichtlichen Entscheidung erhalten, soweit sich die Wohnungseigentümer nicht selbst am Verfahren beteiligen (BayObLG WE 1994, 187f).
- Auskunftspflichten gem. § 666 BGB, und zwar insbesondere im Zusammenhang mit dem Finanz- und Rechnungswesen des Ver-

walters sowie dessen Kontrolle (→ Auskunft, Information); dabei unterliegt der Verwalter den Vorschriften des BDSG, das gem. dessen §1 Abs.2 auch im nichtöffentlichen Verkehr gilt, soweit dort Daten in oder aus Dateien geschäftsmäßig oder für berufliche oder gewerbliche Zwecke verarbeitet oder genutzt werden (vgl. Seuss WE 1989, 38);
- Einsichtsgewährungspflichten (→ Einsichtsrecht);
- Aufbewahrungspflichten (→ Aufbewahrung von Verwaltungsunterlagen);
- Beratungspflichten, die den Verwalter insbesondere im Zusammenhang mit der Beschlussfassung in der Wohnungseigentümerversammlung treffen, die vorzubereiten der Verwalter verpflichtet ist; hierzu gehört nicht die sozialversicherungsrechtliche Beratung von Wohnungseigentümern, die handwerkliche Arbeiten in Eigenleistung vornehmen (OLG Hamm WE 1994, 378, 380);
- Dokumentationspflichten (vgl. BGH NJW 1992, 1695), deren Erfüllung dem künftigen Verwalter die Einarbeitung und die weitere Tätigkeit ermöglicht, zumindest aber erleichtert;
- Unterstützungspflichten, z.B. zur Aushändigung von Bescheinigungen, die ein Wohnungseigentümer zur Erfüllung seiner steuerlichen Erklärungspflicht benötigt (vgl. OLG Hamm MDR 1975, 401).

Dazu kommen noch weitere Nebenpflichten, die als Verhaltens- oder Schutzpflichten qualifiziert werden und die aus §242 BGB hergeleitet werden. Hierzu zählt z.B. die Pflicht, die Wohnungseigentümer auf das Bestehen von Mängelbeseitigungsansprüchen gegen den Bauträger hinzuweisen und deren Durchsetzung zu koordinieren und organisieren, insbesondere eine Beschlussfassung der Wohnungseigentümer hierüber herbeizuführen (→ Mängel des gemeinschaftlichen Eigentums).

▶ Aufklärungspflichten

Auch bei Vertragsverhandlungen, bei denen die Parteien entgegengesetzte Interessen verfolgen, besteht eine Pflicht, den anderen Teil über solche Umstände aufzuklären, die den von ihm verfolgten Vertragszweck vereiteln können und daher für seinen Entschluss von wesentlicher Bedeutung sind, sofern er die Mitteilung

Aufklärungspflichten

nach der Verkehrsauffassung erwarten durfte (BGH NJW 1979, 2243). Hieraus folgt, dass der Verkäufer beim Erwerb einer Eigentumswohnung als Kapitalanlage den Käufer in einem Prospekt wahrheitsgemäß und vollständig über die für dessen Entscheidung relevanten Umstände, etwa die → Wohnfläche, unterrichten muss (BGHZ 123, 106; NJW 2001, 2021). Im Übrigen besteht nur eine eingeschränkte Aufklärungspflicht des Verkäufers; so muss er grds. nicht auf eine von ihm an den → Makler gezahlte Innenprovision hinweisen. Auch darf er davon ausgehen, dass sich sein künftiger Vertragspartner selbst über Art und Umfang seiner Vertragspflichten, z. B. finanzielle Belastungen, im eigenen Interesse Klarheit verschafft hat. Eine Aufklärungspflicht besteht nur dann, wenn wegen besonderer Umstände des Einzelfalls davon ausgegangen werden muss, dass der künftige Vertragspartner nicht hinreichend unterrichtet ist und die Verhältnisse nicht durchschaut (BGH NJW 1997, 3230f; 2001, 2021). Diese Voraussetzungen können etwa bei einer erkennbar drohenden finanziellen Überforderung erfüllt sein (BGH NJW 1974, 849f). Gibt der Verkäufer allerdings vorsätzlich oder fahrlässig falsche Erklärungen ab, kommt eine Haftung wegen Verletzung kaufvertraglicher Pflichten gem. § 280 BGB in Betracht.

Gleiches gilt, falls der Verkäufer besondere Beratungspflichten übernommen hat, da er insoweit aus dem Beratervertrag in Anspruch genommen werden kann, z. B. wenn er im Rahmen eingehender Vertragsverhandlungen und auf Befragen des Käufers einen ausdrücklichen Rat erteilt (BGHZ 140, 111, 115; NJW 2001, 2021). Dabei steht es einem auf Befragen des Käufers erteilten Rat gleich, wenn der Verkäufer als Ergebnis intensiver Vertragsverhandlungen ein Berechnungsbeispiel über Kosten und finanzielle Vorteile des Erwerbs vorlegt, das unzutreffend ist (BGH NJW 2001, 2021).

Auch wenn die Teilungserklärung vorsieht, dass der Verkauf einer Wohnung der Zustimmung des Verwalters bedarf (→ Zustimmung zur Veräußerung), ist der Verwalter Kaufwilligen gegenüber nicht verpflichtet, ungefragt auf anstehende, noch nicht finanzierte Renovierungsmaßnahmen und eine daraus zu erwartende erhöhte Umlage hinzuweisen (OLG Köln NZM 1999, 174).

Hat aber der Verkäufer mit dem Käufer einen zu dem Kauf hinzutretenden Beratungsvertrag geschlossen – etwa durch die Berechnung der Rentierlichkeit des Erwerbs –, so darf sich die Berechnung des Eigenaufwands des Käufers nicht auf das Jahr der Anschaffung beschränken, wenn erhöhte Unterhaltskosten absehbar sind (BGH NZM 2004, 29f).

▶ **Auflassung**

Das Wohnungseigentum ist frei veräußerlich, das Sondereigentum an einer Wohnung kann jedoch nur mit dem Miteigentumsanteil, zu dem es gehört, veräußert werden. Wie beim Kauf eines Grundstücks ist auch beim Kauf einer Eigentumswohnung die schuldrechtliche Vereinbarung und die dingliche Einigung zu unterscheiden:

Die schuldrechtliche Vereinbarung betrifft den Kaufvertrag gem. §§ 433 ff BGB (oder in bestimmten Fällen den nach Werkvertragsrecht zu beurteilenden Bauträgervertrag); dieser Vertrag bedarf gem. § 313b Abs. 1 BGB der → notariellen Beurkundung, die gem. § 127a BGB bei einem gerichtlichen Vergleich durch die Aufnahme der Erklärungen in ein gerichtliches Protokoll ersetzt werden kann.

Zur Erfüllung des Kaufvertrags hat der Veräußerer dem Erwerber das Eigentum an dem Wohnungseigentum zu verschaffen. Diese Rechtsänderung hat gem. § 873 BGB zur Voraussetzung, dass
- sich die Vertragsparteien über den Eigentumsübergang einigen und
- der Erwerber als Eigentümer im Grundbuch eingetragen wird.

Die Einigung des Veräußerers und des Erwerbers, die zur Übertragung des Eigentums erforderlich ist, wird Auflassung genannt, § 925 Abs. 1 S. 1 BGB. Zur Entgegennahme der Auflassung ist gem. § 925 Abs. 1 S. 2 BGB der Notar berufen, sie kann allerdings auch in einem gerichtlich protokollierten Vergleich erklärt werden. Die Auflassung muss bei gleichzeitiger Anwesenheit von Eigentümer und künftigem Eigentümer erklärt werden. Die Vertretung durch einen Dritten ist zulässig, die formfrei wirksame Vollmacht oder Einwilligung des Vertretenen muss dann in notarieller oder notariell beglaubigter Form vorgelegt oder nachgereicht werden, um den Vollzug im Grundbuch zu ermöglichen, § 29 GBO (BGHZ 29, 366).

In der Auflassung muss die zu übereignende Wohnung zweifelsfrei bezeichnet sein, i.d.R. entsprechend der genauen Bezeichnung im Grundbuch (BayObLG NJW-RR 1988, 330). Eine unbewusste Falschbezeichnung – z.B. wenn sich die Vertragsparteien über die Auflassung der Wohnung Nr. 1 einig sind, diese aber als Wohnung Nr. 2 bezeichnen – ist unschädlich; gültig ist das von den Vertragsparteien übereinstimmend Gewollte (BGHZ 87, 152; DNotZ 2001, 846; NJW 2002, 1038). Wird die Auflassung an mehrere erklärt, so ist das Gemeinschaftsverhältnis (z.B. je zur Hälfte) anzugeben (BayObLGZ 1983, 118); fehlt diese Angabe, so ist die Auflassung unwirksam (OLG Zweibrücken MittRhNot 1980, 89). Die Auflassung darf nicht bedingt – Rechtsbedingungen sind hiervon ausgenommen (BayObLGZ ZMR 1985, 208) – oder befristet erfolgen, § 925 Abs. 2 BGB. Eine Auflassung in einem gerichtlichen Vergleich mit Widerrufsvorbehalt ist unwirksam (BGH NJW 1988, 415). Der Notar kann aber angewiesen werden, die Auflassung erst später, z.B. bei Nachweis der Kaufpreiszahlung, dem Grundbuchamt zum Vollzug vorzulegen (BGH LM BGB § 925 Nr. 3).

Die Auflassung wird sehr häufig aus Kostenersparnisgründen bereits im notariell beurkundeten Erwerbsvertrag mit beurkundet, ebenso die gem. § 19 GBO erforderliche Bewilligung des Veräußerers – sie bedarf gem. § 29 GBO der notariellen Beurkundung oder einer öffentlich beglaubigten Unterschrift – auf Eintragung der Rechtsänderung im Grundbuch. Das Grundbuchamt nimmt die Eintragung allerdings erst dann vor, wenn gem. § 13 Abs. 1 GBO die Eintragung der Rechtsänderung beantragt wird.

Auch zur vertraglichen Einräumung von Sondereigentum gemäß § 3 Abs. 3 WEG sowie zur Aufhebung des Sondereigentums ist die Einigung der Beteiligten – bei gebildetem Wohnungseigentum also aller Mitglieder der Wohnungseigentümergemeinschaft – über den Eintritt der Rechtsänderung sowie die Eintragung in das Grundbuch erforderlich. Diese Einigung bedarf gem. § 4 Abs. 2 S. 1 WEG der für die Auflassung vorgeschriebenen Form.

▶ **Aufopferungsanspruch** → Schadensersatzanspruch

▶ **Aufrechnung, Zurückbehaltungsrecht**

Unter Aufrechnung versteht man die wechselseitige Tilgung sich gegenüberstehender, gleichartiger und fälliger Forderungen durch Verrechnung, die durch einseitige Erklärung einer Partei gegenüber der anderen oder durch Aufrechnungsvertrag beider Parteien erfolgt.

1. Beitragsvorschüsse

Aus Gründen der Sicherung der Liquidität der Wohnungseigentümergemeinschaft kann ein Wohnungseigentümer gegen die Vorschussforderungen der Wohnungseigentümergemeinschaft nur mit durch Mehrheitsbeschluss anerkannten Ansprüchen gegen alle – nicht nur gegen einen einzelnen – Wohnungseigentümer, z.B. auf Auszahlung eines Guthabens aus einer beschlossenen Abrechnung, oder mit Ansprüchen aus Notgeschäftsführung gem. § 21 Abs. 2 WEG, § 683 BGB (BayObLG NZM 1999, 1058; KG WE 1996, 306f; OLG Oldenburg NZM 1999, 467; Staudinger/Bub § 28 RN 228) – und zwar auch gegen Beitragsansprüche, die ein Wohnungseigentum betreffen, das der Anspruchsberechtigte erst nach Entstehung des Anspruchs aus Notgeschäftsführung erworben hat (BayObLG NZM 1998, 973) –, mit Schadensersatzansprüchen gem. § 14 Abs. 4 WEG (LG Frankfurt ZMR 1989, 271) oder mit rechtskräftig festgestellten Ansprüchen (BayObLG NZM 1998, 973) aufrechnen. Dem Anspruch aus Notgeschäftsführung steht der Ausgleichsanspruch aus der Erfüllung von Gemeinschaftsschulden als Gesamtschuldner gleich (KG NZM 2003, 686).

Der Wohnungseigentümer kann gegen Beitragsforderungen mit Ansprüchen aus Notgeschäftsführung gegen die Gemeinschaft auch dann aufrechnen, wenn sich der Haftungsverband durch den Eintritt neuer Wohnungseigentümer inzwischen geändert hat. Die daraus folgende wirtschaftliche Erwerberhaftung für Altschulden (→ Haftung des Erwerbers) steht dem nicht entgegen. Die gemeinschaftlichen Gelder bilden nämlich ein einheitliches → Verwaltungsvermögen, das nicht in getrennte „Unterkassen" für die einzelnen Wirtschaftsperioden unterteilt ist (KG NZM 2002, 745).

Die wirksame Aufrechnung nach Anhängigkeit eines Verfahrens erledigt auch dann die Hauptsache, wenn die Aufrechnungslage schon vorher bestand (BayObLG NZM 2001, 1043).

Ein Wohnungseigentümer kann nicht mit einer an ihn abgetretenen, nicht anerkannten Forderung des Verwalters gegen Vorschussverbindlichkeiten aufrechnen (BayObLG Rpfleger 1976, 422). Mit Ansprüchen gegen den Verwalter kann im Übrigen schon deswegen gegen Vorschussforderungen nicht aufgerechnet werden, weil sich die Ansprüche nicht im Gegenseitigkeitsverhältnis gegenüberstehen (BayObLG MDR 1980, 57).

Da die Ausübung eines Zurückbehaltungsrechtes bei beiderseitigen Geldforderungen im Ergebnis einer Aufrechnung gleichkommt, gelten die von der Rechtsprechung für die Aufrechnung entwickelten Grundsätze auch für die Ausübung des Zurückbehaltungsrechtes eines Wohnungseigentümers gegen Beitragsforderungen der Wohnungseigentümergemeinschaft (BayObLG WE 1995, 254).

Die Einschränkungen hinsichtlich der Aufrechnung oder die Ausübung eines Zurückbehaltungsrechts durch den Wohnungseigentümer gelten in gleicher Weise für → Abrechnungsfehlbeträge (BayObLG ZMR 2001, 553; Staudinger/Bub § 28 RN 422). Den Anspruch auf Auszahlung eines Abrechnungsguthabens kann ein Wohnungseigentümer hingegen ohne weiteres durch Aufrechnung gegen nach dem Genehmigungsbeschluss fällige Vorschussansprüche der Wohnungseigentümergemeinschaft durchsetzen.

2. Verwaltervergütung

Der Verwalter kann grds. mit seinem Vergütungsanspruch gegen Forderungen der Wohnungseigentümergemeinschaft aufrechnen (BGH ZfIR 1997, 284, 288; BayObLGZ 1976, 165 f), und zwar auch nach Beendigung des Verwaltervertrages gegen einen Rückzahlungsanspruch der Wohnungseigentümer, der darauf beruht, dass er Verwaltervergütungen in einer ihm nicht zustehenden Höhe entnommen hat. § 393 BGB steht dem nicht entgegen, es sei denn, dass der Verwalter mit dem Vorsatz der Untreue handelt.

Umgekehrt können die Wohnungseigentümer gegen Vergütungsansprüche des Verwalters mit Ansprüchen gegen den Verwalter aufrechnen, z.B. mit Schadensersatzansprüchen wegen Schlechterfüllung des Verwaltervertrages (BayObLG ZfIR 1997, 220; KG OLGZ 1990, 61, 64).

3. Aufrechnungsausschluss

In der Gemeinschaftsordnung können die Wohnungseigentümer die Zulässigkeit der Aufrechnung und die Geltendmachung von Zurückbehaltungsrechten gegen Beitragsansprüche auf anerkannte, rechtskräftig zuerkannte und entscheidungsreife Ansprüche beschränken oder ganz ausschließen (BayObLG NZM 2001, 766; KG NZM 2003, 906). Ein uneingeschränktes Aufrechnungsverbot ist gem. §§ 242, 315 BGB dahin gehend auszulegen, dass auch die Aufrechnung mit Ansprüchen aus Notgeschäftsführung i.S. des § 21 Abs. 2 WEG ausgeschlossen ist (KG NZM 2003, 906). Auch der Verwalter kann in diesem Fall nicht mit Vergütungsansprüchen aufrechnen (BayObLG WEM 1980, 129). Die Aufrechnung kann aber auch unbeschränkt zugelassen werden.

▶ **Aufstockung**

Wohnungseigentum wird durch vertragliche Einräumung von Sondereigentum (§ 3 WEG) oder durch Teilung (§ 8 WEG) begründet. Denkbar sind jedoch auch Fälle, in denen bereits bestehende Wohnungseigentumsanlagen dadurch erweitert werden, dass zusätzliche Geschosse errichtet werden oder nach (gänzlicher oder teilweiser) Zerstörung des Gebäudes eine größere Zahl von Wohnungen errichtet werden soll.

Die Aufstockung eines Gebäudes – im deutschen Recht nicht ausdrücklich geregelt – ist eine bauliche Veränderung (BayObLG NZM 2001, 677; OLG Karlsruhe NJW 1969, 1442f m. Anm. Merle NJW 1969, 1859), die alle Wohnungseigentümer mehr als nur unwesentlich beeinträchtigt. Eine zustimmungsfreie Aufstockung mit nur unwesentlichem Nachteil ist nicht denkbar. In einer → Mehrhausanlage ist es allerdings denkbar, dass nur die

Wohnungseigentümer, deren Sondereigentum im aufzustockenden Haus liegt, beeinträchtigt werden, so dass nur deren Zustimmung erforderlich ist.

Liegen die bautechnischen – Garantie des Bestandes und der Sicherheit des vorhandenen Gebäudes – sowie die rechtlichen Voraussetzungen für die Aufstockung vor und wird sie durchgeführt, sind die → Miteigentumsanteile sowie die Kosten- und Lastentragungspflicht insgesamt neu zu regeln. Dies gilt auch für den denkbaren Fall, dass ein zur Wohnungseigentümergemeinschaft gehörender Wohnungseigentümer in zulässiger Weise aufstockt und somit einen Wertzuwachs erhält.

Zum grundbuchamtlichen Vollzug ist die Vorlage einer neuen → Abgeschlossenheitsbescheinigung und eines neuen → Aufteilungsplanes sowie gem. §§ 877, 876 BGB die Zustimmung aller am Grundstück dinglich Berechtigten, insbesondere der Grundpfandrechtsgläubiger, erforderlich.

Daneben ist die Aufstockung auch in der Weise möglich, dass die neu entstehenden Räume gemeinschaftliches Eigentum werden; dies bedarf gleichfalls der Zustimmung aller Wohnungseigentümer.

▶ Aufteilungsplan

Wohnungseigentum kann nur dann ins Grundbuch eingetragen werden, wenn neben dem Eintragungsantrag nach § 13 Abs. 1 GBO und der Eintragungsbewilligung des eingetragenen Eigentümers (§ 39 GBO) dem Grundbuchamt die in §§ 8 Abs. 2, 7 Abs. 4 WEG genannten Anlagen vorliegen, nämlich eine → Abgeschlossenheitsbescheinigung und ein Aufteilungsplan. Der Aufteilungsplan soll sicherstellen, dass dem Bestimmtheitsgrundsatz des Sachen- und Grundbuchrechts Rechnung getragen wird; durch ihn wird festgelegt, welche Räume nach der Teilungserklärung zu welchem Sondereigentum gehören und wo die Grenzen der im Sondereigentum stehenden Räume untereinander sowie gegenüber dem gemeinschaftlichen Eigentum verlaufen (BayObLG DNotZ 2000, 205, 207). Entspricht der Aufteilungsplan bei bestehenden Gebäuden nicht dem tatsächlichen Bauzustand (→ Abweichung zwischen Aufteilungsplan und Bauausführung), verliert er seine Eignung als Beweismittel im Grundbuchantragsverfahren. Stimmt der von ihr geprüfte und der Abgeschlossenheitsbescheinigung zugrunde gelegte Aufteilungsplan mit den tatsächlichen baulichen Verhältnissen nicht überein, ist die Bauaufsichtsbehörde berechtigt, die Erteilung der → Abgeschlossenheitsbescheinigung zu verweigern.

Der Aufteilungsplan wird zu den Grundakten eines Wohnungsgrundbuchs genommen, in den Grundakten der übrigen Wohnungsgrundbücher wird hierauf verwiesen, §24 Abs.3 GBVfg. Durch die Bezugnahme wird der Aufteilungsplan Teil des Bestandsverzeichnisses und damit Inhalt des Wohnungsgrundbuchs selbst (BayObLG NZM 2003, 202; OLG Köln NJW-RR 1993, 204). Das Grundbuchamt ist wegen der erforderlichen sachenrechtlichen Bestimmtheit und wegen des öffentlichen Glaubens des → Grundbuchs, der sich auf den Aufteilungsplan erstreckt (BayObLG Rpfleger 1982, 21; OLG Karlsruhe DNotZ 1973, 236), verpflichtet zu prüfen, ob der Aufteilungsplan die erforderlichen Angaben enthält (OLG Frankfurt Rpfleger 1980, 391). Alle Widersprüche zwischen dem Inhalt der Teilungserklärung selbst und dem Inhalt des in Bezug genommenen Aufteilungsplans (→ Abweichung zwischen Aufteilungsplan und Teilungserklärung) machen die Erklärung inhaltlich unbestimmt, so dass gem. §18 GBO entweder der Antrag auf Eintragung der Teilungserklärung in das Grundbuch zurückzuweisen oder eine Zwischenverfügung zur Behebung des Hindernisses zu erlassen ist (OLG Frankfurt ZMR 1997, 426; OLG Köln NJW-RR 1993, 204).

Der Aufteilungsplan besteht aus einer Bauzeichnung oder mehreren Bauzeichnungen, die von der örtlich zuständigen Baubehörde mit Unterschrift und Siegel oder Stempel versehen sind und deren Widerspruchsfreiheit das Grundbuchamt zu prüfen hat (BayObLG Rpfleger 1993, 335). Aus den Bauzeichnungen muss sich die Aufteilung des Gebäudes sowie die Lage und Größe der im Sondereigentum und der im gemeinschaftlichen Eigentum stehenden Gebäudeteile ergeben (BGH NJW 1995, 2851). Vorzulegen sind Grundrisse, Schnitte und Ansichten (BayObLG DNotZ 1998, 377f) im Maßstab von mindestens 1:100 über die Grundrisse aller Stockwerke einschließlich der Keller- und Speichergeschosse. Die Bauzeichnung muss alle Gebäudeteile erfassen. Bei freien Garagen sind keine Ansichten und Schnitte erforderlich (BayObLG NJW-RR 1993, 1040), für einen Spitzboden genügt eine Schnittzeichnung (BayObLG WE 1996, 548). An welchen Teilen des gemeinschaftlichen Eigentums Sondernutzungsrechte bestehen, ist nicht zwingend Gegenstand des Aufteilungsplans (BayObLG DNotZ 1994, 244). Befinden sich auf einem Grundstück zwei oder mehrere selbständige, voneinander getrennte Bauwerke, gehört zum Aufteilungsplan auch ein amtlicher Lageplan, aus dem sich die Größe der einzelnen Bauwerke und der Standort der Baukörper innerhalb des Grundstücks ergeben (OLG Hamm NJW 1976, 1752; OLG Bremen DNotZ 1980, 489; a.A. Demharter Rpfleger 1983, 133: nur, wenn zur Abgrenzung von Sonder- und Gemeinschaftseigentum erforderlich).

§ 7 Abs. 4 WEG erfordert es nicht, dass schon bei der Niederschrift der Teilungserklärung der Aufteilungsplan als Anlage angeheftet wird (BayObLG NZM 2003, 202). Vielmehr genügt es, dass der Aufteilungsplan bis zur Eintragung vorgelegt wird. Eine Mitausfertigung ist dann nicht zwingend erforderlich; wohl aber muss die Zusammengehörigkeit von Aufteilungsplan und Eintragungsbewilligung verdeutlicht werden (OLG Zweibrücken MittBayNot 1983, 242 f). Der zur Unterschriftsbeglaubigung vorliegende Entwurf des Aufteilungsplans muss völlig identisch sein mit der von der Baubehörde mit Unterschrift und Siegel versehenen Bauzeichnung, was das Grundbuch selbst zu prüfen hat, da es sich um öffentliche Urkunden i. S. von § 29 GBO handelt. Dieser Pflicht kann sich das Grundbuchamt nicht durch das Verlangen einer sog. Identitätserklärung durch den Notar entziehen (BayObLG NZM 2003, 202).

Auftragsvergabe

Bei Durchführung technischer Maßnahmen, insbesondere erforderlicher Sanierungsmaßnahmen, sind in aller Regel Fachbetriebe mit den Arbeiten zu beauftragen (KG OLGZ 1987, 262, 264). Es kann aber auch ein fachlich hierzu geeigneter Miteigentümer mit sog. Eigenleistungen beauftragt werden (KG OLGZ

1991, 425, 427). Pfuscharbeit oder Schwarzarbeit entsprechen keinesfalls ordnungsmäßiger Verwaltung (Bub PiG 48, 11, 17). Z. Hinzuziehung von Sonderfachleuten zur Ermittlung der Schadensursache sowie Vorschlägen zur Schadensbeseitigung → Sanierungsmaßnahmen.

Vor Vergabe eines größeren Auftrags, z.B. zur Sanierung von Teilen des gemeinschaftlichen Eigentums, etwa der Fassade, sind i.d.R. Alternativ- oder Konkurrenzangebote einzuholen (BayObLG ZWE 2000, 37, 38; NZM 2002, 564; OLG Köln ZWE 2000, 321; Staudinger/Bub § 21 RN 95), andernfalls entspricht der Beschluss nicht ordnungsmäßiger Verwaltung. Der durch eine Störung betroffene Wohnungseigentümer kann deshalb nicht sogleich allein die Durchführung einer ganz bestimmten von ihm durch Privatgutachten ermittelten Maßnahme verlangen (OLG Köln ZWE 2000, 321). Andererseits kann ein Wohnungseigentümer auch nicht verpflichtet werden, der Vergabe von Sanierungsarbeiten auf der Grundlage von Vergleichsangeboten zuzustimmen, die erst noch eingeholt werden müssen (BayObLG NZM 1999, 767).

Die Annahme eines einzigen Angebots ist aber nicht durchweg zu beanstanden (KG ZMR 1995, 233), insbesondere nicht, wenn es nach der Fachkenntnis des Verwalters oder eines Sachverständigen keine diskutable Alternative zu ihm gibt (OLG Hamm OLGZ 1982, 260) oder die Eilbedürftigkeit der Ausführung keine lange Vergabeprozedur erlaubt (Bub PiG 48, 11, 19). Bei der Beurteilung der Frage, ob und wie viele Angebote einzuholen sind, steht den Wohnungseigentümern ein weiter Ermessensspielraum zu (BayObLG WE 1996, 235 f). Gleiches gilt für die Frage, welchem Bieter sie den Auftrag erteilen (BayObLG NZM 2002, 564, 567).

Haben die Wohnungseigentümer die Durchführung einer bestimmten Maßnahme beschlossen – wobei für die Maßnahmen jedenfalls der im Wirtschaftsplan genannten Instandhaltungen und Instandsetzungen bereits dessen Genehmigung die Ermächtigung des Verwalters enthält, im genehmigten Kostenrahmen Aufträge zu vergeben (OLG Hamm ZMR 1997, 377, 379) –, ist der Verwalter berechtigt und verpflichtet, die zur Beschlussdurchführung erforderlichen Werkverträge im Namen der Wohnungseigentümer unter Berücksichtigung beschlossener Einzelweisungen zu den üblichen Bedingungen abzuschließen. Die Werkunternehmer werden damit Vertragspartner der Wohnungseigentümer und deren Erfüllungsgehilfen (BGH NJW 1999, 2108), nicht aber Erfüllungsgehilfen des Verwalters i.S. des § 278 BGB (BayObLG NJW-RR 1992, 202).

▶ **Aufwendungsersatz**

1. Verwalter

Vom Vergütungsanspruch des Verwalters ist sein Anspruch auf Ersatz seiner Aufwendungen gem. §§ 675, 670 BGB zu unterscheiden, der jedoch nicht für Tätigkeiten besteht, die bereits mit der im Verwaltervertrag vereinbarten Vergütung abgegolten sind (BayObLG DWE 1985, 124 für umfangreiche Baubetreuungstätigkeiten; BayObLG NJW-RR 2001, 1231 z. den Kosten des allgemeinen Geschäftsbetriebs, etwa für Informationen der Wohnungseigentümer), sondern nur für solche Aufwendungen, die er zum Zwecke der Ausführung der Verwaltung gemacht hat und die er den Umständen nach für erforderlich halten durfte (BayObLG WE 1996, 314 f; 1997, 76).

Überschreitet der Verwalter bei der Erfüllung seiner Aufgaben seine Kompetenzen, steht ihm gegenüber den Wohnungseigentümern kein vertraglicher Anspruch auf Ersatz der ihm entstandenen Unkosten, sondern lediglich ein Aufwendungsersatz gem. §§ 683, 670 BGB zu, wenn die eingegangenen Verpflichtungen dem Interesse und dem wirklichen oder mutmaßlichen Willen der Wohnungseigentümer entsprachen (OLG Hamm ZMR 1997, 377, 379); ist dies nicht der Fall, kann er als unberechtigter Geschäftsführer ohne Auftrag gem. §§ 684 S. 1 i.V.m. 812 ff BGB nur Verwendungsersatz nach Bereicherungsrecht bzw. nach §§ 951 Abs. 1 i.V.m. 812 ff BGB (OLG Hamm ZMR 1997, 377, 379) beanspruchen. Zu ersetzen sind neben „werterhöhenden" Verwendungen auch lediglich „werterhaltende" Verwendungen, wenn die Wohnungseigentümer später unausweichliche Aufwendungen erspart haben (OLG Düsseldorf WE 1996, 275).

Die gleichen Grundsätze gelten für Tätigkeiten des gekündigten und abberufenen Verwalters (BayObLG ZfIR 1997, 270f; OLG Düsseldorf ZMR 1995, 216), wobei sich der entgegenstehende Wille der Wohnungseigentümer i. d. R. schon aus dem Abberufungsbeschluss ergibt (BayObLG ZfIR 1997, 270f). Ersetzt werden i. d. R. nur tatsächliche Aufwendungen, nicht aber der Gegenwert erbrachter Leistungen in Höhe einer Vergütung (BayObLG WE 1989, 63; Staudinger/Bub § 26 RN 402 a: Anspruch auf Herausgabe der Bereicherung der Wohnungseigentümer, §§ 684 S. 1, 812ff BGB). Ist der ausgeschiedene Verwalter im eigenen Namen für die Eigentümergemeinschaft Verbindlichkeiten eingegangen, kann ihm ein Anspruch auf Freistellung zustehen (BayObLG ZMR 2003, 854).

Der Scheinverwalter, dessen Bestellung oder dessen Verwaltervertrag unwirksam ist oder angefochten wurde, hat einen Aufwendungsersatzanspruch aus Geschäftsführung ohne Auftrag in Höhe der üblichen Vergütung, wenn nicht Unentgeltlichkeit vereinbart ist und die Tätigkeit zum Beruf oder Gewerbe des Scheinverwalters gehört (BGH ZfIR 1997, 284, 286ff; OLG Hamm NJW-RR 1989, 970f; Staudinger/Bub § 26 RN 287).

2. Notgeschäftsführer

Der Wohnungseigentümer, der eine Notmaßnahme durchgeführt hat (→ Notgeschäftsführung durch Wohnungseigentümer), hat wie ein Beauftragter Anspruch auf Aufwendungsersatz (BayObLG ZMR 2000, 187). Ihm sind sämtliche Aufwendungen, die er für erforderlich halten durfte, zu ersetzen, z.B. Werklohn für beauftragte Handwerker, Rechtsanwaltshonorare und Gerichtskosten oder Kosten öffentlich bestellter und vereidigter Sachverständiger für die Feststellung von Bauschäden, nicht aber Finanzierungskosten für in Auftrag gegebene Mängelbeseitigungsarbeiten (OLG Hamm WE 1993, 110f). Daneben kann der Notgeschäftsführer einen Vorschuss auf seine Aufwendungen beanspruchen (OLG Braunschweig WuM 1984, 307). Da es sich bei diesen Aufwendungen um Verwaltungskosten i.S. von § 16 Abs. 2 WEG handelt, kann der Notgeschäftsführer von den anderen Wohnungseigentümern verlangen, dass sie ihn von den eingegangenen

Verbindlichkeiten anteilig freihalten und überobligationsmäßige Zahlungen ausgleichen. Er kann nach seiner Wahl von allen Wohnungseigentümern die Zahlung des gesamten Betrages aus den gemeinschaftlichen Geldern oder von den einzelnen Wohnungseigentümern die Zahlung der anteilig von diesen zu tragenden Beträge fordern. Außerdem kann er gegen seine Beitragsverpflichtungen aufrechnen (→ Aufrechnung, Zurückbehaltungsrecht).

Neben den Ansprüchen aus Notgeschäftsführung sind Ansprüche eines Wohnungseigentümers gegen die übrigen aus Geschäftsführung ohne Auftrag oder ungerechtfertigter Bereicherung nicht ausgeschlossen; da aber eine Vermutung dafür spricht, dass die Wohnungseigentümer in einem Fall, der nicht von der Notgeschäftsführung gedeckt ist, selbst von ihrer Entscheidungsbefugnis Gebrauch machen wollen, entspricht die von einem einzelnen Wohnungseigentümer eigenmächtig getroffene Instandsetzungsmaßnahme, wenn sie nicht als einzige in Betracht kommt, im Zweifel nicht dem mutmaßlichen Willen der Wohnungseigentümer (BayObLG NZM 2000, 299). Steht dem Vorgehen eines Wohnungseigentümers bei Störungen ein bestandskräftiger Eigentümerbeschluss entgegen, hat er ohnehin keinen Anspruch auf Aufwendungsersatz (BayObLG NZM 2002, 1033).

Hat ein Eigentümer Verbindlichkeiten der Gemeinschaft getilgt, so können die auf Erstattung der Aufwendungen in Anspruch genommenen übrigen Mitglieder der Gemeinschaft diesen nach einer Meinung auf die Befriedigung aus den gemeinschaftlichen Mitteln verweisen, sofern es sich um Verwaltungskosten i. S. von § 16 Abs. 2 WEG handelt, die aus Gemeinschaftsmitteln zu berichten sind (OLG Köln NZM 1999, 972 z. Versicherungsprämien). Wird ein Wohnungseigentümer von Dritten über seinen Anteil hinaus in Anspruch genommen, so steht ihm nach h. M. ein Rückgriffsanspruch auch unmittelbar gegen den oder die anderen Wohnungseigentümer in Höhe von deren Anteil zu (BayObLG WE 1995, 243f; OLG Hamm WE 1993, 110f; OLG Stuttgart OLGZ 1986, 32, 34).

Aufzug → Fahrstuhl

▶ **Ausgeschiedener Wohnungseigentümer** → Beteiligte; → Haftung des Veräußerers; → Stimmrecht; → Rechtsschutzbedürfnis; → Wohnungseigentumssachen, Verfahren; → Zustellung, Zustellungsvollmacht

▶ **Ausgeschiedener Verwalter** → Beteiligte; → Rechtsschutzbedürfnis; → Wohnungseigentumssachen, Verfahren

▶ **Auskunft, Information**

Der Verwalter ist aufgrund des Verwaltervertrages gem. §§ 675, 666 BGB verpflichtet, auf Verlangen jederzeit Auskunft über den Stand seiner Verwaltungshandlungen zu erteilen (BayObLG WE 1991, 253; KG NJW-RR 1987, 462; OLG Hamm NJW-RR 1988, 597, 598). Im Gegensatz zum Informationsanspruch setzt der Auskunftsanspruch also eine Initiative der Wohnungseigentümer voraus.

Neben dem Verwalter ist auch der → Verwaltungsbeirat gegenüber den Wohnungseigentümern zur Auskunft in allen Angelegenheiten verpflichtet, in denen er Kenntnis aufgrund seiner Verwaltungsbeiratstätigkeit erlangt hat oder als Verwaltungsbeirat tätig war.

1. Gläubiger des Auskunftsanspruchs

Gläubiger des Auskunftsanspruchs sind die Wohnungseigentümergemeinschaft und ggf. einzelne Wohnungseigentümer – auch der ausgeschiedene Wohnungseigentümer in Bezug auf solche Verpflichtungen, die während seiner Zugehörigkeit zur Wohnungseigentümergemeinschaft begründet wurden, für die er weiterhin als Gesamtschuldner haftet und die noch nicht vollständig erfüllt sind (BGHZ 78, 166, 176) – als Vertragspartner des Verwalters. Da die Auskunft des Verwalters wegen des Gegenstands seiner Tätigkeit stets Angelegenheiten der gemeinschaftlichen Verwaltung betrifft, ist sie auch insoweit i.d.R. auf eine unteilbare Leistung (KG OLGZ 1987, 185f; OLG Hamm OLGZ 1988, 40; a.A. OLG Köln OLGZ 1984, 162) an die empfangszuständige Wohnungseigentümergemeinschaft gerichtet.

Die Wohnungseigentümer entscheiden i.d.R. durch Mehrheitsbeschluss darüber, ob ein Auskunftsanspruch geltend gemacht oder ob ein Wohnungseigentümer zur Geltendmachung – möglicherweise auch auf Leistung an sich – ermächtigt wird (BayObLG WuM 1994, 567f; KG OLGZ 1987, 185; OLG Köln 1984, 162, 164: Individualanspruch jedes einzelnen Wohnungseigentümers). Die Bestellung zum Verwaltungsbeirat beinhaltet stets konkludent eine solche Ermächtigung im Rahmen der ihm gesetzlich und ggf. durch Vereinbarung oder Mehrheitsbeschluss übertragenen Aufgaben.

Der einzelne Wohnungseigentümer hat darüber hinaus gem. § 21 Abs. 4 WEG Anspruch auf Auskunft an die Wohnungseigentümergemeinschaft als Maßnahme der ordnungsmäßigen Verwaltung (Sauren WE 1989, 4, 7: an alle Wohnungseigentümer), wenn er ein berechtigtes Interesse an der Aufklärung hat, was im Einzelfall aufgrund des Gegenstandes seiner Frage nach Treu und Glauben zu entscheiden ist (BayObLG WE 1989, 180; KG WE 1993, 83). Kann das Informationsbedürfnis durch Auskunft an den anfragenden Wohnungseigentümer allein befriedigt werden, genügt eine Auskunft an diesen (OLG Köln OLGZ 1984, 162 [z. Auskunft über einen Kaufinteressenten]). Dieser Individualanspruch setzt weder eine Ermächtigung durch Mehrheitsbeschluss noch die Ablehnung eines hierauf gerichteten Beschlussantrags (a.A. BayObLG WE 1991, 252f) noch eine vorangegangene Geltendmachung durch den betreffenden Wohnungseigentümer in einer Wohnungseigentümerversammlung voraus (BayObLG WE 1988, 198; KG OLGZ 1987, 185, 187).

Auch Vertragspartner der Wohnungseigentümergemeinschaft haben gegen den Verwalter aus Treu und Glauben einen Anspruch auf Mitteilung von Namen, Anschriften und Miteigentumsanteilen der Wohnungseigentümer, soweit sie diese Angaben benötigen, um Verwaltungsschulden geltend machen zu können; sie können nicht auf eine Grundbucheinsicht verwiesen werden (OLG München v. 18.5.1983, 15 U 4617/82; so ausdrücklich in § 13 Abs. 1 Nr. 3 und § 19 Abs. 1 Nr. 1 SchornsteinFG für Schornsteinfeger). Im Übrigen darf der Verwalter nur Auskünfte erteilen, wenn diese zur Wahrnehmung berechtigter Interessen erforderlich sind und schützenswerte Belange der Wohnungseigentümer nicht entgegenstehen (Sauren WE 1989, 4).

Gegenüber der Finanzverwaltung ist der Verwalter nach § 93 AO auskunftspflichtig, wenn die Sachverhaltsaufklärung mit den Wohnungseigentümern selbst nicht zum Ziel führt oder keinen Erfolg verspricht (Sauren WE 1989, 4; weitergehend BFH BStBl 1988 II, 577).

2. Gegenstand der Auskunft

Die Auskunft ist eine Wissenserklärung über Tatsachen, die zur Durchsetzung von Ansprüchen erforderlich sind (BGH NJW-RR 1987, 876; Sauren WE 1989, 4) und die der Verwalter auf Fragen der Wohnungseigentümer zu erteilen hat. Der Inhalt der Auskunft ist im Einzelfall nach Treu und Glauben gem. § 242 BGB zu bestimmen (RG Recht 1921, 1343).

Der Verwalter erteilt i.d.R. schriftlich oder mündlich – soweit dies verlangt wird, zu Protokoll – in der Wohnungseigentümerversammlung (KG OLGZ 1987, 187), aber auch durch Rundschreiben Auskünfte u. a. über

- Vorgänge, die in der Abrechnung dargestellt sind (BayObLGZ 1972, 171; OLG Karlsruhe NJW 1969, 1968);
- den Bestand des Vermögens, wenn der Abrechnung eine Vermögensübersicht nicht beigefügt war (BayObLG WuM 1989, 44);
- die vorgesehenen – außergewöhnlichen – Verwaltungsgeschäfte, die zu Kostenansätzen im Wirtschaftsplan geführt haben;
- die Ausführung von Beschlüssen;
- Sachverhalt und Gründe, weswegen von ihm vorgeschlagene Beschlüsse gefasst werden sollen;
- den Stand laufender oder abgeschlossener Prozesse;
- den Stand und Fortschritt größerer Instandsetzungsarbeiten.

Jeder Wohnungseigentümer kann insbesondere die Auskünfte verlangen, die zur sachgerechten Befassung mit Tagesordnungspunkten einer Wohnungseigentümerversammlung und für sein Abstimmungsverhalten objektiv – also aus Sicht eines vernünftigen Wohnungseigentümers mit durchschnittlichen Kenntnissen und Erfahrungen – erforderlich sind (vgl. KG WM 1994, 1474, 1482 z. Auskunftsanspruch eines Aktionärs).

Der Verwalter muss zwar nicht jede Frage im Detail ohne vorherige Nachforschung beantworten; Auskünfte, die bei der erforderlichen Vorbereitung und anhand bereitzuhaltender Unterlagen, z.B. Abrechnungsbelege, ohne wesentliche Verzögerung der Wohnungseigentümerversammlung erteilt werden können, sind aber zu erteilen. Auskünfte, die nicht im Zusammenhang mit der Wohnungseigentümerversammlung erteilt werden, bedürfen grds. – also jedenfalls, wenn dies verlangt wird – der Schriftform (MünchKomm/Keller § 260 BGB RN 51).

Der Verwalter muss auch Auskünfte über Beitragsrückstände von Wohnungseigentümern geben; dem stehen Datenschutzbestimmungen nicht entgegen, da Miteigentümer nicht Dritte sind.

Jeder Wohnungseigentümer hat schließlich Anspruch auf Mitteilung der Namen und Adressen aller Miteigentümer, z.B. um sein Recht, die → Einberufung einer Wohnungseigentümerversammlung gem. § 24 Abs. 2 WEG zu verlangen, ausüben zu können (BayObLGZ 1984, 113; OLG Frankfurt OLGZ 1984, 258). Wegen der Rechte und Pflichten aus dem Gemeinschaftsverhältnis besteht kein anerkennenswertes Bedürfnis eines Wohnungseigentümers, seinen Miteigentümern gegenüber anonym zu bleiben (vgl. BVerfG NJW 1984, 419, 422).

Ist eine Auskunft erkennbar unvollständig, so besteht zunächst ein Anspruch auf Ergänzung, da der Auskunftsanspruch nur teilweise erfüllt ist (MünchKomm/Keller § 260 BGB RN 61).

3. Erlöschen des Auskunftsanspruchs, Zurückbehaltungsrecht, Rechtsmissbrauch

Nach Erteilung der → Entlastung ist der Verwalter grds. nicht mehr zur Auskunftserteilung verpflichtet. Da der Verwalter hinsichtlich der Auskunft grds. vorleistungspflichtig ist, kann er nicht die Einrede des Zurückbehaltungsrechts erheben (RGZ 102, 110; BGH BB 1976, 1193; Staudinger/Wittmann § 666 BGB RN 2).

Das Auskunftsrecht ist gem. § 242 BB und durch das Schikaneverbot gem. § 226 BGB begrenzt, insbesondere wenn das Interesse des Wohnungseigentümers in keinem vernünftigen Verhältnis zum Aufwand der Auskunftserteilung steht (vgl. BGH WM 1984, 1164) oder die Auskunft weit zurückliegende Vorgänge, die für die künftige Tätigkeit ohne Bedeutung sind, betrifft. Werden in der Wohnungseigentümerversammlung Auskünfte verlangt, so ist das Interesse des Auskunftsbegehrenden mit dem Anspruch der übrigen Wohnungseigentümer auf eine zügige Durchführung der Versammlung abzuwägen; in die Abwägung sind alle Umstände des Einzelfalls einzubeziehen, insbesondere die Bedeutung der Auskünfte für die Beschlussfassung, aber auch die Dauer der Versammlung, ggf. die fortgeschrittene Tageszeit und die Aufnahmefähigkeit der Versammlungsteilnehmer.

Der Verwalter kann ausnahmsweise bei berechtigtem Interesse auch zur Wiederholung einer Auskunft verpflichtet sein (vgl. BGH NJW-RR 1988, 1073); i.d.R. erlischt allerdings mit Erteilung der Auskunft unabhängig von deren Richtigkeit der Anspruch hierauf.

4. Kosten der Auskunft

Soweit nichts anderes vereinbart ist, trägt der Auskunftsverpflichtete die ihm für die Erteilung der Auskunft entstehenden Kosten selbst, da eine § 261 Abs. 3 BGB entsprechende Bestimmung fehlt (BAG JZ 1985, 628; MünchKomm/Keller § 260 BGB RN 58). Ist es aber erforderlich, den Wohnungseigentümern Ablichtungen von Urkunden zuzuleiten, steht dem Verwalter gem. §§ 675, 670 BGB ein Anspruch auf Erstattung der hierdurch entstehenden Aufwendungen zu (BGHZ 78, 166 ff).

5. Durchsetzung des Auskunftsanspruchs

Jeder Wohnungseigentümer kann sein Auskunftsrecht gerichtlich durch einen Antrag gem. § 43 Abs. 1 Nr. 2 WEG geltend machen. Da die Auskunft eine unvertretbare Handlung ist, wird eine rechtskräftige Entscheidung des Gerichts gem. § 45 Abs. 3 WEG i.V.m. §§ 888, 889 ZPO durch Androhung und Verhängung von Ordnungsgeld und Ordnungshaft vollstreckt (OLG Köln ZMR 1981, 83). Soweit Urkunden vorzulegen sind, ist nach § 883 ZPO zu vollstrecken.

▶ **Außenjalousien** → Rolläden, Außenjalousien

▶ **Außenkamin** → Kamin, Außenkamin

Außentreppe

Die Verbindung einer Wohnung mit einer darüberliegenden Wohnung oder Dachterrasse (KG GE 1988, 973) oder von einer Loggia oder einem Balkon in den gemeinschaftlichen Garten (OLG Karlsruhe ZMR 1999, 65 z. Möglichkeit intensiverer Nutzung) durch Anbau einer – ggf. mobilen – Außentreppe stellt eine bauliche Veränderung dar, die wegen der Beeinträchtigung des optischen Gesamteindrucks (→ Nachteil) i.d.R. der Zustimmung aller Wohnungseigentümer bedarf (BayObLG WuM 1990, 403 f z. Durchtrennung der Außenverkleidung und des Metallgeländers einer Loggia); dies gilt auch, wenn die Balkone bzw. Loggien zum Sondereigentum gehören (BayObLG WuM 1993, 750 f).

Eine zustimmungsbedürftige bauliche Veränderung stellt auch die Errichtung einer Treppe mit Treppenvorplatz und Auffahrt zum Schieben von Einkaufswagen vor einem Ladeneingang dar (BayObLG WE 1987, 51 f).

Außenverglasung → Schaufenster

Außenwand → Fassade

Außergerichtliche Kosten → Kostenentscheidung

Aussiedler, Asylbewerber

Eine Bestimmung in der Gemeinschaftsordnung, dass „Wohnungen nur zu Wohnzwecken benutzt werden dürfen", schließt eine Unterbringung von Aussiedlern oder Asylbewerbern nicht aus. Auch eine Regelung, wonach die Eigentümer einer Wohnanlage verpflichtet sind, „die Eigenart des Bauwerks als gutes Wohnhaus zu wahren und zu schützen", schließt es nicht schlechthin aus, eine Wohnung zum dauernden Bewohnen einer asylberechtigten Familie zu überlassen (KG NJW 1992, 3045; Staudinger/Kreuzer § 15 RN 17). Abzustellen ist darauf, ob im Einzelfall Beeinträchtigungen vorliegen oder aufgrund bestimmter Tatsachen für die Zukunft befürchten lassen, die mehr stören als bei einer normalen Vermietung oder die mit dem Charakter eines Hauses als „gutes Wohnhaus" nicht zu vereinbaren sind (BayObLG NJW 1992, 917); anders liegt die Situation bei Überlassung an einen fortdauernd wechselnden Personenkreis (OLG Hamm NJW 1992, 184). Zulässig sollen noch drei Personen pro Zimmer bei einer Verweildauer von nicht weniger als einem halben Jahr sein (OLG Stuttgart NJW 1992, 3046). Die Belegung einer als „Einfamilienhaus" bezeichneten Eigentumswohnung mit mehreren Aussiedlerfamilien (Übergangsheim) geht hingegen über das zulässige Maß hinaus (OLG Hamm OLGZ 1993, 422).

Die Nutzung eines in der Teilungserklärung als Sondereigentum an gewerblichen Räumen bezeichneten Teileigentums zur Schulung und Unterrichtung von Asylbewerbern und Aussiedlern in der Zeit von Montag bis Freitag von 8.00 bis 15.00 Uhr verstößt nicht gegen die Zweckbestimmung (BayObLG NJW 1992, 919).

▶ **Austausch von Sondereigentum** → Vereinigung von Wohnungseigentumsrechten

B

Badeinrichtung

Bad- und Duscheinrichtungen wie auch die üblichen Armaturen an den Heizungs- und Sanitärinstallationen gehören zum Sondereigentum. Ausgenommen hiervon sind Messvorrichtungen zur Verbrauchserfassung (→ Verbrauchserfassungsgeräte) sowie → Thermostatventile, die zum gemeinschaftlichen Eigentum gehören.

Bade- und Duschverbot

Ein Bade- und Duschverbot zur Nachtzeit zwischen 23:00 und 5:00 Uhr entspricht ordnungsmäßiger Verwaltung (BayObLG NJW 1991, 1620; BPM §21 RN 110; a.A. Bub/Treier II RN 499: keine Verallgemeinerung im Hinblick auf die gewandelten Lebensverhältnisse, zumal da vermietende Wohnungseigentümer ein Badeverbot gegenüber ihren Mietern nicht durchsetzen können).

Balkenkonstruktion

Eine Balken- und Trägerkonstruktion, die der Stabilität des Gebäudes dient, steht zwingend im gemeinschaftlichen Eigentum. Anderes gilt für im Sondereigentum angebrachte Zierbalken ohne jede statische Bedeutung.

Balkon, Loggia

1. Eigentum

Balkone und Loggien können nach hM dem Sondereigentum zugeordnet werden (BGH NJW-RR 1987, 525; BayObLG NZM 1999, 27; a.A. und zutreffend Staudinger/Rapp §5 RN 7 wegen fehlender Raumeigenschaft). Wird ein Balkon weder in der Teilungserklärung noch im Aufteilungsplan hinreichend als Sondereigentum bezeichnet, entsteht an ihm gemeinschaftliches Eigentum (OLG Köln NZM 2001, 541, 542).

Von den Bestandteilen eines zu Sondereigentum erklärten Balkons gehört nur der Balkonraum (OLG Düsseldorf NZM 1999, 507), der Innenanstrich der Balkonbrüstung (OLG Hamm DWE 1984, 126), das Mörtelbett und der Bodenbelag (OLG Köln NZM 2001, 541) zum Sondereigentum. Zwingend gemeinschaftliches Eigentum sind gem. § 5 Abs. 2 WEG die Bodenplatte einschließlich der Isolierschicht (BGH NZBau 2001, 265f; OLG Hamm ZMR 1997, 193; OLG Zweibrücken NJOZ 2003, 227f) samt Estrich (→ Fußboden, Estrich, Bodenbelag), da diese Bestandteile für die Sicherheit des Gebäudes erforderlich sind, sowie gem. § 5 Abs. 1 WEG die Balkondecken und die Balkonaußenwände (BGH NJW-RR 1987, 525), die Balkontrennwände (BayObLG WuM 1985, 31) sowie die Balkongeländer (OLG Karlsruhe NZM 2002, 220) und die Balkonbrüstung (BayObLG NZM 1999, 27) als Bestandteile der → Fassade, da sie nicht verändert oder beseitigt werden können, ohne dass die äußere Gestalt des Gebäudes verändert würde. Die Zuordnung solcher Bestandteile zum Sondereigentum ist nichtig, kann aber gegebenenfalls gem. § 140 BGB in eine Pflicht zur Kostentragung umgedeutet werden (OLG Hamm ZMR 1997, 193; OLG Karlsruhe NZM 2002, 220; s. u. Ziff. 3).

Ist der Bodenbelag des Balkons dem Sondereigentum zugeordnet, ist ein Mehrheitsbeschluss über dessen Gestaltung wegen Eingriffs in den Kernbereich des Sondereigentums nichtig (OLG Düsseldorf NZM 2002, 443; OLG Köln NZM 2001, 541).

2. Instandhaltung und Instandsetzung / bauliche Veränderung

a) Instandhaltungspflicht

Soweit es sich um gemeinschaftliches Eigentum handelt, sind alle Wohnungseigentümer gemeinschaftlich gem. § 21 Abs. 1, Abs. 5 Nr. 2 WEG zur Instandhaltung und Instandsetzung von Balkonen und Loggien verpflichtet. Die Gemeinschaftsordnung kann aber die Instandhaltungspflicht bezüglich der Balkone, etwa Balkontüren, Balkonbrüstungen (BayObLG NZM 1999, 27f) und Balkongeländer (BayObLG ZMR 1997, 37) im räumlichen Bereich des Sondereigentums den jeweiligen Wohnungseigentümern überbürden. Eine solche Regelung berechtigt diese aber nur zur

Aufrechterhaltung und Wiederherstellung des ursprünglichen Zustands, nicht zu Veränderungen; einigen sich die Wohnungseigentümer nicht über die Farbgebung, so ist hierüber durch Mehrheitsbeschluss zu entscheiden (BayObLG ZMR 1997, 37f). Die überbürdete Instandhaltungspflicht umfasst zwar die Erneuerungspflicht, nicht aber die erstmalige Herstellung eines mangelfreien Zustands, die stets der Gemeinschaft obliegt (Staudinger/Bub § 21 RN 20; → Mängel des gemeinschaftlichen Eigentums).

b) Abgrenzung zur baulichen Veränderung

Der nachträgliche Anbau eines Balkons stellt eine bauliche Veränderung dar (OLG Düsseldorf NZM 1999, 1145; BPM § 22 RN 37; Kahlen GE 1987, 265), die aber nicht zwangsläufig zu einem Nachteil i.S. von § 14 Nr. 1 WEG führt, wenn sie sich in keiner Weise nachteilig auswirkt (OLG Köln 7.6.1995, 16 Wx 78/95 für den Fall mehrfach vorangegangener Balkonanbauten).

Ein Nachteil ist aber anzunehmen, soweit sich dadurch das optische Gesamtbild des Gebäudes verschlechtert (BayObLG WE 1995, 64) oder die Belichtung einer darunter liegenden Wohnung (BayObLG NJW-RR 1986, 762) oder die Benutzung eines darunterliegenden Balkons beeinträchtigt wird (BayObLG WE 1995, 64). Die anderen Wohnungseigentümer werden nicht benachteiligt, wenn der Balkon 50 cm über dem Boden angebracht, der optische Gesamteindruck des Gebäudes nicht beeinträchtigt und die Nutzung des Grundstücks nur ganz unerheblich eingeschränkt wird (BayObLG WuM 1991, 215f).

Bei einer einheitlichen Fassadengestaltung kann das Ersetzen von Balkontüren, von Außenfenstern oder Fenster-Tür-Kombinationen durch andere, in der Gestaltung des Rahmens, der Einteilung, des Materials oder der Farbgebung sichtbar abweichende Ausführungen eine bauliche Veränderung, aber auch eine ordnungsmäßige → modernisierende Instandsetzung darstellen (→ Fenster).

Die Erhöhung einer vorhandenen, bis zur Höhe der Balkonbrüstung reichenden Trennwand zum Nachbarbalkon bis zur Decke des darüberliegenden Balkons verändert die äußere Gestaltung des Gebäudes zumindest im Verhältnis zum benachbarten

Balkon so, dass jedenfalls der Eigentümer der benachbarten Wohnung – bei einer einheitlichen Fassadengestaltung i.d.R. alle Wohnungseigentümer – mehr als nur unerheblich beeinträchtigt ist (BayObLG WuM 1985, 35; → Sichtschutz). Eine Balkonüberdachung ist aufgrund der Veränderung des architektonischen Gesamteindrucks regelmäßig eine zustimmungsbedürftige bauliche Veränderung (AG Wuppertal 31. 3. 1981, 52 UR II 32/80). Gleiches gilt für die sichtbare Errichtung einer Trockenvorrichtung auf dem Balkon (→ Waschmaschine, Wäschetrocknen), eine Vergrößerung des Balkons in den rückwärtigen Wohnraum wegen der Änderung des optischen Gesamteindrucks (OLG Hamm 26. 2. 1988, 15 W 407/87) und das Unterfangen eines Balkons durch einen geschlossenen Anbau, selbst wenn die Denkmalbehörde ausdrücklich zugestimmt hat (OLG Köln ZWE 2000, 486).

Wird an den Seitenwänden oder an der Balkondecke eine Balkonverkleidung – etwa aus Holz – angebracht, ist dies i.d.R. eine zustimmungsbedürftige bauliche Veränderung (AG Mannheim DWE 1984, 29), es sei denn, dass die Balkonverkleidung von Anfang an vorhanden war (OLG Stuttgart DWE 1981, 125) oder den optischen Gesamteindruck nicht verschlechtert (AG Mannheim DWE 1984, 57).

3. Kosten

Räumt die Teilungserklärung/-vereinbarung einzelnen Wohnungseigentümern ausdrücklich das Sondereigentum auch an sondereigentumsunfähigen Bestandteilen ein (z. B. „ab Oberkante der Rohdecke"), kann dies gem. § 140 BGB in eine Pflicht zur alleinigen Tragung der Instandhaltungskosten umgedeutet werden (OLG Hamm ZMR 1997, 193 z. Isolierschichten; OLG Karlsruhe NZM 2002, 220 z. Balkontüren und -geländer). Werden Balkone in der Teilungserklärung aber pauschal dem Sondereigentum zugeordnet ohne gesonderte Regelung über die Tragung der Instandhaltungs- und Instandsetzungskosten für zwingend im gemeinschaftlichen Eigentum stehende Bestandteile, verbleibt es für diese bei der Verteilung der Kosten nach dem vereinbarten oder gesetzlichen → Kostenverteilungsschlüssel und zwar auch für die Eigentümer, zu deren Wohnung kein Balkon gehört, da in diesem Fall kein Anhaltspunkt dafür besteht, dass sich das Sondereigentum – entgegen der zwingenden Regelung des § 5 Abs. 2 WEG – auch auf konstruktive und der Sicherheit des Gebäudes dienende Bestandteile erstrecken soll (OLG Düsseldorf NZM 1999, 507). Die Umdeutung ist darauf gerichtet, dem rechtsgeschäftlich erklärten Willen der Wohnungseigentümer in einer anderen Gestaltung zur Wirksamkeit zu verhelfen; es ist angemessen, dem Eigentümer, dem kein Sondereigentum eingeräumt werden kann, jedenfalls die Instandhaltungskosten zu überbürden (OLG Karlsruhe NZM 2002, 220).

Die Kosten für die Instandhaltung und Instandsetzung der Balkone, z. B. der Balkontüren, können, auch wenn diese gemeinschaftliches Eigentum sind, den Wohnungseigentümern, zu deren Wohnung der Balkon gehört, überbürdet werden. Die Instandsetzung umfasst in diesem Falle auch die vollständige Erneuerung (BayObLG NJW-RR 1996, 140 f z. Fenstern). Im Unterschied zur Überbürdung der Instandhaltungspflicht lässt eine derartige Kostentragungsregelung die Zuständigkeit für die Entscheidung und Durchführung durch die Wohnungseigentümergemeinschaft und den Verwalter unberührt.

Zu den von der Gemeinschaft zu tragenden Kosten zählen auch die Kosten derjenigen Vorarbeiten, die erforderlich sind, um Arbeiten am Gemeinschaftseigentum, z. B. einer schadhaften Isolierschicht, vornehmen zu können, z. B. die Kosten der Abtragung des alten Fliesenbelages (OLG Düsseldorf NZM 1999, 507 f auch z. den Kosten der Wiederherstellung), die der Wohnungseigentümer gem. § 14 Nr. 4 HS 1 WEG zu dulden hat (OLG Köln NZM 2001, 541 f; → Duldungspflicht). Die Kosten der Wiederherstellung, z. B. der Neuverfliesung, kann der beeinträchtigte Wohnungseigentümer gem. § 14 Nr. 4 HS 2 WEG ersetzt verlangen (BayObLG ZMR 2001, 829, 831 z. einer Dachterrasse; OLG Köln, NZM 2001, 541 f; Staudinger/Kreuzer § 14 RN 41; → Schadensersatz).

Balkonbeleuchtung

Das Anbringen einer Balkonbeleuchtung auf der im gemeinschaftlichen Eigentum stehenden Balkonbrüstung ist eine bauliche Veränderung i.S.v. § 22 Abs. 1 S. 1 WEG, die die anderen Wohnungseigentümer i.d.R. nicht unerheblich beeinträchtigt (OLG Frankfurt v. 11. 2. 1988, 20 W 24/88).

▶ **Balkonbenutzung** → Grillen; → Waschmaschine, Wäschetrocknen

▶ **Balkonbrüstung**

Das Anbringen von Kronenblechen auf Balkonbrüstungsmauern kann, soweit damit Baumängeln vorgebeugt – durch Verhindern des Eindringens von Feuchtigkeit in das Mauerwerk – oder solche beseitigt werden sollen, als Maßnahme ordnungsmäßiger Instandhaltung und Instandsetzung mehrheitlich beschlossen werden und ist dann von allen Wohnungseigentümern zu dulden (OLG Hamm DWE 1984, 126; BPM § 22 RN 3).

▶ **Balkon- und Dachterrassenbepflanzungen**

Balkon- und Dachterrassenbepflanzungen können nicht durch Mehrheitsbeschluss – wohl aber durch Vereinbarung (BayObLG DWE 1984, 62) – verboten (BayObLG ZMR 1985, 65 für Rankgewächse und Bohnen), sondern nur insoweit eingeschränkt werden, dass es nicht zu mehr als unerheblichen Nachteilen der übrigen Wohnungseigentümer kommt, z. B. durch Wurzelwerk, das in die Isolierschicht eindringt (vgl. BayObLG WuM 1994, 152), oder durch das Gießen außenhängender Blumenkästen bei Terrassenanlagen. Wird allerdings das Sondernutzungsrecht an einer Dachterrasse mit der Maßgabe eingeräumt, dass auf eine einheitliche Gestaltung des Gesamtgrundstücks zu achten ist, kann auch durch Mehrheitsbeschluss bestimmt werden, dass auf der Brüstung der Dachterrasse keine Blumenkästen angebracht werden dürfen (BayObLG NZM 2002, 259). Jedenfalls hinzunehmen ist, dass die Bepflanzung von außen sichtbar ist (BayObLG ZMR 1985, 65) und es zu Blätter- und Blütenfall kommt (OLG Düsseldorf NJW-RR 1990, 144; OLG Stuttgart NJW-RR 1988, 204).

▶ **Balkonverglasung** → Wintergarten, Balkonverglasung

▶ **Ballettstudio**

In der Teilungserklärung als „Praxis/Büro" (LG Bremen NJW-RR 1991, 1423) oder Hobbyraum (BayObLG MDR 1985, 939) bezeichnete Räume dürfen nicht als Ballettstudio genutzt werden.

▶ **Ballspiele** → Garten, Rasenflächen; → Spielen auf gemeinschaftlichen Flächen

▶ **Bankverträge, Bankkonten** → Verwaltung gemeinschaftlicher Gelder

▶ **Barrierefreiheit** → Rollstuhl

▶ **Bauabschnittsweise Fertigstellung**

Wohnungs- und Teileigentum entsteht mit Eintragung der Einigung gemäß § 4 WEG im Grundbuch. Solange die dem Sondereigentum zugeteilten Räume und die im gemeinschaftlichen Eigentum stehenden Gebäudeteile noch nicht im Rohbau hergestellt sind (BGH NJW 1986, 2759), besteht ein Miteigentumsanteil am Grundstück, verbunden mit einem Anwartschaftsrecht auf einen Miteigentumsanteil an den noch herzustellenden, im gemeinschaftlichen Eigentum stehenden Gebäudeteilen, Anlagen und Einrichtungen sowie an den herzustellenden, im Sondereigentum stehenden Räumen und Gegenständen (OLG Hamm Rpfleger 1978, 182); dies gilt selbst bei Bestehen eines Bauverbotes (BGH NJW 1990, 1111). Das Sondereigentum ist in diesem Falle erst noch herzustellen, was jedoch die Begründung von Wohnungseigentum nach § 3 Abs. 1 WEG nicht ausschließt, da §§ 3, 8 WEG ausdrücklich von einem auf dem Grundstück errichteten oder zu errichtenden Gebäude sprechen (Palandt/Bassenge § 2 RN 10). Damit kann die Zuordnung der Sondereigentumsräume ohne das Vorhandensein eines realen Gebäudes nach dem Aufteilungsplan erfolgen.

Das Sondereigentum entsteht schrittweise, bis ein Raum vorhanden ist (BGH NJW 1990, 1111; Palandt/Bassenge § 2 RN 10). Die Fertigstellung des Rohbaus reicht hierfür aus (BGH NJW

1986, 2759, 2761; OLG Düsseldorf Rpfleger 1986, 131; a.A. Röll DNotZ 1978, 70); allerdings muss die Wohnung nach Fertigstellung des betreffenden Stockwerkes im Rohbau einschließlich der Trennwände anhand des Aufteilungsplanes einwandfrei zu identifizieren sein (Staudinger/Rapp § 5 WEG RN 47).

Eine Klausel, dass die Beitragspflicht für Eigentumswohnungen in einem im Bau befindlichen Gebäude mit der jeweiligen Bezugsfertigkeit beginnen soll, hält einer Inhaltskontrolle gem. § 242 BGB nicht stand und ist unwirksam. Die Eigentümer bezugsfertiger Einheiten hätten nämlich die auf solche Einheiten entfallenden Lasten und Kosten zu tragen, die der Bauträger nicht verkauft oder nicht fertiggestellt hat, z.B. um Sonderwünsche künftiger Erwerber hinsichtlich der Innenausstattung berücksichtigen zu können. Dies benachteiligt die Eigentümer bezugsfertiger Wohnungen unzumutbar (Staudinger/Bub § 16 RN 38; ähnlich BayObLGZ 1978, 270, das die Klausel dahin gehend auslegt, dass der Bauträger bis zur Bezugsfertigkeit beitragspflichtig sein soll).

Wird aber eine Mehrhauswohnanlage bauabschnittsweise fertig gestellt, kann für die Zeit bis zur vollständigen Fertigstellung aller Gebäude vereinbart werden, an welchen Lasten und Kosten des gemeinschaftlichen Eigentums die Eigentümer der noch nicht erstellten Eigentumseinheiten nach dem vereinbarten Verteilungsschlüssel beteiligt sind und welche Lasten und Kosten sie nicht anteilig zu tragen brauchen. Sinnvoll ist z.B. eine Befreiung von der Teilnahme an verbrauchsabhängigen Kosten. Fehlt eine ausdrückliche Kostenverteilungsregelung für Zeiträume, in denen noch nicht alle Gebäude errichtet sind, ist ein Mehrheitsbeschluss mit diesem Inhalt nicht möglich, da er den Kostenverteilungsschlüssel ändert (→ vereinbarungsändernder, vereinbarungsersetzender, vereinbarungswidriger Mehrheitsbeschluss), wohl aber eine dahin gehende ergänzende Vertragsauslegung.

Die Wohnungseigentümergemeinschaft besteht schon vor Fertigstellung der Wohnungseigentumsanlage. Da bereits das Miteigentum die vollen Mitgliedschaftsrechte gewährt, kann ein Wohnungseigentümer, dessen Wohnungseigentum noch nicht errichtet ist, bereits sein Stimmrecht in der Versammlung ausüben (OLG Hamm OLGZ 1978, 58).

▶ **Bauausschuss** → Aufgaben und Befugnisse des Verwalters;
→ Instandhaltung und Instandsetzung

▶ **Baubetreuung**

Baubetreuung ist die gewerbsmäßige Übernahme von technischen und/oder wirtschaftlichen Aufgaben, die mit der Vorbereitung und Durchführung von Bauvorhaben zusammenhängen, wobei der Baubetreuer alle oder nur einzelne Funktionen des Bauherrn übernehmen kann (vgl. § 34c Abs. 1 Nr. 26 GewO). Der Baubetreuer im engeren Sinn besorgt die Bebauung eines Grundstücks, das im Eigentum der Betreuten steht, und handelt im Namen, in Vollmacht und auf Rechnung der Betreuten (BGH NJW 1981, 757). Der Baubetreuer im weiteren Sinn, der sog. Bauträger, verpflichtet sich, auf eigenem Grundstück ein Bauwerk durch Dritte auf eigene oder fremde Rechnung herstellen zu lassen und dann das Eigentum am Grundstück auf die Erwerber zu übertragen (BGH aaO).

In aller Regel übernimmt es der Baubetreuer bei der Erstellung einer Eigentumswohnanlage im Rahmen der wirtschaftlichen Betreuung, für die Begründung des Wohnungseigentums zu sorgen. Der Baubetreuer im engeren Sinn bereitet namens der betreuten Bauherren gemäß § 3 WEG eine Teilungsvereinbarung vor, schließt sie ab und lässt sie im Grundbuch vollziehen. Der Baubetreuer im weiteren Sinn teilt das Grundstück im Wege der Vorratsteilung durch Teilungserklärung gemäß § 8 Abs. 1 WEG auf. Zugleich bestimmt er die Bedingungen der Teilungsvereinbarung/Teilungserklärung und der als Bestandteil beigefügten Gemeinschaftsordnung, die das künftige Verhältnis der Wohnungseigentümer untereinander regelt. In dieser wird meist schon der erste Verwalter bestellt.

Daneben werden häufig vom Baubetreuer bereits in der Bauphase zahlreiche Verträge abgeschlossen, die in der Zeit nach Begründung des Wohnungseigentums noch fortwirken, z.B. den Verwaltervertrag, Versicherungsverträge, Wartungsverträge oder einen Antennenleasingvertrag. Soweit diese Verträge vom Baubetreuer im eigenen Namen abgeschlossen werden, treten die Wohnungseigentümer teils kraft Gesetzes (bei Versicherungsverträgen), teils konkludent durch schlichte Fortführung, teils durch ausdrückliche Erklärung ein.

Der Bauträger im weiteren Sinn ist nach Beendigung seiner Tätigkeit verpflichtet, den Wohnungseigentümern zu Händen des Verwalters die Pläne herauszugeben, die zum Betrieb des Objektes erforderlich sind, insbesondere die Pläne der Elektro-, Heizungs-, Sanitär- und Lüftungsprojektanten (OLG Köln BauR 1980, 283).

▶ Baugenehmigung

Die Baugenehmigung ist eine Bescheinigung der Baugenehmigungsbehörde, dass dem Bauvorhaben im Zeitpunkt der Entscheidung öffentliches Recht nicht entgegensteht (BVerwG BayVBl 1964, 18). Bei bestehenden Wohnungseigentumsanlagen kann die Bauaufsichtsbehörde die Anpassung an das geltende Baurecht verlangen, wenn das zur Abwehr von erheblichen Gefahren für Leben und Gesundheit oder zum Schutz des Straßen-, Orts- und Landschaftsbildes vor Verunstaltungen notwendig ist, vgl. Art. 60 Abs. 5 BayBO. Zu nachträglichen Anordnungen ermächtigen auch §§ 17 Abs. 1 S. 2 und 24 BImSchG und § 177 BauGB. Beispiele sind der Einbau von Fahrkorbtüren in Aufzüge (VGH Mannheim NJW 1974, 74), die Erfüllung verschärfter Brandschutzbestimmungen (OVG Lüneburg BauR 1986, 684), z.B. der Einbau einer Sprinkleranlage, und die Instandsetzung heruntergekommener Fassaden (VGH BauR 1987, 189). Der Verwalter kann gegen solche Anordnungen vorläufigen Rechtsschutz gemäß § 80 Abs. 5 VwGO beantragen (OVG Lüneburg BauR 1986, 684).

Am Baugenehmigungsverfahren sind die Nachbarn zu beteiligen; denn durch das Vorhaben können öffentlich-rechtlich geschützte nachbarliche Rechte, z.B. der Anspruch auf Einhaltung von Abstandsflächen, berührt werden. Deshalb hat der Bauherr die Bauvorlagen den Eigentümern der benachbarten Grundstücke zur Planunterschrift vorzulegen. Diese erhalten dadurch Kenntnis von dem Vorhaben und haben die Möglichkeit, ihre öffentlich-rechtlich geschützten Belange im Verfahren zu vertreten.

1. Rechtsschutz der Wohnungseigentümer untereinander
a) Öffentlich-rechtliche Abwehransprüche

Will ein einzelner Wohnungseigentümer eine bauliche Veränderung vornehmen, die der öffentlich-rechtlichen Genehmigungspflicht unterliegt, z.B. die Errichtung einer Umzäunung abweichend von den Festsetzungen eines Bebauungsplanes, findet das öffentliche Nachbarrecht keine Anwendung. Die Wohnungseigentümer sind gemeinschaftliche Eigentümer eines Grundstücks. Sie sind somit nicht Eigentümer benachbarter Grundstücke, sondern nur Eigentümer ein und desselben Grundstücks und deshalb nicht klagebefugt (BVerwG NJW 1988, 3279 z. Unzulässigkeit der Anfechtungsklage eines Wohnungseigentümers gegen eine der Wohnungseigentümergemeinschaft erteilte Baugenehmigung; BVerwG ZfBR 1989, 41 z. Unzulässigkeit einer Anfechtungsklage eines Wohnungseigentümers gegen die Genehmigung der Nutzung der im Sondereigentum eines anderen Wohnungseigentümers derselben Wohnungseigentümergemeinschaft stehenden Wohnung; BVerwG NJW 1990, 2485; VGH Baden-Württemberg BauR 1996, 371; OVG Berlin NJW 1994, 2717 jeweils z. Unzulässigkeit einer Anfechtungsklage gegen die Baugenehmigung eines anderen Wohnungseigentümers für ein Vorhaben auf dem gemeinschaftlichen Grundstück). Sie sind deshalb auch am Baugenehmigungsverfahren nicht beteiligt (BGH NVwZ 1990, 65; VGH Baden-Württemberg BauR 1996, 371).

Die Rechte und Pflichten der Wohnungseigentümer untereinander sind zivilrechtlich durch die Gemeinschaftsordnung, Beschlüsse und das WEG abschließend geregelt; da Genehmigungen grds. unbeschadet der zivilrechtlichen Ansprüche Dritter erteilt werden, kann jeder Wohnungseigentümer gegen eine zivilrechtlich unzulässige Nutzung gem. §§ 43 Abs. 1 Nr. 1, 15 Abs. 3 WEG im Verfahren über Wohnungseigentumssachen vorgehen (BVerwG WEZ 1988, 381). Ein Wohnungseigentümer hat deshalb auch keinen Anspruch auf behördliches Einschreiten gegen eine planwidrige Bauausführung (BayVGH vom 25. 2. 1988, Az. 2 B 86.02327). Außerdem bestehen öffentlich-rechtliche Abwehransprüche gegen Eigentumsstörungen (VGH Mannheim BlGBW 1985, 64). Hierdurch sind die Wohnungseigentümer ausreichend geschützt, so dass das öffentliche Nachbarrecht auch nicht entsprechend angewendet zu werden braucht.

b) Zivilrechtliche Abwehransprüche

Eine baubehördliche Genehmigung baulicher Veränderungen greift nicht in das zwischen Wohnungseigentümern bestehende privatrechtliche Rechtsverhältnis ein (BayObLG BlGBW 1984, 27). Zivilrechtliche Duldungs- und Unterlassungspflichten bleiben durch die Erteilung einer Baugenehmigung unberührt. Für die Feststellung, ob ein Nachteil i.S.v. § 14 Nr. 1 WEG vorliegt, ist es deshalb belanglos, ob eine bauliche Maßnahme öffentlich-rechtlich genehmigt ist (BayObLG WuM 1996, 789; OLG Frankfurt FGPrax 1997, 54; OLG Köln WE 1995, 221). Auch die erteilte Baugenehmigung kann die Zustimmung der einzelnen Wohnungseigentümer gemäß § 22 Abs. 2 S. 1 WEG nicht ersetzen (BayObLG WE 1992, 84). Die Gestattung der Vornahme einer baulichen Veränderung durch die betroffenen Wohnungseigentümer gem. § 22 Abs. 1 S. 2 WEG verpflichtet diese aber zur Duldung von Maßnahmen, die zur Erfüllung von Auflagen der Baugenehmigung erforderlich und auf Kosten des Ausbauwilligen durchzuführen sind (OLG Hamburg WE 1997, 236 z. Herstellung rauchdichter Wohnungseingangstüren und zum Austausch von Fallleitungen aus Blei).

Der einzelne Wohnungseigentümer kann einen Antrag auf vorbeugende Unterlassung vor Beginn der Baumaßnahme stellen, wenn diese bereits angekündigt wird (BayObLG WE 1997, 118; OLG Schleswig FGPrax 1996, 138) oder ein Wohnungseigentümer die Baugenehmigung beantragt (BayObLG WuM 1993, 294).

2. Bebauung des Nachbargrundstücks

Bei der Bebauung eines Nachbargrundstücks findet das öffentliche Baurecht Anwendung.

a) Nachbareigenschaft der einzelnen Wohnungseigentümer

Nachbar im Sinn der Landesbauordnungen ist nicht die Wohnungseigentümergemeinschaft, da das Grundstück im Miteigentum aller Wohnungseigentümer steht, sondern nur der einzelne

Wohnungseigentümer. Jeder Wohnungseigentümer kann deshalb einer dem Grundstücksnachbarn erteilten Baugenehmigung widersprechen und Klage erheben, soweit er selbst betroffen ist (OVG Berlin GE 1976, 409). Wird das gemeinschaftliche Eigentum betroffen, können die Wohnungseigentümer durch Mehrheitsbeschluss den Verwalter zum Vorgehen ermächtigen; dieser ist zur Fristwahrung gem. § 27 Abs. 2 Nr. 4 WEG gesetzlich auch ohne Beschluss ermächtigt (→ Abwendung von Rechtsnachteilen).

b) Erteilung der Zustimmung

Einzelne Landesbauordnungen, z.B. Art. 71 Abs. 3 S. 2 BayBO, bestimmen den Verwalter zum Zustellungsbevollmächtigten für Bauvorlagen. Seine Unterschrift gilt jedoch nicht als Zustimmung der einzelnen Wohnungseigentümer. Sie beweist lediglich die Kenntnisnahme; die ihm gesetzlich in § 27 Abs. 2 WEG eingeräumte Vertretungsmacht deckt eine Zustimmung mit Wirkung für und gegen alle Wohnungseigentümer nicht. Die Zustimmung mit der Folge, dass ein Wohnungseigentümer am weiteren Baugenehmigungsverfahren nicht mehr beteiligt wird, können nur die Wohnungseigentümer selbst erklären, da überwiegend ihr Sondereigentum von dem Bauvorhaben auf dem Nachbargrundstück, und zwar je nach Lage zum Bauvorhaben unterschiedlich, betroffen ist.

Ein Mehrheitsbeschluss über die Leistung der Unterschrift ist wegen des Eingriffs in das dem Wohnungseigentum innewohnende Beteiligungsrecht nichtig. Die Zustimmung des Verwalters bindet die einzelnen Wohnungseigentümer materiell-rechtlich nur, wenn ihn die Wohnungseigentümer einzeln hierzu bevollmächtigt haben.

c) Zustellung des Genehmigungsbescheides

Der Baugenehmigungsbescheid muss allen Wohnungseigentümern, die die Nachbarunterschrift nicht selbst geleistet haben, zugestellt werden. Ist der Verwalter aufgrund Vertrags oder Beschlusses auch insoweit zustellungsbevollmächtigt, so kann ihm der an die „Wohnungseigentümergemeinschaft" (BVerwG UPR 1992, 345; OVG Bremen NJW 1985, 2660) adressierte Genehmigungsbescheid zugestellt werden, obwohl diese am Verfahren nicht beteiligt ist. Haben nur einzelne Wohnungseigentümer nicht zugestimmt, so ist diesen allein – deren Adresse der Bauherr beizubringen hat – zuzustellen.

d) Rechtsschutz

Die Baugenehmigung kann unabhängig von der Zustimmung der Nachbarn erteilt werden; jedoch erhält sich der Nachbar durch Verweigerung der Zustimmung die Befugnis, gegen die erteilte Baugenehmigung Widerspruch einzulegen und Klage zu erheben. Dieses Recht steht jedem Miteigentümer allein gem. § 1011 BGB ohne Ermächtigung durch Beschluss und ohne Vorliegen der Voraussetzungen des § 21 Abs. 2 WEG zu (OVG NW WuM 1992, 551; a.A. OVG NW ZMR 1991, 276), wenn er Beeinträchtigungen aus einer einem außerhalb der Wohnungseigentümergemeinschaft stehenden Dritten erteilten Genehmigung abwehren will und der Behörde insoweit der Schutz der nachbarlichen Interessen obliegt (BVerwG WEZ 1988, 380); die anderen Miteigentümer sind dann notwendige Streitgenossen gem. §§ 64 VwGO i.V.m. 62 Abs. 1 ZPO.

▶ Bauhandwerkersicherungshypothek

Bauwerkunternehmer, insbesondere Bauhandwerker, aber auch Architekten (BGHZ 61, 190; OLG Frankfurt/Main NZBau 2002, 456), Tragwerksplaner (OLG Frankfurt OLG 1979, 437; a.A. OLG München OLGZ 1965, 143) oder der technische Baubetreuer (OLG Frankfurt BauR 1988, 343; OLG Stuttgart BB 1962, 543) können von ihrem Auftraggeber verlangen, dass ihnen dieser an seinem Baugrundstück eine Sicherungshypothek für ihre Forderungen einräumt.

Errichtet ein Bauträger eine Eigentumswohnanlage auf einem Grundstück, das noch nicht aufgeteilt ist, so setzt sich eine vor Aufteilung eingetragene Sicherungshypothek als Gesamthypothek an den später durch Teilung entstehenden Wohnungseigentumsrechten fort, ohne dass die Werklohnforderung aufzuteilen ist (OLG Frankfurt OLGZ 1985, 193; OLG Hammn NJW-RR 1999, 383). Dem Bauträger steht dieser Anspruch jedoch nicht gegen den Erwerber einer Eigentumswohnung zu (BGH WM 1969, 296; Weitnauer Anh. zu § 8 RN 91).

Da Wohnungseigentümer für →Aufbauschulden nicht als Gesamtschuldner (→Gesamtschuld), sondern lediglich anteilig haften, kann der Bauwerkunternehmer bei Vorliegen der sonstigen Voraussetzungen des §648 BGB die Bewilligung der Eintragung einer Sicherungshypothek für Aufbauschulden einer Wohnungseigentumsanlage nur in Höhe des auf die einzelne Wohnung anteilig entfallenden Werklohnes beanspruchen (a.A. BGH NJW 2000, 1861 z. einer Reihenhausanlage; Wenzel ZWE 2000, 550). Haften die Wohnungseigentümer einem Bauwerkunternehmer gegenüber aber als Gesamtschuldner, so kann dieser die Eintragung einer Sicherungsgesamthypothek in voller Höhe der Werklohnforderung auf allen Wohnungseigentumsrechten verlangen (Weitnauer Anh. zu §8 RN 93), da das gesamte Baugrundstück der Sicherung des Werklohns dient. §242 BGB hindert aber den Bauunternehmer daran, wegen einer geringen Forderung eine Vielzahl unbelasteter Wohnungseigentumsrechte in Anspruch zu nehmen (BGHZ 144, 138, 142).

Daneben bestehen die unabdingbaren Ansprüche gem. §648a BGB auf Sicherheitsleistung, wenn die Wohnungseigentümer beim Wiederaufbau oder bei Baumaßnahmen großen Umfangs – z.B. Aufstockung, Umbau, Anbau – einen Baubetreuer beauftragen; werden Maßnahmen der Instandhaltung und Instandsetzung durch den Verwalter in Auftrag gegeben und betreut, so bestehen gem. §648a Abs. 6 Nr. 2 HS 1 BGB in analoger Anwendung, die aus der Gleichstellung der Eigentumswohnung mit dem Einfamilienhaus folgt, keine Ansprüche auf Sicherheitsleistung (BPM §16 RN 142).

Die Höhe der Sicherungshypothek bemisst sich nach der Werklohnforderung für erbrachte Leistungen sowie aller weiteren vertraglichen Ansprüche, z.B. auf Schadensersatz wegen Nichterfüllung (BGH NJW 1969, 414) oder wegen Verzuges (BGH NJW 1974, 1761), abzüglich der Gegenansprüche des Bestellers bei Mängeln insbesondere in Höhe der Nacherfüllungskosten (BGHZ 68, 180; 144, 138, 143; OLG Celle BauR 2001, 1623), und zwar auch dann, wenn der Besteller eine vom Unternehmer verlangte Sicherheit nach §648a BGB nicht erbracht hat (OLG Celle BauR 2002, 133f); ein vereinbarter Sicherungseinbehalt ist nicht abzuziehen (BGH NJW-RR 2000, 387). Auf die Fälligkeit der Ansprüche kommt es nicht an (OLG Hamm NJW-RR 1999, 407; Werner/Pastor RN 225).

Bewilligen die Wohnungseigentümer die geschuldete Eintragung der Sicherungshypothek nicht, so kann der Bauwerkunternehmer die Eintragung einer Vormerkung zur Sicherung des weitergehenden Eintragungsanspruchs durch einstweilige Verfügung gem. §§ 883, 885 Abs. 1 BGB, 941 ZPO, die sich gegen alle gesamtschuldnerisch haftenden Wohnungseigentümer richten muss (BayObLG NJW 1986, 2578), erzwingen; da § 867 Abs. 2 ZPO auf eine solche Vormerkung weder unmittelbar noch entsprechend anzuwenden ist (Staudinger/Gursky § 885 BGB RN 35), ist der zu sichernde Betrag zur Gesamthaft und ohne anteilige Verteilung im Grundbuch einzutragen (OLG Frankfurt FGPrax 1995, 138; OLG Hamm NJW-RR 1999, 383). Er muss hierzu den Grund und die Höhe seiner Forderung durch Vorlage von Urkunden, ggf. durch Sachverständigengutachten und durch eidesstattliche Versicherung der Richtigkeit glaubhaft machen; die Wohnungseigentümer können ihrerseits durch eidesstattliche Versicherung der Einwendungen diese Glaubhaftmachung entkräften (OLG Köln JMBl NRW 1975, 264).

Der Anspruch auf Bewilligung einer Bauhandwerkersicherungshypothek kann vertraglich ausgeschlossen werden (OLG Köln BauR 1974, 282; OLG München BB 1976, 1001; Staudinger/Peters § 648 BGB RN 42f), formularvertraglich aber nur, wenn andere Sicherheiten gewährt werden (BGHZ 91, 139; OLG Celle BauR 2001, 834f; MünchKomm/Soergel § 648 BGB RN 2).

▶ **Bauliche Veränderung**

Bauliche Veränderungen und Aufwendungen, die über die ordnungsmäßige Instandhaltung und Instandsetzung hinausgehen, sind gem. § 22 Abs. 1 S. 1 WEG der Beschlusskompetenz der Wohnungseigentümer entzogen; § 22 Abs. 1 S. 2 gestattet aber solche baulichen Veränderungen, denen die in ihren Rechten mehr als unwesentlich beeinträchtigten Wohnungseigentümer zustimmen. Soweit ein Wohnungseigentümer nur unwesentlich beeinträchtigt wird, ist seine Zustimmung entbehrlich.

1. Definition

Eine bauliche Veränderung ist
- jede auf Dauer angelegte, umgestaltende Maßnahme an realen Teilen des gemeinschaftlichen Eigentums (BayObLG ZWE 2001, 483f; KG GE 1984, 819; OLG Braunschweig DWE 1991, 77), also sowohl des unbebauten Grundstücksteils (BayObLG NZM 2003, 242; KG OLGZ 1987, 410, 412; OLG Düsseldorf ZMR 1994, 376f) als auch des Gebäudes oder der Gebäude,
- die auf Veränderung des bei Entstehen der faktischen Wohnungseigentümergemeinschaft vorhandenen bzw. nach dem Aufteilungsplan vorgesehenen Zustandes gerichtet ist, und zwar dadurch, dass
  - Gebäudeteile – oder auch ganze Gebäude – hergestellt, beseitigt oder verändert,
  - Einrichtungen oder Anlagen neu angeschafft, abgeschafft, abgeändert oder zweckentfremdet, oder
  - unbebaute Grundstücksteile umgestaltet werden (BayObLG NZM 2003, 242; Palandt/Bassenge § 22 RN 2), z.B. durch Aufschüttungen oder Vertiefungen.

Unerheblich ist, ob die bauliche Veränderung auf einer Baumaßnahme beruht, was die Regel ist, oder in sonstiger Weise herbeigeführt wird (BayObLG NJW-RR 2002, 445; ZWE 2001, 483f; ZMR 2000, 117 z. Errichtung eines Gartenhauses; KG Rpfleger 1977 z. Aufstellung eines mit dem Boden nicht fest verbundenen Geräteschuppens; OLG Köln WE 1996, 76f; BPM § 22 RN 7) sowie ob die Maßnahme von einem einzelnen Wohnungseigentümer oder von mehreren durchgeführt wird (BayObLG WE 1991, 197 [L]).

Vergleichszustand ist der Zustand bei Entstehen des Wohnungseigentums bzw. der faktischen Wohnungseigentümergemeinschaft. Der ursprüngliche Eigentümer und Bauträger verliert nämlich seine Gestaltungsbefugnis, sobald für den ersten Erwerber eine Auflassungsvormerkung im Grundbuch eingetragen wird (BayObLG ZMR 2003, 857; OLG Köln NZM 1998, 199). Eine Abweichung von den ursprünglichen Plänen und der Baugeneh-

Bauliche Veränderung

migung bei der Erstherstellung ist deshalb, solange noch keine (werdende) Wohnungseigentümergemeinschaft besteht (OLG Zweibrücken NZM 2002, 253), keine bauliche Veränderung, auch wenn sie auf Verlangen eines Wohnungseigentümers erfolgt (BayObLG NZM 1999, 286; OLG Celle NZM 2000, 911). Wird später durch Vornahme einer zulässigen baulichen Veränderung (BayObLG ZWE 2001, 483f; NZM 1999, 29; OLG Köln ZWE 2000, 429) oder einer wegen Verwirkung des Beseitigungsanspruchs (OLG Saarbrücken FGPrax 1997, 56) oder aus anderen Gründen zu duldenden baulichen Veränderung ein anderer Zustand geschaffen, so ist dieser maßgeblich (Palandt/Bassenge § 22 RN 4). Der Wohnungseigentümer, der einen Miteigentumsanteil mit Sondereigentum in einer bestimmten baulichen Gestaltung erwirbt, ist somit nicht schon deshalb Störer, weil der Zustand der Wohnanlage von dem in der Teilungserklärung vorgesehenen abweicht (BayObLG NZM 2002, 253f; NJW-RR 1988, 587f).

Keine baulichen Veränderungen stellen bei planabweichender Errichtung Maßnahmen dar, die der erstmaligen Herstellung eines Zustandes entsprechend dem Aufteilungsplan und den Bauplänen dienen (→ Abweichung zwischen Aufteilungsplan und Bauausführung). Keine bauliche Veränderung ist auch die Beseitigung einer baulichen Veränderung, wenn diese unzulässig war (BayObLG ZWE 2000, 217), wohl aber dann, wenn die Wohnungseigentümerversammlung sie bestandskräftig genehmigt hat (OLG Köln ZWE 2000, 429); sind aber zum Zeitpunkt der Fassung eines Zweitbeschlusssses, welcher einen Mehrheitsbeschluss über bauliche Veränderungen aufhebt, diese noch nicht durchgeführt, so hat der Zweitbeschluss nicht auch seinerseits eine bauliche Veränderung zum Gegenstand (OLG Köln NZM 2002, 454).

Die Umgestaltung von Gebäudeteilen, Anlagen und Einrichtungen, die Gegenstand von Sondereigentum sind, ist keine bauliche Veränderung (BayObLG ZWE 2001, 483f; OLG Hamburg NZM 2003, 109, 111), soweit sie nicht zugleich das gemeinschaftliche Eigentum verändern. Wirkt sie sich indes nachteilig auf das gemeinschaftliche Eigentum aus, so liegt darin eine bauliche Veränderung (BayObLG NJW-RR 1991, 722; OLG Hamburg NZM 2003, 109, 111).

2. Abgrenzung zur Instandhaltung und Instandsetzung

Zwischen Instandhaltung und Instandsetzung einerseits und baulicher Veränderung andererseits besteht kein begrifflicher Gegensatz. Eine bauliche Veränderung liegt vielmehr stets dann vor, wenn eine Maßnahme über ordnungsmäßige Verwaltung hinausgeht (Staudinger/Bub § 22 RN 38). Keine baulichen Veränderungen, sondern Maßnahmen ordnungsmäßiger Instandhaltung und Instandsetzung sind daher:

- Maßnahmen der →modernisierenden Instandsetzung,
- Ersatzbeschaffung von gemeinschaftlichen Einrichtungen und Ausstattungen (→ Erneuerung, Ersatzbeschaffung),
- Anpassungen an veränderte Erfordernisse, z.B. des öffentlichen Rechts (→ Öffentlich-rechtliche Pflichten),
- die erstmalige Herstellung eines mangelfreien Zustandes (→ Mängel des gemeinschaftlichen Eigentums),
- die erstmalige Herstellung eines dem Aufteilungsplan entsprechenden Zustands (→ Abweichung zwischen Aufteilungsplan und Bauausführung),
- die → Beseitigung von Gefahrenquellen.

3. Vereinbarungen der Wohnungseigentümer

§ 22 WEG ist nach dem Grundsatz des § 10 Abs. 1 Nr. 2 WEG abdingbar (BGHZ 54, 65; BayObLG WuM 1996, 789 f; KG NZM 1998, 771; OLG Zweibrücken ZWE 2000, 90; BPM § 22 RN 282 ff). Die Wohnungseigentümer können z.B. vereinbaren – ein Mehrheitsbeschluss wäre nichtig (→ Vereinbarungsändernder, vereinbarungsersetzender, vereinbarungswidriger Mehrheitsbeschluss):

- **Änderung der Teilungserklärung.** Dem Bauträger können solche baulichen Veränderungen gestattet werden, die eine Änderung der Teilungserklärung erfordern, wenn z.B. bei der Aufteilung einer Wohnung in zwei Wohnungen ein dadurch entstehender Zwischenflur gemeinschaftliches Eigentum oder umgekehrt bei der Zusammenlegung zweier Wohnungen ein bestehender Zwischenflur Sondereigentum werden soll (Kolb MittRhNotK 1996, 254, 257). Die praktische Umsetzung erfordert entweder die Aufnahme einer Verpflichtung, an der erforderlichen Änderung der Teilungs-

Bauliche Veränderung

erklärung mitzuwirken, oder eine im Außenverhältnis unbeschränkte und unwiderrufliche (BayObLG NJW-RR 1996, 848; Brambring DNotZ 1997, 478, 480) Vollmacht des Bauträgers zur Änderung der Teilungserklärung (→ Gemeinschaftsordnung).

- **Ausführungsart.** Eine bestimmte Ausführungsart kann festgelegt werden, etwa Farbe und Material von Markisen oder Rollläden.
- **Einholung von Genehmigungen.** Vor Beginn der betreffenden Maßnahme sind dem Verwalter etwaig erforderliche öffentlich-rechtliche Genehmigungen oder öffentlich-rechtliche Negativatteste und/oder eine bautechnische, insbesondere statische Unbedenklichkeitsbescheinigung (BayObLG NJW-RR 1994, 82f) vorzulegen.
- **Einzelne Maßnahmen als ordnungsmäßige Verwaltung.** Konkret bezeichnete Maßnahmen zählen zur ordnungsmäßigen Verwaltung, so dass hierüber gem. §21 Abs.3 WEG mehrheitlich beschlossen werden und jeder einzelne Wohnungseigentümer deren Durchführung gem. §21 Abs.4 WEG verlangen kann; zweckmäßig ist es, in Bezug auf deren Durchführung Prioritäten festzulegen, die ansonsten nach den Grundsätzen ordnungsmäßiger Verwaltung durch Mehrheitsbeschluss zu bestimmen sind, um eine finanzielle Überforderung des Wohnungseigentümers zu vermeiden. Werden die Maßnahmen nicht konkret bezeichnet, sondern nur allgemein umschrieben, z.B. „Maßnahmen zur Anpassung an gestiegene Wohnansprüche" (BayObLG WE 1992, 290), „Maßnahmen, die erforderlich sind, um die bestehenden Anlagen und Einrichtungen auf den modernsten Stand der Technik zu bringen" (BayObLG WE 1993, 285), „Veränderungen der äußeren Gestalt und der Farbe des Gebäudes" (BayObLG WuM 1996, 787f; OLG Düsseldorf WE 1990, 24) oder „bauliche Veränderungen und Wertverbesserungen, die zur Erhaltung des Werts und der Wirtschaftlichkeit erforderlich sind" (LG Karlsruhe PuR 1997, 177), so ist im Wege der Auslegung im Einzelfall zu ermitteln, welche nach dem Maßstab des §21 Abs.3 WEG ordnungsmäßiger Verwaltung entsprechen (BayObLG WuM 1996, 787, 789; OLG Düsseldorf WE 1990, 204).
- **Gestattung von Dachausbau u.Ä.** Einem Wohnungseigentümer können der Ausbau des in seinem Sondereigentum stehenden

Dachspeichers zu Wohnräumen (→ Dachausbau, Dachfenster), die → Aufstockung eines Gebäudes oder die Errichtung eines weiteren Gebäudes auf dem Grundstück (BayObLG NJW-RR 1994, 781f) oder auch nur einzelne Maßnahmen, wie die Erweiterung von Balkonen (OLG Düsseldorf MittRhNotK 1986, 169) gestattet werden, so dass mit der Maßnahme der nach der Teilungserklärung vorgesehene Zustand erstmalig hergestellt wird (BayObLG WE 1992, 206). Schon die Gestattung einer bestimmten Nutzung, z.B. zu Wohnzwecken oder zu gewerblichen Zwecken, beinhaltet i.d.R. im Wege der Auslegung die Zustimmung zu einem dem Nutzungszweck entsprechenden Ausbau einschließlich baulicher Veränderungen des gemeinschaftlichen Eigentums (BayObLG WE 1997, 236f; ZMR 1997, 317f; LG Stuttgart WuM 1992, 557).

Die Gestattung deckt nur die zur Verwirklichung des Ausbaurechts, insbesondere nach öffentlich-rechtlichen Vorschriften, unbedingt notwendigen Maßnahmen und Beeinträchtigungen, so dass bei mehreren Möglichkeiten des Ausbaus die am wenigsten beeinträchtigende zu wählen ist (→ Dachausbau, Dachfenster).

- **Maßnahmen im Bereich des Sondereigentums.** Allen oder einzelnen Wohnungseigentümern kann gestattet werden, zu einem beliebigen Zeitpunkt im räumlichen Bereich ihres Sondereigentums bestimmte bauliche Maßnahmen durchzuführen, z.B. Decken und tragende Mauern zu durchbrechen (BayObLGZ 1986, 29; → Decken- und Wanddurchbruch) oder bestimmte Einrichtungen und Ausstattungen herzustellen, z.B. Markisen oder Rollläden.
- **Mehrheitsprinzip.** Über bauliche Veränderungen und Maßnahmen, die über die ordnungsmäßige Instandhaltung und Instandsetzung hinausgehen, oder über eine der beiden Fallgruppen kann mit einfacher oder qualifizierter Mehrheit beschlossen werden (Bay ObLGZ 1993, 565; WuM 1996, 789f; KG ZWE 2000, 220); dahingehend ist auch eine Regelung auszulegen, dass bauliche Veränderungen eines Mehrheitsbeschlusses bedürfen (BayObLGZ 1989, 437f). Ist nicht ausdrücklich die Mehrheit „aller" (BayObLG NZM 1999, 30) oder auch „der" Wohnungseigentümer (vgl. BayObLG NZM 2001, 1138) erforderlich, so kommt es auf die Mehrheit der benachteiligten Wohnungseigentümer an (Palandt/Bassenge § 22 RN 24). Der Mehrheitsbeschluss ersetzt in diesen

Fällen die Zustimmung der benachteiligten Wohnungseigentümer (BayObLG NJW-RR 1990, 209); er muss auf sachlichen Gründen beruhen und darf die nicht zustimmenden Wohnungseigentümer nicht unbillig benachteiligen (KG ZWE 2000, 220). Diese haben sich aber entgegen § 16 Abs. 3 WEG an den Kosten zu beteiligen (→ Befreiung von Kosten). Die Einführung des Mehrheitsprinzips begründet keine Ansprüche auf bauliche Veränderungen als Maßnahme ordnungsmäßiger Verwaltung gem. § 21 Abs. 4 WEG (Bub WE 1998, 16).

- **Nachteil.** Die Wohnungseigentümer können das Maß der die Zustimmungsbedürftigkeit auslösenden Beeinträchtigung herauf- oder herabsetzen, z.B. dass nur wesentliche Beeinträchtigungen das Zustimmungserfordernis auslösen oder dass sich die Zulässigkeit nur nach dem allgemeinen Nachbarrecht richtet (BayObLG ZWE 2000, 175).
- **Sondernutzungsrecht.** Dem Inhaber eines Sondernutzungsrechts werden konkret bezeichnete bauliche Veränderungen gestattet (BayObLGZ 1981, 56; WuM 1989, 451; BPM §22 RN 282), z. B. die Errichtung einer Garage oder eines Gartenhauses oder eines Wintergartens oder die Aufstellung von Spielgeräten (AG Düsseldorf DWE 1992, 168 [L]). Im Übrigen ist der Sondernutzungsberechtigte zu baulichen Veränderungen nicht berechtigt (→ Sondernutzungsrecht).
- **Zustimmungsvorbehalt.** Es kann vereinbart werden, dass alle baulichen Veränderungen der Zustimmung aller Wohnungseigentümer, also auch, wenn sie nicht nachteilig betroffen sind oder bestimmte Maßnahmen nur der Zustimmung der unmittelbar angrenzenden Wohnungseigentümer bedürfen. Die Gemeinschaftsordnung kann vorsehen, dass bauliche Veränderungen nur mit der – ggf. schriftlichen – Zustimmung des Verwalters zulässig sind (BGHZ 131, 346; BayObLG WE 1991, 261; KG NZM 1998, 771); ohne eine solche Vereinbarung ist der Verwalter zur Zustimmung mit Wirkung für und gegen die nachteilig betroffenen Wohnungseigentümer nur befugt, wenn er hierzu besonders bevollmächtigt wurde (BayObLG ZMR 1972, 218, 220; OLG Celle WuM 1995, 338). Fehlt eine ausdrückliche Regelung, ist im Wege der Auslegung zu ermitteln, ob die Zustimmung des hierzu legitimierten

Verwalters neben oder an die Stelle der Zustimmung der nachteilig betroffenen Wohnungseigentümer tritt (→ Zustimmungsvorbehalt des Verwalters).

3. Mehrheitsbeschluss

Bauliche Veränderungen und Aufwendungen, die über die ordnungsmäßige Instandhaltung und Instandsetzung hinausgehen, sind einem Mehrheitsbeschluss der Wohnungseigentümer nicht zugänglich. Ein Mehrheitsbeschluss ist deshalb auch dann, wenn die bauliche Veränderung nicht alle Wohnungseigentümer benachteiligt, weder erforderlich noch ausreichend (BGHZ 73, 196, 199; BayObLG WuM 1996, 787f; OLG Hamm WE 1997, 32f; Palandt/Bassenge §22 RN 12), es sei denn, dass etwas Abweichendes vereinbart ist; andernfalls könnten die nicht benachteiligten Wohnungseigentümer eine nach §22 Abs.1 S.2 WEG genehmigungsfrei zulässige bauliche Veränderung verhindern (BGHZ 73, 196, 200). Der Mehrheitsbeschluss, eine ohne die erforderlichen Zustimmungen durchgeführte bauliche Veränderung nicht zu beseitigen, enthält im Zweifel nicht deren Genehmigung (BGH NJW 2001, 1212; BayObLG ZWE 2000, 305; OLG Düsseldorf ZMR 1996, 396).

Mehrheitsbeschlüsse über die Durchführung von baulichen Veränderungen, die Zustimmung oder die nachträgliche Genehmigung (OLG Köln ZWE 2000, 591 z. Versuch, einen rechtskräftigen Beseitigungstitel außer Kraft zu setzen) sind – wenn sie nicht durch Vereinbarung zugelassen sind – anfechtbar, aber i.d.R. nicht nichtig (BGH NJW 2000, 3500ff; BayObLG NZM 2001, 133; OLG Köln NZM 2002, 454f; Staudinger/Bub §22 RN 43), so dass sie nach Ablauf der Anfechtungsfrist bestandskräftig und bindend werden und nur auf Anfechtung für ungültig zu erklären sind. §22 Abs.1 WEG schafft nämlich eine grundsätzliche Beschlusskompetenz der Wohnungseigentümer (Wenzel, ZWE 2000, 2, 5), so dass der konkrete Regelungsgegenstand einem Beschluss zugänglich ist (BayObLG NZM 2001, 133; OLG Köln NZM 2001, 293). Dabei ist nicht zusätzlich danach zu differenzieren, ob die vorgesehene Maßnahme einen Bezug zur Instandhaltung oder Instandsetzung hat oder schlicht der Umgestaltung des Gemeinschaftseigentums dient, weil der Begriff der baulichen Veränderungen sämtliche Maßnahmen umfasst, die über die ordnungsmäßige Instandhaltung oder Instandsetzung des Gemeinschaftseigentums in Abweichung vom Zustand bei Entstehung des Wohnungseigentums oder nach Vornahme früherer zulässiger baulicher Veränderungen hinausgehen (Weitnauer/Lüke § 22 RN 4).

Benachteiligt der Beschluss keinen der anfechtenden Wohnungseigentümer mehr als unwesentlich (BayObLG NJW-RR 1994, 1169; OLG Stuttgart DWE 1980, 62 f) oder haben dem Beschluss alle benachteiligten Wohnungseigentümer zugestimmt (BPM § 22 RN 212; a.A. BayObLG WE 1992, 195 f), so ist er nicht für ungültig zu erklären. In der Versammlungsniederschrift ist wegen der Auswirkungen auf die Anfechtungsbefugnis, aber auch wegen der Kostenfolgen (→ Befreiung von Kosten) namentlich zu vermerken, wer einer baulichen Veränderung zugestimmt hat.

Die durch Mehrheitsbeschluss erteilte Zustimmung kann durch Mehrheitsbeschluss widerrufen werden, allerdings nur unter den Voraussetzungen, die einen Zweitbeschluss ermöglichen, also insbesondere nur aus sachlichem Grund und unter Berücksichtigung der schutzwürdigen Interessen des aus dem Erstbeschluss begünstigten Wohnungseigentümers (→ Zweitbeschluss).

Die Durchführung bestandskräftig beschlossener Maßnahmen ist von allen Wohnungseigentümern – auch soweit sie dem Beschluss nicht zugestimmt haben oder nicht anwesend waren – zu dulden (BayObLG WE 1992, 177; Weitnauer/Lüke § 22; z. Kostentragungspflicht → Befreiung von Kosten). Über den Abschluss der zur Durchführung erforderlichen Werkverträge und die konkrete Ausgestaltung durch Festlegung näherer Einzelheiten kann in diesem Fall mehrheitlich unter Beachtung der Grundsätze ordnungsmäßiger Verwaltung beschlossen werden (BayObLG WuM 2000, 564; OLG Düsseldorf NZM 2000, 54; Palandt/Bassenge § 22 RN 13). Wurde der Beschluss nicht angefochten, so können die überstimmten Eigentümer nicht mehr die Beseitigung der baulichen Veränderung verlangen (OLG Köln NZM 2001, 293; → Beseitigungsanspruch).

4. Zustimmung der beeinträchtigten Wohnungseigentümer

Die Zustimmung eines Wohnungseigentümers zu baulichen Veränderungen ist entbehrlich, soweit sie seine Rechte nicht über das in § 14 bestimmte Maß hinaus beeinträchtigen. Erforderlich ist somit nur die Zustimmung aller benachteiligten Wohnungseigentümer (BGHZ 116, 392, 398; BayObLG NZM 2002, 869f; Soergel/Stürner § 22 RN 3 h); ist nur ein einziger Wohnungseigentümer nachteilig betroffen, genügt dessen Zustimmung (OLG Hamm WE 1996, 351f; OLG Köln DWE 1988, 24) ebenso wie das Fehlen der Zustimmung eines einzigen benachteiligten Wohnungseigentümers die Durchführung der Maßnahme verbietet (OLG Celle OLGZ 1991, 431f). Wird keiner der anderen Wohnungseigentümer benachteiligt, so kann eine Maßnahme zustimmungsfrei durchgeführt werden (BGHZ 73, 196, 202; OLG Hamm NJW-RR 1991, 910f; Palandt/Bassenge § 22 RN 16).

Die Zustimmung bedarf keines – einstimmigen – Beschlusses der Wohnungseigentümer, auch nicht der nachteilig betroffenen Wohnungseigentümer (BayObLG NJW-RR 1995, 653f; OLG WE 1996, 351f); ein Beschluss, dem alle nachteilig betroffenen Wohnungseigentümer zustimmen, reicht aber aus (BayObLGZ 1992, 288; Müller WE 1993, 203, 206).

Die Zustimmung kann unter Auflagen – etwa die Vorlage einer Baugenehmigung oder einer statischen Unbedenklichkeitsbescheinigung oder das Stellen einer Kaution bei drohenden Schäden (KG OLGZ 1986, 174, 178) oder die Aufrechterhaltung eines bestimmten Zustandes –, unter Bedingungen (BayObLGZ NZM 1998, 1014; Palandt/Bassenge § 22 RN 14) oder unter dem Vorbehalt des Widerrufs bei Vorliegen bestimmter Voraussetzungen erteilt werden; ein Widerruf ist gem. § 130 Abs. 1 S. 2 BGB nicht möglich, wenn er nicht vorbehalten ist (BayObLGZ 1974, 269, 273).

Die Zustimmung kann formfrei, auch konkludent erklärt werden (BayObLG NZM 2002, 127; 1999, 1009; OLG Hamm WE 1996, 351; Palandt/Bassenge § 22 RN 14), und zwar innerhalb oder außerhalb einer Wohnungseigentümerversammlung (offen gelassen von BGHZ 73, 196, 201), also z.B. im Bauträgervertrag, aber auch in der Kombination, dass die in der Wohnungseigentümerversammlung nicht anwesenden Wohnungseigentümer danach zustimmen (Müller WE 1993, 203, 206). Eine konkludente Zustimmung erfordert ein Verhalten, das nach Treu und Glauben unter Berücksichtigung der Verkehrssitte mittelbar auf einen bestimmten Rechtsfolgewillen, nämlich das Einverständnis schließen lässt; Schweigen genügt grds. nicht (BPM § 22 RN 114).

Ob die Erteilung der sog. Nachbarunterschrift auf einer Eingabeplanung nicht nur als öffentlich-rechtliche Verzichtserklärung, sondern auch als konkludente Zustimmungserklärung auszulegen ist, hängt von den konkreten Umständen des Einzelfalls ab (OLG Karlsruhe NZM 1998, 526; KG NZM 1998, 771; Palandt/Bassenge § 22 RN 14), wobei zu berücksichtigen ist, dass diese Nachbarunterschrift mangels Nachbareigenschaft des Miteigentümers keinerlei öffentlich-rechtliche Wirkungen hat (→ Baugenehmigung); da sie grds. keine zivilrechtliche Bedeutung hat, wird sie i.d.R. auch nicht als konkludente Zustimmung zu werten sein (Gottschalg WE 1997, 2). Die erteilte Baugenehmigung für eine bauliche Maßnahme kann die Zustimmung der einzelnen Wohnungseigentümer nicht ersetzen (BayObLG WE 1992, 84; Palandt/Bassenge § 22 RN 14).

Die Zustimmung kann vor oder nach Durchführung der Maßnahmen erklärt werden. Stimmen die durch eine Auflassungsvormerkung gesicherten Wohnungseigentümer vor Entstehen einer → faktischen Wohnungseigentümergemeinschaft, aber nach Errichtung der Teilungserklärung mit Gemeinschaftsordnung einer beabsichtigten baulichen Veränderung zu, so sind sie hieran als spätere Wohnungseigentümer gebunden (BayObLG NJW-RR 1995, 653); demgegenüber soll entgegen der hier vertretenen Meinung eine vor Errichtung der Teilungserklärung von den Mitgliedern der Bauherrengemeinschaft erklärte Zustimmung, die keinen Eingang in die Teilungserklärung gefunden hat, unbeachtlich sein (BayObLG WuM 1994, 222). Die Zustimmung ist gegenüber denjenigen zu erklären, die die Maßnahme durchzuführen beabsichtigen. Sie bindet auch den → Sonderrechtsnachfolger.

5. Entbehrlichkeit der Zustimmung

Entbehrlich ist die Zustimmung derjenigen Wohnungseigentümer, denen durch die Maßnahme kein → Nachteil erwächst,

Bauliche Veränderung

der über das gem. § 14 Nr. 1 WEG zu duldende, bei einem geordneten Zusammenleben unvermeidliche Maß hinausgeht (BGHZ 116, 392, 396; BayObLG NZM 2002, 869f; KG OLGZ 1993, 427f). Über die Frage, ob die Zustimmung eines Wohnungseigentümers oder mehrerer Wohnungseigentümer erforderlich oder entbehrlich ist, kann vor Durchführung der Maßnahme eine gerichtliche Feststellung herbeigeführt werden. Ist zweifelhaft, ob die Zustimmung der anderen Wohnungseigentümer entbehrlich ist, z.B. weil dies von der Art der Ausführung und dem Einsatz von Fachkräften abhängt, so ist der veränderungswillige Wohnungseigentümer aus dem Gemeinschaftsverhältnis verpflichtet, die anderen Wohnungseigentümer über die Maßnahme zu informieren; verletzt er diese Pflicht, so können ihm die Kosten eines Verfahrens, in dem er auf Beseitigung der baulichen Veränderung in Anspruch genommen wird, trotz Obsiegens auferlegt werden (OLG Celle DWE 1993, 24f). Ohne eine solche Benachteiligung kann ein Wohnungseigentümer auch die Veränderung von Gegenständen des gemeinschaftlichen Eigentums nicht verhindern (BayObLG WE 1988, 34).

Ob die Zustimmung eines Wohnungseigentümers entbehrlich ist, richtet sich gem. § 22 Abs. 1 S. 2 WEG nach § 14 WEG, der das Maß an Beeinträchtigungen festlegt, das die Wohnungseigentümer aufgrund ihres Gemeinschaftsverhältnisses wechselseitig hinzunehmen haben, nämlich solche Nachteile, die bei einem geordneten Zusammenleben unvermeidlich sind. Mit dieser Verweisung findet der zwischen den Wohnungseigentümern geltende Grundsatz von Treu und Glauben (KG Rpfleger 1997, 314f) und das allgemeine Gebot der Verhältnismäßigkeit (OLG Düsseldorf ZMR 1996, 396f) und gegenseitigen Rücksichtnahme seine gesetzliche Ausformung. Auf die Wesentlichkeit der baulichen Veränderung kommt es nicht an (BayObLGZ 1973, 273, 280f; KG OLGZ 1967, 479, 481).

Zu der Frage, ob eine bauliche Veränderung einen nicht hinzunehmenden Nachteil darstellt, besteht eine umfangreiche Kasuistik, die unter dem Stichwort → Nachteil im Einzelnen dargestellt ist.

Ist die Zustimmung einzelner Wohnungseigentümer zu einer baulichen Veränderung entbehrlich und stimmen sie auch nicht zu, so sind sie von der Beteiligung an den Kosten dieser Maßnahme gem. § 16 Abs. 3 befreit (→ Befreiung von Kosten).

6. Rechtsfolgen unzulässiger baulicher Veränderungen

Eine bauliche Veränderung, der Wohnungseigentümer nicht zugestimmt haben, deren Zustimmung nicht entbehrlich ist, ist rechtswidrig (BGH NJW 1976, 416; BayObLG FGPrax 1995, 231). Die Rechtsfolgen einer solchen baulichen Veränderung richten sich nach dem Stadium, in dem sie sich befindet. Rechtswidrige bauliche Veränderungen lösen in erster Linie zivilrechtliche Ansprüche aus, nämlich verschuldensunabhängige (BGHZ 110, 313) negatorische Ansprüche, die vor Durchführung der Maßnahme auf Unterlassung (→ Unterlassungsanspruch), nach Durchführung auf Beseitigung (→ Beseitigungsanspruch) gerichtet sind und mit Besitzschutzansprüchen gem. §§ 861, 866 BGB (→ Besitz) und – bei Verschulden – deliktischen Ansprüchen gem. §§ 823, 849 BGB (→ Schadensersatzanspruch) konkurrieren können. Daneben sind wohnungseigentumsrechtliche Ansprüche auf Wiederherstellung eines ordnungsmäßigen baulichen Zustandes gem. § 21 Abs. 4 i.V.m. Abs. 5 S. 2 WEG möglich (→ Wiederherstellungsanspruch).

▶ **Baumängel**

Beim Kauf vom Bauträger stellen Verstöße gegen die allgemein anerkannten Regeln der Bautechnik (→ Bautechnik, Regeln) zum Zeitpunkt der Abnahme (BGH NJW 1998, 2814f; NJW-RR 1995, 472; OLG Hamm NJOZ 2002, 725f; a.A. BayObLG ZMR 1990, 29: zum Zeitpunkt der Errichtung) bzw. zum Zeitpunkt der Mängelbeseitigung, wenn sich die Fehlerhaftigkeit erst aus wissenschaftlichen und technischen Erkenntnissen nach der Abnahme vor Ablauf der Gewährleistungsfrist ergibt (BGH NJW 1994, 1659; BayObLG WE 1992, 20f), grds. einen Baumangel dar, der den Bauträger Gewährleistungsansprüchen des Erwerbers aussetzt (→ Gewährleistung), und zwar auch, wenn dies nicht ausdrücklich vereinbart ist (BGH NJW-RR 1989, 849; OLG Hamm NJW-RR 1995, 17; OLG Koblenz BauR 1995, 554f). Der Erwerber kann redlicherweise erwarten, dass das Bauwerk zum Zeitpunkt

Baumängel

der Fertigstellung und Abnahme diejenigen Qualitäts- und Komfortstandards erfüllt, die auch vergleichbare andere zeitgleich fertig gestellte und abgenommene Objekte erfüllen.

Als Beispiele für in der Praxis häufige Baumängel, insbesondere am gemeinschaftlichen Eigentum, sind zu nennen:

- Ein nicht der DIN 4109 genügender Schallschutz (→ Schalldämmung);
- eine nicht der DIN 4108 und der WärmeschutzVO, bzw. seit 1.1. 2002 der EnEV entsprechende → Wärmedämmung;
- eine fehlerhafte Flachdachkonstruktion (OLG Frankfurt BauR 1987, 322);
- unzureichende Dehnungsfugen (BGH NJW-RR 2001, 1102; OLG Düsseldorf NJW-RR 1995, 339);
- fehlerhafte Feuchtigkeitsisolierung von Dach, Balkonen und Loggien (BGH BauR 1986, 112; OLG Köln NZM 2002, 125);
- fehlende oder unzureichende Dränage (OLG Düsseldorf NZBau 2001, 398);
- nicht ausreichende Abdichtung von Kellern und Tiefgaragen im Grundwasserbereich (BGH WM 1997, 582f; OLG Düsseldorf OLGR 1994, 130; OLG Karlsruhe NZBau 2003, 102);
- fehlendes Rückstauventil (OLG Hamm NJW-RR 1993, 549);
- unterschiedliche Höhen der Trittstufen (OLG Hamm BauR 1995, 846f z. Toleranzgrenze von 0,5 cm nach DIN 18064 und 18065);
- Formaldehyd- oder Lindanausdünstungen über den erlaubten Grenzwerten (OLG Bamberg NJW-RR 2000, 97; OLG Nürnberg NJW-RR 1993, 1300);
- Einbau eines Aufzugs mit einer geringeren als der vereinbarten Tragfähigkeit (BGH NJW 1996, 3269).

Da der Bauträger ein dauerhaft mangelfreies und funktionsfähiges Wohnungseigentum schuldet, liegt trotz Einhaltung der allgemein anerkannten Regeln der Bautechnik (→ Bautechnik, Regeln) ein Mangel vor, wenn der vertraglich vorausgesetzte Gebrauch gemindert wird (BGHZ NJW-RR 1996, 340; OLG Hamburg NJW-RR 1995, 536), z. B. durch eine zu niedrige Raumhöhe (BGH WM 1989, 414), oder wenn ein über diese Regeln hinausgehender Standard vereinbart ist (OLG Köln BauR 1992, 634), was auch konkludent erfolgen kann, etwa durch das Angebot einer „Luxus-

oder Komfortwohnung" (OLG Nürnberg BauR 1989, 740), oder durch die Vereinbarung der schlüsselfertigen Herstellung (BGH BauR 1984, 395).

Bei der Sanierung von Altbauten ist im Wege der Auslegung zu ermitteln, ob die allgemein anerkannten Regeln der Bautechnik auch für solche Bauteile maßgeblich sind, die von der Sanierungsmaßnahme erkennbar nicht erfasst sind, die also erkennbar nach altem Standard hergestellt und unverändert angeboten worden sind. So gehört z. B. zur Leistung „Erneuerung der Treppenstufen" deren Nivellierung, um die nach aktuellem Stand der Technik erforderlichen gleichen Höhen zur Vermeidung von Stolpergefahren zu erreichen (OLG Hamm BauR 1995, 846f).

Wird eine Ausführung vereinbart, die von den allgemein anerkannten Regeln der Bautechnik abweicht, etwa durch Bezugnahme auf überholte DIN-Vorschriften, so muss der Bauträger den Erwerber klar und unmissverständlich hierüber und über die Folgen aufklären (Staudinger/Peters [1994] § 633 BGB RN 38); diese Pflicht besteht auch, wenn die Abweichung auf einem Sonderwunsch des Erwerbers beruht, da dieser i. d. R. deren technische Auswirkung nicht erkennen kann (BGH WM 1996, 1918; OLG Hamm DNotZ 1994, 870). Die Ungewissheit über Gebrauchsrisiken begründet schon für sich einen Mangel (OLG Köln NJW-RR 1991, 1077; OLG München BauR 1984, 637).

Soweit die Baumängel dem gemeinschaftlichen Eigentum anhaften, sind hinsichtlich der Geltendmachung von Gewährleistungsansprüchen die insoweit geltenden Besonderheiten zu beachten (→ Mängel des gemeinschaftlichen Eigentums).

▶ **Bäume** → Garten, Rasenflächen

▶ **Bauruine** → Fertigstellung stecken gebliebener Wohnanlagen

▶ **Bauschulden** → Aufbauschulden

▶ **Bautechnik, Regeln**

Beschließen die Wohnungseigentümer die Durchführung technischer Maßnahmen, z.B. die Sanierung der Fassade oder einer

Tiefgarage, so hat sich die Ausführung grds. nach den zu diesem Zeitpunkt maßgeblichen allgemein anerkannten Regeln der Bautechnik zu richten (Bub PiG 48, 11, 17). Dies sind die technischen Regeln für die Herstellung und Konstruktion von Bauwerken und Bauleistungen, die die Wissenschaft als theoretisch richtig anerkannt hat und die aufgrund fortdauernder praktischer Erfahrung und Bewährung von den maßgeblichen Technikern und Handwerkern als technisch geeignet und notwendig angesehen werden (BVerfG NJW 1979, 359, 362; BGH NJW 1980, 1219f). Eine widerlegbare Tatsachenvermutung (OLG Frankfurt OLGZ 1984, 129f; OLG Stuttgart BauR 1977, 129) spricht dafür, dass förmlich veröffentlichte Regeln wie DIN-Normen (BayObLG NJW-RR 1994, 598; OLG Köln WE 1994, 343 z. Herstellung eines Schallschutzes für haustechnische Anlage gem. der DIN 4109; Köln WE 1994, 343 z. Trittschalldämmung bei Fliesenarbeiten), Europäische Normen (EN oder HD), die WärmeschutzVO (Philipp ZdW 1995, 433), Einheitliche Technische Baubestimmungen (OLG Bamberg NJW-RR 2000, 97f), Unfallverhütungsvorschriften, VDE-Vorschriften oder VDI-Richtlinien (BayObLG ZMR 1981, 251, 253) allgemein anerkannt sind (BGH BB 1985, 1561).

Diese Regelwerke enthalten allerdings zum einen häufig nur Mindestanforderungen, die dem Standard der jeweiligen Wohnanlage nicht entsprechen; zum anderen sind sie häufig veraltet und durch den ständig fortschreitenden neuesten Stand der Wissenschaft und Technik überholt (BGH WM 1986, 837f; OLG Düsseldorf BauR 1984, 178), der voraussetzt, dass die Effizienz fortschrittlicher Verfahren in der betrieblichen Praxis zuverlässig nachgewiesen ist (Siegburg BauR 1985, 367, 375), aber auch neue wissenschaftliche Erkenntnisse zur realisierbaren Vermeidung von Schäden umfasst. Hieraus folgt, dass zum einen die Vermutung, ein Regelverstoß habe einen Sachmangel zur Folge, ebenso widerlegt werden kann (OLG Hamm NJW-RR 1995, 17; OLG München NJW-RR 1992, 1523) wie die Vermutung, die Einhaltung der Regeln schließe einen Mangel aus (BGHZ BB 1995, 589; BayObLG ZMR 1990, 29f).

In Kaufverträgen über neu errichtete Eigentumswohnungen ist die Einhaltung der allgemein anerkannten Regeln der Bautechnik jedenfalls stillschweigend vereinbart (BGHZ 139, 16): Eine hiervon abweichende Regelung muss der Bauträger beweisen (OLG München NJW-RR 1992, 1523; OLG Hamm NJW-RR 1995, 17). Deshalb hat der Gutachter bei der Erteilung einer Fertigstellungsbescheinigung gem. § 641a Abs. 3 S. 4 BGB bei Fehlen von Angaben diese Regeln zugrunde zu legen.

▶ **Bauunternehmersicherungshypothek** → Bauhandwerkersicherungshypothek

▶ **Beeteinfassungsmauer**

Eine pflanztrogartige Aufmauerung als Beeteinfassung in einem Aufmaß von 12 m Länge und 1,50 m Breite, bzw. 6 m Länge und 1,50 m Breite, bei einer Höhe von jeweils 0,5 m über dem Erdboden ist selbst dann eine zustimmungsbedürftige bauliche Veränderung, wenn sie auf einer Sondernutzungsfläche errichtet wird (KG NJW-RR 1994, 526).

▶ **Befreiung von Kosten**

1. Nichtgebrauch gemeinschaftlicher Einrichtungen

Alle Wohnungseigentümer haben grds. an allen Lasten und Kosten gemäß dem vereinbarten oder dem gesetzlichen → Kostenverteilungsschlüssel teilzunehmen, unabhängig davon, ob sie ihre Wohnung (→ Abwesenheit des Wohnungseigentümers, leer stehende und nicht errichtete Wohnungen) oder Einrichtungen und Anlagen des gemeinschaftlichen Eigentums nutzen, da kein allgemeiner Grundsatz besteht, wonach ein Wohnungseigentümer Kosten für solche Einrichtungen nicht zu tragen hat, die ihm persönlich keinen Vorteil bringen (BGHZ 92, 18, 23; Palandt/Bassenge § 16 RN 2). Der vereinbarte oder gesetzliche Kostenverteilungsschlüssel gilt somit auch für die Kosten z.B.
- eines Aufzuges für Eigentümer von im Erdgeschoss gelegenen Wohnungen oder für Eigentümer, die diesen nicht nutzen (BayObLG Rpfleger 1979, 427; OLG Düsseldorf NJW-RR 1986, 95),
- eines Aufzuges in einem Gebäude einer Mehrhauswohnanlage, auch wenn nicht in sämtlichen Gebäuden ein Aufzug eingebaut

ist (BGHZ 92, 18, 22; BayObLG NZM 1999, 850; OLG Zweibrücken ZWE 2000, 46 ff),
- eines Kamins, an den nicht alle Wohnungseigentümer angeschlossen sind (OLG Köln DWE 1991, 77),
- eines Kinderspielplatzes für kinderlose Wohnungseigentümer oder einer Grünfläche im Umgriff eines anderen Hauses einer Mehrhauswohnanlage (KG ZMR 1993, 478),
- eines Fahrradkellers für Wohnungseigentümer ohne Fahrrad (KG NJW-RR 1991, 1169),
- eines Schwimmbades für Nichtschwimmer (Staudinger/Bub § 16 RN 199) oder
- einer Tiefgarage, in der nicht alle Wohnungseigentümer einen Stellplatz haben (BayObLG ZMR 1979, 319; OLG Hamm PuR 1992, 373 ff).

Selbst wenn ein Wohnungseigentümer nachweislich die Heizkörper dauernd abgesperrt hält, kann er nicht von den verbrauchsabhängigen Kosten des Heizbetriebs völlig freigestellt werden, sondern hat an ihnen entsprechend den abgelesenen Werten – z.B. aufgrund sog. Kaltverdunstung bei Verdunstungszählern – teilzunehmen (BayObLG NJW-RR 1988, 1166).

Die für die Lasten- und Kostenverteilung getroffene Vereinbarung ist stets sorgfältig darauf zu überprüfen, ob der gewählte Wortlaut einer Auslegung zugänglich ist, dass einzelne Lasten und Kosten verbrauchsorientiert verteilt werden müssen oder in anderer Weise ein gerechteres Ergebnis erzielt wird (OLG Köln ZMR 2002, 379). Die Befreiung bestimmter Wohnungseigentümer in der Gemeinschaftsordnung von der Teilnahme an bestimmten Kosten, etwa der Eigentümer von im Erdgeschoss liegenden Wohnungen an Aufzugskosten, ist zulässig (Staudinger/Bub § 28 RN 38).

2. Kosten baulicher Veränderungen

Wohnungseigentümer, die einer Maßnahme, die über die ordnungsmäßige Instandhaltung und Instandsetzung hinausgeht, oder einer baulichen Veränderung i.S. von § 22 Abs. 1 S. 1 WEG nicht zuzustimmen brauchen, weil sie nicht beeinträchtigt werden, und deshalb auch nicht zugestimmt haben, sowie deren Sonder- oder Gesamtrechtsnachfolger sind nach § 16 Abs. 3 WEG von der Pflicht befreit, an den diesbezüglichen Kosten teilzunehmen (BGHZ 116, 392, 397; BayObLG WE 1996, 395 f; SaarlOLG ZMR 1997, 31, 33; Palandt/Bassenge § 16 RN 4). Diese Kosten scheiden als Nachteil i.S. von § 22 Abs. 1 S. 2 i.V.m. § 14 Abs. 1 WEG aus (BGHZ 116, 392, 397; BayObLG WE 1989, 65). Die Kostenbefreiung gilt auch für einen Wohnungseigentümer, der von einer baulichen Veränderung zwar benachteiligt wird und ihr deswegen nicht zugestimmt hat, aber auch deren Beseitigung nicht verlangt, sowie den Wohnungseigentümer, der der Maßnahme zwar zugestimmt, sich bei der Zustimmung jedoch gegen seine Kostenbeteiligung verwahrt hat (BPM § 22 RN 253). Es steht nämlich jedem Wohnungseigentümer frei, ihn benachteiligende bauliche Veränderungen, an welchen er kein Interesse hat, zu dulden, ohne deswegen zwangsläufig an den Kosten der Maßnahme teilnehmen zu müssen. Die von den Kosten befreiten Wohnungseigentümer sind grds. auch nicht verpflichtet, am Abschluss der zur Durchführung der Maßnahme erforderlichen Verträge mitzuwirken und damit eine gesamtschuldnerische Haftung im Außenverhältnis zu übernehmen (BGHZ 116, 293, 297; Staudinger/Bub § 16 RN 252).

Hieraus folgt, dass die Kosten solcher Maßnahmen nicht aus gemeinschaftlichen Geldern bestritten werden dürfen (BGHZ 116, 392, 397; Palandt/Bassenge § 16 RN 4). Die Kostenbefreiung gilt grds. auch für die Folgekosten der Maßnahmen (BGHZ 116, 392, 397; OLG Hamm ZWE 2002, 600 f; SaarlOLG ZMR 1997, 31, 33), z.B. erhöhte Wartungs- und Reparaturkosten (BayObLG NZM 2002, 869 f). Entsteht durch die Maßnahme aber gemeinschaftliches Eigentum, so sind die kostenbefreiten Wohnungseigentümer zwar gem. § 21 Abs. 4 WEG verpflichtet, an der Aufrechterhaltung eines ordnungsgemäßen Zustandes mitzuwirken, und haften damit im Außenverhältnis für die erforderlichen Maßnahmen (BGHZ 116, 392, 398; SaarlOLG ZMR 1997, 31, 33 für die Erneuerung von Rolladenkästen), bleiben aber im Innenverhältnis von den Kosten befreit (BayObLG ZWE 2000, 256; BPM § 22 RN 254). Ein von einem Dritten in Anspruch genommener kostenbefreiter Wohnungseigentümer hat deshalb in voller Höhe gem. §§ 16 Abs. 3 WEG, 426 Abs. 1 S. 1 BGB einen Rückgriffsanspruch. Auch diese Folgekosten sind kein Nachteil i.S. der §§ 22 Abs. 1 S. 2, 14 Abs. 1 WEG, da sie über das im Gemeinschaftsverhältnis angelegte Insolvenzrisiko nicht hinausgehen (BGHZ 116, 392, 398; BayObLG NJWE-MietR 1997, 32). Werden die Mittel zur Deckung solcher Folgekosten durch Beschluss eines Wirtschaftsplans oder einer Sonderumlage erhoben, so sind die kostenbefreiten Wohnungseigentümer im Einzelwirtschaftsplan bzw. in der Aufteilung der Sonderumlage entsprechend zu entlasten (→ Wirtschaftsplan).

Hinsichtlich der Auswirkung von Zustimmungen zu Maßnahmen i.S. des § 22 Abs. 1 S. 2 WEG und von bestandskräftigen Mehrheitsbeschlüssen ist zu differenzieren:

a) Kein Gebrauchsvorteil für die übrigen Wohnungseigentümer

Will ein einzelner Wohnungseigentümer eine bauliche Veränderung im räumlichen Bereich seines Sondereigentums, die den anderen Wohnungseigentümern keine Gebrauchsvorteile verschafft, auf eigene Kosten durchführen, z.B. eine Gasetagenheizung einbauen (OLG Köln DWE 1991, 77), seine Wohnung an das Breitbandkabel anschließen (BayObLG WE 1992, 290) oder auch einen Speicher ausbauen (→ Dachausbau, Dachfenster), so sind die übrigen Wohnungseigentümer von der Teilnahme an den hierdurch entstehenden Lasten und Kosten auch dann befreit, wenn sie der Maßnahme zustimmen (Staudinger/Bub § 16 RN 256).

b) Zusätzliche Nutzungsmöglichkeiten

Will ein Wohnungseigentümer eine Maßnahme durchführen, die allen Wohnungseigentümern zusätzliche Nutzungsmöglichkeiten verschafft, z.B. in einem gemeinschaftlichen Hobbyraum ein Sportgerät aufstellen, so bleiben die Wohnungseigentümer von den Kosten befreit, die mit ihrer Zustimmung lediglich darauf verzichten, unter Berufung auf etwaige Nachteile der Maßnahme zu widersprechen, ohne aber an den Nutzungen teilhaben zu wollen. Wollen sie aber später an den Nutzungen teilhaben, so bedarf dies der Zustimmung aller, die die Kosten der Maßnahme getragen haben (Staudinger/Bub § 16 RN 88). Ohne Bedeutung ist in diesem Fall, ob alle oder einzelne Wohnungseigentümer durch die Maßnahme so benachteiligt werden, dass ihre Zustimmung erforderlich, oder ob ihre Zustimmung entbehrlich war (BGH NJW 1979, 817; OLG Hamm ZWE 2002, 600f) oder ob die Maßnahme ohne Zustimmung eigenmächtig durchgeführt wurde (SaarlOLG ZMR 1997, 31, 33). Die Wohnungseigentümer, die sich mit ihrer Zustimmung einer solchen Maßnahme im Eigeninteresse anschließen und auch an den Nutzungen partizipieren, haben sich auch an den Kosten zu beteiligen (BayObLG ZWE 2001, 424).

Die gleichen Grundsätze gelten für die Durchführung von Maßnahmen, die eine Gruppe von Wohnungseigentümern durchführen lassen will, wie z.B. der Einbau eines Liftes oder eines Schwimmbades in ein Gebäude einer Mehrhauswohnanlage.

c) Betroffenheit aller Wohnungseigentümer

Werden Maßnahmen durchgeführt, die alle Wohnungseigentümers betreffen, weil sie von der Mitbenutzung nicht ausgeschlossen werden können, so bleibt es beim Grundsatz des § 16 Abs. 3 WEG, dass die nicht zustimmenden Wohnungseigentümer von der Kostentragungspflicht befreit sind, und zwar unabhängig davon, ob ihre Zustimmung entbehrlich war oder nicht. Dies gilt nicht für Instandsetzungsmaßnahmen, die allein deshalb, weil sie verfrüht sind, über eine ordnungsmäßige Instandsetzung hinausgehen. In diesem Fall sind die nicht zustimmenden Wohnungseigentümer zu dem Zeitpunkt, zu dem die Maßnahme normalerweise erforderlich gewesen wäre, an den Kosten der Ausführung unter Abzug der bis dahin angefallenen AfA (→ Einkommensteuer) zu beteiligen und bis zu diesem Zeitpunkt an den Unterhaltungskosten, die ohne die Instandsetzung angefallen wären (Staudinger/Bub § 16 RN 259).

Gleiches gilt für Verbesserungsmaßnahmen, die über eine ordnungsmäßige Instandhaltung und Instandsetzung hinausgehen. An den auf der Verbesserung beruhenden Mehrkosten haben sie nicht teilzunehmen (BayObLG WE 1989, 212), haben aber die durch die Verbesserung eingesparten Reparaturkosten im Wege der rechtsgrundlosen Bereicherung an die die Maßnahme finanzierenden Eigentümer herauszugeben (BayObLG WE 1989, 212; OLG Hamm ZWE 2002, 600, 602).

Im Fall des unvermeidbaren Mitgebrauchs haben sich die nicht zustimmenden Wohnungseigentümer an den Herstellungs- und Unterhaltungskosten, die auf sie im Fall ihrer Zustimmung entfallen wären, nicht nach den Grundsätzen der ungerechtfertigten Bereicherung zu beteiligen, da aufgedrängte Bereicherungen nicht ausgleichsfähig sind (BayObLG WE 1987, 156; Staudinger/Bub § 16 RN 261; Palandt/Bassenge § 16 RN 4).

Stimmen einer Maßnahme i.S.v. § 22 Abs. 1 S. 1 WEG, die allen Wohnungseigentümern zusätzliche Nutzungsmöglichkeiten oder Gebrauchsvorteile bringt, alle Wohnungseigentümer zu, so sind alle anfallenden Kosten und Folgekosten nach § 16 Abs. 2 WEG zu verteilen.

d) Mehrheitsbeschluss

Hinsichtlich der Zustimmung der Wohnungseigentümer zu baulichen Veränderungen durch Mehrheitsbeschluss ist zu differenzieren:

- Ein Beschluss, der die Kostentragung aller Wohnungseigentümer ausdrücklich anordnet, ist wegen Abbedingung von § 16 Abs. 3 WEG nichtig (BPM § 22 RN 250; Wenzel ZWE 2001, 226, 236; Niedenführ NZM 2001, 1105, 1110). Er kann auch nicht unter dem Gesichtspunkt als bloß anfechtbar angesehen werden, dass er sich auf eine punktuelle Regelung beschränke und deshalb lediglich vereinbarungswidrig sei (→ Vereinbarungsändernder, vereinbarungsersetzender, vereinbarungswidriger Mehrheitsbeschluss). Er würde nämlich die Grundlage für die Kostenverteilung in der Abrechnung bilden. Die Nichtigkeit der § 16 Abs. 3 WEG abbedingenden Kostenregelung wird i.d.R. gem. § 139 BGB den gesamten Beschluss erfassen, wenn nicht festgestellt werden kann, dass die zustimmenden Wohnungseigentümer ihn auch ohne Kostenbeteiligung der nicht zustimmenden Eigentümer gefasst hätten (Niedenführ/Schulze § 22 RN 27 b).
- Ein Mehrheitsbeschluss mit einer Kostenregelung, die § 16 Abs. 3 WEG entspricht, ist unanfechtbar. Wirksam ist auch ein Beschluss, der die Zahlung der Kosten einer baulichen Veränderung aus einem Sonderkonto vorsieht, an dem nur die Wohnungseigentümer beteiligt sind, die eine die übrigen Eigentümer nicht

beeinträchtigende bauliche Veränderung durchführen wollen (BayObLG NZM 2002, 869f).

- Wird ein Mehrheitsbeschluss über die Durchführung von Maßnahmen i.S. von §22 Abs.1 S.1 WEG ohne ausdrückliche Regelung der Kostentragung gefasst, so sind die nicht zustimmenden Wohnungseigentümer, auch wenn ihre Zustimmung gem. §22 Abs.1 S.2 WEG nicht entbehrlich war, da sie von der Maßnahme benachteiligt werden, im Wege der gesetzeskonformen Auslegung von §16 Abs.3 WEG von den Kosten befreit (OLG Hamm WE 1997, 387f; ZWE 2002, 600f; BPM §22 RN 249, 255). Auch nach der Gegenauffassung, wonach sich auch die nicht zustimmenden Eigentümer an den Kosten zu beteiligen haben, da ihre Zustimmung durch Mehrheitsbeschluss ersetzt wird (BayObLG NZM 2001, 1138), ist der Beschluss jedenfalls anfechtbar (BayObLG WuM 1996, 87; OLG Celle OLGZ 1986, 397, 404).

- Nichts anderes gilt, wenn der Mehrheitsbeschluss über eine bauliche Veränderung auf einer das Zustimmungserfordernis abbedingenden Regelung in der Gemeinschaftsordnung beruht. Wird nämlich die an sich erforderliche Zustimmung aller benachteiligten Wohnungseigentümer aufgrund einer Vereinbarung der Wohnungseigentümer durch Mehrheitsbeschluss ersetzt, so ist nur §22 Abs.1 WEG, nicht aber §16 Abs.3 WEG abbedungen (a.A. BPM §22 RN 255). Dies bedeutet, dass der Mehrheitsbeschluss alle Wohnungseigentümer nur in Bezug auf ihre Zustimmung bindet, es aber bei der Kostenbefreiung gem. §16 Abs.3 WEG verbleibt (Staudinger/Bub §16 RN63; Palandt/Bassenge §16 RN3; a.A. BayObLG ZMR 2001, 829f; Huff WE 1997, 282, 284).

e) Kostenbeteiligung in Wirtschaftsplan, Jahresabrechnung

Wird ein Mehrheitsbeschluss über einen Einzelwirtschaftsplan, eine Jahresabrechnung oder eine Sonderumlage, durch den kostenbefreite Wohnungseigentümer entgegen §16 Abs.3 WEG mit Kosten belastet werden, bestandskräftig, so nehmen sie an den Kosten auch dann teil, wenn sie der betreffenden Maßnahme weder zugestimmt haben noch ihr zustimmen mussten (BayObLG NJW-RR 1986, 170; ZWE 2000, 135, 138; Staudinger/Bub §16

RN 265). Ein solcher Beschluss ist aber anfechtbar (→ Vereinbarungsändernder, vereinbarungswidriger Mehrheitsbeschluss).

Begründung von Wohnungseigentum

§ 2 WEG regelt abschließend, wie Wohnungseigentum begründet werden kann:
- Die Miteigentümer eines Grundstücks räumen sich durch Vertrag gem. § 3 WEG, die sog. Teilungsvereinbarung, gegenseitig Sondereigentum ein oder
- der Eigentümer eines Grundstücks teilt dieses durch einseitige Teilungserklärung gem. § 8 WEG im Wege der Vorratsteilung in Wohnungseigentum auf.

In der Praxis überwiegt die Begründung des Wohnungseigentums durch Teilungserklärung. Die vom Gesetzgeber als Regelform angesehene Begründung durch Vertrag wird zumeist angewendet, wenn eine Miteigentümergemeinschaft oder eine → Erbengemeinschaft durch Teilung in Natur gem. § 752 oder § 2042 Abs. 2 BGB aufgehoben werden soll.

1. Allgemeine Vorschriften

Die Begründung von Wohnungseigentum ist in Fremdenverkehrsgebieten gem. § 22 BauGB durch die Baugenehmigungsbehörde im Einvernehmen mit der Gemeinde zu genehmigen, wenn die Gemeinde dies durch Satzung ober Bebauungsplan fordert, um die Siedlungsstruktur von Gemeinden, die durch den Fremdenverkehr geprägt sind, nicht durch die Entstehung von Zweitwohnungen zu verändern. Sieht die Ortssatzung keine Genehmigungspflicht vor, ist kein Negativattest erforderlich (OLG Hamm FGPrax 1999, 132; OLG Zweibrücken Rpfleger 1999, 441). Eine Teilungsgenehmigung nach § 19 BauGB ist in keinem Fall (OLG Hamm OLGZ 1988, 404; Palandt/Bassenge § 2 RN 1), eine Unbedenklichkeitsbescheinigung des Finanzamts für Grundbesitz und Verkehrsteuern nach § 22 GrEStG nur bei der Teilung nach § 3 WEG erforderlich (LG Saarbrücken NZM 1998, 924; Palandt/Bassenge § 2 RN 1).

Wohnungseigentum kann nur durch die Verbindung von Sondereigentum mit Miteigentumsanteilen an einem einzigen Grundstück, das auch aus mehreren Flurstücken bestehen kann (Demharter DNotZ 1986, 457), begründet werden, § 1 Abs. 4 WEG (Palandt/Bassenge § 1 RN 5). Mehrere Grundstücke müssen deshalb gem. § 890 Abs. 1 BGB vereinigt werden – eine Zusammenschreibung gem. § 4 GBO genügt nicht –, wenn ein auf ihnen stehendes oder zu errichtendes Gebäude in Wohnungseigentum aufgeteilt (OLG Saarbrücken Rpfleger 1988, 479) oder wenn das aufzuteilende Gebäude auf einem Grundstück steht und Sondereigentum hieran mit Miteigentumsanteilen an mehreren Grundstücken verbunden werden soll (OLG Frankfurt ZMR 1974, 251). Ein rechtmäßiger oder entschuldigter →Überbau steht der Begründung von Wohnungseigentum nicht entgegen. Unerheblich ist, ob das Gebäude zur Zeit der Einräumung von Sondereigentum bereits fertig gestellt ist (→bauabschnittsweise Fertigstellung). Ist ein →Miteigentumsanteil mit zwingend im gemeinschaftlichen Eigentum stehenden Räumen verbunden, entsteht ein sog. isolierter, d. h. nicht mit Sondereigentum verbundener →Miteigentumsanteil.

Die Begründung von Wohnungseigentum bedarf nicht der Zustimmung der Inhaber dinglicher Rechte am gesamten Grundstück, insbesondere der Grundpfandrechtsgläubiger, da der Gegenstand der Haftung unverändert bleibt und die Rechte, insbesondere →Grundpfandrechte Gesamtbelastungen werden, wohl aber der Zustimmung der Inhaber dinglicher Rechte an Miteigentumsanteilen, da sich diese infolge der Beschränkung durch die Sondereigentumsrechte Dritter inhaltlich ändern (OLG Frankfurt OLGZ 1987, 266).

2. Eintragung in das Grundbuch

Einzelheiten der Eintragung des Wohnungseigentums in das Grundbuch bestimmt § 7 WEG. Danach wird grundsätzlich für jeden Miteigentumsanteil ein besonderes →Wohnungsgrundbuch angelegt, in dem das mit dem Miteigentumsanteil verbundene Sondereigentum und als Beschränkung die mit den restlichen Miteigentumsanteilen verbundenen Sondereigentumsrechte eingetragen werden, § 7 Abs. 1 WEG. Bei der Eintragung des Gegenstandes und Inhalts des Sondereigentums wird i. d. R. auf die Eintragungsbewilligung gem. § 7 Abs. 3 WEG Bezug genommen, die meist die Festlegung der Miteigentumsanteile gem. § 47 GBO, die im freien Ermessen der Miteigentümer steht (→ Miteigentumsanteil), und die Beschreibung der zugehörigen Sondereigentumsräume sowie die Gemeinschaftsordnung beinhaltet, die mit dinglicher Wirkung das künftige Verhältnis der Wohnungseigentümer zueinander regelt. Veräußerungsbeschränkungen gem. § 12 Abs. 1 WEG (→ Zustimmung zur Veräußerung des Wohnungseigentums) sind ausdrücklich im Wohnungsgrundbuch als Inhalt des Sondereigentums zu vermerken, nicht jedoch weitere Einzelheiten. Bei Einräumung von → Sondernutzungsrechten ist deren Gegenstand zu beschreiben oder durch Bezugnahme auf einen angelegten Plan zu bestimmen. Ein über die Bezugnahme auf die Eintragungsbewilligung hinausgehender Hinweis auf das Bestehen und die Art von Sondernutzungsrechten ist zulässig, aber nicht erforderlich (OLG Hamm OLGZ 1985, 21).

Die Eintragung setzt einen Eintragungsantrag nach § 13 GBO wenigstens eines Miteigentümers und die Eintragungsbewilligung sämtlicher Miteigentümer in öffentlich beglaubigter Form nach §§ 19, 29 GBO voraus, die i.d.R. in der Teilungserklärung enthalten ist (OLG Hamm Rpfleger 1985, 109). Der Eintragungsbewilligung sind als Anlage der → Aufteilungsplan und die → Abgeschlossenheitsbescheinigung nach § 7 Abs. 4 Nr. 1 und Nr. 2 WEG beizufügen, die den Umfang des Sondereigentums und seine Abgrenzung zum gemeinschaftlichen Eigentum bestimmen.

3. Begründung durch Vertrag

Die Begründung von Wohnungseigentum durch Vertrag setzt voraus, dass die Personen, die Sondereigentum erwerben wollen, bereits Miteigentümer des Grundstücks nach Bruchteilen i. S. d. § 1008 BGB sind oder jedenfalls gleichzeitig Miteigentum durch Auflassung und Eintragung im Grundbuch erwerben. Gehört das Grundstück einer Gesamthandsgemeinschaft, z. B. einer → Gesellschaft bürgerlichen Rechts oder einer → Erbengemeinschaft, so muss das Grundstück zunächst in das Miteigentum der Mitglieder übertragen werden, bevor Sondereigentum gem. § 3 WEG eingeräumt werden kann (OLG Hamm DNotZ 1968, 489). Wollen die

Miteigentümer ihre Miteigentumsanteile anlässlich der Begründung von Wohnungseigentum verändern, bedarf dies der Übertragung und der Auflassung (BayObLG DNotZ 1986, 237). Die Eintragung solcher Veränderungen kann ohne Voreintragung im Grundstücksgrundbuch unmittelbar im Wohnungsgrundbuch erfolgen (BGHZ 86, 393; LG Bochum NJW-RR 1999, 887).

Für den Vertrag, durch den sich ein Teil verpflichtet, Sondereigentum einzuräumen, zu erwerben oder aufzuheben, ist die →notarielle Beurkundung erforderlich, §§ 4 Abs. 3 WEG, 311b Abs. 1 BGB. Zur Einräumung des Sondereigentums selbst ist die Einigung aller Miteigentümer über den Eintritt der Rechtsänderung, die gem. §§ 4 Abs. 2 S. 1 WEG i. V. m. 925 BGB bei gleichzeitiger Anwesenheit vor einem Notar erklärt werden muss (→ Auflassung), und die Eintragung in das Wohnungsgrundbuch erforderlich, § 4 Abs. 1 WEG. Eine nicht bei gleichzeitiger Anwesenheit aller Miteigentümer beurkundete Teilungsvereinbarung ist unwirksam; dieser Fehler beim Abschluss des Gründungsgeschäfts wird insgesamt geheilt, sobald ein Käufer gutgläubig Wohnungseigentum gem. § 892 BGB erwirbt, da dieses nicht nur an einer Wohnung entstehen kann (→ Gutgläubiger Erwerb).

4. Begründung durch Teilungserklärung

Die Teilungserklärung ist die einseitige Erklärung des Grundstückseigentümers (OLG Düsseldorf DNotZ 1976, 168) gegenüber dem Grundbuchamt in öffentlich beglaubigter Form gem. § 29 GBO, das Alleineigentum an dem Grundstück in Miteigentumsanteile in der Weise teilen zu wollen, dass mit jedem Miteigentumsanteil das Sondereigentum an einer bestimmten Wohnung oder an nicht zu Wohnzwecken dienenden bestimmten Räumen in einem auf dem Grundstück errichteten oder noch zu errichtenden Gebäude verbunden wird, § 8 Abs. 1 WEG.

Eine Teilung gem. § 8 Abs. 1 WEG ist auch möglich, wenn das Grundstück Miteigentümern zu Bruchteilen (BayObLGZ 1969, 82) oder einer Gesamthandsgemeinschaft gehört. In diesem Fall gehört auch das entstehende Wohnungseigentum den Miteigentümern zu den bisherigen Bruchteilen bzw. der Gesamthandsgemeinschaft (BayObLG aaO).

Die Teilungserklärung muss die zu schaffenden Miteigentumsanteile unter Angabe des Bruchteilsverhältnisses und das jeweils mit einem Miteigentumsanteil zu verbindende Sondereigentum an einer bestimmten Wohnung oder an bestimmten, nicht zu Wohnzwecken dienenden Räumen bezeichnen. Ferner kann die Teilungserklärung gem. §§ 8 Abs. 2 i. V. m. 5 Abs. 4 WEG alle Bestimmungen über das Verhältnis der künftigen Wohnungseigentümer untereinander festlegen. Durch Eintragung der Bezugnahme auf die Eintragungsbewilligung wird die →Gemeinschaftsordnung Inhalt des Grundbuchs gem. §§ 8 Abs. 2 S. 1, 7 Abs. 3 WEG. In der inhaltlichen Ausgestaltung der Gemeinschaftsordnung ist der teilende Eigentümer grds. frei (BGHZ 99, 94). Die Gemeinschaftsordnung unterliegt nicht einer Kontrolle anhand der §§ 305 ff BGB, jedoch einer Inhaltskontrolle nach den §§ 242, 315 BGB (→Allgemeine Geschäftsbedingungen). Der teilende Eigentümer kann sie durch einseitige Erklärung gegenüber dem Grundbuchamt bis zum Entstehen einer →faktischen Wohnungseigentümergemeinschaft durch Eintragung einer Auflassungsvormerkung für den ersten Erwerber und Besitzübergang auf diesen frei ändern, z. B. →Sondernutzungsrechte begründen.

Beiträge, Beitragsvorschüsse

§ 16 Abs. 2 verpflichtet jeden Wohnungseigentümer gegenüber den Miteigentümern zur anteiligen Tragung der Lasten und Kosten. Im Unterschied zur bürgerlichen Gemeinschaft der §§ 741 ff BGB sieht das WEG davon ab, jede Außenverbindlichkeit sogleich auf die einzelnen Wohnungseigentümer umzulegen (→Wohnungseigentümergemeinschaft). § 28 WEG statuiert vielmehr ein Finanz- und Rechnungswesen, das es den Wohnungseigentümern ermöglicht, den für die Erfüllung bestehender und künftiger →Verwaltungsschulden sowie für die Ansammlung der Instandhaltungsrückstellung als Verbandsvermögen (→Verwaltungsvermögen) erforderlichen Geldbedarf durch Vorschusszahlungen gemäß Wirtschaftsplan- (→Wirtschaftsplan, Genehmigung) oder Sonderumlagenbeschluss (→Sonderumlage) und durch Nachschusszahlungen gemäß Abrechnungsbeschluss (→Abrechnung, Genehmigung) sowie durch sonstige Maßnahmen wie Kreditaufnahme (→ Kredit) oder Verwendung von Mitteln der → Instandhaltungsrückstellung aufzubringen.

1. Entstehen der Vorschussansprüche, Höhe

Die Vorschussansprüche, die in der Praxis „Hausgeldvorauszahlungen" oder „Wohngeldvorauszahlungen" genannt werden, entstehen nicht schon mit dem tatsächlichen Anfall von Lasten und Kosten, sondern erst mit dem Beschluss von Gesamt- und Einzelwirtschaftsplänen durch die Eigentümerversammlung gem. § 28 Abs. 2, 5 WEG (BGHZ 131, 228, 230; 142, 290, 295; NZM 2003, 946, 949; BayObLG NZM 2001, 141; 2002, 874; KG ZMR 1997, 42, 44; OLG Zweibrücken ZWE 2002, 542f) oder mit einer den Beschluss ersetzenden gerichtlichen Entscheidung. Maßgeblich für die Höhe der Beitragspflicht jedes einzelnen Wohnungseigentümers ist dabei der Beschluss über den Einzelwirtschaftsplan (BGH WE 1990, 202f; BayObLG ZMR 1995, 41f; BPM § 28 RN 30f), wobei ausnahmsweise schon der Beschluss über den Gesamtwirtschaftsplan ausreichen kann, wenn sich aus ihm und dem bekannten Verteilungsschlüssel die die einzelnen Wohnungseigentümer treffende Vorschusspflicht unschwer errechnen lässt (BayObLG FGPrax 1997, 19; NZM 1999, 853f).

Der Wirtschaftsplan ist gem. § 28 Abs. 1 WEG vom Verwalter aufzustellen (→ Wirtschaftsplan, Aufstellung). In ihm sind nach den Grundsätzen ordnungsmäßiger Verwaltung – soweit hierüber nichts vereinbart ist – die Höhe der Vorschüsse nach dem für die Abrechnung gültigen Verteilungsschlüssel, die Heizkostenvorauszahlungen wegen der Verbrauchsbezogenheit ggf. nach dem Ergebnis des Vorjahres zu errechnen (→ Heiz- und Warmwasserkosten). Bei der Bestimmung der Höhe der Betragsvorschüsse haben die Wohnungseigentümer im Übrigen einen weiten Ermessensspielraum (BayObLG NZM 1999, 34). Beschließen sie die Fortgeltung des Vorjahres-Wirtschaftsplans (→ Wirtschaftsplan, Genehmigung), werden Vorschüsse in gleicher Höhe wie im Vorjahr fällig. Auch der Beschluss, dass nur in einer Summe angegebene Beitragsvorauszahlungen der Wohnungseigentümer unverändert bleiben sollen, ist dahingehend auszulegen, dass die einzelnen Wohnungseigentümer Vorschüsse in gleicher Höhe wie im Vorjahr zu zahlen haben.

2. Fälligkeit, Verzug

Die Vorschussansprüche werden gem. § 28 Abs. 2 WEG nach Abruf durch den Verwalter zur Zahlung fällig (BGHZ 104, 197, 202). Der Verwalter kann aufgrund seiner Befugnis zum Abruf nach billigem Ermessen bestimmen, zu welchen Terminen die Wohnungseigentümer welche Vorschussbeträge zu zahlen haben. I. d. R. entspricht es den Grundsätzen ordnungsmäßiger Verwaltung, monatlich in gleicher Höhe zu zahlende Vorschüsse abzurufen. Die Wohnungseigentümer können eine andere turnusmäßige Fälligkeit vereinbaren, aber auch mehrheitlich beschließen (BGH NZM 2003, 946, 949; BayObLG NZM 2002, 743), obwohl der Abruf eine gesetzlich bestimmte Fälligkeitsvoraussetzung ist (Staudinger/Bub § 28 RN 135), von der grds. nur durch Vereinbarung abgewichen werden kann. Die Wohnungseigentümer können den Verwalter nämlich durch Mehrheitsbeschluss anweisen, in entsprechender Weise abzurufen. § 28 Abs. 1 WEG begründet kein die Entscheidungsmacht der Wohnungseigentümer begrenzendes alleiniges Recht des Verwalters zur Fälligkeitsbestimmung; die Beschlusskompetenz der Wohnungseigentümer zur Begründung von Beitragsforderungen schließt nämlich die Befugnis ein, die betreffenden Ansprüche inhaltlich zu regeln (Merle ZWE 2003, 290), insbesondere die Leistungszeit zu bestimmen (BGH NZM 2003, 946, 949). Von der Beschlusskompetenz der Wohnungseigentümer ist deshalb ein Mehrheitsbeschluss über die Fälligkeit von Beitragsvorschüssen aus einem konkreten Wirtschaftsplan umfasst. Nicht gedeckt – mit der Folge der Nichtigkeit – ist hingegen ein Beschluss zu einer über den konkreten Wirtschaftsplan hinausgehenden, generellen Fälligkeitsregelung; eine solche Regelung schließt nämlich eine abweichende Bestimmung der Leistungszeit im Rahmen zukünftiger Wirtschaftsplanbeschlüsse aus und begründet somit einen die gesetzlichen Vorschriften ergänzenden Maßstab für die Ordnungsmäßigkeit des Verwaltungshandelns (BGH NZM 2003, 946, 950; Wenzel ZWE 2001, 226, 235). Eine allgemeine Regelung der Fälligkeit kann daher nur durch Vereinbarung, nicht durch Beschluss getroffen werden. Unzulässig ist deshalb auch eine abweichende Festlegung der Fälligkeit in einem von den Wohnungseigentümern mehrheitlich gebilligten Verwaltervertrag (a.A. KG NZM 2001, 238; Palandt/Bassenge § 28 RN 6). Zahlt der Wohnungseigentümer trotz Fälligkeit und – ggf. – einer Mahnung durch den Verwalter nicht, gerät er in →Verzug. Die Beschlusskompetenz der Wohnungseigentümer erstreckt sich auch auf eine Regelung, die für den Fall der Leistungsverzögerung die Gesamtfälligkeit der gestundeten Beitragszahlungen vorsieht. Die Wohnungseigentümer können die Fälligkeit der gesamten jährlichen Vorschüsse zu Jahresbeginn beschließen, dem einzelnen Eigentümer jedoch die Möglichkeit monatlicher Teilleistungen einräumen, solange er nicht mit mindestens zwei Teilbeträgen in Rückstand gerät (BGH NZM 2003, 946, 949). Eine solche Rückstandsklausel regelt keine vorzeitige Fälligkeit, sondern – in Form einer Verfallklausel – den Verlust des Stundungsvorteils (BGH NJW 1985, 2329f), was keine über die gesetzlichen Verzugsfolgen hinausgehende Sanktion für pflichtwidriges Verhalten darstellt, welche der Vereinbarung bedarf (BGH NZM 2003, 946, 949; →Verzug, Verzugszinsen, Verzugsschaden). Ein solcher Beschluss entspricht im Regelfall auch ordnungsmäßiger Verwaltung, da die Gesamtfälligkeit eine gerichtliche Durchsetzung der Beitragsforderungen erleichtert (Drasdo NZM 2003, 588f). Der Nachteil, dass die fällig gestellten Forderungen im Falle der →Insolvenz eines Wohnungseigentümers oder anschließender →Zwangsverwaltung ihren Vorrang als Masseschulden oder als Ausgaben der Verwaltung gem. § 155 Abs. 1 ZVG einbüßen und auch nicht gegenüber einem Sonderrechtsnachfolger geltend gemacht werden können (→Haftung des Erwerbers), führt allein nicht dazu, dass eine solche Regelung ordnungsmäßiger Verwaltung widerspricht, da es dem Ermessen der Wohnungseigentümer überlassen bleibt, ob sie diese Nachteile um der Vorteile einer Verfallsklausel willen in Kauf nehmen; anderes gilt allerdings, wenn konkret mit Insolvenzverfahren, Zwangsverwaltungen oder Eigentümerwechseln zu rechnen ist (BGH NZM 2003, 946, 950).

Die Wohnungseigentümer können vereinbaren, aber auch – ggf. mit dem Verwaltervertrag – beschließen, dass für die turnusmäßigen Beitragszahlungen dem Verwalter eine → Einzugsermächtigung zu erteilen ist. Sie können auch durch Mehrheitsbeschluss „Sammelüberweisungen" verbieten und Einzelüberweisungen unter Angabe der Wohnung, für welche die Zahlung geleistet wird, verlangen, da dies Verzögerungen bei der Verbuchung eingehender Gelder und Auseinandersetzungen zwischen Verwaltung und Wohnungseigentümern vermeidet (OLG Düsseldorf ZMR 2001, 723 f).

3. Fortbestehen des Anspruchs trotz Genehmigung der Abrechnung

Der Vorschussanspruch erlischt weder mit dem Ende des Jahres, für das der Wirtschaftsplan beschlossen ist, noch mit Erstellung und Vorlage der Abrechnung durch den Verwalter.

a) Rückständige Beitragsvorschüsse

Der Vorschussanspruch erlischt auch nicht durch die Genehmigung der Abrechnung (→ Abrechnung, Genehmigung), vielmehr können Beitragsansprüche weiterhin auf den genehmigten Wirtschaftsplan, allerdings auf den Abrechnungsbetrag begrenzt, gestützt werden (BGHZ 131, 228, 231; 142, 290, 296; BayObLG NZM 2001, 141; OLG Düsseldorf ZWE 2001, 77 f; OLG Zweibrücken WE 1999, 117).

Der Beschluss über die Abrechnung ersetzt nämlich nicht den Wirtschaftsplan im Wege der Novation (BGHZ 131, 228, 231), sondern bestätigt und verstärkt den Anspruch auf Zahlung rückständiger Beitragsvorschüsse, verändert ihn aber nicht in seiner Qualität (BGH aaO; Wenzel, in: FS Seuß [1997] 313, 316 f). Anspruchsgrundlage für die Beitragspflicht der Wohnungseigentümer nach Genehmigung der Abrechnung – und zwar auch nach Eintritt der Bestandskraft des Genehmigungsbeschlusses – ist also sowohl der Beschluss über den Wirtschaftsplan hinsichtlich rückständiger Beitragsvorschüsse (BGHZ 131, 228, 231; BayObLG NZM 1999, 853 f; ZWE 2000, 470 f; OLG Zweibrücken WE 1999, 117) – einschließlich der Verzugsfolgen – als auch der Beschluss über die Jahresabrechnung hinsichtlich des Abrechnungsfehlbetrages. Die einheitliche Beitragspflicht der Wohnungseigentümer besteht nämlich aus einer Vorschuss- und einer Nachzahlungspflicht (OLG Düsseldorf NJW-RR 1997, 1235; BPM §28 RN 42).

Uneingeschränkte Bedeutung behält der Wirtschaftsplanbeschluss für bereits entstandene Sicherungs- und Vorzugsrechte der Wohnungseigentümer und für Ansprüche wegen →Verzugs mit der Zahlung von Vorschüssen (BGHZ 131, 228, 231f; Z 142, 290, 296), auf welche die Wohnungseigentümer durch den Genehmigungsbeschluss über die Abrechnung nicht verzichten, sowie als Anspruchsgrundlage für die Zahlung von Vorschüssen durch Wohnungseigentümer, die vor dem Abrechnungsbeschluss aus der Wohnungseigentümergemeinschaft ausgeschieden sind (BGH NJW 1994, 1866f; WE 1996, 14; KG WuM 1996, 366, 368; Hauger, FS Bärmann und Weitnauer [1990] 353, 360ff) oder über deren Vermögen das Insolvenzverfahren eröffnet wurde (BGH NJW 1994, 1866f; →Insolvenz eines Wohnungseigentümers). Die rückständigen Beitragsvorschüsse schuldet also weiterhin derjenige, der bei Eintritt der Fälligkeit Wohnungseigentümer war (BGHZ 131, 228, 231f; OLG Düsseldorf ZMR 1997, 250; OLG Zweibrücken WE 1996, 277; Wenzel, in: FS Seuß [1997] 313, 318).

b) Begrenzung durch Abrechnung

Ist der gesamte nach der genehmigten Abrechnung geschuldete Abrechnungsfehlbetrag niedriger als die gesamten beschlossenen Beitragsvorschüsse, so kann nur noch der Abrechnungsfehlbetrag gefordert werden; die Beitragsforderungen werden der Höhe nach auf die niedrigere Abrechnungsforderung begrenzt (BGHZ 131, 228, 231; BayObLG NZM 2000, 298; 2001, 141; OLG Zweibrücken ZWE 2002, 542f).

Ein gerichtliches Verfahren gegen den ausgeschiedenen Eigentümer ist hinsichtlich des Differenzbetrages für erledigt zu erklären (BayObLG NZM 1999, 853; BPM § 28 RN 44; →Wohnungseigentumssachen, Verfahren). Gegenüber einem vor dem Abrechnungsbeschluss ausgeschiedenen Wohnungseigentümer entfaltet dieser zwar keine Wirkung mehr; rückständige Beitragsvorschüsse in voller Höhe aber selbst dann noch zu fordern, wenn feststeht, dass sie überhöht waren, wäre eine unzulässige Rechtsausübung (Wenzel, in: FS Seuß [1997] 313, 320). Die Gefahr einer doppelten Zahlung nur einmal geschuldeter Beiträge besteht nicht, weil auch die Zahlungen des ausgeschiedenen Wohnungseigentümers in die Gesamt- und Einzelabrechnung eingestellt werden müssen (Schnauder WE 1991, 31, 36). Im Übrigen kann der Zahlungsanspruch sowohl auf den Wirtschaftsplan als auch auf die Abrechnung, gegen den vor dem Abrechnungsbeschluss aus der Wohnungseigentümergemeinschaft ausgeschiedenen Wohnungseigentümer nur auf den Wirtschaftsplan gestützt werden.

Bereits erwirkte Vollstreckungstitel über Beitragsvorschüsse bleiben trotz des Abrechnungsbeschlusses wirksam (OLG Köln WE 1993, 54); übersteigt der titulierte Vorschussanspruch den Abrechnungsbetrag, so kommt ein Vollstreckungsgegenantrag in entsprechender Anwendung des § 767 ZPO in Betracht (Palandt/Bassenge § 28 RN 6; Wenzel, in: FS Seuß [1997] 313, 323).

4. Gläubiger und Schuldner des Vorschussanspruchs

Spricht man entgegen der (noch) h. M. mit der hier vertretenen Auffassung der Wohnungseigentümergemeinschaft die (Teil-)Rechtsfähigkeit zu (→ Rechts- und Parteifähigkeit der Wohnungseigentümergemeinschaft), ist sie Gläubigerin der Vorschussansprüche.

Nach h. M. sind Inhaber der Vorschussansprüche sämtliche Wohnungseigentümer gemeinschaftlich (BGHZ 142, 290, 292; 111, 148, 150; BayObLG WuM 1989, 526; BPM § 28 RN 135), und zwar aufgrund der rechtsgeschäftlichen Begründung der Vorschussansprüche und ihrer Zweckbindung als Gesamthänder (BayObLG ZMR 1995, 130, 132; Staudinger/Bub § 28 RN 155; a.A. BayObLG MittBayNot 1995, 296 f; BPM § 28 RN 135: Teilhaber zu Bruchteilen; offen gelassen von BGHZ 142, 290, 292 f; → Verwaltungsvermögen).

Schuldner des Anspruchs ist der materiell-rechtliche Inhaber des Wohnungseigentums (BGH NJW 1994, 3352 f; OLG Düsseldorf ZWE 2001, 615), auch wenn er es lediglich treuhänderisch hält (OLG Düsseldorf NZM 2002, 260). Nach der widerleglichen Vermutung des § 891 BGB ist Wohnungseigentümer der im Grundbuch Eingetragene (OLG Hamm NJW-RR 1989, 655). Sind mehrere Personen Bruchteilsmiteigentümer eines Wohnungseigentums oder Mitglieder einer Gesamthandsgemeinschaft, so haften diese für Beitragsvorschüsse als Gesamtschuldner gem. §§ 421 ff BGB (→ Gesamtschuld). Ist das Grundbuch, z.B. wegen Unwirksamkeit der dinglichen Einigung, unrichtig, so ist Schuldner der wahre, nicht der Bucheigentümer (BGH NJW 1994, 3352 z. Anfechtung des Kaufvertrages; BayObLG ZWE 2001, 329 f; KG ZMR 2001, 728 f z. nichtigen Auflassung; NZM 2003, 400 z. Formmangel des Kaufvertrags). Stellt sich heraus, dass der der Eigentumsumschreibung zugrunde liegende Kaufvertrag nichtig war, so kann der Erwerber bereits gezahlte Beträge von der Wohnungseigentümergemeinschaft zurückverlangen, da deren Beschlüsse ihn nicht binden (KG NZM 2002, 129).

Auch bei einer auf Eigentumserwerb außerhalb des Grundbuchs beruhenden Grundbuchunrichtigkeit sind Schuldner stets die wahren Rechtsinhaber, also bei einem Erwerb durch Zuschlag in der → Zwangsversteigerung der Ersteher, beim Tod eines Wohnungseigentümers der → Erbe und bei einem Gesellschafterwechsel in einer → Gesellschaft bürgerlichen Rechts, soweit diese nicht rechtsfähig und deshalb – wie die rechtsfähigen Personengesellschaften des Handelsrechts (oHG, KG) – als Gesellschaft Beitragsschuldnerin ist, die Gesellschafter in ihrer jeweiligen Zusammensetzung. Der werdende Wohnungseigentümer bei der Begründung von Wohnungseigentum wird Beitragsschuldner, sobald er eine gesicherte Anwartschaft auf Erwerb des Wohnungseigentums hat, was die Eintragung einer Auflassungsvormerkung und Besitzübergang voraussetzt (→ Faktische Eigentümergemeinschaft). Der (Zweit-)Erwerber schuldet nur die nach seinem Eigentumserwerb fälligen Beitragsvorschüsse (→ Haftung des Erwerbers), während für die vor dem Eigentumsübergang fälligen Vorschussforderungen der Veräußerer weiterhin haftet (→ Haftung des Veräußerers).

Wird über die vermietete Eigentumswohnung die → Zwangsverwaltung gem. §§ 146 ff ZVG angeordnet, so muss der Zwangsverwalter gem. § 155 Abs. 1 ZVG aus den Mieteinnahmen vorweg die laufenden Vorschüsse an den Verwalter abführen. Der Insolvenzverwalter tritt im Fall der → Insolvenz eines Wohnungseigentümers gem. § 80 Abs. 1 InsO an dessen Stelle und ist Schuldner der nach der Eröffnung des Insolvenzverfahrens fällig werdenden Beiträge.

5. Einwendungen und Einreden

Der Zahlungsanspruch erlischt gem. § 362 BGB durch Erfüllung, also in erster Linie durch Zahlung, die an alle Wohnungseigentümer zu Händen des Verwalters zu erfolgen hat (Staudinger/Bub § 28 RN 224; z. dessen alleiniger Empfangszuständigkeit s. u. 6.). Gegen die Vorschussansprüche der übrigen Wohnungseigentümer kann ein Wohnungseigentümer nur in eng umgrenzten Ausnahmefällen aufrechnen oder ein Zurückbehaltungsrecht ausüben (→ Aufrechnung, Zurückbehaltungsrecht). Beitragsansprüchen kann ein Wohnungseigentümer auch nicht entgegenhalten, er nutze die Wohnung ganz oder teilweise nicht, da die Beitragspflicht an die bloße Möglichkeit der Nutzung anknüpft (→ Abwesenheit des Wohnungseigentümers).

Ein Wohnungseigentümer kann Vorschüsse nicht mit der Begründung zurückhalten, der Genehmigungsbeschluss über den Wirtschaftsplan sei angefochten worden (→ Wirtschaftsplan, Genehmigung). Ein angefochtener Beschluss über den Einzelwirtschaftsplan bleibt nämlich als Anspruchsgrundlage für Vorschüsse verbindlich, bis er rechtskräftig für ungültig erklärt worden ist (BayObLG NZM 2002, 743 f; KG GE 1989, 1007; Staudinger/Bub § 28 RN 243). Eine Aussetzung des Beitragszahlungsverfahrens bis zur Entscheidung über die Anfechtung des dem Anspruch zugrunde liegenden Eigentümerbeschlusses über den Wirtschaftsplan kommt i. d. R. nicht in Betracht. Denn die Eigentümergemeinschaft hat ein berechtigtes Interesse daran, solche Beschlüsse zur Wahrung ihrer Liquidität (BayObLG NJW-RR 1993, 788) so lange umzusetzen, als sie verbindlich, d. h. nicht rechtskräftig für ungültig erklärt worden sind (BayObLG WE 1995, 247; 1996, 239 f). Das Gericht kann aber durch einstweilige Anordnung gem. § 44 Abs. 3 WEG die Vorschusspflicht für die Dauer des Verfahrens außer Kraft setzen, wenn eine Ungültigerklärung des Beschlusses zu erwarten ist (BayObLG WuM 1995, 54). Wird der Beschluss rechtskräftig für ungültig erklärt, so entfällt der Rechtsgrund für die Vorschusszahlung mit rückwirkender Kraft (BGHZ

106, 113, 123); wird er nur teilweise für ungültig erklärt, so sind die Vorschüsse hinsichtlich der nicht für ungültig erklärten Positionen weiterhin einzuziehen (BayObLG WE 1987, 56). Hinsichtlich der für ungültig erklärten Positionen ist ein Nachtrag zum Wirtschaftsplan zu beschließen, wenn nicht das Gericht den Wirtschaftsplan insoweit korrigiert.

Beitragsansprüche verjähren gem. § 195 BGB in drei Jahren (→ Verjährung).

6. Einziehung durch Verwalter

Gem. § 27 Abs. 2 Nr. 1 WEG ist allein der Verwalter berechtigt und wegen seiner Verpflichtung zur Durchführung von Beschlüssen gem. § 27 Abs. 1 Nr. 1 WEG auch verpflichtet, im Namen aller Wohnungseigentümer die Beitragsvorschüsse bei den einzelnen Wohnungseigentümern anzufordern und in Empfang zu nehmen (BGHZ 111, 148, 151). Zur Anforderung gehören die Zahlungsaufforderung – soweit nicht bekannt, unter Mitteilung der Berechnung der Höhe und des Empfängerkontos –, die Mahnung und die Lastschrift, wenn ein Wohnungseigentümer eine → Einzugsermächtigung erteilt hat. Diese Befugnis kann dem Verwalter gem. § 27 Abs. 3 WEG nicht entzogen werden. Eine Ermächtigung des Verwalters zur außergerichtlichen Geltendmachung der Beitragsansprüche aller Wohnungseigentümer in deren Namen gegenüber dem einzelnen Wohnungseigentümer ist daher entbehrlich (Bub PiG 36, 67, 69). Da die Einziehung der Beitragsvorschüsse kraft Gesetzes originäre Aufgabe des Verwalters ist, umfasst eine Ermächtigung zur Führung von Prozessen für die Wohnungseigentümer (→ Prozessführung durch Verwalter) nicht auch die Beauftragung eines Rechtsanwaltes zur außergerichtlichen Betreibung von Beitragsvorschüssen (OLG Düsseldorf ZWE 2001, 117).

Wegen der unabdingbaren Empfangszuständigkeit des Verwalters können die einzelnen Wohnungseigentümer ihre Beitragszahlungen mit schuldbefreiender Wirkung gem. § 362 Abs. 1 BGB nur an alle Wohnungseigentümer zu Händen des Verwalters leisten (KG OLGZ 1977, 1). Die Zahlung hat also auf ein vom Verwalter für die Wohnungseigentümer geführtes Konto (→ Verwaltung gemeinschaftlicher Gelder) zu erfolgen; auch die Zahlung auf das allgemeine Geschäftskonto des Verwalters hat schuldbefreiende Wirkung (OLG Saarbrücken OLGZ 1988, 45, 47; BPM §27 RN 104). Der Verwalter bleibt zwingend auch dann empfangszuständig, wenn die Wohnungseigentümer einen Dritten, z. B. einen einzelnen Wohnungseigentümer, zur Einziehung von Beitragsforderungen ermächtigen; dieser kann also nur Leistung an alle Wohnungseigentümer zu Händen des Verwalters verlangen (BGHZ 111, 148, 150; Bub PiG 36, 67, 73).

Erklärt ein Wohnungseigentümer gegenüber dem Verwalter die Aufrechnung gegen Beitragsforderungen (→ Aufrechnung, Zurückbehaltungsrecht), so umfasst die gesetzliche Empfangsvollmacht nicht die Befugnis, Gegenansprüche einzelner Wohnungseigentümer anzuerkennen oder unstreitig zu stellen (BayObLG ZMR 1997, 328). Gleichfalls erfasst die Ermächtigung zur gerichtlichen Geltendmachung von Beitragsansprüchen mangels ausdrücklicher Ermächtigung nicht die Befugnis, in einem außergerichtlichen Vergleich auf einen Teil der Vorschussansprüche zu verzichten (BayObLG NZM 1999, 78), da es sich bei der Verfahrensstandschaft (→ Prozessführung durch Verwalter) um eine vom Rechtsträger erteilte Erlaubnis zur Verfahrensführung handelt, die von der gleichzeitig möglichen, aber keineswegs erforderlichen materiell-rechtlichen Verfügungsbefugnis zu trennen ist (BayObLG NZM 1999, 78f; Bork ZGR 1991, 125, 141). Anderes gilt gem. §81 ZPO für einen gerichtlichen → Vergleich durch den zur Prozessführung ermächtigten Verwalter.

Die unmittelbare Zahlung an einen Gläubiger der Wohnungseigentümer befreit einen Wohnungseigentümer gegenüber den übrigen Wohnungseigentümern grds. nicht von seiner Beitragspflicht (BayObLG NJW 1958, 1824; Palandt/Bassenge §27 RN 9; Bub WE 1993, 3f). Die Zahlung eines Mieters an die Gemeinschaft in der → Insolvenz eines Wohnungseigentümers befreit diesen insoweit, als die Insolvenzmasse von einer Verbindlichkeit befreit wird.

7. Gerichtliche Geltendmachung

Bezahlt ein Wohnungseigentümer die geschuldeten Vorschüsse nicht, so ist der Anspruch vom Verwalter im Namen der übrigen

Wohnungseigentümer durch Antrag an das Amtsgericht, Abt. für Wohnungseigentumssachen, gem. § 43 Abs. 1 Ziff. 1 WEG oder auch im gerichtlichen →Mahnverfahren gem. § 46a WEG geltend zu machen, sofern er hierzu durch Beschluss, Verwaltervertrag oder Gemeinschaftsordnung ermächtigt ist, § 27 Abs. 2 Nr. 5 WEG (→ Geltendmachung gemeinschaftlicher Ansprüche). In diesem Fall ist Antragsteller die insoweit rechtsfähige Wohnungseigentümergemeinschaft (a.A. noch BGH NZM 1998, 667; Z 142, 290, 292: alle Wohnungseigentümer mit Ausnahme des Beitragsschuldners, der deshalb aus einer dem Antrag beigefügten Eigentümerliste zu streichen ist). Die Ermächtigung des Verwalter deckt auch die Beauftragung eines →Rechtsanwalts.

Der Verwalter kann auch beauftragt und ermächtigt werden, die Ansprüche der Wohnungseigentümer als Prozessstandschafter im eigenen Namen geltend zu machen (→Prozessführung durch Verwalter). In diesem Fall ist er berechtigt, aus dem Titel im eigenen Namen eine →Zwangssicherungshypothek in das Grundbuch des Schuldners eintragen zu lassen. Beim Verwalterwechsel kann der vom alten Verwalter im eigenen Namen erstrittene Titel auf die Wohnungseigentümer, aber auch auf den neuen Verwalter umgeschrieben werden (→Prozessführung durch Verwalter).

Für eine gerichtliche Durchsetzung des Anspruchs fehlt das →Rechtsschutzbedürfnis, wenn und soweit sich der säumige Wohnungseigentümer der sofortigen →Zwangsvollstreckung in sein Vermögen gem. § 794 Abs. 1 Nr. 5 ZPO und ggf. das seiner →Sonderrechtsnachfolger unterworfen hat, es sei denn, dass ein Vollstreckungsorgan die Zwangsvollstreckung aus der Urkunde verweigert oder mit einer Vollstreckungsgegenklage zu rechnen ist (OLG Hamm NJW 1976, 246; MDR 1989, 266).

Ein einzelner Wohnungseigentümer kann im eigenen Namen Vorschussansprüche gegen Miteigentümer auf Zahlung an alle Wohnungseigentümer gem. § 432 BGB nur gerichtlich geltend machen, wenn er dazu durch Beschluss der Wohnungseigentümer ermächtigt worden ist (BGHZ 111, 148ff; KG NZM 2001, 429; OLG Köln NZM 2003, 561) oder die Voraussetzungen einer →Notgeschäftsführung gem. § 21 Abs. 2 WEG vorliegen. Zahlung an sich selbst kann ein Wohnungseigentümer gem. §§ 16 Abs. 2

WEG, 748 BGB nur insoweit verlangen, als er selbst wegen des Rückstands des säumigen Miteigentümers in Anspruch genommen wird oder deshalb Zahlungen geleistet hat (BGH WM 1984, 1338), und zwar auch ohne ermächtigenden Beschluss der Wohnungseigentümer (KG WuM 1991, 130).

Erweist sich der Zahlungsanspruch als begründet, entspricht es billigem Ermessen i. S. d. § 47 WEG, dem säumigen Wohnungseigentümer, der eine der elementaren Pflichten gegenüber seinen Miteigentümern vernachlässigt hat, die Gerichtskosten und die Erstattung außergerichtlicher Auslagen der Wohnungseigentümer aufzuerlegen (→ Kostenentscheidung). Gibt es an der Zahlungspflicht keine ernsthaften Zweifel, etwa weil der säumige Wohnungseigentümer seine Verpflichtung nicht bestreitet, so sollte zur Herstellung der für das ordnungsgemäße Funktionieren der Gemeinschaft erforderlichen Liquidität von Amts wegen die vorläufige Vollstreckbarkeit des Zahlungsbeschlusses durch → einstweilige Anordnung gem. § 44 Abs. 3 WEG angeordnet werden.

Für die Geltendmachung von Beitragsansprüchen gegenüber einzelnen Wohnungseigentümern ist das Amtsgericht, Abt. für Wohnungseigentumssachen, unabhängig davon zuständig, ob der Wohnungseigentümer vor oder nach Rechtshängigkeit sein Wohnungseigentum veräußert hat (→ Beteiligte).

▶ **Beitragsrückstände** → Haftung des Erwerbers; → Haftung des Veräußerers

▶ **Belastungen**

Das Wohnungseigentum kann selbständig mit Hypotheken, Grund- oder Rentenschulden (OLG Hamm Rpfleger 1983, 395), → Dienstbarkeiten (BGHZ 107, 289; BayObLGZ 1987, 359 für das Recht, einen Kfz-Stellplatz zu benutzen, der allein Gegenstand des Sondereigentums ist; BayObLG MittBayNot 1985, 128 für ein Terrassenalleinnutzungsrecht; OLG Hamm NZM 2000, 831), Reallasten (OLG Düsseldorf DNotZ 1977, 305), dinglichen → Vorkaufsrechten (HansOLG Bremen Rpfleger 1977, 313; OLG Celle DNotZ 1955, 320), einem dinglichen → Wohnungsrecht, einem Dauerwohnrecht (BayObLG Rpfleger 1980, 150), →Nießbrauch oder Gemeinderecht (LG München I MittBayNot 1985, 130) belastet werden. Praktisch bedeutsam ist die Belastung mit →Grundpfandrechten wie Hypothek und Grundschuld.

Subjektiv-dingliche Rechte zugunsten eines Grundstücks bestehen nach Begründung von Wohnungseigentum als Gesamtberechtigung fort (BayObLG Rpfleger 1983, 434). Das Grundstück als Ganzes kann auch nach Aufteilung in Wohnungseigentum noch belastet werden (BGHZ 36, 188; Weitnauer §3 RN 30 mwN). Es fehlt zwar an einem gemeinschaftlichen Gegenstand, das Grundstück als Ganzes ist aber als die Summe aller Anteile am gemeinschaftlichen Eigentum und aller Sondereigentumsrechte zu sehen. Die Eintragung erfolgt deshalb in allen Wohnungsgrundbüchern unter Hinweis auf die Mitbelastung der anderen Wohnungseigentumsrechte (BayObLGZ 1974, 118).

Eine Belastung mit dinglichen Rechten stellt eine Verfügung über den gemeinschaftlichen Gegenstand im Ganzen i.S.d. §747 S.2 BGB dar. Sie kann also nur von allen Wohnungseigentümern gemeinschaftlich vorgenommen werden (KG OLGZ 1976, 257), und zwar auch zugunsten eines Wohnungseigentümers.

▶ Belege

Nach §28 Abs.3 WEG ist vom Verwalter jährlich nach Ablauf des Kalenderjahres eine Abrechnung aufzustellen (→ Abrechnung, Aufstellung). Aus seiner Pflicht zur Erstellung der Abrechnung folgt die zivilrechtliche Pflicht des Verwalters zur → Buchführung. Insoweit gilt nach den Grundsätzen ordnungsmäßiger Buchführung das Belegprinzip, d.h. jeder Buchung muss ein schriftlicher Beleg als Nachweis eines Geschäftsvorfalls zugrunde liegen (KG OLGZ 1981, 301, 306; OLG Hamm OLGZ 1975, 157, 158; Staudinger/Bub §28 RN 296). Das Belegprinzip ist Grundlage der Beweiskraft der Buchführung und unabdingbar (BFH Betrieb 1962, 1029). Auf Datenträger gespeicherte Belege müssen stets lesbar gemacht werden können, §239 Abs.4 S.2 HGB.

Die Anforderungen an den Inhalt der Belege sind nach dem Einzelfall zu bemessen. Der Beleg muss seine Funktion als doku-

mentarisches Bindeglied zwischen Geschäftsvorfall und Buchung erfüllen können. I.d.R. muss der Beleg
- den konkreten Geschäftsvorfall,
- den Namen und die Anschrift des Geschäftspartners,
- den Bezug zu der betreffenden Wohnanlage sowie
- die Höhe der jeweiligen Forderung oder Verbindlichkeit einschließlich der zu ihrer Nachvollziehbarkeit erforderlichen Angaben

enthalten. Die Anforderungen können aber im Einzelfall herabgesetzt sein, z.B. beim Eigenbeleg des Verwalters für Trinkgelder an die Müllabfuhr, die üblicherweise nicht quittiert werden (Staudinger/Selb § 259 BGB RN 12). Eigenbelege sind nur zulässig, wenn der Verwalter in jedem Einzelfall darlegen und beweisen kann, dass der jeweilige Geschäftspartner trotz ernsthafter Bemühungen einen Beleg nicht hergeben konnte oder wollte (LG Aurich NdsRpfl 1973, 18f; MünchKomm/Keller § 259 BGB RN 28).

Die Belege sind so systematisch zu nummerieren und abzulegen, dass sie ohne weiteres der entsprechenden Buchung zugeordnet werden können; zweckmäßig ist es, die Belege chronologisch zu nummerieren und dem dazugehörigen Bankauszug beizufügen, auf dem die entsprechenden Nummern vermerkt werden (KG OLGZ 1981, 301, 306; MünchKomm/Röll § 28 RN 11). Eine ungeordnete Belegsammlung kann der Überprüfbarkeit der Abrechnung oder Rechnungslegung entgegenstehen.

Die Belege sind der Abrechnung nicht körperlich beizufügen, etwa durch Vervielfältigung aller Belege und Übersendung an alle Wohnungseigentümer (Staudinger/Bub § 28 RN 374). Sie müssen aber für die in der Abrechnung ausgewiesenen Einnahmen und Ausgaben sowie für die in der Vermögensübersicht ausgewiesenen Forderungen und Verbindlichkeiten, insbesondere für Bankguthaben und -verbindlichkeiten (OLG Celle NJW-RR 1987, 238; → Abrechnung, Aufstellung) vorhanden sein, bereitgehalten werden und zur Prüfung der Abrechnung eingesehen werden können (→ Einsichtsrecht).

Der Verwalter hat die Belege aufzubewahren (→ Aufbewahrung von Verwaltungsunterlagen) und bei Beendigung des Verwaltervertrages an die Wohnungseigentümer herauszugeben (→ Herausgabe von Verwaltungsunterlagen).

▶ **Benutzungsregelung** → Gebrauch des gemeinschaftlichen Eigentums; → Gebrauch des Sondereigentums; → Hausordnung; → Sondernutzungsrecht

▶ **Bepflanzung** → Garten, Rasenflächen

▶ **Berufsbild des Verwalters**

Das Berufsbild des Verwalters hat als Teilbereich eine normative Typisierung durch die seit 1981 bestehende VO des Bundesministeriums für Wirtschaft über die Berufsausbildung zum „Kaufmann/Kauffrau in der Grundstücks- und Wohnungswirtschaft" (letzte Fassung BGBl I 1996, 462) erfahren, dessen §1 diesen Beruf als Ausbildungsberuf i.S. von §25 BBiG staatlich anerkennt. Darauf aufbauend kommt eine Weiterbildung zum Fachwirt für Grundstücks- und Wohnungswirtschaft mit einer entsprechenden Prüfung durch die hierfür zuständige Industrie- und Handelskammer in Betracht, die mit einer Meisterprüfung vergleichbar ist. Die wohnungswirtschaftlichen Verbände haben in Zusammenarbeit mit dem Deutschen Industrie- und Handelstag die staatliche Anerkennung des „Fachkaufmann/der Fachkauffrau für die Verwaltung von Wohnungseigentum" als Fortbildungsberuf erreicht und damit eine geregelte Ausbildung für den Wohnungseigentumsverwalter geschaffen; nur wer sich auf der Grundlage vorangegangener beruflicher Qualifizierungen, mehrjähriger Berufserfahrung und einer geregelten Fortbildung nach Maßgabe einer bestimmten Ausbildungsordnung einer Abschlussprüfung durch die zuständige Industrie- und Handelskammer erfolgreich unterzieht, kann diese Berufsbezeichnung führen.

Das Berufsbild des Verwalters prägen ferner die Vorstellungen der Berufsangehörigen selbst und die Vorstellungen der Personen, die mit ihm im beruflichen Kontakt stehen, also vor allem der Wohnungseigentümer auf der Grundlage der üblichen vertraglichen Beziehungen. Die Anschauungen der genannten Personen resultieren aus der Tätigkeit des Verwalters, wie sie nach dem WEG, insbesondere den §§ 24, 27, 28 WEG, der Vereinbarung/ Gemeinschaftsordnung und vor allem nach dem Verwaltervertrag zu erfolgen hat. Ein Vergleich der üblichen Regelungen ergibt eine völlige Übereinstimmung mit den Anforderungen der Aus- und Fortbildung, so dass man insoweit von einem verfestigten Berufsbild sprechen kann.

▶ **Beschlussanfechtung** → Anfechtbarkeit und Anfechtung eines Beschlusses

▶ **Beschluss der Wohnungseigentümer** → Mehrheitsbeschluss

▶ **Beschlussfähigkeit**

Anders als das Stimmrecht, das sich grds. nach Köpfen bemisst, bemisst sich die Beschlussfähigkeit einer Wohnungseigentümerversammlung nach der Größe der vertretenen Miteigentumsanteile. Die Überprüfung und Feststellung der Beschlussfähigkeit obliegt dem Verwalter zunächst zu Beginn der Wohnungseigentümerversammlung (→ Geschäftsordnung). Mängel der Beschlussfähigkeit führen nicht zur Nichtigkeit, sondern lediglich zur Anfechtbarkeit der in einer solchen Versammlung gefassten Beschlüsse (BayObLG WE 1994, 184; OLG Hamm WE 1993, 24; OLG Karlsruhe WE 1996, 460; OLG Köln NZM 2002, 458; Staudinger/Bub § 25 RN 245; Palandt/Bassenge § 25 RN 12).

1. Beschlussfähigkeit der ersten Versammlung

Nach § 25 Abs. 3 WEG ist die erste Wohnungseigentümerversammlung nur beschlussfähig, wenn die erschienenen, stimmberechtigten Wohnungseigentümer mehr als die Hälfte der Miteigentumsanteile vertreten, also das sog. „Quorum" erreichen. Das Gesetz nimmt somit in Kauf, dass ein Mehrheitseigentümer die Beschlussfähigkeit der ersten Versammlung durch Fernbleiben von der Versammlung oder Entfernen vor der Abstimmung verhindern kann; ihm ist aber u. U. die Berufung auf die Beschlussunfähigkeit der Versammlung versagt.

Beschlussfähigkeit

a) Miteigentumsanteile

Maßgeblich für die Berechnung der Beschlussfähigkeit ist die Größe der für die einzelnen Wohnungseigentümer im Grundbuch eingetragenen Miteigentumsanteile. Da § 25 Abs. 3 WEG abdingbar ist (BayObLG NJW-RR 1995, 203; Staudinger/Bub § 25 RN 57), können die Wohnungseigentümer hinsichtlich der Beschlussfähigkeit allerdings anderes vereinbaren, z.B.

- festlegen, dass jede Versammlung unabhängig von der Zahl der anwesenden und vertretenen Miteigentümer beschlussfähig ist (OLG Hamburg OLGZ 1989, 318, 329);
- die Zahl der für die Beschlussfähigkeit erforderlichen Miteigentumsanteile erhöhen oder reduzieren;
- die Beschlussfähigkeit von der Stimmberechtigung abkoppeln und festlegen, dass eine Versammlung unabhängig von der Stimmberechtigung beschlussfähig ist, wenn mehr als die Hälfte der Miteigentumsanteile vertreten sind (BayObLG WuM 1994, 105; KG NJW-RR 1994, 659 f).

Ein Mehrheitsbeschluss zur anderweitigen Regelung der Beschlussfähigkeit ist nichtig (→ Vereinbarungsändernder, vereinbarungsersetzender, vereinbarungswidriger Mehrheitsbeschluss).

b) Erschienene und stimmberechtigte Wohnungseigentümer

„Erschienen" sind sämtliche Wohnungseigentümer, die bei der konkreten Beschlussfassung anwesend sind. Mitzuzählen sind auch die Miteigentumsanteile jener Wohnungseigentümer, die in der Wohnungseigentümerversammlung durch Bevollmächtigte ordnungsgemäß vertreten sind (BayObLG WuM 1994, 105 f; KG OLGZ 1974, 490; BPM § 25 RN 80; → Vertretung in der Wohnungseigentümerversammlung). Kann allerdings ein Vertreter seine Bevollmächtigung nicht ordnungsgemäß nachweisen, wird der von ihm vertretene Miteigentumsanteil bei der Berechnung der Beschlussfähigkeit nicht mitgezählt; der betreffende Wohnungseigentümer gilt als nicht erschienen (BayObLGZ 1981, 220, 224).

Geschäftsunfähige sind nicht stimmberechtigt und werden deshalb nicht mitgezählt (BPM § 25 RN 81). Minderjährige bedürfen der Einwilligung ihres gesetzlichen Vertreters; sie sind nur mitzuzählen, wenn die Einwilligung vorliegt (→ Geschäftsfähigkeit).

Mitzuzählen ist hingegen ein Betreuter, der nicht unter Betreuungsvorbehalt steht, da er rechtswirksame Willenserklärungen abgeben kann.

Für die Beschlussfähigkeit ist ohne Belang, wie die Wohnungseigentümer von ihrem Stimmrecht Gebrauch machen (Weitnauer/Lüke § 25 RN 2). Stimmenthaltungen bei einzelnen Beschlussfassungen berühren die Beschlussfähigkeit nicht. Auch die von vornherein erklärte Passivität einzelner Wohnungseigentümer bei einzelnen Beschlussgegenständen ist für die Beschlussfähigkeit unbeachtlich. Verlassen allerdings einzelne Versammlungsteilnehmer vor der Abstimmung den Raum, um damit ihre Stimmenthaltung zu bekunden, kann dies u. U. die Beschlussunfähigkeit der Versammlung herbeiführen (BayObLGZ 1981, 50, 55; OLG Köln DWE 1988, 24).

Bei der Feststellung der Beschlussfähigkeit sind die Miteigentumsanteile der Wohnungseigentümer, die erschienen bzw. vertreten, aber gem. § 25 Abs. 5 WEG nicht stimmberechtigt sind (→ Ruhen des Stimmrechts), nicht mitzuzählen (BayObLG ZMR 2002, 527; OLG Düsseldorf WE 1992, 81; a.A. KG OLGZ 1989, 38, 40).

Vereinigen vom Stimmrecht ausgeschlossene Wohnungseigentümer aber mehr als die Hälfte aller Miteigentumsanteile auf sich, ist die Wohnungseigentümerversammlung abweichend vom Wortlaut von § 25 Abs. 3 WEG beschlussfähig (BayObLG ZMR 2002, 527; OLG Düsseldorf NZM 1999, 269). Die Einberufung einer zweiten, nach § 25 Abs. 4 WEG ohne Rücksicht auf die vertretenen Anteile beschlussfähigen Versammlung wäre in diesem Fall bloße Förmelei (OLG Düsseldorf NZM 1999, 269; Palandt/Bassenge § 25 RN 12). Dies gilt nicht, wenn die Beschlussunfähigkeit darauf gründet, dass das Stimmrecht der Mehrheit der Wohnungseigentümer – gemäß einer entsprechenden Regelung in der Teilungserklärung – aufgrund von Beitragsrückständen ruht (→ Verzug, Verzugszinsen, Verzugsschaden), da der einzelne Wohnungseigentümer in der Zeit bis zur Durchführung der zweiten Versammlung etwaige Rückstände ausgleichen und dadurch das Wiederaufleben seines Stimmrechts herbeiführen kann (OLG Düsseldorf NZM 1999, 269f). Gleiches gilt, wenn die Beschlussfähigkeit darauf beruht, dass ein Mehrheitseigentümer nicht ordnungsgemäß vertreten ist (KG ZMR 2004, 144).

c) Maßgeblicher Zeitpunkt

Maßgeblicher Zeitpunkt für die Beschlussfähigkeit ist jeweils die konkrete Beschlussfassung zu jedem Tagesordnungspunkt (BayObLGZ 1992, 288; OLG Düsseldorf WE 1992, 81; OLG Karlsruhe ZMR 2003, 289; OLG Köln ZMR 2003, 607; OLG Saarbrücken NZM 2002, 345), weshalb sie nicht nur zu Beginn der Versammlung gegeben sein muss, sondern bei jedem Beschluss (MünchKomm/Röll § 25 RN 27) und trotz personell gleichbleibender Zusammensetzung der Eigentümerversammlung lediglich bei einzelnen Beschlüssen fehlen kann.

Die einmal zu Beginn der Versammlung festgestellte Beschlussfähigkeit ist vom Versammlungsvorsitzenden aber nicht vor jedem Beschluss zu prüfen (BayObLG WE 1993, 169). Die zunächst gegebene Beschlussfähigkeit kann entfallen, wenn ein Teil der Wohnungseigentümer die Versammlung verlässt (BayObLGZ 1981, 50, 55; OLG Köln DWE 1988, 24), aber auch wenn anwesende oder vertretene Wohnungseigentümer zu einzelnen Tagesordnungspunkten nicht stimmberechtigt sind. Hat der Versammlungsvorsitzende deshalb Zweifel am Fortbestehen der Beschlussfähigkeit oder äußert ein Wohnungseigentümer derartige Zweifel, hat der Versammlungsvorsitzende die Beschlussfähigkeit erneut zu überprüfen (BayObLG WE 1993, 169; OLG Saarbrücken NZM 2002, 345; BPM § 25 RN 80). Geht er solchen Zweifeln nicht nach, führt die spätere Unaufklärbarkeit, wie viele Eigentümer noch anwesend waren, auf Anfechtung zur Ungültigerklärung der nachfolgenden Beschlüsse (BayObLG WE 1993, 169; OLG Köln NJW-RR 1989, 16; NZM 2002, 458; NJOZ 2003, 69 f).

Verliert eine Versammlung ihre zunächst vorhandene Beschlussfähigkeit, weil einzelne Teilnehmer sie verlassen, ist nach § 25 Abs. 4 WEG zu verfahren, d.h., es ist eine Zweitversammlung einzuberufen. In diesem Fall sind lediglich die bei Wegfall der Beschlussfähigkeit noch nicht erledigten Tagesordnungspunkte in der neu einzuberufenden Versammlung zu behandeln (BayObLG WEM 1983, 30). Beruht die Beschlussfähigkeit auf Stimmverboten

(→ Ruhen des Stimmrechts), ist nur hinsichtlich der betroffenen Beschlüsse nach § 25 Abs. 4 WEG zu verfahren, im Übrigen aber die Versammlung fortzusetzen. Z. Beschlussfähigkeit bei sog. Teilversammlungen → Delegiertenversammlung, Teilversammlung.

2. Beschlussfähigkeit der zweiten Versammlung

Erreicht die Wohnungseigentümerversammlung nicht das nach § 25 Abs. 3 WEG erforderliche Quorum und ist deshalb beschlussunfähig, hat der Verwalter gem. § 25 Abs. 4 WEG nach dieser Versammlung (OLG Köln MDR 1999, 799; → Eventualeinberufung) eine neue Versammlung mit dem gleichen Gegenstand einzuberufen und darauf hinzuweisen, dass diese ungeachtet der Größe der vertretenen Anteile beschlussfähig ist. Bei der zweiten Versammlung muss es sich um eine echte Wiederholungsversammlung handeln; sie muss also dieselbe Tagesordnung wie die erste beschlussunfähige haben (Palandt/Bassenge § 25 RN 13).

Werden neben den Beschlussgegenständen der ersten Versammlung noch weitere Tagesordnungspunkte behandelt, handelt es sich insoweit um eine erste Versammlung, so dass sich die Beschlussfähigkeit nach § 25 Abs. 3 WEG richtet (OLG Frankfurt OLGZ 1983, 29f; BPM § 25 RN 85). Ein solches Nebeneinander von erster und zweiter Versammlung kann insbesondere dann auftreten, wenn die erste Versammlung nur bezüglich einzelner Beschlussgegenstände beschlussunfähig war, z.B. wenn eine zunächst beschlussfähige Versammlung durch das Sich-Entfernen einzelner Wohnungseigentümer im weiteren Verlauf beschlussunfähig wird und nur noch die noch nicht abgehandelten Tagesordnungspunkte in der Zweitversammlung behandelt werden müssen.

Die Einberufungsbefugnis steht derselben Person zu, die für die Einberufung der ersten Versammlung zuständig war (→ Einberufung der Wohnungseigentümerversammlung). Hinsichtlich Ort und Zeit der zweiten Versammlung gelten dieselben Mindestvoraussetzungen wie bei der ersten Versammlung (→ Wohnungseigentümerversammlung).

Der Einberufende muss in der Einberufung darauf hinweisen, dass die zweite Versammlung unabhängig von der Größe der vertretenen Anteile beschlussfähig ist. Fehlt der Hinweis, so richtet sich die Beschlussfähigkeit wiederum nach § 25 Abs. 3 WEG. Das Fehlen des Hinweises begründet jedoch nicht die Nichtigkeit, sondern nur die Anfechtbarkeit der gleichwohl gefassten Beschlüsse (BayObLG WE 1991, 49; OLG Düsseldorf i-telex 1987, 83). Sind bei der Wiederholungsversammlung allerdings so viele Wohnungseigentümer anwesend, dass das nach § 25 Abs. 3 WEG für die Erstversammlung erforderliche Quorum erreicht wird, ist der Verstoß gegen § 25 Abs. 4 S. 2 WEG unschädlich (OLG Frankfurt OLGZ 1983, 29; Palandt/Bassenge § 25 RN 13).

▶ Beschwerde, sofortige und sofortige weitere

1. Sofortige Beschwerde

Gegen die Entscheidung des Amtsgerichts, Abt. für Wohnungseigentumssachen, auch gegen eine Zwischen- (OLG Celle NJW-RR 1989, 143; OLG Köln NZM 1999, 858) oder eine Teilentscheidung (OLG Düsseldorf NJW 1970, 1157), ist die sofortige Beschwerde statthaft, wenn der Wert des Beschwerdegegenstandes € 750,– übersteigt, §§ 45 Abs. 1 WEG, 22 Abs. 1 FGG. Der Beschwerdewert wird – wie im Zivilprozess – aus der Sicht des Rechtsmittelführers bestimmt nach seiner Beschwer und dem mit der Beschwerde verfolgten vermögenswerten Interesse an der Abänderung der angefochtenen Entscheidung (BGHZ 119, 216, 218; BayObLG WuM 1994, 573). Bei mehreren Beschwerdeführern ist die Summe der Beschwer maßgeblich (OLG Düsseldorf ZMR 1998, 450). Die Interessen der übrigen Beteiligten, insbesondere die Bedeutung der Sache für die Eigentümergemeinschaft, bleiben unberücksichtigt. Für die Höhe des Beschwerdewerts kommt es allein auf die Entscheidung zur Hauptsache an; der Ausspruch zu den Nebenforderungen und den Kosten bleibt in entsprechender Anwendung von §§ 2, 4 Abs. 1 ZPO außer Betracht (BayObLG WE 1991, 370; ZWE 2000, 461). Die Beschwerde gegen eine isolierte → Kostenentscheidung ist statthaft, wenn der Beschwerdewert € 100,– übersteigt, § 20a Abs. 1 FGG.

a) Beschwerdefrist und Beschwerdeeinlegung

Die Beschwerdefrist beträgt zwei Wochen, § 22 Abs. 1 FGG, und beginnt für jeden Beschwerdeberechtigten mit der Zustellung der Entscheidung gem. § 16 Abs. 2 FGG oder mit deren Bekanntmachung durch Verkündung gem. § 16 Abs. 3 FGG, sofern die Beteiligten anwesend sind (BayObLGZ 2001, 145; 2001, 216), kann also für verschiedene Beteiligte zu verschiedenen Zeiten beginnen. Für das In-Lauf-Setzen der Frist bei Verkündung der Entscheidung ist unerheblich, zu welchem Zeitpunkt das in der mündlichen Verhandlung aufgezeichnete vorläufige Protokoll endgültig hergestellt wird. Ausreichend ist, daß die gerichtliche Entscheidung samt Gründen mündlich eröffnet, wörtlich zu Protokoll genommen und in diesem die mündliche Eröffnung bestätigt wird (BayObLGZ 2001, 215, 218). Nicht ausreichend ist die Verkündung allein des Tenors der Entscheidung (OLG Köln NZM 1999, 1155). Die → Wiedereinsetzung in den vorigen Stand ist bei unverschuldeter Versäumung der Beschwerdefrist gem. § 22 Abs. 2 FGG möglich. War die Ausgangsentscheidung unklar formuliert, so kann u. U. die Zustellung eines Berichtigungsbeschlusses für den Beginn der Beschwerdefrist maßgeblich sein (BayObLG NZM 2002, 302).

Die Einlegung erfolgt durch Einreichung einer Beschwerdeschrift, die auch ohne Unterzeichnung wirksam ist, wenn die Einleitung des Beschwerdeverfahrens zweifelsfrei gewollt ist (BGHZ 95, 118, 125). Sie kann auch per Telegramm (BGHZ 87, 63 f) eingelegt werden oder durch Erklärung zu Protokoll der Geschäftsstelle des Amtsgerichts oder Landgerichts (§ 21 Abs. 2 FGG).

Die sofortige Beschwerde bedarf nach den allgemeinen Verfahrensvorschriften des FGG weder eines bestimmten Antrags noch einer Begründung (BGHZ 95, 125; BayObLG WuM 2002, 515). Behält sich der Beschwerdeführer eine Beschwerdebegründung vor, so kann das Beschwerdegericht, ohne eine Frist zu setzen oder den Eingang der Beschwerdebegründung abzuwarten, nach angemessener Zeit entscheiden (BayObLG WE 1988, 205).

Die Beschwerde hat aufschiebende Wirkung, § 45 Abs. 2 S. 1 WEG.

b) Beschwerdeberechtigung

Wird ein Antrag zurückgewiesen, ist jeder Antragsberechtigte, der gem. § 20 Abs. 1 FGG beeinträchtigt ist, beschwerdeberechtigt

(BGH NJW 2003, 3124; a.A. Palandt/Bassenge §45 WEG RN 3). Im Beschlussanfechtungsverfahren ist ein Beschwerdeführer, der keinen Anfechtungsantrag gestellt hat, aber nur dann beschwerdeberechtigt, wenn er im Zeitpunkt der Rechtsmitteleinlegung den Antrag noch wirksam stellen könnte (BGHZ 120, 396). Wird ein Antrag übergangen, kann nur Beschlussergänzung entsprechend §321 ZPO verlangt werden (BayObLG NZM 2002, 708).

c) Verfahren

Eine mündliche Verhandlung muss im Beschwerdeverfahren vor der voll besetzten Kammer erfolgen (BayObLG WuM 1993, 490f; OLG Düsseldorf WE 1995, 149; OLG Frankfurt NJW-RR 2001, 804). Hierauf darf nur unter außergewöhnlichen Umständen verzichtet werden (BGHZ 139, 288; BayObLG NZM 2001, 150), die in der Entscheidung darzulegen sind (BayObLG WuM 1988, 329; OLG Celle WuM 1988, 415), z.B. bei wiederholten Verhandlungen in erster Instanz und offenkundig fehlender Vergleichsbereitschaft der Beteiligten (BayObLG ZMR 1985, 29), wenn sich die Hauptsache erledigt hat und nur noch über die Kosten zu entscheiden ist (BayObLG WE 1989, 58; OLG Hamburg ZMR 1990, 467), wenn die Beteiligten auf eine mündliche Verhandlung verzichten (BayObLG WE 1990, 62) oder wenn das Beschwerdegericht vor Aufhebung seiner Entscheidung bereits mit den Beteiligten mündlich verhandelt hatte (BayObLG NZM 2001, 150).

d) Erledigung

Erledigt sich die Hauptsache vor Einlegung der sofortigen Beschwerde, ist diese unzulässig (BayObLG NZM 1999, 320; OLG Düsseldorf WE 1997, 311f; OLG Hamm WE 1996, 33, 35). Erledigt sich die Hauptsache nach Einlegung der sofortigen oder sofortigen weiteren Beschwerde, so bleibt diese mit dem Ziel, die Kostentragungspflicht zu beseitigen, zulässig (BGHZ 106, 180).

e) Entscheidung

Die Entscheidung über die sofortige Beschwerde hat das dem Amtsgericht übergeordnete Landgericht so gem. §25 FGG zu begründen, dass das Gericht der sofortigen weiteren Beschwerde die

Entscheidung des Beschwerdegerichts überprüfen kann (BayObLG ZMR 1977, 346); die Gründe müssen auch erkennen lassen, wie das Beschwerdegericht zu den tatsächlichen Feststellungen gekommen ist (BGHZ 40, 84). Das Beschwerdegericht kann in der Sache selbst entscheiden oder die erste Entscheidung aufheben und die Sache an das AG zurückverweisen, wenn die erste Entscheidung an schwerwiegenden Verfahrensmängeln leidet. Ein erstmals im Beschwerdeverfahren gestellter Antrag kann nicht zur Zurückverweisung der hierdurch eingeleiteten Sache führen (BayObLG v. 28.3.1985, BReg 2 Z 5/85). Wird die Sache zurückverwiesen, sind das Amtsgericht und im weiteren Verlauf auch die Rechtsmittelgerichte an die der Aufhebung unmittelbar zugrunde liegende Rechtsansicht gebunden (BayObLG WE 1998, 30).

Die Beschwerdeentscheidung darf die angegriffene Entscheidung nicht zu Lasten des Beschwerdeführers verschlechtern (Verbot der reformatio in peius), es sei denn, der Gegner hat ebenfalls Beschwerde eingelegt (→ Anschlussbeschwerde) und damit Erfolg (BGHZ 71, 314, 317; BayObLG ZMR 1994, 423); die → Kostenentscheidung (BayObLG WE 1992, 169) und der Geschäftswert können jedoch frei geändert werden (BayObLGZ 1979, 223).

2. Sofortige weitere Beschwerde

Gegen die Entscheidungen des Landgerichts ist die sofortige weitere Beschwerde gem. §§ 45 Abs. 1 WEG, 27, 29 Abs. 2 FGG statthaft, wenn der Beschwerdewert € 750,– übersteigt. Hat das Beschwerdegericht die Beschwerde als unzulässig verworfen, ist entsprechend § 522 Abs. 1 S. 4 ZPO die sofortige weitere Beschwerde stets zulässig (BGH NJW 1992, 3305; BayObLG ZWE 2001, 612 z. § 519 ZPO a. F.). Hat ein Beteiligter gegen die Entscheidung des Amtsgerichts keine Beschwerde eingelegt, kann er gegen die die Beschwerde eine Miteigentümers zurückweisende Entscheidung des Landgerichts keine sofortige weitere Beschwerde einlegen, da ihm gegenüber die Entscheidung des Amtsgerichts rechtskräftig ist (BGH NJW 1980, 1960; BayObLG ZMR 2003, 283).

a) Prüfungsumfang

Voraussetzung der sofortigen weiteren Beschwerde ist, dass die Entscheidung mit der Begründung angegriffen wird, sie beruhe auf einer Rechtsverletzung.

Eine Rechtsverletzung liegt vor, wenn eine Rechtsnorm nicht richtig angewendet worden ist, §§ 27 FGG, 546 ZPO, oder wenn der Sachverhalt nicht richtig festgestellt wurde. Die Auslegung von Willenserklärungen und gerichtlichen → Vergleichen (BayObLG WE 1992, 180) obliegt dem Tatrichter. Sie kann vom Rechtsbeschwerdegericht nur auf Rechtsfehler (BayObLG WE 1990, 69f), d.h. darauf überprüft werden, ob sie überhaupt auslegungsfähig oder eindeutig sind (BGHZ 32, 60, 63), ob die Auslegung möglich ist oder gegen Auslegungsregeln (z.B. §§ 133, 157, 242 BGB), Denkgesetze oder Erfahrungssätze verstößt (BGHZ 24, 15, 19; 35, 69, 72), ob sie widersprüchlich ist und Tatsachenstoff oder gesetzliche Vorschriften nicht beachtet. Ist die Auslegung fehlerhaft oder eine Auslegung sogar unterblieben, kann das Rechtsbeschwerdegericht sie selbst vornehmen, wenn weitere Feststellungen nicht mehr erforderlich sind (vgl. BGHZ 65, 107, 112 z. Revision). Ein dem Tatrichter durch materiell- oder verfahrensrechtliche Vorschriften eingeräumtes und von ihm ausgeübtes Ermessen kann vom Rechtsbeschwerdegericht nur daraufhin überprüft werden, ob die tatsächlichen Voraussetzungen des Ermessens vorlagen und das Gericht hiervon einen fehlerfreien Gebrauch gemacht hat (OLG Düsseldorf ZWE 2000, 366f). Im Übrigen ist das Rechtsbeschwerdegericht an die tatsächlichen Feststellungen des Tatrichters gebunden, §§ 27 FGG, 559 Abs. 2 ZPO.

Uneingeschränkt nachprüfbar und vom Gericht selbst vorzunehmen ist dagegen die Auslegung von Eintragungen im Grundbuch und der dort in Bezug genommenen Eintragungsbewilligung, Teilungserklärung und Gemeinschaftsordnung (BGHZ 121, 236, 239; NZM 1998, 3713f; BayObLG NZM 1998, 775; OLG Köln ZMR 2001, 68). Abzustellen ist auf Wortlaut und Sinn, wie er sich für einen unbefangenen Leser als nächstliegende Bedeutung ergibt; Umstände außerhalb der Urkunde dürfen nicht herangezogen werden (→ Gemeinschaftsordnung). Entsprechendes gilt für die Auslegung von Eigentümerbeschlüssen, die auch ohne Eintragung in das Grundbuch gegen → Sonderrechtsnachfolger und andere Wohnungseigentümer wirken, § 10 Abs. 3, 4 WEG, und zwar unabhängig davon, ob sie einen abgeschlossenen Einzelfall regeln oder für die Zukunft bedeutsame Dauerregelungen treffen (BGH NJW 1998, 3713 f).

Neue zusätzliche Anträge sind im Verfahren der sofortigen weiteren Beschwerde unzulässig (BayObLG WE 1991, 294). Neue Tatsachen können ebenfalls keine Berücksichtigung mehr finden (BayObLG WE 1997, 75), sofern es sich nicht um allgemeinkundige Tatsachen (BayObLGZ 1982, 278) oder Tatsachen handelt, die sich aus den Akten ergeben (KG OLGZ 1983, 431).

b) Beschwerdefrist und Beschwerdeeinlegung

Die Beschwerdefrist beträgt auch hier zwei Wochen. Die Einlegung erfolgt durch Einreichung einer Beschwerdeschrift, die aber von einem Rechtsanwalt unterzeichnet sein muss (§ 29 Abs. 1 S. 2 FGG), oder durch Erklärung zu Protokoll der Geschäftsstelle des Amtsgerichts, Landgerichts oder Oberlandesgerichts. Zulässig ist auch die Beschwerdeeinlegung durch Telegramm eines Rechtsanwalts (BayObLG v. 8.11.1984, BReg 2 Z 70/84).

c) Entscheidung

Über die sofortige weitere Beschwerde entscheidet gemäß § 45 Abs. 1 WEG, § 28 Abs. 1 FGG das dem Landgericht übergeordnete Oberlandesgericht; nach § 199 FGG entscheidet in Bayern das Bayerische Oberste Landesgericht, in Rheinland-Pfalz das Oberlandesgericht Zweibrücken. Wird das Rechtsbeschwerdegericht nach Zurückverweisung erneut mit einer Sache befasst, ist es an die seiner aufhebenden Entscheidung zugrunde gelegte Rechtsauffassung gebunden (BayObLG WE 1989, 211). Will ein Oberlandesgericht bei der Auslegung einer bundesgesetzlichen Vorschrift oder – wegen des normähnlichen Charakters – einer Regelung in einer Gemeinschaftsordnung (BGHZ 92, 21) von der Entscheidung eines anderen Oberlandesgerichts oder des Bundesgerichtshofs abweichen, und hat dies eine abweichende Entscheidung in der Sache selbst zur Folge, so entscheidet zur Wahrung der Rechtseinheit auf Vorlage gem. § 28 Abs. 2 FGG, zu der das betreffende Oberlandesgericht verpflichtet ist, der Bundesgerichtshof.

▶ Beseitigung von Gefahrenquellen

Die Beseitigung von Gefahrenquellen ist – unabhängig davon, welche Maßnahmen ergriffen werden müssen – stets als Maßnahme ordnungsmäßiger Verwaltung aufgrund Mehrheitsbeschlusses zulässig (Palandt/Bassenge § 22 RN 8), z.B. das Fällen umsturzgefährdeter Bäume (OLG Köln NZM 1999, 623), auch wenn diese sich auf dem Dach befinden (BayObLG WE 1997, 72), die Entfernung asbesthaltiger Pflanztröge (BayObLG WE 1994, 26) oder einer absturzgefährdeten Spieltonne (BayObLG ZWE 2000, 173), das Aufstellen eines Kinderschutzzaunes bei einer besonderen Gefahrenlage (BayObLG NZM 2000, 513), die Sicherung gegen das Abrutschen des Geländes (BayObLG ZMR 2001, 468) oder die Errichtung einer → Blitzschutzanlage (OLG Düsseldorf NZM 2001, 146).

▶ Beseitigungsanspruch

Wurde eine rechtswidrige bauliche Veränderung begonnen oder durchgeführt, so besteht gem. § 1004 Abs. 1 S. 1 BGB, der im Verhältnis der Wohnungseigentümer untereinander anwendbar ist, da Wohnungseigentum echtes → Eigentum i.S. des § 903 BGB ist (BGHZ 116, 392, 395; BayObLG ZMR 1997, 317f; OLG Frankfurt FGPrax 1997, 54), für jeden einzelnen Eigentümer ggf. i.V.m. § 15 Abs. 3, 14 Nr. 1 WEG ein Anspruch auf Beseitigung der Beeinträchtigung, den er ohne ermächtigenden Beschluss der übrigen Wohnungseigentümer geltend machen kann (KG ZMR 2000, 557f).

1. Inhalt und Erlöschen des Anspruchs

Der Anspruch richtet sich auf Beseitigung einer rechtswidrigen baulichen Veränderung, soweit diese mehr als nur unwesentlich beeinträchtigt (BayObLG WE 1990, 110). I.d.R. ist daher die gesamte bauliche Veränderung zu beseitigen (BPM § 22 RN 230); im Einzelfall kann aber auch eine teilweise Beseitigung den Nachteil bis auf das zulässige Maß reduzieren (BayObLGZ WE 1992, 19 z. Abtrennung einer rechtswidrig eingebauten Küche von den Ver- und Entsorgungsleitungen; DWE 1995, 28; KG ZMR 1996, 149 jeweils z. Rückschnitt eines beeinträchtigenden Baumes auf ein gemeinverträgliches Maß).

Der Beseitigungsanspruch erlischt mit dem Ende der Beeinträchtigung, also i.d.R. erst mit der Beseitigung der baulichen Veränderung (BayObLG WE 1990, 110).

Zur Vorbereitung der Geltendmachung von Beseitigungsansprüchen besteht ein Auskunftsanspruch, wenn eine mehr als nur unwesentliche Beeinträchtigung dem Grunde nach vorliegt oder zumindest überwiegend wahrscheinlich ist und der Antragsteller in entschuldbarer Weise über Bestehen und Umfang seiner Ansprüche im Ungewissen ist, der in Anspruch Genommene diese Ungewissheit aber unschwer beseitigen kann (OLG Düsseldorf ZMR 1997, 149; MünchKomm/Keller § 260 BGB RN 32). Dieser Anspruch erlischt nicht mit der Veräußerung des Wohnungseigentümers, sondern besteht gem. § 242 BGB aufgrund nachwirkender Treuepflicht fort (OLG Düsseldorf ZMR 1997, 149). Z. Beseitigungsanspruch bei Störungen durch Nachbarn sowie z. gerichtlichen Durchsetzung von Beseitigungsansprüchen → Störungen und Beeinträchtigungen des Eigentums.

2. Einwendungen und Einreden

Den Beseitigungsansprüchen der beeinträchtigten Wohnungseigentümer können von Amts wegen zu beachtende Einwendungen entgegenstehen, aber auch rechtshemmende Einreden wie die Verjährung oder Leistungsverweigerungsrechte, die nur zu berücksichtigen sind, wenn sie geltend gemacht werden.

a) Verstoß gegen Treu und Glauben

Eine gegen den Grundsatz von Treu und Glauben verstoßende Rechtsausübung oder Ausnutzung einer formalen Rechtsposition ist als Überschreitung der Rechte aus einer Sonderverbindung – wie sie zwischen den Wohnungseigentümern besteht – unzulässig und rechtsmissbräuchlich (BayObLG NZM 2003, 120f; OLG Düsseldorf ZMR 1996, 396f). Widersprüchliches Verhalten kann

einem Anspruch auf Beseitigung einer baulichen Veränderung z.B. entgegenstehen, wenn
- der Antragsteller dem Bauantrag gegenüber der Baugenehmigungsbehörde zugestimmt hat (BayObLG WE 1988, 199),
- der Verwalter nach der zwischen den Wohnungseigentümern geltenden Vereinbarung die Zustimmung nur aus wichtigem Grund versagen darf (→ Zustimmungsvorbehalt des Verwalters) und sie deshalb erteilen müsste (BayObLG WEM 1980, 31, 33),
- durch eine zukünftige, ordnungsmäßige Instandsetzung wieder der Zustand hergestellt würde, der gerade durch die rechtswidrige bauliche Veränderung geschaffen wurde (BayObLG NJW-RR 1988, 1169). Hat also ein Wohnungseigentümer eigenmächtig eine Maßnahme durchgeführt, die ohnehin als Maßnahme ordnungsmäßiger Instandsetzung gem. § 21 Abs. 5 Nr. 2 WEG beschlossen werden musste, so kann von ihm so lange keine Beseitigung verlangt werden, bis feststeht, dass die Maßnahme zur Durchführung des Instandsetzungsbeschlusses nicht tauglich ist (KG NJW 1991, 1299).

Dagegen verhält sich ein Wohnungseigentümer, der die Beseitigung oder Wiederherstellung verlangt, nicht rechtsmissbräuchlich, weil er selbst rechtswidrige bauliche Veränderungen vorgenommen (BayObLG WE 1995, 377f; KG OLGZ 1994, 399f; OLG Frankfurt FGPrax 1997, 54) oder entsprechende bauliche Veränderungen anderer Wohnungseigentümer unwidersprochen geduldet hat (BayObLG ZfIR 1997, 96; ZWE 2001, 65; WuM 2002, 164; KG WuM 1994, 99; OLG Düsseldorf NJW-RR 1994, 277f) oder ihm bauliche Veränderungen durch bestandskräftigen Mehrheitsbeschluss gestattet worden sind (BayObLG WuM 1993, 564f). Denn es steht grds. jedem Wohnungseigentümer frei, die Beseitigung von rechtswidrigen baulichen Veränderungen anderer Wohnungseigentümer geltend zu machen; rechtswidrige bauliche Veränderungen sind nicht aufrechenbar (BayObLG NJW-RR 1993, 337f; ZfIR 1997, 96). Auf den → Gleichbehandlungsgrundsatz kann sich der Störer nicht berufen.

b) Unverhältnismäßigkeit

Weiter kann ein Beseitigungsanspruch in entsprechender Anwendung des § 251 Abs. 2 BGB rechtsmissbräuchlich sein, wenn eine geringfügige Beeinträchtigung nur mit unverhältnismäßigen Aufwendungen beseitigt werden könnte, die unter Berücksichtigung der Gesamtumstände billigerweise nicht zumutbar sind (BayObLG NZM 1999, 1150; WuM 2003, 291; OLG Düsseldorf ZMR 1996, 396f; OLG Frankfurt FGPrax 1997, 54). In einem solchen Fall kann aber die Nutzung der rechtswidrigen baulichen Veränderung untersagt oder beschränkt werden (LG Stuttgart WuM 1992, 557f).

Soweit die Beseitigung der baulichen Veränderung und die Wiederherstellung des ursprünglichen Zustandes erheblichen finanziellen Aufwand erfordert und daher wirtschaftlich eine Härte darstellt, kann dies allein den Einwand des Rechtsmissbrauchs noch nicht begründen (BayObLGZ 1991, 296 z. einem Aufwand von DM 7000,–; OLG Frankfurt FGPrax 1997, 54 z. einem Aufwand von DM 80.000,–; OLG Köln ZWE 2000, 592). Die Unverhältnismäßigkeit kann auch nicht daraus abgeleitet werden, dass die Nachteile der baulichen Veränderung durch weitere Maßnahmen des Störers abgemildert oder ausgeschlossen werden könnten (OLG Düsseldorf ZMR 1996, 396f). Vielmehr muss hierbei die Zumutbarkeit unter Würdigung aller konkreten Einzelumstände geprüft werden; dabei ist der Grad des Verschuldens und der Eigenmächtigkeit des in Anspruch genommenen Wohnungseigentümers maßgeblich zu berücksichtigen (KG ZMR 1986, 189; OLG Frankfurt FGPrax 1997, 54; OLG Hamm OLGZ 1976, 61, 64), z.B. wenn er die bauliche Veränderung vorgenommen hat, obwohl sich die Wohnungseigentümerversammlung zuvor gegen die Maßnahme ausdrücklich ausgesprochen hatte (KG OLGZ 1993, 427, 429; OLG Bremen WuM 1993, 209f).

c) Schikaneverbot

Dem Beseitigungs- und Wiederherstellungsanspruch kann weiter das Schikaneverbot gem. § 226 BGB entgegenstehen. Dies ist aber erst dann der Fall, wenn die Geltendmachung der Ansprüche objektiv ausschließlich dazu dient, den störenden Wohnungseigentümer zu schädigen (BayObLG ZWE 2000, 217; KG ZMR 1986, 189; OLG Frankfurt NJW 1979, 1613). Ein schikanöses Verhalten kann noch nicht allein darin gesehen werden, dass der

Wohnungseigentümer, der die Beseitigung geltend macht, selbst eine ähnliche bauliche Veränderung vornehmen wollte oder vorgenommen hat oder dass ein Beseitigungsverlangen eine Reaktion auf einen vorangegangenen, vom Gericht anerkannten Beseitigungsanspruch des in Anspruch genommenen Wohnungseigentümers darstellt (OLG Schleswig v. 21. 2. 1994, 2 W 104/91).

d) Fehlen der Störereigenschaft

Beseitigung kann nicht von einem Wohnungseigentümer verlangt werden, der im Verhältnis zu den übrigen kein Störer ist, z.B. der Erwerber eines Wohnungseigentums mit vollzogenen baulichen Veränderungen (→ Sonderrechtsnachfolger). Dieser ist nur zur Duldung der Beseitigung verpflichtet (BayObLG NJW-RR 2002, 660).

e) Bestandskraft eines Beschlusses

Die übrigen Wohnungseigentümer haben eine bauliche Veränderung zu dulden, wenn insoweit ein Beschluss gefasst wurde, der unangefochten geblieben ist (BayObLG WE 1997, 236; OLG Köln NZM 2001, 293). Die Beseitigung kann auch nicht verlangt werden, wenn die Zustimmung erst nach der Durchführung beschlossen wurde (BayObLG WE 1991, 53). Eine Aufhebung des Beschlusses durch einen → Zweitbeschluss kann allenfalls dann verlangt werden, wenn ein sachlicher Grund vorliegt und der betroffene Wohnungseigentümer gegenüber dem bisherigen Zustand nicht unbillig benachteiligt wird (BayObLG WuM 1995, 222). Eine Abänderung wegen grober Unbilligkeit kann nur verlangt werden, wenn sich dies aus neu hinzugetretenen Umständen ergibt (BayObLG ZWE 2000, 577).

Umgekehrt ist eine bauliche Veränderung zu beseitigen, wenn dies bestandskräftig beschlossen ist (BayObLG NJWE-MietR 1997, 11; OLG Köln NZM 1999, 424; a.A. KG NJW-RR 1997, 1033), und zwar selbst dann, wenn die bauliche Veränderung zustimmungsfrei zulässig war (BayObLG aaO).

f) Verwirkung, Verjährung

Der Beseitigungsanspruch ist nicht schon nach längerer Duldung verwirkt, zumal da er nunmehr gem. §§ 195, 199 BGB nach 3

Jahren verjährt. Verwirkung setzt ein Verhalten des Berechtigten voraus, aufgrund dessen sich der Verpflichtete darauf eingerichtet hat und einrichten durfte, dass der Beseitigungsanspruch nicht geltend gemacht wurde (BayObLG NZM 2002, 128). Die eingetretene Verjährung wirkt auch für und gegen → Sondernachfolger (BayObLG NJW-RR 1991, 1041; OLG Stuttgart WE 1999, 191).

▶ **Besichtigung des gemeinschaftlichen Eigentums** → Kontrollpflicht des Verwalters

▶ **Besichtigung des Sondereigentums** → Betretungsrecht des Verwalters

▶ **Besitz**

Besitz ist die allgemein anerkannte tatsächliche Herrschaft einer Person über eine Sache, §854 Abs.1 BGB. Dieses tatsächliche Verhältnis unterscheidet den Besitz vom → Eigentum, das einer Person die rechtliche Herrschaftsmacht über eine Sache einräumt, §903 BGB, aufgrund derer er mit der Sache nach Belieben verfahren und andere von jeder Auswirkung ausschließen kann.

Im WEG sind die nach dem Umfang der Berechtigung verschiedenen Besitzarten des Allein- und Mitbesitzes bedeutsam. Der Wohnungseigentümer ist in Bezug auf die im Sondereigentum stehenden Räume und in Bezug auf solche Grundstücks- und Gebäudeteile, an denen ihm ein Sondernutzungsrecht eingeräumt ist, Teilbesitzer i.S.d. §865 BGB und genießt Besitzschutz wie ein Alleinbesitzer nach §§859ff BGB sowohl gegen Dritte als auch gegen die anderen Wohnungseigentümer (BayObLGZ 1990, 115; WuM 1998, 561); er darf sich z.B. gegen verbotene Eigenmacht, also gegen jede Entziehung oder Störung des Besitzes, die nicht gesetzlich gestattet ist, mit Gewalt wehren und kann die Beseitigung und künftige Unterlassung einer Besitzstörung verlangen (KG DWE 1988, 23).

Hinsichtlich der in gemeinschaftlichem Eigentum stehenden Teile des Gebäudes sind die Wohnungseigentümer Mitbesitzer, für die ein Besitzschutz nach §866 BGB insoweit nicht stattfindet, als es sich um die Grenzen des dem Einzelnen zustehenden Gebrauchs handelt; bei Besitzstörungen durch andere Wohnungseigentümer bestehen deshalb keine Besitzschutzansprüche, sondern nur die Ansprüche aus den §§ 13 bis 15 WEG (BGHZ 62, 248). Der Wohnungseigentümer kann also von den anderen Wohnungseigentümern verlangen, dass er das gemeinschaftliche Eigentum nur nach den zwischen Wohnungseigentümern geltenden Gebrauchsregelungen benutzt. Nur bei völliger Besitzentziehung durch einen anderen Wohnungseigentümer hat der betroffene Wohnungseigentümer Besitzschutzansprüche, insbesondere den Anspruch auf Wiedereinräumung des Mitbesitzes (BGHZ 29, 377).

▶ **Bestandteile, wesentliche**

Wesentliche Bestandteile einer Sache sind Bestandteile, die nicht zerstörungsfrei oder ohne Wesensveränderung von der Sache abgetrennt werden können, § 93 BGB (BGHZ 61, 81). Wesentlicher Bestandteil eines Gebäudes ist z.B. eine besonders eingepasste Einbauküche (BGH NJW-RR 1990, 587) oder eine Zentralheizungsanlage (BGHZ 53, 326).

Nach § 94 Abs. 1 BGB gehört ein Gebäude, sofern es nicht nur zu einem vorübergehenden Zweck mit dem Grundstück verbunden wird, zu den wesentlichen Bestandteilen des Grundstücks, auf dem es errichtet ist. Auch die zur Herstellung eines Gebäudes in dieses eingefügten Sachen sind gem. § 94 Abs. 2 BGB wesentliche Bestandteile des Gebäudes und gehen durch die Verbindung mit dem Gebäude und Grundstück kraft Gesetzes in das Eigentum des Grundstückseigentümers über, § 946 BGB. Sowohl das Gebäude als auch die zu seiner Herstellung eingefügten Sachen können grundsätzlich nicht Gegenstand selbständiger Rechte sein, sondern folgen in ihrem rechtlichen Schicksal dem des Grundstücks; sie sind als wesentliche Bestandteile sonderrechtsunfähig.

Von diesem Grundsatz weicht § 3 Abs. 1 WEG für Eigentumswohnanlagen ausdrücklich ab, da die klassischen Rechtsformen des Wohnungsrechts – Eigentum und Miete – nicht ausreichen, um auch den Personen, deren Mittel zum Bau eines Eigenheims nicht genügen, den Erwerb wenigstens eines eigenheimähnlichen Teils eines größeren Hauses zu ermöglichen (BRat-Drucks. 75/51).

Dem Wohnungseigentümer wird deshalb im Rahmen des Miteigentums an Grundstück und Gebäude Alleineigentum an den im Sondereigentum stehenden Räumen und Gebäudeteilen eingeräumt.

Bestellung des Verwalters

Die Bestellung ist der gemeinschaftsinterne und organschaftliche Akt, durch den eine Person zum Verwalter berufen wird, der vom Abschluss des Verwaltervertrages zu unterscheiden ist (BGH NJW 1997, 2106; Palandt/Bassenge § 26 RN 1). Sie gehört zu den Maßnahmen ordnungsmäßiger Verwaltung i.S.d. des § 21 Abs. 3 WEG, die jeder Wohnungseigentümer als Maßnahme ordnungsmäßiger Verwaltung gem. § 21 Abs. 4 WEG verlangen kann. Die Bestellung kann durch Mehrheitsbeschluss der Wohnungseigentümer, aber auch durch Vereinbarung, durch den oder die Gründer einer Wohnungseigentumsanlage in der Gemeinschaftsordnung oder durch den Richter – Letzteres entweder als Maßnahme ordnungsmäßiger Verwaltung oder als Bestellung eines Notverwalters gem. § 26 Abs. 3 WEG – erfolgen.

1. Rechtsnatur der Bestellung

Die Bestellung ist ein einseitiges, abstraktes, grds. von der Gültigkeit des Verwaltervertrages unabhängiges Rechtsgeschäft des bestellenden Organs gegenüber dem Bestellten (BayObLG NJW-RR 1988, 270; OLG Hamburg OLGZ 1988, 299, 302). Die Bestellung ist also kein Vertrag (OLG Hamm OLGZ 1978, 184, 186), sondern ein Organisationsakt, der der Selbstverwirklichung der Wohnungseigentümergemeinschaft dient und der Mitwirkung des Bestellten bedarf.

Die Bestellung ist bedingungsfeindlich. Eine bedingte Verwalterbestellung ist unwirksam, da im Interesse der Rechtssicherheit feststehen muss, wer Verwalter ist und wem die Rechte aus § 27 WEG zustehen, was nicht gewährleistet ist, wenn die Bestellung von einem künftigen, ungewissen Ereignis abhängt (KG OLGZ 1976, 266, 269 z. Bestellung, die erst mit Verkauf von 40 % aller Wohnungen wirksam werden sollte; Palandt/Bassenge § 26 RN 1).

Zulässig ist es aber, einen bestimmten, in der Zukunft liegenden Zeitpunkt für den Beginn der Bestellungsdauer festzulegen (KG OLGZ 1976, 266, 271).

2. Bestellungsakt, Verhältnis zum Verwaltervertrag

Die Bestellung ist ein zweistufiger Akt, der sich aus dem Bestellungsbeschluss und der Zustimmungserklärung des Betroffenen zusammensetzt. Der Bestellungsbeschluss enthält als rechtsgeschäftlicher Gesamtakt der Wohnungseigentümer neben der gemeinschaftlichen Willensbildung zugleich die Bestellungserklärung der Wohnungseigentümer, die dem Betroffenen zugehen muss. Die Zustimmungserklärung gegenüber den Wohnungseigentümern ist Wirksamkeitsbedingung des Gesamtakts. Erst durch den Zugang dieser Erklärung bei den Wohnungseigentümern erlangt der Verwalter sein Amt mit dem Mindestumfang der gesetzlichen Rechte und Pflichten. Der Beschluss der Wohnungseigentümer über die Bestellung des Verwalters dient somit nicht nur der internen Willensbildung der Wohnungseigentümer, sondern hat konstitutive Wirkung (BGH NZM 2002, 788 f; Wenzel ZWE 2001, 510, 512, 514).

Entgegen der bislang herrschenden „Vertragstheorie" (BayObLG WuM 1996, 496 f; OLG Hamburg ZMR 2001, 132; OLG Köln WE 1990, 171 f) bedarf es zur Erlangung der Verwalterstellung nicht auch des Abschlusses des schuldrechtlichen → Verwaltervertrages (Wenzel ZWE 2001, 510, 512). Organschaftliche Rechte und Pflichten werden nach der im Verbandsrecht der juristischen Personen herrschenden „Organtheorie" nämlich bereits durch die Bestellung begründet, ein Anstellungsvertrag ist für die Pflichtenbindung nicht erforderlich. Die §§ 24, 27, 28 WEG bestimmen gesetzliche Rechte und Pflichten des Verwalters, ohne dass es hierzu einer vertraglichen Grundlage bedarf. Wenn aber schon aufgrund der Bestellung durch Mehrheitsbeschluss gem. § 26 Abs. 1 S. 1 WEG dem Verwalter Rechte und Pflichten erwachsen, kann der Abschluss des Verwaltervertrages für die Bestellung nicht konstitutiv sein; § 26 Abs. 4 WEG, wonach die Verwaltereigenschaft ausschließlich durch den Bestellungsbeschluss nachgewiesen werden kann, bestätigt dies. Der Verwaltervertrag behält daneben seine eigenständige Bedeutung für die Regelung der im Gesetz nicht enthaltenen Rechte und Pflichten des Verwalters, insbesondere die Vergütung, ist aber nicht Voraussetzung für die Begründung der organschaftlichen Stellung (Wenzel ZWE 2001, 510, 512).

3. Beschränkungen

Insbesondere um zu verhindern, dass die Wohnungseigentümer an einen Verwalter, der nicht ihren Interessen, sondern den eigenen oder denen eines Dritten dient – der Bauträger bestellt sich in der Teilungserklärung selbst auf unbestimmte Zeit unwiderruflich zum Verwalter; die finanzierenden Banken machen im Kaufvertrag die Bestellung eines Verwalters von ihrer Zustimmung abhängig –, auf unabsehbare Zeit gebunden sind, aber auch um die Ordnung und den Frieden in der Wohnungseigentümergemeinschaft zu sichern, erklärt das Gesetz zahlreiche Normen im Zusammenhang mit der Verwalterbestellung für unabdingbar.

a) Recht auf Verwalterbestellung

Nach § 20 Abs. 2 WEG kann das Recht, einen Verwalter gem. § 26 WEG zu bestellen, unabhängig von der Größe der Wohnungseigentumsanlage, nicht abbedungen werden. Eine Vereinbarung oder ein Beschluss, die Bestellung eines Verwalters ganz oder zeitweise auszuschließen, ist deshalb stets als Verstoß gegen ein gesetzliches Verbot gem. § 134 BGB nichtig (BGHZ 67, 232, 237; BayObLG WE 1990, 67; Niedenführ/Schulze § 20 RN 4). Nichtig ist auch jede Regelung, die die Bestellung eines Verwalters zu üblichen Bedingungen mittelbar ausschließt oder behindert (KG NJW-RR 1994, 402 z. einer Vereinbarung, wonach die Verwaltungskosten 7% des Hausgeldes betragen; Bub NZM 2001, 503 z. Erweiterung der gesetzlichen Aufgaben [insoweit a.A. Palandt/Bassenge § 26 RN 1]), etwa die Regelung, dass der Verwalter unentgeltlich tätig ist (offen gelassen v. OLG Frankfurt NJW-RR 1993, 845).

Hieraus folgt auch die Verpflichtung der Wohnungseigentümer untereinander – nicht aber gegenüber Dritten – zur Verwalterbestellung (vgl. Begr. BR-Drucks. z. § 26, PiG 8, 235; BayObLGZ WE 1991, 140). Die Wohnungseigentümer können es z.B. nach

Ausscheiden eines Verwalters zwar faktisch unterlassen, einen neuen Verwalter zu bestellen (LG Hannover DWE 1983, 124), die Pflicht zur Verwalterbestellung bleibt hiervon aber unberührt, so dass jeder Wohnungseigentümer jederzeit ihre Erfüllung verlangen kann. Die bloße Unterlassung der Verwalterbestellung begründet daher nicht ohne weiteres eine Schadensersatzpflicht (Soergel/ Stürner § 20 RN 3), insbesondere nicht gegenüber Dritten (BayObLG WE 1991, 140). Solange die Wohnungseigentümer keinen Verwalter bestellt haben, sind sie selbst verpflichtet, die erforderlichen Verwaltungsmaßnahmen gemeinsam zu ergreifen und durchzuführen (LG Hannover DWE 1983, 124); sie können hierzu auch einen der Wohnungseigentümer beauftragen und bevollmächtigen (KG NJW-RR 1993, 470).

b) Bestellungskompetenz der Wohnungseigentümer

Gem. § 26 Abs. 1 S. 4 WEG ist die Kompetenz der Wohnungseigentümer, den Verwalter zu bestellen, unabdingbar. Vereinbarungen oder Beschlüsse, die den Wohnungseigentümern die alleinige Bestellungskompetenz durch Übertragung auf einen oder mehrere Wohnungseigentümer oder auf Dritte ganz oder teilweise entziehen, sind deshalb nichtig. Nichtig sind gem. § 26 Abs. 1 S. 4 WEG i.V.m. § 134 BGB Vereinbarungen oder Beschlüsse (OLG Hamm WuM 1991, 218, 220), die

- dem aufteilenden Bauträger die Verwalterbestellung in der Teilungserklärung über den Zeitpunkt des Entstehens der Wohnungseigentümergemeinschaft hinaus vorbehalten (BayObLG ZMR 1994, 483 f),
- dem aufteilenden Bauträger, z.B. im Erwerbsvertrag, oder einem Dritten, dem Verwaltungsbeirat oder einer Minderheit von Wohnungseigentümern die Kompetenz zur Bestellung des Verwalters übertragen, z.B. durch Erteilung einer unwiderruflichen Vollmacht (Palandt/Bassenge § 26 RN 1),
- dem Verwalter das Recht zur Übertragung der Verwalterstellung auf Dritte ohne Zustimmung der Wohnungseigentümer einräumen (BayObLGZ 1990, 173, 176; OLG Schleswig WE 1997, 358; Palandt/Bassenge § 26 RN 1). Die Übertragung bedarf stets – also auch vor Aufnahme der Tätigkeit – der Zustimmung der Woh-

nungseigentümer durch Mehrheitsbeschluss; es reicht nicht aus, wenn keiner der Wohnungseigentümer widerspricht.

c) Freie Auswahl des Verwalters

Nichtig sind gem. § 26 Abs. 1 S. 4 WEG i.V.m. § 134 BGB weiterhin Vereinbarungen oder Beschlüsse, die die freie Auswahl des Verwalters unmittelbar, z.B. durch Übernahme der Verpflichtung, einen bestimmten Verwalter zu bestellen, oder mittelbar durch Festlegung bestimmter Bedingungen der Bestellung oder des Verwaltervertrages einengen, z.B. auf den Kreis der Wohnungseigentümer begrenzen (BayObLG NJW-RR 1995, 271; Palandt/Bassenge § 26 RN 1), die Zugehörigkeit zu einem bestimmten Verband als Voraussetzung für die Verwalterbestellung festlegen (BayObLG WuM 1995, 229f; OLG Bremen DNotZ 1980, 489f) oder die Bestellung von der Zustimmung eines Dritten, etwa des Bauträgers abhängig machen (KG OLGZ 1978, 142, 144; OLG Hamm OLGZ 1978, 184, 186).

d) Höchstdauer der Bestellung

Nach § 26 Abs. 1 S. 2 WEG kann ein Verwalter unabdingbar nur für die Höchstdauer von fünf Jahren bestellt werden. Fristbeginn ist der Zeitpunkt, an dem der Verwalter seine Tätigkeit aufzunehmen verpflichtet ist (KG WE 1987, 121f; BPM § 26 RN 45), was die Bestellung und deren Annahme voraussetzt. Maßgeblich ist also der im Bestellungsbeschluss aufgenommene oder sich aus den Umständen des Einzelfalls im Wege der Auslegung ergebende Beginn; bei Fehlen eines Termins beginnt die Frist gem. § 271 BGB sofort mit Annahme der Bestellungserklärung durch den Verwalter. Die Bestellung kann nicht mit Rückwirkung beschlossen werden (OLG Hamm WE 1996, 33). Eine bereits in der Teilungserklärung erfolgte Bestellung wirkt ab Entstehung der Gemeinschaft (KG DWE 1987, 97).

Eine Bestellung auf unbestimmte Dauer oder auf eine längere Dauer als fünf Jahre ist nicht insgesamt nichtig, sondern endet gem. § 139 BGB nach Ablauf von fünf Jahren ohne weiteres (KG ZMR 1987, 277; Palandt/Bassenge § 26 RN 2, da anzunehmen ist, dass die Parteien den Verwalter in Kenntnis der Nichtigkeit einer längeren Bestellungsdauer auf die zulässige Höchstdauer bestellt hätten. Nichtig gem. § 134 BGB ist die Bestellung, soweit sie die Höchstdauer überschreitet.

Unwirksam ist damit auch jede Verpflichtung, die unmittelbar oder mittelbar auf die Bestellung des Verwalters nach Ablauf der Höchstdauer von fünf Jahren gerichtet ist. Da ein Verwaltervertrag, der die zulässige Höchstdauer überschreitet, die Wohnungseigentümer faktisch zur Neubestellung zwingt – bei Bestellung eines anderen Verwalters wären sie zur Vergütung beider Verwalter verpflichtet –, kann deshalb auch dieser nur auf die Dauer von fünf Jahren abgeschlossen werden (→ Verwaltervertrag). Aus dem gleichen Grund ist der Verwaltervertrag im Zweifel grds. auf die Dauer der Bestellung befristet (→ Abberufung des Verwalters). Bleibt den Wohnungseigentümern die jederzeitige Abberufung des Verwalters vorbehalten und wird diese nicht auf das Vorliegen eines wichtigen Grundes beschränkt, so muss der Verwaltervertrag eine ordentliche Kündigungsmöglichkeit für den Fall der Abberufung vorsehen; die Vereinbarung einer festen Dauer ohne vorzeitige Kündigungsmöglichkeit verstößt ansonsten gegen § 26 Abs. 1 S. 4 WEG und ist gem. § 134 BGB unwirksam (a.A. OLG Hamm ZMR 1997, 94, 96).

Eine Regelung, dass sich die Bestellungszeit jeweils um einen weiteren Zeitraum ohne weiteren Beschluss der Wohnungseigentümer verlängert, z. B. für den Fall, dass der Verwaltervertrag nicht gekündigt wird oder ein anderer Verwalter bestellt wird, verstößt jedenfalls gegen § 26 Abs. 1 S. 2 WEG, wenn und sobald die Gesamtbestellungszeit die Höchstdauer von fünf Jahren überschreitet (BayObLG WE 1996, 314f). Bis zu dieser Höchstdauer soll sie nach der Rechtsprechung wirksam sein (BGH NJW-RR 1995, 780, 781; OLG Köln WE 1990, 171), was abzulehnen ist, da jede Verlängerung der Bestellungszeit einen Mehrheitsbeschluss der Wohnungseigentümer voraussetzt. Bei der Neufassung des § 26 WEG wurde nämlich auf eine § 84 Abs. 1 S. 4 AktG entsprechende Regelung verzichtet (Staudinger/Bub § 26 RN 31).

e) Wiederholte Bestellung des Verwalters

§ 26 Abs. 2 WEG erklärt die wiederholte Bestellung eines Verwalters für zulässig. Damit ist sichergestellt, dass sich die Wohnungseigentümer nicht nach Ablauf der Fünfjahresfrist von einem Verwalter, der sich in der Vergangenheit als geeignet bewährt hat, trennen müssen. Der Beschluss ist gem. § 26 Abs. 2 HS. 2 BGB aber frühestens ein Jahr vor Ablauf der Bestellungszeit zulässig, damit im Fall der Nichtfortsetzung das Verhältnis zwischen den Wohnungseigentümern und dem Verwalter nicht über einen längeren Zeitraum belastet wird, insbesondere aber um zu verhindern, dass der Verwalter für mehrere 5-Jahres-Zeiträume hintereinander bestellt wird. Es ist somit sichergestellt, dass die Wohnungseigentümer unter Berücksichtigung des frühestmöglichen Wiederbestellungszeitpunkts höchsten 6 Jahre an einen Verwalter gebunden sind (BGH NJW-RR 1995, 780 f).

Aus diesem Grunde sind eine Vereinbarung oder ein Beschluss unwirksam, durch die früher als ein Jahr vor Ablauf der Bestellungszeit des bisherigen Verwalters für die Zeit nach deren Ablauf ein neuer Verwalter bestellt wird (BayObLG WuM 1992, 86 f; KG OLGZ 1976, 266, 269). Die turnusmäßige Bestellung mehrerer Personen, z.B. der Wohnungseigentümer, zum Verwalter ist deshalb nur in Bezug auf den ersten Verwalter wirksam, im Übrigen unwirksam (LG Freiburg WuM 1994, 406; a.A. LG München II MittBayNot 1978, 59).

Auch für die wiederholte Bestellung gilt die Höchstdauer von fünf Jahren, die mit dem Ende der abgelaufenen Bestellungsperiode beginnt, wenn nicht ein früherer Termin bestimmt ist. Maßgeblich für den Beginn ist auch hier der Zeitpunkt, an dem der Verwalter seine Tätigkeit aufzunehmen bzw. fortzusetzen verpflichtet ist (BPM § 26 RN 49).

Ein Mehrheitsbeschluss, der den amtierenden Verwalter für eine weitere Periode mit der Maßgabe bestellt, dass die neue Bestellung erst mit Ablauf der vorherigen Bestellungszeit wirksam werden soll, ist gem. § 134 BGB nichtig, wenn er vor Beginn der zwingend angeordneten Jahresfrist gefasst wird. Ein verfrühter Wiederbestellungsbeschluss, der bestimmt, dass die neue Bestellungszeit sofort wirksam werden und nicht länger als fünf Jahre dauern soll, ist dagegen wirksam (BGH NJW-RR 1995, 780 f; OLG Hamm OLGZ 1990, 191, 193). Auch ein verfrühter Wiederbestellungsbeschluss, demzufolge die weitere Bestellungszeit nicht sofort, spätestens aber ein Jahr nach Beschlussfassung beginnen soll, ist wirksam (BGH NJW-RR 1995, 780).

4. Bestellung durch Mehrheitsbeschluss der Wohnungseigentümer

Die Bestellung des Verwalters erfolgt i. d. R. durch Mehrheitsbeschluss der Wohnungseigentümer in einer Wohnungseigentümerversammlung gem. § 23 Abs. 1 WEG; sie kann aber auch im schriftlichen Verfahren nach § 23 Abs. 3 WEG beschlossen werden (BayObLG NJW-RR 1986, 565f; OLG Köln OLGZ 1986, 408, 411). Stimmberechtigt ist auch ein Wohnungseigentümer, der sich zur Wahl stellt (→ Ruhen des Stimmrechts). Sind nach den Bestimmungen der Teilungserklärungen alle die Verwaltung des gemeinschaftlichen Eigentums betreffenden Beschlüsse einstimmig zu fassen, so gilt dies gem. § 26 Abs. 1 S. 4 WEG nicht für die Bestellung (und Abberufung) des Verwalters (OLG Köln NZM 2003, 685).

Es stellt keine unzulässige Beschränkung des Bestellungsrechts der Wohnungseigentümer i. S. des § 26 Abs. 1 S. 4 WEG dar, wenn über die Abberufung nicht nach dem gesetzlichen Kopfprinzip (→ Stimmrecht), sondern aufgrund einer entsprechenden Klausel in der Gemeinschaftsordnung nach dem Objekt- oder Wertprinzip abzustimmen ist (BGH NZM 2002, 995, 997; KG NJW-RR 1986, 643; OLG Düsseldorf ZMR 1995, 604). Dies folgt aus dem Zweck der Vorschrift, eine Bevormundung der Wohnungseigentümer durch Außenstehende zu verhindern. Zur Frage, mit welcher Stimmkraft die einzelnen Wohnungseigentümer an der Abstimmung teilnehmen, kann ihr nichts entnommen werden. Steht einem Wohnungseigentümer aufgrund der geltenden Stimmrechtsregelung – z. B. nach dem Wertprinzip – aber eine völlig beherrschende, die anderen Wohnungseigentümer majorisierende Stellung zu, so ist im Einzelfall zu prüfen, ob er sein Stimmrecht rechtsmissbräuchlich ausgeübt hat (→ Majorisierung).

a) Tagesordnung

Die Bestellung des Verwalters ist gem. § 23 Abs. 2 WEG in der Tagesordnung anzukündigen. Dabei ist es sinnvoll – aber nicht zwingend erforderlich –, die Personen, die als Bewerber in Betracht kommen, zu benennen, um den Wohnungseigentümern Gelegenheit zu geben, sich vorab über die Qualifikation und die Eignung des künftigen Verwalters zu informieren. Dagegen muss die nähere Ausgestaltung des im Anschluss an die Bestellung abzuschließenden Verwaltervertrages nicht ausdrücklich erwähnt werden, da bei dem Beschlussgegenstand „Bestellung des Verwalters" auch mit der Regelung des schuldrechtlichen Verwaltervertrages zu rechnen ist (BayObLGZ 1981, 220, 226; NZM 2003, 154; OLG Frankfurt OLGZ 1991, 308); umgekehrt ist vom Tagesordnungspunkt „Verwaltervertrag" auch die Bestellung eines Verwalters gedeckt (BayObLGZ 1992, 79, 85). Der Tagesordnungspunkt „Verlängerung des Verwaltervertrages" ermöglicht auch die Bestellung eines neuen Verwalters.

b) Vorstellung der Bewerber, Befragung

Haben mehrere Bewerber für eine Bestellung zum Verwalter Unterlagen vorgelegt, so verstößt es nicht gegen die Grundsätze ordnungsmäßiger Verwaltung, wenn der Verwaltungsbeirat nach Prüfung der Unterlagen nicht alle, sondern nur die in erster Linie als geeignet Erscheinenden zur Vorstellung in die Versammlung, in der die Bestellung beschlossen werden soll, einlädt (OLG Düsseldorf NZM 2002, 266).

Im Verlauf der Versammlung können sich die Wohnungseigentümer im Rahmen der üblichen Vorstellung der Bewerber durch deren Befragung eine Meinung zu deren Eignung bilden. Die persönliche und fachliche Eignung der Bewerber (z. den erforderlichen Qualifikationen eines Verwalters → Verwalter), aber auch deren Unabhängigkeit von einem Mehrheitseigentümer ist besonders kritisch zu prüfen, wenn sich Letzterer gerade für die Bestellung eines bestimmten Verwalters einsetzt (OLG Düsseldorf WE 1996, 70). Auch die Bedingungen des Verwaltervertragsangebots sollten thematisiert werden.

Verweigert der Bewerber über Fragen und Punkte, die für die Ausübung des Verwalteramtes von Bedeutung sind, die Auskunft oder gibt er diesbezüglich falsche Antworten (KG WuM 1989, 347; WE 1994, 50), so führt dies zwar nicht zur Nichtigkeit des folgenden Bestellungsbeschlusses; unter Berücksichtigung aller übrigen Umstände kann sich aber die Anfechtbarkeit ergeben, wenn die Bestellung gegen die Grundsätze ordnungsmäßiger Verwaltung verstößt (vgl. KG WE 1994, 50 z. ausweichenden oder bagatellisierenden Antworten auf nicht getilgte Vorstrafen, die falsche Vorstellungen über deren Umfang hervorrufen). Hierbei steht im Vordergrund, dass der Verwalter gegenüber den Wohnungseigentümern eine besondere Vertrauensstellung einnimmt und mit der Verwaltung von erheblichen Vermögenswerten betraut wird.

Jeder Wohnungseigentümer ist berechtigt auf Umstände hinzuweisen, die seiner Meinung nach gegen die Eignung des Bewerbers als Verwalter sprechen, solange die Kritik die Grenzen der freien Meinungsäußerung nicht überschreitet.

c) Abstimmung

Zur Bestellung des Verwalters ist die Mehrheit der abgegebenen Stimmen erforderlich. Ausreichend – aber auch erforderlich – ist die einfache Mehrheit für einen bestimmten Verwalter. Das bedeutet aber auch, dass bei einer gleichzeitigen Abstimmung über mehrere Bewerber einer von ihnen die absolute Mehrheit der abgegebenen Stimmen auf sich vereinigen muss (vgl. Staudinger/ Coing § 27 BGB RN 2; § 32 RN 13). Wird über mehrere Bewerber einzeln abgestimmt und entscheiden sich die Wohnungseigentümer bereits in der ersten Abstimmung mit einfacher Mehrheit zugunsten eines Bewerbers, so entscheiden sie zugleich gegen die anderen Bewerber. Der mit Stimmenmehrheit gewählte Verwalter ist bestellt, auch wenn bezüglich der übrigen Bewerber noch keine Abstimmung erfolgt ist (OLG Düsseldorf NJW-RR 1991, 594). Erhält hingegen einer von ihnen nur die höchste Stimmenzahl, ohne die Mehrheit der abgegebenen Stimmen zu erreichen, also nur die relative Mehrheit, so ist keiner der Bewerber bestellt (BayObLG NZM 2003, 444). Es handelt sich nämlich nicht um eine „Wahl"; in diesem Fall ist ein Stichentscheid erforderlich.

Erreicht kein Bewerber die Mehrheit der abgegebenen Stimmen, so kommt die Bestellung eines Verwalters durch das Gericht auf Antrag eines Wohnungseigentümers in Betracht.

5. Anfechtung des Bestellungsbeschlusses

Jeder Wohnungseigentümer kann nach den §§ 43 Abs. 1 Nr. 4, 23 Abs. 4 WEG beantragen, den Verwalterbestellungsbeschluss für ungültig zu erklären oder – was denselben Verfahrensgegenstand betrifft – dessen Nichtigkeit festzustellen (→ Anfechtbarkeit und Anfechtung von Beschlüssen).

a) Anfechtungsgründe

Von den allgemeinen Anfechtungsgründen hat die rechtsmissbräuchliche Ausübung eines Stimmrechts für die Anfechtung von Bestellungsbeschlüssen besondere Bedeutung erlangt. Vereint ein Wohnungseigentümer allein oder eine eng verbundene Gruppe von Wohnungseigentümern die Stimmenmehrheit auf sich, unterliegt die Stimmrechtsausübung einer strengen Missbrauchskontrolle (→ Majorisierung).

Der Beschluss ist weiter für ungültig zu erklären, wenn er gegen die Grundsätze ordnungsmäßiger Verwaltung gem. § 21 Abs. 3 und 4 WEG verstößt, z. B. weil bei Abwägung aller Umstände des Einzelfalls ein wichtiger Grund gegen die Bestellung dieses Verwalters vorliegt. Dabei ist der wichtige Grund ähnlich wie bei der Abberufung zu beurteilen (BayObLG NZM 2001, 754, 756; KG OLG DWE 1990, 74; OLG Köln NZM 1999, 128; Palandt/Bassenge § 26 RN 3). Da sich die Mehrheit der Wohnungseigentümer bei der Abberufung gegen und bei der Bestellung für den Verwalter entscheidet, sind bei der Anfechtung des Bestellungsbeschlusses höhere Anforderungen an das Vorliegen des wichtigen Grundes als bei der Abberufung zu stellen (BayObLG WE 1991, 168; OLG Köln NZM 1999, 128; Bader, in: FS Seuß [1987] 1, 3).

Ein wichtiger Grund gegen die Bestellung des Verwalters kann z. B. angenommen werden, wenn

- aufgrund von – nicht notwendigerweise verschuldeten – Umständen in der Person des Verwalters eine Zusammenarbeit nach Treu und Glauben unzumutbar und das notwendige Vertrauensverhältnis von Anfang an nicht zu erwarten ist (BayObLG ZWE 2001, 432, 435; OLG Düsseldorf ZMR 1999, 581; OLG Hamm ZMR 2001, 383 f), z. B. weil der bestellte Verwalter wenige Monate vor dem Bestellungsbeschluss wegen grober Pflichtverstöße abberufen worden war (KG DWE 1990, 74 [L]; OLG Stuttgart NJW-RR 1986, 315, 317), wegen eines Vermögensdelikts vorbestraft ist, auch wenn die Strafe nicht in das Führungszeugnis aufzunehmen ist (OLG Schleswig NZM 2003, 563; KG WE 1989, 168 z. Unbeachtlichkeit getilgter Vorstrafen) oder als persönlich unfähig und ungeeignet erscheint (BayObLG WE 1990, 111 z. Berücksichtigung einer überhöhten Vergütung; WuM 1992, 161 z. Eignung eines Rechtsanwalts; WE 1997, 115f z. Eignung des Bauträgerverwalters; OLG Düsseldorf WE 1996, 70f; OLG Hamm ZMR 2001, 383f). Nicht ausreichend ist die Anwendung eines unrichtigen Verteilerschlüssels in der Jahresabrechnung (BayObLG NZM 2001, 754, 757).

Im Einzelfall kann eine nachhaltige Störung des Vertrauensverhältnisses nicht zu der Gesamtheit der Wohnungseigentümer, sondern – bei einer Gemeinschaft mit nur wenigen Mitgliedern – auch zu einem einzelnen Wohnungseigentümer oder einer Gruppe ausreichend sein (BayObLGZ 1998, 310, 312; NZM 2001, 754, 756);

• in der Person des Verwalters Umstände begründet sind, die seine gewerberechtliche Unzuverlässigkeit begründen (→ Gewerbebetrieb des Verwalters), da in diesem Fall eine gewerberechtliche Untersagungsverfügung droht;

• ein Verwalter erneut bestellt wird, der seine Dienste als Verkaufsmakler in derselben Wohnanlage angeboten hat, obwohl Veräußerungen aufgrund einer entsprechenden Regelung in der Vereinbarung seiner Zustimmung gem. § 12 WEG bedürfen (→ Zustimmung zur Veräußerung des Wohnungseigentums), so dass er sich in eine institutionalisierte Interessenkollision begibt (LG München I NJW-RR 1997, 335);

• der Sitz des Verwalters von der Wohnanlage weit entfernt ist (OLG Düsseldorf DWE 1990, 116), wenn nicht sichergestellt ist, dass ein Mitarbeiter des Verwalters zeitnah die Wohnanlage erreichen kann.

Als Grund gegen die Wiederbestellung eines Verwalters können nur Tatsachen vorgetragen werden, die zum Zeitpunkt der Beschlussfassung bereits vorgelegen haben. Nicht zulässig ist das Nachschieben eines Grundes, der erst nach diesem Zeitpunkt entstanden ist (BayObLG NZM 2001, 104). Auch der Antrag auf gerichtliche Abberufung eines Verwalters, der durch bestandskräftigen Beschluss für eine weitere Amtszeit wiederbestellt worden ist, kann nur dann mit Erfolg auf die bereits bekannten früheren Umstände gestützt werden, wenn zumindest ein neuer wichtiger Grund angeführt wird, der im Zeitpunkt der Neubestellung noch nicht vorgelegen hat (OLG Düsseldorf NZM 2000, 1019).

Die Bestellung eines Verwalters kann weiter dann ordnungsgemäßer Verwaltung widersprechen, wenn sie nicht wenigstens die wichtigsten Elemente des Verwaltervertrags (Vertragslaufzeit, Höhe der Vergütung) mitregelt (OLG Hamm NZM 2003, 486). Zwar ist der Bestellungsakt als solcher von dem Abschluss des Geschäftsbesorgungsvertrags mit dem Verwalter zu unterscheiden. Es entspricht jedoch sowohl allgemeiner Übung als auch dem Maßstab ordnungsgemäßer Verwaltung, wenigstens die genannten wichtigsten Elemente des Verwaltervertrags bei der Bestellung mitzuregeln, mag auch der Abschluss des Vertrags mit weiteren Einzelheiten auf andere Art und Weise erfolgen. Der Bestellungsakt wird nur dann dem Maßstab einer am Interesse aller Wohnungseigentümer ausgerichteten Verwaltung gerecht, wenn er wenigstens in seinen Grundstrukturen den Umfang der Bindung der einzelnen Wohnungseigentümer an einen gewählten Verwalter, insbesondere die Bestellungszeit, erkennen lässt. Von noch größerem Gewicht für den einzelnen Wohnungseigentümer ist die Bestimmung der Vergütung des Verwalters.

b) Wirkung der Anfechtung

Der Bestellungsbeschluss ist trotz Anfechtung als wirksam zu behandeln und bindend (BGH ZfIR 1997, 284, 286; BayObLG WE 1991, 367; KG WuM NJW-RR 1991, 274; Staudinger/Wenzel §43 RN 44). Das Gericht kann die Wirksamkeit aber durch einstweilige Anordnung gem. §44 Abs.3 S.1 WEG aussetzen (KG NJW-RR 1991, 274) und zugleich vorläufig einen Verwalter, dessen Bestellung nach §21 Abs.4 WEG verlangt wird, oder einen Notverwalter einsetzen. Endet die Bestellungsdauer während des Verfahrens, so erledigt sich die Hauptsache, da das → Rechtsschutzbedürfnis für eine Ungültigerklärung entfällt (BayObLG ZWE 2001, 590).

c) Ungültigerklärung des Beschlusses

Die Ungültigerklärung des Bestellungsbeschlusses durch das Gericht erfolgt mit Wirkung ex tunc, d.h. der Beschluss ist von Anfang nichtig und der Bestellte verliert mit rückwirkender Kraft seine Verwalterstellung (BGH ZfIR 1997, 284, 286; NJW-RR 1992, 787; OLG Hamm WE 1996, 33, 35). Aus der Ungültigerklärung folgt allerdings nicht, dass der Verwalter bei den zwischenzeitlich im Namen der Wohnungseigentümer getätigten Rechtsgeschäften, für die er als Verwalter Vertretungsmacht gehabt hätte, als Vertreter ohne Vertretungsmacht gehandelt hat (a.A. BayObLG NJW-RR 1988, 270). Die Wohnungseigentümer müssen diese Rechtsgeschäfte vielmehr nach den Grundsätzen der Duldungs- oder Anscheinsvollmacht und nach dem Rechtsgedanken des § 32 FGG gegen sich gelten lassen (BGH ZfIR 1997, 284, 286; BayObLG NJW-RR 1992, 787; OLG Hamm OLGZ 1992, 309, 312f; Staudinger/Bub § 26 RN 164). Auch die Beschlüsse, die in zwischenzeitlich vom Verwalter einberufenen Wohnungseigentümerversammlungen gefasst wurden, bleiben i.d.R. wirksam und sind nicht infolge eines Einberufungsmangels für ungültig zu erklären (→ Einberufung der Wohnungseigentümerversammlung). Bedürfen Veräußerungen allerdings der Zustimmung des Verwalters gem. § 12 WEG (→ Zustimmung zur Veräußerung des Wohnungseigentums), so verlieren diese mit der Rechtskraft der Ungültigerklärung ihre Wirkung (BayObLG ZMR 1981, 249, 251).

Auch der Verwaltervertrag wird entsprechend § 32 FGG nicht rückwirkend unwirksam (BGH ZfIR 1997, 284, 286; Palandt/Bassenge § 26 RN 3). Der Verwalter behält demnach bis zur Rechtskraft der gerichtlichen Entscheidung seine vertraglichen Vergütungsansprüche für die bis dahin erbrachten Leistungen (BayObLG WE 1991, 367; KG NJW-RR 1991, 274; OLG Hamm WE 1996, 33, 35). Er bleibt wegen der vorläufigen Wirksamkeit des angefochtenen Bestellungsbeschlusses verpflichtet, seine Vertragspflichten zu erfüllen, da er ansonsten – bei Erfolglosigkeit der Anfechtung – Gefahr läuft, sich wegen Verletzung seiner Verpflichtungen schadensersatzpflichtig zu machen (BGH ZfIR 1997, 284, 286).

Für die Zeit nach Rechtskraft der gerichtlichen Entscheidung bestehen keine Ansprüche, insbesondere keine Vergütungansprüche des Verwalters (KG NJW-RR 1991, 274). Als Folge der ergänzenden Vertragsauslegung endet der Verwaltervertrag mit Rechtskraft der Ungültigerklärung des Bestellungsbeschlusses, so dass sich aus dem Verwaltervertrag ab diesem Zeitpunkt keine Ansprüche mehr ergeben können.

6. Andere Formen der Bestellung

Der teilende Grundstückseigentümer kann einseitig in der zum Inhalt des Sondereigentums gemachten Teilungserklärung den Verwalter bestellen (BGH NZM 2002, 786, 791; BayObLG WuM 1996, 496f; KG WuM 1990, 467; OLG Oldenburg Rpfleger 1979, 266). Dies entspricht auch einem praktischen Bedürfnis, da ansonsten nach Entstehen der werdenden Wohnungseigentümergemeinschaft ein Verwalter unanfechtbar nur im gerichtlichen Verfahren bestellt werden kann (BayObLG ZMR 1994, 483f). I.d.R. wird die Teilungserklärung vom Bauträger erstellt, der auch sich selbst oder einen ihm nahe stehenden Dritten als ersten Verwalter bestellen kann, nicht aber dessen Nachfolger.

Hat sich der teilende Grundstückseigentümer in der Teilungserklärung nur vorbehalten, den Verwalter selbst zu bestellen, so gilt diese Befugnis nur bis zum Entstehen der werdenden, → „faktischen" Wohnungseigentümergemeinschaft fort, d.h. bis zur Eintragung einer Auflassungsvormerkung für den ersten Erwerber, da er ab diesem Zeitpunkt seine Befugnis zur einseitigen Änderung der Teilungserklärung verliert. Nur bis zu diesem Zeitpunkt kann der Gründer auch die Teilungserklärung in Bezug auf die Person des bestellten Verwalters ändern (BayObLG NZM 1999, 126; OLG Düsseldorf ZWE 2001, 386f; → Gemeinschaftsordnung). Er darf aber nicht einerseits diese unverändert lassen und gleichwohl, ohne dies zu verlautbaren, einen anderen Verwalter bestellen (OLG Düsseldorf ZWE 2001, 386).

Auch bei der Begründung von Wohnungseigentum gem. § 3 durch Miteigentümer kann die Verwalterbestellung im Teilungsvertrag erfolgen (BayObLG WE 1992, 171; KG OLGZ 1976, 266).

Der Verwalter kann schließlich durch Vereinbarung der Wohnungseigentümer bestellt werden. Wenn nämlich bereits ein Mehrheitsbeschluss zur Bestellung ausreicht, können die Wohnungseigentümer den Verwalter erst recht durch übereinstimmende Willenserklärungen aller Wohnungseigentümer bestellen (BayObLG ZMR 1994, 483 f; BPM § 26 RN 59). Eine solche Vereinbarung ist formlos wirksam; gegenüber einem Sondernachfolger wirkt sie aber gem. § 10 Abs. 2 nur bei Eintragung im Grundbuch als Inhalt des Sondereigentums. Eine Verwalterbestellung durch formlose Vereinbarung der Wohnungseigentümer wird ohne Eintragung im Grundbuch daher bei der ersten Veräußerung hinfällig, bei der der → Sonderrechtsnachfolger nicht im Wege der Vertragsübernahme anstelle des ausscheidenden Wohnungseigentümers in die Vereinbarung eintritt.

Während eine Vereinbarung der Wohnungseigentümer grds. nur einstimmig abgeändert werden kann, ist die Vereinbarung über eine Verwalterbestellung stets durch Mehrheitsbeschluss abänderbar. Könnten die Wohnungseigentümer nach einer Bestellung durch Vereinbarung in Zukunft nur einstimmig einen neuen Verwalter bestellen, so stellte das eine gem. § 26 Abs. 1 S. 4 WEG unzulässige Beschränkung der Verwalterbestellung dar (Staudinger/Bub § 26 RN 181).

7. Bestellung durch das Gericht

Da die Bestellung eines Verwalters zu den Angelegenheiten einer ordnungsmäßigen Verwaltung gehört, kann schließlich jeder Wohnungseigentümer, nicht aber ein Dritter, gem. § 21 Abs. 4 WEG die Bestellung eines Verwalters durch den Richter als Maßnahme ordnungsmäßiger Verwaltung – z.B. in Fällen tief greifender Meinungsverschiedenheiten zwischen mehreren Gruppen von Wohnungseigentümern – verlangen (BayObLG NZM 1999, 713 f; KG WE 1990, 211; OLG Düsseldorf WE 1996, 70 f; OLG Köln NZM 2003, 810 f), wenn ein Verwalter fehlt oder der Verwalter gem. § 21 Abs. 4 WEG abzuberufen ist. Der Anspruch des einzelnen Wohnungseigentümers gem. § 21 Abs. 4 WEG ist auf Zustimmung zu einem Beschluss gerichtet, mit dem ein bestimmter Verwalter auf bestimmte Dauer zu bestimmten Bedingungen bestellt wird.

Neben der Bestellung eines Verwalters durch das Gericht als Maßnahme ordnungsmäßiger Verwaltung ist das Gericht in dringenden Fällen auf Antrag eines Wohnungseigentümers, aber auch eines Dritten berechtigt, gem. § 26 Abs. 3 WEG einen → Notverwalter zu bestellen.

Für die Dauer des Verfahrens kann der Richter einen Verwalter auch durch → einstweilige Anordnung gem. § 44 Abs. 3 S. 1 WEG bestimmen. Dieser kann von den Wohnungseigentümern nicht durch Mehrheitsbeschluss mit sofortiger Wirkung abberufen werden; ein solcher Beschluss ist nichtig, da damit ein staatlicher Hoheitsakt außer Kraft gesetzt würde (→ Notverwalter). Die Wohnungseigentümer können aber während des Verfahrens im Rahmen einer ordnungsmäßigen Verwaltung einen neuen Verwalter mit Wirkung ab dem Außerkrafttreten der einstweiligen Anordnung bestellen (KG OLGZ 1989, 435, 437; Staudinger/Bub § 26 RN 188).

Die Rechtshandlungen des im Wege einer einstweiligen Anordnung bestellten Verwalters bleiben gem. § 32 FGG wirksam, auch wenn die einstweilige Anordnung im Rechtsmittelverfahren aufgehoben wird (BayObLG NJW-RR 1992, 787; BPM § 26 RN 225). Ein aufgrund einer einstweiligen Anordnung tätig gewordener Verwalter hat einen Anspruch gegen die Gemeinschaft auf Vergütung, selbst wenn der Beschluss aufgehoben wird (OLG Hamm NJW 1973, 2301; Weitnauer/Hauger § 26 RN 23).

Beteiligte

Im Verfahren der freiwilligen Gerichtsbarkeit ist zwischen formeller und materieller Beteiligung zu unterscheiden.

1. Materielle Beteiligung

§ 43 Abs. 4 WEG regelt die Beteiligung in materiellen Sinn; er bestimmt, wessen Rechte im Verfahren als unmittelbar betroffen anzusehen sind. Soweit die materiell Beteiligten nicht bereits als Partei, d.h. als Antragsteller oder Antragsgegner, formell beteiligt sind, müssen sie nach § 43 Abs. 4 WEG als „weitere Beteiligte" zum Verfahren hinzugezogen werden. Ihre Einbeziehung in das Verfahren trägt dem Umstand Rechnung, dass jede Wohnungseigentumssache einen Bezug zur Gemeinschaft hat und die Entscheidung nach § 45 Abs. 2 S. 2 WEG für alle materiell Beteiligten bindend ist. Die Notwendigkeit der Beteiligung ergibt sich außerdem aus dem Gebot der Gewährung → rechtlichen Gehörs und der Sachaufklärung nach § 12 FGG (BayObLG WE 1991, 197).

a) Wohnungseigentümer

Nach § 43 Abs. 4 WEG sind grds. an allen Verfahren in Wohnungseigentumssachen sämtliche Wohnungseigentümer, die bei Rechtshängigkeit (BGHZ 107, 285, 288; OLG Hamm OLGZ 1994, 134, 136) im Grundbuch eingetragen sind, materiell beteiligt und deswegen, soweit sie nicht bereits Partei sind, auch formell zu beteiligen. Erforderlich ist, dass das Wohnungseigentum wirksam begründet wurde, die Teilungsvereinbarung oder -erklärung also bereits durch Anlegung der einzelnen Wohnungsgrundbücher vollzogen ist (KG NJW-RR 1986, 1274). Ob ein Wohnungseigentümer in der konkreten Angelegenheit von der Ausübung des Stimmrechts ausgeschlossen war, ist für das Verfahren ohne Belang: Er kann deshalb auch Beschlüsse anfechten, bei denen sein Stimmrecht ruht (→ Ruhen des Stimmrechts).

Eine Beteiligung aller Wohnungseigentümer ist als Ausnahme nur dann entbehrlich, wenn vom Verfahrensgegenstand außer dem Antragsteller und dem Antragsgegner keine anderen oder nur einzelne Wohnungseigentümer betroffen werden (BGH NJW 1992, 182; BayObLG NZM 2001, 769f; Staudinger/Wenzel § 43 RN 50). Dies ist z. B. der Fall bei nachbarrechtlichen Streitigkeiten (BayObLG WE 1991, 197), bei einer → Mehrhausanlage (BayObLG NZM 2000, 678); oder wenn Wohnungseigentümer durch eine im Grundbuch eingetragene Gebrauchsregelung vom Mitgebrauch einer Gartenfläche ausgeschlossen sind und es nur um die Aufteilung des Sondernutzungsrechts unter den Berechtigten geht (BayObLG WE 1992, 229), ferner wenn ein Wohnungseigentümer vom Verwalter die Übersendung von Kopien aus den Verwaltungsunterlagen verlangt (BayObLG ZMR 2003, 514) oder gegen einen anderen Wohnungseigentümer (OLG Hamburg ZWE 2002, 189; OLG Hamm ZMR 1996, 41) oder gegen den Verwalter einen Schadensersatzanspruch geltend macht, weil der Schaden nur bei ihm entstanden ist (BGH NJW 1992, 182; BayObLG NZM 2000, 501). Kann der Schaden dagegen auch bei anderen

Eigentümern eingetreten sein, sind alle Wohnungseigentümer zu beteiligen (vgl. BayObLG WuM 1991, 711f).

Gehört das Wohnungseigentum einer Gesamthandsgemeinschaft oder einer Bruchteilsgemeinschaft, so sind alle Mitberechtigten formell zu beteiligen. Bei einer Gesamthandsgemeinschaft, also einer → Gesellschaft bürgerlichen Rechts, einer ungeteilten → Erbengemeinschaft oder einer ehelichen Gütergemeinschaft, liegt das Prozess- oder Verfahrensführungsrecht der Mitberechtigten in der Hand aller Gemeinschafter, sofern nicht eine gewillkürte oder gesetzliche Prozess- bzw. Verfahrensstandschaft gegeben ist. Gehört das Wohnungseigentum einer Bruchteilsgemeinschaft, so ist ein Miteigentümer für Ansprüche aus dem Eigentum Dritter gegenüber nach § 1011 BGB Prozess- bzw. Verfahrensstandschafter kraft Gesetzes (BayObLG NZM 1999, 767). Macht ein Miteigentümer einen Anspruch als Prozess- bzw. Verfahrensstandschafter geltend, so sind die übrigen Miteigentümer aufgrund der Rechtskrafterstreckung nach § 45 Abs. 2 S. 2 WEG notwendige Streitgenossen (vgl. BGHZ 92, 351, 354).

Mitglieder von Gesamthands- oder Bruchteilsgemeinschaften sind auch allein zur Beschlussanfechtung berechtigt. Da nur durch die rechtzeitige Anfechtung ein rechtswidriger Beschluss beseitigt werden kann, gehört die Ausübung dieses Gestaltungsrechts mit zu dem Notverwaltungsrecht, das einem BGB-Gesellschafter nach § 744 Abs. 2 BGB analog (RGZ 112, 367; BGHZ 17, 181; a.A. BayObLG NJW-RR 1991, 215f), einem Miterben nach § 2038 Abs. 1 S. 2 BGB (BGH NJW 1989, 2694, 2697; BayObLG WE 1999, 33), einem Ehegatten in Gütergemeinschaft nach §§ 1429, 1454f BGB (Staudinger/Wenzel Vorbem. 80 zu §§ 43ff) und einem Miteigentümer nach § 744 Abs. 2 BGB zusteht (BayObLG NJW-RR 1988, 271; KG WuM 1997, 237f; BPM § 43 RN 87).

Das Antragsrecht zur Geltendmachung von Ansprüchen der Wohnungseigentümer gegen den Verwalter im Zusammenhang mit der Verwaltung des gemeinschaftlichen Eigentums steht allen Wohnungseigentümern nur gemeinsam zu (→ Geltendmachung gemeinschaftlicher Ansprüche).

b) Erwerber

Der rechtsgeschäftliche Erwerber von Wohnungseigentum in einer bestehenden Eigentümergemeinschaft vor Eigentumsübergang, d.h. vor seiner Eintragung in das Grundbuch (BGHZ 104, 197ff; 106, 113ff; 107, 288ff), ist kein materiell Beteiligter. Ihm steht weder ein Stimmrecht noch ein Antragsrecht nach §43 Abs.1 WEG zu (BayObLGZ 1989, 351, 353; NJW 1990, 3216). Nach seiner Eintragung kann er dagegen innerhalb der Anfechtungsfrist auch die Beschlüsse anfechten, an denen er noch nicht mitgewirkt hat (KG ZMR 1994, 524, 526; OLG Frankfurt NJW-RR 1992, 1170). Antragsberechtigt ist auch der Ersteher in der Zwangsversteigerung ab dem Zuschlagsbeschluss. Der Veräußerer kann den Erwerber aber ermächtigen, das Stimmrecht und/oder andere Rechte auszuüben. In diesem Fall ist der Erwerber auch als befugt anzusehen, als Verfahrensstandschafter (→ Prozessführung durch Verwalter) für den Veräußerer ein Anfechtungsverfahren zu betreiben. Wird zulässigerweise die Anfechtung durch den Erwerber erklärt, so ist die Anfechtungsfrist allerdings nur gewahrt, wenn er auch innerhalb der Anfechtungsfrist deutlich macht, dass er das gerichtliche Verfahren nicht aus eigenem Recht, sondern für den Anfechtungsbefugten durchführt (→ Anfechtbarkeit und Anfechtung von Beschlüssen).

c) Werdender Eigentümer

Die Vorschriften der §§43ff WEG finden auch auf die werdende oder → faktische Wohnungseigentümergemeinschaft Anwendung (BayObLG WE 1998, 114; OLG Düsseldorf WE 1998, 230; BPM Vor §43 Rz.4ff; Staudinger/Wenzel §43 RN 8), weshalb auch werdende Wohnungseigentümer Beteiligte eines Wohnungseigentumsverfahrens sein können. Insbesondere steht ihnen das Recht zu, Anträge zu stellen (BayObLG NZM 2001, 769f).

d) Ausgeschiedener Eigentümer

Der ausgeschiedene Wohnungseigentümer ist anfechtungsberechtigt in Bezug auf einen vor seinem Ausscheiden gefassten Beschluss, der auf ihn noch Auswirkungen hat (BayObLGZ 1986, 348; OLG Düsseldorf FGPrax 1997, 181; BPM §43 RN 90).

Veräußert ein Wohnungseigentümer seine Wohnung erst nach Rechtshängigkeit eines Wohnungseigentumsverfahrens, so verliert er auch bei Verlust der Sachlegitimation entsprechend §§ 265 Abs. 2, 325 ZPO nicht seine Stellung als Prozesspartei (BGH NZM 2001, 961f), sondern führt den Rechtsstreit im eigenen Namen als gesetzlicher Prozessstandschafter des Erwerbers fort (BayObLG ZfIR 1998, 308; ZWE 2000, 528), da – entsprechend § 325 ZPO – die materielle Rechtskraft einer gerichtlichen Entscheidung gem. § 45 Abs. 2 S. 2 WEG auch gegen diesen wirkt, sofern er materiell am Verfahren beteiligt ist (BGH NZM 2001, 961f; Staudinger/Wenzel § 45 RN 59). Der → Sonderrechtsnachfolger ist am Verfahren nicht formell zu beteiligen, da der Veräußerer das Verfahren als Prozessstandschafter für ihn führt.

Lässt der Verlust des Eigentums die Sachlegitimation und damit das Rechtsschutzinteresse des Veräußerers unberührt, bleibt er z. B. an den angefochtenen Eigentümerbeschluss gebunden, bedarf es keiner entsprechenden Anwendung von § 265 Abs. 2 ZPO, vielmehr ist der Veräußerer schon aus materiell-rechtlichen Gründen anfechtungsbefugt und damit auch befugt, das Verfahren nach § 43 Abs. 1 Nr. 4 WEG weiter zu betreiben (BGH NZM 2001, 961f). Die formelle Beteiligung des Erwerbers erübrigt sich in diesem Fall schon aufgrund seiner fehlenden materiellen Beteiligung. In beiden Fällen hat der Erwerber im Übrigen die Möglichkeit, dem Verfahren als Nebenintervenient entsprechend §§ 66ff ZPO beizutreten (→ Nebenintervention).

Hat der Wohnungseigentümer seine Wohnung bereits vor Rechtshängigkeit veräußert, so musste er nach jahrzehntelanger Rechtsprechung des BGH vor dem Prozessgericht in Anspruch genommen werden (BGHZ 44, 43; 106, 34). Diese Rechtsprechung hat der BGH aufgegeben; das Wohnungseigentumsgericht ist auch für Ansprüche zuständig, die gegen einen oder von einem vor Rechtshängigkeit aus der Gemeinschaft ausgeschiedenen Eigentümer geltend gemacht werden (BGH NZM 2002, 1003; Staudinger/Wenzel § 43 RN 10, 13). Der Zuständigkeitsregelung in § 43 Abs. 1 WEG liegt nämlich das Bestreben des Gesetzgebers zugrunde, Streitfälle innerhalb einer Wohnungseigentümergemeinschaft möglichst weitgehend dem – im Vergleich zum Zivilprozess

– freieren, elastischeren und rascheren Verfahren der freiwilligen Gerichtsbarkeit zu unterstellen. Für die Zuständigkeit des Wohnungseigentumsgericht maßgeblich ist somit allein, ob das in Anspruch genommene Recht oder die den Eigentümer treffende Pflicht in einem inneren Zusammenhang mit einer Angelegenheit steht, die aus dem Gemeinschaftsverhältnis der Wohnungseigentümer oder der Verwaltung des gemeinschaftlichen Eigentums erwächst (BGH NZM 2002, 1003, 1005; Z 106, 34, 38 ff; Staudinger/Wenzel § 43 RN 17). Die hiernach für die Verfahrenszuständigkeit entscheidende Gemeinschaftsbezogenheit bei Entstehen eines Anspruchs geht aber nicht dadurch verloren, dass einzelne Beteiligte vor Rechtshängigkeit aus der Gemeinschaft ausgeschieden sind (KG NJW-RR 1988, 842, 843; AG Kerpen ZMR 1999, 124, 125).

e) Verwalter

Beteiligter in einer Wohnungseigentumssache nach § 43 Abs. 1 Nr. 2 und 4 WEG ist auch der Verwalter. Voraussetzung ist, dass er wirksam bestellt wurde. Ist ihm die Verwaltung noch nicht übertragen worden, greift § 43 WEG nicht ein (BGHZ 65, 264, 266). In einer entstandenen Gemeinschaft muss ferner die Bestellungsperiode bereits begonnen haben, so dass, wer im September für das neue Kalenderjahr gewählt wurde, im November „zur Einarbeitung" keine Verwaltungsunterlagen von seinem noch amtierenden Vorgänger herausverlangen kann.

Die Stellung des Verwalters als Verfahrensbeteiligter dauert über sein Ausscheiden aus dem Amt hinaus fort, sofern die Streitigkeit in einem inneren Zusammenhang mit der Verwaltung des gemeinschaftlichen Eigentums steht (BGH NJW 1989, 714 f; BayObLGZ DWE 1982, 136; BPM § 43 RN 47) und die Entscheidungen rechtlich für oder gegen den ausgeschiedenen Verwalter wirken kann (BayObLG NZM 2002, 32). So ist das Wohnungseigentumsgericht zuständig für Schadensersatzansprüche – auch ausgeschiedener Eigentümer (BayObLG NJW-RR 1994, 856) – gegen den abberufenen Verwalter (BGHZ 59, 58, 63) oder für dessen Vergütungs- und Aufwendungsersatzanspruch (BGHZ 78, 57, 63; BayObLG WuM 1996, 663). Dasselbe gilt für Ansprüche auf → Auskunft und Abgabe der → eidesstattlichen Versicherung (OLG Köln WEM 1980, 82), auf Erstellung der → Abrechnung, → Entlastung (BayObLG Rpfleger 1980, 192) oder → Rechnungslegung, auf → Herausgabe von Verwaltungsunterlagen (BayObLGZ 1975, 327) und Unterlassung weiterer Tätigkeit (BayObLG ZMR 1982, 223). Wird ein Beschluss über die Entlastung des Verwalters angefochten, ist der entlastete Verwalter auch dann am Verfahren zu beteiligen, wenn zwischenzeitlich ein neuer Verwalter bestellt wurde (BayObLG NZM 2003, 815).

Der Verwalter bleibt auch nach seinem Ausscheiden antragsbefugt, wenn die Ungültigerklärung des Eigentümerbeschlusses seine Rechtsstellung berührt (BayObLG NZM 2001, 990; Staudinger/Wenzel §43 RN 12). Dementsprechend kann er analog §43 Abs.1 Nr.4 WEG den Beschluss anfechten, mit dem er fristlos abberufen wurde, obwohl dieser Beschluss gem. §23 Abs.4 WEG vorerst als gültig zu behandeln ist und ihm das Amt sofort entzogen hat; nicht anfechten kann er den Beschluss über die → Kündigung des mit ihm abgeschlossenen Verwaltervertrages sowie andere nach seinem Ausscheiden gefassten Beschlüsse, z.B. über die Bestellung seines Nachfolgers (→ Abberufung des Verwalters). Ein in Prozessstandschaft betriebenes Verfahren darf er bis zu einem Widerruf der Ermächtigung fortführen (→ Prozessführung durch Verwalter). Ebenso ist er noch befugt, ein von ihm als Beteiligtem eingelegtes Rechtsmittel wieder zurückzunehmen (BayObLG WE 1992, 51).

f) Partei kraft Amtes

Partei oder weiterer Beteiligter können schließlich kraft Amtes auch der Insolvenzverwalter (→ Insolvenz eines Wohnungseigentümers), der Zwangsverwalter (→ Zwangsverwaltung) oder der Testamentsvollstrecker über den Nachlass eines Wohnungseigentümers (→ Erbe) sein. Hat der Insolvenzverwalter die Wohnung freigegeben, ist die Freigabeerklärung dem Gemeinschuldner aber erst nach Rechtshängigkeit zugegangen, verbleibt es entsprechend §§ 261 Abs.3, 265 Abs.2 ZPO bei der einmal begründeten Zuständigkeit des Wohnungseigentumsgerichts (BGH NZM 2002, 1003f; BayObLG NJW-RR 1987, 270; Staudinger/Wenzel Vorb.

§§ 43 ff RN 39). Wegen der gegen die Masse gerichteten Ansprüche ist der Insolvenzverwalter aber auch dann vor dem Wohnungseigentumsgericht in Anspruch zu nehmen, wenn er das Wohnungseigentum schon vor Rechtshängigkeit freigegeben hat (BGH NZM 2002, 1003 f). Er steht insoweit einem vor Rechtshängigkeit aus der Gemeinschaft ausgeschiedenen Wohnungseigentümer gleich.

g) Dritte

Ansprüche von Dritten gegen Wohnungseigentümer oder gegen den Verwalter sowie Ansprüche der Wohnungseigentümer oder des Verwalters gegen Dritte sind grds. vor dem Prozessgericht geltend zu machen (BayObLG WE 1990, 57; Staudinger/Wenzel § 43 RN 14). Hierher gehören z.B. Streitigkeiten mit der kreditgebenden Bank, einem Lieferanten, auch wenn er gleichzeitig Verwalter der Anlage ist (OLG Hamm Rpfleger 1979, 318), mit Handwerkern oder Grundstücksnachbarn, mit Haftpflichtversicherungen des Verwalters oder der Eigentümer (BayObLG NJW-RR 1987, 1099) sowie deliktische oder Besitzschutzansprüche der Gemeinschaft gegen Besucher in der Anlage. Dritter ist auch der Bauträger, selbst wenn er zugleich noch Wohnungseigentümer (BGHZ 62, 388 ff) oder Verwalter (BGHZ 65, 264, 266 f) ist oder war. Gegen ihn gerichtete schuldrechtliche Erfüllungs- oder Gewährleistungsansprüche aus dem Erwerbsvertrag, Rückabwicklungsansprüche nach erfolgter Anfechtung, Ansprüche auf Unterlassung einer bestimmten Nutzung oder auf Rückzahlung von zweckwidrig verwandten Geldern sind deswegen vor dem Prozessgericht durchzusetzen (vgl. BayObLG WuM 1991, 450). Dritte sind ferner der Verkäufer oder Käufer, gegen den Ansprüche aus dem Erwerbsvertrag hergeleitet werden, oder die Parteien aus einer zwischen ihnen bestehenden Sonderrechtsbeziehung (z.B. Bruchteilsgemeinschaft am Sondereigentum, Miete/Pacht, Werkvertrag, Auftrag), auch wenn daran Wohnungseigentümer oder der Verwalter beteiligt sind. Dritter ist weiterhin der am Gemeinschaftseigentum dinglich Berechtigte.

Dem ordentlichen Zivilprozess zugewiesen sind außerdem Streitigkeiten mit Personen, denen entweder die ganze Gemeinschaft oder ein einzelner Eigentümer ein Recht zum Besitz eingeräumt haben. So kann der Mieter (OLG Karlsruhe OLGZ 1986, 129), der Pächter, ein Familienangehöriger oder der dinglich nicht gesicherte Erwerber einer Eigentumswohnung nicht Beteiligter einer Wohnungseigentumssache sein. Er unterhält vertragliche oder familienrechtliche Beziehungen allein zum Eigentümer der konkreten Einheit, nicht jedoch zu anderen Wohnungseigentümern, zur ganzen Gemeinschaft oder zum Verwalter. Auch Streitigkeiten zwischen der Wohnungseigentümergemeinschaft und einem Wohnungseigentümer aus der Vermietung von in gemeinschaftlichem Eigentum stehenden Räumen gehören zur Zuständigkeit des Prozessgerichts. Entsprechendes gilt für Personen, denen der Eigentümer einen → Nießbrauch (§ 1030 BGB) oder ein dingliches → Wohnungsrecht (§ 1093 BGB) an seiner Einheit bestellt hat. Sie sind daher auch nicht antragsbefugt (BayObLG WE 1999, 73; Lüke WE 1999, 122, 126).

h) Rechtsnachfolger, Mithaftender

Bei einer Rechtsnachfolge in ein unter § 43 Abs. 1 WEG fallendes Recht kraft Abtretung, Pfändung und Überweisung ist das Wohnungseigentumsgericht für die Rechtsverfolgung auch dann zuständig, wenn der Rechtsnachfolger nicht Wohnungseigentümer oder Verwalter ist (KG WuM 1984, 308; Staudinger/Wenzel § 43 RN 16). Wie die Veräußerung des Wohnungseigentums verändert auch hier der Rechtsübergang nicht die für die Verfahrenszuständigkeit maßgebende Rechtsnatur des Anspruchs als einer personen- und sachbezogenen Angelegenheit aus der Gemeinschaft (BayObLG WE 1990, 57; KG WuM 1984, 308). Erst recht wird die einmal begründete Zuständigkeit des Wohnungseigentumsgerichts nicht dadurch berührt, dass die Rechtsnachfolge erst nach Rechtshängigkeit eintritt.

2. Förmliche Beteiligung

Wer als weiterer Beteiligter in Betracht kommt, hat das Gericht von Amts wegen zu prüfen. Es ist dabei an die Angaben des Antragstellers nicht gebunden (BayObLGZ 1972, 246, 249f). Die förmliche Beteiligung der Wohnungseigentümer geschieht durch

Zustellung der Antrags- oder Beschwerdeschrift, der Terminsbestimmung und etwaiger gerichtlicher Verfügungen oder Entscheidungen sowie die Gewährung rechtlichen Gehörs. Die Zustellung kann grds. an den Verwalter als Zustellungsvertreter nach § 27 Abs. 2 Nr. 3 WEG erfolgen, wodurch sämtliche Wohnungseigentümer förmlich am Verfahren beteiligt werden (BGH NZM 2003, 952f; BayObLGZ 1989, 342, 344). Eine bloße Zuleitung zur Stellungnahme genügt nicht (BayObLG WuM 1996, 500). Unterbleibt die notwendige Beteiligung, so ist die Entscheidung nach § 27 S. 2 FGG, §§ 546, 547 Nr. 4 ZPO – auch ohne entsprechende Rüge – von Amts wegen aufzuheben und die Sache zur neuen Verhandlung und Entscheidung zurückzuverweisen (BGHZ 125, 153, 166; BayObLG WE 1992, 57; OLG Düsseldorf WuM 1994, 717). Darauf, ob der Verfahrensfehler für die Entscheidung kausal war, kommt es nicht an (BayObLG WE 1989, 179, 180).

Von einer Aufhebung und Zurückverweisung kann nur dann abgesehen werden, wenn die nicht am Verfahren beteiligte Person die Verfahrensführung nachträglich genehmigt hat (BayObLG WE 1989, 221, 222) oder wenn der Antrag bzw. das Rechtsmittel als unzulässig zurückgewiesen wurde (BayObLG ZMR 1988, 72; WE 1992, 319). Die Beteiligung kann aber vom Rechtsbeschwerdegericht nachgeholt werden, wenn eine weitere Sachaufklärung nicht notwendig ist und es nur darum geht, dem Beteiligten rechtliches Gehör zu gewähren (BGH NZM 1998, 78; BayObLG NZM 2000, 47; OLG Köln NZM 2002, 458; NJOZ 2003, 69f). Wird ein früherer Verwalter fehlerhaft am Verfahren betreffend die Anfechtung des Entlastungsbeschlusses nicht beteiligt, so kann die Beteiligung ebenfalls im Rechtsbeschwerdeverfahren nachgeholt werden, wenn ausgeschlossen werden kann, dass er sich aktiv an dem Verfahren in den Vorinstanzen beteiligt hätte (BayObLG NZM 2003, 815).

Der weitere Beteiligte hat die prozessuale Stellung einer Partei mit allen sich hieraus ergebenden Konsequenzen. Er hat Anspruch auf rechtliches Gehör, darf Anträge stellen und – bei Vorliegen einer Beschwer – Rechtsmittel einlegen. Ein – von ihm nicht mit betriebenes – Anfechtungsverfahren darf er nach Ablauf der Anfechtungsfrist, jedoch nicht gegen den Willen des Antragstellers fortführen (OLG Zweibrücken WE 1989, 105). Er darf nicht Richter in der Sache sein (§ 6 FGG) und nicht als Zeuge oder Sachverständiger, sondern nur als Beteiligter vernommen werden (BayObLG NJW-RR 1993, 85f).

▶ Betretungsrecht des Verwalters

Dem Verwalter steht ein gesetzliches Recht, einzelne Wohnungen zu betreten, gem. §§ 27 Abs. 1 Nr. 2, 14 Nr. 4 WEG zu, das er gemeinsam mit einem Architekten oder Sachverständigen ausüben kann, wenn dies zur Instandhaltung und Instandsetzung des gemeinschaftlichen Eigentums notwendig ist (BayObLG WE 1997, 114). Konkrete Umstände müssen allerdings das Tätigwerden des Verwalters für das gemeinschaftliche Eigentum erforderlich machen, ihm ist kein allgemeines Kontrollrecht eröffnet.

Aufgrund des Grundrechts auf Unverletzlichkeit der Wohnung (Art. 13 GG) kann ein über § 14 Nr. 4 WEG hinausgehendes Betretungsrecht des Verwalters wirksam nur für den Fall vereinbart werden, dass ausreichende Anhaltspunkte dafür vorliegen, dass Instandhaltungs- oder Instandsetzungsmaßnahmen vorgenommen werden müssen (BayObLGZ 1996, 146, 148). Das gilt auch dann, wenn die Teilungserklärung die Duldungsverpflichtung auf den zweimaligen Zutritt pro Jahr beschränkt, sofern das Betretungsrecht nicht von konkreten, sachlichen Gründen abhängig gemacht wird (OLG Zweibrücken NZM 2001, 289). Art. 13 GG enthält das grundsätzliche Verbot, gegen den Willen des Wohnungsinhabers in die Wohnung einzudringen oder darin zu verweilen (BVerfGE 76, 83, 89). Mithin sind an die Voraussetzungen, unter denen eine Wohnung gegen den Willen des Wohnungsinhabers betreten werden darf, strenge Anforderungen zu stellen (OLG Zweibrücken NZM 2001, 289f).

Auch wenn dem Verwalter im Einzelfall ein Betretungsrecht zusteht, darf er sich nicht eigenmächtig den Zutritt in die Eigentumswohnung verschaffen, sondern muss sich angemessene Zeit vorher anmelden und bei Weigerung sein Betretungsrecht ggf. gerichtlich durchsetzen; anderenfalls liegt verbotene Eigenmacht i. S. des § 858 BGB oder gar Hausfriedensbruch i. S. des § 123 StGB vor.

Zur Besichtigung des gemeinschaftlichen Eigentums ist der Verwalter regelmäßig verpflichtet (→ Kontrollpflichten des Verwalters), um → Mängel des gemeinschaftlichen Eigentums feststellen zu können.

▶ **Beweisverfahren, selbständiges** → Selbständiges Beweisverfahren

▶ **Bewertung**

Die §§ 138 ff BewG sehen anstelle der früheren Feststellung von Einheitswerten für die Bewertung von Grundbesitz zum Zweck der Ermittlung der → Erbschaft- und Schenkungsteuer eine ertragswertorientierte Bedarfsbewertung vor, welche nur mehr dann durchgeführt wird, wenn hierzu ein aktueller Anlass (Schenkung, Todesfall, Entstehung von Grunderwerbsteuer in bestimmten Fällen etc.) besteht.

In dem Feststellungsbescheid sind Feststellungen zu treffen über die Art des Grundbesitzes und über die Zurechnung des Grundbesitzes, d.h. wem dieser gehört, und bei mehreren Beteiligten über die Beteiligungsverhältnisse.

Das zuständige Finanzamt kann im Bedarfsfall von jedem, für dessen Besteuerung eine Bedarfsbewertung erforderlich ist, die Abgabe einer Steuererklärung innerhalb einer Frist von mindestens einem Monat verlangen.

Grundsätzlich ergibt sich der Steuerwert gem. § 146 Abs. 2 BewG für bebaute Grundstücke, z.B. eine Eigentumswohnung, durch Multiplikation des durchschnittlichen Jahresmietertrages der letzten drei Jahre vor dem Besteuerungszeitpunkt mit dem Faktor 12,5, vermindert um die altersbedingte Wertminderung des Gebäudes bzw. der Wohnung.

Als Jahresmiete gilt dabei das Gesamtentgelt ohne Betriebskosten nach § 27 Abs. 1 der II. BV, das der Mieter aufgrund vertraglicher Vereinbarungen für den Zeitraum von 12 Monaten zu zahlen hat. Ist die Wohnung weniger als drei Jahre vermietet worden, ist die durchschnittliche Jahresmiete aus dem kürzeren Zeitraum analog zu ermitteln.

Im Falle der Eigennutzung wird als Jahresmiete eine „übliche" Miete angesetzt, wie sie für nach Lage, Art, Größe, Ausstattung und Alter vergleichbarer, nicht preisgebundener Wohnungen von fremden Mietern bezahlt wird.

Als altersbedingte Wertminderung können für jedes Jahr, das seit Bezugsfertigkeit der Wohnung bis zum Besteuerungszeitpunkt vollendet worden ist, 0,5% von dem durch Multiplikation mit dem Faktor 12,5 ermittelten Ertragswert in Abzug gebracht werden, maximal jedoch 25%. Sind nach der Bezugsfertigkeit der Wohnung umfassende Renovierungsarbeiten erfolgt, die zu einer Erhöhung der Nutzungsdauer der Wohnung um mindestens 25 Jahre geführt haben, so können Altersabschläge nur für Jahre ab einem fiktiven Baujahr, welches die verlängerte Nutzungsdauer berücksichtigt, vorgenommen werden. Für Häuser, welche nicht mehr als 2 Wohnungen enthalten, erhöht sich der so ermittelte Wert gem. § 146 Abs. 5 BewG noch zusätzlich um 20%. Als Mindestwert ist stets der Wert des unbebauten Grundstückes anzusetzen, z.B. wenn sich aufgrund ungewöhnlich niedrigere Mieten ein sehr niedriger Ertragswert ergibt.

Ist der Wohnungseigentümer der Auffassung, dass der nach diesen Bestimmungen ermittelte Wert – ausnahmsweise – über dem tatsächlichen Verkehrswert liegt, so kann er – z.B. durch ein Sachverständigengutachten – den Gegenbeweis antreten. Gelingt ihm dieser Nachweis, so wird als Steuerwert dieser niedrigere „gemeine Wert" angesetzt.

Hinsichtlich des Verfahrens zur Feststellung, Anfechtung, Berichtigung und Änderung der Bescheide über die Grundbesitzwerte gelten die Vorschriften der Abgabenordnung über die Feststellung von Einheitswerten des Grundbesitzes sinngemäß.

Für die neuen Bundesländer gilt die Besonderheit, dass dort die Grundsteuer noch auf Basis der Einheitswerte vom 1.1.1935 bzw. nach einer Ersatzbemessungsgrundlage (§§ 129ff BewG) festgesetzt wird.

Beweissicherung → Selbständiges Beweisverfahren

▶ Biergarten

Ein Beschluss, der den Betrieb eines Biergartens auf einer Sondernutzungsfläche für die Zeit nach 23.00 Uhr untersagt, kann ordnungsmäßiger Verwaltung entsprechen; eine öffentlich-rechtliche Erlaubnis, die den Gaststättenbetrieb im Freien bis 24.00 Uhr gestattet, steht dem nicht entgegen (BayObLG ZWE 2001, 606), da diese das Recht, den Garten bis 24.00 Uhr zu nutzen, nicht im Verhältnis zu den übrigen Wohnungseigentümern gewährt (OLG Frankfurt OLGZ 1980, 417; KG WE 1992, 110). Das Aufstellen von Biertischen, Bänken und Schirmen, die im Boden nicht fest verankert sind, auf einer Gemeinschaftsfläche zum Betreiben eines Freiausschanks stellt keine bauliche Veränderung dar (BayObLG NZM 2002, 569).

▶ Billardcafé

Die in der Teilungserklärung enthaltene Zweckbestimmung „Laden, Büro, Arzt (Praxis) oder Wohnung" steht der Nutzung des Teileigentums als Billardcafé entgegen (OLG Zweibrücken ZMR 1987, 228).

▶ Bistro

Mit der Zweckbestimmung eines Teileigentums als „Laden" ist der Betrieb eines Bistros nicht zu vereinbaren (BayObLG WE 1994, 156; OLG Frankfurt NZM 1998, 198). Gleiches gilt für ein Teileigentum mit der Zweckbestimmung „Café" (OLG Zweibrücken ZMR 1997, 481).

▶ Blitzschutzanlage

Die erstmalige Installation einer Blitzschutzanlage in einem höheren Gebäude, die mit relativ geringem Kostenaufwand durchgeführt werden kann, ist eine Maßnahme ordnungsmäßiger Instandhaltung und Instandsetzung (OLG Düsseldorf NZM 2001, 146: DM 12400,–).

▶ Blumenkästen → Balkon- und Dachterrassenbepflanzungen

▶ Blumenladen

In einer Wohnung darf kein Blumenladen mit Zeitungsverkauf betrieben werden (BayObLG NJW-RR 1993, 149).

▶ Blumen- und Pflanztröge

Blumen- und Pflanztröge auf gemeinschaftlichen Flächen, z.B. solche, die zur Abgrenzung einzelner Sondernutzungsflächen aufgestellt wurden (BayObLG NZM 1998, 818), stehen im gemeinschaftlichen Eigentum. Sie dürfen auch auf einer sondergenutzten Terrasse aufgestellt und bepflanzt werden (BayObLG WE 1992, 203). Die Entfernung derartiger Pflanztröge von einer im gemeinschaftlichen Eigentum stehenden Terrasse kann hingegen zu einer nachteiligen Veränderung des Gesamteindrucks führen und deshalb der Zustimmung aller Wohnungseigentümer bedürfen, es sei denn, die Entfernung ist erforderlich, weil die Tröge asbesthaltig sind und deshalb eine konkrete Gefahr für die Wohnungseigentümer darstellen (BayObLG WuM 1993, 207f; Palandt/Bassenge § 22 RN 8; → Beseitigung von Gefahrenquellen).

Werden Pflanzgefäße auf einer gemeinschaftlichen Dachterrasse aufgestellt, hat der sondernutzungsberechtigte Wohnungseigentümer dafür zu sorgen, dass die Dachentwässerung nicht durch Blätter oder Nadeln der Pflanzen verunreinigt oder verstopft wird (BayObLG NZM 1998, 818).

▶ Bodenbelag → Fußboden, Estrich, Bodenbelag

▶ Bordell → Prostitution

▶ Brandmauer

Eine Brandmauer ist wegen ihrer Feuerschutzfunktion zwingend gemeinschaftliches Eigentum (BayObLGZ 1971, 273). Ihre Durchbrechung stellt stets eine bauliche Veränderung dar (BayObLG NJW-RR 1991, 1490; OLG Celle Nds Rpfleger 1981, 38).

▶ Brandversicherung → Versicherungen

> **Breitbandkabel** → Kabelfernsehen

> **Briefkastenanlage**

Die Briefkastenanlage ist gemeinschaftliches Eigentum. Gleiches gilt für den Briefeinwurf in der Wohnungseingangstür (AG Pforzheim DWE 1994, 100).

> **Buchführung**

Aus der Pflicht des Verwalters zur Erstellung einer Abrechnung folgt die zivilrechtliche Pflicht des Verwalters zur ordnungsmäßigen Führung der Bücher, aus denen die → Abrechnung, die → Rechnungslegung und mittelbar auch der → Wirtschaftsplan entwickelt, nachvollzogen und geprüft werden kann (BayObLG WE 1997, 117; OLG Hamm NJW-RR 1993, 845f; OLG Stuttgart PuR 1996, 518f). Verletzungen der Buchführungspflicht können Schadensersatzansprüche der Wohnungseigentümer gegen den Verwalter begründen (BayObLG WE 1988, 68f; BPM § 28 RN 145). Der Wohnungseigentümergemeinschaft selbst obliegt handelsrechtlich keine Buchführungspflicht, da sie nicht Kaufmann i.S.v. § 238 Abs. 1 S. 1 HGB ist; hieraus folgt, dass auf die Buchführung des Verwalters die §§ 238ff HGB nicht unmittelbar anwendbar sind.

Aus dieser zivilrechtlichen Verpflichtung folgt gem. § 140 AO auch eine steuerrechtliche Buchführungspflicht des Verwalters (Einführungserlass z. AO, BStBl 1976 I, 576ff), der als Vermögensverwalter i.S. des § 34 AO anzusehen ist (BMF-Schreiben v. 26.10.1992, Betrieb 1992, 2316, 2318), die u.a. zu seiner persönlichen Haftung gegenüber dem Fiskus gem. §§ 80 i.V.m. 191 Abs. 2, 69 AO führt, wenn infolge vorsätzlicher oder grob fahrlässiger Verletzung von Buchführungspflichten Steueransprüche verkürzt oder bezahlte Steuern zu Unrecht rückerstattet wurden. Daneben kommt gem. §§ 378, 379 AO eine Ahndung als Ordnungswidrigkeit in Betracht.

1. Selbständige Buchführung

Für jede Wohnungseigentümergemeinschaft ist eine selbständige Buchführung mit eigenen Konten einzurichten, um die Trennung vom Geschäfts- und Privatvermögen des Verwalters und vom Vermögen anderer Wohnungseigentümergemeinschaften zu gewährleisten.

2. Gegenstand der Buchführung

Die an die Buchführung des Verwalters zu stellenden Anforderungen (grundlegend Seuss PiG 27, 17 ff) haben sich an der geschuldeten Art der Abrechnung auszurichten, also i.d.R. an der Einnahmen- und Ausgabenrechnung und an der Pflicht des Verwalters, jederzeit die Übersicht über die Verwaltungsgeschäfte und den Stand des Vermögens der Wohnungseigentümer zu behalten und hierüber ohne Schwierigkeiten Auskunft geben zu können. Gegenstand der Buchführung ist also das Aufzeichnen
- aller Einnahmen und Ausgaben (Umsätze) im Zusammenhang mit der Verwaltung des gemeinschaftlichen Eigentums und
- aller Vorgänge, die zu Veränderungen des → Verwaltungsvermögens der Wohnungseigentümer, insbesondere der gemeinschaftlichen Gelder, führen.

3. Buchführungssysteme und -formen

Sind Vereinbarungen hierzu nicht getroffen, so wählt der Verwalter das Buchführungssystem aus. Für die Einnahmen- und Ausgabenrechnung genügt die sog. einfache Buchführung auf Bestandskonten, also ohne Gegenbuchung auf hierzu nicht erforderlichen Erfolgskonten (BayObLG WE 1991, 164). Das Abrechnungsergebnis wird durch Vermögensvergleich ermittelt.

Allgemein üblich ist bei berufsmäßigen Verwaltern die doppelte Buchführung, bei der die laufenden Geschäftsvorfälle auf Bestands- und Erfolgskonten gebucht werden und das Abrechnungsergebnis durch Vermögensvergleich und durch Vergleich von Einnahmen und Ausgaben festgestellt wird, was eine Kontrolle erleichtert. Im Unterschied zur doppelten Buchführung kaufmännischer Betriebe erfolgen die Buchungen erst im Zeitpunkt der jeweiligen Geldbewegung, so dass das Abrechnungsergebnis nicht durch den Vergleich von Aufwand und Ertrag, sondern durch den Vergleich von Einzahlungen und Auszahlungen ermittelt wird. Der doppelten Buchführung sollte wegen der umfassenderen Dokumentation und größeren Übersichtlichkeit in der Praxis der Vorzug gegeben werden (Kellmann ZMR 1989, 401; Seuss WE 1993, 32, 36); sie ist aber nicht zwingend vorgeschrieben (Drasdo WuM 1993, 444f; Sauren WE 1994, 172). Das Buchführungssystem ist im Übrigen ohne Bedeutung für die Art der Abrechnung (Sauren WE 1994, 172).

Auch die Wahl der Buchführungsform – also die äußere Aufmachung der Bücher – trifft i.d.R. der Verwalter. Ordnungsgemäß sind alle bewährten Buchführungsformen.

4. Grundsätze ordnungsmäßiger Buchführung

Der Verwalter hat die Grundsätze ordnungsmäßiger Buchführung (GoB) hinsichtlich der Regeln zu beachten, nach denen zu verfahren ist, um deduktiv zu einer dem gesetzlichen Zweck entsprechenden Abrechnung zu gelangen (vgl. BFH BStBl 1967 II, 607 z. Bilanz), wobei die formellen Grundsätze ordnungsmäßiger Buchführung in vollem Umfang zu beachten sind (Staudinger/Bub § 28 RN 293):

Die einzelnen Vorgänge sind in einem sinnvoll angelegten Kontenplan nach Belegnummerierung und Datum identifizierbar so zu verbuchen, dass sich ein Wohnungseigentümer mit durchschnittlichen Kenntnissen ohne Hinzuziehung eines Buchprüfers oder Sachverständigen (BayObLG NJW-RR 1988, 19; WE 1991, 164) innerhalb angemessener Zeit anhand des Buchwerks und der Belege ohne weitere Auskünfte des Verwalters zügig einen Überblick über die Geschäftsvorfälle und den Stand des Vermögens verschaffen kann (Dokumentationsprinzip).

Die Ordnungsmäßigkeit der Buchführung erfordert ein Buchführungssystem, das die Einhaltung der übrigen formellen und der entsprechend anwendbaren materiellen Grundsätze ordnungsmäßiger Buchführung ermöglicht und sicherstellt (Ordnungsmäßigkeitsprinzip). Bei EDV-Buchführungen sind weitergehende Anforderungen an die Verfahrensdokumentation, an die Überwachung der Funktionssicherheit der EDV-Anlage, an die Kontrollen zur Vermeidung von System- und Bedienungsfehlern sowie an die Datensicherung zu stellen, die in den Grundsätzen ordnungsmäßiger Speicherprüfung (GoS) zusammengefasst sind (BMF-Schreiben v.

5.7.1978 BStBl 1978 I, 250ff; Seuss PiG 27, 26ff), auf die die Grundsätze ordnungsmäßiger EDV-gestützter Buchführungssysteme aufbauen.

Im Übrigen gilt das Belegprinzip (→ Belege) sowie das Aufbewahrungsprinzip (→ Aufbewahrung von Verwaltungsunterlagen).

▶ Büro

Wird die Nutzung eines Teileigentums als Büro vereinbart, so ist darunter nach allgemeinem Sprachgebrauch eine Schreibstube zu verstehen, in der vorwiegend Schreib- und Diktierarbeiten ausgeführt, Telefongespräche und sonstige geschäftliche Besprechungen geführt werden. Teileigentum mit einer solchen Zweckbestimmung darf nicht als Wohnung (BayObLG ZWE 2000, 122; OLG Stuttgart WE 1987, 23) genutzt werden.

Umgekehrt können in der Teilungserklärung als solche bezeichnete Wohnräume i.d.R. nicht ohne Zustimmung der anderen Wohnungseigentümer als Büroräume genutzt werden, es sei denn, dass nach einer typisierenden Betrachtung eine zusätzliche Beeinträchtigung der Miteigentümer nach den Umständen, insbesondere dem Publikumsverkehr, nicht zu erwarten ist (BayObLG ZWE 2001, 27).

Die in der Teilungserklärung enthaltene Zweckbestimmung als Büro steht der Nutzung des Teileigentums als Billardcafé (OLG Zweibrücken ZMR 1987, 228), Ballettstudio (LG Bremen NJW-RR 1991, 1423), Kinderarztpraxis (OLG Düsseldorf WE 1996, 72) oder Spielsalon (AG Passau Rpfleger 1980, 23) entgegen. Die Bezeichnung „Büro" in einzelnen Räumen im Aufteilungsplan steht aber der Nutzung als Getränkemarkt nicht entgegen, wenn vorher ein Supermarkt vorhanden war (OLG Schleswig NZM 1999, 79).

Einem Wohnungseigentümer kann nicht untersagt werden, Kellerräume zu anderen Zwecken als zum Lagern von Gegenständen und zur Aufbewahrung von Vorräten zu nutzen, eine Wohn- oder Büronutzung ist dagegen nicht zulässig (BayObLG WuM 1993, 490; NZM 2000, 866).

C

▶ **Café, Eisdiele**

Die Zweckbestimmung „Café" beschreibt einen Betrieb mit einem Schwerpunkt in der Verabreichung von Kaffee und Kuchen (OLG Hamburg ZMR 1998, 714). Mit der Zweckbestimmung „Eisdiele und/oder Café" ist der Betrieb eines Tagescafés oder Ladens vereinbar, sofern die Bestimmung als Eisdiele keinen → Konkurrenzschutz bezweckt (OLG Hamm NJW-RR 1986, 1336). In einem als „Tagescafé und Laden" bezeichneten Teileigentum darf ein Café nicht über 20.00 Uhr hinaus betrieben werden (OLG Karlsruhe OLGZ 1985, 392). Die Nutzung eines Cafés als mit Spielgeräten ausgestattetes Bistro (OLG Zweibrücken ZMR 1997, 481), Pilsbar mit Musikunterhaltung (BayObLG NZM 2001, 763) oder als Nachtlokal mit Öffnungszeiten bis 4.00 Uhr morgens (BayObLG WuM 1985, 298) ist unzulässig.

Die Nutzung eines Teils der Grundstücksfläche vor dem Haus als Straßencafé (OLG Oldenburg ZMR 1980, 63) oder als Terrassenwirtschaft (OLG Frankfurt Rpfleger 1980, 391) durch einen Teileigentümer ist eine Sondernutzung, die der Vereinbarung aller Wohnungseigentümer – etwa in der Teilungserklärung – bedarf, da hierdurch jeder Wohnungseigentümer in seinem Recht auf Mitgebrauch des gemeinschaftlichen Eigentums beeinträchtigt wird (→ Sondernutzungsrecht). Ist jedoch der Anspruch auf Unterlassung des Betriebs eines Eiscafés verwirkt (→ Verwirkung), kann dies auch für die Nutzung einer vorgelagerten Terrassenfläche gelten (BayObLG NZM 1999, 278).

Ein Laden darf nicht als Eisdiele genutzt werden, da sie sich ganz wesentlich von einem Ladengeschäft unterscheidet. Für eine Eisdiele ist es typisch, dass viele Kunden nach dem getätigten Eiskauf die Örtlichkeit nicht wieder verlassen, sondern – gerade in den Sommermonaten – bei gutem Wetter noch vor der Eisdiele verweilen, um ihr Eis zu verzehren. Dies stört mehr als der Betrieb eines Ladens (OLG Schleswig NZM 2000, 437). Eine Nutzung als Café/Bistro während der üblichen Geschäftszeiten ist aber nicht zu untersagen, soweit diese Nutzung nicht mehr stört als die Nutzung als „Laden" (OLG Hamburg NZM 2002, 612).

Car-Port → Garagen, Sammel- und Tiefgaragen

CB-Funkantenne → Funkantenne

Chemische Reinigung

Die Bezeichnung eines Sondereigentums in der Teilungserklärung als „Geschäftsräume" und im Aufteilungsplan als „Gewerbliche Einheit Chemische Reinigung" erlaubt die Nutzung des Sondereigentums als chemische Reinigung, auch soweit es sich nicht nur um eine Annnahmestelle, sondern um einen Reinigungsbetrieb handelt (BayObLG NJW-RR 1994, 1038). Spricht die Teilungserklärung hingegen von „Laden", ist der Betrieb einer chemischen Reinigung unter Einsatz von Reinigungsmaschinen und -geräten unzulässig (BayObLG NZM 1998, 444; OLG Hamm Rpfleger, 1978, 60).

D

▶ **Dach, Dachboden**

1. Eigentum

Das Dach ist zwingend gemeinschaftliches Eigentum (BGH NZM 2001, 435f; BPM §5 RN 21), auch wenn es sich um die Dächer von Reihenhäusern einer Wohnungseigentumsanlage handelt (BayObLG ZWE 2000, 308f). Speicherräume im Dachboden, die abgeschlossen und vom gemeinschaftlichen Eigentum getrennt sind, können zum Sondereigentum gehören. Ist der Dachboden gemeinschaftliches Eigentum, können im Wege der Einräumung eines → Sondernutzungsrechts einzelne Räume den jeweiligen Eigentümern bestimmter Wohnungseigentumseinheiten zur ausschließlichen Nutzung zugewiesen werden.

Kann ein Spitzboden, der zum ständigen Mitgebrauch aller Wohnungseigentümer bestimmt ist, nur durch die darunter liegende Wohnung betreten werden, so kann an dem betreffenden Raum der Wohnung kein Sondereigentum begründet werden, da er ebenfalls dem gemeinschaftlichen Gebrauch aller Eigentümer i.S. von §5 Abs.2 WEG dient (BayObLG NZM 2001, 384). Kommt nach seiner Lage und Beschaffenheit jedoch ein ständiger Mitgebrauch aller Wohnungseigentümer am Spitzboden nicht in Betracht, stellt er die Sondereigentumsfähigkeit der darunter liegenden Wohnung nicht in Frage (BayObLG NZM 2001, 384; NJW-RR 1995, 908; OLG Hamm NZM 2001, 239).

2. Instandhaltung und Instandsetzung/bauliche Veränderung

Das Ersetzen eines schadhaften Flachdaches durch ein Pult- (BayObLGZ 1990, 28, 31) oder Walmdach (BayObLG NZM 1998, 328; KG NJW-RR 1994, 528), aber auch eines sog. Umkehrdachs durch ein Flachdach mit Gefälle (KG NJW-RR 1989, 463) oder die Ersetzung von Dachpappe durch Dachziegel (OLG Braunschweig WuM 1994, 501, 503) ist als Maßnahme → modernisierender Instandsetzung durch Mehrheitsbeschluss möglich. Auch die Beseitigung von Bäumen auf dem Dach kann bei Gefahr beschlossen werden (→ Beseitigung von Gefahrenquellen). Hingegen stellen die Installation einer Parabolantenne (→ Antenne, Parabolantenne) oder von → Sonnenkollektoren auf dem Dach bauliche Veränderungen dar.

Eigentümer von Dachgeschosswohnungen, denen ein Sondernutzungsrecht an dem darüber liegenden Spitzboden zusteht, dürfen eine Verbindungstreppe von der Wohnung zum Spitzboden einbauen, wenn dadurch weder Nachteile in statischer, schall- oder brandtechnischer Hinsicht entstehen noch eine wohnungsähnliche Nutzung des Spitzbodens in Frage kommt (BayObLG NJW-RR 1994, 1169).

3. Zulässige Nutzung

Die Bezeichnung des umbauten Raums im obersten Geschoss eines Hauses als Dach- und Speicherraum in der → Teilungserklärung oder im → Aufteilungsplan ist eine die Nutzung des Sondereigentums einschränkende Zweckbestimmung mit Vereinbarungscharakter, die der Nutzung des Dachgeschosses als Wohnung entgegensteht (BGH NZM 2003, 977f; BayObLG NZM 2000, 288; NJOZ 2003, 399, 402; OLG Düsseldorf ZfIR 1999, 296; Staudinger/Kreuzer § 15 RN 16). Zulässig ist eine Nutzung als Hobbyraum oder Werkstatt (BayObLG WE 1996, 116) sowie als Lagerraum. Nutzt ein Wohnungseigentümer den Speicher zu Wohnzwecken, kann jeder Miteigentümer Unterlassung gem. §§ 1004 Abs. 1 S. 2 BGB, 15 Abs. 3 WEG verlangen (BGH NZM 2003, 977f). Zur Nutzung als Wohnung und zum Anschluss von Küchen- und Badinstallationen an die Versorgungsleitungen ist die Zustimmung aller Wohnungseigentümer erforderlich, die zur Wirkung gegenüber einem Sonderrechtsnachfolger als Änderung der Zweckbestimmung (→ Umwandlung von Teileigentum in Wohnungseigentum und von Wohnungseigentum in Teileigentum) in das Grundbuch eingetragen werden muss (BGH NZM 2003, 977f; BayObLG ZMR 1991, 149). Eine erteilte → Baugenehmigung kann diese Zustimmung nicht ersetzen (BayObLG WE 1992, 84).

Hiervon zu unterscheiden ist die lediglich schuldrechtliche – gegenüber → Sonderrechtsnachfolgern unwirksame – Gestattung der Nutzung des Speichers zu Wohnzwecken durch alle Miteigentümer (BayObLG ZMR 1997, 537). Der dingliche Kernbereich des Teileigentums bleibt in diesem Fall unberührt (BGHZ 129, 319, 323). Wird ein in der Teilungserklärung als Speicher ausgewiesener Raum als Wohnraum verkauft, so haftet dem Kaufobjekt ein Rechtsmangel an; der Mangel entfällt nicht aufgrund der Duldung der Nutzung als Wohnraum durch die Miteigentümer, da diese nicht verpflichtet sind, die Nutzung auf Dauer hinzunehmen (BGH NZM 2003, 977 f).

Der Gebrauch an einem im gemeinschaftlichen Eigentum stehenden Spitzboden steht allen Miteigentümern zu. Erfordert dieser jedoch eine massive Mitbenutzung einer im Sondereigentum stehenden Wohnung und damit auch eine massive Störung der Privatsphäre des Miteigentümers, etwa wenn der Zugang nur über das Wohnzimmer möglich ist, kommt ein Mitgebrauchsrecht nicht in Betracht (OLG Hamburg NZM 2001, 1082). Mangels Regelung in der Teilungserklärung steht dem Eigentümer der darunter liegenden Wohnung allerdings auch kein Sondernutzungsrecht am Spitzboden zu; er darf ihn vielmehr nur so nutzen, wie ihn auch die übrigen Wohnungseigentümer nutzen dürften, wenn sie Zugang zu ihm hätten (OLG Köln NZM 2001, 385). Ein Betreten durch die übrigen Miteigentümer zur Durchführung von Instandhaltungs- und Instandsetzungsarbeiten hat er zu dulden (OLG Hamm NZM 2001, 239).

4. Verkehrssicherungspflichten

Die Anbringung von Schneefanggittern auf dem Dach ist zur Verhinderung des Niedergehens von Schneelawinen je nach den klimatischen und örtlichen Verhältnissen und unter Berücksichtigung der Dachneigung, insbesondere wenn diese 45° und mehr beträgt, erforderlich; daneben kommen nach starkem Schneefall weitere Schutzmaßnahmen in Frage (OLG Hamm NJW-RR 1987, 412; OLG Saarbrücken VersR 1985, 299; Birk NJW 1983, 2911); ist mit dem Niedergehen von Schneelawinen alsbald zu rechnen, z. B. wenn Medien oder Dritte hierauf hingewiesen haben, so sind konkrete Einzelmaßnahmen, etwa die Absperrung der gefährdeten Bereiche, zu treffen (OLG Celle VersR 1982, 979; OLG Karlsruhe NJW-RR 1986, 1404; Bärmann/Seuss B RN 390). Ebenfalls erforderlich sind Maßnahmen gegen die Bildung von Eiszapfen im Rahmen des Zumutbaren (OLG Celle NJW-RR 1988, 663).

Zu fordern ist auch die regelmäßige Untersuchung und Instandsetzung altersbedingt als reparaturanfällig anzusehender Dächer (OLG Düsseldorf NJW-RR 1992, 1440; OLG Frankfurt NJW-RR 1992, 164), insbesondere um Sturmschäden zu verhindern (→ Haus- und Grundbesitzerhaftpflicht).

▶ Dachausbau, Dachfenster

1. Bauliche Veränderung

Will ein Wohnungseigentümer den zu seinem Sondereigentum gehörenden Speicherraum im Dach zu Wohnzwecken ausbauen, so stellt diese Maßnahme wegen der regelmäßig erforderlichen Eingriffe in die Substanz des Gebäudes eine nachteilige bauliche Veränderung dar, der alle Wohnungseigentümer zustimmen müssen (BayObLG WE 1994, 277; OLG Düsseldorf NJWE-MietR 1997, 229). Die → Nachteile i.S.v. § 14 Nr. 1 WEG liegen

- in der möglichen höheren Belegung und damit intensiveren Nutzung,
- in der von einer Wohnnutzung ausgehenden Lärmentwicklung, insbesondere für die unmittelbar darunter liegenden Wohnungen,
- in der erhöhten Inanspruchnahme des gemeinschaftlichen Eigentums, insbesondere durch den Anschluss an Versorgungseinrichtungen (BayObLG DWE 1985, 125 für den Einbau eines WC),
- in einer negativen Änderung der äußeren architektonischen Gestaltung, z.B. durch Einbau von Dachgauben (BayObLG WE 1989, 66) oder Dachflächenfenster (BayObLG ZWE 2000, 546; OLG Köln ZWE 2000, 547; OLG Schleswig NJOZ 2003, 75 f), die Vergrößerung oder Umgestaltung der Giebelfenster (BayObLG WE 1994, 77) oder den Ersatz von Dachluken durch Dachflächenfenster (BGHZ 116, 392, 395; BayObLG NJWE-MietR 1997, 32). Ob auch eine Beeinträchtigung der übrigen Wohnungseigen-

tümer i.S.v. § 14 Nr. 1 WEG vorliegt, ist für jeden Einzelfall zu prüfen, da nicht jede Veränderung der architektonischen Gestaltung, sondern nur eine solche, die das optische Bild des Gebäudes tatsächlich verschlechtert, die übrigen Wohnungseigentümer beeinträchtigt (→ Nachteil).

Hat ein Wohnungseigentümer ohne Genehmigung ausgebaut, kann jeder der übrigen Wohnungseigentümer von ihm den Rückbau verlangen (→ Beseitigungsanspruch; → Wiederherstellungsanspruch). Dies gilt auch, wenn er seinem Mieter eigenmächtig den Ausbau gestattet hat (→ Vermietung von Wohnungseigentum).

2. Gestattung in der Gemeinschaftsordnung

In der Gemeinschaftsordnung kann einem Wohnungseigentümer der Ausbau des in seinem Sondereigentum stehenden Dachspeichers oder Spitzbodens zu Wohnzwecken gestattet werden (BayObLG NJW-RR 1997, 586; OLG Hamburg WE 1996, 349; Staudinger/Bub § 22 RN 14). Die Gestattung deckt nur die zur Verwirklichung des Ausbaurechts, insbesondere nach öffentlich-rechtlichen Vorschriften unbedingt notwendigen Maßnahmen und Beeinträchtigungen, so dass bei mehreren Möglichkeiten des Ausbaus die am wenigsten beeinträchtigende zu wählen ist (BayObLG NJWE-MietR 1997, 12; LG Stuttgart WuM 1992 z. Überschreitung des Zulässigen durch Abriss und vergrößerten Neuausbau eines Daches), es sei denn, dass die Regelung weitergehende Maßnahmen erlaubt, was im Wege der Auslegung festzustellen ist (OLG Hamburg WE 1996, 349f z. Ersatz von Dachluken durch kleine Balkone und z. Errichtung einer Glaskuppel). Erforderlich ist es nach den Landesbauordnungen, für ausreichende Belichtung zu sorgen, was den Einbau von Dachflächenfenstern rechtfertigt (BayObLG WE 1997, 236f). Die Gestattung des Umbaus verpflichtet die Wohnungseigentümer weiterhin zur Duldung von Maßnahmen, die zur Erfüllung von Auflagen der Baugenehmigung erforderlich und auf Kosten des Ausbauwilligen durchzuführen sind (OLG Hamburg WE 1996, 349f).

Soweit der Dachboden gemeinschaftliches Eigentum ist, kann die Zustimmung der Wohnungseigentümer zur Umwandlung in Sondereigentum nicht in der Gemeinschaftsordnung vorab erteilt oder ein Wohnungseigentümer zur Umwandlung ermächtigt werden (→ Umwandlung von gemeinschaftlichem Eigentum in Sondereigentum und von Sondereigentum in gemeinschaftliches Eigentum).

3. Kosten und Mängel des Ausbaus

Ist einem Wohnungseigentümer in der Teilungserklärung der Ausbau von Speicherräumen zu einer Wohnung gestattet, hat er, sofern nichts anderes vereinbart ist, in Abänderung des gesetzlichen → Kostenverteilungsschlüssels des §16 Abs.2 WEG sowohl die Kosten des Ausbaus als auch die daraus für die Gemeinschaft entstehenden Folgekosten allein zu tragen (BayObLG ZWE 2000, 526; OLG Düsseldorf NZM 2001, 591). In der Gemeinschaftsordnung zulässig ist eine Regelung, dass der Eigentümer eines unausgebauten Dachgeschosses zunächst von der Kostentragung befreit ist, etwa bis der Ausbau baurechtlich genehmigt oder mit dem Ausbau begonnen oder dieser fertig oder hergestellt ist (BayObLG ZfIR 2002, 389f; vgl. KG NZM 2001, 959f). Ist der Dachgeschossausbau aber im Wesentlichen hergestellt und fehlen lediglich typische Sonderwünsche wie Fußbodenbeläge, Sanitätsgegenstände und Malerarbeiten, so endet die Befreiung von der Kostentragungspflicht (KG NZM 2002, 613).

Das Ausbaurecht berechtigt den Inhaber zur fachgerechten Umgestaltung des angrenzenden Gemeinschaftseigentums. Bei dem Ausbau hat er, sofern Gemeinschaftseigentum betroffen ist, mit der Sorgfalt eines Beauftragten vorzugehen (KG ZMR 1998, 191). Wird der Dachausbau auf eigene Kosten und eigene Gefahr genehmigt, haftet der ausbauende Wohnungseigentümer für Schäden der übrigen auch ohne Verschulden (KG ZMR 1993, 430). Die Wohnungseigentümer haben gegen den ausbauenden Wohnungseigentümer einen Anspruch auf eine vollständige und mängelfreie Herstellung derjenigen konstruktiven Teile des Daches, die gemeinschaftliches Eigentum sind.

Der Erwerber ist nicht zur Instandsetzung verpflichtet, da er insoweit nicht in die Position seines Rechtsvorgängers eintritt; mangels ausdrücklicher anderweitiger Regelung in der Teilungserklärung geht die Verpflichtung zur ordnungsmäßigen Erstellung nicht vom Veräußerer auf den Erwerber über (→ Sonderrechtsnachfolger). Wird eine ausgebaute Dachgeschosswohnung veräußert, hat vielmehr der Erwerber gegen die übrigen Eigentümer einen Anspruch auf Instandsetzung fehlerhaft ausgebauten Gemeinschaftseigentums im Dachbereich, da diese als Zustandsstörer haften (KG ZWE 2000, 362, 365). Bereits fällig gewordene Ansprüche der Eigentümergemeinschaft gegen den nach der Gemeinschaftsordnung instandhaltungspflichtigen Voreigentümer, der zum Dachausbau berechtigt war und Schäden am Gemeinschaftseigentum verursacht hat, können nicht gegenüber dem Ersteher in der → Zwangsversteigerung geltend gemacht werden.

▶ **Dachgarten** → Dachterrasse

▶ **Dachterrasse**

Eine offene Dachterrasse, die über einer Eigentumswohnung liegt und nur über den Hausflur betreten werden kann, kann nicht Gegenstand des Sondereigentums sein (Staudinger/Rapp §5 RN 7; Weitnauer §5 RN 10; a.A. BayObLG WE 1992, 203 z. einer aufgebrachten Humusschicht; OLG Frankfurt Rpfleger 1975, 178; vgl. OLG Köln OLGZ 1976, 142).

Der Ausbau eines Daches zu einer Dachterrasse oder die Umgestaltung einer Dachterrasse sind wegen des regelmäßig erheblichen Eingriffs in die Dachsubstanz eine bauliche Veränderung i.S.d. §22 Abs.1 S.1 WEG (OLG Köln WE 1997, 430). Wird der optische Gesamteindruck des Gebäudes verschlechtert, so bedarf die Maßnahme der Zustimmung aller Wohnungseigentümer, z.B. die Errichtung eines Wintergartens und die Anlegung von Pflanzbeeten (BayObLGZ 1990, 120, 123), die Errichtung einer Blockhütte (BayObLG WE 1996, 146) oder eines Gartenhäuschens und die Anbringung eines Lamellenzauns (BayObLG ZWE 2001, 483), der Ersatz einer Kiesschicht durch Erde und die Bepflanzung (BayObLG WuM 1996, 495; KG ZMR 1986, 189; OLG Braunschweig WuM 1991, 367; OLG Hamm NJWE-MietR 1997, 277).

Auch wenn in der Gemeinschaftsordnung dem Eigentümer von Dachräumen die Befugnis zu deren Ausbau eingeräumt ist, bedarf die Anlage einer Dachterrasse i.d.R. der Zustimmung aller Wohnungseigentümer (BayObLG NJW-RR 1997, 586f; KG MDR 1984, 495; a.A. OLG Hamburg WE 1996, 349f z. Ersatz einer Dachluke durch einen Dachbalkon). Die Anlegung eines Dachgartens auf einer im Sondereigentum stehenden Dachterrasse stellt schon deshalb eine bauliche Veränderung dar, weil Schäden am gemeinschaftlichen Eigentum nur mit Erschwerungen festgestellt, zugeordnet und behoben werden können (OLG Köln NZM 1999, 1103).

Wird einem Wohnungseigentümer das Sondernutzungsrecht an einem von ihm errichteten Dachgarten eingeräumt und obliegt ihm dessen Instandhaltung und Instandsetzung, so erstreckt sich diese Verpflichtung auch auf eine im gemeinschaftlichen Eigentum stehende Blechwanne, die zur Entwässerung bei der Errichtung des Gartens angebracht wurde (BayObLG NZM 1999, 28).

Darlehen → Kredit

Dauerauftrag → Einzugsermächtigung

Dauernutzungsrecht

Ein Grundstück kann in der Weise belastet werden, dass derjenige, zu dessen Gunsten die Belastung erfolgt, berechtigt ist, unter Ausschluss des Eigentümers *nicht zu Wohnzwecken* dienende bestimmte Räume in einem auf dem Grundstück errichteten oder zu errichtenden Gebäude (LG Frankfurt NJW 1971, 759 z. U-Bahnhof) zu nutzen (Dauernutzungsrecht), § 31 Abs. 2 WEG. Auf das Dauernutzungsrecht sind die Vorschriften über das → Dauerwohnrecht entsprechend anwendbar, § 31 Abs. 3 WEG.

Dauerwohnrecht

Wie § 1 WEG zwischen Wohnungseigentum und Teileigentum, so unterscheidet § 31 WEG zwischen Dauerwohnrecht und Dauernutzungsrecht. Dauerwohnrecht ist die Belastung eines Grundstücks oder Erbbaurechts, § 42 Abs. 1 WEG, oder eines Wohnungseigentums (BGH Betrieb 1979, 545) – nicht aber eines ideellen Miteigentumsanteils (BayObLGZ 1957, 102, 110) –, die den Begünstigten zum Bewohnen oder sonstigen Nutzen einer bestimmten Wohnung in einem bestehenden oder zu errichtenden Gebäude unter Ausschluss des Eigentümers berechtigt. Möglich ist auch die Verbindung eines Dauerwohnrechts und eines Dauernutzungsrechts (BayObLG NJW 1960, 2100).

Das in den §§ 31 ff WEG geregelte, einer Dienstbarkeit ähnliche Dauerwohnrecht erweitert das gem. § 1093 BGB als beschränkte persönliche Dienstbarkeit ausgestaltete Wohnrecht dahin gehend, dass es veräußerlich – folglich auch pfändbar und verpfändbar – sowie vererbbar ist. Die Veräußerung kann gem. § 35 WEG von der Zustimmung des Eigentümers oder eines Dritten abhängig gemacht werden. § 12 WEG, der die Zustimmung zur Veräußerung von Wohnungseigentum regelt, ist entsprechend anwendbar. Das Dauerwohnrecht kann als dingliches Recht nicht wie ein Grundstück, ein Erbbaurecht oder ein Wohnungseigentum belastet werden; lediglich die Einräumung eines Nießbrauchs an einem Dauerwohnrecht ist gem. § 1068 BGB möglich. In der Praxis hat sich das Dauerwohnrecht nicht durchgesetzt.

1. Bestellung und Übertragung

Das Dauerwohnrecht entsteht durch formlose Einigung zwischen Gebäudeeigentümer und Berechtigtem gem. § 873 BGB sowie Eintragung in Abt. II des Grundbuchs des belasteten Grundstücks aufgrund einer notariell beglaubigten Eintragungsbewilligung des Eigentümers, §§ 13, 19, 29 GBO. Die Eintragung erfolgt gem. § 32 WEG nur, wenn

- die Wohnung in sich abgeschlossen ist, § 32 Abs. 1 WEG (a. A. in Bezug auf den Zugang Lotter MittBayNot 1999, 354), und eine → Abgeschlossenheitsbescheinigung der Baubehörde vorliegt (§ 32 Abs. 2 Nr. 2 WEG),
- ein → Aufteilungsplan der Baubehörde vorliegt, § 32 Abs. 2 Nr. 1 WEG, aus dem Lage und Größe der dem Dauerwohnrecht unterliegenden Gebäude- und Grundstücksteile zweifelsfrei ersichtlich sind (BayObLGZ 1997, 163),
- eine Vereinbarung vorgelegt wird über Art und Umfang der Nutzungen, die Instandhaltung und Instandsetzung der dem Dauerwohnrecht unterliegenden Gebäudeteile, die Pflicht zur Tragung

öffentlicher und privatrechtlicher Lasten des Grundstücks, die Versicherung des Gebäudes und den Wiederaufbau im Falle der Zerstörung sowie die Voraussetzungen eines Heimfallanspruchs und die Entschädigung beim Heimfall, § 32 Abs. 3 WEG. Ist eine Vereinbarung über den Heimfall nicht vorgelegt worden, so kann das Grundbuchamt unterstellen, dass ein Heimfallrecht nicht begründet wurde (BayObLG NJW 1954, 959).

Die Bestellung kann nicht bedingt – § 33 Abs. 1 WEG –, wohl aber befristet erfolgen. Auch eine Bestellung auf Lebenszeit des Berechtigten ist möglich (a. A. OLG Neustadt NJW 1961, 1974) – § 41 WEG. Das Dauerwohnrecht ist teilbar und kann z.B. in der Weise bestellt werden, dass es in 52 Anteile aufgeteilt und jedem Dauerwohnberechtigten an einem Ferienappartement pro Jahr die Nutzung von einer Woche zugewiesen wird (→ Time-Sharing, Teilzeit-Wohnrechte).

Die Übertragung erfolgt durch formlose Einigung zwischen Dauerwohnrechtsinhaber und Erwerber sowie Eintragung im Grundbuch, § 883 BGB. Der Begründung und Übertragung eines Dauerwohnrechts liegt meist ein Rechtskauf zugrunde, der nicht der notariellen Beurkundung bedarf (BGH WPM 1984, 142). Auch wenn der Preis für das Dauerwohnrecht in Raten bezahlt wird, finden Vorschriften des Miet- und Mietpreisrechts keine Anwendung (BGHZ 52, 243; LG Frankfurt NZM 2000, 857).

2. Gegenstand des Dauerwohnrechts

Gegenstand des Dauerwohnrechts sind Räume (LG Münster DNotZ 1952, 148: beim Dauernutzungsrecht ggf. auch ein Raum) in einem Gebäude oder ein gesamtes Gebäude (BGHZ 27, 158), auch wenn das Gebäude auf mehreren Grundstücken steht (LG Hildesheim NJW 1960, 49: Gesamtbelastung). Das Dauerwohnrecht kann sich gem. § 31 Abs. 1 Satz 2 WEG auf einen außerhalb des Gebäudes befindlichen Grundstücksteil erstrecken, z.B. auf einen Teil des Gartens.

Dauerwohnberechtigter kann auch der Grundstückseigentümer selbst (BayObLGZ 1997, 163) oder eine Personenmehrheit (BGHZ 130, 150) sein.

3. Rechte des Dauerwohnberechtigten

Art und Umfang des Nutzungsrechts bestimmen sich nach der gem. §§ 33 Abs. 4 Nr. 1, 32 Abs. 3 WEG zu treffenden Vereinbarung, die ein Mitbenutzungsrecht des Eigentümers nicht vorsehen kann. Zulässig ist ein Vermietungs- und Verpachtungsverbot (BayObLGZ 1960, 239), ein Wettbewerbsverbot oder die Vereinbarung einer Zustimmungspflicht zu bestimmten Nutzungen. Mangels entgegenstehender Vereinbarung kann der Dauerwohnberechtigte die betreffenden Räume nicht nur selbst bewohnen, sondern jegliche Früchte aus ihnen ziehen (BGHZ 59, 51), sie insbesondere vermieten und verpachten.

Die zum gemeinschaftlichen Gebrauch bestimmten Teile, Anlagen und Einrichtungen eines Gebäudes, z.B. Lift, Waschküche, Zentralheizung, Treppenhaus, Flure, Fassade (OLG Frankfurt BB 1970, 731), können gem. § 33 Abs. 3 WEG mitbenutzt werden. Eine nach § 33 Abs. 4 Nr. 1 WEG mögliche nähere Regelung darf zum Gebrauch der Wohnung unbedingt erforderliche Mitbenutzungsrechte nicht ausschließen.

4. Pflichten des Dauerwohnberechtigten

Die Pflichten des Dauerwohnberechtigten bestimmen sich gleichfalls nach der Vereinbarung, wobei nur bestimmte Pflichten zum dinglichen Inhalt des Dauerwohnrechts, also mit Wirkung gegen etwaige Rechtsnachfolger, gemacht werden können, § 33 Abs. 4 WEG:

- Er hat gem. §§ 33 Abs. 2, 14 Nr. 1 WEG die dem Dauerwohnrecht unterliegenden Gebäude- und Grundstücksteile so instand zu halten, dass dem Gebäudeeigentümer und den Mitbewohnern kein unzumutbarer Nachteil erwächst. Weitergehende Instandhaltungs- und Instandsetzungspflichten können mit dinglicher Wirkung auch bezüglich gemeinschaftlich genutzter Gebäudeteile vereinbart werden (BGH Rpfleger 1979, 58).
- Die Nutzungsrechte sind schonend auszuüben, §§ 33 Abs. 2, 14 Nr. 1 WEG. Die Instandhaltungs- und Rücksichtnahmepflicht ist auch von Dritten, z.B. Mietern oder Hausstandsangehörigen, einzuhalten, für die der Dauerwohnrechtsinhaber gem. §§ 278, 831 BGB einzustehen hat, §§ 33 Abs. 2, 14 Nr. 2 WEG.

- Zu dulden sind Einwirkungen aus einem zulässigen Gebrauch, den Dritte von anderen Wohnungen oder den gemeinschaftlichen Anlagen und Einrichtungen machen, §§ 33 Abs. 2, 14 Nr. 3 WEG, sowie das Betreten und die Benutzung der Wohnung zur Instandhaltung und Instandsetzung gemeinschaftlicher Gebäudeteile, §§ 33 Abs. 2, 14 Nr. 4 WEG.
- Öffentliche und privatrechtliche Lasten und Kosten (BGHZ 52, 234) des Grundstücks hat der Dauerwohnrechtsinhaber nur zu tragen, soweit er sich vertraglich hierzu verpflichtet hat. Besteht ein Dauerwohnrecht an Wohnungseigentum, so haben die übrigen Mitglieder der Wohnungseigentümergemeinschaft nur gegen den Wohnungseigentümer, nicht aber gegen den Dauerwohnrechtsinhaber Anspruch darauf, anteilig zu den Lasten des gemeinschaftlichen Eigentums sowie den Kosten der Instandhaltung, Instandsetzung, sonstigen Verwaltung und eines gemeinschaftlichen Gebrauchs des gemeinschaftlichen Eigentums gem. § 16 Abs. 2 WEG beizutragen (BGH MDR 1978, 390).
- Zur Versicherung und zum Wiederaufbau ist der Dauerwohnrechtsinhaber gleichfalls nur dann verpflichtet, wenn dies vereinbart ist, § 33 Abs. 4 Nr. 4 WEG.

5. Heimfallanspruch

Inhalt des Dauerwohnrechts kann bei einer entsprechenden Vereinbarung auch die Pflicht des Berechtigten sein, das Dauerwohnrecht beim Eintritt bestimmter Voraussetzungen an den Grundstückseigentümer oder einen von diesem zu bezeichnenden Dritten zu übertragen (Heimfallanspruch), § 36 Abs. 1 WEG.

Den Heimfallanspruch in Bezug auf Wohnräume kann der Eigentümer gem. § 36 Abs. 2 WEG nur dann geltend machen, wenn ein Mietverhältnis über das von dem Heimfall erfasste Dauerwohnrecht von dem Eigentümer unter Berücksichtigung der Kündigungsschutzvorschriften des BGB gekündigt werden könnte (→ Kündigung des Mietvertrages über Wohnungseigentum). Bei Dauerwohnrechten für eine längere Dauer als 10 Jahre muss der Eigentümer an den Dauerwohnberechtigten eine angemessene Entschädigung bezahlen, §§ 41 Abs. 3, 36 Abs. 4 WEG; der Zahlungsanspruch entsteht mit der Erfüllung des Heimfallanspruchs.

Diese Regelung ist unabdingbar, aber modifizierbar (BGHZ 27, 158; str.). Im Übrigen besteht nur im Fall der Vereinbarung ein Entschädigungsanspruch.

Der Heimfallanspruch verjährt gem. § 36 Abs. 3 WEG in sechs Monaten von dem Zeitpunkt an, in dem der Eigentümer von dem Eintritt der Voraussetzungen Kenntnis erlangt, ohne Rücksicht auf diese Kenntnis in zwei Jahren von dem Eintritt der Voraussetzungen an.

Sinn dieser Beschränkung des Heimfallanspruchs ist es zu verhindern, den Dauerwohnberechtigten schlechter zu stellen als einen Mieter; durch die Bestellung eines Dauerwohnrechts anstelle des Abschlusses eines Mietvertrages darf nicht der Schutz des Berechtigten umgangen werden.

6. Beendigung des Dauerwohnrechts

Das Dauerwohnrecht endet
- durch Zeitablauf,
- durch einseitige Aufgabe oder vertragliche Aufhebung gem. § 875 BGB, die gegenüber dem Grundbuchamt in der Form des § 29 GBO (öffentlich beglaubigte Urkunde) nachzuweisen ist,
- bei Erlöschen des Erbbaurechts, wenn es mit einem Dauerwohnrecht belastet ist, § 42 WEG,
- durch Zwangsversteigerung des belasteten Grundstücks im Falle des Nichtbestehenbleibens, § 91 ZVG; allerdings kann das Bestehenbleiben gem. § 39 WEG im Voraus vereinbart werden.

7. Rechtsstreitigkeiten

Für Streitigkeiten zwischen dem Gebäudeeigentümer und dem Dauerwohnrechtsinhaber ist ausschließlich das Amtsgericht, Streitgericht, in dessen Bezirk das Grundstück liegt, zuständig, § 52 WEG.

▶ **Decken und Böden** → Fußboden, Estrich, Bodenbelag

▶ **Decken- und Wanddurchbruch**

Ein Decken- oder Wanddurchbruch, um zwei Wohnungen miteinander oder eine Dachgeschosswohnung mit dem darüber liegenden Speicherraum, an welchem dem Wohnungseigentümer ein Sondernutzungsrecht zusteht (BayObLG ZMR NJW-RR 1994, 1169), eine Wohnung im Erdgeschoss mit dem darunter liegenden Keller (BayObLG NJW-RR 1992, 272) oder einen Kellerraum mit der Garage (BayObLG Rpfleger 1994, 409) zu verbinden, ist nicht schon deshalb eine bauliche Veränderung, weil damit die → Abgeschlossenheit der Wohnungen bzw. Räume, die gem. § 3 Abs. 2 S. 1 WEG zur Schaffung von Wohnungs- und Teileigentum erforderlich ist, nachträglich aufgehoben und somit ein der Teilungserklärung widersprechender Zustand geschaffen wird (BGH NZM 2001, 196; BayObLGZ 2000, 252). Bei dem Abgeschlossenheitserfordernis handelt es sich nämlich lediglich um eine Sollvorschrift, weshalb die rechtliche Ausgestaltung des Sondereigentums durch spätere bauliche Veränderungen nicht berührt wird (BGH NZM 2001, 196f; Staudinger/Bub § 22 RN 31). Der durch das Erfordernis der Abgeschlossenheit bezweckte Schutz vor dem Nachbarn wird mit dem Erwerb der Nachbarwohnung hinfällig.

Die anderen Wohnungseigentümer können grds. nicht darauf vertrauen, dass Anzahl und Größe der übrigen Wohnungen ohne ihre Zustimmung nicht verändert werden (Staudinger/Bub § 22 RN 71). Ein Wohnungseigentümer darf zwei in seinem Eigentum stehende Wohnungen ohne Mitwirkung der übrigen Wohnungseigentümer vereinigen (→ Vereinigung von Sondereigentum). Auch die → Unterteilung eines Wohnungseigentums bedarf nicht der Zustimmung der übrigen Wohnungseigentümer, sofern nicht die Teilungserklärung eine abweichende Bestimmung enthält. Soweit derartige Veränderungen in der rechtlichen Ausgestaltung eines Wohnungseigentums ohne Zustimmung der übrigen Wohnungseigentümer zulässig sind und von ihnen hingenommen werden müssen, kann auch die allein dadurch geschaffene Möglichkeit einer intensiveren Nutzung nicht als Nachteil i.S.v. § 14 Nr. 1 WEG gewertet werden (BGH NZM 2001, 196f).

Bei einem Decken- oder Wanddurchbruch handelt es sich aber dann um eine bauliche Änderung, wenn sie Eingriffe in die bauliche Substanz des Gebäudes erfordert, die den Bestand und die Sicherheit des Gebäudes berühren, z.B. wenn der Durchbruch durch eine tragende Wand erfolgt. Ein Nachteil ist in diesem Fall nur dann zu verneinen, wenn kein vernünftiger Zweifel daran besteht, dass ein wesentlicher Eingriff in die Gebäudesubstanz unterblieben ist, insbesondere keine Gefahr für die konstruktive Stabilität des Gebäudes und dessen Brandsicherheit geschaffen wurde (BGH NZM 2001, 196, 198; BayObLG NZM 2002, 391). Für eine solche Gefährdung spricht es, wenn umfangreiche Sicherungs- und Ausgleichsmaßmahmen – z.B. Unterfangungsarbeiten – durchzuführen sind, um Gefahren für die Standsicherheit des Gebäudes zu verhindern (BayObLG NJW-RR 1995, 649f; OLG Köln WE 1996, 76).

Ferner können sich Benachteiligungen für die übrigen Wohnungseigentümer durch erhöhte Lärmimmissionen sowie die intensivere Nutzung der durch den Decken- oder Wanddurchbruch miteinander verbundenen Räumlichkeiten ergeben (BGH NZM 2001, 196f; BayObLG WE 1997, 288; OLG Köln WE 1995, 221).

▶ **Deckung von Einnahmen und Ausgaben**

Im Wohnungseigentumsrecht gilt der haushaltsrechtliche Grundsatz der Deckung von Einnahmen. Für den Wirtschaftsplan bedeutet dies, dass weder ein Überschuss noch ein Fehlbetrag prognostiziert und „geplant" werden darf (OLG Düsseldorf WE 1991, 131; BPM RN 17). Der Grundsatz der Deckung von Einnahmen und Ausgaben gilt darüber hinaus für jede einzelne Maßnahme, die Kosten verursacht. Das bedeutet, dass über die Finanzierung von Maßnahmen, die nicht bereits im laufenden Wirtschaftsplan vorgesehen sind, durch Nachtrag zum Wirtschaftsplan, Sonderumlage oder Kreditaufnahme mitentschieden werden muss, da andernfalls keine ordnungsmäßige Verwaltung vorliegt (BayObLG DWE 1996, 75, 76; Staudinger/Bub § 21 RN 91). Der Beschluss, bestimmte Instandsetzungsmaßnahmen durchzuführen, beinhaltet nämlich keine Verpflichtung zur Zahlung einer → Sonderumlage. Die Aufnahme eines langfristigen Kredits zur Finanzierung entspricht nur im Ausnahmefall den Grundsätzen ordnungsmäßiger Verwaltung (→ Kredit).

▶ **Dekorationen** → Flur, Treppenpodest, Treppenhaus; → Wohnungseingangstür

Delegiertenversammlung, Teilversammlung

Das Recht jedes einzelnen Wohnungseigentümers zur Mitwirkung an der Verwaltung wird im Wesentlichen durch Teilnahme an der Wohnungseigentümerversammlung sowie Mitwirkung bei der Beschlussfassung ausgeübt. Es gehört zum Kernbereich der personenrechtlichen Gemeinschaftsstellung (BGHZ 99, 90, 94) und kann nicht ausgeschlossen werden. Es ist deshalb grundsätzlich nicht möglich, die Eigentümerversammlung durch andere Beschlussgremien zu ersetzen.

1. Teilversammlung

Teilversammlungen liegen vor, wenn sich die Wohnungseigentümer einer Wohnungseigentümergemeinschaft gruppenweise – etwa bei einer → Mehrhauswohnanlage je Haus – zeitlich und örtlich getrennt, aber jeweils mit derselben Tagesordnung, die die gesamte Wohnanlage betrifft, versammeln, die Stimmergebnisse aller Versammlungen zusammengerechnet werden und der Verwalter daraus das Beschlussergebnis feststellt. Das Recht auf Gehör wird hierdurch in nicht zulässiger Weise modifiziert. Zwar mag in Großwohnanlagen (OLG Stuttgart DWE 1980, 62 für eine Wohnanlage mit mehr als 500 Wohneinheiten) ein praktisches Bedürfnis bestehen, für die Abhaltung von Wohnungseigentümerversammlungen und Beschlussfassungen vereinfachte Organisationsformen zu vereinbaren. Teilversammlungen schneiden aber den Wohnungseigentümern die Möglichkeit ab, die Willensbildung der anderen Wohnungseigentümer in anderer Weise als durch die Stimmabgabe, nämlich argumentativ, zu beeinflussen. Denkbar ist die Zulassung von Teilversammlungen daher nur dann, wenn allen Wohnungseigentümern ein Teilnahme- und Rederecht auch in den Versammlungen eingeräumt wird, in denen sie nicht stimmberechtigt sind, und wenn der Verwalter verpflichtet wird, → Zweitbeschlüsse in vorangegangenen Teilversammlungen herbeizuführen, wenn entscheidungserhebliche Kriterien, deren Relevanz sich erst jetzt zeigt, dort nicht bedacht worden waren (a.A. OLG Stuttgart FGPrax 1997, 17: unbeschränkt zulässig, soweit vereinbart).

Hiervon zu unterscheiden sind Versammlungen solcher Wohnungseigentümer, die aufgrund Gruppenbetroffenheit allein stimmberechtigt sind. Dies kommt nur für Angelegenheiten in Betracht, die einen eindeutig abgrenzbaren Teil eines Hauses oder einer → Mehrhauswohnanlage und deshalb nur die betroffenen Wohnungseigentümer angehen, z.B. für eine Gebrauchsregelung für die nur von den Wohnungseigentümern eines Hauses zu nutzende Waschküche. Hier sind nur die betroffenen Wohnungseigentümer stimmberechtigt (BayObLGZ 1961, 322, 327 – „Fahrradkeller-Fall"; WuM 1996, 369; ZWE 2000, 268). In diesem Fall kann auf die Anwesenheit der nicht betroffenen Wohnungseigentümer verzichtet werden.

2. Delegiertenversammlung

Unwirksam ist auch eine Bestimmung in der Teilungserklärung/Gemeinschaftsordnung, wonach bei einer Mehrhauswohnanlage die Eigentümer je eines Hauses einen oder mehrere Delegierte oder Wahlmänner wählen, die dann das Stimmrecht in der Eigentümerversammlung ausüben („Wahlmännersystem"). In diesem Fall erfolgt nämlich die Willensbildung nicht mehr durch die Gesamtheit der Wohnungseigentümer, sondern durch gewählte Repräsentanten, womit dem einzelnen Wohnungseigentümer das Stimmrecht und damit ein wesentlicher Teil des Mitgliedschaftsrechts (BGHZ 106, 119) entzogen wird. Auch kann sich ein falsches Bild von den Mehrheitsverhältnissen ergeben, wenn in der Vertreterversammlung die Mehrheit der Vertreter einem Beschluss zustimmt, obwohl sich bei Auszählung der Stimmen aller Wohnungseigentümer keine entsprechende Mehrheit ergeben hätte. Schließlich wirkt das Aufzwingen eines Stellvertreters wie eine verdrängende Vollmacht, die unzulässig ist, da sich niemand seiner Handlungsfähigkeit begeben kann (BGHZ 99, 90).

▶ Dereliktion

Ein Wohnungseigentümer kann sein Wohnungs- oder Teileigentum nicht entsprechend § 928 Abs. 1 BGB durch Verzicht gegenüber dem Grundbuchamt wirksam aufgeben (BayObLG NJW 1991, 1962; OLG Celle NJOZ 2003, 2588; OLG Düsseldorf ZWE

2001, 36; Staudinger/Pfeiffer § 928 RN 2 z. Miteigentumsanteil; a.A. Kanzleiter NJW 1996, 905, 907). Im Rahmen des gesetzlich begründeten Schuldverhältnisses erwachsen den Wohnungseigentümern wechselseitige Verpflichtungen, insbesondere die Pflicht zur anteiligen Tragung der Lasten und Kosten gem. § 16 Abs. 2 WEG. Durch die in § 11 WEG angeordnete → Unauflöslichkeit der Gemeinschaft ist sichergestellt, dass dieses Schuldverhältnis nicht einseitig beendet werden kann. Die Dereliktion eines Wohnungs- oder Teileigentums, die einer Teilaufhebung gleichkäme, würde diesen Grundsatz durchbrechen.

▶ **Diele** → Flur, Treppenpodest, Treppenhaus

▶ **Dienstbarkeit**

Ein Wohnungseigentum kann gem. § 1018 BGB zugunsten des Eigentümers eines anderen Grundstücks in der Weise belastet werden (→ Belastungen), dass dieser es in einzelnen Beziehungen benutzen darf oder gewisse Handlungen nicht vorgenommen werden dürfen (Grunddienstbarkeit). Eine Grunddienstbarkeit kann auch zugunsten der jeweiligen Wohnungseigentümer einer Wohnungseigentumsanlage bestellt und eingetragen werden, die als Eigentümer des herrschenden Grundstücks gesamtberechtigt sind (OLG Stuttgart WE 1990, 131). Die Grunddienstbarkeit wird gem. § 96 BGB wesentlicher Bestandteil der Wohnungseigentumsrechte (OLG Düsseldorf NJW-RR 1987, 333). Die Wohnungseigentümer können die Ausübung der Rechte aus einer solchen Grunddienstbarkeit als Inhalt des Sondereigentums regeln und in die Wohnungsgrundbücher eintragen lassen (BayObLGZ 1990, 124).

Eine Dienstbarkeit am gesamten Grundstück belastet bei Begründung von Wohnungseigentum jedes einzelne Wohnungseigentum, sie wird auf jedes anzulegende Wohnungsgrundbuchblatt übertragen (OLG Hamm Rpfleger 1980, 469). Beschränkt sich die Dienstbarkeit auf ein Wohnungseigentum, z.B. bei einem dinglichen Wohnungsrecht, so werden bei Begründung von Wohnungseigentum die nicht betroffenen Wohnungseigentumsrechte von der Belastung ohne Zustimmung des Berechtigten frei (OLG Frankfurt NJW 1959, 1977); die Dienstbarkeit wird nur auf das anzulegende Wohnungsgrundbuchblatt des belasteten Wohnungseigentums, im Übrigen aber nicht übertragen (BayObLGZ 1957, 102; OLG Oldenburg NJW-RR 1989, 273).

Das Sondereigentum kann nur in seinem gesetzlichen oder durch die Gemeinschaftsordnung bestimmten Herrschaftsbereich belastet werden. Es kann nicht mit einer Grunddienstbarkeit belastet werden, deren Ausübungsbereich sich über das Sondereigentum und das Mitbenutzungsrecht am gemeinschaftlichen Eigentum hinaus erstreckt (OLG Düsseldorf OLGZ 1986, 413; Staudinger/Rapp §3 RN 61). Eine Dienstbarkeit an einem Wohnungseigentum kann deshalb nicht mit dem Inhalt im Grundbuch eingetragen werden, dass Ausübungsbereich ein → Sondernutzungsrecht sein soll, da dieses gemeinschaftliches Eigentum bleibt (BayObLG NJW-RR 1997, 1236; OLG Zweibrücken NZM 1999, 771). Nur wenn sämtliche Eigentümer die Eintragung bewilligen, kann eine Dienstbarkeit an einem Sondernutzungsrecht eingetragen werden (OLG Hamburg ZMR 2001, 380).

Ein Wohnungseigentum kann gem. § 1090 BGB auch zugunsten einer bestimmten (natürlichen oder juristischen) Person mit einer Dienstbarkeit belastet werden (beschränkte persönliche Dienstbarkeit). Inhalt einer beschränkten persönlichen Dienstbarkeit können Verbote sein, auf dem belasteten Grundstück einen Gewerbebetrieb einzurichten oder eine bestimmte Gewerbeart auszuüben (BGH NJW 1983, 116), ein Grundstück zu Wohnzwecken zu benutzen (BGH DNotZ 1985, 34) oder – als sog. Fremdenverkehrsdienstbarkeit – ein Grundstück länger als eine bestimmte Dauer selbst oder durch ein und denselben Dritten bewohnen zu lassen (→ Ferienwohnung).

▶ **Dienstleistungen** → Persönliche Dienstleistungspflicht

▶ **Diskothek**

Bezeichnet die Teilungserklärung Räume als „Weinkeller, Kegelbahn, Windfang, Abstellraum, Kühlraum, WC, Vorplatz", ist hiermit der Betrieb einer Diskothek oder die Führung einer Gaststätte mit Tanzbetrieb nicht vereinbar (BayObLG WE 1991, 51).

◆ Doppelhaus

Bei Doppelhaushälften kann Sondereigentum nur an den Wohnungen, nicht jedoch an konstruktiven Gebäudeteilen begründet werden, die stets gemeinschaftliches Eigentum sind (BGH DNotZ 1996, 488).

◆ Doppelstockgaragen, Duplexgaragen

An den Stellplätzen einer Doppelstockgarage mit Hebebühne (Duplex-Garagen) kann Sondereigentum wie an anderen Stellplätzen begründet werden (a.A. OLG Düsseldorf NZM 1999, 571f: gemeinschaftliches Eigentum), nicht aber je ein Sondereigentum am Stellplatz auf und unter der Hebebühne einer Doppelstockgarage (BayObLGZ 1995, 53; OLG Düsseldorf MittRhNotK 1978, 85: a.A. OLG Hamm OLGZ 1983, 1; Hügel ZWE 2001, 42), weil diese Stellplätze Teile einer beweglichen Einrichtung und daher nicht sonderrechtsfähig sind. Am Teileigentum einer Doppelstockgarage kann aber einfaches Miteigentum gebildet werden, bei dem jeder der beiden Stellplätze einem der Miteigentümer gem. §§ 745 Abs. 1, 1010 BGB zum alleinigen Gebrauch zugewiesen wird. Möglich ist auch die Einräumung eines in das Grundbuch einzutragenden Sondernutzungsrechtes gem. §§ 10 Abs. 2, 15 Abs. 1 WEG (BayObLGZ 1994, 38; OLG Frankfurt NZM 2001, 527; OLG Jena ZWE 2000, 232), da die Miteigentümer der Doppelstockgarage einverständlich auch solche Regelungen treffen können, die nur einzelne Sondereigentumseinheiten betreffen (OLG Frankfurt NZM 2001, 527 z. einer Sammelstellplatzverschiebeanlage).

Es kann vereinbart werden, dass die Instandhaltungskosten in Bezug auf einzelne Hebebühnen nicht von allen Wohnungseigentümern, sondern lediglich von allen Garageneigentümern anteilig zu tragen sind (OLG Düsseldorf NZM 1999, 571).

◆ Drahtfernsteueranlage

Die eigenmächtige Herstellung einer Drahtfernsteueranlage zum Öffnen und Schließen eines ca. 100 Meter vom Haus entfernten Einfahrtstores ohne Sichtkontakt stellt einen über das zulässige Maß hinausgehenden Gebrauch des Gemeinschaftseigentums i.S.v. § 14 Nr. 1 WEG dar, wenn eine Gefährdung von Personen und Sachen durch diese Anlage nicht gänzlich auszuschließen ist. Wenn durch die unterirdische Kabelführung weitergehende Beeinträchtigungen nicht auftreten, besteht nur ein Anspruch auf Außerbetriebnahme, nicht auf Beseitigung (BayObLGZ 1979, 267).

▶ **Drogencafé, Methadonabgabestelle**

Eine als „Ladenwohnung" bezeichnete Einheit, die über einen eigenen Eingang verfügt, darf im Einzelfall als Café für drogenabhängige Jugendliche und drogengefährdete Personen genutzt werden. Allerdings ist die Nutzung – Reichen von kleinen Speisen und Getränken, medizinische Versorgung – auf die allgemeinen Geschäftszeiten beschränkt (KG NZM 1999, 425).

In einem Teileigentum, das zur Ausübung eines „beliebigen Gewerbes oder Berufs" genutzt werden darf, kann auch eine städtische Methadonabgabestelle betrieben werden, wenn die nähere Umgebung des in der Innenstadt gelegenen Hauses durch das Vorhandensein vielgestaltiger Gewerbebetriebe gekennzeichnet und das Teileigentum durch einen separaten Eingang erreichbar ist (OLG Düsseldorf NZM 2002, 259 f).

▶ **Duldungspflichten**

1. Nutzung des Sondereigentums

Gem. §§ 13 Abs. 1, 14 Nr. 1 und 2 WEG kann jeder Wohnungseigentümer, soweit nicht das Gesetz oder Rechte Dritter entgegenstehen, mit den im Sondereigentum stehenden Gebäudeteilen nach Belieben verfahren, insbesondere diese bewohnen, vermieten, verpachten oder in sonstiger Weise nutzen; gem. § 13 Abs. 2 S. 1 WEG ist jeder Wohnungseigentümer zum Mitgebrauch des gemeinschaftlichen Eigentums nach § 14, § 15 WEG berechtigt, z.B. durch Werbeeinrichtungen an der → Fassade. Aus diesen Rechten folgt gem. § 14 Nr. 3 WEG auch die Pflicht der Miteigentümer, die ordnungsgemäße Ausübung dieser Rechte zu dulden und nicht zu stören (KG DWE 1988, 23). § 14 Nr. 3 WEG begründet aber keine Pflicht zur Duldung von Eingriffen in das Sondereigentum (BayObLG NJW-RR 1991, 463).

2. Maßnahmen der Instandhaltung und Instandsetzung/ bauliche Veränderung

Zu dulden hat jeder Wohnungseigentümer Maßnahmen und Handlungen der anderen Wohnungseigentümer, die diese in Erfüllung ihrer Pflichten gem. § 14 WEG vornehmen, insbesondere zur → Instandhaltung und Instandsetzung der im Gemeinschaftseigentum stehenden Gebäudeteile, z.B. wenn dies nur durch das Betreten und die Benutzung des Sondereigentums (BayObLG WE 1989, 60) möglich ist, § 14 Nr. 4 WEG. Dazu gehören vor allem das Betreten der Wohnung durch den Kaminkehrer für Maßnahmen an gemeinsamen Versorgungsleitungen (BayObLG ZfIR 1997, 927) oder durch den Verwalter und/oder Handwerker für Maßnahmen an Fenstern, am Dach, zur Balkonsanierung oder zum Einbau einer neuen Heizung. Im Einzelfall kann das Betreten der Wohnung auch gestattet werden müssen, um der Gemeinschaft erhebliche Kosten, z.B. für die Errichtung eines Gerüsts, zu ersparen (BayObLG WE 1996, 152). In entsprechender Anwendung des § 14 Nr. 4 WEG ist auch das Betreten durch einen Sachverständigen zur Feststellung von Mängeln und zur Begutachtung der durchzuführenden oder durchgeführten Maßnahmen zu dulden (BayObLGZ 1996, 146). Zu beachten ist aber das Grundrecht auf Unverletzlichkeit der Wohnung (→ Betretungsrecht des Verwalters).

Bauliche Veränderungen des Gemeinschaftseigentums sind zu dulden, wenn sie wirksam beschlossen worden sind. Unvermeidliche Begleiterscheinungen wie → Lärm und → Schmutz sind hinzunehmen (→ Immissionen). Im Einzelfall ist auch eine teilweise Substanzzerstörung zu dulden, z.B. das Zerstören des Bodenbelags bei Balkon- und Terrassensanierung (OLG Hamm DWE 1984, 126), Abschlagen von Fliesen oder eine dauerhafte sonstige Beeinträchtigung wie die Verlegung einer elektrischen Leitung im Gemeinschaftseigentum für ein Wohnungseigentum (OLG Hamburg ZMR 1992, 118). Der Duldungsanspruch nach § 14 Nr. 4 WEG steht der Gemeinschaft, nicht aber einem einzelnen Wohnungseigentümer zu (KG OLGZ 1986, 174). Der Duldungsanspruch begründet aber keine Handlungspflichten, etwa zum Freiräumen von Sondereigentum (BayObLG NJWE-MietR 1996, 36). Die Duldung kann von einer vorherigen Sicherheitsleistung abhängig gemacht werden (KG OLGZ 1986, 178).

Schäden, die auf solchen Maßnahmen beruhen, sind dem betroffenen Wohnungseigentümer zu ersetzen (→ Balkon; → Schadensersatz).

3. Erstellen von Kommunikationseinrichtungen

Nach § 21 Abs. 5 Nr. 6 WEG hat jeder Wohnungseigentümer Maßnahmen zu dulden, die zur Herstellung einer Fernsprechteilnehmereinrichtung, einer Rundfunk- und Fernsehempfangsanlage oder eines Energieanschlusses, d.h. den Anschluss an bereits vorhandene Hauptleitungen für Gas, Wasser und Strom (OLG Frankfurt NJW 1993, 2817; OLG Hamburg OLGZ 1992, 186, 188), nicht jedoch den Anschluss an eine öffentliche Versorgungsleitung, der eine bauliche Veränderung darstellt (BayObLGZ 1991, 296, 298), zugunsten eines Wohnungseigentümers erforderlich sind, wobei die durch § 14 Nr. 1 und 3 WEG bestimmten Grenzen überschritten werden dürfen (BayObLG WuM 1993, 79f). Diese Duldungspflicht bezieht sich grds. nur auf das gemeinschaftliche Eigentum. Erstrecken sich derartige Maßnahmen auf das Sondereigentum, bedarf es der Zustimmung des jeweils betroffenen Wohnungseigentümers, die nur bei wesentlicher Beeinträchtigung versagt werden darf. Zur Abgabe entsprechender Duldungserklärungen ist, soweit sie das Gemeinschaftseigentum betreffen, der Verwalter gem. § 27 Abs. 2 Nr. 6 WEG berechtigt.

Die in § 21 Abs. 5 Nr. 6 WEG genannten Kommunikationseinrichtungen geben den Stand der Wohnverhältnisse und der Technik zum Zeitpunkt des In-Kraft-Tretens des WEG (1951) wieder. Technische Fortentwicklungen fallen in analoger Anwendung auch unter diese Norm. So erfasst sie auch einen Telefaxanschluss, den Anschluss an das Breitbandkabel (→ Kabelfernsehen) oder Einzelparabolantennen (→ Antenne, Parabolantenne) oder auch den Anschluss an Telekommunikationsdienste, soweit sie nicht nur geschäftlichen Zwecken dienen wie z.B. video on demand, Tele-Shopping oder Pay-TV. Diese Duldungspflichten bestehen allerdings nur, wenn die entsprechenden Gemeinschaftseinrichtungen fehlen, da § 21 Abs. 5 Nr. 6 WEG nur die Grundversorgung der Wohnungseigentümer sicherstellen soll.

4. Gerichtliche Durchsetzung von Duldungsansprüchen

Duldungsansprüche sind im Falle der Nichterfüllung beim Amtsgericht, Abteilung für Wohnungseigentumssachen, gem. § 43 Abs. 1 Nr. 1 WEG geltend zu machen. Droht ein Schaden – z.B. weil der Handwerker seine Arbeiten einstellen muss –, kann mit dem Hauptsacheantrag ein Antrag auf eine → einstweilige Anordnung verbunden werden.

Dunstabzugshaube

Der Einbau einer Dunstabzugshaube im Sondereigentum durch Anschluss an einen stillgelegten Kamin stellt eine zustimmungsbedürftige bauliche Veränderung des Gemeinschaftseigentums dar (KG WuM 1994, 38).

Duplexgarage → Doppelstockgaragen, Duplexgaragen

Dusche

Der Einbau einer Dusche im Keller ist eine bauliche Veränderung i.S. von § 22 Abs. 1 WEG (BayObLG NJW-RR 1992, 272).

Duschverbot → Bade- und Duschverbot

E

▶ **Ehegattenzustimmung bei Veräußerung**

1. Zugewinngemeinschaft

Ein Ehegatte, der im gesetzlichen Güterstand der Zugewinngemeinschaft (§§ 1363–1390 BGB) lebt – dies ist der gesetzliche Regelfall, sofern die Ehegatten nichts anderes vereinbaren –, bedarf zur Eingehung einer Verpflichtung zur Verfügung über sein „Vermögen im ganzen" gem. § 1365 Abs. 1 BGB der Zustimmung des anderen Ehegatten. Dies gilt auch für einen Antrag auf Aufhebung der Gemeinschaft durch Teilungsversteigerung gem. §§ 180 ff ZVG (BGHZ 35, 135; BayObLG FamRZ 1996, 1013; OLG Frankfurt FamRZ 1999, 524; a.A. KG NJW 1971, 711). Dieses Erfordernis entfällt mit Eintritt der Rechtskraft der Scheidung (OLG Hamm FamRZ 1987, 591), es sei denn, dass über die Scheidung vorab entschieden wurde und über den im Verbund geltend gemachten Zugewinnausgleich noch zu entscheiden ist (OLG Celle NJW-RR 2001, 866; OLG Köln NJOZ 2001, 838), oder nach Beendigung des Güterstandes der Zugewinngemeinschaft auf andere Weise (§ 1372 BGB), jedoch nicht für ein bereits vorher abgeschlossenes Veräußerungsgeschäft (BGH FamRZ 1978, 396).

Unter „Vermögen im Ganzen" wird das Vermögen im Wesentlichen, also schon etwa 85–90% des Vermögens und mehr angesehen (BGHZ 77, 298). Entscheidend ist der objektive Wert des Aktivvermögens (BGH FamRZ 2000, 744), nicht die Bedeutung des Gegenstands für die Familie. Ein Ehegatte kann deshalb eine ihm allein gehörige Eigentumswohnung oder einen ihm allein gehörigen Miteigentumsanteil an einer Eigentumswohnung, die bzw. der nicht sein wesentliches Vermögen darstellt, ohne die Zustimmung des anderen Ehegatten veräußern, auch wenn es sich um die Familienwohnung handelt (OLG Nürnberg MDR 1963, 414).

Da Veräußerungsverträge über Eigentumswohnungen, die das wesentliche Vermögen eines Ehegatten darstellen, ohne Zustimmung des anderen Ehegatten bis zu dessen Einwilligung schwebend unwirksam und bei Verweigerung der Zustimmung endgültig unwirksam sind, ist zu empfehlen, grundsätzlich auf die Zustimmung des Ehegatten des Veräußerers schon bei Abschluss des Veräußerungsvertrages zu bestehen. Weitere Voraussetzung der Unwirksamkeit ist, dass der Erwerber positiv weiß oder zumindest die Umstände kennt, aus denen sich ergibt, dass der Gegenstand der Veräußerung das wesentliche Vermögen darstellt (BGH NJW 1984, 609); maßgeblicher Zeitpunkt für die Kenntnis ist der Vertragsabschluss (BGHZ 106, 252 f; BGH FamRZ 1990, 970), so dass ein danach und vor Eigentumsumschreibung erlangtes Wissen ohne Bedeutung ist (BGHZ 106, 252 f).

2. Gütergemeinschaft

Gehört eine Eigentumswohnung Ehegatten, die Gütergemeinschaft (§§ 1415 ff BGB) vereinbart haben, können sie die Eigentumswohnung nur gemeinsam veräußern, § 1419 Abs. 1 BGB. Ist einem Ehegatten die Verwaltung des Gesamtguts übertragen, so kann er eine Eigentumswohnung nur mit Einwilligung des anderen Ehegatten veräußern, § 1424 BGB.

3. Gütertrennung

Leben Ehegatten im Güterstand der Gütertrennung, so bedürfen sie zur Veräußerung einer Eigentumswohnung nicht der Zustimmung des anderen Ehegatten. § 1365 BGB ist nicht anwendbar.

▶ Ehewohnung

§ 60 WEG stellt klar, dass die HausratsVO auch dann anwendbar ist, wenn die Ehewohnung im Eigentum eines oder beider Ehegatten steht oder wenn einem oder beiden Ehegatten das Dauerwohnrecht (§§ 31 ff WEG) an der Ehewohnung zusteht. Einigen sich die Parteien des Scheidungsverfahrens nicht über die Ehewohnung, kann der Richter auf Antrag eines Ehegatten im Scheidungsverfahren – nicht jedoch vorher (OLG Karlsruhe FamRZ 1996, 302) – die künftige Nutzung der Ehewohnung nach der entsprechend anzuwendenden Vorschrift der HausratsVO regeln.

Ehewohnung

Gehört die Ehewohnung einem der Ehegatten – ggf. mit einem Dritten –, so kann sie dem anderen Ehegatten nur zugewiesen werden, wenn dies notwendig ist, um eine unbillige Härte zu vermeiden, § 3 Abs. 1 HausratsVO. Wegen des Eingriffs in die verfassungsrechtlich geschützte Eigentumsstellung muss eine außergewöhnliche Beeinträchtigung vorliegen (OLG Köln FamRZ 1996, 493; OLG Bamberg FamRZ 1996, 1089; OLG Oldenburg FamRZ 1998, 571). Steht die Wohnung im Miteigentum beider Ehegatten, so erfolgt die Zuweisung nach § 2 HausratsVO nach billigem Ermessen (BayObLG FamRZ 1974, 22; OLG Celle FamRZ 1992, 465). Dem weichenden Ehegatten ist eine Nutzungsentschädigung zuzusprechen, und zwar i.d.R. in Höhe der halben Marktmiete (OLG Celle aaO).

Bei Getrenntleben kann jeder Ehegatte gem. § 1361b Abs. 1 S. 1 BGB verlangen, dass ihm der andere die Ehewohnung oder einen Teil derselben zur alleinigen Nutzung überlässt, soweit dies notwendig ist, um eine schwere Härte zu vermeiden. Handelt es sich um eine Eigentumswohnung, so sind bei der Entscheidung die Eigentumsverhältnisse besonders zu berücksichtigen, § 1361b Abs. 1 S. 2 und 3 BGB. Eine gerichtliche Regelung ist vorläufig; sie dient deshalb nicht der Besitzerlangung, um die Wohnung zu vermieten oder zu veräußern (OLG Hamm FamRZ 1998, 1172; OLG Karlsruhe FamRZ 1999, 1087; OLG Köln FamRZ 1997, 943; a.A. OLG Hamburg FamRZ 1996, 1298f). Eine schwere Härte setzt ein grob rücksichtsloses Verhalten des aus der Wohnung zu Weisenden voraus, das ein Zusammenleben unerträglich macht (OLG Brandenburg FamRZ 1996, 743; OLG München FamRZ 1996, 730).

Sind Ehegatten Miteigentümer einer Eigentumswohnung, so können sie jederzeit gem. § 749 Abs. 1 BGB die Aufhebung der Gemeinschaft verlangen; hierzu kommt es meist im Falle der Ehescheidung. Kommt eine Einigung darüber, welcher der Ehegatten den Miteigentumsanteil des anderen zu welchem Preis erwirbt, nicht zustande, so erfolgt die Aufhebung durch Teilungsversteigerung gem. §§ 180ff ZVG auf Antrag eines der Ehegatten, ohne dass vorher ein Vollstreckungstitel erwirkt werden muss. Unter besonderen Umständen muss allerdings ein solcher Antrag nach

Treu und Glauben unterbleiben (BGH NJW 1972, 818); das aus § 1353 BGB abgeleitete Gebot der gegenseitigen Rücksichtnahme kann eine Rückstellung des Verfahrens erfordern (Brudermüller FamRZ 1996, 1516). Billigkeitserwägungen rechtfertigen aber die Versagung des Rechts auf Aufhebung der Gemeinschaft nicht (OLG Karlsruhe Rpfleger 1992, 266). Der Antrag bedarf unter den sachlichen Voraussetzungen des § 1365 BGB der Zustimmung des anderen Ehegatten (→ Ehegattenzustimmung zur Veräußerung).

Eichpflicht

Wegen der Verpflichtung zur verbrauchsabhängigen Abrechnung von Heizwärme und Warmwasser nach der HeizkVO müssen in Eigentumswohnungen i.d.R. Warmwasser- und Wärmezähler eingebaut sein. Diese Einrichtungen unterliegen nach § 1 EichG der Eichpflicht. Gleiches gilt für zum Zwecke der verbrauchsabhängigen Kostenverteilung installierte → Kaltwasserzähler.

Um das ordnungsmäßige Eichen zu ermöglichen, müssen die Messgeräte durch die Physikalisch-Technische Bundesanstalt oder die zuständige EG-Behörde zugelassen sein. Entsprechende Prüfzeichen befinden sich auf den zugelassenen Geräten. Die Eichung erfolgt durch die staatliche Eichbehörde oder durch eine staatlich anerkannte Prüfstelle (TÜV), die eine entsprechende Beglaubigung erteilen muss. Eichung und Beglaubigung werden durch entsprechenden Vermerk auf den Geräten gekennzeichnet.

Kaltwasserzähler sind alle 8 Jahre, Wärme- und Warmwasserzähler alle 5 Jahre durch einen Beglaubigungsvermerk an den Messgeräten zu eichen. Verdunstungszähler sind von der Eichpflicht ausgenommen. Ein Beschluss, der die Benutzung eichpflichtiger Geräte nach Ablauf der Eichpflicht vorsieht, widerspricht ordnungsmäßiger Verwaltung (BayObLG NZM 1998, 486).

Die Kosten der Eichung von Wärme- und Warmwasserzählern sind Heizkosten, die nach der HeizkVO zu verteilen sind (AG Bremerhaven WuM 1987, 33; → Heiz- und Warmwasserkosten). Bereits ein fahrlässiger Verstoß gegen die Eich- bzw. Beglaubigungspflicht kann nach § 35 Abs. 2 Nr. 1 EichG als Ordnungswidrigkeit mit Geldbuße geahndet werden.

▶ Eidesstattliche Versicherung

Besteht der begründete Verdacht, dass der Verwalter seiner Pflicht zur Rechnungslegung unrichtig oder nicht vollständig nachgekommen ist, können die Wohnungseigentümer ihn verpflichten, die Richtigkeit und Vollständigkeit seiner Angaben eidesstattlich zu versichern.

1. Selbständige Nebenpflicht, Zweck

§ 259 Abs. 2 BGB begründet eine selbständige Nebenpflicht zur Abgabe der eidesstattlichen Versicherung des Verwalters – bei Gesellschaften des diese vertretenden Organs (BGH BB 1961, 190) –, die auf die Vollständigkeit der nach bestem Wissen angegebenen Einnahmen gerichtet ist. Sie ist Ausfluss der auf Verwaltervertrag und § 28 Abs. 4 WEG beruhenden Pflicht zur Rechnungslegung und als grds. abschließende und erschöpfende Sanktion gedacht, um eine vollständige und richtige Rechnungslegung zu erzwingen (BGH NJW 1984, 2822f); sie besteht gem. § 259 Abs. 3 BGB nicht in Angelegenheiten von geringer Bedeutung.

Dieser Grundsatz betrifft aber nur die Rechnungslegung des Verwalters gem. § 28 Abs. 4 WEG (RGZ 84, 44; BGH LM ZPO § 254 Nr. 3 und Nr. 6; Staudinger/Selb [1995] § 259 BGB RN 16: kein Ergänzungsanspruch), nicht aber für die Abrechnung gem. § 28 Abs. 3 WEG, deren Ergänzung oder Berichtigung der Verwalter auch dann schuldet, wenn er eine formell ordnungsmäßige, aber unvollständige oder unrichtige Abrechnung erstellt hat, weil die Abrechnung primär der Festlegung der Beitragsschuld der Wohnungseigentümer untereinander dient.

2. Gleichrang zum Einsichtsrecht

Der Anspruch auf eidesstattliche Versicherung besteht materiell gleichrangig zum Einsichtsrecht (BGH BB 1961, 190; Z 55, 201, 204; MünchKomm/Keller § 259 BGB RN 46 und § 260 BGB RN 63), nicht subsidiär (so aber OLG Hamburg MDR 1961, 1012; Staudinger/Selb [1995] § 259 BGB RN 24). Im Einzelfall ist jedoch das Rechtsschutzbedürfnis zu prüfen.

3. Anspruchsvoraussetzungen

Voraussetzung des Anspruchs auf Abgabe einer eidesstattlichen Versicherung ist ein auf Tatsachen gegründeter Verdacht, dass zum einen die Angaben des Verwalters über die Einnahmen (OLG Frankfurt WE 1986, 138; OLG Köln BauR 1980, 283) unvollständig oder unrichtig sind, zum anderen die Unvollständigkeit oder Unrichtigkeit auf mangelnder Sorgfalt des Verwalters beruhen (vgl. RG DR 1943, 407; BGHZ 92, 62, 66ff). Der Verdacht kann sich z.B. auf eine unberechtigte Weigerung, Rechnung zu legen (vgl. KG Recht 1921 Nr. 494), oder darauf gründen, dass die Rechnungslegung zunächst unvollständig oder unrichtig war und später berichtigt werden musste (BGH LM BGB § 259 Nr. 8; Staudinger/Selb [1995] § 259 BGB RN 19).

Der Verdacht, dass zu hohe Einnahmen oder zu niedrige Ausgaben angegeben sind, genügt nicht (Soergel/Wolf § 259 BGB RN 44); dass der Gesetzgeber die eidesstattliche Versicherung nicht als Druckmittel für die Ergänzung oder Berichtigung unvollständiger oder unrichtiger Angaben zu den Ausgaben vorgesehen hat, ist darin begründet, dass der Rechnungslegungspflichtige i.d.R. an der vollständigen und richtigen Angabe der Ausgaben selbst interessiert ist (vgl. BAG AP BGB § 195 Nr. 17). Bestehen aber Zweifel an der Richtigkeit und Vollständigkeit der Angaben zu den Ausgaben, deren Höhe für die Beitragsansprüche der Wohnungseigentümergemeinschaft maßgeblich ist, so besteht deshalb gleichwohl ein Anspruch auf Abgabe der eidesstattlichen Versicherung gem. § 260 Abs. 2 BGB in analoger Anwendung (KG ZMR 1988, 72; Soergel/Stürner § 28 RN 5).

Weitere Anspruchsvoraussetzung ist, dass der Verwalter die Rechnung gelegt hat (vgl. RGZ 73, 238, 243; BGHZ 10, 385f; MünchKomm/Keller § 259 BGB RN 45). Ist die Rechnungslegung unvollständig, so besteht zunächst ein Anspruch auf Ergänzung gem. § 259 Abs. 1 BGB (Soergel/Manfred Wolf § 259 BGB RN 34).

Eine eidesstattliche Versicherung gem. § 260 Abs. 2 BGB, dass eine Auskunft vollständig und richtig ist, kann verlangt werden, wenn Grund zu der Annahme besteht, dass die Auskunft nicht mit der erforderlichen Sorgfalt erteilt wurde (OLG Köln WEM 1980, 82). Ist die Auskunft erkennbar unvollständig, so ist zunächst der Anspruch auf Ergänzung der Auskunft durchzusetzen; vor Durchsetzung dieses Anspruchs besteht kein Anspruch auf Abgabe der eidesstattlichen Versicherung (OLG Oldenburg FamRZ 1992, 1104f).

4. Abgabe der eidesstattlichen Versicherung

Die Verfahren bei freiwilliger und erzwungener Abgabe der eidesstattlichen Versicherung unterscheiden sich:

a) Freiwillige Abgabe

Der Verwalter kann bis zu seiner rechtskräftigen Verurteilung – also auch während des gerichtlichen Verfahrens (BayObLGZ 1953, 135, 137) und trotz des Bestreitens einer Verpflichtung hierzu – die von ihm verlangte eidesstattliche Versicherung freiwillig abgeben. Nach rechtskräftiger Verurteilung ist die freiwillige Abgabe nur zulässig, wenn die Beteiligten damit einverstanden sind (Keidel/Kuntze/Winkler §163 FGG RN3; Bassenge/Herbst §163 FGG RN 1; OLG Düsseldorf MDR 1960, 590). Zuständig ist hierfür örtlich und sachlich gem. §§261 Abs.1, 269 BGB das Amtsgericht als Gericht der freiwilligen Gerichtsbarkeit am Sitz des Verwalters als Leistungsort oder nach seiner Wahl das Amtsgericht seines Wohnsitzes oder Aufenthaltsortes, funktionell gem. §3 Nr.1b RpflG der Rechtspfleger (Bassenge/Herbst §3 RPflG RN 4). Die Abgabe vor einem Notar reicht nicht aus (OLG Zweibrücken MDR 1979, 492).

Das Verfahren richtet sich nach §§163, 79 FGG. Ein Termin wird auf Antrag des Verwalters oder eines Wohnungseigentümers bestimmt, wenn der Berechtigte dies verlangt oder jedenfalls damit einverstanden ist (BayObLGZ 1953, 135). Beide sind zum Termin von Amts wegen zu laden. Wegen der Freiwilligkeit der Abgabe sind die Anspruchsvoraussetzungen weder darzulegen noch glaubhaft zu machen oder zu beweisen noch vom Rechtspfleger zu prüfen (KG OLGZ 1942, 197; Keidel/Kuntze/Winkler §163 RN 6). Für die Abnahme sind die §§478–480, 483 ZPO entsprechend anzuwenden.

Der Verwalter hat unter Vorlage der betreffenden Rechnungslegung (KG OLGZ 1943, 207) zu Protokoll des Rechtspflegers gem. § 259 Abs. 2 BGB zu versichern, dass er die Einnahmen so vollständig angegeben habe, als er dazu imstande sei; diesen Inhalt kann das Gericht nach § 261 Abs. 2 BGB den Umständen entsprechend durch Beschluss sachgemäß ändern, nicht aber auf die Ausgaben erstrecken. Ist die eidesstattliche Versicherung unrichtig, so ist auf Antrag des Berechtigten erneut ein Termin zur Abnahme zu bestimmen (Keidel/Kuntze/Winkler § 163 FGG RN 7).

Die Kosten der freiwilligen eidesstattlichen Versicherung trägt gem. § 261 Abs. 3 BGB i.V.m. §§ 2 Nr. 1, 124 KostO derjenige, der sie verlangt (BGH NJW 2000, 2113). Hierüber entscheidet aber nicht das Gericht; es handelt sich vielmehr um einen materiellrechtlichen Anspruch, der notfalls gerichtlich geltend gemacht werden muss (BayObLGZ 30, 406).

b) Abgabe nach Verurteilung

Weigert sich der Verwalter, die eidesstattliche Versicherung abzugeben, so kann jeder Wohnungseigentümer seinen Anspruch beim Wohnungseigentumsgericht ggf. im Wege des Stufenantrags gem. § 43 Abs. 1 Nr. 2 WEG gerichtlich geltend machen (OLG Karlsruhe NJW 1969, 1968; OLG Köln WEM 1980, 83).

Das Rechtsschutzbedürfnis fehlt dem Antrag, wenn sich der Antragsteller auf einfachere Art, insbesondere durch Einsichtnahme in die Belege und Verwaltungsunterlagen, unschwer – also ohne Hinzuziehung eines Sachverständigen – und schneller Klarheit verschaffen kann (vgl. BGH NJW 1984, 2822f; OLG Köln BB 1971, 331), was aber i.d.R. erst nach der Einsichtnahme festzustellen ist (vgl. OLG Hamburg MDR 1961, 1012).

Nach rechtskräftiger Verurteilung wird die eidesstattliche Versicherung vor dem Wohnungseigentumsgericht als Vollstreckungsgericht abgegeben; die Vollstreckung richtet sich nach §§ 45 Abs. 3 WEG i.V.m. 888, 889, 478 bis 480, 483 ZPO (OLG Köln ZMR 1981, 83), da die Erklärung des Verwalters eine unvertretbare Handlung ist (KG NJW 1972, 2093, 2094; OLG Stuttgart Rpfleger 1973, 311). Zuständig ist gem. § 20 Nr. 17 RpflG der Rechtspfleger (Bassenge/Herbst § 20 RpflG RN 22); die Androhung und Anordnung der Erzwingungshaft ist gem. § 4 Abs. 2

Eigenmacht, verbotene

Nr. 2a RpflG i.V.m. Art. 104 Abs. 2 GG dem Wohnungseigentumsrichter vorbehalten.

§ 261 Abs. 3 BGB, wonach die Kosten der eidesstattlichen Versicherung trägt, wer sie verlangt, ist nicht auf die Kosten der Zwangsvollstreckung anzuwenden (BGH NJW 2000, 2113f; Palandt/Heinrichs §§ 259–261 BGB RN 35).

▶ **Eigenmacht, verbotene** → Besitz

▶ **Eigentümerliste** → Auskunft, Information

▶ **Eigentümerversammlung** → Wohnungseigentümerversammlung

▶ **Eigentümerwechsel** → Haftung des Erwerbers; → Sonderrechtsnachfolge

▶ **Eigentum**

Eigentum ist das verfassungsrechtlich durch Art. 14 GG garantierte umfassende Recht zu tatsächlichen (Benutzung, Verbrauch) und rechtlichen (Veräußerung, Belastung) Herrschaftshandlungen, das die Rechtsordnung an einer beweglichen und unbeweglichen Sache kennt (Palandt/Bassenge vor § 903 RN 1). Verfassungsrechtlich ist es durch Privatnützigkeit und Verfügbarkeit gekennzeichnet (BVerfG NJW 1998, 2877). Nach § 903 BGB kann der Eigentümer mit seiner Sache nach Belieben verfahren und andere von jeder Einwirkung ausschließen, soweit nicht das Gesetz (Privatrecht, öffentliches Recht) oder Rechte Dritter (insbesondere der privat- und öffentlich-rechtliche Nachbarschutz gem. §§ 906ff BGB) entgegenstehen. Nach Art. 14 Abs. 1 S. 2 GG wird der Inhalt des Eigentums durch die Rechte und Pflichten bestimmt, die der Rechtsträger/Eigentümer aufgrund sämtlicher verfassungsmäßigen Gesetze privat- und öffentlich-rechtlicher Natur hat (BVerfG NJW 1982, 745). Der Inhalt des Eigentums ergibt sich also aus der jeweiligen Rechtsordnung, die ihn für unterschiedliche Kategorien von Sachen unterschiedlich ausgestalten kann. Dem Eigentümer stehen die Rechte aus §§ 985, 1004 BGB zu; er genießt den Besitzschutz nach §§ 859 ff BGB (→ Besitz). Dies gilt in Ansehung des Sondereigentums auch gegenüber den anderen Wohnungseigentümern.

Eine inhaltliche Begrenzung erfährt das Wohnungseigentum in § 13 WEG. Das Recht des Wohnungseigentümers, mit den im Sondereigentum stehenden Räumen und Gebäudeteilen nach Belieben zu verfahren, wird durch das Gesetz und die aus dem Gemeinschaftsverhältnis herrührenden Rechte der anderen Wohnungseigentümer begrenzt; nach § 14 Nr. 1 WEG darf den anderen Wohnungseigentümern durch die Benutzung des Sonder- und des gemeinschaftlichen Eigentums kein unvermeidbarer → Nachteil zugefügt werden. Die Rechte des Wohnungseigentümers werden weiter dadurch beschränkt, dass nach § 15 WEG der → Gebrauch des gemeinschaftlichen Eigentums und des Sondereigentums in der → Gemeinschaftsordnung und durch → Mehrheitsbeschluss geregelt werden kann.

▸ **Eigentum, gemeinschaftliches** → Gemeinschaftliches Eigentum

▸ **Eigentumsverzicht** → Dereliktion

▸ **Einbauschrank** → Schrank

▸ **Einberufung der Wohnungseigentümerversammlung**

Der Verwalter ist gem. § 24 Abs. 1 WEG verpflichtet, mindestens einmal im Jahr eine (ordentliche) Wohnungseigentümerversammlung einzuberufen. Darüber hinaus ist der Verwalter zur Einberufung in den durch Vereinbarung der Wohnungseigentümer bestimmten Fällen verpflichtet. Eine Verpflichtung zur Einberufung der Wohnungseigentümerversammlung besteht auch dann, wenn dies schriftlich unter Angabe des Zwecks und der Gründe von mehr als einem Viertel der Wohnungseigentümer verlangt wird, § 24 Abs. 2 WEG (→ Minderheitenschutz).

1. Abweichende Vereinbarung

§ 24 Abs. 1 WEG kann durch Vereinbarung/Gemeinschaftsordnung, nicht aber durch (nichtigen) Mehrheitsbeschluss, abbedun-

gen werden (BayObLG WuM 1994, 227f; OLG Köln WE 1996, 311f; Staudinger/Bub § 24 RN 7), z.b. kann
- auf eine Pflichtversammlung pro Jahr verzichtet oder bestimmt werden, dass jährlich mehr als eine Versammlung einzuberufen ist;
- die Einberufungsbefugnis auf Wohnungseigentümer oder außenstehende Dritte übertragen werden;
- die Einberufungsbefugnis des Vorsitzenden des Verwaltungsbeirats erweitert werden, indem z.B. auf das Vorliegen der gesetzlichen Voraussetzungen – Fehlen eines Verwalters oder Weigerung, eine Versammlung einzuberufen – verzichtet wird.

2. Recht zur Einberufung

a) Verwalter

Das Recht, eine Wohnungseigentümerversammlung einzuberufen, steht grds. nur dem Verwalter zu (BayObLGZ 1970, 1; OLG Hamm ZMR 1997, 49), der aber durch einen Bevollmächtigten hierbei vertreten werden kann (OLG Köln ZMR 2003, 380; OLG Schleswig WE 1997, 388). Auch der gerichtlich gem. § 26 Abs. 3 WEG bestellte → Notverwalter ist Verwalter i.S.d. § 24 Abs. 1 WEG, sobald der Bestellungsbeschluss gem. § 45 Abs. 2 S. 1 WEG rechtskräftig ist oder dessen Wirksamkeit gem. § 44 Abs. 3 WEG einstweilig angeordnet wird, nicht aber der Scheinverwalter, dessen Bestellung nichtig war oder dessen Bestellungsdauer abgelaufen oder der abberufen worden ist (Staudinger/Bub § 24 RN 36). Gleichfalls nicht zur Einberufung berechtigt ist der von seinem Amt zurückgetretene Verwalter für eine Versammlung, in der er erneut bestellt werden soll (OLG Köln NZM 1998, 923).

Der Verwalter ist zur Einberufung auch berechtigt, wenn er aus sachlichen Gründen eine Eigentümerversammlung für erforderlich oder zweckmäßig hält. Beruft der Verwalter eine außerordentliche Wohnungseigentümerversammlung ein, ohne dass dies objektiv erforderlich ist, so macht er sich dem Grunde nach schadenersatzpflichtig und hat ggf. die hierdurch verursachten zusätzlichen Kosten zu tragen (BayObLG NJW 1995, 202; OLG Hamm OLGZ 1981, 24).

Die Einberufungsbefugnis umfasst auch das Recht, eine ordnungsgemäß einberufene Versammlung abzusagen und auf einen anderen Termin einzuberufen, also zu verlegen (OLG Hamm OLGZ 1981, 24). Die Verlegung hat alle formellen Voraussetzungen der Einberufung zu erfüllen und muss unmissverständlich sein. Die Absage darf nur aus sachlichem Grund erfolgen, sie ist grds. mit der Einberufung einer neuen Versammlung zu verbinden (KG GE 1988, 1119).

b) Vorsitzender des Verwaltungsbeirats, Eigentümer

Fehlt ein Verwalter oder weigert sich dieser pflichtwidrig die Versammlung einzuberufen, so kann die Versammlung auch, falls ein → Verwaltungsbeirat vorhanden ist, von dessen Vorsitzenden oder seinem Vertreter einberufen werden, § 24 Abs. 3 WEG. Einer pflichtwidrigen Weigerung gleich steht eine ungebührliche Verzögerung (OLG Düsseldorf NZM 2004, 110 z. einer Verzögerung um 3 Monate bei einem Einberufungsverlangen nach § 24 Abs. 2 WEG). Unschädlich ist es, wenn die Einberufung auch von den anderen Mitgliedern des Verwaltungsbeirats unterzeichnet wurde (OLG Köln NZM 2000, 675; OLG Zweibrücken NZM 1999, 858); erforderlich ist dies, wenn ein Vorsitzender nicht gewählt ist (Palandt/Bassenge § 24 RN 2). Ob die Weigerung pflichtwidrig ist, ist eine Frage des Einzelfalls. Je größer die Gefahr für die Gemeinschaft ist, um so dringlicher muss der Verwalter tätig werden. Ist der Verwalter wegen Krankheit, Urlaub oder sonstiger Absenz nicht nur vorübergehend gehindert seine Aufgaben wahrzunehmen, so handelt es sich nicht um ein Fehlen i.S.v. § 24 Abs. 3 WEG. Eine analoge Anwendung kommt auch dann nicht in Betracht, wenn ein Verwalter abberufen und ein neuer bestellt wurde und Streit um die Verwalterstellung besteht (BayObLG WuM 1990, 297f).

Ein einzelner oder mehrere Wohnungseigentümer sind nicht zur Einberufung befugt, auch wenn sich der Verwalter weigert und ein Verwaltungsbeirat nicht besteht (BayObLGZ 1988, 287, 292; OLG Köln NZM 2003, 810f), wohl aber alle Eigentümer (OLG Celle MDR 2000, 1428; OLG Köln NZM 2003, 810f).

3. Festlegung der Modalitäten der Versammlung

Der Einberufungsberechtigte hat die Modalitäten der Versammlung festzulegen und im Einberufungsschreiben zu bezeichnen;

dazu gehören → die Tagesordnung, Ort und Zeit der Versammlung (→ Wohnungseigentümerversammlung). Von maßgeblicher Bedeutung ist insbesondere die Aufstellung der Tagesordnung, die die zur Entscheidung anstehenden Punkte vollständig erfasst, was die Durchführung weiterer Versammlungen vermeidet. Der Einberufungsberechtigte entscheidet nach pflichtgemäßem Ermessen, welche Tagesordnungspunkte in das Einladungsschreiben aufzunehmen sind. Als „Minus" zu seinem Einberufungsrecht kann er auch bestimmte Tagesordnungspunkte nachschieben, wenn ein anderer Berechtigter die Versammlung einberufen hat. Nichteinberufungsberechtigte können hingegen nicht eigenständig Tagesordnungspunkte ankündigen (OLG Düsseldorf NJW-RR 1986, 96; → Tagesordnung).

4. Form und Frist der Einladung

Die Ladung bedarf gem. §24 Abs.4 S.1 WEG der Textform, d.h. sie muss gem. §126b BGB in Schriftzeichen lesbar, die Person des Einladenden angegeben und der Abschluss der Erklärung in geeigneter Weise erkennbar gemacht sein. Es genügt somit ein kopiertes Einladungsschreiben unter Angabe der Verwaltung als Absender auch ohne eigenhändige Unterschrift durch den Verwalter. Erklärungen in Textform sind nicht an Papier gebunden, sondern können auch auf einem Datenträger zur Verfügung gestellt werden. Auch die telekommunikative Übermittlung in elektronischer Form, z.B. per E-Mail, welche gem. §126 Abs.3 BGB selbst die strengere Schriftform ersetzen kann, ist zulässig (Bielefeld DWE 2001, 17). In diesem Fall muss der Ladende seinen Namen hinzufügen und das elektronische Dokument mit einer qualifizierten elektronischen Signatur nach dem Signaturgesetz versehen.

Die Einberufung zu der Wohnungseigentümerversammlung soll gem. §24 Abs.4 S.2 WEG unter Einhaltung einer Mindestfrist von einer Woche erfolgen, sofern nicht ein Fall besonderer Dringlichkeit, die von dem Einberufenden innerhalb des gerichtlich nachprüfbaren Ermessensspielraums zu beurteilen ist, vorliegt. Die gesetzliche Sollvorschrift zur Einladungsfrist ist durch Vereinbarung abdingbar (Staudinger/Bub §24 RN 18). Zulässig und zu empfehlen ist eine Vereinbarung, wonach die Ladungsfrist auf zwei bis vier Wochen verlängert wird. Die Einladungsfrist beginnt mit dem Zugang des Einladungsschreibens bei jedem der Einzuberufenden (BGHZ 100, 264 z. GmbH-Gesellschafterversammlung). Werden Tagesordnungspunkte nachgeschoben, so beginnt die Frist hierfür mit Zugang des Ankündigungsschreibens insoweit neu zu laufen. Die Frist berechnet sich nach §§ 187 ff BGB, wonach Samstage und Sonntage beim Fristende – wohl aber beim Fristbeginn – nicht mitgezählt werden.

5. Zu ladende Personen

Zu laden sind alle Wohnungseigentümer, also diejenigen, die im Zeitpunkt der Einladung als Eigentümer im Grundbuch eingetragen sind, unabhängig davon, ob ihr Stimmrecht gem. § 25 Abs. 4 WEG ruht (BayObLG NZM 2002, 616; BPM § 24 RN 16; → Ruhen des Stimmrechts). Im Falle der Veräußerung ist der veräußernde Wohnungseigentümer so lange zu laden, bis der Erwerber im Grundbuch eingetragen ist (BGH NJW 1983, 1615). Es erscheint aber zweckmäßig, auch den Erwerber über die Abhaltung einer Versammlung zu unterrichten, insbesondere wenn Besitz, Nutzungen und Lasten bereits auf ihn übergegangen sind. Steht die Wohnung im Eigentum mehrerer Personen, so sind alle Miteigentümer zu laden (KG NJW-RR 1996, 844; OLG Köln WE 1989, 30). Zu laden sind auch alle sonstigen Stimm- und Teilnahmeberechtigten (→ Stimmrecht; → Teilnahme an der Wohnungseigentümerversammlung), etwa ein → Verwaltungsbeirat, der nicht Wohnungseigentümer ist.

Nicht einzuladen sind mit einer Dauervollmacht ausgestattete Vertreter von Wohnungseigentümern (KG ZfIR 1997, 223 f; →Vertretung in der Wohnungseigentümerversammlung), der Erwerber nach Übergang des Besitzes, der Nutzungen und Lasten, Inhaber dinglicher Wohnungsrechte, z.B. eines → Dauerwohnrechts oder eines → Nießbrauchs und der abberufene Verwalter (OLG Hamm NZM 1999, 229). Ist ein Wohnungseigentümer geschäftsunfähig oder beschränkt geschäftsfähig, so ist die Einberufung gem. § 131 BGB dem gesetzlichen Vertreter zuzustellen. Im Falle der → Insolvenz eines Wohnungseigentümers ist der Insolvenzverwalter zu laden (KG WE 1989, 28 f), im Falle der Zwangsverwaltung nur der Zwangsverwalter, da allein dieser stimmberechtigt ist (BPM § 24 RN 42; → Zwangsverwaltung), im Falle der Testamentsvollstreckung über den Nachlass, zu dem das Wohnungseigentum gehört, allein der Testamentsvollstrecker (→ Erbe). Bei unbekanntem Aufenthalt des zu Ladenden ist die Einberufung öffentlich zuzustellen, §§ 132 Abs. 2 BGB i.V.m. 204 ZPO.

Die Einladung nur eines Teils der Wohnungseigentümer ist zulässig, wenn die Abhaltung von Teilversammlungen (→ Delegiertenversammlung, Teilversammlung) wirksam vereinbart worden ist (OLG Stuttgart, DWE 1980, 62) oder nur bestimmte Maßnahmen behandelt werden, die ausschließlich eine bestimmte Gruppe von Wohnungseigentümern, z.B. die Wohnungseigentümer eines Gebäudes in einer → Mehrhauswohnanlage, betreffen, weil nur die betroffenen Wohnungseigentümer stimmberechtigt sind (BayObLG DNotZ 1985, 414).

6. Zugang des Einberufungsschreibens

Der Zugang des Einberufungsschreibens bei allen Wohnungseigentümern ist sicherzustellen, um Anfechtungsgefahren zu vermeiden. Hierfür genügt i.d.R. wegen der nachgewiesenen Zuverlässigkeit des Postwegs die Versendung mit einfachem Brief, da an den Verwalter insoweit keine höheren Anforderungen gestellt werden können als etwa an einen Rechtsanwalt in Bezug auf fristwahrende Schriftsätze. Für einen rechtlich gesicherten Zugangsnachweis – etwa durch Zustellung per Boten und durch Versendung per Einschreiben gegen Rückschein – hat er aber in Fällen zu sorgen, in denen eine evidente Gefahr besteht, dass Beschlüsse mit der Begründung, die Einberufung sei nicht zugegangen, angefochten werden, z.B. bei der Ankündigung der → Entziehung des Wohnungseigentums oder bei wiederholtem Bestreiten des Zugangs von Schriftstücken (BayObLG WuM 1990, 321). Wird eine Einschreibesendung nicht abgeholt oder kommt sie als unzustellbar zurück, so ist die Ladung nicht zugegangen.

Die Wohnungseigentümer können vereinbaren, dass die Ladung als zugegangen gilt, wenn sie der Verwalter an die ihm vom Wohnungseigentümer zuletzt genannte Adresse versandt hat, so dass nur die ordnungsmäßige Versendung nachzuweisen ist (Bay-

ObLG NJW-RR 1992, 83; Palandt/Bassenge § 24 RN 4). Eine entsprechende Bestimmung im Verwaltervertrag ist wegen Verstoßes gegen § 308 Nr. 6 BGB unwirksam (BayObLG WuM 1991, 312; Drabek ZWE 2000, 395 f). Ein die Zugangsfiktion ausführender Beschluss ist wegen Abweichung von der gesetzlichen Regelung nichtig (Merle DWE 2001, 45; Wenzel ZWE 2001, 226, 236).

7. Gerichtliche Durchsetzung des Anspruchs auf Einberufung

Weigert sich der Verwalter, eine fällige Pflicht zur Einberufung einer Versammlung zu erfüllen, so kann ihm das Gericht auf Antrag eines jeden Wohnungseigentümers durch Beschluss aufgeben, eine Versammlung mit einer bestimmten Tagesordnung einzuberufen (BayObLGZ 1988, 287, 293; OLG Hamm NJW 1973, 2300) oder die Tagesordnung um einen oder mehrere Tagesordnungspunkte zu erweitern. Antragsberechtigt ist jeder Wohnungseigentümer, und zwar unabhängig davon, ob er sich einem Einberufungsverlangen angeschlossen hat.

Das Gericht kann in entsprechender Anwendung der §§ 37 Abs. 2 BGB, 122 Abs. 2 AktG, 45 Abs. 3 GenG auch den Antragsteller oder einen anderen geeignet erscheinenden Wohnungseigentümer – ggf. durch einstweilige Anordnung gem. § 44 Abs. 3 WEG – zur Einberufung und Leitung einer Versammlung ermächtigen (BayObLG WuM 1990, 320; ZWE 2001, 590; OLG Hamm ZMR 1997, 49; OLG Köln NZM 2003, 810 f), insbesondere wenn sowohl ein Verwalter als auch ein Verwaltungsbeirat fehlt, weil hierdurch die Bestellung eines → Notverwalters entbehrlich wird (OLG Hamm OLGZ 1992, 309). Das Gericht kann in diesen Fällen die weiteren Modalitäten der Versammlung festlegen, z.B. den Versammlungsort und die Versammlungszeit, die Tagesordnung und den Vorsitz bestimmen.

8. Einberufung einer Wiederholungsversammlung

Ist eine Eigentümerversammlung gem. § 25 Abs. 3 WEG nicht beschlussfähig (→ Beschlussfähigkeit), so hat der Verwalter bzw. – entgegen dem Wortlaut – auch der sonst zur Einberufung Befugte gem. § 25 Abs. 4 WEG eine neue Wohnungseigentümerversammlung mit der gleichen Tagesordnung einzuberufen, die ohne Rücksicht auf die Höhe der vertretenen Miteigentumsanteile beschlussfähig ist, worauf bei der Einberufung hinzuweisen ist. Eine → Eventualeinberufung zu einer Zweitversammlung i.S.d. § 25 Abs. 4 WEG unmittelbar im Anschluss an die Erstversammlung für den Fall, dass die Erstversammlung beschlussunfähig ist, darf nur dann gleichzeitig mit der Einberufung der Erstversammlung erfolgen, wenn die Wohnungseigentümer dies vereinbart haben.

9. Einberufungsmängel

Wie jeder formelle Fehler führt ein Einberufungsmangel nur zur Anfechtbarkeit, nicht aber zur Nichtigkeit der in der fehlerhaft einberufenen Versammlung gefassten Beschlüsse (BGHZ 142, 290; BayObLG NZM 2002, 346f; → Anfechtbarkeit und Anfechtung von Beschlüssen). Die Beschlussfassung muss auf dem Fehler beruhen; eine Ungültigerklärung scheidet somit aus, wenn feststeht, dass der angefochtene Beschluss auch bei ordnungsgemäßer Einberufung ebenso gefasst worden wäre (BGH NZM 2002, 450, 454; BayObLG NZM 1999, 130; 2002, 346f).

Ursächlich ist z. B. ein Einberufungsmangel, wenn er die Teilnahme an der Aussprache und an der Abstimmung konkret beeinträchtigt hat und hierdurch das Beschlussergebnis beeinflusst worden sein kann (BayObLG DWE 1984, 93 [L]); d.h. es muss zur Überzeugung des Richters feststehen, dass bei vernünftiger Betrachtungsweise nicht auszuschließen ist, dass die Wohnungseigentümer bei Mitwirkung des betreffenden Wohnungseigentümers anders abgestimmt hätten (OLG Hamm ZMR 1997, 49, 50; OLG Stuttgart OLGZ 1985, 435, 437). Es genügt nicht, dass eine eindeutige Mehrheit für den Beschluss gestimmt hat (a.A. KG ZfIR 1997, 223, 225). Von fehlender Kausalität des Einberufungsmangels kann aber ausgegangen werden, wenn die Wohnungseigentümer die Beschlüsse in einer späteren Versammlung bestätigen (BayObLG ZWE 2002, 526f; a.A. OLG Hamm ZMR 1997, 49f). Bei einer aus zwei zerstrittenen Wohnungseigentümern bestehenden Wohnungseigentümergemeinschaft kann ein abweichendes Beschlussergebnis außerhalb jeder realistischen Vorstellung liegen (BayObLG ZMR 2002, 525f; OLG Düsseldorf WuM 1997, 62f).

Ein Einberufungsmangel ist nicht für einen Beschluss ursächlich, wenn der Anfechtende weder behauptet, er hätte gegen den Beschlussantrag gestimmt, noch vorträgt, welche Einwendungen er gegen den Beschluss erhoben hätte, die möglicherweise das Abstimmungsergebnis hätten beeinflussen können (BayObLG WuM 1990, 321; OLG Hamm WE 1997, 23 f), oder wenn er rügelos an der Versammlung teilgenommen und mit abgestimmt hat (BayObLG NZM 1999, 129 f z. Ladung durch „werdenden Verwalter"; OLG Hamm NJW-RR 1993, 468). Demgegenüber handelt der Verwalter, der an einer von einem Unbefugten einberufenen Versammlung teilnimmt, ohne diesen Mangel zu rügen, nicht treuwidrig, wenn er den dort gefassten Abberufungsbeschluss anficht (OLG Hamm ZMR 1997, 49 f).

a) Einberufung durch Unbefugte

Eine Einberufung durch Unbefugte führt nur zur Anfechtbarkeit, nicht aber zur Nichtigkeit gefasster Beschlüsse (BayObLG NZM 2002, 346 f; OLG Hamm OLGZ WE 1993, 24; OLG Köln NZM 1998, 920 f). Dies gilt für die Einberufung durch einen oder mehrere Wohnungseigentümer, die Einberufung durch den Vorsitzenden des Verwaltungsbeirats, wenn die Voraussetzungen des § 24 Abs. 3 WEG (Weigerung des Verwalters) nicht vorliegen (BayObLG ZMR 2002, 525; OLG Hamm NJW-RR 1997, 523 f), sowie für die Einberufung durch den Scheinverwalter – also den nicht oder nicht mehr befugten Verwalter –, und zwar unabhängig davon, ob seine Bestellung nicht erfolgt ist (BayObLG WE 1992, 138 [L]; ZWE 2002, 580, 582; OLG Frankfurt OLGZ 1985, 142 f), der Bestellungsbeschluss nichtig war (BayObLG NJW-RR 1987, 204; OLG Stuttgart ZMR 1989, 468 f), der Verwalter das Verwalteramt niedergelegt hat (OLG Köln NZM 1998, 920), seine Amtszeit abgelaufen ist (BayObLG WuM 1994, 229; OLG Köln WE 1996, 311 f) oder ob er abberufen wurde (BayObLG DNotZ 1991, 480; KG OLGZ 1990, 421). Wird jedoch der Bestellungsbeschluss angefochten, so entfällt das Einberufungsrecht nicht rückwirkend, wenn er später für ungültig erklärt wird (BayObLG WuM 2003, 171; NJW-RR 1991, 531; a.A. Staudinger/Bub § 24 RN 154 f).

Eine „Versammlung" liegt schon tatbestandlich nicht vor, wenn ein Wohnungseigentümer oder ein außenstehender Dritter eine „Informationsveranstaltung" ankündigt oder nur einen Teil der Wohnungseigentümer einlädt oder wenn sich ad hoc – also ohne Einladung – ein Teil der Wohnungseigentümer zusammenfindet (OLG Hamm WE 1993, 24). In einer solchen Zusammenkunft getroffene Entscheidungen sind Nichtbeschlüsse, die rechtlich keine Wirksamkeit entfalten (OLG Celle DWE 1983, 62; OLG Hamm WE 1993, 24; BPM §23 RN 5; Palandt/Bassenge §23 RN 26); gleichwohl kann aus Gründen der Rechtsklarheit stets die Feststellung durch das zuständige Gericht beantragt werden, dass ein Beschluss nicht zustande gekommen ist. Bei einem „zwanglosen Zusammentreffen" aller Wohnungseigentümer, zu dem nicht eingeladen wurde, handelt es sich gleichfalls nicht um ein Versammlung, bei der keine Beschlüsse gefasst, wohl aber wirksam Vereinbarungen geschlossen werden können (BayObLG NZM 2003, 199 f).

Vor der Versammlung, die ein Unbefugter einberufen hat, kann bereits jeder Wohnungseigentümer verlangen, dass die Versammlung unterlassen wird, und gerichtlich ein Durchführungsverbot im Wege der einstweiligen Anordnung gem. §44 Abs. 3 WEG erwirken (KG NJW 1987, 386; BPM §24 RN 27).

b) Nichtzugang des Einberufungsschreibens

Geht das Einberufungsschreiben einem Wohnungseigentümer oder einem an dessen Stelle zu Ladenden nicht zu, so berechtigt dies grds. zur Anfechtung aller gefassten Beschlüsse, wenn nicht feststeht, dass er ohnehin an der Versammlung nicht teilgenommen hätte oder dass im Falle seiner Mitwirkung die Beschlüsse ebenso gefasst worden wären; die Beschlüsse sind jedoch nicht nichtig (BGH NJW 1999, 3713 f; Palandt/Bassenge §24 RN 5); auf die Entscheidungserheblichkeit seiner Stimme für das Ergebnis kommt es allein nicht an, da er das Abstimmungsergebnis auch durch Teilnahme an der Erörterung und Einflussnahme auf andere Versammlungsteilnehmer hätte beeinflussen können. Dass der nicht geladene Wohnungseigentümer keine Tagesordnung erhalten hat, ist kein zusätzlicher Einberufungsmangel, da die Einberufung i. d. R. mit der Tagesordnung verbunden ist (BayObLG NJW-RR 1990, 784 f).

Wird ein Wohnungseigentümer nicht – auch nicht durch öffentliche Zustellung – geladen, weil er dem Verwalter pflichtwidrig seine neue Anschrift nicht mitgeteilt hat, so ist er zwar grds. anfechtungsberechtigt; → Wiedereinsetzung in den vorigen Stand ist ihm i. d. R. wegen seines Verschuldens aber nicht zu gewähren (Staudinger/Bub § 24 RN 58). Wird ein sonstiger Teilnahmeberechtigter nicht geladen, z. B. ein außenstehender Dritter, der wirksam zum Verwaltungsbeirat gewählt wurde, begründet dies nicht die Anfechtbarkeit (BayObLG NJW-RR 1988, 270).

Wird ein Wohnungseigentümer vorsätzlich nicht geladen, so kann dies die Nichtigkeit gefasster Beschlüsse begründen; der unterbliebenen Ladung steht der Ausschluss einer teilnahmeberechtigten Person gleich (→ Teilnahme an der Wohnungseigentümerversammlung).

c) Nichtwahrung der Einberufungsfrist

Wird die gesetzliche oder die vereinbarte (BayObLG WE 1991, 261 f) Einberufungsfrist nicht gewahrt, so begründet dies allein noch nicht die Anfechtbarkeit von Beschlüssen (BGH NZM 2002, 450, 452); da es sich hierbei nur um eine Sollvorschrift handelt, kann die Missachtung der einwöchigen gesetzlichen Frist allein noch nicht zur Ungültigkeit des Beschlusses führen (Staudinger/Bub § 24 WEG RN 160).

Dieser formelle Mangel ist nur dann beachtlich, wenn die Beschlussfassung auf ihm beruht, weil ein Wohnungseigentümer oder der Verwalter durch die Nichtwahrung der Frist daran gehindert war, an der Versammlung teilzunehmen und sein Stimmrecht auszuüben (BayObLG WE 1986, 25). Eine Ungültigerklärung scheidet hingegen aus, wenn feststeht, dass der angefochtene Beschluss auch bei ordnungsgemäßer Einberufung ebenso gefasst worden wäre (BGH NZM 2002, 450, 452; BayObLG NZM 1999, 130; KG ZMR 1999, 426, 428; BPM § 23 RN 150; noch weiter gehend Weitnauer/Lüke § 24 RN 7, die eine Ungültigerklärung bei Verletzung der gesetzlichen Frist generell verneinen).

▶ **Einbruchssicherung** → Fenstergitter

▶ **Eingangshalle**

Bezeichnet die Teilungserklärung einen Raum als „Eingangshalle", ist der Betrieb eines „Vermietungsschalters" unzulässig, wenn es sich nicht um ein reines Geschäftshaus handelt (BayObLG WE 1986, 74 [L]). Der Umbau einer Eigentumswohnung in eine Empfangshalle bedarf als → Umwandlung von Teil- in Wohnungseigentum der Zustimmung aller Wohnungseigentümer (OLG Celle ZWE 2001, 33).

▶ **Eingangstür** → Schließregelungen; → Wohnungseingangstür

▶ **Einheitlichkeit der Verwaltung**

Im Wohnungseigentumsrecht gilt der Grundsatz der Einheitlichkeit der Verwaltung. Die Wohnungseigentümer können danach – auch in einer → Mehrhauswohnanlage – nur einen einzigen Verwalter bestellen (BGHZ 107, 268, 272; KG NJW 1995, 62f). Die Bestellung mehrerer Verwalter nebeneinander für verschiedene Aufgabenbereiche – z.B. einen kaufmännischen und einen technischen Verwalter (Bub DWW 1989, 316f) – oder für verschiedene Gruppen von Wohnungseigentümern oder für die einzelnen Gebäude einer Mehrhauswohnanlage (BayObLG WE 1996, 150f; Merle WE 1992, 239, 242) ist ebenso wie die Zulassung einer solchen Bestellung in der Vereinbarung der Wohnungseigentümer wegen Verstoßes gegen die zwingende Vorschrift des § 27 Abs. 3 WEG i.V.m. § 134 BGB nichtig, da jedem der nebeneinander tätigen Verwalter die einem anderen Verwalter funktional oder gegenständlich zugewiesenen Aufgaben entzogen würden (Bub PiG 30, 15, 20). Aus diesem Grund kann auch im Falle der Interessenkollision des Verwalters nicht neben ihm ein Sonderverwalter für einen beschränkten Kreis von Angelegenheiten bestellt werden (a. A. OLG Hamm WE 1993, 244, 246). Möglich ist aber die Einschaltung von → Hilfspersonen durch den Verwalter.

Einkommensteuer

1. Einkünfte aus Vermietung und Verpachtung

Einkünfte aus Vermietung und Verpachtung unterliegen der Einkommensteuer gem. §§ 2 Abs. 1 Nr. 6, 21, EStG. Sie erzielt jeder Wohnungseigentümer, der seine Wohnung vermietet.

a) Ermittlung der Einkünfte

Hat der Wohnungseigentümer in der Bundesrepublik Deutschland weder seinen Wohnsitz noch seinen gewöhnlichen Aufenthalt – i.d.R. weniger als 6 Monate jährlich, § 9 S. 2 AO –, so ist er mit seinem in der Bundesrepublik Deutschland gelegenen Wohnungseigentum gem. §§ 1 Abs. 4, 49 Abs. 1 Nr. 6 EStG beschränkt einkommensteuerpflichtig. Gehört ein Wohnungseigentum mehreren Personen gemeinsam, so werden die Einkünfte gem. § 180 Abs. 1 Nr. 2a AO einheitlich festgestellt und nach dem Beteiligungsverhältnis (BFH BStBl 1978 II 674) oder nach einer abweichenden Vereinbarung, die ihren Grund im Gemeinschaftsverhältnis haben muss (BFH BStBl 1980, 244), im Rahmen der Einkommenbesteuerung den Miteigentümern zugerechnet. Dies gilt gem. § 180 Abs. 3 Nr. 2 AO nicht in Fällen in geringer Bedeutung, etwa bei Ehegatten, die gemeinsam veranlagt werden (FG Köln DStRE 2003, 186), sofern nicht über Fragen außergewöhnlicher technischer Abnutzung oder die Verteilung von Schuldzinsen zu entscheiden ist.

Wird Wohnungseigentum verbilligt vermietet, z.B. an Angehörige, so ist es in einen entgeltlichen und einen unentgeltlichen Teil gem. § 21 Abs. 2 EStG erst dann aufzuteilen, wenn der vereinbarte bzw. gezahlte Mietzins weniger als 50 % der Marktmiete beträgt. Allerdings geht der BFH (DStR 2003, 73) nunmehr bei einer langfristigen Vermietung nur dann von einer Einkunftserzielungsabsicht aus, wenn mindestens 75 % der ortsüblichen Marktmiete als Miete vereinbart sind. Bei einer Vermietung im Bereich zwischen 50 % und 75 % der Marktmiete ist deshalb die Gewinnerzielungsabsicht anhand einer Totalüberschussprognose zu prüfen (s.u.).

Einkünfte sind der Überschuss der Einnahmen über die Werbungskosten, § 2 Abs. 2 Nr. 2 i.V.m. §§ 8 bis 9a, 11 EStG; zur kalenderjährlichen Ermittlung des zu versteuernden Einkommens sind noch Sonderausgaben, außergewöhnliche Belastungen und Freibeträge abzuziehen, § 2 Abs. 4 und 5 EStG. Übersteigen die Werbungskosten die Einnahmen, so werden diese *Verluste* mit dem Effekt der Verminderung der Einkommensteuerzahlungspflicht gegen andere einkommensteuerpflichtige Einkünfte des Wohnungseigentümers verrechnet (BFH BStBl 1975 II 698), wenn der Wohnungseigentümer eine Gewinnerzielungsabsicht mit seinem Wohnungseigentum verfolgt (BFH BStBl 1984 II 751), wobei die Verrechnungsmöglichkeit von Verlusten mit Gewinnen aus anderen Einkunftsarten betragsmäßig durch § 2 Abs. 3 EStG begrenzt wird. Voll verrechenbar sind danach bei Ledigen maximal Verluste von € 51.500 p. a., bei zusammen veranlagten Ehegatten € 103.000 p. a. Bei Beteiligung an Verlustzuweisungsgesellschaften ist eine Verrechnung mit anderen positiven Einkünften gem. § 2b EStG ausgeschlossen.

Nicht abzugsfähig sind Verluste aus sog. Liebhaberei, also wenn Wohnungseigentum nicht in Gewinnerzielungsabsicht – das ist ein Streben nach Vermögensmehrung im Sinne eines Totalgewinns bezogen auf die voraussichtliche gesamte Nutzungszeit – erworben wird. Bei einer auf Dauer angelegten Vermietung ist aber grds. davon auszugehen, dass der Steuerpflichtige beabsichtigt, einen Einnahmeüberschuss zu erzielen (BFH DStR 1997, 2013; 2002, 1609). Unschädlich ist die Veräußerung aufgrund eines neu gefassten Entschlusses; ein gegen die Einkunftserzielungsabsicht sprechendes Indiz liegt aber vor, wenn der Steuerpflichtige die Wohnung innerhalb eines engen zeitlichen Zusammenhangs – von in der Regel bis zu fünf Jahren – seit der Anschaffung wieder veräußert (BFH DStR 2002, 1611). Zeigt die Art der Nutzung, dass der Erwerb auch privat veranlasst war, z.B. wenn eine Ferienwohnung auch selbst genutzt wird, hat der Steuerpflichtige darzulegen, dass er die Absicht hat, einen – wenn auch geringen – Gewinn zu erzielen (BFH BStBl II 2002, 726). Gleiches gilt, wenn die Vermietung nicht auf Dauer angelegt ist. Kann in dem avisierten Vermietungszeitraum ein positives Gesamtergebnis nicht erzielt werden, fehlt es an einer Gewinnerzielungsabsicht (BFH DStR 2002, 1609). Aufwendungen für eine Wohnung, die nach einer auf Dauer angelegten Vermietung leer steht, sind als

Werbungskosten abziehbar, solange der Steuerpflichtige seine Einkunftserzielungsabsicht nicht endgültig aufgegeben hat. Hiervon ist auszugehen, solange er sich um eine Vermietung der leer stehenden Wohnung bemüht, selbst wenn er die Wohnung gleichzeitig zum Verkauf anbietet (BFH NZM 2004, 33).

Ein Mietvertrag zwischen Angehörigen, der bürgerlich-rechtlich wirksam ist, kann wegen Gestaltungsmissbrauch i.S. von § 42 AO steuerlich unbeachtlich sein, wenn die Gestaltung oder die tatsächliche Durchführung nicht dem zwischen Fremden Üblichen entspricht und allein dem Zweck der Steuerminderung dient (BFH DStR 2002, 1521 f). Nicht jede Abweichung vom Üblichen schließt aber die steuerliche Anerkennung aus, z.B. unregelmäßige Mietzahlungen oder fehlende Abreden über die Nebenkosten. Entscheidend für die Anerkennung des Vertrages ist, dass die Hauptpflichten der Vertragsparteien wie die Überlassung einer konkret bezeichneten Sache und die Höhe des Mietzinses klar und eindeutig vereinbart und wie vereienbart durchgeführt werden (BFH DStR 2000, 107; 2002, 1521 f). Unschädlich ist auch, wenn Eltern ihrem unterhaltsberechtigten Kind eine ihnen gehörende Wohnung vermieten und das Kind die Miete aus dem Barunterhalt der Eltern zahlt, da ein Mietvertrag nicht allein deshalb steuerlich unbeachtlich sein kann, weil Mieter ein unterhaltsberechtigtes Kind ist (BFH DStR 2000, 107 unter Aufgabe von BFHE 152, 496). Einem zwischen Eltern und Barunterhalt empfangenden Kind geschlossenen Mietvertrag ist die steuerliche Anerkennung jedoch dann zu versagen, wenn Eltern und Kind noch eine Haushaltsgemeinschaft bilden (BFHE 180, 74; DStR 2000, 107, 109; 2003, 284).

Die Einnahmen und Werbungskosten werden nach dem Zu- und Abflussprinzip gem. § 11 EStG ermittelt. Berücksichtigt werden deshalb z.B. nur Mieteinnahmen, über die der Wohnungseigentümer innerhalb eines Kalenderjahres oder ausnahmsweise, wenn sie zum betreffenden Kalenderjahr gehören, bis zu 10 Tagen (BFH NV 2003, 169) vor Beginn oder Ende desselben die wirtschaftliche Verfügungsmacht erlangt hat (BFH BStBl 1983 II 755), nicht also Mietrückstände. Dies gilt entsprechend für Ausgaben; auch insoweit kommt es auf den Abfluss an, nicht auf den periodengerecht abgegrenzten Aufwand für ein Kalenderjahr. Abgeflossen ist eine Zahlung, wenn der Wohnungseigentümer alles in seiner Macht Stehende getan hat, um eine unverzügliche bankübliche Ausführung zu gewährleisten, und für die erforderliche Deckung seines Kontos gesorgt hat (BFH DStR 1986, 372 für einen Überweisungsauftrag; BFH BStBl 1986 II 284 für einen sofort einlösbaren Scheck).

b) Einnahmen

Vermietet der Wohnungseigentümer seine Wohnung, so gehören zu den Einnahmen

- die Miete einschließlich der Nebenkostenerstattung (BFH BStBl 2000 II 197; NV 2000, 179);
- Nutzungsentschädigungen gem. § 546a BGB nach Beendigung des Mietvertrages (BFH HFR 1989, 399);
- Arbeitsleistungen, die für die Überlassung einer Wohnung an einen Arbeitnehmer von diesem erbracht werden (BFH BStBl 1999 II 213);
- Mietvorauszahlungen (BFH BStBl 1984 II 267), nicht aber öffentliche Baukostenzuschüsse, welche für die Erhaltung, Erneuerung und funktionsgerechte Verwendung des Gebäudes gewährt werden; diese mindern allein die Herstellungskosten (BFH DStR 1991, 1080); keine Einnahmen aus Vermietung und Verpachtung sind auch vereinnahmte Mieterdarlehen oder Barkautionen;
- auf dem Mietvertrag beruhender Schadenersatz, z.B. wegen nicht durchgeführter Schönheitsreparaturen (BFH BStBl 1969 II 184);
- Abstandszahlungen des Mieters für die vorzeitige Entlassung aus dem Mietverhältnis, soweit sich diese an den noch ausstehenden Mieten orientieren (FG Münster DStR 2003, 212);
- Verzugszinsen (BFH BStBl 1982 II 113);
- Umsatzsteuererstattungen bei Umsatzsteueroption (BStBl II 1993, 17), auch wenn die gezahlte Umsatzsteuer nicht als Werbungskosten abgesetzt wurde (BFH BStBl 1982 II 755);
- Leistungen aus einer Mietausfallversicherung (BFH BStBl 1982 II 591);
- Zinsen aus Bausparguthaben im engen zeitlichen Zusammenhang mit dem Erwerb (BFH BStBl 1983 II 172, str.), z.B. bei Zwischenfinanzierung;
- Zinsen aus einer Instandhaltungsrückstellung.

c) Werbungskosten

Werbungskosten i.S. des § 9 EStG sind alle Ausgaben, die zum Zwecke des Erwerbs, der Erhaltung und Sicherung der Mieteinnahmen getätigt werden (BFH BStBl 1981 II 510). Sie sind entweder sofort abzugsfähig oder werden über die Nutzungsdauer verteilt als Abschreibungen berücksichtigt. Zu den sofort abzugsfähigen Werbungskosten gehören:
- Schuldzinsen, die im wirtschaftlichen Zusammenhang mit dem Wohnungseigentum stehen, gem. § 9 Abs. 1 S. 3 Nr. 1 EStG, wobei ein rechtlicher Zusammenhang, z.B. die Absicherung des zu verzinsenden Darlehens durch ein Grundpfandrecht, allein nicht ausreicht (BFH BStBl 1980 II 348), also insbesondere Zinsen für die zum Erwerb des Wohnungseigentums aufgenommenen Darlehen, nicht jedoch Tilgungen (BFH BStBl 1973 II 868) oder Prämien für eine Risikolebensversicherung (BFH BB 1986, 714);
- Darlehensnebenkosten, z.B. Vermittlungsprovision bis zu 2 % (BFH Betr. 1986, 569), Notar- und Grundbuchkosten für die Darlehenssicherung, Bereitstellungszinsen (BFH BStBl 1967 III 655), Damnum, Disagio und Bearbeitungsgebühren bis zu 10 % des Darlehens bei einer mindestens fünfjährigen Laufzeit (BFH BStBl 1980 II 353; BMF BStBl 2000 I 484), Bürgschaftsprovisionen (FG Berlin EFG 1986, 338), nicht jedoch die Kosten der vorzeitigen Ablösung eines Darlehens, wenn die Ablösung der lastenfreien Veräußerung der Eigentumswohnung dient (BFH WE 1990, 130; NV 1994, 782; BStBl 2000 II 458; a.A. Sauren DStR 2002, 1254);
- Kontoführungsgebühren (BFH BStBl 1984 II 560);
- alle Bewirtschaftungs- und Verwaltungskosten, die an den Verwalter als Hausgeld und Abrechnungsfehlbetrag bezahlt werden;
- Grundsteuer (FG Münster EFG 1983, 64);
- Aufwendungen zur Erhaltung, Instandhaltung und Instandsetzung der Wohnung und des Gebäudes, nicht aber die an die Wohnungseigentümergemeinschaft gezahlten Beiträge zur Instandhaltungsrücklage (BFH WE 1988, 152). Nach dem zum 1.1.2004 eingeführten § 6 Abs. 1 Nr. 1a EStG gehören nicht zu den Werbungs-, sondern zu den Herstellungskosten eines Gebäudes, die – anders als Werbungskosten – nicht sofort abzugsfähig, sondern allein im Rah-

men der AfA zu berücksichtigen sind, auch Aufwendungen für Instandsetzungs- und Modernisierungsmaßnahmen, die innerhalb von drei Jahren nach der Anschaffung des Gebäudes durchgeführt werden, wenn die Aufwendungen ohne Umsatzsteuer 15% der Anschaffungskosten übersteigen (anschaffungsnahe Herstellungskosten), soweit die Erhaltungsarbeiten nicht üblicherweise jährlich anfallen. Die Gesetzeslage entspricht somit nunmehr der früheren Rechtsprechung des BFH zum anschaffungsnahen Herstellungsaufwand, die er aufgegeben hatte (BFH DStR 2002, 1039f unter Aufgabe von BFHE 86, 792).

• Kosten der Hausverwaltung, nicht für Eigenleistungen (BFH BB 1986, 115);
• Abstandszahlungen an einen Mieter für die vorzeitige Räumung (BFH BStBl 1980 II 187), sofern die Wohnung anschließend wieder vermietet wird;
• Insertionskosten zur Suche eines Mieters;
• Prozess- sowie Rechts- und Steuerberatungskosten (BFH BStBl 1965 III 410) im Zusammenhang mit der Vermietung und der Erhaltung des Wohnungseigentums;
• Reisekosten (Fahrtkosten, Mehraufwand für Verpflegung, Übernachtungskosten) im Zusammenhang mit der Vermietung und Bewirtschaftung, z.B. für Reisen zur Wohnungseigentümerversammlung oder zur Geldbeschaffung (BFH BStBl 1966 III 451).

d) Anschaffungs- und Herstellungskosten

Die Anschaffungs- und Herstellungskosten werden gem. §9 Abs. 1 Nr. 7 i.V.m. §7 EStG auf die voraussichtliche Nutzungsdauer von i.d.R. 40 oder 50 Jahren verteilt als sog. **AfA (Absetzung für Abnutzungen)** von den Einnahmen abgezogen; nur ausnahmsweise kann die lineare, nicht aber die degressive AfA gemäß §7 Abs. 4 S. 2 EStG der tatsächlichen Nutzungsdauer angepasst werden, wenn diese weniger als 50 Jahre (bei 2%iger AfA) bzw. 40 Jahre (bei 2,5%iger AfA) beträgt. Bemessungsgrundlage sind die tatsächlich aufgewendeten Anschaffungs- oder Herstellungskosten. Die Anschaffungskosten für Grund und Boden sind nicht absetzbar, da Grund und Boden grundsätzlich keiner Abnutzung unterliegen. Der Gesamtkaufpreis ist bei Fehlen einer Abrede im

Verhältnis der Sach- oder Teilwerte für das Grundstück, der unter Heranziehung der Richtwerte des örtlich zuständigen Gutachterausschusses festgelegt oder unter Anwendung der WertV geschätzt wird, und für das Gebäude im Zeitpunkt der Anschaffung aufzuteilen, der auf das Gebäude entfallende Anteil zählt zu den Anschaffungskosten (BFH BStBl 1985 II 252); die in dem Wert R enthaltene Restwertmethode – Abzug des Bodenvergleichswerts vom Gesamtpreis – ist einkommensteuerrechtlich unzulässig (BFH DStR E 2002, 267). In der Praxis wird beim Erwerb vom Bauträger eine ernstlich gemeinte Abrede über die Aufteilung anerkannt (BFH BStBl 2001 II 183), soweit diese den wirtschaftlichen Verhältnissen entspricht (BFH BStBl 1988 II 441).

Zu den Anschaffungs- und Herstellungskosten gehören anteilig
- der Kaufpreis,
- Maklergebühren (BFH BStBl 1984 II 101; 1996 II 895),
- Notarkosten für den Kaufvertrag (BFH NV 1994, 237),
- Gebühren des Grundbuchamtes für die Eintragung des Eigentumswechsels,
- Grunderwerbsteuer samt Säumniszuschlägen (BFH BStBl 1992 II 464),
- Besichtigungskosten (BFH BStBl 1981 II 470),
- Kosten des Anschlusses an das Stromversorgungsnetz (BFH BStBl 1965 III 226) und an die Wasser- und Wärmeversorgung, nicht aber Kosten für den Anschluss einer privaten Breitbandanlage an das öffentliche Breitbandnetz, EStR 2003, Abschnitt 157 Abs. 1,
- Kosten für den Hausanschluss an die Kanalisation; die Kosten des erstmaligen Grundstücksanschlusses gehören hingegen ausschließlich zu den Anschaffungskosten von Grund und Boden (BFH BStBl 1997 II 811),
- Beträge, die zur Ablösung der Verpflichtung zum Bau von Kfz-Einstellplätzen an die Gemeinde bezahlt werden (BFH BStBl 1984 II 702),
- Aufwendungen für ein Richtfest,
- die Herstellungskosten für Fahr- und Gehwege von der Grundstücksgrenze bis zum Hauseingang, zur Garage und einem sonstigen Nebengebäude etc.,

- zu hohe Dienstleistungsgebühren, die nicht als Werbungskosten anerkannt worden sind.

Die Anschaffungs- und Herstellungskosten von Wohnungseigentum, die anteilig auf das Gebäude entfallen, können nach Wahl des Wohnungseigentümers linear gem. § 7 Abs. 4 EStG oder degressiv gem. § 7 Abs. 5 EStG abgeschrieben werden:

- Die **lineare AfA gem. § 7 Abs. 4 S. 1 Nr. 2 EStG** beträgt jährlich 2 %, wenn das Wohnungseigentum in einem nach dem 31.12.1924, und 2,5 %, wenn es in einem vor dem 1.1. 1925 fertig gestellten Gebäude liegt; im Jahr der Anschaffung oder Herstellung erfolgt die AfA zeitanteilig, wobei der Tag des Übergangs von Besitz, Nutzungen und Lasten maßgeblich ist.
- Die **degressive AfA gem. § 7 Abs. 5 Nr. 3 b EStG** kann der Wohnungseigentümer vornehmen, wenn er sein Wohnungseigentum selbst errichtet oder bis zum Ende des Jahres der Fertigstellung angeschafft hat, im letzteren Fall allerdings nur, wenn der Hersteller seinerseits weder degressive noch erhöhte Abschreibungen noch Sonderabschreibungen in Anspruch genommen hat, § 7 Abs. 5 S. 2 EStG.
- Wohnungseigentum, das aufgrund eines nach dem 31.12. 1995 gestellten Bauantrages hergestellt oder aufgrund eines nach diesem Zeitpunkt rechtswirksam abgeschlossenen Kaufvertrages angeschafft wurde, kann im Jahr der Fertigstellung oder Anschaffung und in den darauf folgenden 7 Jahren mit jeweils 5 %, in den nächsten 6 Jahren mit jeweils 2,5 % und in den weiteren 36 Jahren mit jeweils 1,25 % abgeschrieben werden. Die degressive AfA kann im Jahr der Fertigstellung bzw. des Erwerbs bereits für das ganze Jahr geltend gemacht werden, selbst wenn das Wohnungseigentum erst kurz vor Jahresende fertiggestellt oder erworben wird. Fertig gestellt ist das Wohnungseigentum, wenn es bestimmungsgemäß genutzt werden kann (BFH BStBl 1984 II 101); dem stehen unerhebliche Restarbeiten, z.B. Streichen von Wänden und Heizkörpern, Verlegen des Bodenbelags, nicht entgegen (BFH NV 1990, 622). Eine Eigentumswohnung ist auch dann bereits mit der Bezugsfertigkeit „fertig gestellt", wenn zu diesem Zeitpunkt noch kein Wohnungseigentum begründet und die Teilungserklärung noch nicht abgegeben worden ist (BFH NZM

1999, 9018). Angeschafft ist das Wohnungseigentum, wenn der Erwerbsvertrag rechtswirksam abgeschlossen wurde und der Erwerber wirtschaftlich über das Wohnungseigentum verfügen kann (BFH BStBl 1977 II 553).

2. Veräußerung von Wohnungseigentum

Die Veräußerung von Wohnungseigentum führt zu steuerpflichtigen Einkünften, wenn die Voraussetzungen des § 23 EStG vorliegen.

a) Privates Veräußerungsgeschäft (Spekulationsgeschäft)

Liegt zwischen der Anschaffung und der Veräußerung von Wohnungseigentum ein Zeitraum von nicht mehr als zehn Jahren, so handelt es sich gem. §§ 2 Abs. 1 Nr. 7, 22 Nr. 2, 23 Abs. 1 Nr. 1 EStG um ein „privates Veräußerungsgeschäft" (früher Spekulationsgeschäft), bei dem die Differenz zwischen Anschaffungskosten, vermindert um Abschreibungen, und erzieltem Kaufpreis zu versteuern ist, sofern die Wohnung nach dem 31.7.1995 angeschafft wurde. Wurde sie vorher angeschafft, sind die Abschreibungen nicht in Abzug zu bringen. Ist die früher geltende Spekulationsfrist von zwei Jahren vor 1999 abgelaufen, bestehen Zweifel an der Verfassungsmäßigkeit der Neuregelung, weswegen der BFH die Vollziehung eines hierauf beruhenden Steuerbescheides ausgesetzt hat (BStBl 2001 II 405); das FG Köln (EFG 2002, 1236) hat diese Frage dem BVerfG vorgelegt. Die Finanzverwaltung setzt daher die Vollziehbarkeit solcher Steuerbescheide aus; Einspruchsverfahren ruhen (DStR 2001, 1571).

Hat der Wohnungseigentümer das Grundstück erworben und als Bauherr Wohnungseigentum errichtet, so wird bei Veräußerung des Wohnungseigentums in den Veräußerungsgewinn das Gebäude mit einbezogen.

Anschaffung ist der entgeltliche Erwerb, Veräußerung die entgeltliche Übertragung von Wohnungseigentum. Unter Anschaffung bzw. Veräußerung wird der Abschluss eines Kaufvertrages oder die Schaffung von Verhältnissen verstanden, die wirtschaftlich einem Kaufvertrag gleich stehen, soweit die dingliche Übereignung nachfolgt, z.B. die Abgabe eines Verkaufsangebots (BFH BStBl 1974 II 606) oder der Abschluss eines Vorvertrages (BFH

BStBl 1984 II 311). Als Anschaffung i.S. des § 23 EStG gilt auch die Überführung einer Immobilie aus dem Betriebsvermögen in das Privatvermögen. Bei Erwerb durch Erbfall oder Schenkung ist der Anschaffungszeitpunkt des Rechtsvorgängers maßgeblich.

Zu den berücksichtigungsfähigen Anschaffungskosten gehören der Kaufpreis, Notar-, Grundbuchkosten, Maklerprovision, Grunderwerbsteuer und andere zum Eigentumserwerb erforderliche Aufwendungen, nicht aber spätere Werbungskosten wie z.B. Schuldzinsen. Zu eigenen Wohnzwecken genutzte Immobilien unterliegen auch bei einem Verkauf innerhalb von zehn Jahren nicht der Steuerpflicht, wenn sie entweder zwischen Anschaffung oder Fertigstellung und Verkauf ausschließlich zu eigenen Wohnzwecken oder wenn sie im Jahr der Veräußerung und den beiden vorangegangenen Jahren zu eigenen Wohnzwecken genutzt wurden, § 23 Abs. 1 S. 1 Nr. 1 S. 3 EStG.

b) Gewerblicher Grundstückshandel

Der veräußernde Wohnungseigentümer wird zur Zahlung von Einkommensteuer gem. § 2 Abs. 1 Nr. 2, § 15 EStG und zusätzlich von Gewerbesteuer herangezogen, wenn die Veräußerung keine Maßnahme der privaten Vermögensverwaltung, sondern Ausfluss einer gewerblichen Tätigkeit ist.

Gewerblich ist nach § 2 Abs. 1 S. 2 GewStG i. V. m. § 15 Abs. 2 EStG eine selbständige nachhaltige Betätigung, die mit der Absicht, Gewinn zu erzielen, unternommen wird und sich als Beteiligung am allgemeinen wirtschaftlichen Verkehr darstellt, wenn nach den Umständen des Einzelfalls die Grenzen der privaten Vermögensverwaltung überschritten werden. Bei der Abgrenzung zwischen Gewerbebetrieb einerseits und der nicht steuerbaren Sphäre andererseits ist auf das Gesamtbild der Verhältnisse und die Verkehrsanschauung abzustellen (BFH BStBl II 1995, 617; 2002, 291). Das Merkmal der Teilnahme am allgemeinen wirtschaftlichen Verkehr dient dazu, aus dem Gewerbebetrieb solche Tätigkeiten auszunehmen, die zwar von einer Gewinnerzielungsabsicht getragen, jedoch nicht auf einen Leistungs- und Güteraustausch gerichtet sind. Für gewerblichen Grundstückshandel ist aber ausreichend, dass der Verkauf von vornherein nur mit bestimmten Personen abgewickelt werden soll; auch der Verkauf von Wohnungen an Bekannte (BFH NJW 2003, 3078) oder an die bisherigen Mieter (BFH BStBl II 1981, 522) oder an Angehörige (BFH BStBl II 1994, 463) kann als Teilnahme am allgemeinen Verkehr angesehen werden.

Die Grenze von der privaten Vermögensverwaltung zum Gewerbebetrieb wird überschritten, wenn die Ausnutzung substantieller Vermögenswerte durch Umschichtung gegenüber der Nutzung von Grundbesitz im Sinne einer Fruchtziehung aus zu erhaltenden Substanzwerten, z. B. durch Selbstnutzung oder Vermietung, entscheidend in den Vordergrund tritt (BFH BStBl II 1995, 617; NJW 2003, 3078). Ein gewerblicher Grundstückshandel setzt danach voraus, dass der Veräußerer eine bestimmte Anzahl von Objekten gekauft oder gebaut hat und sie in engem zeitlichem Zusammenhang – in der Regel fünf Jahre – veräußert. Werden in diesem Zeitraum zwischen Anschaffung bzw. Errichtung und Verkauf mindestens 4 Objekte veräußert, so kann von einem gewerblichen Grundstückshandel ausgegangen werden (BGH NJW 2003, 238 – sog. „Drei-Objekt-Grenze"). Besondere Umstände – insbesondere ein Verhalten des Steuerpflichtigen vor und während der Bauphase – können auch eine Veräußerung von weniger als 4 Objekten genügen lassen (BFH NV 2003, 1291). Jede als Wohneinheit anzusehende Eigentumswohnung wird als ein eigenständiges Objekt behandelt, auch wenn sämtliche in einem Gebäude befindlichen Wohnungen in einem einheitlichen Vertrag an einen einzigen Käufer verkauft werden (BFH BStBl II 1995, 617; NZM 2003, 287). Ohne Bedeutung ist, ob die Aufteilung in Wohnungseigentum erst wenige Tage vor Abschluss des Kaufvertrags erfolgt war. Veräußert der Steuerpflichtige Eigentumswohnungen in einem von ihm sanierten Gebäude, so beginnt die für die Annahme eines gewerblichen Grundstückshandels maßgebliche Frist von fünf Jahren mit Abschluss der Sanierungsarbeiten (BFH NZM 2003, 287). Im Einzelfall sind auch Objekte einzubeziehen, die innerhalb einer Frist von zehn Jahren nach Erwerb oder Errichtung veräußert wurden (BFH NV 2003, 911).

Ausnahmsweise können mehrere Wohnungseigentumsrechte desselben Eigentümers steuerrechtlich als wirtschaftliche Einheit und damit als ein Objekt zu beurteilen sein, wenn sich der Inhaber der Wohnungseigentumsrechte schon im Zeitpunkt des Abschlusses der einzelnen Kaufverträge zur Errichtung und Übertragung einer zwei oder mehr Wohnungseigentumsrechte umfassenden Wohnanlage verpflichtet hat; werden hingegen nach Abschluss mehrerer Verträge über den Verkauf jeweils eigenständiger Wohnungen bauliche Maßnahmen im Hinblick auf eine Nutzung dieser Wohnungen als Einheit durchgeführt, so vermag dies die Qualifizierung als gewerblicher Grundstückshandel nicht mehr zu beseitigen (BFH NJW 2003, 238).

Der zu versteuernde Gewinn besteht aus der Differenz zwischen dem Verkehrswert im Zeitpunkt der Aufnahme der gewerblichen Tätigkeit unter Abzug vorgenommener Abschreibungen einerseits und dem Veräußerungserlös andererseits.

c) Betriebsvermögen

Gehört Wohnungs- oder Teileigentum zum Betriebsvermögen des Wohnungseigentümers, z.B. weil er es beruflich oder gewerblich nutzt, so wirkt dessen Veräußerung gewinnerhöhend, wenn der Veräußerungserlös den Buchwert übersteigt, also sog. stille Reserven aufgedeckt werden.

▶ **Ein-Mann-Versammlung, Ein-Mann-Beschluss** → Wohnungseigentümerversammlung

▶ **Einsichtsrecht**

1. Verwaltungsunterlagen

Den Wohnungseigentümern steht nach einem allgemeinen Rechtsgedanke als Kontrollrecht ein Recht auf Einsicht in sämtliche Verwaltungsunterlagen, da diese zum → Verwaltungsvermögen gehören (BayObLG ZMR 2000, 688; Z 1978, 231, 233; OLG Hamm NJW-RR 1988, 597), und ihnen gesamthänderisch zustehen (Bärmann/Seuss B RN 577), sowie als Nebenrecht zum Abrechnungs- und Rechnungslegungsanspruch (BGHZ 10, 385; BayObLG WE 1991, 358f; → Abrechnung, Aufstellung → Rechnungslegung) ein aus der Pflicht zur Belegvorlage gem. §§ 675, 666, 259 BGB abgeleitetes Recht auf Einsicht in die Jahresabrechnung, die

Buchhaltung, die zugrunde liegenden Belege und sonstigen Unterlagen zu, da die aus der Abrechnung Berechtigten und Verpflichteten nur durch Einsichtnahme deren Richtigkeit prüfen können (BayObLG ZMR 1973, 214; OLG Frankfurt NJW 1972, 1376; OLG Hamm OLGZ 1988, 41). Dieses Recht wird lediglich durch das Schikaneverbot des § 226 BGB und durch das Verbot unzulässiger Rechtsausübung nach Treu und Glauben gem. § 242 BGB beschränkt (BayObLG ZMR 2000, 687f; OLG Hamm NZM 1998, 724); so kann sich die wiederholte Einsichtnahme in dieselben Unterlagen nach den Umständen des Einzelfalls als Schikane darstellen und vom Verwalter verweigert werden.

a) Inhalt des Einsichtsanspruchs

Der Einsichtsanspruch ist – wie der Auskunftsanspruch (→ Auskunft, Information) – auf Erlangung von Kenntnissen gerichtet, aber nicht durch Erklärungen des Verwalters, sondern durch Inaugenscheinnahme von Urkunden (Sauren WE 1989, 4). Der Einsicht unterliegen sämtliche Verwaltungsunterlagen, also sowohl die Abrechnungs- und Buchhaltungsunterlagen einschließlich aller Konten – auch der für die anderen Wohnungseigentümer geführten, die eine Kontrolle von deren Zahlungen ermöglichen (OLG Düsseldorf DWE 1985, 127; Müller WE 1991, 46f) –, insbesondere die Einzelabrechnungen aller Wohnungseigentümer sowie die hierzu gehörenden Belege (BayObLG WE 1997, 117; KG NJW-RR 1987, 462f; OLG Hamm NJW-RR 1988, 597; OLG Köln ZMR 2001, 851) – und zwar ohne Beschränkung auf die zu beschließende oder gerade beschlossene Abrechnung (BayObLG WE 1991, 358f) oder auf bestimmte Zeiträume (BayObLG WE 1997, 117) – als auch sonstige Unterlagen, wie z.B. der → Verwaltervertrag (LG Köln DWE 1984, 126), die → Anwesenheitsliste bei einer Wohnungseigentümerversammlung (a.A. LG Köln DWE 1980, 25), Zahlungsbelege anderer Wohnungseigentümer (OLG Düsseldorf DWE 1985, 127), Werk- und Wartungsverträge, gerichtliche Entscheidungen oder dem Verwalter zugestellte Schriftstücke (BGHZ 78, 166). Gegenstand der Einsichtnahme sind auch die für die Wohnungseigentümergemeinschaft geführten Bankkonten (OLG Hamm DWE 1986, 24).

Datenschutzbestimmungen schränken den Gegenstand der Einsichtnahme nicht ein, da jedem Wohnungseigentümer bei Erwerb seiner Wohnung bewusst sein muss, dass die Tätigkeit des Verwalters nur durch Offenlegung aller Verwaltungsunterlagen kontrolliert werden kann, §§ 24 Abs. 1 S. 1, 45 Nr. 8 BDSG (OLG Frankfurt OLGZ 1984, 258 f).

b) Jederzeitige Einsichtnahme, auch nach Entlastung

Das Einsichtsrecht besteht grds. jederzeit; das Interesse des Verwalters an einem geordneten Ablauf seiner Bürotätigkeit ist aber zu berücksichtigen. In die der Abrechnung zugrunde liegenden Unterlagen kann vor (BayObLGZ 1972, 246 f; OLG Karlsruhe NJW 1969, 1968) und nach der Beschlussfassung über die Jahresabrechnung (BayObLG ZMR 2000, 688; WE 1989, 145 f; KG ZMR 1987, 100 f; Palandt/Bassenge § 28 RN 10) eingesehen werden, insbesondere wenn die Anfechtung des Genehmigungsbeschlusses erwogen wird oder der Genehmigungsbeschluss angefochten wurde und die Einsichtnahme der Beibringung von entscheidungserheblichen Tatsachen dient; der Wohnungseigentümer muss dem Verwalter kein besonderes rechtliches Interesse an der Einsichtnahme darlegen (BayObLGZ 1978, 231, 233 f).

Der Verwalter hat die Einsichtnahme auch nach seiner → Entlastung zu gewähren (BayObLG ZMR 2000, 688; WE 1997, 117; OLG Hamm NJW-RR 1988, 597 f), z.B. wenn ein Wohnungseigentümer Angaben für die Betriebskostenabrechnung mit seinem Mieter benötigt, aber auch im Zusammenhang mit der Prüfung einer nachfolgenden Jahresabrechnung (BayObLG WE 1991, 358 f).

2. Niederschriften

Als Ausschnitt aus dem Recht jedes Wohnungseigentümers auf Einsicht in alle Verwaltungsunterlagen normiert § 24 Abs. 6 S. 3 WEG als lex specialis den Anspruch auf Einsicht in die → Niederschriften. Dieses Einsichtsrecht soll es jedem Wohnungseigentümer – auch dem, der an der Versammlung nicht teilgenommen hat – ermöglichen, sich Gewissheit über den Inhalt gefasster Beschlüsse zu verschaffen, um entscheiden zu können, ob er diese anfechten soll (BayObLG WuM 1990, 173 f; OLG Hamm OLGZ 1989, 314). Wegen der verdinglichten Wirkung von Beschlüssen gem. § 10 Abs. 3 WEG dient es auch der Information über den Inhalt des Sondereigentums und die Rechte und Pflichten aller Wohnungseigentümer. Für eine möglichst effektive Ausgestaltung des Einsichtsrechts ist es erforderlich, dass die Niederschrift binnen drei Wochen nach der Versammlung zur Einsichtnahme durch den Eigentümer vorliegt (BayObLG NZM 2001, 754). Das Einsichtsrecht besteht zeitlich unbegrenzt (Staudinger/Bub § 24 RN 134).

Gegenstand der Einsicht sind die Niederschriften über Eigentümerversammlungen, aber auch die Dokumentation des Verwalters zu Beschlüssen im schriftlichen Verfahren gem. § 23 Abs. 3 WEG und gerichtliche Entscheidungen. Die Wohnungseigentümer haben aber kein Recht auf Einsicht in handschriftliche Notizen des Versammlungsvorsitzenden oder seiner Mitarbeiter, die diese zur Vorbereitung der Versammlungsniederschrift gefertigt haben (KG NJW 1989, 532). Demgegenüber hat jeder Wohnungseigentümer Anspruch auf Abschrift einer gestatteten → Tonbandaufzeichnung einer Wohnungseigentümerversammlung, und zwar nicht nur beschränkt auf seine eigenen Fragen und Redebeiträge sowie die hierauf erteilten Antworten und Stellungnahmen (so BGH NJW 1994, 3094; OLG München WM 1992, 1946 [jeweils zur Hauptversammlung einer AG]).

Der Anspruch auf Einsichtsgewährung ist primär auf die Inaugenscheinnahme der Niederschrift und der Urkunden gerichtet. Das Einsichtsrecht entsteht gleichzeitig mit der Erstellung der Niederschrift; sie ist spätestens eine Woche vor Ablauf der Anfechtungsfrist zu gewähren, und zwar wegen des Normzwecks unabhängig vom Vollzug der Unterschriften durch alle hierzu verpflichteten Personen. Der Verwalter ist deshalb verpflichtet, Einsicht in die vom Versammlungsvorsitzenden allein unterschriebene Niederschrift zu gewähren. Mit der Gewährung der Einsicht in den von keinem unterzeichneten Entwurf der Niederschrift kann der Einsichtsanspruch allerdings nicht vollständig erfüllt werden (LG Freiburg Rpfleger 1968, 93 f), da vor der Unterzeichnung keiner der hierzu verpflichteten Personen die Verantwortung für den Inhalt übernommen hat, so dass der mit dem Einsichtsrecht verfolgte Normzweck auch nicht vollständig erreicht werden kann.

3. Inhaber des Anspruchs auf Einsichtnahme

Das Einsichtsrecht kann grds. von jedem Wohnungseigentümer – auch von dem ausgeschiedenen Wohnungseigentümer im Hinblick auf nachwirkende Rechte und Pflichten (KG ZWE 2000, 226) – allein ausgeübt werden, ohne dass er eines ermächtigenden Mehrheitsbeschlusses bedarf (BayObLGZ 1972, 166; ZWE 2002, 577; OLG Frankfurt NJW 1972, 1376) oder ein berechtigtes Interesse an der Einsichtnahme darlegt und nachweist (BayObLGZ 1978, 231, 234; OLG Hamm OLGZ 1988, 37, 43), da es der individuellen Kontrolle der Verwaltung durch die von der Geschäftsführung ausgeschlossenen Wohnungseigentümer dient. Es kann aber durch Vereinbarung – nicht aber durch Beschluss etwa des eine Beschränkung enthaltenden Verwaltervertrages (OLG Hamm OLGZ 1988, 37) – z.B. auf die Mitglieder des Verwaltungsbeirats auf vom Verwalter bestimmte Prüftermine beschränkt werden (BayObLG DWE 1982, 35). Ein völliger Ausschluss der Prüfungsbefugnis ist hingegen nichtig (Staudinger/Bub §28 RN 75a).

Die Wohnungseigentümer beauftragen und ermächtigen den Verwaltungsbeirat oder den Kassenprüfer mit ihrer Wahl konkludent zur Ausübung ihrer Einsichtsrechte (BayObLG WE 1991, 358f), ohne allerdings darauf zu verzichten, selbst von diesem Recht Gebrauch zu machen. Jeder Wohnungseigentümer kann auch einen Dritten, der ein nachvollziehbares Interesse hieran hat, zur Einsichtnahme ermächtigen (KG WEM 1984, Heft 6, 28; a.A. Sauren §28 RN 72: i.d.R. nur z. Verschwiegenheit verpflichtete Personen); ein berechtigtes Interesse hat z.B. ein Kaufinteressent wegen der Bindungswirkung der Beschlüsse gem. §10 Abs.3 WEG an der Einsicht in die Niederschriften von Eigentümerversammlungen oder ein Mieter, der eine Eigentumswohnung gemietet hat und dem gegenüber der vermietende Wohnungseigentümer über die Betriebskosten abrechnet, an der Einsicht in die Abrechnung und Abrechnungsunterlagen (LG Düsseldorf WE 1991, 75;

a.A. LG Mannheim DWE 1996, 43 [L]; Blank, in: FS Bärmann und Weitnauer [1990], 29, 33; Seuss WE 1993, 69, 70: nur Einsicht in die Einzelabrechnung des Vermieters nebst Anlagen), beschränkt auf die abgerechneten Kosten. Die Einsicht kann aber verweigert werden, wenn sie sachfremde Interessen verfolgt und die Gefahr einer nicht objektiven Prüfung besteht (LG Hamburg WuM 1985, 400; Jennissen RN 229).

Auch der ausgeschiedene Verwalter hat ein Recht auf Einsicht in die dem neuen Verwalter übergebenen Unterlagen, soweit dies erforderlich ist, z.B. zur Erfüllung von vor seinem Ausscheiden entstandenen Abrechnungs- oder Rechnungslegungspflichten (BayObLGZ WE 1994, 280; OLG Hamburg OLGZ 1987, 188; OLG Hamm OLGZ 1993, 438, 440; → Abrechnung; → Rechnungslegung) oder sonstiger Pflichten, die für seine → Entlastung maßgeblich sind (BayObLGZ 1975, 329), oder zur Abwehr von gegen ihn gerichteten Ansprüchen. Umgekehrt hat auch der neue Verwalter ein Einsichtsrecht in die vom ausgeschiedenen Verwalter noch nicht herausgegebenen Unterlagen, wenn dies zur Erfüllung seiner Verpflichtungen gegenüber der Wohnungseigentümergemeinschaft erforderlich ist (BayObLG WE 1997, 117).

4. Schuldner des Einsichtsanspruchs

Schuldner des Einsichtsanspruchs ist grds. der amtierende Verwalter, der die Verwaltungsunterlagen aufbewahrt, aber auch der ausgeschiedene Verwalter, soweit er die Verwaltungsunterlagen noch nicht an den neuen Verwalter herausgegeben hat, was sich aus einem Schluss a maiori ad minus ergibt (BayObLG WE 1997, 117). Zur Einsichtsgewährung in Niederschriften ist daneben aber auch der Vorsitzende der betreffenden Versammlung – sofern diese einen anderen als den Verwalter hierzu bestimmt hat – verpflichtet, da er auch zur Erstellung der Niederschrift verpflichtet ist.

Verweigert der Verwalter zu Unrecht die Einsicht in Verwaltungsunterlagen oder ermöglicht er diese erst nach Durchführung eines gerichtlichen Verfahrens, stellt dies i.d.R. einen wichtigen Grund zur Abberufung aus dem Verwalteramt dar (BayObLG WuM 1990, 464; → Abberufung des Verwalters).

5. Leistungsort

Leistungsort für die dem Verwalter zur Einrichtung und Aufrechterhaltung eines geordneten Rechnungs- und Finanzwesens zugewiesenen Aufgaben ist gem. § 269 BGB der Ort der Verwaltungsdurchführung, also i. d. R. der Sitz des Verwalters (BayObLG WuM 1989, 419; KG ZWE 2000, 226; OLG Köln NZM 2002, 221; OLG Karlsruhe MDR 1976, 758; a.A. Staudinger/Selb § 259 BGB RN 14: grds. am Ort der Wohnanlage), da der Verwalter alle Leistungshandlungen, einschließlich der Versendung von Abrechnungen und Rechnungslegungen, in seinem Bürobetrieb erbringt. Die Einsichtnahme findet grds. in den Räumen des Verwalters statt (OLG Hamm NZM 1998, 722).

Aus der Natur des Schuldverhältnisses kann sich als Leistungsort für die Erteilung von Auskünften und die Gewährung der Einsicht im Zusammenhang mit der Prüfung von Abrechnungen oder Rechnungslegungen der Ort der Wohnanlage ergeben, etwa wenn der Verwalter seinen Sitz weit entfernt von der Wohnungseigentumsanlage hat (OLG Köln NZM 2002, 221). Andernfalls wären die Prüfungsrechte der Wohnungseigentümer wegen der großen Entfernung zwischen dem Sitz des Verwalters und dem Ort der Wohnanlage unangemessen beeinträchtigt (OLG Hamm NZM 1998, 722; Staudinger/Bub § 28 RN 76). Diese Einsichtnahme hat, um die Kosten der Verwaltung gering zu halten, grds. im Zusammenhang mit einer Wohnungseigentümerversammlung zu erfolgen. In diesem Fall kann der Verwalter die Abrechnungsunterlagen in der Zeit vor und nach der Beschlussfassung beim Hausmeister in der Wohnanlage zur Einsicht deponieren und dies den Wohnungseigentümern mitteilen (OLG Karlsruhe NJW 1969, 1968). Verlangt ein Wohnungseigentümer die Einsichtnahme außerhalb einer Eigentümerversammlung, so hat er sein besonderes rechtliches Interesse hierfür darzulegen (OLG Köln NZM 2002, 221). In Betracht kommen etwa Krankheit oder eine sonstige Verhinderung der Teilnahme an der Versammlung oder auch erst nach der Versammlung bekannt gewordene Umstände, die zu einer Überprüfung der Abrechnungsunterlagen und einer eventuellen Beschlussanfechtung veranlassen.

6. Art und Weise der Einsichtnahme

Die Einsichtnahme ist angemessene Zeit zuvor anzukündigen, wobei auf die Bürozeiten und den Bürobetrieb des Verwalters Rücksicht zu nehmen ist (BayObLG NZM 2000, 874; KG NZM 2000, 828). Er ist – ohne ausdrückliche Vereinbarung – nicht verpflichtet, feste Sprechnachmittage für etwaig gewünschte Einsichtnahmen einzurichten (Deckert WE 1993, 122). Die Art und Weise der Einsichtnahme im Übrigen, etwa deren Dauer, richtet sich nach dem Informationsbedürfnis des jeweiligen Wohnungseigentümers (BayObLGZ 1978, 231, 233), also im Wesentlichen nach seinen Wünschen. Das Einsichtsrecht beinhaltet keinen Anspruch auf Überlassung von Unterlagen zur Mitnahme, da dies eine konkrete Verlustgefahr begründet (BayObLG NZM 2003, 246; OLG Celle DWE 1985, 24f). Hieraus folgt aber auch, dass jeder Wohnungseigentümer vom Verwalter gegen Kostenerstattung die Fertigung und Aushändigung bzw. Übersendung von Fotokopien verlangen kann (BayObLG ZMR 2000, 687f; KG ZWE 2000, 226; OLG Hamm NZM 1998, 724; BPM § 28 RN 95; Palandt/Bassenge § 28 RN 10), da es ihm nicht zuzumuten ist, handschriftliche Abschriften zu fertigen (BayObLG ZMR 2000, 687f; OLG Hamm WE 1998, 496, 497). Die konkrete Einsichtnahme schließt den Anspruch auf Fertigung und Aushändigung von Ablichtungen grds. nicht aus, da sich gerade aus der Einsicht ein besonderes Interesse auf Erhalt einer Ablichtung ergeben kann.

7. Durchsetzung des Einsichtsanspruchs

Jeder Wohnungseigentümer kann seinen Anspruch auf Einsichtnahme gerichtlich durch einen Antrag an das Wohnungseigentumsgericht gem. § 43 Abs. 1 Nr. 2 WEG geltend machen, wenn der Verwalter die Einsichtnahme pflichtwidrig verweigert (OLG Frankfurt NJW 1973, 1376). Das Einsichtsrecht kann aber nicht in einem Beschlussanfechtungsverfahren gem. § 43 Abs. 1 Nr. 4 WEG durch einen Antrag auf Vorlegung von Unterlagen geltend gemacht werden (OLG Frankfurt OLGZ 1979, 138). Das → Rechtsschutzbedürfnis fehlt, wenn der Verwalter die Einsichtnahme ernsthaft angeboten hat (BayObLG WE 1989, 145f; BGB-RGRK/Augustin § 28 RN 19).

Wird der Verwalter rechtskräftig zur Einsichtsgewährung verurteilt, so findet die Zwangsvollstreckung gem. § 883 ZPO durch Vorlage der Urkunden oder Bücher in den Räumen des Verwalters statt (OLG Hamm NJW 1974, 653; a. A. BayObLG WEM 1981, Heft 4, 37: § 888 ZPO); bei Eilbedürftigkeit ist eine einstweilige Anordnung gem. § 44 Abs. 3 möglich (AG Aachen ZMR 1988, 111).

▶ Einstweilige Anordnung

Die einstweilige Anordnung nach § 44 Abs. 3 WEG ist das Instrument des vorläufigen Rechtsschutzes in Wohnungseigentumsverfahren und tritt als Sondervorschrift an die Stelle der Bestimmungen der ZPO über den Arrest und die einstweilige Verfügung. Anders als der Arrest oder die einstweilige Verfügung im Zivilprozess setzt die einstweilige Anordnung ein Hauptsacheverfahren voraus; sie kann nicht in einem isolierten Verfahren beantragt werden (BayObLGZ 1993, 73; ZMR 2002, 290). Mit der Anordnung soll eine vorläufige Regelung getroffen oder verhindert werden, dass die endgültige Entscheidung nicht mehr vollstreckt werden kann. Die einstweilige Anordnung wird von Amts wegen erlassen und bedarf keines Antrags (BGHZ 120, 261; BayObLG WE 1991, 287). Wird ein solcher gestellt, so ist er nur als Anregung an den Richter zu verstehen, von sich aus tätig zu werden. Sie kann in jeder Instanz ergehen (BayObLG WuM 1990, 324). Die Zuständigkeit des Amtsgerichts, eine einstweilige Anordnung zu erlassen, abzuändern oder aufzuhalten, geht mit der Einlegung der sofortigen Beschwerde auf das Landgericht über (BayObLG ZMR 2003, 949).

1. Verfahren

Der Richter entscheidet über die Art der anzuordnenden Maßnahmen nach freiem Ermessen; die Entscheidung ist zu begründen. Sie ist sofort vollstreckbar (→ Zwangsvollstreckung); zur Vollstreckung ist eine Vollstreckungsklausel erforderlich (BayObLG WE 1986, 142). Die einstweilige Anordnung ergeht nur für die Dauer des Verfahrens. Sie wird mit der Rechtskraft der Hauptsacheentscheidung (BayObLGZ 1993, 72; ZMR 2002, 290; OLG

Düsseldorf ZMR 1995, 216), durch Rücknahme oder sonstige Erledigung der Hauptsache ohne weiteres wirkungslos (BayObLGZ 1977, 48; OLG Düsseldorf ZMR 1989, 315). Vor Abschluss des Hauptsacheverfahrens kann das Gericht auf Antrag oder von Amts wegen die einstweilige Anordnung aufheben oder abändern (KG ZMR 1989, 70).

2. Arten der Anordnung

Zur Vorläufigkeit der einstweiligen Anordnung gehört, dass sie die Hauptsache nicht vorwegnehmen und auch über den Rahmen der Hauptsache nicht hinausgehen darf (Staudinger/Wenzel § 44 RN 24). Einstweilige Anordnungen, welche die volle Befriedigung des Antragstellers zum Ziel haben, sind deshalb regelmäßig unzulässig. Dies gilt auch im Verfahren gegen einen säumigen Eigentümer auf Zahlung von Beitragsschulden oder gegen den ausgeschiedenen Verwalter auf Herausgabe von Verwaltungsunterlagen. Solche einstweiligen Anordnungen können aber ausnahmsweise bei Vorliegen besonderer Umstände zur Behebung einer akuten Notlage zulässig sein, etwa gegen säumige Eigentümer, die im Ausland wohnen oder dorthin verziehen, ohne einen inländischen Bevollmächtigten zu benennen, die Eintragung einer Höchstbetragssicherungshypothek an nächst offener Rangstelle über die Hauptsacheforderung und geschätzte Kosten; daher ist ein Vollstreckungsgegenantrag gegen die Vollstreckung aus einer einstweiligen Anordnung unzulässig (KG WE 1989, 25).

Beispiele für Maßnahmen im Rahmen einer einstweiligen Anordnung sind als sog. Regelungsanordnungen die Bestellung eines → Notverwalters, wenn ein Beirat fehlt (KG GE 1989, 495), die Gewährung der Einsicht in Verwaltungsunterlagen bei dem abberufenen Verwalter und Anfertigung von Fotokopien (→ Einsichtsrecht) hiervon oder die Herstellung des Suspensiveffekts im Beschlussanfechtungsverfahren, wenn hierfür ein dringendes Bedürfnis besteht (BayObLG WE 1991, 167; KG DWE 1987, 27). Ein solches ist im Allgemeinen schon dann gegeben, wenn der Antrag auf Ungültigerklärung eines Versammlungsbeschlusses nicht offensichtlich unbegründet ist und der bei einer Durchführung des Beschlusses drohende Schaden erheblich größer ist als der der

Eigentümergemeinschaft bei Nichtausführung entstehende Schaden; Gleiches gilt für die Einstellung umstrittener baulicher Änderungen oder vorläufige Gebrauchsregelungen. Zulässig sind schließlich Anordnungen zur einstweiligen Sicherung oder Regelung eines bestehenden Zustands bzw. Gebrauchs nach § 15 WEG (Leistungs- und Unterlassungsanträge gegen Eigentümer wegen gemeinschaftswidrigen Verhaltens).

3. Anfechtung

Die erlassene einstweilige Anordnung kann nach § 44 Abs. 3 S. 2 WEG nicht selbständig angefochten werden. Dasselbe gilt für die Zurückweisung eines Antrags auf Erlass einer solchen Anordnung (BayObLGZ 1993, 73; Weitnauer § 44 RN 7) oder für Beschlüsse, welche eine einstweilige Anordnung aufheben, ergänzen, außer Vollzug setzen oder umgekehrt. Die einstweilige Anordnung kann nur gemeinsam mit der Hauptsacheentscheidung angefochten werden, es sei denn, dass eine offenbare Gesetzwidrigkeit vorliegt (BGHZ 109, 41: greifbarer Gesetzesverstoß), nicht aber bei Verletzung des → rechtlichen Gehörs (BVerfGE 60, 96, 98; BGH NJW 1995, 403; BayObLG WE 1991, 369).

4. Änderung der Umstände

Haben sich die Umstände, die zum Erlass einer einstweiligen Anordnung geführt haben, geändert, so hat das Gericht gem. § 45 Abs. 4 WEG von Amts wegen zu prüfen, ob die Anordnung aufzuheben oder zu ändern ist. Zuständig ist immer das Amtsgericht, auch wenn das Rechtsmittelgericht in der Sache entschieden hat (OLG Frankfurt OLGZ 1988, 61; Staudinger/Wenzel § 45 RN 60).

▶ Eintragung von Beschlüssen im Grundbuch

Nach § 10 Abs. 3 WEG wirken Beschlüsse der Wohnungseigentümer gem. § 23 WEG und Entscheidungen des Richters gem. § 43 WEG ohne Eintragung im Grundbuch nicht nur im Verhältnis der Wohnungseigentümer untereinander und gegenüber ihren Gesamtrechtsnachfolgern – z.B. Erben, die kraft Gesetzes in alle Rechte und Pflichten eintreten, Verschmelzung oder ähnliche

Fälle der Gesamtrechtsnachfolge –, sondern auch gegen → Sonderrechtsnachfolger, also rechtsgeschäftliche Erwerber oder Erwerber kraft Hoheitsakts wie Zuschlag in der → Zwangsversteigerung, ohne dass es auf deren Kenntnis ankäme. Mangels Eintragungsbedürftigkeit sind Beschlüsse der Wohnungseigentümer auch nicht eintragungsfähig (BGHZ 127, 99; BayObLG NJW 1995, 202).

Enthält die Gemeinschaftsordnung aber eine → Öffnungsklausel, die auch Mehrheitsbeschlüsse zu vereinbarungsbedürftigen Regelungsgegenständen, z. B. die Änderung des → Kostenverteilungsschlüssels, zulässt, ist ein solcher Mehrheitsbeschluss eintragungsfähig (Wenzel NZM 2003, 217, 221; Hügel ZWE 2001, 578, 583; Schneider ZfIR 2002, 10; a.A. Palandt/Bassenge § 10 RN 18 mwNw). Im Grundbuch eingetragen werden können zwar nur dingliche Rechte, dinglich wirkende Sicherungsmittel oder sonstige Vermerke, deren Eintragung im Gesetz vorgeschrieben oder zugelassen ist und deren Eintragungsbedürftigkeit sich daraus ergibt, dass das Gesetz an die Eintragung oder Nichteintragung Rechtswirkungen knüpft, wozu Mehrheitsbeschlüsse nicht gehören (BayObLG NJW 1995, 202; OLG Düsseldorf WE 1995, 185, 186; Staudinger/Kreuzer § 10 RN 147). Der durch die Öffnungsklausel legitimierte Beschluss mit Vereinbarungsinhalt ist aber nur formal ein Beschluss, hat jedoch die Wirkung einer Vereinbarung. Da der Erwerber gem. § 10 Abs. 3 WEG auch an vereinbarungsändernde Beschlüsse gebunden ist, ist ihm, solange die Rechtsprechung nicht auch die Eintragungsfähigkeit und -bedürftigkeit von aufgrund einer Öffnungsklausel zustande gekommenen vereinbarungsändernden Beschlüssen anerkennt, zu empfehlen, vor dem Erwerb Einsicht in die Niederschriften der Wohnungseigentümerversammlung zu nehmen (→ Einsichtsrecht), um feststellen zu können, wie das zu erwerbende Wohnungseigentum ausgestaltet ist.

▸ **Einzelabrechnung** → Abrechnung

▸ **Einzelparabolantenne** → Antenne, Parabolantenne

▸ **Einzelwirtschaftsplan** → Wirtschaftsplan

Einzugsermächtigung

Ein auf die Verpflichtung zur Erteilung einer Einzugsermächtigung gerichteter Mehrheitsbeschluss soll nach der Rechtsprechung wirksam sein (BayObLG NZM 2002, 743; OLG Hamburg NZM 1998, 407; OLG Hamm NZM 2000, 505f; OLG Saarbrücken WE 1998, 69), ebenso der Beschluss über den Abschluss eines Verwaltervertrages, der eine solche Verpflichtung der Wohnungseigentümer enthält, in Bezug auf diese Klausel (OLG Düsseldorf NJW-RR 1990, 154). Tatsächlich wandelt der Beschluss aber die gesetzliche Schickschuld der Beitragsverpflichtungen in eine Holschuld um, womit er die gesetzliche Regelung abbedingt, weshalb der Eigentümerversammlung die Beschlusskompetenz fehlt (→ Vereinbarungsändernder, vereinbarungsersetzender, vereinbarungswidriger Mehrheitsbeschluss).

Die Wohnungseigentümer können aber durch Vereinbarung eine Verpflichtung der Wohnungseigentümer begründen, dem Verwalter eine Einzugsermächtigung für alle Beiträge an die Wohnungseigentümergemeinschaft zu erteilen und auf dem benannten Konto stets ein entsprechendes Guthaben zu unterhalten (BayObLG NZM 1999, 426; OLG Hamburg PuR 1994, 446f; OLG Stuttgart WuM 1996, 791f). Die Teilnahme am Lastschrifteinzugsverfahren dient der Vereinfachung der Verwaltung und sichert den notwendigen Zahlungseingang; derartige Rationalisierungseffekte sind im Interesse aller Wohnungseigentümer wünschenswert (vgl. BGH ZMR 1996, 791f). Durch die Erteilung eines Dauerauftrages wird ein Wohnungseigentümer von seiner Verpflichtung, eine Einzugsermächtigung zu erteilen, nicht befreit. Vereinbart werden kann auch, dass Wohnungseigentümer, die sich dem Einzugsverfahren nicht anschließen, an den Verwalter für dessen Mehraufwand zusätzliche Gebühren zu zahlen haben. Ein dahin gehender Mehrheitsbeschluss ist wegen Veränderung des Kostenverteilungsschlüssels nichtig (a.A. OLG Düsseldorf NZM 1999, 267; OLG Hamm NZM 2000, 505f: grds. wirksam, wenn die Zusatzvergütung nicht überhöht ist).

Ein Wohnungseigentümer, der durch einen vollstreckbaren Gerichtsbeschluss zur Erteilung einer Einzugsermächtigung verurteilt worden ist, kann durch Zwangsgeld, ersatzweise Zwangshaft, zur Erfüllung im Wege der Zwangsvollstreckung angehalten werden (AG Düsseldorf DWE 1987, 114).

Da der Verwalter gem. §27 Abs. 1 Ziff. 1 WEG verpflichtet ist, die Beschlüsse der Wohnungseigentümer durchzuführen, hat er die ihm erteilte Einzugsermächtigung ordnungsgemäß zu verwenden und fällige Beiträge einzuziehen.

▶ **Einzugsschäden** → Umzugskostenpauschale

▶ **Eisdiele** → Café, Eisdiele

▶ **Eiszapfen** → Dach

▶ **Elektrizitätsleitungen** → Versorgungsleitungen

▶ **Elektrizitätszähler**

Elektrizitätszähler stehen als → Verbrauchserfassungsgeräte im gemeinschaftlichen Eigentum, soweit sie nicht im Eigentum Dritter (Elektrizitätswerk, Versorgungswerk) stehen.

▶ **Empfangshalle** → Eingangshalle

▶ **Energieversorgungsanschluss** → Duldungspflichten

▶ **Entgegennahme von Zahlungen und Leistungen**

Nach §27 Abs. 2 Nr. 2 WEG ist ausschließlich der Verwalter berechtigt, im Namen aller Wohnungseigentümer Zahlungen und Leistungen als Erfüllungshandlung für die Wohnungseigentümergemeinschaft (BGH NJW 1977, 44) entgegenzunehmen, die mit der laufenden Verwaltung des gemeinschaftlichen Eigentums zusammenhängen. Dieses Recht ist gem. §27 Abs. 3 WEG unabdingbar.

Das Recht zur Entgegennahme betrifft sowohl Geldzahlungen, insbesondere aus der Ziehung von Früchten des gemeinschaftlichen Eigentums (→ Nutzungen), z.B. Mietzinsen oder Kapitalzinsen (Bub ZdWBay 1994, 164), oder Zahlungen zur Erfüllung sonstiger Verpflichtungen gegenüber den Wohnungseigentümern, z.B. zum Ausgleich gerichtlich festgesetzter Kosten (BayObLG

NJW-RR 1995, 852), als auch die Annahme von für die Wohnungseigentümer erworbenen Gegenständen, z.B. von bestellten Materialien wie Heizöl, oder die Abnahme von Werkleistungen gem. §640 BGB (Palandt/Bassenge §27 RN 10), nicht aber das Recht, auf Forderungen zu verzichten oder Gegenforderungen anzuerkennen (→ Beiträge, Beitragsvorschüsse).

Nach dem Sinne von §27 Abs. 2 Nr. 2 WEG ist der Verwalter auch zu allen Rechtshandlungen und Willenserklärungen ermächtigt, die bei der Annahme bzw. Abnahme von Leistungen vom Erwerber bzw. Besteller abgegeben werden müssen, wenn er keine Rechtsnachteile erleiden will, also insbesondere Mängelrügen (KG WE 1993, 197) und der Vorbehalt von Gewährleistungsansprüchen oder von Vertragsstrafen. Zulässig ist auch die Erteilung einer Quittung, auch einer löschungsfähigen Quittung zur Löschung einer → Zwangssicherungshypothek (BayObLGZ 1995, 103).

Die Befugnisse des Verwalters sind durch das Erfordernis des Zusammenhangs mit der laufenden Verwaltung des gemeinschaftlichen Eigentums beschränkt. Er darf somit keine Leistungen entgegennehmen, die das Sondereigentum betreffen, z.B. Mietzinsen für dessen Vermietung (→ Vermietung von Wohnungseigentum).

▶ Entlastung des Verwalters

1. Bedeutung und Rechtswirkungen der Entlastung

In Rechtsverhältnissen, in denen Rechenschaft über eine längerfristig angelegte Geschäftsbesorgung durch Rechnungslegung zu geben ist, steht dieser Verpflichtung als Korrelat das Institut der Entlastung gegenüber. Der Verwalter unterliegt als geschäftsführender Vertreter der Wohnungseigentümer und als Abrechnungs- und Rechnungslegungspflichtiger der Beurteilung der Wohnungseigentümerversammlung. Da niemand „Richter in eigener Sache" sein kann, ist der Verwalter, der zugleich Wohnungseigentümer ist, bei der Abstimmung über seine Entlastung gem. §25 Abs. 5 WEG vom Stimmrecht ausgeschlossen (→ Ruhen des Stimmrechts). Hat er an der Abstimmung über seine Entlastung gleichwohl teilgenommen, führt dies aber nur dann zur Anfechtbarkeit des Beschlusses, wenn das von ihm ausgeübte Stimmrecht für das Abstimmungsergebnis ausschlaggebend war (OLG Hamburg v. 5.2. 1988, 2 W 67/85).

a) Vertrauensvotum, Reichweite der Entlastung

Mit dem Beschluss über die Entlastung des Verwalters billigen die Wohnungseigentümer dessen zurückliegende Amtsführung als dem Gesetz, der Gemeinschaftsordnung und seinen vertraglichen Pflichten entsprechend und als zweckmäßig; sie sprechen ihm gleichzeitig für die künftige Verwaltertätigkeit ihr Vertrauen aus (BGH NZM 2003, 764, 766; Gottschalg NJW 2003, 1293).

Da die persönliche und fachliche Qualifikation des Verwalters entscheidend für den Erhalt des Wertes der Wohnanlage ist, müssen die Eigentümer diesem ein hohes Maß an persönlichem Vertrauen in dessen Redlichkeit, Leistungsfähigkeit und Leistungsbereitschaft entgegenbringen. Umgekehrt ist auch der Verwalter für den Erfolg seiner Tätigkeit auf eine von solchem Vertrauen getragene Zusammenarbeit mit den Wohnungseigentümern angewiesen (Lüke WE 1997, 164, 166). Die Entlastung stellt für Wohnungseigentümer eine Möglichkeit dar, ihm kundzutun, dass sie ihm das erforderliche Vertrauen entgegenbringen (Niedenführ NZM 2003, 205, 207). Hiermit wird die Grundlage für eine weitere vertrauensvolle Zusammenarbeit in der Zukunft geschaffen (Rühlicke ZWE 2003, 54, 62). Eine solche Vertrauenskundgabe kann auch gegenüber dem ausgeschiedenen Verwalter den Grundsätzen ordnungsmäßiger Verwaltung entsprechen, da sie geeignet ist, die Bereitschaft zu vertrauensvoller Zusammenarbeit auch mit dem neuen Verwalter zu bekunden (BGH NZM 2003, 950f).

Wird die Entlastung gesondert beschlossen, so ist im Wege der Auslegung der zeitliche und gegenständliche Umfang der Entlastung zu ermitteln; i.d.R. betrifft sie die gesamte Tätigkeit des Verwalters – nicht nur einzelne Tätigkeiten – in Bezug auf die gemeinschaftliche Verwaltung bis zur Beschlussfassung, nicht aber in Bezug auf eine etwa übernommene Verwaltung des Sondereigentums (BayObLG ZMR 1988, 69; OLG Hamm NJW-RR 1997, 908; Palandt/Bassenge § 26 RN 16), z.B. Ansprüche auf Schadensersatz wegen Nichtvermietbarkeit einer Eigentumswohnung (BayObLG WE 1988, 76) oder wegen einer Beschädigung von

Sondereigentum (BayObLG WE 1990, 145, 146). Die Entlastung nach Vorlegung der → Abrechnung und der → Rechnungslegung umfasst i. d. R. zugleich deren Genehmigung (Staudinger/Bub § 28 RN 437). Demgegenüber enthält die erneute Bestellung des Verwalters keine Entlastung für die Vergangenheit (BayObLG NJW-RR 1986, 445 f; OLG Düsseldorf ZMR 1997, 96 f; Palandt/Bassenge § 26 RN 15). Wird der Verwalter durch Genehmigung der Abrechnung konkludent entlastet (OLG Düsseldorf NZM 2002, 264 f z. Frage, wann dies anzunehmen ist), so beschränkt sich die Entlastung auf das Verwalterhandeln, das in der Abrechnung seinen Niederschlag gefunden hat (BayObLG NZM 2003, 31).

Die Entlastung kann sich nur auf die Vergangenheit, nicht auf die Zukunft beziehen. Im Zweifel umfasst sie die Tätigkeit während der letzten Abrechnungsperiode oder – insbesondere beim ausgeschiedenen Verwalter – die letzte Rechnungslegungsperiode. Soll sie sich auf weiter zurückliegende Zeiträume beziehen, so ist dies ausdrücklich in den Beschlussantrag und -wortlaut aufzunehmen (vgl. BGH WM 1976, 204 f; Z 94, 324, 326). Mit der Entlastung übernehmen die Wohnungseigentümer das Risiko, dass sie das Ausmaß etwaiger Verfehlungen des Verwalters und des dadurch verursachten Schadens bei Beschlussfassung über die Abrechnung des Vorjahres und die Entlastung nicht überblicken.

Sprechen die Wohnungseigentümer dem Verwalter durch die Entlastung ihr Vertrauen aus, so können die Abberufung des Verwalters aus wichtigem Grund und die außerordentliche Kündigung des Verwaltervertrages nicht auf Gründe gestützt werden, die vor der Entlastung entstanden sind (BayObLG ZMR 1985, 390; NJW-RR 1997, 1443) und von der Entlastungswirkung erfasst werden. Wird ein Verwalter erneut bestellt, so kann auch seine Abberufung mit Umständen aus der abgelaufenen Verwalterzeit nur begründet werden, wenn zumindest ein neuer wichtiger Grund angeführt wird, der im Zeitpunkt der Neubestellung nicht vorlag (→ Abberufung des Verwalters).

b) Negatives Schuldanerkenntnis

Die Entlastung wirkt wie ein negatives Schuldanerkenntnis der Wohnungseigentümer gegenüber dem Verwalter i.S. von § 397

Abs. 2 BGB (BGH NZM 2003, 764, 766; BayObLG NZM 1999, 504; 2002, 264; OLG Karlsruhe ZWE 2000, 426; Palandt/Bassenge § 26 RN 16), das jegliche Schadensersatzansprüche (BGH ZfIR 1997, 284, 287) und konkurrierende Ansprüche, insbesondere aufgrund Auftragsrechts, z. B. auf Herausgabe des Erlangten gem. § 667 BGB (BayObLG WuM 1994, 43), aufgrund ungerechtfertigter Bereicherung (BGHZ 97, 382, 386 z. GmbH-Geschäftsführer), aus Geschäftsführung ohne Auftrag (BGH NJW 1975, 977 z. GmbH-Geschäftsführer) oder aus unerlaubter Handlung, soweit keine Straftat vorliegt, wegen solcher Vorgänge ausschließt, die bei der Beschlussfassung den Wohnungseigentümern bekannt oder für sie bei Anwendung zumutbarer Sorgfalt erkennbar waren (BGH NZM 2003, 764, 766; BayObLG ZWE 2000, 71; ZMR 1997, 45f; KG WuM 1994, 43), soweit sich die Wohnungseigentümer diese Ansprüche nicht vorbehalten.

Für die Eigentümer erkennbar sind nicht nur solche Umstände, die sich aus Vorlagen und erstatteten Berichten gegenüber der Wohnungseigentümerversammlung ergeben (BayObLG WuM 1990, 180; KG NJW-RR 1993, 404), sondern auch solche, die bei einer möglichen sorgfältigen Prüfung der Abrechnungs- und sonstigen Verwaltungsunterlagen durch Wohnungseigentümer ohne besondere Fachkunde offenbar werden (BayObLG WuM 1994, 43; einschränkend KG NJW-RR 1993, 404). Es genügt auch eine Kenntnis, die nicht vom Verwalter oder durch die von ihm beigebrachten Unterlagen oder erstatteten Berichte vermittelt wird, sondern die alle Wohnungseigentümer privat erlangten, aber vor der Beschlussfassung nicht zur Sprache gebracht hatten (BGH NJW 1975, 1273 z. GmbH-Geschäftsführer). Nicht erkennbar ist z. B. die Abbuchung einer vertraglich nicht geschuldeten Verwaltervergütung, die als sonstige Betriebskosten ausgewiesen wird (LG Hamburg ZMR 1988, 188), oder der Hinweis auf Rechnungen des Versicherers, die den Verwalter zugleich als Versicherungsvertreter ausweisen (LG Köln WuM 1993, 712).

Das Wissen einzelner Wohnungseigentümer ist den anderen Wohnungseigentümern i.d.R. nicht zuzurechnen, vielmehr kommt es auf die Kenntnis aller Wohnungseigentümer an (BayObLG NZM 2001, 388), da gem. § 432 Abs. 2 BGB eine Tatsache, die nur in der Person eines der Mitgläubiger eintritt, nicht für und gegen die übrigen Gläubiger wirkt. Entsprechend § 166 Abs. 1 BGB müssen sich die Wohnungseigentümer aber die Kenntnis oder das Kennenmüssen des Verwaltungsbeirats oder auch nur eines Mitglieds des Verwaltungsbeirats, der an der Rechnungsprüfung teilgenommen hat, zurechnen lassen, da der Verwaltungsbeirat nach dem zwischen Wohnungseigentümern geltenden Verhältnis gem. § 29 Abs. 3 WEG für die anderen Mitgläubiger die Abrechnung prüfen soll, weshalb sein Handeln Gesamtwirkung hat (OLG Düsseldorf NZM 2002, 264 f; OLG Köln NZM 2001, 862 f). Übt der Verwaltungsbeirat seine Kontrollpflicht überhaupt nicht aus, müssen sich die Eigentümer gleichfalls entsprechend § 166 Abs. 1 BGB so behandeln lassen, als ob sie Kenntnis von den maßgeblichen Vorgängen hätten (OLG Düsseldorf NZM 2002, 264 f).

c) Befreiung von Auskunfts- und Tätigkeitspflichten

Die Entlastung befreit den Verwalter von der Pflicht zur weiteren Rechnungslegung (BayObLGZ 1994, 98; KG NJW-RR 1987, 462) oder zur Erteilung weiterer Auskünfte über Vorgänge, die Gegenstand der Abrechnung und der hieran anknüpfenden Entlastung sind (BayObLG WuM 1994, 567 f; KG WE 1993, 83; OLG Zweibrücken ZMR 1984, 166), insbesondere wenn die Auskünfte dazu dienen sollen, die Geltendmachung von Schadensersatzansprüchen gegen den Verwalter vorzubereiten, die durch die Entlastung ausgeschlossen ist. Fehlen aber z.B. in der genehmigten Abrechnung Angaben zum Anfangs- und Endbestand oder zur Entwicklung des Instandhaltungsrückstellungskontos, so bleibt der Verwalter insoweit auskunftspflichtig (BayObLG WE 1989, 180 f; KG OLGZ 1987, 185). Das Recht auf Einsicht in Verwaltungsunterlagen (→ Einsichtsrecht) wird durch die Entlastung nicht eingeschränkt.

2. Anspruch auf Entlastung

Die Entlastung steht grds. im Ermessen der Wohnungseigentümer. Der Verwalter hat keinen Anspruch auf Entlastung (BayObLG ZWE 2000, 183; NZM 2001, 537; NJW 2003, 1328; OLG Düsseldorf WuM 1996, 72). Die Wohnungseigentümer können frei darüber entscheiden, ob sie den Verwalter entlasten und – wenn sie sich dafür entscheiden – auf welchen Zeitraum sich die Entlastung bezieht; sie können auch bestimmte Sachverhalte von der Entlastung ausnehmen, wegen der Bedingungsfeindlichkeit aber nicht die Entlastungswirkung vom Eintritt bestimmter Voraussetzungen abhängig machen, z.B. vom Ergebnis der Nachprüfung eines bestimmten Sachverhalts durch den Verwaltungsbeirat oder durch außenstehende Dritte.

Die Gemeinschaftsordnung oder der Verwaltervertrag können einen Anspruch des Verwalters auf Entlastung – bei Vorliegen der entsprechenden Voraussetzungen – begründen. Ein Entlastungsanspruch kann auch durch langjährige Übung entstehen. Der Verwalter, dessen Entlastung die Wohnungseigentümer grundlos oder ohne Angabe von Gründen verweigert haben, kann in diesem Fall sein Amt aus wichtigem Grund niederlegen und den Verwaltervertrag fristlos kündigen (→ Kündigung des Verwaltervertrages), da dann das notwendige Vertrauensverhältnis zwischen dem Verwalter und den Wohnungseigentümern entfallen ist.

Der Verwalter, dem die Entlastung mit der Begründung versagt oder nur eingeschränkt erteilt wird, den Wohnungseigentümern stünden bestimmte Schadensersatzansprüche zu, kann durch einen Antrag auf Feststellung des Nichtbestehens dieser Ansprüche und eine Entscheidung des Wohnungseigentumsgerichts hierüber die Entlastungswirkung insoweit herbeiführen (OLG Düsseldorf WuM 1996, 723f; vgl. BGHZ 94, 324 z. Feststellungsklage des GmbH-Geschäftsführers). Der Verwalter hat auch dann ein Feststellungsinteresse i.S.des § 256 ZPO, wenn sich die Wohnungseigentümer allgemein auf Schadensersatzansprüche berufen, ohne diese zu konkretisieren (vgl. Scholz/K. Schmidt § 46 GmbHG RN 102; offen gelassen von BGHZ 94, 324). Unzulässig ist ein negativer Feststellungsantrag allerdings, wenn die Entlastung ohne Angabe von Gründen versagt wird (OLG Düsseldorf WuM 1996, 723f).

3. Widerruf und Anfechtung des Entlastungsbeschlusses

Die Wohnungseigentümer können die Entlastung des Verwalters nicht durch Aufhebung des Entlastungsbeschlusses widerrufen, da ein solcher Beschluss wegen der dem Verwalter günstigen

Wirkungen der Entlastung ein unzulässiges Rechtsgeschäft zu Lasten eines Dritten wäre. Aus der Bedingungsfeindlichkeit der Entlastungserklärung und aus der Zuständigkeit der Wohnungseigentümerversammlung für die Entlastung folgt auch, dass ein Entlastungsbeschluss unter dem Vorbehalt späterer Prüfung, z. B. des Verwaltungsbeirats, nichtig ist.

Der Entlastungsbeschluss ist nicht schon deshalb anfechtbar, weil er grds. ordnungsmäßiger Verwaltung widerspräche (BGH NZM 2003, 764; 950f z. ausgeschiedenem Verwalter; so aber BayObLGZ 2002, 417, 420f; ZWE 2003, 195; Demharter ZWE 2001, 256f; Greiner WE 2003, 54, 56). Die Wirkung der Entlastung beschränkt sich nämlich nicht auf einen Anspruchsverzicht der Wohnungseigentümer gegenüber dem Verwalter. Vielmehr billigen die Wohnungseigentümer mit dem Entlastungsbeschluss die Amtsführung des Verwalters im jeweils genannten Zeitraum und sprechen ihm das Vertrauen aus (BGH NZM 2003, 764, 766). Da der Entlastungsbeschluss typischerweise in der Annahme gefasst wird, dass Ansprüche gegen den Verwalter nicht bestehen, zielt er nicht auf die Wirkungen eines negativen Schuldanerkenntnisses, diese sind vielmehr lediglich Folgen der Vertrauenskundgabe (BGH NZM 2003, 764, 766; Gottschalg NJW 2003, 1293; Rühlecke ZWE 2003, 54, 60). Da die Entlastung die Grundlage für eine weitere vertrauensvolle Zusammenarbeit mit einem Verwalter schafft, der sich als geeignet und vertrauenswürdig erwiesen hat, liegt sie im Interesse aller Wohnungseigentümer. Es ist nicht Ziel der Entlastung, den Verwalter „bei Laune zu halten" (so aber BayObLGZ 2003, 417, 420).

Diese Grundsätze sind auch für die Entlastung des ausgeschiedenen Verwalters heranzuziehen. Die Entlastung seines Vorgängers gibt dem neuen Verwalter nämlich berechtigten Anlass zu der Erwartung, die Wohnungseigentümer würden bei beanstandungsfreier und erfolgreicher Amtsführung ihm im gleichen Maße wie seinem Vorgänger Vertrauen entgegenbringen (BGH NZM 2003, 950f).

Anfechtbar ist aber ein Entlastungsbeschluss, wenn den Wohnungseigentümern gegen den Verwalter möglicherweise Ansprüche zustehen und keine besonderen Gründe dafür sprechen, auf diese Ansprüche zu verzichten (BGH NZM 2003, 764, 767; 2003, 950f z. Ansprüchen gegen den früheren Verwalter; BayObLG ZMR 1999, 185f; KG WE 1988, 167; BPM §28 RN 125). Dies gilt insbesondere, wenn der Verwalter für das betreffende Kalenderjahr noch keine oder eine unvollständige oder fehlerhafte Jahresabrechnung erteilt (BGH NZM 2003, 950f z. Fehlen von Angaben über Kontostände; BayObLG WuM 1994, 568f; KG NJW-RR 1987, 79f; OLG Düsseldorf WE 1995, 278f), ihr etwa einen nicht der Vereinbarung entsprechenden Kostenverteilungsschlüssel zugrunde gelegt (BayObLG NZM 2001, 754) oder unberechtigt Gelder aus der Gemeinschaftskasse entnommen hat – in diesem Fall ist lediglich der Entlastungs-, nicht aber der Abrechnungsbeschluss für ungültig zu erklären (BayObLG NZM 2001, 1040; → Abrechnung, Aufstellung). Ohne Bedeutung ist es, wenn der Verwalter eine unvollständige Jahresabrechnung während des Verfahrens ergänzt (KG NJW-RR 1987, 79f) oder wenn er aus dem Verwalteramt ausgeschieden ist und deshalb zur Ergänzung oder Richtigstellung nicht mehr verpflichtet sein sollte (BayObLG WuM 1994, 568f; OLG Hamm NJW-RR 1993, 847), da dies Schadensersatzansprüche nicht ausschließt (BGH NZM 2003, 950f). Ein Entlastungsbeschluss kann auch für ungültig erklärt werden, wenn der Verwalter einem Wohnungseigentümer vor Beschlussfassung keine Einsicht in die Abrechnungsunterlagen (→ Einsichtsrecht) gewährt, da dies Schadensersatzansprüche auslösen kann (KG NJW-RR 1993, 1105).

Die Anfechtung des Entlastungsbeschlusses kann auf einzelne Vorgänge beschränkt werden; möglich ist dann eine Teilungültigerklärung mit der Folge, dass eine beschränkte Entlastung bestehen bleibt (BayObLG WE 1988, 76).

▶ **Entlüftungsgitter, Entlüftungsanlage**

Der Einbau eines Entlüftungsgitters (OLG Köln OLGZ 1982, 413), eines Entlüftungsrohres (BayObLG WuM 1997, 186; OLG Frankfurt DWE 1986, 64; OLG Köln DWE 1988, 25) in einen hierzu geschaffenen Durchbruch der Außenwand oder der Einbau einer Entlüftungsanlage in das Küchenfenster (OLG Köln ZWE

2000, 428) stellen bauliche Veränderungen dar, die wegen der Verschlechterung des optischen Gesamteindrucks i.d.R. der Zustimmung aller Wohnungseigentümer bedürfen. Ausnahmsweise kann die Zustimmung entbehrlich sein, wenn die Beeinträchtigung geringfügig ist, z.b. wegen ihrer unauffälligen Lage im untersten Bereich der Außenwand (BayObLG WuM 1997, 186f). Die Fortführung eines Entlüftungsrohres über das Dach kann jedoch ordnungsmäßiger Verwaltung entsprechen (BayObLG ZMR 1985, 62). Sind die Eigentümer verpflichtet, das Betreiben eines Bistros in einer Sondereigentumseinheit zu dulden, so müssen sie auch die Installation einer Be- und Entlüftungsanlage hinnehmen, wobei die am wenigsten störende Lösung zu wählen ist (OLG Köln NJOZ 2003, 2231f; NZM 2000, 1018).

▶ **Entsorgungsleitungen** → Ver- und Entsorgungsleitungen

▶ **Entziehung des Wohnungseigentums**

Hat ein Wohnungseigentümer die ihm gegenüber den anderen Wohnungseigentümern obliegenden Verpflichtungen in einer so schwerwiegenden Weise verletzt, dass diesen die Fortsetzung der Gemeinschaft mit ihm nicht mehr zugemutet werden kann, so können die anderen Wohnungseigentümer von ihm gem. § 18 Abs. 1 WEG die Veräußerung seines Wohnungs-/Teileigentums verlangen. Da die Gemeinschaft der Wohnungseigentümer grundsätzlich unauflöslich ist, wäre es ohne diese Entziehungsmöglichkeit ausgeschlossen, einen Wohnungseigentümer aus der Gemeinschaft zu entfernen, wenn er gegen die aus ihr erwachsenden Pflichten verstößt; anderenfalls würde die Wohnungseigentümergemeinschaft zu einer Quelle unerträglicher Streitigkeiten (Begr. des BRates zu §§ 18, 19 WEG). Das Entziehungsrecht verstößt nicht gegen Art. 14 GG (BVerfG NJW 1994, 241; FGPrax 1998, 90). Es kann gem. § 18 Abs. 4 WEG durch Vereinbarung weder eingeschränkt noch ausgeschlossen, wohl aber erweitert werden, etwa durch vertragliche Normierung weiterer den in § 18 Abs. 2 WEG genannten vergleichbaren Tatbestände (OLG Düsseldorf NJW-RR 2001, 231; BPM § 18 RN 50).

1. Voraussetzungen für die Entziehung
a) Pflichtverletzung

Nicht jede Pflichtverletzung rechtfertigt die Entziehung. Sie muss vielmehr so schwer sein, dass den anderen Wohnungseigentümern die Fortsetzung der Gemeinschaft unzumutbar geworden ist. Im Einzelfall ist eine Abwägung der Interessen der Beteiligten unter Berücksichtigung aller Umstände des Einzelfalls erforderlich, um festzustellen, ob das Ausschlussinteresse der Betroffenen das Eigentumsrecht des Störers über das Maß hinaus überwiegt, das jedes Mitglied einer Gemeinschaft gemeinschaftsnotwendig ertragen muss.

Gem. § 18 Abs. 2 WEG kann das Wohnungseigentum insbesondere dann entzogen werden, wenn
- der Wohnungseigentümer trotz Abmahnung wiederholt gröblich gegen die ihm nach § 14 WEG obliegenden Pflichten (Instandhaltung des Sondereigentums, Verbot der übermäßigen Nutzung des Sonder- bzw. Gemeinschaftseigentums u. Ä.) verstößt. Es müssen also wenigstens drei Pflichtverletzungen vorliegen, eine vor der Abmahnung und zwei („wiederholt") nach Abmahnung (Palandt/ Bassenge § 18 RN 3), die das beanstandete Verhalten konkret zu bezeichnen haben (BayObLGZ 1985, 171). Die Abmahnung kann von dem Verwalter erklärt werden, wenn er hierzu durch Gemeinschaftsordnung, den Verwaltervertrag oder durch Mehrheitsbeschluss bevollmächtigt worden ist, oder von einem Wohnungseigentümer, der durch die Verletzung betroffen ist, nicht also von einem nicht betroffenen Wohnungseigentümer (a.A. Palandt/Bassenge § 18 RN 3: auch von einem nicht unmittelbar beeinträchtigten Wohnungseigentümer). Die Wohnungseigentümer können über eine Abmahnung einen Mehrheitsbeschluss fassen (OLG Hamburg ZMR 2003, 596). Bei besonders schwerwiegenden Pflichtverletzungen kann eine Abmahnung entbehrlich sein, so dass auch ein einmaliger Verstoß zur Entziehung führen kann;
- sich der Wohnungseigentümer mit der Erfüllung seiner Verpflichtung zur Lasten- und Kostentragung gem. § 16 Abs. 2 WEG in Höhe eines Betrages, der 3 % des Einheitswertes seines Wohnungseigentums übersteigt, länger als drei Monate in Verzug be-

findet und ein solcher Rückstand noch im Zeitpunkt der letzten mündlichen Verhandlung besteht (Weitnauer/Lüke § 18 RN 8); der Wohnungseigentümer kann gem. § 19 Abs. 2 WEG die Entziehung durch Zahlung abwenden.

Neben den Fällen des § 18 Abs. 2 sind Beispiele für Pflichtverletzungen:
- dauernde schwere Beleidigungen von Miteigentümern (KG NJW 1967, 2268, LG Passau Rpfleger 1984, 412), Verleumdungen, Gewalttätigkeiten, „Psychoterror", auch gegenüber dem Verwalter,
- eine schwere Vernachlässigung des Sondereigentums, so dass Ungezieferplage droht,
- Trunkenheit und daraus resultierende Brandgefahr (Weitnauer/ Lüke § 18 RN 4),
- erhebliche Belästigung z.B. durch wiederholte Beschmutzungen und Sachbeschädigungen oder durch ständig andauernde, stechend-beißende Fäkalgerüche aus der Wohnung eines psychisch Kranken, wenn keine Änderung des Zustandes zu erwarten ist (LG Tübingen, ZMR 1995, 179),
- Unredlichkeit des Verwalters, der zugleich Wohnungseigentümer ist (BPM § 18 RN 19).

Die Entziehung können aber Meinungsverschiedenheiten (BayObLG WE 1995, 375) oder mehrfaches Prozessieren (LG Düsseldorf v. 29. 10. 1991, 25 T 699/91) nicht rechtfertigen.

b) Verschulden

Weiter muss die Pflichtverletzung auf einem Verschulden des Störers beruhen („schuldig gemacht"). Darunter fallen alle Fälle des zivilrechtlichen Verschuldens i.S.v. § 276 BGB, alle in § 14 Nr. 2 WEG genannten Fälle und auch alle Fälle des Einstehens für Dritte nach § 278 BGB, wozu auch Mieter zählen (BayObLG MDR 1970, 586). Richtigerweise ist insoweit jedoch auf ein Eigenverschulden des Wohnungseigentümers abzustellen, der es unterlassen hat, seinen Mieter durch Abmahnung, notfalls Kündigung zu einem ordnungsgemäßen Verhalten zu bewegen (→ Vermietung von Wohnungseigentum). Bei besonders schweren Pflichtverstößen ist die Schuldfähigkeit nicht erforderlich (BVerfG NJW 1994, 241).

c) Mehrheit von Personen

Sind mehrere Personen Bruchteilsmiteigentümer eines Wohnungseigentums und nur in dem Verhalten eines der mehreren Eigentümer die Voraussetzungen des § 18 Abs. 1, Abs. 2 Nr. 1 WEG erfüllt, so beschränkt sich der Entziehungsanspruch auf dessen Anteil gem. § 747 S. 1 BGB (Staudinger/Kreuzer § 18 RN 21; a.A. BPM § 18 WEG RN 28: Versteigerung des gesamten Wohnungseigentums; offen gelassen von BayObLG NZM 1999, 578). Der Verstoß des nicht störenden Miteigentümers kann darin liegen, dass er gegen die Störungen nicht einschreitet (LG Köln ZMR 2002, 227). Da die Veräußerung einer Beteiligung an einer Gesamthandsgemeinschaft nicht verlangt werden kann, genügt der Verstoß eines Gesamthänders für die Entziehung des Wohnungseigentums.

d) Entziehung als „ultima ratio"

Da die Entziehung, die zu einem Zwangsverkauf gem. §§ 19, 53 bis 58 WEG führt, massiv in das Eigentum des Störers eingreift, kann die Entziehung nur das äußerste Mittel sein (BVerfG NJW 1994, 241), d.h. nur dann eingreifen, wenn andere, weniger einschränkende Maßnahmen einen gesetz- und vereinbarungsgemäßen Zustand unter Beachtung der Interessen aller Wohnungseigentümer, z.B. durch ein Verfahren nach § 43 Abs. 1 Nr. 1 WEG gegen den Störer, nicht herbeiführen können.

2. Entziehungsbeschluss

Gem. § 18 Abs. 3 WEG beschließen die Wohnungseigentümer über das Verlangen auf Veräußerung des Wohnungseigentums durch Stimmenmehrheit; der Beschluss bedarf einer Mehrheit von mehr als der Hälfte der stimmberechtigten Wohnungseigentümer, nicht nur der in der Versammlung vertretenen Stimmen, jedoch ohne Anteil des Störers, der gem. § 25 Abs. 5 WEG vom Stimmrecht ausgeschlossen ist (BGHZ 59, 104; BayObLG NJW 1993, 603; → Ruhen des Stimmrechts). Erforderlich ist die Mehrheit der gesamten Gemeinschaft, bei mehreren Häusern nicht nur der des betroffenen Hauses (BayObLG Rpfleger 1972, 144).

Für die Feststellung der Mehrheit gilt gem. § 18 Abs. 3 S. 3 WEG das Kopfprinzip. Ordnet die Gemeinschaftsordnung das

Wertprinzip an, so gilt dies nicht bei der Beschlussfassung über die Entziehung des Wohnungseigentums (BayObLG NZM 1999, 868; Palandt/Bassenge § 18 RN 5). Eine Vereinbarung, wonach das Entziehungsverlangen von einer ²/₃- oder ³/₄-Mehrheit abhängig ist, ist als Einschränkung des Entziehungsrechts gem. § 18 Abs. 4 WEG nichtig, da § 18 Abs. 2 und 3 WEG den unabdingbaren Entziehungsanspruch gem. § 18 Abs. 1 WEG näher ausgestalten (str.; a. A. OLG Celle DNotZ 1955, 323). Ist die Versammlung gem. § 25 Abs. 3 WEG nicht beschlussfähig (→ Beschlussfähigkeit), bedarf der Entziehungsbeschluss auch in der Wiederholungsversammlung der in § 18 Abs. 3 S. 3 WEG vorgeschriebenen Mehrheit. Bei einer Zweiergemeinschaft kann auch ohne Beschluss sofort Klage erhoben werden (LG Aachen ZMR 1993, 233; Palandt/Bassenge § 28 RN 5; offen gelassen von BayObLGZ 1983, 109), da die Beschlussfassung reiner Formalismus wäre.

Wird ein Eigentümerbeschluss gem. § 18 Abs. 3 WEG gefasst und angefochten, kann das Wohnungseigentumsgericht nur überprüfen, ob formelle Mängel beim Zustandekommen des Beschlusses vorliegen, nicht jedoch, ob das Veräußerungsverlangen materiell gerechtfertigt ist, ob also die behaupteten Pflichtverletzungen die Entziehung rechtfertigen; dies wird allein im Verfahren nach § 51 WEG entschieden (BayObLG NZM 1999, 578f; KG NJW-RR 1994, 855; OLG Köln ZMR 1998, 376; a.A. OLG Düsseldorf DWE 1995, 119). Dies gilt analog für einen Abmahnungsbeschluss (OLG Hamburg ZMR 2003, 596).

3. Gerichtliches Verfahren

Veräußert der von dem Entziehungsbeschluss betroffene Wohnungseigentümer sein Wohnungseigentum nicht, so hat das Gericht darüber zu entscheiden, ob das Entziehungsverlangen begründet ist. Zuständig ist ohne Rücksicht auf den Wert des Streitgegenstandes gem. § 51 WEG das Amtsgericht, Abt. für Zivilsachen, in dessen Bezirk das Grundstück liegt; die Übertragung der Entscheidung auf ein vereinbartes Schiedsgericht ist möglich (BayObLGZ 1973, 1; → Schiedsverfahren).

Für die Klage auf Entziehung ist die Gemeinschaft der Wohnungseigentümer, aber auch jeder einzelne Wohnungseigentümer

(BGH NJW 1989, 1091) aktivlegitimiert. I.d.R. wird der Verwalter beauftragt, die Klage zu erheben (→ Prozessführung durch Verwalter). Die Entziehungsklage ist auf die Veräußerung des Wohnungseigentums zu richten. Das Gericht prüft im Verfahren nach § 51 WEG nicht die formale Wirksamkeit eines Beschlusses nach § 18 WEG, sondern die materielle Begründetheit des Entziehungsbeschlusses.

Besteht die Gefahr, dass der störende Wohnungseigentümer sein Wohnungseigentum mit Rechten belastet, die die Veräußerung behindern, können die Wohnungseigentümer durch einen Antrag nach § 43 Abs. 1 Nr. 1 WEG dem Störer verbieten lassen, ihren Entziehungsanspruch zu vereiteln, und den Erlass einer einstweiligen Anordnung nach § 44 Abs. 3 WEG mit dem Ziel anregen, dem störenden Wohnungseigentümer die weitere Belastung seines Wohnungseigentums durch Eintragung einer Verfügungsbeschränkung zu verbieten (BPM § 18 RN 54). Der zur Veräußerung rechtskräftig verurteilte Wohnungseigentümer kann diese Verpflichtung nicht durch Übertragung auf einen Dritten erfüllen, der ihm ein Nießbrauchsrecht oder ein dinglich gesichertes lebenslanges Dauerwohnrecht einräumt (BayObLG WE 1998, 116).

Die Kosten des Rechtsstreits sind gem. § 16 Abs. 4 WEG Verwaltungskosten i. S. des § 16 Abs. 2 WEG, an denen sich auch die Wohnungseigentümer zu beteiligen haben, die dem Entziehungsbeschluss nicht zugestimmt oder an der Abstimmung nicht teilgenommen haben (KG WuM 1993, 426; OLG Karlsruhe WEM 1984, 17). Auch der beklagte Wohnungseigentümer hat selbst dann, wenn er obsiegt, an den Kosten anteilig teilzunehmen (BayObLG NJW 1993, 604; OLG Stuttgart OLGZ 1986, 32). Ist die Entziehungsklage aber von vorneherein aussichtslos und ihre Erhebung rechtsmissbräuchlich, ist der Beklagte auch im Innenverhältnis von der Pflicht, anteilig die Prozesskosten zu tragen, befreit (OLG Düsseldorf FGPrax 1996, 175). Die endgültige Kostenverteilung richtet sich allerdings nach der Kostenentscheidung im Zivilprozess, die als spezielle Regelung § 16 Abs. 2 und Abs. 4 WEG vorgeht. Der obsiegende Wohnungseigentümer hat deshalb Anspruch auf Erstattung der Kosten, mit denen er im Innenverhältnis belastet worden ist (Weitnauer § 16 RN 58; Merle WE

1991, 4; offen gelassen von BayObLG NJW 1993, 603; a.A. OLG Düsseldorf FGPrax 1996, 175). Unterliegt der beklagte Wohnungseigentümer, so hat er – entgegen dem Wortlaut von § 16 Abs. 4 WEG, aber nach seinem Sinn – gem. §§ 19 Abs. 2 WEG, 91 ff BGB die Prozesskosten allein zu tragen (OLG Stuttgart OLGZ 1986, 32; Staudinger/Bub § 16 RN 179).

4. Wirkungen des Urteils

§ 19 WEG regelt die materiellen Folgen des Urteils. Das Urteil, durch das ein Wohnungseigentümer zur Veräußerung seines Wohnungseigentums verurteilt wird, ersetzt die für die freiwillige Versteigerung des Wohnungseigentums und für die Übertragung des Wohnungseigentums auf den Ersteher erforderlichen Erklärungen. Aus dem Urteil findet die Zwangsvollstreckung statt, der Ersteher kann aus ihm die Räumung und Herausgabe durch den alten Eigentümer durchsetzen, § 19 Abs. 1 S. 2 WEG.

Das nur vorläufig vollstreckbare Urteil stellt gem. § 895 ZPO die Bewilligung zur Eintragung einer Vormerkung für den künftigen Erwerber dar, auch wenn dieser noch unbekannt ist (KG OLGZ 1979, 146; Palandt/Bassenge § 19 RN 2 WEG). Die obsiegenden Wohnungseigentümer sind vormerkungsberechtigt; gesichert wird der Anspruch auf Übertragung der Eigentumswohnung auf einen gem. §§ 53 ff WEG festzustellenden Dritten.

Veräußert der verurteilte Wohnungseigentümer sein Wohnungseigentum nicht selbst, so wird das Urteil durch freiwillige Versteigerung vollstreckt, die gem. § 53 Abs. 1 WEG jeder Notar durchführen kann, in dessen Amtsbezirk die Wohnungseigentumsanlage liegt. Jeder der Wohnungseigentümer, die das Urteil gem. § 19 WEG erwirkt haben, kann den Antrag auf Versteigerung stellen, § 54 Abs. 1 WEG. Die Versteigerungsbedingungen stellt der Notar nach Anhörung der Antragsteller und des verurteilten Wohnungseigentümers nach billigem Ermessen fest, § 54 Abs. 3 WEG. Sechs Wochen bis drei Monate nach öffentlich bekannt zu machender Terminsbestimmung findet die Versteigerung statt, § 55 Abs. 1 WEG. Im Versteigerungstermin kann der verurteilte Wohnungseigentümer oder sein Vertreter – auch ein Treuhänder – nicht mitbieten, § 56 Abs. 2 S. 1 WEG. Die Abtretung des Rechts aus dem

Meistgebot an den verurteilten Wohnungseigentümer ist nichtig, § 56 Abs. 2 S. 2 WEG. Der Zuschlag wird dem Meistbietenden erteilt; im ersten Termin ist der Zuschlag gem. § 57 Abs. 3 WEG zu versagen, wenn weniger als 70 % des Einheitswertes geboten sind und der verurteilte Wohnungseigentümer die Versagung verlangt. Wird der Zuschlag nach § 57 Abs. 3 WEG versagt, so hat der Notar von Amts wegen einen neuen Versteigerungstermin zu bestimmen. In diesem Termin kann der Zuschlag nicht nach § 57 Abs. 3 versagt werden, § 57 Abs. 4, Abs. 5 WEG. Das Eigentum erwirbt der Ersteher erst mit seiner Eintragung im Grundbuch, der Zuschlag ersetzt die Auflassung nicht, sondern ermächtigt den Notar, sie für den verurteilten Wohnungseigentümer zu erklären und zu protokollieren. In ein bestehendes Mietverhältnis tritt der Ersteher gem. § 566 BGB ein (→ Vermietung von Wohnungseigentum).

Der Ersteher kann aus dem Urteil die Zwangsvollstreckung gegen den verurteilten Wohnungseigentümer auf Räumung und Herausgabe betreiben. Der Ersteher muss hierzu nach Rechtskraft des Zuschlagsbeschlusses den Titel gem. § 727 ZPO auf sich umschreiben lassen. Im Gegensatz zum Zuschlag im Zwangsversteigerungsverfahren ist eine Vollstreckung gegenüber Dritten wie z.B. dem Mieter der Eigentumswohnung nicht möglich, § 19 Abs. 1 S. 3 WEG, § 93 Abs. 1 ZVG. Dem Mieter steht die Drittwiderspruchsklage gemäß § 771 ZPO gegen die Zwangsvollstreckung des Ersteigerers zu.

5. Abwendungsbefugnis

Gem. § 19 Abs. 2 WEG, den die Wohnungseigentümer durch Vereinbarung ändern oder ausschließen können (BPM § 19 RN 27; Weitnauer § 19 RN 12), kann der Wohnungseigentümer, gegen den die Entziehung wegen Zahlungsverzugs eingeleitet worden ist, bis zur Erteilung des Zuschlags bei der Versteigerung, die Wirkungen eines Urteils dadurch abwenden, dass er die rückständigen Verpflichtungen, die durch den Rechtsstreit und die Versteigerung entstandenen Kosten sowie die inzwischen fällig gewordenen weiteren Verpflichtungen zur Lasten- und Kostentragung erfüllt.

Ob die Zahlung die Abwendungsvoraussetzungen erfüllt, hat der Notar als Versteigerungsorgan zu prüfen und zu entscheiden;

gem. § 58 Abs. 1 WEG ist gegen die Entscheidung des Notars die sofortige Beschwerde zulässig, über die das Landgericht, in dessen Bezirk die Wohnungseigentumsanlage liegt, zu entscheiden hat; eine weitere Beschwerde ist nicht zulässig, § 58 Abs. 1 S. 3 WEG.

▶ **Erbbaurecht** → Wohnungserbbaurecht, Teilerbbaurecht

▶ **Erbe**

1. Wirkungen des Erbfalls

Mit dem Tod eines Wohnungseigentümers wird dessen Erbe im Wege der Universalsukzession gem. § 1922 BGB Wohnungseigentümer. Sind mehrere Erben vorhanden, so bilden sie eine → Erbengemeinschaft. Gehört zum Nachlass eine Eigentumswohnung, so wird das Grundbuch durch den Erbfall unrichtig und ist auf Antrag des oder der Erben entsprechend zu berichtigen. Der Nachweis der Erbfolge kann gegenüber dem Grundbuchamt gem. § 35 Abs. 1 S. 1 GBO nur durch Vorlage eines Erbscheins geführt werden, es sei denn die Erbfolge beruht auf einer Verfügung von Todes wegen in einer öffentlichen Urkunde, z.B. einem notariellen Testament gem. § 2231 Nr. 1, 2232 BGB; in diesem Fall ist die Verfügung und die Niederschrift über deren Eröffnung durch das Nachlassgericht vorzulegen, § 35 Abs. 1 S. 2 GBO.

Aufgrund der Gesamtrechtsnachfolge wird der Erbe vom Zeitpunkt des Erbfalls an Beitragsschuldner (BGHZ 108, 44; BayObLG WuM 1993, 487; Wenzel, in: FS Seuß [1997] 313, 321); auf die Eintragung der Erbfolge im Grundbuch und auf den Zeitpunkt der Eintragung, die als Berichtigung nur deklaratorisch wirkt, kommt es nicht an. Beitragsansprüche gegen die Erben sind deshalb auch dann im Wohnungseigentumsverfahren geltend zu machen, wenn diese noch nicht im Grundbuch als neue Wohnungseigentümer eingetragen sind (BayObLG WuM 1993, 487). Unabhängig davon, ob Beitragsverpflichtungen zu Lebzeiten des Erblassers oder nach seinem Tod fällig werden, sind diese Nachlassverbindlichkeiten i. S. des § 1967 BGB, bis die Erben ihre Rechte aus dem Eigentum wahrnehmen, da der Erblasser die Ursache hierfür gesetzt hat (OLG Köln NJW-RR 1992, 460f; BPM § 16 RN 104; offen gelassen von

BayObLG NZM 2000, 41, 43; a.A. OLG Hamburg NJW-RR 1986, 177: originär entstehende Verpflichtung gem. §§ 10, 16 WEG) und sie in ordnungsmäßiger Verwaltung des Nachlasses eingegangen sind (Staudinger/Marotzke § 1967 BGB RN 42 mwNw).

2. Haftung des Erben

Der Erbe haftet ab Annahme der Erbschaft für die Nachlassverbindlichkeiten grds. zunächst unbeschränkt, d. h. nicht nur mit dem Nachlass, sondern mit seinem gesamten persönlichen Vermögen. Er hat jedoch die Möglichkeit, bei reinen Nachlassverbindlichkeiten eine Beschränkung seiner Haftung auf den Nachlass zu erreichen. Solange er noch nicht unbeschränkbar haftet – unbeschränkbare Haftung tritt ein, wenn der Erbe die Frist zur Errichtung des Inventars versäumt, § 1994 Abs. 1 S. 2 BGB, oder er absichtlich ein unrichtiges Inventar errichtet, § 2005 Abs. 1 S. 1 BGB –, kann er eine Haftungsbeschränkung dadurch herbeiführen, dass auf seinen Antrag gem. §§ 1980, 1981 BGB die Nachlassverwaltung, §§ 1975–1988 BGB, oder das Nachlassinsolvenzverfahren, §§ 1975–1980 BGB, 316, 320 InsO, angeordnet wird. Hierdurch wird das Nachlassvermögen vom Eigenvermögen des Erben getrennt. Sowohl die Nachlassverwaltung als auch das Nachlassinsolvenzverfahren bezwecken die geordnete Befriedigung der Nachlassgläubiger aus dem Nachlass.

Ist der Nachlass so gering, dass er nicht einmal die Kosten der Nachlassverwaltung bzw. des Nachlassinsolvenzverfahrens deckt, kann der Erbe die Haftungsbeschränkung dadurch erreichen, dass er gem. §§ 1990 BGB, 780 ZPO die Einrede der Dürftigkeit des Nachlasses erhebt. Gleiches gilt für den Fall der Ablehnung des Nachlassinsolvenzverfahrens gem. § 26 Abs. 1 S. 1 InsO (BGH NJW-RR 1989, 1226). Diese Entscheidung des Insolvenzgerichts ist für das Wohnungseigentumsgericht bindend (BayObLG NZM 2000, 41, 43; vgl. BGH NJW-RR-1989, 1226). Der auf Zahlung rückständiger Beiträge in Anspruch genommene Erbe kann diese Einrede so lange erheben, bis er sich entschlossen hat, Eigentümer der Wohnung zu bleiben (OLG Köln NJW-RR 1992, 460f). Dieser Entschluss wird nicht bereits stillschweigend durch Entgegennahme von Mietzins kundgetan, da dies lediglich eine notwendige Maßnahme zur Nachlassverwaltung darstellt (OLG Hamburg NJW-RR 1986, 177). Erhebt der Erbe die begründete Einrede der Unzulänglichkeit des Nachlasses, sind auch die Beitragsschulden, die auf Eigentümerbeschlüssen nach dem Erbfall beruhen, Nachlass-, keine Eigenverbindlichkeiten, für die er nur beschränkt haftet, wobei es nicht darauf ankommt, wie viel Zeit seit dem Erbfall verflossen ist und ob sich der Erbe zwischenzeitlich als Eigentümer in das Grundbuch eintragen ließ (BayObLG NZM 2000, 41; a.A. Siegmann NZM 2000, 995: Eigenschulden ab dem Zeitpunkt der ersten Beschlussfassung über Wirtschaftsplan bzw. Abrechnung).

Beitragsleistungen sind im Übrigen Aufwendungen i.S.v. § 1978 Abs. 3 und § 670 BGB, so dass der in Anspruch genommene Erbe zunächst Befreiung von der Verbindlichkeit gem. § 257 BGB mit der Folge verlangen kann, dass aus dem Nachlass zu zahlen ist (BayObLG NZM 2000, 41, 43). Hat ein Erbe bereits bezahlt, so steht ihm ein Anspruch auf Ersatz der Aufwendungen aus dem Nachlass zu (BayObLG NZM 2000, 41f; vgl. BGHZ 32, 60, 64).

3. Vor- und Nacherbschaft, Testamentsvollstreckung

Der Erblasser kann Vor- und Nacherbschaft anordnen. Der Nacherbe wird in diesem Fall erst Erbe, nachdem zunächst ein anderer Erbe geworden ist, § 2100 BGB, und der Nacherbfall eingetreten ist. Im Zweifel ist dies der Tod des Vorerben, § 2106 Abs. 1 BGB. Gehört zum Nachlass eine Eigentumswohnung, ist eine Verfügung des Vorerben über sie, z.B. der Verkauf, dem Nacherben gegenüber gem. § 2113 Abs. 1 BGB unwirksam, sobald der Nacherbfall eintritt (OLG München FamRZ 1971, 93). Dies gilt nicht, wenn der Erblasser den Vorerben von dieser Beschränkung befreit hat, § 2136 BGB. Der Käufer kann die Wohnung vom Vorerben allerdings gutgläubig erwerben, § 2113 Abs. 3 BGB (→ Gutgläubiger Erwerb), was jedoch nur in Ausnahmefällen in Betracht kommt, da bei Vor- und Nacherbschaft die Nacherbfolge gem. § 51 GBO von Amts wegen in das Grundbuch einzutragen ist. Selbst bei befreiter Vorerbschaft darf der Vorerbe eine zum Nachlass gehörende Eigentumswohnung aber nicht verschenken, §§ 2113 Abs. 2, 2136 BGB. Auch der Nacherbe haftet gem. §§ 2139, 1922

BGB für Beitragsverbindlichkeiten, die bei Eintritt des Nacherbfalles bestanden; er kann seine Haftung nicht nur auf den Nachlass, der dem Vorerben angefallen war, beschränken, sondern auf dasjenige, was er selbst geerbt hat (Rieke DWE 1992, 103, 106). Die Haftung entfällt, wenn er die Nacherbschaft ausschlägt.

Wird über den Nachlass die Testamentsvollstreckung angeordnet, so darf der Erbe über einen der Verwaltung des Testamentsvollstreckers unterliegenden Nachlassgegenstand, z.B. eine Eigentumswohnung, nicht verfügen, § 2211 Abs. 1 BGB. Wie bei der Vor- und Nacherbschaft besteht auch hier die Möglichkeit des gutgläubigen Erwerbs durch einen Dritten, was aber ebenfalls nur in Ausnahmefällen in Betracht kommt, da auch die Anordnung der Testamentsvollstreckung gem. § 52 GBO von Amts wegen in das Grundbuch einzutragen ist. Der Testamentsvollstrecker ist als Partei kraft Amtes vor dem Wohnungseigentumsgericht in Anspruch zu nehmen, wenn Ansprüche gegenüber dem Nachlass aus dem Gemeinschaftsverhältnis geltend gemacht werden (OLG Hamburg MietRB 2003, 44).

4. Stimmrecht

Der Erbe ist zur Ausübung des Stimmrechts in der Wohnungseigentümerversammlung berechtigt. Wird Nachlassverwaltung angeordnet, verliert der Erbe gem. § 1984 die Befugnis, den Nachlass zu verwalten und über ihn zu verfügen. Die Verwaltung des Nachlasses obliegt hinfort dem Nachlassverwalter. Dieser übt deshalb allein das Stimmrecht aus. Gleiches gilt für den Testamentsvollstrecker (Palandt/Bassenge § 25 RN 5). Ihm räumt das Gesetz in § 2005 Abs. 1 S. 1 BGB die Befugnis ein, den Nachlass zu verwalten. Da der Begriff der Verwaltung umfassend zu verstehen ist und der Testamentsvollstrecker deshalb alle rechtlichen und tatsächlichen Maßnahmen für den Nachlass ergreifen kann, übt er allein das Stimmrecht aus (AG Essen NJW-RR 1996, 79). Inhaber des Stimmrechts bleibt aber in beiden Fällen der Erbe.

▶ Erbengemeinschaft

Sind mehrere Personen aufgrund einer Verfügung von Todes wegen oder durch gesetzliche Erbfolge zu Erben berufen, so bilden sie eine Erbengemeinschaft. Sämtliche in den Nachlass fallende Gegenstände stehen allen Erben zur gesamten Hand zu. Fällt eine Eigentumswohnung in den Nachlass, so werden sämtliche Erben mit dem Tod des Erblassers – schon vor Berichtigung des Grundbuchs – Gesamthandseigentümer der Wohnung, §§ 1922 Abs. 1, 2032 Abs. 1 BGB.

1. Verfügung, Veräußerung

Bis zur Auseinandersetzung der Erbengemeinschaft können die Miterben gem. § 2033 BGB lediglich wirksam über ihre Anteile an dem gesamten Nachlass verfügen, nicht jedoch über ihren Anteil an dem zum Nachlass gehörenden Wohnungseigentum, wenn noch andere Gegenstände zu dem Nachlass gehören.

Die Veräußerung eines Erbanteils bedarf auch dann nicht der Zustimmung der anderen Wohnungseigentümer oder Dritter, wenn dies für die Veräußerung des Wohnungseigentums (→ Zustimmung zur Veräußerung des Wohnungseigentums) vereinbart ist. Dies gilt auch dann, wenn der Nachlass nur noch aus einem Wohnungseigentum besteht. Die Abtretung eines Erbanteils ist nämlich keine Verfügung über ein zum Nachlass gehörendes Wohnungseigentum (OLG Hamm DNotZ 1980, 53).

2. Verwaltung

Die Verwaltung des Nachlasses steht gem. § 2038 Abs. 1 BGB sämtlichen Erben gemeinschaftlich zu. In Bezug auf die Eigentumswohnung gehören hierzu alle Maßnahmen, die auf deren Erhaltung oder Nutzung gerichtet sind, etwa die Vermietung (BGH WM 1969, 298; Palandt/Edenhofer § 2038 RN 7). Jeder Miterbe ist zur Mitwirkung bei Maßnahmen einer ordnungsgemäßen Verwaltung verpflichtet, über die gem. § 2038 Abs. 2 i.V.m. § 745 BGB mehrheitlich beschlossen wird. Hierzu zählt auch die Beauftragung eines Miterben oder eines Dritten mit der Verwaltung einer Eigentumswohnung, also mit der sog. Miet- oder Sondereigentumsverwaltung (BGH WPM 1968, 1172). Die zur Erhaltung der Eigentumswohnung notwendigen Maßnahmen kann jeder Miterbe gem. § 2038 Abs. 1 BGB ohne Mitwirkung der anderen treffen. Hierunter fallen z.B. dringende Reparaturarbeiten oder die

Abwehr der ungerechtfertigten Zwangsvollstreckung eines Nachlassgläubigers, aber auch die Anfechtung eines Beschlusses der Wohnungseigentümer (BayObLG ZMR 1998, 644).

Ist die Eigentumswohnung vermietet, so steht der Mietzins den Miterben gemeinsam zu; jeder Miterbe kann gem. § 2039 Abs. 1 S. 1 BGB deshalb nur Zahlung an alle verlangen und einklagen. Die Aufteilung des Mietzinses erfolgt gem. § 2038 Abs. 2 BGB erst bei der Auseinandersetzung. Eine frühere Verteilung können die Miterben als Teilauseinandersetzung einstimmig vereinbaren.

3. Haftung der Miterben

Verbindlichkeiten, z. B. Beitragsschulden oder eine Restkaufpreisschuld in Bezug auf die Eigentumswohnung, die in den Nachlass fällt, tragen die Miterben gem. §§ 2038 Abs. 2, 748 BGB nach dem Verhältnis ihrer Erbteile, im Außenverhältnis haften sämtliche Miterben gem. § 2058 BGB als Gesamtschuldner. Ein Miterbe kann deshalb von den übrigen Miteigentümern auf Zahlung sämtlicher Beitragsansprüche in Anspruch genommen werden. Dieser hat dann einen Rückgriffsanspruch gegen die Miterben in Höhe ihres jeweiligen Erbteiles (BayObLGZ 1970, 132). Jeder Miterbe kann aber gem. § 2059 Abs. 1 BGB die Zahlung aus dem Privatvermögen verweigern, bis der Nachlass geteilt ist. Ein Zugriff der Nachlassgläubiger, z. B. der übrigen Wohnungseigentümer wegen Beitragsrückständen aus der Zeit vor oder u. U. auch nach dem Erbfall, auf das Privatvermögen der Erben ist weiter ausgeschlossen, wenn Nachlassverwaltung angeordnet ist oder das Nachlassinsolvenz- oder ein Nachlassvergleichsverfahren eröffnet wird. Auch in diesen Fällen ist die Haftung auf den Nachlass beschränkt (→ Erbe).

4. Auseinandersetzung

Grundsätzlich kann jeder Miterbe jederzeit die Auseinandersetzung der Erbengemeinschaft verlangen. Die Auseinandersetzung erfolgt dann durch außergerichtlichen Vertrag zwischen den Miterben, der gem. § 311b Abs. 1 BGB der notariellen Beurkundung bedarf, wenn zum Nachlass Wohnungseigentum gehört. Zur Durchsetzung des Auseinandersetzungsverlangens kann jeder Miterbe eine Auseinandersetzungsklage erheben. Zur Vorbereitung der Auseinandersetzung kann jeder Miterbe die Versteigerung der Eigentumswohnung zum Zwecke der Aufhebung der Gemeinschaft gem. § 180 ZVG beantragen. Der Erlös wird im Auseinandersetzungsverfahren verteilt.

Ist ein Hausgrundstück, das zum Nachlass gehört, nicht nach dem Wohnungseigentumsgesetz aufgeteilt, so kann die Erbengemeinschaft die Aufteilung nach § 8 WEG durchführen. Die dann entstehenden einzelnen Wohnungseigentumsrechte stehen jeweils im Gesamthandseigentum der Miterben. Die Erbengemeinschaft kann, solange das Grundstück in der Gesamthandsgemeinschaft steht, nicht gem. § 3 WEG Wohnungseigentum begründen (Staudinger/Rapp § 3 WEG RN 2). Die Gesamthandsgemeinschaft muss hierfür erst in eine Bruchteilsgemeinschaft umgewandelt werden. Hierfür ist gem. §§ 873, 925 BGB Einigung (→ Auflassung) und Grundbucheintragung erforderlich (OLG Hamm DNotZ 1968, 489). Auf die Grundbucheintragung kann jedoch verzichtet werden, wenn die Auseinandersetzung und die Wohnungseigentumsbegründung gleichzeitig zum Grundbuchvollzug beantragt sind.

Der Erblasser kann letztwillig, z. B. durch Vermächtnis, bestimmen, dass die Eigentumswohnung bei der Auseinandersetzung einem der Miterben oder einem Dritten zufällt. Die Übereignung zur Erfüllung der Erbeinsetzung oder des Vermächtnisses bedarf der für die Veräußerung von Wohnungseigentum etwaig nach § 12 Abs. 1 WEG erforderlichen Zustimmung (BayObLGZ 1982, 46; → Zustimmung zur Veräußerung). Ist die Wohnung vermietet, löst ihre Übertragung zur Erfüllung des Vermächtnisses die Kündigungssperrfrist des § 577a Abs. 1 BGB aus (→ Kündigung des Mietvertrages über Wohnungseigentum). Der Erblasser kann auch gem. § 2048 BGB anordnen, dass an einem Hausgrundstück Wohnungseigentum begründet wird und welcher der Miterben welches Wohnungseigentum erhalten soll.

▶ Erbschaftsteuer, Schenkungsteuer

Der Erwerb von Todes wegen und Schenkungen unter Lebenden sind gem. § 1 ErbStG steuerpflichtig. Werden Eigentumswohnungen, z.B. zwischen nahen Verwandten, zu einem Kaufpreis veräußert, der unter dem Verkehrswert liegt, so handelt es sich um eine steuerpflichtige gemischte Schenkung.

Steuerfrei bleiben gem. § 13 Nr. 4a ErbStG Zuwendungen unter Lebenden, mit denen ein Ehegatte dem anderen Ehegatten Eigentum oder Miteigentum an einem im Inland belegenen, zu eigenen Wohnzwecken genutzten Haus oder einer im Inland belegenen, zu eigenen Wohnzwecken genutzten Eigentumswohnung verschafft oder den anderen Ehegatten von eingegangenen Verpflichtungen im Zusammenhang mit der Anschaffung oder der Herstellung der Eigentumswohnung freistellt. Entsprechendes gilt, wenn ein Ehegatte nachträglichen Herstellungs- oder Erhaltungsaufwand für eine solche Eigentumswohnung allein trägt. Da die Übertragung einer Beteiligung an einer Gesamthandsgemeinschaft – insbesondere einer Gesellschaft bürgerlichen Rechts – auch dann nicht begünstigt ist, wenn das Gesamthandsvermögen ausschließlich aus der selbst bewohnten Eigentumswohnung besteht, muss diese vor der Schenkung in Bruchteilsmiteigentum überführt werden, um die Steuerfreiheit zu erlangen.

Die Steuer wird nach der Höhe der Bereicherung des Erwerbers berechnet. Wird eine Eigentumswohnung geschenkt oder vererbt, so wird die Bereicherung mit dem nach §§ 138 ff BewG ermittelten Grundstückswert – jedes Wohnungs- und Teileigentum gilt als Grundstück i.S.d. § 68 Abs. 1 Nr. 3 BewG – abzüglich der übernommenen Schulden und Belastungen angesetzt. Mit dem Übergang auf das Wertniveau vom 1.1.1996 wird etwa die Hälfte des Verkehrswerts erreicht (BFH BStBl II 2001, 234). Mehrere innerhalb von 10 Jahren von derselben Person anfallende Vermögensvorteile werden hierbei zusammengerechnet, § 14 ErbStG.

Die Steuerklassen ergeben sich aus § 15 ErbStG, die Freibeträge aus §§ 16 und 17 ErbStG, die Steuersätze aus § 19 ErbStG. Steuerschuldner ist der Erwerber bzw. der Beschenkte, bei einer Schenkung auch der Schenker. Erwerber und Schenker müssen den Erwerb innerhalb von drei Monaten dem Erbschaftsteuer-Finanzamt mitteilen, § 30 ErbStG, es sei denn, dass der Erwerb steuerfrei ist oder die Anzeige vom Gericht oder Notar gem. § 30 Abs. 3 ErbStG erfolgt.

▶ **Erfassungsgeräte** → Heizkosten- und Warmwasserzähler; → Kaltwasserzähler; → Verbrauchserfassungsgeräte

▶ **Ergebnisverteilung** → Abrechnung

▶ **Erneuerung, Ersatzbeschaffung**

Zur ordnungsmäßigen → Instandhaltung und Instandsetzung zählt die vollständige Erneuerung von irreparablen Bauteilen, z.B. Außenfenstern (BayObLG WuM 1993, 562; NJW-RR 1996, 140f; OLG Düsseldorf ZMR 2003, 696), und die Ersatzbeschaffung, insbesondere für ausgefallene oder reparaturbedürftige technische Geräte, z.B. Waschmaschinen (BayObLG NJW 1975, 2296), Anlaufplatten der Klingelanlagen, Thermostatventile (OLG Karlsruhe DWE 1990, 116) oder Hausmeistergeräte, z.B. Rasenmäher oder Kehrmaschine. Dabei sind nach den Grundsätzen der → modernisierenden Instandsetzung grds. als Ersatz modernere, technisch verbesserte Geräte (BayObLG WuM 1994, 504f; KG NJW-RR 1989, 463; OLG Hamm OLGZ 1992, 310) anzuschaffen, während grundsätzliche Neuerungen oder Veränderungen nicht mehr unter dem Gesichtspunkt der Ersatzbeschaffung – möglicherweise aber unter anderen Gesichtspunkten – als modernisierende Instandsetzung zu verstehen sind (BayObLGZ 1985, 164, 168; OLG Celle OLGZ 1986, 397, 400; OLG Hamm OLGZ 1982, 260).

▶ **Erotik-/Sexshop**

In Räumen, die nach ihrer Beschaffenheit oder nach ihrer Zweckbestimmung als Laden genutzt werden dürfen, kann der Betrieb eines Erotik- oder Sexshops, auch wenn er sich auf den Verkauf von Waren einschließlich Filmen und Zeitschriften beschränkt, dann untersagt werden, wenn er mit dem Charakter der Wohnanlage und den diesen prägenden örtlichen Verhältnissen nicht vereinbar ist. Dies ist anzunehmen, wenn es sich um den einzigen Laden in einem Wohnhaus handelt, das auch zum Wohnen von Familien mit Kindern und Jugendlichen geeignet ist (BayObLG NJW-RR 1995, 467). Zudem stellt der Betrieb eines Sex-Shops mit einem erheblichen Publikumsverkehr bis in die Nachtstunden eine nicht unerhebliche Beeinträchtigung der Mitbewohner des Hauses dar. Das Rücksichtnahmegebot erlaubt dem Teileigentümer oder dessen Mieter allenfalls dann den Betrieb eines ladenmäßigen Erotik-Fachgeschäftes mit Videothek, wenn in der Wohngegend ähnliche Geschäfte und Nachtclubs vorhanden sind (KG ZWE 2000, 228, 230; BPM § 13 RN 49). Stets unzulässig ist in einem Laden hingegen ein Sexshop mit Filmvorführungen, Peep-Show und Stripteaseveranstaltungen (VerfGH Berlin NZM 2003, 112; KG aaO; LG Passau NJW 1983, 1683; s. a. → Prostitution).

Darf in einem Teileigentum ein Erotikmarkt oder eine Erotikvideothek betrieben werden, so ist auch Werbung an und in den Schaufenstern durch Aufschriften und Präsentation des Warenangebots zulässig. Die Pflicht zur gegenseitigen Rücksichtnahme ist dabei zu beachten, weshalb Werbung, Warenpräsentation und sonstige Schaufenstergestaltung nicht über das Ortsübliche hinausgehen und sich dem daran nicht interessierten Besucher nicht massiv aufdrängen dürfen (OLG Karlsruhe ZMR 2002, 218).

Erschließungsbeiträge

Die Erschließung von Baugrundstücken ist grds. Gemeindeaufgabe, die vertraglich einem Dritten übertragen werden kann, § 123 Abs. 1 und 3 BauGB. Die Erschließung ist nach Maßgabe des Bebauungsplans oder mit Zustimmung der höheren Verwaltungsbehörde durchzuführen.

Die Grundstückseigentümer, also auch die Wohnungseigentümer, haben gem. § 126 Abs. 1 BauGB Beleuchtungen einschließlich Haltevorrichtungen, Leitungen und Zubehör sowie Kennzeichen und Hinweisschilder für Erschließungsanlagen auf dem Grundstück zu dulden.

Die Gemeinden erheben zur Deckung ihres anderweitig nicht gedeckten Aufwands hinsichtlich bestimmter Anlagen, z.B. der zum öffentlichen Ausbau bestimmten Straßen, Wege und Plätze, Parkflächen und Grünanlagen sowie der Kinderspielplätze, Erschließungskosten, § 127 BauGB.

Beitragspflichtig sind diejenigen, die im Zeitpunkt der Zustellung des Beitragsbescheides, nicht im Zeitpunkt der Durchführung der Maßnahmen, Eigentümer des betroffenen Grundstücks waren, die Wohnungs- und Teileigentümer eines mit einer Wohnungseigentumsanlage bebauten Grundstücks jedoch gem. § 134 Abs. 1 S. 3 HS 2 BauGB nur entsprechend ihrem Miteigentumsanteil, und zwar auch dann, wenn der in Anspruch genommene Wohnungseigentümer von seinem Sondereigentum aus keinen Zugang zur Erschließungsanlage hat (BVerwG ZMR 1982, 348).

Die Beitragspflicht lastet als öffentliche Last gem. § 136 Abs. 2 BauGB auf dem Grundstück bzw. auf dem Wohnungseigentum; sie zählt nicht zu den Lasten des gemeinschaftlichen Eigentums.

Ist in einem Erwerbsvertrag nicht ausdrücklich etwas anderes geregelt, so bleibt es zwischen dem Veräußerer und Erwerber bei der gesetzlichen Regelung gem. § 103 BGB (BGH NJW 1982, 1278). Wenn die Parteien eines Grundstückskaufvertrages über die Kosten, die eine nicht vorhergesehene Privaterschließung mit sich bringt, keine Regelung getroffen haben, kann eine ergänzende Vertragsauslegung dazu führen, dass die gegenüber einer öffentlichen Erschließung entstehenden Mehrkosten von beiden Teilen gleichmäßig zu tragen sind (BGH ZWE 2000, 403). Wird der Beitragsbescheid nach Lastenübergang zugestellt, ist der Käufer auch dann zahlungspflichtig, wenn die Maßnahmen beim Kauf bereits hergestellt waren. Hat der Veräußerer, z. B. der Bauträger, Erschließungskosten nicht bezahlt, so kann die Gemeinde aus dem Grundstück Zahlung verlangen, notfalls die Zwangsvollstreckung betreiben.

Der Erschließungsbeitrag wird einen Monat nach der Zustellung des Beitragsbescheides fällig, wobei die Gemeinde zur Vermeidung unbilliger Härte im Einzelfall Ratenzahlung oder Zahlung in Form einer Rente zulassen oder sogar von der Erhebung des Erschließungsbeitrages ganz oder teilweise absehen kann, § 135 BauGB.

▶ **Erwerber** → Faktische Wohnungseigentümergemeinschaft; → Haftung des Erwerbers; → Sonderrechtsnachfolge

▶ **Estrich** → Fußboden, → Bodenbelag

▶ Etagenheizung

Dient eine Etagenheizung der ausschließlichen Versorgung nur einer Sondereigentumseinheit mit Wärme und Warmwasser, gehört sie zum Sondereigentum.

Die Wohnungseigentümergemeinschaft kann die Unterlassung des Betriebs einer Gasetagenheizung mit Abgas-Abführung direkt ins Freie wegen der damit verbundenen störenden Wasserdampfentwicklung auch dann verlangen, wenn der teilende Eigentümer mit dem Einbau der Etagenheizung einverstanden gewesen ist (OLG Düsseldorf ZMR 1997, 536).

▶ Eventualeinberufung

Da bei der Erstversammlung häufig die erforderliche Beschlussmehrheit von mehr als der Hälfte der Miteigentumsanteile und damit das sog. „Quorum" nicht erreicht wird, berufen viele Verwalter – in Erwartung der Beschlussunfähigkeit – gleichzeitig mit der Einladung zur Erstversammlung eine Zweitversammlung mit gleicher Tagesordnung, am gleichen Tag und Ort, lediglich zeitverschoben – z.B. um eine halbe Stunde – für den Fall ein, dass die Erstversammlung beschlussunfähig sein sollte.

Eine solche Eventualeinberufung ist, soweit nicht die Wohnungseigentümer zulässigerweise durch Vereinbarung etwas anderes vereinbart haben, unzulässig, weil nach der gesetzlichen Regelung die Einberufung zur Zweitversammlung erst nach Feststellung der Beschlussunfähigkeit der Erstversammlung (OLG Köln MDR 1999, 799; Palandt/Bassenge § 25 RN 13) und unter Wahrung der Einberufungsfrist erfolgen kann und die Regelung zudem den Schutz der Minderheit bezweckt (BayObLG WE 1991, 49; KG ZMR 1986, 189; OLG Köln NJW-RR 1990, 26; Staudinger/Bub § 25 RN 260; → Minderheitenschutz). Unzulässig ist deshalb auch die Einberufung der zweiten Versammlung während der ersten beschlussunfähigen (OLG Köln DWE 1982, 130). Eine Eventualeinberufung ist selbst dann unzulässig, wenn zwischen dem ersten und zweiten Termin ein Zeitraum von einer Woche liegt (LG Berlin NJW-RR 1986, 97; BPM § 25 RN 87).

Die Wohnungseigentümer können jedoch die Zulässigkeit einer Eventualeinberufung vereinbaren (BayObLG ZMR 1979, 213; OLG Frankfurt WuM 1990, 461; OLG Köln NJW-RR 1990, 26); ein Mehrheitsbeschluss ist als Änderung der gesetzlichen Vorgaben (→ Vereinbarungsändernder, vereinbarungsersetzender, vereinbarungswidriger Mehrheitsbeschluss) nichtig (Wenzel ZWE 2001, 226, 236; a.A. noch KG NZM 2001, 105).

Die fehlerhafte Einberufung der Zweitversammlung durch eine unzulässige Eventualeinberufung führt nicht zur Nichtigkeit der in einer solchen Versammlung gefassten Beschlüsse, sondern, da es sich bei § 24 Abs. 4 WEG um eine abdingbare Vorschrift handelt, gem. § 23 Abs. 4 S. 2 WEG lediglich zu deren Anfechtbarkeit (→ Anfechtbarkeit und Anfechtung eines Beschlusses). Das Gleiche gilt für den Fall, dass ein Mehrheitseigentümer durch sein Fernbleiben bewusst die Beschlussunfähigkeit der ersten Versammlung herbeigeführt hat. Ihm ist nach Treu und Glauben eine Berufung auf den Mangel der Zweitversammlung versagt (KG i-telex 1986, 98).

Haben die Wohnungseigentümer durch Vereinbarung eine Eventualeinberufung ausdrücklich für zulässig erklärt, so ist der Übergang in die zweite Versammlung, die ohne Einschränkungen beschlussfähig ist, vom Versammlungsleiter förmlich festzustellen, damit zweifelsfrei erkennbar ist, in welcher Versammlung welche Beschlüsse gefasst worden sind (BayObLG NZM 1999, 865; Drasdo WuM 1995, 255, 260). Die Zweitversammlung darf in diesem Fall auch auf einen Zeitpunkt kurz nach der Erstversammlung terminiert werden. Die Auffassung, wonach eine Einberufung der Zweitversammlung auf einen Zeitpunkt 30 Minuten nach der ersten Versammlung ohne entsprechende Vereinbarung unzulässig sei, da dies Sinn und Zweck des § 25 Abs. 4 WEG widerspreche, der gewährleisten solle, dass ein Wohnungseigentümer, der bei der ersten Versammlung verhindert war, jedenfalls an der zweiten teilnehmen kann (LG Offenburg WuM 1993, 710 f; ebenso Drasdo WuM 1995, 255, 259), vermag nicht zu überzeugen: Haben die Wohnungseigentümer die Zulässigkeit einer Eventualeinberufung vereinbart, kann § 25 Abs. 4 WEG nicht mehr zum Maßstab für die ordnungsmäßige Einberufung der Zweitversammlung genommen werden (BPM § 25 RN 88).

F

Fahnenstange

Die Anbringung einer Fahnenstange, z.B. an der Fassade oder im Garten, ist eine bauliche Veränderung, die der Zustimmung der anderen Wohnungseigentümer bedarf (Staudinger/Bub § 22 RN 125 a).

Fahrrad, Kinderwagen

Das vorübergehende Abstellen von Kinderwagen im Erdgeschoss ist sozial üblich und Element der Zweckbestimmung einer Wohnanlage, sofern keine andere Abstellmöglichkeit vorhanden ist. Für Eltern mit Kindern ist es unzumutbar, den Kinderwagen nach jedem Ausgang in die Wohnung oder zunächst in den Keller zu transportieren (OLG Hamm NZM 2001, 1084 f). Eine Regelung in der Hausordnung, dass Kinderwagen „vorübergehend im Hausflur abgestellt werden dürfen", ist deshalb nicht wegen inhaltlicher Unbestimmtheit nichtig, da eine sinn- und zweckorientierte Auslegung möglich ist und die → Hausordnung eine durchführbare Regelung erkennen lässt (OLG Hamm NZM 2001, 1084 f). Eine Regelung, dass Kinderwagen grds. im Flur abgestellt werden dürfen, ist aber zu weit gefasst und berücksichtigt nicht die Interessen aller Wohnungseigentümer (OLG Hamburg OLGZ 1993, 310, 312).

Hingegen dürfen Fahrräder im Hausflur oder in den einzelnen Hauseingängen nicht abgestellt werden, es sei denn, dass dies ausdrücklich in der Gemeinschaftsordnung oder Hausordnung erlaubt ist. Sie schaffen nämlich eine – überflüssige – Gefahrenquelle und nicht unerhebliche Beeinträchtigungen i. S. von § 14 Nr. 1 WEG. Sind allerdings weder ein → Fahrradraum noch → Fahrradständer im Freien vorhanden, so kann das zeitweilige Abstellen von Fahrrädern erlaubt werden. Bei der Entscheidung hierüber kommt es insbesondere auf die Größe des Treppenhauses und der Flure sowie darauf an, ob das Abstellen eine Gefahrenquelle eröffnet und die bestimmungsmäßige Benutzung mehr als nur unwesentlich beeinträchtigt, aber auch darauf, ob der ständige Transport der Fahrräder durch das Treppenhaus mehr beeinträchtigt als ein zeitweiliges Abstellen (KG OLGZ 1990, 416). Möglich ist es auch, bestimmte Bereiche zum (zeitweiligen) Abstellen zuzuweisen (BayObLGZ 1975, 201, 206: Kellervorplatz).

▶ Fahrradraum, Fahrradkeller

Ist ein Fahrrad- und Kinderwagenraum, d.h. ein im Aufteilungsplan als Fahrrad- oder Kinderwagenraum bezeichneter, im gemeinschaftlichen Eigentum stehender Raum vorhanden, so kann seine Benutzung durch Vereinbarung, z.B. in der Gemeinschaftsordnung, oder – soweit eine solche Vereinbarung nicht vorhanden ist – durch Mehrheitsbeschluss geregelt werden, etwa durch eine Bestimmung, dass er stets verschlossen zu halten ist (→ Schließregelungen). Wurde der Raum anderweitig vermietet, so hat der Verwalter den Mietvertrag zu kündigen, wenn sich Wohnungseigentümer nachträglich Fahrräder oder Kinderwagen anschaffen und den Raum bestimmungsgemäß nutzen wollen (OLG Frankfurt OLGZ 1987, 50).

Eine Hausmeisterwohnung darf nicht durch Beschluss in einen Fahrradkeller umgewidmet werden (OLG Düsseldorf NJW-RR 1997, 1306). Auch die Lagerung von Kaminholz, Holzschutt oder Briketts ist in einem Fahrradkeller nicht zulässig (OLG Karlsruhe WuM 1999, 51). In einer → Mehrhauswohnanlage können die Wohnungseigentümer eines Gebäudes allein, unanfechtbar aber nur einstimmig beschließen, dass ein bestimmter Raum als Fahrradkeller genutzt werden soll (BayObLGZ 1961, 322).

▶ Fahrradständer

Die Anschaffung und Montage von Fahrradständern oder die Anbringung von Fahrradwandhaltern (BayObLG WE 1996, 235f) auf dem gemeinschaftlichen Grundstück ist i.d.R. eine Maßnahme ordnungsmäßiger Verwaltung, die die Wohnungseigentümer mit Stimmenmehrheit beschließen können (OLG Köln DWE 1997, 71; Palandt/Bassenge § 22 RN 7). Eine bauliche Veränderung liegt aber vor, wenn ein Fahrradständer an einer störenden Stelle, z.B. im Eingangsbereich, angebracht werden soll (BayObLG DWE 1991, 142).

▶ **Fahrstuhl**

1. Eigentum

Aufzugsanlagen sind Gegenstand des → gemeinschaftlichen Eigentums, da sie dem gemeinschaftlichen Gebrauch der Wohnungseigentümer dienen, § 5 Abs. 2 WEG (LG Mannheim ZMR 1976, 218). Zum Sondereigentum gehört ein Aufzug ausnahmsweise nur dann, wenn er innerhalb der zum Sondereigentum gehörenden Räume liegt, z.B. ein Lastenaufzug, der nur von einem Eigentümer genutzt werden kann.

2. Instandhaltung und Instandsetzung/An- und Einbau

Der Anbau eines Fahrstuhls an der Außenseite des Gebäudes ist eine bauliche Veränderung, insbesondere da zur Schaffung eines Zugangs Durchbrüche der Außenwand erforderlich sind (BayObLG WE 1993, 285f; DWE 1995, 42 [L]); er beeinträchtigt i.d.R. den optischen Gesamteindruck der Anlage nicht ganz unerheblich (BayObLG WE 1993, 285f).

Auch der Einbau im Treppenhaus ist eine bauliche Veränderung, die i.d.R. nicht ganz unerhebliche Beeinträchtigungen nach sich zieht, da er einen Teil des Gemeinschaftseigentums in Anspruch nimmt, der dadurch einer anderen Nutzung entzogen wird (OLG Köln WE 1990, 25f). Dies gilt auch dann, wenn die Gemeinschaftsordnung alle Maßnahmen, die erforderlich sind, um das gemeinschaftliche Eigentum auf einen modernen Stand der Technik zu bringen, zu Angelegenheiten der ordnungsmäßigen Verwaltung erklärt (BayObLG WE 1993, 285). Haben die Wohnungseigentümer bestandskräftig den Einbau eines Fahrstuhls beschlossen, so kann ein späterer Beschluss über die konkrete Ausführung nur noch dahin gehend überprüft werden, ob er den Grundsätzen ordnungsmäßiger Verwaltung entspricht (BayObLG WE 1995, 286).

Denkbar ist bei sehr großzügigen Treppenhäusern, dass die einbauwilligen Wohnungseigentümer der Zustimmung der anderen, von den Kosten befreiten Wohnungseigentümern, nicht bedürfen, die dann aber von der Nutzung ausgeschlossen sind; dies setzt aber voraus, dass der Aufzug so – z.b. durch Ausführung als gläserner Aufzug – gestaltet wird, dass der optische Eindruck nicht oder nur unwesentlich verschlechtert wird, was im Einzelfall zu beurteilen ist, und die Fläche, die dem Mitgebrauch der anderen Wohnungseigentümer entzogen wird, nur unbedeutend ist.

Die Erfüllung behördlicher Auflagen in bezug auf bestehende Aufzugsanlagen, z.B. Anstellung eines Aufzugswartes zur Vermeidung der Stilllegung (OLG Hamm NJW-RR 1986, 16), Installation einer Alarmanlage, Einbau von selbstschließenden Türen (VGH Mannheim NJW 1974, 74) ist eine Maßnahme ordnungsmäßiger Verwaltung (→ Öffentlich-rechtliche Pflichten), zu der der Verwalter verpflichtet ist und die jeder Wohnungseigentümer gem. § 21 Abs. 4 WEG verlangen kann.

Der Beschluss, einen Fahrstuhl stillzulegen, etwa um Kosten zu sparen, ist nichtig. Es handelt sich nämlich nicht um eine – durch Mehrheitsbeschluss zu treffende – Gebrauchsregelung, die den Mitgebrauch voraussetzt, sondern einen Gebrauchsentzug. Der Beschluss greift somit in das den Wohnungseigentümern kraft Gesetzes gem. § 13 Abs. 2 WEG zustehende Mitgebrauchsrecht ein (BayObLG NZM 2002, 447 z. Stilllegung eines → Müllschluckers).

3. Nutzungsregelungen

Die Benutzung des Fahrstuhls kann durch Vereinbarung gem. § 15 Abs. 1 WEG oder durch Mehrheitsbeschluss gem. § 15 Abs. 2 WEG geregelt werden. Ordnungsmäßiger Verwaltung entspricht es, Kleinkindern die Benutzung nur gemeinsam mit Erwachsenen zu gestatten. Eine Einschränkung des automatischen Betriebs auf bestimmte Stockwerke verstößt gegen die Grundsätze ordnungsmäßiger Verwaltung und kann deshalb nicht unanfechtbar beschlossen werden (OLG Köln ZMR 2002, 75).

Bezüglich des Fahrstuhls bestehen aufgrund Gefahrgeneigtheit erhöhte → Verkehrssicherungspflichten des Verwalters, der regelmäßige Wartungen und vorgeschriebene TÜV-Prüfungen zu veranlassen hat und z.B. durch Anstellen eines während der jeweiligen Betriebszeiten erreichbaren Aufzugswartes oder Installierung einer Außenalarmsirene sicherzustellen hat, dass bei Störungen eingeschlossene Benutzer jederzeit auf sich aufmerksam machen und befreit werden können. Der Abschluss eines über 20 Jahre laufenden Aufzugswartungsvertrages ist nicht von der gesetzlichen Geschäftsführungsbefugnis des Verwalters gem. § 27 Abs. 1 Nr. 2 WEG gedeckt (OLG Zweibrücken OLGZ 1983, 339).

4. Kosten

Die bei dem Betrieb des Aufzugs anfallenden Kosten haben die Wohnungseigentümer im Verhältnis ihrer Miteigentumsanteile gem. § 16 Abs. 2 WEG zu tragen, es sei denn, dass ein anderer → Kostenverteilungsschlüssel vereinbart ist. Dies gilt auch für die Eigentümer von Erdgeschosswohnungen und für Eigentümer, die den Aufzug nicht benutzen oder für den Fahrstuhl in einem Gebäude einer → Mehrhauswohnanlage für die Bewohner der anderen Gebäude ohne Aufzug (BGHZ 92, 18; BayObLG WuM 2001, 88), da kein allgemeiner Grundsatz besteht, wonach ein Wohnungseigentümer Kosten für solche Einrichtungen nicht zu tragen hat, die ihm persönlich keinen Nutzen bringen (→ Befreiung von Kosten). Dient der Fahrstuhl jedoch nur einem einzigen Wohnungs- oder Teileigentum, z.B. der Lastenaufzug einer Gewerbeeinheit, hat deren Eigentümer die Kosten allein zu tragen (LG Mannheim ZMR 1976, 582; Staudinger/Bub § 16 RN 143).

Faktische Wohnungseigentümergemeinschaft

Von einer faktischen Wohnungseigentümergemeinschaft spricht man, wenn sich die Rechtsstellung der werdenden Wohnungseigentümer der von Wohnungseigentümern weitgehend angenähert hat (BayObLG WuM 1986, 158) und sich die werdenden Wohnungseigentümer in die Gemeinschaft tatsächlich eingegliedert haben (BayObLG NJW-RR 1991, 977), der Eigentumserwerb aber nicht vollendet ist. Eine faktische Wohnungseigentümergemeinschaft besteht bei einer Vorratsteilung nach § 8 WEG in der Zeit zwischen Errichtung der Teilungserklärung und der Eintragung des ersten Erwerbers im → Grundbuch als Wohnungseigentümer, also im Gründungsstadium, das sich aus Gründen der Arbeitsbelastung des Grundbuchamtes oder wegen des Bestehens von behebbaren Mängeln über längere Zeit erstrecken kann (→ Begründung des Wohnungseigentums). In dieser Zeit besteht ein unabweisbares Bedürfnis für eine faktische Wohnungseigentümergemeinschaft zur gemeinschaftlichen Verwaltung und zur Ausübung der Gebrauchsrechte (BayObLGZ 1990, 101f).

Bei Begründung von Wohnungseigentum durch eine Teilungsvereinbarung nach § 3 WEG kann hingegen grds. keine faktische Wohnungseigentümergemeinschaft entstehen (BayObLG NJW-RR 1992, 597); bis zur Anlegung des Grundbuchs gelten die §§ 741 ff BGB, es sei denn, dass die Miteigentümer – ggf. stillschweigend – die Geltung der künftigen Gemeinschaftsordnung vereinbart haben (BayObLG NJW-RR 2002, 1022). Eine faktische Wohnungseigentümergemeinschaft kommt auch nicht in Betracht, wenn der Begründung des Wohnungseigentums Nichtigkeitsgründe entgegenstehen, z.B. bei Mitwirkung eines Geschäftsunfähigen oder bei Sittenwidrigkeit der Teilungserklärung.

Die Voraussetzungen für eine faktische Wohnungseigentümergemeinschaft sind

- der unmittelbare oder mittelbare Besitz des werdenden Wohnungseigentümers an der Wohnung, die bewohnbar sein muss (BayObLG NZM 2003, 321). Die tatsächliche Gewalt muss er dann nicht erlangt haben, wenn sich Veräußerer und Erwerber über den Besitzübergang geeinigt haben und der Erwerber in der Lage ist, die tatsächliche Gewalt ausüben zu können (BayObLG WuM 1986, 158),
- der Abschluss eines schuldrechtlichen Erwerbsvertrages,
- die dingliche Sicherung des Erwerbers durch Eintragung einer → Vormerkung (BayObLG NZM 2003, 321; OLG Hamm ZWE 2000, 86; FGPrax 2003, 111) oder durch Antrag auf Eintragung der Auflassung (BayObLGZ 1990, 101).

Weitergehend wird darüber hinaus auch die Anlegung der Wohnungsgrundbücher verlangt (BayObLG WuM 1998, 178; OLG Hamm ZWE 2000, 86, 88; a.A. Staudinger/Kreuzer § 10 RN 11).

Durch die Eintragung einer Auflassungsvormerkung für den ersten Erwerber und das Entstehen einer faktischen Eigentümergemeinschaft endet die bis dahin bestehende Gestaltungsfreiheit des aufteilenden Eigentümers sowohl hinsichtlich der Errichtung der Anlage abweichend vom → Aufteilungsplan – Abweichungen vor diesem Zeitpunkt stellen keine → baulichen Veränderungen dar (→ Abweichung zwischen Aufteilungsplan und Bauausführung) – wie auch hinsichtlich der Abänderung der → Gemeinschaftsordnung; insbesondere darf der aufteilende Eigentümer nach diesem Zeitpunkt keine → Sondernutzungsrechte ohne Mitwirkung der werdenden Eigentümer mehr bestellen. Wegen der Akzessorietät von Auflassungsvormerkung und Auflassungsanspruch verliert der werdende Wohnungseigentümer seine Position mit Erklärung des Rücktritts vom Kaufvertrag (BayObLG FGPrax 1995, 232f; Staudinger/Bub §28 RN 206), wodurch das Grundbuch unrichtig wird.

Das Verhältnis der Mitglieder der faktischen Wohnungseigentümergemeinschaft untereinander bestimmt sich bereits nach der Teilungserklärung und dem WEG, auch bezüglich des gerichtlichen Verfahrens in → Wohnungseigentumssachen (BayObLG NJW-RR 1997, 1443; OLG Hamm ZMR 2000, 128; OLG Köln NZM 2000, 53; OLG Zweibrücken FGPrax 1999, 50; a.A. OLG Saarbrücken NZM 2002, 610), wobei jeweils im Einzelfall zu beurteilen ist, welcher Grad der Eingliederung welche Rechte und Pflichten auslöst. Wesentlich ist, dass das zeitweilige Nebeneinander von Veräußerer und Erwerber nicht zu einer Vermehrung einzelner aus dem Wohnungseigentum fließenden Rechte führt.

Aus diesen Grundsätzen folgt, dass der faktische Wohnungseigentümer schon vor Eigentumsübergang

- sein Stimmrecht in der Eigentümerversammlung ausüben kann (→ Stimmrecht);
- zu den Lasten und Kosten des gemeinschaftlichen Eigentums gemäß §28 Abs.2, 3 und 5 WEG beizutragen hat (→ Beiträge, Beitragsvorschüsse; → Abrechnungsfehlbeträge, Abrechnungsguthaben);
- sein Besitzrecht in den Grenzen der §§13ff WEG ausüben kann;
- baulichen Veränderungen zustimmen (BayObLG WE 1995, 282) oder die Beseitigung nicht genehmigter baulicher Änderungen verlangen und gerichtlich durchsetzen kann (BayObLG WuM 1986, 158);

- Beschlüsse anfechten kann (→ Anfechtbarkeit und Anfechtung von Beschlüssen; a.A. OLG Saarbrücken NZM 1998, 518);
- Beteiligter in Wohnungseigentumsverfahren gem. §43 WEG ist (→ Beteiligte).

Die faktische Wohnungseigentümergemeinschaft endet durch die Eintragung des ersten Erwerbers als Eigentümer im Grundbuch. Die zu diesem Zeitpunkt bereits existente Rechtsstellung der faktischen Wohnungseigentümer bleibt neben denjenigen bestehen, die als Wohnungseigentümer im Grundbuch eingetragen sind, da ein erforderlicher Zwischenschritt zum Vollrechtserwerb nicht zum Verlust einer bereits erlangten Rechtsposition führen kann (BayObLG FGPrax 1998, 17; WE 1992, 27; OLG Karlsruhe ZMR 2003, 374; Seuss, in: FS Bärmann und Weitnauer [1985] 619). Wird jedoch für einen Erwerber eine Auflassungsvormerkung nach Invollzugsetzung der Gemeinschaft durch Eigentumsumschreibung auf den ersten Erwerber eingetragen, tritt dieser – wie ein sog. Zweiterwerber – der Wohnungseigentümergemeinschaft erst bei, wenn er im Grundbuch als Wohnungseigentümer eingetragen wird (BayObLG ZfIR 2001, 1007f).

Für die Anwendung der Grundsätze der faktischen Wohnungseigentümergemeinschaft auf den Erwerber von bereits bestehendem Wohnungseigentum – d.h. beim sog. Zweiterwerb – besteht kein anzuerkennendes Bedürfnis (vgl. BGHZ 107, 285, 288 z. Zahlungspflicht; 106, 113, 118f z. → Stimmrecht des Erwerbers; OLG Saarbrücken NZM 2002, 610); es ist Sache der Kaufvertragsparteien, ihr Verhältnis, z.B. durch Ermächtigung des Erwerbers zur Ausübung des → Stimmrechts oder Regelung des Übergangs von Besitz, Nutzungen und Lasten, im Innenverhältnis so auszugestalten, dass Rechte und Pflichten des Veräußerers weitgehend auf den Erwerber übergehen.

▶ **Fallrohr** → Regenrinne, Fallrohr

▶ **Fassade**

Die Außenwand einschließlich Außenputz (OLG Düsseldorf BauR 1975, 61) ist als konstruktiver Bestandteil einer Eigentumswohnanlage gem. §5 Abs.1 WEG zwingend gemeinschaftliches

Eigentum (OLG Zweibrücken NZM 2000, 623). An ihr kann aber ein → Sondernutzungsrecht für einen Wohnungs- oder Teileigentümer bestellt werden (BPM § 15 RN 19), das andere Teileigentümer in der Möglichkeit, für ihr Geschäft Werbung zu betreiben, beschränkt (a.A. OLG Frankfurt Rpfleger 1982, 64). Wird im Übrigen ein Wohnungs- oder Teileigentum in zulässiger Weise gewerblich, z. B. als Ladengeschäft, genutzt, muss von den übrigen Wohnungseigentümern nicht nur diese Nutzung, sondern auch die Anbringung von angemessenen und ortsüblichen Werbeanlagen für das betriebene Gewerbe oder Ladengeschäft unter Inanspruchnahme von gemeinschaftlichem Eigentum geduldet werden (→ Werbe- und Reklameeinrichtungen). Dies gilt auch für einen zulässig betriebenen → Erotikshop. Das Anbringen von Spruchbändern mit politischen Parolen oder Reklameschildern in den Fenstern oder an der Fassade kann in der → Hausordnung untersagt werden (→ Werbe- und Reklameeinrichtungen).

Bei der Gestaltung einer Gebäudefassade gelten besonders strenge Anforderungen (OLG Zweibrücken NZM 1998, 376 z. Anbringung eines → Katzennetzes). Jeder Eingriff in den optischen Gesamteindruck der Fassade einer Wohnungseigentumsanlage stellt deshalb auch dann eine bauliche Veränderung dar, wenn sie nicht unmittelbar die Bausubstanz berührt (OLG Köln ZMR 2000, 58). Die Außenwand darf von einem Wohnungseigentümer nicht ohne Zustimmung aller anderen Wohnungseigentümer durchbrochen werden, z.B. um ein → Entlüftungsgitter oder eine → Klimaanlage einzubauen. Das Stutzen von Weinlaub ist hingegen einem Mehrheitsbeschluss zugänglich (OLG Saarbrücken WuM 1988, 243).

Die Beseitigung ursprünglicher baulicher Mängel an der Fassade ist grds. keine bauliche Veränderung, sondern auch dann eine mehrheitlich zu beschließende Instandsetzungsmaßnahme, wenn sie mit Eingriffen in die Substanz verbunden ist. Auch können die Wohnungseigentümer mehrheitlich als Maßnahme → modernisierender Instandsetzung beschließen, dass eine den Regeln der Bautechnik genügende → Wärmedämmung hergestellt wird. Gleichfalls kann mehrheitlich beschlossen werden, eine Sichtbetonfassade mit einem Oberflächenschutz gegen ein Fortschreiten der

Korrosion, um Betonschäden zu vermeiden (BayObLG NJW-RR 1988, 1169; AG Offenbach ZMR 1986, 134 f), oder eine verputzte Fassade mit einem Farbanstrich zu versehen, statt den Putz zu erneuern (KG WE 1993, 275).

Wird eine bauliche Veränderung i.S. von § 22 Abs. 1 WEG beschlossen, so betrifft ein Beschluss über die näheren Einzelheiten, wie die Arbeiten durchzuführen sind, eine Maßnahme der ordnungsmäßigen Verwaltung gem. § 21 Abs. 3 WEG und kann mehrheitlich gefasst werden (→ Bauliche Veränderung).

▶ Fenster

1. Eigentum

Fenster sind, jedenfalls soweit sie nach außen oder zum gemeinschaftlichen Eigentum hin gerichtet sind, gem. § 5 Abs. 1 und 2 WEG wegen ihrer Zugehörigkeit zur Fassade grds. zwingend gemeinschaftliches Eigentum (BayObLG WuM 1996, 326; NZM 2001, 1081; OLG Hamm NJW-RR 1992, 148; OLG Düsseldorf ZMR 2001, 214 f; BPM § 5 RN 36: a.A. OLG Köln NJW 1981, 585; OLG Frankfurt Rpfleger 1983, 64: Differenzierung zwischen Sonder- und gemeinschaftlichem Eigentum nach Innen- und Außenseite der Fenster). Sondereigentum sind allein die Innenbeschläge, die Fenstergriffe, die innere Fensterbank und der Innenanstrich (LG Darmstadt DWE 1987, 31). Bei echten Doppelfenstern mit trennbaren Rahmen kann durch Vereinbarung Sondereigentum auch an den Innenrahmen und die Innenscheiben begründet werden (BayObLG ZWE 2000, 178; OLG Düsseldorf ZMR 2001, 214 f; OLG Oldenburg DWE 1988, 64; a.A. KG ZMR 1989, 201: Doppelfenster sind insgesamt Gemeinschaftseigentum). Moderne Fensterkonstruktionen – Verbund- oder Isolierfenster mit Thermopane-Mehrfachglas – sind zwingend insgesamt dem Gemeinschaftseigentum zuzuordnen (BayObLG NZM 2001, 1081; Staudinger/Rapp § 5 RN 25). Sie stellen eine technische Konstruktionseinheit dar und können nicht in außenseitiges Gemeinschafts- und innenseitiges Sondereigentum zerlegt werden.

Die Zuordnung der Fenster zum Sondereigentum ist nichtig; sie kann im Einzelfall gem. § 140 BGB in eine Pflicht der jeweiligen Wohnungseigentümer zur Tragung der Instandhaltungs- und Instandsetzungskosten umgedeutet werden (BayObLG ZWE 2000, 178; OLG Düsseldorf ZMR 1998, 304; OLG Hamm WE 1992, 82; OLG Karlsruhe NZM 2002, 220). Dies gilt jedoch nicht, soweit die Gemeinschaftsordnung allein die Innenfenster dem Sondereigentum zuordnet, da das „Ersatzgeschäft" in seinen rechtlichen Wirkungen nicht weiter reichen darf als das unwirksame Rechtsgeschäft (BGH NJW 1963, 339; BayObLG ZWE 2000, 178; OLG Düsseldorf ZMR 2001, 214 f).

2. Instandhaltung und Instandsetzung / bauliche Veränderung

a) Instandhaltungspflicht

Da die Fenster gemeinschaftliches Eigentum sind, obliegt ihre Instandhaltung und Instandsetzung gem. § 21 Abs. 1, Abs. 5 Nr. 2 WEG den Wohnungseigentümern gemeinschaftlich. Eine abweichende Regelung der Instandhaltungspflicht ist jedoch zulässig (Staudinger/Bub § 21 RN 20). So kann die Pflicht zur Instandhaltung und Instandsetzung von Fenstern und Balkontüren (OLG Düsseldorf WuM 1996, 443 f) oder zur Behebung von Glasschäden (BayObLG NZM 2001, 1081 z. Trüb- oder Blindwerden von Isolierglasscheiben) in der Gemeinschaftsordnung den Wohnungseigentümern übertragen werden, in deren Räumen sich die Fenster befinden. Eine solche Klausel kann auch als bloße Kostentragungsklausel ausgelegt werden (OLG Düsseldorf ZMR 2001, 214 f). Die Überbürdung der Instandhaltungspflicht erfasst zwar die Erneuerung und Ersatzbeschaffung (OLG Düsseldorf WE 1996, 347 f; a.A: OLG Düsseldorf ZMR 2003, 696), sofern durch sonstige Maßnahmen ein ordnungsgemäßer Zustand nicht hergestellt werden kann (BayObLG NJW-RR 1996, 140 f), berechtigt aber nur zur Aufrechterhaltung und Wiederherstellung des ursprünglichen Zustands, nicht hingegen zu Veränderungen. Sie erfasst auch nicht die erstmalige Herstellung eines mangelfreien Zustandes, die stets der Gemeinschaft obliegt (BayObLG ZWE 2003, 187; OLG Köln ZMR 2002, 377; Staudinger/Bub § 21 RN 20).

Ein Beschluss, der jeden Sondereigentümer verpflichtet, die Fenster im Bereich des Sondereigentums auf eigene Kosten instand zu setzen und instand zu halten, ist mangels Beschlusskompetenz der Eigentümerversammlung nichtig (OLG Frankfurt/M NJOZ 2003, 732; Merle ZWE 2001, 196, 199; Wenzel ZWE 2001, 226, 234).

b) Einbau / Verschließen / Veränderung eines Fensters

Der Einbau eines zusätzlichen Fensters (BayObLG WuM 1993, 294) und das Zumauern eines Fensters (OLG Düsseldorf DWE 1989, 176) sind bauliche Veränderungen, die sich i.d.R. benachteiligend auswirken. Gleiches gilt für die Vergrößerung (BayObLG NZM 2001, 895) und Veränderung von Fenstern in Bezug auf die Gestaltung des Rahmens, die Einteilung oder die Farbgebung (BayObLG ZMR 1983, 35; OLG Düsseldorf NJW-RR 1994, 277; OLG Köln MDR 1995, 1211), die sich nachteilig auf die Gesamtoptik auswirken kann (OLG Düsseldorf WuM 1996, 170f). Die Anbringung von Fenstergittern kann als Maßnahme modernisierender Instandsetzung im Einzelfall zulässig sein (→ Fenstergitter).

Will ein Eigentümer ein Fenster oder Teile des Fensters ersetzen durch ein Fenster anderer Art, z.B. ein einteiliges Fenster durch ein Sprossenfenster (OLG Frankfurt Rpfleger 1983, 64; a.A. BayObLG WE 1995, 125 für den Fall, dass dies wegen der begrenzten Einsehbarkeit durch die Balkonbrüstung nicht oder nur geringfügig auffällt) oder ein Kippfenster durch ein Drehkippfenster (OLG Frankfurt NZM 1999, 263) oder mit einer von den anderen Fenstern abweichender Farbe, so bedarf er für diese bauliche Veränderung wegen der hiermit verbundenen Beeinträchtigung des optischen Gesamteindrucks der Zustimmung aller Wohnungseigentümer.

c) Einbau von Isolierfenstern

Ersetzt ein Wohnungseigentümer ein einfach verglastes Holzrahmenfenster durch ein farblich angepasstes, nicht sichtbar von den anderen Fenstern abweichendes thermopaneverglastes Kunststoffrahmenfenster, so bedarf er zu dieser baulichen Veränderung nicht der Zustimmung der anderen Wohnungseigentümer, da diese nicht über das zulässige Maß hinaus benachteiligt werden (BayObLG WE 1992, 50; OLG Oldenburg DWE 1988, 64). Das

Ersetzen von einfachen Fenstern durch Isolier- oder Doppelfenster ist eine durch Mehrheitsbeschluss zulässige Maßnahme → modernisierender Instandsetzung (OLG Hamburg NZM 2002, 872f; OLG Köln ZMR 1998, 49). Bei der Erneuerung außen liegender Fenster und Fenstertüren müssen die Vorschriften der EnEV beachtet werden, wenn wenigstens 20% der Fenster erneuert werden, § 8 Abs. 1 EnEV (→ Wärmedämmung).

d) Umgestaltung in eine Tür

Wird ein zum Innenhof (BayObLG DWE 1980, 30), zu einer vorgelagerten Dachfläche (OLG Düsseldorf NZM 1999, 1264) oder zu einer Terrasse, an der dem betreffenden Wohnungseigentümer ein Sondernutzungsrecht zusteht, führendes Fenster in eine Türe umgestaltet, die sich harmonisch in die vorhandene Architektur einpasst, liegt zwar eine bauliche Veränderung vor, die aber nur dann der Zustimmung der anderen Wohnungseigentümer bedarf, wenn sie durch diese beeinträchtigt werden (OLG Düsseldorf NZM 1999, 1264; OLG Hamburg WE 1992, 115: kein Nachteil; BayObLG ZMR 1999, 781: Nachteil, wenn Umbau eine intensivere Nutzung ermöglicht).

3. Kosten

Die Kosten der Instandhaltung und Instandsetzung der Fenster, insbesondere des Außenanstrichs der Fensterrahmen einschließlich der Versiegelung, tragen die Wohnungseigentümer gem. § 16 Abs. 2 WEG nach dem vereinbarten oder gesetzlichen Kostenverteilungsschlüssel; die Kosten des Innenanstrichs einschließlich Versiegelung trägt der jeweilige Wohnungseigentümer im Rahmen seiner Instandhaltungspflicht bezüglich des Sondereigentums allein. Zulässig ist es aber, durch Vereinbarung – ein Mehrheitsbeschluss hierzu wäre nichtig (→ Vereinbarungsändernder, vereinbarungsersetzender, vereinbarungswidriger Mehrheitsbeschluss) – die Kosten für die Instandhaltung und Instandsetzung von Fenstern (BayObLG WuM 1993, 562; OLG Düsseldorf WuM 1996, 443f) oder Glasscheiben (BayObLG NJW-RR 1996, 140f) den Wohnungseigentümern aufzuerlegen, die diese allein nutzen (Staudinger/Bub § 16 RN 39). Die Instandhaltung und Instandsetzung umfasst in diesem Falle auch die vollständige Erneuerung und Ersatzbeschaffung (BayObLG NJW-RR 1996, 140f), nicht aber die Kosten der Instandsetzung eines wintergartenähnlichen Glasvorbaus (BayObLG NZM 2003, 322). Im Unterschied zur Überbürdung der Instandhaltungspflicht lässt eine derartige Kostentragungsregelung die Zuständigkeit für die Entscheidung und Durchführung von Instandhaltungsmaßnahmen durch die Wohnungseigentümergemeinschaft und den Verwalter unberührt.

Erneuert ein Wohnungseigentümer ein schadhaftes Fenster in der irrigen Annahme, er und nicht die Gemeinschaft sei hierzu verpflichtet, so hat er einen Erstattungsanspruch gegen die übrigen Wohnungseigentümer, wenn das Fenster erneuerungsbedürftig war (OLG Hamburg NZM 2002, 872).

▸ Fenstergitter

Die Anbringung von Fenstergittern stellt grds. eine zustimmungsbedürftige bauliche Veränderung dar. Besteht allerdings erhöhte Einbruchsgefahr, kann es den Wohnungseigentümern im Erdgeschoss gestattet sein, auf eigene Kosten und bis zur Schaffung gemeinschaftlicher Sicherungsmaßnahmen eine bisher nicht vorhandene Einbruchssicherung wie Fenstergitter anzubringen (KG ZWE 2000, 535). Für die durch den Einbau von Fenstergittern beeinträchtigten übrigen Wohnungseigentümer begründet eine erhöhte Einbruchsgefahr in den Erdgeschosswohnungen jedoch dann keine Duldungspflicht, wenn mit den Gittern zugleich eine Kletterhilfe geschaffen wird, die den Einstieg in die anderen Wohnungen der Anlage erleichtert (OLG Zweibrücken ZWE 2000, 283).

▸ Ferienwohnung

Das Recht eines Wohnungseigentümers zur Vermietung ist wesentlicher Inhalt des Wohnungseigentums gem. § 13 Abs. 1 WEG. Dieses Recht zur Vermietung schließt grds. auch die Befugnis ein, die Eigentumswohnung an wechselnde Feriengäste zu vermieten; es kann jedenfalls dann, wenn sich die Wohnung in einem Fremdenverkehrsort befindet, nicht ausgeschlossen werden (BayObLG

WEM 1980, 31; offen gelassen von BayObLG ZMR 2000, 546). Mangels einer entgegenstehenden Regelung in der Vereinbarung/ Gemeinschaftsordnung ist eine solche Vermietung mit einem geordneten Zusammenleben nicht unvereinbar. Die durch eine solche Überlassung den übrigen Miteigentümern erwachsenden Nachteile sind nach § 14 Abs. 3 WEG hinzunehmen (BayObLGZ 1978, 305).

Der Eigentümer einer Wohnung in einer Ferienparkwohnanlage kann durch Gemeinschaftsordnung/Teilungserklärung verpflichtet werden, seine Wohnung allein einer Hotelbetriebsgesellschaft entgeltlich zur Nutzung zu überlassen (BayObLG NZM 2003, 520; ZWE 2001, 546). Für einen Streit über den zutreffenden Schlüssel für die Verteilung der Gesamtpacht auf die einzelnen Wohnungseigentümer ist in diesem Fall das Wohnungseigentumsgericht zuständig, und zwar auch dann, wenn die Verpachtung durch Einzelverträge mit den jeweiligen Eigentümern der Appartements vorgenommen wird (BayObLG NZM 2003, 520). Ein Ferienparkbetriebsrecht, wonach eine Eigentumswohnung nur als Ferienwohnung bewirtschaftet und einem wechselnden Personenkreis zur Erholung zur Verfügung gestellt werden darf und wonach allein dem (Dienstbarkeits-)Berechtigten die Vermietung der Wohnung obliegt, kann auch Inhalt einer beschränkten persönlichen Dienstbarkeit sein, welche auf der Wohnung ruht (BGH NZM 2003, 440).

Eine Bestimmung der Gemeinschaftsordnung, wonach die Wohnungseigentümer zur Ausübung eines Gewerbes oder Berufes in der Wohnung nur mit Zustimmung der übrigen Wohnungseigentümer oder des Verwalters berechtigt sein sollen, hindert nicht die Vermietung als Ferienwohnung, da in der Vermietung einer Wohnung an Feriengäste nicht die Ausübung eines Gewerbes oder Berufes zu sehen ist, sondern lediglich eine zur Ausübung der Eigentümerrechte zählende allgemein übliche Ausnutzung des Eigentums im Rahmen der einfachen Vermögensverwaltung (BayObLGZ 1978, 305). Auch die Vermietung von mehreren Eigentumswohnungen in einem Appartement- und Sporthotel macht den Vermieter nicht zum Gewerbetreibenden, wenn Zweck des Erwerbs nicht eine künftige berufsmäßige gewerbliche Betätigung, sondern eine steuerlich günstige Vermögensanlage war (BGH NJW 1979, 1650).

Bei subventionierten Ferienwohnanlagen kann die öffentliche Hand eine dem Subventionszweck entsprechende Verwendung der Mittel durch beschränkte persönliche Dienstbarkeiten des Inhalts sichern, dass die Wohnungen nicht länger als eine bestimmte Dauer (BayObLGZ 1985, 197: 6 Wochen) vom Eigentümer selbst oder ein und demselben Dritten bewohnt werden dürfen; es handelt sich hierbei um eine sog. Fremdenverkehrsdienstbarkeit.

▶ **Fernsehantenne** → Antenne, Parabolantenne

▶ **Fernsprecheinrichtung** → Duldungspflichten

▶ **Fernwärme, Nah- und Direktwärme**

Die Umstellung einer vorhandenen Heizungsanlage auf den Bezug von Fernwärme stellt eine bauliche Veränderung dar, wenn ein alsbaldiger Ausfall der Heizungsanlage nicht wahrscheinlich und eine sofortige Erneuerung nicht erforderlich ist (OLG Düsseldorf ZMR 1998, 185).

Die Zustimmung der Mieter vermieteter Wohnungen ist zur Umstellung nicht erforderlich. Es steht dem Vermieter frei, die ihm am günstigsten erscheinende Versorgungsart zu wählen und eine im Haus vorhandene zentrale Heizungsanlage stillzulegen und einen Dritten mit der Lieferung von Fern- oder Nahwärme zu beauftragen – sog. „Wärmecontracting" (LG Frankfurt/Oder NZM 1999, 1037; LG Chemnitz NZM 2000, 63; LG München II NZM 2000, 205; a.A. Tiefenbacher NZM 2000, 161 ff). Dies gilt jedenfalls dann, wenn die Übertragung der Wärmeversorgung auf ein Drittunternehmen im Zuge der Durchführung von Modernisierungsmaßnahmen erfolgt und in den Mietverträgen eine bestimmte Versorgungsart für Wärmeenergie nicht festgelegt ist. In diesem Fall bedeutet eine kostenmäßig auf den Mieter umlagefähige Übertragung der Wärmelieferung auf einen Dritten (→ Umlage der Betriebs- und Nebenkosten auf den Mieter) keinen Eingriff in das Vertragsverhältnis, der einer Zustimmung der Mieter bedarf (Kreuzberg, Handbuch der Heizkostenabrechnung, 3. Aufl., S. 113 f).

Bei den Kosten der eigenständigen gewerblichen Belieferung der Wohnungseigentümergemeinschaft mit Fernwärme, Nah- oder Direktwärme gem. § 7 Abs. 4 HeizkVO und mit Warmwasser gem. § 8 Abs. 4 HeizkVO handelt es sich um Kosten des Gebrauchs des gemeinschaftlichen Eigentums i. S. von § 16 Abs. 2 WEG. Der Preis richtet sich nicht nach den in §§ 7 Abs. 2 und 8 Abs. 2 HeizkVO genannten Kosten, sondern nach der mit dem Wärmelieferanten getroffenen Vereinbarung, auf die die AVBFernwärmeVO anzuwenden ist (BGH NJW 1986, 3195; BayObLG WuM 1994, 105; OLG Hamm NJW-RR 1989, 1455, jeweils z. HeizkVO a.F.), und die i.d.R. auf einen Grund-, Arbeits- und Verrechnungspreis abstellt; der Grundpreis beinhaltet dabei Zinsen und Abschreibung auf die Investitionskosten, Reparaturkosten, Verwaltungskosten und Unternehmergewinn. Dem Wärmepreis hinzuzurechnen sind die Kosten des Betriebs der zugehörigen Hausanlagen i.S. von § 12 AVBFernwärmeVO, z.B. eines Wärmetauschers oder einer Übergabestation, sowie der Hausinstallation in entsprechender Anwendung von § 7 Abs. 2 HeizkVO; werden diese nicht vom Wärmelieferanten abgerechnet, so können sie zwischen den Wohnungseigentümern gem. § 11 Abs. 1 Nr. 4 HeizkVO insgesamt verbrauchsunabhängig nach dem allgemein anzuwendenden Kostenverteilungsschlüssel abgerechnet werden. Im Übrigen werden die Kosten im Innenverhältnis nach Maßgabe der HeizkVO auf die einzelnen Wohnungseigentümer verteilt (→ Heiz- und Warmwasserkosten).

Die Kosten der unmittelbaren Belieferung der einzelnen Wohnungen mit Fern-, Nah- oder Direktwärme aufgrund einer Vereinbarung mit jedem einzelnen Wohnungseigentümer – nicht mit der Wohnungseigentümergemeinschaft – sind von den Eigentümern getrennt zu tragen (Staudinger/Bub § 16 RN 186).

Fertiggarage → Garagen, Sammel- und Tiefgaragen

Fertigstellung stecken gebliebener Wohnanlagen

Bricht der Bauträger vor Vollendung einer ganz oder teilweise veräußerten Eigentumswohnanlage wirtschaftlich zusammen, sind die Wohnungseigentümer mit dem Problem des „stecken gebliebenen Baus", bzw. einer „Bauruine" konfrontiert. Ein Bauvorhaben ist stecken geblieben, wenn dieses nach der Insolvenz des Bauträgers nur von den Erwerbern selbst fertig gestellt werden kann und Ansprüche gegenüber Dritten ausscheiden (Ott NZM 2003, 134). Der Insolvenzverwalter über das Vermögen des Bauträgers ist zwar, sofern eine Vormerkung für den Erwerber eingetragen wurde, zur Eigentumsverschaffung, nicht aber zur Fertigstellung des Baus verpflichtet; vielmehr steht ihm ein Wahlrecht zu, ob er den Vertrag erfüllt (→ Insolvenz des Bauträgers).

1. Fertigstellungspflicht

Ist das Gebäude zu wenigstens der Hälfte seines Wertes fertig gestellt und besteht bereits eine werdende oder faktische Wohnungseigentümergemeinschaft (BayObLG WE 1993, 142; Weitnauer/Lüke § 22 RN 29), so sind die – ggf. werdenden – Wohnungseigentümer gem. § 22 Abs. 2 WEG analog verpflichtet, den Bau zu vollenden (BayObLG ZWE 2000, 214f; NZM 2003, 66; OLG Frankfurt WuM 1994, 36; Staudinger/Bub § 22 RN 281), so dass sie hierüber gem. § 21 Abs. 3 WEG mehrheitlich beschließen können bzw. jeder Wohnungseigentümer dies gem. § 21 Abs. 4 WEG verlangen kann. I.d.R liegt es auch im Interesse der Wohnungseigentümer, den Bau zu vollenden und dadurch die Bezugsfertigkeit der Eigentumswohnungen herzustellen, da nur dann das Wohnungseigentum und die bereits investierten Gelder für sie von Nutzen sind. Die Fertigstellung ist den Wohnungseigentümern im Verhältnis zueinander auch zuzumuten, da sie dadurch nicht unverhältnismäßig mit zusätzlichen Kosten belastet werden; sie haben nämlich i.d.R. noch nicht den ganzen Kaufpreis gezahlt, da der Bauträger gem. § 3 Abs. 2 MaBV Zahlungen nur nach Baufortschritt und die letzte Kaufpreisrate erst nach Fertigstellung anfordern darf (→ Vergütung des Bauunternehmers).

Die Fertigstellungspflicht betrifft nur das gemeinschaftliche Eigentum, nicht das Sondereigentum (a.A. LG Bonn ZMR 1985, 63f). Zur Fertigstellung seines Sondereigentums ist jeder Wohnungseigentümer nur nach Maßgabe des § 14 Nr. 1 WEG verpflichtet (Staudinger/Bub § 22 RN 284).

Ist das Gebäude noch nicht wenigstens zur Hälfte seines Wertes fertig gestellt, so besteht keine Pflicht der Wohnungseigentümer zur Fertigstellung des stecken gebliebenen Baus (a.A. OLG Hamm Rpfleger 1978, 182; Ott NZM 2003, 134, 136: Fertigstellungspflicht unabhängig vom Bautenstand), da die Fertigstellung auf Kosten der Wohnungseigentümer deren finanzielle Kräfte übersteigen kann, wovor sie § 22 Abs. 2 WEG schützen soll. Dies gilt erst recht, wenn zum Zeitpunkt der Insolvenz des Bauträgers noch nicht alle Wohnungen verkauft sind. In diesem Fall müssten die Wohnungseigentümer nicht nur anteilig die Kosten für den Bau ihrer Eigentumswohnung tragen, sondern darüber hinaus auch noch die auf die bisher unverkauften Wohnungen entfallenden Kosten (Röll NJW 1978, 1507 f).

Bei einer Mehrhauswohnanlage sind, wenn ein Haus zu mehr als der Hälfte seines Wertes fertig gestellt ist, nur dessen Wohnungseigentümer zur Fertigstellung dieses Hauses verpflichtet. Hinsichtlich der übrigen Häuser, mit deren Errichtung noch nicht begonnen worden ist oder die nur zu weniger als der Hälfte ihres Wertes fertig gestellt sind, besteht dagegen keine Pflicht zur Herstellung (Röll NJW 1978, 1507, 1509). Dies gilt aber nur, wenn die Instandsetzungskosten aufgrund des zwischen den Wohnungseigentümern vereinbarten Schlüssels getrennt für jedes Gebäude ermittelt und nur auf die Wohnungseigentümer des jeweiligen Gebäudes verteilt werden (→ Mehrhauswohnanlage).

2. Art der Fertigstellung

Sind die – ggf. werdenden – Wohnungseigentümer zur Fertigstellung des Gebäudes verpflichtet, so können sie über die Frage des Ob (BayObLG NZM 2003, 66) und der Art und Weise der Fertigstellung sowie die Aufbringung der Kosten durch Mehrheitsbeschluss entscheiden, den der Verwalter gem. § 27 Abs. 1 Nr. 1 WEG durchzuführen hat. Lehnt die Mehrheit der Wohnungseigentümer die Fertigstellung ab, so kann jeder Wohnungseigentümer gem. § 21 Abs. 4 WEG von den anderen Wohnungseigentümern die Mitwirkung an der Fertigstellung als Maßnahme ordnungsmäßiger Verwaltung verlangen und dies gem. § 43 Abs. 1 Nr. 1 WEG gerichtlich durchsetzen.

Der Inhalt der Pflicht zur Fertigstellung des Gemeinschaftseigentums bestimmt sich nach der Teilungserklärung und dem

→ Aufteilungsplan (Weitnauer/Lüke § 22 RN 29). Abweichungen hiervon bedürfen gem. § 22 Abs. 1 WEG der Einstimmigkeit (OLG Frankfurt WuM 1994, 36; OLG Hamburg WE 1990, 204 f), soweit es sich nicht um → modernisierende Instandsetzungen handelt, die mehrheitlich beschlossen werden können.

3. Kostentragung

Die Kosten für die Fertigstellung des stecken gebliebenen Baus treffen die Wohnungseigentümer nach dem für die Instandsetzungskosten vereinbarten → Kostenverteilungsschlüssel bzw. – bei Fehlen einer Vereinbarung – gem. § 16 Abs. 2 WEG nach dem Verhältnis ihrer Miteigentumsanteile, ohne dass hierfür ein besonderer Beschluss erforderlich wäre (BayObLG ZWE 2000, 214 f; OLG Frankfurt WuM 1994, 36; Palandt/Bassenge § 2 RN 12), wobei der teilende Eigentümer als Eigentümer der nicht verkauften Wohnungen oder auch der Insolvenzverwalter über sein Vermögen (→ Nachschusspflicht) einzubeziehen ist (BayObLG ZWE 2000, 214 f). Unerheblich für die Verteilung der Kosten nach dem geltenden Verteilungsschlüssel ist, welche Teile des Kaufpreises die einzelnen Wohnungseigentümer bereits an den Bauträger bezahlt haben (Ott NZM 2003, 135, 138; a.A. OLG Frankfurt WuM 1994, 36; OLG Hamburg OLGZ 1990, 308; OLG Karlsruhe OLGZ 1979, 287, 288; offen gelassen v. BayObLG ZMR 1983, 419, 422; OLG Frankfurt OLGZ 1991, 293, 294), da deren Berücksichtigung zu einer – unzulässigen – Veränderung des Kostenverteilungsschlüssels führen würde.

Wird in Bauträgerverträgen ein von § 3 Abs. 2 MaBV abweichender Ratenzahlungsplan oder gar eine Vorauszahlung der Vergütung vereinbart, darf der Bauträger Vermögenswerte nur entgegennehmen, wenn er dem Erwerber eine Bürgschaft übergibt, die den Vorgaben des § 7 Abs. 1 MaBV entspricht. Im Fall des stecken gebliebenen Baus kann der Erwerber die bürgende Bank in Anspruch nehmen und sich so zumindest teilweise schadlos halten (→ Vergütung des Bauunternehmers).

Für die Überprüfung von Zahlungsansprüchen ist, sofern noch keine faktische Wohnungseigentümergemeinschaft besteht, das Prozessgericht zuständig (OLG Karlsruhe NZM 2001, 145).

Feuchtigkeitsschäden

Treten im Bereich des Sondereigentums Wasser- oder Feuchtigkeitsschäden auf, die ihre Ursache im gemeinschaftlichen Eigentum haben (z.B. durchfeuchtete Außenmauern), hat jeder Wohnungseigentümer gegenüber der Gemeinschaft einen Anspruch auf Feststellung der Schadensursache durch einen Sachverständigen sowie auf Beseitigung der Schäden (→ Mängel des gemeinschaftlichen Eigentums). Die Verpflichtung des Verwalters beschränkt sich grds. darauf, unverzüglich Mängel und Schadensursache festzustellen (BayObLG NZM 1998, 583), die Wohnungseigentümer hierüber zu unterrichten und deren Entscheidung über das weitere Vorgehen herbeizuführen (BayObLG NJW-RR 1992, 1102; OLG Düsseldorf NZM 1998, 721). Bei dringendem Handlungsbedarf hat er eine außerordentliche Eigentümerversammlung einzuberufen (BayObLG WE 1988, 74 f z. Undichtigkeit der Feuchtigkeitsisolierung). Verletzt er diese Pflichten schuldhaft, haftet er für den Schaden des betroffenen Wohnungseigentümers, wobei er sich allerdings auf die Auskünfte hinzugezogener Fachleute verlassen darf (→ Haftung des Verwalters).

Die Kosten für die Beseitigung der Schäden am gemeinschaftlichen Eigentum muss die Gemeinschaft, die Kosten für die Beseitigung der Schäden am Sondereigentum der betroffene Wohnungseigentümer tragen, soweit nicht die Gemeinschaft oder einen Wohnungseigentümer ein Verschulden für den Schadenseintritt oder dessen Vergrößerung trifft, da das WEG eine Zufalls- oder Gefährdungshaftung nicht kennt (→ Haftung der Wohnungseigentümer; → Haftung des Verwalters). Stellt sich heraus, dass die Feuchtigkeitsisolierung von Anfang an nicht fachgerecht eingebracht war, fallen die Sanierungskosten beim Fehlen einer anderweitigen Vereinbarung auch dann allen Eigentümern zur Last, wenn ein Eigentümer den Einbau der Isolierung vor Bildung der Eigentümergemeinschaft in Auftrag gegeben und bezahlt hat (OLG Köln NZM 2002, 125).

Führt der Verwalter Beschlüsse betreffend die Feststellung und Beseitigung von Feuchtigkeitsschäden am Gemeinschaftseigentum nicht durch und entsteht einem Wohnungseigentümer hierdurch, z.B. durch Schimmelbefall seiner Wohnung, ein Schaden, kann er allein ohne Beteiligung der übrigen Wohnungseigentümer den Verwalter auf Schadensersatz wegen Verletzung des Verwaltervertrages in Anspruch nehmen (BGHZ 115, 253, 256; BayObLG ZWE 2000, 179).

▶ **Feuerschutzregelungen**

Durch Mehrheitsbeschluss können die Wohnungseigentümer über ein Verbot, brennbare Stoffe in der Tiefgarage oder Motorräder im Keller (BayObLG WuM 1988, 182f) aufzubewahren oder den Speicher mit offenem Licht zu betreten (BayObLGZ 1972, 94, 96), entscheiden.

▶ **Feuerversicherung** → Versicherungen

▶ **Feuerwehrzufahrt** → Parkplatz, Kraftfahrzeugstellplätze

▶ **Finanz- und Rechnungswesen** → Abrechnung; → Rechnungslegung; → Wirtschaftsplan, Aufstellung

▶ **Fitnesscenter**

Ein in der Teilungserklärung und Aufteilungsplan als → Schwimmbad bezeichnetes Teileigentum darf nicht ohne Billigung der übrigen Wohnungseigentümer in ein Fitnesscenter umgestaltet werden, weil damit ein vereinbarungswidriger Gebrauch verbunden ist (BayObLG ZMR 1988, 436).

▶ **Flachdach** → Dach, Dachboden

▶ **Flur, Treppenpodest, Treppenhaus**

1. Eigentum

Der Eingangsflur sowie Vorhallen, Korridore etc. sind zwingend Gemeinschaftseigentum (BayObLG DWE 1981, 27). Gleiches gilt für Verbindungsflure, die als einziger Zugang zu in gemeinschaftlichem Eigentum stehenden Bauteilen dienen (OLG Oldenburg Rpfleger 1989, 385), und das Treppenhaus. An diesen kann deshalb kein gemeinschaftliches Sondereigentum lediglich einzelner Wohnungseigentümer begründet werden (→ Mitsondereigentum).

2. Instandhaltung und Instandsetzung/bauliche Veränderung

Die Abtrennung eines im Gemeinschaftseigentum stehenden Flurteiles, eines sog. Sackflures, oder eines Treppenpodestes ist eine bauliche Veränderung, die alle anderen Wohnungseigentümer vom Mitgebrauch ausschließt, diese also nachteilig beeinträchtigt (BayObLG v. 1.6. 1979, 2 Z 34/78; KG WuM 1985, 357, das in einer Mehrhausanlage die Zustimmung der Wohnungseigentümer des betroffenen Hauses nicht für ausreichend hält; OLG Düsseldorf DWE 1989, 80 [L]; OLG Stuttgart WEM 1980, 75, 77 z. Einbau einer sog. Vortür zum Zwecke der Gewinnung eines Abstellraumes; das OLG Stuttgart hält nur die Wohnungseigentümer des betroffenen Hauses einer Mehrhausanlage für benachteiligt). Die Genehmigung kann ausnahmsweise entbehrlich sein, wenn es sich um eine unerhebliche Teilfläche am Ende eines nur dem Zugang von Wohnungen des änderungswilligen Wohnungseigentümers dienenden Flures handelt, an denen ein anderer Wohnungseigentümer keinerlei objektives Interesse haben kann (BayObLG WEM 1984, Heft 1/2, 33, 35f eine Fläche von 1,44 m^2). Diese Grundsätze gelten auch für den Einbau einer nicht versperrten Zwischentür (BayObLG WEM 1981, Heft 6, 38, 40).

Die Ersetzung einer Rauhfasertapete durch eine Glasfasertapete bei Renovierung des Treppenhauses ist als Maßnahme modernisierender Instandsetzung durch Mehrheitsbeschluss möglich (OLG Düsseldorf NJW-RR 1994, 1169). Die Wohnungseigentümer, die die Sanierung des Treppenhauses und den Kostenrahmen hierfür beschlossen haben, können nicht durch Beschluss die Auswahl des Handwerkers und die Farbgebung dem Verwaltungsbeirat übertragen (a.A. KG NJOZ 2003, 3216); hierin liegt nämlich eine Kompetenzübertragung, die der Vereinbarung bedarf. Die Ersetzung von Glasbausteinen im Treppenhaus durch Fenster ist eine bauliche Veränderung (BayObLG NZM 1998, 339). Z. Veränderung des Bodenbelages → Fußboden, Estrich, Bodenbelag.

3. Nutzung

Während das Abstellen oder Anbringen von Einrichtungsgegenständen, z. B. Garderoben (BayObLG NZM 1998, 336), Schirmständern (KG NJW-RR 1993, 403; a.A. BayObLG NJW-RR 1993, 1165 für eine kleine Anlage), Schränken (KG NJW-RR 1993, 403), Blumenkübeln (OLG Hamm NJW-RR 1988, 1171), aber auch eines → Getränkeautomaten, das Aufhängen von Bildern (OLG Hamburg WuM 1989, 653) oder das Belegen des Fußbodens mit Teppichen (KG NJW-RR 1993, 403) im Treppenhaus verboten werden kann, kann das zeitweilige Anbringen von Dekoration, etwa Weihnachts- oder Osterschmuck an der Wohnungseingangstür, nicht untersagt werden (→ Wohnungseingangstür). Das zeitweilige Abstellen von Schuhen auf der Fußmatte vor der Wohnungseingangstür bei schlechter Witterung soll allgemein üblich sein und deshalb nicht verboten werden können (OLG Hamm NJW-RR 1988, 1171); dies ist aber nach dem Charakter der Wohnanlage und den jeweiligen Wohnverhältnissen zu entscheiden.

Sozial üblich ist jedenfalls das zeitweilige Abstellen von Kinderwagen im Erdgeschoss, falls keine andere Abstellmöglichkeit vorhanden ist; das Abstellen von Fahrrädern schafft hingegen nicht hinzunehmende Beeinträchtigungen (→ Fahrrad, Kinderwagen). Das zeitweilige Abstellen eines → Rollstuhles im Flur kann schon aus verfassungsrechtlichen Wertungen grds. nicht verboten werden.

4. Verkehrssicherungspflichten

Im Rahmen der Verkehrssicherungspflicht sind Mängel des Treppenhauses, z.B. schadhafte Treppenstufen oder ein schadhaftes oder fehlendes Treppengeländer (BayObLG WE 1996, 315f), zu beseitigen. Fenster in einem Treppenhaus sind bei einer Gefahrenlage verkehrssicher auszuführen; gewöhnliches Fensterglas genügt nicht (BGH NJW 1994, 2232).

Die ausreichende Belichtung des Gebäudeeingangs sowie von Fluren und Treppenhäusern ist sicherzustellen (BayObLG ZWE 2001, 423f; OLG Zweibrücken WE 1995, 26 z. unzureichenden Kellerbeleuchtung) und bei einem Ausfall unverzüglich – ggf. durch einen Notdienst – wiederherzustellen (LG Berlin GE 1990, 868). Ein Zeitschalter für die Treppenhausbeleuchtung muss so eingestellt werden, dass ein gesunder Erwachsener bei durchschnittlicher Gehgeschwindigkeit jedenfalls zwei Geschosse im beleuchteten Zustand überwinden kann (OLG Koblenz DWW 1997, 25f).

Folgenbeseitigungsanspruch

Wird ein Mehrheitsbeschluss durch das Gericht für ungültig erklärt (→ Anfechtbarkeit und Anfechtung von Beschlüssen) und ist der Beschluss zum Zeitpunkt der Ungültigerklärung bereits vollzogen und durchgeführt, so hat jeder Wohnungseigentümer gem. § 21 Abs. 4 WEG einen Anspruch auf Folgenbeseitigung. Aufgrund der rechtskräftigen Ungültigerklärung steht fest, dass der durch die Ausführung des Beschlusses geschaffene Zustand keinen Bestand haben kann, sondern rückabgewickelt werden muss. Der Folgenbeseitigungsanspruch ist weder ein Unterlassungs- noch ein Wiedergutmachungsanspruch; Schadensersatz oder Entschädigung können nicht als Folgenbeseitigung verlangt werden, der Anspruch beschränkt sich auf die Wiederherstellung des früheren Zustands (Gottschalg NZM 2001, 113, 115).

Da die Beseitigung der Folgen der Ausführung eines rechtswidrigen Beschlusses ein Gebot ordnungsmäßiger Verwaltung ist, kann dies jeder Wohnungseigentümer, nicht nur der überstimmte verlangen. Der Anspruch richtet sich gem. § 21 Abs. 4 WEG gegen die anderen Wohnungseigentümer, nicht jedoch gegen den Verwalter (BayObLG WE 1991, 198f; Palandt/Bassenge § 23 RN 20). Wurde z.B. aufgrund eines Mehrheitsbeschlusses eine Gemeinschaftsfläche oder ein im gemeinschaftlichen Eigentum stehender Raum unentgeltlich oder zu einem niedrigen Mietzins überlassen, ist der abgeschlossene Leih- oder Mietvertrag zwar wirksam – die → Vertretungsmacht des Verwalters im Außenverhältnis wird gem. § 32 FGG von der Ungültigerklärung nicht berührt –, muss aber von der Eigentümergemeinschaft gekündigt werden. Gleiches gilt, wenn aufgrund eines für unwirksam erklärten Beschlusses Hilfskräfte eingestellt wurden. Der Folgenbeseitigungsanspruch verpflichtet die Wohnungseigentümer, diese zum nächstzulässigen Termin zu kündigen (Gottschalg NZM 2001, 113, 116). Die Geltendmachung des Folgenbeseitigungsanspruchs gegenüber den anderen Wohnungseigentümern kann aber gegen Treu und Glauben verstoßen, wenn z.B. eine aufwendige Fassadensanierung oder die Neueindeckung des Dachs beschlossen und die entsprechenden Beschlüsse bereits durchgeführt wurden.

Wird ein Sonderumlagebeschluss für ungültig erklärt, soll nach h.M. die Rückerstattung bereits gezahlter Beträge davon abhängen, dass die Wohnungseigentümer über die Folgenbeseitigung der misslungenen Umlage Beschluss fassen, was auch gerichtlich erzwingbar ist (KG NZM 1998, 579); mit Ungültigerklärung entfällt aber rückwirkend der Rechtsgrund für die Zahlung und damit auch für das Behaltendürfen des Geldes, so dass der Rückzahlungsanspruch sofort fällig wird.

▶ **Fortgeltungsbeschluss** → Wirtschaftsplan, Genehmigung

▶ **Fotokopie** → Einsichtsrecht

▶ **Freiberufliche Tätigkeit**

Die Tätigkeit eines Arztes, Architekten, Maklers oder eines ähnlichen Berufs ist auch in einer Wohnung zulässig, solange die hiermit verbundenen Beeinträchtigungen die mit einer Wohnnutzung verbundenen nicht mehr als nur unerheblich übersteigen (BayObLG ZMR 1980, 125; NZM 1999, 130; KG WE 1995, 19 z. einem Architekturbüro; OLG Köln NZM 2002, 258; Staudinger/Kreuzer § 15 RN 30; → Anwaltskanzlei; → Arztpraxis; → Krankengymnastikpraxis; → Psychologische Praxis; → Steuerberaterpraxis).

▶ **Freiwillige Gerichtsbarkeit** → Wohnungseigentumssachen, Verfahren

▶ **Friseursalon**

In einer kleinen Wohnanlage (4 Wohnungen) stört der Betrieb eines Friseursalons in einer im ersten Obergeschoss gelegenen Wohnung mehr als die zweckbestimmungsmäßige Nutzung zu Wohnzwecken (BayObLG NZM 2001, 138).

Funkantenne

Im Bereich des Sondereigentums kann eine Funkantenne dann angebracht werden, wenn dadurch der optische Gesamteindruck der Wohnungsanlage und der Fernseh- und Rundfunkempfang der anderen Wohnungseigentümer und Mitbewohner der Anlage nicht gestört werden. Insoweit besteht eine Duldungspflicht der anderen Wohnungseigentümer.

Das Anbringen einer Funkantenne auf dem Dach einer Wohnungseigentumsanlage ist hingegen wegen der damit verbundenen Eingriffe in die Bausubstanz, insbesondere das schadensträchtige Durchbohren von Dachhaut und Geschossdecken eine bauliche Veränderung i.S.d. § 22 Abs. 1 S. 1 WEG, die der Zustimmung aller Wohnungseigentümer bedarf (BayObLG WE 1997, 77 z. einer Polizeifunkantenne; OLG Celle DWE 1982, 33). Die Zustimmung ist entbehrlich, wenn die Antenne den optischen Gesamteindruck einer Wohnanlage nur unwesentlich beeinträchtigt, z.B. weil sich auf dem Dach noch weitere Antennen befinden (BayObLG NJW-RR 1990, 1168). Eine Beeinträchtigung der übrigen Wohnungseigentümer über das nach § 14 Abs. 1 WEG zulässige Maß hinaus kann aber nicht nur durch die Verschlechterung des optischen Gesamteindrucks, sondern auch durch eine Erhöhung der Sturmanfälligkeit des Daches und mögliche Störungen des Rundfunk- und Fernsehempfangs begründet werden (BayObLG NJW-RR 1987, 202).

Die Genehmigung nach § 3 AFuG regelt lediglich die Rechtsbeziehungen des Funkamateurs zur Bundespost und gibt dem Wohnungseigentümer kein Recht, Mitbewohner im Empfang von Fernseh- und Rundfunksendungen zu stören (BayObLG DWE 1983, 30).

Fußboden, Estrich, Bodenbelag

Decken und Böden sind Gemeinschaftseigentum (KG NJW-RR 1990, 334). Gleiches gilt für die Geschossdecke (BayObLG NJW-RR 1994, 82; KG OLGZ 1990, 155) und aufgebrachte → Isolierungsschichten gegen Feuchtigkeit und Trittschall (OLG Düsseldorf ZfIR 1999, 854; OLG Hamm ZMR 1997, 193; dort auch zu den Folgewirkungen bei unwirksamer Zuordnung zum Sondereigentum; OLG Köln ZMR 1998, 722) oder eine abgehängte Decke (BayObLG v. 16.10. 1997, Az. 2 ZR 106/97).

Der Estrich ist als temperatur- und schalldämmende Schutzschicht gemeinschaftliches Eigentum (BGH NJW 1991, 2480; BayObLG NJW-RR 1994, 598). Der auf dem Estrich innerhalb des Sondereigentums verlegte Bodenbelag (Teppichboden, Parkett, Fliesen o.ä.) ist hingegen Sondereigentum (BayObLG NJW-RR 1994, 598); ein Wohnungseigentümer darf deshalb den Bodenbelag seiner Wohnung entfernen und durch einen anderen ersetzen (OLG Düsseldorf NZM 2001, 958); führt dies aber zu Trittschallbelästigungen in der darunter liegenden Wohnung, ist der Störer zur Beseitigung dieser Einwirkungen verpflichtet (→ Schalldämmung). Dem Sondereigentum zugewiesen werden können auch das Mörtelbett und der Bodenbelag auf → Balkonen.

Die Umgestaltung des Bodenbelags im Bereich des gemeinschaftlichen Eigentums, etwa im Treppenhaus oder in Fluren, ist eine bauliche Veränderung, die i. d. R. der Zustimmung aller Wohnungseigentümer bedarf, wenn es sich nicht ausnahmsweise um eine → modernisierende Instandsetzung handelt. Zustimmungsbedürftig ist z. B. die erstmalige Verfliesung (BayObLG ZMR 1986, 249), die Verlegung von Teppichboden (OLG Stuttgart DWE 1980, 36) oder die Beseitigung eines vorhandenen Teppichbodens (LG Düsseldorf DWE 1991, 124).

▶ **Fußbodenheizung**

Die Fußbodenheizung (Heizkessel, Tankanlage, Hauptleitungen) einschließlich der Schlingen der Fußbodenheizung in der Wohnung (insoweit a. A. OLG Köln NZM 1999, 84) ist gemeinschaftliches Eigentum (LG Bonn DWE 1997, 150).

▶ **Fußweg, Plattenbelag**

Fußwege wie z. B. der Hauszugangsweg stehen grds. im gemeinschaftlichen Eigentum, da an der Grundstücksfläche kein Sondereigentum begründet werden kann (→ Grundstück).

Die Neuanlage eines Gehweges auf gemeinschaftlichen Grünflächen – auch auf Sondernutzungsflächen (BayObLG WE 1996,

195f; OLG Schleswig v. 21.2. 1994, ZW 104/91) – beeinträchtigt den Gesamteindruck der Wohnanlage und stellt deshalb eine nachteilige bauliche Veränderung dar (BayObLG NZM 2001, 959; WE 1996, 195f). Gleiches gilt, wenn auf einer gemeinschaftlichen Rasenfläche bzw. auf einer Fläche, die im Aufteilungsplan als Rasen vorgesehen ist, ein Plattenbelag angelegt wird (BayObLGZ 1975, 177, 181; DWE 1984, 27). Dies kann auch für eine Änderung der Wegoberfläche gelten (BayObLG WuM 1992, 705 z. Wegbepflasterung in einem naturbelassenen Garten; a.A. BayObLG WE 1991, 228 z. Belegung mit Betonlochsteinen); die Ersetzung eines Asphaltbodens in Laubengängen durch einen Plattenboden, um ständige Ausbesserungs- und höhere Reinigungskosten zu ersparen, kann allerdings als Maßnahme → modernisierender Instandsetzung mehrheitlich beschlossen werden (OLG Schleswig SchlHA 1968, 70).

Für die Wiederherstellung eines Fußweges durch Freilegung einer mit Rasen überdeckten Wegbefestigung kann die Zustimmung entbehrlich sein, zumal wenn ein Trampelpfad an dieser Stelle ein allgemeines Interesse, dort zu gehen, indiziert (OLG Stuttgart DWE 1980, 62).

Die Beseitigung eines plattierten Fußweges ist eine bauliche Veränderung, die die Wohnungseigentümer i. d. R. nicht ganz unerheblich beeinträchtigt (BayObLG WE 1996, 195f). Soll aber ein öffentlich genutzter Fuß- oder Gehweg beseitigt werden, der ohne Rechtsgrundlage durch faktische Benutzung auf dem im gemeinschaftlichen Eigentum stehenden Grundstück entstanden ist („Trampelpfad"), kann dies als Maßnahme ordnungsmäßiger Instandsetzung des gemeinschaftlichen Eigentums i. S. einer Wiederherstellung des ursprünglichen Zustandes gem. § 21 Abs. 3 WEG mit Mehrheit beschlossen werden (BayObLG NJW-RR 1990, 82).

Wird ein an der Grundstücksgrenze verlaufender Weg durch einen Zaun und Sträucher versperrt, so ist dies eine bauliche Veränderung, die zu Beeinträchtigungen führen kann, z.B. wenn ein ordnungsgemäßer Zugang des Grundstückes nicht mehr gewährleistet ist oder die Wohnungseigentümer einer höheren Gefährdung durch den Straßenverkehr ausgesetzt werden (AG Siegburg DWW 1980, 70f).

Fußweg, Plattenbelag

Ist einem Wohnungseigentümer ein → Sondernutzungsrecht an unbebauten Grundstückflächen bestellt, obliegt ihm die → Verkehrssicherungspflicht, z. B. die → Räum- und Streupflicht oder die Beleuchtung (BayObLG NJOZ 2001, 1113).

G

▶ **Garagen, Sammel- und Tiefgaragen**

1. Eigentum

a) Frei stehende Garagen, Sammel- und Tiefgaragen

Frei stehende Garagen oder Abstellplätze in Sammel- oder Tiefgaragen können ein selbständiges Teileigentum bilden, also Gegenstand eines Sondereigentums, verbunden mit einem Miteigentumsanteil an einem Grundstück sein (BayObLG WE 1994, 177; OLG Frankfurt ZMR 1995, 166; OLG Hamm NJW-RR 1993, 1233). Sie können aber auch als Nebenraum zu einem Wohnungseigentum gehören, das Sondereigentum kann also mit dem dortigen Miteigentum verbunden sein; sie sind dann im → Aufteilungsplan mit der gleichen Nummer wie die Wohnung zu versehen, § 7 Abs. 4 WEG (BayObLG ZWE 2001, 372f). Dies gilt auch dann, wenn sich die Tiefgarage unter das Nachbargrundstück erstreckt und nur über die dort gelegene Einfahrt zu erreichen ist; der Stellplatz muss sich aber unter Einhaltung der Grundstücksgrenze auf dem Grundstück befinden, an dem Wohnungseigentum begründet wurde (LG München I MittBayNot 1988, 237).

Ist die Sammel- oder Tiefgarage gemeinschaftliches Eigentum, so können an den einzelnen Stellplätzen gem. § 15 Abs. 1 WEG durch Vereinbarung der Wohnungseigentümer → Sondernutzungsrechte begründet werden (BGH NJW 1991, 2909; OLG Karlsruhe OLGZ 1978, 175). Dies gilt auch für die einzelnen – nicht sondereigentumsfähigen – Stellplätze in Verschiebeanlagen oder Doppelstockgaragen (→ Doppelstockgaragen, Duplexgaragen).

Der Begründung von Sondereigentum an Stellplätzen steht deren fehlende Abgeschlossenheit nicht entgegen. Gem. § 3 Abs. 2 S. 2 WEG sind Garagenstellplätze in Sammel- oder Tiefgaragen von dem Erfordernis der → Abgeschlossenheit ausgenommen. Sie werden als abgeschlossene Räume fingiert, wenn ihre Flächen durch dauerhafte Markierungen ersichtlich sind, z.B. durch Wände, Zäune, Gitter gleich aus welchem Material, sonstige Begrenzungseinrichtungen oder in den Fußboden eingelassene Markierungen, z.B. Markierungsnägel (BayObLG ZWE 2001, 372). Nicht ausreichend sind nicht dauerhafte Farbstriche auf dem Fußboden, da sie durch häufiges Überfahren abgerieben werden können (BPM § 3 RN 24). Lage und Größe der Garagenabstellplätze müssen aus dem Aufteilungsplan ersichtlich sein.

Sind frei stehende Garagen oder Garagenabstellplätze Gegenstand des Sondereigentums, so bleiben die konstruktiven Teile der Garagenanlage, das Garagentor und die Zufahrtswege jedenfalls gemeinschaftliches Eigentum (OLG Karlsruhe OLGZ 1978, 175). Gleiches gilt für die Garagendecken frei stehender Garagen (BayObLG WE 1994, 177). Auch Fertiggaragen, die ohne Fundament und sonstige Verankerung mit dem Grund und Boden aufgestellt sind, sind aufgrund Eigengewichts wesentliche Bestandteile des Grundstücks und damit zwingend gemeinschaftliches Eigentum (BayObLG WE 1989, 218; Palandt/Bassenge § 1 RN 11).

b) Kraftfahrzeugstellplätze auf Oberdächern

Dauerhaft markierte Kraftfahrzeugabstellplätze auf einem nicht überdachten Oberdeck eines Garagengebäudes sollen nach einem Teil der Rechtsprechung sondereigentumsfähig sein, wenn das Oberdeck von der Umgebung abgegrenzt ist und somit die Stellplätze Teile eines besonderen Gebäudes, nicht Teile des übrigen Grundstücks sind (OLG Celle WE 1992, 48; OLG Hamm NZM 1998, 267; OLG Köln DNotZ 1984, 700). Da es aber an einer allseitigen baulichen Umschließung fehlt, die für die Abgeschlossenheit erforderlich ist, wovon § 3 Abs. 2 WEG nur für Tiefgaragenstellplätze eine Ausnahme macht, ist diese Auffassung verfehlt (KG NJW-RR 1996, 587; Staudinger/Rapp § 3 RN 20). Auch seitenoffene Car-Ports sind aus diesem Grund nicht sondereigentumsfähig (OLG Celle NJW-RR 1991, 1489).

c) Garagengemeinschaft

Ist das Sondereigentum an einer Sammel- oder Tiefgarage insgesamt mit einem einzigen Miteigentumsanteil verbunden, so kann an diesem Teileigentum wiederum einfaches Miteigentum begründet werden. Die Zufahrtswege innerhalb der Garagen stehen in diesem Fall im Sondereigentum. Die Miteigentümer regeln ihre Gebrauchsrechte an einzelnen Garagen gem. §§ 745 Abs. 1, 1010 BGB. Sie können in der Wohnungseigentümerversammlung ihr → Stimmrecht gem. § 25 Abs. 2 S. 2 WEG nur einheitlich ausüben; durch Mehrheitsbeschluss der Teilhaber kann ein gemeinschaftlicher Vertreter zur Stimmrechtsausübung bestellt werden (BayObLG NZM 1999, 859). Beschlüsse einer solchen Bruchteilsgemeinschaft können nicht angefochten werden, da Streitigkeiten unter Miteigentümern vor dem Prozessgericht, nicht dem Wohnungseigentumsgericht ausgetragen werden müssen. Möglich ist allerdings eine Klage auf Feststellung der Nichtigkeit von Beschlüssen gem. § 256 ZPO (BayObLG NJW-RR 1995, 588).

2. Instandhaltung und Instandsetzung/bauliche Veränderung

Die Instandhaltungs- und Instandsetzungslast, etwa die Kosten für die Instandhaltung des Garagentores, für die Entlüftung der Tiefgarage und die Beleuchtungskörper, kann allein den Wohnungseigentümern überbürdet werden, zu deren Wohnung ein Stellplatz gehört (BayObLG NZM 1999, 26f). Eine solche Überbürdung erfasst aber grundsätzlich nicht die Sanierung der Tiefgarage im konstruktiven Bereich wie Fundamente, Boden, tragende Mauern und Decken (BayObLG NJW-RR 1998, 1709; NZM 2003, 29). Aus ihr folgt keine Freistellung von anderen Lasten und Kosten für das übrige Gemeinschaftseigentum, wenn dies nicht ausdrücklich vereinbart ist (BayObLG ZMR 1996, 44f). Soweit eine Maßnahme allein die Teileigentümer der Tiefgarage betrifft, haben grds. nur diese darüber abzustimmen (BayObLG NZM 2001, 771).

Sollen nachträglich Garagen auf unbebauten Teilen des Grundstückes (BayObLG DWE 1995, 42; KG OLGZ 1967, 479; OLG Frankfurt WE 1986, 141), z.B. auf Rasenflächen (BayObLG WE 1991, 290), aber auch auf den bereits als → Parkplatz vorgesehenen Flächen (BayObLGZ 1973, 81; OLG Zweibrücken DWE 1986, 26) errichtet werden, so handelt es sich um eine → bauliche Veränderung i.S.d. § 22 Abs. 1 WEG, die der Zustimmung aller Wohnungseigentümer bedarf, und zwar auch dann, wenn diese Flächen Gegenstand eines Sondernutzungsrechts sind (BayObLG

WE 1996, 26). Dies gilt auch für das Betonieren einer Zufahrt zu den Garagen (OLG Celle ZMR 1968, 117), die Errichtung einer → Pergola über der Garagenzufahrt (BayObLG WE 1991, 228) und die Errichtung eines Maschendrahtzauns zwischen den beiden Stellflächen einer Doppelgarage, was allerdings keine Beeinträchtigungen zur Folge hat (BayObLG NJW-RR 1991, 722), während die Errichtung einer Trennwand an dieser Stelle zustimmungsbedürftig ist (OLG Zweibrücken ZMR 1991, 114). Für die Errichtung von Garagen auf Freiflächen, die zwar als „Garten" ausgewiesen sind, jedoch als Zu- und Abfahrt zu vorhandenen Garagen genutzt werden, durch den Sondernutzungsberechtigten kann die Zustimmung der anderen Wohnungseigentümer entbehrlich sein (OLG Düsseldorf NJW-RR 1996, 228).

Auch die Beseitigung vorhandener Garagen ist eine bauliche Veränderung (BayObLGZ 1973, 78, 81). Sieht die Gemeinschaftsordnung zur Abgrenzung von im Sondereigentum stehenden Tiefgaragenplätzen die Errichtung von Drahtgittern vor und macht ein Wohnungseigentümer zum Schutz seines Fahrzeugs vor Beschädigungen hiervon Gebrauch, kann der benachbarte Sondereigentümer keine Abwehransprüche wegen Schwierigkeiten beim Ein- und Aussteigen geltend machen (BayObLG ZWE 2001, 372).

3. Nutzungsregelung

Der Beschluss über ein Verbot, Kraftfahrzeuge auf der Fläche vor einer Einzelgarage abzustellen, widerspricht den Grundsätzen ordnungsmäßiger Verwaltung, da zumindest ein vorübergehendes Abstellen, etwa zum Be- und Entladen verkehrsüblich ist (OLG Hamm PuR 1995, 559); werden andere Garagennutzer hierdurch nicht behindert – etwa beim Rangieren –, so kann auch eine dauerhafte Nutzung dieser Fläche für das Abstellen eines Zweitwagens oder als Besucherparkplatz nicht untersagt werden (OLG Hamm PuR 1995, 559f).

Für die Nutzung von Tiefgaragen ist die Aufstellung einer Garagenordnung möglich (BayObLG WE 1992, 54), in der z.B. Reinigungs-, Wartungs- und Reparaturarbeiten verboten oder eingeschränkt werden können (KG NJW-RR 1996, 587). Entsprechend der Zweckbestimmung und den feuerpolizeilichen Vorschriften kann das Abstellen von Gegenständen, z.B. Surfbrettern, aber auch fahruntauglicher Fahrzeuge (KG NJW-RR 1996, 586f) verboten werden. Der Kreis der Nutzungsberechtigten kann aber nicht eingeschränkt werden, z.B. auf Wohnungseigentümer und nahe Angehörige. Die Nutzung durch Kunden von gewerblich oder freiberuflich tätigen Nutzungsberechtigten kann nicht durch ein Absperrgebot verhindert werden (KG NJW-RR 1996, 587f z. Gebot, Parkpaletten ganztätig geschlossen zu halten).

Wird in der Teilungserklärung ein Raum einer Eigentumseinheit als „abgeschlossener Raum" und ein anderer als „Garage" bezeichnet, so darf der abgeschlossene Raum nicht als Garage genutzt werden (BayObLG WuM 1993, 289).

4. Mängel

Ist der Zufahrtsradius der Tiefgarageneinfahrt zu klein und kann diese deswegen von größeren Pkw nur mit Mühe und unter Rangieren befahren werden, stellt dies einen Mangel des Gemeinschaftseigentums dar (OLG Nürnberg BauR 1999, 1464). Der Bauträger kann sich auch nicht darauf berufen, dass die beanstandete Tiefgarageneinfahrt den Vertragsplänen entspricht, da die Bauleistung die Beschaffenheit aufweisen muss, die für den vertraglich vorausgesetzten oder gewöhnlichen Gebrauch erforderlich ist; der Bauträger schuldet ein funktionstaugliches Werk. Die Benutzung der Garage muss auch für Fahrzeuge der Mittel- und Oberklasse problemlos möglich und der jeweilige Stellplatz mit maximal drei Rangiervorgängen erreichbar sein (OLG Stuttgart IBR 2000, 538 z. einem zu schmalen Tiefgaragentor). Ein Unterschreiten der bauordnungsrechtlich geforderten Mindestmaße der Stellplätze stellt einen Verstoß gegen die allgemein anerkannten Regeln der Technik dar (→ Bautechnik, Regeln) und berechtigt die jeweiligen Erwerber zu einer Minderung des Preises des Stellplatzes, nicht der Gesamtimmobilie (OLG Frankfurt IBR 2000, 429).

▶ Garagentor

Das Anbringen eines Garagentores an offenen Stellplätzen in einer Tiefgarage stellt eine zustimmungsbedürftige bauliche Veränderung dar, wenn dadurch der optische Gesamteindruck mehr als nur unwesentlich beeinträchtigt oder das Rangieren auf der Fläche erschwert wird (BayObLG WE 1987, 57; 1992, 54). Gleiches gilt für die Installation eines Flügeltores (BayObLG WuM 1998, 679). Das Anbringen eines Rolltores zum Abschließen eines im Sondereigentum stehenden Stellplatzes in einer Tiefgarage stellt auch deshalb eine bauliche Veränderung dar, weil den übrigen Wohnungseigentümern dadurch gemeinschaftliches Eigentum aufgedrängt wird (OLG Köln NZM 1999, 865).

Das Anbringen eines Klingeltableaus mit Gegensprechanlage im Bereich der Ein- und Ausfahrt einer Tiefgarage, durch das über Fernbedienung das Garagentor geöffnet werden kann, ist eine bauliche Veränderung, wenn die Gegensprechanlage dazu dienen soll, den Mietern und Besuchern einer außerhalb gelegenen Tiefgarage den Zugang zur Tiefgarage zu erleichtern (BayObLG NZM 1998, 522).

▸ **Garderobe** → Flur, Treppenpodest, Treppenhaus

▸ **Garten, Rasenflächen**

1. Eigentum

Der Garten einer Wohnungseigentumsanlage ist als Teil des unbebauten → Grundstücks gem. § 1 Abs. 5 WEG zwingend Gegenstand des gemeinschaftlichen Eigentums; an ihm kann Sondereigentum nicht begründet werden. Deshalb hat grundsätzlich jeder Wohnungseigentümer – und bei Fehlen abweichender Vereinbarungen auch dessen Mieter – ein Recht auf Mitbesitz i.S. des § 866 BGB und Mitgebrauch des Gartens. Dieses Recht auf Mitgebrauch ist von der Größe des jeweiligen → Miteigentumsanteils unabhängig und kann nicht durch Mehrheitsbeschluss zu Lasten eines Wohnungseigentümers eingeschränkt werden (BayObLGZ 1973, 267), was schon daraus folgt, dass die dem Wohnungseigentümer kraft Gesetzes zustehenden Befugnisse einem Mehrheitsbeschluss entzogen sind.

2. Instandhaltung und Instandsetzung/bauliche Veränderung

Die erstmalige ortsübliche Herstellung und Bepflanzung einer im Aufteilungsplan ausgewiesenen Gartenanlage ist eine Maßnahme ordnungsmäßiger Verwaltung (BayObLG WE 1991, 167,

168; KG NJW-RR 1989, 976f; OLG Hamm ZMR 1996, 218; Palandt/Bassenge §22 RN 6), auf die jeder Eigentümer gem. §21 Abs. 4 WEG Anspruch hat. Zur ordnungsmäßigen Instandhaltung und Instandsetzung rechnet die gärtnerische Gestaltung und Pflege einschließlich der Ersetzung abgestorbener Pflanzen (OLG Hamm ZMR 1996, 218, 221) und des Zurückschneidens einer Hecke (BayObLGZ 1985, 164, 167; KG NJW-RR 1987, 1360) oder von Weinlaub (OLG Saarbrücken ZMR 1998, 50), die Pflege des Baumbestandes einschließlich des Auslichtens (OLG Hamm ZMR 1996, 218, 220), ggf. auch das Fällen von Bäumen (KG DWE 1996, 30; OLG Karlsruhe DWE 1994, 20) unter Berücksichtigung örtlicher Baumschutzsatzungen (BayObLG WE 1995, 345), worauf u. U. z.B. aus Sicherheitsgründen ein Anspruch bestehen kann, wenn nicht das Interesse der Gesamtheit der Wohnungseigentümer an der Erhaltung eines alten und wertvollen Baumbestandes überwiegt (OLG Düsseldorf NJW-RR 1994, 1167) und die Beeinträchtigung durch Rückschnitt oder Auslichten auf ein erträgliches Maß reduziert werden kann (BayObLG WE 1995, 345; OLG Köln NZM 1999, 623), aber auch die Anmietung einer Garage außerhalb des Grundstücks zur Unterbringung von Gartengeräten (OLG Düsseldorf MDR 1986, 677).

Das ersatzlose Fällen von Bäumen, insbesondere wenn diese Bestandsschutz genießen, da sie bereits bei Errichtung der Anlage vorhanden waren (BayObLG WE 1995, 345; OLG Köln ZWE 2000, 320f), oder die radikale Beseitigung der vorhandenen Bepflanzung (OLG Düsseldorf ZMR 1994, 376f) bedarf der Zustimmung aller Wohnungseigentümer. Gleiches gilt für die Umwandlung einer jahrelang als Grünfläche genutzten Freifläche in einen Park (BayObLG WE 1991, 290), einen Spiel- (LG Mannheim ZMR 1976, 51), Abstell- (OLG Stuttgart NJW 1961, 1359), Kfz-Abstell- (LG Siegen WuM 1988, 413) oder Müllcontainerplatz (OLG Zweibrücken NJW-RR 1987, 1359).

Einzelne Wohnungseigentümer können auf eigene Kosten Bäume oder Sträucher anpflanzen, die für die anderen Wohnungseigentümer keinen → Nachteil i.S.d. §14 Abs. 1 WEG bringen; diese sind dann gem. §16 Abs. 3 WEG von einem Beitrag zu diesen Kosten freigestellt (BayObLGZ 1975, 201).

Garten, Rasenflächen

Sollen Teile des Gartens als Weg oder als Sitzplatz vor einer im Erdgeschoss gelegenen Wohnung mit Platten belegt werden, so bedarf dies der Zustimmung aller Wohnungseigentümer, da diese durch eine Umgestaltung der Gartenanlage gegen ihren Willen beeinträchtigt werden (OLG Stuttgart WEM 1980, 75). Bestand an diesen Flächen aber ein Sondernutzungsrecht – z.B. für die Erdgeschosswohnungen –, werden die Rechte der übrigen Wohnungseigentümer hierdurch nicht zusätzlich beeinträchtigt (BayObLGZ DWE 1984, 27).

Die Neuanlage eines Gehweges auf gemeinschaftlichen Grünflächen beeinträchtigt den Gesamteindruck der Wohnanlage und stellt deshalb eine beeinträchtigende bauliche Veränderung dar (→ Fußweg).

3. Nutzung

Zulässig ist nur eine Nutzung als Garten, nicht aber eine zweckwidrige Nutzung, z.B. zum Abstellen von Kraftfahrzeugen (BayObLG DWE 1982, 64) oder zum Aufstellen von Gartenzwergen (OLG Hamburg OLGZ 1988, 308). Wird jedem Wohnungseigentümer ein Teil des Gartens zur Nutzung überlassen, ohne dass eine Grenzziehung erfolgt, so ist jedem Eigentümer – ohne Rücksicht auf die Größe seines → Miteigentumsanteils – ein gleich großer Teil des Gartens zur Alleinnutzung überlassen (BayObLG MDR 1978, 607).

Damit Grünflächen sowohl zum Ruhen und Sonnen als auch zum Spielen mit Ausnahme von Ballspielen (OLG Frankfurt WE 1992, 82) genutzt werden können, können Spielzeiten bestimmt (BayObLG WuM 1989, 653), ggf. auch Ballspiele verboten (OLG Düsseldorf WE 1986, 135), aber auch räumlich bestimmt werden, welcher Teil als Liegewiese und welcher Teil als Spielplatz genutzt werden kann (BayObLG WE 1992, 264). Das Verbot des Grillens im Garten ist i. d. R. zulässig (→ Grillen).

4. Sondernutzungsrecht

Ist ein Sondernutzungsrecht an Teilen des Gartens eingeräumt, ist der Sondernutzungsberechtigte in den Grenzen der getroffenen Vereinbarung nach der Verkehrsanschauung zur gewöhnlichen

Gartennutzung und -gestaltung, insbesondere zur Anpflanzung von Blumen, Sträuchern und Bäumen oder zur Anlegung von Beeten berechtigt (BayObLGZ 1985, 169; ZWE 2001, 22; KG NJW-RR 1996, 464; OLG Köln NJW-RR 1997, 14; a.A. KG NJW-RR 1987, 1360 für das Pflanzen stark wachsender Bäume); hierzu gehört auch die fachgerechte Pflege – etwa durch Auslichten – des vorhandenen Baumbestandes, nicht aber die Entfernung von Bäumen (BayObLG ZWE 2001, 22; ZMR 1998, 40; OLG Düsseldorf NJW-RR 1994, 1167; Palandt/Bassenge § 13 RN 17). Fällt der Sondernutzungsberechtigte Bäume ohne Einverständnis der übrigen Wohnungseigentümer – dies stellt eine bauliche Veränderung dar (BayObLG NZM 1998, 1010f; WuM 1996, 493f) –, haben diese im Wege des Schadensersatzes gem. §§ 823 Abs. 1, 249 BGB einen Anspruch auf Wiederherstellung des ursprünglichen Zustands (→ Wiederherstellungsanspruch), d.h. auf Neuanpflanzung von Bäumen (BayObLG NZM 1998, 1010f; 2001, 672).

Beeinträchtigungen des Lichteinfalls durch zulässige Anpflanzungen sind i.d.R. als zumutbar i.S.d. § 14 Nr. 1 WEG hinzunehmen, aber wegen des Rücksichtnahmegebots so gering als möglich zu halten, etwa durch Auslichten oder Zurückschneiden der Bepflanzungen. Im Einzelfall kann bei starker Schmälerung des Sonnenlichteinfalls auch die Beseitigung der dies verursachenden Pflanzen verlangt werden (BayObLG Z 1982, 69; 1987, 78; KG NJW-RR 1987, 1360). Im Übrigen sind die nachbarrechtlichen Regeln als Mindestvorgaben entsprechend anzuwenden (BayObLG NZM 1999, 848; WE 1993, 279 z. Errichtung eines überdachten Sitzplatzes; ZfIR 1997, 96 z. rechtswidrigen Anpflanzung einer gesundheitsgefährdenden Weißdornhecke; OLG Hamm NJW-RR 2003, 230; OLG Köln WE 1997, 230 z. zulässigen Anpflanzung einer Schwarzkiefer; a.A. KG NJW-RR 1987, 1360, das nachbarrechtliche Vorschriften nicht auf das Verhältnis der Wohnungseigentümer untereinander anwenden will).

Verstoßen Anpflanzungen gegen nachbarrechtliche Vorschriften, insbesondere gegen das Gebot, dort bestimmte Abstandsflächen einzuhalten, oder erstrecken sich diese auf Sondernutzungsflächen anderer Wohnungseigentümer, so können diese die Entfernung der betreffenden Pflanzen und die künftige Unterlassung von Störungen verlangen (BayObLG Rpfleger 1982, 418). Beseitigung einer Pflanze kann aber nur verlangt werden, wenn kein Rückschnitt auf ein erträgliches Maß in Betracht kommt (BayObLG ZMR 1998, 40; KG WE 1996, 267).

Das Sondernutzungsrecht an einem Garten umfasst grundsätzlich auch das Recht, Gartenmöbel und eine Schaukel (OLG Düsseldorf NJW-RR 1989, 1167; Palandt/Bassenge, § 13 RN 17) aufzustellen, Teile der Sondernutzungsfläche als Sitzplatz zu plattieren (BayObLGZ 1975, 177) oder eine Hangfläche in einen Steingarten umzuwandeln, da hierdurch – anders als bei einer Bepflanzung mit hoch wachsenden Gehölzen – der Lichteinfall in die auf den Hang ausgerichteten Fenster nicht verändert wird (BayObLG NZM 2001, 200), hingegen i. d. R. nicht das Recht zum Einbau eines Schwimmbeckens (BayObLG ZMR 1999, 580), zur Errichtung eines → Gartenhäuschens, einer → Pergola, kniehoher → Beeteinfassungsmauern oder eines → Zaunes.

▶ Gartenhaus, Geräteschuppen

Die Errichtung eines Gartenhauses oder eines Geräteschuppens (KG WE 1992, 283; OLG Köln DWE 1998, 51) ist eine bauliche Veränderung, die den optischen Gesamteindruck einer Wohnanlage stören und zu einer über das zulässige Maß i.S. von § 14 Nr. 1 WEG hinausgehenden Beeinträchtigung führen kann, auch wenn das Gartenhaus auf einer Sondernutzungsfläche errichtet wird (BayObLG ZMR 2000, 117; KG OLGZ 1994, 273; OLG Düsseldorf ZMR 1996, 396; Palandt/Bassenge § 13 RN 17). Bei grundsätzlicher Gestattung im Einzelfall muss sich ein Gartenhäuschen dem optischen Gesamteindruck anpassen (BayObLG NJW-RR 1992, 975).

▶ Gartenterrasse → Terrasse

▶ Gartentor

Die Errichtung einer massiven Stahlrohrtür als Gartentor zwischen Gebäudewand und angrenzender Hecke stellt eine bauliche Veränderung des gemeinschaftlichen Eigentums i.S. von § 22 Abs. 1

WEG dar, wobei hinsichtlich einer Beeinträchtigung der übrigen Wohnungseigentümer auf farbliche Gestaltung, Größe und Höhe des Tores, den architektonischen Gesamteindruck sowie eine mögliche Störung des gemeinschaftlichen Gebrauchs abzustellen ist (OLG Stuttgart WEM 1979, 178).

▶ **Gartenzwerge** → Garten, Rasenflächen

▶ **Gasanschluss, Gasleitungen**

Gasleitungen stehen – wie alle → Versorgungsleitungen – bis zum Übergang in die Sondereigentumseinheiten im gemeinschaftlichen Eigentum.

Die Herstellung eines Hausanschlusses für Gas kann eine bauliche Veränderung (BayObLG NZM 1998, 1014) z. Einbau einer Gasleitung, die durch eine tragende Wand vom Kellerraum eines Wohnungseigentümers in den Kellerraum eines anderen Wohnungseigentümers führt, im Einzelfall aber auch eine modernisierende Instandsetzung sein (KG DWE 1994, 159). Z. Umstellung der Heizung auf eine Gasheizung → Heizungsbetrieb.

Die Stilllegung einer Gasleitung ist eine bauliche Veränderung (BayObLG Rpfleger 1976, 291 [L]), es sei denn, dass die Stilllegung erforderlich ist, um Gefahren für die Wohnungseigentümer abzuwehren. Die Stilllegung der Gasleitung beeinträchtigt alle daran angeschlossenen Wohnungseigentümer, so dass diese und die gleichzeitige allgemeine Umstellung auf Elektroheizung nicht durch Mehrheitsbeschluss der Wohnungseigentümer angeordnet werden kann.

▶ **Gasetagenheizung** → Etagenheizung

▶ **Gaststätte**

Unter Gaststätte wird im Allgemeinen ein gastronomischer Betrieb verstanden, der sein Gepräge durch die Darreichung von Speisen und Getränken zum Verzehr an Ort und Stelle erhält. Eine Gaststätte ist nicht an die Ladenöffnungszeiten gebunden; trotz deren Erweiterung decken sich die Öffnungszeiten von Läden und

Gaststätten typischerweise nicht. Erlaubnis und Betrieb einer Gaststätte sind durch das GastG geregelt; die gaststättenrechtliche Konzession ist für das Innenverhältnis zwischen den Wohnungseigentümern ohne Bedeutung (OLG Frankfurt Rpfleger 1980, 391). Von Läden unterscheiden sie sich deutlich durch Kundenstamm und -verhalten. Ferner gehen von Gaststätten Geruchs- und Geräuschemmissionen aus. In einem in der Teilungserklärung als „Laden" bezeichneten Sondereigentum darf deshalb weder eine Gaststätte betrieben werden (BayObLG WuM 1993, 558; NJOZ 2003, 1232; OLG Düsseldorf NJW-RR 1997, 907; OLG Frankfurt ZMR 1997, 667), noch eine → Pizzeria → oder ein Pilslokal.

Wenn sich das als Gaststätte bezeichnete Teileigentum in einem Wohnhaus befindet, können nicht jegliche musikalische Darbietungen, sondern nur stärkere Geräuschimmissionen untersagt werden, als sie bei Verwendung einer lautstärkenbegrenzten Anlage auftreten und nach den öffentlich-rechtlichen Auflagen zulässig sind (BayObLG NJW-RR 1994, 337). Der Teileigentümer einer Gaststätte ist verpflichtet, eine unzumutbare Lärmbelästigung durch den Pächter zu untersagen. Er kann von den übrigen Wohnungseigentümern aber nicht verpflichtet werden, den Mietvertrag zu kündigen und auf Räumung zu klagen; es muss ihm vielmehr selbst überlassen bleiben, auf welche Weise er den geschuldeten Erfolg erreicht (→ Vermietung von Wohnungseigentum).

▶ **Gasuhr**

Gasuhren und Gasabsperrventile sind gemeinschaftliches Eigentum, weil es sich um Einrichtungen für den gemeinschaftlichen Gebrauch handelt, nämlich zur Ermittlung des Verbrauchs zur Kostenverteilung (KG WuM 1994, 38; → Verbrauchserfassungsgeräte).

▶ **Gebäudeversicherung** → Versicherungen

▶ **Gebrauch des gemeinschaftlichen Eigentums**

Jeder Wohnungseigentümer ist gem. § 13 Abs. 2 S. 1 WEG berechtigt, am Gebrauch des gesamten → gemeinschaftlichen Eigentums unabhängig von der Größe seines Miteigentumsanteils innerhalb der Grenzen der §§ 14, 15 WEG durch Mitbesitz (BayObLGZ 1973, 267) und Mitnutzung teilzunehmen. Dieses Recht, das auf den Mieter übertragen werden kann (→ Vermietung von Wohnungseigentum), gehört zum Inhalt des dem einzelnen Wohnungseigentümer zustehenden Miteigentums und damit zum Inhalt des dem Miteigentum zugeordneten Sondereigentums.

1. Pflicht zum schonenden Gebrauch

Der Mitgebrauch ist so schonend auszuüben, dass den anderen Wohnungseigentümern kein unvermeidlicher Nachteil i.S. des § 14 Nr. 1 WEG erwächst und auch ihnen der gleichberechtigte Mitgebrauch ermöglicht wird. Der Umfang der Mitgebrauchsrechte ist jeweils nach der Beschaffenheit des Gebrauchsgegenstandes und der Zahl der Mitberechtigten konkret zu bestimmen; dabei sind die → Verkehrssicherungspflichten für das Gebäude stets zu beachten. Ordnungsmäßiger Gebrauch kann auch in einem gänzlichen Unterlassen bestehen, z.B. wenn ein bekiestes Flachdach nicht betreten oder belastet werden darf.

Zulässig sind z.B. der saisonübliche Schmuck der → Wohnungseingangstür, das Spielen auf einer Rasenfläche (→ Garten, Rasenflächen) oder ortsübliche und nicht verunstaltende → Werbe- und Reklameeinrichtungen.

Unzulässig ist hingegen jeder Gebrauch, der die anderen Wohnungseigentümer vom Mitgebrauch ausschließt, z.B. die Usurpation eines gemeinschaftlichen Raumes (BayObLG DWE 1983, 99; OLG Hamm OLGZ 1985, 14), die Nutzung eines Teils der unbebauten Grundstücksfläche als Straßencafé oder als Terrassenwirtschaft, soweit nicht ein dahin gehendes Sondernutzungsrecht eingeräumt wurde (→ Café, Eisdiele), die ständige Aufstellung eines Wohnmobils im Hofraum (→ Parkplatz, Kraftfahrzeugstellplätze) das Anbringen von Spruchbändern (→ Werbe- und Reklameeinrichtungen) oder das Abstellen von Einrichtungsgegenständen (→ Flur, Treppenpodest, Treppenhaus) oder Fahrrädern vor der Wohnungstür (→ Fahrrad, Kinderwagen).

Das Recht zum Mitgebrauch des gemeinschaftlichen Eigentums wird durch Vereinbarung der Wohnungseigentümer (→ Gemeinschaftsordnung) i.S. des § 10 Abs. 1 WEG, Mehrheitsbeschluss und richterliche Entscheidung gem. § 15 WEG näher bestimmt, wobei die Regelungsbefugnis für einzelne Entscheidungen oder begrenzte Geschäftsbereiche durch Vereinbarung dem Verwalter oder dem Verwaltungsbeirat übertragen werden kann (Staudinger/Bub § 21 RN 12). Die Entscheidung über generelle Gebrauchsregelungen kann hingegen nicht delegiert werden, weil Gebrauch und Nutzung zum Kernbereich des Eigentums zählen und eine Übertragung die Gefahr einer partiellen Aushöhlung des Eigentumsrechts birgt.

2. Gebrauchsregelung durch Vereinbarung

Aus der in das Grundbuch als Inhalt des Sondereigentums eingetragenen Teilungserklärung mit → Gemeinschaftsordnung und aus dem → Aufteilungsplan ist – ggf. durch Auslegung – die Zweckbestimmung der Gegenstände des gemeinschaftlichen Eigentums zu ermitteln (BayObLG NZM 1999, 80). Die nähere Bezeichnung von Teilen des gemeinschaftlichen Eigentums beinhaltet i.d.R. auch eine vertragliche Zweckbestimmung (BayObLG ZMR 1988, 436), z.B. die Ausweisung bestimmter Teile der nicht überbauten Grundstücksfläche als → Kinderspielplatz oder → Parkplatz sowie die Bezeichnung von im gemeinschaftlichen Eigentum stehenden Räumen als Hausmeisterkeller, → Hausmeisterwohnung, Fahrrad- und Kinderwagenraum oder → Waschküche.

Die Zweckbestimmung beschränkt das Gebrauchsrecht insoweit, als ein mit ihr nicht übereinstimmender Gebrauch zu unterlassen ist, wenn die Mitbewohner hierdurch mehr oder auch nur in anderer Weise → Nachteile i.S. des § 14 Abs. 1 WEG hinzunehmen oder zu erwarten haben (→ Unterlassungsanspruch). Die Wohnungseigentümer sind an die Zweckbestimmung gebunden; so kann z.B. ein „Gemeinschaftsraum" nur zur Freizeitgestaltung, nicht aber als Abstellraum für Gartengeräte genutzt werden (BayObLG NJW-RR 1986, 1077). Weichen die Zweckbestimmung in Teilungserklärung und Aufteilungsplan voneinander ab, ist die Teilungserklärung maßgeblich (→ Abweichung zwischen Aufteilungsplan und Teilungserklärung).

Durch Vereinbarung gem. § 15 Abs. 1 WEG können auch bestimmte Nutzungen verboten werden oder von der Zustimmung des Verwalters oder des Verwaltungsbeirats abhängig gemacht werden (→ Zustimmungsvorbehalt des Verwalters), oder einem Wohnungseigentümer die alleinige und ausschließliche Nutzung eines Teils des gemeinschaftlichen Eigentums unter Ausschluss aller anderen Wohnungseigentümer als → Sondernutzungsrecht eingeräumt werden. Häufig werden durch Vereinbarung auch Benutzungsregelungen wie Haus-, Garagen-, Fahrstuhl-, Waschküchen- oder Schwimmbadordnungen erlassen.

3. Gebrauchsregelung durch Mehrheitsbeschluss

Durch Mehrheitsbeschluss kann nur ein ordnungsgemäßer Gebrauch des gemeinschaftlichen Eigentums näher bestimmt werden, der sich aus der Beschaffenheit des Gegenstandes, dem Interesse aller Wohnungseigentümer, dem Gebot gegenseitiger Rücksichtnahme und billigem Ermessen ergibt (OLG Köln NZM 2000, 191); der beschlossene Gebrauch darf nicht gegen → öffentlich-rechtliche Vorschriften verstoßen und nicht zu über das unvermeidbare Maß hinausgehenden → Nachteilen einzelner Wohnungseigentümer führen. Regelungen, welche einzelne oder auch alle Eigentümer vom Gebrauch gemeinschaftlicher Einrichtungen ausschließen, sind wegen Eingriffes in den Kernbereich des Wohnungseigentums sowie fehlender Beschlusskompetenz der Wohnungseigentümerversammlung nichtig (BGH NJW 2000, 3500 ff; → Vereinbarungsändernder, vereinbarungsersetzender, vereinbarungswidriger Beschluss). Hierzu zählt z.B. ein Beschluss, eine gemeinschaftliche Anlage stillzulegen. Hierbei handelt sich nämlich nicht um eine Gebrauchsregelung, die den Mitgebrauch voraussetzt, sondern einen Gebrauchsentzug. Der Beschluss greift somit in das den Wohnungseigentümer kraft Gesetzes gem. § 13 Abs. 2 WEG zustehende Mitgebrauchsrecht ein (BayObLG NZM 2002, 447 z. Stilllegung eines → Müllschluckers). Die Vermietung gemeinschaftlichen Eigentums ist hingegen durch Mehrheitsbeschluss zulässig, da der Mitgebrauch in diesem Fall nicht vollständig ausgeschlossen, sondern lediglich modifiziert wird (→ Vermietung von gemeinschaftlichem Eigentum).

Gebrauch des gemeinschaftlichen Eigentums

Ist ein mehrheitlich beschlossener Gebrauch nicht ordnungsgemäß, z. B. weil er einzelne Wohnungseigentümer unangemessen benachteiligt, ist der Mehrheitsbeschluss nicht nichtig, sondern lediglich anfechtbar, da die Ordnungsmäßigkeit einer beschlossenen Regelung nicht kompetenzbegründend ist; ein solcher Beschluss ist deshalb nicht vereinbarungsändernd, sondern vereinbarungsersetzend (→ Vereinbarungsändernder, vereinbarungsersetzender, vereinbarungswidriger Beschluss).

Zulässig sind Mehrheitsbeschlüsse über
- die Beschränkung der Befugnis, gemeinschaftliche Einrichtungen zu betreten, z.B. den → Heizungsraum (→ Zutritt zu gemeinschaftlichen Einrichtungen),
- die Nutzung von Außenwänden durch Werbeeinrichtungen, Warenautomaten oder Schaukästen (→ Werbe- und Reklameeinrichtungen),
- die turnusmäßige Benutzung der Waschküche (→ Waschmaschine, Trockenmaschine, Bügler),
- die Regelung der Benutzung von Kfz-Stellplätzen (→ Parkplatz, Kraftfahrzeugstellplätze),
- die Nutzung eines Kellervorplatzes oder des Hausflurs zum Abstellen von Fahrrädern und Kinderwagen (→ Fahrrad, Kinderwagen),
- → Schließregelungen in Bezug auf die Haustür oder Kellerfenster,
- das Abstellen fahruntauglicher Fahrzeuge (→ Garagen, Sammel- und Tiefgaragen),
- die Benutzung von Spiel-, Grün- und Hofflächen (→ Garten, Rasenfläche),
- die Gestattung des → Spielens auf gemeinschaftlichen Flächen,
- die → Hausordnung oder eine Garagen- (→ Garagen, Sammel- und Tiefgaragen) oder Schwimmbadordnung (→ Schwimmbad, Sauna).

In → Mehrhauswohnanlagen können an gebrauchsregelnden Beschlüssen nur die Eigentümer des Gebäudes mitwirken, deren Interessen allein und ausschließlich betroffen sind. Einmal eingeräumte Nutzungsrechte an gemeinschaftlichem Eigentum können nur im Rahmen einer ordnungsgemäßen Verwaltung unter Berücksichtigung berechtigten Vertrauensschutzes wieder entzogen werden (OLG Köln NZM 1998, 520).

4. Gebrauchsregelung durch richterliche Entscheidung

Ist der Gebrauch des gemeinschaftlichen Eigentums weder durch Vereinbarung noch durch Mehrheitsbeschluss geregelt, so entscheidet im Streitfall das Amtsgericht, Abt. für Wohnungseigentumssachen, nach billigem Ermessen gem. § 15 Abs. 3 WEG (KG OLGZ 1994, 527 z. Vergabe von Stellplätzen). Treffen die Wohnungseigentümer nämlich überhaupt keine Gebrauchsregelung, ist dies nicht als „Regelung" zu verstehen, die ein gerichtliches Eingreifen erst bei grober Unbilligkeit ermöglicht. Hätten die Wohnungseigentümer eine rechtlich unzureichende Gebrauchsregelung getroffen, wäre diese im Beschlussanfechtungsverfahren gerichtlich darauf zu überprüfen, ob sie sich im Rahmen ordnungsmäßiger Verwaltung hält; dieselben Maßstäbe gelten aber, wenn die Wohnungseigentümer eine Gebrauchsregelung ablehnen und zu überprüfen ist, ob dies billigem Ermessen entspricht (KG OLGZ 1994, 527, 529). Die Entscheidung muss sich innerhalb der Grenzen möglicher Gebrauchsregelungen halten, also auch durch Mehrheitsbeschluss der Wohnungseigentümer getroffen werden können (BayObLG NJW-RR 1988, 1164; KG OLGZ 1994, 527f). Die richterliche Gebrauchsregelung kann durch Mehrheitsbeschluss geändert oder aufgehoben werden (KG FGPrax 1996, 133).

Sind Gebrauchsregelungen verfehlt oder überholt, können die Wohnungseigentümer zur Mitwirkung an einer Änderungsvereinbarung oder an einem ändernden Beschluss nach Treu und Glauben verpflichtet sein. Eine Änderung oder Ersetzung der beschlossenen Gebrauchsregelung durch richterliche Entscheidung setzt allerdings voraus, dass außergewöhnliche Umstände ein Festhalten an dem Beschluss oder der Vereinbarung als grob unbillig erscheinen lassen (BayObLG NZM 1999, 504, 506).

▶ **Gebrauch des Sondereigentums**

Jeder Wohnungseigentümer kann, soweit nicht das Gesetz oder Rechte Dritter entgegenstehen, mit den in seinem Sondereigentum stehenden Gebäudeteilen nach Belieben verfahren, insbesondere diese bewohnen, vermieten (→ Vermietung von Wohnungseigentums), verpachten oder in sonstiger Weise nutzen und andere von Einwirkungen hierauf ausschließen (§ 13 Abs. 1 WEG). Zur sonstigen Nutzung gehört die Ausstattung und Einrichtung der im Sondereigentum stehenden Räume sowie die Ergänzung, Beseitigung und Änderung von im Sondereigentum stehenden Bauteilen.

Der Eigentums- und Besitzschutz nach den allgemeinen Vorschriften des bürgerlichen Rechts gem. §§ 985 ff, 859 ff BGB gewährleistet die Befugnis, Dritte – auch andere Wohnungseigentümer (BayObLGZ 1990, 115; WuM 1998, 561) – von Einwirkungen auszuschließen.

Das umfassende Gebrauchs- und Nutzungsrecht ist begrenzt durch
- die allgemeinen Schranken des Eigentums, insbesondere die Sozialbindung gem. § 14 GG,
- drittschützende öffentlich-rechtliche Vorschriften (BayObLG NZM 2000, 667; OLG Saarbrücken NZM 1999, 265; OLG Schleswig FGPrax 1996, 138),
- die allgemeinen Bindungen des Nachbarrechtes gem. §§ 906 ff BGB (BayObLG MJW-RR 2001, 156) und den landesrechtlichen Vorschriften,
- dingliche, im Grundbuch eingetragene Belastungen, insbesondere Dienstbarkeiten, aufgrund deren z.B. die Ausübung eines Gewerbes (BGH NJW 1983, 116), die Benutzung zu Wohnzwecken (BGH DNotZ 1985, 34) oder zu anderen als Fremdenverkehrszwecken (BayObLGZ 1985, 197) verboten werden kann,
- die sich aus der Zugehörigkeit zur Wohnungseigentümergemeinschaft ergebenden Bindungen gem. §§ 14 und 15 WEG.

1. Pflicht zum schonenden Gebrauch

Jeder Wohnungseigentümer ist verpflichtet, von den in seinem Sondereigentum stehenden Gebäudeteilen nur in solcher Weise Gebrauch zu machen, dass dadurch keinem der anderen Wohnungseigentümer über das bei einem geordneten Zusammenleben unvermeidliche Maß hinaus ein → Nachteil erwächst, § 14 Nr. 1

Gebrauch des Sondereigentums

WEG, und Nutzungsrechte anderer Wohnungseigentümer nicht beeinträchtigt werden. Nachteil ist jede nicht ganz unerhebliche Beeinträchtigung (BGH NJW 1992, 978) unter Berücksichtigung des Charakters der Wohnanlage und der Umgebung (KG NZM 2000, 879).

Diese Verpflichtung, Gebrauchsrechte schonend und rücksichtsvoll auszuüben, soll ein friedliches und harmonisches Zusammenleben der Bewohner einer Wohnungseigentumsanlage sichern (BayObLGZ 1982, 93). Die zwangsläufigen wechselseitigen Störungen sind auf das Unvermeidbare zu begrenzen.

Ob eine Beeinträchtigung, z.B. durch
- lästige Immissionen von Lärm (→ Lärm; → Musizieren), Schmutz oder Geruch, etwa durch → Grillen auf dem Balkon oder Küchengerüche (→ Geruchsbelästigungen) oder die Veranstaltung eines Gartenfestes oder
- optische Beeinträchtigungen, etwa durch Aufhängen von Wäsche auf dem Balkon in Sichthöhe (→ Waschmaschine, Wäschetrocknen)

noch einen zulässigen Gebrauch im Rahmen eines geordneten Zusammenlebens darstellt, ist im Einzelfall nach den allgemeinen Lebensgewohnheiten eines Durchschnittsbürgers, der Verkehrssitte, aber auch nach der Zweckbestimmung der Wohnanlage zu beurteilen. Nachbarrechtliche Vorschriften können entsprechend herangezogen werden (BayObLG NZM 1999, 848). Zu unterlassen ist i.d.R. eine ausufernde → Tierhaltung, das → Musizieren während der Nachtruhe oder eine Nutzung der Wohnung als Bordell (→ Prostitution).

Die Verpflichtung zum schonenden Gebrauch obliegt nicht nur den Wohnungseigentümern selbst. Sie müssen als eigene Verpflichtung dafür sorgen, dass diese Pflicht auch von Personen, die zu ihrem Hausstand oder Geschäftsbetrieb gehören oder denen sie sonst die Benutzung der im Sonder- oder gemeinschaftlichen Eigentum stehenden Grundstücks- oder Gebäudeteile überlassen, eingehalten wird, § 14 Nr. 2 WEG. Dies gilt also vor allem für Mieter, Untermieter und Pächter (→ Vermietung von Wohnungseigentum), aber auch für Familienangehörige, Hausgehilfen, Geschäftspersonal und Dritte, die sich mit Wissen und Willen des Wohnungseigentümers in der Wohnungseigentumsanlage aufhalten, z.B. Gäste, Handwerker und Lieferanten.

Das Gebrauchsrecht an im Sondereigentum stehenden Gebäudeteilen wird durch Vereinbarung, Mehrheitsbeschluss und richterliche Entscheidung gem. § 15 WEG näher bestimmt.

2. Gebrauchsregelung durch Vereinbarung

Gem. § 15 Abs. 1 WEG kann der Gebrauch durch eine in das Grundbuch als Inhalt des Sondereigentums eingetragene Vereinbarung der Wohnungseigentümer gem. § 10 Abs. 2 WEG geregelt werden. Soweit Regelungen in der → Gemeinschaftsordnung oder der Teilungserklärung getroffen worden sind, stehen diese gem. §§ 8 Abs. 2, 5 Abs. 4 WEG einer Vereinbarung gleich. In der Teilungserklärung als Wohnung bezeichnete Räumlichkeiten können auch zu anderen als Wohnzwecken genutzt werden, sofern die abweichende Nutzung nicht mehr stört als die Wohnnutzung (→ Wohnungseigentum). Ist in der Gemeinschaftsordnung oder der Teilungserklärung Teileigentum mit einem zweckbestimmenden Zusatz bezeichnet, z.B. als → Laden oder → Café, so ist dies i.d.R. als eine entsprechende Zweckbestimmung mit Vereinbarungscharakter aufzufassen (BayObLG ZMR 2000, 689f; NJOZ 2003, 1232f; OLG Düsseldorf ZMR 1997, 477), auf welche die Wohnungseigentümer vertrauen können. Weichen die Zweckbestimmung in Teilungserklärung und Aufteilungsplan voneinander ab, ist die Teilungserklärung maßgeblich (→ Abweichung zwischen Aufteilungsplan und Teilungserklärung). Die Zweckbestimmung beschränkt das Gebrauchsrecht insoweit, als ein mit ihr nicht übereinstimmender Gebrauch zu unterlassen ist, wenn die Mitbewohner hierdurch mehr oder auch nur in anderer Weise › Nachteile i.S.d. § 14 Abs. 1 WEG hinzunehmen oder zu erwarten haben (→ Unterlassungsanspruch).

Ist in der Gemeinschaftsordnung/Teilungserklärung eine sog. → Öffnungsklausel enthalten, so darf auch die Zweckbestimmung eines Wohnungs- oder Teileigentums durch Mehrheitsbeschluss geändert werden (BayObLGZ 1990, 107). Ein solcher Mehrheitsbeschluss kann nicht mit der Begründung für ungültig erklärt werden, ein Wohnungseigentümer habe durch die Nutzung entsprechend der Gemeinschaftsordnung eine gesicherte Rechtspositition erlangt; eine Änderung ist vielmehr stets möglich, sofern sachliche Gründe vorliegen und kein Wohnungseigentümer unbillig benachteiligt wird (BayObLGZ 1990, 107).

Wegen der Satzungsautonomie der Wohnungseigentümer ist jede Regelung wirksam, soweit diese nicht wegen Sittenwidrigkeit oder wegen eines Verstoßes gegen ein gesetzliches Verbot nichtig ist. Zulässig sind
- Gebote bestimmter Nutzungsarten unter Ausschluss jeglicher anderer Nutzung, z.B. als Hotel (→ Ferienwohnung),
- Verbote bestimmter Nutzungsarten (Palandt/Bassenge § 15 RN 7), z.B. der beruflichen oder gewerblichen Nutzung, der → Tierhaltung, oder konkurrierender Nutzung (→ Konkurrenzverbot),
- Gebrauchsbeschränkungen, z.B. Einschränkungen des → Musizierens,
- ein Vorbehalt der Genehmigung durch die Eigentümerversammlung oder den Verwalter für eine bestimmte Nutzung, die nur versagt werden darf, wenn die Nutzung → Nachteile i.S. des § 14 Abs. 1 WEG erwarten lässt (→ Geschäftsraum, Gewerberaum).

3. Gebrauchsregelung durch Mehrheitsbeschluss

Ein ordnungsmäßiger Gebrauch des Sondereigentums kann gem. § 15 Abs. 2 WEG durch Mehrheitsbeschluss geregelt werden, wenn eine Vereinbarung nicht entgegensteht. Es darf nur ein Gebrauch beschlossen werden, der die übrigen Mitbewohner nicht i.S. von § 14 Nr. 1 WEG benachteiligt (BayObLG NJW-RR 1988, 1164) und nicht gegen → öffentlich-rechtliche Vorschriften verstößt (BayObLG WuM 1988, 183). Zulässig sind z.B. die Einführung angemessener Ruhezeiten (→ Lärm), zeitliche Beschränkungen des → Musizierens oder eine Einschränkung der → Tierhaltung, die Benutzung von Stellplätzen (→ Parkplatz, Kraftfahrzeugstellplätze), das Verbot der sichtbehindernden Bepflanzung (→ Balkon- und Dachterrassenbepflanzungen) oder das Verbot von Wäschetrocknen auf dem Balkon (→ Waschmaschine, Wäschetrocknen).

Gebrauchsregelnde Beschlüsse müssen hinreichend bestimmt sein; nichtig ist z.B. ein Beschluss, der die gewerbliche Nutzung aller Wohnungen zulässt, ohne die jeweilige Art des Gewerbes zu beschreiben, da das Maß der hieraus folgenden möglichen Beeinträchtigungen nicht erkennbar ist (OLG Frankfurt OLGZ 1986, 39).

4. Verstoß gegen Gebrauchsregelungen

Benutzt ein Wohnungseigentümer sein Sondereigentum entgegen gültiger Gebrauchsregelungen, insbesondere entgegen der Zweckbestimmung in der Teilungserklärung, so kann jeder gestörte Wohnungseigentümer ohne ermächtigenden Beschluss der Wohnungseigentümergemeinschaft die Unterlassung eines solchen Gebrauchs, gem. § 1004 BGB i.V.m. §§ 15 Abs. 3, 14 Abs. 1 und 2 WEG verlangen (→ Unterlassungsanspruch) und diesen Anspruch durch Antrag zum Amtsgericht, Abt. für Wohnungseigentumssachen, geltend machen. Gebraucht ein Mieter das Sondereigentum entgegen den vereinbarten Gebrauchsregelungen, können die übrigen Wohnungseigentümer sowohl den Mieter unmittelbar wie auch den Vermieter auf Unterlassung in Anspruch nehmen (→ Vermietung von Wohnungseigentum).

▶ **Gefahrenquellen** → Beseitigung von Gefahrenquellen; → Verkehrssicherungspflichten

▶ **Gegenantrag** → Wohnungseigentumssachen, Verfahren

▶ **Gegensprechanlage**

Gegensprechanlagen sind bis zum Übergang in die im Sondereigentum stehenden Räume gemeinschaftliches Eigentum, die Sprechstellen in den einzelnen Sondereigentumseinheiten sind Sondereigentum, es sei denn, dass die Funktionsfähigkeit der Sprechstelle Voraussetzung für das Funktionieren der gesamten Anlage ist (OLG Köln NZM 2002, 865).

Der Einbau einer Gegensprechanlage bedarf als Maßnahme zur Erhöhung der Sicherheit (→ Modernisierende Instandsetzung) nicht der Zustimmung aller Wohnungseigentümer (AG Schöneberg GE 1992, 271; a.A., aber mit identischem Ergebnis BayObLG NZM 2002, 869: bauliche Veränderung, die aber nicht beeinträchtigt). Anderes gilt, wenn die Gegensprechanlage dazu dienen soll, den Mietern und Besuchern einer außerhalb gelegenen Tiefgarage den Zugang zum Gebäude zu erleichtern (→ Garagentor).

Bei der Installation eines Videoauges an der Klingelanlage zur Beobachtung der Eintretenden handelt es sich um eine bauliche Veränderung, die aber die übrigen Eigentümer nicht beeinträchtigt (Huff NZM 2002, 89, 92). Ermöglicht die Videoanlage allerdings die ständige Überwachung des Eingangsbereichs, ist sie unzulässig (→ Videoüberwachung).

▶ **Gehweg** → Fußweg

▶ **Geldstrafen** → Strafen

▶ **Geltendmachung gemeinschaftlicher Ansprüche**

Die gerichtliche und außergerichtliche Verfolgung von Ansprüchen gegen andere Wohnungseigentümer, den Verwalter, den Bauträger (→ Mängel des gemeinschaftlichen Eigentums) und sonstige Dritte sowie die Abwehr unberechtigter Ansprüche Dritter gegen die Wohnungseigentümer in ihrer Gesamtheit ist eine Maßnahme ordnungsmäßiger Verwaltung, die jeder Wohnungseigentümer gem. §21 Abs. 4 WEG verlangen kann.

1. Gegen andere Wohnungseigentümer

Die Entscheidung über die gerichtliche und außergerichtliche Geltendmachung von Ansprüchen, die der Gesamtheit der Wohnungseigentümer gegen einzelne Wohnungseigentümer – auch in ihrer Funktion als Verwaltungsbeirat (BayObLG ZMR 1994, 575f) – zusteht, insbesondere auf
- Zahlung rückständiger Beiträge (→ Beiträge, Beitragsvorschüsse),
- Schadensersatz wegen Verletzung von Pflichten, die gegenüber der Wohnungseigentümergemeinschaft bestehen, oder wegen der Beschädigung von gemeinschaftlichem Eigentum (BGH NJW 1993, 727),
- Nutzungsentschädigung für den unerlaubten Gebrauch von Gemeinschaftseigentum (OLG Hamm NZM 1998, 921; a.A: BayObLG NZM 1999, 1147 z. Rechnungslegung hierüber),

- Duldung des Zugangs zu einem Sondereigentum gem. § 14 Nr. 4 WEG, z.B. für den Fall, dass ein Wohnungseigentümer in gemeinschaftliche Versorgungsleitungen eingegriffen hat und es dabei zu einem Schaden gekommen ist (BayObLG WuM 1995, 677; → Duldungspflichten),

ist eine Maßnahme der gemeinschaftlichen Verwaltung, über die die Wohnungseigentümer gem. § 21 Abs. 3 WEG mehrheitlich zu beschließen haben, so dass ein einzelner Wohnungseigentümer ohne Ermächtigung durch Mehrheitsbeschluss hierzu nicht befugt ist (BGHZ 111, 148, 150f; BayObLGZ 1995, 103, 107; KG WuM 1994, 400, 402). In einer Zwei-Personen-Gemeinschaft bedarf es für die Inanspruchnahme des Miteigentümers jedoch keines ermächtigenden Beschlusses (OLG Köln ZWE 2000, 495). Findet ein Beschlussantrag, Ansprüche geltend zu machen, keine Mehrheit, so verbleibt dem einzelnen Wohnungseigentümer, der hiermit nicht einverstanden ist, nur die Möglichkeit, diesen Negativbeschluss anzufechten und von den anderen Wohnungseigentümern gem. § 21 Abs. 4 WEG die Zustimmung zur gemeinschaftlichen Geltendmachung des Anspruchs zu verlangen (BGHZ 106, 222, 228), wobei die Geltendmachung bestehender Ansprüche i.d.R. ordnungsmäßiger Verwaltung entspricht.

Individuelle Ansprüche eines einzelnen Wohnungseigentümers gegen einen anderen, etwa auf Schadensersatz wegen Beschädigung des Sondereigentums auf Unterlassung oder Beseitigung von zustimmungspflichtigen, aber ohne Zustimmung durchgeführten baulichen Veränderungen und auf Wiederherstellung des ursprünglichen Zustands oder auf Unterlassung von Störungen gem. § 15 Abs. 3 WEG i.V.m. § 1004 BGB kann jeder einzelne Wohnungseigentümer ohne ermächtigenden Beschluss geltend machen, da es sich nicht um Angelegenheiten der gemeinschaftlichen Verwaltung handelt (→ Störungen und Beeinträchtigungen des Eigentums).

2. Gegen den Verwalter

Diese Grundsätze gelten auch für Ansprüche der Wohnungseigentümer gegen den Verwalter. Ansprüche, die der Gesamtheit der Wohnungseigentümer gegen den Verwalter oder den ausgeschiedenen Verwalter in dieser Eigenschaft zustehen, etwa auf Schadensersatz wegen Nicht- oder Schlechterfüllung des Verwaltervertrages (→ Haftung des Verwalters), auf Vornahme oder Unterlassung von Handlungen, welche die Verwaltung des gemeinschaftlichen Eigentums betreffen (BayObLG ZMR 2003, 692), oder auf → Herausgabe von Verwaltungsunterlagen können nur aufgrund eines Mehrheitsbeschlusses von der Gesamtheit der Wohnungseigentümer, dem hierzu ermächtigten Verwalter – z.B. wenn es um Ansprüche gegen den ausgeschiedenen Verwalter geht (BayObLG WE 1995, 95) – oder einem hierzu ermächtigten Wohnungseigentümer geltend gemacht werden (BGH ZfIR 1997, 284f; BayObLG WE 1994, 117f; KG NZM 2003, 683). Ist ein Anspruch gegen den ausgeschiedenen Verwalter nicht offensichtlich unbegründet, so entspricht es i.d.R. ordnungsmäßiger Verwaltung, den Verwalter mit dessen gerichtlicher Geltendmachung zu beauftragen (BayObLG WE 1995, 95). Auf eine entsprechende Beschlussfassung hat jeder Eigentümer gem. §21 Abs.4 WEG Anspruch als Maßnahme ordnungsmäßiger Verwaltung; er kann aber nicht ohne Ermächtigung allein auf Leistung an alle Wohnungseigentümer gegen den Verwalter klagen (→ Haftung des Verwalters).

Individuelle Ansprüche eines einzelnen Wohnungseigentümers gegen den Verwalter, z.B. auf Vollziehung von Beschlüssen als Maßnahme ordnungsmäßiger Verwaltung gem. §21 Abs.4 WEG (→ Mehrheitsbeschluss), auf Erstellung und Vorlage eines Wirtschaftsplanes oder der Jahresabrechnung sowie auf Ersatz des einem einzelnen Wohnungseigentümer entstandenen Schadens wegen Verletzung von individuellen, ihm gegenüber bestehenden Pflichten, z.B. einer Auskunftspflicht (BGHZ 115, 253, 257), aber auch wegen Verletzung von Pflichten gegenüber der Wohnungseigentümergemeinschaft, wenn der Schaden nur bei einem Wohnungseigentümer eintritt, kann jeder einzelne Wohnungseigentümer allein ohne ermächtigenden Mehrheitsbeschluss geltend machen (→ Haftung des Verwalters).

3. Gegen Dritte

Die Einziehung von Früchten (→ Nutzungen) sowie die gerichtliche und außergerichtliche Geltendmachung von Ansprüchen gegen Dritte, z.B. einen mit Reparaturen beauftragten Handwerker oder einen Mieter von Wohnungseigentum wegen Beschädigung des gemeinschaftlichen Eigentums, gehört ebenfalls zur gemeinschaftlichen Verwaltung, so dass hierüber durch Mehrheitsbeschluss zu entscheiden ist und ein einzelner Wohnungseigentümer diese nicht ohne Ermächtigung der Wohnungseigentümergemeinschaft im eigenen Namen geltend machen kann, wenn nicht die Voraussetzungen der Notgeschäftsführung i.S.d. § 21 Abs. 2 WEG (→ Notgeschäftsführung durch Wohnungseigentümer) vorliegen (BGHZ 121, 22, 24; BayObLG ZMR 1996, 565; OLG Düsseldorf NJW-RR 1989, 978; a. A. Lüke WE 1995, 74, 80).

Gegenstand der gemeinschaftlichen Verwaltung ist es auch, Ansprüche gegen Versicherer aus den von der Wohnungseigentümergemeinschaft abgeschlossenen Versicherungsverträgen (→ Versicherungen) außergerichtlich und ggf. gerichtlich geltend zu machen. Da der einzelne Wohnungseigentümer nur Mitversicherter ist, kann er Ansprüche selbst dann nur mit Zustimmung durch Beschluss der Wohnungseigentümer beim Versicherer einziehen, wenn der versicherte Schaden an seinem Sondereigentum eingetreten ist (OLG Hamm NJW-RR 1995, 1419). Auf diese Zustimmung hat er aber gem. § 21 Abs. 4 WEG einen Anspruch (KG WuM 1984, 308, 310, das daneben auch den Verwalter für zustimmungspflichtig hält).

Ansprüche auf Ersatz von an seinem Sondereigentum entstandenen Schäden (BGHZ 115, 253, 258), auch soweit ein Wertverlust seines Wohnungseigentums auf Einwirkungen auf das gemeinschaftliche Eigentum beruht (BGHZ 121, 22, 24), Abwehransprüche und dingliche Beseitigungsansprüche gem. §§ 1004, 1011 BGB (BGHZ 116, 392, 394; 121, 22) oder Nachbarrechte in Baugenehmigungsverfahren (OVG Münster WuM 1992, 551) kann jeder Wohnungseigentümer allein geltend machen.

4. Aufgabe des Verwalters

Nach § 27 Abs. 2 Nr. 5 WEG ist der Verwalter berechtigt, im Namen aller Wohnungseigentümer und mit Wirkung für und gegen sie gemeinschaftliche Ansprüche aller Wohnungseigentümer gerichtlich und außergerichtlich geltend zu machen, sofern er hierzu durch Beschluss der Wohnungseigentümer ermächtigt ist.

Art. 1 § 3 Nr. 6 RBerG gestattet dem Verwalter diese Tätigkeit (BGHZ 122, 327). Die Ermächtigung ersetzt nicht die Entscheidung der Wohnungseigentümer, einen Anspruch geltend zu machen (BayObLG NZM 2000, 513). Zur Geltendmachung von Ansprüchen, die einzelnen Wohnungseigentümern individuell und nicht allen Wohnungseigentümern gemeinsam zustehen, kann der Verwalter nicht unanfechtbar ermächtigt werden; dies gilt auch für Ansprüche einzelner Wohnungseigentümer nach § 14 WEG (BayObLG NJWE-MietR 1996, 273 f).

Keiner Ermächtigung bedarf der Verwalter zur außergerichtlichen Anforderung von Lasten- und Kostenbeiträgen von den Wohnungseigentümern (→ Abrechnungsfehlbeträge, Abrechnungsguthaben; → Beiträge, Beitragsvorschüsse; → Sonderumlage), da er hierzu bereits nach § 27 Abs. 2 Nr. 1 WEG berechtigt ist.

a) Erteilung der Ermächtigung

Die Ermächtigung muss nicht im Einzelfall, sondern kann bereits durch Vereinbarung (BayObLG FGPrax 1997, 19 f; KG OLGZ 1991, 325; Staudinger/Bub § 27 RN 32) oder im Verwaltervertrag (BGHZ 104, 197, 199; BayObLG FGPrax 1997, 19 f; OLG Hamm NZM 1999, 1152) erteilt werden. Der Verwalter kann sich dann durch Vorlage einer Vollmachtsurkunde oder – falls die Vollmacht schon in der Gemeinschaftsordnung enthalten ist (BayObLG WEM 1980, 31) – durch deren Vorlage legitimieren.

Der Verwalter kann auch im Einzelfall durch einen Mehrheitsbeschluss bevollmächtigt werden, die Ansprüche der Wohnungseigentümer gerichtlich und außergerichtlich geltend zu machen, wobei zur ordnungsmäßigen Vertretung der Wohnungseigentümer ein einfacher Mehrheitsbeschluss genügt, der ihn gem. § 10 Abs. 4 WEG auch zur Vertretung der überstimmten Wohnungseigentümer berechtigt (→ Vertretungsmacht des Verwalters). Der Verwalter kann sich in diesem Fall durch Vorlage einer Fotokopie oder Abschrift der → Niederschrift der Wohnungseigentümerversammlung, in der der Beschluss gefasst wurde, gegenüber dem Gericht und Dritten legitimieren.

Auch die Ermächtigung zur Geltendmachung von Ansprüchen im eigenen Namen, also zur Verfahrens- bzw. Prozessstandschaft

(→ Prozessführung durch Verwalter), entspricht i. d. R. ordnungsmäßiger Verwaltung (BGH 108, 156, 161), und zwar nicht zuletzt wegen der Verringerung des Kostenrisikos durch Wegfall der Erhöhungsgebühren gem. § 6 Abs. 1 S. 2 BRAGO, solange die Rechtsfähigkeit der Wohnungseigentümergemeinschaft nicht allgemein anerkannt ist. Der Verwalter darf allerdings auch in diesem Fall im Namen der Wohnungseigentümer vorgehen, da er nicht verpflichtet ist, einen Rechtsstreit auf eigenes Kostenrisiko zu führen; er macht sich auch nicht schadensersatzpflichtig für die Erhöhungsgebühr (→ Prozessführung durch Verwalter).

b) Umfang

Der Verwalter kann zur außergerichtlichen und gerichtlichen (→ Prozessführung durch Verwalter) Geltendmachung von Ansprüchen ermächtigt werden.

Die Geltendmachung kann durch Aufrechnung gegen Ansprüche Dritter erfolgen (BayObLG WE 1986, 14). Die Beitreibung von Forderungen durch Zwangsvollstreckung stellt ebenfalls ein Geltendmachen dar (OLG Hamburg OLGZ 1993, 431). Die Ermächtigung berechtigt den Verwalter aber nicht zur Ausübung von Gestaltungsrechten, die den Anspruch erst entstehen lassen, z.B. zu Kündigungen (Weitnauer/Hauger § 21 RN 22; Lüke WE 1995, 78). Die Ermächtigung umfasst auch nicht die Befugnis, in einem Vergleich während eines anhängigen Beitragsverfahrens auf einen Teil der Beitragsanprüche zu verzichten (BayObLGZ 1998, 284) oder Ansprüche mit Wirkung für und gegen die Wohnungseigentümer unstreitig zu stellen (→ Beiträge, Beitragsvorschüsse).

c) Widerruf, Verwalterwechsel

Die Ermächtigung kann durch Mehrheitsbeschluss widerrufen oder eingeschränkt werden (BayObLG WuM 1997, 297); dies gilt auch für eine in der Vereinbarung der Wohnungseigentümer enthaltene Ermächtigung (BayObLG Rpfleger 1980, 23; OLG Zweibrücken DWE 1987, 137), da eine solche Bestimmung keinen materiellen Vereinbarungscharakter hat. Wird ein ermächtigender Mehrheitsbeschluss für ungültig erklärt, entfällt auch rückwirkend die Ermächtigung des Verwalters (BayObLGZ 1976, 211).

Die Ermächtigung, Ansprüche der Wohnungseigentümer in deren Namen geltend zu machen, gilt bei einem Verwalterwechsel auch für den neuen Verwalter, ohne dass ein erneuter Beschluss gefasst werden muss; bereits anhängige Verfahren darf der alte Verwalter fortführen (→ Prozessführung durch Verwalter).

▶ **Gemeinschaftliche Gelder** → Verwaltungsvermögen

▶ **Gemeinschaftliches Eigentum**

Nach § 1 Abs. 5 WEG gehört zum gemeinschaftlichen Eigentum das → Grundstück und das Gebäude mit Ausnahme der Teile, die im → Sondereigentum eines der Wohnungseigentümer oder im Eigentum eines Dritten stehen.

Es besteht eine Vermutung für die Zugehörigkeit der Bestandteile eines Gebäudes zum gemeinschaftlichen Eigentum. Alles, was nicht zum Gegenstand des Sondereigentums erklärt oder Eigentum Dritter ist, ist gemeinschaftliches Eigentum (BGHZ 130, 159f; BayObLG ZMR 1992, 65f). So sind alle Räume, an denen nicht Sondereigentum begründet wurde, z.B. eine Waschküche oder ggf. eine Hausmeisterwohnung, gemeinschaftliches Eigentum.

Das Gesetz sieht von einer Aufzählung der Gegenstände des gemeinschaftlichen Eigentums ab. Nach §§ 1 Abs. 5 und 5 Abs. 2 WEG sind das – bebaute und unbebaute – → Grundstück und alle Gebäudeteile, die für Bestand oder Sicherheit des Gebäudes notwendig sind, z.B. die → Fassade, tragende Innenwände (BayObLG NJW-RR 1995, 649), das Dach (BayObLG ZfIR 2000, 37), konstruktive Teile von Decken und Böden (→ Fußboden, Estrich, Bodenbelag), die Außenseite der → Wohnungseingangstüren oder die Außenseite der → Fenster und Fensterrahmen zwingend gemeinschaftliches Eigentum.

Zum gemeinschaftlichen Eigentum gehören weiter Anlagen und Einrichtungen, die dem gemeinschaftlichen Gebrauch der Wohnungseigentümer dienen, also so auf die gemeinsamen Bedürfnisse zugeschnitten sind, dass es den schutzwürdigen Belangen der Wohnungseigentümer zuwiderliefe, ihnen ihr Mitgebrauchsrecht zu entziehen. Hierzu gehören z.B. Räumlichkeiten wie Treppenhaus, Treppen und Flure (→ Flur, Treppenhaus, Treppenpodest), die den einzigen Zugang zu einem im gemeinschaftlichen Eigentum stehenden Raum (BayObLG NJW-RR 1996, 12; OLG Hamm ZWE 2001, 338, 340; OLG Saarbrücken ZMR 1999, 431), z.B. zum Keller oder zur → Heizungsanlage bilden, der → Fahrstuhl, Hauptversorgungsleitungen (→ Versorgungsleitungen), die → Heizungsanlage einschließlich Heizungs- und Warmwassererfassungsgeräte sowie Hebebühnen bei Duplexgaragen (→ Doppelstockgaragen, Duplexgaragen).

Nach § 5 Abs. 3 WEG kann vereinbart werden, dass sondereigentumsfähige Bestandteile des Gebäudes zum gemeinschaftlichen Eigentum gehören, z.B. Läden oder Garagen oder Kellerräume (KG OLGZ 1986, 54). Eine umgekehrte Regelung ist nichtig. Wird gleichwohl ein zwingend zum gemeinschaftlichen Eigentum gehöriger Gegenstand zum Sondereigentum erklärt, so bleibt die Teilungserklärung im Übrigen wirksam, wenn sie auch dann zustande gekommen wäre, wenn der Erklärende bzw. die Vertragschließenden gewusst hätten, dass die Einräumung von Sondereigentum nichtig ist oder § 139 BGB durch eine Teilwirksamkeitsklausel abbedungen ist (BGH WuM 1990, 42); ggf. kann die unwirksame Einräumung von Sondereigentum gem. § 140 BGB in die Pflicht zur Tragung der Instandhaltungskosten umgedeutet werden (OLG Düsseldorf NJW-RR 1998, 515 z. Fenstern; OLG Hamm ZMR 1997, 193 z. Isolierschichten auf dem Balkon; NJW-RR 1992, 148 z. Schaufensterscheiben). Eine solche Umdeutung verbietet sich, wenn der Miteigentumsanteil des betroffenen Wohnungseigentümers unter Berücksichtigung der Größe seines Sondereigentums im Vergleich zur Größe des Sondereigentums der anderen Wohnungseigentümer deutlich erhöht ist (OLG Hamm ZMR 1996, 503, 506).

Zur → Umwandlung von gemeinschaftlichem Eigentum in Sondereigentum ist die Zustimmung aller Wohnungseigentümer und Eintragung in das Grundbuch erforderlich. Für Streitigkeiten über die Zugehörigkeit eines Gebäudebestandteils zum Sondereigentum oder gemeinschaftlichen Eigentum ist das ordentliche Gericht (Prozessgericht) zuständig (BGHZ 130, 159, 164); ist die Streitigkeit allerdings Vorfrage für eine Wohnungseigentumssache, so ist das Amtsgericht, Abt. für Wohnungseigentumssachen, zuständig (OLG Frankfurt OLGZ 1984, 148).

▶ **Gemeinschaftliches Sondereigentum** → Mitsondereigentum

▶ **Gemeinschaftsantenne** → Antenne, Parabolantenne

▶ **Gemeinschaftsordnung**

Die Gemeinschaftsordnung enthält die Bestimmungen, die das Verhältnis der Wohnungseigentümer untereinander regeln und gem. §§ 5 Abs. 4, 10 Abs. 2 WEG zum Inhalt des Sondereigentums gemacht werden können, indem sie im Grundbuch eingetragen werden; sie ist vergleichbar mit der Satzung eines Vereins (BGHZ 88, 304).

Die Begriffe „Gemeinschaftsordnung" und „Vereinbarung" werden synonym verwendet.

1. Aufstellung

Die Aufstellung einer Gemeinschaftsordnung ist zwar keine Voraussetzung für die Entstehung von Wohnungseigentum (BGH NJW 2002, 2710); den individuellen Verhältnissen einer jeden Wohnanlage sollten die gesetzlichen Vorschriften der §§ 10 ff WEG jedoch angepasst werden. In der Praxis enthält daher nahezu jede Teilungserklärung oder Teilungsvereinbarung (→ Begründung von Wohnungseigentum) auch eine Gemeinschaftsordnung. Im Falle der Begründung des Wohnungseigentums durch vertragliche Einräumung von Sondereigentum gem. § 3 WEG wird die Gemeinschaftsordnung dadurch vereinbart, dass alle Miteigentümer, die sich vertraglich gegenseitig Sondereigentum einräumen, ihr zustimmen und ihre Eintragung im Grundbuch bewilligen.

Erfolgt die Begründung des Wohnungseigentums gem. § 8 WEG durch Teilungserklärung des Alleineigentümers, so kann dieser den Inhalt der Gemeinschaftsordnung festlegen und ihre Eintragung im Grundbuch bewilligen. Nach erfolgter Begründung bedarf die Aufstellung einer Gemeinschaftsordnung der Zustimmung aller Wohnungseigentümer, die formlos erteilt werden kann (BGH DNotZ 1984, 238).

Gemeinschaftsordnung

Die Gemeinschaftsordnung wird i. d. R. durch Eintragung im Grundbuch gem. §§ 5 Abs. 4 und 10 Abs. 2 WEG zum Inhalt des Sondereigentums erklärt. Eingetragen wird lediglich die Bezugnahme auf die Eintragungsbewilligung, der die Gemeinschaftsordnung mit der Teilungserklärung bzw. Teilungsvereinbarung, die → Abgeschlossenheitsbescheinigung und der → Aufteilungsplan gem. § 7 Abs. 3 und 4 WEG als Anlagen beigefügt sind. Gegenüber → Sonderrechtsnachfolgern wirkt die Gemeinschaftsordnung nur bei Eintragung in das Grundbuch.

2. Inhalt und Auslegung

Der Inhalt der Gemeinschaftsordnung kann weitgehend frei gestaltet werden, § 10 Abs. 1 WEG (BGHZ 99, 93). Nur unabdingbare Vorschriften, insbesondere des WEG sowie Vorschriften, die nicht das Verhältnis der Wohnungseigentümer untereinander betreffen, sondern z.B. die Nutzung eines Nachbargrundstücks (BayObLG Rpfleger 1979, 420; OLG Frankfurt Rpfleger 1975, 179), können nicht abgeändert werden. Alle anderen Vorschriften können aufgehoben, eingeschränkt oder abgeändert werden, § 10 Abs. 1 S. 2 WEG. Möglich ist ferner, dass abdingbare Vorschriften in der Gemeinschaftsordnung als unabdingbar vereinbart werden; dies muss allerdings unmissverständlich erfolgen (BayObLGZ 1972, 150).

Schranken für den Inhalt der Gemeinschaftsordnung ergeben sich aus den allgemeinen Grenzen der Vertragsfreiheit, insbesondere aus den §§ 134 und 138 BGB. Die vom teilenden Wohnungseigentümer einseitig aufgestellte Gemeinschaftsordnung unterliegt zudem der Inhaltskontrolle nach § 242 BGB (BGHZ 99, 94; BayObLG WE 1996, 194; OLG Frankfurt MittBayNot 1998, 345), nicht aber einer Kontrolle nach den §§ 305 ff BGB (→ Allgemeine Geschäftsbedingungen).

Die Gemeinschaftsordnung kann z.B. die Genehmigungsbedürftigkeit von Veräußerungen oder Vermietungen (→ Zustimmung zur Veäußerung; → Vermietung von Wohnungseigentum) und → Schiedsverfahren, insbesondere ein Vorschaltverfahren vor dem → Verwaltungsbeirat vorsehen, den → Gebrauch des Sondereigentums (→ Tierhaltung; → Musizieren) sowie des gemeinschaftlichen Eigentums, die Einräumung von → Sondernutzungsrechten, das → Stimmrecht, Geldstrafen (→ Strafen), die Unterwerfung unter die sofortige Zwangsvollstreckung wegen der Beitragsansprüche (→ Zwangsvollstreckung), die Festlegung von Verzugszinsen (→ Verzug, Verzugszinsen, Verzugsschaden), die Haftung des Erwerbers für Rückstände des Veräußerers (→ Haftung des Erwerbers), nicht aber die des Erstehers in der → Zwangsversteigerung, eine → Hausordnung sowie die Erweiterung der Verwalterbefugnisse (→ Aufgaben und Befugnisse des Verwalters) bestimmen.

Die Bestimmungen der Gemeinschaftsordnung sind – auch durch das Rechtsbeschwerdegericht (BGH NZM 2003, 952f; OLG Frankfurt NJOZ 2003, 732, 734; OLG Köln ZMR 2001, 68) – wegen ihrer Geltung für an ihrer Formulierung meist unbeteiligte Dritte ausschließlich nach objektiven Kriterien – nach den allgemeinen Auslegungsgrundsätzen für Grundbucherklärungen (BGH NZM 2003, 952f; OLG Frankfurt/M NJOZ 2003, 732, 734; OLG Karlsruhe NJW-RR 1987, 651; KG WuM 1986, 150) – gem. §§ 133, 157, 242 BGB nach Wortlaut und Sinn so auszulegen, wie er sich als nächst liegende Bedeutung für einen unbefangenen Betrachter ergibt (BGHZ 139, 288, 292; NZM 2003, 952f; BayObLG ZMR 2000, 689, 691); auf den Willen des Verfassers der Gemeinschaftsordnung kommt es nicht an (BayObLG WuM 1993, 289; OLG Zweibrücken NJWE-MietR 1997, 255). Geboten ist eine „typisierende", d.h. verallgemeinernde Betrachtungsweise (BayObLG ZMR 2000, 689, 691; NZM 1999, 80f). Umstände, die außerhalb der Grundbucheintragung und der darin in Bezug genommenen Unterlagen liegen, können zur Auslegung nur herangezogen werden, wenn sie für jedermann ohne weiteres ersichtlich sind (OLG Karlsruhe NJW-RR 1987, 651; unbeachtlich sind Leistungsbeschreibungen, Baupläne (OLG Stuttgart WE 1987, 24), Zusagen (BayObLG WuM 1995, 552) oder Prospekte des Bauträgers (BGH DNotZ 1976, 17), aber auch die bisherige Praxis der Wohnungseigentümer (BayObLG WE 1991, 291). Hingegen können die örtlichen Verhältnisse zur Auslegung herangezogen werden, wenn es um die Auslegung unbestimmter Begriffe – wie etwa „Charakter der Wohnanlage" – geht (BayObLG NJW-RR 1995, 467). Führt die Auslegung zu einer Regelungslücke, so ist diese nach Sinn und Zweck der Gemeinschaftsordnung durch entsprechende Anwendung anderer Vorschriften auszufüllen (BGHZ 92, 21).

3. Änderung

a) Durch teilenden Eigentümer

Der teilende Eigentümer, der Wohnungseigentum gem. § 8 WEG begründet, ist, solange er Eigentümer aller Einheiten ist, jederzeit zur Änderung der Teilungserklärung befugt (OLG Frankfurt OLGZ 1988, 439). Seine alleinige Normsetzungsbefugnis erlischt mit der Eintragung einer Auflassungsvormerkung für den ersten Erwerber eines Wohnungseigentums (BayObLG NZM 1999, 76). Zulässig ist aber die Aufnahme einer Regelung in die Gemeinschaftsordnung, welche die Eigentümer verpflichtet, an deren zukünftiger Änderung mit einem hinreichend bestimmten Inhalt mitzuwirken (Staudinger/Bub § 22 RN 14).

b) Erteilung einer Vollmacht

Der teilende Eigentümer kann sich durch Einräumung einer im Außenverhältnis unbeschränkten und unwiderruflichen (BayObLG NJW-RR 1996, 848; Brambring DNotZ 1997, 478, 480) Vollmacht die Befugnis vorbehalten, die Gemeinschaftsordnung ohne Zustimmung der Erwerber bis zur restlosen Veräußerung aller Wohneinheiten entsprechend dem Interesse künftiger Erwerber innerhalb eines bestimmten, für die Erwerber vorhersehbaren Rahmens nach billigem Ermessen gemäß §§ 315, 316 BGB abzuändern (BGH DNotZ 1986, 274; BayObLGZ 1993, 259; NZM 2002, 958) oder weitere → Sondernutzungsrechte zu begründen (OLG Frankfurt ZMR 1998, 365; OLG Hamm ZWE 2000, 80).

Im Innenverhältnis kann die Vollmacht beschränkt werden (BayObLG NZM 2002, 958), und zwar insbesondere dahin gehend, dass nur solche Änderungen zulässig sind, die die Lage und Größe der im Sondereigentum der Vollmacht erteilenden Wohnungseigentümer stehenden Räume nicht ändern und die Benutzung des gemeinschaftlichen Eigentums nicht unzumutbar einschränken (BayObLG DNotZ 1995, 610 m. zust. Anm. Röll DNotZ 1995, 616; Staudinger/Rapp § 8 RN 22). Aufgrund der im Außenverhältnis unbeschränkten Generalvollmacht trägt jedoch der Erwerber die Missbrauchsgefahr, die dadurch verringert werden kann, dass von der Vollmacht nur vor einem bestimmten Notar Gebrauch gemacht werden kann, der die Einhaltung der im Innenverhältnis geltenden Beschränkungen zu überwachen hat (hierzu krit. Brambring DNotZ 1997, 478f).

Als zulässig wurde eine Vollmacht beurteilt, die auch im Außenverhältnis auf Änderungen beschränkt ist, die das Sondereigentum des Erwerbers nicht unmittelbar betreffen (BayObLG NJW-RR 1996, 848). Weitergehende Beschränkungen im Außenverhältnis, deren Einhaltung nur durch im tatsächlichen Bereich liegende Prüfungen festgestellt werden kann, sind für den Grundbuchverkehr zu unbestimmt und deshalb unwirksam (BayObLG WE 1997, 110f; NJW-RR 1997, 586f; OLG Düsseldorf WuM 1997, 284f jeweils z. mit fehlender Bestimmtheit begründeten Unwirksamkeit einer Vollmacht z. Änderung der Teilungserklärung nach billigem Ermessen bzw. für den Fall, dass die Teilungserklärung einer Änderung bedarf, „solange dem Käufer keine zusätzlichen Verpflichtungen auferlegt werden, sein Sondereigentum unangetastet bleibt und die Benutzung des gemeinschaftlichen Eigentums nicht eingeschränkt wird" bzw. „wenn dadurch der Mitgebrauch des gemeinschaftlichen Eigentums nicht wesentlich eingeschränkt wird").

c) Nachträgliche Änderung

Die Gemeinschaftsordnung kann nachträglich gem. § 10 Abs. 1 S. 2 WEG nur durch Vereinbarung abgeändert werden (→ Vereinbarungsändernder, vereinbarungsersetzender, vereinbarungswidriger Mehrheitsbeschluss). Eine Änderung durch Mehrheitsbeschluss ist nur dann möglich, wenn die Gemeinschaftsordnung dies durch eine sog. → „Öffnungsklausel" ausdrücklich zulässt, da die Wohnungseigentümer den Kreis der durch Mehrheitsbeschluss zu regelnden Angelegenheiten gem. § 23 Abs. 1 WEG frei vereinbaren können. Das Vertrauen in den Bestand der einzelnen Regelungen der Gemeinschaftsordnung ist daher nicht geschützt, wenn sich die Wohnungseigentümer mit der Geltung des Mehrheitsgrundsatzes einverstanden erklärt haben. Enthält die Gemeinschaftsordnung hingegen keine Öffnungsklausel, sind die Vereinbarung abändernde Mehrheitsbeschlüsse nichtig (BGHZ 145, 158 ff; OLG Düsseldorf NZM 2000, 875 f; Wenzel ZWE 2000, 2, 4). Regelungen, die zwar formeller Bestandteil der Gemeinschaftsordnung sind, aber erkennbar keine rechtsgestaltende Wirkung für alle Zukunft haben sollen, z.B. die Hausordnung (BayObLGZ 1975, 201), sind auch durch Mehrheitsbeschlüsse abänderbar (BayObLGZ 1973, 83).

Die Änderung der Gemeinschaftsordnung durch Vereinbarung kann grundsätzlich formfrei (BayObLG NZM 2001, 529; OLG Düsseldorf NZM 2001, 530 jeweils z. Änderung durch einen „allstimmigen Beschluss") außerhalb einer Wohnungseigentümerversammlung (BayObLG NJW-RR 2003, 9) und auch sukzessive (KG OLG Z 1989, 43) erfolgen und bindet die Wohnungseigentümer auch ohne Eintragung in das Grundbuch (BGH DNotZ 1984, 240). Sie muss ausdrücklich erfolgen; eine stillschweigende Änderung durch längere abweichende Handhabung ist nur anzunehmen, wenn alle Wohnungseigentümer die Abweichung kennen und sie auch für die Zukunft wollen (BayObLG WE 1997, 158; OLG Düsseldorf NJW-RR 1995, 528). Soll sie Wirkung gegenüber → Sonderrechtsnachfolgern entfalten, bedarf sie gem. § 10 Abs. 2 WEG der Eintragung ins Grundbuch, und zwar auch dann, wenn der Sondernachfolger die Regelung kennt.

Die Eintragung erfordert die Eintragungsbewilligung aller Beteiligten; gem. § 29 GBO müssen alle Unterschriften notariell beglaubigt dem Grundbuchamt nachgewiesen werden. Erteilt der Verwalter die Eintragungsbewilligung als Vertreter der Wohnungseigentümer, so hat er seine Vollmacht ebenfalls in der Form des § 29 GBO nachzuweisen (BayObLGZ 1978, 377).

Betrifft die Änderung der Gemeinschaftsordnung nicht nur die Art und Weise der Benutzung, sondern das zum Inhalt des Sondereigentums gehörende Gebrauchsrecht selbst, was bei der Einräumung eines Sondernutzungsrechtes der Fall ist, so bedarf eine solche dinglich wirkende Vereinbarung als Inhaltsänderung des Sondereigentums der Zustimmung der Realberechtigten gem. §§ 877, 876 BGB (BGHZ 91, 346; OLG Frankfurt FGPrax 1998, 85), insbesondere der Grundpfandrechtsgläubiger und der Inhaber einer Auflassungsvormerkung (BayObLG NZM 1999, 76). Die

Zustimmung ist nur entbehrlich, wenn die dingliche Rechtsstellung durch die Änderung nicht berührt wird; danach muss jede rechtliche, nicht nur eine wirtschaftliche Beeinträchtigung ausgeschlossen sein (BGHZ 91, 343, 346; BayObLG NJW-RR 1992, 208f). Die nach materiellem Recht erforderliche Zustimmung bedarf grundbuchrechtlich einer Eintragungsbewilligung gem. §19 GBO, also notariell beglaubigter Form, §29 GBO (BGHZ 91, 343, 348).

Ist nach der Gemeinschaftsordnung eine Änderung durch Mehrheitsbeschluss möglich, so muss die Änderung sachlich begründet sein – dies wird insbesondere bei Änderung der tatsächlichen Umstände der Fall sein – und darf einzelne Wohnungseigentümer gegenüber dem bisherigen Rechtszustand nicht unbillig benachteiligen (BGHZ 113, 117; BayObLG NZM 2001, 671). Im Kernbereich des Wohnungseigentums sind Änderungen nur durch Vereinbarung möglich (OLG Köln ZMR 1998, 373). Trotz der Öffnungsklausel bleibt aus Gründen der Rechtssicherheit ein gerichtlicher Antrag der Wohnungseigentümer, den nicht zustimmenden Wohnungseigentümer zur Abgabe der erforderlichen Änderungserklärung zu verpflichten, zulässig (BayObLG NZM 2001, 671).

Ausnahmsweise kann aus dem zwischen den Wohnungseigentümern bestehenden Gemeinschaftsverhältnis und den diesem innewohnenden Schutz- und Treuepflichten unter besonderen Umständen ein Anspruch eines Wohnungseigentümers auf Änderung der Gemeinschaftsordnung abgeleitet werden, wenn das Festhalten an einer Regelung grob unbillig ist, als Verstoß gegen Treu und Glauben erscheint und zu untragbaren, mit Recht und Gerechtigkeit nicht zu vereinbarenden Ergebnissen führt, was anhand objektiver Kriterien festzustellen ist. Diese für die Änderung des → Kostenverteilungsschlüssels entwickelten Grundsätze können auch im Zusammenhang mit dem Zustand oder dem Betrieb von baulichen Anlagen (BayObLG NZM 2001, 671f; ZMR 1995, 495, 497; OLG Karlsruhe NJW-RR 1987, 975) oder bei → Abweichungen zwischen Aufteilungsplan und Bauausführung (OLG Hamburg NZM 2001, 1133) Geltung beanspruchen. In diesen Fällen kann u. U. – bei einer Abwägung der Interessen aller Beteiligten – die Anpassung der rechtlichen Grundlagen der Gemeinschaft an den auf Dauer geschaffenen tatsächlichen Zustand verlangt werden (BayObLG NZM 2001, 671 ff). Einem Beseitigungsverlangen kann ein solcher Abänderungsanspruch – anders als der Anspruch auf Abänderung des → Kostenverteilungsschlüssels vorher gefassten Mehrheitsbeschlüssen über die Genehmigung von Wirtschaftsplänen oder Abrechnungen – auch einredeweise entgegengehalten werden (OLG Hamburg NZM 2001, 1133).

▶ Gemeinschaftsräume

Gemeinschaftsräume wie Hobbyraum, Fahrradkeller, Geräteraum, Wasch- und Trockenraum stehen i.d.R. im gemeinschaftlichen Eigentum, sofern sich nicht aus der Teilungserklärung und dem Aufteilungsplan ausdrücklich etwas anderes ergibt. Der Zutritt zu ihnen kann durch Benutzungsregelungen eingeschränkt werden (→ Zutritt zu gemeinschaftlichen Anlagen und Einrichtungen).

▶ Gemeinschaftsvermögen → Verwaltungsvermögen

▶ Gemeinschaft, Unauflöslichkeit → Unauflöslichkeit der Gemeinschaft

▶ Geräteschuppen → Gartenhaus, Geräteschuppen

▶ Gerichtskosten → Kostenentscheidung

▶ Geruchsbelästigungen

Geruchsbelästigungen sind Beeinträchtigungen i.S. von § 14 Nr. 1 WEG (BayObLG ZWE 2000, 411 f; OLG Köln ZMR 1998, 46). Vermeidbare und daher nicht zu duldende Beeinträchtigungen können auch durch Küchen- oder Abluftdünste, die über Entlüftungsrohre ins Freie geleitet werden, verursacht werden (BayObLG WuM 1990, 403 f). Das Auftreten von Küchengerüchen auch außerhalb der Küche lässt sich jedoch generell nicht vermeiden. Soweit eine Dunstabzugshaube mit Kohlefilter für eine er-

hebliche Geruchsverminderung genügt, ist deren Einbau zumutbar (OLG Köln ZMR 1998, 46). Eine Küchenentlüftung als Umluftanlage kann nicht verlangt werden (BayObLG ZWE 2000, 411f).
Verursachen bauliche Veränderungen dauerhafte Geruchsbelästigungen, so können diese einen nicht hinzunehmenden → Nachteil i.S. von § 14 Nr. 1 WEG darstellen. Dies gilt z. B. für Geruchsbelästigungen durch gesteigerten Kfz-Verkehr bei Einrichtung neuer oder Verlegung bestehender Kfz-Stellplätze (→ Parkplatz, Kraftfahrzeugstellplätze) oder als Folge der Verlegung eines → Müllcontainers (OLG Karlsruhe OLGZ 1978, 172) oder des Anschlusses eines Kaminofens (BayObLG NJWE-MietR 1996, 179; → Kamin, Außenkamin).

▶ **Gesamthypothek** → Grundpfandrechte

▶ **Gesamtschuld**

Für gemeinschaftliche Verbindlichkeiten haften alle Wohnungseigentümer im Außenverhältnis im Zweifel gem. §§ 421, 427 BGB als Gesamtschuldner (BGH NJW 1985, 484; ZMR 1992, 167, 169; BVerwG NJW-RR 1994, 972 [z. Schornsteinfegergebühren, die für Tätigkeiten an im Sondereigentum stehenden Anlagen anfallen]; BayObLG WE 1992, 207f; KG WuM 1993, 755f; ZMR 1996, 366, 368 [für Sanierungskosten]; OLG Oldenburg WE 1994, 218f [für einen Kredit]), wenn nicht eine anteilige Haftung vereinbart (BGH ZMR 1978, 81f) oder gesetzlich angeordnet ist, wie z.B. für → Erschließungsbeiträge in § 134 Abs. 1 S. 4 HS 2 BauGB oder für Beiträge zur Herstellung und Erweiterung öffentlicher Einrichtungen nach dem Kommunalabgabenrecht der Länder, z.B. in Art. 5 Abs. 6 S. 2 BayKAG (→ Kommunalabgaben).

Gemeinschaftliche Verbindlichkeiten sind insbesondere alle rechtsgeschäftlich begründeten Außenverbindlichkeiten der laufenden Verwaltung (→ Verwaltungsschulden), z.B. die Verpflichtung zur Zahlung der Verwaltervergütung (BGH NJW 1980, 2466; KG WuM 1993, 755f; OLG Köln DWE 2003, 26) und alle auf öffentlichem Recht beruhenden, die Gesamtheit der Wohnungseigentümer betreffenden Leistungsverpflichtungen (BVerwG NJW-RR 1994, 972), aber auch Verpflichtungen aus einer Geschäftsführung ohne Auftrag für das gemeinschaftliche Eigentum (KG ZMR 1984, 249 für den Heizölkauf durch den ausgeschiedenen Verwalter) oder aus unerlaubter Handlung, z.B. wegen Verletzung von → Verkehrssicherungspflichten (BGH NJW 1985, 484; OLG Hamm NJW 1988, 496). Eine gesamtschuldnerische Haftung besteht nicht für → Aufbauschulden.

Rechtsgeschäftlich kann die Wohnungseigentümergemeinschaft sowohl der hierzu bevollmächtigte Verwalter als auch ein gem. § 21 Abs. 2 WEG in gerechtfertigter Notgeschäftsführung handelnder Wohnungseigentümer (→ Notgeschäftsführung durch Wohnungseigentümer) verpflichten. Bei der Verletzung von → Verkehrssicherungspflichten kann ggf. auch der Verwalter gem. § 840 Abs. 3 BGB neben den Wohnungseigentümern als weiterer Gesamtschuldner haften.

Die Haftung ist nicht auf das Vermögen der Gemeinschaft beschränkt (BPM § 16 RN 147). Der jeweilige Gläubiger kann von jedem Wohnungseigentümer die vollständige Erfüllung der bestehenden Verbindlichkeit auch aus dem privaten Vermögen gem. § 421 BGB fordern. Der in Anspruch genommene Wohnungseigentümer hat gegen die übrigen Wohnungseigentümer einen Freistellungs- und Ausgleichsanspruch nach § 16 Abs. 2 WEG – nicht nach der Hilfsregel des § 426 Abs. 1 BGB (BGHZ 104, 202) – und kann nach dem vereinbarten oder – mangels Vereinbarung – gesetzlichen → Kostenverteilungsschlüssel Ausgleichung jeweils in Höhe des auf die einzelnen Wohnungseigentümers entfallenden Betrages (OLG Hamm OLGZ 1994, 134, 137) verlangen; er kann sich unmittelbar an seine Miteigentümer wenden, ohne vorher den Ersatz seiner Aufwendungen vom Verwalter verlangen zu müssen (→ Aufwendungsersatz). Soweit er im Innenverhältnis nicht zur Zahlung verpflichtet war, geht mit der vollständigen Erfüllung der Anspruch des Gläubigers auf den zahlenden Wohnungseigentümer gem. § 426 Abs. 2 BGB über (BayObLGZ 1973, 142).

Da sich das Außenverhältnis allein nach dem Entstehungsgrund richtet, sind Gesamtschuldner allein die bei Vertragsabschluss im Grundbuch eingetragenen Wohnungseigentümer, nicht aber ein später im Grundbuch eingetragener Erwerber (→ Haftung des Erwerbers), es sei denn, dass dieser eine eigene Verbindlichkeit im Wege der Schuldübernahme oder des Schuldbeitritts begründet. Der ausgeschiedene Wohnungseigentümer haftet im Außenverhältnis für die während seiner Zugehörigkeit zur Wohnungseigentümergemeinschaft begründeten Verbindlichkeiten dem Gläubiger grds. fort (→ Haftung des Veräußerers); sein Innenverhältnis zum Erwerber und zu den übrigen Wohnungseigentümern bleibt hiervon unberührt (BGHZ 104, 200ff).

Erwerben mehrere Personen, z.B. ein Ehepaar, eine Eigentumswohnung nach Bruchteilen, so haften sie für ihre Beiträge zu den → Lasten und Kosten des gemeinschaftlichen Eigentums gem. § 427 BGB als Gesamtschuldner (OLG Hamm NJW-RR 1989, 655; OLG Stuttgart OLGZ 1986, 32, 35).

▶ Geschäftsfähigkeit

Geschäftsfähigkeit ist die Fähigkeit, wirksam Rechtsgeschäfte zu tätigen. Da gesetzlich nur die Fälle der Geschäftsunfähigkeit und sog. beschränkten Geschäftsfähigkeit in den §§ 104ff BGB geregelt sind, sind alle anderen Personen unbeschränkt geschäftsfähig.

1. Kinder unter 7 Jahren und Geisteskranke

Kinder unter 7 Jahren und Geisteskranke sind geschäftsunfähig, § 104 BGB. Willenserklärungen Geschäftsunfähiger sind nichtig, § 105 Abs. 1 BGB. Wirksame Erklärungen für Geschäftsunfähige können deshalb nur deren gesetzliche Vertreter abgeben. Das sind bei Kindern die sorgeberechtigten Eltern in Gemeinschaft gem. § 1629 Abs. 1 BGB oder in Ausnahmefällen ein vom Gericht zu bestellender Vormund, § 1773 BGB. Bei einer unter Betreuung gem. §§ 1896ff BGB stehenden Person ist die Einwilligung des Betreuers nur dann erforderlich, wenn das Vormundschaftsgericht einen Einwilligungsvorbehalt angeordnet hat (§ 1903 BGB). Die gesetzliche Vertretung ist gem. §§ 1629 Abs. 2, 1795 BGB eingeschränkt, z.B. für Verträge zwischen dem geschäftsunfähigen Kind und den Eltern, § 1795 Abs. 1 Nr. 1 BGB. Wollen z.B. Eltern oder auch nur ein Elternteil (BayObLG FamRZ 1976, 168) in vorweggenommener Erbfolge ihrem noch nicht 7-jährigen Kind eine Eigentumswohnung übertragen, so können sie hierbei das Kind nicht vertreten. Grundsätzlich muss deshalb in diesem Fall das Kind durch einen auf Antrag vom Vormundschaftsgericht zu bestellender Ergänzungspfleger gem. § 1909 BGB vertreten werden. Ausgenommen hiervon sind nach dem Schutzzweck Rechtsgeschäfte, die dem Kind ausschließlich einen rechtlichen Vorteil verschaffen (BGH NJW 1975, 1885). Dies ist auch bei der Schenkung einer Eigentumswohnung in der Regel nicht der Fall (s. hierzu unter 2.).

2. Minderjährige

Ein Minderjähriger, der das 7. Lebensjahr vollendet hat, ist in der Geschäftsfähigkeit beschränkt, § 106 BGB. Beschränkt geschäftsfähige Minderjährige bedürfen für den Abschluss von Rechtsgeschäften gem. § 107 BGB grundsätzlich der Einwilligung ihres gesetzlichen Vertreters. Bis zu deren Vorliegen sind ihre Willenserklärungen gem. § 108 BGB schwebend unwirksam. Ausnahmsweise können sie Rechtsgeschäfte selbständig abschließen, wenn

- sie dadurch lediglich einen rechtlichen Vorteil erlangen, § 107 BGB,
- sie die vertragsgemäße Leistung mit Mitteln bewirken, die ihnen zu diesem Zweck oder zu freier Verfügung von dem Vertreter oder mit dessen Zustimmung von einem Dritten (Taschengeld) überlassen wurden, § 110 BGB,
- es sich um ein Rechtsgeschäft im Rahmen eines von dem Minderjährigen mit Ermächtigung des gesetzlichen Vertreters und Zustimmung des Vormundschaftsgerichts betriebenen selbständigen Erwerbsgeschäft handelt, § 112 Abs. 1 BGB, oder
- das Rechtsgeschäft im Rahmen eines von dem gesetzlichen Vertreter genehmigten Dienst- oder Arbeitsverhältnisses vorgenommen wird, § 113 Abs. 1 BGB.

Bei der Veräußerung oder der Belastung einer dem Minderjährigen gehörenden Eigentumswohnung sowie beim entgeltlichen Erwerb einer Eigentumswohnung liegen die vorgenannten Ausnahmen i.d.R. nicht vor. Zur Wirksamkeit des Kaufvertrages und der Übereignung ist deshalb die Einwilligung des gesetzlichen Vertreters erforderlich. Der Vormund benötigt nach § 1821 Abs. 1 Nr. 1, 4 und 5 BGB, die Eltern benötigen nach § 1643 Abs. 1 i.V.m. § 1821 Abs. 1 Nr. 1 und 4 hierzu die Genehmigung des Vormundschaftsgerichts. Das Vormundschaftsgericht hat zu prüfen, ob beim Vertragsabschluss die Interessen des Kindes gewahrt sind. Das Vormundschaftsgericht kann die Genehmigung nur gegenüber dem gesetzlichen Vertreter erteilen, §§ 1643 Abs. 3, 1828 BGB. Wird die vormundschaftsgerichtliche Genehmigung erst nachträglich erteilt, so ist der Vertrag bis zur Mitteilung der Genehmigung schwebend unwirksam. Die Genehmigung wird dem Käufer gegenüber erst mit der Mitteilung durch den gesetzlichen Vertreter wirksam. Fordert der Käufer den gesetzlichen Vertreter zur Mitteilung darüber auf, ob die Genehmigung erteilt sei, so kann die Mitteilung der Genehmigung nur bis zum Ablauf von zwei Wochen nach dem Empfang der Aufforderung erfolgen. Erfolgt sie nicht, so gilt die Genehmigung als verweigert, § 1829 Abs. 2 BGB. Wird der Minderjährige mittlerweile volljährig, so ersetzt seine Genehmigung die Genehmigung des Vormundschaftsgerichts, § 1829 Abs. 3 BGB.

Ob die schenkweise Übereignung einer Eigentumswohnung an einen beschränkt Geschäftsfähigen diesem lediglich einen rechtlichen Vorteil i.S.d. § 107 BGB bringt, ist aufgrund einer Gesamtbetrachtung von Schenkungs- und Übereignungsvertrag zu beurteilen (BGHZ 78, 32). Da der Beschenkte im Regelfall aufgrund einer entsprechenden Anwendung des § 10 Abs. 4 WEG (BayObLG ZWE 2000, 478, 480; KG WuM 1993, 755, 756) in den Verwaltervertrag eintritt, also auch dem Anspruch auf Zahlung von Verwaltervergütung ausgesetzt ist, ist die Annahme eines lediglich rechtlich vorteilhaften Geschäftes ausgeschlossen (BayObLG ZWE 2000, 478, 480; Bärmann/Pick/Merle § 1 WEG RN 45).

3. Stimmrecht

Das Stimmrecht des Geschäftsunfähigen oder beschränkt Geschäftsfähigen in der Wohnungseigentümerversammlung übt der gesetzliche Vertreter aus; der beschränkt Geschäftsfähige kann das Stimmrecht selbst nur mit Zustimmung seines Vertreters ausüben, wenn nicht die genannten Ausnahmetatbestände vorliegen. Übt der geschäftsunfähige oder beschränkt geschäftsfähige Wohnungseigentümer sein Stimmrecht selbst aus, so ist ein Beschluss im Hinblick auf das Interesse der Gesamtheit der Wohnungseigentümer am Fortbestand des Beschlusses nicht nichtig; es kommt allenfalls eine Anfechtung des Beschlusses gem. § 23 Abs. 4 WEG in Betracht, wenn er auf der betreffenden Stimme beruht (OLG Stuttgart OLGZ 1985, 261; a. A. Merle PiG 18, 140: kein Mehrheitsbeschluss zustande gekommen).

▶ Geschäftsordnung

1. Gegenstand und Inhalt

Die Durchführung der → Wohnungseigentümerversammlung wird formell durch die Geschäftsordnung geregelt. Gesetzlich ist nur in § 24 Abs. 5 WEG bestimmt, dass der Verwalter den → Vorsitz in der Wohnungseigentümerversammlung führt, sofern diese nichts anderes beschließt. Eine weitergehende Geschäftsordnung können die Wohnungseigentümer vereinbaren, z.B. als Bestandteil der → Gemeinschaftsordnung, oder mehrheitlich beschließen. Parlamentarische Regelungen sind nicht entsprechend anwendbar (KG ZMR 1985, 105).

2. Leitung durch den Vorsitzenden, Geschäftsordnungsbeschlüsse

Ist eine Geschäftsordnung weder vereinbart noch beschlossen, was die Regel ist, obliegt es grds. dem Vorsitzenden, nach der „Natur der Sache", also nach Aufgabe und Zweck der Wohnungseigentümerversammlung und der Versammlungsleitung (BGHZ 44, 351 z. Hauptversammlung der Aktiengesellschaft) im Einzelnen sachgerechte Maßnahmen zu ergreifen, die einen legalen und reibungslosen Ablauf gewährleisten und ordnungsgemäße Beschlüsse zu den zu lösenden Sachfragen ermöglichen. Den Wohnungseigentümern bleibt es aber grds. unbenommen, jederzeit spontan Anträge zur Geschäftsordnung zu stellen, um eine andere als die vom Vorsitzenden getroffene oder vorgesehene Geschäftsordnungsmaßnahme zu beschließen. Geschäftsordnungsanträge sind ohne Ankündigung in der → Tagesordnung zulässig und *vor*

Sachanträgen zu behandeln; unter mehreren Geschäftsordnungsanträgen hat der auf Feststellung der Beschlussfähigkeit gerichtete Vorrang, da dieser die Frage betrifft, *ob* überhaupt noch unanfechtbare Beschlüsse gefasst werden können (OLG Köln DWE 1988, 24). Über Geschäftsordnungsanträge wird mit einfacher Mehrheit entschieden. Der Vorsitzende ist an einen solchen Mehrheitsbeschluss gebunden.

3. Anfechtung

Geschäftsordnungsbeschlüsse, z.B.
- die Wahl eines Vorsitzenden für eine Versammlung gem. § 24 Abs. 5 WEG (BayObLGZ 1965, 34, 45; NZM 2000, 341);
- der Ausschluss einer erschienenen Person, z.B. eines Vertreters, von der Teilnahme (→ Teilnahme an der Wohnungseigentümerversammlung) oder deren Zulassung (OLG Hamm WE 1997, 23);
- die Bestimmung eines Abstimmungsmodus (KG ZMR 1985, 105);
- die Anordnung (oder Ablehnung) eines → Rauchverbots;
- die Entschließung, dass eine Beschlussfassung zu einem abgehandelten Thema „heute" erfolgen (KG ZMR 1989, 388f) oder abgesetzt und vertagt werden soll (Bub PiG 25, 49, 60);
- die Änderung der Reihenfolge der zu behandelnden Tagesordnungspunkte, z.B. das Vorziehen eines Tagesordnungspunkts (BayObLG WuM 1996, 116f; KG ZMR 1989, 388, 390) oder
- die Worterteilung an einen Teilnehmer (KG ZMR 1989, 388, 390),

deren Wirkung über die konkrete Versammlung nicht hinausgehen, sind als spontane Organisationsentscheidungen nicht isoliert anfechtbar, da sie mit Beendigung der Versammlung gegenstandslos werden und auch im Falle einer gerichtlichen Ungültigerklärung nicht „rückabgewickelt" werden können, weshalb ein → Rechtsschutzbedürfnis für die Ungültigerklärung fehlt (BayObLG WuM 1996, 116f; OLG Hamm WE 1997, 23).

Geschäftsordnungsbeschlüsse, die auch für die Zukunft gelten sollen, sind hingegen nach den allgemeinen Regeln gem. § 23 Abs. 4 WEG anfechtbar (BayObLG WE 1996, 197f; NZM 2002, 616f; OLG Düsseldorf NJW-RR 1995, 1294; OLG Köln 14.8.

1995, 16 Wx 126/95 z. dauerhaften Ausschluss eines unter Polizeischutz stehenden Wohnungseigentümers unabhängig von der konkreten Gefährdungslage der Wohnungseigentümer). Zulässig ist auch ein Antrag auf Feststellung der Pflichten des Verwalters oder der anderen Wohnungseigentümer (OLG Hamm WE 1997, 23f) oder auf (vorbeugende) Unterlassung, um die Wiederholung eines rechtswidrigen Geschäftsordnungsbeschlusses in künftigen Versammlungen zu verhindern.

Beschlüsse können aber mit der Begründung angefochten werden, sie seien aufgrund von fehlerhaften Geschäftsordnungsbeschlüssen nicht rechtmäßig zustande gekommen (BayObLG ZWE 2001, 490f; NZM 2002, 616f z. Ausschluss eines Beraters; OLG Hamm WE 1997, 23; BPM §23 RN 161), z.B. weil diese den Anspruch auf rechtliches Gehör oder das Prinzip der Nichtöffentlichkeit der Versammlung verletzt haben. Auch insoweit gelten die allgemeinen Grundsätze zur Kausalitätsvermutung (OLG Hamm WE 1997, 23; OLG Köln NJW-RR 2001, 88f; → Anfechtbarkeit und Anfechtung von Beschlüssen). Eine Anfechtung kommt z.B. in Betracht
- bei der Wahl eines unfähigen Versammlungsvorsitzenden oder zweier gegeneinander arbeitenden Vorsitzender, insbesondere wenn dies eine geordnete Diskussion der Beschlussthemen und eine Abstimmung erschwert oder unmöglich macht (KG NJW-RR 1991, 530f);
- bei der Zulassung nicht teilnahmeberechtigter Personen (OLG Hamm WE 1997, 23 z. Zulassung von Gästen als stille Zuhörer; OLG Köln ZMR 2002, 972, 974; → Teilnahme an der Wohnungseigentümerversammlung z. Grundsatz der Nichtöffentlichkeit);
- beim Ausschluss teilnahmeberechtigter Personen, der der unterbliebenen Ladung gleichsteht (BayObLG WE 1996, 197; ZWE 2001, 491f; OLG Köln NJW-RR 2001, 88f z. verweigerten Rauchverbot) oder beim Ausschluss von der Abstimmung (KG OLGZ 1989, 425). Wird ein Beistand am Betreten des Versammlungsraumes gehindert, ohne dass über sein Teilnahmerecht ein Beschluss gefasst worden wäre, was erforderlich ist, so wirkt sich dieser Verfahrensfehler nicht ursächlich auf Beschlüsse aus, wenn feststeht, dass ihn die Wohnungseigentümer bei einer entsprechenden An-

tragstellung zu Recht ausgeschlossen hätten (OLG Karlsruhe WuM 1997, 242 f);
- bei rechtswidrigem → Saalverweis, Wortentzug (→ Rederecht in der Wohnungseigentümerversammlung) oder Tonträgermitschnitt (→ Tonbandaufzeichnung).

Außergewöhnliche Verstöße gegen das Grundrecht auf → rechtliches Gehör, z.B. durch die anfängliche Weigerung, die Minderheit anzuhören, können sogar zur Nichtigkeit von Beschlüssen führen (Bub PiG 25, 49, 64; vgl. hierzu RGZ 151, 326).

4. Ordnungs- und Leitungsbefugnisse, Hausrecht

Jeder Versammlungsvorsitz erfordert gewisse, aufgabenimmanente Ordnungs- und Leitungsbefugnisse. Daher hat der Vorsitzende das Recht und die Pflicht, alle erforderlichen Geschäftsordnungsmaßnahmen zu treffen, um die Versammlung von Störungen freizuhalten und ihren ordnungsgemäßen Ablauf in Bezug auf die Erledigung der Tagesordnung zu gewährleisten (Bub PiG 25, 49, 57; vgl. BGHZ 44, 245, 248 ff z. Hauptversammlung einer AG). Dieses Recht korrespondiert mit der Ordnungspflicht der Versammlungsteilnehmer, die Willensbildung in der Versammlung nicht zu stören. Demgegenüber steht das sog. Hausrecht den Wohnungseigentümern zu (Bub PiG 25, 49, 58). Bei seinen Entscheidungen hat der Verwalter sein Ermessen unter Berücksichtigung etwaiger hierzu vorliegender Vereinbarungen oder Beschlüsse und den Grundsätzen ordnungsmäßiger Verwaltung sowie von Sinn und Zweck der Versammlung auszuüben. Dabei hat er unparteilich und ökonomisch nach rechtsstaatlichen, demokratischen Prinzipien, insbesondere unter Beachtung des Grundrechts auf → rechtliches Gehör, des → Gleichbehandlungsgrundsatzes sowie des Erforderlichkeits- und Verhältnismäßigkeitsprinzips zu entscheiden (Bub PiG 25, 49, 56 ff). Im Rahmen der Verhältnismäßigkeit ist also das mildeste und zugleich Erfolg versprechende Mittel zu wählen.

5. Einzelne Geschäftsordnungsmaßnahmen des Verwalters

Zu den Geschäftsordnungsmaßnahmen des Verwalters gehören im Einzelnen:

Geschäftsordnung

a) Eröffnung der Versammlung, erforderliche Feststellungen

Die Eröffnung der Versammlung grenzt diese von rechtlich irrelevanten Vorgesprächen ab (Bub PiG 25, 49, 51; vgl. KG OLGE 1940, 202 für die AG-Hauptversammlung).

Die Feststellung der form- und fristgerechten Einberufung entfaltet zwar keine konstitutive Wirkung in Bezug auf die Heilung von Einberufungsmängeln (→ Einberufung der Wohnungseigentümerversammlung), aber sie hindert i.d.R. nicht widersprechende Wohnungseigentümer nach Treu und Glauben daran, mit Einberufungsmängeln eine Beschlussanfechtung zu begründen (Bub PiG 25, 49, 51).

Die Feststellung der → Beschlussfähigkeit erfolgt i. d. R. auf der Grundlage einer → Anwesenheitsliste und vorgelegter Vollmachtsurkunden, ggf. unter Prüfung der Zulässigkeit einer Vertretung bei der Ausübung des Stimmrechts (→ Vertretung in der Wohnungseigentümerversammlung) und des Ruhens von Stimmrechten bei Interessenkollisionen gem. § 25 Abs. 5 WEG (→ Ruhen des Stimmrechts) vor der ersten Abstimmung. Die Feststellung muss bei Zweifeln, ob die Beschlussfähigkeit fortbesteht, vor der darauf folgenden Beschlussfassung erneut getroffen werden (BayObLG WuM 1989, 459; WE 1993, 140; OLG Karlsruhe ZMR 2003, 289; OLG Köln ZMR 2003, 607; OLG Zweibrücken NZM 2002, 345); als zulässige Geschäftsordnungsmaßnahme kommt die Bestellung einer Aufsichtsperson in Betracht, die die Anwesenheitsliste ständig fortschreibt und darüber die Beschlussfähigkeit kontrolliert (BGH NJW 2002, 3629, 3631; OLG Köln DWE 1988, 24). Ist die Beschlussfähigkeit entfallen, hat der Vorsitzende die Versammlung zu schließen und eine Fortsetzungsversammlung einzuberufen (OLG Köln NJW-RR 1990, 26).

Über die Berechtigung Dritter, an der Versammlung teilzunehmen, entscheiden die Eigentümer (→ Teilnahme an der Wohnungseigentümerversammlung).

b) Diskussionsleitung

Die der Beschlussfassung vorangehende Aussprache leitet der Vorsitzende durch Worterteilung, ggf. Redezeitbegrenzung (OLG Stuttgart NJW–RR 1986, 1277) und Wortentzug zum Zwecke der

Einhaltung eines Zeitplanes, und zwar unter Wahrung des Anspruchs jedes Wohnungseigentümers auf rechtliches Gehör. Der Worterteilung geht die Wortmeldung voraus. Wortmeldungen sind i.d.R. in der Reihenfolge ihres Eingangs durch Worterteilung zu berücksichtigen. Bei zahlreichen Wortmeldungen kann der Vorsitzende anordnen, eine Rednerliste zu führen. Grds. besteht nur Anspruch auf jeweils eine Worterteilung zu demselben Thema. Ein Wohnungseigentümer kann sich im Ausnahmefall auch mehrfach zu Wort melden, z.B. zur Replik auf persönliche Angriffe oder zur Richtigstellung einer eigenen Äußerung. Der Vorsitzende hat darauf hinzuwirken, dass jeder Versammlungsteilnehmer, dem das Wort erteilt ist, ohne Störung und Unterbrechung vortragen kann. Zwischenfragen können aber im Einzelfall zugelassen werden. Nach Beginn der Abstimmung ist für Wortmeldungen kein Raum mehr (Bub PiG 25, 49, 61).

Der Versammlungsleiter kann die Redezeit beschränken (→ Rederecht in der Wohnungseigentümerversammlung) und Wohnungseigentümer oder Dritte, welche die Versammlung fortgesetzt stören, des Saales verweisen (→ Saalverweis).

c) Leitung des Abstimmungsverfahrens

Der Vorsitzende hat die Maßnahmen anzuordnen und durchzuführen, die erforderlich sind, um den Mehrheitswillen korrekt festzustellen und diesen in ordnungsmäßige Beschlüsse umzusetzen. Hierzu zählen z.B.
- die Änderung der Reihenfolge der Tagesordnungspunkte, z.B. durch Vorziehen eines Tagesordnungspunktes (BayObLG NZM 1999, 672f;
- die Festlegung der Reihenfolge der Abstimmung bei Vorliegen mehrerer Anträge zu einem Tagesordnungspunkt, wobei grds. der Geschäftsordnungsantrag dem Sachantrag und unter mehreren Sachanträgen der jeweils weitergehende vorgeht, bei dessen Annahme sich die anderen Anträge erledigen. Bauen Anträge aufeinander auf, ist die logische Reihenfolge zu beachten;
- die Festlegung, in welcher Reihenfolge die Fragen nach Zustimmung, Ablehnung und Enthaltung gestellt werden; er kann nach zwei Abstimmungsfragen auch feststellen, dass die bis dahin

passiven Stimmberechtigten für die jeweils dritte Abstimmungsfrage votiert haben (sog. „Subtraktionsmethode"; → Mehrheitsbeschluss);
- das Stellen eigener Beschlussanträge oder die Hilfestellung bei der Formulierung von Anträgen, damit über diese mit „Ja" oder „Nein" abgestimmt werden kann; hierzu ist die Vorbereitung von Beschlusstexten zweckmäßig (Seuss WE 1995, 260, 269). Das Beschlussantragsrecht ist ein wesentliches Teilhaberecht, das grds. nicht verkürzt werden darf (OLG Köln ZWE 2000, 488); da die Antragstellung persönliche Anwesenheit oder Vertretung nicht voraussetzt, muss der Vorsitzende ihm übermittelte Beschlussanträge abwesender und nicht vertretener Wohnungseigentümer vortragen und über sie abstimmen lassen;
- die Bestimmung des Abstimmungsmodus (BayObLG WuM 1989, 459), etwa durch Handheben (BayObLG WuM 1989, 459; WuM 1990, 403) oder Zuruf (Akklamation), Abgabe von Stimmzetteln, die nur mit „Ja", „Nein" und „Enthaltung" beschriftet sein dürfen, oder elektrische Zählmaschinen (KG ZMR 1985, 105), durch namentliche (OLG Köln ZMR 2002, 972, 974) oder geheime Abstimmung (BayObLG NJW-RR 1987, 1363; WuM 1989, 459), oder bei großen Gemeinschaften durch den sog. Hammelsprung. Eine geheime Abstimmung ist allerdings ausgeschlossen, wenn sich aus einem bestimmten Abstimmungsverhalten Rechtsfolgen für den jeweiligen Wohnungseigentümer ergeben, z.B. Schadensersatzpflichten oder die → Befreiung von Kosten gem. § 16 Abs. 3 WEG (Bub PiG 25, 49, 59); bei Wahlen, also insbesondere bei der Bestellung des Verwalters und des Verwaltungsbeirats, gebietet der Schutz des freien Stimmverhaltens vor unsachlichem Druck i.d.R. eine geheime Abstimmung. Gegen eine „Blockabstimmung" über mehrere zusammenhängende Sachfragen bestehen jedenfalls dann keine Bedenken, wenn der Versammlungsleiter darauf hinweist, dass durch die (mehrheitliche) Ablehnung des Beschlussantrags eine Einzelabstimmung herbeigeführt werden kann und kein anwesender Wohnungseigentümer Einwände gegen dieses Vorgehen erhebt (BGH NZM 2003, 997 z. Aktionärs-Hauptversammlung);
- die Auszählung der abgegebenen Stimmen, wobei der Versammlungsleiter über das Bestehen von Stimmverboten (→ Ruhen

des Stimmrechts) vorläufig zu entscheiden hat (BGH NJW 2002, 3704, 3707). Dabei ist sicherzustellen, dass das Ergebnis zweifelsfrei festgestellt werden kann; der Vorsitzende kann sich der Hilfe von durch ihn bestimmten Stimmauszähler bedienen; bei eindeutigen Abstimmungsergebnissen kann das Ergebnis auch nach Köpfen festgestellt werden, wenn die Gemeinschaftsordnung eine Abstimmung nach dem Wertprinzip vorschreibt (BayObLG WE 1990, 140);
- die förmliche Feststellung des Beschlussergebnisses (→ Mehrheitsbeschluss).

Gem. § 24 Abs. 6 WEG ist über die in der Versammlung gefassten Beschlüsse eine → Niederschrift aufzunehmen. Zu diesem Zweck kann der Vorsitzende einen Protokollführer bestimmen (BayObLGZ 1972, 240). Die Aufzeichnung der Versammlung auf Tonträger ist hingegen grds. unzulässig (→ Tonbandaufzeichnung).

d) Unterbrechung der Versammlung

Der Vorsitzende kann die Versammlung unterbrechen, insbesondere bei überlanger Dauer (Bub PiG 25, 49, 63 z. Risiko des Wegfalls der Beschlussfähigkeit), zur Wiederherstellung der Konzentrationsfähigkeit, aber auch bei heftigen Auseinandersetzungen, um die Teilnehmer zu beruhigen und ggf. durch Einzelgespräche hierauf hinzuwirken.

e) Beendigung, Vertagung, Auflösung der Versammlung

Der Vorsitzende hat nach Behandlung aller Tagesordnungspunkte die Beendigung der Versammlung festzustellen, um diese von sich hieran anschließenden Diskussionen abzugrenzen (Seuss WE 1995, 260, 270). Wird der Beendigung widersprochen, weil noch Handlungsbedarf bestehe, kann der Vorsitzende die Versammlung fortsetzen, es sei denn, dass schon ein Teilnehmer im Hinblick auf die Beendigungserklärung die Versammlung verlassen hat. Er kann die Vertagung der Versammlung anregen, wenn sie beschlussunfähig geworden ist oder wegen fortgeschrittener Zeit – i.d.R. über Mitternacht hinaus – oder wegen disziplinlosen Verhaltens, dem auch durch eine Unterbrechung kein Ende gesetzt werden kann, nicht mehr als Forum für eine geordnete Sachdiskussion und Beschlussfassung geeignet ist. Die Entscheidung hierüber trifft ausschließlich die Versammlung.

Einzelne Tagesordnungspunkte können in gleicher Weise aus sachlichen Gründen vertagt werden, z.B. wenn sie nicht ausreichend vorbereitet sind oder abzusehen ist, dass sie nicht innerhalb der geplanten Versammlungszeit ausdiskutiert werden können. Auch hierüber ist ein Beschluss der Versammlung herbeizuführen.

Der Vorsitzende darf die ordnungsgemäß einberufene und zusammengetretene Versammlung vor Erledigung aller angekündigten Tagesordnungspunkte nicht gegen den Willen der Wohnungseigentümer auflösen oder vertagen (KG OLGZ 1989, 51 f; OLG Celle ZWE 2002, 276; Bub PiG 25, 49, 63), was aber nicht ausschließt, dass ein einzelner Wohnungseigentümer die Auflösung beantragt (a. A. OLG Düsseldorf WuM 1993, 305) und die Wohnungseigentümer dies mehrheitlich beschließen. Löst der Verwalter unter Überschreitung seiner Befugnisse die Versammlung vorzeitig auf, so können die Wohnungseigentümer ohne weiteres gem. § 24 Abs. 5 WEG einen neuen Vorsitzenden durch Beschluss bestimmen und die Versammlung fortsetzen (BayObLGZ 1965, 34; NZM 1998, 1010f; OLG Celle ZWE 2006, 276). Kommen jedoch Wohnungseigentümer der Auflösungserklärung im schützenswerten Vertrauen auf ihre Wirksamkeit durch Verlassen der Versammlung nach, so sind die nach der Auflösungserklärung gefassten Beschlüsse der verbliebenen Wohnungseigentümer für ungültig zu erklären, da sie in einer formell fehlerhaften Versammlung gefasst wurden und nicht auszuschließen ist, dass bei Anwesenheit der weggegangenen Wohnungseigentümer die identischen Beschlüsse gefasst worden wären (KG OLGZ 1989, 51 f).

Verlässt der Verwalter nach Abhandlung sämtlicher Tagesordnungspunkte die Versammlung, ohne diese förmlich zu schließen, ist für eine Beschlussfassung kein Raum mehr (BayObLG NZM 1998, 1010).

▶ Geschäftsraum, Gewerberaum

Eine Wohnung darf grds. auch zu gewerblichen Zwecken genutzt werden, wenn hiervon nach typisierender Betrachtung keine über die Wohnnutzung hinausgehenden Beeinträchtigungen der übrigen Wohnungseigentümer ausgehen (BayObLG WuM 1993, 697; ZWE 2001, 27; OLG Köln ZMR 2003, 384). Dürfen nach der Teilungserklärung Räume, z.B. Läden und Lagerräume „für gewerbliche Zwecke" genutzt werden, darf in ihnen jedes erlaubte Gewerbe im Rahmen der gesetzlichen Bestimmungen betrieben werden (BayObLG NZM 2000, 871; OLG Düsseldorf NZM 2003, 805 f; Palandt/Bassenge § 15 RN 13). Davon umfasst ist auch der Betrieb eines Cafés (OLG Zweibrücken ZMR 1987, 229) oder die Schulung und Unterrichtung von → Aussiedlern und Asylbewerbern in der Zeit von 8.00 bis 15.00 Uhr (BayObLG NJW 1992, 919), hingegen normalerweise keine Sauna (BayObLG NJW-RR 1986, 317) oder ein → „Swinger-Club". Mit der Zweckbestimmung als Geschäftsräume ist der Betrieb eines bis in die frühen Morgenstunden geöffneten Nachtlokals mit Musikveranstaltungen allenfalls dann vereinbar, wenn eine solche gewerbliche Nutzung dem Charakter der Wohnanlage entspricht (KG NJW-RR 1989, 140).

Bedarf die berufliche oder gewerbliche Nutzung einer Wohnung nach der Gemeinschaftsordnung der Zustimmung der Wohnungseigentümerversammlung (OLG Zweibrücken ZMR 1997, 482), so ist im Zustimmungsverlangen die konkret geplante Nutzung anzugeben (OLG Braunschweig WuM 1986, 149). Die Zustimmung darf nur versagt werden, wenn die Nutzung Nachteile i.S. von § 14 Nr. 1 WEG erwarten lässt. Die Wohnungseigentümer können aber beschließen, über die Zustimmung erst zu entscheiden, wenn eine erforderliche Zweckentfremdungsgenehmigung vorliegt (BayObLG WuM 1990, 44). Ein Beschluss, der die nach der Teilungserklärung erlaubte gewerbliche Nutzung eines Teileigentums einschränkt, ist mangels Beschlusskompetenz der Wohnungseigentümer nichtig (OLG Düsseldorf NZM 2003, 805).

Die Gemeinschaftsordnung kann die gewerbliche Nutzung einer Wohnung auch unter → Zustimmungsvorbehalt des Verwalters stellen (BayObLG NZM 2001, 138; WE 1997, 319; OLG Köln NZM 2002, 29). Ist eine schriftliche Zustimmung des Verwalters erforderlich, so ist die Einhaltung der Schriftform i.d.R. wegen ihrer Warnfunktion Gültigkeitsvoraussetzung (BayObLG WE 1990,

58). Die Einwilligung des Verwalters ist eine formelle Voraussetzung für die Ausübung eines Berufs oder eines Gewerbes. Die Prüfung und Entscheidung der Frage, ob die Voraussetzungen für eine Einwilligung vorliegen, wird zunächst in die Hand des Verwalters gelegt. Seine Entscheidung unterliegt jedoch der Kontrolle durch die Wohnungseigentümer sowie das Gericht (BayObLG NZM 2001, 138f). Die Zustimmung kann nicht vom Gericht ersetzt werden, vielmehr ist auszusprechen, dass der Pflichtige die Zustimmung zu erteilen hat (BayObLGZ 1977, 40, 44). Die Zustimmung ist gem. §183 BGB widerruflich bis zur Aufnahme der Nutzung (BayObLG NZM 2001, 138f).

▶ **Geschossdecke** → Fußböden, Estrich, Bodenbelag

▶ **Gesellschaft bürgerlichen Rechts (GbR)**

Die Gesellschaft bürgerlichen Rechts als Gesamthandsgemeinschaft ihrer Gesellschafter kann im Rechtsverkehr grundsätzlich, d.h. sofern nicht spezielle Gesichtspunkte entgegenstehen, jede Rechtsposition einnehmen (BGHZ 116, 86, 88; 136, 254, 257). Soweit sie als Außengesellschaft am Rechtsverkehr teilnimmt, ist sie (teil-)rechts- und parteifähig (BGH NJW 2001, 1056; ZIP 2001, 1713 z. Kommanditistenstellung einer GbR).

1. GbR als Wohnungseigentümerin

Eine Gesellschaft bürgerlichen Rechts kann Wohnungseigentümerin sein. In diesem Fall findet ein Eigentümerwechsel außerhalb des Grundbuchs statt, wenn ein Gesellschafter seine Gesellschafterstellung einem Dritten vererbt (vgl. BayObLG Rpfleger 1993, 105 z. Nachweis der Sonderrechtsnachfolge beim Tod eines Gesellschafters) oder im Ganzen auf einen Dritten überträgt (OLG Hamm OLGZ 1989, 167; OLG Köln NZM 2001, 146), was voraussetzt, dass der Gesellschaftsvertrag dies zulässt (BGH NJW-RR 1989, 1259) oder alle Gesellschafter zustimmen (MünchKomm/Ulmer §719 RN 21); zum Eigentümerwechsel führt auch die gleichzeitige Übertragung aller Mitgliedschaftsrechte auf mehrere (BGHZ 44, 229, 231) oder einen neuen (BGHZ 71, 296; OLG Hamm OLGZ 1986, 316) oder einen der bisherigen Gesellschafter (BayObLG Rpfleger 1983, 431) oder auf eine andere Gesellschaft bürgerlichen Rechts (BGH NJW-RR 1990, 978). Scheidet ein Gesellschafter aus einer Gesellschaft bürgerlichen Rechts aus und wächst sein Anteil den übrigen Gesellschaftern zu, so ist er, auch wenn er noch im Grundbuch als Miteigentümer eingetragen ist, nicht mehr stimmberechtigt und deshalb auch nicht mehr zu Wohnungseigentümerversammlungen zu laden (OLG Köln NZM 2001, 146). Im Übrigen können die Gesellschafter ihr Stimmrecht in der Eigentümerversammlung nur gemeinschaftlich ausüben (→ Stimmrecht), es sei denn, dass die Vertretung der Gesellschaft anders geregelt ist.

Da sich die Vermutung des § 891 BGB bei im Grundbuch als Wohnungseigentümern eingetragenen Personenmehrheiten auch auf die nach § 47 GBO eingetragene Art des Personenverbandes erstreckt (MünchKomm/Wacke § 891 BGB RN 14), hat derjenige, der sein Ausscheiden aus der Gesellschaft behauptet, dieses voll zu beweisen, z.B. beim Ausscheiden aus einer Gesellschaft bürgerlichen Rechts durch den Nachweis des Übertragungsvertrages und der Zustimmung aller Gesellschafter oder der Erlaubnis im Gesellschaftsvertrag. Wird dieser Nachweis erst im gerichtlichen Verfahren erbracht (OLG Hamm NJW-RR 1989, 655f: nicht mehr im Rechtsbeschwerdeverfahren), so ist dies bei der → Kostenentscheidung zu berücksichtigen, da der ausscheidende Gesellschafter aufgrund des Gemeinschaftsverhältnisses zur sofortigen Führung des Nachweises gegenüber den anderen Wohnungseigentümern verpflichtet ist (OLG Hamm NJW-RR 1989, 655f). Die Möglichkeit, den Nachweis der Unrichtigkeit des Grundbuchs gem § 891 BGB zu führen, darf aber auch in diesem Fall nicht abgeschnitten werden (a.A. OLG Hamm NJW-RR 1989, 655 unter Hinweis auf Rechtssicherheit und das Liquiditätserfordernis).

2. GbR als Verwalterin

Eine Gesellschaft bürgerlichen Rechts konnte nach früher einhelliger Auffassung nicht zur Verwalterin einer Wohnungseigentumsanlage bestellt werden (BGH WE 1992, 27), da sie nicht als rechtlich selbständige Einheit handlungsfähig ist und die Vertretungsbefugnis nicht in einem Register verlautbart werden kann. Da der BGH nunmehr der Gesellschaft bürgerlichen Rechts im Außenverhältnis Rechtsfähigkeit zubilligt, soweit sie durch Teilnahme am Rechtsverkehr eigene Rechten und Pflichten begründet (BGH NJW 2001, 1056; ZIP 2001, 1713), steht sie in dieser Hinsicht einer Gesellschaft des Handelsrechts gleich und kann zur Verwalterin einer Eigentumswohnanlage bestellt werden (OLG Frankfurt/M NZM 2003, 981; Drasdo NZM 2001, 258). I.d.R. wird es sich bei Wohnungsverwaltungsgesellschaften aber ohnehin um Kaufleute handeln, da nach § 1 Abs. 2 HGB zur Erlangung der Kaufmannseigenschaft lediglich ein Gewerbebetrieb erforderlich ist, der nach Art und Umfang einen in kaufmännischer Weise eingerichteten Geschäftsbetrieb erfordert, nicht die Eintragung im Handelsregister.

▶ Getränkeautomat

Das Aufstellen eines Getränkeautomaten im Gang einer Wohnappartementanlage hält sich nicht im Rahmen ordnungsmäßiger Verwaltung (BayObLG WE 1991, 260).

▶ Gewährleistung

Dem Erwerber von Wohnungseigentum stehen Gewährleistungsansprüche zu, wenn dem Kaufgegenstand → Sachmängel, beim Kauf vom Bauträger insbesondere → Baumängel anhaften, wobei bei Mängeln am gemeinschaftlichen Eigentum insoweit Besonderheiten zu beachten sind. Ob auf einen Vertrag, durch welchen Wohnungseigentum erworben wird, unabhängig davon, ob er als Kauf- oder als Werkvertrag bezeichnet wird, Kauf- oder Werkvertragsrecht anzuwenden ist, richtet sich nach dessen inhaltlicher Ausgestaltung (→ Kaufvertrag). Soweit – dies ist der Regelfall – Werkvertragsrecht auf das Verhältnis zwischen Veräußerer und Erwerber anzuwenden ist, gelten die §§ 631 ff BGB. I.d.R. stehen dem Erwerber aufgrund eines ab dem 1.1.2002 abgeschlossenen Vertrages (Art. 229 § 5 S. 1 EGBGB; zur Rechtslage für vor diesem Termin abgeschlossene Verträge s. Voraufl.) folgende Ansprüche wahlweise zu:

1. Nacherfüllung

Nach §§ 634 Nr. 1, 635 BGB kann der Erwerber Nacherfüllung verlangen. Nach seiner Wahl kann der Bauunternehmer den Nacherfüllungsanspruch durch Beseitigung des Mangels oder Neuherstellung erfüllen, § 635 Abs. 1 BGB. Die erforderlichen Aufwendungen, insbesondere Transport-, Wege-, Arbeits- und Materialkosten, hat er zu tragen, § 635 Abs. 2 BGB. Der Erwerber kann Nacherfüllung schon vor der → Abnahme und auch nach Kündigung des Werkvertrages bezüglich der bis dahin erstellten Teile (BGH NJW 1988, 140; OLG Hamm NJW-RR 1995, 724) verlangen. Dabei ist das zutage getretene Erscheinungsbild nach Art und Lage der Mängel (BGH NJW-RR 2001, 380), nicht jedoch die Ursache der Mängel anzugeben; eine unrichtige Ursachenvermutung schadet nicht (BGH NJW-RR 2002, 661, 664; 2003, 1239). Der Nacherfüllungsanspruch umfasst auch vorbereitende Maßnahmen und Nebenarbeiten, die zur Mängelbeseitigung erforderlich sind (BGHZ 113, 251), sowie die zur Wiederherstellung des früheren Zustandes erforderlichen Arbeiten (BGHZ 96, 221). Gem. § 635 Abs. 3 BGB kann der Veräußerer die Nacherfüllung verweigern, wenn sie objektiv nur mit unverhältnismäßig hohen Kosten möglich ist. Das Leistungsverweigerungsrecht wegen unverhältnismäßigen Aufwands gem. § 275 Abs. 2 BGB ist demgegenüber allenfalls dann von Bedeutung, wenn im Verhältnis zum Gesamtwert kleinere Mängel den Erwerber nur unerheblich beeinträchtigen (Palandt/Sprau § 635 BGB RN 10).

Jeder einzelne Erwerber hat – neben seinen sonstigen Erfüllungsansprüchen – einen Individualanspruch aus §§ 631 Abs. 1, 633 Abs. 1 BGB i. V. m. dem Bauträgervertrag – ggf. der Baubeschreibung, den Plänen und dem Prospekt (BGHZ 100, 391) – auch in Bezug auf die vertragsmäßige Herstellung des gemeinschaftlichen Eigentums. Jedem Erwerber steht aus dem Bauträgervertrag somit auch ein individueller Anspruch auf Beseitigung von Mängeln am gemeinschaftlichen Eigentum zu. Allerdings ist dieser Anspruch gemeinschaftsbezogen: Die Ansprüche aller Erwerber sind nämlich auf ein und dieselbe unteilbare Leistung – die Instandsetzung desselben gemeinschaftlichen Eigentums – gerichtet, weshalb der Veräußerer (Bauträger) die geschuldete Leistung nur an alle Erwerber gemeinsam erbringen und jeder Erwerber die Leistung nur an alle fordern kann.

Jeder Erwerber kann somit seine Mängelbeseitigungsansprüche gegen den Bauträger (BGHZ 114, 383, 389; ZIP 1996, 426f), aber auch an ihn abgetretene Mängelbeseitigungsansprüche gegen andere Baubeteiligte (BGH WM 1979, 1364, 1366; OLG Düsseldorf BauR 1991, 362, 365) individuell geltend machen, aber als gesetzlicher Prozessstandschafter gem. § 432 Abs. 1 BGB nicht auf Leistung an sich, sondern nur an alle Erwerber, die Inhaber desselben Anspruchs sind, gemeinschaftlich (OLG Frankfurt NJW 1975, 2297f). Durch die Vornahme der erforderlichen Arbeiten werden die Ansprüche aller Erwerber erfüllt (BGHZ 68, 372), weshalb die Gefahr der mehrfachen Inanspruchnahme des Bauträgers nicht besteht.

Die Wohnungseigentümer können mehrheitlich die gerichtliche Geltendmachung der Mängelbeseitigungsansprüche im Rahmen der ordnungsmäßigen Verwaltung beschließen (BGHZ 81, 35, 38; BayObLG ZWE 2000, 266), ohne dass aber dadurch das Recht des einzelnen Erwerbers, seine Ansprüche geltend zu machen, eingeschränkt wird (sehr str.). Der Wohnungseigentümergemeinschaft steht nämlich nicht das Recht zu, durch Beschluss individuelle Ansprüche der einzelnen Erwerber zu einer gemeinschaftlichen Angelegenheit zu machen und sich zur erstmaligen Herstellung eines' mängelfreien Zustandes der individualvertraglichen Ansprüche der einzelnen Eigentümer zu bedienen (Wenzel, Die Durchsetzung von Gewährleistungsansprüchen bei Mängeln am Gemeinschaftseigentum, RWS-Forum 13). Jeder Wohnungseigentümer kann deshalb frei entscheiden, ob er die Verfolgung und Durchsetzung seiner Mängelbeseitigungsansprüche der Gemeinschaft überlässt, was z.B. konkludent durch Zustimmung zu einem hierauf gerichteten Mehrheitsbeschluss oder auch durch Unterlassen der Anfechtung eines solchen Beschlusses erfolgen kann, oder ob er seine Ansprüche auf eigene Kosten und eigenes Risiko verfolgt (Staudinger/Bub § 21 RN 260).

Haben die Wohnungseigentümer einen Beschluss über die gemeinschaftliche Rechtsverfolgung der hiermit einverstandenen Erwerber gefasst, so können sie dem Verwalter Prozessvollmacht erteilen oder ihn ermächtigen, als Prozessstandschafter diese

Nachbesserungsansprüche im eigenen Namen auf Leistung an sich einzuziehen (→ Prozessführung durch Verwalter); das für die Zulässigkeit einer gewillkürten Prozessstandschaft erforderliche eigene schutzwürdige Interesse, ein fremdes Recht geltend zu machen, folgt aus der Pflicht des Verwalters, gem. § 27 Abs. 1 Nr. 2 WEG für die Instandhaltung und Instandsetzung des gemeinschaftlichen Eigentums zu sorgen (BGH WM 1986, 837; NJW 1992, 1881, 1883). Ohne einen solchen Beschluss ist der Verwalter zur Klageerhebung nur gem. § 27 Abs. 2 Nr. 4 WEG berechtigt, wenn Verjährung droht (→ Abwendung von Rechtsnachteilen).

Fällt der Bauträger in die Insolvenz, wandeln sich Nacherfüllungsansprüche in einen Schadensersatzanspruch um, der sich, soweit gemeinschaftliches Eigentum betroffen ist, nach dem quotalen Minderwert der einzelnen Wohnungen berechnet (→ Insolvenz des Bauträgers).

2. Selbstvornahme

Nach erfolglosem Ablauf einer von ihm zur Nacherfüllung gesetzten Frist kann der Erwerber nach §§ 634 Nr. 2, 637 BGB den Mangel selbst beseitigen und Ersatz der erforderlichen Aufwendungen verlangen, wenn nicht der Bauträger die Nacherfüllung zu Recht verweigert. Einer Nachfristsetzung bedarf es dann nicht, wenn der Bauträger die Nacherfüllung ernsthaft und endgültig verweigert, §§ 637 Abs. 2, 323 Abs. 2 Nr. 1 BGB, oder wenn die Nacherfüllung fehlgeschlagen oder dem Erwerber unzumutbar ist, § 637 Abs. 2 S. 2 BGB.

Wegen der Gestaltungswirkung der Fristsetzung – der Bauträger verliert sein Nacherfüllungsrecht (BGH NJW 2003, 1526) – müssen die Wohnungseigentümer hierüber ebenso beschließen wie über die mögliche Gestaltung (OLG Köln NJW-RR 2001, 1386) von Arbeiten zur Beseitigung von Mängeln am Gemeinschaftseigentum. Die Fristsetzung durch einzelne, hierzu nicht durch Mehrheitsbeschluss ermächtigte Wohnungseigentümer ist deshalb nur für deren individuelle Ansprüche auf Rücktritt und Schadensersatz von Bedeutung. Der Verwalter hat in diesem Fall also auf eine Beschlussfassung der Wohnungseigentümer hinzuwirken. Aus § 10 Abs. 4 WEG folgt die Bindung an den Beschluss mit

Außenwirkung gegenüber dem Bauträger ab dessen Vollzug, also ab Zugang der beschlossenen Erklärung beim Bauträger (Weitnauer ZfBR 1981, 112).

3. Vorschuss auf Mängelbeseitigungskosten

Im Rahmen der Selbstvornahme können die Erwerber gem. § 637 Abs. 3 BGB vom Bauträger einen Kostenvorschuss für die zur Mängelbeseitigung erforderlichen Aufwendungen verlangen. Der Vorschuss ist in angemessener Frist bestimmungsgemäß zur Mängelbeseitigung zu verwenden; danach ist über den Vorschuss – ohne Berücksichtigung von Zinsen (BGHZ 94, 330) – abzurechnen (OLG Braunschweig BauR 2003, 1234). Ein Guthaben ist dem Bauträger zurückzuerstatten, eine Unterdeckung vom Bauträger auszugleichen (OLG Schleswig NJW-RR 1988, 105).

Der Vorschussanspruch steht jedem Erwerber individuell zu (BGHZ 110, 258; OLG Frankfurt NJW-RR 1993, 339; OLG Hamm WE 1993, 244 f); er setzt neben dem Verzug des Bauträgers mit der Mängelbeseitigung die Entscheidung der Wohnungseigentümer für die Selbstvornahme durch Mehrheitsbeschluss voraus, zumal da der einzelne Wohnungseigentümer – von den Fällen der → Notgeschäftsführung gem. § 21 Abs. 2 WEG abgesehen – nicht berechtigt ist, die Selbstvornahme selbst in Auftrag zu geben und den Vorschuss zu verbrauchen (OLG Hamm WE 1993, 244 f).

Da auch die Vorschussansprüche aller Erwerber auf eine rechtlich unteilbare Leistung gerichtet sind, kann nur Zahlung an alle Erwerber gemeinsam, ggf. zu Händen des Verwalters verlangt werden (BGH BauR 1980, 69). Jeder Wohnungseigentümer kann die gesamten voraussichtlichen Mängelbeseitigungskosten verlangen, auch wenn die gleichgerichteten Ansprüche anderer Wohnungseigentümer verjährt oder erloschen sind (BGHZ 114, 383). Gegen die Vorschussansprüche der Erwerber kann der Bauträger deshalb nicht mit Kaufpreis(rest)zahlungsansprüchen gegen einzelne Erwerber aufrechnen (BGHZ 115, 219; Brych/Pause RN 713), da es insoweit an der Gegenseitigkeit der Forderungen fehlt (Staudinger/Kaduk § 432 RN 13). Aber auch ein Erwerber kann mit seinem Vorschussanspruch gegen den Kaufpreiszahlungsanspruch des Bauträgers nicht aufrechnen, da er nicht Leistung an sich, sondern nur Leistung an alle verlangen kann (a.A. OLG Frankfurt NJW-RR 1993, 339; LG München I NJW-RR 1990, 30). Ein vom Bauträger bezahlter Vorschuss sollte auf ein hierfür eingerichtetes Sonderkonto der Wohnungseigentümer einbezahlt werden, über das der Verwalter wie über die anderen gemeinschaftlichen Gelder im Rahmen der Zweckbindung verfügen kann. Über die Verwendung der vom Bauträger bezahlten Vorschüsse beschließen die Wohnungseigentümer mehrheitlich, da die Beseitigung von anfänglichen Mängeln zur ordnungsmäßigen Verwaltung des gemeinschaftlichen Eigentums gehört. Beschlüsse, den Vorschuss anteilig an die Wohnungseigentümer auszuzahlen oder der → Instandhaltungsrückstellung zuzuführen, widersprechen dieser Zweckbindung und sind anfechtbar. Aus einem solchen Beschluss kann i. d. R. kein Verzicht auf die Mängelbeseitigung als Maßnahme ordnungsmäßiger Verwaltung gem. § 21 Abs. 4 WEG im Innenverhältnis der Wohnungseigentümer hergeleitet werden (Staudinger/Bub § 21 RN 185; a.A. BayObLG NJW-RR 1989, 1165).

4. Rücktritt

Der Erwerber kann nach den §§ 634 Nr. 3, 636, 323, 326 Abs. 5 BGB von dem Vertrag zurücktreten. Auch in diesem Fall ist eine vorherige angemessene Frist zur Leistung oder Nacherfüllung zu setzen, § 323 Abs. 1 BGB. Eine Ablehnungsandrohung ist nicht mehr erforderlich. Die Fristsetzung ist entbehrlich, wenn der Bauträger die Leistung oder – gem. § 636 BGB – die Nacherfüllung ernsthaft und endgültig verweigert, nicht zu einem fest vereinbarten Termin liefert und der Erwerber im Vertrag den Fortbestand seines Leistungsinteresses an die Rechtzeitigkeit der Leistung gebunden hat oder wenn besondere Umstände vorliegen, die unter Abwägung der beiderseitigen Interessen den sofortigen Rücktritt rechtfertigen, § 323 Abs. 2 BGB. Ein Rücktritt ist auch dann möglich, wenn dem Bauträger – gleich aus welchen Gründen – eine ordnungsmäßige Leistungserbringung nicht möglich ist, §§ 326 Abs. 5, 275 BGB oder die Nacherfüllung fehlgeschlagen oder dem Erwerber unzumutbar ist, § 636 BGB.

Der Erwerber kann bereits vor Eintritt der Fälligkeit zurücktreten, wenn offensichtlich ist, dass die Voraussetzungen des Rücktritts eintreten werden, § 323 Abs. 4 BGB. Bei einer Teilleistung, also der Übergabe einer nicht vollständig fertig gestellten Eigentumswohnung, z.B. bei vereinbartem Innenausbau, kann der Erwerber zurücktreten, wenn er an der Teilleistung kein Interesse hat, § 323 Abs. 5 BGB. Ein Rücktritt ist ausgeschlossen, wenn die Pflichtverletzung des Bauträgers unerheblich ist, § 323 Abs. 5 BGB, der Erwerber für den Umstand, der ihn zum Rücktritt berechtigen würde, allein oder überwiegend verantwortlich ist, § 323 Abs. 6 Alt. 1 BGB, der Mangel während des Annahmeverzugs des Bestellers ohne Verschulden des Bauträgers auftritt, § 323 Abs. 6 Alt. 2 BGB, sowie bei vorbehaltloser → Abnahme der Wohnung in Kenntnis des Mangels, § 640 Abs. 2 BGB.

Der Erwerber ist nicht nur bei nicht unerblichen Mängeln am Sondereigentum, sondern auch am Gemeinschaftseigentum ohne Mitwirkung der anderen Wohnungseigentümer nach Ablauf einer von ihm gesetzten angemessenen Frist berechtigt, vom Vertrag zurückzutreten und ihn in ein Rückgewährschuldverhältnis umzuwandeln. Jeder Erwerber kann individuell über die Geltendmachung des Rücktrittsrechts entscheiden mit der Folge, dass der Veräußerer an seiner Stelle wieder in die Wohnungseigentümergemeinschaft eintritt (BGHZ 74, 258, 264 z. Wandelung).

5. Minderung

Der Erwerber kann – statt zurückzutreten – nach §§ 634 Nr. 3, 638 BGB den Kaufpreis mindern. Die Rücktrittsvoraussetzungen müssen vorliegen; jedoch kann Minderung auch bei unerheblichen Mängeln verlangt werden, § 638 Abs. 1 S. 2 BGB. Das Minderungsrecht gibt dem Erwerber die Möglichkeit, den Kaufpreis im Verhältnis des Wertes des mangelfreien Werkes zu dem Wert des mangelhaften Werkes im Zeitpunkt des Vertragsschlusses herabzusetzen, § 638 Abs. 3 S. 1 BGB. Der Minderungsbetrag ist, soweit erforderlich, durch Schätzung zu ermitteln, § 638 Abs. 3 S. 2 BGB. Hat der Erwerber bereits mehr als geschuldet gezahlt, besteht ein Rückzahlungsanspruch bezüglich des übersteigenden Betrages, § 638 Abs. 4 BGB. Bei geringerer → Wohnfläche der erworbenen Wohnung als vereinbart kann auch auf den anhand der vereinbarten Fläche zu berechnenden qm-Preis abgestellt werden

(OLG Celle NJW-RR 1999, 816). Der Minderungsbetrag bei Mängeln entspricht im Zweifel den notwendigen Mängelbeseitigungskosten zuzüglich eines angemessenen Betrages für den trotz Nacherfüllung verbleibenden Minderwert (BGH NJW 1996, 3001), wenn die Nacherfüllung nicht undurchführbar oder unverhältnismäßig ist, was zur Beschränkung auf den Minderwert führt (BGH NJW 2003, 1188). Der Minderungswert muss nicht zur Mängelbeseitigung verwendet werden.

Bei Mängeln des gemeinschaftlichen Eigentums bedarf der Übergang vom Nacherfüllungsanspruch auf Minderung eines Beschlusses der Wohnungseigentümer, um zu verhindern, dass der Bauträger wegen identischer Mängel von einem Teil der Erwerber auf Minderung, von anderen auf Nacherfüllung in Anspruch genommen wird, also doppelt leisten muss; der Nacherfüllungsanspruch erlischt nämlich nicht bereits mit Ablauf der nach §323 Abs. 1 BGB zu setzenden Frist, sondern erst mit der Wahl zwischen Rücktritt, Minderung und Schadensersatz. Die Wohnungseigentümer entscheiden deshalb nach h. M. durch Beschluss, ob Minderung verlangt wird. Mängelansprüche wegen behebbarer Mängel am gemeinschaftlichen Eigentum können somit nach h. M. nur einheitlich und gemeinschaftlich durchgesetzt werden (BGHZ 110, 258, 261; NJW 1998, 2967; OLG Düsseldorf NJW-RR 1993, 90; OLG Frankfurt NJW-RR 1993, 121). Entgegen der h. M. besteht keine Veranlassung, dem einzelnen Wohnungseigentümer das Wahlrecht zwischen den sekundären Mängelrechten gem. §634 BGB zu entziehen. Der Minderungsanspruch entsteht gem. §638 Abs. 1 S. 1 BGB mit Zugang der Minderungserklärung beim Bauträger. Haben mehrere Personen ein Wohnungseigentum gemeinsam erworben, so müssen sie die Minderungserklärung gemeinsam abgeben, §638 Abs. 2 BGB. Diese Vorschrift betrifft nicht die Gesamtheit der Wohnungseigentümer (Palandt/Sprau §638 BGB RN 3). Die Wohnungseigentümer können nach h. M. auch beschließen, dass zur Abgeltung von Mängelbeseitigungs- und Gewährleistungsansprüchen ein Vergleich mit dem Bauträger geschlossen wird (BayObLG ZWE 2000, 266).

6. Schadensersatz

Nach §§ 636, 280, 281, 283, 311a kann der Erwerber Schadensersatz verlangen. Der Schadensersatzanspruch statt der (mangelfreien) Leistung setzt die Abnahme und einen Mangel voraus, der als Pflichtverletzung i.S. des § 280 Abs. 1 S. 1 BGB anzusehen ist, weiterhin ein Verschulden an dem Mangel, das jedoch gem. § 280 Abs. 1 S. 2 BGB vermutet wird. Erforderlich ist schließlich der Ablauf einer dem Bauträger gesetzten angemessenen Frist, die nach § 281 Abs. 2 BGB sowie § 636 BGB entbehrlich sein kann, also insbesondere nach Verweigerung oder Fehlschlagen sowie bei Unzumutbarkeit der Nacherfüllung. Ferner muss der Mangel für den Schaden ursächlich sein. Schadensersatz kann nach § 325 BGB auch neben dem Rücktritt verlangt werden, was dem sog. „großen Schadensersatz" nach früherem Recht entspricht.

Als durch die Nichterfüllung entstandenen Schaden kann der Erwerber bei Schäden am Sondereigentum den entgangenen Gewinn durch Mietausfälle (BGHZ 46, 238; NJW 1972, 901), Zinsmehrkosten, Kosten eines Privatgutachters (BGH NJW 1985, 381), Schäden am sonstigen Eigentum (BGH Betr. 1986, 531) etc. verlangen. Entgangene Gebrauchsvorteile sind nur zu ersetzen, wenn das Wohnungseigentum insgesamt oder Teile hiervon, z.B. eine Terrasse, nicht genutzt werden können (→ Schadensersatz). Dem Erwerber steht es frei, ob er Schadensersatzleistungen zur Mängelbeseitigung oder anderweitig verwenden will (BGHZ 74, 258). Veräußert der Erwerber das Wohnungseigentum, bevor er Schadensersatz erhalten hat, kann er nur noch Geldentschädigung für den wegen des Mangels oder der Mängel verminderten Kaufpreis verlangen (BGH NJW 1985, 2419).

Für die Geltendmachung des (kleinen) Schadensersatzanspruchs bei Mängeln des gemeinschaftlichen Eigentums besteht nach h. M. (a. A. Staudinger/Bub § 21 RN 286) eine Gemeinschaftsbindung, weshalb die Wohnungseigentümer hierüber mit Stimmenmehr zu entscheiden haben. Mit der Geltendmachung von Schadensersatz erlöschen nämlich gem. § 281 Abs. 4 BGB die Nacherfüllungsansprüche der anderen Wohnungseigentümer. Der Bauträger darf nämlich nicht dadurch doppelt belastet werden, dass er dem einen Wohnungseigentümer die (vollständige) Nachbesserung, dem anderen wegen desselben Mangels Schadensersatz schuldet; um dies zu erreichen, genügt aber nach der hier vertretenen Auffassung, dass die Wohnungseigentümer durch Mehrheitsbeschluss entscheiden, dass sie nach Fristablauf ihre Nacherfüllungsansprüche gegen den Bauträger nicht mehr verfolgen. Die Gemeinschaftsbindung besteht nach h. M. auch dann, wenn sich der Mangel im Sondereigentum eines Wohnungseigentümers auswirkt (BGHZ 110, 258, 261). Die Gemeinschaft kann den Verwalter dazu ermächtigen, den Schadensersatzanspruch im eigenen Namen einzuklagen, oder auch auch einen einzelnen Wohnungseigentümer ermächtigen, den Anspruch mit dem Antrag auf Leistung an alle gem. §432 BGB geltend zu machen (BGH NJW 1983, 453).

Da der einzelne Wohnungseigentümer aus dem jeweiligen Vertrag mit dem Baubeteiligten einen individuellen Anspruch auf mangelfreie Werkleistung auch in Bezug auf das gesamte Gemeinschaftseigentum hat (BGH NJW 1985, 1551; 1991, 2480f), kann der Erwerber nach h. M. die für die Beseitigung der Mängel am Gemeinschaftseigentum erforderlichen Kosten insgesamt beanspruchen, jedenfalls wenn sich der Mangel auf sein Sondereigentum auswirkt (BGHZ 141, 63, 67ff; NJW 1991, 2480, 2482 z. Schallmängeln; a.A. und zutreffend BGHZ 108, 156, 159 z. Kaufrecht: nur quotal); in diesem Fall biete eine nach den Anteilen am Gemeinschaftseigentum berechnete Quote des gesamten Mängelbeseitigungsaufwandes regelmäßig keinen angemessenen Ausgleich für den infolge dieses Mangels eingetretenen Nachteil. Der Erwerber sei ohne einen dazu ermächtigenden Beschluss der Wohnungseigentümergemeinschaft – der grds. zulässig ist (BGH NJW-RR 2000, 304) – grds. daran gehindert, den Schadensersatzanspruch oder die Minderung mit Zahlung an sich selbst durchzusetzen (BGHZ 141, 63, 65). Gibt jedoch der Bauträger durch die endgültige Verweigerung der Nachbesserung zu erkennen, dass er nicht bereit ist, an der Durchsetzung der Gewährleistungsansprüche mitzuwirken, kann der Erwerber auch allein mit einem Schadensersatzanspruch wegen Mängeln am Gemeinschaftseigentum aufrechnen oder den Erwerbspreis mindern (BGH NZM 2002, 32f).

7. Einrede des nichterfüllten Vertrages, Mängeleinbehalt

Haften dem Sondereigentum oder dem gemeinschaftlichen Eigentum Mängel an, so steht dem Erwerber gegenüber der Kaufpreisforderung des Bauträgers, auch gegenüber einer nach Baufortschritt zu zahlenden Kaufpreisrate ein Leistungsverweigerungsrecht gem. § 320 BGB zu. Der zurückbehaltene Betrag muss in einem angemessenen Verhältnis zum voraussichtlichen Mängelbeseitigungsaufwand stehen. Angemessen ist gem. § 641 Abs. 3 BGB der Einbehalt mindestens in Höhe des dreifachen Betrages, es sei denn, dass sich die Erwerber in Bezug auf die Mängelbeseitigung in Annahmeverzug befindet (BGH NJW-RR 2002, 1025: Beschränkung auf die einfachen Nachbesserungskosten gem. § 242 BGB); für Mängel am gemeinschaftlichen Eigentum ist dieser Einbehalt nur in Höhe der Quote, mit der der betreffende Wohnungseigentümer Nachbesserungskosten zu tragen hätte, also im Verhältnis der Miteigentumsanteile möglich (a. A. Palandt/Sprau § 634 BGB RN 15: nur mit Ermächtigung durch Beschluss der Wohnungseigentümer).

Da dem Bauträger seinerseits ein Leistungsverweigerungsrecht gegenüber den von ihm beauftragten Bauhandwerkern zusteht, braucht er wegen des Leistungsverweigerungsrechts des Erwerbers nicht in Zahlungsnot zu geraten.

8. Freizeichnung

Gewährleistungsrechte können auch individualvertraglich nur dann ausgeschlossen werden, wenn die einschneidenden Rechtsfolgen einer solchen Klausel zwischen den Parteien eingehend erörtert wurde und der Erwerber über die Bedeutung nachhaltig belehrt wurde (BGH DNotZ 1988, 292; NJW-RR 1990, 786; OLG Schleswig NJW-RR 1995, 590). Handelt es sich um einen Formularvertrag, unterliegt der Bauträgervertrag der Inhaltskontrolle nach den §§ 305 ff BGB, gem. § 310 Abs. 3 Nr. 1 BGB auch dann, wenn er von einem unparteiischen Notar formuliert wurde, falls es sich beim Verkäufer um einen Unternehmer (§ 14 Abs. 1 BGB) und beim Erwerber um einen Verbraucher (§ 13 BGB) handelt.

Eine formularmäßige Freizeichnung des Bauträgers von seiner Gewährleistungspflicht bei gleichzeitiger Abtretung seiner Gewährleistungsansprüche gegen andere am Bau Beteiligte – z.B. Handwerker, Architekt – ist gem. § 307 Abs. 2 Nr. 2 BGB unwirksam, auch wenn sie nicht gegen § 309 Nr. 8 b) aa) BGB verstößt (BGH NJW 2002, 2470). Die Klausel begründet für den Erwerber nämlich die Unsicherheit, in welchem Umfang er sich darum bemühen muss, etwaige Ansprüche gegen andere am Bau Beteiligte geltend zu machen. Ihm obliegt es, aufgrund der Verträge des Bauträgers mit den einzelnen Unternehmern zu prüfen, welche Ansprüche gegen sie bestehen und wann sie verjähren (BGH NJW 2002, 2470, 2472).

Ob auf die nach Fertigstellung der Wohnanlage geschlossenen Verträge § 309 Nr. 8 b) BGB, der zahlreiche Gewährleistungsklauseln, insbesondere die Verkürzung der Gewährleistungsfrist gem. lit. ff) für unwirksam erklärt, anwendbar ist, hängt davon ab, ob bzw. wie lange nach der Fertigstellung noch die Eigenschaft „neu hergestellt" erfüllt ist. Bei einer Veräußerung an den Ersterwerber ist die Eigentumswohnung „neu hergestellt" auch dann, wenn sie kurzfristig leer gestanden hat oder vermietet war. Der Schutz von § 309 Nr. 8 b) BGB endet spätestens, wenn der Leerstand fünf Jahre gedauert hat oder die Wohung zwei Jahre vermietet war (Palandt/Heinrichs § 309 RN 55; Klumpp NJW 1993, 372).

§ 309 Nr. 8 b) BGB gilt nicht für in Eigentumswohnungen aufgeteilte Altbauten ohne Übernahme von Herstellungspflichten oder unter Übernahme von fälligen Schönheitsreparaturen (Wenzel DNotZ 1993, 297, 304), für die eine Mängelhaftung eingeschränkt oder ausgeschlossen werden kann (BGHZ 108, 156, 158; OLG Hamburg NJW-RR 1989, 1497), es sei denn, dass diese vom Veräußerer so renoviert werden, dass sie einem Neubau gleichkommen (BGHZ 100, 391, 397: „Neubau hinter einer historischen Fassade"; Z 108, 156, 162; OLG Frankfurt NJW-RR 1997, 121). Ansonsten gilt § 309 Nr. 8 b BGB nur für vom Verkäufer übernommene Renovierungsarbeiten (OLG Hamburg BauR 1993, 835; OLG Hamm NJW-RR 2002, 415).

Gegenstand des sog. Zweiterwerbs – des Erwerbs vom Ersterwerber – ist grds. keine neu hergestellte Sache i.S. des § 309 Nr. 8 b) BGB, selbst wenn der Ersterwerber das Wohnungseigentum nicht genutzt hat (OLG Celle NJW-RR 1996, 1416 f).

Findet § 309 Nr. 8 b) Anwendung, so sind Ausschluss und Einschränkungen der Mängelansprüche durch Formularvertragsklauseln regelmäßig unwirksam, so z.B.
- der Ausschluss des Rücktrittsrecht im Bauträgervertrag gem. § 309 Nr. 8 b) bb) (BGH NJW 2002, 511 z. Wandelung),
- die Beschränkung auf Nacherfüllung, sofern nicht das Recht vorbehalten bleibt, nach Fehlschlagen der Nacherfüllung vom Vertrag zurückzutreten oder die Vergütung zu mindern gem. § 309 Nr. 8 b) bb) BGB; die Haftung kann aber auf den Rücktritt unter Ausschluss der Minderung beschränkt werden (OLG München NJW 1994, 1661),
- die Beschränkung auf im Abnahmeprotokoll gerügte Mängel gem. § 309 Nr. 8 b) aa), da es sich um einen vollständigen Haftungsausschluss für nicht sichtbare Mängel handelt (Palandt/Heinrichs § 309 BGB RN 59),
- die Beschränkung auf Mängelbeseitigungsansprüche, soweit der Bauträger auf andere am Bau Beteiligte Rückgriff nehmen kann (BGHZ 67, 101), gem. § 309 Nr. 8 b) aa) BGB, da dies bei Insolvenz eines Beteiligten oder bei eigenen Fehlern des Bauträgers ein vollständiger Ausschluss wäre,
- die Beschränkung auf vom Bauträger verschuldete Mängel gem. § 309 Nr. 8 b) aa), da dies Ansprüche wegen unverschuldeter Mängel ausschliesst,
- die Verkürzung der Verjährungsfrist gem. § 309 Nr. 8 b ff (→ Verjährung).

▶ **Gewässerschadenhaftpflichtversicherung** → Versicherungen

▶ **Gewerbebetrieb des Verwalters**

Im Gegensatz zu anderen Ländern der EG, wie z.B. Frankreich, Niederlande oder Dänemark, bestehen in Deutschland keine gewerberechtlichen Voraussetzungen für den Verwalter, so dass jedermann den Verwalterberuf ausüben kann. Der Verwalter betreibt ein sog. stehendes Gewerbe, weswegen er lediglich den Beginn und das Ende der Berufsausübung sowie eine Verlegung der Betriebsstätte dem örtlich zuständigen Gewerbeamt gem. § 14 Abs. 1 GewO anzeigen muss (Bärmann/Seuss B RN 307).

Dem Verwalter kann allerdings die Ausübung seines Berufs gem. § 35 GewO bei Unzuverlässigkeit untersagt werden (Bader, in: FS Seuß [1987] 1, 3). Für diesen Fall kommt eine Gestattung gem. § 35 Abs. 2 GewO, den Gewerbebetrieb durch einen Stellvertreter i.S. des § 45 GewO fortzuführen, nicht in Betracht. Der gewerberechtliche Stellvertreter übt an der Stelle des Gewerbetreibenden das Gewerbe aus, nimmt dessen zivil- und öffentlich-rechtlichen Befugnisse wahr, verwaltet das Gewerbe selbständig und vertritt den Inhaber des Gewerbes nach außen. Dies käme einer tatsächlichen Übertragung der Verwalterstellung gleich, was aber aufgrund von deren Höchstpersönlichkeit nicht möglich ist (→ Verwalter).

Ist der Verwalter eine natürliche Person, muss auf seine Zuverlässigkeit abgestellt werden. Bei Personengesellschaften ist auf die geschäftsführenden Gesellschafter abzustellen, da diese Gewerbetreibende i.S.d. Gewerberechts sind (Marcks, in: Landmann-Rohmer § 35 GewO RN 64). Juristische Personen sind selbst Gewerbetreibende (BVerwG NJW 1993, 1346), bei der es auf die Zuverlässigkeit der vertretungsberechtigten Personen ankommt (BVerwG GewA 1967, 166; BayVGH GewA 1975, 61).

Gewerberechtlich unzuverlässig ist, wer keine Gewähr dafür bietet, dass er sein Gewerbe in Zukunft ordnungsmäßig ausüben wird. Maßgeblich ist für die Beurteilung der Gesamteindruck (BVerwG NVwZ 1982, 503), der sich aus gewerbebezogenen Tatsachen aus der Vergangenheit und einer Prognose für die Zukunft bildet (vgl. Marcks, in: Landmann-Rohmer § 35 GewO RN 31 ff) und künftig weitere Verstöße zu befürchten sind (BVerwG GewA 1975, 385, 387). Die Zuverlässigkeit eines Verwalters ist insbesondere in Frage gestellt, wenn er Straftatbestände oder Ordnungswidrigkeiten begeht, die in Bezug auf sein Gewerbe von Bedeutung sind (vgl. Marcks, in: Landmann-Rohmer § 35 GewO RN 37). Eine die Gewerbeuntersagung rechtfertigende Unzuverlässigkeit ist aus einer Verurteilung wegen Untreue, z.B. durch Verwendung gemeinschaftlicher Gelder entgegen § 27 Abs. 4 S. 1 WEG für eigene Zwecke (BGH NJW 1996, 65), die sich auch nicht mit einem aufgrund Befreiung von den Beschränkungen des Selbstkontrahierungsverbots gem. § 181 BGB mit sich selbst geschlossenen Darlehensvertrag rechtfertigen lässt (BVerwG NVwZ-RR

1995, 197; J. Schmidt WE 1996, 248 f), oder wegen anderer Eigentums- und Vermögensdelikte (HessVGH GewA 1968, 5 f; VGH Baden-Württemberg GewA 1970, 64 jeweils z. Immobilienmaklern) ohne weiteres abzuleiten.

Ferner kann eine mangelnde wirtschaftliche Leistungsfähigkeit des Gewerbetreibenden seine Unzuverlässigkeit jedenfalls dann begründen, wenn die Ausübung des Gewerbes ausreichende finanzielle Mittel erfordert oder wenn – wie beim Verwalter – mit Rücksicht auf die Eigenart seiner Tätigkeit, insbesondere die dazugehörige Verwaltung fremden Vermögens und fremder Gelder, eine besondere Vertrauenswürdigkeit verlangt werden muss (BVerwG GewA 1972, 150 z. Maklergewerbe). Gewerberechtlich unzuverlässig ist der Verwalter also jedenfalls, wenn er infolge des Fehlens von Geldmitteln seinen Betrieb nicht ordnungsgemäß führen und insbesondere öffentlich-rechtliche Verpflichtungen nicht erfüllen kann, ohne dass – vor allem durch Erarbeitung eines tragfähigen Sanierungskonzepts – Anzeichen für eine Besserung erkennbar sind (BVerwG GewA 1995, 115). Als Ausfluss mangelnder wirtschaftlicher Leistungsfähigkeit lassen insbesondere fällige Steuerschulden, deren Vollziehung nicht ausgesetzt ist, auf die Unzuverlässigkeit schließen (BVerwG GewA 1992, 22; 1999, 31), und zwar ohne Rücksicht darauf, ob den Gewerbetreibenden ein Verschulden trifft (BVerwG MDR 1982, 873). Ein beharrlicher Verstoß gegen sozialversicherungsrechtliche Verpflichtungen kann gleichfalls die Unzuverlässigkeit begründen (BVerwG GewA 1982, 294). Eine Gewerbeuntersagung wegen mangelnder Sachkunde des Verwalters kommt dagegen nicht in Betracht, weil der Gesetzgeber die Sachkunde beim Verwalter bisher nicht zur Zulassungsvoraussetzung erhoben hat.

▶ **Gewerbliche Nutzung** → Geschäftsraum, Gewerberaum

▶ **Giebel**

Eine Verglasung des Giebels ist von den anderen Wohnungseigentümer i.d.R. nicht zu dulden (BayObLG NJW-RR 1988, 588).

▶ **Gitter** → Fenstergitter

▶ **Glasbausteine** → Flur, Treppenpodest, Treppenhaus

▶ **Glasbruchversicherung** → Versicherungen

▶ **Gleichbehandlungsgrundsatz**

Haben die Wohnungseigentümer über einen bestimmten Sachverhalt bereits entschieden, ist für zukünftige Entscheidungen der Gleichbehandlungsgrundsatz zu beachten. Vorangegangene rechtmäßige Entscheidungen binden nämlich die Wohnungseigentümer insoweit, als identische Sachverhalte i.d.R. gleich und unterschiedliche ihrer Eigenart entsprechend zu behandeln sind (OLG Hamm NJW 1993, 1276; OLG Zweibrücken NJW 1992, 2899; OLG Köln NJWE-MietR 1996, 109). So kann z.b. nicht einem Wohnungseigentümer gestattet werden, Vermietungsschilder anzubringen, und anderen nicht (BayObLG WuM 1994, 562f). Hieraus folgt auch, dass bei der Interessenabwägung die mögliche Inanspruchnahme des gleichen Rechts durch andere, möglicherweise alle Wohnungseigentümer und deren Auswirkungen zu berücksichtigen ist. Bei baulichen Veränderungen ist z.B. in die Interessenabwägung einzubeziehen, welche Auswirkungen es – insbesondere für den optischen Gesamteindruck – haben kann, wenn alle Wohnungseigentümer ihr Recht auf Durchführung einer identischen baulichen Veränderung ausüben wollen (BayObLG NZM 1999, 423 z. Installation einer Einzelparabolantenne; OLG Köln NJWE-MietR 1996, 109; OLG Schleswig NJW-RR 1993, 24).

Bestandskräftige, ordnungsmäßiger Verwaltung widersprechende Beschlüsse begründen hingegen keine Pflicht zur Gleichbehandlung gleichartiger Fälle (BayObLG WE 1992, 256; WuM 1993, 564); es gibt also keinen Anspruch auf „Gleichbehandlung im Unrecht".

▶ **Grillen**

Das Grillen auf Balkonen und Dachterrassen kann wegen der damit verbundenen Rauch- und Geruchsbelästigungen verboten werden (OLG Zweibrücken DWE 1993, 44 [L]; LG Düsseldorf NJW-RR 1991, 52); unter ein solches Verbot fällt auch das Grillen mit elektrischen Tischgrillgeräten, es sei denn, dass deren Gebrauch keine Beeinträchtigung nach sich zieht.

Ob das Grillen im Garten verboten oder zeitlich begrenzt erlaubt ist, hängt im Einzelfall von der Lage und Größe des Gartens, der Häufigkeit des Grillens, ggf. auch von den verwendeten Grillgeräten und den von ihnen ausgehenden Emissionen ab (BayObLG NZM 1999, 575: fünf Mal im Jahr und 25 m vom Haus entfernt; vgl. LG Stuttgart ZMR 1996, 624 z. Zulässigkeit dreimaligen Grillens auf der Terrasse); dabei ist die Wertung des § 906 Abs. 2 BGB mitzuberücksichtigen.

Die Errichtung von Grillplätzen ist eine bauliche Veränderung, die häufig zu Lärm- und Geruchsimmissionen führt und deshalb der Zustimmung aller Wohnungseigentümer, die von diesen Immissionen betroffen sind, bedarf (BPM § 22 RN 62, 183; Huff, in: FS Bärmann und Weitnauer [1990] 387). Gleiches gilt für die Entfernung eines Grillplatzes; ist der Grillplatz aufgrund seiner Lage, etwa vor dem Schlafzimmerfenster, für einen Miteigentümer nachhaltig störend, so kann ein Anspruch auf Verlegung bestehen (BayObLG ZWE 2001, 545).

▶ **Grünflächen** → Garten, Rasenflächen

▶ **Grundbuch**

Im Grundbuch werden die Rechte an einem Grundstück (Eigentum am Grundstück, Belastung eines Grundstücks mit einem Recht, Inhaber eines solchen Rechts am Grundstück, Belastung eines derartigen Rechtes) eingetragen. Die Richtigkeit des Grundbuchinhalts wird vermutet, § 891 BGB; der gute Glaube hieran wird geschützt, §§ 892, 893 BGB. Das Eigentum wird in diesem Fall auch dann erworben, wenn der Veräußerer tatsächlich nicht Eigentümer ist. Ist eine Belastung des Grundstücks nicht eingetragen, so kann dieses gutgläubig lastenfrei werden. Auch die Zweckbestimmung eines Teileigentums kann gutgläubig erworben werden, wenn das Grundbuch Bezug auf die Teilungserklärung nimmt (→ Gutgläubiger Erwerb).

Das Grundbuch besteht aus der Aufschrift (Deckblatt), dem Bestandsverzeichnis sowie den Abteilungen I (Eigentümer und Eintragungsgrundlage), II (Lasten und Beschränkungen) und III (Hypotheken-, Grund- und Rentenschulden).

Die Einsicht in das Grundbuch ist – neben dem Notar, der gem. § 21 Abs. 1 S. 1 BeurkG vor einer Beurkundung in das Grundbuch einsehen soll und dem eine Einsichtnahme nicht verweigert werden kann – nur demjenigen zu gestatten, der ein berechtigtes Interesse darlegt, § 12 Abs. 1 GBO (OLG Zweibrücken NJW 1989, 531). Im Hinblick auf den öffentlichen Glauben des Grundbuchs genügt der Vortrag sachlicher Gründe, die die Verfolgung unbefugter Zwecke oder bloßer Neugier ausgeschlossen erscheinen lassen (OLG Hamm OLGZ 1986, 148; OLG Stuttgart Justiz 1983, 80). Ein berechtigtes Interesse hat z.b. jedes Mitglied einer Wohnungseigentümergemeinschaft (OLG Düsseldorf NJW 1987, 1651) oder derjenige, der ein Recht an einem Grundstück (z.B. Dauerwohnrecht, Hypothek, Grundschuld, Nießbrauch) innehat, oder ein Kauf- (BayObLG Rpfleger 1984, 351) oder Mietinteressent (OLG Hamm OLGZ 1986, 148) nach der Aufnahme von Vertragsverhandlungen. Da Geheimhaltungsbelange des Eigentümers nicht bestehen, ist dieser am Verfahren gem. § 12 GBO nicht beteiligt und nicht beschwerdeberechtigt (BVerfG Rpfleger 2001, 15 z. Einsicht durch Presseanhörige; BGH Rpfleger 1981, 287).

Auch für die Einsichtnahme in Urkunden, auf die im Grundbuch zur Ergänzung einer Eintragung Bezug genommen ist, sowie in die noch nicht erledigten Eintragungsanträge wird ein besonderes Interesse gefordert.

▶ **Grunddienstbarkeit** → Dienstbarkeit

▶ **Grunderwerbsteuer**

Der Erwerb inländischer Grundstücke unterliegt gem. § 1 GrEStG der Grunderwerbsteuer als sog. Rechtsverkehrsteuer (BFH BStBl 1999 II, 152, 155).

1. Begriff des Grundstück

Grundstücke i.S.d. § 1 Abs. 1 i.V.m. § 2 Abs. 1 und 2 GrEStG sind auch
- das Wohnungs- und Teileigentum als rechtliche Einheit von Sondereigentum und Miteigentum gem. § 6 WEG (BFH BStBl 1981 II, 332),

- der ideelle Miteigentumsanteil an einem Wohnungseigentum (BFH BStBl 1980 II, 667; 1989 II 54),
- das Wohnungs- und Teilerbbaurecht (BFH BStBl 1955 II, 55),
- nicht das Dauerwohn- und -nutzungsrecht, das eine Grundstücksbelastung ist (Boruttau § 2 RN 223).

2. Erwerb

Der Grunderwerbsteuer unterliegt der Erwerbsvorgang, also i.d.R. der schuldrechtliche Vertrag, aufgrund dessen ein Grundstück von einem Dritten erworben wird. Hierzu zählen z.B.

- der Abschluss eines Kaufvertrages, § 1 Abs. 1 Nr. 1 GrEStG, auch soweit er sich auf ein noch zu begründendes Wohnungseigentum bezieht (BFH BStBl 1980 II, 667),
- die Ausübung eines Vorkaufs- (BFH BStBl 1975 II, 390; NV 2001, 937) oder Ankaufsrechts (BFH BStBl 1965 III, 265),
- der Abschluss von Verträgen, nach denen Grundstücke in Gesellschaften einzubringen sind, was bei Personengesellschaften gem. § 5 GrEStG begünstigt ist,
- der Abschluss eines Tauschvertrages, § 1 Abs. 5 GrEStG (BFH BStBl 1989 II 54 für den Tausch eines Kfz-Abstellplatzes innerhalb einer Wohnungseigentümergemeinschaft),
- die Auflassung, soweit nicht das zugrunde liegende Rechtsgeschäft schon die Grunderwerbsteuer ausgelöst hat, § 1 Abs. 1 Nr. 2 GrEStG, z. B. zur Erfüllung eines Vermächtnisses,
- das Meistgebot im Zwangsversteigerungsverfahren, § 1 Abs. 1 Nr. 4 GrEStG (BFH BStBl 1980 II, 523) und die Abtretung der Rechte aus dem Meistgebot, § 1 Abs. 1 Nr. 5 GrEStG,
- der Zuschlag in der freiwilligen Versteigerung bei Entziehung des Wohnungseigentums gem. § 18 WEG,
- die Abtretung des Auflassungsanspruchs bzw. die Verpflichtung hierzu, § 1 Abs. 1 Nr. 5, 7 GrEStG (BFH BStBl 1975 II, 47; 1994 II 525),
- der Erbteilskauf, soweit zum Nachlass Grundbesitz gehört (BFH BStBl 1976 II, 179, str.),
- die Verschaffung der Verwertungsbefugnis gem. § 1 Abs. 2 GrEStG, etwa die Ermächtigung zum Verkauf auf eigene Rechnung, bei dem ein Mehrerlös dem Ermächtigten ganz oder überwiegend zufließt, von der der Ermächtigte Gebrauch macht (BFH NV 1995 269, 271),

- die Aufhebung der Gemeinschaft der Wohnungseigentümer gem. § 17 WEG durch Veräußerung der gesamten Wohnungseigentumsanlage an einen Dritten oder einen Miteigentümer (Soergel/Stürner, vor § 1 WEG RN 16).

Die Steuerschuld entsteht erst, wenn vereinbarte aufschiebende Bedingungen eingetreten oder erforderliche Genehmigungen erteilt sind, § 14 GrEStG. Eine solche Genehmigung ist eine etwaig nach § 12 Abs. 2 WEG erforderliche Zustimmung der übrigen Wohnungseigentümer oder des Verwalters (Boruttau/Egly/Sigloch § 22 RN 85).

Die Begründung von Wohnungseigentum allein ist kein steuerbarer Erwerbsvorgang; werden hierbei aber Miteigentumsanteile erworben, so unterliegt dies der Grunderwerbsteuer in entsprechender Anwendung des § 7 Abs. 1 GrEStG in Bezug auf den Mehrerwerb (BFH BStBl 1980 II, 667).

3. Steuerbefreiung

Von der Grunderwerbsteuerpflicht befreit sind
- der Grundstückserwerb, wenn die Bemessungsgrundlage € 2500 nicht übersteigt, § 3 Nr. 1 GrEStG,
- der Grundstückserwerb von Todes wegen und Grundschenkungen unter Lebenden, § 3 Nr. 2 GrEStG,
- der Erwerb eines Nachlassgrundstücks durch Miterben zur Teilung des Nachlasses, § 3 Nr. 3 GrEStG,
- der Erwerb des Grundstücks durch den Ehegatten des Veräußerers, § 3 Nr. 4 GrEStG,
- der Erwerb des Grundstücks durch den früheren Ehegatten des Veräußerers bei der Vermögensauseinandersetzung nach der Scheidung, § 3 Nr. 5 GrEStG,
- der Erwerb des Grundstücks durch Personen, die mit dem Veräußerer in gerader Linie verwandt sind, § 3 Nr. 6 GrEStG,
- der Erwerb der Grundstücke durch Mitglieder einer fortgesetzten Gütergemeinschaft zur Teilung des Gesamtgutes, § 3 Nr. 7 GrEStG,
- der Rückerwerb eines Grundstücks durch den Treugeber bei der Auflösung des Treuhandverhältnisses, § 3 Nr. 8 GrEStG, soweit der Treuhänder beim Erwerbsvorgang Grunderwerbsteuer entrichtet hatte,
- der Grundstückserwerb durch eine Körperschaft des öffentlichen Rechts oder durch einen ausländischen Staat oder eine

ausländische kulturelle Einrichtung für bestimmte Zwecke bei Gewährung der Gegenseitigkeit, § 4 GrEStG,
- der Eigentumsübergang eines Grundstücks auf eine oder von einer Gesamthand, soweit die Anteile am Vermögen nicht geändert werden, §§ 5, 6 GrEStG,
- der Erwerb eines Grundstücks bei der Umwandlung von gemeinschaftlichem Eigentum in Flächeneigentum, § 7 GrEStG.

4. Steuerbemessung

Die Grunderwerbsteuer beträgt 3,5 % aus dem Wert der Gegenleistung, §§ 11, 8 Abs. 1 GrEStG, bzw. aus dem Wert des Grundstücks, wenn eine Gegenleistung nicht vorhanden oder nicht zu ermitteln ist, oder im Falle der Anteilsvereinigung und des Anteilsübergangs.

Gegenleistung ist
- gem. § 9 Abs. 1 Nr. 1 GrEStG der Kaufpreis einschließlich der vom Erwerber übernommenen sonstigen Leistungen wie der Übernahme von Belastungen (BFH BStBl 1976 II, 128) – nicht aber von auf dem Grundstück ruhenden dauernden Lasten gem. § 9 Abs. 2 Nr. 2 S. 2 GrEStG, etwa Dienstbarkeiten oder öffentlichen Abgaben, einer etwaig berechneten Umsatzsteuer (BFH BStBl 1973 II, 126; NV 1998, 1256; 2001, 642) oder eines vom Veräußerer, nicht vom Erwerber (BFH BStBl 1982 II, 138) geschuldeten Maklerhonorars. Hinzuzurechnen ist der Wert der dem Verkäufer vorbehaltenen Nutzungen, z.B. nicht herauszubender Mietvorauszahlungen (BFH BStBl 1957 III, 110) oder verbleibender Wohnrechte (BFH BStBl 1976 II, 171); eine Abzinsung kommt beim Erwerb einer noch zu erstellenden Eigentumswohnung für einen nach Baufortschritt zu zahlenden Kaufpreis nicht in Betracht (BFH BStBl 1989 II, 427).

Ist Gegenleistung eine Rente, so errechnet sich die Grunderwerbsteuer nach dem Kapitalwert der Rente, der nach § 14 BewG und Anlage 9 zum BewG ermittelt wird.

Der Kaufpreis für Einrichtungsgegenstände, die nicht wesentlicher Bestandteil der Eigentumswohnung sind, ist nicht grunderwerbsteuerpflichtig. Gleiches gilt für Eigenleistungen des Erwerbers (BFH BStBl 1983 II, 336);

- beim Erwerb von Wohnungs- oder Teilerbbaurechten neben etwaigen zusätzlichen Leistungen (BFH BStBl 1984 II, 327) der gem. § 13 BewG kapitalisierte Wert der übernommenen Verpflichtung zur Zahlung von Erbbauzins in Höhe des 18fachen Jahresbetrages, wenn das Erbbaurecht 53 Jahre oder länger dauert (BFH BStBl 1978 II, 678); bei kürzeren Laufzeiten ist der in der Hilfstafel 2 zu § 13 BewG abzulesende Vervielfältiger anzuwenden; bei Verlängerung eines Erbbaurechts ist Gegenleistung nur ein hierfür vereinbartes zusätzliches Entgelt (BFH BStBl 1982 II, 625).

5. Steuerschuldner und Fälligkeit

Steuerschuldner sind gem. § 13 GrEStG grundsätzlich die am Erwerbsvorgang beteiligten Personen, im Zwangsversteigerungsverfahren nur der Meistbietende.

Die Steuer wird einen Monat nach Bekanntgabe des Steuerbescheides fällig, soweit das Finanzamt nicht eine längere Zahlungsfrist festsetzt, § 15 GrEStG.

6. Eigentumsumschreibung

Die Eigentumsumschreibung im Grundbuch erfolgt gem. § 22 GrEStG erst, wenn die Zahlung oder Stundung der Grunderwerbsteuer durch Vorlage einer sog. Unbedenklichkeitsbescheinigung des Finanzamtes nachgewiesen ist (BayObLGZ 1975, 90); dies bewirkt eine Grundbuchsperre (Böhringer RPfleger 2000, 99 ff). Die Finanzbehörde kann eine Unbedenklichkeitsbescheinigung stets ausstellen, wenn die Steuerforderung gesichert erscheint, z.B. wenn der Steuerschuldner Sicherheit geleistet hat.

▶ **Grundpfandrechte**

Ein Wohnungseigentum kann zugunsten Dritter, insbesondere von Kreditgebern, mit Grundpfandrechten – Hypothek und Grundschuld – belastet werden. Aufgrund der Hypothek ist an den Hypothekengläubiger eine bestimmte Geldsumme zur Befriedigung wegen einer ihm zustehenden Forderung aus dem Grundstück zu zahlen, § 1113 BGB; das Grundstück haftet somit für eine Forderung. Die Hypothek gibt ein dingliches Verwertungsrecht; der Eigentümer des Grundstücks ist nicht persönlich zur

Zahlung der Forderung verpflichtet, sondern muss die Zwangsvollstreckung zwecks Befriedigung der Forderung in das Grundstück dulden, § 1147 BGB. Dem Hypothekengläubiger gegenüber ist der Wohnungseigentümer zur Instandhaltung und Instandsetzung des Wohnungseigentums verpflichtet, §§ 1133 ff BGB. Die Hypothek ist vom Bestand der Forderung, die sie sichert, abhängig, § 1163 Abs. 1 BGB.

Die Grundschuld ist eine Belastung des Grundstücks oder eines Wohnungseigentums mit dem Inhalt, dass eine Geldsumme aus dem Grundstück zu zahlen ist, § 1191 BGB; diese Zahlung kann, muss aber nicht zur Befriedigung einer Forderung dienen. Dadurch unterscheidet sich die Grundschuld von der Hypothek. Auf die Grundschuld finden jedoch die Vorschriften über die Hypothek entsprechende Anwendung, soweit sich nicht daraus etwas anderes ergibt, dass die Grundschuld von der Forderung unabhängig ist, § 1192 BGB.

Die vor Begründung des Wohnungseigentums am gesamten Grundstück bereits bestehenden Grundpfandrechte, die i.d.R. zur Sicherung der zur Finanzierung von Grundstückskaufpreis, Bau- und Baunebenkosten dem Bauträger gewährten Darlehen eingetragen wurden, werden mit der Begründung von Wohnungseigentum zu Gesamtgrundpfandrechten, die jedes Wohnungseigentum in voller Höhe belasten (BGHZ 49, 250). Der Gläubiger kann nach Belieben in das eine oder andere Wohnungseigentum vollstrecken oder vom einzelnen Wohnungseigentümer Zahlung verlangen, §§ 1132, 1192 BGB. Wird der Gläubiger aus dem Eigentum eines Wohnungseigentümers befriedigt und kann dieser von den anderen Miteigentümern Ersatz verlangen, so geht das Grundpfandrecht auf ihn über, § 1182 BGB.

Zur Entstehung des Gesamtgrundpfandrechts ist dessen Eintragung in den einzelnen Wohnungsgrundbuchblättern mit einem Mithaftvermerk bezüglich der übrigen Wohnungseigentümer erforderlich (OLG Düsseldorf DNotZ 1973, 613). Der Grundpfandrechtsgläubiger kann auch einzelne Wohnungseigentumsrechte aus der Pfandhaft entlassen (BGH JZ 1977, 92); die Pfandhaftentlassung erfolgt i.d.R. aufgrund eines nach § 3 MaBV erforderlichen Freigabeversprechens nach Zahlung des Kaufpreises für die

Eigentumswohnung. Die Zustimmung der Grundpfandrechtsgläubiger ist zur Begründung von Wohnungseigentum nicht erforderlich, da die Umwandlung in Wohnungseigentum keine Inhaltsänderung i.S.d. §§ 877, 876 BGB ist (BGHZ 49, 250). Die Aufteilung des Grundstücks in Wohnungseigentumsrechte lässt nämlich das Haftungsobjekt als Ganzes unverändert. Urkunden über die Bestellung von Hypotheken und Grundschulden räumen jedoch i.d.R. dem Grundpfandrechtsgläubiger das Recht zur fristlosen Kündigung für den Fall der Begründung von Wohnungseigentum ein bzw. begründen rechtsgeschäftlich das Erfordernis ihrer Zustimmung für diesen Fall (BGH NJW 1980, 1625).

Etwas anderes gilt, wenn ein Miteigentumsanteil selbständig mit einem Grundpfandrecht belastet ist. Die Umwandlung eines Miteigentumsanteils in Wohnungseigentum ist nämlich eine Inhaltsänderung und bedarf daher nach §§ 877, 876 BGB der Zustimmung des Grundpfandrechtsgläubigers (BayObLG Rpfleger 1986, 177; OLG Frankfurt OLGZ 1987, 266; a.A. OLG Stuttgart NJW 1954, 682).

Die Zahlungspflichten aus Gesamtgrundpfandrechten, insbesondere Zins und Tilgung, sind Lasten i.S.d. § 16 Abs. 2 WEG und aus gemeinschaftlichen Geldern zu erfüllen (→ Kredit; → Lasten und Kosten). Der Verwalter hat insoweit gem. § 27 Abs. 2 Nr. 1 WEG gesetzliche Vertretungsmacht, die entsprechenden Beiträge von den einzelnen Wohnungseigentümern einzuziehen und an den jeweiligen Gläubiger abzuführen (→ Verwaltung gemeinschaftlicher Gelder).

Grundschuld → Grundpfandrecht

Grundsteuer

Gem. § 2 Abs. 1 GrStG ist für jeden Grundbesitz, der im Inland liegt, vom Eigentümer Grundsteuer zu zahlen.

Gehört ein Wohnungseigentum einer Mehrheit von Personen, so sind diese gesamtschuldnerisch zur Steuerzahlung verpflichtet. Steuerschuldner ist bei Wohnungseigentumsanlagen stets der einzelne Wohnungseigentümer und nicht die Wohnungseigentümergemeinschaft. Dies folgt daraus, dass jedes Wohnungseigentum eine wirtschaftliche Einheit i.S.d. § 2 BewG und einen selbständigen Gegenstand i.S.d. GrStG darstellt. Die Grundsteuer ist deshalb keine gemeinschaftliche Last der Wohnungseigentümer.

Die Grundsteuerschuld entsteht jeweils mit dem Beginn des Kalenderjahres, über das die Veranlagung durchgeführt wird und ist nach §28 Abs. 1 GrStG in vier Teilbeträgen am 15. 2., 15. 5., 15. 8. und 15. 11. zu zahlen.

Die Höhe der Grundsteuer wird ermittelt in den Einheitswert-, Steuermessbetrags- und Grundsteuerveranlagungsverfahren. Das Finanzamt stellt in zwei getrennten Bescheiden den Einheitswert nach den Vorschriften des BewG (→ Bewertung) und den Steuermessbetrag durch Multiplikation von Einheitswert mit der Steuermesszahl fest. Für das Wohnungseigentum und das Teileigentum sind dabei die Vorschriften über die Steuermesszahl für bebaute Grundstücke anzuwenden; sie beträgt gem. §15 Nr. 1 GrStG 3,5‰ vom Einheitswert (BFH NJW 1983, 1136). Da für Wohnungseigentum bei der Einheitswertermittlung der Vervielfältiger für Mietwohngrundstücke angewandt wird, ist nach §15 Abs. 2 Nr. 1 GrStG nicht die Steuermesszahl für Einfamilienhäuser anzusetzen (BFH BStBl 1983 II, 338).

Die Gemeinde setzt danach die Höhe der Grundsteuer durch Multiplikation von Steuermesszahl mit dem jeweiligen Hebesatz (300–400 %) fest; die Befugnis zur Festlegung der Hebesätze steht den Gemeinden gem. Art. 106 Abs. 6 GG zu.

Gegen den Einheitswertbescheid und den Steuermaßbescheid kann gem. §347 AO Einspruch eingelegt, bei dessen Erfolglosigkeit Anfechtungsklage erhoben werden. Gegen den Grundsteuerbescheid kann innerhalb eines Monats nach seiner Bekanntgabe Widerspruch bei der Gemeinde oder Verwaltungsbehörde erhoben werden, die ihn erlassen hat. Die Pflicht zur Zahlung der Grundsteuer wird durch die Rechtsbehelfseinlegung, soweit die Vollziehung des Steuerbescheides nicht auf Antrag ausgesetzt worden ist, nicht aufgeschoben, es sei denn, dass die Gemeinde die Vollziehung aussetzt.

▶ **Grundstück**

Das Grundstück, auf welchem die Wohnungseigentumsanlage errichtet ist, steht gem. §1 Abs. 5 zwingend im gemeinschaftlichen

Eigentum. An ihm kann deshalb kein Sondereigentum, wohl aber können Sondernutzungsrechte begründet werden. Nicht wesentliche Grundstücksbestandteile (BayObLGZ 1969, 29) oder Scheinbestandteile gem. § 95 BGB (OLG Hamm FGPrax 1998, 126) stehen in schlichtem Miteigentum oder Einzeleigentum von Wohnungseigentümer oder Dritten (Palandt/Bassenge § 1 RN 10).

§ 5 Abs. 2 WEG, wonach Anlagen, die dem gemeinschaftlichen Gebrauch aller Wohnungseigentümer dienen, zwingend gemeinschaftliches Eigentum sind, bezieht sich nicht auf das unbebaute Grundstück, da die Vorschrift ausschließlich eine ungestörte Raumnutzung des gemeinschaftlichen Gebäudes bezweckt (BGHZ 78, 302, 311; OLG Hamm NZM 2002, 253). Ein Gebäudeteil, durch welchen allein ein Teil des hinter ihm befindlichen Grundstücks betreten werden kann, muss deshalb nicht in gemeinschaftlichem Eigentum stehen (OLG Hamm NZM 2002, 253).

▶ **Grundstücksvermittlung** → Makler

▶ **Gutgläubiger Erwerb**

Sind Rechte an einem Grundstück im Grundbuch verlautbart, z.B. das Eigentum oder das Bestehen oder Nichtbestehen von Belastungen, z.B. Grundpfandrechten, so wird im Interesse des Rechtsverkehrs die Richtigkeit des Grundbuchinhalts vermutet, § 891 BGB. Weiter kann sich an die im Grundbuch verlautbarte Rechtslage ein sog. gutgläubiger Erwerb anknüpfen.

1. Rechtsgeschäftlicher Erwerb, Widerspruch

Aufgrund des öffentlichen Glaubens des Grundbuchs wird gem. § 892 Abs. 1 BGB dessen Richtigkeit und Vollständigkeit zugunsten des gutgläubigen Erwerbers fingiert. Unerheblich ist, ob er den Grundbuchinhalt kannte oder auf ihn vertraut hat (BGH Rpfleger 1980, 336). § 892 BGB schützt aber nur den rechtsgeschäftlichen Erwerb durch Verkehrsgeschäft, nicht den Erwerb kraft Gesetzes, z.B. durch Erbfolge (→ Erbe) – auch nicht ein auf Vorwegnahme der Erbfolge gerichtetes Rechtsgeschäft (OLG Zweibrücken FGPrax 1999, 208) – oder durch Staatsakt (BGH BB 1963, 286).

Ist der Veräußerer eines Wohnungseigentums zu Unrecht als Eigentümer eingetragen, d. h. lediglich Bucheigentümer, kann ein gutgläubiger Dritter von ihm gleichwohl rechtswirksam Eigentum erwerben; der tatsächliche Eigentümer verliert sein Eigentum. Ist eine Belastung des Grundstücks zu Unrecht nicht eingetragen, erlischt diese mit der Eintragung des Erwerbers als Eigentümer, der diese Belastung nicht kannte. Auch die Zweckbestimmung eines Teileigentums kann gutgläubig erworben werden, wenn das Grundbuch Bezug auf die Teilungserklärung nimmt (OLG Frankfurt ZMR 1997, 659). Bestehen → Verfügungsbeschränkungen, z.B. bei Anordnung der Testamentsvollstreckung oder Vor- und Nacherbschaft (→ Erbe), die nicht im Grundbuch eingetragen sind, sind diese gem. § 892 Abs. 1 S. 2 BGB dem Erwerber gegenüber unwirksam, falls sie ihm zum maßgeblichen Zeitpunkt unbekannt sind.

Gutgläubiger Erwerb kann gem. § 892 Abs. 1 S. 1 BGB durch einen Widerspruch im Grundbuch verhindert werden, der aufgrund einer Bewilligung des Betroffenen oder aufgrund einer einstweiligen Verfügung in das Grundbuch eingetragen wird, § 899 Abs. 2 BGB.

2. Maßgeblicher Zeitpunkt

Maßgeblich für die Gutgläubigkeit ist der Zeitpunkt der Antragstellung beim Grundbuchamt (BGH NJW 2001, 359), es sei denn, die Einigung über den Rechtserwerb folgt dieser nach, § 892 Abs. 2 BGB. Wird vor der Eintragung des Vollrechts zugunsten des Erwerbers eine → Vormerkung eingetragen, die gem. § 893 Alt. 2 BGB gutgläubig erworben werden kann (BGHZ 57, 341), so hat diese Sicherungswirkung für den späteren Rechtserwerb. Beim Erwerb vom Berechtigten ist der Erwerber, für den eine Vormerkung bestellt wurde, gegen nichteingetragene Rechte oder Verfügungsbeschränkungen geschützt (BGH NJW 1994, 2947), beim Erwerb vom Nichtberechtigten gilt dieser als Berechtigter. Für den Erwerb des vorgemerkten Rechts ist es daher unschädlich, wenn der Erwerber nach dem für den gutgläubigen Vormerkungserwerb maßgebenden Zeitpunkt bösgläubig (OLG Jena OLG-NL 2000, 37), das Grundbuch berichtigt oder ein Widerspruch eingetragen wird.

3. Heilung von Gründungsmängeln

Bucheigentum kann auf Abschlussmängeln bei der Begründung des Wohnungseigentums beruhen, also auf der Nichtigkeit des Teilungsvertrages gem. § 3 WEG oder der Teilungserklärung nach § 8 WEG oder dem Fehlen der gem. §§ 4 Abs. 2, 925 BGB erforderlichen Erklärung der Auflassung vor einem Notar (→ Begründung von Wohnungseigentum). Diese Gründungsmängel werden insgesamt geheilt, sobald ein Wohnungseigentum (BGHZ 109, 179, 183; BayObLG NZM 1998, 525; BPM Einl. RN 49; Staudinger/Rapp § 3 RN 68), da dieses nicht nur an einer Wohnung entstehen kann, oder ein → Grundpfandrecht hieran (Röll in: FS Seuß [1987] 237; Demharter Rpfleger 1983, 136) gutgläubig erworben wird.

Ist eine im Grundbuch eingetragene Vereinbarung (→ Gemeinschaftsordnung) unwirksam, so kann das Wohnungseigentum mit dem im Grundbuch eingetragenen Inhalt gutgläubig erworben werden (BayObLG DNotZ 1990, 381; OLG Stuttgart NJW-RR 1986, 318); die Vereinbarung wird durch den Erwerb insgesamt wirksam.

4. Inhaltlich unzulässige Eintragungen

Inhaltlich unzulässige Eintragungen können keine Grundlage für einen gutgläubigen Erwerb nach § 892 BGB sein (BGH NJW 1995, 2851, 2854; BayObLGZ 1987, 390, 393; DNotZ 1996, 660). Inhaltlich unzulässige Eintragungen können z.B. Folge einer nichtigen → Unterteilung von Wohnungseigentum sein, wenn nämlich durch die Unterteilung Sondereigentum in gemeinschaftliches Eigentum umgewandelt wird, ohne dass alle Wohnungseigentümer beteiligt waren. Werden in Vollzug der nichtigen Unterteilung Grundbucheintragungen vorgenommen, sind diese inhaltlich unzulässig, da ein Rechtszustand verlautbart wird, den es von Rechts wegen nicht geben darf. An diese kann sich auch bei Unkenntnis des Erwerbers von der tatsächlichen Rechtslage kein gutgläubiger Erwerb knüpfen, sie sind vielmehr gem. § 53 Abs. 1 S. 2 GBO von Amts wegen zu löschen.

Gymnastikstudio

Die Nutzung eines in der Teilungserklärung als „Lagerraum" bezeichneten, im Kellergeschoss gelegenen Teileigentums als „Gymnastik-/Tanzstudio" ist unzulässig (BayObLG NJW-RR 1994, 527).

H

▶ **Haftpflichtversicherung** → Versicherungen

▶ **Haftung der Wohnungseigentümer**

1. Gemeinschaftliche Verbindlichkeiten

Für gemeinschaftliche Verbindlichkeiten, etwa aus im Namen aller Wohnungseigentümer abgeschlossener Kauf- oder Werkverträge, haften alle Wohnungseigentümer als Gesamtschuldner, d.h. der Gläubiger kann jeden Wohnungseigentümer in voller Höhe in Anspruch nehmen. Dem in Anspruch genommenen Wohnungseigentümer steht aber ein Rückgriffsanspruch gegen die übrigen Wohnungseigentümer zu (→ Gesamtschuld). Ausgenommen von der gesamtschuldnerischen Haftung sind nur sog. → Aufbauschulden.

2. Maßnahmen ordnungsmäßiger Instandhaltung und Instandsetzung

Aus dem Gemeinschaftsverhältnis der Wohnungseigentümer erwächst ihre Pflicht, zur ordnungsmäßigen Verwaltung, insbesondere zur Instandhaltung und Instandsetzung zusammenzuwirken. Wer schuldhaft seine Pflichten zur Mitwirkung bzw. zur Vollziehung von Maßnahmen ordnungsmäßiger Instandhaltung und Instandsetzung verletzt oder erst nach Eintritt von Verzug oder fehlerhaft erfüllt, hat den hierauf beruhenden Schaden, insbesondere eine Schadenserweiterung gem. § 280 Abs. 1 BGB zu ersetzen.

a) Eigenes Verschulden

Schadensersatzpflichtig bei mangelhafter Instandhaltung und Instandsetzung können nicht nur der Verwalter (→ Haftung des Verwalters), sondern auch Wohnungseigentümer sein, die an einer Mängelbeseitigung schuldhaft nicht oder erst nach schuldhaften Verzögerungen mitwirken (BayObLG ZWE 2003, 179), z.B. wenn die Eigentümer es unterlassen, einen Mangel am Gemeinschaftseigentum zu beseitigen, sobald er erkennbar wird (OLG Köln NZM 1999, 83), oder wenn einzelne Eigentümer geschuldete Beiträge für Mängelbeseitigungskosten nicht leisten (BayObLG WE 1996, 159; KG NJW-RR 1986, 1078; OLG Köln NJWE-MietR 1996, 274 f; BPM § 21 RN 181 f) oder erkannte Mängel nicht beim Verwalter anzeigen (OLG Düsseldorf WuM 1995, 230; OLG Frankfurt OLGZ 1985, 144), die Durchführung eines Beschlusses nicht dulden (LG Bochum DWE 1988, 89) oder von einem bestehenden Notgeschäftsführungsrecht keinen Gebrauch machen.

Die Wohnungseigentümer sind nicht verpflichtet, den Zustand des Gemeinschaftseigentums zu überprüfen oder einen Fachmann mit der Überprüfung zu beauftragen (BayObLG WE 1995, 92), da dies Aufgabe des Verwalters ist. Es entspricht aber ordnungsmäßiger Verwaltung, wenn die Wohnungseigentümer einen Teil des einem von ihnen durch mangelnde Überprüfung entstandenen Schadens übernehmen, um einen Rechtsstreit zu beenden (BayObLG NJWE-MietR 1997, 279). Ein Wohnungseigentümer haftet nicht dafür, dass ein anderer Wohnungseigentümer sich durch ihn gestört fühlt und deshalb die Wohnung mit Verlust verkauft (OLG Köln WuM 1996, 438).

Unverschuldete Schäden am Sondereigentum, die auf einem Fehler des Gemeinschaftseigentums beruhen, sind nicht zu ersetzen, da das WEG eine Zufalls- oder Gefährdungshaftung nicht kennt (BayObLGZ 1992, 146, 148; KG NJW-RR 1986, 1078; OLG Düsseldorf ZMR 1995, 177). Solche Schäden muss der betroffene Wohnungseigentümer allein tragen. Ein Beschluss, der einzelnen Wohnungseigentümern ohne Verschulden Kosten auferlegt, ist anfechtbar (OLG Köln ZMR 1998, 722). Sieht eine durch Mehrheitsbeschluss aufgestellte Hausordnung eine verschuldensunabhängige Haftung vor, so ist sie insoweit nichtig (BayObLG NZM 2002, 171), da den Wohnungseigentümern für Modifikationen der gesetzlichen Vorgaben die Beschlusskompetenz fehlt. Z. den ersatzfähigen Schäden → Haftung des Verwalters.

b) Haftung für beauftragte Werkunternehmer

Als Maßnahme ordnungsmäßiger Instandhaltung und Instandsetzung schulden die Wohnungseigentümer einander nicht nur die

Beschlussfassung, sondern die entsprechende Werkleistung mit Hilfe geeigneter Fachleute. Ist aber die Instandsetzung als Werk geschuldet, so müssen es die Wohnungseigentümer gem. § 278 BGB, der auf das Gemeinschaftsverhältnis der Wohnungseigentümer untereinander anwendbar ist (BGHZ 62, 243, 247; BayObLG WE 1995, 189; OLG Düsseldorf NJW-RR 1995, 1165f), vertreten, wenn durch das Verschulden eines von ihnen mit der Reparatur des Gemeinschaftseigentums beauftragten Fachunternehmens Schäden am Sondereigentum eines Wohnungseigentümers entstehen (BGH ZWE 2000, 23, 25). Dies gilt unabhängig davon, ob der Reparaturauftrag von allen oder nur von einzelnen Wohnungseigentümern erteilt worden ist. Der geschädigte Wohnungseigentümer muss sich aber ein Mitverschulden gem. §§ 254, 278 BGB anrechnen lassen, da die Pflicht zur ordnungsmäßigen Instandsetzung auch ihn trifft (BGH NJW 1999, 2108; BayObLG NZM 2002, 267).

3. Haftung für den Verwalter

Von der Eigenhaftung des Verwalters ist die Haftung der Wohnungseigentümer für den Verwalter gegenüber Dritten bzw. anderen Wohnungseigentümern zu unterscheiden.

a) Haftung gegenüber Dritten

Die Wohnungseigentümer haften Dritten gegenüber für das Verschulden des Verwalters im Rahmen vertraglicher oder vorvertraglicher Beziehungen gem. § 278 BGB, soweit der Verwalter in Erfüllung eines abgeschlossenen Vertrages, z.B. eines Werkvertrages mit einem Handwerker, oder als Vertreter der Wohnungseigentümer in Vertragsverhandlungen tätig wird. Außerhalb solcher vertraglichen und vorvertraglichen Beziehungen haften die Wohnungseigentümer für jedes zum Schadensersatz verpflichtende Verhalten im Zusammenhang mit seiner Verwaltertätigkeit, insbesondere für unerlaubte Handlungen bei Verletzung der → Verkehrssicherungspflichten, z.B. zum Schneeräumen gem. § 831 BGB (OLG Frankfurt OLGZ 1985, 144). Die Wohnungseigentümer können sich insoweit von der Haftung durch den Beweis entlasten, dass sie den Verwalter sorgfältig ausgewählt und überwacht haben, § 831 Abs. 2 BGB. Eine Organhaftung gem. § 31 BGB ohne die Möglichkeit der Entlastung kommt daneben nicht in Betracht (BayObLGZ 1972, 139; OLG Frankfurt OLGZ 1985, 144, 146). Hat die Wohnungseigentümergemeinschaft eine Haus- und Grundbesitzerhaftpflichtversicherung (→ Versicherungen) abgeschlossen, so ist die Haftung der Wohnungseigentümer für den Verwalter und die Haftung des Verwalters vom Versicherungsschutz umfasst.

b) Haftung der Wohnungseigentümer untereinander

Im Verhältnis der Wohnungseigentümer untereinander ist der Verwalter weder Erfüllungsgehilfe i.S. des § 278 BGB noch Verrichtungsgehilfe i.S.d. § 831 BGB noch Organ i.S.d. § 31 BGB eines Teils der Wohnungseigentümer gegenüber anderen, weil er eigene, ihm vom Gesetz zugewiesene Aufgaben selbständig, wenn auch als Treuhänder der Wohnungseigentümer, zu erfüllen hat (KG NJW-RR 1986, 1078; OLG Düsseldorf NZM 1999, 573). Insoweit kommen nur unmittelbare Ansprüche gegen den Verwalter, z.B. wegen Verletzung des Verwaltervertrages in Betracht. Außerdem müsste sich der geschädigte Wohnungseigentümer auch seinerseits das Verschulden des Verwalters auf seinen Schadensersatzanspruch anrechnen lassen (§§ 254, 278 BGB).

4. Haftung für den Verwaltungsbeirat

Hinsichtlich der Haftung der Wohnungseigentümer für den Verwaltungsbeirat (Gottschalg ZWE 2001, 360) gelten die Ausführungen zu einer Haftung für den Verwalter entsprechend. Die Wohnungseigentümer haften danach gegenüber Dritten, soweit der Verwaltungsbeirat als ihr Erfüllungsgehilfe auftritt, nach Maßgabe des § 278 BGB (Staudinger/Bub § 29 RN 77) oder bei unerlaubten Handlungen nach § 831 BGB mit der Möglichkeit der Entlastung.

Haftung des Erwerbers

1. Gegenüber den übrigen Wohnungseigentümern

Der Erwerber einer Eigentumswohnung ist vom Zeitpunkt seiner Eintragung als Wohnungseigentümer im Grundbuch an verpflichtet, zu den Lasten des gemeinschaftlichen Eigentums und den Kosten der Instandhaltung, Instandsetzung, sonstigen Verwaltung und eines gemeinschaftlichen Gebrauchs des gemeinschaftlichen Eigentums beizutragen (BGHZ 131, 228; 104, 197; BayObLG NZM 1999, 281; Staudinger/Bub § 28 RN 187f). Dies gilt beim Erwerb nach Entstehung der Wohnungseigentümergemeinschaft auch dann, wenn bereits zuvor zugunsten des Erwerbers eine Auflassungsvormerkung im Grundbuch eingetragen war und er das Wohnungseigentum genutzt hat, da – schon aus Gründen der Rechtssicherheit – der Zeitpunkt des dinglichen Rechtsübergangs maßgeblich ist (BayObLG NZM 1999, 281; OLG Düsseldorf NZM 2001, 198; Palandt/Bassenge § 16 RN 31).

a) Fälligkeit nach Eigentumsumschreibung

Soweit über Kosten (Beiträge, Sonderumlagen) nach Eigentumsumschreibung Beschluss gefasst wird, hat der Erwerber hierfür schon deshalb einzustehen, weil sämtliche Entstehungsvoraussetzungen der Kostenschuld während seiner Zeit als Eigentümer verwirklicht werden

Nach der „Fälligkeitstheorie" hat der Erwerber aber auch für solche Kosten einzustehen, die zwar vor der Eigentumsumschreibung beschlossen wurden, aber erst nach dem Eigentumswechsel fällig werden, obwohl er an der Beschlussfassung nicht mitgewirkt hat. Bei einem Eigentümerwechsel zwischen Beschlussfassung und Fälligkeit ist der Erwerber nämlich gem. § 10 Abs. 3 WEG an den Beschluss gebunden und somit für die nach Eigentumswechsel fällig werdenden Beträge zahlungspflichtig (OLG Hamm NJW-RR 1996, 911). Dies gilt für Beitragsvorschüsse, die erst nach dem Eigentumsübergang fällig werden (BGHZ 142, 290, 299; 107, 285, 288), aber auch für eine in mehreren Raten zu zahlende Sonderumlage (KG OLGZ 1994, 140; OLG Köln NZM 2002, 351f z. einem Ersteher in der Zwangsversteigerung).

Zur Anfechtung des Beschlusses ist der Erwerber nur berechtigt, wenn er innerhalb der Anfechtungsfrist Eigentümer wird (OLG Hamm NJW-RR 1996, 911f). Im Einzelfall ist zu prüfen, ob das Hinausschieben der Fälligkeit unredlich und daher gem. §§ 162 Abs. 2, 242 BGB rechtsmissbräuchlich ist (BGHZ 104, 197, 204; OLG Hamm NJW-RR 1996, 911f z. einem Sonderumlagebeschluss; OLG Köln NZM 2002, 351f), z.B. weil es allein dazu dient, den Übergang des Eigentums auf einen finanzkräftigen Schuldner abzuwarten (Sauren Rpfleger 1991, 289). Der Einwand des Rechtsmissbrauchs kann aber nur im Wege der Anfechtung des Abrechnungsbeschlusses geltend gemacht werden; die rechtsmissbräuchliche Ausnutzung formaler Gestaltungsmöglichkeiten rechtfertigt nämlich nicht den Vorwurf der Sittenwidrigkeit gem. § 138 BGB, der die Nichtigkeit eines Beschlusses begründen könnte (BayObLG WuM 1995, 52f; OLG Düsseldorf ZMR 1995, 172f; OLG Köln FGPrax 1995, 149, 152).

b) Abrechnungsfehlbeträge

Der Erwerber hat im Innenverhältnis zu den übrigen Wohnungseigentümern weiter Nachforderungen aus solchen Abrechnungen zu tragen, die erst nach seiner Eintragung im Grundbuch als Eigentümer beschlossen worden sind, selbst wenn Kosten aus der Zeit vor seinem Erwerb erfasst werden (BGHZ 104, 197; Palandt/Bassenge § 16 RN 32), nicht jedoch insoweit, als der Abrechnungsfehlbetrag darauf beruht, dass der Veräußerer seine Vorschusspflicht nicht erfüllt hat (BGHZ 142, 290, 297). Da der Anspruch auf Zahlung eines Abrechnungsfehlbetrages erst mit dem Beschluss entsteht und ein Beschluss nicht einen bereits aus der Wohnungseigentümergemeinschaft ausgeschiedenen Dritten binden kann, ist der im Zeitpunkt der Beschlussfassung im Grundbuch eingetragene Erwerber alleiniger Schuldner des beschlossenen Abrechnungsfehlbetrages (→ Abrechnungsfehlbetrag, Abrechnungsguthaben), also auch dann, wenn er erst nach dem Ende der Abrechnungsperiode Eigentümer geworden ist oder wenn eine Abrechnung über frühere Jahre genehmigt wird (OLG Hamburg DWE 1994, 151f).

Da andererseits der Beschluss über die Jahresabrechnung einen früheren Beschluss über den Wirtschaftsplan, auf welcher die Vorschusspflicht des Veräußerers beruht, nicht aufhebt, begründet er eine originäre Verbindlichkeit des Erwerbers nur in Höhe jenes Betrages, um den die tatsächlich entstandenen Kosten die nach Wirtschaftsplan beschlossenen Beitragsvorschüsse übersteigen, also hinsichtlich der sog. „Abrechnungsspitze" beruht (→ Abrechnungsfehlbetrag, Abrechnungsguthaben). Eine zeitanteilige Quotelung zwischen Veräußerer und Erwerber kann nicht erfolgen (Röll DWE 1993, 42f), da dies einen Beschluss zu Lasten eines Dritten – des Veräußerers – darstellen würde. Dies gilt auch dann, wenn die Abrechnungsspitze auf Rückständen des Veräußerers und des Erwerbers beruht. In diesem Fall hat der Veräußerer die bis zum Eigentumsübergang, der Erwerber die danach fällig gewordenen und rückständigen Beitragsvorschüsse und der Erwerber allein die Abrechnungsspitze zu zahlen.

Wird die Zahlung des Abrechnungsfehlbetrages zu einem Zeitpunkt nach der Genehmigung der Abrechnung fällig gestellt, so ist der zum Fälligkeitstermin im Grundbuch eingetragene Erwerber auch dann alleiniger Schuldner, wenn er an der Beschlussfassung nicht mitgewirkt hat (Staudinger/Bub § 28 RN 409; z. Fälligkeitstheorie s. o. lit. a)). Durch die Wiederholung eines bereits gefassten Beschlusses über die Genehmigung der Abrechnung kann allerdings nicht eine bereits bestehende und fällige Beitragsschuld des Voreigentümers in eine Beitragsschuld des neuen Eigentümers umgewandelt werden, da ein solcher Zweitbeschluss keine konstitutive, sondern nur deklaratorische Wirkung hat (a.A. BayObLG NJW-RR 1992, 14f).

c) Rückständige Beitragsvorschüsse

Für einen Fehlbetrag, der darauf beruht, dass der Veräußerer Beiträge nicht gezahlt hat, die noch während des Zeitraums, während dessen er Wohnungseigentümer war, fällig geworden sind, bleibt dieser auch nach Genehmigung der Jahresabrechnung zahlungspflichtig, da der Beschluss über die Jahresabrechnung den Beschluss über den Wirtschaftsplan nicht ersetzt oder aufhebt (Novation), sondern lediglich rechtsverstärkende Wirkung hat (→ Beiträge, Beitragsvorschüsse). Eine Schuldumschaffung widerspräche dem Interesse der Eigentümer an dem Erhalt etwaiger für die Vorschussforderung bestehender Sicherungs- und Vorzugsrecht und möglicher Schadensersatzansprüche. Durch den Beschluss über die Abrechnung wird der Veräußerer mithin nicht aus seiner Haftung entlassen. Der Wirtschaftsplan bleibt Anspruchsgrundlage für rückständige Beitragsvorschüsse (→ Beiträge, Beitragsvorschüsse).

In Höhe der vom Veräußerer nicht gezahlten Beitragsvorschüsse wird eine Verbindlichkeit des Erwerbers durch die Beschlussfassung über die Abrechnung nicht begründet; eine Beschlussfassung mit diesem Inhalt wäre auch rechtswidrig, da das Gesetz eine Haftung des Erwerbers für den Veräußerers nicht vorsieht. Ein Beschluss über eine die Beitragsrückstände des Veräußerers einbeziehende Jahresabrechnung bedarf deshalb keiner Anfechtung durch den Erwerber (BGHZ 142, 290, 297; KG NZM 1999, 467), da nicht anzunehmen ist, dass die Wohnungseigentümer rechtswidrige Beschlüsse fassen wollen. Die Ausweisung der Beitragsrückstände des Veräußerers in der Einzelabrechnung des Erwerbers dient daher nur der Nachvollziehbarkeit der Abrechnung (Kontostandsmitteilung – BGHZ 142, 290, 299; NJW 1999, 1937; Staudinger/Bub § 28 RN 413).

Ist der gesamte nach der genehmigten Abrechnung geschuldete Abrechnungsfehlbetrag niedriger als die rückständigen Beitragsvorschüsse, so kann nur noch der Abrechnungsfehlbetrag gefordert werden; die Beitragsforderungen werden der Höhe nach auf die niedrigere Abrechnungsforderung begrenzt (→ Beiträge, Beitragsvorschüsse). Die Abrechnungsgenehmigung entlastet allein den Erwerber im Verhältnis zur Wohnungseigentümergemeinschaft, da diesen die Wirkungen des Beschlusses unmittelbar treffen (a.A. Wenzel, in: FS Seuß [1997] 313, 321: zeitanteilig quotale Kürzung); dessen Innenverhältnis zum Veräußerer richtet sich hingegen nach dem Erwerbsvertrag. Beitragsvorschüsse, welche der Veräußerer schuldig geblieben ist, sind somit weiterhin von diesem zu begleichen, nicht zeitanteilig zwischen Erwerber und Veräußerer zu quoteln (so aber Demharter ZWE 2001, 60, 63; a.A. Syring ZWE 2002, 565, 567: Gesamtschuldnerische Haftung von Veräußerer und Erwerber). Der ausgeschiedene Eigentümer zahlt nämlich auf verbindlich gegen ihn festgestellte Forderungen aus dem Wirtschaftsplan oder Sonderumlagenbeschlüssen; der gegebenenfalls günstigere Beschluss über die Jahresabrechnung entfaltet ihm gegenüber aufgrund seines Ausscheidens aus der Gemeinschaft keinerlei Wirkung mehr (Drasdo NZM 2003, 297, 300). Deshalb trifft umgekehrt auch allein den Erwerber die Haftung für die Abrechnungsspitze. Weist die Abrechnung allerdings ein Guthaben aus, so wird auch der Veräußerer von seiner Zahlungspflicht aus dem Wirtschaftsplan frei: Rückständige Beitragsvorschüsse vom Veräußerer in voller Höhe selbst dann noch zu fordern, wenn feststeht, dass sie überhöht waren, wäre nämlich eine unzulässige Rechtsausübung (→ Beiträge, Beitragsvorschüsse).

Da es den Grundsätzen einer ordnungsmäßigen Einnahmen- und Ausgabenrechnung widerspricht, die Beitragseinnahmen um die vom Veräußerer nicht bezahlten Beitragsvorschüsse, also um einen Sollbetrag zu erhöhen (KG WuM 1993, 763f; OLGZ 1994, 141, 144; Wenzel, in: FS Seuß [1997] 313, 321; a.A. Hauger, in: FS Bärmann und Weitnauer [1990] 353, 366), um rechnerisch die vom Erwerber geschuldete Abrechnungsspitze zu ermitteln, hat der Verwalter in der Einzelabrechnung zu kennzeichnen, welchen Teil des Abrechnungsfehlbetrages nicht der Adressat, sondern ein Dritter – der ausgeschiedene Eigentümer oder der Wohnungseigentümer als Vollstreckungsschuldner in der Zwangsversteigerung oder als Gemeinschuldner – aufgrund seiner Vorschusspflicht zu zahlen hat (a.A. Demharter FGPrax 1996, 50f; Wenzel, in: FS Seuß [1997] 313, 321). Der Verwalter hat in der Jahresabrechnung den Abrechnungsfehlbetrag entsprechend aufzuschlüsseln (OLG Düsseldorf ZWE 2001, 77).

d) Beispiele

Die vorstehend genannten Grundsätze sollen durch Beispiele erläutert werden. Während des Wirtschaftsjahres hat zum 30.9. ein Eigentümerwechsel stattgefunden; die monatlichen Vorschüsse betragen nach dem Wirtschaftsplan € 200.

Beispiel 1 (Zahlung durch Veräußerer und Erwerber): Auf das veräußerte Wohnungseigentum entfallen Gesamtkosten in Höhe von € 3.000, Veräußerer und Erwerber haben ihre Beiträge jeweils vollständig gezahlt.
Die Abrechnung weist für die veräußerte Wohnung einen Schuldsaldo in Höhe von € 600 aus: Gesamtkosten in Höhe von € 3.000 abzgl. geleisteter Vorschüsse in Höhe von € 2.400. Es handelt sich um den Differenzbetrag zwischen festgesetzten Beitragsvorschüssen und Abrechnungssaldo, also die Abrechnungsspitze. Diese schuldet allein der Erwerber, da der Abrechnungsbeschluss gegenüber dem ausgeschiedenen Veräußerer keinerlei Wirkung mehr entfaltet; unerheblich ist insofern, zu welchem Zeitpunkt

des Wirtschaftsjahres der Eigentümerwechsel stattgefunden hat. Der Erwerber schuldet die volle Abrechnungsspitze unabhängig davon, ob und wie lange er im Wirtschaftsjahr Eigentümer war, sofern nur der Abrechnungssaldo nach seiner Eintragung in das Grundbuch fällig geworden ist.

Variante: Auf das veräußerte Wohnungseigentum entfallen Gesamtkosten in Höhe von lediglich € 2.000.
Die Jahresabrechnung weist in diesem Fall ein Abrechnungsguthaben aus: Auf die Gesamtkosten in Höhe von € 2.000 wurden von Veräußerer und Erwerber Beitragsvorschüsse in Höhe von insgesamt € 2.400 – der Veräußerer für die Zeit bis 30. 9. € 1.800, der Erwerber € 600 – gezahlt, so dass das Abrechnungsguthaben € 400 beträgt. Dieses steht dem Erwerber zu, auch wenn es überwiegend auf Zahlungen des Veräußerers beruht. Ob der Erwerber im Innenverhältnis dem Veräußerer zum Ausgleich verpflichtet ist, richtet sich nach dem Kaufvertrag.

Beispiel 2 (Nichtzahlung durch Veräußerer): Abweichend von Beispiel 1 hat der Veräußerer Beiträge in Höhe von € 400 nicht entrichtet.
Die Abrechnung weist einen objektbezogenen Schuldsaldo in Höhe von € 1.000 aus: Auf die insgesamt angefallenen Kosten von € 3.000 haben Veräußerer und Erwerber Beiträge in Höhe von insgesamt € 2.000 gezahlt, nämlich der Veräußerer € 1.400, der Erwerber € 600.
Aus dem objektbezogenen Schuldsaldo ist der personenbezogene Schuldsaldo von Veräußerer und Erwerber zu errechnen, um zu ermitteln, wer im Verhältnis zur Eigentümergemeinschaft welche Beträge zu zahlen hat. Zunächst ist die Abrechnungsspitze, also die Differenz zwischen den tatsächlich angefallenen Kosten und den festgesetzten Beitragsvorschüssen, unabhängig davon, ob diese bezahlt wurden, zu errechnen: Gesamtkosten in Höhe von € 3.000 abzgl. geschuldeter Vorschüsse in Höhe von € 2.400: Abrechnungsspitze € 600, welche allein der Erwerber schuldet.
Der Veräußerer bleibt aus dem Wirtschaftsplan, der durch den Beschluss über die Abrechnung nicht aufgehoben wird, in Höhe seiner rückständigen Beitragsvorschüsse, also € 400 verpflichtet. Eine Verbindlichkeit des Erwerbers wird insoweit durch den Abrechnungsbeschluss nicht begründet, da dieser den Beschluss über den Wirtschaftsplan nicht aufhebt.

Variante: Auf das veräußerte Wohnungseigentum entfallen Gesamtkosten in Höhe von lediglich € 2.200.
Die Abrechnung weist einen objektbezogenen Schuldsaldo in Höhe € 200 aus: € 2.200 Gesamtkosten abzgl. gezahlter Vorschüsse in Höhe von € 2.000. Den Fehlbetrag schuldet allein der Veräußerer, da eine Verbindlichkeit des Erwerbers durch den Abrechnungsbeschluss nicht begründet wird. Die rückständigen Beitragsvorschüsse des Veräußerers (€ 400) werden der Höhe nach durch den Abrechnungsbeschluss auf € 200 begrenzt.

Haftung des Erwerbers

Beispiel 3 (Nichtzahlung durch Erwerber): Wie im Ausgangsfall betragen die angefallenen Gesamtkosten € 3.000; allein der Erwerber hat Beiträge in Höhe von € 400 nicht entrichtet.
Wie in den Fällen 1 und 2 schuldet auch in diesem Fall der Erwerber die Abrechnungsspitze in Höhe von € 600. Da – anders als in Fall 2 – allein der Erwerber mit Beiträgen in Rückstand ist, schuldet er zusätzlich zur Abrechnungsspitze auch die nach seiner Eintragung in das Grundbuch fälligen Beitragsvorschüsse, insgesamt somit € 1.000.

Variante: Auf das veräußerte Wohnungseigentum entfallen Gesamtkosten in Höhe von lediglich € 1.000; der Veräußerer hat seine Zahlungspflichten erfüllt. Der Erwerber hat für das abgelaufene Jahr keine Zahlungen erbracht und befindet sich im laufenden Jahr mit Beiträgen in Höhe von € 1.000 in Rückstand.
Die Jahresabrechnung weist ein Guthaben in Höhe von € 800 auf: Auf die anfallenen Gesamtkosten in Höhe von € 1.000 wurden vom Veräußerer Beitragsvorschüsse in Höhe von € 1.800 gezahlt. Das Guthaben steht auch in diesem Fall dem Erwerber zu, obwohl im Ergebnis Leistungen des Veräußerers an den Erwerber ausbezahlt werden. Der Erwerber kann mit diesem Guthaben gegen den Anspruch der Gemeinschaft auf Zahlung der laufenden Beitragsvorschüsse die Aufrechnung erklären, da mit anerkannten Abrechnungsguthaben eine Aufrechnung gegen Beitragsansprüche auch durch den einzelnen Wohnungseigentümer zulässig ist. Im Ergebnis schuldet er für das zum Zeitpunkt des Abrechnungsbeschlusses laufende Wirtschaftsjahr somit noch lediglich Zahlung von € 200.

Beispiel 4 (Nichtzahlung durch Veräußerer und Erwerber): Auf das veräußerte Wohnungseigentum entfallen Gesamtkosten in Höhe von € 3.000; Veräußerer und Erwerber haben Beiträge in Höhe von jeweils € 400 nicht entrichtet.
Die Abrechnung weist einen objektbezogenen Schuldsaldo in Höhe von € 1.400 aus: Auf die insgesamt angefallenen Kosten von € 3.000 haben Veräußerer und Erwerber Beiträge in Höhe von insgesamt € 1.600 gezahlt, nämlich der Veräußerer € 1.400, der Erwerber € 200.
Aus dem objektbezogenen Schuldsaldo ist der personenbezogene Schuldsaldo von Veräußerer und Erwerber zu errechnen, um zu ermitteln, wer im Verhältnis zur Eigentümergemeinschaft welche Beträge zu zahlen hat. Die Abrechnungsspitze in Höhe von € 600,– schuldet wie in vorherigen Fällen allein der Erwerber. Der Veräußerer bleibt aus dem Wirtschaftsplan, der durch den Beschluss über die Abrechnung nicht aufgehoben wird, in Höhe seiner rückständigen Beiträgsvorschüsse, also € 400 verpflichtet; die nach Eigentumsübergang fälligen und nicht gezahlten Beträge in Höhe weiterer € 400 schuldet der Erwerber, der von dem Fehlbetrag somit insgesamt € 1.000 (personenbezogener Saldo) zu zahlen hat. In der Abrechnung hat

der Verwalter kenntlich zu machen, welchen Betrag der Erwerber und welchen der ausgeschiedene Eigentümer schuldet.

Variante 1: Auf das veräußerte Wohnungseigentum entfallen in der Abrechnung Gesamtkosten in Höhe von lediglich € 1.800.
Die Abrechnung weist einen objektbezogenen Schuldsaldo in Höhe von € 200 aus, da auf die angefallenen Gesamtkosten von € 1.800 Vorschüsse in Höhe von € 1.600 geleistet wurden.
Aus dem objektbezogenen Schuldsaldo ist wiederum der personenbezogene Schuldsaldo von Veräußerer und Erwerber zu ermitteln. Eine Abrechnungsspitze entfällt, weil die angefallenen Gesamtkosten (€ 1.800) geringer sind als die geschuldeten Vorschüsse (€ 2.400). Auf die insgesamt geschuldeten Vorschüsse haben Veräußerer und Erwerber zusammen lediglich € 1.600 gezahlt, so dass rückständig ein Vorschussanspruch in Höhe von € 200 ist. Diesen schuldet der Veräußerer, da die Abrechnungsgenehmigung allein den Erwerber im Verhältnis zur Wohnungseigentümergemeinschaft entlastet – die Wirkungen des Abrechnungsbeschlusses treffen unmittelbar allein ihn (a. A. Demharter ZWE 2001, 60, 63: zeitanteilige Quotelung zwischen Erwerber und Veräußerer; a. A. Syring ZWE 2002, 565, 567: Gesamtschuldnerische Haftung von Veräußerer und Erwerber). Die vom Veräußerer noch zu zahlenden Beiträge werden der Höhe nach aber durch den Abrechnungsfehlbetrag begrenzt.

Variante 2: Auf das veräußerte Wohnungseigentum entfallen in der Abrechnung Gesamtkosten in Höhe von € 2.200.
Der in der Abrechnung ausgewiesene objektbezogene Schuldsaldo beträgt € 600: Gesamtkosten von € 2.200 abzgl. gezahlter Vorschüsse in Höhe von € 1.600.
Auch in diesem Fall entfällt eine Abrechnungsspitze, da die durch den Wirtschaftsplan festgesetzten Beitragsvorschüsse von € 2.400 die angefallenen Gesamtkosten übersteigen. Rückständig sind Beitragsvorschüsse in Höhe von € 800, welche durch die Abrechnung aber auf € 600 begrenzt werden und auf Veräußerer und Erwerber zu verteilen sind. Da die Abrechnungsgenehmigung allein den Erwerber entlastet, bleibt der Veräußerer zur Zahlung seiner rückständigen Beiträgsvorschüsse in voller Höhe von € 400 verpflichtet, der Erwerber schuldet lediglich den Restbetrag in Höhe von € 200.

e) Begründung einer Haftung in der Gemeinschaftsordnung

Eine Haftung des rechtsgeschäftlichen Erwerbers für Beitragsrückstände des Veräußerers kann durch die → Gemeinschaftsordnung begründet werden, weil diese gem. § 10 Abs. 2 WEG auch gegen den Sonderrechtsnachfolger wirkt, wenn sie als Inhalt des

Sondereigentums im Grundbuch eingetragen ist (BGHZ 99, 358). Eine solche Regelung gilt auch für den Erwerb vom teilenden Bauträger (OLG Düsseldorf ZMR 1997, 245), nicht jedoch für den Erwerb durch Zuschlag in der → Zwangsversteigerung, da die Anordnung der Mithaftung des Erstehers für fällige und rückständige Hausgeldverbindlichkeiten des früheren Wohnungseigentümers gegen § 56 S. 2 ZVG verstößt und deshalb gem. § 134 BGB nichtig ist. Ist eine Mithaftung in der Gemeinschaftsordnung vereinbart, so sollte sich der Erwerber vor unerwarteten zusätzlichen Verbindlichkeiten dadurch schützen, dass er sich beim Verwalter über etwa bestehende Beitragsrückstände des Veräußerers erkundigt.

Ein Mehrheitsbeschluss, der die Mithaftung eines rechtsgeschäftlichen Erwerbers anordnet, ist, soweit nicht die → Gemeinschaftsordnung eine Beschlussfassung hierüber ausdrücklich gestattet (sog. → „Öffnungsklausel"), nichtig (Wenzel ZWE 2000, 550, 556; → Vereinbarungsändernder, vereinbarungsersetzender, vereinbarungswidriger Mehrheitsbeschluss).

f) Abweichende Regelung im Kaufvertrag/Erstattungsanspruch

Veräußerer und Erwerber können im Kaufvertrag eine abweichende Regelung treffen und rechtsgeschäftlich eine Mithaftung des Erwerbers auch für rückständige Beitragsvorschüsse durch Schuldbeitritt im Wege eines echten Vertrages zugunsten der Wohnungseigentümergemeinschaft vereinbaren (BGHZ 107, 285, 288). Verpflichtet sich der Erwerber im Erwerbsvertrag dazu, ab Übergabe der Eigentumswohnung die Beiträge zu leisten, so kann der Veräußerer seinen Freistellungsanspruch gegen den Erwerber an die Wohnungseigentümer abtreten, bei denen er zum Zahlungsanspruch wird (BGHZ 87, 138). Die Vereinbarung des Übergangs von Nutzungen und Lasten zu einem bestimmten Termin ist im Zweifel nur als Erfüllungsübernahme i.S. des § 329 BGB auszulegen.

Zahlt der Erwerber einen Abrechnungsfehlbetrag, der auf Vorschussrückständen des Veräußerers beruht, so hat er gegen den Veräußerer bei Fehlen einer entsprechenden vertraglichen Regelung einen Erstattungsanspruch gem. § 812 BGB, da er ihn ohne Rechtsgrund von einer Verbindlichkeit befreit hat (a. A. Hauger, in: FS Bärmann und Weitnauer [1990] 353, 364 FN 27: gem. § 426

BGB); i.d.R. wird aber auch durch die Regelung des Zeitpunkts des Übergangs von Nutzungen und Lasten i.V.m. den ergänzend anzuwendenden §§ 446, 101, 103 BGB ein vertraglicher Anspruch begründet, der hinsichtlich der Früchte i.S. des § 99 BGB und der Lasten i.S. des § 103 BGB Vorrang hat.

2. Gegenüber Dritten

Für gemeinschaftliche Verbindlichkeiten haften alle Wohnungseigentümer gegenüber Dritten als Gesamtschuldner. Da sich das Außenverhältnis allein nach dem Entstehungsgrund richtet, sind Gesamtschuldner allein die bei Vertragsabschluss im Grundbuch eingetragenen Wohnungseigentümer (BGHZ 78, 166, 175), nicht aber ein später im Grundbuch eingetragener Erwerber (BayObLG WE 1992, 207, 208; OLG Düsseldorf NJWE-MietR 1996, 273; OLG Oldenburg WE 1994, 218f; Lüke WE 1995, 74, 81), es sei denn, dass dieser eine eigene Verbindlichkeit im Wege der Schuldübernahme oder des Schuldbeitritts begründet. Das Fehlen einer gesetzlichen Regelung des Schuldbeitritts – etwa wie in den §§ 130 Abs. 1, 161 Abs. 2, 173 HGB – lässt darauf schließen, dass eine Haftung des Erwerbers für Altschulden nicht gewollt ist. → Verwaltungsvermögen, das kraft Gesetzes auf den Erwerber übergeht und dem Zweck gewidmet ist, Altschulden zu tilgen, dient auch nach dem Übergang auf den Erwerber diesem Zweck; die zur Haftung des Gesellschaftsvermögens für Verbindlichkeiten des ausgeschiedenen BGB-Gesellschafters entwickelten Grundsätze können beschränkt auf das zweckgebundene Verwaltungsvermögen analog angewendet werden. Wird der frühere Eigentümer aber von Altschulden durch vom Erwerber aufgebrachte Mittel befreit und regelt der Kaufvertrag diesen Fall nicht, so hat er diesen Vorteil nach Bereicherungsrecht gem. §§ 812ff BGB gegenüber dem Erwerber auszugleichen (ebenso KG ZMR 1996, 366, 368: gem. § 426 Abs. 1 BGB).

In Dauerschuldverhältnisse, wie z.B. den Verwaltervertrag, tritt der Erwerber jedoch vom Zeitpunkt des Eigentumübergangs an ein (→ Sonderrechtsnachfolge), weshalb er auch zur Zahlung der Verwaltervergütung verpflichtet ist.

▶ Haftung des Veräußerers

1. Gegenüber den übrigen Wohnungseigentümern

Der Wohnungseigentümer, der seine Eigentumswohnung veräußert hat, ist so lange den anderen Wohnungseigentümern gegenüber verpflichtet, die Lasten des gemeinschaftlichen Eigentums und die Kosten der Instandhaltung, Instandsetzung, sonstigen Verwaltung und eines gemeinschaftlichen Gebrauchs des gemeinschaftlichen Eigentums zu tragen, bis der Erwerber als neuer Eigentümer im Grundbuch eingetragen ist (→ Haftung des Erwerbers). Durch einen nach seinem Ausscheiden gefassten Beschluss über die Genehmigung der Abrechnung (→ Abrechnungsfehlbeträge, Abrechnungsguthaben; → Haftung des Erwerbers) oder eine → Sonderumlage kann eine neue Verpflichtung des Veräußerers nicht begründet werden. Eine Haftung hinsichtlich des übertragenen Wohnungseigentums besteht auch dann nicht, wenn der Veräußerer mit einem anderen, nicht veräußerten Wohnungseigentum Mitglied der Wohnungseigentümergemeinschaft bleibt, weil die Haftung nicht personen-, sondern eigentumsbezogen ist (OLG Hamburg NZM 2002, 129; OLG Köln ZMR 1992, 35f). Der Veräußerer bleibt aber auch nach Genehmigung der Abrechnung zur Zahlung rückständiger Beitragsvorschüsse aus dem Wirtschaftsplan verpflichtet, der Höhe nach begrenzt auf den Abrechnungsfehlbetrag (→ Beiträge, Betragsvorschüsse).

Überlässt der Wohnungsverkäufer die Wohnung bereits vor Umschreibung dem Käufer, so hat er für Schäden einzustehen, welche dieser oder von diesem beauftragte Dritte am gemeinschaftlichen Eigentum herbeiführen (KG ZWE 2000, 419). Könnte der verkaufende Wohnungseigentümer sich durch die vorzeitige Nutzungsüberlassung an den Käufer aus den Bindungen gegenüber der Gemeinschaft befreien, stünde dies einem einseitigen Teilverzicht auf seine Rechtsstellung aus dem Wohnungseigentum gleich, ohne dass die Gemeinschaft gleichzeitig schon einen Nachfolger erhält. Wegen der mit dem Wohnungseigentum untrennbar verbundenen Verpflichtungen gegenüber der Gemeinschaft ist aber sowohl die → Dereliktion des Wohnungseigentums gem. § 928 BGB wie auch die einseitige teilweise Entziehung aus der Pflichtenbindung nach § 14 WEG, die gem. § 14 Nr. 2 WEG auch die Haftung für Dritte umfasst (KG ZWE 2000, 419, 421), nicht möglich.

2. Gegenüber Dritten

Der ausgeschiedene Wohnungseigentümer haftet für die während seiner Zugehörigkeit zur Wohnungseigentümergemeinschaft begründeten Verbindlichkeiten dem Gläubiger grds. fort (Staudinger/Bub § 16 RN 10), es sei denn, dass der Erwerber eine Schuld im Außenverhältnis übernommen – dabei unterliegt der Inhalt der übernommenen Verpflichtung nicht der Beurkundungspflicht nach § 311b Abs. 1 BGB (BGH WuM 1994, 342f; → notarielle Beurkundung) – und der Gläubiger der Schuldübernahme zugestimmt hat (BGHZ 78, 166, 175; BayObLG WE 1992, 207f; KG ZMR 1994, 29f; OLG Oldenburg WE 1994, 218f). Wer aus einem mit Bezug auf das gemeinschaftliche Eigentum geschlossenen Vertrag haftet, ist nämlich nach Vertragsrecht, nicht nach Wohnungseigentumsrecht zu beurteilen (Weitnauer WE 1994, 220). Das Innenverhältnis des ausgeschiedenen Wohnungseigentümers zum Erwerber und zu den früheren Miteigentümern bleibt hiervon unberührt (BGHZ 104, 197, 200f); deshalb betrifft auch eine Regelung, dass der Erwerber für Beitragsrückstände des Veräußerers haftet, nicht das Außenverhältnis zu Dritten (OLG Düsseldorf NJWE-MietR 1996, 273).

Der ausgeschiedene Wohnungseigentümer haftet aber nach dem entsprechend anzuwendenden Rechtsgedanken der §§ 736 Abs. 2 BGB, 159, 160 HGB nur für die Erfüllung von während seiner Zugehörigkeit zur Eigentümergemeinschaft begründeten Ansprüche fort, die vor Ablauf von fünf Jahren nach Kenntnis des Gläubigers von seinem Ausscheiden fällig werden und gegen ihn gerichtlich geltend gemacht werden können, es sei denn, dass die Ansprüche selbst früher verjähren. Die Verkürzung der Verjährungsfrist findet ihren Grund darin, dass der ausgeschiedene Wohnungseigentümer zum einen seinen Anteil am Verwaltungsvermögen verloren hat, zum anderen keinen tatsächlichen Einfluss mehr auf die Abwicklung bestehender Verträge hat, so dass sich seine endlose Haftung verbietet (Staudinger/Bub § 16 RN 10).

▶ Haftung des Verwalters

1. Gegenüber Wohnungseigentümern

Der Verwalter haftet den Wohnungseigentümern gegenüber für die ordnungsmäßige Erfüllung der durch den Verwaltervertrag übernommenen Pflichten, insbesondere der bereits in den §§ 24, 27, 28 WEG überwiegend zwingend statuierten und der weiteren sich aus der Teilungserklärung oder der Gemeinschaftsordnung ergebenden (Weitnauer/Hauger § 27 RN 35; Gottschalg DIV 1995 Heft 1, 16). Die Haftung des Verwalters für die Verletzung der Pflichten bei der Wahrnehmung seiner unabdingbaren, gesetzlichen Mindestaufgaben besteht unabhängig vom Vorhandensein oder Zustandekommen eines Verwaltervertrages (Bärmann/Seuss B RN 375; Bub PiG 30, 29 ff).

Da Schmerzensgeld gem. § 253 Abs. 2 BGB auch bei vertraglichen Schadensersatzansprüchen verlangt werden kann, ist eine konkurrierende deliktische Haftung des Verwalters im Verhältnis zu den Wohnungseigentümern praktisch ohne Bedeutung. Eine Haftung aus unerlaubter Handlung kann sich ergeben, wenn der Verwalter rechtswidrig und schuldhaft die in § 823 Abs. 1 BGB geschützten Rechtsgüter, insbesondere Eigentum, Körper, Gesundheit und das allgemeine Persönlichkeitsrecht als sonstiges Recht, verletzt. Der Verwalter haftet weiter für den entstehenden Schaden, wenn er gegen ein Schutzgesetz i.S. des § 823 Abs. 2 BGB verstößt. Ein Schadensersatzanspruch kommt schließlich gem. § 826 BGB in Betracht, wenn der Verwalter das gemeinschaftliche Vermögen in sittenwidriger Weise vorsätzlich vermindert. Darüber hinaus trifft ihn gem. § 823 BGB eine deliktische Haftung durch Unterlassen gegenüber den Wohnungseigentümern oder Dritten bei Verletzung einer ihm obliegenden Verkehrssicherungspflicht.

Der Verwalter ist teilweise durch die Haus- und Grundbesitzerhaftpflichtversicherung geschützt; daneben ist der Abschluss einer Vermögensschadenhaftpflichtversicherung (→ Versicherungen) unerlässlich. Die Versicherungsprämie hierfür hat der Verwalter zu bezahlen, wenn er mit den Wohnungseigentümern nichts anderes vereinbart hat.

a) Vertragliche Haftung des Verwalters

Die vertragliche Haftung des Verwalters folgt nach der Schuldrechtsreform aus dem einheitlichen Haftungstatbestand des § 280 Abs. 1 BGB. Danach kann der Gläubiger Schadensersatz verlangen, wenn er eine Pflicht aus dem Schuldverhältnis verletzt. Erfasst sind sowohl die Schlechtleistung als auch die Verletzung von vertraglichen Nebenpflichten, insbesondere Beratungs-, Aufklärungs-, Obhuts-, Sorgfalts- und Treuepflichten. Für eine Haftung des Verwalters wegen Verzuges mit seinen Leistungspflichten müssen zusätzlich die Voraussetzungen des § 286 BGB, z.B. Mahnung oder Erfüllungsverweigerung, erfüllt sein, § 280 Abs. 2 BGB. Auch vorvertragliche Pflichtverletzungen können den Verwalter zum Schadensersatz verpflichten, § 311 Abs. 2 BGB.

Eine vertragliche Haftung setzt voraus, dass ein schuldhaft pflichtwidriges Verhalten des Verwalters kausal zu einem Schaden bei den Wohnungseigentümern geführt hat. Den Verwalter muss ein Verschulden i.S. der §§ 276 ff BGB treffen. Das Gesetz bestimmt in § 276 BGB zwei Schuldformen, nämlich den Vorsatz und die Fahrlässigkeit. Vorsätzlich handelt, wer mit Wissen und Wollen den rechtswidrigen Erfolg herbeiführt oder zumindest billigend in Kauf nimmt (Palandt/Heinrichs § 276 BGB RN 10) und sich der Rechtswidrigkeit bewusst ist (BGH NJW 2002, 3255). Fahrlässigkeit bedeutet gem. § 276 Abs. 1 S. 2 BGB die Außerachtlassung der im Verkehr erforderlichen Sorgfalt und setzt die Voraussehbarkeit und Vermeidbarkeit des rechtswidrigen Erfolges voraus (Palandt/Heinrichs § 276 BGB RN 12 ff).

Danach hat der Verwalter die im Verkehr erforderliche Sorgfalt eines ordentlichen, durchschnittlichen, gewissenhaften und fachkundigen Verwalters anzuwenden (BayObLG WE 1988, 31): Der Verwalter muss zumindest die Erwägungen eines verständigen Hauseigentümers, der sein Eigentum selbst verwaltet, anstellen (BPM § 27 RN 193; Weitnauer/Hauger § 26 RN 12), wobei auch eine bei ihm auf bestimmten Gebieten vorhandene Sachkunde zu berücksichtigen ist (BayObLG WE 1991, 22 f). Das bedeutet, dass sich der professionell tätig werdende Verwalter die zum durchschnittlichen Standard eines ordentlichen Verwalters gehörenden Kenntnisse und Fähigkeiten in kaufmännischer, technischer und rechtlicher Hinsicht verschaffen und erforderlichenfalls im Wege der Fortbildung aktualisieren muss (BayObLG NZM 2003, 67 z. Kenntnis der formellen Voraussetzungen der sofortigen Beschwerde; OLG Hamburg OLGZ 1993, 431 z. Kenntnis der Rechtslage in der Zwangsvollstreckung). Er muss insbesondere für eine Organisation sorgen, die ihm einen Überblick für die finanzielle Situation der Wohnungseigentümergemeinschaft jederzeit ermöglicht. Die Sorgfalt eines ordentlichen Kaufmanns gem. §§ 347, 343–345 HGB muss er beachten, wenn er Kaufmann ist (BGH NJW 1996, 1216f; BPM § 27 RN 193). Dagegen können an einen „Amateurverwalter" im Einzelfall geringere Anforderungen gestellt werden (Gottschalg DIV 1995 Heft 1, 16f).

Das schuldhaft pflichtwidrige Verhalten des Verwalters muss bei den Wohnungseigentümern kausal zu einer Rechtsgutverletzung (haftungsbegründende Kausalität) und diese wiederum kausal zu einem Schaden bei den Wohnungseigentümern geführt haben (haftungsausfüllende Kausalität). Der erforderliche Zurechnungszusammenhang wird nach der Äquivalenztheorie, der Adäquanztheorie und der Lehre vom Schutzzweck der Norm bestimmt (vgl. Palandt/Heinrichs Vorbem. v. § 249 BGB RN 54ff). Danach scheidet z.B. eine Schadensersatzpflicht des Verwalters aus, wenn auch ein gebotenes pflichtgemäßes Verhalten zum Schaden geführt hätte (sog. rechtmäßiges Alternativverhalten), wofür der Verwalter aber im Streitfall darlegungs- und beweispflichtig ist (Gottschalg DIV 1995 Heft 1, 16, 17).

b) Haftung für Dritte

Bedient sich der Verwalter zur Erfüllung seiner vertraglichen Pflichten sog. Erfüllungsgehilfen, z.B. eines Angestellten oder Mitarbeiters, so hat er deren Verschulden in gleicher Weise und in gleichem Umfang wie sein eigenes Verschulden zu vertreten, § 278 BGB (KG WE 1994, 50; OLG Frankfurt WE 1994, 340). Im Deliktsrecht dagegen haftet der Verwalter für das Verschulden seines Verrichtungsgehilfen aufgrund eines vermuteten Eigenverschuldens gem. § 831 BGB mit der Möglichkeit zur Exkulpation bei Erfüllung der Auswahl- und Überwachungspflichten.

Für Fehler des Hausmeisters haftet der Verwalter i. d. R. nicht, da dieser nicht Erfüllungsgehilfe des Verwalters ist, sondern aus dem Hausmeistervertrag allein der Wohnungseigentümergemeinschaft gegenüber verpflichtet ist (BayObLG WE 1994, 117). Etwas anderes kann sich nur aus einer schuldhaften Verletzung der Überwachungspflicht des Verwalters ergeben. Für den Rechtsirrtum eines Rechtsanwaltes, auf dessen rechtlicher Beurteilung das Verhalten des Verwalters beruht, haftet er wie für eigenes Verschulden, wenn der Rechtsirrtum aufgrund der Rechtslage vermeidbar war (BGHZ 115, 253, 260; OLG Hamburg DWE 1994, 148, 151).

Ein mit der Instandsetzung des gemeinschaftlichen Eigentums beauftragter Werkunternehmer ist nicht Erfüllungsgehilfe des Verwalters i.S. von § 278 BGB, da die vertraglichen Beziehungen mit den Wohnungseigentümern zustande kommen, die bei Vertragsabschluss vom Verwalter vertreten werden (BayObLG NJW-RR 1992, 1102f). Auf Empfehlungen von Fachleuten, die etwa zur Erneuerung der Heizungsanlage (BayObLG WE 1992, 23), zur Behebung von → Feuchtigkeitsschäden oder zur Abdichtung einer Dachterrasse (OLG Düsseldorf ZMR 1997, 45f) eingeschaltet wurden, darf sich der Verwalter verlassen, ohne dass ihm deren Fehler zugerechnet werden könnten (BayObLG NJW-RR 1992, 1107f; OLG Düsseldorf NZM 1998, 721 z. einem Architekten). Gleiches gilt für einen zur Bauüberwachung eingesetzten Architekten (BayObLG NZM 2002, 564, 567). Dem Verwalter obliegt nämlich nicht die Instandsetzung des gemeinschaftlichen Eigentums als solche; er ist vielmehr nur verpflichtet, für die Instandsetzung zu sorgen (BayObLG NZM 2002, 564, 567).

c) Mitverschulden der Wohnungseigentümer

Der Umfang der Ersatzpflicht bestimmt sich nach den §§ 249 ff BGB. Danach ist ein Mitverschulden eines Wohnungseigentümers gem. § 254 BGB haftungsmindernd zu berücksichtigen. Dies ist z.B. beachtlich, wenn die Wohnungseigentümer die ordnungsgemäße Erfüllung der Wegereinigungspflicht auf dem Gelände der Wohnungseigentumsanlage nicht hinreichend mitüberwacht und dem Verwalter von etwaigen Missständen keine Mitteilung gemacht haben (BGH NJW-RR 1989, 394), der Verwalter nicht mit der Möglichkeit rechnen musste, dass von den Bewohnern nach der Hausordnung bestehende Vorschriften missachtet würden, z.b. beim Ballspielen eines Kindes eines Wohnungseigentümers auf dem von einer Dornenhecke umgrenzten Gehweg, wobei sich das Kind das Verschulden seines gesetzlichen Vertreters zurechnen lassen muss, §§ 254 Abs. 2 S. 2, 278 BGB (OLG Frankfurt DWE 1984, 29), oder wenn Wohnungseigentümer gegen die Obliegenheit zur Wahrnehmung der eigenen Vermögensinteressen verstoßen (OLG Köln WE 1989, 31). Im Einzelfall kann ein erhebliches Überwiegen des Mitverschuldens sogar zum vollständigen Haftungsausschluss führen (OLG Frankfurt DWE 1984, 29), z.B. wenn der Verwalter einen Beschluss der Wohnungseigentümer ausführt (BayObLG NJW 1974, 491); ein Schadensersatzanspruch scheidet in diesem Fall aus, auch wenn der Beschluss nachträglich durch das Gericht für ungültig erklärt wird, da der Verwalter für die von den Wohnungseigentümern getroffenen Entscheidungen nicht verantwortlich ist (BayObLG WE 1991, 198).

d) Einzelne Pflichtverletzungen

Eine Schadensersatzpflicht des Verwalters kommt u. a. in folgenden Fällen in Betracht:

- **Abrechnung.** Der Verwalter erstellt eine Jahresabrechnung unrichtig oder unverständlich, so dass diese von einem Dritten erstellt (BayObLG Rpfleger 1979, 66) oder geprüft (BayObLG WE 1988, 68) werden muss.
- **Aufklärungs-, Hinweis- und Kontrollpflichten.** Der Verwalter verletzt seine Aufklärungs-, Hinweis- und Koordinationspflichten im Zusammenhang mit der Geltendmachung von Ansprüchen wegen Mängeln am gemeinschaftlichen Eigentum, insbesondere wenn er es schuldhaft unterlässt, die Wohnungseigentümer auf den drohenden Ablauf von Gewährleistungsfristen hinzuweisen und eine Entscheidung der Wohnungseigentümer über das weitere Vorgehen herbeizuführen (BayObLG NZM 2001, 388; vgl. aber OLG Düsseldorf NZM 2002, 707 z. Wegfall des Verschuldens, wenn die Wohnungseigentümer Hinweise des Verwalters zum Verjährungsablauf nicht beachten; → Kontrollpflicht des Verwalters).

Haftung des Verwalters

- **Beiträgsrückstände.** Der Verwalter macht Beitragsrückstände nicht rechtzeitig geltend und versucht nicht rechtzeitig, sie durchzusetzen, wodurch Zahlungsausfälle entstehen, die bei rechtzeitigem Handeln vermeidbar gewesen wären, oder unterlässt schuldhaft die mögliche Einziehung von Beiträgen (Gottschalg DIV 1995 Heft 1, 16, 19) oder zur Sicherung des künftigen Beitragseingangs aus einem über den Beitragsrückstand erwirkten Vollstreckungstitel die Zwangsvollstreckung zu betreiben, bei vermieteten Objekten vorzugsweise im Wege der Zwangsverwaltung (OLG Hamburg OLGZ 1993, 431 f). Es kommt aber darauf an, ob der Zahlungsausfall bei rechtzeitigem Tätigwerden verhindert worden wäre. Ebenso kommt ein Schadensersatzanspruch in Betracht, wenn der Verwalter eine Aufrechnung des Wohnungseigentümers gegenüber einem Beitragsanspruch fehlerhaft anerkennt und die Beitragsansprüche wegen → Insolvenz des Wohnungseigentümers ausfallen.
- **Buchführung.** Der Verwalter führt die Bücher nicht ordnungsgemäß (BayObLGZ 1975, 325; 1985, 57: Ersatz der Aufwendungen zur Klarstellung der Unterlagen).
- **Durchführung angefochtener Beschlüsse.** Die Berechtigung und Verpflichtung zur Durchführung von Beschlüssen gem. § 27 Abs. 1 Nr. 1 WEG erstreckt sich nur auf wirksame Beschlüsse, so dass fraglich ist, ob der Verwalter den Beschluss sofort durchführen muss bzw. darf oder ob er zunächst den Ablauf der Anfechtungsfrist abwarten muss bzw. darf (Deckert DWE 1983, 66, 70; Ganten PiG 36, 97, 100). I.d.R. trifft den Verwalter, der einen später für ungültig erklärten Beschluss durchgeführt hat, keine Schadensersatzpflicht, da er nicht rechtswidrig handelt, wenn er als Vollzugsorgan Weisungen des maßgeblichen Entscheidungsorgans folgt, die er bis zur Rechtskraft der Ungültigerklärung als wirksam zu beachten hat (LG Bonn PuR 1997, 175); die Wohnungseigentümer trifft im Übrigen in einem solchen Fall ein überwiegendes Mitverschulden. Es ist also allein Sache des Antragstellers, eine einstweilige Anordnung gem. § 44 Abs. 3 WEG herbeizuführen, um den Vollzug eines Beschlusses bis zur rechtskräftigen Entscheidung aufzuschieben. Schadensersatzrisiken geht der Verwalter nur ein, wenn er einen angefochtenen Beschluss im Vertrauen auf den Erfolg der Anfechtung nicht durchführt und die Anfech-

tung erfolglos bleibt. Haftungsrisiken bestehen also nur bei der Durchführung nichtiger Beschlüsse.
- **Einberufung der Wohnungseigentümerversammlung.** Der Verwalter verstößt bei der Einberufung von Versammlungen oder bei der Beschlussfassung gegen formelle Vorschriften, weswegen die Beschlüsse erfolgreich angefochten werden können (BayObLG Rpfleger 1982, 100) und zusätzliche Aufwendungen entstehen, z.B. Kostenaufwand einer neuen Versammlung, Gerichts- und Rechtsanwaltskosten (Bärmann/Seuss B RN 378; Gottschalg DIV 1995 Heft 1, 16, 18).
- **Erstbegehung.** Der Verwalter unterlässt nach Übernahme der Verwaltung eine Erstbegehung und stellt deshalb die Nutzung von gemeinschaftlichem Eigentum durch Dritte nicht fest, wenn dies zu Mietausfall führt (OLG Köln WE 1989, 31).
- **Erledigung von Rechtsangelegenheiten.** Der Verwalter erledigt Rechtsangelegenheiten fehlerhaft und sieht trotz erkennbarer Notwendigkeit schuldhaft von der Hinzuziehung eines Rechtsanwalt ab (OLG Hamburg OLGZ 1993, 431 f; OLG Köln 1987, 105).
- **Gemeinschaftliche Gegenstände.** Der Verwalter verwendet Gegenstände, die zum Verwaltungsvermögen gehören, für sich selbst oder veräußert diese auf eigene Rechnung (Huff WE 1994, 255, 257).
- **Herausgabe von Verwaltungsunterlagen.** Der Verwalter verweigert nach seiner Abberufung die → Herausgabe von Verwaltungsunterlagen (AG Köln DWE 1980, 23) oder verzögert diese (OLG Hamburg OLGZ 1993, 431, 433).
- **Instandhaltung und Instandsetzung.** Der Verwalter unterlässt oder verzögert erforderliche Instandhaltungs- und Instandsetzungsarbeiten (BayObLG WE 1996, 159; ZWE 2000, 179; OLG Düsseldorf WuM 1995, 230). Zu ersetzen sind auch Schäden am Sondereigentum, die darauf beruhen, dass bekannt gewordene Mängel am gemeinschaftlichen Eigentum erst nach Eintritt des Verzuges beseitigt worden sind (BayObLGZ 1992, 146, 149). Ein Unterlassen ist nur dann ursächlich, wenn der Schaden bei Durchführung der unterbliebenen Handlung mit Sicherheit nicht eingetreten wäre; eine bloße Wahrscheinlichkeit reicht nicht aus (BayObLG DWE 1996, 35 z. einem Gesundheitsschaden). Zu den

ersatzfähigen Schäden gehört ein Mietausfall (OLG Köln NJWE-MietR 1996, 274f).
- **Mietzinsansprüche.** Der Verwalter macht Mietzinsansprüche bei einer von ihm nicht zur Kenntnis genommenen Inanspruchnahme einer Reklamefläche durch einen Wohnungseigentümer nicht geltend (OLG Köln WE 1989, 31).
- **Missachtung öffentlich-rechtlicher Vorschriften.** Der Verwalter missachtet polizeiordnungsrechtliche Vorschriften über Streu- und Räumpflichten oder verletzt bauordnungsrechtliche Vorschriften (Bärmann/Seuss B RN 385).
- **Niederschrift.** Der Verwalter erstellt die → Niederschrift nicht fristgerecht oder protokolliert Beschlüsse nicht oder fehlerhaft.
- **Überwachung des gemeinschaftlichen Eigentums.** Der Verwalter kommt seinen Kontrollpflichten im Hinblick auf das Gemeinschaftseigentum (→ Kontrollpflichten des Verwalters) nicht nach (BayObLG NZM 1999, 840) und bemerkt deshalb aufgetretene Schäden nicht; ersatzfähig ist der Schaden nur insoweit, als er sich durch Zeitablauf vergrößert hat (BayObLG DWE 1985, 58). Zu ersetzen sind auch Schäden am Sondereigentum, die darauf beruhen, dass Mängel am Gemeinschaftseigentum, z.B. mangelnde Feuchtigkeitsisolierung der Außenwand (BayObLG DWE 1984, 59) oder des Daches (KG NJW-RR 1986, 1078), wegen mangelnder Überwachung nicht bekannt geworden sind (OLG Frankfurt OLGZ 1985, 144f) sind.
- **Verfügungen über gemeinschaftliche Gelder.** Der Verwalter verfügt über gemeinschaftliche Gelder ohne Rechtsgrund zu seinen Gunsten (BGH NJW 1972, 1318) oder trennt diese nicht von seinem Vermögen (→ Verwaltung gemeinschaftlicher Gelder); zur Schadensersatzpflicht kann auch die Zweckentfremdung von Geldern der → Instandhaltungsrücklage führen (BGHZ 59, 58; OLG Hamm WE 1988, 94).
- **Versicherungsprämien.** Der Verwalter zahlt nicht rechtzeitig die Prämien an die Versicherungen der Gemeinschaft, weswegen der Versicherer von seiner Deckungspflicht frei wurde (Bärmann/Seuss B RN 378).
- **Veruntreuung gemeinschaftlicher Gelder.** Der Verwalter verwendet gemeinschaftliche Gelder rechtswidrig und schuldhaft für sich,

missbraucht damit durch seine rechtliche Befugnis, über fremdes Vermögen zu verfügen oder Dritte zu verpflichten, und begeht Untreue gem. § 266 StGB (BGH WE 1996, 29; BayObLG WE 1996, 315f); Untreue kommt auch in Betracht, wenn der Verwalter gewährte Rabatte oder Skonti oder Versicherungsprovisionen nicht an die Wohnungseigentümer weitergibt.
- **Wartungsverträge.** Der Verwalter schließt einen auf 20 Jahre befristeten Aufzugswartungsvertrag ab (OLG Zweibrücken OLGZ 1983, 339).
- **Werklohn.** Der Verwalter zahlt Werklohn für erkennbar mangelhafte Werkleistungen, ohne später die Gewährleistungsansprüche gegen den Werkunternehmer durchsetzen zu können (KG WE 1993, 197; OLG Düsseldorf ZMR 1997, 380f; BPM § 27 RN 205).
- **Wirtschaftsplan.** Der Verwalter stellt den Wirtschaftsplan mit zu niedrigen Ansätzen auf und schließt die Deckungslücken durch Kreditaufnahmen, was zu unnötigem Zinsaufwand führt (AG Waiblingen DWE 1996, 40).
- **Zahlungen aus gemeinschaftlichen Geldern.** Der Verwalter leistet aus gemeinschaftlichen Geldern Zahlungen, zu denen die Wohnungseigentümer nicht verpflichtet waren, z.B. zur Erfüllung von Verbindlichkeiten einzelner Wohnungseigentümer oder des Verwalters oder Dritter, Zahlungen auf nicht oder nicht in dieser Höhe entstandene Verbindlichkeiten (OLG Celle OLGZ 1991, 309f) oder solche, die zur ordnungsmäßigen Verwaltung nicht erforderlich waren. Belegt der Verwalter seine Zahlungen mit gefälschten Ausgabenbelegen – sog. Scheinrechnungen –, begeht er darüber hinaus Betrug gem. § 263 StGB und Urkundenfälschung gem. § 267 StGB (OLG Celle OLGZ 1991, 309f; Huff WE 1994, 255, 257).
- **Zustellungen.** Der Verwalter verletzt seine Pflicht, die Wohnungseigentümer fristgerecht über den Inhalt der an ihn gerichteten gerichtlichen Zustellungen zu informieren (→ Zustellung, Zustellungsvollmacht), damit diese entscheiden können, ob und wie sie sich an dem Verfahren formell beteiligen wollen (Gottschalg DIV 1995 Heft 1, 16, 20).
- **Zustimmung zur Veräußerung.** Der Verwalter erteilt die → Zustimmung zur Veräußerung verspätet (BayObLG DWE 1984, 60; KG WE 1994, 214; OLG Hamburg DWE 1994, 148; OLG Karls-

ruhe OLGZ 1985, 143). Hat er seine Zustimmung zur Veräußerung oder zu einer baulichen Veränderung (BGHZ 115, 253, 259) zu Unrecht erteilt und entstehen dadurch Schäden oder außergerichtliche Kosten eines Wohnungseigentümers, der durch dieses unbefugte Vorgehen zu prozessualen Handlungen bzw. zur Durchführung der baulichen Veränderung herausgefordert wurde, oder bei den Wohnungseigentümern (KG WE 1994, 214f), so hat der Verwalter diese zu ersetzen.

e) Beschränkung der Verwalterhaftung

aa) Individualvertraglich. Der Verwalter kann sich individualvertraglich von der vertraglichen, aber auch von der deliktischen Haftung (vgl. BGHZ 9, 306) für jeden Grad eigener Fahrlässigkeit – also auch für grobe Fahrlässigkeit – und für jegliches Verschulden von Erfüllungsgehilfen – also auch für Vorsatz – gem. §§ 276 Abs. 3, 278 S. 2 BGB freizeichnen (BPM § 27 RN 215). § 27 Abs. 3 WEG steht einer Freizeichnung nicht entgegen, weil lediglich die dem Verwalter obliegenden Leistungspflichten unabdingbar sind, nicht aber Sekundärverpflichtungen aufgrund von Leistungsstörungen (Merle DWE 1984, 2, 5).

Unwirksam ist gem. § 276 Abs. 3 BGB jegliche Freizeichnung von eigenem vorsätzlichen Handeln oder Unterlassen, z.B. durch eine hinsichtlich des Verschuldensgrades nicht eingeschränkte summenmäßige Haftungsbeschränkung oder Verjährungsverkürzung, § 202 Abs. 1 BGB. Die Haftung des Verwalters kann aber – etwa in Anlehnung an § 51a BRAO – individualvertraglich auf bestimmte Höchstsummen begrenzt werden (vgl. BGH VersR 1985, 595) oder für mittelbare Schäden ausgeschlossen werden (Drasdo Verwaltervertrag und -vollmacht 84; Gottschalg DIV 1995 Heft 1, 16, 23), wenn die Haftung für Vorsatz unbeschränkt bleibt. Unter der gleichen Voraussetzung kann auch die Verjährung verkürzt oder eine Subsidiaritätsklausel vereinbart werden, wonach der Verwalter erst dann auf Schadensersatz in Anspruch genommen werden kann, wenn der Schadensausgleich nicht in zumutbarer Weise von dritter Seite vorrangig herbeigeführt werden kann.

Eine nachträglich durch Mehrheitsbeschluss gebilligte Haftungsbeschränkung des Verwalters entspricht nicht ordnungsmäßiger Verwaltung. Die Abänderung eines bereits bestehenden Vertragsverhältnisses, von dessen ursprünglicher Ausgewogenheit auszugehen ist, bedeutet eine rechtliche Schlechterstellung der Wohnungseigentümer, der keine adäquaten Vorteile oder Gegenleistungen gegenüberstehen (BayObLG NZM 2003, 204 f). Anfechtbar ist deshalb auch ein Beschluss der Eigentümer, auf die Geltendmachung von Schadensersatzansprüchen gegen den Verwalter zu verzichten (OLG Düsseldorf NZM 2000, 347).

bb) Formularvertraglich. In einem vom Verwalter gestellten Formularvertrag kann sich der Verwalter gem. § 309 Nr. 7 b) BGB nur von eigener leichter Fahrlässigkeit sowie solcher von Erfüllungsgehilfen freizeichnen, nicht aber für Vorsatz und grobe Fahrlässigkeit. Unwirksam ist damit auch jegliche generelle, formularvertragliche Haftungsbeschränkung, z.B. auf einen bestimmten Höchstbetrag oder auf unmittelbare Schäden (vgl. BGH NJW 1987, 2820) oder auf Schäden, die nicht gegen Dritte durchgesetzt werden können (Gottschalg DIV 1995 Heft 1, 16, 23); eine generelle Verkürzung der Verjährungsfristen ist deshalb unwirksam (OLG Düsseldorf NJW-RR 1995, 440). Für Verletzungen des Lebens, des Körpers und der Gesundheit, also für Körperschäden ist jeglicher Haftungsausschluss unzulässig, § 309 Nr. 7 a) BGB.

Einer weitergehenden Inhaltskontrolle gem. § 307 BGB steht nicht schon entgegen, dass eine Regelung nach den Klauselkatalogen der §§ 308, 309 BGB nicht zu beanstanden ist, z.B. Haftungsfreizeichnungen, die nicht gegen § 309 Nr. 7 BGB verstoßen (Ulmer/Brandner/Hensen § 11 AGBG RN 150 zu § 11 Nr. 7 AGBG). Gem. § 307 Abs. 2 Nr. 2 BGB benachteiligt eine Haftungsfreizeichnung selbst für einfache Fahrlässigkeit die Wohnungseigentümer unangemessen, wenn sog. Kardinalpflichten verletzt werden, deren Einhaltung erforderlich ist, um den Vertragszweck zu erreichen (vgl. BGH NJW-RR 1993, 561); hierzu zählen beim Verwaltervertrag insbesondere die Pflichten des Verwalters gem. § 27 Abs. 1 und 2 WEG (Gottschalg DIV 1995 Heft 2, 46). Für dieses Haftungsausschlussverbot spricht ausschlaggebend die außergewöhnliche Vertrauensstellung, die das WEG dem Verwalter eingeräumt hat, aber auch, dass der Verwalter seine Haftungsrisiken durch Abschluss der üblichen Haftpflichtversicherung absichern kann (Gottschalg DIV 1995, Heft 2, 46).

f) Gerichtliche Durchsetzung des Haftungsanspruchs

Ansprüche der Wohnungseigentümer gegen den Verwalter sind auch nach Beendigung der Verwaltungszeit vor dem Amtsgericht, Abt. für Wohnungseigentumssachen, gem. §43 Abs. 1 Nr. 2 WEG geltend zu machen (BGHZ 106, 222, 224). Stehen die Ansprüche allen Wohnungseigentümern gemeinsam als Mitgläubigern zu, so haben nur alle Wohnungseigentümer gemeinsam ein Antragsrecht zur gerichtlichen Geltendmachung (BGHZ 106, 222, 227; NJW 1992, 82; KG NZM 2003, 683). Es ist Sache der Gemeinschaft, darüber zu beschließen, ob sie einen Anspruch gegen den Verwalter für gegeben hält und ob dieser Anspruch gerichtlich durchgesetzt werden soll. Wird ein hierauf gerichteter Beschlussantrag abgelehnt, z.B. weil die Wohnungseigentümer das Vertrauensverhältnis zu einem ansonsten zuverlässigen Verwalter wegen eines Bagatellschadens nicht stören wollen, so kann ein hiergegen opponierender Wohnungseigentümer nur gem. § 21 Abs. 4 WEG von den anderen Wohnungseigentümern die Zustimmung zu einem Vorgehen gegen den Verwalter verlangen (BGH ZfIR 1997, 284 f; OLG Hamburg ZMR 1993, 536), nicht aber ohne Ermächtigung allein auf Leistung an alle Wohnungseigentümer gegen den Verwalter klagen.

Ein eigenes Antragsrecht hat ein einzelner Wohnungseigentümer aber für individuelle Ansprüche gegen den Verwalter, etwa solche aus einer Sorgfaltspflichtverletzung des Verwalters, die nur bei dem betreffenden Wohnungseigentümer zu einem Schaden geführt hat (BGH NJW 1992, 182; KG NZM 2003, 683f; OLG Zweibrücken WE 1995, 26; Staudinger/Bub §21 RN 232), z.B. weil eine Wohnung wegen unterlassener Instandsetzung des gemeinschaftlichen Eigentums unvermietbar war (BayObLG ZWE 2000, 179; WE 1988, 76) oder sein Sondereigentum oder sein bewegliches Vermögen durch Reparaturmaßnahmen am gemeinschaftlichen Eigentum beschädigt wurde (BayObLG WuM 1989, 531, 532). Bei solchen Ansprüche handelt es sich nicht um eine Angelegenheit der gemeinschaftlichen Verwaltung (BGH ZMR 1996, 274, 276; BayObLG WE 1993, 349; OLG Zweibrücken WE 1995, 26), weshalb die anderen Wohnungseigentümer am Verfahren nicht beteiligt sind. Auch ein Schadenersatzanspruch wegen

Verletzung des Verwaltervertrages ist nicht zwingend eine gemeinschaftliche Forderung i.S. von §§ 741, 754 S. 1 BGB; eine faktisch teilbare Geldleistung ist rechtlich unteilbar nur dann, wenn eine gemeinsame Empfangszuständigkeit aller Wohnungseigentümer besteht (BGH NJW 1992, 182), z.B. Schadensersatz wegen nicht weisungsgemäßer Ausführung von Eigentümerbeschlüssen (KG NZM 2003, 683).

2. Gegenüber Dritten

Dritten gegenüber haftet der Verwalter deliktisch gem. §§ 823, 831 BGB bei Verletzung der auf ihn überbürdeten → Verkehrssicherungspflichten. Eine Außenhaftung des Verwalters gegenüber Dritten besteht ferner bei vollmachtloser Vertretung gem. § 179 Abs. 1 BGB, wenn er im Namen der Wohnungseigentümergemeinschaft einen Vertrag geschlossen hat, ohne hierzu bevollmächtigt gewesen zu sein, und die Wohnungseigentümergemeinschaft die Genehmigung des Vertrages verweigert. Dies kommt insbesondere hinsichtlich der dem Verwalter nach § 27 Abs. 1 WEG obliegenden Pflichten in Betracht, da insoweit der Umfang der → Vertretungsmacht des Verwalters nicht gesetzlich bestimmt ist, wenn er z.B. bei einem Geldinstitut im Wege der Kontoüberziehung einen Kredit aufnimmt (BGH NJW-RR 1993, 1227) oder einen Reparatur- oder Sanierungsauftrag vergibt, ohne hierzu bevollmächtigt gewesen zu sein, z.B. weil er den Inhalt eines Beschlusses falsch interpretiert hat.

Schließt der Verwalter einen Vertrag in Ausführung eines Beschlusses gem. § 27 Abs. 1 Nr. 1 WEG, der später für ungültig erklärt wird, so kommt wegen des damit verbundenen rückwirkenden Wegfalls der Vollmacht eine Haftung des Verwalters als vollmachtloser Vertreter in Betracht. Eine vollmachtlose Vertretung scheidet jedoch aus, wenn sich die Wohnungseigentümer das Handeln des Verwalters nach den Grundsätzen der Anscheins- bzw. Duldungsvollmacht zurechnen lassen müssen.

▶ Haftung des Verwaltungsbeirats

Die einzelnen Verwaltungsbeiratsmitglieder haften gegenüber den Wohnungseigentümern für jegliche rechtswidrigen und schuldhaften Pflichtverletzungen nach dem Allgemeinen Schuldrecht, und zwar unabhängig davon, ob ihrer Tätigkeit ein Auftrag oder ein Dienstvertrag zugrunde liegt; sie haben hierauf beruhende Schäden zu ersetzen. Sie haften hiernach für jedes Verschulden, nämlich für Vorsatz und jede Fahrlässigkeit, also auch für einfache Fahrlässigkeit (BayObLG NJW-RR 1991, 1360f; KG GE 1997, 375). Die Verwaltungsbeiräte haften i.d.R. als Gesamtschuldner (OLG Düsseldorf WE 1998, 265 z. Prüfung einer Abrechnung ohne Einsicht in die Belege). Das Risiko, für fahrlässiges Verhalten einstehen zu müssen, wird üblicherweise durch eine Haftpflichtversicherung abgedeckt.

Eine Haftung des Verwaltungsbeirats als Organ kommt nicht in Betracht, da er weder rechtsfähig noch Organ im Rechtssinn ist; ebenso wenig haftet er in Analogie zur Haftung des Aufsichtsrats der Aktiengesellschaft gem. §§ 93, 116, 117 AktG (BPM § 29 RN 105) oder des Beirats einer Publikumsgesellschaft.

Eine allgemeine Haftungsbeschränkung bedarf der Vereinbarung, ein Beschluss ist nichtig. Ein auf einen bestimmten Verwaltungsbeirat bezogener derartiger Beschluss ist lediglich anfechtbar (Wenzel ZWE 2001, 226, 233).

Der Verwaltungsbeirat hat ebenso wie der Verwalter keinen Anspruch auf Entlastung, wenn nicht ein solcher Anspruch durch Vereinbarung begründet wurde. Auch im Übrigen sind die Grundsätze zur →Entlastung des Verwalters anwendbar (BayObLG NJW-RR 2001, 1231). Soll der Verwaltungsbeirat als Gremium entlastet werden, was in der Praxis die Regel ist (vgl. OLG München WM 1995, 842 z. Entlastung des Aufsichtsrats einer AG), so ruhen die Stimmrechte aller Mitglieder des Verwaltungsbeirats gem. § 25 Abs. 5 WEG (→ Ruhen des Stimmrechts).

▶ **Hauptversorgungsleitungen** → Versorgungsleitungen

▶ **Hauseingangstüre** → Schließregelungen

▶ **Hausgeld** → Beiträge, Beitragsvorschüsse

▶ **Hausmeister, Hauswart**

Die Wohnungseigentümer haben i.d.R. ein erhebliches Interesse daran, die laufenden Arbeiten wie Reinigung der Zugänge,

Eingänge und Treppenhäuser, Schneeräumen und Streuen bei Glätte, Bedienung und Überwachung der Heizungsanlage, Behebung kleiner Schäden am gemeinschaftlichen Eigentum (BGHZ 106, 181), Gartenpflege, Überwachung der Einhaltung der Hausordnung, von einem Hausmeister schnell und kostengünstig durchführen zu lassen. Die Anstellung eines Hausmeisters ist deshalb i.d.R. eine Maßnahme ordnungsmäßiger Verwaltung i.S.d. § 21 Abs. 5 WEG, die jeder Wohnungseigentümer gem. § 21 Abs. 4 WEG fordern kann (BayObLG WE 1992, 87; ZMR 1988, 148). Dies gilt auch für die Neuerrichtung einer in der Gemeinschaftsordnung nicht vorgesehenen Hausmeisterstelle (BGHZ 106, 179, 181 für nebenberufliche Hausmeisterstelle), wenn nach den konkreten Umständen der Wohnanlage ein vernünftiges Interesse an einer hauptberuflichen Hausmeisterstelle anzuerkennen ist.

Der Verwalter kann im Namen der Wohnungseigentümer den Hausmeister als Maßnahme der ordnungsmäßigen Verwaltung des gemeinschaftlichen Eigentums anstellen und wieder entlassen, wenn er hierzu in der Gemeinschaftsordnung, im Verwaltervertrag oder durch Beschluss der Eigentümerversammlung bevollmächtigt ist. Ist der Verwalter allgemein zur Anstellung eines Hausmeisters ermächtigt, so deckt diese Vollmacht auch die Kündigung des Hausmeistervertrages, was sich für den Hausmeister auch daraus ergibt, dass er während seiner Dienstzeit Weisungen durch den Verwalter erhält (OLG Köln i-t 1989, 621). Die Wohnungseigentümer sind Arbeitgeber, aber nicht befugt, dem Hausmeister Anweisungen zu erteilen; sie sind gem. § 14 Abs. 2 WEG verpflichtet, ihn weder bei der Ausübung seiner Tätigkeit zu behindern, noch ihn in irgendeiner Weise zu belästigen (OLG Düsseldorf DWE 1987, 104). Der Verwalter hat die Erfüllung der Pflichten aus dem Hausmeistervertrag zu überwachen. Der mit dem Hausmeister abgeschlossene Vertrag ist ein Arbeitsvertrag i.S.d. §§ 611 ff BGB, für den auch die arbeitsrechtlichen Bestimmungen gelten (Urlaub, Entgeltfortzahlung etc.). Kündigungsschutz genießt der Hausmeister aber nicht, wenn die Wohnungseigentümergemeinschaft – was die Regel ist – nicht mehr als 5 Arbeitnehmer beschäftigt, § 23 Abs. 1 S. 2 KSchG – die Arbeitnehmer des Verwalters sind nicht mitzuzählen (BAG WE 1995, 116 f).

Arbeitsverträge sind nach den Grundsätzen ordnungsmäßiger Verwaltung schriftlich abzuschließen; nach dem sog. Nachweisgesetz (BGBl 1995 I 946) müssen die wesentlichen Vertragspunkte im Vertrag oder einer gesonderten Aufstellung schriftlich niedergelegt werden; bei Hausmeisterverträgen ist eine auf das jeweilige Objekt abgestimmte Konkretisierung des Leistungsbildes erforderlich. Maßgeblich ist die Beschränkung auf das gemeinschaftliche Eigentum und die konkret zur Verkehrssicherung (→ Verkehrssicherungspflichten) und zur Einhaltung der → Hausordnung übertragenen Aufgaben. In einer Generalklausel sollte der Hausmeister verpflichtet werden, alle üblichen Hausmeisteraufgaben auf Weisung des Verwalters durchzuführen. Die Hausmeistervergütung gehört zu den Kosten der Verwaltung des gemeinschaftlichen Eigentums i.S.v. § 16 Abs. 2 WEG, zu denen alle Wohnungseigentümer beizutragen haben (BayObLG WE 1986, 62). Bedarf der Verwalter zur Anstellung eines Hausmeisters eines Beschlusses der Wohnungseigentümer, so gilt dies auch für spätere Gehaltserhöhungen.

Beschließen die Wohnungseigentümer die Einrichtung eines Hausmeisterbüros nebst Toilette unter Abtrennung eines im Gemeinschaftseigentums stehenden Gebäudeteils, so kann dies eine mit Mehrheit zu beschließende Regelung des Gebrauchs des Gemeinschaftseigentums sein (→ Vermietung von gemeinschaftlichem Eigentum); die Einrichtung des Büros in einem Gebäude einer Mehrhausanlage ist dann nicht ermessensfehlerhaft, wenn kein Anhaltspunkt dafür besteht, dass die Einrichtung des Büros in einem anderen Gebäude die Gemeinschaft weniger belasten würde (OLG Düsseldorf NZM 2002, 267).

▶ **Hausmeisterwohnung**

Der innerhalb einer Wohnungseigentumsanlage wohnende Hausmeister kann die ihm übertragenen Aufgaben, soweit mit ihm eine Pflicht zur Anwesenheit vereinbart wurde, zeitnäher als Dritte erfüllen. Gerade bei großen, aber auch bei kleineren Wohnungseigentumsanlagen wird es i.d.R. – Einschränkungen sind je nach konkretem Sachverhalt, z.B. bei besonders „pflegeleichten" Anlagen denkbar – den Grundsätzen ordnungsmäßiger Verwaltung entsprechen, einen in der Wohnanlage wohnenden Hausmeister zu beschäftigen.

1. Teilungserklärung, Grunddienstbarkeit

Dies setzt voraus, dass den Wohnungseigentümern eine familiengerechte Wohnung dauernd zur Verfügung steht. Eine Hausmeisterwohnung ist nicht schon dann gesichert, wenn der veräußernde Bauträger eine Hausmeisterwohnung als besonderen Komfort in der Werbung herausstellt, aber in der Teilungserklärung Wohnungseigentum hieran begründet und dieses behält oder an Dritte weiterveräußert. Dauerhaft gesichert ist eine Hausmeisterwohnung vielmehr erst dann, wenn die entsprechenden Räume Gegenstand des gemeinschaftlichen Eigentums sind *und* nach der Teilungserklärung, ggf. auch nach dem Aufteilungsplan deren Zweck als Hausmeisterwohnung bestimmt ist. Eine Änderung der Zweckbestimmung, z.B. zur Vermietung an Dritte bedarf dann i.d.R. der Einstimmigkeit, es sei denn, dass triftige Gründe einer Nutzung als Hausmeisterwohnung entgegenstehen (BayObLG v. 28.7.1988, 2 Z 50/88). Steht eine Wohnung ohne Zweckbestimmung im gemeinschaftlichen Eigentum, so können die Wohnungseigentümer mehrheitlich deren Nutzung als Hausmeisterwohnung beschließen.

Eine Verpflichtung eines Wohnungseigentümers – also auch des Bauträgers –, ein ihm gehöriges Wohnungseigentum ausschließlich als Hausmeisterwohnung zur Verfügung zu stellen, ist schuldrechtlich wirksam, kann nicht Inhalt einer Grunddienstbarkeit sein und deshalb nicht dinglich gesichert werden (BayObLG Rpfleger 1980, 150). Wollen die Wohnungseigentümer nachträglich eine Hausmeisterwohnung erwerben, so stößt dies in der Praxis auf Schwierigkeiten, da der Erwerb die aktive Mitwirkung aller Wohnungseigentümer voraussetzt. Die praktikabelste Lösung ist der Erwerb der Wohnung durch alle Wohnungseigentümer als gewöhnliche Miteigentümer gem. §§ 1008 ff BGB und die Zuschreibung der Miteigentumsanteile in entsprechender Anwendung des § 3 Abs. 3 GBO zum jeweiligen Wohnungseigentum, wobei die Wohnungseigentümer in Bezug auf die Hausmeisterwohnung eine Gemeinschaft nach §§ 741 ff BGB bilden. Möglich, aber kostenaufwendiger ist die Überführung der erworbenen Hausmeisterwohnung vom Sondereigentum in das gemeinschaftliche Eigentum, die eine Änderung der Teilungserklärung und der Aufteilungspläne erfordert.

2. Mietvertrag über Hausmeisterwohnung

Ist eine Hausmeisterwohnung weder gemeinschaftliches Eigentum noch wirtschaftliches Eigentum – über einen Treuhänder – noch Miteigentum der Wohnungseigentümer, so verbleibt die Möglichkeit, eine Wohnung von einem Wohnungseigentümer anzumieten und dem Hausmeister als Wohnung zu überlassen. Das Mietverhältnis zwischen dem Wohnungseigentümer und der Wohnungseigentümergemeinschaft ist dann kein Wohnraummietverhältnis, auf das die Kündigungsschutzvorschriften von Wohnungen und die Regelungen zu Mieterhöhungen der §§ 557 ff BGB anwendbar wären, sondern ein Mietverhältnis über sonstige Räume, da Mietzweck dieses Mietvertrages nicht das Wohnen des Mieters, sondern die Überlassung an den Hausmeister zum Zwecke des Wohnens ist (BayObLGZ 1985, 303; vgl. auch BGH NJW 1981, 1377). Der Hausmeister ist dann Untermieter und genießt nach Beendigung des Hauptmietvertrages Kündigungsschutz gegenüber dem Wohnungseigentümer.

Der Mietvertrag zwischen dem Hausmeister und der Wohnungseigentümergemeinschaft sollte als Werkmietvertrag gem. §§ 576 ff BGB oder als Werkdienstvertrag i.S.d. § 576b BGB ausgestaltet werden, damit das Mietverhältnis nach Beendigung des Hausmeistervertrages schnell gelöst werden kann. Hierzu genügt die Zweckbestimmung „als Hausmeisterwohnung" oder ein sonstiger Hinweis, dass die Hausmeisterwohnung funktionsgebunden mit Rücksicht auf das Bestehen des Hausmeistervertrages vermietet wird. Endet das Hausmeisterverhältnis, so hat die Wohnungseigentümergemeinschaft gem. § 576 Nr. 2 BGB das Recht, den Mietvertrag spätestens am dritten Werktag des Monats, der auf die Beendigung des Hausmeistervertrages folgt, zum Monatsletzten zu kündigen, wenn die Wohnung für den neuen Hausmeister benötigt wird. Die Wohnungseigentümergemeinschaft kann aber auch ordentlich unter Einhaltung der gesetzlichen Fristen mit dem im Kündigungsschreiben anzugebenden – § 573 Abs. 3 BGB – Grund kündigen, dass die Wohnung für einen neuen Hausmeister benötigt wird, da dies als berechtigtes Interesse des Vermieters an der Kündigung i.S.d. § 573 Abs. 2 BGB anzusehen ist (LG Hamburg MDR 1980, 315). Die häufig anzutreffende Vereinbarung, dass das Wohnraummietverhältnis zugleich mit dem Hausmeisterverhältnis enden soll, führt gem. § 572 Abs. 2 BGB nur dazu, dass das Mietverhältnis bei Beendigung des Hausmeistervertrages als auf unbestimmte Dauer verlängert gilt. Der Mietvertrag ist deshalb stets besonders zu kündigen, da die Kündigung des Hausmeistervertrages nicht die Kündigung des Mietvertrages einschließt (LG Itzehoe ZMR 1969, 86). Die Kündigung des Mietvertrages kann auch schon vor Kündigung des Arbeitsvertrages erfolgen (LG Köln ZMR 1996, 666).

Die gleichen Grundsätze gelten, wenn ein einzelner Wohnungseigentümer einen Mietvertrag über seine Wohnung mit einem Hausmeister abschließt, da der Arbeitgeber mit dem Vermieter nicht identisch sein muss, um ein Werkmietverhältnis begründen zu können. Veräußert dieser Wohnungseigentümer die an den Hausmeister vermietete Wohnung und bedarf die Veräußerung der Zustimmung der Wohnungseigentümer gem. § 12 WEG (→ Zustimmung zur Veräußerung des Wohnungseigentums), so kann die Zustimmung zur Veräußerung auch dann nicht versagt werden, wenn die bisherige Nutzungsart (Hausmeisterwohnung) durch den Verkauf nicht mehr gewährleistet bleibt; es besteht insbesondere kein gesetzliches Vorkaufsrecht zugunsten der Wohnungseigentümer im Interesse der Beschaffung oder Erhaltung einer Hausmeisterwohnung (BayObLG NJW 1973, 152).

▶ Hausordnung

Zu einer ordnungsgemäßen, dem Interesse der Gesamtheit der Wohnungeigentümer nach billigem Ermessen entsprechenden Verwaltung, die jeder Wohnungseigentümer gem. § 21 Abs. 4 WEG verlangen kann, gehört die Aufstellung einer Hausordnung, § 21 Abs. 5 Nr. 1 WEG. Die Hausordnung verfolgt den Zweck, Verhaltensmaßregeln zu geben, die im Interesse eines reibungslosen Zusammenlebens der Wohnungseigentümer, zum Schutze des Gebäudes und zur allgemeinen Ordnung und Sicherheit notwendig sind.

1. Aufstellung und Änderung der Hausordnung

Die Wohnungseigentümer können eine Hausordnung gem. § 15 Abs. 1 WEG vereinbaren; häufig wird die Hausordnung bereits als Bestandteil der Gemeinschaftsordnung und somit als Inhalt des Sondereigentums bei Eintragung im Grundbuch gem. § 10 Abs. 2 WEG festgelegt (BayObLGZ 1975, 201, 204). Ist eine Hausordnung nicht vereinbart, so können die Wohnungseigentümer eine den Grundsätzen ordnungsmäßiger Verwaltung entsprechende Hausordnung gem. § 15 Abs. 2 i.V.m. § 21 Abs. 5 Nr. 1 WEG mehrheitlich beschließen (BayObLG NZM 2002, 171; OLG Hamm NZM 2001, 1084). Kommt ein Mehrheitsbeschluss nicht zustande, so kann das Gericht auf Antrag eines Wohnungseigentümers die Hausordnung erlassen, §§ 43 Abs. 1 Nr. 1, 15 Abs. 3, 21 Abs. 4 WEG (OLG Hamm OLGZ 1969, 278). Die vereinbarte Hausordnung wirkt gem. § 10 Abs. 2 WEG mit der Eintragung, die beschlossene Hausordnung gem. § 10 Abs. 3 WEG auch ohne Eintragung im Grundbuch gegenüber Sondernachfolgern.

Der Verwalter oder der Verwaltungsbeirat können in der Gemeinschaftsordnung, nicht aber durch Mehrheitsbeschluss – da die Wohnungseigentümer gem. § 21 Abs. 3 i.V.m. Abs. 5 Nr. 1 WEG zur Aufstellung der Hausordnung berufen sind (a. A. OLG Stuttgart DWE 1987, 99; Palandt/Bassenge § 21 RN 11) – ermächtigt werden, eine Hausordnung mit verbindlicher Wirkung aufzustellen und den Wohnungseigentümern bekannt zu geben (BayObLG NZM 2001, 1034; KG OLGZ 1992, 182 f). Die Hausordnung, die nur einem Mehrheitsbeschluss gem. § 15 Abs. 2 WEG zugängliche Regelungen enthalten darf (Palandt/Bassenge § 21 RN 7), ist dann mit der Bekanntgabe an die Eigentümer für alle in gleicher Weise verbindlich wie eine von den Wohnungseigentümern durch Mehrheitsbeschluss getroffene Regelung. Sie steht wie diese unter dem Vorbehalt einer Änderung durch Mehrheitsbeschluss der Eigentümer oder gerichtliche Entscheidung (BayObLG NZM 2001, 1034). Der zur Aufstellung Ermächtigte darf hingegen die Hausordnung nur dann ändern oder ergänzen, wenn dies ausdrücklich bestimmt ist (BayObLGZ 1991, 421 f; KG OLGZ 1992, 182, 183; Staudinger/Bub § 21 RN 19). Ob die Wohnungseigentümer eine bereits in der Teilungserklärung/Gemeinschaftsordnung geregelte Hausordnung durch Mehrheitsbeschluss ändern können, richtet sich nach der im Wege der Auslegung festzustellenden Rechtsqualität der jeweiligen Regelung (BayObLGZ 1975, 201; OLG Düsseldorf WEZ 1988, 191), d. h. nach der Frage, ob sie die Wirkung einer Vereinbarung – mit der Folge, dass ein Mehrheitsbeschluss wegen fehlender Kompetenz nichtig ist (BayObLG NZM 2002, 171 z. Änderung des Verschuldensmaßstabs gem. § 276 BGB) – oder eines Mehrheitsbeschlusses hat – mit der Folge der Änderbarkeit durch Mehrheitsbeschluss, was für die Hausordnung i.d.R. anzunehmen ist (BayObLG ZMR 1998, 356).

Der Mehrheitsbeschluss über die Aufstellung einer Hausordnung kann gem. § 23 Abs. 4 WEG angefochten werden (BGH NZM 1998, 955, 958; BayObLG NZM 2002, 171 z. einer nichtigen Bestimmung; OLG Hamm NZM 2001, 1084). Jeder Wohnungseigentümer kann zudem gem. § 21 Abs. 4 WEG eine Änderung der Hausordnung als Maßnahme ordnungsgemäßer Verwaltung verlangen oder im Verfahren über die Durchsetzung der Hausordnung deren Verbindlichkeit prüfen lassen (BayObLGZ 1991, 421; KG NJW 1956, 1679). Einem auf die Hausordnung gestützten Unterlassungsantrag kann aber ein etwaiger Änderungsanspruch nicht einredeweise entgegengehalten werden (BayObLG NZM 2001, 1034). Wird der Beschluss über die Aufstellung der Hausordnung angefochten und beschränkt sich die Anfechtbarkeit auf einen Teil der Bestimmung, kann aber der unbeanstandet gebliebene Teil der Hausordnung allein sinnvollerweise keinen Bestand haben, ist der entsprechende Passus entsprechend § 139 BGB insgesamt unwirksam (BGH NZM 1998, 955, 958 z. Beschränkungen des → Musizierens; BayObLGZ 1985, 171, 176; OLG Hamm NJW-RR 1986, 500 f). Eine nicht hinreichend bestimmte Klausel ist nichtig (BGH NZM 1998, 955, 958), nicht jedoch wenn die Hausordnung eine durchführbare Regelung noch erkennen lässt (OLG Hamm NZM 2001, 1084 f).

2. Inhalt der Hausordnung

Der Regelungsinhalt der Hausordnung richtet sich nach den Bedürfnissen des jeweiligen Objektes, die je nach Zweckbestimmung, Lage etc. unterschiedlich sein können. Die Hausordnung konkretisiert im Einzelnen, was innerhalb des Rahmens des zulässigen Gebrauchs des Sondereigentums und des gemeinschaftlichen Eigentums gem. §§ 13, 14 WEG liegt (BayObLG ZMR 1985, 233; OLG Saarbrücken NZM 1999, 621). Zu berücksichtigen sind dabei auch die öffentlich-rechtlichen Pflichten und die Verkerssicherungspflichten der Wohnungseigentümer (OLG Hamburg OLGZ 1993, 10). In Abgrenzung zur Gemeinschaftsordnung sollten in der Hausordnung nur die weniger wichtigen Materien geregelt werden, die aber flexibel zu handhaben und deshalb leicht abänderbar und anpassungsfähig sein müssen (OLG Frankfurt OLGZ 1990, 415), z.B. Alltagsangelegenheiten wie die Benutzung oder Reinhaltung des Gebäudes oder die Sorgfaltspflichten der Hausbewohner. Vorbild sind vor allem die Hausordnungen der Miethäuser.

Es ist üblich, folgende Punkte in der Hausordnung zu regeln:
- Die Benutzung gemeinschaftlicher Einrichtungen wie Wäsche-/Trockenraum, Treppenhaus (→ Fahrrad, Kinderwagen), → Waschmaschinen, → Fahrstuhl, → Schwimmbad/Sauna, → Garten, → Kinderspielplatz, → Garagen; auch der → Zutritt zu gemeinschaftlichen Anlagen und Einrichtung kann geregelt werden;
- das Abstellen von Kraftfahrzeugen (→ Parkplatz, Kraftfahrzeugstellplätze);
- die Art und Weise bestimmter Nutzungen des Sondereigentums, wie z.B. → Musizieren, → Grillen auf Balkonen oder Terrassen, → Tierhaltung, Wäschetrocknen auf Balkonen oder Terrassen (→ Waschmaschine, Wäschetrocknen), → Balkon- und Dachterassenbepflanzungen;
- Ruhezeiten (→ Lärm);
- Sicherheitsmaßnahmen und Gefahrverhütungsregelungen, z.B. → Schließregelungen, → Feuerschutzregelungen und → Immissionsschutzbestimmungen.

Die Verpflichtung der Wohnungseigentümer zur persönlichen Durchführung anfallender Tätigkeiten wie Streu- und Schneeräumverpflichtungen (→ Räum- und Streupflicht) oder die → Hausreinigung können zwischen den Wohnungseigentümern vereinbart, nicht aber im Rahmen einer Hausordnung beschlossen werden (→ Persönliche Dienstleistungspflicht).

Die Regelungen müssen den Grundsätzen ordnungsmäßiger Verwaltung entsprechen und dürfen sog. wohlerworbene Rechte nicht entziehen. Da nicht einmal im Wege der Vereinbarung in den dinglichen → Kernbereich des Eigentums eingegriffen werden darf, verstößt ein Verbot von Nutzungen, die zu dem verfassungsrechtlich geschützten Bereich der freien Entfaltung der Persönlichkeit gehören, etwa das Spielen von Kindern mit der ihnen typischen Lautstärke (OLG Saarbrücken ZMR 1996, 566), das Gebot autofreien Wohnens oder ein Musizierverbot gegen die guten Sitten und ist gem. § 138 Abs. 1 BGB nichtig. Dabei können weitgehende Einschränkungen einem Verbot gleichkommen.

3. Durchführung und Durchsetzung der Hausordnung

Der Verwalter hat gem. § 27 Abs. 1 Nr. 1 WEG für die Durchführung der von den Wohnungseigentümern aufgestellten Hausordnung zu sorgen (KG NZM 2000, 677); er hat insoweit gesetzliche Vertretungsmacht (→ Vertretungsmacht des Verwalters).

Der Verwalter hat durch Maßnahmen tatsächlicher Art auf die Einhaltung der Hausordnung hinzuwirken (BPM § 27 RN 40). Er kann durch Hinweise, Aufforderungen (BayObLGZ 1972, 90f), Ermahnungen, Rundschreiben, Aushänge, Aufstellung von Nutzungsplänen etc. für die Einhaltung der Hausordnung sorgen, aber auch verpflichtet sein, Verbots- oder Hinweisschilder aufzustellen (BayObLG MDR 1981, 937).

Als Maßnahmen tatsächlicher Art kommen z.B. in Betracht
- die Sorge für Einhaltung der Ruhezeiten (→ Lärm),
- die Überwachung der Turnusnutzung der gemeinschaftlichen Anlagen und Einrichtungen,
- die Aufstellung von Schildern, durch die das Parken von Fahrzeugen auf Grünflächen verboten wird.

Gegenüber Dritten, insbesondere Mietern (z. den besonderen Problemen bei Diskrepanzen zwischen Hausordnung und dem Mietvertrag einer vermieteten Eigentumswohnung vgl. Bub PiG 43, 147; → Vermietung von Wohnungseigentum), hat der Verwalter keine Befugnisse (BPM § 27 RN 39). Soweit die Hausordnung allerdings Gebrauchsrechte der Wohnungseigentümer konkretisiert und der Mieter diese überschreitet, ist der Verwalter berechtigt und verpflichtet, den Mieter anzuhalten, die Gebrauchsrechte der Wohnungseigentümer nicht zu beeinträchtigen. Jedenfalls aber kann er auf die vermietenden Wohnungseigentümer entsprechend einwirken, da diese dafür verantwortlich sind, dass ihre Mieter die Hausordnung einhalten.

Aufgrund des Normzwecks der Hausordnung, Reibungsflächen zwischen den Wohnungseigentümern zu vermeiden, hat der Verwalter alles zu tun, was der Erhaltung der Ordnung und des Friedens zwischen den Wohnungseigentümern dient, insbesondere auf die Lösung von Konflikten hinzuwirken.

Verstößt ein Wohnungseigentümer gegen die Hausordnung, so ist der Verwalter berechtigt und verpflichtet, im Namen der jeweils anderen Wohnungseigentümer die zur Durchsetzung der Hausordnung erforderlichen Maßnahmen zu ergreifen, z.B. die Erfüllung der dem betreffenden Wohnungseigentümer nach der Hausordnung obliegenden Pflichten anzumahnen; bei mehrmaligen und wiederholten schweren, aber auch bei erstmaligen groben Verstößen kann der Verwalter eine Abmahnung als Voraussetzung für die → Entziehung des Wohnungseigentums gem. § 18 Abs. 2 Nr. 1 WEG aussprechen (Weitnauer/Lüke § 18 RN 7). Erweisen sich eine Abmahnung und andere außergerichtliche Maßnahmen gegen einen Wohnungseigentümer als fruchtlos, so kann der Verwalter Leistung bzw. Unterlassung im Namen der Wohnungseigentümer gerichtlich nur verlangen, wenn er dazu von den Wohnungseigentümern durch Vereinbarung oder Beschluss ermächtigt wurde.

▶ **Hausratsverordnung** → Ehewohnung

▶ **Hausratversicherung** → Versicherungen

▶ **Hausreinigung**

Die Hausreinigung, also die Reinigung der im gemeinschaftlichen Eigentum stehenden Räume, Einrichtungen und Anlagen, aber auch der Zuwege und Zufahrten obliegt als Verwaltungsmaßnahme i.S.d. §21 Abs.1 WEG den Wohnungseigentümern gemeinschaftlich. Sie wird i.d.R. von dem →' Hausmeister oder von hierfür beschäftigten Personen durchgeführt. Der Umfang sowie die Zeiträume, innerhalb deren die Hausreinigung vorzunehmen ist, wird häufig in den Arbeitsverträgen bzw. Dienstanweisungen des Hausmeisters geregelt, deren Einhaltung der Verwalter zu überwachen hat. Sie kann aber auch durch Beschluss der Wohnungseigentümer geregelt werden. Die Eigentümer können aber nicht mehrheitlich beschließen, dass die Hausreinigung turnusmäßig von jeweils einem von ihnen durchzuführen ist (→ Persönliche Dienstleistungspflicht).

Die Kosten der Hausreinigung gehören zu den Kosten der sonstigen Verwaltung (a.A. KG WE 1994, 144: Instandhaltungskosten) und sind von den Wohnungseigentümern gem. §16 Abs.2 WEG nach Miteigentumsanteilen zu verteilen, wenn nicht ein anderer Verteilungsschlüssel vereinbart ist.

▶ **Haustierhaltung** → Tierhaltung

▶ **Haus- und Grundbesitzerhaftpflicht**

Die Gebäudehaftpflicht ist als durch eine besondere Beweislastregelung gekennzeichneter Fall der allgemeinen Verkehrssicherungspflicht (BGH NJW 1985, 1076) in §836 BGB normiert (BGH NJW 1993, 182f; OLG Düsseldorf NJW-RR 1995, 588). Wird durch den Einsturz eines Gebäudes oder durch die Ablösung von Teilen des Gebäudes ein Mensch getötet, der Körper oder die Gesundheit eines Menschen verletzt oder eine Sache beschädigt, so ist der Eigenbesitzer (BGH LM Nr.9 zu §836 BGB) des Grundstücks, bei einer Wohnungseigentumsanlage also i.d.R. die Wohnungseigentümer als Gesamtschuldner (BGH WE 1989, 95), sofern der Einsturz oder die Ablösung die Folge fehlerhafter Errichtung oder mangelhafter Unterhaltung ist, verpflichtet, dem Verletzten den daraus entstehenden Schaden zu ersetzen, §836 Abs.1 S.1 BGB.

Teile des Gebäudes i.S.d. §836 BGB sind z.B.
- Balkone,
- Schornstein (OLG Köln NJW-RR 1992, 858),

- Dachpappe (BGH NJW 1993, 1782),
- Dachziegel (OLG Düsseldorf (NJW-RR 1992, 1440),
- Schaufensterscheibe (OLG Koblenz NJW-RR 1998, 673),
- eine Fassadenverkleidung,

nicht hingegen
- Schneelawinen (BGH NJW 1955, 300),
- auf der Fensterbank stehende Blumentöpfe,
- Wasser aus Leitungen (BGH NJW 1971, 609) oder vom Dach (OLG Frankfurt DWE 1985, 122).

Ein ausgeschiedener Wohnungseigentümer ist für einen Schaden verantwortlich, wenn der Einsturz oder die Ablösung innerhalb eines Jahres nach der Beendigung seines Eigenbesitzes eintritt, es sei denn, dass er während seines Besitzes die im Verkehr erforderliche Sorgfalt beachtet hat oder der erwerbende Wohnungseigentümer durch Beachtung dieser Sorgfalt die Gefahr hätte abwenden können, § 836 Abs. 2 BGB.

Der Schadenersatzanspruch gegen Wohnungseigentümer beruht auf einer Haftung für eine gesetzlich geregelte → Verkehrssicherungspflicht mit vermutetem Verschulden der Wohnungseigentümer und einem vermuteten Ursachenzusammenhang zwischen Verschulden und Schaden (BGH LM Nr. 4 zu § 836 BGB), nicht auf Gefährdungshaftung. Der Geschädigte muss deshalb nur behaupten und beweisen, dass ihm durch den Einsturz eines Gebäudes oder durch Ablösung von Teilen desselben ein Schaden entstanden ist.

Die Wohnungseigentümer haften nicht, wenn sie zum Zwecke der Abwendung der Gefahr die im Verkehr erforderliche Sorgfalt beachtet haben, § 836 Abs. 1 S. 2 BGB. An diesen Entlastungsbeweis stellt die Rechtsprechung strenge Anforderungen (BGH NJW 1993, 1782). Sind die Wohnungseigentümer als Bauherren an der Errichtung der Eigentumswohnanlage beteiligt, so können sie sich durch den Nachweis entlasten, einen sachkundigen Architekten oder Ingenieur mit der Planung und Bauüberwachung beauftragt zu haben. Nach der Übergabe müssen die Wohnungseigentümer grds. die Wohnungseigentümsanlage regelmäßig überwachen und auf Gefahrenzustände prüfen. Von dieser Verpflichtung werden die Wohnungseigentümer aber frei, wenn sie in Übereinstimmung mit § 27 Abs. 1 Nr. 2 und Abs. 3 WEG einen sachkundigen Verwalter hiermit beauftragen, da sie dadurch ihrer Sorgfaltspflicht genügen (OLG Frankfurt DWE 1985, 122; vgl. aber BGH VersR 1976, 66).

Der Verwalter ist gem. § 27 Abs. 1 Nr. 2 WEG zur Unterhaltung des Gebäudes gegenüber den Wohnungseigentümern verpflichtet, so dass er die aus technischer Sicht zur Gefahrenabwehr erforderlichen Instandhaltungs- und Instandsetzungsmaßnahmen am gemeinschaftlichen Eigentum in eigener Verantwortung zu treffen hat. Die Erfüllung der Verkehrssicherungspflicht erfordert u.a. die regelmäßige Überwachung des baulichen Zustands auf alle Gefahren, mit denen nach der Lebenserfahrung zu rechnen ist (OLG Düsseldorf NJW-RR 2003, 855). Damit trifft ihn gem. § 838 BGB neben den Wohnungseigentümern als Gesamtschuldner – gem. § 840 Abs. 1 BGB – die Gebäudehaftpflicht. Die Rechtsprechung stellt an ihn hohe hohe Anforderungen. So hat er auch ungewöhnliche, aber mögliche Sturmstärken in seine Betrachtungen einzubeziehen und entsprechende Vorsorge für die Festigkeit des Gebäudes zu treffen (BGH NJW 1993, 1782 f; 1999, 2593). Er kann deshalb den Anscheinsbeweis i.d.R. nicht dadurch erschüttern, das das Schadensereignis durch eine besonders starke Sturmböe verursacht wurde (vgl. aber OLG Zweibrücken NZM 2002, 570 z. Erschütterung des Anscheinsbeweises bei „Jahrhundertorkan Lothar"). Daher muss eine Überprüfung im Rahmen der technischen Möglichkeiten alle die Konstruktionselemente erfassen, bei welchen etwa auftretende Mängel zu einer Lösung von Gebäudeteilen führen können. Auf ordnungsgemäße Sanierungsmaßnahmen, die sich nur auf einen Teilbereich erstrecken, kann sich der Verwalter nicht ohne weiteres verlassen (BGH NJW 1993, 1782 f).

Nach den Grundsätzen ordnungsmäßiger Verwaltung gem. § 21 Abs. 5 Nr. 3 WEG haben die Wohnungseigentümer und der Verwalter ihre Haftung durch eine Haus- und Grundbesitzerhaftpflichtversicherung (→ Versicherungen) abzudecken.

Daneben haften die Wohnungseigentümer als Gesamtschuldner gem. § 840 BGB auch für Schäden, die auf der Verletzung allgemeiner → Verkehrssicherungspflichten beruhen.

Heiz- und Warmwasserkosten

▶ **Haus- und Grundbesitzerhaftpflichtversicherung** → Versicherungen

▶ **Hausverbot** → Störungen und Beeinträchtigungen des Eigentums

▶ **Hauszugangsweg** → Fußweg, Plattenbelag

▶ **Hebebühne** → Doppelstockgaragen, Duplexgaragen

▶ **Heimfallanspruch** → Dauerwohnrecht; → Erbbaurecht

▶ **Heiz- und Warmwasserkosten**

Wird eine Eigentumswohnanlage von den Wohnungseigentümern durch eine im gemeinschaftlichen Eigentum stehende Heizungsanlage oder in anderer Weise zentral beheizt und mit Warmwasser versorgt, so gehören die hierfür anfallenden Kosten zu den Lasten und Kosten i.S. des § 16 Abs. 2 WEG (BayObLG NJW-RR 1988, 1164), für die die Wohnungseigentümer als Gesamtschuldner haften. Dies gilt auch für die Kosten der eigenständigen gewerblichen Belieferung der Wohnungseigentümergemeinschaft mit → Fernwärme, Nah- oder Direktwärme und mit Warmwasser, nicht aber die Kosten der unmittelbaren Belieferung der einzelnen Wohnungen mit Fern-, Nah- oder Direktwärme aufgrund einer Vereinbarung mit jedem einzelnen Wohnungseigentümer oder die Kosten von Einrichtungen, die ausschließlich der Versorgung eines einzigen Wohnungseigentums dienen, wie z.B. Warmwasserboiler, Etagenheizung, Einzelöfen (LG Frankfurt NJW-RR 1989, 1166).

1. Pflicht zur verbrauchsabhängigen Abrechnung

Nach der Verordnung über die verbrauchsabhängige Abrechnung der Heiz- und Warmwasserkosten (HeizkVO) müssen die Heiz- und Warmwasserverbrauchskosten zwingend verbrauchsabhängig abgerechnet werden; ausgenommen hiervon sind Wohnungseigentumsanlagen mit zwei Eigentumswohnungen, § 2 HeizkVO in entsprechender Anwendung. Die HeizkVO gilt sowohl im Verhältnis der Wohnungseigentümergemeinschaft zu dem einzelnen Wohnungseigentümer als auch im Verhältnis der einzelnen Wohnungseigentümer zum Mieter, § 1 Abs. 2 Nr. 3 Heizk-VO, und geht gem. § 2 HeizkVO einer Vereinbarung oder einem Mehrheitsbeschluss über die Verteilung der Heiz- und Warmwasserkosten oder – bei Fehlen einer Vereinbarung – § 16 Abs. 2 WEG vor (BayObLG WuM 1996, 294f). Die Heizkostenverordnung regelt also als Kollisionsnorm den Fall, dass die zur Heizkostenabrechnung getroffene Vereinbarung nicht mit dem Verordnungsinhalt übereinstimmt.

Die Wohnungseigentümer müssen alle mit Heizwärme und Warmwasser versorgten Räume mit einer Ausstattung zur anteiligen Erfassung des Verbrauchs (→ Heizkosten- und Warmwasserzähler) versehen und spätestens ab der darauf folgenden Abrechnungsperiode Heiz- und Warmwasserkosten gem. § 6 HeizkVO verbrauchsabhängig abrechnen. Beheizen die Wohnungseigentümer die in ihrem Sondereigentum stehenden Räume selbst (s. o.), so tragen sie die entstehenden Kosten unmittelbar, § 1 Abs. 2 Nr. 2 i.V.m. § 6 HeizkVO.

Das in der Teilungserklärung bestimmte Abrechnungsjahr kann nur durch Vereinbarung geändert werden, z.B. dergestalt, dass die Abrechnungsperiode mit der Heizperiode übereinstimmt (a. A. noch BayObLG WE 1991, 295 f). Das Ablesedatum kann vom Ende des Abrechnungsjahres geringfügig abweichen (BayObLG NJW-RR 1988, 1164). Eine Zusammenfassung mehrerer Jahre in der Heizkostenabrechnung ist nur dann möglich, wenn die Gemeinschaftsordnung dies zulässt oder wenn wegen Fehlens von Zählerablesung und Verbrauchsmessung eine jahrweise Abrechnung nicht möglich ist (BayObLG NJW-RR 1992, 1431). Bei einem Nutzerwechsel/Mieterwechsel hat gem. § 9b HeizkVO der vermietende Wohnungseigentümer eine Zwischenablesung auf eigene Kosten vorzunehmen (s. u. 3b).

2. Begriff der Heiz- und Warmwasserkosten

Die verbrauchsabhängig abzurechnenden Heiz- und Warmwasserkosten sind in §§ 7 Abs. 2 und 8 Abs. 2 HeizkVO abschließend aufgezählt, nämlich die Kosten
* der verbrauchten Brennstoffe und ihrer Lieferung – dies ist die Differenz zwischen den Kosten des Anfangsbestandes und des

Zukaufs einerseits und den Kosten des Endbestandes andererseits –, auch die Kosten von Fernwärme, soweit diese der Wohnungseigentümerschaft und nicht aufgrund von Einzelverträgen den einzelnen Wohnungseigentümern in Rechnung gestellt werden (BGH DWW 1986, 147);
• des Betriebsstroms, der durch eigene Zähler zu ermitteln oder sachverständig auf der Grundlage der Anschlusswerte zu errechnen (LG Berlin GE 1984, 83), notfalls zu schätzen ist;
• der Überwachung und Pflege, die – soweit diese Aufgaben der Hausmeister erledigt – als gesonderter Bestandteil des Hausmeistergehalts ausgewiesen werden sollten, notfalls zu schätzen sind;
• der Wartung, die als regelmäßige Prüfung der Betriebsbereitschaft und Betriebssicherheit einschließlich der Einstellung durch einen Fachmann definiert wird, wobei aus den Kosten einer sog. Vollwartung die enthaltenen Kosten der Instandhaltung und Instandsetzung herauszurechnen sind (vgl. LG Berlin GE 1987, 827 für Aufzugsvollwartung);
• der Reinigung der Anlage und des Betriebsraumes einschließlich der Tankreinigung;
• der Messungen nach dem BImSchG;
• der Verwendung der Verbrauchserfassungsgeräte, z.B. der Miete hierfür oder die Kosten der Nacheichung einschließlich des Ein- und Ausbaus der nachzueichenden Geräte (AG Bremerhaven NJW-RR 1987, 659);
• der Abrechnung, insbesondere der Wärmedienstunternehmen für die Ablesung der Heiz- und Warmwasserverbrauchszähler einschließlich der Kosten von Zwischenablesungen, die auf alle Wohnungseigentümer zu verteilen sind (KG NJW 2002, 2798).

Alle anderen mit der Heizung in Zusammenhang stehenden Kosten, z.B. für Instandhaltung, Instandsetzung (BayObLG NJW-RR 1997, 715), Modernisierung und Erneuerung (BayObLG WE 1995, 378f) oder für die Anschaffung des nicht verbrauchten Heizölbestandes zum Ende der Abrechnungsperiode sind keine nach der HeizkVO abzurechnenden Betriebskosten, sondern, werden nach dem hierfür vereinbarten Verteilungsschlüssel, bei Fehlen einer Vereinbarung gem. § 16 Abs. 2 WEG nach Miteigentumsanteilen verteilt.

3. Verteilung der Heiz- und Warmwasserkosten

a) Verbrauchsabhängige Verteilung

Spätestens in der auf den Einbau von Heiz- und Warmwasserverbrauchszählern folgenden Abrechnungsperiode, § 12 Abs. 1 Nr. 4 S. 2 HeizkVO, müssen die Heiz- und Warmwasserkosten in der Weise verbrauchsabhängig abgerechnet werden, dass wenigstens 50 % und höchstens 70 % der Kosten des Betriebs einer zentralen Heiz- und Warmwasserversorgungsanlage nach dem gemessenen Verbrauch verteilt werden. Die Wohnungseigentümer können mehrheitlich beschließen, dass eine verbrauchsabhängige Abrechnung schon in dem Abrechnungszeitraum stattfindet, in dem die Ausstattung angebracht wird. Die übrigen Kosten sind verbrauchsunabhängig nach der Wohn- oder Nutzfläche oder nach dem umbauten Raum oder nach der beheizbaren Wohn- oder Nutzfläche, nicht aber nach anderen Schlüsseln, z.B. nach Miteigentumsanteilen zu verteilen. Zu empfehlen ist, auf die beheizbare Fläche abzustellen, da die Berücksichtigung von Balkon- und Terrassenflächen zu einer ungleichen, nicht sachgerechten Behandlung der Wohnungseigentümer führen kann. Der Verteilungsschlüssel nach der HeizkVO ist allerdings erst nach Einführung durch Vereinbarung oder Mehrheitsbeschluss anwendbar (BayObLG NZM 1999, 908).

Der Verwalter hat die verbrauchsabhängig abzurechnenden Kosten gesondert zu ermitteln, in der Gesamtabrechnung auszuweisen und in einer Heizkosteneinzelabrechnung nach dem anzuwendenden Verteilungsschlüssel umzulegen. Erforderlich ist eine zweckmäßige und übersichtliche Aufgliederung in Abrechnungsposten, die gedanklich und rechnerisch nachvollziehbar ist, wobei die Anforderungen an die Spezifizierung in Einzelpositionen nicht überspannt werden dürfen. Anzugeben ist der Gesamtverbrauch, ggf. bei Heizkostenverteiler die Gesamtzahl der in Strichen gemessenen Einheiten, und der Einzelverbrauch sowie die Daten, nach denen die verbrauchsunabhängig verteilten Kosten ermittelt werden, z.B. Gesamtfläche und Fläche der betreffenden Einheit (BGH DWW 1986, 147), schließlich der angewandte Verteilungsschlüssel und die sich hieraus ergebende Zahlungsverpflichtung unter Berücksichtigung geleisteter Vorauszahlungen.

In der Heizkostenabrechnung dürfen nur die in §§ 7 Abs. 2 und 8 Abs. 2 HeizkVO aufgezählten Kosten eingestellt werden. Wendet der Verwalter einen nicht der HeizkVO entsprechenden Verteilungsschlüssel an, so wird die Abrechnung anfechtbar, aber nicht nichtig (BayObLG WE 1989, 62).

b) Eigentümerwechsel

Wegen der Verpflichtung zur verbrauchsabhängigen Abrechnung von Heizungs- und Warmwasserkosten ist der Veräußerer als Eigentümer – nicht aber der Verwalter – gem. § 9b HeizkVO verpflichtet, zum Zeitpunkt der tatsächlichen Übergabe des Verkaufsobjekts an den Erwerber oder dessen neuen Mieter eine Zwischenablesung durchführen zu lassen; ist dies unterblieben, so werden gem. § 9b Abs. 3 HeizkVO die Kosten des Wärmeverbrauchs nach Gradtagszahlen und die Kosten des Warmwasserverbrauchs zeitanteilig aufgeteilt. Eine hierzu von der HeizkVO abweichende Vereinbarung ist gem. § 9b Abs. 4 HeizkVO zulässig und geht § 9b Abs. 1 bis 3 HeizkVO vor (Schmidt-Futterer/Lammel § 9b RN 33 ff). In der Jahresabrechnung müssen die durch den Nutzerwechsel in einzelnen Wohnungen anfallenden Mehrkosten angesichts der im Mietrecht umstrittenen Abrechnung von Zwischenablesekosten nicht vollständig auf die vom Nutzerwechsel betroffenen Eigentümer umgelegt, sondern können nach dem sonst für die Heizkosten geltenden Verteilungsschlüssel verteilt werden (KG NZM 2002, 720).

Eine Zwischenablesung ist nicht erforderlich, wenn es im Zusammenhang mit dem Eigentumsübergang nicht zu einem Wechsel in der Person des Nutzers des Verkaufsobjekts kommt, z.B. beim Verkauf einer vermieteten Eigentumswohnung. Der Verwalter kann – ohne hierzu verpflichtet zu sein – in die Einzelabrechnung die sich aus der Zwischenablesung ergebenden Ergebnisse durch getrennte Ausweisung der auf Veräußerer und Erwerber entfallenden Heizungskosten aufnehmen, um den Erwerber in die Lage zu versetzen, die gesetzlich vorgeschriebene Abrechnung mit dem Veräußerer durchzuführen; dies ändert nichts daran, dass der Erwerber gegenüber den Wohnungseigentümern alleiniger Schuldner der sich aus der Heizkostenabrechnung ergebenden Abrechnungsspitze (→ Haftung des Erwerbers) ist.

c) Beschlüsse der Wohnungseigentümer

Aufgrund des zwingenden Charakters der HeizkVO können die Wohnungseigentümer über die Verteilung der Heiz- und Warmwasserkosten nur beschränkt Beschluss fassen.

aa) Einführung eines mit der HeizkVO konformen Verteilungsschlüssels.

Jeder Wohnungseigentümer hat gegen die übrigen Wohnungseigentümer einen Anspruch auf Zustimmung zu Mehrheitsbeschlüssen, die zur Einführung eines mit der HeizkVO konformen Verteilungsschlüssels erforderlich sind (BayObLG NZM 2001, 296; 1999, 908; KG OLGZ 1992, 308). Obwohl ein solcher Mehrheitsbeschluss den Kostenverteilungsschlüssel ändert, ist er weder nichtig noch anfechtbar: Dem in §2 HeizkVO angeordneten Vorrang der HeizkVO kann nämlich nur Geltung verschafft werden, wenn die den Wohnungseigentümern eingeräumten Wahlrechte nach den allgemeinen Regeln der Willensbildung, also durch Mehrheitsbeschlüsse ausgeübt werden können (Staudinger/Bub § 16 RN 239).

Wenn die Wohnungseigentümer einem solchen Begehren nicht nachkommen, machen sie sich gegenüber dem Antragsteller schadensersatzpflichtig (BayObLG NZM 1999, 857). Als Schaden kommen Mindereinnahmen des Wohnungseigentümers in Frage, dessen Mieter die Heizkosten gem. §12 Abs.1 S.1 HeizkVO um 15% kürzt; wegen der Verpflichtung zur Schadensminderung gem. §254 Abs.2 BGB setzt dies aber voraus, dass der betreffende Wohnungseigentümer seinen Anspruch auf verbrauchsabhängige Abrechnung gerichtlich durchsetzt, woraus folgt, dass sich der Schadensersatzanspruch auf die Zeit beschränkt, die die Durchsetzung des Anspruchs erfordert. Unter denselben Voraussetzungen kann ein Wohnungseigentümer, der seine Wohnung selbst nutzt, 15% der Heizkosten als Schaden von den übrigen Wohnungseigentümern verlangen, da dieser Spareffekt wissenschaftlich erwiesen ist, was den Beweis einer höheren oder niedrigeren Einsparung nicht ausschließt (Staudinger/Bub §16 RN 239). Dem steht §12 Abs.1 S.2 HeizkVO, der ein gesetzliches Kürzungsrecht der Wohnungseigentümer im Falle einer verbrauchsabhängigen Abrechnung ausschließt, nicht entgegen; diese Regelung betrifft nur die einvernehmliche oder unangegriffene verbrauchsabhängige Abrechnung, beschränkt nicht aber Schadensersatzansprüche, die ihren Grund in der Verletzung von Pflichten aus dem Gemeinschaftsverhältnis haben.

Der Beschluss, eine nicht der HeizkVO entsprechende Abrechnungsart beizubehalten, ist anfechtbar, aber nicht nichtig (KG OLGZ 1988, 429), da die HeizkVO nur eine Kollisionsnorm, aber kein Verbotsgesetz i.S. des § 134 BGB ist. Der Verwalter hat auch einen solchen der HeizkVO widersprechenden Verteilungsschlüssel anzuwenden. Er ist nämlich zu einer Abrechnung nach der HeizkVO nur dann berechtigt und verpflichtet, wenn eine dementsprechende Vereinbarung zwischen den Wohnungseigentümern vorliegt oder mehrheitlich beschlossen wurde (BayObLG NJW-RR 1986, 1076); zuvor ist die HeizkVO zwar für die Wohnungseigentümer, nicht aber für den Verwalter verbindlich (BayObLG ZMR 1988, 349). Nichtig wegen fehlender Beschlusskompetenz der Wohnungseigentümer ist hingegen ein Mehrheitsbeschluss über die Einführung eines nicht mit der HeizkVO konformen Verteilungsschlüssels, weil die HeizkVO nur einen nach dieser zulässigen Schlüssel zu beschließen gestattet (OLG Hamm FGPrax 1995, 98f; BPM § 16 RN 128).

Bestimmt die Teilungserklärung eine verbrauchsabhängige Abrechnung von weniger als 50% der Heiz- und Warmwasserkosten, so ist dieser Anteil durch Mehrheitsbeschluss auf bis zu 70% zu erhöhen (BayObLG NJW-RR 1987, 1298; 1990, 1102f). Die Neueinführung einer verbrauchsabhängigen Abrechnung von mehr als 70% der Kosten bedarf der Vereinbarung (OLG Düsseldorf NJW 1986, 386). Ein hierauf gerichteter Beschluss ist ebenso nichtig wie ein Beschluss, der eine verbrauchsabhängige Verteilung von weniger als 50% der Kosten vorsieht. Eine verbrauchsabhängige Abrechnung von mehr als 70% ist insbesondere dann jedoch nicht zu empfehlen, wenn Eigentumswohnungen innerhalb der betreffenden Wohnanlage vermietet sind, da eine verbrauchsabhängige Umlegung von mehr als 70% der Heiz- und Warmwasserkosten auf den Mieter einer Vereinbarung mit diesem bedarf und eine Vereinbarung der Wohnungseigentümer für das Rechtsverhältnis zwischen dem einzelnen Wohnungseigentümer und seinem Mieter unverbindlich ist. Vermietende Wohnungseigentümer sollten die Regelungen über die Heiz- und Warmwasserkostenabrechnung in dem Mietvertrag auf den zwischen den Wohnungseigentümern geltenden Schlüssel abstimmen, um die Abrechnung des Verwalters verwerten zu können.

Sieht Gemeinschaftsordnung vor, dass mehr als 70 % verbrauchsabhängig verteilt werden, so bleibt dies gem. § 10 HeizkVO wirksam, und zwar auch dann, wenn der verbrauchsunabhängig abzurechnende Rest (weniger als 30 %) nach einem anderen als den in §§ 7 Abs. 1 S. 2 und 8 Abs. 1 S. 2 HeizkVO vorgesehenen Maßstäben, z.B. nach Miteigentumsanteilen zu verteilen ist. Eine Regelung, dass der verbrauchsabhängig abzurechnende Teil der Kosten nach einem anderen als dem in §§ 7 Abs. 1 S. 2 und 8 Abs. 1 HeizkVO genannten Maßstäben zu verteilen ist, ist durch Mehrheitsbeschluss gem. §§ 3 S. 2, 6 Abs. 4 S. 1 HeizkVO durch eine Regelung zu ersetzen, die der HeizkVO entspricht.

bb) Vorerfassung. Bei Mehrhauswohnanlagen und bei gemischt genutzten Wohnanlagen (teils zu Gewerbe-, teils zu Wohnzwecken) können die Wohnungseigentümer gem. § 5 Abs. 2 HeizkVO beschließen, den Verbrauch für die einzelnen Häuser bzw. Nutzergruppen getrennt vorzuerfassen und den so erfassten Verbrauch nur auf die betreffenden Wohnungs- bzw. Teileigentümer zu verteilen. Dies ändert aber nichts an dem Prinzip der einheitlichen Kostenabrechnung gem. §§ 6 Abs. 1, 7 Abs. 1 HeizkVO; nichtig ist z.B. eine Vereinbarung, nach der die mit einer Fußbodenheizung beheizten Wohnungen nur mit dem gemessenen Wärmeverbrauch unter Freistellung von weiteren Betriebskosten belastet werden und die übrigen Kosten teils verbrauchsabhängig, teils verbrauchsunabhängig auf die übrigen Wohnungseigentümer verteilt werden (KG WuM 1986, 30).

cc) Änderung des Heiz- und Warmwasserkostenverteilungsschlüssels. Entspricht der in der Teilungserklärung vereinbarte Verteilungsschlüssel den §§ 7 und 8 HeizkVO (verbrauchsabhängige Verteilung von 50–70 % der Kosten), so können die Wohnungseigentümer durch Mehrheitsbeschluss gem. §§ 3 S. 2, 6 Abs. 4 S. 2 Nr. 1 HeizkVO bis zum Ablauf des dritten Abrechnungszeitraums einen anderen, gleichfalls mit der HeizkVO konformen Schlüssel für die Zeit ab Beginn der nächsten Abrechnungsperiode, also nicht rückwirkend, wählen (KG OLGZ 1988, 429; OLG Zweibrücken ZMR 1986, 64). Dies gilt auch, wenn der vereinbarte, nicht der durch Mehrheitsbeschluss eingeführte Verteilungsschlüssel der HeizkVO entspricht. Nach Ablauf dieses Zeitraums kann der Schlüssel nur nach den allgemeinen Regeln über die Änderung des → Kostenverteilungsschlüssels, d.h. nur durch Vereinbarung, geändert werden (BayObLG NJW-RR 1990, 1102f).

Vor und unbefristet nach Ablauf des dritten Abrechnungszeitraums kann der Verteilungsschlüssel für die Zeit ab Beginn der dritten Abrechnungsperiode durch Mehrheitsbeschluss geändert werden, wenn bauliche Maßnahmen zur nachhaltigen Einsparung von Heizenergie durchgeführt, z.B. Thermostatventile oder isolierverglaste Fenster eingebaut wurden, §6 Abs.4 S.2 Nr.2 HeizkVO, Eigentumseinheiten aus der Wärmeversorgung herausgenommen wurden (OLG Hamburg WEZ 1987, 217) oder die Vorerfassung eingeführt wurde, §6 Abs.4 S.2 Nr.2 HeizkVO.

d) Ausfall von Verbrauchserfassungsgeräten

Fallen in weniger als 25% der für die verbrauchsabhängige Kostenverteilung maßgeblichen Größe – Wohn- oder Nutzfläche oder umbauter Raum – die Verbrauchserfassungsgeräte aus, etwa weil Heizkörperverkleidungen die Abrechnungsergebnisse verfälscht haben oder Verbrauchserfassungsgeräte fehlerhaft montiert sind (LG Hamburg WuM 1988, 64), oder ist eine Verbrauchserfassung unmöglich, z.B. weil ein Wohnungseigentümer während der Abrechnungsperiode den Heizkörper demontiert (BayObLG DWE 1985, 61) oder dauernd abgesperrt (BayObLG NJW-RR 1988, 1166) oder nicht zugänglich gemacht hat, so sind die hierauf entfallenden Kosten gem. §9a HeizkVO auf der Grundlage des Verbrauchs der betroffenen Räume in vergleichbaren früheren Abrechnungszeiträumen oder des Verbrauchs vergleichbarer Räume in demselben Abrechnungszeitraum zu schätzen. Ist in mehr als 25% der für die verbrauchsabhängige Kostenverteilung maßgeblichen Größe wegen Geräteausfalls oder aus anderen zwingenden Gründen, etwa weil eine Ablesung unterblieben ist, eine verbrauchsabhängige Abrechnung nicht möglich, so müssen die Heizkosten insgesamt gem. § 9a Abs. 2 HeizkVO nach der Wohn- und Nutzfläche oder nach dem umbauten Raum verteilt werden (BayObLG NZM 2001, 754; OLG Düsseldorf NZM 2000, 875). Auch diese Bestimmung geht einem vereinbarten Verteilungsschlüssel oder – bei Fehlen einer Vereinbarung – § 16 Abs. 2 WEG vor.

e) Fehlen von Verbrauchserfassungsgeräten

Werden Verbrauchserfassungsgeräte nicht eingebaut, so hat die im Verhältnis der Wohnungseigentümer untereinander erfolgende Abrechnung verbrauchsunabhängig nach dem vereinbarten Schlüssel oder § 16 Abs. 2 WEG zu erfolgen; ein anderer Abrechnungsmodus kann nicht beschlossen werden (OLG Köln NJW-RR 2002, 1308). Ein Recht zur Kürzung der Abrechnungsforderung besteht nicht, § 12 Abs. 2 Nr. 4 S. 2 HeizkVO (BayOLG NZM 2001, 296). Lediglich ein Mieter kann die Heizkostenforderung des vermietenden Wohnungseigentümers um 15 % kürzen. Will der vermietende Wohnungseigentümer diese Folge vermeiden, muss er seinen Anspruch auf Ausstattung mit Verbrauchserfassungsgeräten gegenüber den übrigen Wohnungseigentümer durchsetzen.

▶ Heizkosten- und Warmwasserzähler

Jeder Wohnungseigentümer kann von seinen Miteigentümern die Zustimmung zu einem Beschluss über die Anbringung und Auswahl von Heizkosten- und Warmwasserzählern, die als → Verbrauchserfassungsgeräte im gemeinschaftlichen Eigentum stehen (Schmidt-Futterer/Lammel § 3 HeizkVO RN 21), als Maßnahme der ordnungsmäßigen Verwaltung verlangen (BayObLG WE 1989, 62; KG OLGZ 1992, 308). Stimmt die Mehrheit der Wohnungseigentümer gegen diese Maßnahme, so kann die Zustimmung durch das Wohnungseigentumsgericht auf Antrag als Maßnahme ordnungsmäßiger Verwaltung i.S. von § 21 Abs. 4 WEG ersetzt werden.

1. Öffentlich-rechtliche Pflicht

Die HeizkVO verpflichtet sämtliche Wohnungseigentümer, alle mit Heizung und Warmwasser versorgten Räume – ausgenommen die im gemeinschaftlichen Eigentum stehenden Räume, soweit diese nicht aufgrund ihrer besonderen Nutzung, etwa als Schwimmbad oder Sauna, einen hohen Wärmeenergieverbrauch haben, § 4 Abs. 3 HeizkVO – mit Geräten zur Verbrauchserfassung auszustatten, die den Mindestanforderungen der DIN EN 834 und 835 entsprechen oder deren Eignung auf andere Weise nachgewiesen ist, § 5 Abs. 1 HeizkVO, um die tatsächlichen Voraussetzungen für eine verbrauchsorientierte Heiz- und Warmwasserkostenabrechnung zu schaffen. Heizkostenverteiler nach dem Verdunstungsprinzip sind zulässig, obwohl es genauere, aber auch aufwendigere Messmethoden gibt (BGH NJW 1986, 3195).

2. Mehrheitsbeschluss

Die Wohnungseigentümer können gem. § 3 S. 2 i. V. m. §§ 4 und 5 HeizkVO mehrheitlich beschließen, welche Verbrauchszähler anzubringen sind. Durch Mehrheitsbeschluss ist auch zu entscheiden, ob die Ausstattungen gekauft, gemietet oder geleast werden. Sind alle Wohnungen von den Wohnungseigentümern selbst genutzt, so genügt für die Mitteilung der Anmietungsabsicht eine entsprechende Ankündigung in der Tagesordnung; der Mehrheitsbeschluss verdrängt das Widerspruchsrecht gem. § 4 Abs. 2 S. 2 HeizkVO (Schmidt-Futterer/Lammel § 3 HeizkVO RN 20; Schmid GE 1984, 793). Sind eine oder mehrere Wohnungen vermietet, so ist gem. § 4 Abs. 2 S. 2 HeizkVO die Anmietungsabsicht allen Endnutzern – also auch den Mietern – mitzuteilen, da die Anmietung unterbleiben muss, wenn die Mehrheit der Nutzer widerspricht (Blank WE 1993, 127 f; a. A. Schmidt-Futterer/Lammel § 3 HeizkVO RN 29: Jeder einzelne Mieter kann mit der Wirkung widersprechen, dass die Anmietung unterbleiben muss). Im Beschluss sollte das Fabrikat konkret festgelegt werden. Die Installation sollte durch eine Fachfirma erfolgen, um eine einwandfreie Funktion der Zähler zu gewährleisten. Registriert ein Zähler auch eine Raumerwärmung durch andere Quellen (z.B. durch Wäschetrockner), so ist er untauglich für die Feststellung verwertbarer Ergebnisse (AG Köln WuM 1984, 87).

Der Beschluss betrifft eine Maßnahme der ordnungsmäßigen Instandhaltung und Instandsetzung i.S.d. § 21 Abs. 5 Nr. 2 WEG, nicht eine bauliche Veränderung i.S.d. § 22 Abs. 1 S. 1 WEG, da Ziel eines solchen Beschlusses die Herbeiführung des vom Verordnungsgeber geforderten Zustands ist (LG München I Betr. 1977, 2231). Ein solcher Beschluss greift auch nicht unzulässig in das Sondereigentum des einzelnen Wohnungseigentümers ein, da die Verteilung der Heiz- und Warmwasserkosten eine Aufgabe der gemeinschaftlichen Verwaltung ist.

Der Beschluss, Heizkosten- und Warmwasserzähler anzubringen, kann ausnahmsweise gegen die Grundsätze der ordnungsmäßigen Verwaltung verstoßen und anfechtbar sein, wenn seine Durchführung mit unverhältnismäßig hohen Kosten i.S.d. § 11 Abs. 1 Nr. 1a HeizkVO verbunden ist. Die Unzumutbarkeit ist durch einen Vergleich der Kosten für die Installation, einschließlich der Folgekosten für Unterhalt der Verbrauchserfassungsgeräte sowie für das Ablesen und die Abrechnung mit den voraussichtlichen Einsparungen von Wärmeenergiekosten, die sich über zehn Jahre hinweg voraussichtlich erzielen lassen, festzustellen. Unverhältnismäßig sind die Kosten des Einbaus i.d.R., wenn sie in einem Zeitraum von 3 Jahren 15 % der in dieser Zeit anfallenden Heiz- und Warmwasserkosten übersteigen (BGH NZM 2003, 952, 955 z. Kaltwasserzählern; NJW-RR 1991, 647; BayObLG NJW-RR 1994, 145f; KG NJW-RR 1993, 468; OLG Köln NZM 1998, 919). Ist der Einbau unverhältnismäßig, kann auf ihn durch Mehrheitsbeschluss verzichtet werden (OLG Düsseldorf DWE 1989, 29). Dies wird i.d.R. bei Fußboden- oder Deckenheizungen der Fall sein. Wird die verbrauchsabhängige Abrechnung trotz unverhältnismäßig hoher Kosten beschlossen, ist der Beschluss anfechtbar (OLG Hamm DWE 1987, 25).

3. Duldungspflicht und Kosten

Jeder Wohnungseigentümer ist aufgrund eines Beschlusses, Verbrauchserfassungsgeräte einzubauen, gem. § 14 Abs. 3 WEG i.V.m. § 4 Abs. 2 HeizkVO verpflichtet, den Einbau sowie die Ablesung zu dulden. Nach der HeizanlagenVO, die den Einbau von → Thermostatventilen vorschreibt, ist auch die regelmäßige Prüfung des Funktionierens der Thermostatventile zu dulden (BayObLG WE

1988, 70; Schmidt-Futterer/Lammel § 3 HeizkVO RN 21). Da die verbrauchsabhängige Kostenverteilung ein Betreten der Wohnungen voraussetzt, haben die Wohnungseigentümer auch diese zum Zweck des Anbringens, Auswechselns, Prüfens und insbesondere des Ablesens der Messgeräte zu dulden, ohne dass hierdurch Grundrechte verletzt würden (BVerfG WuM 1986, 267). Die Termine sind rechtzeitig anzukündigen; eine Ankündigungsfrist von 10 bis 14 Tagen, die die Arbeitsgemeinschaft Heizkostenverteilung eV in den „Richtlinien zur Durchführung der verbrauchsabhängigen Abrechnung" empfiehlt, reicht aus. Wird der Zutritt gleichwohl nicht geduldet, kann er im Verfahren für Wohnungseigentumssachen durch →einstweilige Anordnung gem. § 44 Abs. 3 WEG erzwungen werden (LG Köln DWW 1985, 233). Verletzt ein Wohnungseigentümer schuldhaft seine Duldungspflicht, so hat er den hierauf beruhenden Schaden zu ersetzen (BayObLG WE 1989, 60).

Die Kosten der Anbringung der Verbrauchszähler sind gem. § 3 S. 3 HeizkVO wie die sonstigen Kosten der Instandhaltung und Instandsetzung zwischen den Wohnungseigentümern zu verteilen (OLG Hamm ZWE 2001, 393); sieht die Vereinbarung für die verschiedenen Arten von Verwaltungskosten unterschiedliche Verteilungsschlüssel vor, so ist der für Instandhaltungs- und Instandsetzungskosten maßgebliche anzuwenden (Schmidt-Futterer/Lammel § 3 RN 25; Demmer MDR 1981, 533). Diese Grundsätze gelten in analoger Anwendung der §§ 2, 3 S. 3 HeizkVO auch für die Kosten der Reparatur von Verbrauchserfassungsgeräten. Vermietende Wohnungseigentümer können die Miete um 11 % dieser Kosten gem. § 559 BGB erhöhen, wenn die Erhöhung nicht durch Mietvertrag ausgeschlossen ist.

Wird eine Änderung der Verbrauchserfassung, z.B. der Einbau eines Wärmemengenzählers erforderlich, weil ein Wohnungseigentümer eigenständig die Heizungsanlage verändert hat, z.B. durch Einbau einer Fußbodenheizung, so hat er die hierfür anfallenden Kosten nach dem Gedanken von § 16 Abs. 3 WEG allein zu tragen (OLG Karlsruhe WuM 1987, 97; Schmidt-Futterer/Lammel § 3 HeizkVO RN 26).

Heizungsanlage, Heizungsraum

1. Eigentum

Eine Heizungsanlage, die nur der Versorgung einer Eigentumswohnanlage, auch einer Mehrhausanlage dient, ist zwingend gem. §5 Abs. 2 WEG gemeinschaftliches Eigentum (BGHZ 109, 179). Dies gilt auch, wenn sie bestimmungsgemäß nur von einem Miteigentümer betrieben wird und nur mit Wärme, nicht auch mit Warmwasser versorgt (BayObLG Rpfleger 1980, 230). Versorgt eine Heizungsanlage nach Art einer Fernheizung jedoch auch andere außerhalb der Eigentumsanlage befindliche Gebäude, kann sie Gegenstand des Sondereigentums sein, da sie nicht nur dem gemeinschaftlichen Gebrauch der Wohnungseigentümer dient (BGH NJW 1991, 2909). Gleiches gilt, falls die Heizungsanlage nur die Räume eines weiteren Wohnungseigentümers mit Wärme versorgt (BayObLG ZWE 2000, 213).

Die Heizungsabsperrventile gehören zum gemeinschaftlichen Eigentum, wenn sie zum ordnungsgemäßen Funktionieren der Heizungsanlage erforderlich sind (BayObLG WE 1988, 70). Gegenstand des Sondereigentums sind Heizrohre ab dem Eintritt in die Sondereigentumsräume, soweit sie allein diesem Sondereigentum dienen, sowie Heizkörper innerhalb der Sondereigentumsräume (BayObLG DWE 1986, 107; OLG Hamburg ZMR 1999, 502), soweit nicht für die Funktion der Heizungsanlage erforderlich.

Sofern die Heizungsanlage gemeinschaftliches Eigentum ist, ist auch der Raum, in welchem sich die Anlage befindet, z.B. der Kessel- und Tankraum (KG ZMR 1989, 201), zwingend gemeinschaftliches Eigentum, es sei denn, der Raum dient nicht ausschließlich als Heizungsraum (BayObLG MDR 1992, 772). Gleiches gilt für den Zugang zum Heizungsraum, der nicht im Sondereigentum stehen kann (OLG Düsseldorf NZM 1999, 772). Aus dem gemeinschaftlichen Eigentum folgt jedoch nicht zwingend ein Recht jedes Wohnungseigentümers, den Heizungsraum jederzeit zu betreten (→ Zutritt zu gemeinschaftlichen Anlagen).

2. Instandhaltung und Instandsetzung/bauliche Veränderung

Die Umstellung der Heizungsanlage auf ein moderneres Heizsystem (KG OLGZ 1987, 262, 264), z.B. von Kohle auf Heizöl oder von Öl auf eine Anlage, die wahlweise mit Öl oder Erdgas betrieben werden kann (BayObLGZ 1988, 271, 273) oder von Öl auf Gas (BayObLG WuM 1994, 504f; ZWE 2002, 315) oder von einer reparaturanfälligen Wärmepumpenanlage auf eine Gasheizung (KG NJW-RR 1994, 1358f), aber auch die Neuherstellung einer Zentralheizungsanlage ist eine Maßnahme ordnungsmäßiger Verwaltung gem. § 21 Abs. 5 Nr. 2 WEG, die mehrheitlich beschlossen werden kann (→ modernisierende Instandsetzung). Gleiches gilt für sonstige heiztechnische Verbesserung wie die Installation von Wärmeabgastauschern oder von dichtschließenden Rauchklappen in eine Zentralheizungsanlage (KG OLGZ 1987, 262, 264) oder die Umstellung von einer Handregelung auf Automatik (OLG Hamm OLGZ 1982, 260). Der Umbau einer Heizungsanlage auf Fernwärme ist hingegen eine bauliche Veränderung, die der Zustimmung aller Wohnungseigentümer bedarf (→ Fernwärme, Nah- oder Direktwärme).

Ist die Heizungsanlage erneuerungsbedürftig, so muss mit der Umstellung nicht bis zu deren völligem Ausfall gewartet werden. Voraussetzung einer Umstellung ist allerdings, dass die vorgesehene neue Anlage technisch bewährt und erprobt ist, eine Kosten-Nutzen-Analyse ist allerdings nicht erforderlich. Einzubeziehen sind auch Umweltschutzgesichtspunkte (BayObLG 1994, 279; KG NJW-RR 1994, 1358).

Die Umstellung der Wärmeversorgung von Nachtspeicherstrom auf Gas bedarf der Zustimmung sämtlicher Wohnungseigentümer, da die Nachtromspeicherheizungen in den einzelnen Wohnungen im Sondereigentum der jeweiligen Wohnungseigentümer stehen. Die Installation einer gemeinschaftlichen Heizungsanlage ist deshalb eine bauliche Veränderung (OLG Hamm NJW-RR 1995, 909f).

Gehen von einer Heizungsanlage Betriebsgeräusche aus, die die zulässigen Werte nach DIN 4109 und den VDI-Richtlinien überschreiten, so haben die beeinträchtigten Wohnungseigentümer gegen ihre Miteigentümer Anspruch auf Herstellung eines ordnungsgemäßen Zustandes (BayObLG DWE 1984, 89). Ein Beschluss, der bei der Reparatur einer Heizungsanlage unfachmännische Experimente zulässt, verstößt gegen die Grundsätze ordnungsmäßiger Verwaltung und ist deshalb anfechtbar (KG WE 1987, 58).

3. Nutzungsregelung

Ein Beschluss, der die Demontage von Heizkörpern verbietet (BayObLG DWE 1985, 107) oder die Überprüfung, Neueinstellung und Verplombung von Absperrventilen regelt (BayObLG WE 1988, 70), entspricht als Gebrauchsregelung i.S. des § 15 Abs. 2 WEG ordnungsmäßiger Verwaltung und ist nicht anfechtbar; auch ohne einen solchen Beschluss stellt die Demontage von Heizkörpern einen unzulässigen Eingriff in die gemeinschaftliche Heizungsanlage dar.

▶ Heizungsbetrieb

Der Betrieb der Heizungsanlage kann von den Wohnungseigentümern, sofern keine Vereinbarung entgegensteht, grds. zeit- und temperaturabhängig gem. § 15 Abs. 2 WEG durch Mehrheitsbeschluss geregelt werden, wobei tagsüber eine Temperatur zwischen 19 Grad und 22 Grad, nachts eine Temperatur von mindestens 17 Grad erreicht werden sollte (OLG Celle v. 29.12.1989, 2 U 200/88: mindestens 20 Grad zwischen 7.00 und 22.00 Uhr; LG Hamburg v. 12.6.1987, 11 S. 341/86: zwischen 20 Grad und 21 Grad zwischen 9.00 und 22.00 Uhr).

Eine Beheizung hat auch während der Sommermonate zu erfolgen, sofern dies erforderlich ist. Eine vollständige Abschaltung der Heizungsanlage widerspricht ordnungsmäßiger Verwaltung (LG Würzburg v. 4.8.1983, 3 T 2104/82 z. Abschaltung zwischen dem 30.4. und 1.10. eines jeden Jahres). Der Verwalter ist zur eigenmächtigen Abschaltung nicht befugt (BayObLG WuM 1993, 291).

Die Wohnungseigentümer können eine bestimmte Herabsetzung der Heizungsvorlauftemperatur während der Nachtzeit (Nachtabsenkung), durch die ein ordnungsmäßiger Gebrauch möglich bleibt, beschließen, wenn Zeitpunkt, Dauer und Temperatur hinreichend bestimmt sind und die Umstände des Einzelfalls, z.B. die Möglichkeit der individuellen Temperaturregelung durch → Thermostatventile beachtet werden (BayObLG DWE 1984, 122). Dagegen kann die Nachtabschaltung von Zirkulationspumpen nicht im Rahmen der → Hausordnung beschlossen werden, wenn einerseits Energie und Kosten nicht nennenswert eingespart werden und andererseits zur Nachtzeit nicht sofort Warmwasser zur Verfügung steht (AG Kiel DWE 1990, 25).

▶ **Heizungsraum** → Heizungsanlage, Heizungsraum

▶ **Herausgabe von Verwaltungsunterlagen**

Der Verwalter ist gem. § 667 BGB verpflichtet, alles, was er zur Ausführung der Verwaltertätigkeit erhalten und durch sie – nicht nur bei Gelegenheit dieser Tätigkeit (BayObLGZ 1969, 209, 214) – erlangt hat, an die Wohnungseigentümer herauszugeben (BGH ZfIR 1997, 284, 287; BayObLG NZM 2003, 243; 2001, 1142; OLG Düsseldorf NZM 2001, 546f; Sauren WE 1989, 4, 7ff). Diese Pflicht besteht aufgrund des Verwaltervertrages bereits während dessen Laufzeit, z.B. in Bezug auf Provisionen für den Abschluss von Versicherungsverträgen oder von sonstigen Verträgen mit der Wohnungseigentümergemeinschaft.

1. Beendigung des Verwaltervertrages

Relevant wird die Herausgabepflicht in der Praxis erst mit Beendigung des → Verwaltervertrages, da dann alle Verwaltungsunterlagen und Belege, insbesondere die Verwaltervollmacht, an die Wohnungseigentümer zu Händen des neuen Verwalters herauszugeben sind, auch wenn der Verwalter sie von seinem Vorgänger erhalten hat (BayObLG WuM 1994, 44; WE 1997, 117; OLG Frankfurt ZMR 1994, 376). Vor Beendigung des Verwalteramtes besteht – vorbehaltlich einer anderen Regelung im Verwaltervertrag – grds. keine Herausgabepflicht. Etwas anderes gilt nur bei der Besorgnis, der Verwalter könne bei der weiteren Verwaltertätigkeit seinen eigenen Interessen gegenüber den Interessen der Wohnungseigentümer den Vorrang einräumen (vgl. BGH WM 1978, 115; Sauren WE 1989, 4, 8).

2. Herauszugebende Unterlagen

Herauszugeben sind insbesondere:
- Namens- und Anschriftenliste der Wohnungseigentümer (BayObLG MDR 1984, 850; OLG Frankfurt DWE 1984, 126);

- Teilungserklärung mit Gemeinschaftsordnung und Aufteilungsplänen;
- Verträge, die mit der Wohnungseigentümergemeinschaft geschlossen sind, wie Versicherungsverträge mit zugehörigen Versicherungspolicen, Wartungsverträge, Hausmeistervertrag, Wärmelieferungsverträge (AG Köln DWE 1980, 23);
- sämtliche Buchhaltungsunterlagen mit den geführten Konten, Buchungsbelegen und Bankauszügen (a.A. OLG Celle DWE 1984, 126, das bezüglich der Abrechnungsunterlagen lediglich einen Anspruch auf Fotokopien gegen Kostenerstattung bejaht);
- Jahresgesamt- und -einzelabrechnungen, Wirtschaftspläne;
- Versammlungsprotokolle mit Einberufungsschreiben und Anwesenheitslisten;
- die gesamte Korrespondenz mit Dritten und den Wohnungseigentümern;
- Schließplan, Sicherungsschein, Generalschlüssel (BayObLG ZMR 1985, 306 für den Generalschlüssel einer Zentralschließanlage, an der weitere Wohnungseigentumsanlagen angeschlossen sind; zweifelnd Korff DWE 1985, 119);
- Betriebsanleitungen;
- Räume, die ihm zur Durchführung der Verwalteraufgaben überlassen worden waren (BayObLG WE 1988, 143).

Der Verwalter hat, auch wenn er diese für sich und auf eigene Kosten angeschafft hat (BayObLGZ 1969, 209, 214; WuM 1996, 661; OLG Hamm NJW-RR 1988, 268f), i.d.R. die Originalbelege, -rechnungen und -unterlagen herauszugeben, da er diese i.S. von § 667 BGB „erlangt hat" und der neue Verwalter für die kontinuierliche Fortsetzung der Verwaltertätigkeit auf diese angewiesen ist.

Die Herausgabepflicht erstreckt sich auch auf alle gemeinschaftlichen Gelder, soweit diese nicht ohnehin auf Konten der Wohnungseigentümer geführt werden, also insbesondere wenn diese auf Treuhandkonten geführt werden (BGH ZfIR 1997, 284, 287; BayObLG NZM 2001, 1142), einschließlich der Sparbücher und Wertpapiere. Aufgrund eines Schlusses a maiori ad minus haben die Wohnungseigentümer auch einen Anspruch auf Einsicht in die Verwaltungsunterlagen gegen den ausgeschiedenen Verwalter (BayObLG WE 1997, 117).

Der ausgeschiedene „Bauträger-Verwalter" muss darüber hinaus auch die Bauunterlagen herausgeben, die er als Bauträger in Besitz hat, soweit sie die Errichtung der Wohnanlage betreffen und für Gewährleistungs- und sonstige Ansprüche gegenüber den am Bau Beteiligten von Bedeutung sind (BayObLG NZM 2001, 469; OLG Hamm NJW-RR 1988, 268f). Unerheblich ist dabei, ob er die Unterlagen in seiner Stellung als Verwalter oder als Bauträger besessen hat oder ob sich die Unterlagen noch in seinem Besitz befinden, da den Wohnungseigentümern im letztgenannten Fall als Nebenpflicht aus dem Kaufvertrag gem. § 433 Abs. 1 BGB und aufgrund des Verwaltervertrages gem. §§ 666, 259, 260 BGB ein Verschaffungsanspruch zusteht (OLG Hamm NJW-RR 1988, 268f; OLG Köln BauR 1980, 283f; Soergel/Stürner § 28 RN 10). Z. Leistungsort → Einsichtsrecht.

3. Zurückbehaltungsrecht, Einsichtsrecht

Ein Zurückbehaltungsrecht gem. § 273 BGB kann der bisherige Verwalter auch nach Treu und Glauben nicht geltend machen, insbesondere wenn die Klärung der Gegenansprüche zeitraubend und schwierig erscheint (OLG Frankfurt ZMR 1994, 376). Dem ausgeschiedenen Verwalter steht jedoch an den an den Nachfolger herausgegebenen Unterlagen ein Einsichtsrecht bzw. ein Recht auf Fertigung von Kopien zu, soweit dies, z.B. zur Rechtsverteidigung oder zur Erfüllung von Rechnungslegungspflichten, erforderlich ist, wodurch seinen Interessen ausreichend Rechnung getragen wird (BayObLG WE 1993, 288; BPM § 27 RN 98).

4. Gerichtliche Durchsetzung des Herausgabeanspruchs

Die herauszugebenden Verwaltungsunterlagen müssen im gerichtlichen Verfahren nicht im Einzelnen bezeichnet werden, da ein Vollstreckungstitel gem. § 888 ZPO vollstreckt wird (BayObLGZ 1975, 327, 329; OLG Hamburg OLGZ 1987, 188); eine Konkretisierung ist nur erforderlich, wenn nicht die Herausgabe aller Verwaltungsunterlagen, sondern nur „aller zur Verwaltung erforderlichen Unterlagen" verlangt wird. Die gerichtliche Geltendmachung setzt deshalb nicht voraus, dass ein Auskunftsanspruch gegen den Verwalter geltend gemacht und durchgesetzt wird; bestehen aber begründete Zweifel an der Vollständigkeit der erzwungenen Herausgabe, so kommt eine → eidesstattliche Versicherung gem. §§ 260 Abs. 2 BGB, 889 ZPO in Betracht (BayObLGZ 1975, 327, 329).

Ist der neue Verwalter von den Wohnungseigentümern hierzu ermächtigt, so kann er wegen seines rechtlichen Interesses an der Erlangung der Unterlagen den Herausgabeanspruch im eigenen Namen gegen den ausgeschiedenen Verwalter geltend machen (BayObLGZ 1975, 327 ff). Eine solche Ermächtigung kann auch stillschweigend erfolgen (BayObLG NZM 2003, 243).

Da der neue Verwalter sofort nach Beendigung des Vertrages mit dem bisherigen Verwalter seine Tätigkeit fortsetzen muss, kann das Gericht gem. § 44 Abs. 3 WEG den bisherigen Verwalter durch eine → einstweilige Anordnung dazu zwingen, wenigstens die Verwaltungsunterlagen herauszugeben, die zur Fortsetzung der Verwaltertätigkeit unbedingt erforderlich sind, und im Übrigen ein Einsichtsrecht zu gewähren. Eine Verurteilung zur Herausgabe sämtlicher Verwaltungsunterlagen im Wege der einstweiligen Anordnung ist nicht möglich, weil dies die Hauptsacheentscheidung in vollem Umfang vorwegnimmt.

Ein Antrag auf Rückzahlung gemeinschaftlicher Gelder setzt nicht voraus, dass zunächst der Rechnungslegungsanspruch geltend gemacht wird. Der in Anspruch genommene Verwalter muss darlegen und beweisen, die Gelder zur Erfüllung von Verwaltungsschulden verbraucht zu haben (BGH ZfIR 1997, 284, 288; BayObLG NZM 2001, 1142; 1999, 1148). Kann er dies nicht, geht dies zu seinen Lasten. Die Höhe des Anspruchs kann derart ermittelt werden, dass ausgehend von einem Guthaben im Zeitpunkt der letzten Abrechnung, für die Entlastung erteilt wurde, im anschließenden Zeitraum bis zum Ausscheiden eine Einnahmen-/Ausgabenabrechnung anhand von Kontenunterlagen oder sonstigen Belegen durchgeführt wird (BayObLG NZM 2001, 1142).

▶ **Herstellungskosten** → Einkommensteuer

▶ **Hilfspersonen des Verwalters**

Den Verwalter trifft grds. die Pflicht, seine Dienste höchstpersönlich zu erbringen; die Verwalterstellung ist an die Person des

Verwalters gebunden (→ Verwalter). Eine Übertragung der Verwaltertätigkeit auf einen Dritten liegt aber nicht vor, wenn der Verwalter Mitarbeiter einsetzt, die zugleich für ein mit ihm verflochtenes anderes Unternehmen tätig sind (BayObLG WE 1990, 68f). Im Übrigen darf sich der Verwalter bei seiner Tätigkeit, z.B. bei der Leitung einer Eigentümerversammlung (BayObLG ZWE 2001, 490f), sog. Erfüllungsgehilfen bedienen (BayObLGZ 1990, 173, 177; KG NZM 2001, 297; OLG Düsseldorf WE 1996, 72; OLG Hamm WE 1997, 24f), die in seine Unternehmensorganisation eingebunden sind, in Ausnahmefällen auch Dritter, die der Verwalter mit Einzelaufgaben betraut. I.d.R. kann der Verwalter aber weder die sog. Managementaufgaben noch solche Aufgaben, die nur aufgrund besonderen Vertrauens übertragen werden, z.B. die Verfügung über die gemeinschaftlichen Gelder, delegieren. Entscheidend ist, dass die Verantwortung beim bestellten Verwalter bleibt und er die für die Verwaltung maßgeblichen Entscheidungen trifft.

Der Verwalter hat im Verhältnis zu den Wohnungseigentümern für ein Verschulden seiner Erfüllungsgehilfen, deren er sich zur Ausübung seiner Verwaltertätigkeit bedient, gem. §278 BGB wie für eigenes Verschulden einzustehen, so dass aus deren Tätigkeit ein wichtiger Grund zu seiner Abberufung abgeleitet werden kann (KG WE 1994, 50). Von ihm zur Durchführung von Instandhaltungsarbeiten beauftragte Dritte sind nicht Erfüllungsgehilfen des Verwalters (→ Haftung des Verwalters).

▶ **Hinweisschilder** → Schilder; → Werbe- und Reklameeinrichtungen

▶ **Hobbyraum**

Die Bezeichnung von Räumen in der Teilungserklärung als „Hobbyraum" steht einer halbtägigen Nutzung der Räume mit Ausnahme der Wochenenden als Betreuungsstätte für Kleinkinder nicht entgegen, weil dadurch die übrigen Wohnungseigentümer nicht mehr gestört oder beeinträchtigt werden als bei der Nutzung als Hobbyraum (BayObLG NJW-RR 1991, 140). Der Ausbau zu

Wohnzwecken ist jedoch unzulässig (BayObLG WuM 1999, 178; OLG Köln WuM 1986, 285).

Gehört ein „Hobbyspeicher" zu einer Wohnung und wird er mit Zustimmung der übrigen Wohnungseigentümer zu einer Wohnung ausgebaut, so stört die jeweils getrennte Wohnnutzung mehr als eine Nutzung des Hobbyspeichers als ein Raum einer größeren Wohnung. Etwas anderes gilt aber, wenn sich die Wohnung in einem Fremdenverkehrsgebiet befindet und die Gemeinschaftsordnung ausdrücklich eine Vermietung an Feriengäste mit wechselnder Belegung gestattet (BayObLG ZWE 2001, 27).

▶ Hofflächen

Höfe sind als unbebaute Grundstücksflächen zwingend gemeinschaftliches Eigentum. Zulässig ist jedoch die Einräumung von → Sondernutzungsrechten an Hofflächen.

Das erstmalige Anlagen einer plattierten Hoffläche entsprechend den Bauplänen entspricht ordnungsmäßiger Verwaltung (OLG Düsseldorf NZM 2000, 390).

Hofflächen, die als Feuerwehranfahrtszone festgelegt sind, können nicht als Kfz-Abstellplätze genutzt werden, weil dies gegen zwingende öffentlich-rechtliche Vorschriften verstößt (BayObLG WE 1988, 200). Dahin gehende Vereinbarungen oder Beschlüsse sind nichtig. Ein Eigentümerbeschluss, der das Abstellen von Pkw in einem teilweise asphaltierten Hof einer Wohnanlage gestattet, kann ordnungsmäßiger Verwaltung entsprechen (BayObLG NJW 1998, 239). Sieht die Teilungserklärung die Nutzung eines Teileigentums als Sauna vor, entspricht ein Eigentümerbeschluss, der die Nutzung der im Hof vorhandenen Stellplätze durch Saunabesucher untersagt, nicht ordnungsmäßiger Verwaltung, soweit zu jeder Wohnung eine Garage gehört und weitere Stellplätze im Freien vorhanden sind (BayObLG NZM 1999, 1145). Ist einem Teileigentümer nach der Teilungserklärung die gewerbliche Nutzung seiner Räume gestattet, beinhaltet dies auch das Recht, die Hoffläche an Werktagen zu den üblichen Geschäftszeiten zu nutzen (OLG Düsseldorf NZM 2000, 1008).

Hypothek

- **Hotel** → Ferienwohnung
- **Humusschicht** → Dachterrasse
- **Hypothek** → Grundpfandrecht

I

▸ Imbissstube

Die Nutzung eines „Ladens" als Imbissstube ist unzulässig und begründet einen Unterlassungsanspruch der übrigen Wohnungseigentümer (BayObLG NZM 2000, 288; OLG Köln NZM 2000, 390 [L]).

▸ Immissionen

Als Nachteil im Zusammenhang mit baulichen Veränderungen kommen lästige Immissionen in Betracht. Hierbei ist grds. auf die in technischen Regelwerken – z.B. DIN-Normen – enthaltenen Anforderungen abzustellen; eine unmittelbare Bindungswirkung entfalten diese aber nicht (BayObLG WuM 1993, 287f; BPM § 22 RN 133). Für die Frage des Bestehens einer Duldungspflicht ist es i.d.R. maßgeblich, ob die bauliche Veränderung anhaltende – nicht nur auf die Dauer der Ausführung der Maßnahme beschränkte – Beeinträchtigungen verursacht und ob diese im Vergleich zu bisherigen Störungen einen zusätzlichen, vermeidbaren Nachteil darstellen (BayObLGZ 1990, 120, 124; OLG Frankfurt OLGZ 1980, 78; Bielefeld Anm. 13.3.2.4).

Neben Beeinträchtigungen durch Gerüche (→ Geruchsbelästigungen), → Lärm und → Schmutz können auch nach allgemeinem Nachbarrecht nicht abwehrbare Maßnahmen, die natürliche Vorteile und Zuführungen beeinträchtigen – wie z.B. den Lichteinfall (BayObLG DWE 1984, 27; KG OLGZ 1987, 410; OLG Köln WE 1997, 230f; a.A. OLG Düsseldorf ZMR 1994, 376, 378), den Ausblick (OLG Köln WE 1997, 230f) oder den Rundfunk- und Fernsehempfang (BGHZ 88, 344) – durch bauliche Veränderungen, insbesondere durch Anpflanzen von Bäumen, eine nicht ganz unerhebliche und vermeidbare Beeinträchtigung i.S.v. § 22 Abs. 1 S. 2 WEG darstellen (BPM § 22 RN 153: „negative Immissionen").

▶ Immissionsschutzbestimmungen

Immissionsschutzbestimmungen können in der Hausordnung festgelegt werden, wobei wegen der abschließenden Regelung des § 906 BGB (vgl. BGHZ 111, 63), der analog auf das Verhältnis der Wohnungseigentümer untereinander anzuwenden ist, unter dem Gesichtspunkt des Gemeinschaftsverhältnisses und dem hierauf beruhenden Rücksichtnahmegebot nur ausnahmsweise strengere als die gesetzlich geregelten Pflichten begründet werden dürfen. Zulässig sind Verbote, durch Gerüche (BayObLG WuM 1988, 182f für Benzingerüche durch in den Keller verbrachte Motorräder; vgl. OLG München NJW-RR 1991, 17 zu Katzen; → Geruchsbelästigungen), Rauch (→ Grillen), → Lärm (OLG Düsseldorf MDR 1968, 496 und OLG Karlsruhe NJW-RR 1991, 1491 z. Wasserrauschen im Bad/WC; LG Frankfurt NJW-RR 1990, 27 z. Gartenfest) oder grelle Strahlungen (OLG Hamburg MDR 1972, 1034 für eine Lichtreklame) die anderen Wohnungseigentümer mehr als unwesentlich zu beeinträchtigen, wobei die in Gesetzen, Rechtsverordnungen und nach § 48 BImSchG erlassenen Verwaltungsvorschriften festgelegten Grenz- und Richtwerte regelmäßig maßgeblich sind, § 906 Abs. 1 S. 2 und 3 BGB.

▶ Innenanstrich

Der Innenanstrich der Sondereigentumsräume wie auch der Innenanstrich von Fenstern und Wohnungseingangstüren gehört zum Sondereigentum.

▶ Insolvenz des Bauträgers

Ist der Bauträger zahlungsunfähig, § 17 InsO, oder überschuldet, § 19 InsO, oder droht die Überschuldung, § 18 InsO, ist über sein Vermögen auf Antrag eines Gläubigers oder Eigenantrag durch Anordnung des Gerichts das Insolvenzverfahren zu eröffnen, § 27 InsO. Schon vor der Eröffnung kann es Sicherungsmaßnahmen anordnen, z.B. dem Bauträger ein allgemeines Verfügungsverbot auferlegen oder anordnen, dass Verfügungen nur mit Zustimmung des vorläufigen Insolvenzverwalters wirksam sind, § 21 InsO.

1. Wirkungen der Insolvenzeröffnung

Durch die Eröffnung des Insolvenzverfahrens geht die Verfügungsbefugnis über die Insolvenzmasse auf den Insolvenzverwalter über, § 80 InsO. Zur Insolvenzmasse gehört das Vermögen, das im Moment der Insolvenzeröffnung Eigentum des Bauträgers ist, § 35 InsO, also auch Eigentumswohnungen, über die zu diesem Zeitpunkt schon Kaufverträge abgeschlossen, die den Erwerbern aber noch nicht übereignet worden waren. Die gegenseitigen Erfüllungsansprüche erlöschen. Die Leistungspflichten werden neu begründet, wenn der Insolvenzverwalter gem. § 103 Abs. 1 InsO die Erfüllung des Vertrages aus der Masse wählt (BGHZ 106, 236). In diesem Fall ist auch der Erwerber zur Erbringung der Gegenleistung verpflichtet, die aufgrund der Neubegründung der Leistungspflichten durch die Wahl des Insolvenzverwalters der Masse auch dann gebührt, wenn der Anspruch auf den Kaufpreis vom Bauträger vor Eröffnung des Insolvenzverfahrens an einen Dritten, z.B. die das Bauvorhaben finanzierende Bank, abgetreten wurde (BGHZ 106, 236).

2. Auflassungsvormerkung

Der Erwerber einer Eigentumswohnung kann sich vor dem Rechtsverlust durch Eröffnung des Insolvenzverfahrens durch eine Auflassungsvormerkung gem. § 883 BGB absichern (→ Vormerkung), die dem Insolvenzvermerk im Rang vorgeht (→ Rangverhältnis, Rangstelle). Für die Rechtzeitigkeit genügt schon die Einreichung von Eintragungsantrag und -bewilligung beim Grundbuchamt vor Verfahrenseröffnung, §§ 91 Abs. 2 InsO, 878 BGB (zu den Voraussetzungen des § 878 BGB → Insolvenz eines Wohnungseigentümers), nicht aber bei einer Eintragung aufgrund einer einstweiligen Verfügung (BGHZ 28, 182 zur KO). Eine im Wege der einstweiligen Verfügung eingetragene Auflassungsvormerkung wird unwirksam, wenn sie weniger als einen Monat vor dem Antrag auf Eröffnung des Insolvenzverfahrens eingetragen wurde, §§ 88, 139 InsO (sog. „Rückschlagsperre").

Die Auflassungsvormerkung ist insolvenzfest, d. h. sie wirkt auch gegenüber dem Insolvenzverwalter und den anderen Insolvenzgläubigern, und zwar auch dann, wenn sie einen künftigen

Auflassungsanspruch sichert, der zum Zeitpunkt der Eröffnung des Insolvenzverfahrens noch nicht entstanden ist (BGH ZfIR 2001, 998, 1000; Staudinger/Gursky § 883 RN 196; a.A. Ludwig NJW 1983, 2792f). Der Erwerber kann vom Insolvenzverwalter gem. § 106 InsO die Eigentumsübertragung gegen Zahlung des Kaufpreises unabhängig davon verlangen, ob der Bauträger im Erwerbsvertrag weitere Verpflichtungen, insbesondere die Fertigstellung des Bauvorhabens, übernommen hat und diese nicht oder nicht vollständig erfüllt, § 106 Abs. 1 S. 2 InsO. In Ansehung des Auflassungsanspruchs verdrängt also § 106 InsO das Wahlrecht des Konkursverwalters aus § 103 InsO, das aber in Bezug auf die noch nicht erbrachte Bauverpflichtung besteht (BGH NJW 1981, 991; Palandt/Bassenge § 883 BGB RN 25). Hinsichtlich dieser noch nicht erbrachten Leistungen kann der Insolvenzverwalter gem. § 103 Abs. 2 InsO die Erfüllung ablehnen. Der Erwerber hat dann nur den Kaufpreis für den Miteigentumsanteil am Grundstück und einen gem. §§ 315, 316 BGB zu bestimmenden Preis für die erbrachten Bauleistungen zu bezahlen (BGH NJW 1981, 991).

Ist der Kaufvertrag nichtig, etwa weil das Wohnungseigentum erst noch errichtet werden soll, Baubeschreibung und Bauzeichnung gleichwohl aber nicht beurkundet wurden (→ Notarielle Beurkundung), besteht keine Auflassungsvormerkung. In der Insolvenz des Verkäufers kann der Insolvenzverwalter vom Käufer Zustimmung zu deren Löschung im Grundbuch gem. § 894 BGB verlangen, ohne dass dieser wegen der von ihm vor Eröffnung des Insolvenzverfahrens an den Veräußerer erbrachten Kaufpreiszahlung ein Zurückbehaltungsrecht geltend machen kann (BGH NJW 2002, 2313)

3. Ablehnung der Erfüllung

Entscheidet sich der Insolvenzverwalter dafür, das Bauvorhaben nicht fertig zu stellen, werden die wechselseitigen Ansprüche durch ein Abrechnungsverhältnis ersetzt, § 103 Abs. 2 InsO, in welches auch Gewährleistungsansprüche und Schadensersatzansprüche im Hinblick auf bereits erbrachte Teilleistungen einzustellen sind. Der Insolvenzverwalter wird in diesem Fall i.d.R. die nicht verkauften Wohnungen aus dem Insolvenzbeschlag freigeben oder die Unzulänglichkeit der Insolvenzmasse anzeigen, um sich von den Fertigstellungskosten zu befreien. Können sich die Erwerber dann mit den realberechtigten Kreditgebern des Bauträgers nicht über deren Teilnahme an den Fertigstellungskosten einigen (→ Fertigstellung stecken gebliebener Wohnanlagen), bleibt nur der Weg, vor Entstehen der werdenden Wohnungseigentümergemeinschaft gem. § 753 BGB die Gemeinschaft im Wege der Teilungsversteigerung aufzuheben (Röll PiG 51, 43, 50) oder den Kaufvertrag rückgängig zu machen und die bereits geleisteten Zahlungen durch Inanspruchnahme der MaBV-Bürgen (→ Vergütung des Bauunternehmers) zurückzufordern.

4. Mängelbeseitigungsansprüche

Nacherfüllungsansprüche der Erwerber, die zum Zeitpunkt der Eröffnung des Insolvenzverfahrens bestehen, werden nicht durch die Auflassungsvormerkung gesichert und sind somit nicht gem. § 106 InsO „insolvenzfest". Sie verlieren mit der Eröffnung des Insolvenzverfahrens über das Vermögen des Bauträgers ihre Durchsetzbarkeit (BGHZ 103, 250, 254; ZIP 1996, 426f), wenn der Insolvenzverwalter nicht gem. § 103 InsO die Erfüllung wählt; an die Stelle des Mängelbeseitigungsanspruchs tritt ein Ersatzanspruch gem. § 103 Abs. 2 InsO (BGH 1996, 426f) in Höhe der Differenz des Werts der Wohnung mit einem mangelfreien gemeinschaftlichem Eigentum zu dem durch die Mängel geminderten Wert; dabei wird der Minderwert, soweit es Mängel am gemeinschaftlichen Eigentum betrifft, nach den von dem Wohnungseigentümer anteilig – i.d.R. nach Miteigentumsanteilen – zu tragenden Mängelbeseitigungskosten berechnet, es sei denn, dass die Mängel darüber hinausgehende Auswirkungen auf das Sondereigentum haben, die insoweit einen Ersatzanspruch in voller Höhe auslösen (BGH ZIP 1996, 426f). Hieran ändert die Tatsache nichts, dass bis zur Eröffnung des Insolvenzverfahrens ein Anspruch auf Beseitigung der Mängel am gemeinschaftlichen Eigentum ohne Beschränkung auf eine Quote bestand.

Der Ersatzanspruch gem. § 103 Abs. 2 InsO kann von jedem Erwerber individuell geltend gemacht werden, ohne dass es einer Beschlussfassung durch die Wohnungseigentümer bedarf, da die

Änderung des Anspruchsinhalts auf Gesetz und nicht auf der Ausübung eines Gestaltungsrechts beruht (offen gelassen von BGH ZIP 1996, 426, 428). Die Abtretung von Ansprüchen der Wohnungseigentümer wegen Mängeln am gemeinschaftlichen Eigentum durch Beschluss an einen Wohnungseigentümer, der noch die Zahlung von Restkaufpreis schuldet, mit dem Ziel der Realisierung durch Aufrechnung, widerspricht den Grundsätzen ordnungsmäßiger Verwaltung, da der Aufrechnung § 96 Abs. 1 Nr. 2 InsO entgegensteht (BGH ZIP 1996, 426, 428 z. § 55 KO).

▶ **Insolvenz eines Wohnungseigentümers**

Das Insolvenzverfahren dient dazu, die Gläubiger eines Schuldners gemeinschaftlich zu befriedigen, indem das Vermögen des Schuldners verwertet und der Erlös verteilt wird. Dem redlichen Schuldner wird darüber hinaus im Weg der Restschuldbefreiung Gelegenheit gegeben, sich von seinen restlichen Verbindlichkeiten zu befreien, § 1 InsO.

1. Wirkungen der Insolvenzeröffnung

Mit der Eröffnung des Insolvenzverfahrens über das Vermögen des Gemeinschuldners verliert dieser gem. § 80 Abs. 1 InsO die Verwaltungs- und Verfügungsbefugnis über die Insolvenzmasse, zu der auch das Wohnungseigentum als Vermögenswert gehört; dies wird auf den Zeitpunkt der Bestellung eines sog. starken vorläufigen Insolvenzverwalters bei gleichzeitiger Anordnung eines allgemeinen Veräußerungsverbots im Insolvenzeröffnungsverfahren gem. § 22 Abs. 1 InsO vorverlagert. Die alleinige Verfügungsbefugnis geht auf den gem. § 56 Abs. 1 InsO vom Insolvenzgericht zu bestellenden Insolvenzverwalter über, da wegen der in § 11 WEG angeordneten → Unauflöslichkeit der Wohnungseigentümergemeinschaft deren Aufhebung nicht verlangt werden kann (OLG Düsseldorf NJW 1970, 1137). Verfügungen des Schuldners nach der Eröffnung des Insolvenzverfahrens, die gem. § 32 Abs. 1 InsO in das Grundbuch einzutragen ist, z.B. die Veräußerung der Eigentumswohnung, sind gem. § 81 Abs. 1 InsO unwirksam. Unterbleibt die Eintragung des Insolvenzvermerks im Grundbuch, ist ein → gutgläubiger Erwerb vom Gemeinschuldner gem. §§ 91 Abs. 2 InsO, 892 BGB möglich.

Hat der Wohnungseigentümer eine für eine Verfügung erforderliche Erklärung, z.B. beim Verkauf die Erklärung der Auflassung, abgegeben und ist der Antrag auf Eintragung bei dem Grundbuchamt eingegangen, so wird die Erklärung nicht dadurch unwirksam, dass der Wohnungseigentümer durch die Eröffnung des Insolvenzverfahrens nachträglich in der Verfügung nachträglich beschränkt wird, §§ 91 Abs. 2 InsO, 878 BGB. Die abgegebene Erklärung ist jedoch nur dann bindend, wenn sie notariell beurkundet oder vor dem Grundbuchamt abgegeben oder bei diesem eingereicht ist oder wenn der Wohnungseigentümer dem anderen Teil eine den Vorschriften der GBO entsprechende Eintragungsbewilligung ausgehändigt hat, §§ 873 Abs. 2 BGB, 29 GBO. Die Schutzwirkung des § 878 BGB endet mit der rechtmäßigen Zurückweisung eines unvollständigen Eintragungsantrags (BGHZ 136, 87, 91). Wird der Antrag aber aufgrund einer Zwischenverfügung des Grundbuchamtes nach § 18 GBO lediglich ergänzt, führt die Zwischenverfügung nicht zur Unwirksamkeit, da der Antrag anhängig bleibt (BGHZ 136, 87, 92; LG Nürnberg MittBayNot 1978, 216).

Aufgrund des Übergangs der Verwaltungs- und Verfügungsbefugnisse auf den Insolvenzverwalter ist dieser allein in der Wohnungseigentümerversammlung stimmberechtigt (KG WE 1989, 28; BPM § 25 RN 25). Obwohl der Insolvenzverwalter nach der herrschenden Amtstheorie im eigenen Namen und nicht als Vertreter des Gemeinschuldners handelt (BGHZ 88, 331, 334), bleibt Inhaber des Stimmrechts der Wohnungseigentümer; lediglich dessen Ausübung ist dem Insolvenzverwalter übertragen (Staudinger/Bub § 25 RN 143).

2. Beiträge

Beitragsforderungen (→ Beiträge, Beitragsvorschüsse), die vor Insolvenzeröffnung entstanden und fällig geworden sind, sind einfache Insolvenzforderungen (BGH NJW 1986, 3206; OLG Düsseldorf WuM 1996, 173f; OLG Köln WE 1996, 112f; Palandt/Bassenge § 16 RN 15). Der Wohnungseigentümergemeinschaft steht auch kein Absonderungsrecht zu, so dass die Einzelzwangsvollstreckung in das Wohnungseigentum während des Insolvenzverfahrens unzulässig ist (LG Frankfurt Rpfleger 1987, 31); eine hiervon abweichende Regelung in der Gemeinschaftsordnung ist unwirksam. Die gesetzlichen Regelungen über das Absonderungsrecht sind nämlich abschließend (RGZ 137, 109, 111). Auch der Anteil des Gemeinschuldners an der → Instandhaltungsrückstellung dient nicht als Sicherheit für Rückstände.

Vorschussansprüche, die nach Insolvenzeröffnung entstehen und fällig werden, sind Masseverbindlichkeiten gem. § 55 Abs. 1 Nr. 1 InsO (BGH NJW 1994, 1866, BayObLG NZM 1999, 74; KG NJW-RR 1994, 85 zu § 58 Nr. 2 KO), da der Insolvenzverwalter für eine ordnungsgemäße Bewirtschaftung des Wohnungseigentums zu sorgen und die dazu notwendigen Kosten aus der Masse aufzubringen hat (BGH NJW 1986, 3206, 3208). Dies gilt auch für die Mittel zur Bildung einer angemessenen → Instandhaltungsrückstellung (BayObLG WuM 1990, 89; Weitnauer DNotZ 1989, 159) sowie die anteilsmäßige Verpflichtung des Gemeinschuldners zur Zahlung einer nach Insolvenzeröffnung beschlossenen → Sonderumlage, die im Wege der → Nachschusspflicht den durch seinen Beitragsrückstand entstandenen Einnahmeverlust decken soll (BGHZ 108, 44, 47; BayObLG WuM 1990, 89). Dadurch wird die Beitragsschuld des Gemeinschuldners aus der Zeit vor der Eröffnung des Insolvenzverfahrens nicht zur Masseverbindlichkeit umgewandelt, da sie neben der Verpflichtung zur Zahlung der Sonderumlage bestehen bleibt; der Umlagebeschluss begründet vielmehr eine weitere Beitragsschuld (BGHZ 108, 44, 49). Wird nach Insolvenzeröffnung ein → Wirtschaftsplan beschlossen, der einen vor der Insolvenzeröffnung liegenden Zeitraum, für den kein Wirtschaftsplan beschlossen war, einschließt, so ist die Verpflichtung zur Zahlung von Beitragsvorschüssen insgesamt Masseverbindlichkeit (OLG Köln WE 1996, 112f).

Die Beitragspflicht des Insolvenzverwalters ist der Höhe nach auf die Masse beschränkt (Hauger WE 1989, 15; a. A. Soergel/Stürner § 16 RN 9; Sauren, in: FS Seuß [1997] 259, 263). Er wird von der Beitragsverpflichtung frei, wenn und sobald er das betreffende Wohnungseigentum durch einseitige, empfangsbedürftige

Willenserklärung gegenüber dem Gemeinschuldner (RGZ 79, 29; 94, 55; OLG Nürnberg MDR 1957, 683) aus der Insolvenzmasse freigibt und damit aus dem Insolvenzbeschlag löst. Diese Freigabe erfolgt i. d. R., wenn sich aus der Verwertung des Wohnungseigentums keine Vermehrung der Aktivmasse erwarten lässt, z.B. weil es über den Verkehrswert hinaus belastet ist und nicht vermietet werden kann, etwa weil es der Gemeinschuldner selbst bewohnt (Bub, in: FS Seuß [1987] 87ff; Weitnauer/Hauger § 16 RN 44). Mit der Freigabe tritt der Gemeinschuldner wieder in vollem Umfang in seine Rechte als Wohnungseigentümer ein. Dem Insolvenzverwalter stehen dann keine Verwaltungs- und Verfügungsrechte an dem Wohnungseigentum mehr zu (BGH NJW 1994, 1866).

Den vom Insolvenzgericht gem. § 22 InsO eingesetzten vorläufigen Insolvenzverwalters treffen die gleichen Zahlungspflichten wie den Insolvenzverwalter gem. §§ 56, 80 InsO für die Zeit bis zum Wirksamwerden der Zwangsverwaltung (vgl. für KO: OLG Karlsruhe WE 1988, 95f); diese geht nämlich als Einzelzwangsvollstreckungsmaßnahme dem allgemeinen Veräußerungsverbot vor (vgl. z. Sequestration nach der KO Staudinger/Wenzel § 45 RN 93).

Der Gemeinschuldner bleibt als Wohnungseigentümer Beitragsschuldner (Sauren, in: FS Seuß [1997] 259, 262f); er wird deshalb von seiner Beitragspflicht nur in Höhe der Zahlungen des Insolvenzverwalters oder des vorläufigen Insolvenzverwalters frei (vgl. z. früheren Sequestration: Bub, in: FS Seuß [1987] 86ff; Hauger, in: FS Bärmann und Weitnauer [1990] 356), nicht aber durch Zahlungen der anderen Wohnungseigentümer, die die auf dem Beitragsrückstand beruhende Deckungslücke geschlossen haben (BGHZ 108, 44).

Zahlt der Mieter eines Wohnungseigentümers, über dessen Vermögen das Insolvenzverfahren eröffnet wurde, Nebenkosten unmittelbar an die Wohnungseigentümergemeinschaft, so erlischt der Vorschussanspruch insoweit, als die Insolvenzmasse von einer Verbindlichkeit befreit wird (BGH NJW 1986, 3206, 3208); auch der Mieter wird in dieser Höhe von seiner Zahlungspflicht frei, da eine Leistung i.S.v. § 82 InsO zur Masse gelangt, sofern ihr deren Wert zugute kommt. Entsprechendes gilt für Zahlungen des Mieters auf die laufenden Beitragsschulden des Vermieters vor der Eröffnung des Insolvenzverfahrens, auch wenn die vorläufige Insolvenzverwaltung angeordnet wurde, da diese keine weitergehenden Auswirkungen haben kann als die anschließende Eröffnung des Verfahrens (BGH NJW 1986, 3206, 3208 z. Sequestration nach der KO). Zahlt der Mieter aber auf rückständige Beitragsschulden des Vermieters vor der Insolvenzeröffnung, die einfache Insolvenzforderungen sind, kann er nur einen Bereicherungsanspruch als einfache Insolvenzforderung zur Masse anmelden (BGH, aaO).

Der Insolvenzverwalter ist wegen der gegen die Masse gerichteten Ansprüche auch dann vor dem Wohnungseigentumsgericht in Anspruch zu nehmen, wenn er das Wohnungseigentum schon vor Rechtshängigkeit freigegeben hat (→ Beteiligte).

3. Abrechnungsfehlbeträge

Vom Schuldsaldo, der sich aus der nach Insolvenzeröffnung beschlossenen Jahresabrechnung ergibt, gehört zu den Masseverbindlichkeiten nicht der insgesamt in der Einzelabrechnung ausgewiesene Schuldsaldo des Gemeinschuldners, sondern nur die „Abrechnungsspitze", d. h. die Differenz zwischen den im beschlossenen Wirtschaftsplan ausgewiesenen Beitragsvorschüssen und den tatsächlich angefallenen Lasten und Kosten; nicht zu den Masseverbindlichkeiten gehören die Beitragsvorschüsse, die der Gemeinschuldner vor Eröffnung des Insolvenzverfahrens schuldig geblieben ist, auch wenn sie seinen Schuldsaldo in der Abrechnung erhöhen (BGH NJW 1994, 1866; 1996, 725; BayObLG NZM 1999, 74 zur KO). Die Einzelabrechnung gibt aber keine verbindliche Auskunft darüber, ob und inwieweit sich der Schuldsaldo aus Masseverbindlichkeiten und einfachen Insolvenzforderungen zusammensetzt (BayObLG NZM 1999, 74). Bestandskräftig beschlossene Abrechnungen sind auch für den Insolvenzverwalter verbindlich.

▶ **Installationen** → Badeinrichtung; → Verbrauchserfassungsgeräte

▶ **Instandhaltungsrückstellung**

§ 21 Abs. 5 Nr. 4 WEG nennt die Ansammlung einer angemessenen Instandhaltungsrückstellung als Maßnahme ordnungsmäßiger Verwaltung, zu der die Wohnungseigentümer mithin verpflichtet sind (BayObLGZ 1984, 213).

1. Begriff, zulässige Vereinbarungen

Die Instandhaltungsrückstellung ist Eigenkapital der Wohnungseigentümer (Seuß in: FS Bärmann und Weitnauer [1985] PiG 18, 221, 223), d.h. eine Rücklage zur Deckung der Kosten von Maßnahmen der Instandsetzung von gemeinschaftlichem Eigentum, deren Entstehung dem Grunde nach sicher, der Höhe und der Fälligkeit nach aber ungewiss sind (Staudinger/Bub § 21 RN 200), aber keine Kreditreserve, auf die jederzeit zugegriffen werden darf (BayObLG NZM 1999, 275f). Die Mittel der Instandhaltungsrückstellung zählen zum → Verwaltungsvermögen. Der Erwerber erwirbt alle Rechte des Verkäufers an der Rückstellung, ohne dass dies einer Regelung im Kaufvertrag bedarf, § 6 Abs. 1 WEG (OLG Köln NZM 1998, 874f; KG OLGZ 1988, 302; a.A. BayObLG DNotZ 1985, 423 und 426 für den Fall der Zwangsversteigerung).

Die Wohnungseigentümer können vereinbaren, keine Instandhaltungsrückstellung (OLG Hamm OLGZ 1971, 96, 102) oder eine Instandhaltungsrückstellung mit einem bestimmten Mindest- oder Höchstbetrag (BayObLG DWE 1985, 56f zum Anspruch auf Anpassung der Höchstgrenze) zu bilden. Dem Verwalter kann deshalb auch gestattet werden, den in den Beitragsvorschüssen enthaltenen Anteil für die Bildung einer Instandhaltungsrückstellung erst zum Jahresende der für diese Mittel vorgesehenen Anlage zuzuführen oder diese Mittel zur Vermeidung der Kreditaufnahme zweckfremd zur Tilgung anderer Verbindlichkeiten der Wohnungseigentümer zu verwenden.

Bei → Mehrhausanlagen kann die getrennte Ansammlung und Verwendung einer Instandhaltungsrückstellung vereinbart werden (BayObLG NJW-RR 1988, 274; BPM § 21 RN 156); ein hierauf gerichteter Mehrheitsbeschluss ist nichtig, da das Gesetz von einer einheitlichen (*„einer* angemessenen") Instandhaltungsrückstellung ausgeht, wovon nur durch Vereinbarung abgewichen werden darf (→ Vereinbarungsändernder, vereinbarungsersetzender, vereinbarungswidriger Mehrheitsbeschluss). Umgekehrt ist auch ein Beschluss nichtig, nach dem künftig nur noch eine Instandhaltungsrückstellung angesammelt werden soll, wenn die Gemeinschaftsordnung für einzelne Gebäude hinsichtlich des Kreises der

Verpflichteten und des Verteilungsmaßstabs unterschiedliche Kostenregelungen enthält, da hieraus die Notwendigkeit folgt, gesonderte Rücklagen zu bilden und getrennt anzulegen (BayObLG FGPrax 2002, 254 f).

Die Wohnungseigentümer können auch die Bildung von Instandhaltungsrückstellungen für bestimmte Zwecke, etwa zur Ersatzbeschaffung von technischen Geräten, vereinbaren, was aber nur sinnvoll ist, wenn die zugeführten Mittel nicht nach demselben Schlüssel erhoben und bei der Ausgabe verteilt werden, wie die entsprechenden Mittel der allgemeinen Instandhaltungsrückstellung. Schließlich kann auch eine Pflicht, die laufenden Kosten der Instandhaltung und Instandsetzung aus den Mitteln der Instandhaltungsrückstellung zu entnehmen, vereinbart werden (BayObLG WE 1996, 235 f; OLG Hamm OLGZ 1971, 96, 103).

2. Zweck der Instandhaltungsrückstellung

Durch die vorsorgliche Ansammlung von Kapital wird sichergestellt, dass auch bei einem unvorhergesehenen, plötzlich auftretenden Reparaturbedarf die erforderlichen Mittel zur Verfügung stehen und die Wohnanlage nicht wegen fehlender Mittel verwahrlost (OLG Frankfurt MDR 1974, 848; OLG Hamm OLGZ 1971, 96, 102; BPM § 21 RN 155). Zugleich wird vermieden, dass weniger zahlungskräftige Wohnungseigentümer in finanzielle Bedrängnis geraten (Bub PiG 7, 71), aber auch der Gefahr einer ungleichen finanziellen Belastung vorgebeugt, die entstünde, wenn für zahlungsunwillige oder weniger zahlungsfähige Wohnungseigentümer andere Wohnungseigentümer einspringen müssten (KG OLGZ 1988, 302, 306). Darüber hinaus belastet es die Wohnungseigentümer finanziell weniger, die Mittel für große Reparaturen und Ersatzbeschaffungen durch die kontinuierliche Zahlung verhältnismäßig geringer Beträge anzusammeln, als den Gesamtbetrag im Zeitpunkt der tatsächlichen Ausführung der Reparatur leisten zu müssen (BayObLG WE 1996, 235 f). Die Wohnungseigentümer sind aber nicht gezwungen, größere Reparaturarbeiten aus der wahrscheinlich ausreichenden Instandhaltungsrückstellung zu bezahlen, sondern können auch sogleich eine →Sonderumlage beschließen, um eine Erschöpfung der Rücklage zu vermeiden (BayObLG ZMR 2003, 694).

Instandhaltungsrückstellung

Der Zweck der Instandhaltungsrückstellung ist nicht auf die Deckung der Kosten von sog. großen Instandsetzungen beschränkt; daher können grds. sämtliche Kosten der Instandhaltung und Instandsetzung einschließlich der Kleinreparaturen, auch die Kosten für die Beseitigung ursprünglicher Baumängel, die vom Bauträger nicht ohne besondere Schwierigkeiten zu erlangen ist (BayObLG Rpfleger 1977, 439), und Kosten von Ersatzbeschaffungen aus Mitteln der Instandhaltungsrückstellung bezahlt werden (KG OLGZ 1991, 425, 428; OLG Hamm OLGZ 1971, 96, 102 f), wenn die Wohnungseigentümer nicht etwas anderes beschlossen haben. Diese Grundsätze gelten für Teileigentum in gleicher Weise wie für Wohnungseigentum (BayObLG WE 1991, 360, 362 für Garagen und Sondernutzungsflächen).

Der Anteil des einzelnen Wohnungseigentümers an der Instandhaltungsrückstellung dient nach der Zweckbindung der Gemeinschaft nicht als Sicherheit für Beitragsrückstände (BGHZ 108, 44; Lüke PiG 48, 41, 49; a.A. KG WE 1989, 28). Deshalb dürfen Beitragsrückstände eines einzelnen Wohnungseigentümers nicht gegen seinen Guthabensanteil an der Instandhaltungsrückstellung „verrechnet" werden (BGHZ 108, 44). Da die Verwendung der Mittel der Instandhaltungsrückstellung nur einheitlich erfolgen kann (BGHZ 108, 44; OLG Hamm NJW-RR 1991, 212f; OLG Saarbrücken NZM 2000, 198 f), setzt eine Aufrechnung gegen Beitragsrückstände einen Beschluss voraus, die Rückstellung ganz oder teilweise aufzulösen und an alle Wohnungseigentümer auszukehren, da erst hierdurch ein aufrechenbarer Anspruch des Wohnungseigentümers entsteht. Ein solcher Beschluss ist aber i. d. R. anfechtbar; er ist sogar wegen innerer Widersprüchlichkeit nichtig, wenn zugleich die Auszahlung des hierdurch entstehenden Guthabensanspruchs ausgeschlossen wird (OLG Hamm NJW-RR 1991, 212f; BPM § 21 RN 169). Da aber § 21 Abs. 5 Nr. 4 WEG nur die Ansammlung einer „angemessenen" Instandhaltungsrückstellung verlangt, kann ein etwa überschießender Betrag durch Mehrheitsbeschluss aufgelöst und zur Deckung von Beitragsrückständen verwendet werden (OLG Saarbrücken NZM 2000, 198 f).

3. Angemessene Höhe

Angemessen ist eine Instandhaltungsrückstellung in der Höhe, die ein verständiger und vorausschauender Eigentümer zurücklegen würde (Staudinger/Bub § 21 RN 204). Die Angemessenheit kann nur nach den konkreten Verhältnissen der jeweiligen Wohnanlage beurteilt werden (BayObLG Rpfleger 1981, 284 [L]; DWE 1985, 56, 57), wobei insbesondere der bauliche Zustand der Anlage, das Alter des Gebäudes, die Reparaturanfälligkeit, das Vorhandensein gemeinschaftlicher Einrichtungen – wie etwa Aufzug, Schwimmbad oder Sauna – und deren technische Lebensdauer zu berücksichtigen sind. Auch die wirtschaftlichen Verhältnisse der Wohnungseigentümer spielen hier eine Rolle (Bub PiG 7, 73). Künftige Baukostensteigerungen sind bei der Bemessung einzukalkulieren (z. Berechnung der Höhe der Instandhaltungsrückstellung: Peters WE 1980, Heft 4, 5).

Der Wohnungseigentümerversammlung steht ein weiter Ermessensspielraum bei der Entscheidung über die Höhe der Instandhaltungsrückstellung zu (BayObLG NZM 2000, 1239; OLG Düsseldorf NZM 2002, 959), wobei sie sich an den Sätzen des § 28 Abs. 2 II. BVO orientieren können; ein Betrag zwischen € 7,10 und € 11,50 pro qm und Jahr je nach Alter der Anlage und absehbarem Sanierungsbedarf erscheint angemessen (OLG Düsseldorf NZM 2002, 959). Der Beschluss, keine oder eine eindeutig zu niedrige oder zu hohe (BayObLG NZM 1999, 34f; KG NJW-1995, 397; BPM § 21 RN 162) Rückstellung zu bilden, widerspricht den Grundsätzen ordnungsmäßiger Verwaltung und ist anfechtbar; außerdem kann jeder Wohnungseigentümer gem. § 21 Abs. 4 eine Rückstellung in angemessener Höhe verlangen (BayObLG WE 1991, 360; MünchKomm/Röll § 21 RN 12 c) und notfalls gerichtlich durchsetzen.

Solange noch nicht die für die jeweilige Wohnungseigentümergemeinschaft angemessene Höhe erreicht ist, können die Wohnungseigentümer mehrheitlich beschließen, Kosten aus Instandhaltungs- und Instandsetzungsmaßnahmen überhaupt nicht (BayObLG Rpfleger 1981, 284 [L]) oder nur zum Teil aus Mitteln der Instandhaltungsrückstellung zu decken und die Kosten im Wege einer Umlage zu erheben. Hat die Instandhaltungsrückstellung demgegenüber eine angemessene Höhe erreicht, kann es ordnungsmäßiger Verwaltung widersprechen, Maßnahmen der Instandhaltung nicht aus diesen Mitteln, sondern aus einer →Sonderumlage zu finanzieren (a. A. BayObLG ZMR 2003, 694), und zwar insbesondere dann, wenn eine vereinbarte Obergrenze erreicht oder überschritten ist.

4. Auflösung der Instandhaltungsrückstellung

Den Grundsätzen ordnungsmäßiger Verwaltung widerspricht es i.d.R., die Instandhaltungsrückstellung vollständig (BayObLG Rpfleger 1981, 284 [L]; OLG Hamm NJW-RR 1991, 212f; OLG Köln WE 1995, 239) oder bis auf einen unbedeutenden Rest aufzulösen und an die Wohnungseigentümer anteilig auszukehren; dem steht schon die Zweckbindung dieser Mittel entgegen (Lüke PiG 48, 41, 49), die den Verbleib einer „eisernen Reserve" erfordert. Einer solchen Auflösung steht ein Beschluss gleich, die Gelder zweckfremd zum Ausgleich anderer Verbindlichkeiten (BayObLG NJW 1975, 2296f z. Verwendung von „Trommelgeld" für die Zahlung von Anstricharbeiten statt für die Ersatzbeschaffung einer Waschmaschine; BayObLG DWE 1984, 108 z. Heizölkauf), etwa von Rechtsverfolgungskosten (OLG Frankfurt MDR 1974), oder zur Finanzierung von Maßnahmen im Sondereigentumsbereich zu verwenden (OLG Hamm NJW-RR 1988, 849). Dementsprechend hat ein Wohnungseigentümer gem. § 21 Abs. 4 WEG keinen Anspruch auf Auflösung der Rückstellung – und zwar auch nicht im Falle der Veräußerung seines Wohnungseigentums und des damit verbundenen Ausscheidens aus der Wohnungseigentümergemeinschaft – und Auszahlung seines Anteils, da mit seinem Ausscheiden die Zweckbindung nicht wegfällt (KG OLGZ 1988, 302, 306); deshalb kann der Veräußerer auch nicht gegen Beitragsrückstände aufrechnen (KG OLGZ 1988, 302, 306f). Werden Mittel der Instandhaltungsrückstellung zweckfremd verwendet, so entspricht es ordnungsmäßiger Verwaltung, deren Auffüllung zu beschließen (OLG Köln WE 1991, 332 [L]).

5. Anlage der Mittel

Die Wohnungseigentümergemeinschaft entscheidet auch über die Art der Anlage der angesammelten Mittel durch Mehrheitsbeschluss gem. §21 Abs. 3, 5 Nr. 4 WEG, wobei der Grundsatz der sicheren Anlage (Staudinger/Bub §21 RN 92) zu beachten ist. Die bestmögliche Anlageform ist zu nutzen (OLG Düsseldorf WuM 1996, 112). Zuständig für die Durchführung des Mehrheitsbeschlusses ist gem. §27 Abs. 1 Nr. 4 und Abs. 4 WEG der Verwalter. Die richtige Entscheidung liegt im „Spannungsfeld" zwischen möglichst ertragreicher Anlage und zeitgerechter Verfügbarkeit (OLG Düsseldorf WuM 1996, 112). Empfehlenswert ist es grundsätzlich, die Mittel der Instandhaltungsrückstellung je nach Bedarf, der möglichst in einem längerfristigen Instandsetzungsplan zu prognostizieren ist, teils kurzfristig, teils mittelfristig anzulegen, und zwar im ersten Fall auf Sparbüchern, Geldmarktfonds oder Festgeldkonten (BayObLG WE 1995, 374f), im zweiten Fall i.d.R. in hochverzinslichen Wertpapieren, Sparbriefen oder Sparobligationen, Anleihen oder Bundesschatzbriefen, nicht aber auf niedrig verzinsten Sparkonten mit jährlicher Kündigung (OLG Düsseldorf WuM 1996, 112). Spekulative Anlagen verstoßen gegen die Grundsätze ordnungsmäßiger Verwaltung gem. §21 Abs. 3 und 4 WEG. Auch die Anlage durch Ansparung aufgrund eines Bausparvertrages widerspricht wegen der ungünstigen Rendite und der Gefahr von Finanzierungslücken mangels sofortiger Verfügbarkeit den Grundsätzen ordnungsmäßiger Verwaltung. Diese Nachteile überwiegen nicht den Vorteil der Zuteilung eines zinsgünstigen Bauspardarlehens, zumal da die Darlehensaufnahme der Disposition der einzelnen Wohnungseigentümer unterliegt (OLG Düsseldorf WuM 1996, 112; offen gelassen vom BGH NZM 2002, 788, 791).

Sind nach der Vereinbarung der Wohnungseigentümer die Kosten der Instandhaltung und Instandsetzung getrennt zu ermitteln und zu tragen, z.B. bei einer Mehrhauswohnanlage je Gebäude oder getrennt zwischen Wohngebäude und Tiefgarage, so sind getrennte Rückstellungen zu bilden und auch die Anlage getrennt vorzunehmen (BayObLG WuM 1991, 360, 362; ZMR 2003, 213).

6. Einziehung durch Verwalter

Es ist Aufgabe des Verwalters, die Beiträge der Wohnungseigentümer zur Instandhaltungsrückstellung in dem von ihm aufzustellenden Wirtschaftsplan gem. § 28 Abs. 1 Nr. 3 WEG zu beziffern, sie nach Beschlussfassung einzuziehen und hierüber in der Jahresabrechnung unter Angabe des Anfangsbestands, der Zugänge und Abgänge sowie des Endbestandes Auskunft zu geben.

▶ Instandhaltung und Instandsetzung

Zu einer ordnungsmäßigen, dem Interesse der Wohnungseigentümer entsprechenden Verwaltung gehört gem. § 21 Abs. 5 Nr. 2 WEG die ordnungsgemäße Instandhaltung und Instandsetzung des gemeinschaftlichen Eigentums, also nicht die des Sondereigentums (BayObLG WE 1994, 21), die gem. § 14 Nr. 1 WEG ebenso dem jeweiligen Wohnungseigentümer obliegt wie die Instandhaltung und Instandsetzung von nicht wesentlichen Bestandteilen, die in seinem Alleineigentum stehen (SaarlOLG ZMR 1997, 31 f).

1. Kompetenzverteilung

Hinsichtlich der Durchführung von Instandhaltung- und Instandsetzungsmaßnahmen sind die Kompetenzen zwischen den Wohnungseigentümern und dem Verwalter wie folgt verteilt:
• Die Wohnungseigentümer sind primär für die Durchführung der Instandhaltung und Instandsetzung des gemeinschaftlichen Eigentums als Maßnahme ordnungsmäßiger Verwaltung nach § 21 Abs. 5 Nr. 2 WEG selbst zuständig und entscheiden gem. § 21 Abs. 3 WEG durch Mehrheitsbeschluss darüber, ob und welche Instandhaltungs- und Instandsetzungsarbeiten ausgeführt werden (BayObLG NZM 2003, 31 f; 2002, 705; OLG Hamm NZM 1999, 225 f; Bub PiG 7, 57).
• Jeder einzelne Wohnungseigentümer kann gem. § 21 Abs. 4 WEG von den anderen Wohnungseigentümern die erforderliche Mitwirkung verlangen, insbesondere die Zustimmung zu den erforderlichen Beschlüssen (BayObLG NZM 2002, 705); den Verwalter kann er i. d. R. erst auf Durchführung in Anspruch nehmen, wenn die Wohnungseigentümer die Maßnahmen beschlossen haben (KG NJW-RR 1991, 273). Soweit nicht die Voraussetzungen einer berechtigten → Notgeschäftsführung durch einen Wohnungseigentümer vorliegen, ist es ihm verwehrt, eigenmächtig Instandhaltungs- und Instandsetzungsmaßnahmen durchzuführen.

Instandhaltung und Instandsetzung

- Der Verwalter ist gem. § 27 Abs. 1 Nr. 2 WEG verpflichtet, die Wohnungseigentümer über die erforderlichen Maßnahmen zu unterrichten und ihre Entscheidung über das weitere Vorgehen herbeizuführen (BayObLG NZM 2003, 31 f; 2002, 705 f; BPM § 21 RN 124); nach § 27 Abs. 1 Nr. 1 WEG ist er – als notwendiges Vollzugsorgan (BGH NZM 2003, 946, 949) – verpflichtet, die Beschlüsse der Wohnungseigentümer zur Instandsetzung und Instandhaltung auszuführen. Von seiner gem. § 27 Abs. 3 WEG unabdingbaren Vollzugskompetenz wird er auch dann nicht befreit, wenn die Wohnungseigentümer beschließen, Instandhaltungs- und Instandsetzungsleistungen im Wege der Eigenleistung zu erbringen (Staudinger/Bub § 27 RN 131; a. A. KG NJW-RR 1996, 526 f; OLG Hamm WE 1994, 378, 380). Auch ist er nicht berechtigt, unter Berufung auf § 27 Abs. 1 Nr. 2 WEG Instandhaltungs- und Instandsetzungsmaßnahmen durchzuführen, wenn sich die Wohnungseigentümer zuvor mit Mehrheit gegen seinen diesbezüglichen Vorschlag ausgesprochen haben (KG NJW-RR 1991, 273 f). Er muss es den bei der Beschlussfassung unterlegenen Wohnungseigentümern überlassen, eine andere Entscheidung im Verfahren nach §§ 43 Abs. 1 Nr. 1, 21 Abs. 4 WEG herbeizuführen.

Diese Aufgabenverteilung erweist sich häufig als schwer praktikabel: Über jede Maßnahme der Instandhaltung und Instandsetzung (z. Durchführung kleinerer Reparaturarbeiten durch den Verwalter → Vertretungsmacht des Verwalters) muss zunächst Beschluss gefasst werden, bevor sie der Verwalter veranlassen kann. Aus Sicht der Eigentümergemeinschaft kann es deshalb sinnvoll sein, ein weniger „schwerfälliges" Organ als die Wohnungseigentümerversammlung, mit der Entscheidung und Durchführung von Maßnahmen der Instandhaltung und Instandsetzung zu betrauen (OLG Düsseldorf NZM 2001, 390 f). Die der Eigentümerversammlung vorbehaltene Entscheidung über Art und Umfang von Instandhaltungs- und Instandsetzungsmaßnahmen kann aber allein durch Vereinbarung auf ein anderes Organ, etwa einen „Bauausschuss", delegiert werden; eine beschlussweise Übertragung ist nichtig (OLG Düsseldorf NZM 2002, 1031 z. einem „Arbeitskreis" zur Erneuerung der Heizungs- und Warmwasseranlage).

Unzulässig ist auch eine mittelbare Verlagerung von Entscheidungskompetenzen auf den Verwalter, z.B. indem Beschlüsse über die Durchführung von Instandhaltungs- und Instandsetzungsmaßnahmen eine nur geringe „Regelungsdichte" aufweisen und somit Entscheidungsdefizite – etwa zur Ausführungsart, der Person des Handwerkers, dem Zeitpunkt der Durchführung etc. – enthalten, die vom Verwalter in praxi durch eigenverantwortliche Entscheidungen ausgeglichen werden: Ergibt sich die Kompetenzverteilung zwischen Wohnungseigentümern und Verwalter nämlich aus dem Gesetz, so können dem Verwalter Kompetenzen, welche den Wohnungseigentümern zustehen, insbesondere die Kompetenz zur Entscheidung über Verwaltungsmaßnahmen, nur durch Vereinbarung, nicht aber durch Mehrheitsbeschluss, auch nicht durch einen mehrheitlich beschlossenen Verwaltervertrag übertragen werden; solche Beschlüsse sind – soweit die Kompetenz generell verlagert werden soll – nichtig, jedenfalls aber – bei Kompetenzübertragung im Einzelfall – anfechtbar (→ Vereinbarungsändernder, vereinbarungsersetzender, vereinbarungswidriger Beschluss).

In der Praxis werden dem Verwalter solche Kompetenzen offen oder versteckt ständig übertragen, was am Beispiel der Beschlussfassung über das Streichen des Treppenhauses deutlich wird: Beschließt die Gemeinschaft lediglich, den Verwalter zu beauftragen, den Anstrich des Treppenhauses erneuern zu lassen, so überlässt sie diesem faktisch die Entscheidung über die Art und Weise des Anstrichs, die Person des Handwerkers, die Konditionen des Werkvertrags, den Zeitpunkt der Durchführung usw. Dies bedeutet: Je geringer die Regelungsdichte qua Beschlussfassung der Eigentümer, desto stärker die faktische Kompetenz des Verwalters nicht nur zur Durchführung des Beschlusses, sondern zur Entscheidung und – da dies eine Abweichung von der gesetzlichen Aufgabenverteilung darstellt – desto „risikoreicher" der Beschluss. Jedes Detail, welches die Eigentümer nicht selbst durch Beschluss entscheiden, wird in praxi vom Verwalter entschieden.

2. Begriff, erweiternde Auslegung

Unter Instandhaltung ist die Summe aller Maßnahmen zu verstehen, die geeignet sind, um normale und verbrauchsbedingte

Abnutzungserscheinungen zu beseitigen und den ursprünglichen – also bei Begründung des Wohnungseigentums bestehenden –, technisch einwandfreien, gebrauchs- und funktionsfähigen Zustand sowie den bestimmungsgemäßen Gebrauch einer baulichen Anlage durch pflegende, erhaltende und vorsorgende Maßnahmen aufrechtzuerhalten (BayObLG ZMR 1996, 447f; KG NZM 1999, 131; OLG Düsseldorf FGPrax 1995, 192). Die Instandhaltung dient also insbesondere der Verhinderung von Schäden an der Gebäudesubstanz, auch um die Ablösung von Gebäudeteilen und eine Haftung gem. § 836 BGB zu verhindern (→ Haus- und Grundbesitzerhaftpflicht), und an technischen Einrichtungen und Anlagen. Zu den Instandhaltungsmaßnahmen gehören z.B. periodische Schönheitsreparaturen und Anstricharbeiten (BayObLG ZMR 1997, 37f), Kleinreparaturen sowie z.T. periodische Inspektionen und Wartungen zur Erhaltung der Funktionsfähigkeit von Anlagen und Einrichtungen (OLG Zweibrücken NJW-RR 1991, 1301 z. Unzumutbarkeit von Dachbegehungen).

Unter die vorsorgende Instandhaltung können auch wirtschaftlich sinnvolle Maßnahmen fallen, die die Erneuerung von Bauteilen betreffen, bevor konkrete Schäden daran erkennbar geworden sind, um diese zu verhindern, soweit nur Anhaltspunkte für eine Schadensanfälligkeit vorliegen (BayObLG ZMR 1996, 447f; KG WuM 1992, 89f), z.B. die Einholung von Sachverständigengutachten (BayObLGZ 1982, 203, 206), der Abschluss von Wartungsverträgen oder Maßnahmen zur Materialschonung zur Vermeidung von Wertverlusten. Hiervon zu unterscheiden sind verfrühte Maßnahmen, die gem. § 22 Abs. 1 S. 1 WEG der Einstimmigkeit bedürfen (OLG Karlsruhe NJW-RR 1989, 1041), wie z.B. die Neueindeckung eines noch mangelfreien Daches oder der Neuanstrich einer sauberen Fassade (Staudinger/Bub § 21 RN 160).

Unter Instandsetzung versteht man die Beseitigung von größeren Schäden und Mängeln, die insbesondere durch Alterung, Abnutzung, Witterungseinflüsse, unterlassene oder unzureichende Durchführung der laufenden Instandhaltung oder durch Einwirkung Dritter entstanden sind oder auf außergewöhnlichen Umständen und Ereignissen wie Brand, Hagelschlag oder höherer

Instandhaltung und Instandsetzung

Gewalt beruhen. Sie bezweckt die Wiederherstellung eines einmal vorhanden gewesenen ordnungsgemäßen Zustandes und des bestimmungsgemäßen Gebrauchs (BayObLG WuM 1993, 562; OLG Düsseldorf WE 1996, 347 f; Staudinger/Bub § 21 RN 161). Der ursprüngliche Zustand ist der Mindeststandard, der nur mit Zustimmung aller Wohnungseigentümer unterschritten werden darf. Zur Instandsetzung gehört auch der → Wiederaufbau, wenn nicht die Voraussetzungen des § 22 Abs. 2 WEG vorliegen.

Maßnahmen, die der Erhaltung oder Herstellung eines technisch einwandfreien, zeitgemäßen Zustands der Gebäudesubstanz und der Gewährung eines bestimmungsmäßigen Gebrauchs dienen, werden unter die Begriffe der ordnungsmäßigen Instandhaltung und Instandsetzung im Wege der erweiternden, am Gesetzeszweck orientierten Auslegung subsumiert (Staudinger/Bub § 21 RN 163). Hierzu zählen etwa

- Maßnahmen der → modernisierenden Instandsetzung,
- Ersatzbeschaffung von gemeinschaftlichen Einrichtungen und Ausstattungen (→ Erneuerung, Ersatzbeschaffung),
- Anpassungen an veränderte Erfordernisse, z.B. des öffentlichen Recht (→ Öffentlich-rechtliche Pflichten),
- Maßnahmen zur Erfüllung der → Verkehrssicherungspflichten sowie die
- → Beseitigung von Gefahrenquellen.

Da der wohnungsrechtliche Instandhaltungs- und Instandsetzungsbegriff von einem ordnungsgemäßen Anfangszustand der Anlage ausgeht, der einen bestimmungsgemäßen Gebrauch ermöglicht, zählen Maßnahmen zur erstmaligen Herstellung dieses Zustandes bei enger Auslegung nicht zur ordnungsmäßigen Instandhaltung und Instandsetzung. In erweiternder Auslegung gehören zur ordnungsgemäßen Instandhaltung und Instandsetzung jedoch auch

- die erstmalige Herstellung eines mangelfreien Zustandes bei von Anfang an vorhandenen Baumängeln, deren Beseitigung vom Bauträger nicht innerhalb angemessener Zeit erreicht werden kann (→ Mängel des gemeinschaftlichen Eigentums);
- die erstmalige Herstellung eines dem Aufteilungsplan entsprechenden Zustands (→ Abweichung zwischen Aufteilungsplan und tatsächlicher Bauausführung).

Instandhaltung und Instandsetzung

3. Ordnungsmäßigkeit

Beschlüsse über Maßnahmen, die über eine ordnungsmäßige, also erforderliche Instandhaltung und Instandsetzung hinausgehen, bedürfen gem. § 22 Abs. 1 WEG der Zustimmung aller betroffenen Wohnungseigentümer. Die Ordnungsmäßigkeit von Instandhaltungs- und Instandsetzungsmaßnahme bemisst sich im Wesentlichen nach folgenden Kriterien:
- Erforderlichkeit der Maßnahme im Zeitpunkt der Ausführung,
- Zweckmäßigkeit der Maßnahme,
- fachgerechte Art und Weise der Ausführung,
- Beachtung der Grundsätze ordnungsmäßiger Verwaltung, insbesondere der technischen und kaufmännischen Verwaltung (→ ordnungsmäßige Verwaltung; → Sanierungsmaßnahmen).

Ob eine Maßnahme ordnungsgemäß ist, kann nur aus einer Gesamtschau dieser Kriterien beurteilt werden; deshalb können auch zweckmäßige Maßnahmen, die nicht dringend erforderlich sind, z.B. aus Gründen der Wirtschaftlichkeit ordnungsgemäß sein. Zweifel an der Ordnungsmäßigkeit, insbesondere an der Erforderlichkeit, sind notfalls durch einen Sachverständigen zu klären. Maßnahmen, die nach den Grundsätzen der ordnungsmäßigen Verwaltung unnötig sind, gehen über die ordnungsmäßige Instandhaltung und Instandsetzung hinaus.

4. Kosten, Duldungspflicht, Schadensersatz

Sämtliche Kosten der Instandhaltung und Instandsetzung des gemeinschaftlichen Eigentums sind Verwaltungskosten i.S.v. § 16 Abs. 2 WEG, die nach dem vereinbarten bzw. dem gesetzlichen → Kostenverteilungsschlüssel auf die Eigentümer umzulegen sind (KG NZM 2000, 1012). Die Vereinbarung, dass die Kosten der Instandhaltung und Instandsetzung für einzelne Gebäudeteile, z.B. → Garage, Gewerbetrakt und Wohntrakt, gesondert ermittelt und nur zwischen den jeweiligen Eigentümern verteilt werden, erscheint zweckgerecht. Ein Mehrheitsbeschluss, der die Wohnungseigentümer berechtigt und verpflichtet, bestimmte Instandsetzungsarbeiten auf eigene Kosten durchführen zu lassen, ist nichtig, da er den Kostenverteilungsschlüssel ändert.

Instandhaltung und Instandsetzung

Sind Maßnahmen der Instandhaltung und Instandsetzung beschlossen worden, so trifft die Wohnungseigentümer hinsichtlich ihrer Durchführung gem. § 14 Nr. 4 WEG eine → Duldungspflicht. Ihnen durch die Maßnahme etwa entstehende Schäden sind ihnen zu ersetzen (→ Schadensersatzanspruch).

5. Durchführung von Maßnahmen der Instandhaltung und Instandsetzung

Gem. § 27 Abs. 1 Nr. 2 WEG ist es Aufgabe des Verwalters, die für die ordnungsmäßige Instandhaltung und Instandsetzung des gemeinschaftlichen Eigentums – nicht des Sondereigentums (BayObLG WE 1997, 39) – erforderlichen Maßnahmen zu treffen. Nach der beschriebenen Kompetenzverteilung zwischen Wohnungseigentümern und Verwalter beschränkt sich diese Aufgabe auf alle in diesem Zusammenhang anfallenden Managementaufgaben. Der Verwalter hat dafür zu sorgen, dass die Wohnungseigentümer die zur ordnungsmäßigen Instandhaltung und Instandsetzung erforderlichen Beschlüsse fassen können und der beabsichtigte Erfolg eintritt, d.h. dass die Beschlüsse vollzogen werden (BGH NZM 2003, 946, 949; BayObLGZ 1992, 146f).

Der Verwalter ist somit verpflichtet,
- den objektiven Maßnahmenbedarf zu ermitteln. Grundlage der Bedarfsermittlung ist i.d.R. eine Prognose, zu welchen Zeitpunkten welche Instandsetzungsmaßnahmen voraussichtlich erforderlich werden, in der Form eines kurz-, mittel- und langfristigen Instandsetzungsplanes. Dieser beruht auf allgemeinen Erfahrungswerten zur Lebensdauer von Bauteilen, Einrichtungen und Anlagen sowie zum erforderlichen Wartungs- und Instandhaltungsturnus, um die technisch mögliche Lebensdauer zu erreichen;
- den Zustand des gemeinschaftlichen Eigentums regelmäßig zu kontrollieren (→ Kontrollpflichten des Verwalters);
- die aus der Bedarfsermittlung gewonnenen Erkenntnisse zur Vorbereitung der Unterrichtung der Wohnungseigentümer und der Beschlussfassung auszuwerten. Hierzu gehört insbesondere die Klärung der Verantwortlichkeit für die als erforderlich erkannte Maßnahme oder die Klärung von Rückgriffsmöglichkeiten, insbesondere des Bestehens von Ansprüchen gegen Versicherer,

Instandhaltung und Instandsetzung

z.B. bei Sturm- oder Leitungswasserschäden, gegen den Bauträger, gegen einen Handwerker, dessen Werkleistung Mängel aufweist, oder gegen einzelne Wohnungseigentümer oder Dritte, die gemeinschaftliches Eigentum beschädigt haben;
- die Wohnungseigentümer über den von ihm ermittelten Instandhaltungs- und Instandsetzungsbedarf und das Ergebnis der Auswertung zu unterrichten, sofern er nicht im Einzelfall – etwa wegen Dringlichkeit oder aufgrund eines bereits vorliegenden Beschlusses – berechtigt und verpflichtet ist, ohne Einschaltung der Wohnungseigentümer selbständig zu handeln (BayObLG WE 1991, 22; OLG Zweibrücken NJW-RR 1991, 1301 f). Die Unterrichtungspflicht des Verwalters entfällt nicht schon, wenn einzelne Wohnungseigentümer – etwa die Mitglieder des Verwaltungsbeirats – aufgrund ihrer besonderen Fachkunde über den gleichen Kenntnisstand verfügen oder die erforderlichen Kenntnisse bei Anwendung der im Verkehr erforderlichen Sorgfalt hätten haben können (BayObLG WE 1988, 31 f; 1991, 22 f);
- je nach Dringlichkeit der Maßnahmen eine außerordentliche (→ Feuchtigkeitsschäden) oder eine ordentliche Wohnungseigentümerversammlung einzuberufen und die zur Entscheidung anstehenden Instandhaltungs- und Instandsetzungsarbeiten in der Tagesordnung anzukündigen. Ausreichend ist es, nur außergewöhnliche oder besonders kostspielige Maßnahmen gesondert und die sog. laufenden Instandhaltungs- und Instandsetzungsmaßnahmen lediglich pauschal als Ausgabenposition im Wirtschaftsplan anzukündigen. Der Verwalter hat zur Vorbereitung der Entscheidung der Wohnungseigentümer i.d.R. bereits Kostenangebote einzuholen und zu prüfen, ob sie den Grundsätzen ordnungsmäßiger Verwaltung, insbesondere ordnungsmäßiger technischer Verwaltung entsprechen, und diese in einem Preisspiegel gegenüberzustellen;
- Aufträge nach Beschluss der Wohnungseigentümer zu vergeben (→ Auftragsvergabe);
- Instandhaltungs- und Instandsetzungsarbeiten zu überwachen (KG WE 1993, 197), abzunehmen sowie die Rechnungen der Werkunternehmer sachlich und rechnerisch zu prüfen und berechtigte Einwendungen zu erheben (OLG Düsseldorf ZMR 1997,

380); bei Abschlagsrechnungen ist der in Rechnung gestellte Leistungsstand zu kontrollieren (KG WE 1993, 197). Stellt der Verwalter Mängel fest, so hat er sie zu rügen, den Werkunternehmer zur Nacherfüllung aufzufordern und die nach der Rspr. zulässigen Zurückbehaltungsrechte auszuüben (KG WE 1993, 197; OLG Düsseldorf ZMR 1997, 380f). Der Verwalter macht sich schadensersatzpflichtig, wenn er für erkennbar mangelhafte Werkleistungen Zahlungen leistet und später Gewährleistungsansprüche gegen den Werkunternehmer nicht durchsetzbar sind (→ Haftung des Verwalters).

Bei Maßnahmen mit hohem technischen Schwierigkeitsgrad ist der Verwalter zu diesen Leistungen nur verpflichtet, wenn dies im Verwaltervertrag vorgesehen war, etwa wegen einer technischen Vorbildung des Verwalters. Er muss dann die Wohnungseigentümer auf die Notwendigkeit der Beauftragung eines Sonderfachmannes hinweisen (Bub PiG 7, 57, 68).

▶ **Isolierter Miteigentumsanteil** → Miteigentumsanteil

▶ **Isolierungsschichten**

Isolierungsschichten zur Geräusch- und Wärmedämmung sowie Feuchtigkeitsisolierungen sind zwingend gemeinschaftliches Eigentum, weil sie dem Bestand und der Sicherheit des Gebäudes dienen (BGH NJW 1991, 2480; OLG Düsseldorf NZM 1998, 269; OLG Köln NZM 2002, 125). Die unwirksame Einräumung von Sondereigentum kann in die Pflicht zur Tragung von Instandhaltungskosten umgedeutet werden (→ Gemeinschaftliches Eigentum).

J

▶ **Jahresabrechnung** → Abrechnung

▶ **Jalousien** → Rollläden, Außenjalousien

▶ **Jugendheim**

In einer Wohnung darf keine heimartige Einrichtung zur Betreuung Jugendlicher betrieben werden (OLG Frankfurt OLGZ 1981, 156); zulässig sind nur die Nutzung durch eine Familie oder eine Partnerschaft (OLG Hamm NZM 2000, 350). In einer aus verschiedenen Gebäuden bestehenden Anlage darf hingegen ein Wohnhaus dem Träger einer Einrichtung überlassen werden, die Kinder und Jugendliche in familienähnlichen Wohngruppen ganztägig betreut (KG NZM 2001, 531).

K

▶ **Kabelfernsehen**

Während nach früher herrschender Auffassung der Anschluss einer Wohnungseigentumsanlage an das Breitbandkabelnetz bis zum Übergabepunkt stets, der Anschluss aller Sondereigentumseinheiten aber nur dann ordnungsmäßiger Instandsetzung entsprach, wenn die vorhandene Gemeinschaftsantenne reparaturbedürftig war und die Anschlusskosten in einem angemessenen Verhältnis zu den Reparaturkosten standen (KG WuM 1992, 89f; OLG Hamm ZMR 1998, 188) – bei Fehlen dieser Voraussetzungen handelte es sich um eine bauliche Veränderung (BayObLG NJW-RR 1992, 644) –, gehört heute bei einer Anschlussdichte von 70% (18 Mio angeschlossene von 26 Mio anschließbaren Haushalten) ein Kabelanschluss, der gegenüber der herkömmlichen Gemeinschaftsantenne eine größere Programmauswahl und bessere Bildqualität bietet, zum allgemein üblichen Wohnkomfort und Ausstattungsstandard, der stets mehrheitlich beschlossen werden kann (OLG Köln WuM 1996, 109, 119 auch zur Aufrechterhaltung bestehender Rundfunkempfangsmöglichkeiten durch eine sog. Wurfantenne; a.A. BayObLG NZM 1999, 1264 für den Fall, dass die Dachantennenanlage einwandfrei arbeitet). Einschränkungen der bisherigen Empfangsmöglichkeiten in geringem Umfang sind hinzunehmen (KG WuM 1992, 89f; OLG Karlsruhe NJW-RR 1989, 1041f), dürfen allerdings nicht dazu führen, dass die Informationsfreiheit im Vergleich zum früheren Zustand eingeschränkt wird, was einen Nachteil i.S.v. §14 Nr.1 WEG darstellt (OLG Köln WuM 1996, aaO).

Soweit es technisch möglich ist, die nicht anschlussbereiten Wohnungseigentümer von den erweiterten Empfangsmöglichkeiten durch den Einbau von Sperrfiltern auszuschließen und die bisherigen Empfangsmöglichkeiten aufrecht zu erhalten, so entspricht es den Interessen aller Wohnungseigentümer, einen Anschluss mit der Maßgabe zu beschließen, dass die nicht anschlussbereiten Wohnungseigentümer von den Nutzungen ausgeschlossen und von den Kosten hierfür gem. § 16 Abs. 3 WEG befreit werden (BayObLG WE 1991, 167f; KG WuM 1992, 89f; OLG Karlsruhe NJW-RR 1989, 1041f); der Einbau von Sperrfiltern ist zwar eine bauliche Veränderung i.S.v. § 22 Abs. 1 WEG, der aber mangels Beeinträchtigung des betroffenen Wohnungseigentümers nicht dessen Zustimmung bedarf (BayObLG WE 1996, 396f). Diese Grundsätze gelten auch, wenn ein Anschluss an das Breitbandkabelnetz als Ersatz für eine reparaturbedürftige Gemeinschaftsantennenanlage beschlossen wird; die nicht anschlussbereiten Wohnungseigentümer sind in diesem Fall – soweit man entgegen der hier vertretenen Auffassung die Umstellung auf Kabelfernsehen für eine bauliche Veränderung hält – an den Anschlusskosten nur in Höhe des Betrages zu beteiligen, mit dem sie anteilig an den Kosten der Erneuerung oder Reparatur sowie an künftigen höheren Wartungs- und Reparaturkosten hätten teilnehmen müssen (BayObLGZ 1989, 465; OLG Karlsruhe aaO).

Ein ausländischer Wohnungseigentümer, nicht aber ein deutscher Wohnungseigentümer, hat i.d.R. trotz des Vorhandenseins eines Kabelanschlussses einen Anspruch auf Duldung der Errichtung einer Einzelparabolantenne (→ Antenne, Parabolantenne).

Die Kosten des Betriebs der mit einem Breitbandkabelnetz verbundenen hauseigenen Verteilanlage, an die sämtliche Wohnungseigentümer angeschlossen sind (OLG Celle NJW-RR 1987, 465), zählen zu den Kosten des Gebrauchs des gemeinschaftlichen Eigentums i.S.v. § 16 Abs. 2 WEG, die nach dem vereinbarten oder gesetzlichen → Kostenverteilungsschlüssel auf die Wohnungseigentümer umzulegen sind. Hierzu gehören die Kosten des Betriebsstroms, die durch Zwischenzähler zu ermitteln oder sachverständig zu schätzen sind, sowie die Kosten der Prüfung der Betriebsbereitschaft und Einstellung durch einen Fachmann, und schließlich die laufenden monatlichen Entgelte an die Telekom oder an Kabelservicegesellschaften (OLG Düsseldorf ZWE 2001, 383ff). Demgegenüber zählen das von der Wohnungseigentümergemeinschaft erhobene einmalige Anschlussentgelt (BayVGH DWW 1992, 119) – auch wenn es in Raten bezahlt wird –, die Kosten der Herstellung der Verteilanlage zwischen Übergabepunkt und den Anschlüssen in den einzelnen Eigentumseinheiten und die laufenden Kabelgebühren zu den Kosten des Gebrauchs des Sondereigentums, die i.d.R. nach Wohneinheiten zu verteilen sind (AG Bonn v. 8.11. 2001, 28 II 54/01; Wenzel ZWE 2001, 226, 236). Kosten des Anschlusses durch einen oder einige Wohnungseigentümer an das Breitbandkabelnetz sind hingegen keine die Gemeinschaft betreffenden Kosten (→ Befreiung von Kosten).

▶ **Kaltwasserzähler**

Die Kosten der Wasserversorgung der Sondereigentumseinheiten einschließlich der hieran gekoppelten Kosten der Abwasserentsorgung zählen nicht zu den Lasten und Kosten des gemeinschaftlichen Eigentums i.S.v. § 16 Abs. 2 WEG; da der individuelle Wasserverbrauch ausschließlich dem Gebrauch der jeweiligen Sondereigentumseinheit dient, sind auch die hierdurch verursachten Kosten – ebenso wie die Kosten des Stroms, von Gas etc. – solche des Sondereigentums (BGH NZM 2003, 952, 954; KG NZM 2003, 319f; Bub ZWE 2001, 457f; Wenzel ZWE 2001, 226, 236; Armbrüster ZWE 2002, 145f). Über die Einführung einer verbrauchsabhängigen Wasserkostenabrechnung können die Wohnungseigentümer deshalb als Maßnahme ordnungsmäßiger Verwaltung zur Trennung der Kosten für das Gemeinschafts- und das Sondereigentum durch Mehrheit entscheiden, sofern nicht in der Gemeinschaftsordnung eine Regelung über die Verteilung der Kaltwasserkosten enthalten ist. Der Einbau von Kaltwasserzählern, der für die Umsetzung der beschlossenen oder vereinbarten verbrauchsabhängigen Verteilung der Wasserkosten erforderlich ist, stellt keine bauliche Veränderung, sondern eine Maßnahme ordnungsmäßiger Verwaltung i.S.v. § 21 Abs. 3 WEG dar (BGH NZM 2003, 952, 954; Wenzel ZWE 2001, 226, 236). Insoweit gilt nichts anderes als bei der durch §§ 3, 4 HeizkVO vorgeschriebenen Ausstattung einer Wohnungseigentumsanlage mit Geräten zur Erfassung des Warmwasserverbrauchs (→ Heizkosten- und Warmwasserzähler).

Enthält die Gemeinschaftsordnung eine ausdrückliche Regelung, wonach die Wasserkosten auch des Sondereigentums im

Verhältnis der Miteigentumsanteile zu tragen sind, können die Wohnungseigentümer über die Einführung einer verbrauchsabhängigen Abrechnung nicht mehrheitlich beschließen. In diesem Fall kann ein Wohnungseigentümer die Einführung eines verbrauchsabhängigen Abrechnung nach den Grundsätzen zur Abänderung des → Kostenverteilungsschlüssel nur dann verlangen, wenn außergewöhnliche Umstände ein Festhalten an der bisherigen Regelung als grob unbillig und damit als gegen Treu und Glauben verstoßend erscheinen lassen. Gleiches gilt, wenn die Kostenverteilung – in Fällen entsprechender Beschlusskompetenz – wirksam durch Eigentümerbeschluss geregelt worden ist (BGH NZM 2003, 952, 955; → Zweitbeschluss). Nicht ausreichend ist die Erwartung einer deutlichen Kostenersparnis durch verbrauchsabhängige Abrechnung in einem Zeitraum von zehn Jahren.

Ist die Verteilung der Kosten des Sondereigentums nicht durch Vereinbarung oder Beschluss geregelt, wird die Einführung einer verbrauchsabhängigen Abrechnung i. d. R. ordnungsmäßiger Verwaltung entsprechen, weil sie dem Verursacherprinzip Rechnung trägt und als Anreiz zur Sparsamkeit zu deutlichen Einsparungen führt. Die Wohnungseigentümer haben jedoch einen Ermessensspielraum, der es ihnen ermöglicht, alle für und gegen eine verbrauchsabhängige Abrechnung sprechenden Umstände abzuwägen (BGH NZM 2003, 952, 955; Bub ZWE 2001, 457, 459). Ist der Einbau von Kaltwasserzählern gesetzlich vorgeschrieben oder wäre jede andere Abrechnungsmethode grob unbillig, enspricht nur die verbrauchsabhängige Abrechnung ordnungsmäßiger Verwaltung. Stehen aber die wirtschaftlichen Aufwendungen für die Nachrüstung mit Kaltwasserzählern, deren Wartung und Ablesung in keinem angemessenen Verhältnis zu den eintretenden Einsparungen, widerspricht die verbrauchsabhängige Abrechnung ordnungsmäßiger Verwaltung, wobei die Grundsätze herangezogen werden können, welche zur Verbrauchserfassung für die Wärme- und Warmwasserversorgung entwickelt wurden (→ Heizkosten- und Warmwasserzähler). Maßgeblich ist danach ein Vergleich der Aufwendungen mit den Einsparungen, die sich über zehn Jahre hinweg voraussichtlich erzielen lassen (BGH NZM 2003, 952, 955).

→ Verbrauchserfassungsgeräte stehen Kaltwasserzähler im gemeinschaftlichen Eigentum.

▶ **Kamin, Außenkamin**

Der Kamin stellt bis zum Übergang in die Sondereigentumsräume zwingend gemeinschaftliches Eigentum dar (KG WE 1994, 51), auch wenn er nur für ein Teileigentum im Erdgeschoss genutzt wird (BayObLG ZMR 1999, 50).

Die Veränderung oder Errichtung eines Kamins ist eine bauliche Veränderung, die i. d. R. eine optische Beeinträchtigung i. S. d. § 22 Abs. 1 S. 2 WEG darstellt (BayObLG DWE 1986, 22; OLG Celle WuM 1995, 338 f; OLG Hamburg DWE 1987, 98). Dies gilt in gleicher Weise für die Verlegung von nur individuell nutzbaren Versorgungsleitungen in stillgelegten Schornsteinen (KG WE 1994, 51). Der Anschluss eines Kamins an einen gemeinschaftlichen Schornstein ist eine bauliche Veränderung, die diejenigen Wohnungseigentümer beeinträchtigt, die dadurch von der Benutzung dieses Schornsteins ausgeschlossen werden, was einem ordnungsmäßigen Gebrauch widerspricht (BayObLG ZMR 1985, 239; weitergehend OLG Frankfurt OLGZ 1986, 43 f für den Fall, dass die anderen Wohnungseigentümer aus technischen Gründen ohnehin vom Mitgebrauch ausgeschlossen sind).

Eine zustimmungsfreie bauliche Veränderung, an deren Kosten sich aber die übrigen Wohnungseigentümer nicht zu beteiligen brauchen, kann vorliegen, wenn aus technischen Gründen in einen Kamin ein Edelstahlrohr eingebaut wird, das für die zu einer Wohnung gehörende Heizungsanlage erforderlich ist, und der Kamin nur von diesem Eigentümer genutzt wird. Die Kosten der Instandhaltung des „übrigen" Kamins und die Schornsteinfegergebühren sind als Betriebskosten i. S. des § 16 Abs. 2 dagegen von allen Wohnungseigentümern zu tragen (OLG Köln DWE 1991, 77).

Die Errichtung eines Außenkamins stellt auch in einer Mehrhauswohnanlage eine bauliche Veränderung dar, die der Zustimmung aller Wohnungseigentümer bedarf. Eine konkrete Beeinträchtigung ist jedenfalls darin zu sehen, dass sie – je nach Windrichtung – durch aus dem Kamin entweichenden Rauch belästigt werden können. Dies gilt unabhängig davon, ob der Kamin den technischen Anforderungen der einschlägigen DIN-Vorschriften genügt, die Anlage vom Bezirksschornsteinfeger abgenommen und der Rauch gesundheitsunschädlich ist und nicht riecht (OLG Köln ZWE 2000, 592).

▶ **Kammer**

Dass einzelne zum Sondereigentum gehörende Räume in der Teilungserklärung als „Kammer" bezeichnet worden und räumlich getrennt im ausgebauten Dachgeschoss gelegen sind, steht weder der vollen Nutzung zu Wohnzwecken noch der gesonderten Vermietung entgegen (KG NJW-RR 1991, 1359).

▶ **Kampfhund** → Tierhaltung

▶ **Kampfsportschule** → Sportstudio

▶ **Kanalisation, Abflussrohre**

Die Kanalisation (Abwässerkanäle) auf dem Grundstück dient als Entsorgungseinrichtung bis zum Übergang in das Sondereigentum dem gemeinschaftlichen Gebrauch i.S.v. § 5 Abs. 2 WEG und ist daher zwingend gemeinschaftliches Eigentum. Abflussrohre sind ebenfalls gemeinschaftliches Eigentum, sofern es sich um Hauptleitungen handelt, selbst wenn sie durch Räume führen, die im Sondereigentum stehen. Zuleitungen aus dem Sondereigentumsbereich stehen im Sondereigentum. Verläuft eine Zuleitung zwischen zwei nebeneinanderliegenden Wohnungen, kann an ihr sog. Nachbareigentum (→ Mitsondereigentum) bestehen (OLG Zweibrücken DWE 1987, 31).

▶ **Kantine**

Die in der Teilungserklärung enthaltene Zweckbestimmung „Laden" steht der Nutzung als Sportvereinskantine entgegen (KG NJW-RR 1986, 1073).

▶ **Kapitalkosten** → Kredit

▶ **Katzen** → Tierhaltung

▶ **Katzennetz**

Die Anbringung eines Katzennetzes an einem Balkon ist eine bauliche Veränderung, welche den optischen Gesamteindruck mehr als nur unerheblich beeinträchtigt (OLG Zweibrücken NZM 1998, 376), insbesondere weil bei der Gestaltung der → Fassade besonders strenge Anforderungen gelten.

▶ **Kaufvertrag**

1. Qualifizierung des Vertrages

Der meist als „Kaufvertrag" bezeichnete Vertrag über den Erwerb von Wohnungseigentum vom Bauträger ist richtigerweise ein sog. Bauträgervertrag. Ob sich Herstellungs-, Fertigstellungs-, Nachbesserungs- und Sachmängelgewährleistungsansprüche nach Kauf- oder Werkvertragsrecht richten, war insbesondere für vor dem 1.1. 2002 geschlossene Verträge von Bedeutung, da die Gewährleistungsansprüche des Kauf- und des Werkvertragsrechts erheblich voneinander abwichen. Insbesondere stand allein dem Werkunternehmer ein Nachbesserungsrecht zu, das dem Kaufrecht fremd war; zudem galt bei Anwendung von Kaufrecht die kurze Verjährungsfrist des §477 Abs. 1 BGB a.F., während im Werkvertragsrecht eine fünfjährige Frist galt. Diese beiden Gründe sind entfallen, da §437 Nr. 1 i.V.m. §439 BGB nunmehr auch dem Käufer einen Anspruch auf Nacherfüllung gibt und §438 Abs. 1 Nr. 2 BGB bei Immobilienkäufen eine fünfjährige Verjährungsfrist ab Übergabe vorsieht.

Gleichwohl ist auch bei zum Zeitpunkt des Vertragsabschlusses ab dem 1.1. 2002 bereits fertig gestellten Immobilien nicht einheitlich Kaufrecht anzuwenden (Thode NZBau 2002, 298ff; Dören ZfIR 2003, 497ff; a.A. Hertel DNotZ 2002, 6, 18f; Heimann ZfIR 2002, 167f; Ott NZBau 2003, 233, 235). Zwischen Kauf und Werkvertragsrecht verbleiben nämlich relevante Unterschiede: Allein das Werkvertragsrecht kennt das Selbstvornahmerecht des Erwerbers gem. §637 BGB, das einer raschen Beseitigung aufgetretener Mängel dient; weiter hat der Bauträger nach §635 BGB die Wahl, wie er aufgetretene Mängel beseitigt; schließlich kennt nur das Werkvertragsrecht eine förmliche → Abnahme der Eigentumswohnung und des gemeinschaftlichen Eigentums, was im Verhältnis von Bauträger und Erwerber Rechtsklarheit schafft, da die Abnahme eine jedenfalls konkludente Billigungserklärung voraussetzt. Schließlich würde die ausschließliche Anwendung von Kaufvertragsrecht bei zum Erwerbszeitpunkt bereits fertig gestellten Wohnungen dazu führen, dass innerhalb derselben Eigentümergemeinschaft auf die Beziehungen von Veräußerer und Erwerber z. T. Werkvertragsrecht, z. T. – bei „Nachzüglern" – Kaufvertragsrecht Anwendung finden würde, was nicht sachgerecht ist.

Der Bauträgervertrag ist ein einheitlicher Vertrag sui generis, der Elemente des Kaufvertrages in Bezug auf den Miteigentumsanteil am Grundstück (BGHZ 92, 123; 96, 275) mit der Folge kaufrechtlicher Sachmängelgewährleistung für das Grundstück (BGH WPM 1984, 941; OLG Düsseldorf NJW-RR 1986, 320; OLG Karlsruhe NJW 1991, 1836), des Werkvertrages in Bezug auf das herzustellende oder zu renovierende Gebäude sowie des Auftrags- und Geschäftsbesorgungsvertrages in Bezug auf etwaige weitere Dienstleistungen (BGHZ 92, 123, 126; 96, 275, 277; OLG Köln NJW-RR 2003, 1173), z. B. für die Beschaffung einer Zwischenfinanzierung (BGH NJW 1978, 39) kombiniert (sog. Kombinationsvertrag). Die Bezeichnung des Vertrages als „Kaufvertrag" ist dabei ohne Bedeutung (BGHZ 101, 350; NJW-RR 1991, 342; OLG Celle NJW-RR 1996, 1416).

Errichtet der Bauträger ein Gebäude zum Zwecke der Weiterveräußerung der durch Aufteilung entstehenden Wohnungseigentumseinheiten, so sind die mit ihm geschlossenen Veräußerungsverträge hinsichtlich des Gebäudes und der Außenanlagen als Werkvertrag zu qualifizieren, und zwar unabhängig vom Grad der Fertigstellung bei Vertragsabschluss; maßgeblich hierfür ist Inhalt, Zweck und wirtschaftliche Bedeutung des Vertrages, der den Veräußerer zur Erstellung eines Bauwerks verpflichtet, sowie die Interessenlage der Parteien, insbesondere das Interesse des Erwerbers, einen insgesamt fertig gestellten, mangelfreien Neubau zu erhalten, so dass eine Aufteilung nach dem Grad der Fertigstellung nicht in Betracht kommt (BGHZ 108, 164, 167; 110, 258; OLG Celle NJW-RR 1996, 1416). Ohne Bedeutung ist es, ob das Bauwerk bei Vertragsabschluss schon teilweise oder bis auf wenige Fertigstellungsarbeiten (BGHZ 100, 391) oder vollständig hergestellt und bereits vermietet oder vom Bauträger selbst genutzt wird (BGHZ 74, 204, 208), oder gar vom Erwerber vor Abschluss des Kaufvertrages als Mieter bewohnt wurde (BGH MittBayNot 1986, 1101) oder wegen Absatzschwierigkeiten leer stand (BGH NJW 1985, 1551). Entscheidend ist nur, dass der Bauträger das Bauwerk herstellt oder hergestellt hat, um es zu veräußern. Diese Grundsätze gelten bei der Veräußerung von Eigentumswohnungen in aufgeteilten →Altbauten nur mit Einschränkungen.

Auf den sog. Zweiterwerb – den Kauf vom Ersterwerber bzw. späteren Erwerbern – ist i.d.R. Kaufrecht anzuwenden, und zwar auch dann, wenn der Ersterwerber das Objekt nicht genutzt hat und es sich um einen Erstbezug durch den Zweiterwerber handelt (OLG Celle NJW-RR 1996, 1416f), weshalb sich etwaige Mängelansprüche nach den §§ 438ff BGB richten (→ Gewährleistung).

2. Notarielle Beurkundung, Bestimmtheit des Vertrages

Das gesamte Vertragswerk einschließlich aller Nebenabreden bedarf gem. § 311b Abs. 1 BGB der →notariellen Beurkundung. Zur Erfüllung des Kaufvertrages bedarf es der →Auflassung und der Eintragung des Erwerbers als Eigentümer im Wohnungsgrundbuch, §§ 873, 925, 925a BGB (→Grundbuch). Zur Sicherung des Auflassungsanspruchs des Käufers sollte eine →Vormerkung in das Grundbuch eingetragen werden.

Wird der Kaufvertrag vor einer beabsichtigten Aufteilung geschlossen, so muss weder die Größe des Miteigentumsanteils noch der Inhalt der Teilungserklärung feststehen; es reicht aus, wenn die kaufgegenständliche Wohnung örtlich und räumlich hinreichend bestimmt ist (KG DNotZ 1985, 305) oder der Verkäufer gem. § 315 BGB den weiteren Inhalt des Sondereigentums in der noch abzugebenden Teilungserklärung festlegen darf (BGH NJW 1986, 845; 2002, 2247; a.A. Löwe BB 1986, 152). Entsprechendes gilt für die Befugnis des Bauträgers, das Grundstück in Abteilung II oder III des Grundbuchs belasten zu dürfen, wenn der Umfang dieser Befugnis im Vertrag definiert und begrenzt ist (OLG Frankfurt BauR 2000, 1204).

In dem Vertrag über den Erwerb noch zu begründenden Wohnungseigentums muss die Grundstücksfläche, an welcher ein → Sondernutzungsrecht des Käufers bestehen soll, eindeutig bezeichnet sein; allerdings kann die Bezugnahme auf einen der Kaufvertragsurkunde beigefügten Plan genügen (BGH NJW 2002, 2247).

3. Geschäftsbesorgungsvertrag

Im Rahmen von Bauherrenmodellen wird häufig ein Geschäftsbesorgungsvertrag des Inhalts abgeschlossen, dass der Geschäftsbesorger mit der Wahrnehmung aller Rechte des Erwerbers bei der Abwicklung des Erwerbsvorgangs und allen damit zusammenhängenden Rechtsgeschäften und Handlungen bevollmächtigt wird. Eine solcher Vertrag ist nichtig, wenn diese Tätigkeit nicht nach Art. 1 § 1 Abs. 1 RBerG genehmigt ist, da durch den Abschluss von Verträgen konkrete fremde Rechtsverhältnisse gestaltet werden, wobei es keine Rolle spielt, ob der Geschäftsbesorger einen inhaltlichen Gestaltungsspielraum hat (BGHZ 145, 265, 269ff; NZM 2003, 529). Erlaubnisfrei ist hingegen die „Vollbetreuung" durch einen gewerblichen Baubetreuer, der das Bauvorhaben – anders als der „Geschäftsbesorger" im Namen, in Vollmacht und für Rechnung des Betreuten – typischerweise auf einem Grundstück des Betreuten – durchführt und die Verträge mit den am Bau Beteiligten abschließt (BGHZ 145, 265, 269ff; NJW 1976, 1635). Bei einem derart umfassenden, das eigentliche Bauvorhaben einschließenden Aufgabenkreis ist die Bauerrichtung der Hauptzweck und die Rechtsbesorgung für den Bauherrn lediglich Nebenzweck des Baubetreuers. Bei einem Geschäftsbesorgungsvertrag ist die Rechtsbesorgung hingegen verselbständigt.

Ist der Geschäftsbesorgungsvertrag nichtig, so erfasst die Nichtigkeit auch in diesem enthaltene Vollmachten, z.B. zum Abschluss der erforderlichen Kredit- und Kreditsicherungsverträge (BGH NZM 2002, 33f; 2003, 529). Mit dem Schutzzweck des RBerG wäre es unvereinbar, wenn der unbefugte Rechtsberater trotz der Nichtigkeit des Vertrages Rechtsgeschäfte zu Lasten seines Vertragspartners abschließen könnte (Hermanns DNotZ 2001, 6, 8). Es ist aber stets zu prüfen, ob die aufgrund der Vollmacht abgeschlossenen Rechtsgeschäfte, Kredit- und Kreditsicherungsverträge nach den Grundsätzen der Rechtsscheinshaftung entsprechend §§ 172, 173 BGB wirksam sind (BGH NZM 2003, 529f; Bruchner ZfIR 2001, 128; Wenzel ZWE 2002, 1). Der Bauträger, der in die Konzeption des Gesamtgeschäfts eingebunden ist, kann sich hierauf nicht berufen (BayObLG NZBau 2003, 670). Die Nichtigkeit der dem Treuhänder erteilten Vollmacht hat zur Folge, dass auch eine von ihm erklärte Unterwerfung des Erwerbers unter die Zwangsvollstreckung gegenüber der finanzierenden Bank unwirksam ist (BGH NJW 2004, 59), worauf dieser sich jedoch nicht berufen darf, falls er sich im Darlehensvertrag zur Unterwerfung verpflichtet hat (→ Vergütung des Bauträgers).

▶ Keller

1. Eigentum

Gehört zu einer Eigentumswohnung ein Keller, so wird dieser i.d.R. durch die Teilungserklärung zum Gegenstand des Sondereigentums erklärt. Die räumliche Trennung des Kellerabteils von den Haupträumen der Eigentumswohnung steht dem nicht entgegen; jedes Kellerabteil muss aber in sich abgeschlossen sein, d.h. von den übrigen Kellerabteilen und den im gemeinschaftlichen Eigentum stehenden Flächen abgeteilt und verschließbar sein (BayVGH NJW-RR 1991, 595 z. Erteilung von → Abgeschlossenheitsbescheinigungen für Kellerräume). Maßgeblich ist insoweit die Eintragung des Sondereigentums im Grundbuch; dieses entsteht auch, wenn ein Kellerabteil wegen Fehlens einer Trennwand nicht abgeschlossen ist (BayObLG Rpfleger 1980, 295).

Der Kellerzugang ist gem. § 5 Abs. 2 WEG zwingend gemeinschaftliches Eigentum (BayObLG DWE 1980, 134). Gleiches gilt für die Kellerdecke als konstruktivem Bestandteil des Gebäudes. Nicht sondereigentumsfähig ist auch ein Kellerraum, der den einzigen Zugang zu einem im gemeinschaftlichen Eigentum stehenden Geräteraum bildet (BayObLG WE 1996, 79).

Stehen sämtliche im Kellergeschoss gelegenen Flächen im gemeinschaftlichen Eigentum, können den einzelnen Wohnungseigentümern auch →Sondernutzungsrechte an bestimmten Räumen und Flächen im Keller eingeräumt und diese Sondernutzungsrechte mit dem Sondereigentum verbunden werden.

Sind die Kellerabteile weder Gegenstand des Sondereigentums noch Gegenstand von Sondernutzungsrechten, so bedarf die nachträgliche Zuweisung von Kellerräumen zur ausschließlichen Nutzung durch einzelne Eigentümer einer Vereinbarung aller Eigentümer, da dies eine Änderung der Gemeinschaftsordnung darstellt, durch die die übrigen Miteigentümer in ihren Eigentumsrechten beeinträchtigt werden (LG München I WuM 1988, 182) und – wenn sie auch gegenüber Sonderrechtsnachfolgern gelten soll – der Eintragung in den Grundbüchern.

In der Praxis kommt es häufig vor, dass die Zuweisung von Kellerabteilen nach Fertigstellung von Eigentumswohnanlagen ohne Beachtung der in der Teilungserklärung und im Aufteilungsplan getroffenen Zuordnung erfolgt. Fordert ein Eigentümer, dem ein ihm nicht gehöriger Keller zugewiesen ist, die Räumung und Herausgabe des ihm gehörigen Kellerabteils von dessen Nutzer, so führt dies nicht selten dazu, dass nahezu alle Wohnungseigentümer von einem in ein anderes Kellerabteil umziehen müssen. Im Einzelfall wird der Bauträger, der die unrichtige Zuweisung veranlasst hat, die durch diese „Kellerumzüge" verursachten Schäden (Abänderung von Kellerstellagen etc.) zu ersetzen haben. Ob den Eigentümer, der sich nicht durch Einsichtnahme in den Aufteilungsplan Gewissheit darüber verschafft hat, welches Kellerabteil ihm zusteht, ein Mitverschulden trifft, richtet sich nach den Umständen des Einzelfalls.

Anders ist es zu beurteilen, wenn sich Veräußerer und Erwerber über die Zuweisung eines bestimmten Kellerraumes einig sind, dieser aber aufgrund eines Fehlers des Veräußerers im Aufteilungsplan einem anderen Sondereigentum zugeordnet ist, während der Kellerraum, der dem zu erwerbenden Sondereigentum zugeordnet ist, einem anderen Wohnungseigentümer zugewiesen werden soll. In diesem Fall fehlt hinsichtlich des dem zu erwerbenden Sondereigentum zugeordneten Kellerraums die erforderliche dingliche Einigung gem. §873 BGB, hinsichtlich des tatsächlich zugewiesenen Kellerraums die Auflassung gem. §925 BGB und Eintragung in das Grundbuch, so dass der Erwerber an keinem Kellerraum Eigentum erworben hat.

2. Instandhaltung und Instandsetzung/bauliche Veränderung

Der Ausbau eines im gemeinschaftlichen Eigentums stehenden Montagekellers zu einem Hobbyraum für einen einzelnen Wohnungseigentümer ist eine zustimmungsbedürftige bauliche Veränderung, da die übrigen Miteigentümer hierdurch in ihrem Mitgebrauchsrecht beeinträchtigt werden (a.A. BayObLG Rpfleger 1984, 409). Gleiches gilt für die Schaffung eines Kelleraufgangs oder eine Kellervorbaus (BayObLG DWE 1984 [L]). Die Umgestaltung der Kellerräume, z.B. durch Einbau einer Dusche und eines WC's (BayObLG NJW-RR 1992, 272) oder die Vergrößerung eines Kellerfensters (OLG Düsseldorf NJW-RR 1994, 277; OLG Köln MDR 1995, 1211) sind gleichfalls bauliche Veränderungen; ob die Zustimmung der übrigen Wohnungseigentümer erforderlich ist, richtet sich nach den Umständen des Einzelfalls.

Die Errichtung einer vom Fußboden bis zur Decke reichenden Trennwand hinter der Abgrenzung aus Maschendraht in einem im gemeinschaftlichen Eigentum stehenden Kellerabteil, an dem einem Wohnungseigentümer ein Sondernutzungsrecht zusteht, ist eine bauliche Veränderung und stellt als solche eine Beeinträchtigung des gemeinschaftlichen Eigentums am Keller dar, weil dieser in erheblichem Maße umgestaltet wird. Dies gilt insbesondere, wenn die vorhandene Beleuchtung durch andere Leuchtstoffröhren mit eigenem Sicherungskasten und hierzu installierter Verteilerdose ersetzt wird. Dagegen ist die Anbringung eines Sichtschutzes in Form einer Stoffbespannung als zustimmungsfrei beurteilt worden, selbst wenn dadurch der natürliche Lichteinfall durch das vorhandene Oberlicht in die benachbarten Kellerabteile abgeschnitten wird. Ein derartiger Sichtschutz entspricht noch einem zulässigen Gebrauch des gemeinschaftlichen Eigentums (BayObLG DWE 1983, 61).

3. Nutzung

Keller dienen nach ihrer Zweckbestimmung, die sich aus der Bezeichnung als „Keller" oder „Kellerräume" in der Gemeinschaftsordnung (BayObLG WEZ 1988, 420) oder im Aufteilungsplan im Wege der Auslegung ergibt, i.d.R. der Aufbewahrung von Vorräten und Lagerung von Gegenständen. Eine Nutzung als Partyraum oder zu Wohnzwecken (BayObLG ZWE 2000, 122), als Büroraum oder als Gymnastik-/Tanzstudio (BayObLG WuM 1994, 292) ist wegen der höheren Intensität nicht zulässig. Eine Nutzung als Hobbyraum ist zulässig (OLG Düsseldorf ZMR 1997, 373 – auch z. nicht erforderlichen Entfernung bereits angebrachter Installationen, da diese auch bei der Hobbynutzung verwendet werden dürfen). Die Änderung des Beschriebs eines in der Teilungserklärung als „Gewerbe-/Lagerraum" bezeichneten Teileigentums in „Kellerabteil" stellt keine materielle Änderung der in der Teilungserklärung enthaltenen Zweckbestimmung dar (BayObLG DNotZ 1992, 305). Erlaubt die Gemeinschaftsordnung die Nutzung von Kellerräumen zu Wohnzwecken, „wenn und soweit behördlich zulässig", so setzt die Wohnnutzung keine förmliche Genehmigung voraus; es genügt auch ein Dulden der Baubehörde (BayObLG ZMR 1990, 276).

Ein Mehrheitsbeschluss, der das Abstellen von Motorrädern in Kellerräumen gestattet, ist anfechtbar (BayObLG WuM 1988, 182). Zulässig hingegen ist ein Beschluss, der das Schließen der Kellerfenster regelt (→ Schließregelungen) oder das Abstellen von Fahrrädern und Kinderwagen auf einem Kellervorplatz gestattet (→ Fahrrad, Kinderwagen).

▶ **Kernbereich des Wohnungseigentums**

Der Kernbereich des Eigentums ist jedem Zugriff der übrigen Wohnungseigentümer entzogen. Hierzu zählt jedenfalls das durch Art. 14 GG als Institut geschützte Eigentum. Der Eigentümerversammlung fehlt insoweit jegliche Entscheidungskompetenz. Nichtig sind deshalb Beschlüsse über

• Übergriffe auf das Sondereigentum (BayObLGZ 1985, 345; OLG Düsseldorf WE 1996, 392 z. Schließung eines im Aufteilungsplan eingezeichneten Zugangs zu einer Teileigentumseinheit; Röll WE 1992, 244; Sauren DWE 1992, 50);

- eine Ermächtigung des Verwalters, Sondereigentum in gemeinschaftliches Eigentum umzuwandeln oder umgekehrt (BayObLGZ 1986, 444);
- die äußere Gestaltung des Sondereigentums (OLG Köln NZM 2001, 541f).

Zum Kernbereich des Wohnungseigentums zählen ferner das Recht auf Gebrauch und Nutzung des Sondereigentums, insbesondere das Recht, mit den im Sondereigentum stehenden Gebäudeteilen nach Belieben zu verfahren, z.B. in ihnen zu → musizieren oder Wäsche zu waschen (→ Waschmaschine, Wäschetrocknen), ferner das Grundrecht auf Informationsfreiheit (→ Antenne, Parabolantenne), während die → Tierhaltung nicht zum Kernbereich zählt, und andere von der Einwirkung auszuschließen. Deshalb kann die Entscheidung über generelle Gebrauchsregelungen nicht allgemein delegiert werden. Über den zulässigen Gebrauch können die Wohnungseigentümer mehrheitlich nur im Rahmen ordnungsmäßiger Verwaltung verfügen (→ Gebrauch des Sondereigentums). Wegen Eingriffs in den Kernbereich des Wohnungseigentums und daraus resultierendem Fehlens der Beschlusskompetenz der Eigentümerversammlung ist deshalb z.B. ein Eigentümerbeschluss nichtig, nach dem der Verwalter für die ihre Wohnung vermietenden Wohnungseigentümer den Mietzins einzuziehen hat und diese einen Anteil des Mietertrags der Gemeinschaft zur Verfügung stellen müssen (OLG Düsseldorf NZM 2001, 238).

Zum Kernbereich des Wohnungseigentums gehört schließlich das Recht zur Verwaltung als ein dem Wohnungseigentum immanentes, allen Wohnungseigentümern gleichberechtigt zustehendes Recht. Wesentliche Einschränkungen dieses elementaren und zentralen Selbstverwaltungsrechts sind unwirksam, wenn der Kernbereich der personenrechtlichen Gemeinschaftsstellung zueinander dadurch dauerhaft ausgehöhlt wird (BGHZ 73, 146, 150; 99, 90, 94); insoweit wird das Selbstverwaltungsrecht des Wohnungseigentümers von der Institutsgarantie des Eigentums erfasst. Nicht möglich ist deshalb der vollständige Ausschluss des Abstimmungsrechts oder der vollständige Ausschluss von Mitverwaltungsrechten (BayObLG Rpfleger 1965, 224, 226; OLG Köln NZM 1999, 846). Ein Verzicht auf die Beteiligung an der Verwaltung ist ebenso unwirksam (LG München I Rpfleger 1978, 381f) wie ein vollständiger Ausschluss hiervon, z.B. bei einem stimmrechtslosen Wohnungs- oder Teileigentum (BayObLG Rpfleger 1965, 224, 226; OLG Hamm WE 1990, 70, 72).

▶ **Kinderschaukel**

Die Wohnungseigentümer können mehrheitlich beschließen, auf einer im gemeinschaftlichen Eigentum stehenden Grünfläche eine Kinderschaukel aufzustellen (BayObLG NJWE-MietR 1996, 60; OLG Düsseldorf DWE 1990, 94). Zulässig ist auch ihre Versetzung, wenn die erforderlichen Sicherheitsabstände am ursprünglichen Aufstellungsort nicht eingehalten werden können (BayObLG NZM 1998, 817). Die Entfernung einer mehrheitlich beschlossenen Kinderschaukel kann vom Verwalter nicht verlangt werden (BayObLG NJWE-MietR 1996, 60).

▶ **Kinderspielplatz**

Ein Kinderspielplatz wird i.d.R. aufgrund einer Auflage in der Baugenehmigung bei der Erstherstellung einer Eigentumswohnanlage errichtet. Wird ein Kinderspielplatz aufgrund einer solchen Auflage oder zur Vervollständigung der im Aufteilungsplan vorgesehenen Gestaltung der Außenanlagen von den Wohnungseigentümern erstmalig hergestellt (BayObLG NZM 1998, 817; OLG Düsseldorf DWE 1983, 31) und mit Spielgeräten ausgestattet (KG WE 1992, 110), so handelt es sich um Maßnahmen der ordnungsmäßigen Instandhaltung und Instandsetzung, die mehrheitlich beschlossen werden können; auch der Austausch von Spielgeräten, die einem Kinderspielplatz – im Gegensatz zu einer bloßen Grün- oder Freifläche – erst das Gepräge geben, ist zulässig (OLG Schleswig NZM 2002, 960f z. Austausch von Holz- gegen Stahltore). Der Mehrheitsbeschluss hat sich auf die Bestimmung des Standorts zu erstrecken (LG Freiburg ZMR 1979, 382), wobei auf eine möglichst geringe Beeinträchtigung der Wohnungen zu achten ist. Ist ein Kinderspielplatz weder öffentlich-rechtlich vorgeschrieben noch im Aufteilungsplan oder in den Bauplänen vorgesehen, so ist das erstmalige Anlegen eine →bauliche Veränderung (LG Paderborn WuM 1994, 104), die auf einer Sondernutzungsfläche aber zulässig sein kann (OLG Düsseldorf DWE 1990, 94).

Eine nachträgliche Errichtung eines Kinderspielplatzes wird i.d.R. die übrigen Wohnungseigentümer mehr als nur unerheblich beeinträchtigen, da ihnen insoweit der Gebrauch der Gemeinschaftsfläche entzogen wird (OLG Frankfurt OLGZ 1982, 16). Auf vermehrte Lärmimmissionen kommt es jedoch nicht an, da Kinderlärm im üblichen Rahmen unvermeidbar und von den Wohnungseigentümern hinzunehmen ist.

Eine im Aufteilungsplan als Kinderspielplatz bezeichnete Grundstücksfläche ist grds. zur Nutzung als Spielmöglichkeit für die in der Anlage wohnenden Kinder bestimmt. Die Nutzung durch eine große Anzahl von Kindern, die in einem Teileigentum gegen Entgelt betreut werden, wird von dieser Zweckbestimmung nicht gedeckt (BayObLG ZMR 1998, 182; OLG Düsseldorf NZM 2003, 979).

Mehrheitlich kann auch in der Hausordnung beschlossen werden, dass das Spielen der Kinder hinsichtlich Zeit, Art und Umfang eingeschränkt wird (BayObLG DWE 1982, 98 z. Verbot des Ballspielens und Radfahrens; LG Hamburg ZMR 2003, 878; vgl. aber OLG Schleswig NZM 2002, 960f z. grds. Zulässigkeit des Fußballspielens). Geordnetes Zusammenleben in einer Wohnanlage beinhaltet zwangsläufig, dass sich weder die Interessen der Kinder (Spielbedürfnis) noch diejenigen der älteren Personen (Sicherheit und Ruhe) voll verwirklichen lassen (BayObLG DWE 1982, 98).

Hinsichtlich eines Kinderspielplatzes bestehen erhöhte →Verkehrssicherungspflichten, die auch den Schutz vor solchen Gefahren umfassen, die über das übliche Risiko der Benutzung einer Anlage hinausgehen und nicht ohne weiteres vorhersehbar und erkennbar sind; die niedrigere oder sogar fehlende Entscheidungsfähigkeit von Kindern ist bei der Erkennbarkeit und Vorhersehbarkeit von Gefahren entscheidend zu berücksichtigen (OLG Celle WE 1988, 57; vgl. OLG Frankfurt OLGZ 1982, 16f z. Beseitigung gefährlicher Einfriedungen durch eine Berberitzenhecke oder Stacheldraht). Deshalb sind Kinderspielplätze nur mit ungefährlichen Geräten auszustatten (BGH VersR 1978, 739) und diese laufend zu kontrollieren (BGH NJW 1988, 48).

An den Kosten eines Kinderspielplatzes haben sich, sofern nichts anderes vereinbart ist, auch diejenigen Eigentümer zu beteiligen, denen er objektiv keinen Nutzen bringt, z.B. kinderlose Wohnungseigentümer (→ Befreiung von Kosten).

▶ **Kindertagesstätte**

Mit der Zweckbestimmung des Sondereigentums als „Laden" lässt sich der Betrieb einer „Kindertagesstätte bzw. eines Schülerladens" in der Zeit von Montag bis Freitag von 8.00 bis 17.00 Uhr jedenfalls dann vereinbaren, wenn zuvor besondere Nutzungseinschränkungen, z.B. die Einhaltung der Mittagsruhe oder zusätzliche Schallschutzmaßnahmen festgelegt und durchgeführt wurden (KG NJW-RR 1992, 1102). Auch die Ladennutzung beinhaltet nämlich die An- und Abfahrt von Kunden und Lieferanten und die damit und dem übrigen Betrieb verbundene Lärmbelastung (OLG Düsseldorf NZM 2003, 979). Die Nutzung einer Wohnung (AG Hildesheim WuM 1986, 25) oder von als „Tagungsstätte" bezeichneten Räumlichkeiten (OLG Stuttgart v. 18.12. 1998, 8 W 123/98) als Kindertagesstätte ist unzulässig.

▶ **Kinderwagen** → Fahrrad, Kinderwagen

▶ **Kiosk**

In einem als „Laden" bezeichneten Teileigentum soll kein Kiosk betrieben werden dürfen (OLG Düsseldorf WE 1996, 176).

▶ **Klimaanlage**

Der Einbau einer Klimaanlage in eine Außenwand, die zu diesem Zweck durchbrochen wird (LG Krefeld DWE 1987, 32 [L]), oder in ein Außenfenster (OLG Frankfurt WE 1986, 104) ist eine bauliche Veränderung, die der Zustimmung aller Wohnungseigentümer bedarf, wenn dadurch der optische Gesamteindruck der Wohnanlage mehr als nur unerheblich verändert wird. Demgegenüber werden die anderen Wohnungseigentümer nur unwesentlich beeinträchtigt, wenn zum Zwecke des Einbaus die Tiefgaragendecke durchbohrt wird (BayObLG WE 1997, 78f).

In einer Wohnanlage, die nach der Teilungserklärung als Seniorenwohnanlage mit gesteigertem Ruhebedürfnis ausgestaltet ist, können die Wohnungseigentümer die Errichtung und den Betrieb ortsgebundener Klimaanlagen durch Mehrheitsbeschluss verbieten (BayObLG ZMR 2001, 818).

▶ **Klingelanlage** → Gegensprechanlage

▶ **Kommunalabgaben**

Kommunalabgaben werden von Gemeinden, Gemeindeverbänden und Zweckverbänden nach den jeweils geltenden örtlichen Satzungen i.V.m. dem Kommunalabgabenrecht der einzelnen Bundesländer erhoben. Zu unterscheiden sind Beiträge und Gebühren: Beiträge dienen der Deckung des Aufwands für die Herstellung, Anschaffung, Verbesserung, Erneuerung und Erweiterung öffentlicher Einrichtungen und Anlagen, vgl. z.B. Art. 5 Abs. 1 BayKAG, etwa Straßenbaubeiträge; Gebühren werden nur für die tatsächliche Inanspruchnahme kommunaler Einrichtungen erhoben, etwa bei der Abwasserentsorgung (eingehend Kirchhof DWE 2001, 135).

1. Beitragsschuldner

Den Kreis der potentiell Abgabepflichtigen regelt die jeweilige örtliche Satzung, die insoweit an die Bestimmungen des höherrangigen Landesrechts gebunden ist. Als Abgabenschuldner bestimmen die Kommunalabgabengesetze im Wesentlichen Grundstückseigentümer und Erbbauberechtigte, vgl. Art. 5 Abs. 6 S. 1 BayKAG. Für Wohnungseigentümergemeinschaften enthalten zahlreiche Kommunalabgabengesetze Sonderregelungen (Baden-Württemberg [§ 120 Abs. 4 S. 4 KAG BW]), Bayern [Art. 5 Abs. 6 S. 2 BayKAG], Mecklenburg-Vorpommern [§ 8 Abs. 10 S. 4 KAG MV], Niedersachsen [§ 6 Abs. 8 S. 3 NKAG], Saarland [§ 8 Abs. 3, S. 3 SKAG], Sachsen [§ 21 Abs. 2 S. 2 SächsKAG], Sachsen-Anhalt [§ 6 Abs. 8 S. 3 KAGLSA], Schleswig-Holstein [§ 8 Abs. 5 S. 2 KAG SH], Thüringen [§ 7 Abs. 8 S. 2 TKAG]). Häufig sehen diese vor, dass eine Beitragspflicht nur in Höhe des jeweiligen Miteigentumsanteils des einzelnen Wohnungseigentümers begründet wird (BayVGH NVwZ 1990. 795). Fehlt eine solche Regelung oder sieht das jeweilige Kommunalabgabengesetz eine gesamtschuldnerische Haftung ausdrücklich vor, sind die Wohnungseigentümer für Kommunalabgaben Gesamtschuldner, z.B. gem. § 12 KAG NW i.V.m. § 44 AO, d.h. die Gemeinde kann jeden Wohnungseigentümer in voller Höhe zum Ausgleich der gesamten Abgabenschuld heranziehen (OVG Münster v. 22.3.1996, 15 B 1422/95), der seinerseits Ausgleich von den übrigen Miteigentümern verlangen kann (→ Gesamtschuld).

2. Bekanntgabe

Die persönliche Beitragspflicht entsteht grds. erst mit der wirksamen Bekanntgabe des Bescheides, die u.a. voraussetzt, dass der Bescheid hinsichtlich des Adressaten hinreichend bestimmt ist. Im Fall der Gesamtschuldnerschaft der Wohnungseigentümer ist diese Bedingung erfüllt, wenn der Bescheid allen oder auch lediglich einzelnen Wohnungseigentümern zugestellt worden ist. Es ist nicht erforderlich, dass im Bescheid auf die Eigenschaft der Abgabenschuld als Gesamtschuld hingewiesen wird oder dass alle Gesamtschuldner bezeichnet werden (OVG Münster KStZ 1989, 75; BFH BStBl II 1981, 176). Allerdings werden nur die Eigentümer beitragspflichtig, denen der Bescheid bekannt gegeben worden ist. Der Hinweis auf die gesamtschuldnerische Haftung ändert hieran nichts. Wird nur ein Wohnungseigentümer in Anspruch genommen und erweist sich die Schuld als uneinbringlich, können aber Bescheide auch gegenüber den übrigen Gesamtschuldnern ergehen.

Gegen Gesamtschuldner können auch zusammengefasste Bescheide ergehen, z.B. § 12 KAG NW i.V.m. § 155 Abs. 3 AO, die grundsätzlich jedem der Gesamtschuldner gesondert bekannt gegeben werden müssen, z.B. § 12 KAG NW i.V.m. § 122 Abs. 1 AO. Damit der Bescheid hinreichend bestimmt ist, müssen alle Adressaten mit vollständigem Namen in ihm bezeichnet werden, die Bezeichnung „Wohnungseigentümergemeinschaft XY" ist nicht ausreichend; jedoch ist Auslegung möglich, wenn die Gebührenfestsetzung die auf die einzelnen Wohnungseigentümer entfallenden Gebühren ausweist und ihr zu entnehmen ist, dass die einzelnen Wohnungseigentümer zur Zahlung herangezogen werden sollen (→ Rechts- und Parteifähigkeit der Wohnungseigentümergemeinschaft). Ist der zusammengefasste Bescheid nicht hinreichend bestimmt, ist er hinsichtlich der nicht genannten Wohnungseigentümer nichtig, kann aber gegenüber den namentlich genannten Wohnungseigentümern, denen er bekannt gegeben wurde, u. U. in Einzelbescheide umgedeutet werden.

Zusammengefasste Bescheide gegenüber allen Wohnungseigentümern können auch dem Verwalter bekannt gegeben werden, da gem. § 27 Abs. 2 Nr. 3 WEG Zustellungen an ihn bewirkt werden können, soweit sie an alle Wohnungseigentümer gerichtet sind (→ Zustellung, Zustellungsvollmacht). Der Bescheid muss aber verdeutlichen, dass der Verwalter lediglich Vertreter der Wohnungseigentümer ist; der Verwalter kann nicht als Beitragsschuldner bestimmt werden. Eine Bekanntgabe an den Verwalter ist nicht möglich, soweit eine Beitragsschuld aufgrund der landesgesetzlichen Regelung lediglich in Höhe des jeweiligen Miteigentumsanteils des einzelnen Wohnungseigentümers entsteht.

Zur Einlegung von Rechtsmitteln sind nur diejenigen Gesamtschuldner befugt, denen der Bescheid wirksam bekannt gegeben worden ist, da nur sie in ihren Rechten beeinträchtigt werden, auch wenn die übrigen – nicht genannten – Wohnungseigentümer im Innenverhältnis zum Ausgleich verpflichtet sind. Ihnen verbleibt die Möglichkeit, sich im Ausgleichsprozess auf die Rechtswidrigkeit des Bescheides zu berufen.

3. Öffentliche Grundstücklasten

Abgaben, Beiträge und Gebühren für die Inanspruchnahme öffentlicher Einrichtungen und Anlagen von Gemeinden, Gemeindeverbänden und Zweckverbänden, die durch Kommunalabgabenrecht der Länder zu öffentlichen Grundstückslasten erklärt sind (VGH Kassel NJW 1981, 476; a. A. Messer NJW 1981, 1406, 1408), ruhen auf dem gesamten Grundstück und berechtigen den Abgabengläubiger zur dinglichen Inspruchnahme des Grundstücks (BGH NJW 1981, 2127; BayObLGZ 1999, 252). Hierzu zählen z.B. Anschlussgebühren an die Wasser-, Strom- oder Gasversorgung oder an Kanalisation (vgl. OVG Münster WuM 1994, 406 z. Anschlusszwang), Beiträge zur Deckung des Investitionsaufwandes für die Herstellung, Anschaffung, Erweiterung und Verbesserung öffentlicher Einrichtungen nach dem jeweiligen Kommunalabgabengesetz der Länder (VGH München NJW-RR 1990, 718; 1991, 1171), auch die Kosten für die Verbreiterung oder Erneuerung von Straßen und Plätzen, für die Herstellung von Parkbuchten und Fußgängerzonen. Ist aber landesrechtlich ausdrücklich angeordnet, dass die Beiträge nicht auf der Gesamtheit der Wohnungseigentumseinheiten, sondern auf dem einzelnen Wohnungs- und Teileigentum lasten, handelt es sich nicht um öffentliche Grundstückslasten (Kirchhof ZWE 2000, 562f).

Öffentliche Lasten sind auch Abgaben an wirtschaftliche Gemeindeunternehmen in öffentlich-rechtlicher Organisationsform, ggf. auch an beliehene Unternehmen in öffentlich-rechtlichen Rechtsverhältnissen, die durch Landesrecht und Satzung hierzu erklärt sind, z.B. für die Versorgung mit Strom, Wasser (OLG Stuttgart OLGZ 1979, 34) und Gas, für die Müllabfuhr (BVerwG NJW-RR 1995, 73f; OVG Schleswig NJW-RR 1992, 457), die Abwasser- (OVG Saarlouis NJW-RR 1992, 1491; vgl. VGH Kassel NVwZ-RR 1992, 377 z. Differenzierungsgebot bei unterschiedlicher Leistung einer Kanalisation) und Schmutzwasserbeseitigung einschließlich der sog. Sielgebühren oder für die Straßenreinigung (BayObLGZ 1972, 150; OLG Hamm NJW 1982, 1109); die Straßenreinigungskosten werden häufig nicht zu öffentlichen Grundstückslasten erklärt (vgl. Becker DWE 1994, 52, 57).

Werden die Leistungen von wirtschaftlichen Gemeindeunternehmen, die privatrechtlich etwa als GmbH oder KG ausgestaltet sind, erbracht, so handelt es sich nicht um öffentliche Grundstückslasten, sondern Kosten des Gebrauchs des gemeinschaftlichen Eigentums, da die Zahlungspflichten der Wohnungseigentümer dann auf Privatrecht beruhen (Staudinger/Bub § 16 RN 116).

▶ **Konkurrenzverbote**

Die Vereinbarung von Konkurrenzverboten in der Teilungserklärung ist als Nutzungsbeschränkung möglich, soweit sie sachlich gerechtfertigt sind (BayObLG ZMR 1997, 428; OLG Hamm, FGPrax 1997, 96; OLG Köln WE 1994, 86; Staudinger/Kreuzer § 10 RN 109). Da jedoch die Wirksamkeitsgrenzen schwierig zu bestimmen sind (BayObLG WuM 1990, 164; OLG Köln WE 1994, 87), empfiehlt sich die Eintragung einer (Unterlassungs-) Dienstbarkeit als der sicherere Weg. Ist in der Teilungserklärung ein Teileigentum als Restarant und ein anderes als Café-Koditorei bezeichnet, so sollen damit unmittelbar miteinander konkurrierende Betriebe verhindert werden (BayObLG NZM 1999, 866).

▶ **Konkurs des Bauträgers** → Insolvenz des Bauträgers

▶ **Konkurs eines Wohnungseigentümers** → Insolvenz eines Wohnungseigentümers

▶ **Kontrollpflichten des Verwalters**

1. Nach Fertigstellung der Wohnanlage

Da die erstmalige Herstellung eines mangelfreien Zustandes des Gemeinschaftseigentums eine Maßnahme ordnungsmäßiger Instandhaltung und Instandsetzung darstellt (→ Mängel des gemeinschaftlichen Eigentums), ist der Verwalter verpflichtet, das gemeinschaftliche Eigentum – i.d.R. unter Hinzuziehung eines Sachverständigen – rechtzeitig vor Ablauf der Gewährleistungsfristen auf das Vorhandensein von → Baumängeln zu untersuchen, die Wohnungseigentümer rechtzeitig auf die Möglichkeit des Bestehens von Gewährleistungsansprüchen und den Ablauf von Verjährungsfristen hinzuweisen und dafür zu sorgen, dass in einer Versammlung entsprechende Beschlüsse gefasst werden (BayObLG NZM 2001, 388; OLG Hamm NJW-RR 1997, 143f; Bub PiG 7, 57, 68). Wegen des Zusammenhangs mit der Instandsetzung des gemeinschaftlichen Eigentums handelt es sich um einen Pflichtaufgabe des Verwalters, nicht nur um eine Aufgabe, die dem Verwalter zusätzlich zugewiesen werden kann (OLG Schleswig WE 1980, Heft 2, 33; offen gelassen von BGH NJW-RR 1986, 755f; a.A. OLG Celle GE 1985, 23).

Stellt der Verwalter Mängel des gemeinschaftlichen Eigentums fest, ist er gem. §§ 675, 666 BGB verpflichtet, die Wohnungseigentümer hiervon in Kenntnis zu setzen, erforderliche Maßnahmen zu koordinieren und eine entsprechende Beschlussfassung vorzubereiten (BGH NZM 1998, 118). Unterlässt er es schuldhaft, die Wohnungseigentümer auf den drohenden Ablauf von Gewährleistungsfristen hinzuweisen und eine Entscheidung der Wohnungseigentümer über das weitere Vorgehen herbeizuführen, haftet er wegen Verletzung von Pflichten aus dem Verwaltervertrag (→ Haftung des Verwalters).

2. Regelmäßige Besichtigungen

Der Verwalter hat den Zustand des gemeinschaftlichen Eigentums regelmäßig zum Zwecke der Bestandsaufnahme (BayObLG NZM 1999, 840; Bub PiG 7, 57, 63) und zur Fortschreibung des Instandsetzungsplanes (→ Instandsetzung und Instandhaltung) zu kontrollieren; hierzu gehören auch Dachbegehungen zu Kontrollzwecken (BGH NJW 1993, 1782; a.A. OLG Zweibrücken NJW-RR 1991, 1301). Daneben hat er das Gemeinschaftseigentum durch regelmäßige Begehungen daraufhin zu kontrollieren, ob es sich in ordnungsmäßigem Zustand befindet und Maßnahmen der Instandhaltung und Instandsetzung erforderlich sind (BayObLG NZM 1999, 840). In welchen zeitlichen Abständen Überprüfungen erforderlich sind, richtet sich nach dem Alter und der Qualität der Bausubstanz und der Haustechnik, aber auch danach, welche Wartungsverträge abgeschlossen sind (Bub PiG 7, 57, 63). Zur Kontrollpflicht des Verwalters gehört es auch, Hinweisen Dritter nachzugehen, etwa von Wohnungseigentümern, des Hausmeisters oder von Handwerkern, die bei Wartungs- oder Reparaturarbeiten die Notwendigkeit von Instandsetzungsarbeiten erkannt haben (BPM § 27 RN 50; Bub PiG 7, 57, 63).

Soweit im Verwaltervertrag nicht anderes geregelt ist, erfüllt der Verwalter seine Kontrollaufgabe, wenn er den gewöhnlichen Instandhaltungs- und Instandsetzungsbedarf selbst feststellt und dokumentiert. Der Verwalter ist aber grds. nicht verpflichtet, die erforderlichen Kontrollen in eigener Person durchzuführen. Ob mit der Überprüfung im Rahmen eines Wartungsvertrages ein Fachunternehmer beauftragt werden soll, entscheiden die Wohnungseigentümer (BayObLG NZM 1999, 840). Der Verwalter hat die Wohnungseigentümer jedoch auf die Möglichkeit und gegebenenfalls die Erforderlichkeit eines Wartungsvertrages hinzuweisen (KG NZM 1999, 131). Er hat die die Wohnungseigentümer auch zu beraten, in welchen Fällen Sachverständige oder Sonderfachleute, etwa zur Feststellung der Schadensursache oder zur Erarbeitung eines Sanierungskonzepts, hinzugezogen werden müssen, oder ein → selbständiges Beweisverfahren eingeleitet werden muss, weil der festgestellte Zustand Grundlage für Regressansprüche gegen Dritte ist und die hierfür erforderlichen Beweise gesichert werden müssen.

Verletzt der Verwalter seine Kontrollpflichten, haftet er den Wohnungseigentümern wegen Verletzung seiner Pflichten aus dem Verwaltervertrag. Von ihm zur Durchführung von Instandhaltungs- und Instandsetzungsarbeiten hinzugezogene Dritten sind nicht seine Erfüllungsgehilfen i. S. von § 278 BGB, sondern allein Vertragspartner der Wohnungseigentümer. Auf Empfehlungen von Fachleuten darf sich der Verwalter verlassen (→ Haftung des Verwalters).

▶ **Kopfprinzip** → Stimmrecht

▶ **Kosmetiksalon**

Ein zu einem Wohnungs- bzw. Teileigentum gehörender Raum, der im Aufteilungsplan als „Abstellraum" bezeichnet ist, darf auch als Kosmetiksalon genutzt werden (OLG Bremen WuM 1993, 696).

▶ **Kosten des gemeinschaftlichen Eigentums** → Lasten und Kosten

▶ **Kostenentscheidung**

Gem. § 47 WEG muss der Richter zusammen mit der Sachentscheidung nach billigem Ermessen bestimmen, welche Beteiligten welche Kosten zu tragen haben. Dies gilt auch für die Rechtsmittelverfahren zweiter und dritter Instanz. Eine Entscheidung über die hier entstandenen Kosten unterbleibt nur dann, wenn das Rechtsmittelgericht nicht auch in der Sache entscheidet, sondern diese an die Vorinstanz zurückverweist. Diese hat dann insgesamt über die bis dahin in allen Rechtszügen entstandenen Kosten des Verfahrens zu entscheiden. Dabei können für die einzelnen Rechtszüge unterschiedliche Kostenentscheidungen ergehen.

Inhaltlich betrifft § 47 WEG nur die prozessuale Kostenerstattungspflicht, d. h. die Zuordnung der Verfahrenskosten zu den Verfahrensbeteiligten nach prozessualen Maßstäben. Die Regelung ist daher für die Kostentragung nicht erschöpfend, sondern lässt Raum für einen ergänzenden materiellrechtlichen Anspruch auf Kostenerstattung. Deswegen kann je nach Sachlage neben den prozessualen auch noch ein materieller Erstattungsanspruch – etwa wegen Verzugs – treten, ggf. ihm sogar entgegengerichtet sein. Diesen hat das Wohnungseigentumsgericht – anders als das Prozessgericht im Rahmen der Entscheidung nach §§ 91 ff ZPO – zu berücksichtigen (BayObLG NZM 2003, 30; OLG Zweibrücken NZM 1999, 1154; Staudinger/Wenzel § 47 RN 8), denn die gerichtliche Kostenverteilung würde billigem Ermessen nicht entsprechen, wenn sie einer materiell-rechtlichen Erstattungspflicht nicht Rechnung trägt. Etwas anderes gilt, falls das Gericht die Rechtslage nicht abschließend beurteilen kann (BayObLG NZM 2003, 30).

1. Gerichtskosten

Unter die Gerichtskosten fallen die Gebühren und Auslagen des Gerichts, der Zeugen und Sachverständigen sowie die Kosten der Instandsetzung von Schäden, die durch eine gerichtlich angeordnete Beweisaufnahme verursacht wurden (BayObLGZ 1973, 145, 149f). Wer sie zu tragen hat, bestimmt das Gericht nach billigem Ermessen. I.d.R. entspricht es billigem Ermessen, die Gerichtskosten nach Maßgabe der §§ 91 ff ZPO in Übereinstimmung mit dem Ausgang des Streits in der Hauptsache (BGHZ 111, 148, 153; BayObLG WE 1991, 172; Staudinger/Wenzel § 47 RN 12) zu verteilen. Dies folgt aus dem Veranlassungsprinzip, wonach derjenige die Kosten tragen soll, der durch unberechtigtes Verhalten die gerichtliche Tätigkeit veranlasst hat (BGHZ 118, 312, 325). Die Gerichtskosten fallen daher i.d.R. der unterliegenden Partei nach Maßgabe ihres Unterliegens zur Last. Dies gilt auch für die Rechtsmittelinstanzen. Eine im Beschwerdeverfahren erfolglose Partei hat die Gerichtskosten des Beschwerdeverfahrens ebenso zu tragen wie eine unterlegene Partei die Kosten erster Instanz, §§ 97 Abs. 1 ZPO, 13a Abs. 1 S. 2 FGG. Wegen des fehlenden Begründungszwangs können die Kosten einer Partei dagegen nicht deswegen auferlegt werden, weil sie das Rechtsmittel nicht überzeugend begründet hat (a.A. OLG Hamm WuM 1995, 220). Die Kosten einer zulässigen unselbständigen Anschlussbeschwerde treffen grds. den Beschwerdeführer, wenn er unterliegt oder das Rechtsmittel zurücknimmt (BayObLG WE 1996, 472).

Als Veranlasser gilt grds. auch der Beteiligte, der ein Verfahren in Gang gesetzt hat, den Antrag oder das Rechtsmittel aber wieder zurücknimmt (BayObLG WuM 1996, 506; ZMR 1998, 41f; 1999, 421) oder auf das Verfahren verzichtet (BayObLG WE 1997, 120; Staudinger/Wenzel § 47 RN 13). Haben die Parteien das Verfahren in der Hauptsache übereinstimmend für erledigt erklärt, so sind die Kosten entsprechend dem voraussichtlichen Verfahrensausgang zu verteilen (BayObLG ZMR 1999, 775f; ZWE 2000, 348, 350). Dabei werden weitere Ermittlungen nicht angestellt und Rechtsfragen von grundsätzlicher Bedeutung nicht entschieden (BayObLG WE 1990, 28f). Die sich aus den §§ 91a und 93 ZPO ergebenden Rechtsgedanken können berücksichtigt werden (BayObLG WE 1999, 154; ZWE 2000, 354f).

Dem Veranlassungsprinzip entspricht es ferner, dass demjenigen die Kosten zur Last fallen, durch dessen Verschulden sie entstanden sind. Das kann z.B. bei einem Streit über die Auslegung der Gemeinschaftsordnung derjenige Beteiligte sein, dessen Sache es gewesen wäre, der Gemeinschaftsordnung eine klare und eindeutige Fassung zu geben (BayObLGZ 1965, 283, 289) oder wer erst im Rechtsmittelverfahren darauf hinweist, dass er nicht mehr als Eigentümer im Grundbuch eingetragen ist (BayObLG WE 1991, 84). Schuldhaft handelt auch, wer das Verfahren durch einen vorwerfbaren Verstoß gegen die Gemeinschaftsordnung verursacht hat (LG Bremen WuM 1995, 49), z.B. der Verwalter, der einen Beschluss als Versammlungsleiter entgegen der Gemeinschaftsordnung nicht protokollieren ließ oder die Niederschrift nicht rechtzeitig vorgelegt hat und dadurch die Anfechtung verursacht hat (BGH NJW 1997, 2956f; BayObLG NZM 2001, 754), oder eine sofortige Beschwerde verspätet einlegt (BayObLG NZM 2003, 67f); ferner, wer als gerichtsbekannter Querulant seit Jahren Anlass zu gerichtlichen Verfahren gibt und – wie in der Vergangenheit – unterlegen ist (BayObLG WE 1994, 184) oder wer als Verfahrensbevollmächtigter eigenmächtig ohne Vollmacht handelt (BGHZ 121, 397, 400; BayObLG NZM 1999, 1059; KG WuM 1996, 377; Staudinger/Wenzel § 47 RN 14).

Obsiegt eine Partei in zweiter Instanz aufgrund einer erst hier erfolgten Präzisierung ihres Antrags oder aufgrund eines Vorbringens, das sie im ersten Rechtszug geltend zu machen imstande gewesen wäre, können ihr die Gerichtskosten des Rechtsmittelverfahrens ebenfalls aufgebürdet werden, § 97 Abs. 2 ZPO analog. Erledigt sich das Verfahren durch Vergleich, so sind die Gerichtskosten i.d.R. entsprechend § 98 ZPO auf die den Vergleich abschließenden Beteiligten zu gleichen Teilen zu verteilen, wenn die Parteien keine abweichende Regelung getroffen, insbesondere die Anwendung von § 98 ZPO abbedungen haben (BayObLG Rpfleger 1980, 192f).

Die Wohnungseigentümer haben den Verwalter, der ihre Interessen in einem Rechtsstreit wahrnimmt, von den ihm auferlegten Verfahrenskosten freizustellen. Dies gilt nicht, soweit er den Wohnungseigentümer zum Schadensersatz verpflichtet ist, weil er den Anfall der Verfahrenskosten durch Verletzung seiner Vertragspflichten verursacht hat (BayObLG NZM 2000, 964 z. fehlenden Prüfung der Beschlussfähigkeit einer Versammlung).

2. Außergerichtliche Kosten

Die außergerichtlichen Kosten, insbesondere die Kosten eines mit der Verfahrensführung beauftragten Rechtsanwaltes, tragen im Regelfall gem. § 13a FGG die Beteiligten selbst (BGH WPM 1984, 1254; BayObLG NZM 2002, 869). Von daher ist die Anordnung einer Kostenerstattung die – zu begründende (BayObLG Rpfleger 1983, 14) – Ausnahme. Im Unterschied zur Rechtslage bei den

Gerichtskosten rechtfertigt deswegen das Unterliegen allein noch keine Überbürdung der außergerichtlichen Kosten. Es müssen vielmehr besondere Gründe vorliegen, die es billig erscheinen lassen, dem Unterliegenden – zusätzlich zu den Gerichtskosten und den eigenen außergerichtlichen Kosten – auch die Kosten des Gegners aufzuerlegen.

Ein Grund, die außergerichtlichen Kosten einer Partei ganz oder teilweise aufzuerlegen, ist vor allem dann gegeben, wenn die Rechtsverfolgung oder Rechtsverteidigung mutwillig, d. h. deren Aussichtslosigkeit für den betreffenden Beteiligten von vornherein erkennbar war und es deswegen unbillig wäre, den Verfahrensgegner mit den ihm erwachsenen außergerichtlichen Kosten zu belasten (BayObLGZ 1985, 71; KG NJW-RR 1992, 404), aber auch zur Berücksichtigung materiell-rechtlicher Kostenerstattungsansprüche (BayObLG NJW-RR 2003, 80), etwa wenn der Verwalter eine Beschlussanfechtung schuldhaft verursacht hat (BGH NJW 1998, 755). Dadurch wird die Mehrheit der Wohnungseigentümer vor schikanösen Beschlussanfechtungsverfahren geschützt (Schmid BlBGW 1982, 221 f), z.B. vor der Anfechtung aller Beschlüsse ohne Begründung (AG Düsseldorf WE 1987, 163). Die Anordnung einer Erstattungspflicht kommt ferner in Betracht, wenn ein Beteiligter das Verfahren durch schuldhaftes Verhalten veranlasst hat, z.B. mit der Zahlung fälliger Vorschüsse, Umlagen oder Beiträge in Verzug geraten ist (BayObLG NZM 1999, 854; ZMR 2001, 561; OLG Köln NZM 1999, 1155; Staudinger/Wenzel § 47 RN 19) oder bauliche Veränderungen eigenmächtig durchgeführt hat (OLG Celle NJW-RR 1994, 977, 980), da es unbillig wäre, die Eigentümergemeinschaft in diesem Fall auch noch mit den Kosten eines gerichtlichen Verfahrens zu belasten. Die Erfolglosigkeit einer Beschwerde rechtfertigt es für sich allein nicht, dem Beschwerdeführer die Kosten aufzuerlegen (BayObLG WuM 1994, 567 f); hat aber die Vorinstanz die Sach- und Rechtslage aufgeklärt oder ist die Rechtslage eindeutig, so kann dies im Einzelfall die Anordnung der Erstattungspflicht rechtfertigen (BayObLG WuM 1989, 470; 1991, 632; OLG Hamm WuM 1995, 220, 222).

Grds. hat auch derjenige, der seinen Antrag oder sein Rechtsmittel zurücknimmt, die außergerichtlichen Kosten des Gegners sowie ggf. die des unselbständigen Anschlussbeschwerdeführers zu erstatten, § 269 ZPO analog (BayObLGZ ZMR 1999, 841; NZM 1998, 977; a.A. KG ZWE 2000, 42f; OLG Köln ZMR 1999, 788); dies gilt insbesondere dann, wenn das Rechtsmittel erst nach der Erklärung, das Rechtsmittelverfahren werde durchgeführt (BayObLG ZWE 2000, 217), oder eingehender mündlicher Erörterung der Rechtslage (BayObLG NZM 1998, 977) zurückgenommen wird. Von einer Erstattungsanordnung kann aber bei Vorliegen besonderer Umstände abgesehen werden. Dies ist im Falle einer Antrags- oder Rechtsmittelrücknahme insbesondere dann angezeigt, wenn die Rücknahme auf nicht zu vertretenden Umständen beruht, z.B. auf einer außergerichtlichen Einigung oder einem nicht zu vertretenden Wegfall des Rechtsschutzbedürfnisses, und die Partei dadurch grundlos schlechter stünde als bei Durchführung des Verfahrens (KG OLGZ 1989, 438, 440; Rau ZMR 1998, 42f). Eine Überbürdung der Kosten ist aber auch dann unbillig, wenn die Antragstellung oder Rechtsmitteleinlegung nur zur Fristwahrung erfolgte (BayObLG ZWE 2000, 359; NZM 2003, 246), weil z.B. der Verwalter das Protokoll der Eigentümerversammlung nicht rechtzeitig verschickt hat – in diesem Fall kann ein Teil der Gerichtskosten dem Verwalter überbürdet werden (BayObLG ZMR 2001, 815) – oder eine fristgerechte Entscheidung über die Rechtsverfolgung nicht zu erlangen war und es dem Gegner zugemutet werden konnte, mit Aufwendungen für das Beschwerdeverfahren, z.B. Anwaltsbeauftragung, bis zur Klarstellung, ob das Rechtsmittel durchgeführt wird, zu warten. Dasselbe hat dann zu gelten, wenn die Beschwerde nach Ablehnung der Wiedereinsetzung – wie angekündigt – zurückgenommen wird (OLG Düsseldorf WuM 1998, 179f) oder wenn die Rücknahme (BayObLG NZM 1999, 852) bzw. Erledigungserklärung (BayObLG WuM 1994, 168) auf der vom Gericht vermittelten Einsicht von der Unzulässigkeit (vgl. BayObLG WE 1989, 67f) oder Aussichtslosigkeit des bisher verfolgten Antrags (BayObLG WuM 1993, 492; 2003, 115) oder Rechtsmittels (BayObLG NZM 2000, 1025; 1999, 506) beruht.

3. Kostenfestsetzung, Rechtsmittel

Über die Kosten ist vom Gericht zusammen mit der Hauptsache zu befinden. Die Kostenentscheidung kann nur zusammen mit der Hauptsacheentscheidung im Beschwerdeverfahren nach §20a Abs. 1 FGG angegriffen werden (BayObLG WE 1988, 199). Der Beschwerdegegner kann sich aber mit der → Anschlussbeschwerde allein gegen die Kostenentscheidung wenden (BGHZ 71, 314); dies gilt auch für die sofortige weitere Anschlussbeschwerde (BGHZ 95, 123). Das Beschwerdegericht kann die Kosten aber auch dann ändern, wenn die Kostenlast eine Partei trifft, die ihrerseits keine Beschwerde eingelegt hat (BayObLG WE 1997, 237), da das Verbot der reformatio in peius für die Kostenentscheidung als Nebenentscheidung nicht gilt (BayObLG WE 1992, 169).

Selbständige Kostenentscheidungen, z.B. nach Erledigung der Hauptsache (BayObLG WE 1988, 198), Rücknahme des Antrags oder eines Rechtsmittels (BayObLG WE 1990, 219) oder nach Vergleich unter Ausschluss des §98 ZPO (BayObLG WE 1990, 138), können gem. §20a Abs. 2 FGG mit der sofortigen Beschwerde angegriffen werden, wenn der Wert des Beschwerdegegenstandes € 100,– übersteigt. Voraussetzung für die Beschwerde gegen eine isolierte Kostenentscheidung ist zudem, dass gegen die Entscheidung in der Hauptsache eine Beschwerde zulässig gewesen wäre, insbesondere der Beschwerdewert erreicht ist (BayObLGZ 1991, 203). Der die Teilerledigung betreffende Teil einer sog. gemischten Kostenentscheidung kann isoliert angegriffen werden (BayObLG WE 1989, 209), wenn gegen die Entscheidung über den erledigten Teil der Hauptsache eine Beschwerde zulässig wäre (BayObLG ZMR 2002, 366).

Eine weitere Beschwerde ist nur gegen erstmalige isolierte Kostenentscheidungen des Beschwerdegerichts statthaft, wenn der Beschwerdewert € 100,– übersteigt, §27 Abs. 2 FGG; im Übrigen ist eine weitere Beschwerde gegen Kostenentscheidungen ausgeschlossen. Dies gilt auch dann, wenn das Beschwerdegericht die Erstbeschwerde als unzulässig verworfen hat (OLG Hamm NZM 1999, 576f). Der Rechtsmittelausschluss gilt auch für die Anfechtung einer gemischten Kostenentscheidung hinsichtlich des erledigten Teils (BayObLG NZM 1998, 119; OLG Hamm NZM 1999, 576f).

Ist die Kostenentscheidung formell rechtskräftig geworden oder haben die Parteien die Kostentragungspflicht in einem gerichtlichen Vergleich geregelt, sind die zu erstattenden Kosten in einem förmlichen Verfahren auf Antrag festzusetzen. Für dieses Verfahren gelten gem. § 13a Abs. 3 FGG die Vorschriften der §§ 103 bis 107 ZPO entsprechend. Zuständig ist der Rechtspfleger (§ 21 Nr. 1 RPflG). Gegen die Entscheidung ist die sofortige Beschwerde zulässig (§§ 11 Abs. 1, 21 Nr. 1 RPflG, § 104 Abs. 3 ZPO), sofern der Wert des Beschwerdegegenstandes, d. h. der Wert der beanstandeten Kosten, € 100,– übersteigt (§ 567 Abs. 2 ZPO), andernfalls die befristete Rechtspflegererinnerung. Der Rechtspfleger ist zu einer Abhilfeentscheidung nicht befugt (OLG Brandenburg NJW 1999, 1268; OLG Frankfurt NJW 1999, 1265; a.A. OLG Köln Rpfleger 1999, 121; OLG München Rpfleger 1999, 16). Die Rechtsbeschwerde findet nur statt, wenn das Beschwerdegericht sie zugelassen oder die Rechtssache grundsätzliche Bedeutung hat, § 574 Abs. 1, 2 ZPO.

Der Kostenfestsetzungsbeschluss ist nach § 794 Abs. 1 Nr. 2 ZPO ein selbständiger Vollstreckungstitel, aus dem die Zwangsvollstreckung auch vor Eintritt der formellen Rechtskraft schon beginnen kann, wenn der Beschluss mindestens zwei Wochen vorher zugestellt wurde, § 798 ZPO. Er erwächst hinsichtlich der in ihm zugesprochenen oder aberkanntenKosten in materieller Rechtskraft (BGHZ 111, 168, 170; Staudinger/Wenzel § 47 RN 37).

4. Kostenverteilung

Verfahrenskosten sind gem. § 16 Abs. 5 WEG, sofern die Wohnungseigentümer keine abweichende Vereinbarung getroffen haben, keine Verwaltungskosten i.S.d. § 16 Abs. 2 WEG. Der Verwalter darf diese deshalb nicht aus den gemeinschaftlichen Geldern bezahlen, dies gilt auch für Kostenvorschüsse (BayObLGZ NJW-RR 1991, 1360f). Sie sind vielmehr von den Verfahrensbeteiligten allein vorzuschießen (BayObLGZ 1976, 223, 225).

Sind Antragsteller oder Antragsgegner alle oder nahezu alle Wohnungseigentümer, z.B. bei Verfahren gegen den Verwalter oder gegen den ausgeschiedenen Verwalter (OLG Hamm OLGZ 1989, 47), bei Beschlussanfechtungsverfahren (BayObLG ZWE 2001, 599f) oder bei Verfahren gegen einzelne Wohnungseigentümer auf Zahlung von Kostenbeiträgen (KG NJW-RR 1992, 845f), handelt es sich bei den Kosten dieser Verfahren im Sinne einer einschränkenden Auslegung des § 16 Abs. 5 WEG um Verwaltungskosten i. S. d. § 16 Abs. 2 WEG, da § 16 Abs. 5 WEG lediglich verhindern will, dass Streitigkeiten zwischen einzelnen Wohnungseigentümern auf Kosten aller Wohnungseigentümer ausgetragen werden (OLG Hamm OLGZ 1989, 47; Staudinger/Bub § 16 RN 182). In diesem Fall ist der Verwalter deshalb auch berechtigt, Vorschussleistungen aus gemeinschaftlichen Geldern zu erbringen (BayObLG ZWE 2001, 599f; OLG Köln WuM 1996, 245). An den Kosten eines Rechtsstreits gegen den Bauträger wegen Mängeln des gemeinschaftlichen Eigentums hat sich auch der Bauträger, der zugleich Wohnungseigentümer ist, zu beteiligen (BayObLG NJW 1993, 603f).

Für die endgültige Verteilung der Kosten von Verfahren nach § 43 WEG ist die gerichtliche Kostenentscheidung nach § 47 WEG maßgeblich (BGHZ 115, 253, 256; BayObLG NJW-RR 2002, 158f), die insoweit als speziellere Regelung die Anwendung von § 16 Abs 2 WEG ausschließt. Sind mehrere Wohnungseigentümer zur Kostentragung verurteilt, gilt im Verhältnis zwischen ihnen im Zweifel die Kostenverteilungsregelung des § 16 Abs 2 WEG (BayObLGZ 1992, 210, 213; KG NJW-RR 1992, 845f; OLG Köln ZfIR 2003, 683; Merle WE 1991, 4; a.A. OLG Düsseldorf NZM 2003, 327; OLG Hamm OLGZ 1989, 47; Palandt/Bassenge § 16 RN 13; Drasdo WuM 1993, 226: Verteilung gem. §§ 426 Abs. 1 S. 1 BGB, 100 Abs. 1 ZPO nach Kopfteilen). Ein Mehrheitsbeschluss der Wohnungseigentümer, der die gerichtliche Verteilung ändert, ist nichtig (KG WE 1987, 122; a.A. Palandt/Bassenge § 16 RN 13: nur anfechtbar).

▶ **Kostenverteilungsschlüssel**

Jeder Wohnungseigentümer ist den anderen Wohnungseigentümern gegenüber verpflichtet, zu den Lasten des gemeinschaft-

Kostenverteilungsschlüssel

lichen Eigentums sowie zu den Kosten der Instandhaltung, Instandsetzung, sonstigen Verwaltung und eines gemeinschaftlichen Gebrauchs des gemeinschaftlichen Eigentums beizutragen. Welcher Beitrag jeder einzelne Wohnungseigentümer zu leisten hat, richtet sich nach dem Kostenverteilungsschlüssel.

1. Gesetzlicher Kostenverteilungsschlüssel

Gem. § 16 Abs. 2 WEG ist gesetzlicher Schlüssel für die Verteilung der Lasten und Kosten das Verhältnis der im Grundbuch gem. § 47 GBO eingetragenen →Miteigentumsanteile, der auch dann maßgeblich ist, wenn einzelne Wohnungseigentümer einen Gegenstand des gemeinschaftlichen Eigentums nicht nutzen können (→Befreiung von Kosten). Der Wohnungseigentümer wird von seiner Beitragspflicht nicht auch dadurch befreit, dass er seine Wohnung leerstehen lässt oder häufig abwesend ist (→Abwesenheit des Wohnungseigentümers, leerstehende und nicht fertiggestellte Wohnungen).

Die Heiz- und Warmwasserkosten sind nach den weitgehend unabdingbaren Vorschriften der HeizkVO zu verteilen, die gem. § 3 HeizkVO auch auf Wohnungseigentumsanlagen anzuwenden ist (→Heiz- und Warmwasserkosten).

2. Vereinbarter Kostenverteilungsschlüssel

Da § 16 Abs. 2 WEG keine zwingende Vorschrift ist (BayObLG ZWE 2001, 597; KG WuM 1996, 171, 173) kann in der →Gemeinschaftsordnung ein Verteilungsschlüssel vereinbart werden, der den Besonderheiten der betreffenden Wohnungseigentumsanlage Rechnung trägt. So kann eine Verteilung nach Wohn- und Nutzflächen (OLG Hamm NJW-RR 1996, 911f; z. Begriff →Wohnfläche) – maßgeblich sind die in der Teilungserklärung angegebenen Flächen (Staudinger/Bub § 16 RN 30); Balkone, Loggien und Dachterrassen sind in diesem Fall mit einem Viertel ihrer Grundfläche anzusetzen (BayObLGZ 1996, 58) – oder auch nach Kopfzahl (BayObLGZ 1991, 396) – maßgeblich ist in diesem Fall, wie viele Personen die jeweilige Einheit tatsächlich nutzen (Staudinger/Bub § 16 RN 32) – oder die Verteilung der Verwaltervergütung in gleicher Höhe auf jedes Wohnungseigentum (→Vergütung des

Verwalters) oder verbrauchsabhängiger Kosten wie z.B. Wasser oder Abwasser nach gemessenem Verbrauch (BayObLG WuM 1992, 156f), vereinbart werden. Der Beschluss über den Einbau von →Kaltwasserzählern ändert in diesem Fall nicht den Kostenverteilungsschlüssel und ist jedenfalls nicht nichtig.

Zulässig sind weitere Vereinbarungen, z.B. über
- die Einführung von →Nutzungsentgelten, →Umzugskostenpauschalen oder Vermietungspauschalen (→Vermietung von Wohnungseigentum);
- die Verpflichtung, bestimmte persönliche Dienstleistungen in Natur anstelle von Beitragspflichten in Geld zu erbringen (→Persönliche Dienstleistungspflichten);
- die Befreiung bestimmter Wohnungseigentümer von der Teilnahme an bestimmten Kosten, etwa der Eigentümer von im Erdgeschoss liegenden, von außen zugänglicher Einheiten von der Teilnahme an Hausreinigungs- oder Aufzugskosten (→Befreiung von Kosten);
- die Überbürdung von Kosten der Instandhaltung, Instandsetzung und Erneuerung von im gemeinschaftlichen Eigentum stehenden Bauteilen jeweils auf die Wohnungseigentümer, die diese allein nutzen, z.B. →Fenster, →Rollläden oder →Balkon- oder →Wohnungseingangstüren, oder auf eine Gruppe von Wohnungseigentümern, z.B. für die Kosten einer Tiefgarage (→Garagen, Sammel- und Tiefgaragen). Der Begriff der Instandsetzung erfasst dabei auch die vollständige Erneuerung und Ersatzbeschaffung (→Balkon; →Fenster), nicht aber Arbeiten im konstruktiven Bereich (→Garagen). Die nichtige Zuordnung von zwingend im gemeinschaftlichen Eigentum stehenden Bauteilen zum Sondereigentum kann gem. § 140 BGB in eine solche Kostentragungsregelung umgedeutet werden (→Gemeinschaftliches Eigentum). Die Kostenüberbürdung kann auch in der Einräumung eines →Sondernutzungsrechts enthalten sein;
- eine Verteilung der Lasten und Kosten, soweit getrennt erfassbar, allein auf das jeweilige Gebäude, für das sie anfallen, bei →Mehrhauswohnanlagen.

3. Änderung des Kostenverteilungsschlüssels

Die Änderung des gesetzlichen oder vereinbarten Verteilungsschlüssels bedarf der Vereinbarung sämtlicher Wohnungseigentümer und – um auch gegenüber Sonderrechtsnachfolgern verbindlich zu werden – der Eintragung im Grundbuch (BGH NJW 2000, 3500). Die Inhaber dinglicher Rechte, insbesondere Grundpfandgläubiger an den Wohnungseigentumseinheiten, zu deren Lasten, der Kostenverteilungsschlüssel geändert wird, müssen i.d.R. nicht zustimmen, da ihre Rechtsstellung nicht beeinträchtigt wird (BGH NJW 1994, 3230f) und ein nur wirtschaftlicher Nachteil die Zustimmungspflicht nicht auslöst. Die Zustimmung eines Realberechtigten wirkt auch gegen seinen Rechtsnachfolger (OLG Hamm DNotZ 1995, 632f).

Eine Änderung des Kostenverteilungsschlüssels ist häufig das geeignete Mittel zur Vermeidung einer unbilligen Benachteiligung einzelner Wohnungseigentümer, etwa wenn eine nach der Vereinbarung zulässige Änderung der Wohnnutzung in eine gewerbliche Nutzung mehrheitlich beschlossen wird (LG Bremen WuM 1994, 396).

a) Änderung durch Mehrheitsbeschluss

Ein Mehrheitsbeschluss über die Änderung des Kostenverteilungsschlüssels ist nichtig (BGH NJW 2000, 3500; OLG Düsseldorf ZMR 2001, 722; OLG Köln NZM 2002, 866; a.A. noch BayObLG NZM 2000, 1065; → Vereinbarungsändernder, vereinbarungsersetzender, vereinbarungswidriger Mehrheitsbeschluss). Zulässig und auch unanfechtbar ist ein Mehrheitsbeschluss jedoch, wenn die Änderung der Vereinbarung durch Mehrheitsbeschluss ausdrücklich zugelassen ist (sog. → Öffnungsklausel), ein sachlicher Grund für die Änderung vorliegt, etwa weil sich die bisherige Regelung nicht bewährt hat oder weil sich die Verhältnisse wesentlich geändert haben, und einzelne Wohnungseigentümer gegenüber dem früheren Rechtszustand nicht unbillig belastet werden (BGHZ 95, 137, 143; BayObLG ZMR 2000, 185; OLG Zweibrücken ZWE 2000, 46; einschränkend OLG Frankfurt NZM 2001, 140, das eine Änderung nur zulassen will, wenn die Voraussetzungen erfüllt sind, unter denen ein Anspruch auf Änderung des

Kostenverteilungsschlüssels besteht). Dabei ist ein schutzwürdiges Vertrauen aller Wohnungseigentümer auf eine bestehende Regelung zu berücksichtigen (OLG Köln WE 1992, 260 z. Sondernutzungsrechten).

Die neu getroffene Regelung unterliegt im Anfechtungsverfahren unbeschränkt der richterlichen Nachprüfung, ob sie ordnungsmäßiger Verwaltung entspricht und ob die Voraussetzungen, unter denen ein Beschluss gefasst werden kann, erfüllt sind. Wird z.B. der Kostenverteilungsschlüssel in einer Mehrhausanlage dahingehend abgeändert, dass Verbrauchskosten für jedes Haus getrennt abgerechnet werden, benachteiligt dies keinen Wohnungseigentümer unbillig (OLG Düsseldorf WE 1988, 94f). Gleiches gilt für eine Rückkehr zu dem nach der Gemeinschaftsordnung verbindlichen gesetzlichen Verteilungsschlüssel (OLG Hamburg NZM 2002, 27f). Auch eine Ermäßigung der Kosten für nicht fertig gestellte Wohneinheiten benachteiligt die Eigentümer der fertig gestellten Wohneinheiten nicht unbillig (BayObLG WE 1992, 176; → Bauabschnittsweise Fertigstellung). Unzulässig ist eine Änderung des Verteilungsschlüssels für die Müllgebühren zugunsten derjenigen Miteigentümer, die ihr Wohnungseigentum nur selten nutzen (OLG Hamm NZM 2000, 505f; → Abwesenheit des Wohnungseigentümers). Die Berücksichtigung schutzwürdiger Belange einzelner Wohnungseigentümer schließt i.d.R. eine rückwirkende Änderung aus (BayObLG WuM 1992, 156f).

Diese Grundsätze gelten auch für einen → Zweitbeschluss, wenn die Wohnungseigentümer von ihrem Änderungsrecht durch Mehrheitsbeschluss schon Gebrauch gemacht haben (BayObLG WuM 1992, 156f), falls die Gemeinschaftsänderung eine Änderung der Vereinbarung durch Mehrheitsbeschluss zulässt und ggf. bestimmt, dass diese Regelung nach Ablauf einer bestimmten Zeit erneut geändert werden kann.

b) Anspruch auf Änderung

Ein Anspruch auf Zustimmung zur Änderung des vereinbarten Verteilungsschlüssels gem. § 242 BGB besteht nur in Ausnahmefällen, wenn außergewöhnliche Umstände ein Festhalten an der bestehenden Regelung als grob unbillig und damit als Verstoß gegen Treu und Glauben verstoßend erscheinen lassen, da sie nach objektiven Kriterien zu untragbaren, mit Recht und Gerechtigkeit nicht zu vereinbarenden Ergebnissen führt, wobei ein strenger Maßstab anzulegen ist, da jeder Miteigentümer grundsätzlich darauf vertrauen darf, dass die Grundlagen seiner Beteiligung am Gemeinschaftsverhältnis unverändert fortbestehen und nur mit seiner Zustimmung geändert werden können (BayObLG NZM 2002, 389; ZWE 2000, 171f; OLG Düsseldorf ZWE 2001, 559; NZM 1999, 81; OLG Hamm ZMR 2003, 286). Dies gilt nicht nur für den vereinbarten, sondern auch für den gesetzlichen Verteilungsschlüssel (BGHZ 130, 304, 312).

Eine Änderung kann insbesondere verlangt werden, wenn der Schlüssel von Anfang an verfehlt ist (KG NJW-RR 1991, 1169; OLG Hamm ZMR 1996, 503, 505; 2003, 286; Palandt/Bassenge § 10 RN 20), z.B. weil eine Tiefgarage nicht errichtet (BayObLG ZWE 2002, 120, 123) oder ein bestehendes Baurecht nicht ausgeübt wurde (BayObLG WE 1995, 378f). Hauptfall ist eine nicht sachgerechte Festlegung der Miteigentumsanteile, z.B. aufgrund grob unrichtiger Flächenberechnung (BayObLGZ 1991, 396, 399: Änderungsanspruch, wenn auf eine Wohnung 17% der Gesamtfläche, aber 60% der Kosten entfallen). Ein Änderungsanspruch ist auf die Fälle begrenzt, in denen das Mehrfache dessen zu zahlen ist, was bei sachgerechter Kostenverteilung zu zahlen wäre (BayObLG NJW-RR 1995, 529f; NZM 2001, 290f: Mehrbelastung von 50% ist hinzunehmen; OLG Köln ZfIR 2002, 58f: 30% zumutbar; OLG Zweibrücken NZM 1999, 808f). Eine Mehrbelastung von 31% bzw. 59% ist hingegen noch nicht grob unbillig (OLG Frankfurt NZM 2001, 140). Bei dauerhaftem Leerstand und fehlender Nutzbarkeit kann u.U. eine Freistellung von verbrauchsabhängigen Kosten verlangt werden (BayObLG NZM 2002, 389).

Einen Änderungsanspruch können auch nachhaltige, nicht vorgesehene Änderungen begründen, z.B. durch eine nachträgliche Vergrößerung der Flächen (BayObLGZ 1991, 78, 83), ferner wenn eine nachträgliche bauliche Veränderung, die zu einer erheblichen Vergrößerung und Wertsteigerung eines einzelnen Wohnungs- oder Teileigentums führt, eine zunächst sachgerechte

Festlegung der Miteigentumsanteile aufhebt und zu einer grob unbilligen Kostenverteilung führt (OLG Düsseldorf ZMR 2001, 378).

Nachträgliche Veränderungen, die der Risikosphäre eines Eigentümers zuzuordnen sind, begründen grds. keinen Anspruch auf Abänderung des Kostenverteilungsschlüssels; zur Risikosphäre eines Wohnungseigentümers gehört es insbesondere, wenn er sein Eigentum aufgrund behördlicher Auflagen nicht wie ursprünglich beabsichtigt nutzen kann (OLG Düsseldorf ZWE 2002, 86f; Wenzel ZWE 2001, 408, 411). Anderes kann gelten, wenn eine behördliche Auflage oder die Nichterteilung einer baurechtlichen Genehmigung dazu führt, dass ein Miteigentum auf Dauer überhaupt nicht genutzt bzw. ausgebaut werden kann, der entsprechende Anteil aber gleichwohl der Kostenverteilung zugrunde gelegt wird (BayObLG NZM 2002, 349; OLG Düsseldorf ZWE 2001, 559).

Der Anspruch ist auf Zustimmung zur Anpassung des Kostenverteilungsschlüssels an die tatsächlichen oder geänderten Verhältnisse gerichtet. Der Verteilungsschlüssel ist geändert, wenn die übrigen Wohnungseigentümer zugestimmt oder eine gerichtliche Entscheidung, die keiner Eintragung in das Grundbuch bedarf (BayObLGZ 1987, 66, 71), rechtskräftig geworden ist. Da der neue Verteilungsschlüssel erst ab Zustimmung oder Rechtskraft der Entscheidung verbindlich ist, gilt er nur für alle danach gefassten Beschlüsse, insbesondere über Wirtschaftspläne und Jahresabrechnungen, auch wenn über frühere Zeiträume entschieden wird (BGHZ 130, 304, 312; BayObLG WE 1997, 119f). Vor Eintritt der Rechtskraft kann ein Abänderungsanspruch nicht als Einrede gegen vorher gefasste Mehrheitsbeschlüsse über die Genehmigung von Wirtschaftsplänen oder Abrechnungen geltend gemacht werden (BGHZ 130, 304, 312; BayObLG NZM 2002, 389; KG ZWE 2002, 224f; Palandt/Bassenge § 10 RN 24), da es einer klaren Regelung bedarf, ab wann welcher Verteilungsschlüssel der Abrechnung zugrunde zu legen ist (OLG Hamburg NZM 2001, 1133f). Etwas anderes kann gelten, soweit es sich lediglich um die einmalige Erstattung von Kosten handelt (OLG Celle NZM 1998, 557 z. den Kosten einer Garagensanierung). Das Gericht kann aber gem.

§ 44 Abs. 3 WEG verfügen, dass der veränderte Teilungsschlüssel vorläufig anzuwenden ist (BayObLG WE 1997, 119; Wenzel ZWE 2001, 226, 236). Außerdem kommt eine materiell-rechtliche Korrektur in Betracht, wenn sich die widersetzenden Wohnungseigentümer mit ihrer Zustimmung in Verzug befunden haben.

4. Anwendung eines unrichtigen Verteilungsschlüssels

Beschließt die Wohnungseigentümerversammlung eine Abrechnung oder eine Sonderumlage, welche dem gesetzlichen oder dem vereinbarten Verteilungsschlüssel widersprechen, so ist der Beschluss lediglich anfechtbar (BGH NJW 2000, 3500; BayObLG NZM 2002, 743; 2001, 535f). Die Wirkung eines derartigen Beschlusses erschöpft sich in der betreffenden Maßnahme (Wenzel ZWE 2000, 2, 7); er ist nicht vereinbarungsändernd, sondern lediglich vereinbarungswidrig (→ Vereinbarungsändernder, vereinbarungsersetzender, vereinbarungswidriger Mehrheitsbeschluss), da der geltende Kostenverteilungsschlüssel fehlerhaft angewendet (BayObLG NZM 2001, 535f), nicht aber die Gemeinschaftsordnung abgeändert wird (BayObLG NZM 2002, 743f). Anfechtbar ist auch eine Abrechnung, welche auf einem nichtigen Abänderungsbeschluss beruht (OLG Düsseldorf NZM 2001, 760).

Auch eine langjährige, vom Kostenverteilungsschlüssel in der Gemeinschaftsordnung abweichende Abrechnungspraxis führt grundsätzlich nicht zur Änderung der Gemeinschaftsordnung; sie kann allenfalls dann eine förmliche Abänderungsvereinbarung ersetzen, wenn feststeht, dass sämtliche Wohnungseigentümer sie in dem Bewusstsein vornehmen, den Kostenverteilungsschlüssel der Gemeinschaftsordnung zu ändern und durch einen neuen zu ersetzen (BayObLG NZM 2001, 754, 756; OLG Zweibrücken ZMR 1999, 853f). Ohne Eintragung im Grundbuch verliert sie aber wegen § 10 Abs. 2 WEG beim ersten Eigentümerwechsel ihre Wirkung.

▶ **Kostenvoranschlag** → Instandhaltung und Instandsetzung

▶ **Kostenvorschuss**

Nach § 8 Abs. 2 S. 1 KostO soll das Gericht bei Geschäften, die auf Antrag vorzunehmen sind, die Vornahme des Geschäfts davon abhängig machen, dass der Vorschuss gezahlt oder sichergestellt ist. § 8 Abs. 2 KostO kommt auch in wohnungseigentumsrechtlichen Verfahren zur Anwendung, weil diese einen Antrag voraussetzen, § 43 Abs. 1 WEG. Wird der eingeforderte Kostenvorschuss nicht gezahlt, rechtfertigt dies grds. nicht die Zurückweisung des Antrags; vielmehr führt es nur zum Ruhen des Verfahrens (BayObLG NZM 2001, 143f; OLG Düsseldorf NZM 1998, 162; Staudinger/Wenzel § 48 RN 7). Anderes gilt für das Beschlussanfechtungsverfahren. Hier besteht die Besonderheit, dass es bei einem Ruhen des Verfahrens wegen Nichtzahlung des Kostenvorschusses in der Hand des Anfechtenden läge, durch Nichtzahlung die Bestandskraft eines Eigentümerbeschlusses beliebig lang in der Schwebe zu halten. Dies wäre mit schützenswerten Interesse der übrigen Wohnungseigentümer daran, alsbald Klarheit zu erhalten, ob ein Eigentümerbeschluss wirksam bleibt, nicht zu vereinbaren (BayObLG NZM 2001, 143; OLG Düsseldorf NZM 1998, 162). Den Besonderheiten des Beschlussanfechtungsverfahrens ist deshalb dadurch Rechnung zu tragen, dass dessen Fortgang nicht von der Einzahlung eines Kostenvorschusses abhängig gemacht wird (→ Anfechtbarkeit und Anfechtung eines Beschlusses).

▶ **Kraftfahrzeugstellplätze** → Parkplatz, Kraftfahrzeugstellplätze

▶ **Krankengymnastikpraxis**

Der Betrieb einer Krankengymnastikpraxis in einer Wohnung ist zulässig, sofern diese Nutzung nicht mehr stört als die Wohnnutzung (BayObLGZ 1985, 171; KG NJW-RR 1995, 333).

▶ **Kredit**

1. Kreditaufnahme durch Verwalter

Ohne besondere Bevollmächtigung ist der Verwalter nicht berechtigt, Kredite im Namen der Wohnungseigentümer aufzunehmen (BGH NJW-RR 1993, 1227f; OLG Hamm ZMR 1997, 377, 379: Palandt/Bassenge § 27 RN 23) oder das gemeinschaftliche Konto der Wohnungseigentümer kurzfristig zu überziehen, wenn dies zur Deckung gemeinschaftlicher Gelder notwendig ist (Staudinger/Bub § 27 RN 101), da die Kontoüberziehung rechtlich nichts anderes ist als die Aufnahme eines Kredits durch die Wohnungseigentümer (BGH NJW-RR 1993, 1227f; OLG Koblenz Betrieb 1979, 788). Kreditverträge, die der Verwalter zur Finanzierung von Verwaltungsschulden vollmachtslos abschließt, sind solange schwebend unwirksam (BGH NJW-RR 1993, 1227f; OLG Hamm ZMR 1997, 377, 379), bis die Wohnungseigentümer sie gem. § 177 Abs. 1 BGB genehmigen. Im Falle der Verweigerung kann das Kreditinstitut vom Verwalter gem. § 179 Abs. 1 BGB Erfüllung oder Schadensersatz verlangen (BGH NJW-RR 1993, 1227f; OLG Hamm ZMR 1997, 377, 379). Der Verwalter kann von den Wohnungseigentümern unter den Voraussetzungen der §§ 675, 670, 257 BGB Befreiung der gegen ihn gerichteten Darlehensrückzahlungsforderung bzw. nach deren Erfüllung Erstattung der von ihm getätigten Aufwendungen gem. § 670 BGB verlangen.

2. Mehrheitsbeschluss

Der Abschluss von Verträgen zur Aufnahme eines Kontokorrentkredits bis zur Höhe der Beitragsvorauszahlungen für drei Monate, wenn das Girokonto der Wohnungseigentümergemeinschaft vorübergehend für dringende, nicht anders ausgleichbare Zahlungen kurzfristig überzogen werden muss, anstelle der Erhebung einer Sonderumlage (BayObLG WE 1991, 111 f; KG ZMR 1994, 527; vgl. auch BGHZ 104, 197, 202 z. Kredit als Finanzierungsmittel der Wohnungseigentümergemeinschaft) entspricht grundsätzlich ordnungsmäßiger Verwaltung.

Soweit das Darlehens jedoch über einen kurzfristigen Kontokorrentkredit hinausgeht, widerspricht die Aufnahme eines Darlehen zum Zwecke der Erfüllung von Verwaltungsschulden, die nicht aus vorhandenen gemeinschaftlichen Geldern gedeckt werden können, z.B. von Kosten umfangreicher Sanierungsmaßnahmen, i.d.R. den Grundsätzen ordnungsmäßiger Verwaltung (OLG Hamm OLGZ 1992, 313, 317); ein hierauf gerichteter Mehrheitsbeschluss ist mithin anfechtbar. Das gesetzliche Finanzierungsmodell des § 28 WEG ist auf den Ausgleich von Verwaltungsschulden durch Beiträge der Wohnungseigentümer aus eigenen – ggf. selbst durch Kreditaufnahme beschafften – Mitteln gerichtet, wodurch die Wohnungseigentümer jeweils zeitnah die aus ihrer gesamtschuldnerischen Haftung (→ Gesamtschuld) herrührenden Risiken beseitigen. Haben die Wohnungseigentümer mithin zu entscheiden, ob sie zur Deckung von Verbindlichkeiten einen Kredit aufnehmen oder eine → Sonderumlage beschließen, entspricht nur die Sonderumlage den Grundsätzen → ordnungsmäßiger Verwaltung.

Da der Erwerber von Wohnungseigentum wie der Ersteher in der Zwangsversteigerung gem. § 10 Abs. 3, 4 WEG an die Beschlusslage zum Zeitpunkt seines Eintritts gebunden ist, tritt er anstelle des Veräußeres als Vertragspartner in den Kreditvertrag ein (→ Sonderrechtsnachfolger).

3. Sicherung durch Grundpfandrechte

Wird ein Kredit durch ein Gesamtgrundpfandrecht gesichert, so sind die Kapitalkosten, d.h. Zins und Tilgung, gemeinschaftliche Lasten i.S.d. § 16 Abs. 2 WEG, für die die Wohnungseigentümer gesamtschuldnerisch haften und die sie aus gemeinschaftlichen Gelder zu erfüllen haben (BayObLGZ 1973, 142). Der Verwalter hat insoweit gesetzliche Vertretungsmacht gemäß § 27 Abs. 2 Nr. 1 WEG, die entsprechenden Beiträge von den einzelnen Wohnungseigentümern einzuziehen und an den jeweiligen Gläubiger abzuführen. Eine direkte Zahlung eines Wohnungseigentümers an den Gläubiger befreit ihn zunächst nicht von seiner Beitragspflicht (BayObLG NJW 1958, 1824).

Einer besonderen Vereinbarung mit dem Verwalter bedarf die Übernahme der Verpflichtung, den Kapitaldienst für Einzelgrundpfandrechte durchzuführen, d.h. Zins- und Tilgungsbeiträge für zur Kaufpreisfinanzierung von jedem einzelnen Wohnungseigentümer aufgenommene Kredite anzufordern und abzuführen (BayObLG Rpfleger 1978, 256), ohne dass dies hierdurch zu einer Angelegenheit der gemeinschaftlichen Verwaltung würde (KG NJW 1975, 318).

▶ **Küchengerüche** → Geruchsbelästigungen

▶ **Kündigung des Mietvertrages über Wohnungseigentum**

Die Kündigung eines Mietvertrages über Wohnungseigentum bestimmt sich nach den Kündigungsschutzbestimmungen des BGB.

1. Person des Kündigenden

Da die Kündigung eines Mietverhältnisses nur vom Mieter oder Vermieter erklärt werden kann, ist ein Erwerber von Wohnungseigentum zur Kündigung erst dann berechtigt, wenn er als Eigentümer in das →Grundbuch eingetragen ist, da er gem. §566 BGB erst ab diesem Zeitpunkt – unabhängig vom Übergang von Besitz, Nutzungen und Lasten, der zumeist bereits früher erfolgt – als Vermieter in das Mietverhältnis eintritt (→Vermietung von Wohnungseigentum). Der Verkäufer kann den Käufer aber ermächtigen, einen bestehenden Mietvertrag im eigenen Namen schon vor diesem Zeitpunkt zu kündigen (BGH NZM 1998, 146). Gehören die Wohnung und Nebenräume verschiedenen Wohnungseigentümern, müssen alle Vermieter gemeinschaftlich kündigen (OLG Celle OLGR 1996, 37; noch weitergehend für den Fall eines Sondernutzungsrechtes an einem Nebenraum LG Hamburg WuM 1994, 539).

2. Kündigungsfrist

Für die Berechnung der Kündigungsfrist gilt §573c Abs.1 BGB; die Kündigungsfrist verlängert sich für den Vermieter je nach Dauer des Mietverhältnisses (also unabhängig von einem Wechsel auf seiten des Vermieters).

3. Kündigungsgrund

Will der vermietende Wohnungseigentümer das auf unbestimmte Zeit abgeschlossene Mietverhältnis ordentlich kündigen, muss er ein berechtigtes Interesse an der Beendigung haben, §573 BGB.

a) Eigenbedarf

Hauptfall des berechtigten Interesses ist der Eigenbedarf, wenn der Vermieter also seine Wohnung für sich oder seine Familienangehörigen benötigt, §573 Abs.2 Nr.2 BGB. Insoweit genügt ein vernünftiger, nachvollziehbarer Grund des Vermieters, in seiner eigenen Wohnung wohnen zu wollen (BVerfG NJW 1989, 970; 1990, 309; BGHZ 103, 91), wobei auch die Absicht der Nutzung nur für begrenzte Zeit ausreichend ist (BayObLG ZMR 1993, 327). Notfall, Mangel oder Zwangslage müssen nicht vorliegen (BVerfG NJW 1994, 309); ebenso wenig ist erforderlich, dass der Vermieter unzureichend untergebracht ist (BGHZ 103, 91). Bei einer Personenmehrheit als Mieter genügt es, wenn der Grund in Bezug auf ein Mitglied vorliegt (OLG Köln WuM 2003, 465). Will der Vermieter die Wohnung einem Angehörigen überlassen, dann ist für den Eigenbedarf das Interesse des Vermieters hieran maßgebend (BayObLG WuM 1986, 271). Einen vernünftigen Grund für den Eigenbedarf stellt z.B. die Nähe eines Kindes zu seinen Eltern dar (Grapentin, in: Bub/Treier IV RN 72). Ein vernünftiges Motiv kann auch der bessere Zuschnitt der Wohnung und der erhöhte Wohnkomfort gegenüber der bisherigen Wohnung sein (BVerfG ZMR 1992, 431; LG Landau ZMR 1992, 396). Kauft jemand Wohnungseigentum, weil er Wohnungsbedarf hat, so kann er sich nunmehr auf den Eigenbedarf berufen, auch wenn er die Eigentumswohnung in Kenntnis der Vermietung erworben hat, sog. gekaufter Eigenbedarf (BVerfG NJW 1994, 309; BayObLG WuM 1981, 200).

Ist nach Überlassung der Mieträume an den noch in der Wohnung wohnenden Mieter Wohnungseigentum an den Mieträumen begründet worden, so kann sich der Erwerber auf den Eigenbedarf nicht vor Ablauf von drei Jahren seit der Veräußerung – maßgebend ist die Eintragung der Auflassung im Grundbuch – berufen (Warte- oder Sperrfrist), § 577a Abs. 1 BGB. Diese Frist kann für Wohnungen in Gemeinden, die durch Verordnung der Landesregierungen zu Gemeinden mit besonders gefährdeter Wohnraumversorgung bestimmt worden sind, auf maximal 10 Jahre verlängert werden (§ 577a Abs. 2 BGB). Die Wartefrist ist auch dann zu beachten, wenn der Mieter, dem gekündigt wurde, zur Zeit der Begründung des Wohnungseigentums als Angehöriger in der Wohnung lebte und mit dem Tod des damaligen Mieters kraft Gesetzes gem. § 563 BGB in das Mietverhältnis eingetreten ist; es handelt sich um eine den Bestand des Mietverhältnisses sichernde Rechtsposition, deren Übergang auf den eintretenden Familienangehörigen nach dem Schutzzweck des § 563 BGB gerechtfertigt ist (BGH NZM 2003, 847).

Entscheidend für die Anwendung der Kündigungssperrfrist ist die zeitliche Aufeinanderfolge von Überlassung, Begründung von Wohnungseigentum und Veräußerung. Keine Sperrfrist gilt, wenn das Wohnungseigentum schon bei Überlassung an den Mieter begründet war (BayObLG [RE] WuM 1981, 220). Allein die Begründung von Wohnungseigentum ist ebenfalls kein Fall der Veräußerung. Die Kündigungssperrfrist gilt daher nicht, wenn der Vermieter das Grundstück als Miteigentümer in einer Bruchteilsgemeinschaft erworben hat und die Miteigentümer anschließend dergestalt Wohnungseigentum begründen, dass sie ihm das Sondereigentum an der vermieteten Wohnung zuweisen (BGH [RE] NJW 1994, 2542), oder wenn eine Gesellschaft bürgerlichen Rechts das Grundstück nach der Überlassung an den Mieter erworben hat und der Gesellschaftsvertrag vorsieht, dass jedem Gesellschafter an einer Wohnung ein ausschließliches Nutzungsrecht zusteht (OLG Karlsruhe [RE] WuM 1990, 330). Teilen aber mehrere Miteigentümer und Vermieter das Grundstück nach § 8 WEG auf, so liegt ein die Anwendung von §§ 566, 577a Abs. 1 BGB begründender Veräußerungsfall vor, wenn die Miteigentümer sodann einem von ihnen das Alleineigentum an der vermieteten Wohnung übertragen. Eine Eigenbedarfskündigung ist in diesem Fall erst nach Ablauf der Sperrfrist möglich (BayObLG WE 1982, 46).

§ 577a Abs. 1 BGB erfasst alle Formen der rechtsgeschäftlichen Eigentumsübertragung, die auf einen auf freiwilliger Entscheidung beruhenden Verpflichtungsgrund zurückgehen (Grapentin, in: Bub/Treier IV RN 76 b). Er ist deshalb auch anwendbar, wenn der Eigentumserwerb durch Zuschlag in der → Zwangsversteigerung (BayObLG [RE] Z 1992, 187, 191) oder die Übertragung von Wohnungseigentum in Erfüllung eines Vermächtnisses erfolgt (BayObLG ZWE 2001, 541, 543).

Weitere Erwerber treten nach § 566 BGB in die laufende Frist ein, für sie beginnt die Frist nicht neu zu laufen (BayObLG WuM 1982, 46). In allen Fällen ist es unerheblich, ob Vermieter (Erwerber) oder Mieter Kenntnis von der Umwandlung haben (LG

Mannheim WuM 1975, 212). Die Kündigung wegen Eigenbedarfs kann erst nach Ablauf der Sperrfrist (OLG Hamm [RE] WuM 1981, 35), nicht aber bereits mit Wirkung zu ihrem Ablauf erklärt werden; die Kündigungsfristen berechnen sich nach § 573c Abs. 1 BGB.

b) Wirtschaftliche Verwertung

Ein berechtigtes Interesse an der Beendigung eines Wohnraummietverhältnisses hat ein Vermieter auch, wenn er an einer angemessenen wirtschaftlichen Verwertung seines Wohnungseigentums durch die Fortsetzung des Mietverhältnisses gehindert wird und dadurch erhebliche Nachteile erleiden würde, § 573 Abs. 2 Nr. 3 S. 1 BGB. Er kann sich aber nicht darauf berufen, dass er die Mieträume im Zusammenhang mit einer beabsichtigten, aber nach Überlassung an den Mieter erfolgten Begründung von Wohnungseigentum veräußern will, § 573 Abs. 2 Nr. 3 S. 3 BGB; dieses Kündigungsverbot erfasst auch die Fälle, in denen der Vermieter zur ungehinderten Modernisierung als Vorbereitung der Begründung von Wohnungseigentum kündigen will (Blank WE 1991, 16). Auch im Fall der wirtschaftlichen Verwertung der Wohnung gilt die Einschränkung des § 577a BGB.

Der Verkauf einer Eigentumswohnung ist grds. eine wirtschaftliche Verwertung i. S. d. § 573 Abs. 2 Nr. 3 BGB (BVerfG ZMR 1989, 136). Dem steht nicht entgegen, dass der Vermieter eine vermietete Wohnung erworben hat (OLG Koblenz ZMR 1989, 216). Da nach allgemeiner Erfahrung eine Eigentumswohnung unvermietet teurer als vermietet verkauft werden kann (LG Berlin GE 1990, 199; LG Traunstein WuM 1989, 420), muss im Einzelfall abgewogen werden zwischen den Einbußen des Vermieters bei Verkauf in vermietetem Zustand und dem Nachteil des Mieters durch Verlust der Mietwohnung (BVerfG ZMR 1989, 136; WuM 1991, 663). Keine angemessene Verwertung stellt der Kauf einer vermieteten Eigentumswohnung zu einem niedrigeren Preis in der (spekulativen) Absicht dar, diese unvermietet zu einem höheren Preis weiterzuveräußern (LG Köln WuM 1992, 23; LG Dortmund 1992, 132). Angemessen ist die Verwertung hingegen, wenn der Kaufpreis zur Altersversorgung oder zum Erwerb einer Wohnung für einen nahen Angehörigen (LG München II NJW-RR 1987, 1165) bestimmt ist.

c) Vertragspflichtverletzung

Ein berechtigtes Interesse an der Kündigung hat der Eigentümer weiterhin, wenn der Mieter seine vertraglichen Verpflichtungen schuldhaft nicht unerheblich verletzt hat, § 573 Abs. 2 Nr. 1 BGB. Entscheidend ist, ob die Vertragsverletzung die Belange des Vermieters in einem solchen Maß beeinträchtigt, dass die Kündigung als angemessene Reaktion erscheint (BayObLG [RE] WuM 1995, 378 z. unberechtigten Untervermietung). Der Vermieter hat zwar zu prüfen, ob andere Maßnahmen zur Wahrung seiner Interessen ausreichen und zumutbar sind. Zu solchen anderen Maßnahmen kann aber nur ausnahmsweise die Erhebung einer Leistungs- oder Unterlassungsklage gehören (Grapentin, in: Bub/Treier IV RN 61).

Ein einmaliger Vertragsverstoß kann die Kündigung rechtfertigen, wenn er hinreichend schwer wiegt, insbesondere das Vertrauensverhältnis der Vertragsparteien nachhaltig gestört hat. Wiederholte leichtere Vertragsverstöße des Mieters bilden einen Kündigungsgrund, wenn ihnen bei einer Gesamtwürdigung hinreichendes Gewicht zukommt. Hierzu zählt z.B. die wiederholte unpünktliche Zahlung der Miete (OLG Hamm NJW-RR 1993, 1163; OLG Koblenz NJW-RR 1993, 583 z. fristlosen Kündigung). Eine Abmahnung ist in diesem Fall zwar nicht zwingend erforderlich (OLG Oldenburg [RE] WuM 1991, 467), praktisch jedoch nicht zu entbehren, weil erst sie klare Verhältnisse schafft und dem Anschein entgegenwirkt, der Vermieter dulde das Verhalten des Mieters (OLG Karlsruhe NZM 2003, 513).

d) Weitere Gründe

§ 573 Abs. 2 BGB bezeichnet die Fälle des berechtigten Interesses nicht abschließend. Der Vermieter kann ein Mietverhältnis nach § 573 Abs. 1 BGB fristgerecht kündigen, wenn er hieran ein berechtigtes Interesse hat, das ebenso schwer wiegt wie in den Fällen des § 573 Abs. 2 Nr. 1 bis 3 BGB. Zur Kündigung berechtigt z.B. die behördliche Anordnung, eine baurechtswidrige Nutzung zu Wohnzwecken zu beenden (LG Koblenz WuM 1984, 132) oder die Überbelegung einer Wohnung (OLG Hamm [RE] 1982, 323).

4. Befristete Mietverhältnisse

Ein befristetes Mietverhältnis ist gem. § 575 Abs. 1 BGB nur unter der Voraussetzung zulässig, dass
- der Vermieter entweder die Räume als Wohnung für sich, seine Familienangehörigen oder Angehörige seines Haushalts nutzen will oder
- in zulässiger Weise die Räume beseitigen oder so wesentlich verändern oder instandsetzen will, dass die Maßnahmen durch eine Fortsetzung des Mietverhältnisses erheblich erschwert würden oder
- die Räume an einen zur Dienstleistung Verpflichteten vermieten will,

und er dem Mieter diese Absicht bei Vertragsabschluss schriftlich mitgeteilt hat. Andernfalls gilt der Mietvertrag als auf unbestimmte Zeit geschlossen. Zulässig ist es aber, dass der Mieter durch Individualvereinbarung befristet auf sein Kündigungsrecht verzichtet (BGH Urt. v. 22.12.2003, VIII ZR 81/03).

Frühestens vier Monate vor Ablauf der Mietzeit kann der Mieter vom Vermieter Mitteilung verlangen, ob der Befristungsgrund noch besteht. Die Mitteilung hat binnen eines Monats zu erfolgen. Erfolgt sie später, verlängert sich das Mietverhältnis um den entsprechenden Zeitraum.

5. Außerordentliche Kündigung

Neben der Möglichkeit, das Mietverhältnis ordentlich zu kündigen, besteht für den Vermieter einer Eigentumswohnung die Möglichkeit, das Mietverhältnis außerordentlich zu kündigen, wenn ein wichtiger Grund vorliegt, d. h. wenn ihm eine Fortsetzung des Mietverhältnisses unter Abwägung aller Interessen bis zum Ablauf der ordentlichen Kündigungsfrist nicht zugemutet werden kann, § 543 Abs. 1 BGB. Bei Wohnraummietverhältnissen ist der zur Kündigung führende wichtige Grund gem. § 569 Abs. 4 BGB in dem Kündigungsschreiben anzugeben. Ein wichtiger Grund liegt insbesondere bei Zahlungsverzug mit dem Mietzins für zwei aufeinander folgende Monate oder einem Betrag, der den

Mietzins für zwei Monate erreicht, § 543 Abs. 2 Nr. 3 BGB, nachhaltiger Störung des Hausfriedens, § 569 Abs. 2 BGB, sowie bei erheblichen Vertragsverletzungen des Mieters vor, z.B. der Vernachlässigung der Mietsache, § 543 Abs. 2 Nr. 2 BGB, oder auch fortdauernde unpünktliche Mietzahlungen (OLG Karlsruhe NZM 2003, 513; strenge Anforderungen).

Gerade die letztgenannten Kündigungsmöglichkeiten wird der vermietende Wohnungseigentümer wahrnehmen müssen, wenn der Mieter durch sein Verhalten das geordnete Zusammenleben innerhalb einer Wohnungseigentümergemeinschaft nachhaltig stört und damit die von ihm zu erfüllenden Pflichten gem. § 14 Nr. 2 WEG erheblich verletzt (→ Vermietung von Wohnungseigentum).

6. Gewerbliche Zwischenvermietung

Ein Mietverhältnis, das der Wohnungseigentümer mit einem gewerblichen Zwischenmieter abschließt, der seinerseits zu Wohnzwecken an einen Dritten weitervermietet, ist ein gewerbliches Mietverhältnis (BGHZ 84, 90), das ohne Angabe von Gründen unter Einhaltung der vereinbarten Fristen gekündigt werden kann. Gem. § 565 Abs. 1 BGB tritt in diesem Fall der Vermieter in die Rechte und Pflichten aus dem Mietverhältnis zwischen dem Zwischenmieter und dem Dritten ein, der sich – anders als ein Untermieter gem. § 546 Abs. 2 BGB – gegenüber diesem auf die Kündigungsschutzvorschriften des Wohnraummietrechts berufen kann. Gleiches gilt, wenn der Zwischenmieter nicht gewerblich handelt, die Interessenlage der an dem gestuften Mietverhältnis Beteiligten aber den Fällen der gewerblichen Zwischenvermietung vergleichbar ist (BGH NZM 203, 759 z. einem gemeinnützigen Verein).

▶ Kündigung des Verwaltervertrages

Der Verwaltervertrag kann, soweit dies nicht vertraglich ausgeschlossen ist, z.B. für die Dauer einer fest vereinbarten Laufzeit, ordentlich, stets aber aus wichtigem Grund gekündigt werden.

1. Kündigungserklärung

Die Kündigungserklärung ist eine einseitige empfangsbedürftige Willenserklärung, die deutlich machen muss, dass das Verwaltervertragsverhältnis beendet werden soll, wobei der Begriff „Kündigung" nicht zwingend verwendet werden muss. Deshalb enthält i.d.R. sowohl die vom Verwalter erklärte Amtsniederlegung (→ Niederlegung des Verwalteramtes), also auch die von den Wohnungseigentümern erklärte → Abberufung die Kündigung des Verwaltervertrages, wenn sich nicht aus den sonstigen Umständen etwas anderes ergibt.

Die Kündigungserklärung der Wohnungseigentümer setzt einen Mehrheitsbeschluss voraus, da die Entscheidung hierüber Auswirkungen auf die Verwalterstellung hat und deshalb auch nicht delegiert werden kann, z.B. auf den Verwaltungsbeirat, was gegen § 26 Abs. 1 S. 4 WEG verstoßen würde. Im Verwaltervertrag kann vereinbart werden, dass ein bestimmter Wohnungseigentümer oder der Vorsitzende des Verwaltungsbeirats beauftragt wird, dem Verwalter die beschlossene Kündigungserklärung zu übermitteln, womit eine sofortige Zurückweisung nach § 174 BGB mit der Folge der Unwirksamkeit der Kündigung ausgeschlossen wird.

Die Kündigungserklärung des Verwalters muss allen Wohnungseigentümern gegenüber nach den allgemeinen Regeln abgegeben werden und ihnen zugehen. Erklärt er die Kündigung in einer Versammlung, so hat er sie zusätzlich gegenüber allen dort nicht anwesenden oder vertretenen Wohnungseigentümern im unmittelbaren zeitlichen Zusammenhang zur Versammlung abzugeben, da die in der Versammlung anwesenden oder vertretenen Wohnungseigentümer für diese keine rechtsgestaltenden Erklärungen entgegennehmen können, es sei denn, dass im Verwaltervertrag oder in der Vereinbarung der Wohnungseigentümer die Empfangszuständigkeit der Wohnungseigentümerversammlung vereinbart wurde. Im Verwaltervertrag kann auch eine andere Empfangszuständigkeit vereinbart werden, z.B. dass ein bestimmter Wohnungseigentümer oder der Vorsitzende des Verwaltungsbeirats ermächtigt ist, die Kündigungserklärung des Verwalters für alle Wohnungseigentümer entgegenzunehmen. Die Kündigungserklärung des Verwalters enthält i.d.R. auch die → Niederlegung des Verwalteramtes (OLG Köln NZM 1998, 920; LG Münster NZM 2002, 459).

2. Ordentliche Kündigung

Ist der Verwaltervertrag nicht auf eine bestimmte Dauer abgeschlossen, nicht durch die Abberufung auflösend bedingt und – in Übereinstimmung mit der Abberufung – die Kündigung nicht auf das Vorliegen eines wichtigen Grundes beschränkt, so können beide Vertragspartner den Vertrag jederzeit unter Einhaltung der vertraglich vereinbarten oder – falls eine solche Regelung fehlt – der gesetzlichen Kündigungsfrist gem. §§ 675, 621 Nr. 3 BGB kündigen. Grds. können im Verwaltervertrag die Kündigungsfristen frei vereinbart werden; bei Verwendung eines vom Verwalter gestellten Formularvertrages kann aber gem. § 309 Nr. 9 c BGB die Kündigung der Wohnungseigentümer keine längere Frist als drei Monate vorsehen, also auch nicht eine Frist von drei Monaten oder weniger, wenn nur zu bestimmten Terminen – z.B. Quartalsende oder Jahresende – gekündigt werden kann (Scheffler MDR 1982, 20).

3. Außerordentliche Kündigung aus wichtigem Grund

Ein Verwaltervertrag, der nicht ordentlich kündbar ist, kann gem. § 626 BGB bei Vorliegen eines wichtigen Grundes stets außerordentlich gekündigt werden. Dieses Kündigungsrecht kann – ebenso wie das Recht auf → Abberufung aus wichtigem Grund – weder individuell (BayObLGZ 1985, 57, 61 f; KG OLGZ 1978, 178, 181) noch formularvertraglich (vgl. BGH NJW 1986, 3134; OLG Hamm NJW-RR 1992, 243) abbedungen oder eingeschränkt, wohl aber auf das Vorliegen minder schwerer Gründe erweitert werden. Eine Abberufung aus einem wichtigen Grund enthält i.d.R. auch die außerordentliche Kündigung aus wichtigem Grund i. S. von § 626 BGB.

a) Wichtiger Grund

Als wichtiger Grund i.S. des § 626 Abs. 1 BGB, der die außerordentliche Kündigung des Verwaltervertrages und die sofortige Abberufung des Verwalters rechtfertigt, werden im Zeitpunkt der Abgabe der Kündigungserklärung bzw. Abberufungserklärung vorliegende Tatsachen (BayObLG WuM 1992, 16; BGH WM 1991, 2140, 2143 z. zulässigen Nachschreiben wichtiger Gründe, die im

Zeitpunkt der Abberufungserklärung bereits bestanden) anerkannt, die unter Berücksichtigung aller Umstände des Einzelfalls und einer vollständigen und widerspruchsfreien Abwägung zwischen den Interessen der Parteien die Fortsetzung des Verwaltervertrages bis zum Ende der vereinbarten Vertragszeit für die Wohnungseigentümer oder den Verwalter nach Treu und Glauben unzumutbar machen (BayObLG NJW-RR 2000, 676f; KG OLG WuM 1993, 761f; OLG Düsseldorf ZMR 1997, 96f). Die einzelnen Tatbestände, welche die Wohnungseigentümer zur fristlosen Kündigung des Verwaltervertrages berechtigen, entsprechen denen, die eine fristlose → Abberufung des Verwalters rechtfertigen (BGH NZM 2002, 788, 792). Auf die dortigen Ausführungen wird verwiesen.

b) Kündigungsfrist

Auf Geschäftsbesorgungsverträge ist grds. § 626 Abs. 2 BGB entsprechend anwendbar; bei der außerordentlichen Kündigung eines Verwaltervertrages gilt allerdings nicht die zweiwöchige Kündigungserklärungsfrist des § 626 Abs. 2 S 1 BGB, sondern eine unter Berücksichtigung der besonderen Verhältnisse der Wohnungseigentümergemeinschaft verlängerte Frist, wonach die Kündigung innerhalb einer angemessenen Frist, in der die Wohnungseigentümer über die Kündigung Beschluss fassen können, erfolgen muss (BayObLG NZM 2000, 341; OLG Frankfurt OLGZ 1993, 63, 65; OLG Hamm WuM 1991, 218, 220; OLG Köln NJWE-MietR 1997, 63f; Palandt/Bassenge § 26 RN 12; Weitnauer/Hauger § 26 RN 35). Denn dem Mehrheitsbeschluss muss ein Einberufungsverlangen und die Einberufung unter Wahrung der Einberufungsfrist vorausgehen, so dass die Frist von zwei Wochen nach § 626 Abs. 2 S 1 BGB ab Kenntniserlangung von den Kündigungsgründen i.d.R. nicht eingehalten werden kann (BayObLG WEM 1980, 125; OLG Frankfurt OLGZ 1975, 100, 102).

Die angemessene Frist beginnt, sobald die Mehrheit der Wohnungseigentümer von den für die Kündigung maßgeblichen Umständen Kenntnis erlangt hat (OLG Frankfurt NJW-RR 1988, 1169, 1170); es genügt aber auch die Kenntnis des Verwaltungsbeirats (Staudinger/Bub § 26 RN 399; a.A. OLG Frankfurt OLGZ

1975, 100, 102). Innerhalb von 2 Wochen ab Fristbeginn muss zumindest ein Wohnungseigentümer vom Verwalter die Einberufung einer Versammlung zum Thema Kündigung des Verwaltervertrages verlangt haben. Dies entspricht dem Grundgedanken des § 626 Abs. 2 S 1 BGB, schnell Gewissheit zu schaffen, ob ein Kündigungsgrund auch zum Anlass genommen wird, das Vertragsverhältnis zu beenden. Kommt der Verwalter dem Einberufungsverlangen nicht zeitnah nach, so müssen die Wohnungseigentümer zur Fristwahrung unverzüglich Schritte einleiten, um die Versammlung zu erzwingen (LG Lüneburg PuR 1996, 487f). Zurückliegende Fehler und Pflichtverletzungen können aber aufgegriffen werden, wenn es zu weiteren Vorfällen kommt, die für sich allein nicht die Kündigung aus wichtigem Grund rechtfertigen könnten.

c) Anfechtung des Beschlusses über die Kündigung

Für eine Anfechtung des Beschlusses über die Kündigung des Verwaltervertrages fehlt dem Verwalter das → Rechtsschutzbedürfnis (BGH NZM 2002, 788). Anders als beim Beschluss über seine → Abberufung handelt es sich beim Kündigungsbeschluss nämlich um das Ergebnis der internen Willensbildung der Wohnungseigentümer, dass ein wichtiger Grund für eine Kündigung des Vertrages vorliegt und dieser beendet werden sollte; für die Berechtigung der Kündigung selbst ist der Beschluss hingegen ohne Bedeutung (BGH aaO; BayObLGZ 1998, 310, 313). Der Verwalter ist aber berechtigt, die Wirksamkeit der Kündigung im Feststellungsverfahren nach § 43 Abs. 1 Nr. 2 WEG i.V.m. § 256 Abs. 1 ZPO überprüfen zu lassen (BGH NZM 2002, 788, 790). Das Feststellungsinteresse fehlt nur dann, wenn der Verwaltervertrag für die Dauer der Bestellung abgeschlossen wurde und die Abberufung wirksam ist (Wenzel ZWE 2001, 510, 515). Die Anfechtung des Abberufungsbeschlusses hat für die Wirksamkeit der Kündigung keine vorgreifliche Wirkung (BGH NZM 2002, 788, 790; OLG Köln NJW-RR 2001, 159f).

4. Kündigung bei unentgeltlichem Tätigwerden

Wird der Verwalter unentgeltlich im Rahmen eines Auftrages nach §§ 662ff BGB tätig, so kann der Verwaltervertrag gem. § 671

Abs. 1 BGB jederzeit von den Wohnungseigentümern als Auftraggeber – im Wege des Widerrufs des erteilten Auftrags – gekündigt werden (BayObLGZ 1958, 234, 238; vgl. OLG Köln NJWE-MietR 1997, 63 z. Kündigung des Vertrages mit dem Miethausverwalter). Auch der unentgeltlich tätige Verwalter kann den Vertrag in gleicher Weise jederzeit gem. § 671 Abs. 1 BGB kündigen (BayObLGZ 1958, 234, 238), jedoch nicht zur Unzeit, § 671 Abs. 2 BGB. Danach muss der Verwalter, wenn kein wichtiger Grund für die unzeitige Kündigung vorliegt, dafür sorgen, dass die Wohnungseigentümer für die Verwaltung des Gemeinschaftseigentums anderweitig sorgen können, indem er z.B. vorher eine Eigentümerversammlung zum Zweck der Bestellung eines neuen Verwalters einberuft. Verletzt er diese Pflicht, ist er gem. § 671 Abs. 2 S. 2 BGB zum Schadensersatz verpflichtet. Die Kündigung des Verwalters aus einem wichtigen Grund kann auch in diesem Fall nicht wirksam ausgeschlossen werden, § 671 Abs. 3 BGB.

5. Vergütung bei Kündigung des Verwaltervertrages

Hinsichtlich der Vergütung des Verwalters für Tätigkeiten, die er nach der Kündigung erbracht hat, ist zu differenzieren, ob die Kündigung berechtigt war oder nicht. Ist der Verwaltervertrag durch die Kündigung beendet worden, darf der Verwalter nicht weiter tätig werden (BayObLG ZMR 1982, 223f). Setzt der ausgeschiedene Verwalter seine Tätigkeit allerdings widerspruchslos fort, steht ihm lediglich ein →Aufwendungsersatzanspruch zu.

Ist die Kündigung nicht berechtigt, z.B. weil ein wichtiger Grund für die Kündigung des Verwaltervertrages nicht vorhanden war, so verliert er zwar seine Rechtsstellung und seine gesetzliche Vertretungsmacht bzw. ihm erteilte Vollmachten. Er kann aber seine Dienste weiter anbieten und gem. §§ 675, 615 BGB (OLG Hamm ZMR 1997, 94, 96) die Fortzahlung der Verwaltervergütung verlangen. Er muss sich nur anrechnen lassen, was er infolge des Unterbleibens der Verwalterleistungen erspart und was er durch anderweitige Verwendung seiner freigewordenen Arbeitskraft erwirbt oder zu erwerben böswillig unterlässt (BayObLGZ 1974, 275; OLG Hamm ZMR 1997, 94, 96). Mit der Abberufung und der Bestellung eines neuen Verwalters verweigern die Wohnungseigentümer die Annahme der vom Verwalter geschuldeten Dienste, was es diesem unmöglich macht, sie zu erbringen, so dass es eines Angebots des abberufenen Verwalters, weiter tätig zu sein, nicht bedarf (OLG Hamm ZMR 1997, 94, 96). Die kündigenden Wohnungseigentümer laufen deshalb Gefahr, an den neuen *und* an den gekündigten Verwalter eine Vergütung zahlen zu müssen. Ein Schadensersatzanspruch wegen unerlaubter Handlung steht dem Verwalter aber nicht zu, da die Kündigung keinen Eingriff in den eingerichteten und ausgeübten Gewerbebetrieb des Verwalters darstellt (OLG Köln OLGZ 1980, 1); deshalb hat er auch gegen unzufriedene Wohnungseigentümer, die seine Abberufung betreiben, und einen von ihnen beauftragten Rechtsanwalt auch keinen Unterlassungsanspruch (OLG Köln OLGZ 1980, 4, 6).

▶ **Kündigung von Verträgen** → Vertragswesen

L

▶ Laden

Eine Wohnung darf nicht als Laden genutzt werden (BayObLG NJW-RR 1993, 149). Die Räume eines Teileigentums dürfen als Laden genutzt werden, wenn dies nach der vereinbarten Zweckbestimmung, die ggf. durch Auslegung der Vereinbarung/Teilungserklärung/→ Gemeinschaftsordnung und des → Aufteilungsplanes zu ermitteln ist (BayObLG NJW-RR 1989, 718), zulässig ist. Hiernach kommt eine Ladennutzung in Betracht, wenn als Bestimmungszweck ausdrücklich „Laden", aber auch „Geschäftsraum" oder „Gewerberaum" angegeben ist.

Bei der Bezeichnung eines Teileigentums in der Teilungserklärung als „Laden" oder „Ladengeschäft" handelt es sich um eine Zweckbestimmung mit Vereinbarungscharakter, auf welche sich der Erwerber von Wohnungs- oder Teileigentum jedenfalls insoweit verlassen kann, als keine Nutzung zugelassen wird, die mehr als ein Ladengeschäft stört oder beeinträchtigt (BayObLG NJW-RR 1989, 719; NJOZ 2003, 1230f; OLG Schleswig NZM 2000, 1237; → Teileigentum). Der Beschreibung als „Laden" ist eine Nutzungsbeschränkung jedenfalls dahin gehend zu entnehmen, dass die Räume grds. nur zum Verkauf von Waren während der normalen Ladenöffnungszeiten genutzt werden dürfen und demzufolge etwa ein Gaststättengebrauch mit Publikumsverkehr außerhalb der gewöhnlichen Ladenschlusszeiten ausscheidet (BayObLG NJOZ 2003, 1232, 1234; KG NZM 1999, 425; OLG Schleswig NZM 2000, 1237). Zulässig ist eine gewerbliche Nutzung, die der Zweckbestimmung „Laden" nicht widerspricht und für die übrigen Wohnungseigentümer nach einer typisierenden Betrachtung keine konkrete Beeinträchtigung verursacht, die die mit dem gewöhnlichen Betrieb eines Ladens regelmäßig verbundenen Beeinträchtigungen überschreitet (KG NZM 1999, 425; OLG Schleswig NZM 2000, 1237).

Zulässig kann sein:
- eine →Kindertagesstätte oder ein Schülerladen (KG NJW-RR 1992, 1102; OLG Düsseldorf NZM 2003, 979),
- eine →Videothek, die nur während der üblichen Geschäftszeiten geöffnet hat (BayObLG WE 1994, 247).
- u. U. auch ein →Erotik- und Sexshop, der sich auf den Verkauf von Waren und Filmen beschränkt (BayObLG DNotZ 1995, 76) oder,
- ein →Café (OLG Hamburg NZM 2002, 612), auch für drogenabhängige oder drogengefährdete Personen zur allgemeinen Geschäftszeit (KG NZM 1999, 425; →Drogencafé).

Mit der Zweckbestimmung eines Teileigentums als Laden ist hingegen nicht zu vereinbaren der Betrieb als
- Bierbar (BayObLG Rpfleger 1980, 348) oder →Pilsbar (BayObLG Rpfleger 1980, 349);
- Billardcafé (OLG Zweibrücken DWE 1987, 54);
- →Bistro (BayObLG ZMR 1993, 427);
- →chemische Reinigung unter Einsatz von zahlreichen Reinigungsmaschinen und Geräten (OLG Hamm Rpfleger 1978, 60);
- Eisdiele (OLG Schleswig NZM 2000, 1237; →Café, Eisdiele);
- →Gaststätte (BayObLG NZM 2001, 862; OLG Frankfurt ZMR 1997, 667);
- →Imbissstube (BayObLG NZM 2000, 288);
- →Kiosk (OLG Düsseldorf WE 1996, 176);
- Lebensmittelverkauf mit Ausschank und Verzehr an Ort und Stelle (OLG Frankfurt vom 20. 3. 1978, Az 20 W 1042/77);
- →Pizzalieferservice (BayObLG NZM 1999, 305);
- →Pizzeria (OLG Karlsruhe OLGZ 1985, 397), auch als Stehpizzeria außerhalb der Ladenschlusszeiten (OLG Düsseldorf NJW-RR 1993, 587);
- →Salatrestaurant (KG ZMR 1985, 207);
- →Sauna außerhalb der Ladenschlusszeiten (BayObLG NJW-RR 1986, 317);
- Sexshop (→Erotik-/Sexshop);
- →Sonnenstudio außerhalb der Ladenschlusszeiten (BayObLG ZMR 1996, 334);
- Spielothek (→Spielsalon);

- → Sportstudio (OLG Schleswig NZM 2003, 483);
- Sportvereinskantine (→ Kantine);
- Stehimbiss (KG GE 1986, 87);
- Tanzcafé (BayObLGZ 1980, 161) oder Tagescafé (BayObLG WuM 1985, 126);
- → Teestube mit Spielsalon (BayObLG WuM 1985, 235);
- → Waschsalon mit Getränkeausschank (OLG Frankfurt WE 1987, 161);
- → Weinstube, die auch außerhalb der Ladenschlusszeiten geöffnet ist (OLG Karlsruhe WuM 1993, 290),

da diese Betriebsarten mit der eines Laden nicht vergleichbar und Lärmstörungen und andere Beeinträchtigungen zu erwarten sind, wie sie bei einem Ladengeschäft nicht auftreten, und zwar insbesondere außerhalb der üblichen Ladenöffnungszeiten, zu denen ein besonderes Ruhebedürfnis besteht, nämlich am Abend und an den Wochenenden. Insoweit kann eine typisierende Betrachtungsweise zugrunde gelegt werden (BayObLG ZMR 2000, 689, 691; NZM 1999, 80f).

Bei Nutzung eines Ladens, die in Widerspruch zu seiner Zweckbestimmung steht, können die Wohnungseigentümer Unterlassung gem. § 15 Abs. 3 WEG, § 1004 BGB sowohl vom Eigentümer wie vom Mieter (→ Unterlassungsanspruch; → Vermietung von Wohnungseigentum) verlangen und diesen Anspruch gerichtlich durchsetzen.

▶ **Ladeneingang**

Der nachträgliche Einbau eines Ladeneingangs stellt eine bauliche Veränderung dar, die i.d.R. wegen der nachteiligen optischen Veränderung und der Ermöglichung einer intensiveren Nutzung der Zustimmung aller Eigentümer bedarf (BayObLG WE 1987, 12; 51). Dasselbe kann für das Zurückversetzen einer Ladeneingangstür gelten (KG DWE 1986, 30 [L]).

▶ **Lärm**

Gem. § 14 Nr. 1 WEG ist jeder Wohnungseigentümer verpflichtet, von seinem Sondereigentum nur in solcher Weise Gebrauch

Lärm

zu machen, dass dadurch keinem der anderen Wohnungseigentümer über das bei einem geordneten Zusammenleben unvermeidliche Maß hinaus ein Nachteil erwächst. Ein Nachteil i.S.d. § 14 Nr. 1 WEG ist auch eine Lärmbelästigung (BayObLG WE 1988, 26; OLG Köln NZM 2001, 53).

1. Duldungspflichten

Im Verhältnis zwischen den Wohnungseigentümer gelten ohne weiteres und zwingend (a.A. offenbar OLG Braunschweig WuM 1986, 353 f) die öffentlichen Lärmschutz- und Lärmbekämpfungsvorschriften, so dass ohne besondere Gründe ein Anspruch auf eine Ruhezeitregelung nicht besteht (KG OLGZ 1992, 182, 185). Die Wohnungseigentümer können aber mehrheitlich unter Beachtung des Rücksichtnahmegebots nach billigem Ermessen zusätzliche Ruhezeiten (KG OLGZ 1992, 182, 185; OLG Braunschweig WuM 1986, 353 f) in die Hausordnung aufnehmen; üblich sind Sperrfristen für ruhestörende Arbeiten, z.B. das Teppichklopfen, → Musizieren, die Benutzung von Tonträgern (OLG München NJW-RR 1991, 1492 z. Radio; vgl. LG Berlin NJW-RR 1988, 909 z. aus dem nachbarlichen Gemeinschaftsverhältnis folgenden Gebot, Musik generell nur in Zimmerlautstärke zu hören), das Baden und Duschen (→ Bade- und Duschverbot) oder die → Tierhaltung, aber auch für die Benutzung einer – mangelhaft schallgedämmten – → Müllabwurfanlage, der Rasenflächen (→ Garten, Rasenflächen), z.B. für das Rasenmähen einer Sondernutzungsfläche, oder die Benutzung eines → Kinderspielplatzes.

Unvermeidliche Lärmbeeinträchtigungen, insbesondere normale Wohngeräusche (OLG Köln NZM 2001, 53 z. elektrischen Rolladenhebern) aufgrund eines ordnungsmäßigen Gebrauchs können nicht untersagt werden (BayObLG ZMR 1985, 233 für den erforderlichen Anlieferverkehr mit LKW und Paletten bei einem Lebensmittelmarkt zwischen 7.00 und 22.00 Uhr); hierzu zählt aber nicht Live-Musik in einer Gaststätte (BayObLG NJW-RR 1994, 337), das Tennisspielen innerhalb einer Eigentumswohnung (OLG Saarbrücken ZMR 1996, 566 f) oder bewusstes, wiederholtes Trampeln und Hüpfen von Kindern in der darüberliegenden Wohnung (BayObLG NJW-RR 1994, 598 f). Gelegentliche

Feste, die über 22.00 Uhr hinausgehen, sollten den Mitbewohnern angekündigt werden. Eine wesentliche Beeinträchtigung kann auch eine ungenügende →Schalldämmung zwischen zwei Wohnungen begründen.

Geht von Einrichtungen, z.B. einem Kunststoffdach (OLG Stuttgart OLGZ 1970, 74) oder einer Tischtennisplatte im Garten unzumutbarer Lärm aus, hat jeder Wohnungseigentümer Anspruch auf Beseitigung der Lärmquelle. Die Unterlassung von Lärmbelästigungen durch Dritte und durch Miteigentümer (BayObLG ZMR 1985, 233) kann jeder Wohnungseigentümer gem. §§ 1004, 906 BGB verlangen und durchsetzen (BGH ZMR 1983, 205 für die Einstellung eines benachbarten Tennisplatzbetriebs).

Ob Verkehrslärm hinzunehmen ist, richtet sich nach dem BImSchG. Ist er nicht hinzunehmen, so können die geschädigten Eigentümer Aufwendungsersatz für Lärmschutzmaßnahmen oder – wenn diese mit verhältnismäßigen Mitteln nicht möglich sind und die Eigentümer durch eine nachhaltige Veränderung der Grundstückssituation, z.B. beim Neubau einer Straße, schwer und unerträglich betroffen sind – Ersatz für die Wertminderung des Grundstücks in Geld verlangen (BGHZ 129, 124).

Gehen von einem öffentlichen Kinderspielplatz oder Sportplatz unzumutbare Lärmbeeinträchtigungen aus, kann jeder Wohnungseigentümer im verwaltungsrechtlichen Verfahren Lärmschutzeinrichtungen durchsetzen.

2. Nachteil bei baulichen Veränderungen

Kurzfristige, vorübergehende Lärmbeeinträchtigungen, die bei der Vornahme baulicher Veränderungen auftreten, stellen i.d.R. keinen Nachteil i.S. von §§ 22 Abs. 1 WEG dar. Dies gilt jedenfalls dann, wenn sie sich im Rahmen des für derartige Arbeiten zulässigen Maßes halten (BGHZ 73, 196; BayObLG Rpfleger 1982, 268; a.A. BayObLGZ 1990, 120 für größere Maßnahmen; ebenso Palandt/Bassenge § 22 RN 17; Weitnauer/Lüke § 22 RN 16).

Anhaltende und auf Dauer nicht auszuschließende Beeinträchtigungen durch Lärmeinwirkungen stellen jedoch i.d.R. einen vermeidbaren Nachteil der anderen Wohnungseigentümer dar, der daher von ihnen nicht geduldet zu werden braucht (BayObLG

ZMR 1983, 35f z. Beeinträchtigung durch Trittschallärm; WE 1986, 26; OLG Frankfurt OLGZ 1980, 78, 81 z. Kraftfahrzeuglärm nach Anlegung von →Parkplätzen; OLG Hamm WE 1989, 141; OLG Stuttgart OLGZ 1970, 74 z. Lärmbelästigung durch Regenfall auf eine Kunststoffterrassenüberdachung; LG Mannheim ZMR 1976, 51f z. akustischen Störungen durch einen →Kinderspielplatz; offengelassen von BayObLGZ 1980, 78 z. Lärmbelästigungen durch zusätzlichen Kfz-Verkehr).

▶ **Lärmschutz** →Schalldämmung

▶ **Lagerraum**

Die Nutzung eines in der Teilungserklärung als „Lagerraum" bezeichneten Raumes als Wohn- und Büroräume (BayObLG WuM 1993, 490) oder als „Gymnastik-/Tanzstudio" (BayObLG NJW-RR 1994, 527) ist unzulässig.

▶ **Lasten und Kosten**

Nach § 16 Abs. 2 WEG ist jeder Wohnungseigentümer verpflichtet, anteilig nach dem gesetzlichen oder vereinbarten →Kostenverteilungsschlüssel die Lasten des gemeinschaftlichen Eigentums, die Kosten der Instandhaltung und Instandsetzung, sonstigen Verwaltung und eines gemeinschaftlichen Gebrauchs des gemeinschaftlichen Eigentums zu tragen, also alle Lasten und Kosten der Bewirtschaftung, Unterhaltung und Verwaltung des gemeinschaftlichen Eigentums.

1. Begriff

Die von den Wohnungseigentümern zu tragenden Lasten und Kosten sind weitgehend identisch mit denen, die jeden Hauseigentümer durch das Eigentum am Hausgrundstück und durch den bestimmungsmäßigen Gebrauch des Gebäudes, der Nebengebäude, Anlagen und Einrichtungen und des Grundstücks treffen.

Zu den Lasten und Kosten i.S. des § 16 Abs. 2 WEG gehören insbesondere die sich auf das gemeinschaftliche Eigentum bezie-

Lasten und Kosten

henden Betriebskosten i.S. der Anlage 3 zu §27 der II. BV (seit 1.1. 2004 BetriebskostenVO), die auf das Verhältnis der Wohnungseigentümer untereinander aber nicht anwendbar ist:
- öffentliche Lasten des Grundstücks, soweit das ganze Grundstück betroffen ist, z.B. → Kommunalabgaben und Anliegerbeiträge, nicht aber die Grundsteuer und → Erschließungskostenbeiträge, für die nur das einzelne Wohnungs- und Teileigentum haftet;
- Kosten der Wasserversorgung in Bezug auf das gemeinschaftliche Eigentum (BayObLG WE 1988, 204; OLG Stuttgart OLGZ 1979, 34);
- Kosten der Entwässerung in Bezug auf das gemeinschaftliche Eigentum (BayObLGZ 1972, 150), Straßenreinigung, Müllabfuhr, die meist durch Abgabenbescheide der Gemeinden erhoben werden;
- Kosten des Betriebs des maschinellen Personen- oder Lastenaufzugs (→ Fahrstuhl), soweit er nicht zum Sondereigentum eines Wohnungseigentümers gehört;
- Kosten der Reinigung gemeinsam genutzter Gebäudeteile wie Zugänge, Flure, Treppenhäuser, Keller, Bodenräume, Waschküche (→ Hausreinigung);
- Kosten der Gartenpflege einschließlich der Erneuerung von Pflanzen (→ Garten, Rasenflächen);
- Kosten der Beleuchtung, z.B. der Außenbeleuchtung sowie der Beleuchtung der gemeinsam genutzten Gebäudeteile;
- Kosten der Schornsteinreinigung (VG Freiburg WuM 1991, 126);
- Prämien der Sach- und Haftpflichtversicherungen (→ Versicherungen);
- Kosten des → Hausmeisters sowie einer etwaig im gemeinschaftlichen Eigentum stehenden → Hausmeisterwohnung (BayObLG DWE 1985, 125);
- Kosten der Gemeinschaftsantennenanlage und Breitbandkabelgebühren (OLG Celle WuM 1987, 97; → Antenne, Parabolantenne; → Kabelanschluss), soweit diese nicht ausscheidbar auf die Nutzung im Sondereigentum entfallen;
- Kosten des Betriebs einer maschinellen Wascheinrichtung, soweit diese im gemeinschaftlichen Eigentum steht (→ Waschmaschine, Wäschetrockner);

- sonstige Betriebskosten, namentlich für Feuerlöscher, →Müllschlucker, maschinelle Müllbeseitigungsanlagen, Blitzableiteranlagen, Saunaeinrichtungen, →Kinderspielplätze.

Die Heiz- und Warmwasserkosten gehören zwar als Betriebskosten auch zu den Lasten und Kosten i.S. des §16 Abs.2 WEG (BayObLG DWE 1985, 123), sie werden aber nach der HeizkVO abgerechnet, die auch auf das Verhältnis der Wohnungseigentümer untereinander Anwendung findet (→Heiz- und Warmwasserkosten).

Über diese Betriebskosten hinaus gehören zu den Lasten und Kosten, die die Wohnungseigentümer anteilig zu tragen haben:
- Kosten der →Instandhaltung und Instandsetzung des gemeinschaftlichen Eigentums einschließlich der Honorare für Sonderfachleute;
- Beiträge zur →Instandhaltungsrückstellung;
- Kosten von Vorratskäufen, z.B. Ölkauf;
- Kosten der →Notgeschäftsführung eines Wohnungseigentümers gem. §21 Abs.2 WEG bzw. Verbindlichkeiten aus Geschäftsführung ohne Auftrag, wenn z.B. ein ausgeschiedener Verwalter Heizöl bestellt (KG WuM 1985, 97);
- Kosten der →Verkehrssicherung (OLG Hamm MDR 1982, 150);
- Verwaltergebühren wie die →Vergütung des Verwalters, Sondervergütung an den Verwalter für Zusatzleistungen, Porti, Bankspesen;
- Aufwandsentschädigungen an den →Verwaltungsbeirat, die der Höhe nach beschlossen werden können;
- Kosten der Durchführung von Versammlungen, z.B. Saalmiete (→Wohnungseigentümerversammlung);
- Kosten für eine beschlossene Überprüfung der →Abrechnung durch Wirtschaftsprüfer;
- Anwalts- und Gerichtskosten für Zivilprozesse der Wohnungseigentümergemeinschaft gegen Dritte, z.B. Handwerker, Bauträger, oder Dritter gegen die Wohnungseigentümer;
- Kosten eines Rechtsstreits gem. §18 WEG auf →Entziehung des Wohnungseigentums, an denen sowohl die nicht zustimmenden Wohnungseigentümer als auch der obsiegende Beklagte antei-

lig teilnehmen, wenn es sich nicht ausnahmsweise um eine rechtsmissbräuchliche, aussichtslose Entziehungsklage handelt (→ Entziehung des Wohnungseigentums), nicht jedoch die eines Verfahrens nach § 43 WEG, die einschließlich der Vorschüsse, soweit nicht alle Wohnungseigentümer als Antragsteller oder Antragsgegner beteiligt sind, ausschließlich die Beteiligten des jeweiligen gerichtlichen Verfahrens selbst gem. § 16 Abs. 5 WEG tragen (→ Kostenentscheidung);
- → Schadenersatz gem. §§ 14 Nr. 4 i.V.m. 16 Abs. 4 WEG an Wohnungseigentümer für Schäden am Sondereigentum bei Instandsetzung oder Instandhaltung des gemeinschaftlichen Eigentums;
- Kosten von baulichen Veränderungen, der alle Wohnungseigentümer zugestimmt haben oder die aufgrund eines für alle Wohnungseigentümer verbindlichen Mehrheitsbeschlusses ausgeführt werden (→ Befreiung von Kosten);
- Kapitalkosten aus Gesamtgrundpfandrechten am Gesamtgrundstück (→ Kredit).

2. Zuständigkeit zur Einziehung

Nach § 27 Abs. 2 Nr. 1 WEG ist der Verwalter unabdingbar zuständig für die Anforderung, den Empfang und die Weiterleitung von Lasten- und Kostenbeiträgen, Tilgungsbeiträgen und Hypothekenzinsen (→ Kredit), soweit es sich um gemeinschaftliche Angelegenheiten der Wohnungseigentümer handelt (→ Beiträge, Beitragsvorschüsse). Lasten- und Kostenbeiträge sind Beitragszahlungen der Wohnungseigentümer zu den Lasten und Kosten des gemeinschaftlichen Eigentums, also Beiträge und → Sonderumlagen sowie → Abrechnungsfehlbeträge. Hierzu zählen gem. § 28 Abs. 1 WEG auch die Beiträge zur → Instandhaltungsrückstellung.

Die Zuständigkeit des Verwalters ist auf gemeinschaftliche Angelegenheiten beschränkt. Für Lasten und Kosten, die von einzelnen Wohnungseigentümern zu tragen sind, also z.B. für die Bezahlung von Grundsteuern (BayObLG WuM 1992, 448f; KG NJW 1975, 318), sind die einzelnen Wohnungseigentümer allein zuständig (BPM § 27 RN 114).

▶ **Lastschriftverfahren** → Einzugsermächtigung

- **Leer stehende Wohnungen** → Abwesenheit des Wohnungseigentümers, leerstehende und nicht errichtete Wohnungen

- **Leuchtreklame** → Werbe- und Reklameeinrichtungen

- **Leitungswasserschadenversicherung** → Versicherungen

- **Lichtschacht, Lichtkuppeln**

  Lichtschächte und Kuppeln dienen der Belichtung des gemeinschaftlichen Eigentums, d.h. gemeinschaftlichem Gebrauch, und sind gemeinschaftliches Eigentum.

- **Liegewiese** → Garten, Rasenflächen

- **Lift** → Fahrstuhl

- **Loggia** → Balkon, Loggia

- **Lüften von Kleidung** → Waschmaschine, Wäschetrocknen

M

▶ **Mängel des gemeinschaftlichen Eigentums**

Ungeachtet möglicher Mängelansprüche gegen den Bauträger (→ Gewährleistung) sind die Wohnungseigentümer untereinander zur Beseitigung von Mängeln des gemeinschaftlichen Eigentums verpflichtet, und zwar auch hinsichtlich bereits bei Fertigstellung der Wohnanlage vorhandener Mängel, da die erstmalige Herstellung eines mängelfreien Zustandes eine Maßnahme ordnungsmäßiger Instandsetzung und Instandhaltung darstellt (BGHZ 67, 232; BayObLG NZM 1999, 262; OLG Düsseldorf NZM 2000, 390; OLG Hamm NZM 1998, 199; OLG Köln NZM 2002, 125 f), die jeder Wohnungseigentümer gem. § 21 Abs. 4 WEG verlangen kann, auch wenn hierzu Eingriffe in die Substanz des gemeinschaftlichen Eigentums erforderlich sind (OLG Hamm DWE 1987, 54); hierzu zählt insbesondere die Beseitigung anfänglicher Schallmängel (→ Schalldämmung). Solche Mängelbeseitigungsmaßnahmen sind keine bauliche Veränderungen i.S. des § 22 Abs. 1 WEG (BayObLG ZMR 1995, 87).

Die Verpflichtung zur erstmaligen Herstellung eines mangelfreien Zustandes besteht im Innenverhältnis der Wohnungseigentümer unabhängig davon, ob Mängelbeseitigungsansprüche gegen den Bauträger oder andere Baubeteiligte bestehen oder durchgesetzt werden können (OLG Hamm WE 1993, 244, 245; Weitnauer Anh. § 8 RN 58) oder ob der Wohnungseigentümer die Mängel am gemeinschaftlichen Eigentum kannte und ihm deswegen ein Preisnachlass gewährt wurde (BayObLG ZWE 2001, 31). Das schließt aber nicht aus, dass die Mängelbeseitigung mit Rücksicht auf die Durchsetzung von Ansprüchen gegen den Bauträger zurückgestellt wird (BayObLG NJW-RR 1991, 1102; OLG Hamm WE 1993, 244 f), insbesondere bis zu deren Sicherung, z.B. durch ein → selbständiges Beweisverfahren. Der Anspruch auf Herstellung eines mängelfreien Zustandes kann nicht mehr geltend gemacht werden, wenn die Wohnungseigentümer bestandskräftig beschlossen haben, von einer Beseitigung der Mängel abzusehen (BayObLG NZM 1999, 262 z. Beseitigung von Trittschallmängeln im Treppenhaus).

Die Wohnungseigentümer entscheiden durch Mehrheitsbeschluss, ob und in welcher Weise, zu welchem Zeitpunkt, durch wen und mit welchem Aufwand die Mängel beseitigt werden und wie die Kosten hierfür aufgebracht werden. Maßgeblich sind die allgemein anerkannten Regeln der Bautechnik zum Zeitpunkt der Mangelbeseitigung, nicht zum Zeitpunkt der Errichtung des Gebäudes, was insbesondere von Bedeutung ist, wenn zwischen der Abnahme und der Mängelbeseitigung ein längerer Zeitraum liegt (→ Bautechnik, Regeln).

Die Tätigkeitspflicht des Verwalters beschränkt sich darauf, Mängel festzustellen und die Wohnungseigentümer zu informieren (→ Kontrollpflichten des Verwalters). Da allein die Wohnungseigentümer zu entscheiden haben, ob, auf welche Weise und in welchem Zeitraum sie die festgestellten Mängel beseitigen wollen, hat der Verwalter keine eigene Entscheidungsbefugnis über Art und Umfang dieser Maßnahmen (→ Instandhaltung und Instandsetzung). Ihn treffen lediglich Kontroll- und Informationspflichten; darüber hinaus ist er ausführendes Organ der Wohnungseigentümergemeinschaft (→ Mehrheitsbeschluss).

Die Kosten für erforderliche Maßnahmen sind auch dann nach dem gesetzlichen oder vereinbarten → Kostenverteilungsschlüssel von allen Wohnungseigentümern zu tragen, wenn ein Wohnungseigentümer vor Entstehen der faktischen Wohnungseigentümergemeinschaft gegenüber dem Bauträger Sonderwünsche geäußert hat, die zu Baumängeln geführt haben (OLG Hamm NZM 1998, 199). An ihnen nimmt auch ein Wohnungseigentümer nach dem vereinbarten Verteilungsschlüssel teil, der vom Bauträger zur Abgeltung von Gewährleistungsansprüchen einen Abgeltungsbetrag erhalten hat (KG ZMR 1989, 203).

▶ **Mahngebühren** → Strafen

▶ **Mahnverfahren, gerichtliches**

Wegen eines Anspruchs, der die Zahlung einer bestimmten Geldsumme in inländischer Währung zum Gegenstand hat, ist auf Antrag des Antragstellers ein Mahnbescheid zu erlassen. Das Mahnverfahren findet nicht statt, wenn die Geltendmachung des Anspruchs von einer noch nicht erfolgten Gegenleistung abhängig ist oder wenn die Zustellung des Mahnbescheids durch öffentliche Bekanntmachung erfolgen müsste, §688 Abs.1, 2 ZPO. Das Mahnverfahren wird von den Amtsgerichten durchgeführt, §689 Abs.1 ZPO.

Zahlungsansprüche, über die nach §43 Abs.1 WEG zu entscheiden ist, also insbesondere Beitragsvorschussansprüche, können gem. §46a Abs.1 WEG im gerichtlichen Mahnverfahren geltend gemacht werden. Ausschließlich zuständig ist das Amtsgericht, in dessen Bezirk die Wohnungseigentumsanlage liegt, §46a Abs.1 S.2 WEG. Der Anspruch muss so individualisiert angegeben werden, dass der Antragsgegner erkennen kann, ob er sich gegen ihn zur Wehr setzen soll oder nicht (BGHZ 104, 268, 273). Bei Widerspruch ist die Sache an das im Widerspruch anzugebende Wohnungseigentumsgericht abzugeben, das dem Antragsteller eine Begründungsfrist setzt; das Verfahren wird erst nach Eingang der Begründung fortgesetzt, §46a Abs.2 WEG. Vom Zeitpunkt der Abgabe an das Wohnungseigentumsgericht gelten vorrangig die Regeln des WEG und des FGG (BayObLG NZM 1998, 488).

Ergeht ein Vollstreckungsbescheid, so kann der Antragsgegner innerhalb von zwei Wochen Einspruch einlegen.

▶ **Majorisierung**

Erlaubt die → Gemeinschaftsordnung abweichend von der gesetzlichen Regelung, wonach jedem Wohnungseigentümer lediglich eine Stimme zusteht (sog. Kopfprinzip; → Stimmrecht), eine Kumulierung von Stimmrechten in der Hand eines einzelnen Wohnungseigentümers, da sich die Stimmkraft nach der Größe der Miteigentumsanteile (Wertprinzip) richtet oder auf jedes Wohnungseigentum eine Stimme entfällt (Objektprinzip), so kann u.U. die nach Köpfen gerechnete Mehrheit der Wohnungseigentümer von einem einzigen Eigentümer, der die Mehrheit der Stimmrechte allein inne hat, oder von einer Gruppe wirtschaftlich eng verbundener Wohnungseigentümer überstimmt werden (BGH

NZM 2002, 995, 1000; KG WE 1989, 168; OLG Düsseldorf NZM 2002, 527f). Man spricht in diesem Fall von einer Majorisierung der Minderheit.

In diesen Fällen ist stets zu prüfen, ob die anderen Wohnungseigentümer rechtsmissbräuchlich überstimmt worden sind. Dabei ist die Möglichkeit, wegen einer Stimmenhäufung oder Stimmenmehrheit aufgrund des vereinbarten Wertprinzips das Beschlussergebnis maßgeblich beeinflussen oder im Wege der Majorisierung der Minderheit die Entscheidung allein treffen zu können, für sich gesehen als reguläre Folge der Inhaberschaft einer Vielzahl oder gar der Mehrzahl der Wohnungen nicht zu beanstanden (BGH aaO; KG WE 1989, 168; OLG Düsseldorf NZM 2002, 527f; OLG Zweibrücken OLGZ 1990, 186, 190). Die Stimmrechtsausübung unterliegt in diesen Fällen aber einer strengen Missbrauchskontrolle. Ein Rechtsmissbrauch kommt dann in Betracht, wenn ein Wohnungseigentümer sein Stimmenübergewicht dazu einsetzt, in treuwidriger Weise eine mit den Interessen der übrigen Wohnungseigentümer nicht vereinbare Entscheidung herbeizuführen (OLG Düsseldorf ZMR 1997, 31 z. einer Erhöhung des Verwalterhonorars um 20% und Einräumung eines Sonderhonorars).

In der Praxis stellt sich dieses Problem nahezu ausschließlich bei der →Bestellung des Verwalters, bei welcher ein Wohnungseigentümer auch dann stimmberechtigt ist, wenn er sich selbst bewirbt (→Ruhen des Stimmrechts). Ein Wohnungseigentümer kann deshalb den anderen Wohnungseigentümern einen ihm genehmen oder mit ihm verbundenen Verwalter, gegen den erhebliche Bedenken bestehen (KG WE 1989, 168; OLG Zweibrücken OLGZ 1990, 186, 190), oder einen Verwalter, dessen Eignung mangels Vorliegen von Auskünften und mangels Vorstellung in der beschlussfassenden Versammlung nicht geprüft werden konnte (KG ZMR 1986, 174f), aufzwingen. In einem solchen Fall ist die persönliche und fachliche Eignung des Verwalters besonders kritisch zu prüfen (BGH NZM 2002, 995, 1000; OLG Düsseldorf WE 1996, 70f). Die Frage, ob ein Rechtsmissbrauch vorliegt, stellt sich aber nicht, wenn der Verwalter auch bei Anwendung des gesetzlichen Kopfstimmrechts gem. §25 Abs.2 WEG bestellt worden wäre (BayObLG WE 1990, 111; KG OLGZ 1978,

142, 145). Umgekehrt liegt bei der Abberufung des Verwalters kein Rechtsmissbrauch vor, wenn ein Wohnungseigentümer sein absolutes Stimmenübergewicht dazu einsetzt, gegen die Stimmen der übrigen Eigentümer den Verwalter abzuberufen, wenn der Verwalter – weil auf unbestimmte Zeit bestellt – prinzipiell jederzeit ohne Vorliegen eines wichtigen Grundes abberufen werden kann (OLG Düsseldorf NZM 2002, 527).

Eine rechtsmissbräuchliche Stimmrechtsausübung ist auch nicht schon dann anzunehmen, wenn sich die nach Köpfen gerechnete Mehrheit gegen die Bestellung des Verwalters ausspricht (BGH NZM 2002, 995, 1000), wohl aber dann, wenn sich ein Wohnungseigentümer mit seinem absoluten Stimmenübergewicht gegen die Stimmen aller übrigen Wohnungseigentümer zum Verwalter bestellt, wenn bereits zu diesem Zeitpunkt Interessengegensätze offenkundig sind und deshalb von vornherein nicht mit der Begründung eines unbelasteten für die Ausübung des Verwalteramtes erforderlichen Vertrauensverhältnisses zu rechnen ist (BayObLG ZWE 2001, 550f; OLG Düsseldorf NZM 1999, 844; OLG Saarbrücken ZMR 1998, 50).

Das KG hat das Institut des rechtsmissbräuchlichen Stimmverhaltens auch in einem Fall für anwendbar gehalten, in dem – bei fest gefügten Gruppen innerhalb der Wohnungseigentümergemeinschaft – ein Reparaturauftrag aufgrund eines von einer Mehrheitsgruppe gefassten Beschlusses an ein Mitglied dieser Gruppe vergeben wurde, ohne zuvor konkurrierende Angebote eingeholt zu haben (KG OLGZ 1994, 149f). Diese Entscheidung trifft jedenfalls im Ergebnis zu. Der Beschluss über die Vergabe des Reparaturauftrags ohne Einholung mehrerer Angebote widerspricht allerdings bereits den Grundsätzen ordnungsmäßiger Verwaltung und ist schon aufgrund dessen im Anfechtungsverfahren für ungültig zu erklären (→ Auftragsvergabe).

Die unter Missbrauch des Stimmrechts abgegebenen Stimmen sind unwirksam, müssen also bei der Feststellung des Beschlussergebnisses unberücksichtigt bleiben (BGH NZM 2002, 995, 1000). Hat der Versammlungsleiter dies bei der ihm obliegenden Feststellung und Verkündung des Beschlussergebnisses verkannt (→ Mehrheitsbeschluss), muss der Mangel im Wege der fristgerechten Anfechtung geltend gemacht werden (BGH NZM 2002, 995, 1000). In Ausnahmefällen kommt sogar die Nichtigkeit des Beschlusses gem. § 138 Abs. 1 BGB in Betracht, falls in besonders treu- und sachwidriger Weise eigene Zwecke auf Kosten der übrigen Eigentümer verfolgt werden (BayObLG ZMR 2001, 366, 368).

Eine Beschränkung der Stimmkraft des rechtsmissbräuchlich abstimmenden Wohnungseigentümer z.B. auf eine „Sperrminorität" von 25% hat keine gesetzliche Grundlage, weil der Wohnungseigentumsrichter Beschlüsse nur für ungültig erklären, aber nicht gestaltend oder ändernd in diese eingreifen kann (BGH NZM 2002, 995, 1000; a.A. noch OLG Hamm OLGZ 1978, 184, 190; OLG Düsseldorf OLGZ 1984, 289 z. einer vorbeugenden Stimmrechtsbeschränkung auf eine Höchststimmenzahl von 25% mit Wirkung für die Zukunft). Allerdings können die Wohnungseigentümer in der Gemeinschaftsordnung vereinbaren, dass einem Wohnungseigentümer unabhängig von der Zahl der von ihm gehaltenen Wohnungseigentumsrechte nicht mehr als 25% der Gesamtstimmenzahl zustehen (BayObLGZ 1965, 183). Die Gefahr der Majorisierung begründet aber keinen Anspruch auf Änderung des vereinbarten Stimmrechts (KG NJW-RR 1994, 525), da die Frage, ob ein Wohnungseigentümer sein Stimmrecht missbraucht hat, nur im Einzelfall entschieden werden kann (OLG Düsseldorf ZfIR 1997, 222 f).

▶ **Makler**

Häufig werden Kauf oder Vermietung von Eigentumswohnungen mit Hilfe eines Maklers besorgt, der für den Immobilienmarkt die volkswirtschaftliche Aufgabe erfüllt, das Aufeinandertreffen von Angebot und Nachfrage zu ermöglichen (OLG Hamm MDR 1986, 501). Die Einzelheiten der Tätigkeit des Maklers regelt das Maklerrecht. Schutznormen zugunsten des Erwerbers enthält insbesondere die Makler- und Bauträgerverordnung (MaBV).

1. Inhalt des Maklervertrages

Inhalt des Maklerauftrages ist es, dem Auftraggeber einen ihm bisher unbekannten Interessenten oder die Möglichkeit zum Vertragsabschluss über ein – ggf. auch bereits bekanntes (BGH BB 1990, 1227) – geeignetes Objekt mit dem hierüber verfügungsbefugten Dritten, i.d.R. den genau zu bezeichnenden Eigentümer (BGH NJW 1987, 1629), nachzuweisen, oder aber ihm einen gewünschten Vertragsschluss mit einem bestimmten Vertragspartner über ein bestimmtes Objekt als Vermittler herbeizuführen (BGH NJW 1976, 1844), ohne dass der Makler zur Tätigkeit oder der Auftraggeber zum Abschluss verpflichtet ist (BGH NJW-RR 2003, 699); treffen die Parteien eine eindeutige Vereinbarung, so hat der Makler, will er seine Provision verdienen, entweder die eine oder aber die andere Leistung zu erbringen. In der Zwangsversteigerung kann der Makler weder nachweisen noch vermitteln (BGH WM 1990, 1499).

Zur Ausübung ihrer – zivilrechtlichen – Tätigkeit bedürfen gewerbsmäßige Makler einer – öffentlich-rechtlichen – Gewerbeerlaubnis, deren Voraussetzungen in § 34 c GewO geregelt sind; für Verwalter ist nach Nr. 1.1.2.3.1 VwV zu § 34 c GewO eine Vermittlungstätigkeit nicht erlaubnispflichtig, wenn sie als unbedeutender Annex der übrigen Tätigkeit des Verwalters anzusehen ist, z.B. bei Vermittlung von 2–3 Wohnungen jährlich (Marcks § 34 GewO RN 12). Eine gewerbsmäßige Maklertätigkeit ohne Erlaubnis ist eine Ordnungswidrigkeit, die die Wirksamkeit des Maklergeschäfts aber nicht berührt (BGHZ 78, 269; 146, 250).

2. Maklerverbot

Notaren, ist die – auch nur gelegentliche – entgeltliche Maklertätigkeit gem. § 14 Abs. 4 BNotO gänzlich untersagt. Dies soll verhindern, dass der Notar an dem Zustandekommen eines Geschäfts, das er in amtlicher Funktion unabhängig und unparteilich zu führen hat, ein eigenes persönliches oder wirtschaftliches Interesse hat (BGH NJW 2001, 1569). Beurkundet ein Notar ein von ihm selbst vermitteltes Geschäft, so ist dies nichtig (BGH NJW-RR 1990, 948). Rechtsanwälte unterfallen nicht dem Maklerverbot (BGH NJW 2000, 3067); hat sich aber ein Rechtsanwalt mit einem Anwaltsnotar zu gemeinsamer Berufsausübung verbunden, ist ein von ihm abgeschlossener Maklervertrag gem. § 134 BGB nichtig (BGH NJW 2001, 1569).

Für die Vermittlung oder den Nachweis der Gelegenheit zum Abschluss eines Mietvertrages über Wohnraum dürfen Eigentümer, Vermieter und Verwalter einer Wohnung kein Entgelt verlangen, §2 Abs. 2 S. 1 Ziff. 2 WoVermittG. Ein Provisionsanspruch besteht auch dann nicht, wenn nicht der Wohnungsvermittler selbst, sondern sein Gehilfe die vermittelte Wohnung verwaltet (BGH NZM 2003, 985). Eine als Wohnungsvermittler tätige juristische Person hat nach §2 Abs. 2 S. 1 Ziff. 3 WoVermittG auch dann keinen Provisionsanspruch, wenn Eigentümer der Wohnung ihr geschäftsführender Gesellschafter ist (BGH NZM 2003, 984). Unter das Maklerverbot fällt nur der Verwalter einer einzelnen Eigentumswohnung, also der sog. Mieten- oder Sondereigentumsverwalter (LG Kiel AIZ 1985, 10 für den Fall, dass der WEG-Verwalter zugleich die Sondereigentumsverwaltung ausübt), nicht aber der Verwalter i. S. der §§ 20, 26ff WEG (BGH NZM 2003, 358), da sich seine Verwaltung allein auf das gemeinschaftliche Eigentum erstreckt, auch soweit der einzelne Wohnungseigentümer aufgrund seines Sondereigentums zu dessen Mitgebrauch berechtigt ist. Zudem steht der WEG-Verwalter nicht in einer solchen Nähe zum Wohnungseigentümer, dass der Provisionsausschluss gerechtfertigt wäre; der gewöhnliche WEG-Verwalter kann nicht zum „Lager" des Wohnungseigentümers und Vermieters gezählt werden, da er gegen den Willen einzelner, u. U. als gerichtlich bestellter Notverwalter sogar gegen den Willen aller Wohnungseigentümer bestellt werden kann (BGH NZM 2003, 358f).

Kein Maklerverbot besteht auch dann, wenn der WEG-Verwalter unentgeltlich einzelne branchenübliche Serviceleistungen erbringt, die mit der Neuvermietung einhergehen, etwa die Schlüssel übergibt, die erste Miete inkassiert und die Mietkaution an den Eigentümer weiterleitet (LG Hamburg NZM 2001, 489), Mängelrügen der Mieter entgegennimmt und an den Wohnungseigentümer weitergibt (LG Konstanz MDR 1986, 235) oder Verrichtungen ausführt, welche die Vermietbarkeit verbessern (LG Mainz NZM 2000, 310 z. Öffnen und Schließen der Fenster und der Beheizung). Über eine branchenübliche Serviceleistung geht es aber hinaus, wenn der Verwalter bei der Wohnungsrückgabe ein Übergabeprotokoll fertigt (LG Hamburg NZM 2001, 489).

3. Zustimmung zur Veräußerung

Ist dem Verwalter die Erteilung der → Zustimmung zur Veräußerung des Wohnungseigentums gem. § 12 WEG übertragen, kann er nicht als Makler tätig werden und keine Provision verdienen (BGHZ 112, 240; NZM 2003, 284 f; a.A. AG Kerpen ZMR 2001, 358). Will nämlich ein Verwalter in dieser durch die Befugnisse aus § 12 WEG ausgeweiteten Rechtsposition gleichzeitig Makler des Käufers einer Eigentumswohnung sein, so steht er in einem Interessenkonflikt, da er die Interessen seines Kunden ebenso wahrzunehmen hat wie die der Wohnungseigentümer, die u. U. gegenläufig sind (BGHZ 112, 240 f). Ein solcher Interessenkonflikt besteht auch, wenn der Makler vom Wohnungseigentümer mit dem Verkauf seiner Wohnung beauftragt worden ist, sofern die Veräußerung der Eigentumswohnung von der Zustimmung des Maklers abhängt (OLG Köln NZM 2003, 241). Hat der Verwalter gleichwohl bei einer Veräußerung einer Eigentumswohnung gegen Entgelt als Makler mitgewirkt, so rechtfertigt das seine → Abberufung als Verwalter aus wichtigem Grund, wenn er sich hierbei über den ihm bekannten gegenteiligen Willen der Mehrheit der Wohnungseigentümer hinweggesetzt und Wohnungseigentum an einen Erwerber vermittelt hat, dessen Mitgliedschaft in der Wohnungseigentümergemeinschaft unerwünscht ist (BayObLG NJW 1972, 1284 ff). Der Interessenkonflikt zwischen Maklertätigkeit und Verwalterstellung rechtfertigt die Besorgnis, der Verwalter könne bei der Verwalterzustimmung im Fall eines von ihm vermittelten Kaufvertrages die Interessen der Wohnungseigentümer gegenüber dem eigenen Provisionsinteresse hintansetzen, und stellt einen wichtigen Grund gegen seine Wiederbestellung dar (BayObLG ZfIR 1997, 411).

Die Parteien eines Maklervertrages können aber eine von den Voraussetzungen des § 652 BGB unabhängige Provision vereinbaren, wenn zwischen dem Makler, d. h. dem Verwalter, und dem Verkäufer eine provisionshindernde Verflechtung besteht. Dafür genügt die tatsächliche Kenntnis des Kunden von den die Verflechtung begründenden Umständen; Rechtskenntnis, dass der Makler keine echte Maklerleistung erbringen kann, ist nicht erforderlich (BGH NZM 2003, 284 f; OLG Köln NZM 2003, 241).

4. Vergütungsanspruch des Maklers

Der Makler verdient das vereinbarte Honorar mit Abschluss des Hauptvertrages, der durch seine Geschäftstätigkeit zustande gekommen ist, § 652 BGB. Der Honoraranspruch entsteht aber erst mit Rechtswirksamkeit des Hauptvertrages, also z.B. erst mit Genehmigung des genehmigungsbedürftigen Hauptvertrages (BGH NJW 1984, 358; NJW-RR 1991, 1073), etwa mit einer nach § 12 WEG erforderlichen Zustimmung (LG Düsseldorf MDR 1999, 290) oder mit Eintritt einer aufschiebenden Bedingung (BGH NJW 1984, 358). Die Auswirkungen eines vertraglichen Rücktrittsrechts sind durch Auslegung zu ermitteln (BGH NJW 1997, 1583). Bei einem voraussetzungslosen Rücktrittsrecht, das einer aufschiebenden Bedingung gleichkommt, entsteht der Provisionsanspruch erst mit Erlöschen des Rücktrittsrechts, i.d.R. mit Fristablauf (BGH NJW-RR 2000, 1302). Ist das vertragliche Rücktrittsrecht dem gesetzlichen nachgebildet, wird die Provision mit Vertragsabschluss fällig (BGH MDR 1998, 764).

Andererseits beeinträchtigen – als Konsequenz der Bindung des Provisionsanspruchs an den bloßen rechtswirksamen Abschluss des Hauptvertrages – spätere Vertragsstörungen bei Ausführung des Hauptvertrages den Honoraranspruch des Maklers nicht mehr (BGH NJW-RR 1993, 248). Hierzu zählen beispielsweise die Fälle der Ausübung eines gesetzlichen Rücktrittsrechts (BGH NJW 1974, 696), die Vereinbarung einer auflösenden Bedingung (BGH WPM 1977, 21; NJW-RR 2002, 50), die Vertragsaufhebung (BGH NJW 1984, 358) und die Geltendmachung von Mängelansprüchen (OLG Hamm NJW-RR 2000, 1724; Staudinger/Peters § 652 RN 102). Da der Anspruch auf Maklerhonorar nicht von der Durchführung des Hauptvertrages abhängt, lässt dessen künftiges Schicksal den bereits rechtswirksam entstandenen Honoraranspruch des Maklers unberührt.

Aufgrund der im Maklerrecht vorherrschenden Einzelfallbetrachtung hat die Rechtsprechung diese Grundsätze weiter differenziert. So führt die Aufhebung des Hauptvertrages ausnahmsweise zum Verlust des Provisionsanspruchs, wenn die Parteien die Form der Vertragsaufhebung anstelle der ebenfalls möglichen Arglistanfechtung gewählt haben (BGH NJW 1984, 358; OLG Hamburg NJW-RR 1999, 351). Gleiches gilt, wenn der Rücktritt von dem vom Makler nachgewiesenen oder vermittelten Kaufvertrag wegen eines arglistig verschwiegenen Sachmangels erfolgt, sofern infolge derselben Täuschung der Käufer auch zur Anfechtung des Kaufvertrages nach § 123 BGB – innerhalb der Jahresfrist des § 124 BGB – berechtigt gewesen wäre (BGH NJW 2001, 966 z. Wandlung). Wegen der Vergleichbarkeit mit einem Dissens kann bei Fehlen der Geschäftsgrundlage auch der Provisionsanspruch entfallen (OLG Düsseldorf NZM 1999, 974).

Gem. § 654 BGB ist der Anspruch des Maklers auf seine Vergütung und auch auf etwa einen vereinbarten Aufwendungsersatz ausgeschlossen, wenn er dem Inhalt des Vertrages zuwider auch für den anderen Teil tätig gewesen ist, sog. Doppeltätigkeit. Unzulässig ist die Doppeltätigkeit aber nur, wenn sie zu vertragswidrigen Interessenkollisionen führt. Dies ist i.d.R. nicht der Fall, wenn der Makler auf beiden Seiten als Nachweismakler oder für den einen Auftraggeber vermittelnd, für den anderen nachweisend tätig wird (BGH NJW-RR 1998, 992; NZM 2003, 522). Bei beiderseitigem Vermittlungsauftrag ist ein Interessenwiderstreit hingegen wegen der gebotenen Einwirkung auf den Willen der Parteien nahe liegend (Dehner NJW 2000, 1986, 1994).

Bei Verkauf einer Immobilie ist der Verkäufer nicht ohne weiteres verpflichtet, den Käufer über die Zahlung einer „Innenprovision" an einen von ihm beauftragten Makler aufzuklären; eine besonders hohe Innenprovision kann aber (mit-)ursächlich für ein besonders grobes Missverhältnis zwischen Kaufpreis und Verkehrswert sein und damit für die Prüfung der Sittenwidrigkeit des Grundstückskaufs Bedeutung erlangen (BGH NZM 2003, 405 f).

▶ Markisen

Die Anbringung von Markisen stellt eine bauliche Veränderung dar (BayObLG ZMR 1995, 420 f; KG OLGZ 1994, 399 f; NJW-RR 1995, 587). Sie bedarf i.d.R. aufgrund der – insbesondere bei Fehlen einer Farbabstimmung – damit verbundenen optischen Beeinträchtigung gem. § 22 Abs. 1 S. 1 WEG der Zustimmung aller Wohnungseigentümer (BayObLG WE 1986, 137; KG GE 1988, 973; OLGZ 1994, 399 z. unzulässigen Anbringung einer Vertikalmarkise trotz einer bereits vorhandenen uneinheitlichen Gestaltung der Terrassen; NJW-RR 1995, 587 z. unzulässigen Anbringung einer Ladenmarkise wegen Beeinträchtigung durch Verschlechterung der Sicht auf das Praxisschild eines anderen Teileigentümers).

Im konkreten Einzelfall ist zu prüfen, ob die Markise die anderen Wohnungseigentümer tatsächlich benachteiligt, da andernfalls deren Zustimmung entbehrlich ist. Soweit sich die Markise in Größe und Farbe der Umgebung anpasst, kann darin noch keine Beeinträchtigung anderer Wohnungseigentümer gesehen werden (BayObLG NJW-RR 1986, 178; ZMR 1995, 420f; KG WuM 1994, 99f; OLG Düsseldorf DWE 1989, 176f). Bei der Prüfung der Vermeidbarkeit einer Beeinträchtigung ist es zu berücksichtigen, wenn die Nutzung eines Balkons aufgrund seiner Lage bei starker Sonneneinstrahlung unzumutbar beeinträchtigt würde, es sei denn, dass ein ausreichender Sonnenschutz auch durch Sonnenschirme erreicht werden kann. Sonnenschirme können dann jedenfalls zustimmungsfrei aufgestellt werden (OLG Frankfurt OLGZ 1986, 42f).

▶ **Massageinstitut**

Mit der Zweckbestimmung eines Teileigentums als Massageinstitut lässt sich der Betrieb einer Kampfsport- und Selbstverteidigungsschule nicht vereinbaren (→ Sportstudio). In einer Wohnung eines 6-Familienhauses ist der Betrieb eines medizinischen Massageinstituts denkbar (OLG Hamburg MDR 1974, 138; BayObLG NJW-RR 1988, 140), falls dieser Gebrauch nicht mehr stört als der Wohngebrauch.

▶ **Mauerdurchbruch** → Decken- und Wanddurchbruch

▶ **Mehrhauswohnanlage**

1. Begründung von Wohnungseigentum

Wohnungseigentum kann an Räumen in mehreren selbständigen Gebäuden, insbesondere Wohnblöcken auf einem Grundstück (BGHZ 50, 56), z.B. auch an einer Siedlung von Einfamilienhäusern auf einem Grundstück begründet werden. Dabei ist unerheblich, dass eine Teilung des Grundstücks möglich wäre, aber nicht erfolgt ist (OLG Frankfurt NJW 1963, 814; a.A. unrichtig OLG Köln NJW 1962, 156). Jedoch erstreckt sich in solchen Fällen das Sondereigentum nur auf die Räume eines von mehreren Gebäuden auf demselben Grundstück. Die konstruktiven Teile bleiben wie sonst auch gem. § 5 Abs. 2 WEG gemeinschaftliches Eigentum (BGHZ 50, 56 für Einfamilienhäuser; BayObLGZ 1966, 20 für Doppelhäuser).

An sämtlichen Räumen eines Gebäudes kann Sondereigentum begründet werden, wenn es in sich abgeschlossen ist (LG Kiel DWE 1971 Heft 2, 31). Zum Aufteilungsplan einer Mehrhauswohnanlage gehört auch ein amtlicher Lageplan, aus dem sich die Größe der einzelnen Bauwerke und der Standort der Baukörper innerhalb des Grundstücks ergeben, um die Lage des jeweiligen Sondereigentums bestimmen zu können (OLG Hamm OLGZ 1977, 272; OLG Bremen Rpfleger 1980, 68).

Wird die Mehrhausanlage sukzessiv errichtet, entsteht das Sondereigentum schrittweise, bis jeweils ein beherrschbarer Raum vorhanden ist (→ Bauabschnittsweise Fertigstellung).

2. Verwaltung der Mehrhauswohnanlage

Eine Mehrhauswohnanlage kann nur einheitlich verwaltet werden; die Bestellung mehrerer Verwalter für einzelne Häuser einer Mehrhauswohnanlage ist nichtig (BayObLG WE 1996, 150; Staudinger/Bub § 26 RN 66; → Einheitlichkeit der Verwaltung).

In Mehrhauswohnanlagen können an einem Beschluss nur die Eigentümer des Gebäudes mitwirken, deren Interessen allein und ausschließlich betroffen sind (BayObLG NJW 1962, 492 für den Beschluss, einen Kellerraum als Fahrradabstellraum zu nutzen; OLG Schleswig NZM 2000, 385 f; s. a. → Delegiertenversammlung, Teilversammlung). In diesem Fall kann auch auf die Anwesenheit der anderen Wohnungseigentümer in der Versammlung verzichtet werden (→ Teilnahme an der Wohnungseigentümerversammlung). Diese Wohnungseigentümer sind deshalb nicht zu Versammlungen zu laden, in welcher ausschließlich Angelegenheiten behandelt werden, die sie nicht betreffen (BayObLG NZM 1999, 420f). Auch die →Beschlussfähigkeit richtet sich allein nach den Eigentümern der betroffenen Häuser (BayObLG NZM 2000, 554). Den Eigentümern der nicht betroffenen Häuser steht auch kein Anfechtungsrecht zu; ein Anfechtungsantrag ist mangels →Rechtsschutzbedürfnisses unzulässig. Stimmen alle Wohnungseigentümer ab, ist der Beschluss anfechtbar (BayObLG WE 1992, 26).

Wohnungseigentümer anderer Gebäude sind allerdings betroffen, wenn sie zu den Kosten der beschlussgegenständlichen gemeinschaftlichen Einrichtungen herangezogen werden (BayObLG NZM 2002, 869; OLG Hamm WE 1990, 99) oder wenn ihnen an den beschlussgegenständlichen Räumen, Anlagen und Einrichtungen ein Mitgebrauchsrecht zusteht (OLG Hamm OLGZ 1985, 15). Nach den Grundsätzen von Treu und Glauben kann es den Wohnungseigentümern allerdings u. U. verwehrt sein, in den anderen Häusern gelegene gemeinschaftliche Räume, Anlagen und Einrichtungen mitzubenutzen, wenn in sämtlichen zur Wohnanlage gehörenden Häusern die gleichen Einrichtungen und Anlagen vorhanden sind, so dass kein Eigentümer auf die Benutzung außerhalb seines Hauses liegender Anlagen angewiesen ist (Häublein NZM 2003, 785, 787), oder wenn dies zu einer unzumutbaren Beeinträchtigung in dem jeweiligen Haus führt (OLG Frankfurt ZMR 1997, 606).

Bei baulichen Veränderungen kommt es im Regelfall nur auf die Zustimmung der Wohnungseigentümer des Wohnblocks an, in dem die bauliche Veränderung durchgeführt werden soll (BayObLG DWE 1983, 126 für die Abtrennung eines sog. Sackflures; OLG Köln ZWE 2000, 376; a.A. KG WuM 1985, 357). Es besteht i.d.R. auch kein →Rechtsschutzbedürfnis für einen Antrag auf Beseitigung einer baulichen Veränderung in einem anderen Haus (BayObLG DNotZ 1985, 414).

3. Kostenverteilung

Bei Mehrhauswohnanlagen kann eine Verteilung der Lasten und Kosten, soweit getrennt erfassbar, auf das jeweilige Gebäude, für das sie anfallen, vereinbart werden (BayObLG ZfIR 2002, 296,

298; KG WuM 1993, 562; OLG Köln PuR 1996, 553, 554), oder getrennt für bestimmte Einrichtungen und Anlagen, die sich nur in einem Gebäude befinden, z.B. Aufzüge (OLG Düsseldorf WE 1988, 94f), oder die nur von einer Gruppe von Wohnungseigentümern genutzt werden dürfen, z.B. ein nur bestimmten Sondernutzungsberechtigten zugeordnetes Schwimmbad (KG ZMR 1997, 159, 161). Die getrennte Erfassung kann auch auf einzelne Gebäudeteile, z.B. die Tiefgarage (BayObLG WE 1996, 318f) oder auf einzelne Kostenarten beschränkt werden, z.B. Instandhaltungs- und Instandsetzungskosten (KG WuM 1993, 562) oder die Kosten solcher Maßnahmen, die über die ordnungsgemäße Instandsetzung hinausgehen (BayObLG NZM 2002, 869, 871; ZMR 2001, 560). Erforderlich ist es, hiermit korrespondierend getrennte →Instandhaltungsrückstellungen zu vereinbaren (BayObLG NJW-RR 1988, 274).

Sind die Lasten und Kosten für verschiedene Gebäude getrennt zu ermitteln und abzurechnen, so ist diese Trennung bereits im Wirtschaftsplan vorzunehmen, da ansonsten Vorschüsse auf Kosten erhoben werden, an denen einzelne Eigentümer nicht teilzunehmen haben (OLG Düsseldorf WE 1991, 331 [L]). Die Wohnungseigentümer haben dann nur getrennt über die Teile des Wirtschaftsplans abzustimmen, durch die die jeweils von ihnen zu tragenden Beitragsvorschüsse festgelegt werden (OLG Köln WuM 1990, 613).

Ist eine getrennte Erfassung nicht vereinbart, sind alle Wohnungseigentümer zur anteiligen Kostentragung unabhängig davon verpflichtet, ob sie die in einem anderen Gebäude der Anlage befindlichen Einrichtungen nutzen können (→Befreiung von Kosten). Wird die Anlage bauabschnittsweise fertig gestellt, kann für die Zeit bis zur vollständigen Fertigstellung aller Gebäude vereinbart werden, an welchen Lasten und Kosten des gemeinschaftlichen Eigentums die Eigentümer der noch nicht erstellten Eigentumseinheiten nach dem vereinbarten Verteilungsschlüssel beteiligt sind und welche Lasten und Kosten sie nicht anteilig zu tragen brauchen (→Bauabschnittsweise Fertigstellung).

▶ Mehrheitsbeschluss

Soweit Maßnahmen, die das gemeinschaftliche Eigentum oder das gemeinschaftliche Vermögen betreffen, nicht aufgrund Gesetzes oder Vereinbarung einstimmig zu regeln sind, entscheiden die Wohnungseigentümer über sie durch Mehrheitsbeschluss. Das Mehrheitsprinzip stellt zum einen sicher, dass einzelne Wohnungseigentümer notwendige Entscheidungen nicht schon durch eine Gegenstimme blockieren können, es dient zum anderen den Veränderungsinteressen des einzelnen Wohnungseigentümers, der nicht darauf angewiesen sein soll, dass einer von ihm für notwendig erachteten Maßnahme alle übrigen Wohnungseigentümer zustimmen. § 21 Abs. 4 WEG gewährt ihm deshalb gegen die übrigen Wohnungseigentümer einen Individualanspruch auf ordnungsmäßige Verwaltung durch Mehrheitsbeschluss.

Aufgrund des geltenden Mehrheitsprinzips hat der Beschluss für sämtliche Wohnungseigentümer Bindungswirkung, also auch für die überstimmten und bei der Versammlung nicht anwesenden Wohnungseigentümer – § 10 Abs. 4 WEG – sowie die Wohnungseigentümer, die sich bei der Stimmabgabe enthalten haben. Im Außenverhältnis verschafft ein Mehrheitsbeschluss, der den Verwalter zur Ausführung bestimmter Maßnahmen bevollmächtigt, Vertretungsmacht auch für die nicht zustimmenden Wohnungseigentümer.

Zu unterscheiden sind unanfechtbare, nichtige und anfechtbare Beschlüsse. Ein Beschluss ist ohne Ungültigkeitserklärung nichtig, wenn er gegen eine Rechtsvorschrift verstößt, auf deren Einhaltung auch nicht durch Vereinbarung rechtswirksam verzichtet werden kann (→ Nichtigkeit von Beschlüssen). Wird ein anfechtbarer Beschluss nicht innerhalb der Monatsfrist des § 23 Abs. 4 S. 2 WEG angefochten, so erwächst er in Bestandskraft mit der Folge, dass etwaige Mängel – mit Ausnahme solcher, die zur Nichtigkeit führen – nicht mehr geltend gemacht werden können (→ Anfechtbarkeit und Anfechtung eines Beschlusses). Ein bestandskräftiger Beschluss entfaltet seine Bindungswirkung für und gegen alle Wohnungseigentümer, deren → Sonderrechtsnachfolger (§ 10 Abs. 3 WEG) und den Verwalter. Die Bestandskraft hindert die Wohnungseigentümer aber grds. nicht, einen Erstbeschluss – unter Wahrung von Bestandsinteressen einzelner Wohnungseigentümer – durch einen →Zweitbeschluss aufzuheben oder abzuändern.

1. Rechtsnatur des Beschlusses, Abgrenzung zur Vereinbarung

Der Beschluss ist ein mehrseitiges Rechtsgeschäft eigener Art, ein sog. Gesamtakt (BGH NZM 2002, 992f; BayObLG NZM 2001, 1037, 1038). Er setzt sich aus mehreren gleichgerichteten, positiven Willenserklärungen der Wohnungseigentümer (→Stimmabgabe) zusammen und bringt deren kollektive, rechtsverbindliche Entscheidung über einen Antrag zum Ausdruck. Auf den Beschluss sind die Vorschriften über Verträge, §§ 145ff BGB, nicht anzuwenden. Ein anfechtbarer Beschluss liegt auch vor, wenn die Wohnungseigentümer einen Beschlussantrag ablehnen (→Negativbeschluss).

Eine Vereinbarung ist im Unterschied zum Beschluss gem. § 10 Abs. 1 S. 2 WEG ein Vertrag der Wohnungseigentümer, der aufgrund von übereinstimmenden und gegenseitigen, in Bezug aufeinander abgegebenen Willenserklärungen aller Wohnungseigentümer zustande kommt (Staudinger/Kreuzer § 10 RN 44ff z. den grundsätzlichen Unterschieden zwischen Beschluss und Vereinbarung; ders. ZWE 2000, 325ff). Die Abgrenzung des Beschlusses zur Vereinbarung hat Bedeutung für die Eintragungsfähigkeit der Regelung, deren Wirkung gegenüber Sondernachfolgern gem. § 10 Abs. 2 und 3 WEG sowie für ihre Abänderbarkeit. Ein Beschluss wirkt insbesondere gem. § 10 Abs. 3 WEG auch ohne Eintragung im Grundbuch gegenüber →Sonderrechtsnachfolgern (→Eintragung von Beschlüssen in das Grundbuch); dagegen hat eine Vereinbarung, die nicht im Grundbuch eingetragen ist, nur schuldrechtlichen Charakter und wird mit Eintritt eines →Sonderrechtsnachfolgers hinfällig.

Ob eine von allen Wohnungseigentümern einstimmig getroffene Regelung einen Beschluss oder eine Vereinbarung darstellt, ist im Wege der Auslegung zu ermitteln (OLG Zweibrücken WE 1997, 234; Staudinger/Kreuzer § 10 RN 49). Abzustellen ist nach der obergerichtlichen Rechtsprechung insoweit nicht auf die äußere Form – z.B. den Wortlaut „beschließen" oder die Überschrift „Beschluss" –, sondern allein auf den Inhalt der Regelung (BayObLG NZM 2001, 529; OLG Düsseldorf NZM 2001, 530; OLG Hamm WE 1997, 32; OLG Zweibrücken WE 1997, 234): Wenn die Regelung ihrem Gegenstand nach einem Mehrheitsbeschluss zugänglich ist, liege ein (allstimmiger) Beschluss vor. Betreffe die Regelung dagegen sachlich eine Änderung der Grundordnung der Gemeinschaft mit rechtsgestaltender Wirkung für die Zukunft, indem sie die Vorschriften des WEG ergänzt oder von ihnen abweicht, was gem. § 10 Abs. 1 S. 2 WEG nur durch Vereinbarung möglich ist, oder die Vereinbarung der Wohnungseigentümer ändert – dahingehende Beschlüsse sind zwingend nichtig (→ Vereinbarungsändernder, vereinbarungsersetzender, vereinbarungswidriger Beschluss) –, so soll der Sache nach eine Vereinbarung vorliegen, wenn alle Wohnungseigentümer zustimmen, z.B. wenn die Wohnungseigentümer allstimmig ein vereinbartes Sondernutzungsrecht (BayObLG NZM 2001, 529) oder den Kostenverteilungsschlüssel ändern (OLG Düsseldorf NZM 2001, 530). Eine Vermutung spreche dafür, dass die Wohnungseigentümer die rechtliche Form wählen, die für ihre Willensentschließung vorgesehen ist (OLG Zweibrücken WE 1997, 234f). Ein „allstimmiger Beschluss" sei deshalb in eine Vereinbarung umzudeuten (offen gelassen von BGH NZM 2002, 788, 791; a.A. OLG Köln NJW-RR 1992, 598; Schuschke NZM 2001, 497 [Fn 25]).

Diese Auffassung ist abzulehnen: Maßgebend ist vielmehr der mit der Beschlussfassung zum Ausdruck gebrachte objektive Erklärungswille der Wohnungseigentümer (Staudinger/Bub § 23 RN 163; Wenzel NZM 2003, 217, 219). Mangels abweichender Anhaltspunkte wird die Auslegung i.d.R. ergeben, dass der Erklärungswille auf die Regelung der Angelegenheit durch Beschluss gerichtet war, zumal da bis zur Abgabe der Willenserklärung mittels Stimmabgabe nicht feststeht, ob es überhaupt zu einem allstimmigen Beschluss kommt (Wenzel NZM 2003, 217, 219; Häublein ZMR 2001, 165, 169). Auch die Abstimmung durch Bevollmächtigte spricht für eine Regelung durch Beschluss, weil Stimmrechtsvollmachten in aller Regel nicht den Abschluss einer Vereinbarung decken (MünchKomm/Röll § 10 RN 7). Nur wenn sich aus den Umständen der Niederschrift für jedermann erkennbar ergibt, dass mit der „Beschlussfassung" eine Angelegenheit durch Vereinbarung geregelt werden sollte, ist zugleich auch ein Vertrag zustande gekommen, was voraussetzt, dass den Wohnungseigentümer bei der Stimmabgabe bekannt und bewusst war, dass die betreffende Angelegenheit einer Vereinbarung bedarf.

Gegen die obergerichtliche Rechtsprechung spricht auch, dass sie das gewünschte Ziel – dem Regelungswillen der Wohnungseigentümer soll zur Wirksamkeit verholfen werden – nur höchst unvollkommen erreicht: Der in eine Vereinbarung umgedeutete „allstimmige Beschluss" wird nämlich mit Eintritt des ersten → Sonderrechtsnachfolgers, gegen den die nicht eingetragene Vereinbarung nicht wirkt, hinfällig. Wäre der Regelungsinhalt maßgeblich, müssten zudem auch die aufgrund einer →Öffnungsklausel in der Teilungserklärung gefassten Mehrheitsbeschlüsse mit Vereinbarungsinhalt Vereinbarungen sein, die nach § 10 Abs. 2 WEG ohne Eintragung in das Grundbuch keine Wirkung gegen Sonderrechtsnachfolger entfalten. Tatsächlich handelt es sich aber um Beschlüsse (Schuschke NZM 2001, 497 f; Wenzel NZM 2003, 217 f).

2. Beschlussorgan

a) Wohnungseigentümerversammlung

Grds. fassen die Wohnungseigentümer ihre Beschlüsse in der → Wohnungseigentümerversammlung. Diese dient dazu, im Rahmen der gesetzlichen Vorschriften bzw. der Vereinbarung der Wohnungseigentümer die Belange der Gemeinschaft zu regeln. Die Mitwirkung an der Wohnungseigentümerversammlung (→ Teilnahme an der Wohnungseigentümerversammlung) besteht neben der bloßen Anwesenheit vornehmlich in der Diskussion der Tagesordnungspunkte zum Zwecke der Meinungsbildung (→ Rederecht in der Wohnungseigentümerversammlung) und der Abstimmung über Beschlussanträge hierzu.

Zulässig ist auch die schriftliche Beschlussfassung (→ Schriftlicher Beschluss). Wird nicht schriftlich entschieden, so muss aus Gründen des → Minderheitenschutzes stets eine Versammlung stattfinden, mag das Ergebnis auch aufgrund der feststehenden Mehrheitsverhältnisse von vornherein klar sein.

Eine Wohnungseigentümerversammlung liegt begrifflich nicht mehr vor, wenn sie jede Grundlage für eine geordnete Verhandlung der →Tagesordnung verliert. Das kann etwa infolge eines gegeneinander arbeitenden, gespaltenen Vorsitzes der Fall sein, oder, wenn zwei Wohnungseigentümer die Abstimmung bewusst durch vorsätzlich gegensätzliches Abstimmungsverhalten manipulieren. Gleichwohl gefasste Beschlüsse sind aber nicht nichtig, sondern nur auf rechtzeitige Anfechtung (→Anfechtbarkeit und Anfechtung eines Beschlusses) für ungültig zu erklären.

b) Delegation von Entscheidungen

Eine generelle Verlagerung der Beschlusskompetenz auf andere Beschlussorgane, z.B. →Delegierten- und Teilversammlungen ist unzulässig.

Von der Frage der unzulässigen Verlagerung der Beschlusskompetenz auf andere Beschlussorgane zu unterscheiden ist die Beschränkung der Zuständigkeit der Wohnungseigentümerversammlung durch die Delegation einzelner Entscheidungen. Die Gemeinschaft kann im Wege der Vereinbarung dem Verwalter, dem Verwaltungsbeirat oder Dritten einzelne Entscheidungen und womöglich begrenzte Geschäftsbereiche zuweisen. Hierfür kann ein praktisches Bedürfnis bestehen, soweit es um technische oder organisatorische Fragen geht. Zu nennen wäre etwa die Übertragung der Aufstellung der →Hausordnung auf den Verwalter oder den Verwaltungsbeirat oder die Übertragung der Entscheidung über die Zustimmung zu →baulichen Veränderungen oder zur Nutzung des Sondereigentums (→Geschäftsraum, Gewerberaum) auf den Verwalter (→Zustimmungsvorbehalt des Verwalters).

Derartige Delegationen erfordern es, konkrete Schranken zu setzen, um Eingriffe in den →Kernbereich der Eigentumsrechte der Wohnungseigentümer zu vermeiden. So kann die Entscheidung über generelle Gebrauchsregelungen nicht allgemein delegiert werden, weil Gebrauch und Nutzung zum Kernbereich des Wohnungseigentums zählen und eine Übertragung die Gefahr einer partiellen Aushöhlung der Eigentumsrechte birgt.

3. Zuständigkeit der Wohnungseigentümerversammlung

Zu den Angelegenheiten, über die die Wohnungseigentümerversammlung nach dem WEG mit Stimmenmehrheit beschließen kann, gehören:

- Maßnahmen der Gebrauchsregelung für das Sondereigentum und das gemeinschaftliche Eigentum gem. § 15 Abs. 2 WEG (→ Gebrauch des Sondereigentums; → Gebrauch des gemeinschaftlichen Eigentums);
- Einleitung eines Verfahrens zur → Entziehung des Wohnungseigentums gem. § 18 Abs. 3 WEG;
- Maßnahmen der → ordnungsmäßigen Verwaltung des gemeinschaftlichen Eigentums gem. § 21 Abs. 3 WEG;
- → Bestellung und → Abberufung eines Verwalters einschließlich seiner Wiederbestellung und vorzeitigen Abberufung aus wichtigem Grund gem. § 26 Abs. 1 WEG;
- Verlangen nach → Rechnungslegung durch den Verwalter gem. § 28 Abs. 4 WEG;
- Genehmigung des → Wirtschaftsplans, der → Abrechnung und der → Rechnungslegung des Verwalters gem. § 28 Abs. 5 WEG;
- Bestellung einer → Verwaltungsbeirats gem. § 29 Abs. 1 WEG.

Über die gesetzlich bestimmten Beschlussgegenstände hinaus können die Wohnungseigentümer gem. § 10 Abs. 1 S. 2 WEG durch Vereinbarung bestimmen, ob und welche weiteren Angelegenheiten durch Beschluss geordnet werden können (Staudinger/Bub § 23 RN 12), soweit das WEG nicht eine Zuständigkeit zwingend vorschreibt. So sind z.B. gem. § 27 Abs. 3 WEG die in § 27 Abs. 1 und Abs. 2 WEG bezeichneten Aufgaben und Befugnisse unabdingbar der Zuständigkeit des Verwalters zugewiesen, so dass eine Zuständigkeit der Wohnungseigentümerversammlung insoweit nicht vereinbart werden kann. Sofern weder das Gesetz noch die Gemeinschaftsordnung eine Regelung durch Mehrheitsbeschluss vorsehen, ist ein solcher jedenfalls anfechtbar, u.U. sogar nichtig (→ Vereinbarungsändernder, vereinbarungsersetzender, vereinbarungswidriger Mehrheitsbeschluss).

Die Wohnungseigentümer dürfen die Beschlusskompetenz der Eigentümerversammlung auch einschränken, indem sie vereinbaren, dass bestimmte Entscheidungen über Angelegenheiten, über die nach der gesetzlichen Regelung durch Mehrheitsbeschluss entschieden werden kann, einer Vereinbarung bedürfen.

4. Zustandekommen eines Mehrheitsbeschlusses

Ein Mehrheitsbeschluss ist zustande gekommen, wenn für einen Beschlussantrag mehr Ja- als Nein-Stimmen abgegeben wurden (BayObLG NZM 1998, 917; OLG Köln NZM 2001, 543f); die →Stimmenthaltungen bleiben außer Betracht. Maßgebend sind allein die in der Eigentümerversammlung abgegebenen Stimmen. Eine nachträglich erklärte Zustimmung zu einem Beschluss ist ohne Belang (BayObLG NZM 1999, 282). Die Gemeinschaftsordnung kann bestimmen, dass für einzelne Beschlussgegenstände eine qualifizierte Mehrheit, z.B. $^2/_3$ oder $^3/_4$ aller Stimmen, erforderlich ist (Staudinger/Bub § 25 RN 16), wegen fehlender Bestimmtheit aber nicht, dass Beschlüsse der Wohnungseigentümerversammlung in Angelegenheiten von erheblicher Bedeutung nur mit $^3/_4$-Mehrheit zustande kommen und nur bei einfachen Angelegenheiten die einfache Mehrheit genügt (KG NZM 1998, 520).

Wird die Stimmenmehrheit nicht erreicht, so liegt ein anfechtbarer →Negativbeschluss vor. Gleiches gilt, wenn die Teilungserklärung zu einem bestimmten Beschlussgegenstand eine qualifizierte Mehrheit fordert und eine „Sperrminorität" gegen den Beschlussantrag gestimmt hat (KG NZM 2002, 613).

a) Beschlussantrag

Der Beschlussantrag bestimmt den Gegenstand der Beschlussfassung. Um zukünftige Streitigkeiten der Wohnungseigentümer über den Beschlussinhalt und eine daraus resultierende Anfechtung und gerichtliche Ungültigerklärung gem. § 23 Abs. 4 WEG zu vermeiden, sollte der Versammlungsvorsitzende (→Vorsitz in der Wohnungseigentümerversammlung) für einen klaren, verständlichen und bestimmt gefassten Beschlussantrag sorgen. Daher ist eine schriftliche Beschlussvorlage zweckmäßig, die als Grundlage der Beratung und Diskussion dient und vor der Abstimmung ggf. präzisiert oder geändert werden kann (Merle WE 1987, 138). Ein

Eigentümerbeschluss, der für Beschlussanträge allerdings generell die Schriftform und ein schriftliche Begründung vorschreibt, ist wegen Überschreitens der Beschlusskompetenz der Eigentümerversammlung nichtig (KG NZM 2002, 707: jedenfalls anfechtbar). Der Beschlussantrag muss sich auf einen in der Einberufung nach § 23 Abs. 2 WEG genannten Tagesordnungspunkt beziehen (→ Tagesordnung).

Jeder Wohnungseigentümer kann aufgrund seines zum Mitverwaltungsrecht gehörenden Teilnahmerechtes Beschlussanträge in der Versammlung stellen. Das Antragsrecht des Verwalters folgt nicht schon aus seinem Teilnahmerecht (→ Teilnahme an der Wohnungseigentümerversammlung), sondern mittelbar aus seiner Berechtigung, Beschlüsse im gerichtlichen Verfahren nach § 43 Abs. 1 WEG anzufechten. Die Antragsberechtigung in der Versammlung korrespondiert also mit der Anfechtungsberechtigung (Weitnauer/Lüke § 23 RN 12). Außenstehende Dritte sind ebenso wie bei anderen vergleichbaren Rechtsgemeinschaften nicht antragsbefugt, es sei denn, dass ihnen ein von einem Wohnungseigentümer abgeleitetes Teilnahmerecht zusteht.

b) Abstimmung

Im Anschluss an die Beratung über den Beschlussgegenstand erfolgt die Abstimmung über den Beschlussantrag. Das Verfahren der Abstimmung ist gesetzlich nicht geregelt. Haben die Wohnungseigentümer hierzu weder eine Vereinbarung getroffen noch einen sog. Geschäftsordnungsbeschluss gefasst (→ Geschäftsordnung), so entscheidet hierüber der Versammlungsvorsitzende nach pflichtgemäßem Ermessen, insbesondere über die Reihenfolge der Beschlussanträge, die Reihenfolge der Fragen nach Zustimmung, Ablehnung oder Enthaltung, den Abstimmungsmodus und die Auszählung der abgegebenen Stimmen. Die Wohnungseigentümer können jederzeit die Entscheidung des Versammlungsvorsitzenden durch einen Geschäftsordnungsbeschluss korrigieren. Die grds. freie Wahl des Abstimmungsverfahrens (→ Geschäftsordnung) ist jedoch insoweit beschränkt, als es zu Manipulationen des Abstimmungsergebnisses kommen könnte. So darf der Verwalter z.B. nicht bei der Wahl eines Verwaltungsbeiratsmitgliedes vorgedruckte Stimmzettel mit dem von ihm favorisierten Kandidaten austeilen (BPM § 23 RN 25).

Die gemeinsame Abstimmung und Beschlussfassung von zwei rechtlich selbständigen Gemeinschaften in einer Versammlung entspricht nicht ordnungsgemäßer Verwaltung (BayObLG NZM 2001, 143).

Das Ergebnis der Abstimmung – die Annahme oder Ablehnung eines Beschlussantrags – wird durch die Stimmauszählung, also die Zählung der abgegebenen Ja- und Nein-Stimmen sowie der →Stimmenthaltungen ermittelt, wobei die ungültigen Stimmen außer Acht zu lassen sind. Der Versammlungsleiter kann das Ergebnis einer Abstimmung grds. auch nach der sog. Subtraktionsmethode dadurch feststellen, dass er bereits nach der Abstimmung über zwei von drei – auf Zustimmung, Ablehnung oder Enthaltung gerichteten – Abstimmungsfragen die Zahl der noch nicht abgegebenen Stimmen als Ergebnis der dritten Abstimmungsfrage wertet (BGH NZM 2002, 992; BayObLG NZM 2002, 876; Staudinger/Bub § 24 RN 101; a.A. noch OLG Düsseldorf NZM 2000, 763).

Mit der Befugnis des Versammlungsleiters, über die Reihenfolge der Fragen, mit der ein Beschlussantrag zu Abstimmung gestellt wird, zu entscheiden (→Geschäftsordnung), korrespondieren nämlich Obliegenheiten der Wohnungseigentümer aus dem zwischen ihnen bestehenden Treueverhältnis. Wird der Wille der Wohnungseigentümer über einen Beschlussantrag in Form der allein denkbaren positiven oder negativen Reaktion erfragt und ihnen zudem die Möglichkeit eröffnet, sich der Stimme zu enthalten, so kann von ihnen erwartet werden, dass sie ihre Stimmen bei den Fragen nach Zustimmung, Ablehnung oder Enthaltung abgeben. Dem Gesamtverhalten eines Wohnungseigentümers, das sich aus Schweigen auf die ersten beiden Abstimmungsfragen zusammensetzt, ist deshalb ein unmissverständlicher Erklärungswert beizumessen. Soweit dem Wohnungseigentümer das Erklärungsbewusstsein fehlt, besteht die Möglichkeit, seine – konkludent erfolgte – Stimmabgabe anzufechten, was u. U. – bei Maßgeblichkeit seiner Stimme – auch zur Anfechtbarkeit des Beschlusses führt (BGH NZM 2002, 992, 994).

Die Feststellung des Beschlussergebnisses mittels der Subtraktionsmethode ist jedoch nur zulässig, wenn für den Zeitpunkt der jeweiligen Abstimmung die Anzahl der anwesenden und vertretenen Wohnungseigentümer und – bei Abweichung vom gesetzlichen Kopfprinzip (→ Stimmrecht) – auch deren Stimmkraft feststeht (BGH NZM 2002, 992, 995). Dabei sind inbesondere bei knappen Mehrheitsverhältnissen genaue Feststellungen zu den anwesenden und vertretenen Wohnungseigentümern erforderlich, etwa durch sorgfältige Kontrolle der → Anwesenheitsliste und deren ständige Fortschreibung, die den einzelnen Abstimmungen zugeordnet werden kann. Lässt sich die Zahl der anwesenden Wohnungseigentümer nicht mehr aufklären und verbleiben dadurch Zweifel an den Mehrheitsverhältnissen, so ist im Fall der Beschlussanfechtung davon auszugehen, dass der Versammlungleiter das Zustandekommen eines Beschlusses zu Unrecht festgestellt hat (OLG Köln NZM 2002, 458).

c) Beschlussfeststellung durch den Vorsitzenden

Die Beschlussfeststellung und -verkündung obliegt dem Vorsitzenden der Versammlung, da er für die Auszählung zuständig ist. Der Feststellung des Beschlussergebnisses durch den Vorsitzenden kommt konstitutive und inhaltsfixierende Wirkung zu. Es handelt sich im Regelfall um eine Voraussetzung für das rechtswirksame Zustandekommen eines Eigentümerbeschlusses (BGH NZM 2001, 961, 963; KG NZM 2002, 613; Bub ZWE 2000, 194, 202; Wenzel ZWE 2000, 382 384; a.A. noch BayObLG ZWE 2001, 267; OLG Köln ZWE 2001, 280). Nach § 24 Abs. 6 WEG ist nämlich eine → Niederschrift über die in der Versammlung gefassten Beschlüsse aufzunehmen. Der Vorsitzende der Eigentümerversammlung hat mithin dafür zu sorgen, dass neben dem Abstimmungsergebnis auch das hieraus nach den maßgeblichen rechtlichen Regeln hergeleitete Beschlussergebnis zutreffend in die Niederschrift aufgenommen wird, und dies durch seine Unterschrift zu bestätigen, was die Feststellung voraussetzt, dass eine gemeinschaftliche Willensbildung stattgefunden und zu einem bestimmten Ergebnis geführt hat. Dies dient der Rechtssicherheit der Wohnungseigentümer, insbesondere derjenigen, die an der Versammlung nicht teilgenommen haben (Bub ZWE 2000, 194, 202; Wenzel ZWE 2000, 382, 385), wie auch der → Sonderrechtsnachfolger, denen gegenüber Beschlüsse gem. § 10 Abs. 3 WEG wirksam sind.

Stellt der Vorsitzende der Wohnungseigentümerversammlung das Zustandekommen eines Beschlusses fest, obwohl tatsächlich keine Stimmenmehrheit vorhanden war, so hat diese Feststellung des Versammlungsleiters gleichwohl konstitutive Wirkung mit der Folge, dass der Eigentümerbeschluss mit dem feststellten Inhalt – sofern er nicht nichtig ist – wirksam ist, solange er nicht aufgrund fristgerechter Anfechtung für unwirksam erklärt worden ist (OLG Düsseldorf NZM 2002, 527). Gleiches gilt, wenn die Wohnungseigentümer zwar mehrheitlich für einen Beschlussantrag stimmen, die Teilungserklärung zu dem betreffenden Beschlussgegenstand aber eine qualifizierte Mehrheit fordert, die nicht erreicht wurde. Mit der Anfechtung des festgestellten Beschlusses kann in diesem Fall ein Antrag auf Feststellung des wirklich gefassten, aber vom Versammlungsleiter nicht festgestellten Beschlusses verbunden werden, wenn abgesehen von der unrichtigen Feststellung des Abstimmungsergebnisses sonst alle Voraussetzungen eines wirksamen Beschlusses erfüllt sind (BayObLG NZM 2003, 444; ebenso BGH NJW 2002, 3704 z. Anfechtung eines trotz Zustandekommens festgestellten → Negativbeschlusses und Feststellung des tatsächlich gefassten Beschlusses).

Die für das Entstehen eines Eigentümerbeschlusses erforderliche Feststellung und Verkündung des Beschlussergebnisses muss nicht in die → Niederschrift aufgenommen werden, sondern kann auch konkludent erfolgen (BGH NZM 2001, 961, 964). Unzulässig ist eine nachträgliche Beschlussfeststellung; vielmehr muss der gesamte Entstehungstatbestand eines Mehrheitsbeschlusses von den Beteiligten in der Eigentümerversammlung verwirklicht werden. Lehnt der Versammlungsleiter die Beschlussfeststellung ab, ist die Möglichkeit eines nicht fristgebundenen Beschlussfeststellungsantrags nach § 43 Abs. 1 Nr. 4 WEG eröffnet (BPM § 23 RN 23; Staudinger/Wenzel § 43 RN 47). Die rechtskräftige Feststellung des Beschlussergebnisses durch das Gericht ersetzt in diesem Fall die unterbliebene Feststellung durch den Versammlungsleiter und komplettiert den Tatbestand des Zustandekommens eines

Eigentümerbeschlusses (BGH NZM 2001, 961, 964; Wenzel ZWE 2000, 382, 385).

Die Gefahr einer Manipulation des Beschlussergebnisses bei der Feststellung durch den Versammlungsleiter (OLG Schleswig DWE 1987, 133; Stadinger/Bub § 23 RN 174) können die Wohnungseigentümer in der Versammlung durch Austausch des Vorsitzenden gem. § 24 Abs. 5 WEG und später im Wege der gerichtlichen Anfechtung begegnen (Suilmann WE 1988, 512).

5. Auslegung

Beschlüsse sind so klar und unmissverständlich abzufassen, dass Auseinandersetzungen über ihren Inhalt vermieden werden (BayObLG NZM 2002, 875 f; KG NZM 2001, 1085 f). Sofern Beschlüsse gegen das Bestimmtheitsgebot verstoßen, sind sie aber lediglich anfechtbar, nicht nichtig, sofern sie eine durchführbare Regelung noch erkennen lassen, die Unbestimmtheit also nicht auf inhaltlicher Widersprüchlichkeit beruht (BGH NJW 1998, 3713, 3716; OLG Hamm NZM 2001, 1084). Gleiches gilt für Beschlüsse, die bedeutungslos sind, etwa weil sie nur den Inhalt einer bestehenden Vereinbarung oder einer gesetzlichen Regelung wiederholen (KG WE 1993, 275).

Da Beschlüsse gem. § 10 Abs. 3 WEG gegen Sondernachfolger und gem. § 10 Abs. 4 WEG gegen Wohnungseigentümer, die an der Beschlussfassung nicht mitgewirkt haben, also normähnlich wirken, sind sie – ebenso wie die Gemeinschaftsordnung (BGHZ 113, 374, 378; Staudinger/Kreuzer § 10 RN 72) – auch vom Rechtsbeschwerdegericht (BGH NZM 1998, 955 f; a.A. noch BayObLG WE 1997, 236; KG WE 1997, 227 f) – objektiv oder normativ, also nach dem objektiven Erklärungswert wie Grundbucherklärungen und Rechtsnormen auszulegen (BGH NZM 1998, 955 f; KG OLGZ 1981, 307). Maßgeblich ist daher in erster Linie der Wortlaut der Beschlüsse in der Niederschrift und dessen sich hieraus für einen unbefangenen Beobachter erschließende nächstliegende Bedeutung (OLG Köln WE 1995, 245; OLG Stuttgart OLGZ 1991, 428); daneben können nur solche Begleitumstände zur Auslegung herangezogen werden, die in der Niederschrift ihren Niederschlag gefunden haben (BGH NZM

1998, 955f; BayObLG WE 1997, 280; Staudinger/Bub § 23 RN 178).

Subjektive Vorstellungen der an der Beschlussfassung Beteiligten, die voneinander abweichen können, haben bei der Auslegung ebenso außer Betracht zu bleiben (BayObLG WE 1997, 236f; OLG Hamm OLGZ 1990, 57) wie aus der Niederschrift nicht ersichtliche Begleitumstände, etwa Erörterungen bei der Beschlussfassung (BayObLG WE 1995, 245), da die Wohnungseigentümer, die an der Abstimmung nicht mitgewirkt haben, und die Sonderrechtsnachfolger die subjektiven Vorstellungen der abstimmenden Wohnungseigentümer nicht kennen und demnach auf das objektiv Erklärte angewiesen sind und hierauf auch vertrauen können müssen (Weitnauer/Lüke § 23 RN 21).

Verbleibende Lücken können im Wege der ergänzenden Auslegung unter Berücksichtigung der besonderen Rechte und Pflichten der Wohnungseigentümer aus dem Gemeinschaftsverhältnis sowohl im Verhältnis zu einzelnen anderen Wohnungseigentümern als auch gegenüber der Gemeinschaft geschlossen werden (BayObLG WE 1994, 154). Danach ist zu ermitteln, was redliche und vernünftige Wohnungseigentümer im Rahmen einer angemessenen Interessenabwägung bestimmt hätten, wenn sie den nicht geregelten Fall bedacht hätten (BGHZ 84, 1, 7). Eine Grenze ergibt sich aus dem Beschlussgegenstand selbst, da dessen Erweiterung durch Auslegung nicht zulässig ist (BayObLG WE 1994, 154).

6. Durchführung von Beschlüssen

Nach § 27 Abs. 1 Nr. 1 WEG ist der Verwalter berechtigt und verpflichtet, die Beschlüsse der Wohnungseigentümer durchzuführen. Der Verwalter ist notwendiges Vollzugsorgan der Eigentümergemeinschaft (BGH NZM 2003, 946, 949). Die Durchführung umfasst jegliches Tun und Unterlassen des Verwalters, um den durch den Beschluss bezweckten Erfolg zu bewirken. Dabei kann es sich um eigene Maßnahmen des Verwalters handeln; i.d.R. aber ist der Verwalter verpflichtet, Dritte – z.B. den von der Wohnungseigentümergemeinschaft angestellten → Hausmeister – zu einem konkreten Tätigwerden anzuweisen oder Dritte vertraglich zu den zielführenden Maßnahmen zu verpflichten.

Mehrheitsbeschluss

a) Nichtige Beschlüsse

Der Verwalter ist weder berechtigt noch verpflichtet, nichtige Beschlüsse oder Vereinbarungen der Wohnungseigentümer durchzuführen (Müller WE 1994, 7). Die →Nichtigkeit eines Mehrheitsbeschlusses ist ohne Anfechtung nach §23 Abs.4 Satz1, §43 Abs.1 Nr.4 WEG von Amts wegen und von jedermann, also auch vom Verwalter zu beachten. Damit stellt sich für den Verwalter in Zweifelsfällen das Problem, die Nichtigkeit eines Beschlusses zutreffend zu beurteilen (Müller WE 1994, 7; Niedenführ WE 1993, 101f). Sowohl die Ausführung eines nichtigen als auch die Nichtausführung eines zu unrecht für nichtig gehaltenen Beschlusses eröffnet Schadensersatzrisiken für den Verwalter (Bub PiG 30, 13, 22); er kann aber auch den Beschlussgegenstand auf die Tagesordnung der nächsten Wohnungseigentümerversammlung setzen, um einen Aufhebungsbeschluss herbeizuführen. Der Verwalter kann bei der Beurteilung der Nichtigkeit eines Beschlusses einen Rechtsanwalt zu Rate ziehen (Hörmann WE 1993, 156; Müller WE 1994, 7).

Insbesondere in Fällen, in denen die Wohnungseigentümer trotz eines entsprechenden Hinweises auf der Durchführung eines nichtigen Beschlusses beharren, besteht ein →Rechtsschutzbedürfnis des Verwalters für einen Antrag auf gerichtliche Feststellung der Nichtigkeit des Beschlusses (Bub PiG 30, 15, 23; Niedenführ WE 1993, 101f), um Schadensersatzrisiken zu vermeiden. In einem solchen Verfahren sollte der Verwalter den Erlass einer einstweiligen Anordnung darüber anregen, dass der Beschluss nicht vor einer rechtskräftigen Entscheidung ausgeführt werden darf (hierzu Bub PiG 30, 15, 23).

b) Anfechtbare Beschlüsse

Der Verwalter hat anfechtbare Beschlüsse durchzuführen, wenn und solange eine Anfechtung unterbleibt (BayObLG 1974, 86; LG Düsseldorf i-telex 1984, 54). Auch im Falle der Anfechtung bleibt nämlich ein Beschluss bis zur Rechtskraft der gerichtlichen Ungültigerklärung vorläufig wirksam und für den Verwalter bindend, so dass er zur Durchführung verpflichtet bleibt. Will der Verwalter von einem anweisenden Beschluss abweichen oder ihn nicht ausführen, weil er ihn für rechtswidrig oder sich nicht für verpflichtet hält, die Weisung zu befolgen, z.B. weil er seine Pflichten aus dem Verwaltervertrag erweitert, so muss er den Beschluss fristgerecht gem. §23 Abs.4 i.V.m. §43 Abs.1 Nr.4 WEG anfechten (BayObLGZ 1972, 139, 142; Bub PiG 30, 13, 23).

Der Verwalter darf jedenfalls einen anfechtbaren Beschluss durchführen, insbesondere dann, wenn der Beschluss inhaltlich mit den Grundsätzen ordnungsmäßiger Verwaltung vereinbar und lediglich aus formellen Gründen anfechtbar ist (BayObLGZ 1975, 201, 203). Der Verwalter kann es in diesem Fall den Wohnungseigentümern überlassen, den Beschluss anzufechten. Die Verpflichtung des Verwalters zur Durchführung des Beschlusses entfällt, sobald ein Beschluss rechtskräftig für ungültig erklärt worden ist oder das Gericht im Wege der →einstweiligen Anordnung gem. §44 Abs.3 WEG den Vollzug des Beschlusses verboten hat.

Um Haftungsrisiken zu vermeiden (→Haftung des Verwalters) sollte der Verwalter bei Zweifeln über seine Vertretungsmacht (→Vertretungsmacht des Verwalters) solche Rechtsgeschäfte im eigenen Namen abschließen und seine Auslagen der →Instandhaltungsrückstellung entnehmen bzw. eine außerordentliche Umlage erheben (BGHZ 67, 232, 239). Wird der Beschluss nach seiner Durchführung für ungültig erklärt, wird das Rechtsverhältnis zwischen dem Verwalter und dem Dritten hiervon nicht berührt (Keith PiG 14, 74).

▶ **Mehrwertsteuer** →Umsatzsteuer (Mehrwertsteuer)

▶ **Methadonabgabestelle** →Drogencafé, Methadonabgabestelle

▶ **Mietvertrag** →Vermietung von gemeinschaftlichem Eigentum; →Vermietung von Wohnungseigentum

▶ **Minderheitenschutz**

Das WEG enthält an verschiedenen Stellen Regelungen, die dem Schutz von Minderheiten dienen.

1. Einberufung der Wohnungseigentümerversammlung

Der Verwalter muss eine Eigentümerversammlung einberufen, wenn dies schriftlich unter Angabe des Zwecks und der Gründe von mehr als einem Viertel der Wohnungseigentümer verlangt wird, § 24 Abs. 2 Alt. 2 WEG; beschränkt sich das Verlangen auf die Ergänzung der →Tagesordnung einer bereits einberufenen Versammlung, so ist § 24 Abs. 2 WEG entsprechend anwendbar. Die Einberufungspflicht entfällt, wenn das Verlangen zurückgenommen wird, und zwar zumindest von so vielen Wohnungseigentümern, dass das Verlangen nicht mehr von einem Viertel der Wohnungseigentümer getragen wird.

Die Einberufungspflicht umfasst die Verpflichtung, die geforderten Tagesordnungspunkte ordnungsgemäß anzukündigen; dies schließt nicht aus, dass der Verwalter gem. § 21 Abs. 4 WEG verpflichtet sein kann, von einzelnen Wohnungseigentümern verlangte Tagesordnungspunkte anzukündigen.

a) Minderheitsrecht, Abdingbarkeit

Das Recht des in § 24 Abs. 2 Alt 2 WEG bestimmten Quorums, die Einberufung einer Eigentümerversammlung zu verlangen, ist ein Minderheitsrecht, das durch Vereinbarung zwar modifiziert, jedoch keinesfalls gänzlich beseitigt oder in ein Mehrheitsrecht umgewandelt werden darf (BayObLGZ 1972, 314, 317; OLG Frankfurt DWE 1986, 23; OLG Stuttgart NJW-RR 1986, 315). Gleichwohl ist die Regelung abdingbar (Staudinger/Bub § 24 RN 30). Durch Vereinbarung kann deshalb

- das Quorum auf eine geringere Zahl von Wohnungseigentümern herabgesetzt, aber auch auf eine größere Zahl heraufgesetzt werden, solange nicht das Minderheitsrecht zu einem Mehrheitsrecht wird (BayObLGZ 1972, 314, 320), indem ein Verlangen der Hälfte der Wohnungseigentümer oder mehr gefordert wird; zulässig ist also z.B. auch die Vereinbarung eines Quorums von 40 % (ebenso BayObLGZ 1986, 459, 464; KG NJW 1962, 1917);
- das gesetzliche Kopfprinzip (→ Stimmrecht) durch das Wertprinzip ersetzt werden, so dass das erforderliche Quorum nach Miteigentumsanteilen oder Zahl der Eigentumseinheiten berechnet wird; das Wertprinzip gilt für die Ermittlung des Quorums

nicht schon dann, wenn für das Stimmrecht das Wertprinzip vereinbart ist (OLG Hamm NJW 1973, 2300). Unwirksam ist die Vereinbarung des Wertprinzips allerdings dann, wenn eine nach Köpfen gerechnete Hälfte der Wohnungseigentümer das erforderliche Quorum nicht erreicht;
• auf die Angabe des Zwecks und der Gründe einer Versammlung verzichtet werden, wobei im Hinblick auf § 23 Abs. 2 WEG das Verlangen zumindest bestimmte Tagesordnungspunkte enthalten sollte, damit die erzwungene Versammlung auch rechtswirksam Beschlüsse fassen kann.

b) Einberufungsverlangen

Das Einberufungsverlangen ist eine an den Verwalter zu richtende, empfangsbedürftige Aufforderung, eine Versammlung einzuberufen. Diese Aufforderung muss schriftlich abgefasst und zur Erfüllung des gesetzlichen Schriftformerfordernisses gem. §§ 126, 126a BGB unterzeichnet sein. Telegramm oder Telefax (OLG Hamburg NJW 1990, 1613) genügen nicht. Die Anspruchsteller müssen nicht ein und dasselbe Schriftstück unterzeichnen; es genügt, wenn jeder von ihnen ein inhaltlich – auch nur sinngemäß – übereinstimmendes Schreiben unterzeichnet hat und dem Verwalter zustellt (BayObLG WE 1991, 358f) oder wenn nur ein Einberufungsverlangen gestellt wird und weitere Wohnungseigentümer sich dem anschließen, z.B. durch Erteilung einer Vollmacht.

Bezüglich der vom Gesetz geforderten Angabe des Zwecks und der Gründe ist ein Minimum an Bestimmtheit zu fordern. Neben den gewünschten Beschlussthemen sind Beschlussanträge nicht mitvorzulegen. In den Gründen ist anzugeben, weshalb ein Zuwarten bis zur nächsten Versammlung nicht möglich ist.

Bei der Bestimmung des erforderlichen Quorums von einem Viertel der Wohnungseigentümer ist nicht die Zahl der Miteigentumsanteile, sondern die Kopfzahl maßgeblich (BayObLG WE 1991, 358f; OLG Hamm OLGZ 1973, 423, 425). Steht ein Wohnungseigentum mehreren gemeinschaftlich zu, so wird in entsprechender Anwendung von § 25 Abs. 2 S. 2 WEG ihr Einberufungsverlangen bei der Ermittlung des Quorums nur dann mitgerechnet, wenn es einheitlich erfolgt. Ein Wohnungseigentümer, dessen Stimmrecht gem. §25 Abs.5 WEG zu einem bestimmten Tagesordnungspunkt ruht (→Ruhen des Stimmrechts), kann gleichwohl die Einberufung einer Versammlung zu diesem Thema verlangen.

c) Prüfungsrecht des Verwalters

Der Verwalter hat zu prüfen, ob ein formell ordnungsmäßiges Einberufungsverlangen vorliegt, also ob das Verlangen von einem Viertel der Wohnungseigentümer ausgeht und ob Zweck und Gründe angegeben sind. Dem Verwalter steht, sofern das gesetzliche Quorum erreicht, kein Prüfungsrecht zu, ob eine Versammlung zweckmäßig und die Angelegenheit dringlich ist oder bis zur nächsten ordentlichen Wohnungseigentümerversammlung zurückgestellt werden kann (BayObLG WE 1991, 358f); er hat auch nicht darüber zu befinden, ob ein geforderter Tagesordnungspunkt sinnvoll ist (Mayer WuM 1992, 102, 104). Das Einberufungsverlangen ist nämlich ein von der Stimmrechtausübung unabhängiges Minderheitsrecht, das jedenfalls einer Gruppe von einem Viertel aller Wohnungseigentümer das Gehör der Gesamtheit der Wohnungseigentümer verschaffen soll, auch wenn festzustehen scheint, wie die Beschlussfassung nach den bestehenden Mehrheitsverhältnissen ausfallen wird (BayObLG WE 1991, 358f; BPM §24 RN 14).

Der Verwalter kann sich nur über ein offenkundig rechtsmissbräuchliches Einberufungsverlangen hinwegsetzen (BayObLG WE 1991, 358f; Kahlen ZMR 1983, 402); sein materielles Prüfungsrecht ist auf diese Frage beschränkt. Ob ein Verlangen rechtsmissbräuchlich ist, ist nach den Gesamtumständen des Einzelfalls zu beurteilen. Rechtsmissbräuchlich ist z.B. ein Einberufungsverlangen zu einer Angelegenheit, über die die Wohnungseigentümer bereits beschlossen haben, ohne dass neue, bei der Beschlussfassung unberücksichtigt gebliebene Gesichtspunkte vorgetragen werden, oder zu einer Angelegenheit, über die die Versammlung mangels Zuständigkeit nicht beschließen kann; eine Beschlussfassung kann aber wegen der Weisungsbefugnis der Wohnungseigentümer auch zu Angelegenheiten verlangt werden, die nach dem Verwaltervertrag zum Aufgabenbereich des Verwalters zählen (BayObLG WE 1991, 358, 359).

Der Verwalter hat in Bezug auf den Zeitpunkt der Einberufung einen Ermessensspielraum, darf sie aber nicht unangemessen verzögern. Er hat deshalb spätestens innerhalb eines Monats einzuladen (BayObLG NZM 2003, 317).

d) Folgen der Nichtbeachtung des Einberufungsverlangens

Beruft der Verwalter innerhalb angemessener Frist nach Zugang eines ordnungsmäßigen Verlangens eine Versammlung nicht ein oder kündigt er geforderte Tagesordnungspunkte nicht an, so können zum einen der Verwaltungsbeiratsvorsitzende oder sein Vertreter gem. §24 Abs. 3 WEG die Versammlung einberufen bzw. übergangene Tagesordnungspunkte ankündigen, zum anderen jeder einzelne Wohnungseigentümer die Einberufung oder die Ergänzung der Tagesordnung gerichtlich erzwingen.

Die Missachtung eines rechtmäßigen Einberufungsverlangens kann auch die →Abberufung des Verwalters und die fristlose →Kündigung des Verwaltervertrages rechtfertigen (BayObLG WE 1991, 358f).

2. Beschlussfassung

Eine Minderheit von Wohnungseigentümern ist gegen die Beschlussfassung durch einen Miteigentümer, der die Mehrheit der Stimmrechte innehat, oder auch eine Gruppe von Miteigentümern dadurch geschützt, dass sie unter Missbrauch des Stimmrechts zustande gekommene Beschlüsse wirksam anfechten kann (→Majorisierung).

Dem Minderheitenschutz dient auch das Einstimmigkeitserfordernis bei der schriftlichen Beschlussfassung (→schriftlicher Beschluss) gem. §23 Abs. 3 WEG, da die Wohnungseigentümer nicht in einer Versammlung auf die anderen Wohnungseigentümer Einfluss nehmen können; ein gegenseitiges Nachgeben ist ausgeschlossen, da beim schriftlichen Beschlussverfahren nur ein Abstimmen mit Ja oder Nein möglich ist (Staudinger/Bub §23 RN 3).

3. Lasten und Kosten

Ausfluss des Minderheitenschutzes ist schließlich die Regelung, dass die Wohnungseigentümer, die einer baulichen Veränderung i.S. des § 22 Abs. 1 WEG nicht zustimmen und nicht von ihr benachteiligt sind, gem. § 16 Abs. 3 WEG von der Kostentragungspflicht befreit sind (→ Befreiung von Kosten).

▶ **Minderjährige** → Geschäftsfähigkeit

▶ **Mitbesitz** → Besitz

▶ **Miteigentumsanteil**

Für die Begründung von Wohnungs- und Teileigentum ist gem. § 6 WEG die Verbindung eines Miteigentumsanteils mit einem Sondereigentum erforderlich; unzulässig ist die Verbindung mehrerer Miteigentumsanteile mit einem Sondereigentum (OLG Frankfurt OLGZ 1969, 387), während mehrere Sondereigentumseinheiten durchaus mit einem Miteigentumsanteil verbunden werden können (BayObLGZ 1971, 102).

Die Größe der Miteigentumsanteile wird bei größeren Objekten i.d.R. in Tausendsteln angegeben. Nach der Größe der Miteigentumsanteile richtet sich

- die anteilige Beitragspflicht zu den → Lasten und Kosten gem. § 16 Abs. 2 WEG sowie der Anteil an den → Nutzungen des gemeinschaftlichen Eigentums gem. § 16 Abs. 1 WEG, wenn nichts anderes vereinbart ist,

- das → Stimmrecht, wenn das Wertprinzip vereinbart wurde.

1. Größe der Miteigentumsanteile

Die Größe der Miteigentumsanteile kann bei der Begründung des Wohnungseigentums in der Teilungsvereinbarung bzw. Teilungserklärung nach freiem Ermessen festgelegt und muss gem. § 47 GBO im Grundbuch eingetragen werden. Eine Übereinstimmung zwischen dem Wert und der Größe der den einzelnen Wohnungseigentümern gehörenden Wohnungen und ihrem Anteil am gemeinschaftlichen Eigentum ist nicht erforderlich (BGH NJW 1976, 1976; WM 1986, 1192; BayObLG ZMR 1999, 842; KG

WuM 1996, 171, 173; OLG Düsseldorf ZWE 2001, 388). Der Gesetzgeber hat es den Wohnungseigentümern überlassen, im Hinblick auf die Maßgeblichkeit des Miteigentumsanteils für die Verteilung von Lasten und Kosten eine möglichst zutreffende Anteilsbestimmung anzustreben.

2. Isolierter Miteigentumsanteil

Werden bei der Begründung von Wohnungseigentum Räume zu Sondereigentum erklärt, die gem. § 5 Abs. 2 WEG zwingend zum →gemeinschaftlichen Eigentum gehören (BGHZ 109, 179 für die Einräumung von Sondereigentum an einem Heizwerk; WuM 1991, 1805f für einen Stellplatz und einen Verbindungsflur, der den einzigen Zugang zur gemeinschaftlichen Heizanlage und zu zentralen Versorgungseinrichtungen des Hauses darstellt), oder erlischt bei einer noch zu errichtenden Wohnungseigentumsanlage das Anwartschaftsrecht auf Erwerb des einem Miteigentumsanteil in der Teilungsvereinbarung oder Teilungserklärung zugeordneten Sondereigentums, z.B. weil die Herstellung der Sondereigentumsräume wegen einer vom Aufteilungsplan abweichenden Bebauung (OLG Hamm DNotZ 1992, 492, 495; Röll MittBayNot 1990, 85) oder aus Gründen des öffentlichen Baurechts dauerhaft unmöglich wird, so berührt die unwirksame Begründung von Sondereigentum an einem Gebäudeteil die Aufteilung des Grundstücks in Miteigentumsanteile grds. nicht. In diesem Fall entsteht ein isolierter Miteigentumsanteil (BGHZ 109, 179, 185), d.h. ein Miteigentumsanteil, der nicht, wie es den gesetzlichen Vorgaben entspricht, mit einem Sondereigentum verbunden ist.

Ein isolierter Miteigentumsanteil entsteht auch dann, wenn Sondereigentum wegen seiner fehlerhaften Abgrenzung zum gemeinschaftlichen Eigentum nicht entstanden ist (BGH WuM 1995, 1628, 1631). Dagegen entsteht Wohnungseigentum, wenn die Sondereigentumsräume trotz eines Bauverbots hergestellt werden (BGHZ 110, 36). Da jeder Miteigentumsanteil mit Sondereigentum verbunden werden muss, sind alle Miteigentümer aufgrund des Gemeinschaftsverhältnisses verpflichtet, den Gründungsakt so zu ändern, dass keine isolierten Miteigentumsanteile bestehen bleiben (BGHZ 130, 159, 169; BayObLGZ 2000, 243, 245).

Der Inhaber eines isolierten Miteigentumsanteils ist weder Wohnungseigentümer noch Bucheigentümer, gleichwohl aber Miteigentümer (Röll DNotZ 1987, 225; a.A. Weitnauer §3 RN 22ff; ders WE 1990, 55 und 122: Gesamtnichtigkeit des Gründungsaktes wegen dessen Unteilbarkeit). Da er kein Wohnungseigentümer i. S. des §28 Abs. 2 WEG ist, schuldet er der Wohnungseigentümergemeinschaft auch keine Beiträge (a.A. Ertl WE 1992, 219, 221); wegen des Fehlens von Sondereigentum kann er nämlich weder Nutzungen ziehen noch wird er in die Wohnungseigentümergemeinschaft eingegliedert (vgl. Weitnauer WE 1990, 55). Er ist lediglich verpflichtet, seinen Miteigentumsanteil gegen einen Wertausgleich auf die übrigen Wohnungseigentümer zu übertragen (BGHZ 109, 179, 185; OLG Hamm DNotZ 1992, 492, 498); Wohnungseigentümer kann er nur werden, wenn und sobald der isolierte Miteigentumsanteil mit einem Sondereigentum verbunden wird (BGH WuM 1995, 1628, 1631).

Der Inhaber eines isolierten Miteigentumsanteils hat kein Stimmrecht in der Wohnungseigentümerversammlung, da dieses nach §25 Abs. 2 WEG nur Wohnungseigentümern zukommt. Durch ohne seine Mitwirkung zustande gekommene Beschlüsse kann er allerdings auch nicht verpflichtet werden, da diese andernfalls unzulässige Rechtsakte zu Lasten Dritter wären. Auch im Außenverhältnis trifft ihn keine Zahlungspflicht, da er kein Mitglied der Wohnungseigentümergemeinschaft ist.

3. Veränderung der Miteigentumsanteile

Zwei Wohnungseigentümer können ihre Miteigentumsanteile untereinander durch notariell beurkundete Vereinbarung und Eintragung im Grundbuch verändern, also den Miteigentumsanteil eines Wohnungseigentums zugunsten eines anderen Wohnungseigentümers verringern. Die Mitwirkung anderer Wohnungseigentümer ist hierzu nicht erforderlich (BGH NJW 1976, 1976; BayObLG ZWE 2000, 467f; KG FGPrax 1998, 94). Befinden sich die beteiligten Wohnungseigentumsrechte in einer Hand, kann der Eigentümer die Änderung allein vornehmen. Die Verkleinerung eines Miteigentumsanteils bedarf aber der Zustimmung der an diesem Wohnungseigentum dinglich Berechtigten, z.B. der

Grundpfandrechtsgläubiger (BayObLGZ 1984, 13; Palandt/Bassenge § 6 RN 2), da die Belastungen am abgespaltenen Miteigentumsanteil erlöschen (BayObLGZ 1993, 166).

Das Sondereigentum kann auch ohne Änderung des Miteigentumsanteils erweitert werden, indem aus sonderrechtsfähigen Teilen des Gemeinschaftseigentums Sondereigentum gebildet – erforderlich ist hierzu aber die Zustimmung der Inhaber dinglicher Rechte an allen anderen Wohnungseigentumseinheiten in notariell beglaubigter Form – und dieses einem bestehenden Sondereigentum zugeschlagen wird (→ Umwandlung von gemeinschaftlichem Eigentum in Sondereigentum und von Sondereigentum in gemeinschaftliches Eigentum).

Ein Anspruch auf Änderung der Miteigentumsanteile besteht auch dann nicht, wenn der Miteigentumsanteil in einem unangemessenen Verhältnis zum Wert des Sondereigentums steht. Ausnahmsweise kann aus dem zwischen den Wohnungseigentümern bestehenden Gemeinschaftsverhältnis und den diesem innewohnenden gegenseitigen Schutz- und Treupflichten unter besonderen Umständen ein Änderungsanspruch abgeleitet werden, wenn ein Festhalten an den festgelegten Quoten grob unbillig ist, als Verstoß gegen Treu und Glauben erscheint und zu untragbaren, mit Recht und Gerechtigkeit nicht zu vereinbarenden Ergebnissen führt (BayObLGZ 1987, 66 für die Änderung der Miteigentumsanteile, wenn eine geplante Tiefgarage nicht gebaut wurde; OLG Düsseldorf ZWE 2001, 388). I.d.R. kann aber lediglich die Veränderung des → Kostenverteilungsschlüssels gefordert werden.

Mitgebrauchsrecht → Gebrauch des gemeinschaftlichen Eigentums

Mitsondereigentum

Unter Mitsondereigentum versteht man ein dinglich verselbständigtes gemeinschaftliches Eigentum mehrerer, jedoch nicht aller Wohnungseigentümer einer Wohnungseigentümergemeinschaft an Räumen, Bauteilen, Einrichtungen oder Anlagen einer Wohnungseigentumsanlage.

1. Gemeinschaftliches Sondereigentum

Während ein Wohnungseigentum allein mehreren Eigentümern gemeinschaftlich zustehen kann, ist bezüglich des Gemeinschaftseigentums eine Mitberechtigung aller Wohnungs- und Teileigentümer durch §5 Abs. 2 WEG zwingend vorgeschrieben. Einzelne Gegenstände des gemeinschaftlichen Eigentums, z.B. eine Liftanlage, die nur von einigen Wohnungseigentümern genutzt wird, oder ein Teil des Hausflures, der ausschließlich dem Zugang zu zwei Eigentumswohnungen dient (OLG Hamm NJW-RR 1986, 1275), können nicht im gemeinschaftlichen Sondereigentum nur der beteiligten Wohnungseigentümer stehen. Die Rechtsfigur einer dinglich verselbständigten Untergemeinschaft in Form des Mitsondereigentums ist dem Wohnungseigentumsrecht fremd (BGH NJW 1995, 2851, 2853; BayObLG DNotZ 1996, 660). Von Bedeutung ist dies insbesondere bei der →Unterteilung von Sondereigentum, z.B. eines einzelnen Hauses einer Mehrhauswohnanlage, an welcher nicht alle Eigentümer mitwirken. Die Unterteilung kann nicht dazu führen kann, dass an zuvor im Sondereigentum stehenden Räumlichkeiten, die nach der Unterteilung jedoch dem gemeinschaftlichen Gebrauch dienen (z.B. ein Treppenhaus), gemeinschaftliches Sondereigentum nur der Eigentümer des betreffenden Hauses besteht.

2. Nachbareigentum

Vom unzulässigen gemeinschaftlichen Sondereigentum ist das Nachbareigentum zu unterscheiden. An Wohnungstrennwänden, die nicht tragend, also aus diesem Grund auch nicht zwingend gemeinschaftliches Eigentum sind, besteht Miteigentum der Wohnungsnachbarn in entsprechender Anwendung des §922 BGB, sofern die Teilungserklärung nichts anderes bestimmt (BGHZ 43, 127, 129; NJW 2001, 1212; Staudinger/Rapp §5 RN 61; →Zwischenwände). Das Rechtsverhältnis der Wohnungsnachbarn richtet sich in Bezug auf die Trennwand nach den Vorschriften über die Gemeinschaft; Veränderungen dürfen nur gemeinschaftlich vorgenommen werden, Unterhaltskosten müssen zu gleichen Teilen getragen werden. Entsprechendes gilt für Versorgungsleitungen zweier benachbarter Eigentumswohnungen innerhalb einer nichttragenden Trennwand, die eine gemeinsame Zuleitung zur Hauptleitung sind (OLG Zweibrücken NJW-RR 1987, 332).

▶ **Mobilfunksendeanlage**

Die Errichtung einer Mobilfunksendeanlage auf dem Dach einer Wohnanlage stellt eine bauliche Veränderung dar, die der Zustimmung aller Wohnungseigentümer bedarf (OLG Köln NJW-RR 2001, 1096; OLG Schleswig NZM 2001, 1035, 1037), da sie schon wegen der gravierenden Beeinträchtigung des äußeren Erscheinungsbildes des Hauses alle Wohnungseigentümer betrifft. Einen nicht hinzunehmenden Nachteil stellt auch die Ungewissheit dar, ob und in welchem Umfang die von Mobilfunksendeanlagen ausgehenden elektromagnetischen Strahlungen zu gesundheitlichen Beeinträchtigungen bei den in der unmittelbaren Nähe der Anlage wohnenden Menschen führen (OLG Hamm NZM 2002, 456). Ob ein in der Gemeinschaftsordnung enthaltener Ausschluss des Zustimmungserfordernisses bei baulichen Änderungen nur die in Errichtung der Anlage liegenden optischen Nachteile umfasst oder auch einem Unterlassungsanspruch wegen möglicher gesundheitlicher Beeinträchtigungen durch den Betrieb der Anlage entgegensteht, ist durch Auslegung der maßgeblichen Klausel zu ermitteln (BayObLG NZM 2002, 441 f; OLG Köln NZM 2003, 200 f).

▶ **Modernisierende Instandsetzung**

Die Wohnungseigentümergemeinschaft ist gem. § 11 WEG grds. unauflöslich; diese langfristige Bindung erfordert ein hohes Maß an Flexibilität in Bezug auf Neuerungen, damit die Anlage dem technischen Fortschritt standhält und nicht in einer Weise veraltet, dass der Wohnwert durch eine Konservierung des Bauzustandes auf dem technischen Standard im Errichtungszeitpunkt absinkt (BayObLG WE 1992, 50; KG NJW-RR 1991, 1299 f). Das Interesse der Wohnungseigentümer an der Werterhaltung der Anlage erfordert es deshalb, unter Maßnahmen der ordnungsmäßigen Instandhaltung und Instandsetzung i.S.v. § 21 Abs. 5 Nr. 2 WEG nicht nur solche zu verstehen, die den vorhandenen Zustand bewahren, sondern durch technisch bessere und wirtschaftlich sinnvollere Lösungen (BayObLG NZM 1998, 338; KG NJW-RR 1994, 1358; WuM 1996, 300, 301; OLG Düsseldorf NZM 2000, 1067; NJW-RR 2003, 79f; OLG Hamm ZMR 1996, 218, 221; ZfIR 1998, 34; SaarlOLG ZMR 1997, 31; BPM § 21 RN 134) dem technischen Fortschritt und allgemeinen Änderungen in den Lebensgewohnheiten und insbesondere im Wohnverhalten Rechnung tragen.

Zur Werterhaltung können deshalb grds. solche modernisierenden Umgestaltungen zählen, die einen zeitgemäßen Standard schaffen (BayObLGZ ZMR 1994, 279; OLG Düsseldorf NZM 2002, 705; KG NJW-RR 1994, 1358; OLG Braunschweig WuM 1994, 501f). Eine Anpassung an die jeweils aktuellen, allgemein anerkannten Regeln der Bautechnik ist in aller Regel sinnvoll, insbesondere aus Anlass einer ohnehin erforderlichen oder demnächst zu erwartenden Reparatur (Palandt/Bassenge § 22 RN 10), zwingend aber nur, wenn hierauf Mängel beruhen (BayObLG ZMR 1990, 29; OLG Frankfurt OLGZ 1984, 129f) oder wenn dies gesetzlich vorgeschrieben ist, z.B. durch die EnVO.

Eine modernisierende Instandsetzung erfolgt i.d.R. anlässlich einer ohnehin erforderlichen Reparatur (OLG Düsseldorf NZM 2000, 1067 z. einer durchfeuchteten Fassade; NJW-RR 2003, 79f); sie ist aber nicht erst zulässig, wenn ein Gebäudeteil oder eine Anlage vollständig gebrauchsuntauglich ist, sondern schon bei Eintritt eines Zustandes, der jederzeit einen Ausfall oder zumindest ein teilweises Unbrauchbarwerden befürchten lässt (BayObLGZ 1988, 271, 273; ZMR 1994, 279 z. Umstellung einer Heizungsanlage; OLG Celle WuM 1993, 89).

Die modernisierende bzw. verbessernde Maßnahme muss jedenfalls wirtschaftlich sinnvoll sein, insbesondere wenn sie aufwendig ist (BayObLGZ 1990, 120; KG WE 1989, 135; OLG Braunschweig WuM 1994, 501f). Dazu ist im Wege einer Kosten-Nutzen-Analyse zu ermitteln, ob die Kosten der Maßnahme in einem vernünftigen Verhältnis zu den erwarteten Vorteilen stehen (BayObLG NZM 2002, 531f; KG NJW-RR 1994, 1358; ZMR 1996, 282f; OLG Düsseldorf NJW-RR 2003, 79f). Abzustellen ist dabei auf einen nicht eng am bestehenden Zustand ausgerichteten Maßstab eines vernünftigen, verantwortungsbewussten, wirtschaftlich denkenden und erprobten Neuerungen gegenüber aufgeschlossenen Wohnungseigentümers (BayObLG Rpfleger 1981, 284f; KG ZMR 1996, 282f; OLG Hamm PuR 1995, 560; BPM § 21 RN 134).

Die jeweilige Maßnahme muss sich – insbesondere aufgrund neuer Erfahrungen der technischen Entwicklung – geradezu als sinnvoll aufdrängen (BayObLGZ 1988, 271, 273; OLG Celle OLGZ 1986, 397, 400), während es nicht ausreicht, dass eine Maßnahme als zweckmäßig beurteilt wird (KG OLGZ 1968, 160). Maßgebliche Kriterien im Rahmen der Kosten-Nutzen-Analyse sind insbesondere

- die Amortisierung des Anschaffungs- und Montageaufwands durch künftige Kostenersparnisse (KG NJW-RR 1994, 1358; OLG Frankfurt DWE 1984, 89) sowie die Dauer bis zur Amortisierung (KG ZMR 1996, 282f),
- die Funktionsfähigkeit der bisherigen Anlage (BayObLG WuM 1994, 504f),
- die Lebensdauer der geplanten Maßnahme (BayObLGZ 1990, 28, 31),
- die Erhöhung des Wohnwertes (LG Bielefeld WuM 1989, 101f),
- etwaige Steuervorteile oder öffentliche Fördermittel (OLG Köln NJW 1981, 589),
- Umweltverträglichkeitsgesichtspunkte und mögliche Energieeinsparungen, die im öffentlichen Interesse liegen, was wegen der Sozialbindung des Eigentums zu berücksichtigen ist (BayObLG WuM 1994, 504f; OLG Köln NJW 1981, 585; → Wärmedämmung).

Weiterhin ist bedeutsam, ob sich eine geplante Modernisierung schon bewährt und durchgesetzt hat (BayObLG WuM 1994, 504f; KG WE 1989, 136f; OLG Braunschweig WuM 1994, 501f); sie gilt als modernisierende Instandsetzung, wenn sie bereits allgemein angewandt wird, wohingegen Experimente nicht hierher zu rechnen sind (KG NJW-RR 1987, 205f).

Nicht mehr unter § 21 Abs. 5 Nr. 2 WEG fallen Luxusmodernisierungen und grundsätzliche Neuerungen und Veränderungen (BayObLG MDR 1984, 406; WE 1993, 285f z. Anbau eines Personenaufzugs; OLG Celle WuM 1986, 225). Diese Maßnahmen bedürfen also der Einstimmigkeit nach § 22 Abs. 1 WEG.

Modernisierende Instandsetzung

Aufgrund der vielfältigen Anwendungsfälle ist die endgültige Einordnung einer Maßnahme als modernisierende Instandsetzung nach § 21 Abs. 5 Nr. 2 WEG nur anhand des konkreten Einzelfalls möglich.

Die **Rechtsprechung** hat z.B. als modernisierende Instandsetzung anerkannt,

1. Maßnahmen zur Verbesserung der Wirtschaftlichkeit, etwa
- die Ersetzung eines Asphaltbodens in Laubengängen durch einen Plattenboden (→ Fußweg, Plattenbelag);
- die Ersetzung von Holz durch Kunststoffenster (→ Fenster);
- die Ersetzung eines schadhaften Flachdaches durch ein Pult- oder Walmdach (→ Dach, Dachboden);
- die Ersetzung von Holzpfosten eines Zaunes durch Stahlpfosten (→ Zaun);
- das Versehen einer Sichtbetonfassade mit einem Oberflächenschutz gegen ein Fortschreiten der Korrosion (→ Fassade);

2. Maßnahmen zur Einsparung von Wärmeenergie, etwa
- die Umstellung der Heizungsanlage auf ein moderneres Heizsystem und sonstige heiztechnische Verbesserungen (→ Heizungsanlage);
- das Isolieren der Fassade durch eine Vollwärmedämmung oder einer Thermohaut (→ Wärmedämmung);
- die Ausstattung des Dachs mit einer modernen → Wärmedämmung;
- das Ersetzen einfacher Fenster durch Isolier- oder Doppelfenster (→ Fenster);

3. Maßnahmen zur Schaffung eines zeitgemäßen Standards, z.B.
- den Anschluss des Anwesens an das Kabelnetz (→ Kabelanschluss), nicht aber die Errichtung einer Gemeinschafts-Parabolantenne (→ Antenne, Parabolantenne);
- die Erweiterung der Elektroinstallation auf einen modernen Standard, nicht aber die Umstellung auf Nachtstrom (→ Stromversorgungsanlage);
- den Einbau eines Garagentor-Funköffners (→ Garagentor);
- den Ersatz eines Türschlosses durch elektrische Schließanlage;
- die Ersetzung einer manuell zu bedienenden Wasserstrahlpumpe durch eine automatische Tauchpumpe;
- die Ersetzung einer Rauhfasertapete durch eine Glasfasertapete bei Renovierung des Treppenhauses (→ Flur, Treppenpodest, Treppenhaus);
- die Anbringung von Fahrradwandhaltern oder von → Fahrradständern im Hof.

4. Maßnahmen zur Erhöhung der Sicherheit, z.B.
- den Einbau einer → Gegensprechanlage;

- den Einbau einer →Video-Überwachungsanlage in einer Tiefgarage, jedenfalls wenn konkrete Gefährdungen bestehen;
- den Einbau von Türspionen (→Wohnungseingangstür);
- die Anbringung von Außenjalousien zum Schutz vor Einbrüchen und zur Herstellung der Versicherbarkeit (→Rolläden, Außenjalousien);
- die Vergitterung von Fenstern (→Fenstergitter) bei erhöhter Einbruchsgefahr;
- ggf. die Erhöhung eines vorhandenen →Zaunes.

5. Maßnahmen zur Beseitigung eines gesundheitsgefährdenden Zustands, z.B. die →Beseitigung von Gefahrenquellen, z.B. asbesthaltiger →Blumen- und Pflanztröge.

Ist eine Maßnahme, die über die ordnungsmäßige Instandhaltung und Instandsetzung hinausgeht, bestandskräftig beschlossen oder haben ihr alle Wohnungseigentümer zugestimmt, so kann der Abschluss der zur Durchführung erforderlichen Werkverträge und die konkrete Ausgestaltung durch Festlegung näherer Einzelheiten mehrheitlich beschlossen werden (BayObLG WE 1995, 286 z. Anbau eines Glasaufzuges; OLG Braunschweig DWE 1991, 77; a.A. OLG Köln ZMR 1989, 384f).

▶ **Müllabwurfanlage, Müllschlucker**

Da eine Müllabwurfanlage dem gemeinschaftlichen Gebrauch dient, steht sie gem. § 5 Abs. 2 WEG zwingend im gemeinschaftlichen Eigentum. Gleiches gilt für Müllbehälter und Mülltonnen, sofern sie nicht im Eigentum Dritter, z.B. der örtlichen Stadtwerke stehen.

Die Stilllegung eines Müllschluckers kann nicht mehrheitlich beschlossen werden (BayObLG NZM 2002, 447 unter Aufgabe von WuM 1996, 488). Es handelt sich nicht um eine Gebrauchsregelung, die den Mitgebrauch voraussetzt, sondern einen Gebrauchsentzug. Der Beschluss greift somit in das den Wohnungseigentümer kraft Gesetzes gem. § 13 Abs. 2 WEG zustehende Mitgebrauchsrecht ein und ist nichtig (→Vereinbarungsändernder, vereinbarungsersetzender, vereinbarungswidriger Beschluss). Zeitliche Einschränkungen der Nutzung von Müllabwurfanlagen, um Ruhezeiten zu gewährleisten, halten sich hingegen grds. im Rahmen ordnungsmäßiger Verwaltung, insbesondere bei mangelhafter Schallisolierung (BayObLG WE 1986, 64; →Lärm).

▶ Müllcontainerplatz, Mülltonnenplatz

Die Umgestaltung oder Verlegung eines Müllcontainerplatzes, z.B. mit dem Ziel, zusätzlichen Parkraum zugunsten eines Wohnungseigentümers zu schaffen, ist eine bauliche Veränderung, die der Zustimmung der übrigen Wohnungseigentümer bedarf (BayObLG NZM 2003, 114; OLG Frankfurt OLGZ 1980, 78, 80). Nachteilig sind hierbei die Beschränkungen des Rechts auf gemeinsamen Gebrauch, längere Wege zur Müllentsorgung, eine nicht unbeträchtliche Veränderung des optischen Gesamteindrucks und lästige Immissionen durch gesteigerten Kfz-Verkehr.

Die Verlegung von Müllboxen, die objektiv für sämtliche Wohnungseigentümer eine Verbesserung darstellt und deren Zweckmäßigkeit sich aufdrängt, z.B. der Umbau einer Böschungsstützmauer an der Straße zur Aufnahme von Mülltonnen, ist eine bauliche Veränderung, bei der aber die Zustimmung widersprechender Eigentümer gem. § 22 Abs. 1 S. 2 WEG entbehrlich ist, soweit sich daraus nicht weitere Nachteile oder lästige Auswirkungen ergeben (OLG Hamburg MDR 1977, 230; OLG Karlsruhe OLGZ 1978, 172f). Gleiches gilt, wenn die Ausführung des Platzes entgegen der Teilungserklärung erfolgte (LG Bremen NZM 1998, 725).

Wird ein Müllcontainerplatz vom Bauträger vertragswidrig neben der Terrasse errichtet, so ist die betreffende Wohnung mangelhaft (OLG Düsseldorf NJW-RR 2001, 523).

▶ Musikbetrieb → Diskothek; → Gaststätte; → Nachtlokal

▶ Musik-/Volkshochschule

Eine Wohnung darf nicht als Musik-/Volkshochschule genutzt werden, da die durch eine derartige Nutzung auftretenden Beeinträchtigungen die Beeinträchtigungen anderer Wohnungseigentümer durch die Nutzung „Wohnen" übersteigen (BayObLG WuM 1995, 552).

▶ Musizieren

Musizieren in einer Eigentumswohnung ist als Ausfluss des Rechts auf freie Entfaltung der Persönlichkeit insoweit erlaubt, als dadurch keinem anderen Wohnungseigentümer über das bei einem geordneten Zusammenleben unvermeidliche Maß hinaus ein Nachteil erwächst, § 14 Nr. 1 WEG, oder eine Gebrauchsregelung nach § 15 WEG dem nicht entgegensteht. Hausmusik einschließlich des Übens und Erlernens, aber auch das Üben von Berufsmusikern außerhalb von Ruhezeiten ist deshalb den Miteigentümern zumutbar und nach § 14 Abs. 3 WEG hinzunehmen; der Musizierende ist aber zur Rücksichtnahme, etwa zum Schließen der Fenster während des Musizierens verpflichtet.

Jeder Miteigentümer kann die Unterlassung unzumutbarer Beeinträchtigungen durch Musizieren gem. §§ 1004, 906 BGB verlangen (→ Unterlassungsanspruch). Was zumutbar ist, ist unter Heranziehung eigener Empfindungen des Richters (BGHZ 46, 35) zu beurteilen. Eine Abänderung eines Unterlassungsbeschlusses gem. § 45 Abs. 4 WEG kommt in Betracht, wenn nach der Durchführung von Schallschutzmaßnahmen bessere Schalldämmwerte gemessen werden.

1. Musizierverbot

Ein generelles Musizierverbot ist sittenwidrig und kann deshalb gem. § 138 Abs. 1 BGB weder in der Gemeinschaftsordnung noch in einer Hausordnung vereinbart, noch als sonstige Gebrauchsregelung beschlossen werden; ein gleichwohl gefasster Beschluss der Wohnungseigentümer ist nichtig (BGH NZM 1998, 955; OLG Frankfurt/M. NZM 2004, 31f; OLG Hamm NJW 1981, 465; Staudinger/Bub § 21 RN 130). Dabei können weitgehende Einschränkungen einem Verbot gleichkommen (BayObLGZ 1985, 104, 110; NJWE-MietR 1996, 12 für ein vollständiges Verbot an Sonn- und Feiertagen; OLG Hamm NJW 1981, 465 für eine Einschränkung des Musizierens auf Werktage, bestimmte Tage oder Tageszeiten; OLGZ 1986, 167 für eine zeitliche Beschränkung auf weniger als zwei Stunden; BayObLGZ 1985, 104, 109; OLG Hamburg WE 1987, 82; OLG Zweibrücken ZMR 1990, 427f für eine zeitliche Beschränkung auf die Zeit von 10.00 bis 12.00 Uhr und von 15.00 bis 17.00 Uhr).

2. Einschränkungen des Musizierens

Zulässig sind Vereinbarungen oder Beschlüsse, durch die das Musizierrecht auf bestimmte (angemessene) Zeiten beschränkt wird (BGHZ 139, 288, 293 f: Ruhezeit ab 20.00 Uhr und zwischen 12.00 und 14.00 Uhr; OLG Frankfurt/M. NZM 2004, 31 f; OLG Hamburg ZMR 1998, 798; OLG Stuttgart FGPrax 1998, 101). Grds. ist auf den Einzelfall abzustellen, wobei die Bauweise und Schalldämmung der betreffenden Wohnanlage sowie die Art und Lautstärke des gespielten Instruments und der bevorzugten Musik zu berücksichtigen sind (OLG Karlsruhe NJW-RR 1989, 1179; OLG Zweibrücken ZMR 1990, 427 f). Soweit ein Beschluss das Singen und Musizieren generell nur in „nicht belästigender Weise und Lautstärke" gestattet, ist der Beschluss wegen mangelnder Bestimmtheit nichtig, da der einzelne Eigentümer nicht erkennen kann, welches Maß der Musikausübung außerhalb der Ruhezeiten ihm noch gestattet ist (BGH NZM 1998, 955, 957), Gleiches gilt für eine Regelung, wonach Rundfunk- und Fernsehgeräte sowie Plattenspieler nur einer Lautstärke betrieben werden dürfen, die Mitbewohner nicht belästigt (BGH aaO). Die Beschränkung des Musizierens in der Hausordnung auf Zimmerlautstärke kann einem völligen Musizierverbot gleichkommen und deshalb nicht in einer mehrheitlich beschlossenen oder zulässigerweise vom Verwalter aufgestellten Hausordnung enthalten sein (BayObLG NZM 2001, 1034).

Auf die individuellen Verhältnisse der jeweiligen Bewohner, etwa eines Berufsmusikers oder eines Musikstudenten (BayObLGZ 1985, 109) kann nicht abgestellt werden, da diese einem ständigen Wechsel unterworfen sind und zur Unberechenbarkeit der hinzunehmenden Beeinträchtigungen führt. Erlaubt aber die Gemeinschaftsordnung einer großen Wohnanlage die Nutzung von Wohnungs- und Teileigentum ohne Benutzungsbeschränkung und insbesondere auch zur beliebigen gewerblichen Nutzung und zur Ausübung eines freien Berufs, so entspricht eine Beschränkung des Musizierens in der Hausordnung, die keine Ausnahme für Berufsmusiker vorsieht, nicht ordnungsmäßiger Verwaltung (BayObLG NZM 2002, 492).

N

▸ **Nachbareigentum** → Mitsondereigentum

▸ **Nachbargrundstück** → Baugenehmigung; → Störungen und Beeinträchtigungen des Eigentums

▸ **Nachlassverwaltung** → Erbe

▸ **Nachschusspflicht**

Die Wohnungseigentümer haften für → Verwaltungsschulden, d.h. für die Bezahlung der Lasten des gemeinschaftlichen Eigentums und der Kosten der Instandhaltung und Instandsetzung sowie der sonstigen Verwaltung (→ Lasten und Kosten) im Außenverhältnis als Gesamtschuldner (→ Gesamtschuld), soweit sie bei Eingehung der Verbindlichkeiten vom Verwalter (→ Vertretungsmacht des Verwalters) oder einem Dritten rechtswirksam vertreten worden sind. Im Innenverhältnis sind die Wohnungseigentümer hingegen nur anteilig nach dem geltenden → Kostenverteilungsschlüssel beitragspflichtig (→ Beiträge, Beitragsvorschüsse; → Abrechnungsfehlbeträge, Abrechnungsguthaben). Fällt ein Wohnungseigentümer mit seinem Anteil wegen Zahlungsunfähigkeit aus – sein Anteil an der → Instandhaltungsrückstellung dient wegen der Zweckbindung nicht als Sicherheit für Beitragsrückstände (OLG Saarbrücken NZM 2000, 198) –, so können die übrigen Wohnungseigentümer im Wege des Nachschusses zur Schließung bzw. Vermeidung von Deckungslücken, die bereits entstanden (BGHZ 108, 44; BayObLG NJW-RR 2002, 1093f; KG NZM 2003, 116) oder zu erwarten sind (KG WuM 1994, 720) eine → Sonderumlage beschließen.

Da auch für die Sonderumlage der gesetzliche oder vereinbarte → Kostenverteilungsschlüssel gilt, muss sie anteilig auch demjenigen Wohnungseigentümer auferlegt werden, der die rückständigen

Beiträge schuldet (BGHZ 108, 44, 47; BayObLG NJW-RR 2002, 1093f), bzw. bei →Insolvenz eines Wohnungseigentümers dem Insolvenzverwalter. Die Pflicht des Wohngeldschuldners, seinen Rückstand zu zahlen, wird durch eine solche Umlage nicht berührt. Dies gilt auch dann, wenn sich auch der auf den betreffenden Eigentümer entfallende Anteil der Sonderumlage voraussichtlich nicht beibringen lassen wird, da sich materielle Verpflichtungen des Eigentümers durch Zahlungsunfähigkeit oder Eröffnung des Insolvenzverfahren nicht ändern. In diesem Fall kann es allerdings ordnungsmäßiger Verwaltung entsprechen, die Sonderumlage im Hinblick darauf, dass der Eigentümer mit Sicherheit auch weiterhin seinen Verpflichtungen nicht nachkommen wird, höher zu bemessen, so dass ein erneuter Ausfall vermieden wird (KG NZM 2003, 484). Dann werden die übrigen Wohnungseigentümer zwar in gleicher Höhe belastet wie ohne Beteiligung des säumigen Eigentümers; das Erfordernis der anteilsmäßigen Einbeziehung aller Wohnungseigentümer bleibt aber gewahrt. Nur wenn feststeht, dass die Forderung ausfällt, wäre die Heranziehung des säumigen Wohnungseigentümers sinnlos (BGHZ 108, 44, 48).

Diese Rechtsgrundsätze gelten auch für Wirtschaftspläne und Jahresabrechnungen in der Zeit zwischen der eingetretenen Zahlungsunfähigkeit eines Wohnungseigentümers und dem Abschluss des Insolvenzverfahrens bzw. bis zum Ausscheiden des Wohnungseigentümers, wenn die Eröffnung dieser Verfahren mangels Masse – etwa auch bei Überschuldung des Wohnungseigentums – abgelehnt wird (KG NZM 2003, 116f). Würden bereits in dieser Übergangszeit zwischen der Zahlungsunfähigkeit und dem Ausscheiden aus der Eigentümergemeinschaft die Kosten und Lasten des gemeinschaftlichen Eigentums lediglich unter den übrigen Wohnungseigentümern verteilt, würden in den Wirtschaftsplänen, Jahresabrechnungen und Sonderumlagen gegen den zahlungsunfähigen Wohnungseigentümer keine Beitragsansprüche begründet und fällig gestellt (BGHZ 104, 197), die somit auch dann nicht mehr aus der Masse gefordert werden könnten, wenn sich im Insolvenzverfahren eine Quote ergäbe (KG NZM 2003, 116f). Erst sobald der endgültige Zahlungsausfall feststeht, kann dieser im Wege der Sonderumlage auf die übrigen Wohnungseigentümer verteilt werden.

▸ **Nachtabsenkung** → Heizungsbetrieb

▸ **Nachteil**

Nach § 14 Nr. 1 WEG darf jeder Wohnungseigentümer von seinem Sondereigentum sowie dem gemeinschaftlichen Eigentum nur in solcher Weise Gebrauch machen, dass dadurch keinem der anderen Wohnungseigentümer über das bei einem geordneten Zusammenleben unvermeidliche Maß hinaus ein Nachteil erwächst. Einwirkungen der Miteigentümer hat ein Wohnungseigentümer hingegen zu dulden, soweit sie auf zulässigem → Gebrauch des Sondereigentums oder des gemeinschaftlichen Eigentums beruhen. Unvermeidliche Folgen des Zusammenlebens muss der Wohnungseigentümer hinnehmen, § 14 Nr. 3 WEG. Besondere Bedeutung kommt § 14 Nr. 1 WEG deshalb zu, weil § 22 Abs. 1 S. 2 WEG die Zustimmung eines Wohnungseigentümers zu solchen baulichen Veränderungen entbehrlich sein lässt, die ihn nicht über das in § 14 WEG bestimmte Maß hinaus beeinträchtigen

Ein Nachteil i.S. von § 14 Nr. 1 WEG ist nicht nur eine erhebliche Beeinträchtigung oder Gefährdung, sondern jede nicht ganz unerhebliche Beeinträchtigung, die jedoch konkret und objektiv feststellbar sein muss (BGHZ 116, 392, 396; BayObLG ZMR 2001, 365f; NJW-RR 1997, 587f; OLG Celle WuM 1995, 338f; OLG Schleswig NZM 1999, 422). Kein Nachteil sind damit im Ergebnis nur belanglose Beeinträchtigungen (BayObLG ZMR 1980, 381; OLG Düsseldorf NJW-RR 1994, 277; OLG Hamm OLGZ 1980, 274). Ein Nachteil kann auch erst durch das Zusammenwirken verschiedener Maßnahmen und Ursachen entstehen (BayObLG NJW-RR 1992, 272).

Einen objektiven Nachteil bewirkt eine Maßnahme, durch die sich ein Wohnungseigentümer nach der Verkehrsanschauung verständlicherweise beeinträchtigt fühlen kann (BGHZ 116, 392, 396; BayObLG ZMR 1995, 420f; KG NJW-RR 1997, 587f); hiervon abweichende subjektive Empfindlichkeiten und Befürchtungen bleiben ebenso unberücksichtigt (BayObLG NJW-RR 1992, 150; OLG Karlsruhe ZMR 1985, 209; Weitnauer/Lüke § 22 RN 12) wie fernliegende, aber nicht völlig auszuschließende Risiken (BayObLG WE 1992, 19f; KG OLGZ 1992, 426, 428); zu berücksichtigen sind stets die baulichen und örtlichen Verhältnisse (BayObLG WE 1992, 84). Ist die Gefahr einer Beeinträchtigung aber wahrscheinlich oder gar typisch, so stellt bereits dies einen Nachteil dar, auch wenn er erst auf einer typischen, künftigen Entwicklung beruht (LG Frankfurt NJW-RR 1990, 24; BPM § 22 RN 116 z. Beschattung aufgrund des Wachstums von gepflanzten Bäumen).

Für die Frage, ob ein Wohnungseigentümer konkret beeinträchtigt wird, kann auch die räumliche Nähe oder Distanz der Wohnung des eine Benachteiligung reklamierenden Wohnungseigentümers zur beanstandeten Maßnahme von Bedeutung sein (OLG Köln OLGZ 1978, 287, 290 z. Entfernung von Parkplätzen). So können Maßnahmen in einem Gebäude einer →Mehrhausanlage im Einzelfall einen Wohnungseigentümer in einem anderen Gebäude nicht beeinträchtigen; dabei ist meist zwischen Veränderungen im Außenbereich und solchen im Innenbereich zu differenzieren. Auch die konkrete Lage innerhalb eines Gebäudes kann einen Nachteil ausschließen, z.B. bei Immissionen.

Unerheblich ist, ob mit einer baulichen Veränderung Vorteile verbunden sind, die deren Nachteil überwiegen (BayObLG NJW-RR 1993, 337; OLG Düsseldorf NJW-RR 1994, 277f; Palandt/Bassenge § 22 RN 16). Unerheblich ist auch, ob für eine geplante Maßnahme eine etwa erforderliche →Baugenehmigung vorliegt (BayObLG WuM 1996, 789f; NZM 2003, 114; OLG Frankfurt FGPrax 1997, 54; OLG Köln WE 1995, 221f), so dass diese zivilrechtliche Duldungs- und Unterlassungspflichten unberührt lässt (→Baugenehmigung).

1. Eingriffe in konstruktive, tragende Gebäudeteile

Eingriffe in die bauliche Substanz, insbesondere in konstruktive, tragende Gebäudeteile, z.B. durch einen Durchbruch durch tragende Wände (→Decken- und Wanddurchbruch), sind bauliche Veränderungen; wenn sie den Bestand, die Standsicherheit und die Sicherheit der Wohnungseigentumsanlage beeinträchtigen, begründen sie grds. einen Nachteil i.S.v. § 14 Nr. 1 WEG (BGH NZM 2001, 196, 198; BayObLG NZM 2002, 391; KG

OLGZ 1993, 427; Palandt/Bassenge § 22 Rn 17). Maßgeblich ist nicht die Erheblichkeit des Eingriffs (a.A. BayObLG WuM 1996, 495; OLG Köln WE 1995, 221), sondern die Erheblichkeit seiner Folgen (OLG Düsseldorf NJW 1994, 277 f), wobei grds von einer fachgerechten Ausführung unter Einhaltung der allgemein anerkannten Regeln der Bautechnik (→ Bautechnik, Regeln) auszugehen ist (BayObLG NJWE-MietR 1997, 32), die durch Auflagen, z.B. durch Stellung einer Kaution bis zum mängelfreien Abschluss der Arbeiten, abgesichert werden kann. Einen Nachteil i.S. von § 14 Nr. 1 WEG begründen deshalb nicht theoretische Befürchtungen, z.B. von Feuchtigkeitsschäden (KG WE 1992, 285; OLG Karlsruhe ZMR 1985, 209), von erhöhten Brandgefahren (OLG Düsseldorf NJW-RR 1994, 277 f) oder von Veränderungen der Wärmeverhältnisse, sondern nur konkrete Gefährdungen, etwa elektromagnetische Strahlungen durch Mobilfunk (OLG Hamm NJW 2002, 1730).

Eine nicht unerhebliche Beeinträchtigung liegt schließlich vor, wenn die Verursachung von Schäden durch die bauliche Veränderung nur schwierig oder gar nicht feststellbar ist (BayObLG NJW-RR 1996, 1165; WE 1997, 111 f; DWE 1999, 30; BPM § 22 RN 139; Palandt/Bassenge § 22 RN 17).

2. Verschlechterung des optischen und architektonischen Gesamteindrucks

Eine Veränderung des optischen Gesamteindrucks und des architektonisch-ästhetischen Bildes einer Wohnanlage, insbesondere eine Störung der architektonischen Harmonie, kann alle Wohnungseigentümer in vermeidbarer Weise tatsächlich – also konkret und objektiv – nicht nur unerheblich beeinträchtigen und damit einen Nachteil i.S. von § 14 Nr. 1 WEG darstellen (BGHZ 116, 392; BayObLG ZMR 2001, 365 f; KG OLGZ 1994, 389; OLG Düsseldorf NJWE-MietR 1997, 111). Maßgebend ist hierbei, ob sich nach der Verkehrsanschauung ein Wohnungseigentümer in der entsprechenden Lage verständlicherweise beeinträchtigt fühlen kann (BGHZ 116, 392; KG DWE 1994, 41). Es kommt also insoweit nicht allein auf die bloße subjektive Empfindung eines sich gestört fühlenden Wohnungseigentümers an.

Eine optisch wahrnehmbare Veränderung des architektonisch-ästhetischen Gesamteindrucks bedeutet allein noch nicht zwangsläufig einen Nachteil i.S. von § 14 Nr. 1 WEG, sondern nur, wenn sie das optische Bild des Gebäudes in ästhetischer Hinsicht tatsächlich verschlechtert oder gar verunstaltet (BGHZ 116, 392, 396; BayObLG WuM 2002, 443; NZM 1999, 1446; OLG Schleswig NZM 1999, 422; OLG Schleswig WuM 2002, 686; OLG Zweibrücken ZMR 1999, 855f; FGPrax 2003, 60 unter Aufgabe seiner früheren Rspr.; a.A. KG OLGZ 1994, 389; OLG Celle WuM 1995, 339f; OLG Frankfurt NZM 1998, 962; OLG Köln NZM 2000, 765; Palandt/Heinrichs § 22 RN 17: jede Veränderung, um eine tatrichterliche Entscheidung darüber zu vermeiden, ob eine bauliche Veränderung architektonisch geglückt ist). Dabei ist auch zu berücksichtigen, ob die bauliche Veränderung überhaupt sichtbar oder – ggf. durch eine Balkonbrüstung – verdeckt ist (OLG Düsseldorf DWE 1989, 176f); allein auf die Einsehbarkeit vom Sondereigentum des sich gestört fühlenden Wohnungseigentümer aus kommt es nicht an, sondern auch darauf, ob die bauliche Veränderung von außen, also von der Straße, vom Hof oder Garten oder auch von der Wohnung eines anderen Wohnungseigentümers aus sichtbar ist (BayObLG DWE 1983, 123f; NJW-RR 2002, 445; OLG Zweibrücken FGPrax 2003, 60). Ob eine Verschlechterung eintritt, ist nach objektiven Maßstäben zu beurteilen (BayObLG WuM 1997, 186; OLG Hamm WuM 1995, 220f). Wie sich bauliche Veränderungen auf den optischen und ästhetischen Gesamteindruck auswirken, entscheidet im Streitfall grds. der Tatrichter (BayObLG ZMR 2001, 45f; WuM 1997, 186f; OLG Köln MDR 1995, 1211), ggf. unter Hinzuziehung eines Sachverständigen.

3. Erhöhung der Wartungs- oder Reparaturanfälligkeit

Wird durch eine bauliche Veränderung die Wartungs- oder Reparaturanfälligkeit nicht nur rein theoretisch, sondern mit einer gewissen Wahrscheinlichkeit, für die konkrete Anhaltspunkte vorliegen müssen (BayObLG NJWE-MietR 1997, 32), erhöht, so kann damit, wenn dies die anderen Wohnungseigentümer mit zusätzlichen Kosten belastet, aber auch wenn deren Abgrenzung nicht möglich ist oder Streitpotentiale enthält – also unabhängig von der Kostentragungspflicht –, ein nicht hinzunehmender Nachteil begründet werden (BGHZ 116, 392, 396; KG OLGZ 1993, 427, 429; OLG Celle DWE 1993, 24f; OLG Schleswig NJOZ 2003, 75, 78). Das Wohnungseigentumsgericht kann die Frage der Erhöhung der Schadensanfälligkeit i.d.R. nicht ohne Zuziehung eines Sachverständigen entscheiden (BayObLG NZM 1999, 1146). Allein der Umstand, dass Teile des gemeinschaftlichen Eigentums durch die bauliche Veränderung technisch komplizierter ausgestaltet werden, erhöht aber noch nicht automatisch auch deren Wartungs- oder Reparaturanfälligkeit (BPM § 22 RN 145).

4. Beschränkungen oder Entzug des Rechts auf Mitgebrauch

Einen Nachteil i.S. von § 14 Nr. 1 WEG begründet jede bauliche Veränderung, die das jedem Wohnungseigentümer gem. § 13 Abs. 2 WEG zustehende Recht zum Mitgebrauch des gemeinschaftlichen Eigentums beeinträchtigt (BayObLG NZM 1998, 336; ZMR 2001, 460) oder dessen Ausübung unmöglich macht, weil sie der Einräumung oder Erweiterung eines Sondernutzungsrechts gleichkommt (BayObLG NJW-RR 1993, 85f; KG NJW-RR 1993, 403). Dies ist der Fall, wenn der Wohnungseigentümer, der eine bauliche Veränderung vornimmt, durch verbotene Eigenmacht i.S.v. § 858 Abs. 1 BGB Alleinbesitz an einem nicht nur unerheblich kleinen Teil des gemeinschaftlichen Eigentums begründet (KG ZMR 1985, 346f; WuM 1993, 83), z.B. durch Erstellung eines Schwimmbades ohne Zustimmung der anderen Wohnungseigentümer; können die anderen Wohnungseigentümer den in Besitz genommenen Teil tatsächlich nicht nutzen, so sind sie nicht beeinträchtigt (BayObLG WuM 1991, 215f; OLG Stuttgart WEM 1980, 75); die Inanspruchnahme eines 75 cm breiten Grundstücksstreifens für die Anbringung eines Balkons an einer Erdgeschosswohnung hat das BayObLG (WuM 1991, 215f) deshalb zu Recht nicht als Nachteil i.S. von § 14 Nr. 1 WEG beurteilt. Ob in einer → Mehrhausanlage auch Wohnungseigentümer, deren Wohnungen in einem anderen Gebäude liegen, in ihrem Mitgebrauchsrecht beeinträchtigt werden, hängt von der Vereinbarung ab; sind ihre Mitgebrauchsrechte nicht beschränkt, so können sie auch beeinträchtigt werden.

5. Ermöglichung einer intensiveren oder zweckbestimmungswidrigen Nutzung

Erhöht eine bauliche Veränderung die Nutzungsmöglichkeiten gegenüber dem unveränderten Zustand, so kann schon in der Gefahr einer intensiveren Nutzung – ohne Berücksichtigung der Nutzungsabsicht – ein Nachteil i.S. von § 14 Nr. 1 WEG liegen (BayObLG ZMR 1999, 781; NZM 2001, 895; ZMR 2003, 125; KG NJW-RR 1997, 587f; OLG Karlsruhe NZM 1999, 36).

Erweitert eine bauliche Veränderung die Nutzungsmöglichkeit von Sondernutzungsflächen, z.B. weil Räume, die vorher nicht zu Wohnzwecken dienten, z.B. Speicher, Keller oder Hobbyräume, nach dem Umbau als Wohnung genutzt und insbesondere von mehr Personen bewohnt werden können, so kann allein in der Gefahr einer höheren Belegungsdichte eine über das zulässige Maß hinausgehende Beeinträchtigung liegen (BayObLG ZMR 1993, 476, 478; WE 1994, 277).

Ebenso wie die zweckbestimmungswidrige Nutzung als solche nur dann einen Nachteil i.S. von § 14 Nr. 1 WEG darstellt, wenn sie die anderen Wohnungseigentümer stärker oder zumindest in anderer Weise stört als die zweckbestimmungsmäßige Nutzung, stellt eine bauliche Veränderung, die eine zweckbestimmungswidrige Nutzung ermöglicht, allein deshalb noch keine Beeinträchtigung dar. Zu einer Beeinträchtigung, durch die die übrigen Wohnungseigentümer in vermeidbarer Weise tatsächlich benachteiligt werden, wird eine solche bauliche Veränderung aber, wenn die zweckbestimmungswidrige Nutzung selbst zu unterlassen ist oder die Wohnungseigentümer in anderer Weise benachteiligt werden (OLG Düsseldorf ZMR 1996, 281 z. Umbau eines Ladens in einen Verkaufskiosk; OLG Frankfurt OLGZ 1980, 78 z. Verlegung eines Müllcontainerplatzes).

6. Immissionen

Grds. kommen als Nachteil im Zusammenhang mit baulichen Veränderungen auch lästige → Immissionen, insbesondere diejenigen in Betracht, die nach § 14 Nr. 1 WEG nicht zu dulden sind wie → Geruchsbelästigungen, → Lärm, → Schmutz oder elektromagnetische Strahlungen (OLG Hamm NJW 2002, 1730).

7. Zusätzliche finanzielle Belastungen der Wohnungseigentümer

Die durch eine bauliche Veränderung verursachten Kosten und Folgekosten stellen wegen der kostenbefreienden Wirkung des § 16 Abs. 3 WEG keinen Nachteil i.S. von § 14 Nr. 1 WEG dar (→ Befreiung von Kosten). Einen Nachteil können aber Kosten darstellen, die nicht durch § 16 Abs. 3 WEG ausgeschlossen sind (BGHZ 116, 392).

Das Risiko, gem. § 21 Abs. 3 und 4 WEG an der Beseitigung einer rechtswidrigen baulichen Veränderung mitwirken und sich an den hierdurch ausgelösten Kosten beteiligen zu müssen, wenn der nach § 1004 BGB primär zur Beseitigung verpflichtete Störer (→ Störungen und Beeinträchtigungen des Eigentums) diese nicht tragen muss oder kann, begründet gleichfalls keinen Nachteil. Diese Verpflichtung des einzelnen Wohnungseigentümers gegenüber der Gemeinschaft ist nämlich die Folge einer unzulässigen baulichen Veränderung und setzt daher bereits eine über das Maß des § 14 Nr. 1 WEG hinausgehende Beeinträchtigung voraus (a.A. OLG Düsseldorf NJW-RR 1995, 1418).

8. Verstoß gegen öffentlich-rechtliche Vorschriften, Gefährdung der Wohnungseigentümer

Ein Nachteil i.S. von § 14 Nr. 1 WEG kann nicht bereits aus dem Umstand hergeleitet werden, dass durch eine Baumaßnahme gegen gesetzliche Vorschriften verstoßen wird (BGH NZM 2001, 196; BayObLG NZM 2003, 114 f). Etwas anderes gilt bei öffentlich-rechtlichen Vorschriften, die nachbarschützende Wirkung haben (BayObLG NZM 1999, 1060; NJWE-MietR 1996, 248, 250 z. nicht eingehaltenen Brand- und Schallschutzvorschriften).

Eine nicht unwesentliche Beeinträchtigung stellt auch eine bauliche Veränderung dar, die andere Wohnungseigentümer – insbesondere in ihrer Gesundheit und Sicherheit – gefährdet, etwa wenn bestehende Sicherheitsvorkehrungen entfernt und nicht durch Einrichtungen mit mindestens gleicher Effizienz ersetzt werden, indem z.B. eine Brandmauer durchbrochen und der Durchbruch mit einer nicht ausreichend feuerfesten Türe geschlossen wird (OLG Celle NdsRpfl 1981, 38) oder gesundheitsgefährdende Materialien, z.B. Asbest, verwendet werden. Bereits die Ungewissheit darüber, ob eine bauliche Anlage zu gesundheitlichen Beeinträchtigungen für die in unmittelbarer Nähe zu der Anlage wohnenden Menschen führt, stellt sich als tatsächliche Beeinträchtigung i.S. des § 14 Nr. 1 WEG dar (OLG Hamm NJW 2002, 1730 z. einer Mobilfunksendeanlage; offen gelassen von OLG Köln NZM 2003, 200f). Denn bereits diese Ungewissheit kann bei verständiger Beurteilung zu einer Beeinträchtigung der Lebensqualität in der Wohnanlage führen.

Soweit eine bauliche Maßnahme behördlich genehmigt ist, also bau- und feuerpolizeilichen Anforderungen entspricht, kann darin lediglich ein Indiz dafür gesehen werden, dass Gefährdungen nicht zu erwarten sind (OLG Celle NdsRpfl 1981, 38). Im Rahmen der Genehmigungsprüfung werden nämlich nur bestimmte Mindestanforderungen geprüft.

9. Streitanfälligkeit, Nachahmungsgefahr

Ist als Folge baulicher Veränderungen mit Streitigkeiten der Wohnungseigentümer zu rechnen, so kann dies einen Nachteil i.S.d. § 14 Nr. 1 WEG darstellen (OLG Hamburg DWE 1987, 98; AG Hamburg-Wandsbek DWE 1991, 24); relevant ist eine solche Streitanfälligkeit aber nur, wenn die Maßnahme objektiv geeignet ist, zwischen vernünftigen Wohnungseigentümern Meinungsverschiedenheiten hervorzurufen, etwa weil die Ursache von Schäden nicht und nur schwierig feststellbar ist. Die Gefahr, dass kritische und streitfreudige Wohnungseigentümer einen Anlass zur Auseinandersetzung finden, ist dagegen unbeachtlich; ansonsten würde jede zustimmungsfrei zulässige Maßnahme allein durch die Drohung, einen Streit vom Zaun brechen zu wollen, zu einer zustimmungsbedürftigen Maßnahme. Bauliche Veränderungen bedürfen nur dann der Zustimmung, wenn die Beeinträchtigung objektiv und konkret dargelegt ist, was für jeden Einzelfall zu prüfen ist.

Die Gefahr einer „Nachahmung" der baulichen Veränderung und damit verbundene Streitigkeiten sind grds. auch in Bezug auf ihre Auswirkungen zu berücksichtigen (BayObLG NZM 1999, 1146; OLG Zweibrücken NZM 1998, 376; Palandt/Bassenge § 22 RN 17). Insoweit kommt allerdings eine „Aufrechnung" baulicher

Veränderungen nicht in Betracht. Zu berücksichtigen ist aber der → Gleichbehandlungsgrundsatz.

▶ Nachtlokal

Der Betrieb eines bis in die frühen Morgenstunden geöffneten Nachtlokals mit Musikveranstaltungen ist mit der Zweckbestimmung „Geschäftsräume" allenfalls dann vereinbar, wenn eine solche gewerbliche Nutzung dem Charakter der Wohnanlage entspricht (KG NJW-RR 1989, 140).

▶ Nachtstromspeicherheizung → Heizungsanlage

▶ Nebenintervention

Wer ein rechtliches Interesse daran hat, dass in einem zwischen anderen Personen anhängigen Rechtsstreit eine Partei obsiegt, da sich das Urteil/der Beschluss mittelbar auch auf ihn auswirkt, z.B. der Erwerber in dem vom Veräußerer begonnenen Verfahren (BayObLGZ 1998, 199; KG NZM 1998, 580) oder der Gläubiger einer Grundschuld (BayObLGZ 1974, 9, 12 ff), kann dieser Partei zum Zwecke ihrer Unterstützung durch Erklärung gegenüber dem Gericht, § 70 ZPO, beitreten. Die Nebenintervention, die auch in → Wohnungseigentumssachen zulässig ist (BayObLG WE 1988, 67; OLG Hamm WE 1996, 189 f), kann in jeder Lage des Rechtsstreits bis zur rechtskräftigen Entscheidung, auch in Verbindung mit der Einlegung eines Rechtsmittels (KG NZM 1998, 580) erfolgen, § 66 ZPO; die Rechtsmittelfrist wird auch in Wohnungseigentumssachen – anders als bei der streitgenössischen Nebenintervention – mit der Zustellung an die unterstützte Partei in Lauf gesetzt (BayObLG WE 1988, 67). Der Nebenintervenient kann alle prozessualen Angriffs- und Verteidigungsmittel geltend machen und Prozesshandlungen vornehmen, denen die Hauptpartei nicht widerspricht und die nicht der Rechtsverfolgung der Hauptpartei zuwiderlaufen, § 67 ZPO. Der Nebenintervenient wird in einem Folgeprozess nicht mit der Behauptung gehört, dass der Rechtsstreit vom Gericht falsch entschieden oder von der Hauptpartei nach seinem Beitritt mangelhaft geführt worden sei, § 68 ZPO.

▶ Negativbeschluss

Ein sog. Negativbeschluss liegt vor, wenn einem auf Beschlussfassung gerichteten Antrag nicht die – ggf. qualifizierte (KG NZM 2002, 613) – Mehrheit der in der Wohnungseigentümerversammlung anwesenden und vertretenen Wohnungseigentümer zugestimmt hat. Es handelt sich nicht um einen Nichtbeschluss ohne rechtliche Wirkung, vielmehr kommt auch einem solchen negativen Abstimmungsergebnis Beschlussqualität zu. Auch ein Negativbeschluss kann deshalb aus sachlichen Gründen nichtig oder anfechtbar sein kann (BGH NZM 2001, 961, 965; BayObL NZM 2002, 346; OLG Düsseldorf NZM 2002, 613; Staudinger/Wenzel § 43 RN 36; Bub ZWE 2000, 194, 196; Wenzel ZWE 2000, 382f). Zwar lässt die Ablehnung eines Antrags die Rechtslage unverändert, aus der Ablehnung kann nicht auf den Willen der Wohnungseigentümer geschlossen werden, das Gegenteil des Beschlussantrags zu wollen. Nicht anders als ein positiver Beschluss kommt aber auch ein negatives Abstimmungsergebnis in Verwirklichung der Beschlusskompetenz der Wohnungseigentümerversammlung zustande und ist daher das Resultat der verbindlichen Willensbildung der Gemeinschaft aus der Stimmabgabe der Wohnungseigentümer. Deshalb unterscheidet sich die Ablehnung eines Antrags nicht von der Annahme des „negativen Antrags", eine bestimmte Handlung nicht vorzunehmen (BGH NZM 2001, 961, 965; BayObLG NZM 2003, 122; Bub ZWE 2000, 194, 196). Die Rechtslage im Wohnungseigentumsrecht entspricht insoweit der im Gesellschaftsrecht; dort ist die Anfechtbarkeit negativer Beschlüsse anerkannt (BGHZ 97, 28, 30; 104, 66, 69; Hadding ZWE 2001, 179, 183).

Wendet sich ein Wohnungseigentümer gegen einen Negativbeschluss, weil er die Feststellung eines ablehnenden Beschlussergebnisses durch den Versammlungsleiter für unrichtig hält, so kann er die Beschlussanfechtung mit einem Antrag verbinden, der auf die gerichtliche Feststellung eines positiven Beschlussergebnisses gerichtet ist. Auf dieses Weise wird der notwendige Ausgleich für die dem Versammlungsleiter eingeräumte Kompetenz geschaffen, das Beschlussergebnis mit vorläufiger Bestandskraft festzustellen; die Kombination von Anfechtungs- und positivem Feststellungsantrag schützt vor unrichtig festgestellten oder unrichtig verkündeten Beschlussergebnissen (BGH NZM 2002, 995f). Im Fall einer solchen Antragsverbindung fehlt es deshalb für die Anfechtung des Negativbeschlusses auch nicht am → Rechtsschutzbedürfnis; dieses kann ansonsten bei der Anfechtung eines Negativbeschlusses, die mit einem Antrag auf Zustimmung zum abgelehnten Beschlussantrag oder auf eine Gebrauchsregelung verbunden werden kann, fehlen, weil er für eine erneute Beschlussfassung der Wohnungseigentümer über denselben Gegenstand keine Sperrwirkung entfaltet (BGH NZM 2002, 995, 997; Wenzel ZWE 2000, 382, 386; a.A. BayObLG NZM 2003, 122f).

Stellt der Vorsitzende fälschlich ein positives Beschlussergebnis fest, ist eine Anfechtung wegen der konstitutiven Wirkung der Beschlussfeststellung und -verkündung durch den Vorsitzenden (→ Mehrheitsbeschluss) jedenfalls erforderlich.

▶ **Neubauten**

Neubauten jeglicher Art oder ähnliche Umgestaltungen auf bisher unbebauten Grundstücksteilen sind bauliche Veränderungen, die der Zustimmung aller Wohnungseigentümer bedürfen (BayObLGZ 1987, 78, 81 z. einem Erweiterungsbau; OLG Frankfurt FGPrax 1997, 54 z. einem Treppenhausanbau; BPM § 22 RN 207).

▶ **Nichtgebrauch gemeinschaftlicher Einrichtungen** → Befreiung von Kosten

▶ **Nichtigkeit eines Beschlusses**

Die Wohnungseigentümer regeln ihre Angelegenheiten durch Beschluss, soweit dies im Gesetz oder in der Gemeinschaftsordnung vorgesehen ist. Zu unterscheiden sind wirksame, anfechtbare (→ Anfechtbarkeit und Anfechtung eines Beschlusses) und nichtige Beschlüsse. Ein Beschluss ist ohne Ungültigkeitserklärung nichtig, wenn er gegen eine Rechtsvorschrift verstößt, auf deren Einhaltung auch nicht durch Vereinbarung rechtswirksam verzichtet werden kann.

Für die Beurteilung, ob der Beschluss nichtig ist, sind ausschließlich die Tatsachen zum Zeitpunkt der Beschlussfassung maßgebend (BayObLG NZM 1998, 1012; Palandt/Bassenge § 23 RN 22). Eine Heilung, z.B. durch Zeitablauf oder Verzicht, scheidet aus, da der Beschluss dann absolut unwirksam ist; dies gilt auch dann, wenn nachträglich Umstände eintreten, die eine andere Beurteilung zuließen (OLG Hamm OLGZ 1993, 295, 297).

1. Verstoß gegen unabdingbare Normen des WEG

Verstößt ein Beschluss seinem Inhalt nach gegen eine Norm des WEG, von der die Wohnungseigentümer nicht durch Vereinbarung abweichen können, so ist er nichtig; verstößt er gegen eine dispositive Vorschrift, so begründet dies nur seine Anfechtbarkeit.

Unabdingbare Vorschriften des WEG sind:
- § 5 Abs. 3 WEG: im Umkehrschluss ergibt sich, dass die notwendigen Gegenstände des Gemeinschaftseigentums nicht zur Disposition der Wohnungseigentümer stehen (vgl. Staudinger/Rapp § 5 RN 45);
- § 6 WEG: zwingende Unselbständigkeit des Sondereigentums;
- § 11 Abs. 1 WEG: →Unauflöslichkeit der Gemeinschaft mit Ausnahme bei teilweiser oder völliger Zerstörung des Gebäudes, § 11 Abs. 1 S. 3 WEG;
- § 12 Abs. 2 WEG: Verweigerung der →Zustimmung zur Veräußerung von Wohnungseigentum nur aus wichtigem Grund. Allerdings ist das auf die Veräußerung gerichtete Rechtsgeschäft selbst, das gem. § 12 WEG der Zustimmung des Verwalters bedarf, bei deren Verweigerung so lange nicht als nichtig, sondern nur als schwebend unwirksam anzusehen, bis sämtliche Möglichkeiten zur Genehmigungsersetzung ausgeschöpft sind (LG Köln MittRhNotk 1983, 221);
- § 18 Abs. 4 i.V.m. Abs. 1 WEG: keine Beschränkung des Anspruchs auf →Entziehung von Wohnungseigentum bei schwerer Pflichtverletzung eines Wohnungseigentümers (vgl. Staudinger/Kreuzer § 18 RN 25);
- § 20 Abs. 2 WEG: kein Ausschluss der Verwalterbestellung;
- § 26 Abs. 1 S. 4 WEG: keine über das Gesetz hinausgehende Beschränkung der →Bestellung und →Abberufung des Verwalters;

- § 27 Abs. 3 WEG: keine Beschränkung der → Aufgaben und Befugnisse des Verwalters, die ihm nach § 27 Abs. 1 und Abs. 2 WEG zugewiesen sind.

Weiter kann sich die Nichtigkeit von Beschlüssen auch aus grundlegenden Prinzipien des Wohnungseigentumsrechtes ergeben. So folgt aus
- dem Prinzip der → Einheitlichkeit der Verwaltung, dass nicht mehrere Verwalter nebeneinander bestellt werden können;
- den subjektiven Voraussetzungen, die an die Person des Verwalters zu stellen sind, dass bestimmte Personenvereinigungen nicht zum → Verwalter bestellt werden können;
- der Unvereinbarkeit des Amtes des Verwalters mit dem Amt des → Verwaltungsbeirates, dass der Verwalter nicht zum Verwaltungsbeirat gewählt werden kann.

2. Sittenwidrigkeit

Ein Beschluss, dessen Inhalt oder Gesamtcharakter, bei dem auch die Umstände seines Zustandekommens zu berücksichtigen sind, gegen die guten Sitten verstößt, ist nichtig (BayObLG NJW-RR 1987, 655).

Aus der Rspr. sind insbesondere folgende Beispielsfälle zu nennen:
- Verbot gegenüber einem körperbehinderten Wohnungseigentümer, einen → Rollstuhl im Treppenhaus abzustellen, wenn keine andere Abstellmöglichkeit zumutbar ist;
- ein generelles Musizierverbot gegenüber einem Wohnungseigentümer oder dem gleichstehende Beschränkungen, da dieser dadurch in unzumutbarer Weise in seinem Recht auf freie Entfaltung seiner Persönlichkeit (Art. 2 Abs. 2 GG) eingeschränkt wird (→ Musizieren).
- Ein Verbot der Hundehaltung wird hingegen nicht als sittenwidrig beurteilt (→ Tierhaltung).

Soweit formale Gestaltungsmöglichkeiten rechtsmissbräuchlich ausgenutzt werden, begründet dies allein noch keine Sittenwidrigkeit. So benachteiligt ein Beschluss, Reparaturkosten für das Gemeinschaftseigentum durch Darlehensaufnahme zu finanzieren und die Annuitätsraten den gemeinschaftlichen Geldern zu entnehmen, den Erwerber nicht in unzumutbarer sittenwidriger Weise (LG Wuppertal WE 1993, 172).

Ebenso ist ein Beschluss über die Jahresabrechnung nicht schon deshalb sittenwidrig, weil er rechtsmissbräuchlich verzögert wurde, um einen Erwerber als finanzkräftigen Schuldner hinzuzugewinnen, sondern nur gem. § 242 BGB anfechtbar (→ Haftung des Erwerbers). Gleichfalls nicht nur Nichtigkeit, sondern nur zur Anfechtbarkeit von Beschlüssen führt die rechtsmissbräuchliche Ausnutzung der Stimmrechte durch einen Mehrheitseigentümer (→ Majorisierung).

3. Verstoß gegen sonstige zwingende Normen des privaten oder öffentlichen Rechts

Als sonstige zwingende Normen des privaten oder öffentlichen Rechts, die bei einem Verstoß zur Nichtigkeit des Beschlusses führen, kommen formelle Gesetze, z.B. die InsO und das ZVG, und auch Rechtsverordnungen in Betracht. Nichtig ist z.B. wegen Verstoßes gegen § 56 S. 2 ZVG ein Beschluss, der die Haftung des Erstehers in der → Zwangsversteigerung anordnet, oder ein Beschluss, der gegen zwingende insolvenzrechtliche Vorschriften verstößt, z.B. anordnet, dass Beitragsansprüche im Insolvenzfall Massekosten oder Masseschulden oder bevorrechtigte Forderungen sind.

Die Nichtigkeit gem. § 134 BGB bewirken auch Verstöße gegen Strafgesetze, z.B. wenn ein Beschluss die Vornahme einer Straftat zum Gegenstand hat, oder Verstöße gegen → öffentlich-rechtliche Vorschriften, z.B. wenn ein Beschluss auf die Durchführung von Instandsetzungsarbeiten in Schwarzarbeit, von der die Wohnungseigentümer wissen und dies ausnutzen (BGH NJW 1985, 2403), oder entgegen der BaumschutzVO auf das Fällen eines Baumes gerichtet ist oder gegen öffentlich-rechtliche Ruhezeiten verstößt (KG OLGZ 1992, 182). Dagegen folgt aus Verstößen gegen die HeizkVO nur die Anfechtbarkeit eines Beschlusses, da es sich nur um eine Kollisionsnorm handelt (→ Heiz- und Warmwasserkosten).

Ein Beschluss ist ferner nichtig, wenn er auf die Aufhebung eines staatlichen Hoheitsaktes gerichtet ist, z.B. die Abberufung eines gerichtlich bestellten →Notverwalters. Ipso iure nichtig ist schließlich ein Beschluss, der auf Unmögliches gerichtet ist (BayObLGZ 1974, 305).

4. Fehlende Beschlusskompetenz

Weiterhin sind Beschlüsse nichtig, für welche die Wohnungseigentümerversammlung unzuständig ist. Wichtigster Fall der Unzuständigkeit der Eigentümerversammlung ist die Abänderung der gesetzlichen Vorgaben oder der Vereinbarung durch Mehrheitsbeschluss (→Vereinbarungsändernder, vereinbarungsersetzender, vereinbarungswidriger Mehrheitsbeschluss).

Weiter ist die Wohnungseigentümerversammlung unzuständig für Beschlüsse, die in den →Kernbereich des Wohnungseigentums eingreifen oder die einer Verfügung über den Miteigentumsanteil eines Wohnungseigentümers am Gemeinschaftseigentum gleichkommen.

Inkompetent ist die Wohnungseigentümerversammlung schließlich für einen Beschluss, der in die Rechtszuständigkeit des einzelnen Wohnungseigentümers eingreift. Individuelle Ansprüche eines einzelnen Wohnungseigentümers gegen einen anderen Wohnungseigentümer – z.B. wegen Verletzung des Persönlichkeitsrechtes – stehen nicht zur Disposition der Gemeinschaft (BayObLGZ 1990, 312, 314), so dass auch der Verwalter nicht durch Beschluss ermächtigt werden kann, individuelle Ansprüche eines einzelnen Wohnungseigentümers geltend zu machen.

5. Rechtsfolgen der Nichtigkeit

Ein nichtiger Beschluss ist von Anfang an unwirksam; hierauf kann sich jedermann jederzeit berufen, ohne dass es einer Ungültigerklärung nach § 23 Abs. 4 WEG bedarf. In jedem gerichtlichen Verfahren, in dem es auf die Nichtigkeit des Beschlusses ankommt, ist dies von Amts wegen zu berücksichtigen (BGHZ 107, 268, 271; NJW 2000, 3500 ff; BayObLGZ 1989, 1, 4, 7; MünchKomm/Röll § 23 RN 18), ohne dass es einer gerichtlichen Feststellung oder Ungültigerklärung bedarf. Eine rechtskräftige Feststellung der Nichtigkeit mit Bindungswirkung nach § 45 Abs. 2 S. 2 WEG kann aber ausschließlich im Verfahren nach § 43 Abs. 1

Nr. 4 WEG getroffen werden, da die Feststellung der Nichtigkeit eines Beschlusses und dessen Anfechtung denselben Verfahrensgegenstand betreffen (→ Anfechtbarkeit und Anfechtung eines Beschusses). Die Bindungswirkung des §45 Abs. 2 S. 2 WEG gilt auch für eine rechtskräftige Verneinung der Nichtigkeit bzw. Feststellung der Gültigkeit im Anfechtungsverfahren, so dass später niemand mehr die Nichtigkeit geltend machen kann (BayObLG NZM 2003, 815 f).

Da es u. U. zweifelhaft sein kann, ob ein Beschluss nichtig ist, kann aus Gründen der Rechtssicherheit zur Vermeidung des Rechtsscheins die deklaratorische Feststellung der Nichtigkeit im Verfahren nach §43 Abs. 1 Nr. 4 WEG beantragt werden (BGHZ 107, 268, 271; Staudinger/Wenzel §43 RN 41).

Erfasst die Nichtigkeit nur einen Teil eines einheitlichen Beschlusses, so ist der gesamte Beschluss gem. §139 BGB nichtig, es sei denn der Beschluss wäre nach dem wirklichen oder mutmaßlichen Willen der Wohnungseigentümer auch ohne den nichtigen Teil gefasst worden (BGH NZM 1998, 955, 958; BayObLG WE 1995, 245, 247; OLG Hamm NJW-RR 1986, 500 f). Soweit die Nichtigkeit nur einen abgrenzbaren Teil eines einheitlichen Beschlusses betrifft, kommt §139 BGB mit der Folge nicht zur Anwendung, dass der übrige Teil wirksam bleibt, wenn er als selbständige Regelung Bestand haben kann. Eine Teilbarkeit des Beschlusses kann sowohl in rechtlicher Hinsicht bei unterschiedlichen Regelungsgegenständen (z.B. bei einer einheitlichen Abstimmung über die Jahresabrechnung und der Entlastung des Verwalters) vorliegen, als auch in zeitlicher Hinsicht (z.B. Bestellung des Verwalters auf längere Dauer als fünf Jahre).

▶ Niederlegung des Verwalteramtes

Der Abberufung durch die Wohnungseigentümer entspricht die gesetzlich nicht geregelte Niederlegung des Verwalteramtes durch den Verwalter.

1. Rechtsnatur der Niederlegung

Die Niederlegung ist eine einseitige, empfangsbedürftige Willenserklärung des Verwalters gegenüber den Wohnungseigentümern, seine Stellung als Verwalter aufzugeben. Sie ist abstrakt, also grds. von der Kündigung des Verwaltervertrages unabhängig und – ebenso wie die Bestellung oder die Abberufung – bedingungsfeindlich, da feststehen muss, ob der Verwalter seine Rechtsstellung noch innehat oder nicht (Staudinger/Bub § 26 RN 478).

2. Wirksamwerden der Niederlegung

Die Niederlegung, die keiner Form und keiner Angabe von Gründen bedarf, wird mit Zugang der Niederlegungserklärung bei allen Wohnungseigentümer wirksam. Eine Erklärung gegenüber der Wohnungseigentümerversammlung ist weder erforderlich (offengelassen von BayObLG WE 1992, 227) noch ausreichend. Mit Zugang der Niederlegungserklärung beim letzten Wohnungseigentümer verliert der Verwalter seine Rechtsstellung; einer Gegenerklärung der Wohnungseigentümer, z.B. einer Einverständniserklärung, bedarf es nicht.

Die Niederlegung ist – unabhängig davon, ob der Verwalter zur Niederlegung berechtigt ist – stets sofort wirksam, da die Ungewissheit hierüber für die Beteiligten nicht bis zu einer endgültigen, ggf. gerichtlichen Klärung zumutbar ist (BayObLG WE 1990, 27; offengelassen von BayObLG WE 1992, 227; a.A. Reichert ZWE 2002, 438; vgl. BGH NJW 1993, 1198f z. Amtsniederlegung durch den GmbH-Geschäftsführer).

3. Beschränkung der Niederlegung

Die Wohnungseigentümer und der Verwalter können das Recht zur Niederlegung – wie zur Abberufung – vertraglich auf das Vorliegen eines wichtigen Grundes beschränken (BayObLG WE 1994, 147f). Wegen der erforderlichen Kongruenz zwischen Dauer der Bestellung und Vertragslaufzeit ist die Niederlegung grds. bis zur Beendigung des Verwaltervertrages ausgeschlossen, was sich – soweit nicht ausdrücklich vereinbart – im Wege der ergänzenden Auslegung des Verwaltervertrages ergibt (MünchKomm/Röll § 26 RN 13). Unbeschränkt zulässig ist die Niederlegung aus wichtigem Grund. Ist der Verwalter unentgeltlich tätig, so kann er grds. die Verwalterstellung jederzeit niederlegen, nur nicht zur Unzeit.

4. Verhältnis der Niederlegung zur Kündigung des Verwaltervertrages

Das Nebeneinander von Bestellung und Verwaltervertrag erfordert auch eine unterschiedliche Behandlung der Niederlegung und der Beendigung des Verwaltervertrages. Die Niederlegung enthält im Zweifel auch die Kündigung des Verwaltervertrages aus wichtigem Grund (BayObLG NZM 2000, 48; Staudinger/Bub § 28 RN 384, 485), die Kündigung auch die Niederlegung (OLG Köln NZM 1998, 920; Palandt/Bassenge § 26 RN 13). Ist die Kündigung nicht berechtigt, z.B. weil sie nur aus wichtigem Grund erfolgen kann und ein solcher nicht vorliegt, so ist der Erfüllungsanspruch der Wohnungseigentümer gem. § 45 Abs. 3 i.V.m. § 888 ZPO nicht vollstreckbar, so dass die Wohnungseigentümer auf ihren Schadensersatzanspruch wegen Verletzung des Verwaltervertrages beschränkt sind (vgl. OLG Koblenz NJW-RR 1995, 556f z. unberechtigten Amtsniederlegung durch den GmbH-Geschäftsführer). Da der Verwaltervertrag nicht beendet ist, besteht zwar der Vergütungsanspruch – gekürzt um die ersparten Aufwendungen – fort; dieser kann aber nicht gefordert werden, da er Teil des den Wohnungseigentümern entstandenen, vom Verwalter zu ersetzenden Schadens ist.

Jedenfalls aber berechtigt eine unzureichend begründete Niederlegung die Wohnungseigentümer, den Verwaltervertrag außerordentlich zu kündigen.

▶ Niederschrift

Über die Wohnungseigentümerversammlung ist gem. § 24 Abs. 6 WEG eine Niederschrift zu fertigen. Hierfür ist der Vorsitzende der Versammlung verantwortlich. Führt den Vorsitz ein Bevollmächtigter des Verwalters, so bleibt der Verwalter zur Erstellung der Niederschrift verpflichtet (LG Freiburg Rpfleger 1968, 93f). Er muss Unrichtigkeiten beseitigen (BayObLG WuM 1990, 173) und die erforderliche Form herbeiführen (OLG Hamm OLGZ 1989, 314). Ferner ist er wegen der Wirkung von Beschlüssen auch gegenüber Sonderrechtsnachfolgern, § 10 Abs. 3 WEG – verpflichtet, die Niederschrift zeitlich unbegrenzt aufzubewahren (→ Aufbewahrung von Verwaltungsunterlagen).

1. Inhalt der Niederschrift

Als Mindestinhalt müssen nach § 24 Abs. 6 S. 1 WEG die gefassten Beschlüsse in einer sog. Ergebnisniederschrift aufgeführt sein (BayObLG WuM 1990, 173; KG NJW 1989, 532). Der Gesetzgeber wollte hiermit die nötige Gewähr für die den Inhalt der gefassten Beschlüsse schaffen und eine zuverlässige Kenntnisnahme von ihnen ermöglichen (OLG Oldenburg ZMR 1985, 30), insbesondere da →Sonderrechtsnachfolger eines Wohnungseigentümers gem. § 10 Abs. 3 WEG an frühere Beschlüsse der Wohnungseigentümer gebunden sind und deren Inhalt erfahren können müssen; im Übrigen ist § 24 Abs. 6 WEG abdingbar (BayObLG NJW-RR 1989, 1168). Die Wohnungseigentümer können also z.B. ein Ablauf- statt eines Ergebnisprotokolls und eine Erstellungsfrist vorsehen und Regelungen darüber treffen, wer die Niederschrift zu unterzeichnen hat.

Da die Niederschrift der Information über Inhalt und Zustandekommen von Beschlüssen dient (BGH NZM 1998, 955 ff; BayObLG WuM 1990, 173 f; OLG Stuttgart OLGZ 1991, 428, 430) und allein zur Auslegung von Beschlüssen herangezogen werden kann (BayObLG NJW-RR 1993, 85; WE 1995, 245), sollte über eine Ergebnisniederschrift hinaus der Ablauf der Versammlung in einer sog. Ablaufniederschrift insoweit festgehalten werden, als dies zum Verständnis der Beschlüsse von Bedeutung ist (BayObLG WuM 1990, 173 f; OLG Hamm OLGZ 1989, 314). Dem Verfasser ist ein Ermessensspielraum hinsichtlich des Protokollinhalts eingeräumt, dessen Umfang von der Bedeutung einzelner Erklärungen im Hinblick auf bestimmte rechtliche Wirkungen abhängt. Ein weiterer Ermessensspielraum besteht, wenn Diskussionen zu keinem Beschluss geführt haben (BayObLG WuM 1990, 173, 175; OLG Hamm OLGZ 1989, 314). Insoweit ist der einzelne Wohnungseigentümer darauf verwiesen, für seinen Standpunkt innerhalb und außerhalb der Wohnungseigentümerversammlung zu werben.

Folgende Punkte sollten festgehalten werden:
- Bezeichnung der Eigentümergemeinschaft,
- Ort und Tag der Versammlung,

- Vorsitzender der Versammlung (→ Vorsitz in der Wohnungseigentümerversammlung),
- Feststellung der ordnungsgemäßen → Einberufung und der → Beschlussfähigkeit,
- Namen der Teilnehmer, ggf. in einer beigefügten → Anwesenheitsliste,
- Beschlussanträge mit den zum Verständnis erforderlichen Diskussionsbeiträgen,
- Abstimmungsergebnisse (Angabe der Ja- und Neinstimmen sowie der → Stimmenthaltungen),
- Beschlussfeststellungen des Versammlungsvorsitzenden (→ Mehrheitsbeschluss).

Die Niederschrift soll keine Wertungen und insbesondere keine sachlich nicht gebotenen, einzelne Beteiligte diskriminierenden Feststellungen, wohl aber berechtigte Kritik enthalten (BayObLG WuM 1990, 173f). Wahre Tatsachen dürfen grds. aufgenommen werden (OLG Köln ZWE 2000, 427).

2. Unterzeichnung der Niederschrift

Die Niederschrift ist vom Versammlungsvorsitzenden, einem Eigentümer und dem Vorsitzenden des Verwaltungsbeirats oder dessen Vertreter zu unterschreiben, § 24 Abs. 6 S. 2 WEG; diese übernehmen damit die Verantwortung für die Richtigkeit der Niederschrift. Erst mit der Unterschrift wird eine Niederschrift im Rechtssinn existent (KG DWF 2002, 62f). Die → Gemeinschaftsordnung kann hiervon abweichende Regelungen enthalten, z.B. dass die Niederschrift von zwei Wohnungseigentümern zu unterzeichnen ist, die von der Eigentümerversammlung bestimmt werden (BGH ZMR 1997, 531). Die Niederschrift wird zweckmäßigerweise unmittelbar im Anschluss an die Versammlung unterzeichnet. Zwingend ist das jedoch nicht; auch eine spätere Unterzeichnung begründet nicht die Anfechtbarkeit von Beschlüssen. Die Unterschriften – beim → schriftlichen Beschluss die Unterschriften aller Wohnungseigentümer (BayObLG NJW-RR 1986, 564) – sind gem. § 26 Abs. 4 WEG öffentlich zu beglaubigen, wenn die Niederschrift die → Bestellung des Verwalters enthält und dieser Veräußerungen von Wohnungseigentum gem.

§ 12 Abs. 1 WEG zustimmen muss (→ Zustimmung zur Veräußerung).

Wird die Niederschrift nicht oder nicht von den in § 24 Abs. 6 S. 2 WEG genannten oder durch abweichende Vereinbarung bestimmten Personen unterzeichnet, etwa nur vom Vorsitzenden, so führt dies weder zur Nichtigkeit noch zur Anfechtbarkeit der gefassten Beschlüsse, da die Unterschriften ebenso wenig Gültigkeitsvoraussetzung der Beschlüsse sind (OLG Celle ZWE 2002, 132f; OLG Hamm DNotZ 1987, 39; Soergel/Stürner § 24 RN 10) wie die Niederschrift selbst; ansonsten könnten die in § 24 Abs. 6 S. 2 WEG genannten Personen durch Verweigerung der Unterschrift getroffene Entscheidungen der Wohnungseigentümer, z.B. zur → Abberufung des Verwalters, willkürlich zu Fall bringen. Ein nicht von allen zur Unterschrift Verpflichteten unterzeichnetes Protokoll ist nicht nur ein Entwurf, sondern eine der Ergänzung und Berichtigung zugängliche Niederschrift i.S. des § 24 Abs. 6 S. 1 WEG, die aber nicht für unwirksam erklärt werden kann (BayObLG WuM 1990, 173f).

3. Verpflichtung zur zeitnahen Erstellung.

Da ein Antrag auf Ungültigerklärung eines gefassten Beschlusses unabhängig von der Erstellung der Niederschrift oder deren Zusendung an die Wohnungseigentümer (KG NJW-RR 1996, 844) gem. § 23 Abs. 4 WEG nur innerhalb eines Monats seit der Beschlussfassung gestellt werden kann (→ Anfechtbarkeit und Anfechtung eines Beschlusses), ist der Verwalter verpflichtet, die Niederschrift so zeitig anzufertigen und zur Einsicht (→ Einsichtsrecht), die jedem Wohnungseigentümer gem. § 24 Abs. 6 S. 3 WEG jederzeit zusteht, zugänglich zu machen, dass diese Frist gewahrt werden kann. Die Niederschrift muss deshalb spätestens eine Woche vor Fristablauf zugänglich sein (BayObLG WE 1991, 229; NZM 2001, 754, 757; KG NJW-RR 1996, 844). Die während der Wohnungseigentümerversammlung erstellten erkennbar vorläufigen Aufzeichnungen des Versammlungsleiters (BayObLG NZM 2001, 754, 757) oder dessen mündliche Auskünfte (KG NZM 2002, 168) können die Niederschrift nicht ersetzen. Die Nichteinhaltung dieser Frist kann den Verwalter schadensersatzpflichtig machen (BayObLGZ 1972, 246), nicht aber ein Anfechtungsrecht begründen. Ferner kommt eine →Wiedereinsetzung in den vorigen Stand entsprechend §22 Abs.2 FGG in Betracht. Ficht ein Wohnungseigentümer vorsorglich alle Beschlüsse einer Versammlung an, weil der Verwalter die Niederschrift nicht rechtzeitig angefertigt hat, und nimmt er nach Vorliegen der Niederschrift den Antrag zurück, so entspricht es billigem Ermessen, dem Verwalter sämtliche Kosten aufzuerlegen (→Kostenentscheidung). Die Nichtanfertigung, insbesondere aber die Fälschung einer Niederschrift können die fristlose →Abberufung des Verwalters rechtfertigen.

Der Verwalter ist nicht verpflichtet, den Wohnungseigentümern Kopien der Niederschrift zu übersenden (BayObLG WE 1992, 139; OLG Zweibrücken WE 1991, 333), es sei denn, dass sich diese Pflicht aus der Gemeinschaftsordnung, einem Beschluss, dem Verwaltervertrag oder längerer Übung des Verwalters ergibt (BayObLG NJW-RR 1989, 656). Die Wohnungseigentümer sind i.d.R. verpflichtet, sich durch Einsichtnahme in die Niederschrift Kenntnis von gefassten Beschlüssen zu verschaffen (BayObLG DWE 1983, 94).

4. Protokollierung keine Gültigkeitsvoraussetzung für Beschlüsse

Die ordnungsgemäße Protokollierung ist keine Voraussetzung für die Gültigkeit gefasster Beschlüsse (BayObLGZ 1980, 29, 35; WuM 1993, 487, 488). Die Gemeinschaftsordnung kann dies aber bestimmen (BGH ZMR 1997, 531: „negative Publizität des Beschlussprotokolls"). Ein Verstoß führt in diesem Fall nach der Rechtsprechung nur zur →Anfechtbarkeit, nicht zur Nichtigkeit eines nicht ordnungsgemäß protokollierten Beschlusses (BGH aaO; OLG Hamm NZM 2002, 295f; a.A. Staudinger/Bub §24 RN 27b: schwebende Unwirksamkeit des Beschlusses). Ist ein Beschluss unrichtig oder unvollständig protokolliert, so hat die Niederschrift hinsichtlich des Inhalts des Beschlusses keine konstitutive, sondern lediglich deklaratorische Wirkung (BayObLG DWE 1984, 62; a.A. OLG Schleswig DWE 1987, 133), da die Protokollierung vor allem der Beweissicherung dient. Die Wohnungseigentümer können eine konstitutive Wirkung der Niederschrift aber vereinbaren („positive Publizität des Beschlussprotokolls").

5. Berichtigung und Genehmigung der Niederschrift

Werden ein Beschluss (OLG Köln NJW-RR 1993, 844f) oder zur Auslegung des Beschlusses erhebliche Umstände (OLG Hamm OLGZ 1989, 314) nicht oder unrichtig oder unvollständig protokolliert, besteht ein Anspruch auf Berichtigung, bei fehlender Protokollierung auf Nachholung (OLG Köln aaO), der gem. §43 Abs.1 Nr.1 oder 2 WEG beim Amtsgericht, Abt. für Wohnungseigentumssachen, auch gerichtlich durchgesetzt werden kann. Ein solcher Berichtigungsantrag unterfällt nicht der Monatsfrist des §23 Abs.4 WEG (BGH NZM 2001, 961, 964 z. Beschlussfeststellung; Staudinger/Bub §24 RN 124). Hat allerdings der Vorsitzende schon falsch ausgezählt, z.B. indem er gem. §25 Abs.5 WEG ruhende Stimmen (→ Ruhen des Stimmrechts) mitgezählt hat, kann das Zustandekommen bzw. Nichtzustandekommen eines bestimmten Beschlusses nicht gerichtlich festgestellt werden, da maßgeblich für das Zustandekommen eines Beschlusses die Feststellung und Verkündung des Abstimmungsergebnisses durch den Versammlungsvorsitzenden ist, die auch bei unrichtiger Feststellung bindet, soweit der Beschluss nicht fristgerecht angefochten wird (→ Mehrheitsbeschluss).

Die Berichtigung kann nur vom Protokollersteller verlangt werden. Die Eigentümerversammlung ist deshalb für eine etwaige Berichtigung unzuständig. Ein Beschluss der Eigentümergemeinschaft über eine Berichtigung der Niederschrift einer früheren Versammlung entspricht zudem nicht ordnungsgemäßer Verwaltung, da hierdurch der Eindruck erweckt wird, dass die berichtigte Fassung die allein maßgebliche sei und eine Unrichtigkeit der Niederschrift nicht mehr geltend gemacht werden kann (BayObLG NZM 2002, 1000). Auch ein Beschluss über die Genehmigung einer Niederschrift ist, soweit nicht die Gemeinschaftsordnung die Genehmigung ausdrücklich vorsieht, auf Anfechtung für ungültig zu erklären (BayObLG NJW-RR 1987, 1363; a.A. Weitnauer/Lüke §24 RN 20). Wird nämlich die Niederschrift genehmigt, so bedeutet dies nichts anderes, als dass die Mehrheit der abstimmenden Wohnungseigentümer die Niederschrift für korrekt hält, was rechtlich keine Bedeutung hat.

Eine Berichtigung kann gefordert werden, wenn der Verfasser der Niederschrift das ihm bei der Gestaltung des Inhalts eingeräumte Ermessen missbraucht hat (BayObLG WE 1992, 86) oder die Niederschrift rechtswidrige, ehrverletzende oder diskriminierende Äußerungen enthält (BayObLG WuM 1990, 174; KG WuM 1989, 347). Kritische Werturteile geben dem Betroffenen keinen Anspruch auf Schadensersatz (OLG Köln ZWE 2000, 427: der Eigentümer verhalte sich rufschädigend für die Gemeinschaft) und unterliegen jedenfalls dann nicht einer richterlichen Richtigkeitskontrolle, wenn sie zutreffend wieder gegeben sind und den Antragsteller nicht rechtswidrig in seinem Persönlichkeitsrecht verletzen (BayObLG WuM 1990, 174; OLG Köln WuM 1986, 230). Werturteile sind dabei durch das Grundrecht auf freie Meinungsäußerungen nach Art. 5 Abs. 1 GG insoweit geschützt, als sie nicht zur bloßen Schmähkritik ohne sachlichen Bezug herabsinken (BVerfG NJW 1983, 1415; BGH NJW 1987, 2227).

6. Beweiskraft

Die Niederschrift ist lediglich eine Privaturkunde i.S. des § 416 ZPO, die nur die Urheberschaft des Verfassers und der Unterzeichner beweist, der aber bezüglich der Richtigkeit und Vollständigkeit ihres Inhalts keine gesetzliche Beweiskraft zukommt (BayObLG NZM 2002, 616; KG WuM 1991, 218; OLG Hamm NJW-RR 2001, 226, 231); fehlt eine gem. § 24 Abs. 6 S. 2 WEG oder nach einer abweichenden wirksamen Regelung erforderliche Unterschrift, so ändert dies nichts an der Urkundsqualität der Niederschrift, setzt aber den Beweiswert der Niederschrift herab (BayObLG WuM 1990, 174). Andere Beweismittel, wie z.B. die Einvernahme von Zeugen, zur Feststellung des Abstimmungsergebnisses und des Beschlussinhalts sind zulässig (BayObLG NJOZ 2003, 411, 413), insbesondere dann, wenn der Beschluss eine Einzelmaßnahme und keine Dauerregelung betrifft (BayObLG WuM 1990, 94).

▶ Nießbrauch

Eine Sache, auch ein Wohnungseigentum (F. Schmidt, in: FS Seuß [1997] 265), kann in der Weise belastet werden (→ Belastungen), dass derjenige, zu dessen Gunsten die Belastung erfolgt, berechtigt ist, die Nutzungen der Sache zu ziehen, §§ 1030, 1066 BGB. Nutzungen sind die Früchte einer Sache oder eines Rechts sowie die Vorteile, welche der Gebrauch der Sache oder des Rechts gewährt, § 100 BGB. Der Nießbraucher ist zum Besitz des Wohnungseigentums berechtigt, § 1036 BGB; hierzu gehört auch der Mitbesitz am gemeinschaftlichen Eigentum gem. § 866 BGB. Er kann das Wohnungseigentum vermieten, wenn dies nicht vertraglich ausgeschlossen ist (BGHZ 109, 111; LG Aachen Rpfleger 1986, 468); ist es vermietet, wird er gem. §§ 567, 566 ff, 581 BGB mit der Eintragung des Nießbrauchs im Grundbuch Vermieter (BGHZ 109, 111, 117; OLG Frankfurt ZMR 1986, 358).

Der Nießbraucher ist dem Eigentümer gegenüber gem. § 1047 BGB verpflichtet, für die Dauer des Nießbrauchs die auf der Sache ruhenden öffentlichen Lasten, z.B. die Grundsteuer, unter Ausschluss der außerordentlichen Lasten, die als auf den Stammwert der Sache gelegt anzusehen sind, und diejenigen privatrechtlichen Lasten zu tragen, welche zur Zeit der Bestellung des Nießbrauchs auf der Sache ruhten, insbesondere die Zinsen der Hypothekenforderungen und Grundschulden ohne Tilgung (BayObLG Rpfleger 1988, 523; OLG Düsseldorf OLGZ 1975, 341) sowie die aufgrund einer Rentenschuld zu entrichtenden Leistungen. Diese Verpflichtung besteht nur gegenüber dem Eigentümer, nicht gegenüber dem Gläubiger des Eigentümers, z.B. gegenüber dem Grundpfandgläubiger oder der Wohnungseigentümergemeinschaft, wenn sich der Nießbraucher nicht dem Wohnungseigentümer gegenüber in einer Vereinbarung zu Gunsten eines Dritten hierzu verpflichtet hat, z.B. zur Zahlung der → Beiträge an die Wohnungseigentümergemeinschaft (BGH MDR 1979, 390).

Gem. § 1045 Abs. 1 BGB hat der Nießbraucher eine Feuerversicherung zu Gunsten des Eigentümers abzuschließen. Bei einem Nießbrauch an einem Wohnungseigentum hat der Nießbraucher dem Wohnungseigentümer die auf diesen entfallenden anteiligen Kosten zu erstatten.

Den Nießbraucher trifft gem. § 1041 BGB die Pflicht, für die Erhaltung der Sache in ihrem wirtschaftlichen Bestand, nicht für einen Wiederaufbau (BGH LM BGB § 1090 Nr. 10), zu sorgen.

Ausbesserungen und Erneuerungen obliegen ihm nur insoweit, als sie zu der gewöhnlichen Unterhaltung der Sache gehören. Der Eigentümer kann den Nießbraucher vertraglich über die gesetzliche Regelung hinaus verpflichten, auch die Kosten für außerordentliche Instandsetzungen und Erneuerungen zu tragen, und dies als Inhalt des Nießbrauchs in das Grundbuch eintragen lassen (BayObLGZ 1985, 12); die Kosten hierfür hat der Nießbraucher auch ohne ausdrückliche Vereinbarung zu tragen, wenn sie auf der Unterlassung von gewöhnlichen Unterhaltungsmaßnahmen beruhen. Diese Verpflichtungen betreffen bei dem Nießbrauch an einem Wohnungseigentum auch die Gegenstände des gemeinschaftlichen Eigentums. Soweit Erneuerungen im Rahmen der gewöhnlichen Unterhaltung der Sache ordnungsgemäß durch die Eigentümerversammlung beschlossen sind, ist der Nießbraucher dem Eigentümer gegenüber zur Beteiligung verpflichtet.

Das Stimmrecht in der Wohnungseigentümerversammlung steht uneingeschränkt dem Wohnungseigentümer zu (BGH NZM 2002, 450; BayObLG NZM 1998, 815; Staudinger/Bub § 25 RN 129). § 1066 Abs. 1 BGB ist auf die Wohnungseigentümergemeinschaft weder direkt noch analog anwendbar. Das Nutzungsrecht des Nießbrauchers bedarf – im Unterschied zur Rechtslage in der schlichten Miteigentümergemeinschaft – keines Schutzes, da das Recht des Nießbrauchers nicht nur auf einem Miteigentumsanteil, sondern auf dem Sondereigentum lastet, das jedenfalls in wirtschaftlicher Hinsicht im Vordergrund steht. Auch treffen gem. § 16 Abs. 2 WEG die finanziellen Folgen der Beschlussfassung im Verhältnis zu den anderen Wohnungseigentümer allein den beschwerten Wohnungseigentümer. Stünde das Stimmrecht dem Nießbraucher zu, müsste der Wohnungseigentümer auch für das haften, was dieser beschlossen hat (BGH NZM 2002, 450, 453). Der Nießbraucher kann deshalb das Stimmrecht nur ausüben, wenn er hierzu bevollmächtigt wird (→ Vertretung in der Wohnungseigentümerversammlung).

Aus dem zwischen dem Wohnungseigentümer und dem Nießbraucher bestehenden Schuldverhältnis kann der Wohnungseigentümer im Einzelfall gegenüber dem Nießbraucher verpflichtet sein, bei der Stimmabgabe dessen Interessen zu berücksichtigen, nach dessen Weisung zu handeln oder ihm eine Stimmrechtsvollmacht zu erteilen. Fehlt es an einer ausdrücklichen Vereinbarung, so ist für das Entstehen und den Umfang einer solchen Verpflichtung die Regelung zur Tragung der Kosten des nießbrauchsbelasteten Wohnungseigentums maßgeblich (BGH NZM 2002, 450, 452). Eine Pflicht zur Vollmachtserteilung kommt danach insbesondere dann in Betracht, wenn der Nießbraucher abweichend von den §§ 1041 ff BGB im Innenverhältnis zum Wohnungseigentümer alle Lasten und Kosten des Wohnungseigentums zu tragen hat, also beim sog. Bruttonießbrauch (F. Schmidt, in: FS Seuß [1997] 265, 280); beim gewöhnlichen Nießbrauch ist der Wohnungseigentümer zur Vollmachtserteilung nur verpflichtet, wenn dies gesondert vereinbart ist (F. Schmidt aaO; Schöner DNotZ 1975, 83).

▶ **Notar, Belehrungspflicht**

Gem. § 311 b Abs. 1 BGB bedarf jede Veräußerung bzw. jeder Erwerb eines Grundstücks, gem. § 4 Abs. 3 WEG auch von Wohnungseigentum, der → notariellen Beurkundung; damit soll u. a. sichergestellt werden, dass die Vertragspartner zumindest durch den Notar über die rechtliche Tragweite des beabsichtigten Geschäfts unparteilich und unabhängig aufgeklärt werden. Ein Notar, der als Anwalt des Verkäufers mit der Vermittlung eines Geschäftes beauftragt oder an einem Mehrerlös beteiligt ist, darf deshalb gem. § 3 Abs. 1 Nr. 1 BeurkG nicht an einer Beurkundung mitwirken (→ Makler).

1. Umfassende Belehrungspflicht

Bei der Beurkundung obliegt dem Notar, der stets Träger eines öffentlichen Amtes ist, eine umfassende Belehrungspflicht. Gem. § 17 BeurkG soll er den Willen der Beteiligten erforschen, den Sachverhalt umfassend aufklären (BGH NJW 1987, 1266), die Beteiligten über die rechtliche Tragweite des Geschäfts, worunter auch wirtschaftliche Gefahren fallen (BGH DNotZ 1995, 407), Unerfahrene auch über die Risiken der gewählten Konstruktion belehren und ihre Erklärungen klar und in rechtlich einwandfreier Form in der Niederschrift formulieren (BGH NJW 1990, 1484).

Der Notar hat selbst zu entscheiden, welche Unterlagen von Bedeutung sein können, und ist verpflichtet, diese persönlich zur Kenntnis zu nehmen und bei Errichtung der Urkunde zu berücksichtigen (BGH NJW 1989, 586). Auf die Angaben der Beteiligten darf er sich grds. verlassen, nicht allerdings auf Äußerungen von Laien über rechtliche Verhältnisse oder offenkundig falsche Angaben (BGH DNotZ 1992, 457, 459). Beteiligt sind gem. §6 Abs.2 BeurkG diejenigen, deren Erklärungen beurkundet werden, unabhängig davon, ob sie die Erklärungen für sich oder als Vertreter eines Dritten abgeben. Nur materiell von der Beurkundung betroffene, aber nicht formell beteiligte Personen hat der Notar nicht zu belehren (BGH NJW 1981, 2705); die allgemeine Betreuungspflicht besteht aber auch gegenüber dem bei der Beurkundung Vertretenen (BGH NJW-RR 1988, 1204).

Bei der Belehrung soll er darauf achten, dass Irrtümer und Zweifel, denen er durch Hinweise begegnen muß (BGH NJW-RR 1990, 463) vermieden sowie unerfahrene und ungewandte Beteiligte nicht benachteiligt werden. Der Umfang der Belehrungspflicht hat sich deshalb nach der Persönlichkeit der Beteiligten und den sonstigen Umständen wie z.B. der Tragweite des Geschäfts zu richten (BGH BB 1982, 334); die Belehrungspflicht besteht grds. auch gegenüber anwaltlich Vertretenen (BGH VersR 1990, 899).

2. Umgehungsverbot

Nach §17 Abs.2a BeurkG soll der Notar das Beurkungsverfahren so gestalten, dass die Einhaltung der Belehrungspflichten gesichert ist. Hierdurch soll sichergestellt werden, dass dem schwächeren Vertragsteil die notarielle Belehrung und Fürsorge nicht durch Umgehungen des §17 BeurkG abgeschnitten wird. Insbesondere soll der Trennung des Vertrags in Angebot und Annahme sowie die Beurkundung mit einem vollmachtlosen Vertreter und Nachgenehmigung durch den Erwerber entgegengewirkt werden (Pause NZBau 2001, 603f; Winkler MittBayNot 1999, 1ff). Die Trennung des Vertrages in Angebot und Annahme, also die sukzessive Beurkundung in zwei Notarterminen, ist zwar materiellrechtlich möglich, §128 BGB, verstößt aber gegen §17a BeurkG:

Wenn der Erwerber das zuvor abgegebene Angebot des Bauträgers lediglich annimmt, bezieht sich die notarielle Belehrung nur noch auf die Annahmeerklärung, aber nicht auf das angenommene Geschäft, da der anzunehmende Vertrag vom Notar nicht verlesen wird. Die Belehrungspflicht läuft somit leer. Gleiches gilt für die Nachgenehmigung eines zuvor von einem vollmachtlosen Vertreter abgeschlossenen Vertrages (Keidel/Kuntze/Winkler § 17 BeurkG RN 34). Der Notar, dem die Beurkundung eines Angebots durch den Bauträger angetragen wird, muss diesen Weg grundsätzlich als missbräuchliche Gestaltung ablehnen, nicht aber wenn der Erwerber die Beurkundung der Annahme wünscht (Pause NZBau 2001, 603f).

3. Einzelne Belehrungspflichten

Der Notar wird die Beteiligten insbesondere darauf hinweisen, dass der Käufer durch den notariellen Kaufvertrag erst einen Eigentumsverschaffungsanspruch und nicht schon das Eigentum am Grundstück erwirbt. Im Zusammenhang hiermit muss der Notar daher dem Käufer unbedingt anraten, seinen schuldrechtlichen Eigentumsverschaffungsanspruch durch eine Auflassungsvormerkung (→ Vormerkung) abzusichern; es sei denn, dass die Auflassung erklärt ist und der Antrag auf Eigentumsumschreibung sofort beim Grundbuchamt gestellt wird (BGH NJW 1989, 102).

Zu belehren ist über Gefahren einer Vorleistung ohne Sicherung (BGH DNotZ 1995, 407; NJW-RR 1989, 1492). Dies ist z.B. dann der Fall, wenn nach dem Kaufvertrag das Eigentum bereits nach Leistung nur eines Teils des Kaufpreises auf den Käufer umzuschreiben ist und für die Begleichung des Kaufpreisrestes keine Sicherung gewährt (BGHZ 56, 26; WM 1986, 1285) oder zugunsten des Verkäufers ein Grundpfandrecht eingetragen wird; u.U. kann auch eine Auflassungsvormerkung eine ungesicherte Vorleistung darstellen (BGH NJW 1993, 2744). Andererseits hat er den Käufer entsprechend zu belehren, wenn dieser ohne angemessene Sicherung die Vorauszahlung des Kaufpreises schuldet, und der Verkäufer erst dann lastenfreies Eigentum zu übertragen hat. In einem solchen Fall genügt nicht die Anregung, eine Auflassungsvormerkung eintragen zu lassen, da damit noch nicht die vom Verkäufer geschuldete lastenfreie Übertragung des Kaufgrundstücks gewährleistet ist. Der Notar darf wegen des Gebots der Unparteilichkeit keine Sicherungen vorschlagen, die dem Willen eines Beteiligten widersprechen; in diesem Fall hat sich der Notar auf die Warnung vor den aus dem Geschäft resultierenden Risiken zu beschränken (BGH WM 1986, 1285).

Der Notar hat bei der Beurkundung den Käufer über auf dem Kaufgrundstück liegende Belastungen zu informieren (BGH DNotZ 1992, 457f); dies gilt selbst dann, wenn dieser belastetes Eigentum übernehmen soll (BGH VersR 1980, 649 z. einer Grunddienstbarkeit).

Weiterhin hat der Notar gem. § 20 BeurkG über bestehende dingliche Vorkaufsrechte zu informieren (BGH WM 1982, 372), oder über eine mögliche Wohnungsbindung, deren Bedeutung und Rechtsfolgen (OLG Köln DNotZ 1987, 695; a.A. OLG Düsseldorf DNotZ 1985, 187).

Ist einer der Vertragspartner im Güterstand der Zugewinngemeinschaft verheiratet, so hat der Notar auf die Voraussetzungen hinzuweisen, unter denen gem. § 1365 BGB die Zustimmung des Ehegatten erforderlich ist, sowie auf die Gefahren des Fehlens einer solchen Zustimmung (BGHZ 64, 246; → Ehegattenzustimmung bei Veräußerung).

Über die Kosten der Beurkundung hat der Notar nur auf Frage aufzuklären (BayObLG DNotZ 1989, 707; OLG Zweibrücken DNotZ 1977, 58); bei mehreren Gestaltungsmöglichkeiten mit gleicher Sicherheit hat der Notar auf die kostengünstigste hinzuweisen (BayObLG DNotZ 1984, 112; OLG Zweibrücken DNotZ 1982, 451). Dagegen ist der Notar nicht verpflichtet, im Vertrag oder sonstwie klarzustellen, auf welches Konto oder an welche Stelle der Käufer den Kaufpreis zu leisten hat (BGH MittBayNot 1982, 193).

Grds. ist der Notar nicht verpflichtet, sich zu den wirtschaftlichen und steuerlichen Aspekten des zu beurkundenden Geschäfts, insbesondere zum Entstehen von Grunderwerbsteuerpflichten, belehrend zu äußern (BGH NJW 1985, 1225). Muss sich dem Notar aber aufdrängen, dass ein Beteiligter die Tragweite der Beurkundung rechtlich nicht übersehen kann und seine Interessen deshalb gefährdet sind, so hat er auch in steuerrechtlicher und wirtschaftlicher Hinsicht zu belehren (BGH VersR 1983, 181). Die dem Notar durch §13 ErbStDV auferlegte Verpflichtung, auf eine möglicherweise entstehende Pflicht zur Zahlung von Erbschaft- oder Schenkungsteuer hinzuweisen, ist eine Ausnahmevorschrift.

4. Verletzung der Belehrungspflichten

Verletzt der Notar die ihm obliegenden Amtspflichten schuldhaft, was der Geschädigte zu beweisen hat (BGH DNotZ 1990, 442), oder sind seine Belehrungen – auch soweit er hierzu nicht verpflichtet war (BGH VersR 1983, 181) – fehlerhaft, so kann er gem. §839 BGB verpflichtet sein, einen den Beteiligten des Grundstückskaufvertrages hieraus entstehenden Schaden zu ersetzen, §19 BNotO; bei einer unterlassenen Belehrung muss der Geschädigte darlegen und beweisen, dass er bei ordnungsmäßiger Belehrung das beurkundete Rechtsgeschäft nicht oder mit Einverständnis des Vertragspartners zu anderen Bedingungen abgeschlossen hätte (OLG Hamm VersR 1984, 449). Der Vertrag selbst bleibt wirksam (BGHZ 80, 79). Soweit die Pflichtverletzung auf Fahrlässigkeit, nicht auf Vorsatz beruht – dies ist die Regel –, kann der Notar gem. §839 Abs.1 S.2 BGB nur in Anspruch genommen werden, wenn der Geschädigte anderweitig keinen Ersatz erlangen kann. Der Geschädigte braucht sich nicht auf anderweitige Ersatzansprüche verweisen zu lassen, die er nicht in absehbarer und angemessener Zeit oder nur mit zweifelhaftem Ergebnis durchsetzen kann (BGH BB 1995, 1871). Verspricht die Inanspruchnahme eines Dritten aus Rechtsgründen keinen Erfolg, so muss dies nicht durch einen erfolglosen Prozess nachgewiesen werden (BGH VersR 1978, 252).

▶ **Notarielle Beurkundung**

Gem. §311b Abs.1 S.1 BGB bedarf ein Vertrag, durch den sich der eine Vertragsteil verpflichtet, das Eigentum an einem Grundstück zu übertragen oder zu erwerben, der notariellen Beurkundung. Dies gilt gem. §4 Abs.3 WEG auch für den Erwerb von

Sondereigentum. Sinn und Zweck dieser Regelung ist es, den Eigentümer und den Erwerber eines Grundstücks vor dem Eingehen übereilter Verpflichtungen zu bewahren und eine sachgemäße Beratung durch einen Notar (→ Notar, Belehrungspflicht) sicherzustellen (BGHZ 87, 193).

Ein ohne Beachtung dieser Formvorschrift geschlossener Vertrag wird nachträglich seinem ganzen Inhalt nach gültig, wenn die Auflassung und die Eintragung in das Grundbuch erfolgen, § 311 b Abs. 1 S. 2 BGB.

1. Beurkundungspflichtige Geschäfte

Beurkundungspflichtig gem. § 311 b Abs. 1 BGB sind z.B.
- Kauf-, Tausch- und Schenkungsverträge über Wohnungseigentum sowie Angebote zum Abschluss solcher Verträge;
- der Auftrag, ein Wohnungseigentum zu ersteigern (BGHZ 85, 250) und die Übernahme einer Ausbietungsgarantie (BGHZ 110, 321);
- Geschäftsbesorgungsverträge, die für den Beauftragten eine Erwerbspflicht begründen (BGH NJW 1985, 730);
- die Verpflichtung der Miteigentümer eines Grundstücks zur Einräumung oder Änderung von Sondereigentum, § 4 Abs. 3 WEG, also zur → Begründung von Wohnungseigentum nach § 3 WEG;
- die Verpflichtung zur → Umwandlung von Sondereigentum in gemeinschaftliches Eigentum und von gemeinschaftlichem Eigentum in Sondereigentum.

Die dingliche Einigung über den Eigentumsübergang (→ Auflassung) ist gem. § 925 BGB nicht formbedürftig. Das Beurkundungserfordernis ergibt sich hier aber aus § 29 GBO. Keiner Form bedarf gem. § 167 Abs. 2 BGB auch eine Vollmacht zum Grundstückskauf. Wird sie allerdings unwiderruflich erteilt, ist sie formbedürftig (BGH LM Nr. 18 zu § 167 BGB), da in diesem Fall der Vollmachtgeber schon in gleicher Weise gebunden wird wie durch die Vornahme des formbedürftigen Rechtsgeschäfts.

Haben die Parteien bewusst Unrichtiges beurkunden lassen, z.B. einen zu niedrigen Kaufpreis, um Steuern und Notargebühren zu sparen, ist der beurkundete Vertrag als Scheingeschäft (§ 117 BGB), das wirklich Gewollte wegen Formmangels nichtig

(BGHZ 89, 43; ZfIR 2001, 374, 376 auch z. Schadensersatzpflicht des Notars).

2. Umfang des Beurkundungszwangs

Der Beurkundungszwang erstreckt sich auf alle Vereinbarungen, gleichgültig, ob objektiv wesentliche oder unwesentliche, aus denen sich nach dem Willen der Vertragspartner das schuldrechtliche Veräußerungsgeschäft zusammensetzt (BGHZ 63, 316; 74, 348); es genügt, dass ein Vertragsteil die Abrede zum Vertragsbestandteil machen will, wenn der andere dies erkannt und hingenommen hat (BGH NJW 1982, 434). Der notariellen Beurkundung bedürfen auch Nebenabreden (BGH NJW 1998, 3196; KG NZM 2003, 400), insbesondere vertragliche Zusicherungen (BGH WE 1989, 132) oder Vereinbarungen über die Verrechnung des Kaufpreises (BGH ZfIR 2000, 521) oder die Tragung der Grunderwerbsteuer (KG NZM 2003, 400). Notariell zu beurkunden sind auch solche weiteren Verträge, die mit dem das Grundstück betreffenden Vertrag rechtlich zusammenhängen (BGH NJW 1987, 106 für Kauf- und Mietvertrag; NZBau 2002, 502 für Kauf- und Bauvertrag), also mit dem beurkundungsbedürftigen Vertrag stehen und fallen sollen, selbst wenn sie mit einem Dritten, der in den Vertrag einbezogen werden soll, abgeschlossen werden (BGH NZM 1998, 341 z. „Schwarzgeldzahlung" durch einen Mieter; NJW-RR 1989, 199). Bei der Übernahme von Verpflichtungen aus einem anderen Vertrag, etwa einem Kreditvertrag, oder bei der Übertragung einer Baugenehmigung ist der Inhalt dieses Vertrages bzw. dieser Baugenehmigung nicht zu beurkunden (BGHZ 125, 238; NJW 1998, 3197).

3. Änderung, Aufhebung des Kaufvertrages

Vertragsänderungen bedürfen der notariellen Beurkundung, allerdings nur bis zur Auflassung. Änderungen nach der Auflassung sind schon vor Eintragung der Auflassung im Grundbuch formlos wirksam (BGH DNotZ 1985, 243); die Rückkaufvereinbarung ist formbedürftig (BGHZ 104, 276).

Ist ein Kaufvertrag durch Auflassung und Eintragung vollzogen, begründet seine Aufhebung eine Verpflichtung zur Übertragung und zum Rückerwerb des Sondereigentums sowie des Miteigentumsanteils am Grundstück. Der Vertrag bedarf daher der notariellen Beurkundung (BGHZ 83, 397; 127, 168, 174; OLG Köln NJW-RR 1995, 1107). Ist dagegen der Kaufvertrag noch nicht vollzogen und ist für den Käufer auch keine →Vormerkung eingetragen und auch der Eintragungsantrag beim Grundbuchamt noch nicht gestellt, so ist die Aufhebung formfrei möglich, da sie keine Übertragungsverpflichtung begründet (BGHZ 83, 397).

Nicht der notariellen Beurkundung bedarf auch die spätere Vereinbarung eines Rücktrittsrechtes für den Erwerber für den Fall des verspäteten Baubeginns, um die zeitgerechte Bauausführung und die fristgerechte Fertigstellung zu sichern (BGH ZfIR 2001, 363). Die bereits formgültig begründete Verpflichtung wird hierdurch nicht in rechtserheblicher Weise verändert, da der Auftraggeber eines Werkvertrags ohnehin vor Ablauf der vereinbarten Fertigstellungsfrist vom Vertrag zurücktreten darf, wenn vor der Fertigstellung absehbar ist, dass der Termin nicht eingehalten werden kann (BGH BauR 2000, 1182, 1186).

4. Beifügung von Urkunden, Zeichnungen und Abbildungen

Urkunden, Zeichnungen oder Abbildungen, wie z.B. Baubeschreibungen und Baupläne (BGH NJW 2002, 1050f; NZBau 2003, 439f) und noch nicht im Grundbuch vollzogene Teilungserklärungen (BGH NJW 1979, 1498), bedürfen ebenfalls der Form des § 311b Abs. 1 BGB, wenn sie eine Leistungspflicht des Bauträgers begründen sollen (BGH NJW-RR 2001, 953; NJW 1998, 3197), insbesondere wenn sich Art und Umgang des Bauvorhabens erst aus ihnen ergibt. Sie müssen nur dann nicht beurkundet werden, wenn sie lediglich einen Identifizierungsbehelf darstellen; in diesem Fall genügt die einfache Beifügung als Anlage (BGH NJW-RR 2001, 953).

Eine Verweisung auf andere Urkunden, die den Vertragsinhalt mitbestimmen, ist gem. § 13a BeurkG nur dann möglich, wenn diese notariell beurkundet sind, die Parteien bekunden, dass ihnen der Inhalt der notariellen Urkunden, auf die Bezug genommen wird, bekannt ist, und sie auf das Vorlesen verzichtet haben. Dienen die Urkunden, auf die verwiesen wird, hingegen lediglich der Erläuterung, ist die Verweisung an keinerlei Förmlichkeiten gebunden (BGH NJW 1989, 165). Baupläne sind nach §§ 9 S. 3, 13 Abs. 1, 13 a Abs. 1 BeurkG zur Durchsicht vorzulegen.

▶ Notgeschäftsführung durch Verwalter

Der Verwalter ist gem. § 27 Abs. 1 Nr. 3 WEG in dringenden Fällen berechtigt, auch ohne vorhergehenden Mehrheitsbeschluss der Wohnungseigentümer zur Erhaltung des gemeinschaftlichen Eigentums erforderliche Maßnahmen zu treffen. Der Verwalter ist insoweit gesetzlicher Vertreter der Wohnungseigentümergemeinschaft (Palandt/Bassenge § 27 WEG RN 7; Gruber NZM 2000, 283).

1. Dringlichkeit

Dringende Fälle entstehen i.d.R. durch Zufall oder höhere Gewalt (BayObLG ZMR 1997, 325 f). Dringend sind Fälle, die wegen ihrer Eilbedürftigkeit die vorherige Einberufung einer Wohnungseigentümerversammlung nicht zulassen, weil sie unaufschiebbare Maßnahmen erfordern.

Da in erster Linie die Wohnungseigentümer dafür zuständig sind, darüber zu entscheiden, ob und welche Maßnahmen der → Instandhaltung und Instandsetzung durchgeführt werden, hat der Verwalter auch bei eilbedürftigen Maßnahmen zunächst mit der größten Beschleunigung eine Entscheidung der Wohnungseigentümer herbeizuführen (BayObLG WE 1988, 74), wenn er nicht selbst entscheiden darf oder will.

Erst die Unaufschiebbarkeit der erforderlichen Maßnahme begründet deren Dringlichkeit. Eine Maßnahme ist nur dann unaufschiebbar, wenn die Erhaltung des gemeinschaftlichen Eigentums gefährdet wäre, falls der Verwalter vor ihrer Ausführung eine Eigentümerversammlung einberiefe und durchführte (BayObLG ZMR 1997, 325 f; OLG Hamm NJW-RR 1989, 331; Bub PiG 7, 57, 61), wobei er die Ladungsfrist gem. § 24 Abs. 4 S. 2 WEG verkürzen kann. Ob die Gefahrenlage ein solches Zuwarten erlaubt, hat der Verwalter vernünftig einzuschätzen und zu entscheiden; dabei braucht er kein unnötiges Risiko einzugehen. Auf die Frage, ob die Durchführung einer Wohnungseigentümerversammlung „opportun" ist, kommt es allerdings nicht an. Auch das Drängen von Wohnungseigentümern begründet für sich nicht die Dringlichkeit (OLG Köln OLGZ 1978, 7, 10).

Gewöhnlichen Unterhaltungsarbeiten, wie Fenster- oder Fassadenanstrich, Reinigung, Kaminkehren, oder periodisch auftretenden Erhaltungsarbeiten, z.B. die Erneuerung der Stahlseile des Aufzugs fehlt i.d.R. die Dringlichkeit. Gleiches gilt für außergewöhnliche Unterhaltungsarbeiten, z.B. die Behebung von Schadensfolgen, die z.B. nach einer Überschwemmung oder aufgrund eines sonstigen ungewöhnlichen Ereignisses notwendig werden, aber nicht umgehender Ausführung bedürfen, wie für außergewöhnliche, nicht dringliche Instandsetzungsarbeiten (BGHZ 67, 232) oder nicht dringliche bauliche Veränderungen (LG Mannheim ZMR 1976, 51).

2. Erhaltungsmaßnahmen für das gemeinschaftliche Eigentum

Das Notgeschäftsführungsrecht des Verwalters ist auf die Erhaltung der Substanz und des wirtschaftlichen Wertes des →gemeinschaftlichen Eigentums begrenzt. In Betracht kommen jegliche tatsächlichen und rechtlichen Handlungen und Erklärungen. Zu den Erhaltungsmaßnahmen gehört auch die vorläufige Verhinderung eigenmächtiger Veränderungen des gemeinschaftlichen Eigentums durch einen Wohnungseigentümer, z.B. durch Eingriffe in die Fassade, durch Änderung der Treppe vor seiner Wohnung oder die Anbringung von →Schildern oder →Werbeeinrichtungen, soweit dies von seinem Gebrauchsrecht nicht gedeckt ist.

Das Notgeschäftsführungsrecht des Verwalters ist gegenständlich auf das gemeinschaftliche Eigentum i.S.v. § 1 Abs. 5 WEG beschränkt. Auf Gefahrenlagen für das Sondereigentum eines Wohnungseigentümers oder dessen Vermögen ist das Notgeschäftsführungsrecht des Verwalters unanwendbar. Den Verwalter treffen insoweit lediglich aus dem Verwaltervertrag Hinweispflichten gegenüber dem betroffenen Wohnungseigentümer; in Ausnahmefällen der Unerreichbarkeit eines Wohnungseigentümer kann den Verwalter aber auch eine Schutzpflicht treffen, gefahrenverhindernd einzugreifen (BayObLG WE 1997, 39 z. Durchführung einer Reparatur und Schadensmeldung beim Versicherer).

3. Notmaßnahmen

Notmaßnahmen dienen zur Abwendung von unmittelbar dem gemeinschaftlichen Eigentum drohenden Gefahren, z.B. die Behebung eines Wasserrohrbruchs, die Beseitigung einer Brandgefahr oder die Wiederherstellung von Verkehrssicherungseinrichtungen. Als weitere Beispielsfälle für Notmaßnahmen sind die Behebung von Brand-, Explosions- und Wetterschäden am Dach, an den Außenmauern oder an den Fenstern, von Überschwemmungsschäden oder von Schäden am Kommunikations- und Rohrleitungssystem sowie die Heizölnachbestellung in der kalten Jahreszeit bei Gefahr für die Gesundheit der Bewohner oder für die Gebäudesubstanz (KG ZMR 1984, 249) zu nennen.

Als Notmaßnahmen kommen auch solche in Betracht, die über die ordnungsmäßige Instandhaltung und Instandsetzung des gemeinschaftlichen Eigentums hinausgehen, sofern sie erforderlich sind, um einen Schaden abzuwenden, der dem gemeinschaftlichen Eigentum droht; selbst bauliche Veränderungen, etwa der Abriss einer einsturzgefährdeten Wand oder eines einsturzgefährdeten Balkons zählen zu den sonstigen erforderlichen Maßnahmen. Selbst zu Eingriffen in das Sondereigentum ohne Duldungstitel auf der Grundlage von § 14 Nr. 4 WEG, z.B. bei Einsturzgefahr oder einem Wasserschaden, gerade bei Abwesenheit des Bewohners, ist der Verwalter berechtigt, wenn dies erforderlich ist.

4. Kosten und Haftung

Die Wohnungseigentümer sind verpflichtet, die aus den Maßnahmen entstandenen Aufwendungen und Kosten als Kosten der Instandhaltung und Instandsetzung zu tragen. Der Verwalter kann für etwaige Notmaßnahmen Vorschussleistungen für außerordentliche Ausgaben verlangen (Bärmann PiG 3, 9, 27), was i.d.R. einen Sonderumlagebeschluss erfordert. Handelt der Verwalter im eigenen Namen, hat er lediglich Anspruch auf Ersatz seiner Aufwendungen und deren Entnahme aus den gemeinschaftlichen Geldern, ggf. aus der Instandhaltungsrücklage.

Hat der Verwalter bei Eintritt eines Schadensereignisses im Sondereigentum Notmaßnahmen ergriffen, haftet er nicht wegen eines weiteren Schadens am Sondereigentum, der dadurch entstanden ist, dass von ihm keine Sofortmaßnahmen zur Verhinderung weiteren Schadens getroffen wurden (BayObLG ZWE 2000, 466).

▶ Notgeschäftsführung durch Wohnungseigentümer

Jeder Wohnungseigentümer ist aufgrund des gemeinschaftlichen Treueverhältnisses verpflichtet, einen für ihn erkennbar gewordenen drohenden Schaden vom gemeinschaftlichen Eigentum abzuwenden (OLG Oldenburg DWE 1988, 64; LG Aachen ZMR 1993, 233f). Er ist in diesem Fall gesetzlicher Vertreter der Wohnungseigentümergemeinschaft (a.A. BayObLG ZMR 1998, 103; Palandt/Bassenge § 21 WEG RN 6).

1. Voraussetzungen

Ein Wohnungseigentümer darf nicht länger zuwarten, wenn er weder den Verwalter noch die anderen Wohnungseigentümer rechtzeitig zur Behebung der Gefahr heranziehen kann (BayObLG WE 1991, 200f; ZWE 2001, 418; 2002, 129; OLG Hamm WE 1993, 110f). Zu berücksichtigen ist insbesondere, ob ein Verwalter vorhanden und erreichbar, aber auch, ob er zum Eingreifen in der Lage und bereit ist (OLG Oldenburg DWE 1988, 64f). I.d.R. muss der handlungsbereite Wohnungseigentümer zunächst versuchen, den Verwalter zu erreichen, und ihn zur Schadensabwehr auffordern; erst wenn dies – gleich aus welchen Gründen – misslingt, kommt eine Notgeschäftsführungsmaßnahme in Frage, ohne dass er versuchen muss, den Verwalter oder seine Miteigentümer gerichtlich zum Eingreifen zu zwingen (OLG Oldenburg DWE 1988, 64f; a.A. BPM § 21 RN 40). Ist ein Verwalter nicht bestellt, sind die Voraussetzungen zum Eingreifen eher anzunehmen (Bub WE 1995, 167, 172).

Die Gefahrenlage muss eine derartige Dringlichkeit bedingen, dass eine Wohnungseigentümerversammlung nicht mehr einberufen werden kann, die über die notwendigen Maßnahmen entscheiden kann. Dabei braucht der zum Eingreifen bereite Wohnungseigentümer kein unnötiges Risiko einzugehen. Dringlich ist aber keinesfalls eine Maßnahme, über die die Wohnungseigentümer seit Jahren diskutieren (BayObLG ZWE 2001, 418f; OLG

Celle ZWE 2001, 369f) oder die dem Verwalter seit langem bekannt ist, es sei denn, dass sich die Lage plötzlich und gefährlich verschärft hat.

Als Schaden kommt jede Einbuße in Betracht, die den Wohnungseigentümern infolge des bevorstehenden Ereignisses droht, z.B. wenn die Sperrung der Energieversorgung oder die Einstellung der Müllentsorgung angedroht wird. Hierbei kann es sich auch um einen Folgeschaden aufgrund eines bereits eingetretenen Schadens handeln.

Der Schaden muss dem gemeinschaftlichen Eigentum drohen. Ist das Sondereigentum oder das Vermögen eines einzelnen Wohnungseigentümers unmittelbar von einem Schaden bedroht, so ist § 21 Abs. 2 WEG unanwendbar. Jeder Wohnungseigentümer ist aber aus dem Gemeinschaftsverhältnis verpflichtet, den betroffenen Miteigentümer auf die Gefährdung hinzuweisen oder sogar gefahrverhütend selbst einzugreifen (KG OLGZ 1978, 146), z.B. wenn Verkehrssicherungsmaßnahmen sofort ergriffen werden müssen (Hauger WE 1996, 6, 9). Eine Verletzung dieser Pflicht kann Schadensersatzansprüche auslösen. Wird ein Wohnungseigentümer insoweit schadensabwendend tätig, so hat er Ansprüche nach den allgemeinen Regeln der Geschäftsführung ohne Auftrag gem. §§ 677ff BGB (Hauger WE 1996, 6, 9) oder aus ungerechtfertigter Bereicherung gem. §§ 812ff BGB.

2. Umfang des Notgeschäftsführungsrechts

Die Geschäftsführungsbefugnis ist auf objektiv erforderliche Notmaßnahmen zur Erhaltung der Substanz oder des wirtschaftlichen Wertes begrenzt. Als Maßnahmen kommen jedwede tatsächlichen und rechtlichen Handlungen und Erklärungen in Betracht. Welche Maßnahme notwendig ist, ist vom Standpunkt eines vernünftig und wirtschaftlich denkenden Wohnungseigentümers, bezogen auf den Zeitpunkt des Handelns, zu beurteilen. Sie muss den Grundsätzen ordnungsmäßiger Verwaltung entsprechen und darf zu keiner baulichen Veränderung i.S.d. § 22 Abs. 1 S. 1 WEG führen (OLG Oldenburg DWE 1988, 64; BPM § 21 RN 45).

Es können nur solche Maßnahmen veranlasst werden, die den Eintritt des unmittelbar drohenden Schadens, also die Gefahrenlage beseitigen, ohne dass damit die Befugnis verbunden ist, die Schadensursache dauerhaft zu beheben (BayObLG ZMR 1997, 37f; ZWE 2002, 129), oder die nach Eintritt eines Schadens Folgeschäden verhindern, etwa die provisorische Sicherung eines abgedeckten Daches (Hauger WE 1996, 6, 9) oder der Austausch eines schadhaften Fensters zur Vermeidung weiterer Mietminderungen und der Beschädigung des gemeinschaftlichen Eigentums durch eindringende Feuchtigkeit (OLG Oldenburg DWE 1988, 64). Bei einem Wasserrohrbruch genügt es z.B., zunächst die Wasserzufuhr zu unterbrechen, wenn ein vorhandener Verwalter bereit ist, die notwendige Reparatur sofort in Auftrag zu geben; ist der Verwalter aber nicht erreichbar, etwa am Wochenende, so kann ein Handwerkernotdienst mit der Abdichtung beauftragt werden.

Denkbar sind allerdings auch Sachverhalte, bei denen nur die endgültige Gefahrbeseitigung möglich ist, z.B. bei Notmaßnahmen, wie dem Auswechseln des Hauseingangstürschlosses nach einem Einbruch, der Reparatur einer im Winter ausgefallenen Heizung oder der Beauftragung eines Gasnotdienstes bei Gasgeruch (BPM § 21 RN 46) oder bei der Einholung eines Sachverständigengutachtens zur Ermittlung von Baumängeln (OLG Frankfurt OLGZ 1985, 144, 146; OLG Hamm WE 1993, 110f; OLGZ 1994, 22), wenn die Beweismittel verloren zu gehen drohen, etwa weil sich der Verwalter und die anderen Wohnungseigentümer weigern, ein Gutachten einzuholen.

3. Überschreiten des Notgeschäftsführungsrechts

Veranlasst ein Wohnungseigentümer Maßnahmen, z.B. Instandsetzungsmaßnahmen, ohne dass das gemeinschaftliche Eigentum unmittelbar gefährdet gewesen wäre, so können ihm lediglich Ansprüche aus Geschäftsführung ohne Auftrag oder aus ungerechtfertigter Bereicherung zustehen, wenn die gesetzlichen Voraussetzungen der §§ 677 ff oder 812 ff BGB erfüllt sind (BayObLG WE 1995, 243; OLG Hamm WE 1993, 110f; Weitnauer/Lüke § 21 RN 7). Die Kosten eines nicht vom Notgeschäftsführungsrecht gedeckten selbständigen Beweisverfahrens können z.B. teilweise zu einer ungerechtfertigten Bereicherung der Wohnungseigentümer führen, wenn sie das dort eingeholte Sachverständigengutachten zur Grundlage ihrer Sanierungsmaßnahmen machen (BayObLG WuM 1995, 728, 730).

Geht die Maßnahme über die Instandhaltung und Instandsetzung hinaus, so entfällt i.d.R. ein Kostenerstattungsanspruch, da die Wohnungseigentümer Anspruch auf Beseitigung haben.

4. Folgen der Notgeschäftsführung

Der Wohnungseigentümer, der eine Notmaßnahme durchführt, hat wie ein Beauftragter Anspruch auf Ersatz seiner Aufwendungen (→ Aufwendungsersatz), den er ohne Beschluss nach § 28 Abs. 5 WEG (BayObLG ZMR 1998, 103) oder Ermächtigung durch Beschluss (OLG Köln ZWE 2000, 485) verlangen kann. Verursacht er bei der Notgeschäftsführung einen Schaden, so hat er diesen gem. § 280 BGB zu ersetzen. Der berechtigte Notgeschäftsführer, dem der Wohnungseigentümer gleichsteht, der ohne grobe Fahrlässigkeit eine unmittelbar drohende Gefahr irrtümlich annimmt, haftet aber in entsprechender Anwendung des § 680 BGB nur beschränkt für Vorsatz und grobe Fahrlässigkeit. Wird ein Wohnungseigentümer entgegen seiner Pflicht zum Eingreifen nicht tätig, so hat er gleichfalls den hierauf beruhenden Schaden aufgrund einer Pflichtverletzung durch Unterlassen zu ersetzen.

Müssen Ansprüche auf Aufwendungs- oder Schadensersatz gerichtlich durchgesetzt werden, so ist wegen des Sachzusammenhangs mit den Rechten und Pflichten aus dem Gemeinschaftsverhältnis allein das Wohnungseigentumsgericht zuständig. Dies gilt auch, wenn ein Wohnungseigentümer seine Freihaltungs- oder Ausgleichsansprüche gem. § 16 Abs. 2 WEG gegen seine Miteigentümer geltend macht.

▶ **Notverwalter**

Fehlt ein Verwalter, so kann der Richter auf Antrag eines Wohnungseigentümers oder eines Dritten, der ein berechtigtes Interesse hat, gem. § 26 Abs. 3 WEG in dringenden Fällen einen Notverwalter bestellen (BGH NJW 1993, 1924; BayObLG WuM 1989, 205f; KG NZM 2003, 808; OLG Frankfurt OLGZ 1993, 319; OLG Köln NZM 2003, 810). Diese Möglichkeit besteht neben dem Verfahren auf gerichtliche Bestellung eines Verwalters als Maßnahme ordnungsmäßiger Verwaltung (→ Bestellung des Verwalters).

1. Voraussetzungen

Die Bestellung eines Notverwalters durch den Richter setzt voraus, dass ein Verwalter fehlt; irrelevant ist der Grund des Fehlens und die Größe der Gemeinschaft, so dass auch einer von zwei Wohnungseigentümern die Bestellung eines Notverwalters beantragen kann (BayObLG DWE 1984, 59). Das Fehlen kann darauf beruhen, dass noch kein Verwalter bestellt worden war oder ein bestellter Verwalter seine Verwalterstellung verloren hat, sei es durch Ablauf der Bestellungsdauer oder Abberufung – auch wenn sie auf Verlangen eines Wohnungseigentümers durch gerichtliche Entscheidung gem. §§ 21 Abs. 4, 43 Abs. 1 Nr. 1 WEG erfolgt ist (BayObLG WuM 1989, 205 f; OLG Düsseldorf ZMR 1997, 96 f) –, durch Ungültigerklärung oder aufgrund Nichtigkeit des Bestellungsbeschlusses, durch → Niederlegung oder bei Beendigung des Verwaltervertrages, gleich aus welchem Grund.

Ist der Verwalter durch Krankheit, Urlaub oder Absenz nicht nur vorübergehend verhindert, seine Tätigkeit auszuüben, so handelt es sich nicht um ein Fehlen i.S. des § 26 Abs. 3 WEG. Gleiches gilt für die Weigerung, nicht nur in einer einzelnen Angelegenheit, sondern überhaupt nicht mehr als Verwalter tätig werden zu wollen oder in einer dringlichen Angelegenheit nicht tätig zu werden (Weitnauer/Hauger § 26 RN 23; a.A. BayObLG WE 1990, 27).

Im Verfahren über die Anfechtung des Bestellungs- oder des Abberufungsbeschlusses sowie im Verfahren auf Abberufung des Verwalters kann jeder Wohnungseigentümer die vorläufige Bestellung eines Notverwalters und die Suspendierung des amtierenden Verwalters durch einstweilige Anordnung anregen.

Ein dringender Fall i.S. von § 26 Abs. 3 WEG besteht, wenn ein dringendes sachliches Bedürfnis für die Bestellung des Notverwalters vorliegt (OLG Hamm WE 1993, 244 f), z.B. wenn durch die gerichtliche Bestellung ein Wohnungseigentümer oder ein Dritter vor Schaden bewahrt werden kann (BayObLG DWE 1984, 59).

Dringlichkeit setzt ferner voraus, dass die Eigentümerversammlung nicht selbst durch Bestellung eines Verwalters Abhilfe schaffen kann oder will; die bloße Zerstrittenheit der Eigentümer reicht nicht, wenn weder rechtlich noch tatsächlich Hindernisse für die Bestellung eines Verwalters vorhanden sind (OLG Köln NZM 2003, 810f).

2. Antrag

Die Notverwalterbestellung setzt zwingend einen verfahrenseinleitenden Antrag eines Wohnungseigentümers oder eines berechtigten Dritten voraus. Die Antragsbefugnis Dritter erfordert ein berechtigtes Interesse an der Verwalterbestellung, das z.B. darin liegen kann, dass sie als Gläubiger gegen die Wohnungseigentümer Ansprüche geltend machen und dem Verwalter gem. § 27 Abs. 2 Nr. 3 WEG eine Klage zustellen wollen (→ Zustellung, Zustellungsvollmacht). Als Dritte, die ein berechtigtes Interesse haben können, kommen z.B. Mieter, Pächter, Nießbraucher (LG München NJW-RR 1994, 1497f), Lieferanten, Auftragnehmer eines Werkvertrages oder ein früherer Verwalter (Seuss WE 1991, 3), wenn er z.B. Forderungen gegen die Wohnungseigentümer aus dem beendeten Verwaltervertrag geltend machen möchte, in Betracht.

Ein berechtigtes Interesse kann auch eine Verwaltungsbehörde haben, die den Wohnungseigentümern einen Verwaltungsakt oder eine sonstige öffentliche Anordnung, z.B. über Maßnahmen im Interesse der öffentlichen Sicherheit und Ordnung, gem. § 27 Abs. 2 Nr. 3 WEG zustellen will.

3. Gerichtliche Entscheidung

Wenn die Voraussetzungen des § 26 Abs. 3 WEG vorliegen, so hat der Richter einen Notverwalter zu bestellen, ohne dass ihm ein Ermessensspielraum zusteht; anders als im Verfahren auf Bestellung eines Verwalters gem. § 21 Abs. 4 WEG werden durch den gerichtlichen Beschluss nicht die Zustimmungen der Wohnungseigentümer zur Verwalterbestellung ersetzt (KG WuM 1990, 467f). Dagegen hat der Richter hinsichtlich der zu bestellenden Person ein Auswahlermessen, und zwar auch dann, wenn der Antragsteller die Bestellung einer namentlich bezeichneten Person beantragt hat (BayObLG WuM 1989, 205f; OLG Düsseldorf ZWE 2000, 366).

Neben der bloßen Bestellung des Notverwalters ist der Richter auch befugt, weitere Anordnungen zu treffen, z.B. den Notverwalter zur baldigen Einberufung einer Wohnungseigentümerversammlung mit dem Tagesordnungspunkt „Bestellung eines Verwalters durch Mehrheitsbeschluss" zu verpflichten (a.A. BayObLG WuM 1989, 205f) oder dem früheren Verwalter die →Herausgabe von Verwaltungsunterlagen aufzugeben (KG WuM 1990, 467f) oder gegen den früheren Verwalter ein Veräußerungsverbot nach §§ 135, 136 BGB auszusprechen, um weitere Verfügungen über gemeinschaftliche Gelder zu verhindern (BPM § 26 RN 239). Derartige zusätzliche Anordnungen können auch im Wege einer einstweiligen Anordnung gem. § 44 Abs. 3 WEG getroffen werden. Wird während des Verfahrens über die Anfechtung eines Verwalterbestellungsbeschlusses oder über die Abberufung des Verwalters gem. § 21 Abs. 4 WEG ein Notverwalter bestellt, so ist zur Klärung der Zuständigkeit eine einstweilige Anordnung zwingend zu erlassen (BGH ZfIR 1997, 284, 286).

Die Bestellung des Notverwalters wird erst mit der Bekanntgabe gegenüber der vom Gericht bestimmten Person gem. § 16 Abs. 1 FGG und der formellen Rechtskraft des Beschlusses gem. § 45 Abs. 2 S. 1 WEG wirksam (BayObLG ZMR 1997, 93f).

4. Rechtsstellung des Notverwalters

Der gerichtlich bestellte Notverwalter hat in jeder Hinsicht die gleiche Rechtsstellung, also auch die gleichen Aufgaben, Befugnisse und Pflichten, wie ein von den Wohnungseigentümern selbst bestellter Verwalter (BGH NJW 1993, 1924; BayObLG WuM 1989, 205f; OLG Hamm; NJW-RR 1993, 845f; BPM § 26 RN 241). Der Notverwalter kann daher wirksam alle Geschäfte vornehmen, die nach dem Gesetz dem Verwalter zugewiesen sind, nicht nur dringende und unaufschiebbare. Sofern nicht in der Teilungserklärung für den Verwalter allgemein oder in der gerichtlichen Bestellung etwas anderes verfügt ist, umfasst die Einsetzung eines gerichtlichen Notverwalters aber nicht automatisch die Ermächtigung zur Verfahrensvertretung der Eigentümer in einem laufenden Beschlussanfechtungsverfahren (KG ZWE 2001, 496).

Da eine Erweiterung der Aufgaben und Befugnisse des Verwalters in der Vereinbarung der Wohnungseigentümer nur dann im Verhältnis zwischen den Wohnungseigentümern und dem Verwalter gilt, wenn sie dies im Verwaltervertrag oder konkludent vereinbart haben, kann auch der Notverwalter über die gesetzliche Regelung hinausgehende Aufgaben und Befugnisse nur wahrnehmen, wenn der Richter dies im Beschluss anordnet. Das Gericht kann daher zwar die Aufgaben und Befugnisse des Notverwalters erweitern, aber nur in den Grenzen des § 27 Abs. 3 WEG einschränken, also z.B. nicht auf die Einberufung einer Versammlung zur Bestellung eines neuen Verwalters beschränken (Staudinger/Bub § 26 RN 503).

Der bestellte Notverwalter erlangt die Verwalterstellung, sobald er gegenüber dem Gericht, das ihn bestellt hat, entsprechend der Regelung in § 2202 Abs. 2 BGB für den Testamentsvollstrecker, die Annahme der Bestellung erklärt. Durch die Annahme kommt auch ein Verwaltervertrag zustande kommt (OLG Hamm NJW-RR 1993, 845 f). Er ist zur Annahme aber nicht verpflichtet.

5. Verlust der Verwalterstellung

Der Notverwalter verliert die Verwalterstellung kraft Gesetzes, wenn die Wohnungseigentümer einen neuen Verwalter bestellen und damit den Mangel beheben (BayObLG WuM 1989, 205 f; NJW-RR 1992, 787; KG WuM 1990, 467 f). Eine ausdrückliche gerichtliche Abberufung ist nicht erforderlich. Die gleiche Wirkung hat der nachträgliche Abschluss eines Verwaltervertrages mit dem Notverwalter aufgrund eines Beschlusses der Wohnungseigentümer, so dass dieser dann Verwalter und nicht mehr Notverwalter ist (BayObLG WuM 1989, 205 f; NJW-RR 1992, 787).

Dies gilt grds. auch dann, wenn der Bestellungsbeschluss angefochten und die Wirksamkeit des Beschlusses im Wege der einstweiligen Anordnung gem. § 44 Abs. 3 WEG ausgesetzt wird. Die Wohnungseigentümer sind aber nicht berechtigt, den für die Dauer eines gerichtlichen Verfahrens bestellten Notverwalter durch Mehrheitsbeschluss abberufen. Ein derartiger Beschluss ist als Eingriff in einen fortdauernden staatlichen Hoheitsakt nichtig (OLG Düsseldorf NZM 2002, 958). Eine Ablösung des Notverwalters können die Wohnungseigentümer also nur durch eine erneute gerichtliche Entscheidung über ein Abberufungsverlangen gem. § 21 Abs. 4 WEG oder durch Bestellung eines neuen Verwalters erreichen (BayObLG WuM 1989, 205f; OLG Frankfurt OLGZ 1993, 319). Die gerichtliche Bestellung nach § 21 Abs. 4 WEG lebt mit der Ungültigerklärung des Bestellungsbeschlusses der Wohnungseigentümer nicht wieder auf (BayObLG NJW-RR 1992, 787).

Die Höchstdauer der Bestellung in § 26 Abs. 1 S. 2 WEG gilt auch für den Notverwalter, so dass seine Amtszeit spätestens nach fünf Jahren endet (BayObLG WuM 1989, 205f; KG NZM 2003, 808), wenn nicht das Gericht die Amtszeit zulässigerweise auf eine kürzere Dauer befristet hat. Das Gericht kann auch die Verwalterbestellung durch die Eigentümer für einen bestimmten Zeitraum ausschließen, in konfliktträchtigen Wohnanlagen auch für zwei oder drei Jahre (KG NZM 2003, 808). Eine Abberufung durch das Gericht ist nur möglich, wenn ein Wohnungseigentümer die Abberufung des Notverwalters beantragt und diese einer ordnungsmäßigen Verwaltung entspricht (BayObLG WuM 1989, 205f; KG ZMR 1988, 347; OLG Frankfurt OLGZ 1993, 319); zugleich ist immer ein neuer Verwalter zu bestellen.

6. Vergütungsanspruch des Notverwalters

Ab dem Zeitpunkt der formellen Rechtskraft hat der Notverwalter, der die Bestellung angenommen hat, gegenüber den Wohnungseigentümern aufgrund Verwaltervertrages einen Vergütungsanspruch gem. §§ 675, 612 BGB (BGH NJW 1980, 2466, 2468; KG NJW 1994, 138; OLG Hamm NJW-RR 1993, 845f). Das Gericht kann diesen Zeitpunkt durch eine einstweilige Anordnung gem. § 44 Abs. 3 WEG, mit der es den Beschluss für sofort wirksam erklärt, vorverlegen (KG NJW 1994, 138).

Im Streitfall ist die Vergütung vom Gericht festzusetzen (BGH NJW 1980, 2466, 2468; KG NJW 1994, 138; Weitnauer/Hauger § 26 RN 23), was zusammen mit der richterlichen Bestellung des Notverwalters erfolgen kann (BGH NJW 1980, 2466, 2468; KG

NJW 1994, 138). Dies gilt auch dann, wenn der Verwalter nach einer – auch ansonsten unwirksamen – Vereinbarung der Wohnungseigentümer unentgeltlich tätig werden soll (OLG Frankfurt OLGZ 1993, 319). Enthält der gerichtliche Beschluss keine Regelung zur Vergütung, so steht dem Notverwalter die übliche Vergütung nach § 612 BGB zu (OLG Hamm NJW-RR 1993, 845 f), die der Höhe nach i.d.R. der mit dem bisherigen Verwalter vertraglich vereinbarten Vergütung entspricht (KG NJW 1994, 138).

Wenn der gerichtlich bestellte Notverwalter bereits vor Rechtskraft des Beschlusses für die Gemeinschaft tätig wird, so stehen ihm bis zur Rechtskraft lediglich Vergütungsansprüche nach den §§ 677 ff BGB aus Geschäftsführung ohne Auftrag zu (BGH NJW-RR 1989, 970; BayObLG NJW-RR 1992, 787; KG NJW 1994, 138 f; OLG Düsseldorf ZMR 1995, 216). Im Übrigen hängt der Aufwendungsersatzanspruch aufgrund einer berechtigten Geschäftsführung ohne Auftrag nach §§ 670, 677, 683 S. 1 BGB davon ab, ob die Übernahme des Geschäftes dem Interesse und dem wirklichen oder mutmaßlichen Willen der Wohnungseigentümer entspricht.

7. Kosten

Die Kosten einer gerichtlichen Notverwalterbestellung gehören gem. § 16 Abs. 5 WEG nicht zu den Kosten der Verwaltung, so dass gem. § 47 WEG über die Kosten des Verfahrens zu entscheiden ist. Wenn ein Dritter den Antrag auf Bestellung des Notverwalters gestellt hat, trifft ihn auch die Kostenlast. War ein Wohnungseigentümer Antragsteller, so sind gem. § 43 Abs. 4 Nr. 3 WEG alle Wohnungseigentümer formell am Verfahren beteiligt, so dass sie auch gesamtschuldnerisch die Kostenlast trifft, unabhängig davon, ob sie mit dem Antrag nach § 21 Abs. 3 WEG einverstanden waren oder nicht.

▶ Nutzungen des gemeinschaftlichen Eigentums

Jeder Wohnungseigentümer hat gem. § 16 Abs. 1 BGB gegen die anderen Wohnungseigentümer Anspruch auf Beteiligung an den gezogenen Früchten des gemeinschaftlichen Eigentums, der sich auf die Beschlussfassung über die Abrechnung, in die die

Früchte einzustellen sind, und auf Auskehrung eines sich aus der genehmigten Abrechnung ergebenden Guthabens richtet.

1. Begriff

Unter Nutzungen des gemeinschaftlichen Eigentums sind ausschließlich dessen Sach- und Rechtsfrüchte i.S.d. § 99 BGB, nicht aber die Gebrauchsvorteile i.S.d. § 100 BGB (z.b. gemeinsame Nutzung des Gartens) zu verstehen, da letztere in den §§ 13 Abs. 2, 15 WEG geregelt sind (Palandt/Bassenge § 16 RN 11) und es an ihnen keine Bruchteile geben kann.

Früchte des gemeinschaftlichen Eigentums sind z.B.

- die Erzeugnisse der unbebauten Grundstücksflächen z.B. des Gartens (Früchte, Blumen),
- Einkünfte aus der Vermietung und Verpachtung von Gegenständen des gemeinschaftlichen Eigentums, z.B. von Kfz-Stellplätzen im Freien, oder von Räumen, z.B. einer →Hausmeisterwohnung, die nicht für den Hausmeister benötigt wird (BayObLG WE 1989, 146) oder von gemeinschaftlichen Garagen (OLG Düsseldorf ZMR 1996, 96f) oder auch von Teilen der Fassade zu Werbezwecken (OLG München ZMR 1972, 210, 213),
- Entgelte für die Benutzung gemeinschaftlichen Eigentums, z.B. Schwimmbad oder Sauna (OLG Hamm OLGZ 1975, 157) oder dem Verkauf von Waschmünzen (BayObLG WE 1991, 363),
- Zinsen aus Bankguthaben (OLG Düsseldorf WE 1991, 331) oder Dividenden.

2. Einziehung

Die Einziehung der Nutzungen ist eine Maßnahme ordnungsmäßiger Verwaltung. Da sich der Anspruch auf Einziehung der Früchte wegen des gemeinschaftlichen Verwendungszwecks auf eine im Rechtssinn unteilbare Leistung richtet, ist der einzelne Wohnungseigentümer nicht berechtigt, den ihm im Innenverhältnis gebührenden Anteil selbst einzuziehen (BGH NJW 1992, 183). Hieraus folgt, dass Ansprüche gegen Dritte, z.B. auf Zahlung von Mietzins, von einzelnen Wohnungseigentümer nicht abgetreten oder verpfändet, Dritte solche Ansprüche nicht pfänden können (Staudinger/Bub § 16 RN 79).

3. Verteilung

Die Verteilung der Nutzungen richtet sich, soweit die Wohnungseigentümer keine hiervon abweichende Regelung vereinbart haben, gem. §§ 13 Abs. 2 S. 2, 16 Abs. 1 WEG nach dem gesetzlichen →Kostenverteilungsschlüssel, nämlich den im Grundbuch eingetragenen Miteigentumsanteilen. Ist eine reale Teilung nicht möglich, z.B. bei einer Obsternte, wird der Verwertungserlös geteilt. Wohnungseigentümer, die einer Maßnahme, die über die ordnungsmäßige Instandhaltung und Instandsetzung hinausgehen, oder einer baulichen Veränderung nicht zuzustimmen brauchen und auch nicht zugestimmt haben, sowie ihre Sonder- und Gesamtrechtsnachfolger, sind gem. § 16 Abs. 3 WEG nicht berechtigt, einen Anteil an den Nutzungen, die aus einer solchen Maßnahme herrühren, zu beanspruchen (BayObLG NJW 1981, 690f; OLG Frankfurt OLGZ 1981, 313). Zu denken ist an den nachträglichen Einbau eines Liftes oder eine Schwimmbades in einem Gebäude einer Mehrhauswohnanlage (→Befreiung von Kosten).

Die Verteilung der Früchte erfolgt durch Mehrheitsbeschluss der Wohnungseigentümer über die Gesamt- und Einzelabrechnung, in welche die Früchte als Rechnungsposten einzustellen sind. Zur Verteilung kommt nur der Reinertrag, der nach Abzug der Lasten und Kosten verbleibt, da die Früchte nach den Grundsätzen ordnungsmäßiger Verwaltung vorab zur Deckung der Kosten zu verwenden sind. Ergibt sich aus der genehmigten Einzelabrechnung ein Guthaben des einzelnen Wohnungseigentümers, weil die Lasten und Kosten anderweitig, z.B. durch Beitragsvorschüsse gedeckt sind, so kann über die Ansprüche auf Auskehrung von Guthaben, die mit dem Genehmigungsbeschluss entstanden sind, nicht durch Mehrheitsbeschluss anderweitig verfügt werden.

4. Gerichtliche Geltendmachung

Jeder Wohnungseigentümer kann seinen Anspruch auf Beteiligung an den Früchten gerichtlich durchsetzen. Dabei richtet sich der Anspruch auf Aufstellung der Gesamt- und Einzelabrechnung, in der die Verteilung der Früchte erfolgt, gegen den Verwalter, der Anspruch auf deren Genehmigung gegen die übrigen Wohnungseigentümer. Gegen sämtliche Wohnungseigentümer richtet sich auch der Anspruch auf Auszahlung eines Abrechnungsguthabens; ausnahmsweise kann insoweit auch der die Auszahlung verweigernde Verwalter in Anspruch genommen werden, wenn die Zahlung aus gemeinschaftlichen Geldern geleistet werden kann und der Verwalter an der Zahlung nicht durch Beschlüsse der Wohnungseigentümer gehindert ist.

▶ **Nutzung, gewerbliche** → Geschäftsraum, Gewerberaum

▶ **Nutzungsentgelte**

Die Wohnungseigentümer können die Erhebung von Nutzungsentgelten für einzelne gemeinschaftliche Anlagen und Einrichtungen, etwa für die Benutzung von →Waschmaschine, Trockenmaschine und Bügler (BayObLG NJW 1975, 2296f), eines im gemeinschaftlichen Eigentum stehenden →Schwimmbades oder einer Sauna (OLG Düsseldorf NZM 2003, 978) vereinbaren, nicht aber durch einen gebrauchsregelnden Mehrheitsbeschluss gem. §15 Abs.2 WEG einführen, da §16 Abs.2 WEG die Kosten des Gebrauchs des gemeinschaftlichen Eigentums regelt und nach §10 Abs.1 S.2 WEG hiervon grds. nur durch Vereinbarung abgewichen werden kann (→Vereinbarungsändernder, vereinbarungsersetzender, vereinbarungswidriger Mehrheitsbeschluss). Ein Mehrheitsbeschluss über die Einführung von Nutzungsentgelten ist deshalb nichtig.

Wird ein Nutzungsentgelt erhoben, so ist dieses für die Kosten der betreffenden Einrichtung zu verwenden; eine Unterdeckung wird nach dem für die Kosten des Gebrauchs des gemeinschaftlichen Eigentums anwendbaren Schlüssel verteilt (Amann NJW 1976, 1321), ein Überschuss dient zweckgebunden der künftigen Reparatur und Ersatzbeschaffung (→Erneuerung, Ersatzbeschaffung) und ist hierfür im Zweifel zurückzustellen (BayObLG NJW 1975, 2296).

O

▶ **Oberdeck eines Garagengebäudes** → Garagen, Sammel- und Tiefgaragen

▶ **Öffentlich-rechtliche Pflichten**

Die Wohnungseigentümer haben bei allen Entscheidungen die ihnen aufgrund öffentlichen Rechts obliegenden Pflichten zu beachten. Beschlüsse zur Erfüllung öffentlich-rechtlicher Pflichten oder von baupolizeilichen Maßnahmen (OLG Düsseldorf MDR 1983, 320) sind deshalb stets ordnungsgemäß. Demgegenüber widersprechen Maßnahmen, die gegen öffentlich-rechtliche Vorschriften verstoßen, stets den Grundsätzen ordnungsmäßiger Verwaltung (BayObLG WE 1988, 143; OLG Celle DWE 1989, 90).

Werden durch zwingendes Recht neue Anforderungen begründet, haben die Wohnungseigentümer als Maßnahme ordnungsmäßiger Instandhaltung und Instandsetzung die erforderlichen Schritte einzuleiten (BGH NJW 2002, 3629, 3632; BayObLG NZM 1998, 817; OLG Hamm ZWE 2002, 600, 602). Gleiches gilt, wenn die Baubehörde die Beseitigung eines Mangels verlangt (BayObLG ZMR 1985, 82). Beispiele hierfür sind

• der Einbau von selbstschließenden Sicherheitstüren in die Aufzugskabinen nach Änderung der AufzugsV (LG München I Betrieb 1977, 2231; VGH Mannheim NJW 1974, 74) oder die Beauftragung eines Serviceunternehmens (LG Berlin ZMR 1986, 89) oder die Anstellung eines jederzeit erreichbaren Aufzugswärters zur Vermeidung der Stilllegung (OLG Hamm NJW-RR 1986, 16); im Übrigen sind i.d.R. die Vorschriften der AufzugsV (BGBl 1980 I, S 205 und BGBl 1988 I, S 1685) immer schon dann zu beachten, wenn einzelne Wohnungseigentümer Wohnungen vermieten oder Räume in anderer Weise gewerblich oder wirtschaftlich genutzt werden;

• Maßnahmen zur Herabsetzung der im Abgas von Feuerungsanlagen enthaltenen Emissionen an Staub und Kohlenmonoxyd

unter die zulässigen Höchstwerte nach Maßgabe der KleinfeuerungsanlagenV);
• Verbesserungen von Zentralheizungsanlagen aufgrund der EnEV (BGBl 2001 I S. 3085) wie die Erstellung von Wärmebedarfsrechnungen und die Wärmedämmung von Wärmeerzeugern, Rohrleitungen oder Brauchwasseranlagen;
• die Auswahl und Anbringung der Ausstattungen, die für die Erfassung des anteiligen Verbrauchs der Nutzer an Wärme und Warmwasser erforderlich sind, § 3 S 2 i.V.m. §§ 4 und 5 HeizkVO (BayObLG ZMR 1988, 349; KG GE 1989, 779, 781; → Heizkosten- und Warmwasserzähler);
• die nach dem EichG erforderliche → Eichung von (Zwischen-) Zählern des Energie- oder Wasserverbrauchs, da dessen Verrechnung geschäftlicher Verkehr i.S. des EichG ist (BayObLG WE 1991, 261);
• der Einbau von → Kaltwasserzählern, soweit dieser durch die Landesbauordnungen generell (§ 83 Abs. 3 Hamburgische BauO) oder für den Fall von wesentlichen Änderungen vorgeschrieben ist;
• die Erweiterung oder Umgestaltung eines → Müllcontainerplatzes, um weitere Müllcontainer für eine vorgeschriebene Mülltrennung aufstellen zu können;
• das erstmalige Anlegen eines → Kinderspielplatzes, wenn dies öffentlich-rechtlich vorgeschrieben ist;
• das erstmalige Anlegen von Kfz-Stellplätzen aufgrund baubehördlicher Auflagen (→ Parkplatz, Kraftfahrzeugstellplätze);
• der nachträgliche Einbau von Entlüftungsrohren über Dach aufgrund baubehördlicher Auflage (BayObLG WE 1986, 74).

Ein Wohnungseigentümer kann verlangen, dass ein anderer Wohnungseigentümer bei der Nutzung seines Wohnungseigentums öffentlich-rechtliche Vorschriften, insbesondere solche des Baurechts einhält, falls es sich um drittschützende Normen handelt (BayObLG ZWE 2000, 525).

▶ Öffnungsklausel

Durch Mehrheitsbeschluss der Wohnungseigentümer können grds. nur solche Angelegenheiten geregelt werden, für die nach dem WEG ein Mehrheitsbeschluss ausreichend ist oder über die nach einer Vereinbarung der Wohnungseigentümer, die auch bereits in der Teilungserklärung als Inhalt des Sondereigentums enthalten sein kann, entschieden werden darf, sog. Öffnungsklausel (→ Vereinbarungsändernder, vereinbarungsersetzender, vereinbarungswidriger Mehrheitsbeschluss). Derartige Öffnungsklauseln können in der Gemeinschaftsordnung ausdrücklich vorgesehen sein, indem bestimmte Angelegenheiten, die sonst nur durch Vereinbarung geregelt werden dürfen, einem (meist qualifizierten) Mehrheitsbeschluss zugänglich gemacht werden (BGHZ 95, 137, 140), oder aber sich bei hinreichender Bestimmtheit auch durch Auslegung der Gemeinschaftsordnung ergeben (BayObLG NJW-RR 1990, 209; KG NZM 2001, 959 f). Trotz der Öffnungsklausel bleibt aus Gründen der Rechtssicherheit ein gerichtlicher Antrag der Wohnungseigentümer, den nicht zustimmenden Wohnungseigentümer zur Abgabe der erforderlichen Änderungserklärung zu verpflichten, zulässig (BayObLG NZM 2001, 671).

Enthält eine Gemeinschaftsordnung eine Klausel, wonach sich ein ausbauberechtigter Wohnungseigentümer an den allgemeinen Bewirtschaftskosten ab Baubeginn mit 50 % seiner Miteigentumsanteile und ab Bezugsfertigkeit der Wohnungen mit 100 % zu beteiligen hat, sollen die Wohnungseigentümer durch Beschluss den Zeitpunkt des Baubeginns feststellen und den Wohnungseigentümer ab diesem Zeitpunkt mit den erhöhten Kosten belasten können, obwohl der Beschluss eine generelle Änderung des Kostenverteilungsschlüssels für die Zukunft enthält (KG NZM 2001, 959, 960). Es soll sich nämlich um eine „verdeckte" Öffnungsklausel handeln, die es den Wohnungseigentümern gestattet, den maßgeblichen Zeitpunkt durch Mehrheitsbeschluss festzulegen. Tatsächlich handelt es sich aber nicht um die Ausfüllung einer Öffnungsklausel, sondern um die Auslegung der Teilungserklärung, was nicht durch Mehrheitsbeschluss möglich ist. Anders verhält es sich bei einer in der Gemeinschaftsordnung enthaltenen Klausel, nach der ein Wohnungseigentümer die Kosten, die durch einen das gewöhnliche Maß übersteigenden Gebrauch entstehen, allein zu tragen hat; ändern die Wohnungseigentümer unter Bezugnahme auf diese Klausel den Kostenverteilungsschlüssel durch Mehrheitsbeschluss, kann dieser aufgrund fehlerhafter Ausfüllung der Öffnungsklausel u. U. anfechtbar, nicht aber nichtig sein (Wenzel NZM 2000, 257, 261 z. BGHZ 127, 99, 105).

Die Wohnungseigentümer dürfen von der Öffnungsklausel zur Änderung der Gemeinschaftsordnung nur Gebrauch machen, wenn ein sachlicher Grund vorliegt und einzelne Wohnungseigentümer gegenüber dem früheren Rechtszustand nicht unbillig benachteiligt werden (BGHZ 113, 117; BayObLG NZM 2001, 671; OLG Zweibrücken ZWE 2000, 46; Wenzel NZM 2003, 217, 221; → Gemeinschaftsordnung; → Kostenverteilungsschlüssel). Durch eine Öffnungsklausel legitimierte Beschlüsse können nach h. M., auch wenn sie die Wirkung einer Vereinbarung haben, nicht in das Grundbuch eingetragen werden (→ Eintragung von Beschlüssen in das Grundbuch).

▶ Ordnungsmäßige Verwaltung

Soweit die Verwaltung des gemeinschaftlichen Eigentums nicht durch Vereinbarung der Wohnungseigentümer, insbesondere die → Gemeinschaftsordnung geregelt ist, beschließen die Wohnungseigentümer mehrheitlich über eine der Beschaffenheit des gemeinschaftlichen Eigentums entsprechende ordnungsgemäße Verwaltung, § 21 Abs. 3 WEG. Entspricht ein Mehrheitsbeschluss nicht den Grundsätzen ordnungsmäßiger Verwaltung i.S. von § 21 Abs. 3 WEG – einem wesentlichen Prüfungsmaßstab für Verwaltungshandlungen (BGH NZM 2003, 946, 950) und im Beschlussanfechtungsverfahren –, ist er auf Antrag eines Wohnungseigentümers gem. § 23 Abs. 4 WEG für ungültig zu erklären (→ Anfechtbarkeit und Anfechtung eines Beschlusses).

1. Begriff

Ordnungsmäßige Verwaltung ist die Gesamtheit der Maßnahmen, die objektiv, vernünftig und wirtschaftlich denkende Wohnungseigentümer ergreifen würden, um die Tauglichkeit der jeweiligen Wohnungseigentumsanlage zum vertragsmäßigen Gebrauchszweck und den Wert zu erhalten, ggf. auch durch Anpassung an einen zeitgemäßen Standard (Bub PiG 41, 163, 177), und um ein geordnetes und friedliches Zusammenleben zu gewährleisten (BayObLGZ 1975, 201; LG Mannheim ZMR 1979, 319).

Nach § 21 Abs. 3 WEG bemisst sich die Ordnungsmäßigkeit an der Beschaffenheit des gemeinschaftlichen Eigentums. Zur ordnungsmäßigen Verwaltung zählen somit alle Maßnahmen, die auf die Erhaltung, Verbesserung und zweckbestimmungsmäßige Nutzung des gemeinschaftlichen Eigentums gerichtet sind (OLG Hamm NJW-RR 1992, 403; BPM § 21 RN 63), nicht aber Luxusaufwendungen, die dem Charakter der Wohnanlage nicht entsprechen (MünchKomm/Röll § 21 RN 5).

Maßnahmen, die wesentliche Veränderungen des gemeinschaftlichen Eigentums i.S. von § 745 Abs. 3 BGB mit sich bringen, wie z.B. grds. der Hinzuerwerb eines Grundstücks (BayObLGZ 1973, 30, 34), oder die das gemeinschaftliche Eigentum mehr als geringfügig beeinträchtigen (BayObLG Rpfleger 1979, 446; KG WEM 1984, Heft 6, 27), entsprechen der Beschaffenheit des gemeinschaftlichen Eigentums nicht mehr. Dasselbe gilt für Maßnahmen, die die Zweckbestimmung des gemeinschaftlichen Eigentums ändern, z.B. die Umwandlung von Grünflächen in Kfz-Abstellplätze (→ Parkplatz, Kraftfahrzeugstellplätze), die Überlassung eines allen Wohnungseigentümern zur Verfügung stehenden Fahrradabstellraumes an einen einzigen Wohnungseigentümer als Hauskeller (BayObLGZ 1961, 322, 330) oder die Ausweisung eines Hofes als Arbeitsraum (LG Bremen DWE 1995, 168 [L]).

Nach § 21 Abs. 4 WEG ist ordnungsmäßig weiter eine Verwaltungsmaßnahme, die dem gemeinschaftlichen Interesse aller Wohnungseigentümer dient. Maßstab ist der Standpunkt eines objektiv, vernünftig und wirtschaftlich denkenden Wohnungseigentümers (BayObLG NZM 2003, 204 f) zu ermitteln. Verbleibt die Wahl zwischen mehreren ordnungsmäßiger Verwaltung entsprechenden Maßnahmen, so besteht ein weiter Ermessensspielraum (BayObLG NZM 2003, 204 f; OLG Düsseldorf NZM 1999, 766), innerhalb dessen die Wohnungseigentümer nach Zweckmäßigkeits- und Nützlichkeitskriterien entscheiden können. In Anbetracht der Privatautonomie der Wohnungseigentümer darf dieser Spielraum nicht weiter als notwendig eingeengt werden (Bub PiG 41, 163, 178), so dass der Wohnungseigentumsrichter nicht zu einer Korrektur berechtigt ist, z.B. weil er eine andere Entscheidung für zweckmäßiger oder vernünftiger hält (OLG Hamm ZMR 1989, 269). Im Vordergrund steht stets das Gemeinschaftsinteresse, also die Nützlichkeit der Maßnahme für die Gemeinschaft (BayObLGZ 1975, 201, 208), nicht das Sonderinteresse Dritter, etwa des Verwalters (BayObLG NZM 2003, 204f). Die Wohnungseigentümer haben bei ihren Entscheidungen den → Gleichbehandlungsgrundsatz zu beachten.

Hält sich ein Mehrheitsbeschluss in diesem Rahmen, so ist eine Minderheit, die für eine andere, gleichfalls nützliche oder zweckmäßige Maßnahme oder für eine andere Priorität votiert hat, an ihn gebunden.

2. Grundsätze ordnungsmäßiger Verwaltung

Der Entscheidungsspielraum der Wohnungseigentümer wird maßgeblich von den von Rechtsprechung, Lehre und Praxis entwickelten Grundsätzen ordnungsmäßiger Verwaltung bestimmt:

- Nach den Grundsätzen der ordnungsmäßigen *kaufmännischen* Verwaltung ist bei Verwaltungsentscheidungen, die auf den Abschluss von Verträgen mit Dritten gerichtet sind, z.B. der Anschaffung einer Schneeräummaschine (→ Räum- und Streupflicht), der Grundsatz der kostenbewussten und sparsamen Wirtschaftsführung zu beachten (Bub PiG 48, 11, 18).
- Dauerschuldverhältnisse, insbesondere Versicherungsverträge (→ Versicherung), sind in regelmäßigen Abständen auf die Angemessenheit der Bedingungen zu überprüfen; ggf. entspricht es einer kostenbewussten und sparsamen Wirtschaftsführung, einen Vertrag zu kündigen und an dessen Stelle einen neuen abzuschließen oder dies zu unterlassen und die versicherten Risiken selbst zu tragen (Bub PiG 48, 11, 18).
- Bei sonstigen Verwaltungsentscheidungen, z.B. über die Nachtabsenkung (→ Heizungsbetrieb) oder den Sommerbetrieb der Heizung, darf der Anspruch auf einen üblichen Wohnkomfort nicht aus Sparsamkeitsgründen beschränkt werden.
- Bei der Beschlussfassung über die Durchführung einzelner Maßnahmen, insbesondere → Sanierungsmaßnahmen ist stets der haushaltsrechtliche Grundsatz der → Deckung von Ausgaben und

Einnahmen zu beachten, weshalb über die Finanzierung stets mitzuentscheiden ist (BayObLG NZM 1999, 767).

Nach den Grundsätzen der ordnungsmäßigen *technischen* Verwaltung sind bei allen Entscheidungen ferner stets die den Wohnungseigentümern obliegenden →öffentlich-rechtlichen Pflichten zu beachten (BayObLG WE 1988, 200). Die Ausführung technischer Maßnahmen hat sich grds. nach den zu diesem Zeitpunkt maßgeblichen allgemein anerkannten Regeln der Bautechnik (→ Bautechnik, Regeln) zu richten, die allerdings mit dem Grundsatz der kostenbewussten, sparsamen Wirtschaftsführung kollidieren können (→ Sanierungsmaßnahmen).

3. Maßnahmen ordnungsmäßiger Verwaltung

§ 21 Abs. 5 WEG nennt als Maßnahmen ordnungsmäßiger Verwaltung beispielhaft:
- die Aufstellung einer →Hausordnung (Nr. 1),
- die ordnungsmäßige →Instandhaltung und Instandsetzung des gemeinschaftlichen Eigentums (Nr. 2),
- die Feuerversicherung des gemeinschaftlichen Eigentums zum Neuwert sowie die angemessene Versicherung gegen Haus- und Grundbesitzerhaftpflicht (Nr. 3; →Versicherungen),
- die Ansammlung einer angemessenen →Instandhaltungsrückstellung (Nr. 4),
- die Aufstellung eines →Wirtschaftsplanes gem. § 28 WEG (Nr. 5),
- die Duldung aller Maßnahmen, die zur Herstellung einer Fernsprechteilnehmereinrichtung, einer Rundfunkempfangsanlage oder eines Energieversorgungsanschlusses zugunsten eines Wohnungseigentümers erforderlich sind (Nr. 6; →Duldungspflicht).

Aus dem Wort „insbesondere" folgt, dass die Aufzählung von Maßnahmen in den Nrn. 1 bis 6 nicht abschließend ist (BayObLG ZMR 1974, 59). Zur ordnungsmäßigen Verwaltung zählen:
- Maßnahmen rechtlicher Art, z.B. der Abschluss, die Durchführung und die Beendigung von Verträgen (→Vertragswesen), der Abschluss weiterer Versicherungen über die in § 21 Abs. 5 Nr. 3 WEG genannten hinaus (→Versicherungen), oder die gerichtliche →Geltendmachung gemeinschaftlicher Ansprüche der Wohnungs-

Ordnungsmäßige Verwaltung

eigentümergemeinschaft gegen andere Wohnungseigentümer, Dritte, z.B. den Bauträger oder gegen den Verwalter,
- Maßnahmen wirtschaftlicher Art, z.B. die Einsparung von Kosten durch Regelungen über den Betrieb der Heizungsanlage (→ Heizungsbetrieb) oder die Finanzierung der Verwaltungsschulden durch → Beiträge, → Sonderumlagen oder → Kredite
- Maßnahmen tatsächlicher Art, die z.B. den ungehinderten → Gebrauch des gemeinschaftlichen Eigentums sichern sollen oder die übliche Gartenpflege (→ Garten, Rasenflächen) oder die Erfüllung von → Verkehrssicherungspflichten betreffen.

P/Q

- **Parabolantenne** → Antenne, Parabolantenne
- **Pärchentreff** → Swinger-Club
- **Parkplatz, Kraftfahrzeugstellplätze**

1. Eigentum

Kraftfahrzeugstellplätze im Freien können nicht Gegenstand von Sondereigentum sein, das nur an einem Raum begründet werden kann (BayObLG ZMR 1987, 310; OLG Hamm Rpfleger 1987, 304; OLG Karlsruhe DNotZ 1973, 265). Sie gehören zwingend zum gemeinschaftlichen Eigentum. Stellplätze können auch dadurch geschaffen werden, dass die Benutzung von Pkw-Stellplätzen auf einem Nachbargrundstück durch eine Grunddienstbarkeit zugunsten aller jeweiligen Wohnungseigentümer als Gesamtberechtigte sichergestellt wird (OLG Stuttgart WE 1990, 131). Wurden Stellplätze im Freien als Sondereigentum ausgewiesen und wurde dies auch im Grundbuch vollzogen, so kann das Sondereigentum u. U. in ein Sondernutzungsrecht umgedeutet werden (LG Regensburg MittBayNot 1990, 43).

2. Instandhaltung und Instandsetzung/bauliche Veränderung

Das erstmalige Anlegen von Kfz-Stellplätzen ist eine Maßnahme ordnungsmäßiger Verwaltung, wenn sie zur Erfüllung behördlicher Auflagen (OLG Karlsruhe MDR 1978, 495; BayObLG ZMR 1983, 419) oder zur Herstellung eines dem Aufteilungsplan entsprechenden Zustandes (BayObLG NZM 2002, 879) erfolgt. Die Umwandlung einer im gemeinschaftlichen Eigentum stehenden Rasenfläche in einen oder mehrere Kfz-Stellplätze ist hingegen eine bauliche Veränderung (BayObLG WE 1991, 290; OLG Zweibrücken NJW-RR 1986, 562). Die Zusammenlegung eines vorhandenen Parkplatzes mit dem Zufahrtsweg zu einem neuen Parkplatz mit dem Ziel, zusätzliche Stellplätze zu schaffen, stellt lediglich eine Änderung der Parkordnung i.S. einer Gebrauchsregelung dar, die mit Mehrheit beschlossen werden kann (OLG Köln OLGZ 1978, 287, 289). Gleiches gilt für die farbliche Einzeichnung abgegrenzter Parkflächen auf einer bereits als Parkplatz genutzten Hoffläche (BayObLG NJW-RR 1987, 1490; OLG Karlsruhe MDR 1978, 495) oder die Neueinteilung vorhandener Kfz-Abstellplätze (OLG Köln OLGZ 1978, 287).

Die Installation von Parkabsperrbügeln („Parkwächter") ist eine bauliche Veränderung, die zu nachteiligen Beeinträchtigungen für die übrigen Wohnungseigentümer führen kann, wenn nur diejenigen Wohnungseigentümer, die die Kosten für diese Maßnahme getragen haben, die Plätze nutzen können und die Zahl der Parkplätze nicht für alle Wohnungseigentümer ausreicht (OLG Schleswig ZfIR 1997, 100; OLG Frankfurt OLGZ 1991, 437, 439), nicht aber wenn sie schon in den ursprünglichen Bauplänen vorgesehen waren (BayObLG NZM 1999, 29).

3. Nutzungsregelung

Das Parken auf einer Grünfläche widerspricht der Zweckbestimmung, wenn die Vereinbarung (Teilungserklärung, Gemeinschaftsordnung, Hausordnung) dies nicht ausdrücklich zulässt (KG WEZ 1988, 444). Besteht eine solche gestattende Regelung nicht, ist der Verwalter verpflichtet, erforderlichenfalls Verbotsschilder aufzustellen (BayObLG DWE 1982, 64). Ein Wohnungseigentümer darf nicht einen Teil des unbebauten Grundstücks zum ständigen Abstellen eines Kfz oder Wohnmobils benutzen (BayObLG DWE 1984, 57), es sei denn, ihm ist ein dahin gehendes Sondernutzungsrecht eingeräumt worden. Auch dem Verwalter darf nicht eine Fläche auf dem gemeinschaftlichen Grundstück als Parkplatz zur Verfügung gestellt werden, wenn dadurch die Zufahrt zur Garage eines Wohnungseigentümers beeinträchtigt wird (BayObLG WE 1987, 26). Das dauerhafte Blockieren von Kfz-Abstellplätzen durch Abstellen von Wohnmobilen oder Booten kann in einer Benutzungsordnung untersagt werden (BayObLG DWE 1984, 92; 1985, 58).

Eine ausdrückliche Nutzungsregelung für die zum Abstellen von Kraftfahrzeugen vorgesehenen Flächen ist nur erforderlich, wenn die Wohnungseigentümer konkret beeinträchtigt werden (KG ZMR 1986, 189), aber stets zulässig (BayObLG DWE 1982, 66; OLG Köln OLGZ 1978, 287 z. Schaffung eines weiteren Parkplatzes auf der Zufahrt zu einem vorhandenen Parkplatz; hierzu a.A. OLG Zweibrücken OLGZ 1985, 418, 420). Außerhalb der zum Parken vorgesehenen Flächen kann nach den Umständen des Einzelfalls das Abstellen für Notfälle oder zum kurzfristigen Be- und Entladen gestattet (vgl. BayObLG DWE 1982, 66 z. unzulässigen Bepflanzung oder Umzäunung solcher Notabstellplätze) und im übrigen, insbesondere auf den Verkehrs-, Feuerwehranfahrts- und Garagenzufahrtsflächen verboten werden (BayObLG DWE 1982, 66; z. Verbot des Parkens vor Garagen → Garagen, Sammel- und Tiefgaragen); dieses Verbot kann durch Beschilderungen kenntlich gemacht werden (BayObLG MDR 1991, 937).

Zulässig ist ein Parkverbot für Klein-Lkw und Wohnwagen, wenn in der Anlage nur Wohnungen vorhanden sind und die Gewerbeausübung untersagt ist (OLG Hamburg WE 1992, 115). Die einzelnen Reihenhäusern vorgelagerten Teilflächen können den betreffenden Wohnungseigentümern als Kfz-Abstellplatz durch Mehrheitsbeschluss zugewiesen werden (OLG Hamburg ZMR 1993, 425 für den Fall, dass die vorhandenen Parkmöglichkeiten nicht ausreichen und das Parken Dritte nicht behindert). Zulässig ist auch ein Beschluss, dass ein der Gemeinschaft gehörender Kfz-Stellplatz, an dem kein Sondernutzungsrecht bestellt ist, am Abend vor und am Tag der Müllentleerung für das Aufstellen von Müllcontainern freizuhalten ist (OLG Hamm ZWE 2000, 370).

Deckt die Zahl der Abstellplätze nicht den Bedarf, so dürfen diese nicht unbefristet vermietet (KG OLGZ 1990, 416) oder versteigert (BayObLG NJW-RR 1993, 205) werden, sondern sind im Losverfahren (BayObLG NJW-RR 1993, 205; KG OLG NJW-RR 1994, 912 z. Losverfahren durch richterliche Anordnung) oder durch ein anderes, gerechteres Verfahren zu vergeben (KG WuM 1996, 293 f z. einem Punktesystem, das die Wohnungseigentümer an Stelle des gerichtlich angeordneten Losverfahrens beschlossen hatten). Die Vergabe von Punkten lediglich an Wohnungseigentümer mit Wohnsitz in der Wohnanlage, die keine Garage haben, aber motorisiert sind, verstößt allerdings gegen die Grundsätze ordnungsmäßiger Verwaltung. Die Stellplätze sind zeitlich befristet bis zu einer Höchstdauer von zwei Jahren (KG WuM 1996, 293 f) und abwechselnd zu vergeben.

Die Änderung einer seit längerer Zeit praktizierten Benutzungsregelung der Kfz-Stellflächen ohne sachlichen Grund widerspricht den Grundsätzen ordnungsmäßiger Verwaltung und ist anfechtbar (OLG Düsseldorf WE 1997, 145 f).

4. Sondernutzungsrecht

Stellplätze können Gegenstand von Sondernutzungsrechten sein (BayObLG NZM 2002, 259; OLG Hamm ZfIR 1997, 290). Besteht an einem Stellplatz ein Sondernutzungsrecht, ist die Zustimmung der übrigen Wohnungseigentümer zu dessen Absperrung entbehrlich (OLG Schleswig ZfIR 1997, 100). Auch können die übrigen Wohnungseigentümer nicht das Abstellen von Wohnmobilen normaler Größe auf der Fläche untersagen (KG ZMR 2000, 192; a.A. BayObLG WE 1992, 348). Der Inhaber eines Sondernutzungsrechtes ist aber nicht berechtigt, zur Sicherung seines Abstellplatzes einen Eisenpfahl zu installieren, der die Zufahrt zu einem angrenzenden Stellplatz behindert (BayObLG v. 4.10. 1984, 2 ZBR 115, 83: im konkreten Fall durch Fahren einer S-Kurve in einen nur 2,91 m breiten Stellplatz). Die Anbringung von Absperrpfählen ist auch unzulässig, wenn dadurch auf dem daneben liegenden Stellplatz das Aussteigen aus einem größeren Wagen nahezu unmöglich wird und der Sondernutzungsberechtigte kein anderes berechtigtes Interesse hat, wie z.B. Abwehr unberechtigten Parkens anderer, weil ausreichend Parkflächen vorhanden sind (BayObLG DWE 1982, 133 f).

Schreibt die Baugenehmigung Besucherparkplätze vor, ist ein Wohnungseigentümer, dem → Sondernutzungsrechte an Kfz-Stellplätzen zustehen, die aufgrund der tatsächlichen Gegebenheit allein hierfür in Betracht kommen, nach Treu und Glauben verpflichtet, die Stellplätze den Wohnungseigentümern gegen Zahlung eines angemessenen Ausgleichs, ausgehend vom Verkehrswert der Stellplätze zu überlassen (BayObLG NZM 2002, 259).

Parteifähigkeit der Wohnungseigentümergemeinschaft
→ Rechts- und Parteifähigkeit der Wohnungseigentümergemeinschaft

Peepshow, Striptease → Erotik-, Sexshop

Pergola

Die Errichtung einer Pergola auf einer Gartenterrasse, an der ein Sondernutzungsrecht besteht (BayObLG ZMR 2001, 362; KG NZM 2001, 1085), über der Garagenzufahrt (BayObLG WE 1991, 228), auf einer Dachterrasse (BayObLG NZM 2000, 504) oder einem nicht überdachten Balkon der Wohnanlage ist eine bauliche Veränderung, die der Zustimmung aller Wohnungseigentümer bedarf, wenn – was regelmäßig der Fall ist – der optische Gesamteindruck der Wohnanlage verändert und die architektonische Fassadengestaltung gestört wird (KG NJW-RR 1991, 1300; OLG Frankfurt DWE 1989, 70). Gleiches gilt für die nachträgliche Überdachung einer bereits vorhandenen Pergola (BayObLG WE 1990, 177f). Ist einem Sondernutzungsberechtigten aber gestattet, den Garten „ortsüblich zu nutzen", so ist ihm damit grundsätzlich auch das Recht eingeräumt, eine Pergola – z.B. als offenes Rankgerüst und Tragwerk für Schling- und Kletterpflanzen, nicht aber zu einem anderen Zweck – zu errichten und in diesem Rahmen auch bauliche Veränderung vorzunehmen, sofern dies „ortsüblich", d.h. in Gärten von vergleichbarer Größe und vergleichbarem Zuschnitt in der Umgebung der Wohnanlage gleichfalls anzutreffen ist (BayObLG ZMR 1998, 503).

Persönliche Dienstleistungspflicht

Zu persönlichen Dienstleistungen, z.B. zur Treppenreinigung (→ Hausreinigung), zur Gartenpflege oder zur Durchführung von Instandhaltungs- und Instandsetzungsarbeiten sind Wohnungseigentümer nur verpflichtet, wenn dies in der Teilungserklärung mit Gemeinschaftsordnung und Hausordnung ausdrücklich vereinbart ist (BayObLG WEM 1982, 35; KG OLGZ 1978, 146; ZMR 1994, 70f; OLG Hamm OLGZ 1980, 261, 263; NJW-RR 1982,

1108; OLG Stuttgart NJW-RR 1987, 976; Staudinger/Bub § 21 RN 132; a.A. Staudinger/Kreuzer, § 10 RN 98: stets unzulässig, da dies über die Ausgestaltung des Eigentums hinausgeht).

Ein Mehrheitsbeschluss, durch den Wohnungseigentümer zur tätigen Mithilfe bei der Instandhaltung des gemeinschaftlichen Eigentums verpflichtet werden, ist – auch im Rahmen des Beschlusses über die Hausordnung – nichtig (Wenzel ZWE 2001, 226, 235; Merle ZWE 2001, 342). Das WEG hat den Wohnungseigentümern nämlich keine aktive Mitwirkung beim Vollzug von Verwaltungsentscheidungen auferlegt, sondern nur eine Kostenbeitragspflicht im Rahmen der gem. § 28 Abs. 5 WEG gefassten Beschlüsse; das Gesetz geht also davon aus, dass die Wohnungseigentümer zur gemeinschaftlichen Verwaltung nur durch anteilige Geldleistungen beizutragen haben, wobei die Kosten nach dem vereinbarten bzw. dem gesetzlichen Kostenverteilungsschlüssel zu verteilen sind. Ein Mehrheitsbeschluss über persönliche Dienstleistungspflichten ändert zum einen die Art der Beitragsleistung der Wohnungseigentümer, zum anderen den Kostenverteilungsschlüssel, da eine Beitragsleistung nach Maßgabe des Verteilungsschlüssels nicht denkbar ist. Beides führt zur Nichtigkeit eines entsprechenden Mehrheitsbeschlusses. Die gegenteilige Auffassung, solche Beschlüsse seien lediglich anfechtbar (KG OLGZ 1978, 146 für einen Beschluss, den Garten selbst zu bewässern; OLG Hamm OLGZ 1980, 261; NJW 1982, 1108; DWE 1986, 78 z. Räum- und Streupflicht; Palandt/Bassenge § 21 RN 14), ist durch die Rechtsprechung des BGH überholt (→ Vereinbarungsändernder, vereinbarungsersetzender, vereinbarungswidriger Mehrheitsbeschluss).

Zulässig ist allerdings ein Mehrheitsbeschluss, dass die Wohnungseigentümer solche Arbeiten selbst oder durch von ihnen beauftragte Dritte auszuführen haben, zu denen sie aufgrund öffentlich-rechtlicher Vorschriften und der allgemeinen → Verkehrsicherungspflicht ohnehin gemeinsam und persönlich verpflichtet sind, z.B. zum Schneeräumen im Winter (→ Räum- und Streupflicht). Ebenso wie sie ihrer Pflicht, nach der HeizkVO abzurechnen, nicht nachkommen könnten, wenn sie zu dem Heizkostenverteilungsschlüssel keinen Beschluss fassen dürften (→ Heiz-

und Warmwasserkosten), könnten sie ihrer öffentlich-rechtlichen Pflicht zum Schneeräumen und Streuen nicht nachkommen, wenn sie über die nähere Ausgestaltung der Pflicht und ihre Verteilung auf die einzelnen Eigentümer nicht beschließen dürfen, wodurch sie sich u.U. schadensersatzpflichtig machen. Auch wird in diesem Fall den Eigentümern – anders als bei einem Mehrheitsbeschluss über die persönliche Mithilfe etwa beim Rasenwässern oder Balkonstreichen – nicht eine neue bis dahin nicht bestehende Verpflichtung auferlegt (BayObLG NJW-RR 1993, 1361; OLG Stuttgart NJW-RR 1987, 976, 978; LG Berlin GE 1984, 1081).

▶ **Pfändung**

Pfändung ist die Beschlagnahme eines Gegenstands im Rahmen der →Zwangsvollstreckung wegen Geldforderungen. Die Pfändung begründet die staatliche Verfügungsgewalt über den Gegenstand (Verstrickung) und ein Pfändungspfandrecht für den Gläubiger.

Bewegliche Sachen pfändet der Gerichtsvollzieher durch Besitzergreifung oder durch Anbringung eines Pfandsiegels. Die Pfändung von Rechten erfolgt durch Pfändungsbeschluss des Vollstreckungsgerichts. Bei Pfändung von Geldforderungen erlässt das Gericht ein Zahlungsverbot an den Drittschuldner und verbietet dem Schuldner, über die Forderung zu verfügen. Zur Pfändung von →Grundpfandrechten (Hypothek, Grundschuld) muss der Hypotheken- oder Grundschuldbrief an den Gläubiger übergeben werden. Wurde ein Brief nicht ausgestellt, so ist die Pfändung im Grundbuch einzutragen. Das unbewegliche Vermögen wird durch Eintragung einer →Zwangssicherungshypothek auf Antrag des Gläubigers bei dem Grundbuchamt gepfändet. Bei Anordnung der →Zwangsversteigerung oder →Zwangsverwaltung gilt der Anordnungsbeschluss zu Gunsten des Gläubigers als Beschlagnahme des Grundstücks, §§ 20, 148 ZVG.

Der Anteil an der Gemeinschaft, insbesondere am →Verwaltungsvermögen kann nicht selbständig gepfändet werden. Unpfändbar sind die an die Gemeinschaft bezahlten Vorschüsse auf den Wirtschaftsplan auch wegen ihrer Zweckbindung gem. § 399 BGB, § 851 ZPO (LG Köln DWE 1987, 63). Gleiches gilt für den Anteil des einzelnen Wohnungseigentümers an der →Instandhaltungsrückstellung. Ein →Sondernutzungsrecht ist ein Vermögenswert i.s. des § 857 ZPO, das von den Mitgliedern der Wohnungseigentümergemeinschaft, nicht aber Dritten, da ein Sondernutzungsrecht nur Wohnungseigentümern zustehen kann, pfändbar ist (LG Stuttgart DWE 1989, 72). Nicht pfändbar ist aber das in der Teilungserklärung begründete Recht des teilenden Eigentümers, Sondernutzungsrechte durch Zuweisung an einzelne Miteigentümer zu begründen (OLG Stuttgart NZM 2002, 884). Die einzelnen schuldrechtlichen Ansprüche aus der Gemeinschaft z.B. der Anspruch auf anteilige Auszahlung des Guthabens aus einer beschlossenen Abrechnung, sind dagegen selbständig pfändbar. Hierfür gelten die allgemeinen Regeln über die Forderungspfändung.

▶ **Pflanztröge** →Blumen- und Pflanztröge

▶ **Pilsstube, Pilsbar**

Mit der Zweckbestimmung „Eisdiele und Café" ist der Betrieb einer Pilsbar nicht vereinbar (OLG München NJW-RR 1992, 1492). Gleiches gilt für einen „Laden" (BayObLG NJOZ 2003, 1232) oder eine →Weinstube (BayObLG NZM 2001, 763). Genießt eine Pilsstube Konkurrenzschutz, so darf in derselben Anlage kein Lokal für griechische Spezialitäten betrieben werden (BayObLG ZMR 1997, 428).

▶ **Pizza-Lieferservice**

Mit der Zweckbestimmung eines Teileigentums als „Laden" ist der Betrieb eines Pizza-Lieferservice nicht zu vereinbaren (BayObLG NZM 1998, 335; OLG Celle NJOZ 2003, 2936). Unter einem Laden ist in der Regel ein Raum zum Verkauf von Waren zu verstehen (OLG Düsseldorf NJW-RR 1993, 587); die Herstellung von Speisen kommt allenfalls als Nebentätigkeit dazu. Demgegenüber steht bei einem Pizza-Lieferservice die für einen Laden untypische, eher einer Gaststätte oder einer handwerklichen Produktionsstätte wesenseigene Herstellung frischer Speisen im Vordergrund. Eine Produktions- und Auslieferungsstätte für Pizzen ist erfahrungsgemäß mit andersartigen und intensiveren Geruchs- und Geräuschemmissionen verbunden, als dies bei einem Laden zu erwarten ist (BayObLG NZM 1998, 335f). Ein derartiger Betrieb ist deshalb auch während der allgemeinen Ladenöffnungszeiten unzulässig.

▶ **Pizzeria**

In einem in der Teilungserklärung als „Laden" bezeichneten Teileigentum darf keine Pizzeria betrieben werden (BayObLG NJOZ 2003, 1232; OLG Celle NJOZ 2003, 2936; OLG Karlsruhe OLGZ 1985, 397; OLG Düsseldorf NJW-RR 1993, 587: Stehpizzeria außerhalb der Ladenschlusszeiten unzulässig). Der Betrieb einer Pizzeria ist auch unzulässig, wenn die Teilungserklärung von „Café und Eisdiele" spricht (BayObLG DWE 1982, 35).

▶ **Pkw-Stellplätze** → Parkplatz, Kraftfahrzeugstellplätze

▶ **Plattenbelag, Plattenboden** → Fußweg, Plattenbelag

▶ **Praxis** → Arztpraxis; → Krankengymnastikpraxis

▶ **Prostitution**

Gem. § 14 Nr. 1 WEG besteht für jeden Wohnungseigentümer die Pflicht, von den in seinem Sondereigentum stehenden Gebäudeteilen sowie von dem gemeinschaftlichen Eigentum nur in solcher Weise Gebrauch zu machen, dass dadurch keinem der anderen Wohnungseigentümer über das bei einem geordneten Zusammenleben unvermeidliche Maß hinaus ein Nachteil erwächst.

Die Nutzung eines Wohnungs- oder Teileigentums zu einem Zweck, der mit einem sozialen Unwerturteil behaftet ist oder als anstößig empfunden wird, hat nachteilige Auswirkungen auf den Verkehrs- und Mietwert der übrigen Einheiten (BayObLG NZM 2000, 689, 691; OLG Düsseldorf NJOZ 2003, 1013). In einer

Wohnung darf deshalb nicht der Prostitution nachgegangen werden (BayObLG NJW-RR 1995, 1228; KG NZM 2002, 568 z. einem „Sado-Maso-Studio"; OLG Karlsruhe NZM 2000, 194), selbst wenn die Gemeinschaftsordnung eine beliebige geschäftliche und gewerbliche Nutzung gestattet. Eine Duldungspflicht kann allenfalls in Anwesen bestehen, die in einem Gebiet liegen, in dem die Ausübung der Prostitution üblich und behördlich zugelassen ist (vgl. LG Berlin NJW-RR 2000, 601f – Großstadt ohne Sperrbezirk).

Jeder Wohnungseigentümer kann allein die Unterlassung des Bordellbetriebs bei dem Amtsgericht, Abt. für Wohnungseigentumssachen, geltend machen, §§ 1004 Abs. 2 BGB, 15 Abs. 3, 43 Abs. 1 Nr. 1 WEG (BayObLG NJW-RR 1995, 1228).

▶ **Protokoll** → Niederschrift

▶ **Prozessführung durch Verwalter**

Die Prozessführungsbefugnis ist das Recht, einen Prozess im eigenen Namen zu führen. Sie steht grundsätzlich dem Inhaber des Rechts zu. Jedoch kann auch einem Dritten die Befugnis eingeräumt sein, im eigenen Namen einen Prozess über ein fremdes Recht zu führen; in diesem Falle spricht man von Prozessstandschaft. Prozessvollmacht ist die auf Rechtsgeschäft beruhende Vertretungsmacht im Prozess. Sie gibt die Befugnis, ein fremdes Recht im fremden Namen geltend zu machen. Betrifft der Rechtsstreit ein Verfahren vor dem Amtsgericht, Abt. für Wohnungseigentumssachen, gem. §§ 43 ff WEG, so spricht man von Verfahrensführungsbefugnis, Verfahrensstandschaft und Verfahrensvollmacht. Deren Vorliegen ist von Amts wegen zu prüfen; einen besonderen Nachweis braucht das Gericht nicht zu verlangen, wenn nach den Umständen von ihrem Vorliegen ausgegangen werden darf (BayObLG WE 1989, 211).

1. Erteilung und Umfang der Prozess-/Verfahrensvollmacht

Eine gesetzliche Prozess- und Verfahrensvollmacht hat der Verwalter gem. § 27 Abs. 2 Nr. 4 WEG für Maßnahmen, die zur Wahrung einer Frist, z.B. zur Geltendmachung von Nacherfüllungs-

und Mängelansprüchen oder zur Abwehr eines sonstigen Rechtsnachteils erforderlich sind; hierzu gehört z.B. bei drohender Verjährung jede verjährungsunterbrechende Handlung, etwa die Erhebung einer Klage oder die Einleitung eines →selbständigen Beweisverfahrens sowie zur Fristwahrung die Einlegung eines Rechtsmittels oder der Antrag auf vorläufigen Rechtsschutz gegen baubehördliche Anordnungen gem. § 80 Abs. 5 VwGO (→Abwendung von Rechtsnachteilen).

Hält man – entgegen der hier vertretenen Meinung – die Wohnungseigentümergemeinschaft mit der noch h. M. weder für rechts- noch für parteifähig (→Rechts- und Parteifähigkeit der Wohnungseigentümergemeinschaft), können jeweils immer nur die einzelnen Wohnungseigentümer selbst am Rechtsverkehr teilnehmen. Wegen der sich daraus ergebenden praktischen Schwierigkeiten, insbesondere bei großen Wohnungseigentümergemeinschaften, empfiehlt es sich, den Verwalter zur Prozessführung zu bevollmächtigen. Gesetzlich vorgesehen ist die Ermächtigung des Verwalters zur →Geltendmachung gemeinschaftlicher Ansprüche, § 27 Abs. 2 Nr. 5 WEG. Wird sie erteilt, handelt der Verwalter gleichwohl nicht als rechtsgeschäftlicher, sondern – wie auch in den übrigen Fällen des § 27 Abs. 2 WEG – als gesetzlicher Vertreter der Eigentümer (OLG Düsseldorf BauR 1991, 362f; Staudinger/Bub § 27 RN 269; Merle WE 1994, 3, 6; a.A. BGHZ 122, 327, 331). Er besorgt daher auch keine fremde Rechtsangelegenheit i. S. des § 157 ZPO und des RBerG (BGHZ 122, 327). Möglich ist auch eine Ermächtigung des Verwalters zur Prozessführung im eigenen Namen als sog. Prozessstandschafter.

Der Verwalter kann außer durch Eigentümerbeschluss auch in der Gemeinschaftsordnung oder im Verwaltervertrag zur gerichtlichen Vertretung der Wohnungseigentümer ermächtigt werden (BGH NJW 1988, 1910). Diese Ermächtigung schließt die Vertretung der Wohnungseigentümer auf Antragsteller- und Antragsgegnerseite ein; sie gestattet dem Verwalter auch, einen Rechtsanwalt zu beauftragen (BGH NJW 1993, 1924; BayObLG ZMR 2003, 519). Der Verwalter kann nach der Rechtsprechung auch zur Vertretung der überwiegenden Mehrheit der Wohnungseigentümer in Beschlussanfechtungsverfahren bevollmächtigt werden (BayObLG

ZWE 2001, 599 f; ZMR 2003, 519; Staudinger/Wenzel Vorbem. 86 zu §§ 43 ff). In Verfahrensstandschaft geltend gemacht werden können auch Abwehransprüche der (übrigen) Wohnungseigentümer wegen unzulässigen Gebrauchs des Gemeinschaftseigentums (BGH WuM 1991, 418; NZM 2004, 227 f; → Störung und Beeinträchtigung des Eigentums). Die Ordnungsmäßigkeit der Ermächtigung zur Verfahrensführung wird durch die Anfechtung des Beschlusses über die Bestellung des Verwalters nicht berührt (BayObLG WuM 2004, 112). Durch die Erteilung einer Prozessvollmacht bleibt das Recht jedes Wohnungseigentümers, sich selbst an einem Prozess zu beteiligen oder einen Rechtsanwalt mit seiner Vertretung zu beauftragen, unberührt (BayObLG ZWE 2001, 599 f; Z 1988, 287, 289).

Eine allgemein erteilte Prozessvollmacht gilt nicht in Fällen der Interessenkollision, insbesondere nicht in Verfahren, die gegen den Verwalter selbst geführt werden (OLG Stuttgart OLGZ 1976, 8). Die dem Verwalter erteilte Prozessführungsbefugnis wirkt nach § 10 Abs. 3 WEG auch gegenüber jedem etwaigen → Sonderrechtsnachfolger eines Wohnungseigentümers, ohne dass dieser dem früheren Beschluss etwa beitreten müsste (OLG Köln NZM 1998, 974).

Die Erteilung einer allgemeinen Prozess- und Verfahrensvollmacht ersetzt nicht die i.d.R. erforderliche Beschlussfassung über die Geltendmachung oder Abwehr des konkreten Anspruchs (BayObLG NZM 2000, 513).

2. Bevollmächtigung zum Handeln im fremden Namen

Ermächtigen die Wohnungseigentümer den Verwalter ausdrücklich, ihre Ansprüche in ihrem Namen geltend zu machen, so ist er Vertreter der Wohnungseigentümer i.S. von § 164 BGB. Diese Bevollmächtigung beinhaltet nicht auch die Ermächtigung, die Ansprüche der Wohnungseigentümer im eigenen Namen als Verfahrens- bzw. Prozessstandschafter geltend zu machen (a.A. OLG Koblenz NZM 2000, 518 aus Gründen der Kostenersparnis und Vereinfachung; offen gelassen von BayObLG FGPrax 1997, 19 f), da dem Verwalter erkennbar nicht die darüber hinausgehende Rechtsmacht zur Einziehung im eigenen Namen eingeräumt werden soll. Eine Auslegung des Beschlusses gegen den erkennbaren Willen der Wohnungseigentümer ist nicht möglich (Bader PiG 39, 133, 164).

Der Verwalter, der bevollmächtigt ist, als Vertreter Aktiv- und Passivprozesse für die Wohnungseigentümer zu führen, ist Prozess- bzw. Verfahrensbevollmächtigter i.S. des § 13 S. 2 FGG, der im Namen der Wohnungseigentümer auftritt. Die Wohnungseigentümer werden Partei bzw. Verfahrensbeteiligte. Für die Verfahrensermächtigung gelten die §§ 81–87 ZPO entsprechend. Sie schließt daher in jedem Fall die Befugnis ein, auch ohne besonderen Eigentümerbeschluss Anträge zu stellen, Rechtsmittel, insbesondere →Beschwerde einzulegen, da die Vollmacht im Zweifel bis zur Befriedigung des sachlichen Verfolgungsinteresses und daher für alle Instanzen gilt, einen Prozessvergleich – nicht aber einen außergerichtlichen Vergleich (→Beiträge, Beitragsvorschüsse) oder einen →Vergleich, der der Zustimmung aller Wohnungseigentümer bedarf – abzuschließen, die →Zwangsvollstreckung zu betreiben und einen →Rechtsanwalt mit der Vertretung der (übrigen) Eigentümer in dem gerichtlichen Verfahren zu beauftragen (BayObLG WE 1989, 175f.; KG ZMR 1996, 223, 225). Der Verwalter kann die Eigentümer aber auch selbst vertreten, ohne gegen das RBerG zu verstoßen (BGHZ 122, 327) und als gewerblicher Verwalter im Innenverhältnis hierzu u. U. sogar gehalten sein, wenn es sich um ein einfach gelagertes Verfahren handelt und kein Anwaltszwang besteht (Staudinger/Wenzel Vorbem. 86 zu §§ 43ff). Die Kosten eines gleichwohl – wirksam – beauftragten Anwalts sind dann als nicht notwendig auch nicht erstattungsfähig.

Da die Erteilung einer Prozess- oder Verfahrensvollmacht Verfahrensvoraussetzung ist, so dass bei deren Fehlen ein Antrag an das Wohnungseigentumsgericht als unzulässig zu verwerfen (BayObLGZ 1976, 211, 213) oder eine Klage zum Prozessgericht als unzulässig abzuweisen ist, ist die Vollmacht vor Verfahrensbeginn zu erteilen (BayObLG DWE 1984, 30 [L]). Sie kann aber noch bis zum Abschluss der Rechtsbeschwerdeinstanz mit der Folge der Genehmigung aller früheren Handlungen erteilt werden (BayObLG FGPrax 1997, 19f; OLG Köln WE 1990, 172); die spätere Ermächtigung und Genehmigung hat gem. §89 ZPO Rückwirkung, mit Ausnahme von fristwahrenden Prozess- oder Verfahrenserklärungen.

3. Ermächtigung zum Handeln im eigenen Namen

Ermächtigen die Wohnungseigentümer den Verwalter gem. §185 BGB, ihre Ansprüche, z.B. gegen den Bauträger wegen Mängeln am gemeinschaftlichen Eigentum (BGHZ 81, 35, 37; OLG Köln NJW-RR 1994, 470), im eigenen Namen durchzusetzen, so kann er diese als gewillkürter Verfahrens- oder Prozessstandschafter geltend machen (BGHZ 104, 197, 199; BayObLG WE 1993, 343; NJWE-MietR 1996, 256; KG WuM 1991, 629), wenn er ein berechtigtes Interesse hieran hat. Ein solcher Beschluss umfasst aber auch die Rechtsmacht des Verwalters, Ansprüche im Namen der Wohnungseigentümer als deren gesetzlicher Vertreter geltend zu machen, da die weitergehende Ermächtigung, im eigenen Namen zu handeln, stets die Befugnis zum Handeln im fremden Namen umfasst (BayObLG NZM 2001, 148f; Staudinger/Bub §27 RN 279). Der Verwalter kann in Prozessstandschaft für die Wohnungseigentümer auch ein → selbständiges Beweisverfahren führen (BGH NZM 2003, 814).

Wird der Verwalter als Verfahrens- bzw. Prozessstandschafter ermächtigt, so ist allein er und nicht die Wohnungseigentümer, die auch nicht im Rubrum einzeln aufgeführt werden müssen, Beteiligter bzw. Partei des gerichtlichen Verfahrens (BPM §27 RN 175). Er kann Leistungen an die Wohnungseigentümer zu seinen Händen oder an sich selbst verlangen (BGHZ 74, 258, 267; NJW-RR 1986, 755); handelt es sich bei den geltend gemachten Ansprüchen um Beitragsansprüche, oder Ansprüche, die mit der laufenden Verwaltung zusammenhängen, so muss wegen der zwingenden Empfangszuständigkeit des Verwalters (→ Entgegennahme von Zahlungen und Leistungen) auf Leistung zu seinen Händen geklagt werden (→ Beiträge, Beitragsvorschüsse). Der Verwalter wird im Außenverhältnis Schuldner der Verfahrenskosten und der außergerichtlichen Kosten; im Innenverhältnis hat er insoweit einen → Aufwendungsersatzanspruch gem. §670 BGB (Staudinger/Bub §27 RN 302). Einen im eigenen Namen erstrittenen Titel kann er auch im eigenen Namen vollstrecken, z.B. gegen einen säumigen Beitragsschuldner eine →Zwangssicherungshypothek für sich in das Grundbuch eintragen lassen.

Das für die Verfahrensstandschaft erforderliche schutzwürdige Interesse, das fremde Recht im eigenen Namen geltend zu machen, folgt i.d.R. schon aus der Pflicht des Verwalters, die mit der Verwalterstellung unentziehbar verbundenen Aufgaben ordnungsgemäß zu erfüllen (BGHZ 104, 197, 199; BayObLG NJW-RR 1998, 519; Palandt/Bassenge §27 RN 18). So ergibt sich aus seiner Pflicht, für die ordnungsgemäße Instandhaltung und Instandsetzung des gemeinschaftlichen Eigentums die erforderlichen Maßnahmen zu treffen, ein schutzwürdiges Interesse, Mängelansprüche gegen den Bauträger im eigenen Namen geltend zu machen (→Gewährleistung). Ebenso hat der neue Verwalter ein Interesse daran, vom ausgeschiedenen Verwalter die →Herausgabe von Verwaltungsunterlagen zu verlangen, da er diese benötigt, um die Verwaltung ordnungsgemäß zu führen. Gleiches gilt für die Einziehung von Beitragsforderungen (BGHZ 104, 197, 199; BayObLG WuM 1987, 38; WE 1992, 212f).

Die gewillkürte Prozessstandschaft ist bei öffentlich-rechtlichen Nachbarklagen ausgeschlossen (so VGH Mannheim Justiz 1973, 259). Da der Verwalter Rechte der Wohnungseigentümer wahrnimmt, ist er bei Anfechtungs- oder Verpflichtungsklagen nicht klagebefugt; er kann nicht gem. §42 Abs.2 VwGO geltend machen, durch den Erlass bzw. Nichterlass eines Verwaltungsaktes in seinen Rechten verletzt zu sein (VG Schleswig NJW-RR 1988, 845f; a.A. Deckert PiG 36, 29, 38).

4. Wahlrecht des Verwalters

Ermächtigen die Wohnungseigentümer den Verwalter sowohl zum Handeln im eigenen als auch im fremden Namen, hat er ein unbeschränktes Wahlrecht (KG WE 1993, 223f; BPM §27 RN 152). Von Bedeutung ist dies insbesondere bei der Beauftragung eines Rechtsanwalts, da die Erhöhungsgebühr des §6 Abs.1 S.2 BRAGO nur anfällt, wenn der Verwalter als Vertreter der Wohnungseigentümer handelt, diese somit im Außenverhältnis Auftraggeber sind (→Rechtsanwalt). Da der Verwalter als Prozessstandschafter den Rechtsstreit auf eigenes Kostenrisiko führen müsste, wozu er nicht verpflichtet ist, macht er sich nicht schadensersatzpflichtig gegenüber den Wohnungseigentümern, wenn er den Rechtsanwalt als ihr Vertreter beauftragt (Staudinger/Bub § 27 RN 284; vgl. OLG Koblenz NZM 2001, 771 z. Schadensersatzpflicht des Rechtsanwalts). Erst recht sind die Wohnungseigentümer ihrem Schuldner gegenüber nicht verpflichtet, ihre Ansprüche von einem Prozess- oder Verfahrensstandschafter geltend machen zu lassen, so dass die Erhöhungsgebühr gem. § 6 Abs. 1 S. 2 BRAGO grds. erstattungsfähig ist (KG WE 1993, 223 f; OLG Düsseldorf JurBüro 1990, 1157).

5. Wechsel des Verwalters

a) Prozessführung

Wenn die Wohnungseigentümer die Ermächtigung, Ansprüche im eigenen Namen geltend zu machen, nicht durch Mehrheitsbeschluss widerrufen, ist der Verwalter als Verfahrensstandschafter auch nach seinem Ausscheiden als ermächtigt anzusehen, anhängige Verfahren bis zum Abschluss fortzuführen (BayObLG NZM 1999, 129 f; OLG Düsseldorf NZM 2000, 502; OLG Nürnberg NZM 2002, 302 z. selbständigen Beweisverfahren). Stattdessen kann auch der neue Verwalter bis zum Abschluss der Tatsacheninstanz auch ohne Zustimmung des Antragsgegners als neuer Prozess- oder Verfahrensstandschafter – der Eintritt als Prozess- oder Verfahrensvertreter ist ohnehin stets möglich – in den Prozess entsprechend § 263 ZPO eintreten, wenn ihm die Wohnungseigentümer die erforderliche Ermächtigung erteilen, da dies i.d.R. sachdienlich ist (BayObLG NZM 2000, 298 f; Bub PiG 36, 67, 88; Weitnauer PiG 30, 55, 68). Der Eintritt des neuen Verwalters im Beschwerdeverfahren setzt aber ein zulässiges Rechtsmittel voraus (BayObLG NZM 2000, 307 f).

Im Zweifel gilt die seinem Vorgänger erteilte Ermächtigung auch für den neuen Verwalter (BayObLG FGPrax 1997, 19 f; KG NJW-RR 1991, 1363). Geht nur ein Widerruf der dem alten Verwalter erteilten Ermächtigung bei Gericht ein, wird das Verfahren analog § 241 ZPO unterbrochen, bis der neue Verwalter als Verfahrensvertreter bzw. als Verfahrensstandschafter (KG WE 1991, 325; WuM 1997, 572, 574) oder die Wohnungseigentümer als Partei in das Verfahren eintreten. War der Verwalter anwaltlich vertreten, gilt § 246 ZPO analog.

b) Zwangsvollstreckung

Will der neue Verwalter aus dem vom alten Verwalter in gewillkürter Prozessstandschaft erstrittenen Titel vollstrecken, bedarf es der Titelumschreibung entsprechend § 727 ZPO. Zulässig ist jedenfalls eine Umschreibung auf die Wohnungseigentümer, da diese materiellrechtlich Inhaber des titulierten Anspruchs sind (OLG Düsseldorf NJW-RR 1997, 1035 f). Ob er auch auf den neuen Verwalter umgeschrieben werden kann, ist umstritten, im Ergebnis aber in entsprechender Anwendung von § 727 ZPO zu bejahen (Stein/Jonas/Münzberg § 727 RN 31; Weitnauer/Hauger Anh. § 43 RN 16; a.A. LG Hannover NJW 1970, 436; LG Darmstadt WuM 1995, 679; offen gelassen von BayObLG NZM 2000, 307), wenn die Eigentümer den neuen Verwalter ebenfalls zur Einziehung der Forderung ermächtigt haben, was i.d.R. der Fall ist. Denn für die Rechtsnachfolge i. S. des § 727 ZPO reicht es, dass der Titelgläubiger das Recht zur Geltendmachung des Anspruchs verloren hat und dass das Recht bei einem anderen angefallen ist, ohne dass Letzterer es vom Ersteren im Sinne eines Rechtsübergangs erworben haben müsste. Ist der neue Verwalter aber materiellrechtlich einziehungsberechtigt, liegt keine – unzulässige (BGHZ 92, 347, 350; NJW-RR 1992, 61) – Vollstreckungsstandschaft vor. Die Wohnungseigentümer können allerdings auch die titulierte Forderung an den neuen Verwalter zum Inkasso abtreten (OLG Stuttgart OLGZ 1990, 175, 180). Der alte Verwalter ist hierzu nicht befugt, weil die Einziehungsermächtigung ihn nicht zu Verfügungen über die Forderung berechtigt.

Auf einen Titel, der auf die durch den bisherigen Verwalter vertretenen Wohnungseigentümer lautet, hat der Verwalterwechsel keine Auswirkung (LG Hannover NJW 1970, 436; BPM § 27 RN 180).

6. Verbot der Rechtsberatung

Macht der ermächtigte Verwalter Ansprüche der Wohnungseigentümer ohne Beiziehung eines Rechtsanwalts geltend, handelt es sich nicht um eine unerlaubte Besorgung fremder Rechtsangelegenheiten i.S. von Art. 1 § 1 RBerG; der Verwalter kann die Wohnungseigentümer vor Gericht vertreten. Die gerichtliche Vertretung ist von Art. 1 § 3 Nr. 6 RBerG (BGHZ 122, 327; BayObLGZ 1991, 165) oder von Art. 1 § 5 Nr. 3 RBerG gedeckt (BayObLG WE 1992, 145).

▶ **Psychotherapiepraxis**

In einer Wohnung darf eine Psychotherapiepraxis betrieben werden, sofern diese Nutzung nicht mehr stört als die Wohnnutzung (OLG Düsseldorf FGPrax 1998, 95: montags bis freitags zwischen 8.30 und 18.30 Uhr).

▶ **Quorum** → Einberufung der Wohnungseigentümerversammlung

R

▶ **Räum- und Streupflicht**

Die Gemeinden wälzen die Räum- und Streupflicht i.d.R. durch Satzung auf die Anlieger ab (BGH BB 1964, 60), was verfassungsrechtlich nicht zu beanstanden ist (BVerwG NJW 1966, 170). Da in diesem Fall die Wohnungseigentümer aufgrund öffentlich-rechtlicher Vorschriften und auch der allgemeinen →Verkehrssicherungspflicht der Räum- und Streupflicht persönlich oder durch von ihnen beauftragte Dritte nachzukommen haben, können sie, obwohl die Auferlegung von Pflichten der tätigen Mithilfe durch Mehrheitsbeschluss unzulässig ist, über die nähere Ausgestaltung auch einen Mehrheitsbeschluss fassen (→Persönliche Dienstleistungspflicht).

Im Übrigen ist das Schneeräumen, das Streuen und die sonstige Beseitigung von Glätte bei Frost bezüglich der allgemein zugänglichen Wege und sonstigen Grundstücksflächen (Bärmann/Seuss B RN 390) sowie i.d.R. der anliegenden Bürgersteige und Wege eine Maßnahme zur Erfüllung der allgemeinen →Verkehrssicherungspflicht. Die Streupflicht bei Glatteis steht unter dem Vorbehalt des Zumutbaren, wobei es auch auf die Leistungsfähigkeit des Sicherungspflichtigen ankommt (BGHZ 112, 74f; NZM 2003, 958f). Sie kann eingeschränkt sein, z.B. wenn wegen extremer Witterungsverhältnisse mit zumutbaren Streumaßnahmen das sich immer wieder erneut bildende Glatteis nicht wirksam bekämpfen lässt und diese deshalb zwecklos sind (OLG Hamm VersR 1997, 68; Bärmann/Seuss B RN 390). Der Verwalter muss Warnschilder wegen möglicher Glatteisbildung i.d.R. nicht anbringen, weil er nur vor solchen Gefahren warnen muss, die für den Benutzer nicht erkennbar sind und mit denen er nicht zu rechnen hat (OLG Hamm VersR 1981, 1081; Bärmann/Seuss B RN 390); besondere Schutzvorkehrungen sind aber erforderlich, wenn die Glatteisbildung auf dem Bürgersteig durch anhaltenden Wasserzulauf aus dem Grundstück verursacht wird (LG Koblenz VersR 1982, 1085; Bärmann/Seuss B RN 390).

Ob sich die Anschaffung eines Schneeräumgerätes in den Grenzen ordnungsmäßiger Verwaltung hält, beurteilt sich insbesondere nach der Größe der Wohnanlage, den Gegebenheiten der Gemeinschaftsflächen, den klimatischen Verhältnissen, dem Preis und den Verwendungsmöglichkeiten (BayObLG WuM 1990, 209 f). Bei einer entsprechend großen Fläche ist dies zulässig, gleichfalls die Anschaffung von Streugut.

▶ Rangstelle, Rangverhältnis

Ist ein Wohnungseigentum mit mehreren dinglichen Rechten belastet, die in derselben Abteilung des Grundbuchs eingetragen sind, so bestimmt sich die Rangstelle und das Rangverhältnis nach der Reihenfolge der Eintragung. Sind Rechte in verschiedenen Abteilungen eingetragen, so hat das unter Angabe eines früheren Tages eingetragene Recht den Vorrang; unter Angabe desselben Tages eingetragene Rechte sind gleichrangig, § 879 Abs. 1 BGB.

Das Rangverhältnis ist wesentlich für seine Bewertung; die Befriedigung des Berechtigten erfolgt in der Zwangsvollstreckung entsprechend dem Rang (§§ 10 ff, 109 Abs. 2, 155 ZVG), so dass der Grundpfandrechtsgläubiger, dessen dingliches Recht an einer späteren Rangstelle steht, bezüglich seiner Befriedigung ein größeres Risiko eingeht als derjenige Grundpfandrechtsgläubiger, dessen dingliches Recht an erster Stelle eingetragen ist. Nachrangig gesicherte Darlehen haben deshalb meist ungünstigere Konditionen; die grundsätzlich nachrangig abgesicherten Bauspardarlehen erleichtern die Finanzierung des Erwerbs von Wohnungseigentum.

Jedes eingetragene dingliche Recht hat eine feste Rangstelle, die dem Berechtigten gegen seinen Willen nicht entzogen werden kann. Eine Änderung des Ranges bedarf der Eintragung in das Grundbuch, §§ 880 Abs. 2, 879 Abs. 3 BGB.

Bei Erlöschen des Rechts rücken nachstehende Rechte auf, soweit nicht gem. §§ 1163 Abs. 1, 1177 BGB aus einer Hypothek eine Eigentümergrundschuld entsteht.

Wird die Zwangsvollstreckung aus einem nachstehenden Recht betrieben, bleibt das rangbessere Recht gem. § 44 ZVG bestehen und fällt somit in das geringste Gebot.

Die Vereinbarung der Wohnungseigentümer, mit der deren Verhältnis untereinander geregelt wird und die gem. § 10 Abs. 2 WEG als Inhalt des Sondereigentums im Grundbuch eingetragen wird, ist keine Belastung, so dass sie nicht in einem Rangverhältnis zu eingetragenen dinglichen Rechten steht.

▶ **Rasenflächen** → Garten, Rasenflächen

▶ **Rauchgasklappe** → Heizungsanlage

▶ **Rauchverbot**

Wegen der gesundheitsgefährdenden Wirkung des Passivrauchens hat der Versammlungsleiter in der Eigentümerversammlung auf Antrag auch nur eines Stimmberechtigten ein Rauchverbot anzuordnen; kommt er dem nicht nach und weigert sich auch, über ein beantragtes Rauchverbot abstimmen zu lassen, und verlässt daraufhin ein Eigentümer aus gesundheitlichen Gründen die Versammlung, ist dies einem rechtswidrigen Ausschluss dieses Wohnungseigentümers aus der Versammlung (→ Teilnahme an der Wohnungseigentümerversammlung) gleich zu behandeln (OLG Köln NZM 2000, 1017). Der Mangel betrifft nicht nur den Abstimmungsvorgang als solchen, sondern auch die vorangegangene Willensbildung der Wohnungseigentümer, in die bei einem ordnungsgemäßen Verlauf der Versammlung Wortmeldungen und Beiträge des nicht (mehr) anwesenden Wohnungseigentümers hätten einfließen können (BayObLG NZM 1999, 33; OLG Köln WuM 1998, 176). Gefasste Beschlüsse sind deshalb anfechtbar (→ Anfechtung und Anfechtbarkeit eines Beschlusses). Um auch den Bedürfnissen starker Raucher zu entsprechen, hat der Versammlungsleiter bei Anordnung eines Rauchverbots über angemessene „Rauchpausen" zu entscheiden.

Haben die Wohnungseigentümer es bereits mehrheitlich abgelehnt, für die Gemeinschaftsräume ein Rauchverbot zu erlassen, kann ein Eigentümer ein solches nicht gerichtlich erzwingen, da ein richterlicher Eingriff in Regelungen der Wohnungseigentümer, insbesondere deren Abänderung oder Ersetzung durch eine andere Regelung, nur dann in Betracht kommt, wenn außergewöhnliche Umstände ein Festhalten an diesen als schlechthin unbillig erscheinen lassen (BayObLG NZM 1999, 504, 506).

▶ Reallast

Ein Grundstück kann in der Weise gem. § 1105 BGB belastet werden (→ Belastungen), dass an denjenigen, zu dessen Gunsten die Belastung erfolgt, wiederkehrende Leistungen aus dem Grundstück zu entrichten sind. Die Reallast ist somit ein dingliches Recht an einem fremden Grundstück in Form eines sog. Wertentnahmerechts, wobei sie – im Gegensatz zur Grunddienstbarkeit – stets auf Leistung gerichtet ist. Bei Wohnungseigentumsanlagen wird häufig das Recht auf Lieferung von Wärmeenergie an ein benachbartes Grundstück oder von einem für mehrere Wohnanlagen errichteten Heizwerk (OLG Celle JZ 1979, 268) gesichert.

Die Reallast kann gem. §§ 1105 Abs. 2, 1110 BGB entweder als subjektiv dingliches Recht zugunsten des jeweiligen Eigentümers eines bestimmten anderen Grundstücks oder als subjektiv persönliches Recht für einen bestimmten Berechtigten (BayObLGZ 1975, 191) bestellt werden.

Grds. haftet der Eigentümer des belasteten Grundstücks für Leistungen, die während seiner Stellung als Grundstückseigentümer fällig werden, gem. § 1108 Abs. 1 BGB auch persönlich; dies gilt nicht für die gesicherte Forderung, für die der Grundstückseigentümer nur im Falle des Beitritts oder der Schuldübernahme haftet (BGH NJW-RR 1989, 1098).

Wird ein mit einer Reallast belastetes Grundstück in Wohnungseigentum aufgeteilt, so belastet diese mit der Begründung von Wohnungseigentum jedes Wohnungseigentum in voller Höhe, die Miteigentümer haften nach § 1108 Abs. 2 BGB als Gesamtschuldner. Sie wird deshalb auch in jedes Wohnungsgrundbuch übertragen, die Mithaft der übrigen Wohnungseigentumsrechte wird vermerkt. Handelt es sich allerdings bei der durch Reallast gesicherten Leistung um die Gebrauchsüberlassung einer bestimmten Wohnung, wird sie nur im Wohnungsgrundbuch der betreffenden Wohnung vorgetragen (BayObLGZ 1957, 102). Eine Reallast kann auch an einem Wohnungseigentum allein bestellt werden (OLG Düsseldorf DNotZ 1977, 305).

▶ Realteilung

Abweichend von § 749 BGB kann kein Wohnungseigentümer – auch nicht bei Vorliegen eines wichtigen Grundes – einseitig die Aufhebung der Gemeinschaft verlangen, § 11 Abs. 1 WEG (→ Unauflöslichkeit der Gemeinschaft); dies kann durch Vereinbarung nur für den Fall gestattet werden, dass das Gebäude ganz oder teilweise zerstört wird und eine Verpflichtung zum → Wiederaufbau nicht besteht, § 11 Abs. 1 S. 3 i.V.m. § 22 Abs. 2 WEG.

Hierdurch sind aber die Wohnungseigentümer nicht gehindert, sich zu verpflichten, ein in Wohnungseigentum aufgeteiltes, mit zwei Einfamilienhäusern bebautes Grundstück, sobald dies rechtlich möglich ist, unter Aufhebung der Wohnungseigentümergemeinschaft real in zwei selbständige Grundstücksparzellen zu teilen (BayObLG Rpfleger 1980, 110). Bei einem derartigen Vorgehen wird nicht gegen den in § 11 Abs. 1 WEG enthaltenen Rechtsgedanken verstoßen, da keine Auflösung der Gemeinschaft gegen den Willen auch nur eines Eigentümers vorliegt. Eine solche Vereinbarung bedarf der → notariellen Beurkundung gem. § 4 Abs. 3 WEG und wegen der Auflösung des Miteigentums am gemeinschaftlichen Eigentum der Zustimmung der Realberechtigten (OLG Zweibrücken Rpfleger 1986, 93).

▶ Rechnungslegung

Gem. § 28 Abs. 4 WEG können die Wohnungseigentümer durch Mehrheitsbeschluss *jederzeit* von dem Verwalter Rechnungslegung verlangen. Der ausgeschiedene Verwalter hat – auch wenn er zur Erstellung oder Ergänzung der Abrechnung nicht mehr verpflichtet ist (BGH NZM 2003, 950, 952; BayObLG WuM 1994, 44; KG OLGZ 1981, 301, 305) – gem. §§ 666, 675 BGB, 28 Abs. 4 WEG Rechnung über seine Verwaltertätigkeit bis zum Zeitpunkt seines Ausscheidens zu legen. Die Rechnungslegung durch den ausgeschiedenen Verwalter ist die Grundlage für die Tätigkeit des neu bestellten Verwalters. Auch der „Scheinverwalter" ist nicht zur Abrechnung, wohl aber zur Rechnungslegung verpflichtet (BGH ZfIR 1997, 284, 287).

1. Anspruchsinhaber

Die Rechnungslegung kann im Gegensatz zur Erstellung der →Abrechnung nur von den Wohnungseigentümern in ihrer Gesamtheit i.d.R. durch Mehrheitsbeschluss (BayObLG ZWE 2000, 134; Palandt/Bassenge § 28 RN 14) oder von einem durch Beschluss der Wohnungseigentümer bestellten Rechnungsprüfer bis zur Beendigung seines Auftrags jederzeit gefordert werden, nicht aber von einzelnen Wohnungseigentümern (BayObLG WE 1989, 145 f).

Der einzelne Wohnungseigentümer hat einen Anspruch auf Rechnungslegung mit Leistung an alle Wohnungseigentümer, § 432 BGB, wenn die Gesamtheit der Wohnungseigentümer unter Verstoß gegen die Grundsätze ordnungsmäßiger Verwaltung den Rechnungslegungsanspruch nicht geltend macht und deshalb sein Versuch, einen entsprechenden Beschluss der primär zuständigen Wohnungseigentümerversammlung herbeizuführen, scheitert (BayObLG WE 1991, 253; KG WE 1988, 17; OLG Hamburg WuM 1993, 705 f). Allein der Umstand, dass die Wohnungseigentümergemeinschaft von ihrem Anspruch auf Rechnungslegung (noch) keinen Gebrauch gemacht hat, rechtfertigt aber nicht die individuelle Geltendmachung dieses Anspruchs (OLG Hamburg WuM 1993, 705 f; a.A. KG OLGZ 1987, 185; OLG Hamm OLGZ 1988, 37, 41). Verzichtet die Wohnungseigentümergemeinschaft durch Mehrheitsbeschluss auf den Rechnungslegungsanspruch, so ist der einzelne Wohnungseigentümer hieran gebunden, solange der Beschluss nicht gerichtlich für ungültig erklärt ist.

2. Inhalt der Rechnungslegung

Die Rechnungslegung erfolgt gem. § 259 BGB durch Vorlage einer geordneten Zusammenstellung der Einnahmen und Ausgaben nach Kostenarten sowie der dazugehörenden Belege (OLG Karlsruhe NJW 1969, 1968). Im Gegensatz zu der vom Verwalter aufzustellenden Abrechnung muss eine Aufteilung der Gesamtkosten und Gesamteinnahmen auf die einzelnen Eigentümer, also die sog. Einzelabrechnung, bei der Rechnungslegung nicht erfolgen (BGH ZfIR 1997, 284, 287; OLG Frankfurt ZMR 1999, 61). Sie muss allerdings die Kontostände enthalten und für den einzelnen Wohnungseigentümer auch ohne Hinzuziehung eines Sachverständigen verständlich und nachvollziehbar sein (KG MDR 1981, 407).

Der Mehrheitsbeschluss, die Rechnungslegung zu verlangen, hat keine besonderen materiellen Voraussetzungen. Die Rechnungslegung kann jedenfalls gefordert werden, wenn Anhaltspunkte dafür ersichtlich sind, dass der Verwalter in Abweichung von dem beschlossenen Wirtschaftsplan oder von sonstigen Beschlüssen die gemeinschaftlichen Gelder verwaltet; sie dient also der Kontrolle der Tätigkeit des Verwalters während des Wirtschaftsjahres (KG WE 1988, 17). In einem solchen Fall hat jeder Wohnungseigentümer nach den Grundsätzen ordnungsmäßiger Verwaltung einen Anspruch auf Zustimmung zu einem entsprechenden Mehrheitsbeschluss (Staudinger/Bub § 28 RN 467). Der Verwalter kann gegen den Rechnungslegungsanspruch kein Zurückbehaltungsrecht geltend machen (Staudinger/Bub § 28 RN 469).

3. Art und Weise der Rechnungslegung

Der amtierende Verwalter hat grds. in der Versammlung gegenüber allen Wohnungseigentümern Rechnung zu legen, ohne dass ihm hierfür eine Zusatzvergütung zusteht; i.d.R. hat er auch bei der Rechnungslegung Auskunft zu erteilen, den Wohnungseigentümern oder durch Vollmacht legitimierten Dritten Einsicht in die Belege zu gewähren sowie die Fertigung von Fotokopien der einsehbaren Unterlagen zu gestatten (BayObLG NJW-RR 1988, 1167; OLG Hamm OLGZ 1983, 177; OLG Karlsruhe MDR 1976, 758). Die Einsicht in die der Rechnungslegung zugrunde liegenden Unterlagen ist – ebenso wie bei der Einsicht in die Abrechnungsunterlagen – am Ort der Verwaltungsführung, also am Sitz des Verwalters zu gewähren (BayObLG WuM 1989, 419), am Ort der Wohnanlage aber bei großer räumlicher Entfernung zum Sitz des Verwalters.

4. Gerichtliche Durchsetzung und Erlöschen des Anspruchs

Der Rechnungslegungsanspruch gegen den Verwalter kann durch Antrag jedes einzelnen Wohnungseigentümers an das Wohnungseigentumsgericht gem. § 43 Abs. 1 Nr. 2 WEG durchgesetzt werden. Die Wohnungseigentümer haben bei einem Verdacht der Unrichtigkeit der Rechnungslegung gem. § 259 Abs. 2 BGB Anspruch auf Abgabe der → eidesstattlichen Versicherung durch den Verwalter. Da sich die Rechnungslegung nicht auf eine auch durch Dritte erbringbare Abrechnung in Form der Vorlage einer geordneten Aufstellung der Einnahmen und Ausgaben beschränkt, vielmehr auch die Verpflichtung umfasst, den Auftraggeber über die Einzelheiten der Auftragsdurchführung in verkehrsüblicher Form zu informieren und ihm die notwendige Übersicht über das besorgte Geschäft zu verschaffen, also Kenntnisse erfordert, die nur der Verwalter selbst, nicht auch ein Dritter haben kann (Nieß NZM 1999, 832f), ist die Rechnungslegung nach § 28 Abs. 4 WEG eine nicht vertretbare Handlung, die nach § 888 ZPO durch Verhängung von Zwangsgeld zu vollstrecken ist (BayObLG ZWE 2002, 585, 587; KG NJW 1972, 2093; a.A. OLG Düsseldorf NZM 1999, 842; Palandt/Bassenge § 28 RN 14: gem. § 887 ZPO; → Zwangsvollstreckung).

Der Rechnungslegungsanspruch erlischt, wenn der Anspruch auf Abrechnung fällig ist (KG ZMR 1988, 70, 71; offen gelassen von BayObLG WuM 1994, 44), deren Zeitraum die Periode umfasst, für die Rechnungslegung verlangt wurde, oder wenn die Wohnungseigentümer den Verwalter entlasten (BayObLGZ 1994, 98; KG NJW-RR 1987, 462; → Entlastung des Verwalters).

▸ Rechtliches Gehör

Art 103 Abs. 1 GG ist im Verfahren der freiwilligen Gerichtsbarkeit als unmittelbar geltendes Verfahrensrecht zu beachten (BVerfGE 19, 49, 51; 89, 381, 390; NJW 1998, 2273). Auf eine förmliche Beteiligtenstellung (→ Beteiligte) kommt es nicht an. Der Anspruch auf rechtliches Gehör steht vielmehr jedem zu, dem gegenüber die gerichtliche Entscheidung materiellrechtlich wirkt und der deshalb von dem Verfahren rechtlich unmittelbar betroffen wird (BVerfGE 75, 201, 215). Er folgt aus dem Rechtsstaatsgrundsatz für das gerichtliche Verfahren. Der Einzelne soll nicht bloßes Objekt eines gerichtlichen Verfahrens sein, sondern vor einer Entscheidung, die seine Rechte betrifft, zu Wort kommen, um Einfluss auf das Verfahren und sein Ergebnis nehmen zu können (BGH NZM 2003, 946f). Hierfür gewährleistet Art 103 Abs. 1 GG das Recht, sich zum Sachverhalt und den erheblichen Rechtsfragen äußern und dabei gesetzliche oder richterliche Fristen ausnutzen zu dürfen (BVerfG NJW 1995, 2095).

Die Vorschrift verpflichtet das Gericht darüber hinaus, den Vortrag der Beteiligten zur Kenntnis zu nehmen und in Erwägung zu ziehen. Zu berücksichtigen sind alle Erklärungen und Schriftsätze, die bis zum Erlass der Entscheidung auf der Geschäftsstelle eingegangen sind. Diese Pflicht ist verletzt, wenn nach Eingang der Beschwerdebegründung am letzten Tag der hierfür gesetzten Frist, die Entscheidung des Beschwerdegerichts bereits am Morgen des nächsten Tages zugeht (BVerfG NJW 1995, 2095). Das Gericht darf die Parteien darüber hinaus nicht mit einer Würdigung des Sachverhalts oder einer Rechtsauffassung überraschen, mit der sie bei sorgfältiger Verfahrensführung in keiner Weise rechnen konnten, etwa wenn es von seiner bisherigen Rechtsauffassung abweichen will, und zu der sie bei entsprechendem Hinweis noch Erhebliches hätten vorbringen können (BVerfG NJW 2002, 1334f; BGH NZM 2003, 946f).

Wird vor Erlass einer einstweiligen Anordnung gem. § 44 Abs. 3 WEG wegen der Eilbedürftigkeit oder Vereitelungsgefahr kein rechtliches Gehör gewährt, ist dies mit Zustellung der Entscheidung nachzuholen (vgl. BVerfGE 70, 180, 188f).

Wird der Anspruch auf rechtliches Gehör verletzt, so ist das Gehör notfalls durch das Beschwerdegericht nachzuholen, und zwar auch im Rechtsbeschwerdeverfahren (BGH NZM 2003, 946f). Eine Verletzung des Anspruchs auf rechtliches Gehör rechtfertigt nur dann eine Aufhebung der Entscheidung und die Zurückverweisung der Sache durch das Rechtsbeschwerdegericht, wenn die Entscheidung darauf beruht. Zur Prüfung dieser Frage muss der Rechtsbeschwerdeführer darlegen, was er bei Gewährung rechtlichen Gehörs vorgetragen hätte (BayObLG WE 1992,

198). Eine Entscheidung beruht nicht auf einer Verletzung des Anspruchs auf rechtliches Gehör, wenn dieses zu einem unerheblichen Sachverhalt nicht gewährt wurde (BayObLG WE 1990, 397f). Wird ein von der Entscheidung materiellrechtlich Betroffener am Verfahren allerdings überhaupt nicht beteiligt, so liegt ein absoluter Beschwerdegrund gem. § 27 Abs. 1 S. 2 FGG i.V.m. §§ 545, 547 ZPO vor. Ist die Entscheidung unanfechtbar, so eröffnet eine Verletzung des rechtlichen Gehörs aber kein weiteres, auch kein außerordentliches Rechtsmittel (Staudinger/Wenzel Vorbem. §§ 43 ff RN 15).

▸ **Rechtsanwalt**

Soweit das Amtsgericht und das Landgericht in Verfahren gem. §§ 43 ff WEG verhandelt und entscheidet, steht es den Parteien frei, ob sie sich durch einen Rechtsanwalt vertreten lassen. Anwaltszwang besteht nur für die Einlegung einer sofortigen weiteren Beschwerde durch eine Beschwerdeschrift, die von einem Rechtsanwalt gem. § 29 Abs. 1 S. 2 FGG unterzeichnet sein muss.

Hat das Gericht das persönliche Erscheinen angeordnet, so müssen die Parteien den Termin persönlich wahrnehmen; sie können dabei einen Rechtsanwalt als Beistand zuziehen. Der Rechtsanwalt muss auf Anordnung des Gerichts oder auf Verlangen eines Beteiligten seine Bevollmächtigung durch eine öffentlich beglaubigte Vollmacht nachweisen, § 13 S. 3 FGG. Bei Vertretung durch einen Rechtsanwalt wird das Gericht i.d.R. von einem Nachweis absehen (vgl. BayObLG WE 1989, 211 zur Prüfung von Amts wegen). Verlangt ein Beteiligter den Nachweis, so ist dies für das Gericht bindend, es sei denn, dass ein Fall der offensichtlichen Schikane vorliegt (BayObLG WE 1990, 182). Das Gericht muss dem Antrag auch dann nicht entsprechen, wenn hierfür kein → Rechtsschutzbedürfnis besteht, weil er erst im Rechtsbeschwerdeverfahren gestellt wurde und deshalb die bisherigen Verfahrenshandlungen wirksam sind, da eine Zurückweisung der Bevollmächtigung nur für die Zukunft möglich ist (BayObLGZ 1979, 59). Der auf ein wirksames Verlangen zu erteilende Nachweis erfolgt durch Vorlage einer schriftlichen Vollmachtsurkunde mit notariell beglaubigter

Unterschrift, § 129 BGB. Bei Vertretung der gesamten Wohnungseigentümergemeinschaft ist eine entsprechende Vollmachtserklärung jedes einzelnen Wohnungseigentümers erforderlich. Tritt der Verwalter in Verfahrensstandschaft für die Wohnungseigentümer auf (→ Prozessführung durch Verwalter) oder erteilt der Verwalter namens der Wohnungseigentümer Verfahrensvollmacht, so genügt eine vom Verwalter unterzeichnete Vollmachtsurkunde; der Verwalter muss aber seinerseits die ihm erteilte Vollmacht oder Verfahrensführungsbefugnis urkundlich nachweisen.

Ist der Verwalter zur Führung eines Verfahrens oder Prozesses ermächtigt, so ist er i.d.R. befugt, einen Rechtsanwalt zu beauftragen (BGH NJW 1992, 1924; OLG Düsseldorf ZWE 2001, 117 z. Beitreibung rückständiger Vorschüsse). Die Ermächtigung erfasst aber nicht die außergerichtliche Betreibung von Beitragsforderungen durch einen Rechtsanwalt, da der Verwalter kraft Gesetzes berechtigt und verpflichtet ist, die Lasten- und Kostenbeiträge einzuziehen (OLG Düsseldorf ZWE 2001, 117).

Die in dem Verfahren entstehenden Anwaltskosten, die gem. §§ 63 Abs. 1 Nr. 2 i.V.m. 31 ff BRAGO zu berechnen sind, trägt grds. jede Partei selbst. Nur wenn besondere Umstände vorliegen – z.B. bei mutwilliger Einlegung eines von vornherein aussichtslosen Rechtsmittels –, kann das Gericht die außergerichtlichen Kosten und damit insbesondere die Anwaltskosten nach § 47 S. 2 WEG dem Gegner ganz oder teilweise auferlegen (→ Kostenentscheidung).

Vertritt der Verwalter die Wohnungseigentümer im fremden Namen (→ Prozessführung durch Verwalter) und verneint man entgegen der hier vertretenen Auffassung die Parteifähigkeit der Wohnungseigentümergemeinschaft, hat der Rechtsanwalt gem. § 6 Abs. 1 S. 2 BRAGO die Erhöhungsgebühr zu beanspruchen, da die Wohnungseigentümer mehrere Auftraggeber i.S. dieser Vorschrift sind (BGH NJW 1987, 2240; KG WE 1993, 223 f; OLG Düsseldorf AnwBl 1980, 75; a.A. OLG Koblenz MDR 1985, 58). Danach erhöht sich die Geschäftsgebühr (für außergerichtliches Betreiben des Geschäfts durch den Rechtsanwalt, insbesondere Information, Einreichen, Fertigen oder Unterzeichnen von Schriftsätzen oder Schreiben) gem. § 118 Abs. 1 Nr. 1 BRAGO und die Prozess- bzw. Verfahrensgebühr gem. § 31 Abs. 1 Nr. 1 BRAGO für jeden weiteren Auftraggeber um $3/_{10}$ der Ausgangsgebühr. Die Erhöhung darf den Betrag von zwei Ausgangsgebühren nicht übersteigen. Vertritt der Rechtsanwalt also acht oder mehr Wohnungseigentümer, so erhält er die zulässige Höchstgebühr von $30/_{10}$ ($10/_{10} + 7 \times 3/_{10} = 21/_{10}$, gekürzt auf die Höchstgebühr von $20/_{10}$). Mit der Erhöhungsgebühr werden die Mehrbelastung des Rechtsanwalts und die erhöhten Haftungsrisiken abgegolten. Ist der Verwalter aber alleiniger Auftraggeber, weil er als Verfahrensstandschafter im eigenen Namen den Rechtsanwalt beauftragt (→ Prozessführung durch Verwalter), so fällt die Erhöhungsgebühr nicht an (BGH NJW 1987, 2240 f; KG WE 1993, 223 f; Niedenführ DWE 1992, 6, 8). Die Wohnungseigentümergemeinschaft ist aber nicht verpflichtet, diesen für den Gegner kostengünstigeren Weg zu wählen (OLG Düsseldorf JurBüro 1990, 1157; LG Berlin AnwBl. 1990, 632).

Es genügt zur Entstehung einer vollen Verhandlungsgebühr gem. §§ 63 Abs. 1 S. 2, 31 Abs. 1 Nr. 2 BRAGO nicht, dass der Rechtsanwalt einen Antrag gestellt hat, es muss vielmehr hinzukommen, dass auch der Gegenanwalt einen Antrag stellt oder bei seinem Ausbleiben oder Schweigen ein solcher fingiert wird, z.B. als Zugeständnis der klagebegründenden Tatsachen (§ 331 ZPO). Findet in einer Tatsacheninstanz ausnahmsweise keine mündliche Verhandlung statt, erhält ein Rechtsanwalt trotzdem nach § 35 BRAGO die gleichen Gebühren wie in einem Verfahren mit mündlicher Verhandlung (BGH NZM 2003, 813).

▶ **Rechts- und Parteifähigkeit der Wohnungseigentümergemeinschaft**

Rechtsfähig ist, wer Träger von Rechten und Pflichten sein kann. Die Rechtsfähigkeit kommt gleichermaßen natürlichen Personen und juristischen Personen und gem. § 14 Abs. 2 BGB auch einzelnen Personengesellschaften zu und ermöglicht ihnen die Teilnahme am Rechtsverkehr.

An die Rechtsfähigkeit knüpft sich die Parteifähigkeit. Parteifähig ist nach § 50 ZPO, wer rechtsfähig ist. Parteifähigkeit bedeutet die Fähigkeit, in einem Rechtsstreit die rechtliche Stellung eines Aktiv- oder Passivsubjektes zu erlangen, also die Fähigkeit, im Urteilsverfahren Kläger oder Beklagter, im Beschlussverfahren Antragsteller oder Antragsgegner, im Vollstreckungsverfahren Gläubiger oder Schuldner sein zu können (Zöller/Vollkommer § 50 RN 1 ff).

Nach (noch) h. M. kommt der Wohnungseigentümergemeinschaft weder Rechts-, noch Parteifähigkeit zu (BGHZ 142, 290, 294; NJW 1998, 667; BayObLG NZM 2001, 956; NJW 2002, 1506; LG Hamburg ZMR 2001, 856; Palandt/Bassenge Überbl. v. § 1 WEG RN 5; Weitnauer Vor § 1 WEG RN 28, 38. 57; a.A. Staudinger/Bub § 28 RN 155: partiell rechtsfähig; a.A. Junker S. 202 f: unbeschränkt rechtsfähig). Hiernach kann sie weder Inhaber von Rechten sein noch Träger von Pflichten und weder klagen noch verklagt werden. Rechtsträger sind dann allein die Wohnungseigentümer selbst, die klagen und verklagt werden können. Soll eine Vollstreckung auch in gemeinschaftliches Vermögen erfolgen, sind im Rechtsstreit gegen die Wohnungseigentümergemeinschaft zwingend alle Wohnungseigentümer, die der Gemeinschaft zur Zeit der Klagezustellung angehören, mit Name, Anschrift und Geburtsdatum oder Beruf anzuführen, wahlweise zur Identifizierung anhand der Angabe der Grundbuchblattnummer (OLG Köln OLGZ 1994, 521; Staudinger/Kreuzer § 10 RN 15), zu bezeichnen – jedenfalls in einer beigefügten Eigentümerliste –, um § 253 Abs. 2 Nr. 1 ZPO zu genügen. Wird eine „Wohnungseigentümergemeinschaft" verklagt oder klagt diese, ist eine solche Parteibezeichnung dahingehend auszulegen, dass alle Wohnungseigentümer klagen oder verklagt werden sollen (BGH NJW 1977, 1689). Das Gericht hat dann die Angabe der Namen und ladungsfähigen Anschriften der Wohnungseigentümer aufzugeben (BayObLG ZWE 2001, 534). In der Entscheidung sind jedenfalls die Namen und Anschriften aller Wohnungseigentümer aufzunehmen.

Ein an die „Wohnungseigentümergemeinschaft XY" adressierter, dem Verwalter zugestellter Abgabenbescheid ist nicht wirksam i.S. der §§ 119 Abs. 1, 157 Abs. 1 S. 2 AO zugestellt (VGH Kassel NJW 1984, 1645; OVG Schleswig NJW-RR 1992, 457 für kommunale Abfallgebühr). Jedoch ist Auslegung möglich, wenn die Gebührenfestsetzung die auf die einzelnen Wohnungseigentümer entfallenden Gebühren ausweist und ihr zu entnehmen ist, dass die einzelnen Wohnungseigentümer zur Zahlung herangezogen werden sollen (BVerwG NJW-RR 1995, 73).

Sind die Wohnungseigentümer in einer gerichtlichen Entscheidung nicht so genau bezeichnet, dass ihre Identität einwandfrei festgestellt werden kann, so kann aus dem Vollstreckungstitel wegen Fehlens einer allgemeinen Zwangsvollstreckungsvoraussetzung i.S. des § 750 Abs. 1 ZPO nicht in gemeinschaftliches Vermögen vollstreckt werden (BayObLG DWE 1985, 60; Staudinger/Kreuzer § 10 RN 19). Haben umgekehrt die Wohnungseigentümer einen Titel gegen einen Beitragsschuldner erwirkt und soll für sie im Wohnungseigentumsgrundbuch des Schuldners eine → Zwangssicherungshypothek eingetragen werden, so müssen auch bei großen Wohnungseigentümergemeinschaften sämtliche Eigentümer einzeln unter Angabe von Vorname, Name, Adresse und Beruf im Eintragungsvermerk aufgeführt werden.

Der h. M. ist nicht zu folgen. Die Voraussetzungen, unter denen die Rechtsordnung Personenverbänden die Rechtsfähigkeit zuerkennt, liegen nämlich ausnahmslos vor.

1. Körperschaftliche Organisation

Die Wohnungseigentümergemeinschaft verfügt – anders als eine → Gesellschaft bürgerlichen Rechts – über eine körperschaftliche Organisation mit den Organen der Wohnungseigentümerversammlung, des Verwalters und des Verwaltungsbeirats, die die erforderlichen Entscheidungen herbeizuführen und für eine ordnungsmäßige Vertretung zu sorgen ermöglicht.

Sie bildet weiter – anders als die schlichte Bruchteilsgemeinschaft (z. Abgrenzung der Wohnungseigentümergemeinschaft von der Bruchteilsgemeinschaft → Wohnungseigentümergemeinschaft) – zur Erfüllung eines gemeinschaftlichen überindividuellen Zwecks auf der Grundlage eines rechtsgeschäftlich unabhängig von den Außenverbindlichkeiten begründeten Beitragsaufkommens ein eigenes Verwaltungsvermögen – z.B. die Mittel der → Instandhaltungsrückstellung –, das einer gesamthänderischen Bindung unterliegt und vom Privatvermögen der einzelnen Wohnungseigentümer mit der Folge getrennt ist, dass die einzelnen Wohnungseigentümer über ihren Anteil an den einzelnen Vermögensgegenständen nicht verfügen können. Die Vermögenssonderung wird insbesondere deutlich an der →Instandhaltungsrückstellung, die einer gemeinschaftlichen Zweckbindung unterliegt (Staudinger/Bub §28 WEG RN. 203; Hauger WE 1989, 15f), weshalb der Anteil des einzelnen Wohnungseigentümers an ihr nicht zur Deckung seiner Beitragsrückstände herangezogen werden kann (BGHZ 108, 44, 51).

2. Auftreten nach außen / Teilnahme am Rechtsverkehr

Die Wohnungseigentümergemeinschaft tritt im rechtlichen Verkehr i.d.R. unter ihrem Namen – als Wohnungseigentümergemeinschaft x-Straße, y-Stadt – auf, ohne dass die einzelnen Wohnungseigentümer aufscheinen, wodurch sie ihre eigene Identität und Individualität dokumentiert; sie unterscheidet sich damit von anderen Gesamthandsgemeinschaften, die lediglich als die Summe ihrer Mitglieder in Erscheinung treten (MünchKomm/Reuter §21 RN 8). In einer Klageschrift müssen schon derzeit nicht sämtliche Mitglieder der Wohnungseigentümergemeinschaft namentlich angeführt werden müssen, vielmehr genügt eine Kurzbezeichnung (BGH NJW 1977, 1686; Z 78, 173), soweit sich die einzelnen Wohnungseigentümer einer beigefügten Eigentümerliste entnehmen lassen. Die Wohnungseigentümergemeinschaft ist insoweit „namensfähig".

Die Wohnungseigentümergemeinschaft tritt als „Ganzes" auch im Rechtsverkehr auf. Sie schließt mit Dritten planmäßig und ständig Verträge ab, mit denen sie die für die von ihr verfolgten Zwecke erforderlichen Rechte erwirbt, aber sich auch entsprechend verpflichtet. Ihren Vertragspartnern ist in der Praxis nur der für sie auftretende Verwalter bekannt, häufig aber keiner der Wohnungseigentümer, nur in Ausnahmefällen alle Wohnungseigentümer. Sie haben zwar einen Anspruch auf Auskunft gegenüber der Gemeinschaft auf Mitteilung von Namen und Anschrift aller Miteigentümer (→Auskunft, Information); wollen Dritte aber gesetzliche Ansprüche gegenüber den Wohnungseigentümern geltend machen, z.B. aufgrund einer Verletzung der →Verkehrssicherungspflichten, sind sie u.U. auf Grundbucheinsicht verwiesen.

3. Unauflöslichkeit

Die Mitglieder der Wohnungseigentümergemeinschaft sind – unabhängig von ihrer jeweiligen Zusammensetzung – allein aufgrund der natürlichen Einheit des Gebäudes, in dem sich ihre Wohnungen befinden, dauerhaft und untrennbar miteinander verbunden. Die Wohnungseigentümergemeinschaft ist auf Dauer angelegt und in ihrem Bestand vom Wechsel ihrer Mitglieder unabhängig. Mit dem Grundsatz der Unauflöslichkeit der Wohnungseigentümergemeinschaft – im Unterschied zu der gem. §§ 749 ff BGB auf Teilung zustrebenden Bruchteilsgemeinschaft – hat zudem der Gesetzgeber eine Grundlage für diese Verselbständigung gegenüber ihren Mitgliedern angelegt.

4. (Teil-)Rechtsfähigkeit der Wohnungseigentümergemeinschaft

Die Gemeinschaftssphäre ist in der Wohnungseigentümergemeinschaft – nicht allein aufgrund gesetzgeberischer Anordnung, sondern schon aufgrund der Natur des Rechtsverhältnisses – so stark ausgeprägt, dass der Wohnungseigentümergemeinschaft nach hier vertretener Auffassung allein die Zuerkennung der Rechtsfähigkeit gerecht wird (so auch Raiser ZWE 2001, 173, 177). Sie kann als „Gruppe" Rechte erwerben und Verbindlichkeiten eingehen sowie klagen und verklagt werden.

Dieser Grundsatz bedarf allerdings der Einschränkung insoweit, als die vorstehend genannten Kriterien nicht von allen Wohnungseigentümergemeinschaften erfüllt werden. Unabdingbare Voraussetzung muss im Außenverhältnis die körperschaftliche Verfasstheit, welche sich in der Bestellung des Organs „Verwalter" verwirklicht, im Innenverhältnis die – wenn auch beschränkte – Ansammlung eines gemeinschaftlichen Vermögens als Korrelat zur Zuordnung von Rechten und Pflichten und Haftungssubstrat sein. „Kleingemeinschaften" mit wenigen, z.T. nur zwei Wohnungseigentümern, ohne körperschaftliche Struktur, d.h. ohne Verwalter und gemeinschaftliches Vermögen, kommt deshalb auch nach hier vertretener Auffassung keine (Teil-)Rechtsfähigkeit zu.

▶ Rechtsmängel

Ein Rechtsmangel liegt vor, wenn der Veräußerer dem Erwerber die Eigentumswohnung nicht frei von oder nur mit den im Kaufvertrag übernommenen Rechten verkauft, die von Dritten gegen den Erwerber geltend gemacht werden können, §435 S.1 BGB. Dies betrifft insbesondere Grundschulden, Hypotheken, Grunddienstbarkeiten (BGH NJW-RR 1993, 396) oder Nutzungsbeschränkungen (OLG Düsseldorf WuM 1998, 45), ein Sondernutzungsrecht an einem Kfz-Stellplatz (OLG Koblenz MDR 1998, 341) oder ein Vorkaufsrecht (RGZ 133, 76), aber auch Miet- oder Pachtrechte, in welche der Erwerber gem. §566 BGB eintritt (→Vermietung von Wohnungseigentum), insbesondere wenn sie zu einem späteren Zeitpunkt enden, als im Kaufvertrag vorgesehen (BGH NJW 1991, 2100), oder bei Bestehen einer Verlängerungsoption (BGH NJW 1998, 534). Ein Rechtsmangel liegt auch dann vor, wenn es sich bei der verkauften „Wohnung" in Wahrheit um Speicherräume handelt und die Miteigentümer die Unterlassung der Wohnnutzung verlangen können (→Dach, Dachboden) oder gem. §435 S.2 BGB, wenn eine Belastung zu Unrecht im Grundbuch eingetragen ist, weil sie in Wirklichkeit nicht mehr besteht. Wenn das Wohnungseigentum öffentlichen Abgaben oder öffentlichen Lasten, z.B. Grundstücks- und Gebäudesteuern, kommunalen Abgaben, Straßenanliegerbeiträgen unterliegt, so ist dies kein Rechtsmangel, §436 BGB.

Jeder einzelne Erwerber kann bei Vorliegen eines Rechtsmangels gem. §§437 Nr.1, 439 BGB dessen Beseitigung verlangen (BGHZ 62, 388). Der Veräußerer kann den Erwerber nicht darauf verweisen, eingetragene Belastungen seien vormerkungswidrig (→Vormerkung) und dem Erwerber gegenüber gem. §883 Abs.2 BGB unwirksam, so dass dieser selbst die Löschung der Belastung gem. §888 Abs.1 BGB durchsetzen könne (BGH MDR 1986, 661). Beseitigt der Veräußerer einen Rechtsmangel trotz Nachfristsetzung nicht, z.B. weil der Gläubiger einer eingetragenen Grundschuld die Löschung nicht bewilligt, so kann der Erwerber die in §437 BGB genannten Ansprüche geltend machen. Diese Rechte stehen dem Erwerber nicht zu, wenn er den Rechtsmangel bei Abschluss des Kaufvertrages kannte, §442 Abs.1 BGB. Ein im Grundbuch eingetragenes Recht hat der Veräußerer auch bei Kenntnis des Erwerbers zu beseitigen, §442 Abs.2 BGB.

Ist das Wohnungseigentum mit dem Recht eines Dritten belastet, so liegt kein Fall der Teilerfüllung i.S. der §§281 Abs.1 S.2, 323 Abs.5 BGB (§325 Abs.1 S.2 BGB a.F.) vor, sondern ein Fall der vollständigen Nichterfüllung (BGH ZMR 2000, 364 z. einer Sozialbindung).

▶ **Rechtsnachteile** → Abwendung von Rechtsnachteilen

▶ **Rechtsschutzbedürfnis**

Anträge auf eine Entscheidung des Amtsgerichts, Abt. für Wohnungseigentumssachen, sind nur zulässig, wenn ein Rechtsschutzbedürfnis besteht. Das Rechtsschutzbedürfnis ergibt sich ohne Nachweis i.d.R. aus der Beteiligtenstellung, die für die einzelnen Verfahrensarten in §43 Abs.4 WEG bestimmt ist (→ Beteiligte). Ein Rechtsschutzbedürfnis besteht auch dann für einen Antrag, wenn ein identischer Antrag eines anderen Wohnungseigentümers vorliegt, da das Schicksal dieses anderen Antrags maßgeblich von der Verfahrensführung durch den anderen Wohnungseigentümer abhängt und hierauf nicht vertraut zu werden braucht (KG WE 1993, 52).

1. Vornahme und Unterlassung von Handlungen

Das gegen die anderen Wohnungseigentümer gerichtete gerichtliche Verfahren auf Durchführung bestimmter Maßnahmen ordnungsmäßiger Verwaltung setzt i.d.R einen erfolglosen Versuch voraus, einen Beschluss in einer Wohnungseigentümerversammlung herbeizuführen (BayObLG WE 1994, 51f; OLG Düsseldorf ZMR 1994, 520, 523; OLG Hamburg WuM 1993, 705f; OLG Hamm WE 1996, 33, 39), da diese primär für die häufig zu treffende Ermessensentscheidung bei einer Mehrzahl von möglichen Maßnahmen zuständig ist; diese Kompetenz darf nicht durch die Durchsetzung eines Anspruchs gem. §21 Abs.4 WEG ausgehöhlt werden. Es kann ausnahmsweise auch ohne vorherige Anrufung der Wohnungseigentümerversammlung eingeleitet werden, wenn wegen der Stimmrechtsverhältnisse nicht mit einer Beschlussfassung zu rechnen ist, so dass die Durchführung einer Versammlung eine nutzlose Formalität wäre (BayObLG NJW-RR 1986, 445, 446; WE 1992, 197 [L] bei zwei Wohnungseigentümern mit gleichem Stimmrecht), oder dieser Weg aus anderen Gründen aussichtslos oder unzumutbar ist (OLG Düsseldorf WE 1991, 252 für den Fall, dass ein Wohnungseigentümer ein Quorum für die Aufnahme des Tagesordnungspunktes „Abwahl des Verwalters" nicht erreicht hat), was weder aus einem erfolglosen schriftlichen Verlangen (OLG Hamburg WuM 1993, 705f) noch aus der Weigerung des Verwalters, einen Tagesordnungspunkt aufzunehmen oder eine Versammlung einzuberufen (OLG Düsseldorf ZMR 1994, 520, 523), hergeleitet werden kann.

In einer Regelungsstreitigkeit entfällt das Rechtsschutzbedürfnis, wenn die Wohnungseigentümerversammlung die ausstehende Regelung selbst beschließt. Ebenso erledigt sich der Antrag, einem Eigentümer die zweckbestimmungswidrige Nutzung seines Wohnungseigentums zu untersagen, dadurch, dass die beanstandete Nutzung durch unangefochtenen Eigentümerbeschluss bestandskräftig genehmigt wird (BayObLG WE 1993, 350 – Blumenladen). Hat ein Wohnungseigentümer mit einem Verpflichtungsantrag gegen die übrigen Wohnungseigentümer in I. Instanz Erfolg, so entfällt im Rechtsmittelverfahren das Rechtsschutzbedürfnis, wenn der Antragsteller seine Wohnung veräußert und der neue Eigentümer kein Interesse an der begehrten Verpflichtung hat (BayObLG WE 1995, 63). Ein Unterlassungsbegehren erledigt sich durch den Wegfall der Wiederholungsgefahr (BayObLG WE 1995, 347f).

Ein gerichtliches Vorgehen gegen den Verwalter setzt voraus, dass dieser vor Antragstellung erfolglos zur Abhilfe aufgefordert wurde. Richtet sich der Antrag gegen eine Maßnahme des Verwalters, so entfällt das Rechtsschutzbedürfnis, sobald die Maßnahme durch Mehrheitsbeschluss der Wohnungseigentümer gebilligt wurde (BayObLGZ 1972, 246). Ein gegen den Verwalter gerichtetes Verfahren nach §43 Abs. 1 Nr. 2 WEG um dessen Rechte und Pflichten bei der Verwaltung des gemeinschaftlichen Eigentums erledigt sich auch durch das Ausscheiden des Verwalters aus dem Amt (BayObLG WE 1993, 320).

2. Anfechtung von Mehrheitsbeschlüssen

a) Wohnungseigentümer

Wohnungseigentümer haben regelmäßig ein Rechtsschutzbedürfnis für einen Beschlussanfechtungsantrag (→ Anfechtbarkeit und Anfechtung eines Beschlusses), da die Wohnungseigentümer an fehlerhafte Beschlüsse nach Ablauf der Anfechtungsfrist gebunden sind und der Verwalter verpflichtet ist, fehlerhafte Beschlüsse durchzuführen (BayObLG WE 1995, 89f; KG OLGZ 1976, 56, 58). Das Rechtsschutzbedürfnis entfällt nicht, wenn der Verwalter den Beschluss für unverbindlich hält und eine erneute Beschlussfassung in Aussicht stellt (OLG Frankfurt Rpfleger 1980, 112), ein anderer Wohnungseigentümer bereits einen Anfechtungsantrag eingereicht hat (KG WE 1993, 52) oder wenn der Beschluss vollzogen wurde (OLG Düsseldorf NZM 2001, 146; BayObLG WE 1999, 33); denn mit der Ungültigerklärung wird der Beschluss mit Rückwirkung unwirksam, so dass auch die Ausführung im Rahmen des Möglichen rückgängig zu machen ist (OLG Düsseldorf NZM 2001, 146; → Folgenbeseitigungsanspruch). Es besteht sogar fort, wenn die Maßnahme nicht mehr rückgängig zu machen ist – die Fassade ist saniert, die Heizungsanlage ersetzt –, weil die Frage der Gültigkeit für etwaige Folgenbeseitigungs- und Schadensersatzansprüche, aber auch für die Kostenbeteiligung (BayObLG WE 1995, 92f) von Bedeutung ist. Nur wenn die Ungültigkeitserklärung keine Rechtswirkungen für den Antragsteller hat, entfällt das Rechtsschutzbedürfnis (BayObLG NZM 2002, 623).

Wird ein Eigentümerbeschluss angefochten, der die Erteilung eines Auftrags an den Verwalter zum Gegenstand hat, entfällt das Rechtsschutzbedürfnis mit der vollständigen Ausführung des Auftrags, sofern die Kosten der Durchführung geregelt sind und ein weiteres Tätigwerden des Verwalters nicht mehr in Betracht kommt (BayObLG WE 1990, 142). Desgleichen erledigt sich die Anfechtung eines Beschlusses über die Errichtung einer Parabolantenne auf der Anlage durch deren anderweitige Installation (BayObLG WE 1996, 396).

Ein Rechtsschutzbedürfnis hat auch der Wohnungseigentümer, der einem Beschluss selbst zugestimmt hat (BayObLGZ 1977, 26;

OLG Karlsruhe ZMR 2003, 290 f) oder dessen Stimmrecht bei der Abstimmung gem. § 25 Abs. 5 WEG ruhte (Staudinger/Wenzel Vorbem. 64 zu §§ 43 ff; →Ruhen des Stimmrechts). Das Anfechtungsrecht dient nämlich nicht nur dem persönlichen Interesse des anfechtenden Eigentümers oder dem Minderheitenschutz, sondern auch dem Interesse der Gemeinschaft an einer ordnungmäßigen Verwaltung. Dazu gehört auch, dass rechtswidrige oder fehlerhafte Beschlüsse nicht durchgeführt werden müssen (BayObLG ZMR 2001, 815 f; OLG Karlsruhe ZMR 2003, 290 f). Etwas anderes gilt wenn die Anfechtung nur auf Verstöße gegen Verfahrensvorschriften, etwa über die →Einberufung der Versammlung, gestützt wird, obwohl der anfechtende Eigentümer während der Versammlung Kenntnis von diesen Mängeln hatte und keine Einwendungen erhoben hat (BayObLG NJW-RR 1992, 910 f; OLG Karlsruhe ZMR 2003, 290 f).

Das Rechtsschutzbedürfnis fehlt, wenn der angefochtene Beschluss den anfechtenden Wohnungseigentümer nicht betrifft (BayObLG DNotZ 1985, 414, 416), z.B. bei Beschlüssen in →Mehrhauswohnanlagen über die Benutzung von Räumlichkeiten in anderen Häusern, an denen dem Anfechtenden kein Mitgebrauchsrecht zusteht.

Das Rechtsschutzbedürfnis an der Anfechtung kann durch Ausscheiden des Eigentümers aus der Gemeinschaft entfallen, wenn die Ungültigerklärung für den ausgeschiedenen Wohnungseigentümer keinerlei Rechtsfolgen mehr auslöst und sein Rechtsnachfolger an der Fortführung des Prozesses keine Interesse hat (BayObLG NZM 1998, 527; ZWE 2000, 261). Es entfällt nicht, wenn der angegriffene Beschluss zu einem Schaden des anfechtenden Wohnungseigentümers geführt hat und die Bestandskraft des Beschlusses Schadensersatzansprüche ausschließen würde (OLG Karlsruhe OLGZ 1985, 139 für einen Mehrheitsbeschluss, mit dem die Zustimmung zur Veräußerung eines Wohnungseigentums versagt wurde). In einem Verfahren über die Anfechtung eines Entlastungsbeschlusses besitzt der ausgeschiedene Eigentümer ein Rechtsschutzbedürfnis, wenn er sich Schadensersatzansprüche gegenüber dem Verwalter vorbehalten hat (KG NZM 2001, 241).

In einem →Anfechtungsverfahren entfällt das Rechtsschutzbedürfnis, wenn der streitige Eigentümerbeschluss durch einen unanfechtbar gewordenen →Zweitbeschluss bestätigt (BGH NZM 2002, 995, 997; BayObLG ZWE 2001, 492 z. Anfechtung eines Bestellungsbeschlusses) oder durch einen Aufhebungs- oder Änderungsbeschluss ersetzt wird (BayObLG WE 1988, 35; 1993, 343; OLG Düsseldorf NZM 1999, 579f; OLG Frankfurt OLGZ 1989, 434f). Umgekehrt entfällt für die Anfechtung eines Zweitbeschlusses das Rechtsschutzinteresse, sobald der Erstbeschluss bestandskräftig geworden ist. In diesem Fall wäre nämlich die Aufhebung des Zweitbeschlusses ohne Auswirkungen auf das Rechtsverhältnis der Wohnungseigentümer, da es bei der Wirksamkeit des bestandskräftigen Erstbeschlusses verbleibt (BGH NZM 2001, 961, 966); ein Rechtsschutzbedürfnis für die Anfechtung des Zweitbeschlusses bestünde dann nur im Fall der Nichtigkeit des Erstbeschlusses (BGHZ 127, 99, 102).

b) Verwalter

Der Verwalter hat kein allgemeines Rechtsschutzbedürfnis, Beschlüsse der Wohnungseigentümerversammlung auf ihre Gültigkeit überprüfen zu lassen (Staudinger/Wenzel Vorb. §§43ff RN 68; Müller ZWE 2000, 557, 559). Er hat nur dann ein rechtliches Interesse an der Beschlussanfechtung, wenn der Beschluss offensichtlich rechtswidrig ist und von ihm durchzuführen wäre oder wenn er durch den Beschluss in seiner Rechtsstellung betroffen ist (BGH NJW 2002, 3240), z.B. wenn ihm zusätzliche Aufgaben auferlegt werden.

Das Verfahren über die Ungültigerklärung des Bestellungsbeschlusses erledigt sich in der Hauptsache mit der Folge des Fortfalls des Rechtsschutzbedürfnisses, wenn die Frist für die Bestellung abgelaufen ist (BayObLG NZM 2002, 300f; OLG Hamm WE 1996, 33, 35), da sich die Ungültigerklärung des Bestellungsbeschlusses nicht mehr auf das Rechtsverhältnis zwischen Wohnungseigentümern und Verwalter auswirken kann. Ebenso lässt der Ablauf des Bestellungszeitraums das Rechtsschutzbedürfnis für die Anfechtung des Abberufungsbeschlusses durch den Verwalter entfallen (OLG Hamm NZM 2003, 486; Wenzel ZWE

2001, 510, 515; a.A. BayObLG ZWE 2001, 590, 592; offen gelassen von BGH NZM 2002, 788, 790). Da die Bestandskraft des Abberufungsbeschlusses keinen Einfluss auf den Bestand des Verwaltervertrages hat, auch wenn dieser mit der Abberufung zugleich gekündigt worden ist, kann über das Bestehen von Vergütungsansprüchen im Anfechtungsprozess nicht entschieden werden; dem Verwalter fehlt auch das rechtliche Interesse, die Abberufung allein mit dem Ziel anzufechten, die Wirksamkeit der Kündigung klären zu lassen. Hierfür steht ihm das Feststellungsverfahren nach § 256 Abs. 1 ZPO zur Verfügung (Wenzel ZWE 2001, 510, 515; → Kündigung des Verwaltervertrages).

Das Rechtsschutzbedürfnis entfällt nicht, wenn die Wohnungseigentümer den angefochtenen Abberufungsbeschluss wiederholen, insbesondere für den Fall, dass der Zweitbeschluss wiederum angefochten wurde (BGHZ 106, 113, 115), zumal da der Zweitbeschluss keinesfalls mit Rückwirkung formelle Fehler des ersten Abberufungsbeschlusses heilen kann (BGHZ 106, 113 f). Auch das Verfahren über die Anfechtung eines Bestellungsbeschlusses erledigt sich nicht, solange spätere Beschlüsse, die die früheren Bestellungen bestätigen oder für zukünftige Zeiträume einen neuen Verwalter bestellen, noch nicht bestandskräftig geworden sind (BayObLG ZMR 2001, 366). Das Rechtsschutzbedürfnis für ein Verfahren auf gerichtliche Abberufung des Verwalters entfällt aber, wenn der Verwalter nach Ablauf der Amtszeit durch unangefochtenen Beschluss erneut bestellt wurde (OLG Köln NZM 1998, 959).

3. Wirtschaftsplan

a) Aufstellung und Genehmigung

Das Rechtsschutzbedürfnis für einen Antrag auf Aufstellung eines → Wirtschaftsplanes durch den Verwalter entfällt nicht mit Ablauf des betreffenden Wirtschaftsjahres (a.A. KG WuM 1986, 230; WE 1991, 193), da zum einen der Wirtschaftsplan über das Jahresende hinaus als Anspruchsgrundlage für die während seiner Geltungsdauer entstandenen Ansprüche wirksam bleibt (→ Beiträge, Beitragsvorschüsse) und zum anderen die Genehmigung der →Abrechnung lediglich die Verteilung der tatsächlichen Einnahmen und Ausgaben während des betreffenden Wirtschaftsjahres festlegt, so dass die Abrechnung nicht Anspruchsgrundlage für die Beitragszahlungen sein kann, die für die Erfüllung der Verbindlichkeiten erforderlich sind, die wegen der Nichtaufstellung des Wirtschaftsplans bis zum Jahresende aus den gemeinschaftlichen Geldern der Wohnungseigentümer nicht getilgt werden konnten. Mit Ablauf des Wirtschaftsjahres sind jedoch alle Beitragsraten zur Zahlung fällig, so dass der Wirtschaftsplan wie eine Sonderumlage wirkt, deren Durchsetzung nach Ablauf des Wirtschaftsjahres jedenfalls zulässig ist.

Gleiches gilt für den Anspruch auf Genehmigung des Wirtschaftsplans; das Rechtsschutzbedürfnis entfällt insoweit auch nicht mit Bestandskraft des Beschlusses, der die Abrechnung genehmigt (BayObLG NJW-RR 1991, 1360 f). Der Antrag ist allerdings nach Bestandskraft der Abrechnungsgenehmigung umzudeuten in einen Antrag auf Zustimmung zu einem Wirtschaftsplan oder einer Sonderumlage zur Beschaffung der Mittel, die zur Erfüllung der am Ende des Wirtschaftsjahres nicht erfüllten Verbindlichkeiten erforderlich sind.

b) Anfechtung der Genehmigung

Aus den genannten Gründen entfällt auch das Rechtsschutzbedürfnis für die Anfechtung eines Wirtschaftsplanes weder mit dem Ablauf des entsprechenden Wirtschaftsjahres (BayObLG ZMR 1986, 190; KG ZMR 1986, 251) noch mit der Genehmigung der Jahresabrechnung (→Abrechnung, Genehmigung) für den entsprechenden Zeitraum (BGHZ 106, 113, 116; BayObLG NZM 1998, 334; Palandt/Bassenge § 28 RN 18) noch mit Bestandskraft des Genehmigungsbeschlusses (a.A. BayObLG NJW-RR 1991, 1360, 1362). Das Rechtsschutzbedürfnis kann aber mit der Bestandskraft des Abrechnungsbeschlusses entfallen, wenn aus dem Beschluss über den Wirtschaftsplan im konkreten Einzelfall keine weiteren Ansprüche hergeleitet werden können als aus dem bestandskräftigen Abrechnungsbeschluss, z.B. weil während des Abrechnungszeitraums weder ein Eigentümerwechsel (→Haftung des Erwerbers) stattgefunden hat (Wenzel, in: FS Seuß [1997]

313, 327), noch ein Insolvenzverfahren (→ Insolvenz eines Wohnungseigentümers) eröffnet, noch eine → Zwangsverwaltung angeordnet wurde (BayObLG GE 1997, 371) und alle Beitragsvorschüsse fristgerecht bezahlt wurden, da allein in diesen Fällen der Wirtschaftsplan weiterhin als Anspruchsgrundlage für Beitragsforderungen benötigt wird.

▸ Rederecht in der Wohnungseigentümerversammlung

Das Rederecht in der Wohnungseigentümerversammlung ist Bestandteil des Teilnahmerechts (→ Teilnahme an der Wohnungseigentümerversammlung). Als wesentliches Teilhaberecht, dessen Ausübung primär den jedem Wohnungseigentümer zustehenden Einfluss auf die Meinungsbildung gewährleistet (KG WuM 1992, 392f); steht es auch dem Wohnungseigentümer zu, dessen Stimmrecht gem. § 25 Abs. 5 WEG ruht (→ Ruhen des Stimmrechts).

1. Redezeitbeschränkung

Um Missbräuchen nicht Vorschub zu leisten und eine zumutbare Dauer der Versammlung zu gewährleisten – die Versammlung darf ohne vorherige Ankündigung nicht über Mitternacht hinaus fortgesetzt werden –, kann die Redezeit unter Berücksichtigung ihrer Bedeutung auf Anordnung des Vorsitzenden oder durch mehrheitlichen Beschluss beschränkt werden (OLG Stuttgart ZMR 1986, 370; Bub PiG 25, 49, 56; Palandt/Bassenge § 24 RN 17; als Grundsatz schon in BVerfG NJW 1959, 1723 für die parlamentarische Diskussion anerkannt), und zwar allgemein und von vorneherein, aber auch während der Versammlung (LG Stuttgart WM 1994, 1754, 1757 z. § 119 AktG) oder speziell in Bezug auf einen einzelnen Redner (OLG Stuttgart ZMR 1986, 370; vgl. RN 99).

Die Redezeitbeschränkung verletzt i.d.R. nicht das Recht auf rechtliches Gehör; sie zwingt die Redner zur Konzentration auf das Wesentliche und vermeidet Abschweifungen. Die Begrenzung der Redezeit muss sich an der Bedeutung der Materie und ihrer Komplexität bemessen und die Wohnungseigentümer unabhängig von der Zahl der ihnen zustehenden Miteigentumsanteile gleich behandeln. Übermäßig lange oder erkennbar vom Thema abweichende Beiträge gehen stets zu Lasten der Redezeit anderer Eigentümer. Eine Redezeitbegrenzung auf fünf (BVerfG NZG 2000, 192), bei schwierigeren Sachverhalten höchstens zehn Minuten ist nicht zu beanstanden, ohne dass dies für jegliche Sachverhalte als Faustformel gelten kann (Bub PiG 25, 49, 61). Der Versammlungsleiter kann deshalb im Einzelfall eine Überschreitung der Redezeit zulassen.

2. Wortentzug

Nach vorheriger Androhung ist nach Überschreitung der Redezeit ein Wortentzug möglich (vgl. BVerfG NZG 2000, 192, 194 z. Hauptversammlung einer AG). Allerdings muss innerhalb dieser Begrenzung Gleichheit aller Wohnungseigentümer gewährleistet sein. Der Verwalter kann stets das Wort entziehen, wenn Äußerungen beleidigenden oder offenkundig unsachlichen Charakter haben oder – nach vorherigem „Ruf zur Sache" – zu weitschweifig sind und nicht zum Punkt gebracht werden oder nicht den aufgerufenen Tagesordnungspunkt betreffen (Bub PiG 25, 49, 61). Zu unterbinden hat der Vorsitzende auch Äußerungen, wenn physischer, psychischer, wirtschaftlicher oder vergleichbarer Druck zur Unterstützung und Durchsetzung der vorgetragenen Meinung eingesetzt wird (BVerfG NJW 1989, 381 f). Schließlich können intensive Verstöße gegen Anstandsregeln, z.B. laute Zwischenrufe, nach einem Ordnungsruf den Wortentzug rechtfertigen.

3. Ende der Debatte

Hat der Vorsitzende den Eindruck, dass alle Gesichtspunkte vorgetragen sind oder dass die Versammlung bewusst in die Länge gezogen werden soll, so kann er das „Ende der Debatte" anregen, um das sog. Filibustern durch Obstruktionsreden zu unterbinden (Seuss WE 1995, 260, 268), aber nicht anordnen; hierüber entscheidet ausschließlich die Versammlung durch Mehrheitsbeschluss. Erfolgen gleichwohl noch Wortmeldungen zur Sache, so sind diese als Antrag auf Fortsetzung der Debatte auszulegen, über den die Versammlung mehrheitlich beschließt (BayObLG NJW-RR 1987, 1363). Dabei darf einer Minderheit nicht grundlos das Rederecht entzogen und eine Sachdiskussion nicht verweigert werden (LG Hamburg WuM 1986, 153); eine solche kann i.d.R. nicht durch den Hinweis auf eine Erörterung in einer früheren Versammlung abgeschnitten werden (offen gelassen v. BayObLG DWE 1982, 131). Um vorliegende Wortmeldungen nicht beim Ende der Debatte zu übergehen, ist zunächst eine Redezeitbeschränkung herbeizuführen (LG München I DB 2000, 267 z. Hauptversammlung einer AG). Kann ein Sachantrag aus Zeitgründen nicht ausdiskutiert werden, so erfordert dies möglicherweise eine Vertagung in die nächste Versammlung.

▶ **Regenrinne, Fallrohr**

Regenrinnen (BayObLG NJWE-MietR 1996, 181) und Fallrohre (BayObLG WuM 1989, 539) sind gemeinschaftliches Eigentum.

Der Anbau einer optisch unauffälligen Regenrinne an der äußeren Balkonbrüstung ist eine bauliche Veränderung, die jedoch gem. § 14 Nr. 1 WEG zu dulden ist, wenn dadurch Beeinträchtigungen der darunter liegenden Terrasse durch herabtropfendes Regen- und Gießwasser vermieden werden (OLG Düsseldorf WE 1990, 204). Die Verkehrssicherungspflicht erfordert die Anbringung eines Regenfallrohres zur Ableitung von Regenwasser, das aus einer Regenrinne auf einen Kfz-Stellplatz läuft und dort im Winter zur Eis- und Glättebildung führt (BayObLG DWE 1996, 72).

Der Verwalter ist nicht verpflichtet, für eine regelmäßige Wartung von Fallrohren zu sorgen, und deshalb nicht ersatzpflichtig für unvorhersehbare Wasserschäden in den Wohnungen wegen verstopfter Leitungen (KG NZM 1999, 131).

▶ **Reklameflächen** → Werbe- und Reklameeinrichtungen

▶ **Restaurant** → Café, Eisdiele; → Gaststätte; → Salatrestaurant

▶ **Rollläden, Außenjalousien**

Rollläden und Rollädenkästen sowie Außenjalousien (BayObLG WE 1992, 232; KG WuM 1985, 353) sind wegen ihrer

Auswirkung auf die äußere Gestaltung der Wohnanlage gem. § 5 Abs. 2 WEG zwingend gemeinschaftliches Eigentum (Staudinger/ Rapp § 5 RN 25; a.A. LG Memmingen Rpfleger 1978, 101). Zugvorrichtung und Rollladengurt hingegen stehen grds. im Sondereigentum.

Der Einbau eines Rollladens, einer Außenjalousie oder von Rollädenkästen ist als ein Eingriff in die bauliche Substanz eine bauliche Veränderung i.S. von § 22 Abs. 1 WEG (OLG Düsseldorf NZM 2001, 243; ZWE 2000, 279; OLG Zweibrücken ZMR 1997, 31). Eine nachteilige Beeinträchtigung der übrigen Wohnungseigentümer kann sich aus der Veränderung des optischen Gesamteindrucks der Wohnanlage ergeben (BayObLG WEM 1982, 109; OLG Düsseldorf WE 1996, 32). Soweit die Rollläden jedoch kaum erkennbar sind oder der einbauende Wohnungseigentümer ein überwiegendes berechtigtes Interesse am Einbau hat – z.B. aus Gründen des Witterungs- und Lärmschutzes, der Sicherheit oder der Einsparung von Heizenergie – kann im Einzelfall die Zustimmung entbehrlich sein (KG OLGZ 1994, 391, 393; AG Bonn PuR 1997, 138). Die Anbringung von Außenjalousien zum Schutz vor Einbrüchen und zur Herstellung der Versicherbarkeit ist als Maßnahme modernisierender Instandsetzung durch Mehrheitsbeschluss möglich (KG v. 8.11.1989, 24 W 4563/89).

Das Ersetzen manuell betriebener Rollläden durch elektrisch betriebene Rolladenheber ist eine bauliche Veränderung, bedarf aber nicht der Zustimmung der übrigen Wohnungseigentümer, wenn diese die Außenfassade nicht verändern und auch keine zusätzlichen Geräusche verursachen (OLG Köln NZM 2001, 53).

▶ Rollstuhl

Das zeitweilige Abstellen eines Rollstuhles im Flur kann grds. nicht verboten werden, was sich aus dem Vorrang der Interessen des behinderten Wohnungseigentümers (OLG Düsseldorf ZMR 1984, 161) und aus verfassungsrechtlichen Wertungen ergibt.

Der Einbau einer Rollstuhlrampe oder eines Rollstuhlschräglifts ist eine bauliche Veränderung, die die anderen Wohnungseigentümer i.d.R nur unwesentlich beeinträchtigt, jedenfalls aber unvermeidbar ist; dem Erfordernis, mit dem Rollstuhl die Wohnung ungehindert erreichen zu können, hat bei der Vermeidbarkeitsprüfung Vorrang vor architektonischen Aspekten (Röll, Handbuch RN 192; ähnlich AG Köln 26.9. 1988, 204 II 230/88: Soziale Duldungspflicht aus dem Nachbarschaftsverhältnis gem. § 242 BGB). Das gilt entsprechend für die Anlegung eines Rollstuhlweges (AG Dortmund MDR 1996, 468). Der Einbau eines Treppenliftes im gemeinschaftlichen Treppenhaus (→ Flur, Treppenpodest, Treppenhaus) durch einen behinderten Wohnungseigentümer ist eine bauliche Veränderung i.S. von § 22 WEG, bedarf aber i.d.R. dann nicht der Zustimmung der übrigen Wohnungseigentümer, wenn der betroffene Eigentümer die Einbaukosten selbst trägt und das volle Haftungsrisiko übernimmt (AG Krefeld WuM 1999, 590).

§ 554a BGB gewährt dem Mieter einen Anspruch auf Zustimmung des Vermieters zu baulichen Veränderungen, wenn diese für eine behindertengerechte Nutzung des Mietobjekts erforderlich sind (so schon BVerfG NJW 2000, 2658). Der Vermieter kann die Zustimmung nur verweigern, wenn sein Interesse an der unveränderten Erhaltung der Mietsache das Interesse des Mieters überwiegt, wobei die Interessen anderer Mieter in den Abwägungsprozess einzubeziehen sind, § 554a Abs. 1 S. 3 BGB. Im Wohnungseigentum stellen die erforderlichen Maßnahmen bauliche Veränderungen dar. Der vermietende Wohnungseigentümer ist deshalb, um dem (einklagbaren) Zustimmungsanspruch seines Mieters nachkommen zu können, seinerseits auf die Zustimmung der ggf. durch die Maßnahme benachteiligten Wohnungseigentümer angewiesen, die ihrerseits nicht zustimmungspflichtig sind.

In die Interessenabwägung können die Belange der Eigentümergemeinschaft nach dem Gesetzeswortlaut nicht einbezogen werden (Lützenkirchen ZWE 2003, 99, 118; a.A. Merrson NZM 2002, 213, 219), vielmehr muss das Gericht im mietrechtlichen Prozess inzident prüfen, ob auch ein Duldungsanspruch des vermietenden Wohnungseigentümers gem. § 14 Nr. 3 WEG gegenüber den übrigen Wohnungseigentümern besteht – ggf. sind diese um Zustimmung zu ersuchen –, was z.B. beim Einbau eines Treppenliftes und der Kostenübernahme durch den Mieter denkbar ist; besteht kein Duldungsanspruch und stimmen die Eigentümer auch nicht zu, ist auch der Anspruch des Mieters nicht durchsetzbar (Palandt/Weidenkaff §554a RN 3). Der Vermieter muss nicht etwa eine Entscheidung der Eigentümerversammlung herbeiführen (so aber Lützenkirchen ZWE 2003, 99, 120); ein Mehrheitsbeschluss über eine bauliche Veränderung ist nämlich weder erforderlich noch ausreichend und, soweit die Teilungserklärung nicht Mehrheitsbeschlüsse zu baulichen Veränderungen ausdrücklich vorsieht, zwar nicht nichtig, wohl aber anfechtbar (→ bauliche Veränderung). Der in Anspruch genommene vermietende Wohnungseigentümer wird richtigerweise versuchen, von seinen Miteigentümern die Zustimmung zu der verlangten baulichen Veränderung zu erhalten und im Mietprozess den nicht zustimmenden Eigentümern den Streit verkünden.

▶ **Rücklagen der Wohnungseigentümer** → Instandhaltungsrückstellung

▶ **Ruhen des Stimmrechts**

Nach § 25 Abs. 5 WEG ist ein Wohnungseigentümer in bestimmten Fällen kraft Gesetzes von der Ausübung seines → Stimmrechts wegen Interessenkollision ausgeschlossen.

1. Vornahme eines Rechtsgeschäfts

Nach § 25 Abs. 5 Alt 1 WEG ist ein Wohnungseigentümer vom Stimmrecht ausgeschlossen, wenn die Beschlussfassung die Vornahme eines Rechtsgeschäfts mit ihm betrifft.

a) Sachlicher Anwendungsbereich

Der Begriff Rechtsgeschäft ist weit auszulegen und erfasst nicht nur zweiseitige Rechtsgeschäfte, insbesondere den Abschluss von Verträgen, z.B. Kauf-, Werk-, Dienst- (BGH NJW 2002, 3704 z. Vertrag mit einem Verwaltungsbeirat) oder Mietverträgen, der Wohnungseigentümer mit dem betreffenden Wohnungseigentümer, sondern auch einseitige Rechtsgeschäfte der Wohnungseigentümer gegenüber dem Wohnungseigentümer (BayObLGZ 1974, 269, 273; WuM 1987, 101) und geschäftsähnliche Handlungen, wie z.B. Mahnungen oder die Ausübung von Gestaltungsrechten wie Kündigung, Rücktritt oder Minderung. Der Ausschluss umfasst auch alle mit dem Rechtsgeschäft zusammenhängenden Beschlüsse, etwa über eine Sonderumlage zur Finanzierung.

Nach Sinn und Zweck des § 25 Abs. 5 WEG hingegen nicht erfasst sind Beschlussfassungen, bei denen der Wohnungseigentümer nicht sein privates Sonderinteresse, sondern allein mitgliedschaftliche Interessen der Wohnungseigentümer wahrnimmt (BayObLG WE 1991, 220; KG NJW-RR 1994, 855 f). Ein Wohnungseigentümer, der von der Wohnungseigentümergemeinschaft bevollmächtigt werden soll, ein gerichtliches Verfahren nach § 18 WEG zu führen, ist deshalb von seinem Stimmrecht nicht ausgeschlossen (KG NJW-RR 1994, 855 f).

Soll ein Wohnungseigentümer bevollmächtigt werden, einen Rechtsstreit gegen einen anderen Wohnungseigentümer in seiner Eigenschaft als Rechtsanwalt zu führen, ist er von der Beschlussfassung ausgeschlossen, da in diesem Fall neben die Bevollmächtigung der Abschluss eines Anwaltsvertrages mit ihm tritt und er insoweit nicht lediglich mitgliedschaftliche Interessen wahrnimmt. Gleiches gilt, falls nicht der Wohnungseigentümer, sondern sein Partner, mit dem er zusammen eine Sozietät unterhält – eine bloße Bürogemeinschaft genügt nicht –, beauftragt werden soll (BayObLGZ 1995, 339, 344). Die Anwaltssozietät ist rechtlich als Gesellschaft bürgerlichen Rechts zu qualifizieren (BGHZ 56, 355, 357). Der Anwaltsvertrag kommt deshalb im Zweifel mit allen Gesellschaftern, auch dem Wohnungseigentümer zustande, und zwar auch dann, wenn nur einer der Rechtsanwälte beauftragt wird (BGHZ 70, 247 ff).

b) Persönlicher Anwendungsbereich

Grds. ist nur der Wohnungseigentümer vom Stimmrecht ausgeschlossen, in dessen Person der Tatbestand der Interessenkollision erfüllt ist. Mittelbare Interessenberührung schadet nur ausnahmsweise. Bei Rechtsgeschäften ist deshalb primär darauf abzustellen, wer an dem Geschäft als Partei beteiligt ist. Das ist bei offener Stellvertretung der Vertretene, bei verdeckter Stellvertretung der Handelnde selbst.

Das Stimmrecht des Wohnungseigentümers ruht auch, wenn er mit dem in Aussicht genommenen Vertragspartner zwar nicht rechtlich identisch, aber so stark verbunden ist, dass beide eine wirtschaftliche Einheit bilden (OLG Düsseldorf NZM 1999, 285; Palandt/Bassenge § 25 RN 15) oder jedenfalls nach ihren Interessen als Einheit zu betrachten sind, da auch in diesem Fall die Gefahr besteht, dass sich der Wohnungseigentümer allein von den Interessen des mit ihm wirtschaftlich und/oder personell verbundenen Dritten leiten lassen wird (BayObLGZ 1995, 339, 345). Die bloße Nähebeziehung genügt hingegen nicht (OLG Saarbrücken FGPrax 1998, 18 z. Vertrag mit dem Ehegatten des Wohnungseigentümers). Gegen ein auf die bloße Nähebeziehung gestütztes Stimmverbot spricht vor allem das Bedürfnis nach Rechtsklarheit.

Steht ein Wohnungseigentum mehreren Berechtigten gemeinschaftlich zu und können sie ihr Stimmrecht gem. § 25 Abs. 2 S. 2 WEG deshalb nur gemeinschaftlich ausüben, können sie aufgrund des Grundsatzes der Einheitlichkeit der Stimmrechtsausübung alle Mitberechtigten vom Stimmrecht ausgeschlossen sein, sobald nur einer der Mitberechtigten einem Stimmverbot unterliegt (BayObLGZ 1992, 288 für Ehegatten; str.). Das Ruhen des Stimmrechts ist jedenfalls gerechtfertigt, wenn feststeht, dass das Stimmrecht im Sinne des Ausgeschlossenen ausgeübt werden wird (Staudinger/Bub § 25 RN 288).

Soll über ein Rechtsgeschäft mit einer Gesellschaft beschlossen werden, mit der der Wohnungseigentümer wirtschaftlich und persönlich verflochten ist, ist der Wohnungseigentümer vom Stimmrecht ausgeschlossen (BayObLG WE 1990, 69; 1992, 27 z. persönlich haftendem Gesellschafter einer GmbH & Co KG; KG NJW-RR 1986, 642). Gleiches gilt, wenn der Wohnungseigentümer Mehrheitsgesellschafter (OLG Oldenburg NZM 1998, 39; Palandt/Bassenge § 25 RN 15) oder Alleingesellschafter, nicht aber, wenn er lediglich Kommanditist ist.

c) Einzelfälle

Ein Wohnungseigentümer ist nach § 25 Abs. 5 Alt. 1 WEG vom Stimmrecht ausgeschlossen, wenn
- über den Abschluss eines Vertrages mit ihm beschlossen wird;

- Instandsetzungsarbeiten an ihn vergeben werden sollen;
- gemeinschaftliches Eigentum an ihn vermietet werden soll;
- ihm Sonderrechte eingeräumt werden sollen (BayObLGZ 1974, 269, 273; WuM 1987, 101),

nicht aber, wenn die Erhebung einer Sonderumlage für Sanierungsmaßnahmen beschlossen wird und streitig ist, ob diese dem Sonder- oder Gemeinschaftseigentum zugeordnet werden müssen (OLG Düsseldorf NZM 1998, 523).

Ist der Verwalter zugleich Wohnungseigentümer gilt:

- **Abberufung.** Bei der Abstimmung über einen Antrag, ihn abzuberufen, ist der Verwalter, der auch Wohnungseigentümer ist, stimmberechtigt (BGH NZM 2002, 995, 998; OLG Düsseldorf NZM 1999, 285; OLG Zweibrücken ZMR 1986, 369f; Staudinger/Bub § 26 RN 422). Es handelt sich hierbei nämlich nicht um ein Rechtsgeschäft i.S. von § 25 Abs. 5 WEG, vielmehr erfolgt die Abstimmung – als Gegenstück zur Verwalterbestellung – in Wahrnehmung mitgliedschaftlicher Interessen. Dies gilt auch dann, wenn gleichzeitig über die Kündigung des Verwaltervertrages abgestimmt wird (a.A. noch BayObLG NZM 1998, 668; OLG Düsseldorf NZM 1999, 285: Kündigung überlagere Abberufungsvorgang). Hier sind zwar – insbesondere im Hinblick auf die Verwaltervergütung – private Sonderinteressen stärker berührt, der Schwerpunkt liegt aber weiterhin in der Abberufung als Akt der Mitverwaltung (BGH NZM 2002, 995, 999). Das Stimmrecht des Wohnungseigentümers kann somit nicht durch gleichzeitige Beschlussfassung über die Kündigung des Verwaltervertrages ausgehöhlt werden.

Vom Stimmrecht ausgeschlossen ist der zum Verwalter bestellte Wohnungseigentümer aber dann, wenn über seine Abberufung aus wichtigem Grund und die außerordentliche Kündigung des Verwaltervertrages abgestimmt wird. Da die Abberufung ihren Charakter als mitgliedschaftliche Angelegenheit nicht verliert, wenn sie aus wichtigem Grund erfolgen soll, folgt der Ausschluss des Stimmrechts nicht aus § 25 Abs. 5 WEG, sondern aus dem in den §§ 712 Abs. 1, 737 BGB, 117, 127, 140 HGB zum Ausdruck gekommenen allgemeinen Rechtsgedanken, dass das Mitglied einer Personenvereinigung nicht mitstimmen darf, wenn über Maßnahmen zu entscheiden ist, die die Gemeinschaft ihm gegen-

über aus wichtigem Grund vornehmen will (BGH NZM 2002, 995, 999; Staudinger/Bub § 26 RN 424). Über das Eingreifen eines Stimmverbots hat der Versammlungsleiter zur korrekten Feststellung des Mehrheitswillens sowie im Rahmen der ihm obliegenden Beschlussfeststellung (→ Mehrheitsbeschluss) zu befinden. Ob ein wichtiger Grund tatsächlich vorlag, wird im Verfahren nach § 43 As. 1 Nr. 4 WEG entschieden (BPM § 25 RN 107).
- **Bestellung zum Verwalter.** Bei der Beschlussfassung über seine Bestellung zum Verwalter ist der betroffene Wohnungseigentümer stimmberechtigt (BGH NZM 2002, 995, 998; BayObLG WuM 1993, 488, 489; OLG Düsseldorf NZM 1999, 285; BPM § 25 RN 102). Bei der Bestellung handelt es sich nicht um ein Rechtsgeschäft i.S. von § 25 Abs. 5 WEG, sondern um die von dieser Vorschrift nicht eingeschränkte Wahrnehmung mitgliedschaftlicher Interessen. Dies gilt auch dann, wenn gleichzeitig über den Abschluss des Verwaltervertrages zu befinden ist (BGH NZM 2002, 995, 999).
- **Entlastung.** Bei der Abstimmung über seine Entlastung als Verwalter ist der betrofffene Wohnungseigentümer vom Stimmrecht ausgeschlossen (BayObLG WE 1996, 235f; OLG Zweibrücken NZM 1998, 671; OLG Karlsruhe ZMR 2003, 289; Palandt/Bassenge § 25 RN 16; Staudinger/Bub § 28 RN 536), was aus dem allgemeinen Rechtsgedanken folgt, dass niemand „Richter in eigener Sache" sein kann. Dies gilt auch für die Abstimmung über die Genehmigung der Abrechnung, wenn diese gleichzeitig die Entlastung des Verwalters enthält, allerdings nur hinsichtlich des Entlastungsbeschlusses, da rechtlich zwei Beschlüsse vorliegen (Staudinger/Bub § 28 RN 542; a.A. BayObLG WuM 1988, 329f). Er kann auch nicht als Vertreter stimmberechtigter Wohnungseigentümer über seine eigene Entlastung entscheiden. Mangels anders lautender Bestimmungen in der Teilungserklärung kann er aber im Rahmen der ihm erteilten Vollmacht Untervollmacht erteilen (OLG Karlsruhe ZMR 2003, 298; z. Erteilung einer Untervollmacht → Vertretung in der Wohnungseigentümerversammlung).
- **Verwaltervertrag.** Abschluss, Änderung und Auflösung – mithin auch die Kündigung – des Verwaltervertrages stellen Rechtsgeschäfte i.S. von § 25 Abs. 5 WEG dar, weshalb das Stimmrecht des Verwalters bei diesen Beschlussgegenständen ruht (BGH NZM

2002, 995, 998; BayObLG NJW-RR 1993, 206; Palandt/Bassenge § 25 RN 16).
- **Verwaltungsbeirat.** Soll ein Wohnungseigentümer zum →Verwaltungsbeirat bestellt werden, ist er stimmberechtigt (BayObLG WuM 1990, 322f; ZMR 2001, 996); gleiches gilt für die Abberufung aus dem Verwaltungsbeirat, soweit diese nicht aus wichtigem Grund erfolgt. Bei der Beschlussfassung über die Entlastung des Beirats sind dessen Mitglieder vom Stimmrecht ausgeschlossen (OLG Zweibrücken NZM 2002, 345).

2. Einleitung eines Rechtsstreits

Nach § 25 Abs. 5 Alt. 2 WEG ist ein Wohnungseigentümer vom Stimmrecht ausgeschlossen, wenn die Beschlussfassung die Einleitung oder Erledigung eines Rechtsstreits mit ihm betrifft.

Der Begriff Rechtsstreit ist weit auszulegen und umfasst sämtliche streitigen Zivilverfahren einschließlich Mahnverfahren, Vollstreckungsverfahren, einstweiligem Rechtsschutz, selbständigem Beweisverfahren (OLG Köln NJW-RR 1991, 850; LG Köln NJW-RR 1991, 214) und Schiedsgerichtsverfahren, sowie die Streitsachen der freiwilligen Gerichtsbarkeit, auch Verfahren nach § 43 Abs. 1 Nr. 1, 2 und 4 WEG.

Zur Einleitung und Erledigung eines Rechtsstreits gehören sämtliche prozessualen Maßnahmen, die einen Rechtsstreit eröffnen (Klageerhebung, Antrag auf Erlass eines Mahnbescheides, Anträge im Verfahren des einstweiligen Rechtsschutzes, Einleitung eines selbständigen Beweisverfahrens, Streitverkündung), fortführen (Einlegung von Rechtsmitteln) oder beenden (Klagerücknahme, Verzicht, Anerkenntnis, Abschluss eines Vergleichs). Umfasst sind ferner vor- und außerprozessuale Maßnahmen, wie die Beauftragung eines Anwalts, die Einholung von Gutachten oder die Erhebung einer Sonderumlage für die Prozesskosten (BayObLG WE 1993, 27; NZM 1998, 161) und die Entscheidung, einen Dritten mitzuverklagen (BayObLG WE 1998, 953), nicht aber die Ermächtigung eines Wohnungseigentümers, eine Forderung einzuziehen (KG NJW-RR 1994, 855).

Ein Wohnungseigentümer ist nach § 25 Abs. 5 Alt. 2 WEG vom Stimmrecht ausgeschlossen bei Beschlüssen über

- die Einleitung eines selbständigen Beweisverfahrens gegen ihn in seiner Funktion als Bauträger wegen Mängeln am gemeinschaftlichen Eigentum (BayObLG ZMR 1978, 248f; OLG Köln NJW-RR 1991, 850; LG Köln NJW-RR 1991, 214);
- die gerichtliche Geltendmachung von Gewährleistungsansprüchen gegen ihn als Bauträger (BayObLG WE 1993, 27);
- die Einleitung eines Rechtsstreits gegen ihn in seiner Funktion als Verwalter (BGHZ 106, 222);
- die Einleitung eines Rechtsstreits gegen ihn bei Beanspruchung von Sondernutzungsrechten (BayObLG WEM 1984, 36);
- die Einleitung eines Verfahrens nach § 18 WEG (→ Entziehung des Wohnungseigentums). Gehören dem auszuschließenden Wohnungseigentümer mehrere Wohnungen, ist der Wohnungseigentümer auch dann mit allen Stimmen von der Beschlussfassung ausgeschlossen, wenn sich die Stimmkraft nach dem Objektprinzip bemisst (LG Hannover NdsRpfl 1992, 119f).

3. Rechtskräftiges Entziehungsurteil

Nach § 25 Abs. 5 Alt. 3 WEG ist der Wohnungseigentümer vom Stimmrecht ausgeschlossen, wenn er rechtskräftig zur Veräußerung seines Wohnungseigentums verurteilt ist. Maßgeblicher Zeitpunkt ist der Eintritt der formellen Rechtskraft gem. § 705 ZPO, d.h. der Ablauf der Berufungsfrist gem. § 517 ZPO – eine Revision ist, da erstinstanzlich gem. § 51 WEG das Amtsgericht zuständig ist, nicht möglich – oder der Einspruchsfrist nach Versäumnisurteil gem. § 339 Abs. 1 ZPO. Die bloße Rechtshängigkeit des Ausschlussverfahrens genügt nicht. Ist über die Wohnung die Zwangsverwaltung angeordnet, berührt das rechtskräftige Entziehungsurteil das Stimmrecht des Zwangsverwalters nicht, da dieser es aus eigenem Recht ausübt (BayObLG NZM 1999, 77).

Nach § 19 Abs. 2 WEG kann der Wohnungseigentümer, der aufgrund Verzuges mit der Zahlung der von ihm zu tragenden Lasten und Kosten gem. § 18 Abs. 2 Nr. 2 WEG zur Veräußerung seines Wohnungseigentums verurteilt wurde, bis zur Erteilung des Zuschlags in der Zwangsversteigerung die Urteilswirkungen dadurch abwenden, dass er die ihn treffenden Verpflichtungen erfüllt. Gegen eine gleichwohl unternommene Vollstreckung steht ihm die Vollstreckungsabwehrklage nach § 767 ZPO zu Gebote. Hat der Wohnungseigentümer seine Verpflichtungen in vollem Umfang erfüllt, wird die Zwangsvollstreckung aus dem Urteil, durch welches er zur Veräußerung seines Wohnungseigentums verurteilt wurde, für unzulässig erklärt, wodurch er sein Stimmrecht wiedererlangt.

4. Rechtsfolgen des Ruhens des Stimmrechts

In allen drei Alternativen schließt § 25 Abs. 5 WEG nur das Stimmrecht des betroffenen Wohnungseigentümers aus. Auf das Teilnahme-, Rede- und Antragsrecht haben die Stimmverbote keinen Einfluss (→ Teilnahme an der Wohnungseigentümerversammlung; → Rederecht in der Wohnungseigentümerversammlung). Das Ruhen des Stimmrechts schließt auch nicht das Recht des hiervon betroffenen Wohnungseigentümers aus, die ohne seine Mitwirkung gefassten Beschlüsse gem. §§ 23 Abs. 4, 43 Abs. 1 Nr. 4 WEG anzufechten (KG NJW-RR 1986, 642; OLG Frankfurt OLGZ 1992, 439 f) oder bestimmte Maßnahmen gem. § 43 Abs. 1 Nr. 1 WEG gerichtlich zu erwirken.

Ist ein Wohnungseigentümer vom Stimmrecht ausgeschlossen, kann er auch keinen Dritten zur Ausübung des Stimmrechts bevollmächtigen, da er nicht mehr Rechte übertragen kann, als ihm selbst zustehen (OLG Frankfurt OLGZ 1983, 175 f). Entsprechend § 47 Abs. 4 S. 1 GmbHG kann er auch nicht das Stimmrecht eines anderen als dessen gesetzlicher (LG Frankfurt/Main NJW-RR 1988, 596) oder rechtsgeschäftlich bestellter Vertreter ausüben (BayObLG ZMR 2002, 527; OLG Düsseldorf NZM 1999, 285; Palandt/Bassenge § 25 RN 17). Er darf aber einem Dritten – weisungsfrei – Untervollmacht erteilen, damit die Stimmen der Wohnungseigentümer, die ihn bevollmächtigt haben, nicht entfallen (OLG Zweibrücken NZM 1998, 671).

Ein Nichtwohnungseigentümer kann einen Wohnungseigentümer nicht bei der Stimmabgabe vertreten, wenn der Vertreter, z.B. der Verwalter, wäre er selbst Wohnungseigentümer einem Stimmverbot unterläge (OLG Düsseldorf ZWE 2001, 557; offen gelassen v. BayObLG NZM 2003, 204), etwa bei der Abstimmung über seine Abberufung aus wichtigem Grund oder den Abschluss des

Verwaltervertrages. Dies folgt aber nicht aus § 25 Abs. 5 WEG, sondern aus dem Selbstkontrahierungsverbot des § 181 BGB (Staudinger/Bub § 25 RN 284).

Wirkt ein ausgeschlossener Wohnungseigentümer an der Beschlussfassung mit, darf der Versammlungsvorsitzende die betreffende Stimme bei der Feststellung des Abstimmungsergebnisses nicht mitzählen. Zählt er sie mit, ist der Beschluss zwar nicht nichtig (OLG Düsseldorf FGPrax 1998, 91; Palandt/Bassenge § 25 RN 18), aber auf Anfechtung für ungültig zu erklären, wenn ohne die Stimme des Ausgeschlossenen keine Mehrheit zustande gekommen wäre (BayObLG WE 1988, 104; 1992, 207), der Verstoß gegen § 25 Abs. 5 WEG also kausal für das Beschlussergebnis gewesen ist (BayObLG WE 1988, 104; LG Wuppertal Rpfleger 1972, 451). Werden umgekehrt Wohnungseigentümer zu Beginn der Versammlung zu Unrecht von den nachfolgenden Abstimmungen ausgeschlossen, sind diese Beschlüsse auf Anfechtung hin für ungültig zu erklären und zwar ohne Rücksicht darauf, ob sich die Stimme des zu Unrecht Ausgeschlossenen hätte auswirken können. Andernfalls könnte der Versammlungsleiter ohne Sanktion missliebige Wohnungseigentümer von der Abstimmung ausschließen (vgl. BayVGH BayVBl 1976, 753 z. vergleichbaren Situation bei fehlerhaftem Ausschluss eines Gemeinderatsmitglieds; s.a. →Teilnahme an der Wohnungseigentümerversammlung). Ein anderes Beschlussergebnis kann nicht festgestellt werden, da die unberechtigte Zurückweisung von Wohnungseigentümern zur Folge hat, dass wirksame Beschlüsse überhaupt nicht gefasst werden können (KG OLGZ 1989, 425, 428).

5. Vereinbarungen über das Ruhen des Stimmrechts

Neben den Fällen, in denen die Stimmrechtsausübung wegen Interessenkollision ausgeschlossen ist, kann der Wohnungseigentümer auch dann nicht mit abstimmen, wenn sein Stimmrecht aufgrund einer Vereinbarung zwischen den Wohnungseigentümern ruht. Da die Bestimmung des § 25 Abs. 5 WEG der Vertragsfreiheit unterliegt, kann sie in den Grenzen der §§ 134, 138, 242, 315 BGB erweitert und eingeschränkt werden (BayObLG 1965, 34; KG NJW-RR 1994, 659; Palandt/Bassenge § 25 RN 14).

Grob unbillige Regelungen sind aber unwirksam; gegen Treu und Glauben verstoßend und unwirksam ist z.B. ein Stimmrechtsausschluss schon für den Fall, dass die Wohnungseigentümer die Entziehung des Wohnungseigentums gem. § 18 Abs. 3 WEG beschlossen haben, da der Beschluss nur formale Voraussetzung für die Entziehungsklage ist und keine Gewähr für seine materielle Richtigkeit bietet (KG WuM 1986, 150). Nichtig ist auch ein Mehrheitsbeschluss, der einem Eigentümer, über dessen Eigentumserwerb ein Rechtsstreit schwebt, das Stimmrecht für die Dauer des Rechtsstreits entzieht (OLG Köln NZM 1999, 846).

Möglich ist es aber, ein Ruhen des Stimmrechts für den Fall zu vereinbaren, dass sich der Wohnungseigentümer einer ernsthaften Verletzung der ihm obliegenden Pflichten schuldig gemacht hat (BayObLGZ 1965, 34; KG WE 1994, 82), z.B. sich im Verzug mit der Zahlung von Beiträgen befindet (→ Verzug, Verzugszinsen, Verzugsschaden).

▶ **Ruhezeiten** → Lärm

▶ **Rundfunk** → Antenne; Parabolantenne; → Duldungspflichten; → Kabelfernsehen

S

▶ **Saalmiete** → Wohnungseigentümerversammlung

▶ **Saalverweis**

In gravierenden Fällen decken die Ordnungsgewalt des Vorsitzenden der Wohnungseigentümerversammlung (→ Vorsitz in der Wohnungseigentümerversammlung) und das Hausrecht der Wohnungseigentümer auch einen Saalverweis. Voraussetzung hierfür sind massive Störungen der Sachdiskussion oder des Abstimmungsvorgangs, z.B. durch tätliche Angriffe, ständige Zwischenrufe oder Missachtung des Wortentzugs (→ Rederecht in der Wohnungseigentümerversammlung), denen durch mildere Mittel nicht Herr zu werden ist (vgl. BGHZ 44, 245, 248; BayVGH BayVBl 1988, 16f); dem Saalverweis hat i.d.R. ein sog. Ordnungsruf voranzugehen. Dem des Saals verwiesenen Wohnungseigentümer muss die Möglichkeit eingeräumt werden, einen Dritten mit der Ausübung seines Stimmrechts zu bevollmächtigen. Wird ihm diese Möglichkeit genommen, liegt ein unverhältnismäßiger Eingriff in die Mitgliedschaftsrechte vor, der spätere Beschlüsse anfechtbar macht, da der Ausschluss nur ein bestimmtes Verhalten sanktionieren, nicht aber eine stimmrechtlich relevante Strafe darstellen darf. Leistet der betroffene Teilnehmer dem Saalverweis keine Folge, so hat der Vorsitzende die Versammlung zu unterbrechen, bis seine Anordnung – ggf. mit Hilfe der Polizei – durchgesetzt ist, oder sogar abzubrechen (vgl. Korff DWE 1982, 80 z. Antrag an das Gericht auf Ausschluss von der Folgeversammlung).

Ob ein Wohnungseigentümer, dessen Stimmrecht gem. §25 Abs. 5 WEG ruht (→ Ruhen des Stimmrechts), temporär von der Teilnahme an der Versammlung ausgeschlossen werden kann, wenn die anderen Wohnungseigentümer das Beschlussthema in seiner Abwesenheit rückhaltslos diskutieren wollen, ist aufgrund Abwägung der beiderseitigen Interessen zu entscheiden. I.d.R.

wird das Interesse der Wohnungseigentümer überwiegen, ihre Meinung ohne den Einfluss des Wohnungseigentümers zu bilden, der von der Beschlussfassung ohnehin ausgeschlossen ist, zumal da sie das gleiche Ergebnis durch eine – mehrheitlich beschließbare – Unterbrechung der Versammlung erreichen könnten. Zum Abstimmungsvorgang ist er jedenfalls wieder zuzulassen, um dessen Ordnungsmäßigkeit selbst beurteilen zu können (BPM § 24 RN 60).

▶ **Sachmängel**

Haften dem gemeinschaftlichen Eigentum oder dem Sondereigentum Sachmängel an, so stehen dem Erwerber aufgrund des Bauträgervertrages, bzw. beim Zweiterwerb aufgrund des Kaufvertrages Mängelansprüche zu (→ Gewährleistung). Beim Kauf vom Bauträger liegt bei Verstößen gegen die allgemein anerkannten Regeln der Bautechnik (→ Bautechnik, Regeln) zum Zeitpunkt der Abnahme grds. ein Fehler vor (→ Baumängel). Soweit die Sachmängel dem gemeinschaftlichen Eigentum anhaften, sind die für die Geltendmachung von Gewährleistungsrechten hinsichtlich des gemeinschaftlichen Eigentums geltenden Besonderheiten zu beachten.

Nach § 633 Abs. 1 BGB ist der Bauunternehmer verpflichtet, seinem Vertragspartner das Wohnungseigentum frei von Sach- und Rechtsmängeln zu verschaffen. Die Wohnung ist frei von Sachmängeln, wenn sie die im Bauvertrag vereinbarte Beschaffenheit hat. Die Sollbeschaffenheit wird beim Bauträgervertrag i.d.R. durch eine Bau- oder Leistungsbeschreibung (BGH NJW 1999, 2434 z. VOB-Vertrag; Cuypers BauR 1997, 27) oder durch eine vom Unternehmer gefertigte Planung (BGH NJW 2001, 1642) bestimmt.

Soweit die Beschaffenheit nicht vereinbart ist, ist sie frei von Sachmängeln, wenn sie sich für die nach dem Vertrag vorausgesetzte, sonst die gewöhnliche Verwendung eignet, und eine Beschaffenheit aufweist, die üblich ist und die der Erwerber erwarten kann, § 633 Abs. 2 BGB. Ein Fehler kann sowohl in einer physischen Eigenschaft als auch in solchen tatsächlichen, wirtschaftlichen, sozialen oder rechtlichen Beziehungen zur Umwelt liegen, die für Brauchbarkeit und Wert Bedeutung haben (BGH WM 1986, 1190; KG NJW 1992, 1901: tief greifende Zerstrittenheit der Wohnungseigentümer).

▶ **Salatrestaurant**

Mit der Zweckbestimmung eines Teileigentums als „Laden" lässt sich der Betrieb eines als „Salatrestaurants ohne Alkoholausschank" geführten Betriebes nicht vereinbaren (KG ZMR 1985, 207).

▶ **Sammelgarage** → Garagen, Tief- und Sammelgaragen

▶ **Sanierungsmaßnahmen**

Beschlüsse der Wohnungseigentümer über Reparaturen und Sanierungen des gemeinschaftlichen Eigentums müssen den Grundsätzen → ordnungsmäßiger Verwaltung, insbesondere den Grundsätzen der ordnungsmäßigen technischen und kaufmännischen Verwaltung entsprechen. Danach bestimmt sich die Ausführung technischer Maßnahmen grds. nach den zu diesem Zeitpunkt maßgeblichen allgemein anerkannten Regeln der Bautechnik (Bub PiG 48, 11, 17; → Bautechnik, Regeln), die u. U. allerdings mit dem Grundsatz der kostenbewussten, sparsamen Wirtschaftsführung kollidieren können. Vorrang haben grds. technisch einwandfreie, den bestehenden Vorschriften genügende Maßnahmen (→ Öffentlich-rechtliche Pflichten), die die vorhandenen Mängel und Schäden dauerhaft beseitigen (BayObLG ZMR 2001, 832, 834; KG NJW-RR 1994, 528; OLG Köln NJWE-MietR 1996, 274 f). Zwischen mehreren voraussichtlich gleich effektiven Maßnahmen ist nach dem Wirtschaftlichkeitsgrundsatz zunächst die weniger weitgehende zu wählen, über die erst hinausgegangen werden darf, wenn die Erstmaßnahme nicht erfolgreich war (BayObLG ZMR 1994, 431 z. Zulässigkeit schrittweisen Vorgehens; KG ZMR 2001, 657; Staudinger/Bub § 21 RN 94).

Kommen mehrere gleichermaßen erfolgversprechende Maßnahmen in Betracht, steht den Wohnungseigentümern bei der Auswahl ein Ermessensspielraum zu (OLG Düsseldorf NZM 2000,

1067), der nicht überschritten wird, wenn über die Mindestsanierung hinaus Arbeiten vergeben werden, deren Ausführung derzeit nicht zwingend notwendig, jedoch auch nicht unvertretbar ist (OLG Düsseldorf NZM 1999, 766). Die Maßnahmen müssen nicht in jeder Hinsicht notwendig und zweckmäßig sein (OLG Hamburg WE 1993, 87). Liegen die Ursachen eines Schadens sowohl im Bereich eines Sondereigentums als auch des gemeinschaftlichen Eigentums, ist vorrangig der betreffende Sondereigentümer zur Schadensbehebung verpflichtet, um die Gemeinschaft vor größeren Kosten zu bewahren, wenn die Schadensbehebung auf diese Weise mit geringerem Aufwand möglich ist (OLG Düsseldorf ZMR 1995, 493).

Vor der Beschlussfassung über Sanierungsmaßnahmen ist stets eine Bestandsaufnahme über den Umfang der Schäden und deren mögliche Verursachung erforderlich (LG Düsseldorf NZM 1999, 871). Vor größeren Sanierungsmaßnahmen müssen i.d.R. mehrere Kostenangebote eingeholt werden (→ Auftragsvergabe).

Sonderfachleute sind mit der Planung, Vergabe, Überwachung und Abnahme solcher Maßnahmen zu beauftragen, die über die vom Verwalter übernommenen Verpflichtungen und dessen Befähigung hinausgehen (OLG Hamm DWE 1993, 28; Bub WE 1988, 180, 185; Müller PiG 48, 83, 87, 90), insbesondere bei bauphysikalischen Sanierungen im Bereich der konstruktiven Bauteile sowie der haustechnischen Anlagen (Deckert PiG 48, 95, 100). Auf deren Empfehlungen und solche von Fachunternehmen dürfen sich die Wohnungseigentümer und der Verwalter verlassen (BayObLG ZMR 1994, 431; WE 1996, 159). Die Anfechtung eines Eigentümerbeschlusses über die Sanierung von Fassade und Balkonen nach den Vorgaben eines Gutachters kann deshalb nicht darauf gestützt werden, die vom Sachverständigen für notwendig erachteten Maßnahmen seien in Wirklichkeit nicht erforderlich oder stellten bauliche Veränderungen dar (BayObLG NZM 1999, 910).

Stets haben bei allen Fragen der Sicherheit die anerkannten Regeln der Bautechnik (→ Bautechnik, Regeln) Vorrang, während es dann, wenn deren Beachtung lediglich zu einem höheren Komfort gegenüber dem Standard bei Errichtung der Anlage führt, im Ermessen der Wohnungseigentümer steht, welchem der beiden

Grundsätze sie den Vorrang einräumen oder ob sie sich für eine Kompromisslösung entscheiden (Staudinger/Bub § 21 RN 94). Zu beachten ist weiterhin der haushaltsrechtliche Grundsatz der → Deckung von Einnahmen und Ausgaben.

▶ **Satellitenfernsehen** → Antenne, Parabolantenne

▶ **Sauna** → Schwimmbad, Sauna

▶ **Schadensersatz**

Schäden die aus vom Wohnungseigentümer zu duldenden Maßnahmen der Instandhaltung und Instandsetzung des gemeinschaftlichen Eigentums beruhen, sind ihm gem. § 14 Nr. 4 HS 2 WEG zu ersetzen. Es handelt sich um einen verschuldensunabhängigen – von der Haus- und Grundbesitzerhaftpflichtversicherung gem. § 1 Ziff. 1 AHB gedeckten (BGH NZM 2003, 197) – Schadenersatzanspruch aus aufopferungsrechtlichen Grundgedanken, die auch der Regelung für den Notstand des § 904 S. 2 BGB zugrunde liegt, weil der Geschädigte den Eingriff in sein Eigentum dulden muss (BGH NZM 2003, 197, 199; BayObLG NJW-RR 1994, 1104 f; OLG Köln NJWE-MietR 1996, 274). Zu ersetzen sind nach den Grundsätzen der §§ 249 ff BGB sämtliche Schäden, insbesondere die Kosten der Wiederherstellung des Sondereigentums (OLG Düsseldorf NZM 1999, 507), Ersatzunterkunft (BGH WuM 2003, 226), Verdienst- (KG NZM 2000, 284) und Mietausfälle (OLG Köln NJWE-MietR 1996, 274), zusätzliche Mietzinszahlungen und Möbeltransportkosten (BGH NZM 2003, 197, 199).

Der Schutzzweck des § 14 Nr. 4 WEG ist vor allem darin zu sehen, die Unverletzlichkeit des Sondereigentums in seinem tatsächlichen Bestand sowie die Möglichkeit zu schützen, dieses durch Fremd- oder Eigennutzung zu gebrauchen. Dieser Schutzzweck gebietet es jedoch nicht, Ersatz für jede – auch nur geringfügige – Beeinträchtigung zu leisten (Lüke WE 1997, 370, 375). Denn nach § 14 Nr. 1 WEG besteht zwischen den Wohnungseigentümern ein besonderes Schutz- und Treueverhältnis, das auch zur Bestimmung des Schutzzwecks des § 14 Nr. 4 WEG herangezogen werden kann. Nicht ersatzfähig ist deshalb ein auf einem freien Willensentschluss des geschädigten Wohnungseigentümers beruhender Verdienstausfall, der ihm dadurch entstanden ist, dass er unbezahlten Urlaub genommen hat, um Handwerker in seiner Wohnung zu beaufsichtigen (KG NZM 2000, 284). Gleichfalls nicht ersatzfähig ist die bloße Beeinträchtigung der Eigennutzung (KG ZfIR 1998, 308).

Schadensersatz ist auch für die entgangene Nutzung einer Eigentumswohnung zu leisten. Ein Schadensersatzanspruch wegen entgangener Nutzung kommt immer dann in Betracht, wenn es sich um die Nutzung von Wirtschaftsgütern von zentraler Bedeutung für die eigene Lebensführung handelt, auf deren ständige Verfügbarkeit der Berechtigte für seine Lebenshaltung typischerweise angewiesen ist (BGHZ 98, 212, 220ff). Dies ist bei einer selbstgenutzten Eigentumswohnung der Fall. Gleiches gilt für die Terrasse einer Dachwohnung (BayObLGZ 1987, 50ff), nicht aber für Terrassen und Gärten vor Räumen, die gewerblich oder freiberuflich genutzt werden (BayObLGZ 1994, 141, 147). Eine angemessene Nutzungsentschädigung ist auch bei erheblichen Schallmängeln der Wohnung für die Dauer der Beeinträchtigung zu leisten (→ Schalldämmung).

Ein Eigentümerbeschluss, der die Entschädigung in einem Einzelfall pauschal regelt, kann mit der Begründung angefochten werden, dass ein höherer Schaden entstanden ist (BayObLG NJW-RR 1994, 1104), ist aber nicht nichtig. Schadensersatzleistungen sind gem. § 16 Abs. 4 WEG Verwaltungskosten i.S. des § 16 Abs. 2 WEG, zu denen der Geschädigte selbst beizutragen hat.

Wird die vom Schädiger geschuldete Herstellung in Natur, sog. „Naturalrestitution", unmöglich, weil der Geschädigte den beschädigten Gegenstand veräußert hat, geht der Schadensersatzanspruch grds. unter (BGH NJW 1993, 1783; OLG Köln NJW-RR 1993, 1367). Dies gilt aber nicht für die Veräußerung einer Eigentumswohnung, wenn nach kauf- bzw. werkvertragsrechtlichen Grundsätzen Schadensersatz geschuldet ist, da es sich hierbei nicht um einen Fall der Naturalrestitution handelt, sondern um den Ersatz des Schadens, der sich aus der Differenz zwischen dem Wert der Wohnung in mangelfreien und in mangelhaften Zustand ergibt (BGH NJW 1998, 2905).

Stehen allen Wohnungseigentümern gemeinsam als Mitgläubigern Schadensersatzansprüche zu, inbesondere gegen den Verwalter (→ Haftung des Verwalters), aber auch gegen einzelne Wohnungseigentümer oder Dritte, so haben nur alle Wohnungseigentümer gemeinsam ein Antragsrecht zu deren gerichtlicher Geltendmachung (→ Geltendmachung gemeinschaftlicher Ansprüche); es ist Sache der Gemeinschaft, darüber zu beschließen, ob sie Ansprüche für gegeben hält und ob diese gerichtlich durchgesetzt werden sollen. Ein einzelner Wohnungseigentümer darf nicht ohne Ermächtigung allein auf Leistung an alle Wohnungseigentümer klagen. Ein eigenes Antragsrecht hat er nur für individuelle Schadensersatzansprüche, wenn nur bei ihm ein Schaden eingetreten ist, z.B. weil eine Wohnung wegen unterlassener Instandsetzung des gemeinschaftlichen Eigentums unvermietbar war (→ Haftung des Verwalters) oder sein Sondereigentum oder sein bewegliches Vermögen beschädigt wurde.

Da ein gemeinschaftlicher Schadensersatzanspruch zum → Verwaltungsvermögen gehört, das auf einen → Sonderrechtsnachfolger kraft Gesetzes übergeht, kann dieser, auch wenn die Mitglieder der Eigentümergemeinschaft zwischenzeitlich wechseln, stets von der Gemeinschaft in ihrer jeweiligen Zusammensetzung verfolgt werden (OLG Köln NZM 1998, 874).

▶ Schalldämmung

Die Schallisolierung zwischen zwei Etagen oder zwischen einer Wohnung und dem Treppenhaus ist Gemeinschaftseigentum (BGHZ 114, 383, 386; OLG Düsseldorf NZM 1999, 1060; OLG Hamm ZMR 2001, 842).

1. Ansprüche gegen den Bauträger

Welchen Schallschutz der Bauträger bei der erstmaligen Errichtung des Gebäudes schuldet, ist zunächst durch Auslegung des Bauträgervertrages zu ermitteln. Ergibt die Auslegung, dass bestimmte Schalldämm-Maße ausdrücklich vereinbart oder mit der vertraglich geschuldeten Ausführung zu erreichen sind, so ist unabhängig vom jeweiligen Stand der Technik das Werk mangelhaft, wenn diese Werte nicht erreicht werden (BGH NJW 1998, 2814f;

OLG Hamm BauR 2001, 1262f). Den Erwerbern stehen in diesem Fall Mängelansprüche gegen den Bauunternehmer zu (→ Gewährleistung).

Richtlinien für die einzuhaltenden Anforderungen enthält die DIN 4109 in der seit 1989 geltenden Fassung (Bek. des BayStMI vom 23.4.1991 über die Einführung technischer Baubestimmungen DIN 4109 – Schallschutz im Hochbau). Die nur allgemeine Vereinbarung eines „erhöhten" Schallschutzes kann die Vereinbarung dieser Anforderungen bedeuten (BGH NJW 1998, 2967f). Die DIN-Normen sind aber keine Rechtsnormen, sondern private technische Regelungen mit Empfehlungscharakter (BGH NJW 1998, 2814f; NJW-RR 1991, 1445f). Maßgebend ist somit nicht, welche – ggf. veraltete – DIN-Norm gilt, sondern ob die Bauausführung zur Zeit der Abnahme den anerkannten Regeln der Technik entspricht (→ Bautechnik, Regeln). Der Bauträger schuldet deshalb den Erwerbern auch ohne ausdrückliche Vereinbarung einen Tritt- und Luftschallschutz über die Anforderungen der DIN 4109 hinaus, der bei sorgfältiger Ausführung der geschuldeten Bauleistungen zu erreichen ist (OLG Hamm BauR 2001, 1262). Werden diese Werte nicht erreicht, ist er zur Nacherfüllung verpflichtet. Da sich bei fehlender Vereinbarung die einzuhaltenden Schallschutzwerte aus den Regeln der Bautechnik ergeben, genügt im Prozess der Vortrag des Erwerbers, die geschuldeten Schallschutzwerte seien bei weitem nicht eingehalten (BGH NJW-RR 2000, 309).

Werden durch nachträglich erforderlich Schallschutzmaßnahmen die Wohnflächen verkleinert und entsprechen diese nicht mehr der vereinbarten Wohnflächenberechnung (→ Wohnfläche), hat der Bauträger wegen der Mindergröße Schadensersatz zu leisten (BGH NJW-RR 1998, 1169). Ist der Lärmpegel wegen unzureichenden Schallschutzes doppelt so hoch wie zulässig, steht dem Erwerber gegen den Bauträger für die Dauer der Beeinträchtigung eine angemessene Nutzungsentschädigung zu (OLG Stuttgart BauR 2001, 643).

2. Ansprüche der Wohnungseigentümer untereinander

Unbeschadet der Ansprüche gegen den Bauträger sind die Wohnungseigentümer bei von Anfang an unzulänglichem Schallschutz untereinander zur Beseitigung der Schallmängel als Maßnahme ordnungsmäßiger Verwaltung verpflichtet (→Mängel des gemeinschaftlichen Eigentums). Diese kann aber nicht mehr verlangt werden, wenn die Eigentümergemeinschaft nach Zahlung eines Vergleichsbetrages durch den Bauträger, der der Instandhaltungsrückstellung zugeführt wurde, bestandskräftig beschlossen hat, von einer Beseitigung der Schallmängel abzusehen (BayObLG NZM 1999, 262). Auch bei anfänglichen Schallmängeln kann ein Wohnungseigentümer trotz eventueller Lärmbelästigungen durch die übliche Wohnnutzung von einem anderen Wohnungseigentümer keine zusätzlichen Lärmschutzmaßnahmen verlangen, wenn dieser keine Maßnahmen durchgeführt hat, welche die Situation verschlechtern (OLG Köln NZM 2001, 135). Der Anspruch auf Herstellung einer ausreichenden Schalldämmung richtet sich in diesem Fall gegen alle Wohnungseigentümer. In umgewandelten Altbauten besteht kein Anspruch eines einzelnen Eigentümers, den ursprünglich bestehenden Schallschutz zu verbessern (OLG Stuttgart NJW-RR 1994, 1497).

Gehen z.B. vom Treppenhaus wegen mangelhafter Schalldämmung unzumutbare Beeinträchtigungen auf die Wohnungseigentümer aus, so können diese mehrheitlich gem. §21 Abs.4 WEG beschließen, die Treppen mit Teppichboden zur Verbesserung des Schallschutzes zu belegen (BayObLG DWE 1982, 135). Aufgrund einer unzureichenden Schalldämmung kann aber nicht verlangt werden, Geräusche im Rahmen normaler Lebensentfaltung zu unterlassen (KG ZMR 1989, 201). Die Kosten der Beseitigung von Schallschutzmängeln sind nach dem für Instandsetzungskosten maßgeblichen Verteilungsschlüssel auch dann zu verteilen, wenn nur einige der Wohnungseigentümer von den Mängeln beeinträchtigt werden (KG ZMR 1989, 201).

Verändert der einzelne Wohnungseigentümer den Fußbodenbelag in seiner Wohnung, kann dies die Lärmbeeinträchtigung der in der darunter liegenden Wohnung lebenden Personen erhöhen und zu einem nicht hinzunehmenden Nachteil i.S.v. §14 Nr.1 WEG führen (OLG Düsseldorf ZWE 2001, 616; OLG Hamm ZWE 2001, 389, 391; OLG Köln NZM 2001, 135). Zur Feststellung welche Nachteile noch hinzunehmen sind, sind die einschlägigen DIN-Normen heranzuziehen, für den Schallschutz zwischen Wohnungen also die DIN 4109 in der seit 1989 geltenden Fassung (BayObLG NJW-RR 1994, 598f; OLG Düsseldorf ZWE 2002, 230). Welche Geräuschbeeinträchtigungen bei der Benutzung der Bad- und Toiletteninstallationen in der benachbarten Wohnung hinzunehmen sind, ist ebenfalls unter Heranziehung der einschlägigen DIN-Normen zu ermitteln; bei einem Umbau sind die zur Zeit der Umbauarbeiten geltenden Normen heranzuziehen (BayObLG ZWE 2000, 174). Die Gemeinschaftsordnung kann aber wirksam vorschreiben, dass die Eigentümer über die gesetzlichen oder sich aus den DIN-Normen ergebenden Standards zur Lärmvermeidung weitere Lärmschutzmaßnahmen treffen müssen (OLG Köln NZM 1998, 673).

Führt die Veränderung des Bodenbelags zu einem nicht mehr hinzunehmenden Nachteil, z.B. bei Ersetzung von Teppichboden durch Fliesen, ist der Störer zur Wiederherstellung des ursprünglichen Trittschallschutzes verpflichtet, wobei ihm überlassen bleibt, auf welche Weise dies geschieht (OLG Düsseldorf ZWE 2001, 616). Er haftet aber nur für die Verschlechterung des vorhandenen Trittschallschutzes, nicht für die Wahrung der Mindestanforderungen der DIN 4109 schlechthin (OLG Hamm ZMR 2001, 842f; OLG Schleswig ZAR 2003, 876). Ein Anspruch auf Herstellung des ursprünglich geplanten Schallschutzes ist in diesem Fall gegen die Eigentümergemeinschaft zu richten (OLG Köln ZMR 2003, 704).

▶ **Schaufensterscheiben**

Schaufenster sind – wie alle →Fenster – zwingend gemeinschaftliches Eigentum (OLG Hamm NJW-RR 1992, 148, dort auch z. Umdeutung einer entgegenstehenden Regelung in der Gemeinschaftsordnung).

Der Ersatz einer zu Bruch gegangenen durchgehenden Außenscheibe, die an die Glastür zu einer Eingangshalle einer Wohnungseigentumsanlage anschließt, durch zwei neue, durch einen schmalen Steg vertikal voneinander getrennte Scheiben, stellt zwar eine bauliche Veränderung dar, die aber als geringfügig anzusehen und insoweit einer ordnungsgemäßen Instandsetzung entspricht, wenn die Unterteilung der Scheibe wegen der vielfältigen Unterteilung angrenzender Schaufensterzeilen optisch kaum ins Gewicht fällt und daher keinen störenden Eindruck auf das ästhetische Gesamtbild bewirkt (Staudinger/Bub § 22 RN 101).

▶ **Schenkungsteuer** → Erbschaftsteuer, Schenkungsteuer

▶ **Schiedsverfahren, Schlichtungsvereinbarung**

1. Schiedsverfahren

So wie die Parteien in der streitigen Gerichtsbarkeit den ordentlichen Rechtsweg durch eine Schiedsgerichtsvereinbarung ausschließen können, so ist auch in der freiwilligen Gerichtsbarkeit eine entsprechende Abrede möglich. Sie ist in Wohnungseigentumssachen allerdings nur für privatrechtliche Streitsachen zulässig, über welche die Beteiligten verfügen und einen Vergleich schließen können (Begr. z. § 43 BT-Drucks 1/1802, PiG 8, 238; BayObLGZ 1973, 1; Staudinger/Wenzel Vorbem. §§ 43 ff RN 87). Ausgeschlossen sind daher Regelungen für den Fall der Insolvenz eines Wohnungseigentümers und über Rechtsbehelfe in der Zwangsvollstreckung. Dagegen kann für Streitigkeiten nach § 43 Abs. 1 Nr. 1, 2 und 4 WEG die Zuständigkeit eines Schiedsgerichts vereinbart werden (BayObLG NJW-RR 1996, 910; Merle WE 1997, 417).

Auch für das Beschlussanfechtungsverfahren ist ein Schiedsvertrag, mit dem die Zuständigkeit des Amtsgerichts gem. § 43 Abs. 1 Nr. 4 WEG abbedungen wird, zulässig (Merle, in: FS Seuß [1997] 219 ff). Dem steht nicht entgegen, dass nach § 43 Abs. 1 Nr. 4 WEG das Amtsgericht ausschließlich zuständig ist, weil die Vorschrift nur die örtliche und sachliche Zuständigkeit des Gerichts, nicht aber die Frage regelt, ob an dessen Stelle ein privates Schiedsgericht über Beschlussmängelstreitigkeiten entscheiden kann (BGH NJW 1996, 1753 f). Das Schiedsverfahren muss allerdings so ausgestaltet sein, dass der Rechtsschutz des einzelnen Wohnungseigentümers – z.B. wegen möglicher Versäumung der Frist des § 23 Abs. 4 WEG – gegenüber dem vor dem staatlichen

Gericht nicht eingeschränkt ist (Merle FS Seuß [1997] 219, 225). Außerdem müssen alle Wohnungseigentümer und der Verwalter den Schiedsvertrag abschließen, um die Rechtskrafterstreckung auf alle Beteiligten zu gewährleisten (Merle aaO 222 ff).

Die Schiedsvereinbarung kann in der Teilungserklärung nach § 8 WEG oder in dem Teilungsvertrag nach § 3 WEG enthalten sein. Eine Schiedsvereinbarung allein zwischen dem teilenden Eigentümer und dem Erwerber reicht nicht, weil sie Wirkungen nur im Verhältnis der Vertragspartner, nicht dagegen auch unter den (übrigen) Wohnungseigentümern entfaltet. Ein Mehrheitsbeschluss über die generelle Zuständigkeit des Schiedsgerichts ist wegen Abänderung von § 23 Abs. 4 WEG nichtig (Deutsches ständiges Schiedsgericht für WE-Sachen ZWE 2001, 323; Wenzel FS Hagen 231, 239). Für Streitigkeiten zwischen den Wohnungseigentümern und dem Verwalter kann die Zuständigkeit eines Schiedsgerichts nur durch eine gesonderte (§ 1031 ZPO) Schiedsvereinbarung mit dem Verwalter begründet werden.

Auf eine Schiedsvereinbarung sind die Vorschriften der §§ 1025 ff ZPO entsprechend anzuwenden (Keidel/Schmidt § 1 FGG RN 9 f). Das Schiedsgericht entscheidet endgültig. Ein beim Wohnungseigentumsgericht eingereichter Antrag ist als unzulässig abzuweisen, wenn der Antragsgegner sich auf die Abrede beruft, § 1032 ZPO. Als Schiedsgericht steht das von dem Dachverband Deutscher Immobilienverwalter eV, dem Evangelische Siedlungswerk in Deutschland eV und dem Deutschen Volksheimstättenwerk eV gegründete „Deutsche Ständige Schiedsgericht für Wohnungseigentumssachen" zur Verfügung (Statut in NZM 1998, 504; F. Schmidt MittBayNot 1998, 169).

Aus dem Schiedsspruch findet die Zwangsvollstreckung nur statt, wenn er auf Antrag eines Beteiligten durch Beschluss des zuständigen Gerichts für vollstreckbar erklärt wird, §§ 1060, 1063 Abs. 1 ZPO. Zuständig ist das in der Schiedsvereinbarung bezeichnete oder das Oberlandesgericht, in dessen Bezirk der Ort des schiedsrichterlichen Verfahrens liegt, § 1062 Abs. 1 ZPO. Ein Schiedsvergleich kann mit Zustimmung der Parteien von einem Notar mit Amtssitz im Bezirk des zuständigen Gerichts für vollstreckbar erklärt werden, § 1053 Abs. 4 ZPO.

2. Schiedsgutachten- und Schlichtungsvereinbarung

Zulässig ist auch ein Schiedsgutachtenvertrag, nach dem entscheidungserhebliche Tatsachen, wie z.B. Schäden an den im Gemeinschaftseigentum stehenden Gebäudeteilen, von einem Schiedsgutachter festzustellen sind (Weitnauer/Lüke § 10 RN 40). Solange dieser seine Feststellungen noch nicht getroffen hat, ist ein bei Gericht anhängiger Antrag unbegründet.

Die Wohnungseigentümer können gem. § 10 Abs. 1 S. 2 WEG durch Vereinbarung – nicht auch durch Beschluss (Weitnauer/Hauger § 43 RN 34) – eine Regelung treffen, dass vor der Einleitung eines gerichtlichen Verfahrens nach § 43 Abs. 1 Nr. 1 WEG der Verwaltungsbeirat (BayObLG WE 1996, 36f; 1996, 236f) oder die Eigentümerversammlung angerufen werden muss (Schlichtungsvereinbarung). Die Regelung kann auch in der Gemeinschaftsordnung niedergelegt sein (BayObLG WE 1996, 236f). § 1031 ZPO ist nicht, auch nicht entsprechend anwendbar (BayObLG WE 1996, 236f). Die Durchführung des Vorschalt- oder Güteverfahrens ist Zulässigkeitsvoraussetzung für das gerichtliche Verfahren (BayObLG WE 1996, 236f; OLG Zweibrücken WE 1987, 85). Ist sie in der Frist des § 23 Abs. 4 WEG jedoch nicht möglich, gilt dies nicht für ein Beschlussanfechtungsverfahren (BayObLG NJW-RR 1996, 910; Palandt/Bassenge § 43 RN 1), da die Durchführung eines Vorschaltverfahrens zur Fristversäumnis führen und damit den Rechtsweg faktisch ausschließen würde (a.A. Weitnauer/Lüke § 23 RN 23).

Ist die Anrufung der Eigentümerversammlung vereinbart, ist ein unmittelbar an das Wohnungseigentumsgericht gerichteter Antrag ausnahmsweise dann zulässig, wenn der Verwalter die Einberufung der Versammlung unter – unzutreffendem – Hinweis auf das Quorum des § 24 Abs. 2 WEG oder auf die – noch weit entfernte – nächste ordentliche Jahresversammlung ablehnt (BayObLG WE 1987, 92), wenn die übrigen Eigentümer bereits hinreichend zum Ausdruck gebracht haben, dass sie das Begehren des Antragstellers ablehnen (BayObLG ZMR 1991, 231 f; OLG Frankfurt OLGZ 1988, 63), oder wenn sie bereits aus anderem Anlass wiederholt mit der Sache befasst waren (BayObLG WE 1992, 57).

▶ Schilder

Beschilderungen, z.B. Namensschilder und Türschilder, sind gemeinschaftliches Eigentum (BPM § 5 RN 53). Das Recht, Namensschilder an der Haus- und Wohnungstür anzubringen, ergibt sich ohne weiteres aus dem Recht zum Mitgebrauch des gemeinschaftlichen Eigentums; es kann durch Vereinbarung oder Mehrheitsbeschluss näher ausgestaltet werden. Z. Werbeschildern → Werbe- und Reklameeinrichtungen.

▶ Schließanlage → Wohnungseingangstür

▶ Schließregelungen

In der Hausordnung können Schließregelungen festgelegt werden. Sie sind am Charakter der jeweiligen Anlage auszurichten; während in reinen Wohnanlagen das Geschlossenhalten der Hauseingangstüren im Vordergrund steht, ist in gemischt genutzten oder rein gewerblich genutzten Anlagen ein Interesse an einem zeitweisen Offenhalten anzuerkennen.

Die Anordnung, die Hauseingangstüre ständig geschlossen zu halten, um aus Sicherheitsgründen unerwünschten Personen den Zutritt zu verwehren, entspricht stets ordnungsmäßiger Verwaltung, wenn eine elektrische Türöffnungs- und Sprechanlage vorhanden ist (BayObLGZ 1982, 90; WuM 1988, 410; LG Wuppertal Rpfleger 1972, 451); ohne eine solche Anlage werden die Gebrauchsrechte unzulässig eingeschränkt (AG Bremen DWE 1995, 168 [L]). Auch eine Verpflichtung, die Haustüre nachts – z.B. zwischen 22.00 und 6.00 Uhr – verschlossen zu halten, kann durch Mehrheitsbeschluss begründet werden (OLG Hamm ZMR 1989, 269).

Das Interesse der freiberuflich oder gewerblich tätigen Nutzer von Teileigentum an einem Offenhalten während der üblichen Bürozeiten rechtfertigt nicht ein werktägliches Offenhalten von 8.00 Uhr bis 19.00 Uhr (BayObLGZ 1982, 90, 94; KG ZMR 1985, 345 f). Die Anordnung generellen Geschlossenhaltens schließt im Übrigen nicht aus, dass ein Wohnungseigentümer den Schließmechanismus mittels eines hierzu bestimmten Hebels vorübergehend außer Betrieb setzen darf (KG ZMR 1985, 345 f).

Es kann auch bestimmt werden, dass die Verbindungstüre zwischen Treppenhaus und Tiefgarage ständig geschlossen bleibt (BayObLG WE 1991, 203); ist die Türe feuerpolizeilicher Fluchtweg, so muss sie von der Tiefgarage aus stets geöffnet werden können. Auch das Schließen und zeitlich beschränkte Öffnen zum Lüften von Dachluken, Treppenhaus- und Kellerfenstern kann in der Hausordnung geregelt werden (OLG Karlsruhe MDR 1976, 758; vgl. BayObLG WE 1994, 17).

▶ **Schmutz**

Hinsichtlich der Beeinträchtigungen durch Schmutz bei der Durchführung von baulichen Veränderungen ist zunächst zu prüfen, ob es sich um kurzfristige und vorübergehende oder um andauernde Beeinträchtigungen handelt, die durch bauliche Veränderungen verursacht werden. Schmutzbeeinträchtigungen durch die Baumaßnahmen selbst sind i.d.R. wegen ihrer begrenzten Dauer zu dulden (BGHZ 73, 196; Soergel/Stürner § 22 RN 3 a; offengelassen von BayObLG ZMR 1983, 35 f; a.A. BayObLGZ 1990, 120 für größere Maßnahmen), während anhaltende Beeinträchtigungen durch Schmutz, die über das nach § 14 Nr. 1 WEG zulässige unvermeidliche Maß hinausgehen, nicht hingenommen werden müssen.

▶ **Schneeräumen** → Räum- und Streupflicht

▶ **Schrank**

Der Einbau von Schränken im Bereich des gemeinschaftlichen Eigentums ist eine zustimmungsbedürftige bauliche Veränderung, da die anderen Wohnungseigentümer dadurch vom Gebrauch des entsprechenden Flurteils ausgeschlossen werden (KG WuM 1993, 83 z. Einbau von Schränken und einer Garderobeneinrichtung neben der Wohnungseingangstür auf dem Treppenpodest).

▶ **Schriftlicher Beschluss der Wohnungseigentümer**

Beschlüsse können gem. § 23 Abs. 3 WEG nicht nur in Wohnungseigentümerversammlungen, sondern auch im schriftlichen

Verfahren gefasst werden. In praxi wird das Verfahren nur bei Wohnungseigentümergemeinschaften mit wenigen Mitgliedern angewendet, insbesondere wenn kein Verwalter bestellt ist. Gleichwohl bietet das schriftliche Verfahren ein geeignetes Instrument, wenn in einer Verwaltungsangelegenheit Eile geboten ist und die nächste Versammlung nicht abgewartet werden kann. Auch können Angelegenheiten von untergeordneter Bedeutung einfach bewältigt werden (Staudinger/Bub § 23 RN 3). Eingebürgert hat sich die Bezeichnung „Umlaufbeschluss". Treffender wird das positive Ergebnis einer solchen schriftlichen Abstimmung als schriftlicher Beschluss definiert.

Auf das Einstimmigkeitserfordernis kann nach der – allerdings unzutreffenden – h.M. auch durch Vereinbarung nicht verzichtet werden (BayObLGZ 1981, 384; OLG Hamm WE 1993, 24f; Palandt/Bassenge § 23 RN 7; a.A. Staudinger/Bub § 23 RN 44), da § 23 Abs. 3 WEG den → Minderheitsschutz bezwecke. Des Weiteren fehle im schriftlichen Verfahren die Möglichkeit, sich über das Ergebnis des Resultats zu vergewissern, was ebenfalls die Unabdingbarkeit des Einstimmigkeitsprinzips gebiete (BayObLGZ 1980, 331). Die Wohnungseigentümer können aber jedenfalls den Modus der schriftlichen Beschlussfassung bestimmen, z.B. anordnen, dass alle Stimmen die nicht binnen einer bestimmten Frist abgegeben werden, als Nein-Stimmen oder auch als Ja-Stimmen gelten (Staudinger/Bub § 23 RN 54).

1. Verfahrenseinleitung, Anregungsbefugnis

Voraussetzung für eine schriftliche Beschlussfassung ist eine eindeutige und unmissverständliche „Initiative", aus der für jeden Wohnungseigentümer ersichtlich ist, dass nicht nur eine unverbindliche Meinungsäußerung, sondern eine verbindliche Entscheidung herbeigeführt werden soll (KG OLGZ 1974, 399, 403). Das setzt einen schriftlichen Beschlussantrag des Initiators voraus, der hierzu die Unterschriften der Wohnungseigentümer einholt.

Das Verfahren kann stets von demjenigen eingeleitet werden, der auch zur Einberufung einer Versammlung befugt ist; dies wird regelmäßig (BayObLGZ 1971, 313; OLG Hamburg MDR 1971,

1012), aber nicht zwingend der Verwalter sein. Die Initiative kann auch vom Verwaltungsbeiratsvorsitzenden oder dessen Vertreter ausgehen, selbst wenn dieser nicht Wohnungseigentümer ist (§ 24 Abs. 3 WEG). Initiator kann aber darüber hinaus auch jeder Wohnungseigentümer sein, ggf. auch gegen den Willen des Verwalters.

2. Schriftlichkeit

Die „schriftliche" Zustimmungserklärung muss der gesetzlichen Schriftform gem. § 126 BGB entsprechen. Danach ist zumindest die eigenhändige Namensunterschrift des Zustimmenden oder ein notariell beglaubigtes Handzeichen erforderlich (Bassenge PiG 25, 101, 107). Gleichgültig ist, ob alle Unterschriften auf einem Zirkular oder jede Unterschrift auf den vorbereiteten Stimmscheinen geleistet wird. Für die Schriftlichkeit genügt nicht eine Einverständniserklärung per Telegramm oder Telefax (BPM § 23 RN 98).

Anerkanntermaßen kann auch ein kombinierter Beschluss als sog. Sukzessivbeschluss in der Weise gefasst werden, dass ein Teil der Eigentümer in der Versammlung und ein anderer Teil außerhalb der Versammlung schriftlich dem Beschlussantrag zustimmt (Palandt/Bassenge § 23 RN 5). Dies setzt allerdings einen entsprechenden Vorbehalt bei dem in der Versammlung gefassten Beschluss voraus, damit die dort zustimmenden Wohnungseigentümer in Kenntnis der möglichen späteren Zustimmungen abstimmen (AG Aachen v. 7. 3. 1995, 12 UR II 44/94).

Im Anschluss an die Versammlung müssen dann nicht nochmals alle vorhandenen Wohnungseigentümer zustimmen, sondern nur diejenigen, die in der Versammlung nicht anwesend waren bzw. anwesend waren, aber gegen den Beschlussantrag gestimmt oder sich der Stimme enthalten hatten (KG OLGZ 1989, 43), da das schriftliche Verfahren die Zustimmung aller Wohnungseigentümer erfordert. Allerdings muss die Niederschrift über die Versammlung die Identität der dort mündlich Zustimmenden auch als solche erkennen lassen. Dadurch kann auch ein – etwa infolge unzureichender Mehrheit oder Beschlussunfähigkeit – mangelhafter Beschluss durch nachträgliche Einholung der noch fehlenden Zustimmungen vervollständigt werden.

3. Zustimmung aller Wohnungseigentümer

Das schriftliche Verfahren setzt grds. für einen ordnungsgemäßen Beschluss ohne Versammlung die schriftliche Zustimmungserklärung aller Wohnungseigentümer zu dem vorangegangenen Beschlussantrag, also Einstimmigkeit voraus. Die Wohnungseigentümer müssen nach der gesetzlichen Konzeption des schriftlichen Verfahrens ihre Zustimmung zu diesem Beschluss erklären, d.h. sowohl zum schriftlichen Beschlussverfahren als auch zum materiellen Inhalt des Beschlussantrages. I.d.R. liegt in der schriftlichen Zustimmung zum materiellen Beschlussinhalt zugleich auch die konkludente Zustimmung zum schriftlichen Verfahren, also der Verzicht auf eine Wohnungseigentümerversammlung. Unzulässig und damit unwirksam ist allerdings eine bedingte Zustimmung zum schriftlichen Beschlussverfahren, da dies dem Gedanken der Rechtssicherheit widerspricht (BayObLG WuM 1995, 227 f).

Wird eine Aufforderung zur Stimmabgabe nach § 23 Abs. 3 WEG mit einer Widerspruchsfrist verbunden, so ist es, soweit nichts anderes vereinbart ist, gleichwohl unschädlich, wenn sich der Adressat nicht innerhalb der Frist erklärt. Wie im gewöhnlichen Rechtsverkehr kommt dem Schweigen also keine – vor allem keine die Zustimmung zur Erklärung fingierende – Wirkung zu (Schmidt ZWE 2000, 155). Das Schweigen hindert also das Zustandekommen eines Beschlusses. Wird die Aufforderung zur Stimmabgabe mit einer Abgabefrist verbunden, so ist das Beschlussverfahren gescheitert, wenn bei Ablauf der Frist nicht alle Zustimmungen vorliegen (MünchKomm/Röll § 23 RN 6).

Bei schriftlichen Verfahren müssen sich alle Wohnungseigentümer – auch diejenigen, die nach § 25 Abs. 5 WEG von der Ausübung ihres Stimmrechtes ausgeschlossen sind (BayObLG ZWE 2001, 590; LG Dortmund MDR 1966, 843; BPM § 23 RN 102; → Ruhen des Stimmrechts) – an der Abstimmung beteiligen und ihre Zustimmung schriftlich erklären, und zwar auch dann, wenn der Beschlussgegenstand an sich einem Mehrheitsbeschluss zugänglich ist (OLG Hamburg MDR 1971, 1012; BGB-RGRK/Augustin RN 8). Stimmt auch nur ein Wohnungseigentümer nicht zu, auch dadurch, dass er sich der Stimme enthält (BayObLG WE

1995, 349; OLG Celle OLGZ 1991, 431, 433), so kommt ein Beschluss nicht zustande (BayObLG WuM 1995, 227; OLG Zweibrücken NJOZ 2003, 227, 231). Einstimmigkeit führt aber nicht zu einer Vereinbarung (Palandt/Bassenge § 23 RN 5). Die Abgrenzung zwischen Vereinbarung und schriftlich gefasstem Beschluss erfolgt vielmehr nach denselben Kriterien wie bei einem Versammlungsbeschluss (→ Mehrheitsbeschluss).

Soweit nur eine Gruppe von Wohnungseigentümern betroffen ist, die allein berechtigt sind, eine Teilversammlung abzuhalten (→ Delegiertenversammlung, Teilversammlung) und in dieser ihr Stimmrecht auszuüben, ist auch nur deren Zustimmung erforderlich (BPM § 23 RN 87; Bassenge PiG 25, 101, 108).

4. Zustandekommen des schriftlichen Beschlusses

Entsprechend dem Grundsatz der konstitutiven Wirkung der Beschlussfeststellung durch den Vorsitzenden der Eigentümerversammlung (→ Mehrheitsbeschluss) kommt ein Beschluss im schriftlichen Verfahren erst mit der Feststellung und einer an alle Wohnungseigentümer gerichteten Mitteilung des Beschlussergebnisses zustande (BGH ZMR 2001, 809, 813; KG OLGZ 1974, 399, 403; BPM § 23 RN 105). Eine entsprechende Mitteilung muss aber nicht jedem einzelnem Wohnungseigentümer zugehen, vielmehr genügt jede Form der Unterrichtung – etwa durch Aushang oder ein Rundschreiben –, die den internen Geschäftsbereich des Feststellenden verlassen hat und bei der den gewöhnlichen Umständen nach mit einer Kenntnisnahme durch die Wohnungseigentümer gerechnet werden kann (BGH ZMR 2001, 809, 813). Erst zu diesem Zeitpunkt beginnt die Anfechtungsfrist zu laufen. Bis zu diesem Zeitpunkt kann auch ein Wohnungseigentümer seine Zustimmungserklärung widerrufen, da nach dem Grundsatz des § 130 BGB eine empfangsbedürftige Erklärung solange frei widerruflich ist, bis sie den Adressaten erreicht, dieser schutzwürdig ist und deshalb eine Bindungswirkung eintritt (a. A. Weitnauer/Lüke § 23 RN 11). Ein Beschluss und damit eine verbindliche Regelung, auf die jeder Wohnungseigentümer vertrauen kann, kommt jedoch erst mit der Miteilung des Beschlussergebnisses zustande.

▶ Schwimmbad, Sauna

Werden ein Schwimmbad und/oder eine Sauna nachträglich im gemeinschaftlichen Keller oder Garten eingebaut, so liegt eine bauliche Veränderung i.S. von § 22 Abs. 1 S. 1 WEG vor, die der Zustimmung aller Wohnungseigentümer bedarf. Ein Stilllegungsbeschluss ist, soweit hierfür nicht zwingende Gründe bestehen, nichtig, da er den Eigentümern das Mitgebrauchsrecht entzieht (→ Gebrauch des gemeinschaftlichen Eigentums; a. A. BayObLG NJW-RR 1987, 655: anfechtbar). Der mehrheitlich gefasste Beschluss, ein Schwimmbad nicht zu sanieren, ist anfechtbar, da die Wohnungseigentümer zu Instandhaltungsmaßnahmen zwar Beschlüsse fassen dürfen, im Ergebnis aber auch die Nichtsanierung allen Wohnungseigentümern den Mitgebrauch entzieht (LG Kempten NZM 1998, 925). Die Saunabenutzung darf durch Beschluss auf einzelne Tage in der Woche beschränkt werden (OLG Düsseldorf NZM 2003, 978). Ein in der Teilungserklärung und im Aufteilungsplan als „Schwimmbad" bezeichnetes Teileigentum darf nur mit Zustimmung aller Eigentümer in ein Fitness-Studio umgestaltet werden (BayObLG WE 1989, 109).

Um Streitigkeiten zwischen Wohnungseigentümern bezüglich des Schwimmbades/der Sauna und um Gefahrensituationen im Schwimmbad und/oder in der Sauna zu vermeiden, sollte – am besten bereits in der Gemeinschaftsordnung – eine Benutzungsordnung festgelegt werden. Eine Abänderung durch Mehrheitsbeschluss ist möglich, wenn die Benutzungsordnung nicht – ausnahmsweise – Vereinbarungscharakter hat (BayObLG Rpfleger 1975, 367; OLG Oldenburg ZMR 1978, 245).

In einer Benutzungsordnung können z.B. folgende Punkte geregelt werden:
- Nutzungsberechtigung (Abgrenzung des Personenkreises, z.B. Untersagung der Nutzung durch Bewohner von Nachbaranwesen),
- Alter, von dem an eine Nutzung des Schwimmbades ohne Begleitung eines Erwachsenen erlaubt ist,
- Untersagung von Ballspielen und Einspringen vom Beckenrand,
- Pflicht, Badmützen während des Schwimmens zu tragen,

- Pflicht, den Körper vor Benutzung des Schwimmbades/der Sauna zu reinigen,
- Luft- und Wassertemperatur,
- Untersagen des Mitbringens von Tieren.

Muster von Nutzungsordnungen für öffentliche Schwimmbäder können Hinweise für die Frage geben, ob eine Regelung ordnungsmäßiger Verwaltung entspricht (Korff DWE 1984, 64).

Ist ein Teileigentum in der Teilungserklärung als „Sauna, Ruheraum, Duschraum, Tauchbecken" bezeichnet und damit der gewerbsmäßige Betrieb einer Sauna zulässig, brauchen es die übrigen Wohnungseigentümer nicht zu dulden, dass in den Räumen eine Sauna in der Art betrieben wird, die Besuchern die Aufnahme sexueller Kontakte in den Räumen der Sauna ermöglicht oder erleichtert (BayObLG NJW-RR 1994, 1036; 1986, 317; → Prostitution; → Swinger-Club).

Grds. sind die Lasten und Kosten eines Schwimmbades oder einer Sauna von den Wohnungseigentümern nach § 16 Abs. 2 WEG im Verhältnis der Miteigentumsanteile zu tragen; hiervon abweichend kann durch Vereinbarung z. B. geregelt werden, dass für die Benutzung ein bestimmter Betrag zu bezahlen ist und der ungedeckte Rest nach Miteigentumsanteilen verteilt wird. Ein Mehrheitsbeschluss über die Einführung eines Nutzungsentgelts ist als Änderung des → Kostenverteilungsschlüssels nichtig (OLG Düsseldorf NZM 2003, 978).

Die Kostentragungspflicht entfällt nicht dadurch, dass ein Wohnungseigentümer das Schwimmbad und/oder die Sauna nicht nutzt (→ Befreiung von Kosten). Soweit nach etwaigen Benutzungsordnungen Wohnungseigentümer von der Nutzungsmöglichkeit ausgeschlossen sind, ist eine gleichzeitig damit verbundene Kostenfreistellung gerechtfertigt.

Eine „Schwimmbad-Untergemeinschaft" kann keine separate Abrechnung beschließen. Die Abrechnung ist vielmehr integraler Bestandteil der Gesamtabrechnung (KG ZMR 1997, 247).

▶ **Schwimmbecken**

Ein Schwimmbecken im Freien ist im Rahmen der Verkehrssicherungspflicht gegen den Zugang von unbeaufsichtigten Kindern zu sichern (OLG Hamm OLGZ 1994, 301; OLG Karlsruhe MDR 1990, 339), wofür das Aufstellen eines Verbotsschildes nicht ausreicht (OLG Oldenburg FamRZ 1994, 1454).

▶ **Selbständiges Beweisverfahren**

Die Wohnungseigentümer können als Maßnahme ordnungsmäßiger Verwaltung beschließen, ein selbständiges Beweisverfahren gem. §§ 485 ff ZPO zur Feststellung von Mängeln am gemeinschaftlichen Eigentum einzuleiten (BGH NZM 2003, 814; BayObLG NZM 2001, 773; 2002, 448), wenn zu besorgen ist, dass Beweismittel verloren gehen oder ihre Benutzung erschwert wird, aber auch zur Hemmung der Verjährung gem. § 204 Abs. 1 Nr. 7 BGB. Das in Prozessstandschaft vom Verwalter (→ Prozessführung durch Verwalter) gegen den Veräußerer einer Wohnanlage wegen Mängeln eingeleitete selbständige Beweisverfahren unterbricht die Verjährung der Mängelansprüche der Erwerber, wenn sie den Verwalter dazu ermächtigt haben, z.B. durch einen Beschluss, wonach der Verwalter alle rechtlich notwendigen Schritte zur Durchführung eines selbständigen Beweisverfahrens in die Wege zu leiten hat (BGH NZM 2003, 814). Darüber hinaus ist der Verwalter gem. § 27 Abs. 2 Nr. 4 WEG, wenn Ansprüche zu verjähren drohen, auch ohne besondere Ermächtigung berechtigt, ein selbständiges Beweisverfahren einzuleiten (BGHZ 78, 166; BayObLG MDR 1976, 1023).

Bei der Beschlussfassung über die Einleitung eines selbständigen Beweisverfahrens ist der Antragsgegner gem. § 25 Abs. 5 WEG von der Abstimmung ausgeschlossen (→ Ruhen des Stimmrechts).

Im Beweissicherungsantrag ist das zutage getretene Erscheinungsbild der Mängel so genau zu beschreiben, dass es an Ort und Stelle identifizierbar ist (KG NJW-RR 2000, 468). Damit ist aber nach der sog. „Symptomtheorie" eine Beschränkung des Antrags auf angegebene Stellen oder vom Antragsteller genannte oder vermutete Ursachen nicht verbunden; vielmehr sind damit gleichartige, ggf. noch nicht zutage getretene Mängel ebenso miterfasst wie sämtliche Mängelursachen (BGH WE 1989, 23). So können z.B. Risse im Außenputz auf konstruktiven Mängeln bei der Dachdeckung und Belüftung (BGH NJW 1987, 381) oder einem fehlerhaften Putzuntergrund (BGH BauR 1987, 208) oder anderen Ursachen beruhen.

▶ **Selbstverteidigungsschule** → Sportstudio

▶ **Sexshop** → Erotik-, Sexshop; → Prostitution

▶ **Sichtschutz**

Die Anbringung massiver, fest eingefügter Sichtblenden auf Balkonen oder Terrassen oder die Errichtung eines Sichtschutzes für eine Sondernutzungsfläche (KG NJW-RR 1994, 526; ZMR 1997, 315 f für einen 1,80 m hohen Holzflechtzaun vor einem 1 m hohen Jägerzaun; OLG Hamburg OLGZ 1989, 309, 311 für eine massive Betonplatte in einer Reihenbungalowanlage) ist i.d.R. wegen der Verschlechterung des optischen Gesamteindrucks eine Beeinträchtigung, die der Zustimmung der übrigen Wohnungseigentümer bedarf. Gleiches gilt für die Erhöhung einer vorhandenen, bis zur Höhe der Balkonbrüstung reichenden Trennwand zum Nachbarbalkon bis zur Decke des darüberliegenden Balkons (BayObLG WuM 1985, 35).

Errichtet ein Wohnungseigentümer im Garten einer Wohnanlage eine Sichtschutzwand, um eine offene Holzlege zu verdecken, kann ein anderer Wohnungseigentümer, dessen Zugang zur Holzlege dadurch erschwert wird, Beseitigung verlangen (BayObLG ZWE 2000, 79). Auch die Errichtung eines Sichtschutzes an der Grenze zweier in Sondernutzung befindlicher Gartenflächen bedarf der Zustimmung aller Wohnungseigentümer, und zwar auch dann, wenn in anderen Gärten, die nicht zur Wohnungseigentumsanlage gehören, solche Wände bereits vorhanden sind (OLG Köln NZM 1999, 178).

▶ **Sofortige Beschwerde** → Beschwerde, sofortige und sofortige weitere

▶ **Solarzellen** → Sonnenkollektoren

▶ Sondereigentum

Sondereigentum ist das Alleineigentum i.S. der §§ 903 ff BGB an einer bestimmten Wohnung oder an nicht zu Wohnzwecken dienenden bestimmten Räumen sowie an den zu diesen Räumen gehörenden Bestandteilen des Gebäudes, die verändert, beseitigt oder eingefügt werden können, ohne dass dadurch das gemeinschaftliche Eigentum oder ein auf Sondereigentum beruhendes Recht eines anderen Wohnungseigentümers über das nach § 14 WEG zulässige Maß hinaus beeinträchtigt oder die äußere Gestaltung des Gebäudes verändert wird, § 5 Abs. 1 WEG. Der Begriff des Gebäudes setzt dabei einen allseitigen baulichen Abschluss voraus (BayObLG NJW-RR 1986, 761).

Das Sondereigentum stellt die Ausnahme zu dem Grundsatz dar, dass Gebäude oder Teile davon wesentliche Bestandteile des Grundstücks sind und deshalb nicht Gegenstand besonderer Rechte und Pflichten sein können, § 3 Abs. 1 WEG i.V.m. §§ 93, 94 BGB. Rechtlich ist es nur das Anhängsel zu dem Miteigentumsanteil (BGHZ 50, 60), mit dem es verbunden ist. Nach § 6 Abs. 2 WEG erstrecken sich deshalb die Rechte am Miteigentumsanteil ohne weiteres auf das zu ihm gehörende Sondereigentum.

Gegenstand des Sondereigentums können nur wesentliche Bestandteile eines Grundstücks sein (BGHZ 78, 227); das sind insbesondere alle Räume – auch Nebenräume wie Keller- und Speicherabteile – sowie wesentliche Bestandteile, die nicht gemeinschaftliches Eigentum sind. Die genaue Abgrenzung ergibt sich aus dem → Aufteilungsplan und der Teilungserklärung/Teilungsvereinbarung (→ Begründung von Wohnungseigentum) mit → Gemeinschaftsordnung, die Gegenstand, § 7 Abs. 3 WEG, bzw. Anlage, § 7 Abs. 4 Nr. 1 WEG, der Eintragungsbewilligung ist und die durch Eintragung der Bezugnahme auf die Eintragungsbewilligung im Grundbuch Gegenstand und Inhalt des Sondereigentums gem. §§ 5 Abs. 4 und 10 Abs. 2 WEG bestimmt. Gegenstand des Sondereigentums kann nicht sein, was gem. § 5 Abs. 2 WEG zwingend Gegenstand des gemeinschaftlichen Eigentums ist, insbesondere Räume, die – wie z.B. Treppenhäuser und Dielen (→ Flur, Treppenpodest, Treppenhaus) – dem gemeinschaftlichen Ge-

Sondereigentum

brauch aller Wohnungseigentümer dienen oder den einzigen Zugang zu einem im gemeinschaftlichen Eigentum stehenden Raum, z.B. dem Heizungsraum (→ Heizungsanlage), bilden (→ Gemeinschaftliches Eigentum). Wird ein zwingend zum gemeinschaftlichen Eigentum gehörender Gegenstand, z.B. → Fenster oder die Isolierschicht des → Balkons, zum Sondereigentum erklärt, so bleibt die Teilungserklärung im Übrigen wirksam; die nichtige Zuordnung zum Sondereigentum kann in eine Pflicht zur Tragung der Instandhaltungskosten umgedeutet werden (→ Balkon; → Fenster; → Gemeinschaftliches Eigentum).

Wie das Sondereigentum genutzt werden darf, ergibt sich aus der in der Grundbuch durch Bezugnahme eingetragenen Zweckbestimmung (→ Gebrauch des Sondereigentums). Weitere Einzelheiten über den Inhalt des Sondereigentums bedürfen nicht der Eintragung in das Grundbuch; ausgenommen hiervon ist die Vereinbarung, dass die Veräußerung des Wohnungseigentums von der Zustimmung Dritter abhängig ist, § 12 WEG (→ Zustimmung zur Veräußerung des Wohnungseigentums).

Jeder Wohnungseigentümer kann, soweit nicht das Gesetz oder Rechte Dritter entgegenstehen, mit den im Sondereigentum stehenden Räumen und Gebäudeteilen nach Belieben verfahren, insbesondere diese bewohnen, vermieten (→ Vermietung von Wohnungseigentum), verpachten oder in sonstiger Weise nutzen und andere von Einwirkungen ausschließen, § 13 Abs. 1 WEG. Er darf ohne Zustimmung der übrigen Wohnungseigentümer sein Sondereigentum (zusammen mit dem Miteigentumsanteil am Grundstück) unterteilen (→ Unterteilung von Wohnungseigentum). Gestattet sind bauliche Veränderungen des Sondereigentums, auch wenn diese eine zweckwidrige Nutzung ermöglichen sollen (BayObLGZ 1987, 78); ob die zweckwidrige Nutzung selbst verboten werden kann, ist eine andere Frage (→ Gebrauch des Sondereigentums).

Zwei Wohnungseigentümer können zwei Sondereigentumseinheiten ohne Zustimmung der übrigen räumlich miteinander oder einzelne Räume einer Wohnungseigentumseinheit nach Abtrennung mit einer anderen verbinden (→ Vereinigung von Wohnungseigentumsrechten). Die → Umwandlung von Sondereigentum in gemeinschaftliches Eigentum bedarf aber der Zustimmung aller Wohnungseigentümer und Realberechtigten, soweit beeinträchtigt (BayObLG NJW-RR 1992, 208), sowie der Eintragung in das Grundbuch.

Streitigkeiten der Wohnungseigentümer über Gegenstand, Inhalt und Umfang des Sondereigentums, insbesondere dessen Abgrenzung zum gemeinschaftlichen Eigentum sind im streitigen Verfahren vor dem Prozessgericht auszutragen, weil sie die sachenrechtlichen Grundlagen der Wohnungseigentümergemeinschaft betreffen (BGHZ 130, 159, 164). Gleiches gilt für die Umwandlung von Sondereigentum in gemeinschaftliches Eigentum (KG NZM 1998, 581). Wegen der Zuständigkeit der Prozessgerichte kann in einem Wohnungseigentumsverfahren über die Verpflichtung zur Erteilung der →Zustimmung zur Veräußerung des Wohnungseigentums nach § 12 Abs. 1 WEG nicht mit bindender Wirkung unter allen →Beteiligten festgestellt werden, welchen Umfang das Sondereigentum nach dem Grundbuchinhalt hat (KG ZWE 2002, 131).

▶ **Sonderfachleute** →Sanierungsmaßnahmen

▶ **Sondernutzungsrecht**

Die Wohnungseigentümer können den Gebrauch des gemeinschaftlichen Eigentums derart regeln, dass das **alleinige und ausschließliche Nutzungsrecht** (BGHZ 91, 343, 345) oder auch das alleinige Recht, bestimmte Nutzungen zu ziehen (KG OLGZ 1982, 436), bezüglich eines genau bestimmten oder bestimmbaren Teils des gemeinschaftlichen Eigentums, auch bezüglich des gesamten gemeinschaftlichen Eigentums (BayObLGZ 1981, 56; KG Rpfleger 1983, 21 z. Doppelhaushälften) abweichend von § 13 Abs. 2 Satz 1 WEG befristet oder unbefristet einem bestimmten Sondereigentum und damit dessen jeweiligem Sondereigentümer zugewiesen ist (BGHZ 73, 147), während die übrigen **Miteigentümer** von diesem Recht **ausgeschlossen** sind. Es kann auch ohne Beschränkung auf eine bestimmte Nutzungsart eingeräumt werden (BayObLG NZM 1999, 426).

Sondernutzungsrecht

1. Inhalt

Ein Sondernutzungsrecht hat eine ausschließende und eine zuweisende Komponente. Zum einen werden alle Eigentümer mit Ausnahme des Begünstigten von der Befugnis zum Mitgebrauch (negativ) ausgeschlossen, zum anderen wird dem Begünstigten (positiv) die Befugnis zum Gebrauch des gemeinschaftlichen Eigentums eingeräumt (BGHZ 91, 343, 345; OLG Hamm NZM 1998, 921). Die positive Komponente der Regelung betrifft zugleich die Art und den Umfang der dem begünstigten Eigentümer übertragenen Nutzungsbefugnis. Die negative Komponente deshalb wird nicht dadurch berührt, dass der Berechtigte die Grenzen seiner Nutzungsbefugnis überschreitet. Die übrigen Wohnungseigentümer können in diesem Fall nicht Beteiligung an den Nutzung, sondern nur die Zurückführung des Gebrauchs auf das zulässige Maß verlangen (OLG Hamm NZM 1998, 921).

Sondernutzungsrechte werden typischerweise an Kfz-Stellplätzen im Freien (→ Parkplatz, Kraftfahrzeugstellplätze), an Gartenflächen, die an Parterrewohnungen anschließen (→ Garten, Rasenflächen) und an im gemeinschaftlichen Eigentum stehenden Räumen – z.B. an Kellerräumen – und Gebäudeteilen – z.B. an der → Fassade oder einer → Terrasse – eingeräumt. Es ist kein Grundstücksrecht, so dass es vom Berechtigten nicht dinglich belastet werden kann, etwa mit einer → Dienstbarkeit zugunsten eines anderen Wohnungseigentümers; hierfür müssen alle Wohnungseigentümer zustimmen.

Die Einräumung eines umfassenden Sondernutzungsrechts an einer im gemeinschaftlichen Eigentum stehenden Grundstücksfläche einschließlich des Rechts, diese Fläche zu bebauen, enthält nicht die vorweggenommene Einigung über die Einräumung von Sondereigentum an den Räumen in einem auf der Fläche errichteten Gebäude zugunsten des Sondernutzungsberechtigten (BayObLG NZM 2002, 70f; 2001, 1235).

Das Sondernutzungsrecht ist ein Vermögensrecht i.S. des § 857 ZPO, das aber nur von demjenigen gepfändet werden kann, auf den der Sondernutzungsberechtigte sein Recht auch übertragen könnte, also von Mitgliedern der Wohnungseigentümergemeinschaft (LG Stuttgart DWE 1989, 72; Schuschke NZM 1999, 830f; → Pfändung), nicht aber von Dritten (OLG Stuttgart BWNotZ 2002, 186). Ein außerhalb der Gemeinschaft stehender Gläubiger des Eigentümers kann auf das Sondernutzungsrecht isoliert nicht zugreifen, vielmehr nur im Wege der Immobiliarvollstreckung zusammen mit dem Wohnungseigentum selbst zur Befriedigung einer Forderung nutzbar machen.

2. Begründung

a) Teilungserklärung

I.d.R. wird ein Sondernutzungsrecht bereits bei der Teilung eines Grundstücks durch den Eigentümer gem. § 8 WEG (BGHZ 73, 147; OLG Hamm NZM 1998, 673) oder in der Teilungsvereinbarung der Miteigentümer gem. § 3 WEG (BGH NJW 1979, 548) begründet. Eine solche Vereinbarung wird gem. §§ 5 Abs. 4, 10 Abs. 2 WEG durch Eintragung in das Grundbuch zum Inhalt des Sondereigentums (BGHZ 91, 343, 345). Mit der Eintragung erwirbt der Berechtigte ein dingliches Recht, das nicht entziehbar ist. Wird ein Sondernutzungsrecht in der Teilungserklärung oder Teilungsvereinbarung zum Inhalt des Sondereigentums gemacht, so reicht zur Verdinglichung gem. § 7 Abs. 3 die Bezugnahme auf die Eintragungsbewilligung aus; zulässig ist aber die Eintragung eines zusätzlichen Hinweises auf das Bestehen und die Art des jeweiligen Sondernutzungsrechts (OLG Hamm OLGZ 1985, 22).

b) Bestimmtheitsgrundsatz

Der Gegenstand des Sondernutzungsrechts ist wegen des Bestimmtheitsgrundsatzes (OLG Hamm ZWE 2000, 316; BayObLG NJW-RR 1986, 93) zweifelsfrei zu bezeichnen. Die Sondernutzungsrechte sind bereits in der Teilungserklärung in ihrer Anzahl, ihrer räumlichen Lage auf dem Grundstück und in ihrer Ausdehnung zu konkretisieren. Dieselben Anforderungen sind an die Zuordnungserklärung des teilenden Eigentümers zu stellen (OLG Hamm ZMR 2000, 123). Möglich ist etwa die Eintragung in einen allgemein zugänglichen Plan oder eine Beschreibung der Fläche in der Teilungserklärung, die auf Merkmale in der Natur wie

Bäume, Hecken, Zäune oder Gräben auch dann Bezug nehmen kann, wenn diese nicht unabänderlich sind (BGH NJW 1982, 1039). Ebenso kann auf Merkmale innerhalb eines Gebäudes Bezug genommen werden, wenn sie mit dem Gebäude dauerhaft verbunden sind, etwa auf Markierungslinien in Tiefgaragen oder auf Lattenverschläge im Keller (BayObLGZ 1985, 207); sie müssen auch nicht unabänderlich sein (BayObLG WuM 1989, 197). In einem Kaufvertrag über ein noch zu begründendes Wohnungseigentum, zu welchem ein Sondernutzungsrecht gehören soll, genügt die Bezugnahme auf einen der Kaufvertragsurkunde beigefügten Plan (→ Kaufvertrag).

Werden in der Teilungserklärung mehrere Sondernutzungsrechte in der Weise begründet, dass hinsichtlich der Lage der Sondernutzungsflächen auf einen Lageplan Bezug genommen wird, so entsteht das Sondernutzungsrecht trotz der Eintragung im Grundbuch nicht, wenn in einer für zwei Sondernutzungsrechte vorgesehenen Gesamtfläche keine Abgrenzung der einzelnen Sondernutzungsrechte zueinander markiert ist (OLG Hamm ZWE 2000, 316). Lässt sich die in einem der Teilungserklärung beigefügten Lageplan eingezeichnete Grenze zwischen zwei Sondernutzungsflächen nicht mit den Größenangaben für diese zur Deckung bringen, ist die zeichnerische Darstellung im Lageplan maßgebend (BayObLG ZWE 2000, 211; OLG Düsseldorf OLGZ 1978, 349, 352). Legt der teilende Bauträger eine Sondernutzungsfläche kleiner an, als nach dem Inhalt des Grundbuchs vorgesehen, so hat der Sondernutzungsberechtigte Anspruch auf Vergrößerung der Flächen auf Kosten des Bauträgers, nicht aber auf Kosten der Wohnungseigentümergemeinschaft (KG GE 1989, 490 für die Versetzung eines Zaunes).

Ein Sondernutzungsrecht muss ausdrücklich zugewiesen werden. Auch wenn eine im gemeinschaftlichen Eigentum stehende Fläche, z.B. eine Dachfläche (BayObLG ZWE 2000, 78) oder ein Spitzboden, nur über ein Sondereigentum erreicht werden kann, besteht im Zweifel kein Sondernutzungsrecht des betreffenden Sondereigentümers an dieser Fläche (→ Dach, Dachboden).

c) Begründungs- und Zuordnungsvorbehalt

Die übrigen Miteigentümer können in der Teilungserklärung vom Mitgebrauch des gemeinschaftlichen Eigentums ausgeschlossen werden bei gleichzeitigem Vorbehalt des teilenden Eigentümers, die Sondernutzungsrechte später bestimmten Eigentümern zuzuordnen. Im Hinblick auf die negative Komponente eines Sondernutzungsrechts ist dies als aufschiebende Bedingung zu qualifizieren (OLG Düsseldorf NZM 2002, 73; OLG Hamm ZMR 2000, 123). Die Regelung bewirkt, dass die Wohnungseigentümer mit Ausnahme des Begünstigten mit Eintritt der Bedingung – der Zuordnungserklärung des teilenden Eigentümers – vom Mitgebrauch des betreffenden gemeinschaftlichen Eigentums ausgeschlossen sind. Beruht aber die spätere Zuordnung des Sondernutzungsrechts schon auf der im Grundbuch eingetragenen Teilungserklärung, wird ihr Sondereigentum durch die Begründung des Sondernutzungsrechts nicht (zusätzlich) beeinträchtigt. Deshalb ist die Mitwirkung der übrigen Wohnungseigentümer sowie der Grundpfandgläubiger für die Eintragung des Sondernutzungsrechts im Grundbuch entbehrlich (BayObLG NZM 2001, 1131; OLG Düsseldorf NZM 2002, 73; OLG Hamm NZM 1998, 673).

Ist in der Teilungserklärung die Zuweisung von allerdings Sondernutzungsrechten nur vorgesehen, ohne dass eine im Einzelnen bestimmte und wirksame Gebrauchsregelung getroffen ist, bedarf die spätere Zuweisung der Mitwirkung aller Eigentümer und der Zustimmung aller Realberechtigten, da der Mitgebrauch am gemeinschaftlichen Eigentum erst durch die Zuweisungserklärung ausgeschlossen wird (BGHZ 91, 343, 347). Die Erklärung kann gegenüber dem Verwalter abgegeben werden, was zur Eintragung des Sondernutzungsrechts im Grundbuch in notariell beglaubigter Form gem. § 29 GBO dem Grundbuchamt nachzuweisen ist.

Der teilende Eigentümer kann sich auch die Befugnis vorbehalten, bis zur Veräußerung der letzten Eigentumswohnung weitere Sondernutzungsrechte, zu begründen. Eine solche Regelung kann in das Grundbuch eingetragen werden und ermächtigt ihn, Sondernutzungsrechte auch nach der Eintragung einer Auflassungsvormerkung für den ersten Erwerber eines Sondereigentums – zu diesem Zeitpunkt verliert der teilende Eigentümer die Befugnis, die Teilungserklärung/Gemeinschaftsordnung eigenmächtig zu ändern (→ Gemeinschaftsordnung) – allein zu begründen (OLG Frankfurt ZMR 1998, 365; OLG Hamm FGPrax 1998, 49).

d) Vereinbarung, Mehrheitsbeschluss

Ein Sondernutzungsrecht kann durch nachträgliche Vereinbarung aller Wohnungseigentümer, nicht aber durch unangefochtenen Mehrheitsbeschluss begründet werden (BGHZ 145, 158 ff; KG NZM 2000, 137; OLG Köln NJW-RR 1992, 598; Wenzel, ZWE 2000, 2, 5; a.A. noch BayObLG NJW-RR 1993, 85, 86; OLG Düsseldorf NZM 1999, 378), da der Wohnungseigentümerversammlung insoweit die Beschlusskompetenz fehlt (→ Vereinbarungsändernder, vereinbarungsersetzender, vereinbarungswidriger Mehrheitsbeschluss). Die Vereinbarung bedarf zur Eintragung in das Grundbuch gem. § 29 GBO der notariellen Beglaubigung (BGHZ 91, 347). Ihr müssen die Realberechtigten an allen Miteigentumsanteilen, insbesondere Grundpfandrechtsgläubiger und diejenigen, zu deren Gunsten eine Auflassungsvormerkung eingetragen ist, zustimmen, da die Einräumung zugleich den Inhalt des Sondereigentums gem. §§ 877, 876 BGB ändert und dieses rechtlich beeinträchtigt; die Zustimmung der Inhaber dinglicher Rechte ist nur entbehrlich, wenn jede rechtliche, nicht nur wirtschaftliche Beeinträchtigung ausgeschlossen ist (BGHZ 91, 346; OLG Frankfurt FGPrax 1998, 89; Palandt/Bassenge § 10 RN 4).

3. Ausübung des Sondernutzungsrechts

Der Gebrauch des Sondernutzungsrechts durch den Sondernutzungsberechtigten ist innerhalb der Schranken des § 14 WEG zulässig (BayObLG FGPrax 1999, 99; KG OLGR 1999, 246).

a) Mitgebrauchsrecht der übrigen Wohnungseigentümer

Wird das Sondernutzungsrecht auf eine bestimmte Art des Gebrauchs beschränkt, ist im Wege der Auslegung zu ermitteln, ob die Miteigentümer vom Mitgebrauch insgesamt ausgeschlossen sein sollen oder ihnen der Mitgebrauch in bezug auf andere Arten des Gebrauchs verbleiben sollen. Ein Sondernutzungsrecht schließt i.d.R. nicht die Verwaltungsbefugnisse der Wohnungseigentümer in bezug auf alle Maßnahmen rechtlicher und tatsächlicher Art aus, die der Erhaltung und Verbesserung im Interesse der Wohnungseigentümer dienen sollen (BayObLGZ 1985, 169); es schließt im Zweifel Mitgebrauchsrechte der Miteigentümer auch insoweit nicht aus, als diese zum Gebrauch des übrigen Gemeinschaftseigentums erforderlich sind (KG NJW-RR 1990, 333), z.B. die Benutzung eines Weges über eine Fläche, an der ein Sondernutzungsrecht besteht, um den Keller betreten zu können (OLG Stuttgart WuM 2001, 293). Eine teilweise Mitbenutzung kann auch verlangt werden, wenn ein Miteigentümer sonst keinen ausreichenden Zugang zu einem gewerblich genutzten Sondereigentum hätte (OLG Frankfurt/M. NJOZ 2004, 315).

b) Bauliche Veränderungen

Da sich Sondernutzungsrechte auf den ausschließlichen Gebrauch des gemeinschaftlichen Eigentums beziehen, dürfen gem. §§ 14 Abs. 1, 15 Abs. 2 WEG die anderen Wohnungseigentümer hierdurch nicht über das unvermeidbare Maß hinaus beeinträchtigt werden. Die Einräumung eines Sondernutzungsrechts gewährt als solches deshalb nicht das uneingeschränkte Recht zur Vornahme baulicher Veränderungen (BayObLG ZWE 2000, 356 z. Errichtung eines Gartenhauses; NZM 1999, 855 z. Errichtung eines Carports; NJW-RR 1993, 1295 [L]; KG NJW-RR 1994, 526f z. Einzäunen; OLG Köln NZM 2002, 458 z. Abriss eines Kamins; BPM § 22 RN 115; Palandt/Bassenge § 13 RN 17), was ohne weiteres aus einem Vergleich mit dem höherrangigen Sondereigentum folgt (OLG Karlsruhe WuM 1987, 236). Auch eine Regelung, dass für Sondernutzungsrechte „das Gleiche entsprechend gilt, wie wenn es sich um Sondereigentum handeln würde", lässt das Zustimmungserfordernis des § 22 Abs. 1 S. 2 WEG unberührt (BayObLG WE 1991, 48);

Soll aber jeder Wohnungseigentümer die Gebäudeteile und unbebauten Grundstücksflächen, an denen ihm ein Sondernutzungsrecht eingeräumt ist, „wie ein Alleineigentümer" auf jede rechtlich zulässige Weise nützen dürfen und die Zustimmung eines anderen Wohnungseigentümers zu baulichen Maßnahmen, zum Abriss und zum Wiederaufbau nur erforderlich sein, wenn sie auch bei einer durchgeführten Realteilung erforderlich wäre (BayObLG NZM 2001, 769f; WuM 1996, 789f) – eine bei der Bebauung eines Grundstücks mit mehreren Einzelhäusern oder einem Doppelhaus übliche Regelung –, oder als ob die sondergenutzten Grundstücksflächen „vermessene Parzellen" wären (BayObLG NZM 2001, 815), so ist §22 WEG insgesamt abbedungen, so dass der sondernutzungsberechtigte Wohnungseigentümer bauliche Veränderungen im Rahmen des öffentlich-rechtlich Zulässigen und der Beschränkungen des allgemeinen Nachbarrechts gem. §§906ff BGB, ggf. i.V.m. landesrechtlichen Vorschriften – z.B. in Bayern Art.43ff AGBGB – durchführen kann (BayObLG NZM 2001, 815f z. Abstandsflächen; 2001, 769 z. einer →Pergola; OLG Düsseldorf MittRhNotK 1986, 189).

Ist ein Sondernutzungsrecht an Teilen des Gartens eingeräumt, ist der Sondernutzungsberechtigte in den Grenzen der getroffenen Vereinbarung nach der Verkehrsanschauung zur gewöhnlichen Gartennutzung, insbesondere zur Anpflanzung von Blumen, Sträuchern und Bäumen oder zur Anlegung von Beeten berechtigt (→Garten, Rasenflächen), nicht aber zum Pflanzen (KG NJW-RR 1987, 1360) oder Fällen (BayObLG NZM 2001, 872) großer Bäume.

c) Umzäunung

Streitbehaftet ist häufig der Wunsch von Sondernutzungsberechtigten, die ihnen zur ausschließlichen Sondernutzung zugewiesene Fläche einzuzäunen. Da dies im Regelfall eine bauliche Veränderung darstellt (→Zaun), bedarf sie grds. der Zustimmung der Wohnungseigentümer, die der Zaun nicht ganz unerheblich und vermeidbar beeinträchtigt, es sei denn, dass die Zustimmung bereits bei Einräumung des Sondernutzungsrechts vertraglich erteilt wurde (vgl. z. Verlegung eines Zaunes wegen abweichender Errichtung vom Aufteilungsplan BayObLG DWE 1994, 137).

Nach einem Teil der Rechtsprechung entspricht die sichtbare Abgrenzung durch einen Zaun den natürlichen Wohnbedürfnissen, da erst dadurch der volle Genuss eines Sondernutzungsrechts auch als Ausdruck des Eigentumsrechts zur Geltung kommt, und bedeutet insoweit keinen Nachteil i.S. von §14 Nr.1 WEG

(BayObLGZ 1982, 69, 75; OLG Hamburg DWE 1984, 91 jeweils zutr. z. Abzäunung von Sondernutzungsflächen, die Doppelhaushälften zugeordnet sind, durch einen Maschendrahtzaun). Bei einer Reihenhausanlage kann es im wohlverstandenen Interesse der Wohnungseigentümer liegen, die kleinen Freisitze und Terrassen durch hohe Zäune, die Sichtschutz gewähren, abzutrennen (OLG Düsseldorf OLGZ 1985, 426, 430). Nach anderer Auffassung ist gerade im städtischen Bereich eine Einzäunung auch von Sondernutzungsflächen nur mit Zustimmung der anderen Wohnungseigentümer zulässig (BayObLG NZM 1999, 261; KG NJW-RR 1994, 526).

Die Errichtung eines Zaunes wird i.d.R. den optischen Gesamteindruck nicht ganz unwesentlich beeinträchtigen (BayObLG NZM 1999, 261; OLG Düsseldorf NJWE-MietR 1997, 111; OLG Stuttgart ZMR 1995, 81), so dass die Interessen des Sondernutzungsberechtigten und der übrigen Wohnungseigentümer zur Prüfung der Vermeidbarkeit des Nachteils abzuwägen sind. Dabei ist i.d.R. den Interessen der ablehnenden Wohnungseigentümer der Vorrang einzuräumen, wenn der Zaun den Parkcharakter (BayObLG WE 1987, 94) oder eine „offene Planung" (OLG Düsseldorf NJWE-MietR 1997, 111) nicht unerheblich stört.

d) Überlassung an Dritte

Der Sondernutzungsberechtigte kann die Ausübung des Rechts auch Dritten, z.B. einem Mieter, gegen Entgelt überlassen, das ihm auch dann allein zusteht, wenn die Nutzung gegen die Gebrauchsregelung verstößt (OLG Hamm NZM 1998, 921); der Wohnungseigentümergemeinschaft stehen daneben keine Zahlungsansprüche zu (BayObLG WE 1989, 57). Ansprüche auf Herausgabe von Mieterträgen kommen aber bei einer unzulässigen Bebauung und Vermietung in Betracht (OLG Düsseldorf WE 1988, 40).

e) Entzug der Sondernutzungsfläche

Dem Sondernutzungsberechtigten stehen die Gebrauchsvorteile zu, welche die Sondernutzungsfläche mit sich bringt, § 100 BGB. Er ist entsprechend § 13 Abs. 1 WEG berechtigt, mit der Sondernutzungsfläche nach Belieben zu verfahren, sie selbst zu nutzen und andere von der Einwirkung auszuschließen (BayObLG NZM 1998, 335). Wird ihm – ohne dass eine dahingehende Vereinbarung getroffen wurde – das ihm eingeräumte Sondernutzungsrecht teilweise entzogen, z.B. dadurch, dass die Eigentümergemeinschaft Müllbehälter auf der Sondernutzungsfläche abstellt (BayObLG NZM 1998, 335) oder dass die Bauordnung die Anlage eines gemeinschaftlichen Kinderspielplatzes erfordert, der nicht auf eine andere Grundstücksfläche verlegt werden kann (KG ZWE 2000, 138), oder auch die Anlegung von Besucherparkplätzen (→ Parkplatz, Kraftfahrzeugstellplätze), so steht ihm ein Ausgleichsanspruch gegen die anderen Miteigentümer im Verhältnis von deren Miteigentumsanteilen zu.

f) Kostentragung

Entstehen bezüglich der Teile des Gemeinschaftseigentums, an denen Sondernutzungsrechte bestellt sind, gesondert ermittelbare Kosten (Reinigung der Tiefgarage, Strom etc.), sollte in der Gemeinschaftsordnung bestimmt werden, ob und inwieweit die sondernutzungsberechtigten Miteigentümer solche Kosten ausschließlich tragen. Ist vereinbart, dass der Sondernutzungsberechtigte Erhaltungsmaßnahmen auf eigene Kosten durchzuführen hat, so fallen hierunter nicht die Kosten der Beseitigung von ursprünglich vorhandenen Baumängeln (BayObLG WE 1988, 69). Im Zweifel ist der Sondernutzungsberechtigte zur Tragung des anfallenden Lasten und Kosten verpflichtet (Staudinger/Bub § 16 RN 40; Palandt/Bassenge § 13 WEG RN 16).

4. Änderung und Übertragung

Die Änderung einer Vereinbarung, durch die Sondernutzungsrechte begründet wurden, bedarf – wie die Vereinbarung selbst – der Mitwirkung aller Wohnungseigentümer, ggf. der Realberechtigten und der Eintragung im Grundbuch (BayObLG NZM 2001, 529 z. einem allstimmigen Beschluss; 2003, 321; OLG Düsseldorf NZM 2001, 530; OLG Zweibrücken NZM 2001, 1136; z. Abgrenzung von Beschluss und Vereinbarung → Mehrheitsbeschluss). Werden die Befugnisse des Sondernutzungsberechtigten erweitert, müssen Realberechtigte dieser Änderung nicht gem. §§ 876, 877

BGB zustimmen (Palandt/Bassenge § 13 RN 10), da Inhalt des Sondereigentums der ausgeschlossenen Wohnungseigentümer lediglich der Ausschluss der eigenen Berechtigung ist (BGHZ 91, 343, 346), weshalb die Änderung ihre Rechtsstellung nicht berührt.

Die Übertragung eines Sondernutzungsrechts bedarf der Einigung und der auf Bewilligung des übertragenden Wohnungseigentümers erfolgenden Eintragung im Grundbuch; die Zustimmung der anderen Miteigentümer ist nur dann erforderlich, wenn eine Veräußerungsbeschränkung gem. § 12 Abs. 1 WEG vereinbart ist (BGH NJW 1979, 548). Der Übertragungsanspruch kann durch eine →Vormerkung gesichert werden (BayObLG DNotZ 1979, 307). Ein Sondernutzungsrecht kann nur einem anderen Miteigentümer der betreffenden Wohnungseigentümergemeinschaft, nicht einem Dritten übertragen werden (BGH NJW 1979, 548; Palandt/Bassenge § 13 RN 11), da es nur in Verbindung mit einem Wohnungseigentumsrecht bestehen kann (KG ZMR 1999, 204); erforderlich ist die Zustimmung der Realberechtigten am Wohnungseigentum des Veräußerers (OLG Schleswig ZWE 2002, 427). Mit Übertragung des Wohnungseigentums, zu dessen Gunsten ein Sondernutzungsrecht besteht, geht auch dieses auf den Erwerber über (OLG Hamm FGPrax 1998, 175).

5. Aufhebung und Löschung

Ein Sondernutzungsrecht kann schuldrechtlich nicht durch einseitigen Verzicht, sondern im Wege eines „actus contrarius" zu seiner Begründung nur durch Vereinbarung gem. § 10 Abs. 1 WEG aufgehoben werden (BGH NZM 2000, 1187; Staudinger/Kreuzer § 15 RN 82; Lüke/Becker DNotZ 1996, 676). Das gilt auch dann, wenn das Sondernutzungsrecht in der Teilungserklärung begründet wurde, weil die Teilungserklärung ab dem Zeitpunkt, von dem an sie vom teilenden Eigentümer nicht mehr einseitig abgeändert werden kann, einer Vereinbarung gleichsteht (BGH NZM 2000, 1187; BayObLG NZM 2001, 529; Staudinger/Kreuzer § 15 RN 6).

Die Löschung des Grundbucheintrags bedarf nicht der Mitwirkung der übrigen Wohnungseigentümer. Die Löschung des eingetragenen Sondernutzungsrechts im Wohnungseigentumgrundbuchs lässt nämlich die schuldrechtliche Vereinbarung über den Ausschluss des Mitbenutzungsrechts der anderen Wohnungseigentümer gem. § 13 Abs. 2 WEG an dem der Sondernutzung unterliegenden Teil des Gemeinschaftseigentums bis zum Abschluss einer Aufhebungsvereinbarung unberührt. Sie beseitigt nur deren „dingliche Wirkung" (BGHZ 73, 145, 148), die darin besteht, dass der Sonderrechtsnachfolger eines durch die Vereinbarung von seinen Mitgebrauchsrecht ausgeschlossenen Wohnungseigentümer das schuldrechtliche Sondernutzungsrecht gegen sich gelten lassen muss. Von der Löschung nachteilig betroffen ist daher allein der bisher begünstigte Eigentümer, denn er kann dem Sonderrechtsnachfolger eines anderen Wohnungseigentümers seine Berechtigung nicht mehr gem. § 10 Abs. 2 WEG entgegenhalten. Die übrigen Miteigentümer sind dagegen – anders als etwaige dingliche Berechtigte an dem von der Aufhebung des Sondernutzungsrechts betroffenen Wohnungseigentum – rechtlich nicht beeinträchtigt (BGH NZM 2000, 1187 f).

6. Schuldrechtliches Sondernutzungsrecht

Wird ein Sondernutzungsrecht zwar vereinbart, nicht jedoch ins Grundbuch eingetragen, so wirkt dieses lediglich zwischen den Beteiligten. Eine solche Vereinbarung, die keiner Form bedarf (BayObLG NZM 2002, 747), gewährt dem begünstigten Wohnungseigentümer eine Rechtsanspruch auf Gewährung des ausschließlichen Gebrauchs (OLG Köln ZMR 1998, 520). Der Sonderrechtsnachfolger eines durch die schuldrechtliche Vereinbarung von seinem Mitgebrauchsrecht ausgeschlossenen Wohnungseigentümers braucht das schuldrechtliche Sondernutzungsrecht nicht gegen sich gelten zu lassen. Durch den Eintritt eines Sonderrechtsnachfolgers in die Vereinbarung auf seiten eines vom Mitgebrauch ausgeschlossenen Wohnungseigentümer wird die Vereinbarung insgesamt hinfällig. Gleiches gilt, wenn ein eingetragenes Sondernutzungsrecht geändert wird im Hinblick auf die Änderung (→ Sonderrechtsnachfolge).

7. Zuständigkeit

Streitigkeiten über Gegenstand, Inhalt oder Umfang eines Sondernutzungsrechts sind im Zivilprozess, nicht im Verfahren für Wohnungseigentumssachen zu entscheiden (BayObLGZ 1970, 264; KG GE 1989, 496; OLG Karlsruhe OLGZ 1976, 11; OLG Saarbrücken NJW-RR 1998, 1165; OLG Stuttgart OLGZ 1986, 36); über Wirksamkeit und Auslegung von Vereinbarungen der Wohnungseigentümer ist als Streit über den Gebrauch von Gemeinschaftseigentum hingegen im Verfahren für Wohnungseigentumssachen zu befinden (BGH NJW 1990, 1112; BayObLGZ 1965, 283; OLG Hamm OLGZ 1975, 428).

▶ **Sonderrechtsnachfolge**

Unter Sonderrechtsnachfolge versteht man den Erwerb eines Vermögensgegenstandes durch ein Rechtsgeschäft, also z.B. durch Kauf oder Schenkung. Den Gegensatz dazu bildet die Gesamtrechtsnachfolge, die den Erwerb einer Vermögensmasse kraft Gesetzes zur Folge hat, z.B. durch Erbfolge (→ Erbe). Sonderrechtsnachfolger eines Wohnungseigentümers ist somit, wer dessen Wohnungseigentum durch Rechtsgeschäft, also durch → Auflassung und Eintragung im Grundbuch, oder durch Zuschlag in der → Zwangsversteigerung erwirbt.

Der Sonderrechtsnachfolger erwirbt kraft Gesetzes den Anteil seines Rechtsvorgängers am → Verwaltungsvermögen sowie ein diesem etwa zustehendes Abrechnungsguthaben (→ Abrechnungsfehlbeträge, Abrechnungsguthaben). Er haftet nicht für dessen Beitragsrückstände (→ Beiträge, Beitragsvorschüsse), wohl aber für Abrechnungsfehlbeträge (→ Abrechnungsfehlbeträge, Abrechnungsguthaben), die nach seinem Eintritt in die Wohnungseigentümergemeinschaft fällig werden, soweit sie nicht darauf beruhen, dass sein Rechtsvorgänger Beitragsvorschüsse nicht gezahlt hat (→ Haftung des Erwerbers).

1. Vereinbarung / Gemeinschaftsordnung

Mit der Eintragung des Erwerbers als Eigentümer im Grundbuch werden gegenüber diesem gem. § 10 Abs. 2 WEG die im Grundbuch als Inhalt des Sondereigentums eingetragenen Vereinbarungen der Eigentümer untereinander, also insbesondere die Gemeinschaftsordnung verbindlich, ohne dass dies einer Übernahme bedarf (BGH NJW 2000, 3643). Ist die eingetragene Vereinbarung unwirksam, so kann das Wohnungseigentum mit dem im Grundbuch eingetragenen Inhalt gutgläubig erworben werden (→ Gutgläubiger Erwerb); betrifft eine solche Regelung alle Wohnungseigentümer einheitlich, so wird die Vereinbarung insgesamt wirksam, da ihre Wirksamkeit gegenüber allen Wohnungseigentümern auch nur einheitlich beurteilt werden kann (BGH NJW 1987, 650).

Ist die Eintragung der Gemeinschaftsordnung im Grundbuch unterblieben, so wirkt sie nur zwischen den an der Aufstellung Mitwirkenden (BayObLG NJW-RR 2003, 9), *gegen* Sonderrechtsnachfolger aber nur, wenn sich diese rechtsgeschäftlich der Gemeinschaftsordnung unterwerfen (BayObLG NZM 2003, 321; OLG Düsseldorf WE 1997, 181), z.B. indem sie im Kaufvertrag in alle Rechte und Pflichten aus der Gemeinschaftsordnung eintreten (BayObLG ZWE 2001, 321); dies gilt auch bei Kenntnis des Sonderrechtsnachfolgers (OLG Hamm FGPrax 1997, 15). *Für* einen Sonderrechtsnachfolger wirkt die Vereinbarung, soweit sie ihn begünstigt, hingegen auch ohne Eintragung (BayObLG NZM 2003, 321 f; OLG Düsseldorf NZM 2001, 530; OLG Hamm NZM 1998, 873; a.A. wohl OLG Zweibrücken ZWE 2001, 563). Ein nicht eingetragenes Sondernutzungsrecht erlischt mit dem Eintritt eines Erwerbers, der der bisherigen schuldrechtlichen Vereinbarung nicht beitritt, anstelle eines vom Mitgebrauch ausgeschlossenen Wohnungseigentümers, da ab diesem Zeitpunkt keine Vereinbarung i.S. von §10 Abs.1 S.2 WEG mehr vorliegt, die allein Grundlage eines Sondernutzungsrechtes sein kann (OLG Köln ZfIR 2001, 1012, 1015 unter Aufgabe von WuM 1997, 637; Müller ZMR 2000, 473 f; offen gelassen von BGH NZM 2000, 1187).

Ist die Gemeinschaftsordnung vor Eintritt des Sonderrechtsnachfolgers geändert worden, so bedarf die Änderung, um Wirkung gegenüber Sonderrechtsnachfolgern zu entfalten, gem. §10 Abs.2 WEG der Eintragung ins Grundbuch, und zwar auch dann, wenn der Sonderrechtsnachfolger die Regelung kennt (KG NZM 1999, 568; OLG Hamm FGPrax 1997, 15). Eine nicht eingetragene Änderungsvereinbarung, deren Wirksamkeit allen Wohnungseigentümern gegenüber nur einheitlich beurteilt werden kann, wird bei Eintritt eines Sondernachfolgers insgesamt hinfällig (OLG Köln NZM 2001, 1135; OLG Düsseldorf WE 1997, 181), so dass wieder die sich aus dem Gesetz oder der (nicht geänderten) Gemeinschaftsordnung ergebende Regelung wirksam wird (BayObLG NZM 2003, 321f). Die Gegenauffassung, der Sonderrechtsnachfolger könne nicht mehr Rechte erwerben, als der Veräußerer hatte (OLG Köln ZMR 1998, 459; OLG Stuttgart ZMR 1998, 803f z. einer vereinbarten Nutzungsänderung von Wohnungseigentum/Teileigentum), ist im Hinblick auf § 10 Abs. 2 WEG, der zur Wirkung einer Vereinbarung gegen Sonderrechtsnachfolger zwingend deren Eintragung verlangt, abzulehnen (Häublein ZMR 2001, 737).

2. Mehrheitsbeschlüsse

Mehrheitsbeschlüsse binden Sonderrechtsnachfolger gem. § 10 Abs. 3 WEG ohne Eintragung im Grundbuch (BayObLG NJW-RR 1998, 1163; Gottschalg WE 1997, 2, 6). Gleiches gilt für Entscheidungen des Gerichts in Wohnungseigentumssachen gem. § 43. Auf die Kenntnis des Sonderrechtsnachfolgers kommt es nicht an. Er sollte sich deshalb insbesondere durch Einsichtnahme in die Niederschriften über gefasste Beschlüsse der Wohnungseigentümer Kenntnis verschaffen.

3. Dauerschuldverhältnisse

Bei Dauerschuldverhältnissen tritt ein Erwerber von Wohnungseigentum mit der Eigentumsumschreibung in entsprechender Anwendung von § 10 Abs. 3 und Abs. 4 WEG als Vertragspartner anstelle des Veräußerers in noch nicht vollständig durchgeführte Verträge ein, z.B. in den Verwaltervertrag (BayObLGZ 1986, 368f; KG WuM 1993, 755; OLG Köln NZM 1998, 874f; Weitnauer/Hauger § 26 RN 26; Lüke WE 1995, 74, 81; Pick PiG 9, 111, 114), in Wartungsverträge oder in Dienstverträge mit einem Hausmeister oder anderem Personal, aber auch in nicht abgewickelte Treuhandverträge (KG ZMR 1994, 279) und sich auf einen längeren Zeitraum erstreckende Instandsetzungsverträge

(Lüke WE 1995, 74, 81; weitergehend Brych WE 1995, 15f auch für Annuitätenkreditverträge).

Aus der Bindung eines in die Wohnungseigentümergemeinschaft eingetretenen Erwerbers an früher und ohne seine Mitwirkung gefasste Beschlüsse folgt aber nicht unmittelbar sein Eintritt in Verpflichtungen gegenüber Dritten, die aufgrund von Mehrheitsbeschlüssen eingegangen wurden, sondern nur, dass der Erwerber die Beschlüsse und die durch sie geschaffene Lage hinzunehmen hat (Weitnauer WE 1994, 220). Die Beschlusslage bei begründeten Dauerschuldverhältnissen ist aber deren Fortbestehen, so dass der Erwerber für die Verbindlichkeiten, die nach dem Zeitpunkt der Eigentumsumschreibung fällig werden, im Außenverhältnis haftet, und zwar i.d.R. ohne Beschränkung auf das vorhandene → Verwaltungsvermögen.

Dies gilt nicht für die Fälle, in denen der Erwerber in die vom Veräußerer geschlossenen Verträge kraft Gesetzes eintritt, etwa in Mietverträge gem. § 566 BGB (vgl. BayObLG WE 1993, 347 z. einem Beschluss, der Sondernachfolger zum Eintritt in einen Pachtvertrag verpflichtet; KG OLGZ 1994, 20 z. Eintritt bei Umwandlung von Miethäusern) oder in Versicherungsverträge gem. § 69 VVG; gem. § 69 Abs. 2 VVG haftet der Erwerber für die Prämie, die auf die zur Zeit der Eigentumsumschreibung laufende Versicherungsperiode entfällt, als Gesamtschuldner; mit Ablauf der Versicherungsperiode endet die Haftung des Veräußerers.

4. Bauliche Veränderungen

a) Zustimmung

An eine von seinem Rechtsvorgänger erteilte Zustimmung zu einer baulichen Veränderung ist jeder Rechtsnachfolger, auch ein Sonderrechtsnachfolger gebunden (BayObLG ZMR 2001, 468; ZWE 2003, 190; KG OLGZ 1989, 305; OLG Hamm WE 1996, 351f; Palandt/Bassenge § 22 RN 14). Die Interessen des Sonderrechtsnachfolgers, der sich über die Zustimmung weder durch Grundbucheinsicht noch durch Einsicht in Beschlussniederschriften informieren kann, sind durch die Möglichkeit der Besichtigung und Befragung der übrigen Wohnungseigentümer ausreichend berücksichtigt, da er nur mit dem gegenwärtigen Zustand konfrontiert ist (BayObLG NJW-RR 1993, 1165; ZMR 1995, 495; OLG Hamm WE 1996, 351f); eine vom ursprünglichen baulichen Zustand abweichende äußere Gestaltung wirkt daher für den Sonderrechtsnachfolger wie eine Ersthertellung (KG OLGZ 1989, 305). Erforderlich für eine Bindung des Rechtsnachfolgers ist daher nach der Rechtsprechung, dass die bauliche Maßnahme zum Zeitpunkt der Rechtsnachfolge – zumindest teilweise – bereits vorgenommen ist, weil nur in diesem Fall der Erwerber die Baumaßnahme erkennen und zur Grundlage seiner Kaufentscheidung machen kann (BayObLG NZM 1998, 524; NJW-RR 2003, 952; OLG Düsseldorf NZM 1998, 78; OLG Schleswig NZM 2001, 1035, 1037).

Ob dieser Auffassung im vollen Umfang zu folgen ist, erscheint fraglich, da sie einseitig die Interessen des Erwerbers berücksichtigt: Hat der bauwillige Wohnungseigentümer zum Zeitpunkt des Eigentumswechsels schon Aufträge erteilt, jedoch noch nicht mit dem Bau begonnen, könnte der Erwerber die Baumaßnahme mit der Folge verhindern, dass sich der bauwillige Wohnungseigentümer gegenüber seinen Vertragspartnern schadensersatzpflichtig macht (Niedenführ NZM 2001, 1105, 1107). Auch ändert die Zustimmung der benachteiligten Wohnungseigentümer bereits mit Zugang bei dem Wohnungseigentümer, der eine bauliche Veränderung durchzuführen beabsichtigt, dessen Unterlassungspflicht in ein Recht auf Vornahme, worauf er sich verlassen können soll (Staudinger/Bub § 22 RN 53).

Wird die Zustimmung als Teil einer Vereinbarung erteilt, in der z.B. als Folge der vorgesehenen baulichen Veränderung der Kostenverteilungsschlüssel verändert wird, so gelten die Grundsätze zur Bindung des Sonderrechtsnachfolgers an Änderungen der Vereinbarung. Vereinbarungen über bauliche Veränderungen vor Entstehen der Eigentümergemeinschaft binden den Sonderrechtsnachfolger nicht, da es sich um eine Vereinbarung nicht der Wohnungs-, sondern der Bruchteilseigentümer handelt (KG ZMR 2001, 656).

Für eine Zustimmung durch bestandskräftigen Mehrheitsbeschluss folgt die Bindung aus § 10 Abs. 3 WEG. Auch in diesem Fall scheidet eine Bindung der Sonderrechtsnachfolger durch eine

Zustimmung, die vor Entstehen der – ggf. werdenden – Wohnungseigentümergemeinschaft erteilt wurde, aus (OLG Frankfurt FGPrax 1997, 54); auf eine solche Zustimmung kann § 10 Abs. 3 WEG nicht analog angewendet werden, da vor Entstehen der Wohnungseigentümergemeinschaft keine Mehrheitsbeschlüsse gefasst werden können.

b) Beseitigungs- und Wiederherstellungsanpruch

Der Erwerber eines Wohnungseigentums ist nicht Handlungsstörer in Bezug auf bauliche Veränderungen des gemeinschaftlichen Eigentums durch seinen Rechtsvorgänger und kann deshalb von den übrigen Wohnungseigentümer nicht auf Beseitigung und Wiederherstellung des ursprünglichen Zustands in Anspruch genommen werden. Da die aus unzulässigen baulichen Veränderungen folgenden Verpflichtungen nicht kraft Gesetzes auf den Erwerber übergehen (KG OLGZ 1992, 55; ZMR 1997, 315 f; OLG Köln NZM 1998, 1015, 16; Weitnauer/Lüke § 22 RN 18), bleibt der bisherige Wohnungseigentümer verpflichtet.

Auch eine Haftung des Sondernachfolgers als Zustandsstörer kommt nicht in Betracht. Da alle Wohnungseigentümer gemeinsam dafür verantwortlich sind, daß das gemeinschaftliche Eigentum in einem ordnungsmäßigen Zustand bleibt und von ihm keine Beeinträchtigungen ausgehen (KG OLGZ 1992, 55), hängt die Beseitigung der Beeinträchtigung vom Willen aller Wohnungseigentümer ab, so daß sich ein entsprechender Anspruch auch nur gegen alle Wohnungseigentümer als Zustandsstörer richten kann (KG OLGZ 1992, 55; OLG Köln NZM 1998, 1015; BPM § 22 RN 266); dies gilt sogar dann, wenn der Veräußerer die Maßnahme auf Wunsch des Erwerbers durchgeführt hat (OLG Hamm WE 1993, 318).

Der Sondernachfolger ist gem. § 1004 Abs. 1 BGB, § 14 Nr. 4 WEG nur verpflichtet, die Maßnahmen zur Beseitigung und Wiederherstellung des gemeinschaftlichen Eigentums zu dulden (BayObLG NJWE-MietR 1996, 248 f; NJW-RR 2002, 660; KG ZMR 1997, 315 f). Die Beseitigung der baulichen Veränderung kann jeder beeinträchtigte Wohnungseigentümer gem. § 21 Abs. 4 WEG verlangen; die Wohnungseigentümer können sie gem. § 21

Abs. 3 WEG als Maßnahme ordnungsmäßiger Verwaltung mehrheitlich beschließen. Die Kosten tragen gem. § 16 Abs. 2 WEG im Innenverhältnis alle Wohnungseigentümer (KG NZM 1999, 1144 [L]). Dies schließt jedoch nicht aus, dass alle Wohnungseigentümer diese Kosten als Schadensersatzanspruch gegenüber dem Veräußerer als Verursacher der Beeinträchtigung geltend machen kann.

Dieses Ergebnis steht nicht im Widerspruch zur Auffassung des BGH, dass jeder Sondernachfolger die Kostenbefreiung anderer Wohnungseigentümer gem. § 16 Abs. 3 S. 2 WEG gegen sich gelten lassen muss (BGHZ 116, 392, 399f; → Befreiung von Kosten), da dies zwar auch für Folgekosten gilt, die Kosten der Beseitigung einer baulichen Veränderung aber nicht zu den Folgekosten zählen.

5. Geltendmachung von Abwehransprüchen

Bei Veräußerung des Wohnungseigentums stehen Abwehransprüche bei Fortdauer einer Beeinträchtigung (→ Störungen und Beeinträchtigungen des Eigentums) nur noch dem Sonderrechtsnachfolger zu (vgl. BGHZ 18, 223; NJW 1994, 999); bei Veräußerung nach Rechtshängigkeit gelten die §§ 265, 266 ZPO entsprechend (→ Beteiligte). An eine Zustimmung seines Rechtsvorgängers ist der Sonderrechtsnachfolger aber gebunden.

6. Gerichtliche Entscheidungen gem. § 43 WEG, gerichtlicher Vergleich

Rechtskräftige Entscheidungen des Wohnungseigentumsrichters in Verfahren gem. § 43 WEG wirken gem. § 10 Abs. 3 WEG unmittelbar auch gegenüber Sonderrechtsnachfolgern. Gerichtliche Vergleiche sind nicht der Rechtskraft fähig und wirken gegenüber Sonderrechtsnachfolgern nur, wenn sie im Grundbuch eingetragen sind, § 10 Abs. 2 WEG. Fällt der Regelungsgegenstand in die Beschlusskompetenz der Wohnungseigentümer, müssen sie hierüber auch tatsächlich einen Beschluss fassen, um die Wirksamkeit gegenüber Sonderrechtsnachfolgern herbeizuführen, § 10 Abs. 3 WEG. Abzulehnen ist die neuerdings vertretene Auffassung, dass ein Vergleich über eine Angelegenheit, über welche die Wohnungseigentümer grds. auch durch Mehrheitsbeschluss entscheiden können („Vereinbarung mit Beschlussinhalt"; →Vereinbarungsändernder, vereinbarungsersetzender, vereinbarungswidriger Mehrheitsbeschluss), auch gegen Sonderrechtsnachfolger wirke (LG Koblenz ZMR 2001, 230f; Becker, ZWE 2002, 429, 437). Andernfalls hätte der Vergleich als materielles Rechtsgeschäft nur eine eingeschränkte Wirkung im Verhältnis der am Vergleich beteiligten Eigentümer, was seine Funktion, einen bestehenden Streit dauerhaft beizulegen, vereiteln würde. Dies betreffe insbesondere Fragen des Gebrauchs von Sonder- und gemeinschaftlichem Eigentum, aber auch die Frage der Zulässigkeit baulicher Änderungen (OLG Saarbrücken ZMR 2001, 734 [Klimageräte in Tordurchfahrt] mit unzutreffender Begründung). Da eine Regelung der Wohnungseigentümer durch Vergleich nur möglich sei, wenn an ihm alle Eigentümer beteiligt sind, stelle sich nicht die Frage, ob sie die Grenzen ihrer Mehrheitsmacht überschritten hätten. Diese pragmatischen Überlegungen vermögen aber nichts an der Rechtslage zu ändern. Die Argumente treffen in gleicher Weise auf jede andere Vereinbarung der Wohnungseigentümer zu, ohne dass damit das Erfordernis der Grundbucheintragung überwunden werden könnte.

▶ Sonderumlage

1. Begriff, Mehrheitsbeschluss

Sollen nicht ratierlich fällig werdende Vorschüsse beschlossen werden, sondern ein einmaliger Beitragsvorschuss für eine außergewöhnliche, nicht vorhersehbare Ausgabe (BayObLG NJW-RR 2001, 1020; OLG Hamm OLGZ 1971, 96, 104), z.B. für Notreparaturen, oder zur Schließung bzw. Vermeidung von Deckungslücken, z.B. solcher, die durch Beitragsrückstände von Wohnungseigentümern entstanden sind (→Nachschusspflicht), aber auch für Instandsetzungs- oder Modernisierungsmaßnahmen (BayObLG NZM 1999, 910f; OLG Hamm NJW-RR 1996, 911), für die Kosten der Durchführung eines Rechtsstreits (BayObLG WuM 1994, 295; KG WuM 1993, 426 z. einem Entziehungsverfahren) oder zur Tilgung sonstiger, nicht gedeckter Verbindlichkeiten (OLG Karlsruhe Justiz 1977, 310), so kann eine sog. Sonderumlage mehrheitlich beschlossen werden. Die Höhe hat sich am geschätzten Finanzbedarf auszurichten hat, den Wohnungseigentümern steht insoweit ein weiter Ermessensspielraum zu (BayObLG NM 1998, 337; KG FGPrax 1997, 56). Wird später eine billigere Maßnahme gewählt, berührt dies den Sonderumlagenbeschluss nicht (KG NZM 2000, 553; Palandt/Bassenge §28 RN 19).

Die Sonderumlage ergänzt oder ändert als Nachtrag den Wirtschaftsplan (BayObLG NZM 2003, 66; OLG Hamm NJW-RR 1996, 911; OLG Köln ZMR 2001, 574); sie kann auch gleichzeitig mit dem Wirtschaftsplan beschlossen werden (KG ZMR 1994, 527f; BPM §28 RN47). Die zu diesem entwickelten Grundsätze sind deshalb entsprechend heranzuziehen (→Wirtschaftsplan). Dient die Sonderumlage ausnahmsweise der Deckung bereits aufgewendeter und abgerechneter Kosten, sind die Grundsätze zum Abrechnungsbeschluss entsprechend anzuwenden. Der Beschluss, bestimmte Instandsetzungs- oder Modernisierungsmaßnahmen durchzuführen, beinhaltet i.d.R. keinen Sonderumlagebeschluss, der die Wohnungseigentümer zur anteiligen Beitragsleistung verpflichtet; dies erfordert vielmehr einen ausdrücklichen Beschluss (BayObLG NZM 1998, 877).

Hat die Instandhaltungsrückstellung eine angemessene Höhe, kann es ordnungsmäßiger Verwaltung widersprechen, Maßnahmen der Instandhaltung nicht aus diesen Mitteln, sondern aus einer Sonderumlage zu finanzieren (BayObLG DWE 1985, 56f; OLG Hamm OLGZ 1971, 96, 103), und zwar insbesondere dann, wenn eine vereinbarte Obergrenze der Instandhaltungsrückstellung erreicht oder überschritten ist. Bei größeren Reparaturarbeiten sind die Wohnungseigentümer aber nicht gezwungen, diese aus der voraussichtlich ausreichenden Instandhaltungsrückstellung zu bezahlen, sondern können auch sogleich eine Sonderumlage beschließen, um eine Erschöpfung der Rücklage zu vermeiden (BayObLG ZMR 2003, 694; OLG Köln NZM 1998, 878).

Durch eine Sonderumlage können auch Mittel für den Ausgleich von Verbindlichkeiten bereitgestellt werden, die nicht aus dem Verwaltungsvermögen in der Abrechnungsperiode bezahlt wurden, in der sie entstanden sind (Altschulden; a.A. KG WuM 1991, 514f); die Wohnungseigentümer brauchen sich im Hinblick auf das selbständige Finanz- und Rechnungswesen der →Wohnungseigentümergemeinschaft nicht auf Ausgleichsansprüche gegen die im Zeitpunkt der Entstehung der sog. Altschulden im Grundbuch eingetragenen und zwischenzeitlich aus der Wohnungseigentümergemeinschaft ausgeschiedenen Wohnungseigentümer verweisen zu lassen.

Ein nicht durchgeführter Sonderumlagebeschluss wird gegenstandslos, wenn die Abrechnung für die betreffende Periode genehmigt ist; er kann auch zur Klarstellung durch einen Zweitbeschluss aufgehoben werden (KG WuM 1993, 84f). Wird ein Sonderumlagebeschluss für ungültig erklärt, hängt die Rückerstattung bereits gezahlter Beträge davon ab, dass die Wohnungseigentümer über die Folgenbeseitigung der misslungenen Umlage Beschluss fassen (→ Folgenbeseitigungsanspruch), was auch gerichtlich erzwingbar ist (KG NZM 1998, 579).

2. Kostenverteilung, Schuldner

Die anteilsmäßige Verpflichtung der einzelnen Wohnungseigentümer ist durch Beschluss festzulegen (BGH GE 1997, 89; BayObLG NZM 2003, 66; OLG Düsseldorf NZM 2001, 1039f). Fehlt diese Festlegung, so erfolgt die Verteilung nach dem Verteilungsschlüssel, nach dem die mit den Mitteln der Sonderumlage zu tilgenden Verbindlichkeiten zu verteilen sind (OLG Köln PuR 1996, 563), subsidiär nach dem allgemein anzuwendenden → Kostenverteilungsschlüssel (BayObLG NZM 2002, 531; KG NJW-RR 1991, 912). Der auf den einzelnen Wohnungseigentümer entfallende, vom Verwalter beim Abruf anzugebende Betrag ist in diesem Fall leicht errechenbar, was ausreichend ist (BayObLG NZM 2003, 66).

Bestimmen die Wohnungseigentümer einen anderen Verteilungsschlüssel, z.B. die Grundfläche, widerspricht der Beschluss ordnungsmäßiger Verwaltung (OLG Düsseldorf NZM 2001, 1039). Ein Beschluss, einzelne Teileigentumseinheiten entgegen dem Kostenverteilungsschlüssel der Teilungserklärung mit einer einmaligen Sonderumlage, z.B. wegen erhöhten Wasserverbrauchs, zu belasten, ist als vereinbarungswidriger Beschluss (→ Vereinbarungsändernder, vereinbarungswidriger, vereinbarungsersetzender Mehrheitsbeschluss) aber lediglich anfechtbar, nicht nichtig (BayObLG NZM 2001, 535).

Für eine vor einem Eigentümerwechsel beschlossene und fällige Sonderumlage haftet der Veräußerer (OLG Hamburg WuM 2001, 569), und zwar auch dann, wenn die Sonderumlage erst nach Abschluss des Kaufvertrages fällig wird, soweit er zu diesem Zeitpunkt noch als Eigentümer in das Grundbuch eingetragen ist (OLG Düsseldorf NZM 2001, 198). Eine vor dem Zuschlag beschlossene, aber nach dem Beschluss erst danach fällige Sonderumlage hat der Ersteigerer/Erwerber anteilig zu tragen (OLG Köln NZM 2002, 351), unabhängig davon, ob die zu deckende schon vor dem Erwerb entstanden ist (OLG Düsseldorf NZM 2001, 1039). Es gelten insoweit die allgemeinen Grundsätze zur → Haftung des Erwerbers. Zur Zahlung ist auch der Bauträger, der zugleich Wohnungseigentümer ist, verpflichtet, wenn die Sonderumlage dem Aufbringen der zur Einleitung der Zwangsvollstreckung aus einem Urteil, welches die Wohnungseigentümer gegen ihn wegen Mängeln am gemeinschaftlichen Eigentum erstritten haben, erforderlichen Sicherheitsleistung dient (BayObLG NZM 2001, 766).

3. Abruf durch Verwalter

Die Sonderumlage wird i.d.R. mit Abruf durch den Verwalter fällig (BayObLG ZMR 1996, 619f). In Ausnahmefällen, in denen eine Beschlussfassung nicht rechtzeitig herbeigeführt werden kann, kann der Verwalter aus eigenem Recht über die Beitragsvorschüsse der Wohnungseigentümer hinaus gem. § 669 BGB einen weiteren Vorschuss anfordern. Dies gilt insbesondere für außergewöhnliche, nicht vorhersehbare Ausgaben, z.B. Notreparaturen gem. §§ 21 Abs. 2, 27 Abs. 1 Nr. 3 WEG oder für Modernisierungsmaßnahmen (BayObLG WE 1982, 136).

▶ **Sonnenkollektoren**

Das Aufstellen von breitflächigen Sonnenkollektoren mit einem Neigungswinkel von 45° oder Solarzellen auf dem Flachdach eines Hauses stellt eine bauliche Veränderung dar (BayObLG NZM 2000, 674). Wird die Anlage allerdings auf dem Flachdach einer Garage errichtet, kann eine optisch nachteilige Beeinträchtigung ausscheiden (BayObLG NZM 2002, 74). Der Anspruch auf Beseitigung von eigenmächtig aufgestellten Kollektoren entfällt grds. nicht deshalb, weil es sich bei ihnen um ein umweltfreundliches Mittel zur Gewinnung von Energie handelt (BayObLG ZWE 2000, 308).

Billigt die Eigentümergemeinschaft den Einbau einer Solaranlage, ohne sich zuvor einen Überblick darüber zu verschaffen, inwieweit dem Gemeinschaftseigentum infolge der Baumaßnahme eine optische, technische oder statische Beeinträchtigung drohen kann, so widerspricht diese Blankettzustimmung dem Grundsatz ordnungsmäßiger Verwaltung (OLG Düsseldorf ZMR 2002, 215).

▶ **Sonnenstudio**

In einem als „Laden" bezeichneten Teileigentum darf außerhalb der gesetzlichen Ladenöffnungszeiten kein Sonnenstudio betrieben werden (BayObLG ZMR 1996, 334).

▶ **Speicher** → Dach, Dachboden

▶ **Spielen auf gemeinschaftlichen Flächen**

Die Zulässigkeit des Spielens auf gemeinschaftlichen Flächen kann durch Mehrheitsbeschluss geregelt werden (BayObLG WuM 1989, 653: zulässig innerhalb festgelegter Grenzen auf einem Garagenhof; OLG Düsseldorf WE 1986, 135: unzulässig auf einer Grünfläche). Gelegentliches Spiel auf einem gemeinschaftlichen Zufahrtsweg kann nicht untersagt werden (KG NZM 1998, 633). Im Garten und auf Rasenflächen können Ruhezeiten bestimmt werden (→ Garten, Rasenflächen; s. a. → Kinderspielplatz).

▶ **Spielsalon**

Mit der Zweckbestimmung „Ladenräume" ist der Betrieb einer Spielhalle oder einer ähnlichen Einrichtung grds. nicht zu vereinbaren (BayObLG NJW-RR 1990, 594; KG ZMR 1990, 307), und zwar auch dann, wenn der Spielsalon auf „besonders hohem Niveau" geführt und nur innerhalb der gesetzlichen Ladenöffnungszeiten geöffnet werden soll (OLG Zweibrücken ZMR 1988, 68); dasselbe gilt bei der Zweckbestimmung „Büro" (AG Passau Rpfleger 1980, 23). Entscheidend ist aber stets der Charakter der

Wohnanlage und der Umgebung. Schließt die Teilungserklärung die Nutzung durch solche Branchen aus, die „geeignet sind, das Ansehen der übrigen Wohnungs- und Teileigentümer zu beeinträchtigen", so liegen diese Voraussetzungen beim Betrieb eines Spielsalons im Zweifel vor (OLG Hamm OLGZ 1990, 34).

▶ **Spitzboden** → Dach, Dachboden

▶ **Sportstudio**

In einem Laden darf kein Sportstudio betrieben werden, da damit erfahrungsgemäß erheblich größere Beeinträchtigungen einhergehen als mit dem Betrieb einer bloßen Verkaufsstätte. So werden in Sportstudios typischerweise auch Gruppenveranstaltungen wie Aerobic-Kurse durchgeführt, die zu einer deutlich höheren Geräuschentwicklung führen als für ein Ladengeschäft üblich, insbesondere dann, wenn sie unter musikalischer Begleitung oder bei geöffneten Fenstern erfolgen (OLG Schleswig NZM 2003, 483). Mit der Zweckbestimmung eines zu einer Turnhalle ausgebauten Teileigentums als „Massageinstitut" lässt sich der Betrieb einer Kampfsport- und Selbstverteidigungsschule nicht vereinbaren (BayObLG WuM 1993, 700).

▶ **Sportvereinskantine** → Kantine

▶ **Spruchbänder** → Werbe- und Reklameeinrichtungen

▶ **Startgeld**

Der Verwalter einer neu errichteten Wohnanlage benötigt i.d.R. bei Bezugsfertigkeit der Wohnanlage und Aufnahme seiner Tätigkeit erhebliche liquide Mittel, z.B. für den Kauf von Heizöl, von Hausmeistergeräten, für sofort fällige Versicherungsprämien u. a. m.

Da aber die Wohnungseigentümer nach dem Wirtschaftsplan, der in einer schon vor Bezugsfertigkeit durchgeführten Versammlung beschlossen wird, oder nach Festlegung der Gemeinschaftsordnung bis zur Genehmigung des ersten Wirtschaftsplanes Vorschüsse in gleich hohen Raten zahlen, entsteht unmittelbar nach

Aufnahme der Verwaltungstätigkeit meist ein Defizit an erforderlichen liquiden Mitteln. Zur Schließung dieser Deckungslücke kann eine bestimmte Vorschussverpflichtung der Wohnungseigentümer bis zur Genehmigung des ersten Wirtschaftsplans vereinbart werden (BayObLGZ 1977, 67; OLG Frankfurt Rpfleger 1978, 383), wodurch die Zahlungsfähigkeit der Wohnungseigentümergemeinschaft bis zur ersten Wohnungseigentümerversammlung gesichert wird, um die zu diesem Zeitpunkt überproportional anfallenden Kosten bestreiten zu können. Möglich ist auch ein dahin gehender Mehrheitsbeschluss (Staudinger/Bub § 28 RN 52). Ohne Vereinbarung oder Beschluss kommt ein Vorschußanspruch gem. § 669 BGB i.V.m. dem Verwaltervertrag für solche Aufwendungen in Betracht, die der Verwalter im eigenen Namen tätigen darf.

▶ **Stecken gebliebener Bau** → Fertigstellung stecken gebliebener Wohnanlagen

▶ **Steuerberaterpraxis**

Die Nutzung einer Wohnung als Steuerberaterpraxis ist i.d.R. zulässig, da die durch eine derartige freiberufliche Tätigkeit verursachten Beeinträchtigungen anderer Wohnungseigentümer nicht die durch das Zusammenleben überhaupt typischerweise verursachten Beeinträchtigungen übersteigen (BayObLG NZM 1999, 103; KG NJW-RR 1995, 333f).

▶ **Stimmabgabe**

1. Rechtsnatur

Die Stimmabgabe durch einen Wohnungseigentümer in Ausübung seines Stimmrechts ist eine einseitige empfangsbedürftige Willenserklärung, die auf die Herbeiführung einer Rechtswirkung gerichtet ist, nämlich auf die Entscheidung der Wohnungseigentümer, einen Beschlussantrag anzunehmen oder abzulehnen (BayObLG NZM 2001, 1037f; NJW-RR 2000, 1036f; Staudinger/Bub § 23 RN 68). Empfänger der Erklärungen i.S.v. § 130 BGB sind die übrigen anwesenden oder vertretenen Wohnungseigentümer bzw. der Versammlungsvorsitzende; mit der Wahrnehmung durch sie wird die Stimmabgabe wirksam (BayObLG NZM 2001, 1037 f; WE 1996, 197 f z. Wegfall der Empfangsbedürftigkeit in der Einmann-Versammlung). Nur bis zu diesem Zeitpunkt ist sie widerruflich (offen gelassen von BayObLG NJW-RR 2000, 1036 f).

Als Willenserklärung unterliegt die Stimmabgabe den allgemeinen Regeln des BGB für Willenserklärungen insbesondere den Vorschriften über die Anfechtbarkeit wegen Irrtums, § 119 BGB, oder arglistiger Täuschung, § 123 BGB (BGH NZM 2002, 992 f). Bemerkt der Eigentümer seinen Irrtum, so kann die Anfechtung unmittelbar in der Eigentümerversammlung erfolgen; die Stimmabgabe kann in diesem Fall wiederholt werden, solange der Abstimmungsvorgang noch nicht beendet ist, d.h. bis zur Auszählung der Stimmzettel durch den Verwalter (BayObLG NJW-RR 2000, 1036). Erfährt der getäuschte Wohnungseigentümer erst nach Ablauf der Anfechtungsfrist von der Täuschung kann grds. → Wiedereinsetzung in den vorigen Stand gewährt werden. Die Anfechtung der Stimmabgabe führt zur Nichtigkeit der abgegebenen Stimmen und damit eventuell zum Fortfall der Stimmenmehrheit oder einer etwa erforderlichen Einstimmigkeit.

Die Stimmabgabe ist gem. § 133 BGB auszulegen (BGH NZM 2002, 992 f; Staudinger/Bub § 23 RN 69).

Bei der Mitwirkung beschränkt Geschäftsfähiger und Geschäftsunfähiger (§§ 2, 104 ff BGB) an der Willensbildung der Wohnungseigentümer ist die Rechtsfolge für die Stimmabgabe von der Rechtsfolge für die Beschlussfassung zu unterscheiden (vgl. eingehend Bub PiG 44, 37, 55): Unbeschadet des grds. vorrangigen Minderjährigenschutzes (OLG Stuttgart DWE 1986, 60) ist zwar die einzelne Stimmabgabe des beschränkt Geschäftsfähigen oder Geschäftsunfähigen nichtig, die Wirksamkeit des Beschlusses als Gesamtakt aber nur dann gefährdet, wenn der Beschluss gerade auf der in Rede stehenden Stimmabgabe beruht (Bub PiG 44, 37, 57; vgl. BGHZ 14, 264, 267 z. GmbH). Freilich kann auch bei der einzelnen Stimmabgabe des Minderjährigen die Wertung des § 107 BGB – lediglich rechtlicher Vorteil – mit zu berücksichtigen sein, so dass die Stimmabgabe nicht in jedem Fall unwirksam sein muss.

2. Probeabstimmung

Eine bloße Stimmabgabe zur Probe oder eine unverbindliche Meinungsumfrage erfüllt mangels eines Rechtsbindungswillens der Wohnungseigentümer noch nicht den Tatbestand einer Willenserklärung, so dass die notwendige Abstimmung für das Rechtsgeschäft Beschluss fehlt (LG Dortmund MDR 1966, 843; BPM § 23 RN 28). Ob ein Rechtsfolgewille der Wohnungseigentümer vorliegt, ist durch Auslegung zu ermitteln, wobei auf den objektiven Erklärungswert unter Berücksichtigung der Begleitumstände, die auch im Protokoll niedergelegt sein können, abzustellen ist (BayObLG WuM 1990, 92; 1991, 711f; LG Stuttgart WuM 1991, 213f). Ist z.B. aus der Niederschrift ersichtlich, dass eine Rechtsfrage – z.B. ob eine bauliche Maßnahme nach § 22 Abs. 1 WEG der Einstimmigkeit bedarf – vor der Abstimmung noch endgültig geprüft werden sollte, so ergibt der objektive Erklärungswert der Stimmabgaben, dass die Probeabstimmung nur der Feststellung der Mehrheitsverhältnisse dienen, eine verbindliche Regelung aber noch nicht getroffen werden sollte (LG Stuttgart WuM 1991, 213f; BPM § 23 RN 18).

3. Schweigen

Dem Schweigen kommt wie im gewöhnlichen Rechtsverkehr grds. keine Bedeutung zu; es kann also insbesondere nicht als Zustimmung gewertet werden. Etwaige handelsrechtliche Besonderheiten (vgl. § 362 HGB) oder die Regeln über das Schweigen auf ein kaufmännisches Bestätigungsschreiben können nicht entsprechend angewendet werden. Unter besonderen Umständen stellt Schweigen allerdings nichts anderes als eine Willenserklärung durch konkludentes Verhalten dar (BGH NZM 2002, 992, 994; MünchKomm/Krämer Vorb. § 116 BGB RN 24). Dies ist z.B. dann der Fall, wenn der Versammlungsvorsitzende nach der Abstimmung über zwei von drei – auf Zustimmung, Ablehnung oder Enthaltung gerichteten – Abstimmungsfragen die Zahl der noch nicht abgegebenen Stimmen als Ergebnis der dritten Abstimmungsfrage wertet (sog. „Subtraktionsmethode"; → Mehrheitsbeschluss).

Konkludentes Verhalten oder Stillschweigen außerhalb einer Wohnungseigentümerversammlung führt zu keinem Beschluss (BGB-RGRK/Augustin §23 RN2; Erman/Ganten §23 RN1; a.A. OLG Frankfurt OLGZ 1975, 100); es fehlt einem solchen Vorgang insbesondere der einem Beschluss essentiell vorangehende Meinungsaustausch der Wohnungseigentümer und die Gelegenheit für die Minderheit, mit ihrer Auffassung angehört zu werden. Ausnahmsweise sind stillschweigende Beschlüsse anzuerkennen, wenn ein Beschluss einen weiteren, im inneren Zusammenhang stehenden Beschluss enthält, ohne dass dies im Beschlusswortlaut seinen Ausdruck findet; so kann die Genehmigung der Jahresabrechnung (→ Abrechnung, Genehmigung) die → Entlastung des Verwalters und die Entlastung des Verwalters die Genehmigung der zugleich vorgelegten Jahresabrechnung enthalten. Auch kann bei einem schriftlichen Beschluss nach §23 Abs.3 WEG das Schweigen auf eine vom Verwalter versandte Abrechnung vertraglich als Genehmigung derselben fingiert werden (→ Schriftlicher Beschluss der Wohnungseigentümer).

▶ **Stimmenthaltung**

Stimmenthaltungen in der Wohnungseigentümerversammlung sind bei der Bestimmung der Mehrheit nicht mitzuzählen; entscheidend ist allein, ob die Zahl der abgegebenen Ja-Stimmen die der Nein-Stimmen übersteigt (BGHZ 106, 179, 183; BayObLG NZM 2001, 959; OLG Köln NZM 2001, 543; BPM §25 RN93; Palandt/Bassenge §25 RN 11). Wer sich der Stimme enthält, will weder ein zustimmendes noch ein ablehnendes Votum, sondern seine Unentschiedenheit bekunden und die Entscheidung in die Hände der anderen Wohnungseigentümer legen. Würden sich Enthaltungen immer wie Nein-Stimmen auswirken, würde der objektive Erklärungswert dieses Abstimmungsverhaltens verfälscht (KG NJW 1984, 2488; Merle NJW 1978, 1440). Diejenigen, die auf die anstehende Entscheidung keinen Einfluss nehmen wollen, können nicht darauf verwiesen werden, den Versammlungsraum für die Zeit der Abstimmung verlassen zu können (so aber OLG Köln NJW-RR 1986, 698f), da hiermit ein Abstimmungszwang postuliert wird, für den es keine Rechtsgrundlage gibt. Zudem vereinfacht eine solche Wertung der Stimmenthaltung die Herbeiführung zustimmender Beschlüsse und erspart somit in vielen Fällen das Verfahren nach § 21 Abs. 4 WEG. Die Wohnungseigentümer können allerdings vereinbaren, dass Stimmenthaltungen als Nein-Stimmen zu werten sind (BayObLG NJW-RR 1992, 83; Staudinger/Bub § 25 RN 19; Palandt/Bassenge § 25 RN 11).

Waren den Wohnungseigentümern, die sich der Stimme enthielten, die Rechtsfolgen nicht bewusst, so kann bei Einverständnis der Mehrheit die Abstimmung wiederholt werden (OLG Düsseldorf DWE 1989, 80 [L]). Die Stimmenthaltung ist jedoch nicht gem. § 119 Abs. 1 Alt. 1 BGB anfechtbar, da sich ein etwaiger Irrtum nicht auf den Inhalt der Erklärung, sondern deren Rechtsfolgen, die ex lege eintreten, bezieht; ein sog. Rechtsfolgenirrtum berechtigt aber nicht zur Anfechtung gem. § 119 Abs. 1 Alt. 1 BGB (BGHZ 70, 48; NJW 1995, 1485; Palandt/Heinrichs § 119 BGB RN 15).

Der Grundsatz, dass es allein auf das Verhältnis der Ja- zu den Nein-Stimmen ankommt und Stimmenthaltungen nicht mitgezählt werden, gilt auch dann, wenn für bestimmte Entscheidungen eine qualifizierte Mehrheit, z.B. eine vereinbarte Zwei-Drittel-Mehrheit, erforderlich ist (a.A. OLG Celle OLGZ 1991, 431, 433: für Zwei-Drittel-Mehrheiten in Analogie zu Art. 77 Abs. 4 und 79 Abs. 2 i.V.m. Art. 121 GG eine entsprechende Anzahl von Ja-Stimmen erforderlich). Die bloße Vereinbarung des Erfordernisses einer qualifizierten Mehrheit hat keinen Einfluss darauf, wie Stimmenthaltungen zu werten sind. Ist allerdings Einstimmigkeit erforderlich, z.B. im schriftlichen Beschlussverfahren nach § 23 Abs. 3 WEG, so scheitert ein Beschlussantrag bereits an einer einzigen Stimmenthaltung (→ Schriftlicher Beschluss der Wohnungseigentümer).

Auf die → Beschlussfähigkeit der Versammlung haben Stimmenthaltungen keinen Einfluss (BPM § 25 RN 94; Deckert WE 1988, 46), da für diese nach § 25 Abs. 3 V WEG allein die potentielle Stimmberechtigung, nicht hingegen die tatsächliche Ausübung des Stimmrechts maßgeblich ist.

▶ Stimmrecht

1. Rechtsnatur des Stimmrechts

Das Stimmrecht stellt das wichtigste Mitgliedschaftsrecht des Wohnungseigentümers dar und gehört zum unabdingbaren Kernbereich des Wohnungseigentums. Als Gestaltungsrecht ist es Ausfluss der Mitgliedschaft des Wohnungseigentümers in der Wohnungseigentümergemeinschaft (BGH NJW 1989, 1087). Es darf deshalb weder umfassend ausgeschlossen noch ausgehöhlt werden. Als Mitverwaltungsrecht vermittelt es jedem einzelnen Wohnungseigentümer das Recht und die Möglichkeit, an der Gestaltung der rechtlichen Beziehungen der Wohnungseigentümer untereinander und zu Dritten sowie an der wirtschaftlichen Verwaltung des Wohnungseigentums mitzuwirken.

Nach dem für alle Personenverbände maßgeblichen Prinzip des Abspaltungsverbots (BGH NJW 1987, 780; OLG Frankfurt GmbHR 1990, 79; OLG Koblenz GmbHR 1992, 464; Scholz/K. Schmidt §47 GmbHG RN 20 z. Gesellschaftsrecht) ist eine dauerhafte Abspaltung des Stimmrechts vom Wohnungseigentum unzulässig (KG Rpfleger 1979, 316; BPM §25 RN 10; Palandt/Bassenge §25 RN 3), da dies die sich aus dem Wohnungseigentum ergebende Rechtsstellung aushöhlen und den auch im Wohnungseigentumsrecht geltenden Grundsatz des Gleichlaufs von Herrschaft und Haftung konterkarieren würde. Unzulässig ist es deshalb auch, einen Dritten zur Ausübung des Stimmrechts im eigenen Namen zu ermächtigen. Der Wohnungseigentümer kann aber einem Dritten Stimmrechtsvollmacht erteilen (→ Vertretung in der Wohnungseigentümerversammlung). Stimmbindungsverträge, wonach sich der Inhaber eine Stimmrechts verpflichtet, sein Stimmrecht in bestimmter Weise auszuüben, sind gleichfalls i.d.R. zulässig, da sie lediglich schuldrechtliche Wirkung haben und deshalb nicht gegen das Abspaltungsverbot verstoßen (Staudinger/Bub §25 RN 215).

2. Inhaber des Stimmrechts

a) Wohnungseigentümer

Nach der gesetzlichen Regelung des §25 Abs. 2 WEG ist Inhaber des Stimmrechts der – in Übereinstimmung mit der materiellen Rechtslage – im Grundbuch eingetragene Wohnungseigentümer (BayObLG NJW 1990, 3216f; KG ZMR 1986, 132f; Seuss, in: FS Bärmann und Weitnauer [1990] 599f). Wohnungseigentümer kann jeder sein, der Träger von Rechten und Pflichten sein kann: natürliche und juristische Personen, werdende juristische Personen, oHG und KG (§ 124 HGB), aber auch rechtlich nicht verselbständigte Gesamthandsgemeinschaften (→ Gesellschaft bürgerlichen Rechts, Gütergemeinschaft, → Erbengemeinschaft) oder Bruchteilsgemeinschaften, da § 25 Abs. 2 S. 2 WEG eine Mitberechtigung mehrerer ausdrücklich vorsieht.

Da das Miteigentum stets die vollen Mitgliedschaftsrechte gewährt, kann auch ein Wohnungseigentümer, dessen Wohnungseigentum noch nicht errichtet oder fertiggestellt ist, bereits sein Stimmrecht in der Versammlung ausüben (BayObLG MDR 1980, 142; OLG Hamm OLGZ 1978, 184, 186). Ein genehmigter Aufteilungsplan muss allerdings bereits vorliegen (OLG Hamm OLGZ 1978, 184, 186).

Das Stimmrecht erlischt durch das Ausscheiden des Wohnungseigentümers aus der Wohnungseigentümergemeinschaft, also die Eintragung des Erwerbers in das Grundbuch, bzw. den Zuschlag in der → Zwangsversteigerung.

b) Wohnungseigentumserwerber

Der – vom sog. faktischen oder werdenden Wohnungseigentümer zu unterscheidende – Erwerber von Wohnungseigentum nach Entstehen der Wohnungseigentümergemeinschaft, auf den nach den Bestimmungen des Kaufvertrages Besitz, Nutzungen und Lasten übergegangen sind und für den eine → Vormerkung im Grundbuch eingetragen ist, hat kein eigenes Stimmrecht (BGHZ 106, 113, 116; KG NJW-RR 1995, 145; OLG Frankfurt NJW-RR 1992, 1170; BPM § 25 RN 9), da der Veräußerer einer Eigentumswohnung bis zur Eigentumsumschreibung im Grundbuch rechtlich Mitglied der Wohnungseigentümergemeinschaft ist und diese rechtliche Zugehörigkeit auch mit der Verpflichtung zur Veräußerung des Wohnungseigentums – auch wenn der Auflassungsanspruch des Erwerbers durch eine Vormerkung gesichert ist –, der Besitzübertragung auf den Erwerber sowie die Nutzung der Wohnung durch ihn nicht beendet wird.

Der eingetragene Wohnungseigentümer kann allerdings den Erwerber zur Ausübung des bis zur Umschreibung ihm zustehenden Stimmrechts in eigenem Namen ermächtigen (KG NJW-RR 1995, 147; OLG Celle ZWE 2002, 474; Palandt/Bassenge Überblick v. § 1 RN 7) – hierin liegt kein Verstoß gegen das Abspaltungsverbot, da der Veräußerer regelmäßig schon vor der Umschreibung das Interesse an der Ausübung seines Stimmrechts verloren hat – oder ihn zur Stimmrechtsausübung bevollmächtigen (Röll DNotZ 1993, 315). Der Erwerber darf das Stimmrecht aber nicht erkennbar gegen das Interesse des Wohnungseigentümers ausüben (BayObLG NZM 2002, 300).

Ist der Veräußerer Inhaber mehrerer Wohnungseigentumseinheiten, darf die Ermächtigung nicht zu einer Vermehrung seiner Stimmkraft führen, weshalb bei Geltung des Kopfprinzips eine Ermächtigung nicht in Betracht kommt, solange der Veräußerer noch selbst Inhaber eines Wohnungseigentums ist (KG WE 1988, 31). Aufgrund der Interessenlage – der Veräußerer wird in diesem Stadium des Erwerbsvorganges kein Interesse mehr haben, das Stimmrecht auszuüben, zumal da der Zeitpunkt der Eigentumsumschreibung im Grundbuch vielfach von Umständen abhängig ist, auf die Veräußerer und Erwerber keinen Einfluss haben – ist eine konkludente Ermächtigung regelmäßig anzunehmen, sobald dem Erwerber nach dem Erwerbsvertrag die Nutzungen zustehen und er die Lasten zu tragen hat (KG NJW-RR 1995, 147), da das Stimmrecht zu den Gebrauchsvorteilen und damit zu den Nutzungen des Wohnungseigentums i.S. von § 100 BGB zählt (RGZ 118, 266); jedenfalls hat der Erwerber ab diesem Zeitpunkt gegen den Veräußerer aus dem Erwerbsvertrag einen Anspruch auf Erteilung einer Vollmacht zur Ausübung des Stimmrechts. Aufgrund der konkludenten Ermächtigung zur Stimmabgabe ist der Vorsitzende der Wohnungseigentümerversammlung nur dann verpflichtet, die Stimmberechtigung des Erwerbers zu überprüfen, wenn insoweit konkrete Zweifel bestehen oder von anderen Wohnungseigentümern erhoben werden.

c) Werdender (faktischer) Wohnungseigentümer

Dem werdenden Wohnungseigentümer kommt anstelle des aufteilenden Bauträgers ein eigenes Stimmrecht zu, sobald er eine gesicherte Anwartschaft auf Erwerb des Wohnungseigentums hat und ihm der Besitz übertragen wurde (Palandt/Bassenge Überblick v. §1 RN 6; → Faktische Wohnungseigentümergemeinschaft). Hat der Bauträger an sämtlichen errichteten Wohnungen Anwartschaften bestellt und den Besitz auf Erwerber übertragen, so steht ihm kein eigenes Stimmrecht mehr zu.

d) Unrichtigkeit des Grundbuchs

Ist das Grundbuch unrichtig, weil die dingliche Einigung zwischen Veräußerer und Erwerber gem. §§ 105, 134, 138, 142 BGB nichtig (vgl. BGH ZIP 1997, 244; Wenzel PiG 44, 129, 139) oder aufgrund Minderjährigkeit des Veräußerers und Verweigerung der Genehmigung durch die gesetzlichen Vertreter gem. § 108 BGB endgültig unwirksam ist, bleibt der wirkliche Eigentümer stimmberechtigt (BPM §25 RN5), da die fehlerhafte Eintragung im Grundbuch die materielle Rechtslage nicht verändert (MünchKomm/Wacke §891 BGB RN1). Gleichwohl hat der Versammlungsvorsitzende von der gesetzlichen Vermutung der Richtigkeit des im Grundbuch eingetragenen Eigentumsrechts gem. §891 Abs. 1 BGB auszugehen (KG OLGZ 1989, 425).

Der wirkliche Eigentümer muss das Abstimmungsverhalten des Bucheigentümers bei Beschlüssen, die Verfügungen über das Wohnungseigentumsrecht beinhalten, gem. § 893 BGB gegen sich gelten lassen, soweit weder ein Widerspruch im Grundbuch eingetragen (Palandt/Bassenge §892 BGB RN22) noch einer der Wohnungseigentümer oder der Verwalter bösgläubig ist.

Bei einer auf Eigentumserwerb außerhalb des Grundbuchs beruhenden Grundbuchunrichtigkeit sind Inhaber des Stimmrechts stets die wahren Rechtsinhaber, also bei einem Erwerb durch Zuschlag in der → Zwangsversteigerung der Ersteher, beim Tod eines Wohnungseigentümers der → Erbe und bei einem Gesellschafterwechsel in einer → Gesellschaft bürgerlichen Rechts, soweit diese nicht rechtsfähig und deshalb – anders als die rechtsfähigen Personengesellschaften des Handelsrecht (oHG, KG) – als Gesellschaft nicht stimmberechtigt ist, die Gesellschafter in ihrer jeweiligen Zusammensetzung.

e) Zwangsverwalter, Insolvenzverwalter, Testamentsvollstrecker

Wird über die vermietete Eigentumswohnung die → Zwangsverwaltung gem. §§ 146 ff ZVG angeordnet, übt der Zwangsverwalter das Stimmrecht für den Wohnungseigentümer aus. Gleiches gilt für den Insolvenzverwaler in der → Insolvenz eines Wohnungseigentümers sowie den Testamentsvollstrecker, wenn die zum Nachlass gehörende Wohnung der Testamentsvollstreckung unterfällt (→ Erbe).

3. Stimmkraft

a) Kopfprinzip

Nach dem Kopfprinzip als dem gesetzlichen Regelfall gem. § 25 Abs. 2 S. 1 WEG hat jeder Wohnungseigentümer ungeachtet der Größe und des Wertes seines Miteigentumsanteils nur eine Stimme (BGHZ 49, 250, 256; BayObLGZ 1982, 203, 206; OLG Karlsruhe OLGZ 1988, 434 f). Soweit das Kopfprinzip den tatsächlichen wirtschaftlichen Verhältnissen nicht gerecht wird, z.B. bei erheblichen Größenunterschieden der einzelnen Wohnungseigentumseinheiten, was nach § 16 Abs. 2 WEG auch zu einer entsprechenden Kosten- und Lastentragungspflicht führt, ist den Wohnungseigentümern anzuraten, stattdessen das Wertprinzip zu vereinbaren.

Da es bei Geltung des Kopfprinzips für die Stimmkraft auf die Zahl der einem Wohnungseigentümer zustehenden Wohnungseigentumsrechte nicht ankommt, hat er auch dann nur eine Stimme, wenn er mehrere nach dem Grundbuch selbständige Wohnungseigentumsrechte an einem Grundstück in seiner Hand vereinigt (BGHZ 49, 250, 256; OLGZ 1988, 434 f; OLG Hamm Rpfleger 1975, 401). Veräußert er aber eines davon, kommt es zu einer Stimmrechtsvermehrung (BayObLG ZMR 2002, 527). Eheleute, denen zwei Eigentumseinheiten als Mitberechtigten je zur Hälfte zustehen, haben nur eine Stimme, die sie gem. § 25 Abs. 2 S. 2 WEG nur einheitlich ausüben können. Gehört jedoch einem der Ehegatten eine Wohnung allein und die andere hälftig in Bruchteilsgemeinschaft mit dem anderen Ehegatten, stehen den Ehegatten gemeinsam zwei Stimmen zu, da unterschiedliche

Stimmrecht

Rechtsträger und damit auch Rechtsgemeinschaften als verschiedene Köpfe zu behandeln sind (KG OLGZ 1988, 434, 436; OLG Frankfurt ZMR 1997, 156).

b) Wertprinzip

Vereinbaren die Wohnungseigentümer das Wertprinzip, richtet sich die Stimmkraft nach der Größe der im Grundbuch gem. § 47 GBO eingetragenen Miteigentumsanteile (BayObLGZ 1986, 10, 12; ZWE 2001, 492, 494; KG NJW-RR 1986, 642; OLG Düsseldorf NJOZ 2003, 2081; Staudinger/Bub § 25 RN 20ff). Das Wertprinzip findet seine innere Rechtfertigung vor allem darin, dass der Eigentümer mit dem größeren Miteigentumsanteil – oder mit mehreren Miteigentumsanteilen und Raumeinheiten – gem. § 16 Abs. 2 WEG auch einen größeren Anteil der Lasten und Kosten des gemeinschaftlichen Eigentums zu tragen hat (BayObLGZ 1986, 10, 12; OLG Frankfurt Rpfleger 1978, 415). Die Vereinbarung des Wertprinzips ist auch möglich in Zweiergemeinschaften, in denen die Miteigentumsanteile unterschiedlich groß sind, so dass einer der Eigentümer faktisch allein Beschlüsse fassen kann (BayObLGZ 1986, 10, 12; Palandt/Bassenge § 25 RN 9; a.A. OLG Köln Rpfleger 1980, 349). Gegen einen Missbrauch des Stimmrechts ist der Eigentümer mit dem kleineren Miteigentumsanteil hinreichend durch die Möglichkeit der Beschlussanfechtung geschützt (Staudinger/Bub § 24 RN 24; → Majorisierung).

Wird trotz Vereinbarung des Wertprinzips nach Köpfen abgestimmt, ist dies unschädlich, wenn die erforderliche Mehrheit tatsächlich gegeben war (BayObLG WE 1990, 140f; Weitnauer/Lüke § 25 RN 8), was jedenfalls dann zu bejahen ist, wenn die Wohnungseigentümer einen Beschluss einstimmig (BayObLG WE 1988, 205; OLG Schleswig DWE 1989, 143) oder jedenfalls mit ganz eindeutiger Mehrheit gefasst haben.

c) Objektprinzip

Vereinbaren die Wohnungseigentümer das Objektprinzip, gewährt jede Wohnungs- oder Teileigentumseinheit – auch bei einem Beschluss über die → Bestellung oder → Abberufung des Verwalters – eine Stimme (BGH NZM 2002, 995, 997; BayObLG WuM 1989, 527f; NZM 2001, 862; KG NJW-RR 1994, 525; Staudinger/Bub § 25 RN 25 ff). Im Gegensatz zum Wertprinzip ermöglicht das Objektprinzip eine problemlose Feststellung des Abstimmungsergebnisses und vereinfacht so den Versammlungsverlauf. Die Vereinbarung des Objektprinzips ist auch zulässig in Wohnungseigentümergemeinschaften, in denen die Größe der einzelnen Wohnungseigentumsrechte stark voneinander abweicht oder einem der Wohnungseigentümer mehrere Wohnungseigentumsrechte zustehen, denen insgesamt nur ein kleiner Miteigentumsanteil zugeordnet ist (BayObLG WuM 1989, 527 f). Zwar besteht in diesem Fall ein Ungleichgewicht zwischen Stimmkraft und dem Anteil der von den einzelnen Eigentümern zu tragenden Lasten und Kosten, der sich grds. nach dem Verhältnis der Miteigentumsanteile bemisst (→ Lasten und Kosten); dies aber nicht unbillig, da schon nach dem gesetzlichen Regelfall des Kopfprinzips die Stimmkraft von dem wirtschaftlichen Gewicht der Beteiligungen gelöst ist. Der einzelne Wohnungseigentümer hat deshalb auch bei wirtschaftlichem Ungleichgewicht der Stimmrechte keinen Anspruch auf Änderung des in der Teilungserklärung vereinbarten Objektprinzips (KG OLGZ 1994, 389; → Majorisierung).

4. Ausübung des Stimmrechts

Das Stimmrecht wird durch Abgabe der Stimme, also durch einseitige, empfangsbedürftige Willenserklärung gegenüber den übrigen anwesenden Wohnungseigentümern oder dem Versammlungsvorsitzenden ausgeübt (→ Stimmabgabe); über das Abstimmungsverfahren entscheidet – vorbehaltlich einer Änderung durch Beschluss der Wohnungseigentümer – der Versammlungsvorsitzende (→ Geschäftsordnung).

Steht ein Wohnungseigentum mehreren gemeinschaftlich zu – sei es in Form einer Miteigentümergemeinschaft gem. §§ 1008 ff BGB oder in Form einer Gesamthandsgemeinschaft (→ Gesellschaft bürgerlichen Rechts, → Erbengemeinschaft, eheliche Gütergemeinschaft) –, können sie nach § 25 Abs. 2 S. 2 WEG ihr Stimmrecht nur einheitlich ausüben; alle Berechtigten haben gemeinsam lediglich eine Stimme (Bassenge, in: FS Seuß [1987] 33). Erfolgt die Stimmabgabe nicht einheitlich, sind sämtliche abgegebenen Stimmen ungültig und wie Stimmenthaltungen zu werten

(OLG Celle NJW 1958, 305; OLG Köln NJW-RR 1986, 698; Palandt/Bassenge § 25 RN 7). Das gemeinschaftliche Stimmrecht ist in der Praxis insbesondere bei Tiefgaragenstellplätzen von Bedeutung, z.B. wenn eine Sammelgarage Gegenstand einer einzigen Teileigentumseinheit ist, an der zahlreiche Wohnungseigentümer Miteigentum haben (→ Garagen, Sammel- und Tiefgaragen).

Scheidet ein Gesellschafter aus einer → Gesellschaft bürgerlichen Rechts aus und wächst sein Anteil den übrigen Gesellschaftern zu, so ist er, auch wenn er noch im Grundbuch als Miteigentümer eingetragen ist, nicht mehr stimmberechtigt und deshalb auch nicht mehr zu Wohnungseigentümerversammlungen zu laden (OLG Köln NZM 2001, 146).

Mitberechtigte können eine Person mit der Ausübung des ihnen gemeinschaftlich zustehenden Stimmrechts bevollmächtigen, was sich zur Vereinfachung der Abstimmung in der Wohnungseigentümerversammlung auch empfiehlt. Die Bestellung eines Vertreters zur Stimmrechtsausübung ist eine Verwaltungshandlung i.S. des § 745 Abs. 1 BGB und kann in der Bruchteilsgemeinschaft somit durch Mehrheitsbeschluss erfolgen (BayObLG NZM 1999, 859). In der Gesellschaft bürgerlichen Rechts ist, sofern der Gesellschaftsvertrag nichts anderes bestimmt, gem. § 709 BGB Einstimmigkeit erforderlich, ebenso bei den anderen Gesamthandsgemeinschaften wie der → Erbengemeinschaft.

Hat der Verwalter Zweifel an einer behaupteten Vertretungsmacht, kann er den Nachweis einer Bevollmächtigung durch Vorlage einer Vollmachtsurkunde im Original verlangen und bei Nichtvorlage die Mitberechtigten von der Ausübung des gemeinschaftlichen Stimmrechts gem. § 174 BGB ausschließen (→ Vertretung in der Wohnungseigentümerversammlung). Er ist allerdings nicht in jedem Fall gehalten, bei der Abgabe der Stimme durch einen der Mitberechtigten dessen Bevollmächtigung durch die anderen zu überprüfen (BayObLGZ 1994, 98, 100).

▶ **Stimmrecht bei Mehrhauswohnanlagen** → Mehrhauswohnanlage

▶ **Stimmrechtsausschluss wegen Interessenkollision** → Ruhen des Stimmrechts

▶ **Stimmzahl, Begrenzung** → Majorisierung

▶ **Stockwerkseigentum**

Die Rechtsform „Stockwerkseigentum" war im deutschen Recht schon im Mittelalter bekannt; seine heutige Bedeutung ist aber verhältnismäßig gering. Im Gegensatz zum Wohnungseigentum nach dem WEG war diese Rechtsform nicht auf abgeschlossene Teile eines Hauses beschränkt; Stockwerkseigentum konnte vielmehr auch an einzelnen Räumen, Kellern und dergleichen begründet werden, was häufig Ursache von Meinungsverschiedenheiten war und den Ruf von „Streithäusern" begründete.

Das Rechtsinstitut des Stockwerkseigentums ermöglichte es, Eigentum an einzelnen Räumen zu haben, ohne gleichzeitig auch Miteigentum am Grundstück zu besitzen. Mit der Einführung des BGB am 1.1.1900 wurde die Neubegründung von Stockwerkseigentum durch Art. 189 Abs. 1 S. 3 EGBGB ausgeschlossen. Das zur Zeit des Inkrafttretens des BGB bestehende Stockwerkseigentum blieb nach Art. 182 EGBGB bestehen; das zwischen den Stockwerkseigentümern bestehende Rechtsverhältnis blieb unverändert (vgl. OLG Karlsruhe NJW-RR 1987, 138 zum Kellerrecht). In Baden-Württemberg und Bayern konnte Stockwerkseigentum jeweils gem. Art. 36 ff AGBGB in Wohnungseigentum übergeleitet werden.

Als Ersatz für das altrechtliche echte Stockwerkseigentum hat Art. 131 EGBGB den Ländern die Möglichkeit eingeräumt, das sog. „uneigentliche Stockwerkseigentum", eine unauflösliche Miteigentümergemeinschaft mit dinglich wirkender Benutzungsregelung i.S. des § 1010 BGB, zu schaffen; von dieser Ermächtigung machte lediglich Baden-Württemberg Gebrauch. Nach dem 2. Weltkrieg wurden die Bestrebungen nach Einführung eines „Wohnungseigentums" intensiviert; Folge hiervon war dann die Schaffung des Gesetzes über das Wohnungseigentum und Dauerwohnrecht (WEG) vom 15.3.1951. In § 63 WEG wurde gleichzeitig ein gebührenrechtlicher Reiz, altes Stockwerkseigentum in die neuere Form des Wohnungseigentums überzuführen, gegeben. Ein Eingriff in das Recht des Stockwerkseigentums erfolgte jedoch durch das WEG nicht.

▶ Störungen und Beeinträchtigungen des Eigentums

Wird das Eigentum in anderer Weise als durch Entziehung oder Vorenthaltung des Besitzes – beide Tatbestände begründen den Herausgabeanspruch gem. §985 BGB – beeinträchtigt, so kann der Eigentümer von dem Störer die Beseitigung der Beeinträchtigung verlangen (→ Beseitigungsanspruch). Sind weitere Beeinträchtigungen zu befürchten, kann der Eigentümer auf Unterlassung klagen (→ Unterlassungsanspruch). Der Anspruch ist ausgeschlossen, wenn der Eigentümer zur Duldung verpflichtet ist, §1004 Abs. 2 BGB.

Jeder Wohnungseigentümer kann gem. §1004 Abs. 1, §1011 BGB Beeinträchtigungen des Sondereigentums oder des gemeinschaftlichen Eigentums durch Dritte oder andere Wohnungseigentümer abwehren. Dabei kommen nur solche Beeinträchtigungen in Betracht, die nicht eine Entziehung des Besitzes darstellen, z.B.
- zweckbestimmungswidriger Gebrauch des Wohnungs- oder Teileigentums (→ Wohnungseigentum; → Teileigentum),
- Beeinträchtigungen durch → Lärm oder Geruch (→ Geruchsbelästigungen),
- Ablagerung von → Schmutz auf dem Grundstück der Wohnungseigentumsanlage,
- Abstellen eines Pkw auf dem Rasen (→ Parkplatz, Kraftfahrzeugstellplätze),
- Betreten der Wohnanlage trotz Hausverbots (BGH NJW 1980, 700), das nur sämtliche zum Besitz berechtigten Wohnungseigentümer und Mieter gemeinsam aussprechen können,
- Überbauung durch den Nachbareigentümer gem. §912 BGB (→ Überbau) oder
- unzulässige bauliche Veränderungen am gemeinschaftlichen Eigentum.

1. Störungen durch Nachbarn

Gegenüber Nachbarn beurteilt sich eine etwaige Duldungspflicht nach den Vorschriften des Nachbarrechts in §§ 906 ff BGB und den nach Art. 124 EGBGB unberührt bleibenden landesgesetzlichen Vorschriften, die das Eigentum an Grundstücken zugunsten der Nachbarn noch weiteren als den im BGB bestimmten Beschränkungen unterwerfen (z.B. Licht- und Fensterrechte, Regelungen zu Einfriedungen und Grenzabständen von Pflanzen und Gebäuden, Hammerschlags- und Leiterrecht). Nach den §§ 906 ff BGB kann ein Wohnungseigentümer insbesondere die Zufuhr von →Immissionen (Gase, Dämpfe, Gerüche, Rauch, Ruß, Wärme, Geräusche u.Ä.) nicht verbieten, wenn nur eine unwesentliche Beeinträchtigung vorliegt oder wenn die Beeinträchtigung durch ortsübliche Nutzung des Nachbargrundstücks herbeigeführt wird und nicht durch wirtschaftlich zumutbare Maßnahmen verhindert werden kann. Hat der Wohnungseigentümer hiernach eine Einwirkung zu dulden, so kann er von dem Benutzer des anderen Grundstücks einen angemessenen Ausgleich in Geld verlangen (verschuldensunabhängiger Anspruch), wenn die Einwirkung eine ortsübliche Benutzung des Grundstücks der Wohnungseigentümergemeinschaft oder dessen Ertrag über das zumutbare Maß hinaus beeinträchtigt. Die Zuführung von Immissionen durch eine besondere Leitung ist stets unzulässig, § 906 Abs. 3 BGB.

Öffentlich-rechtliche Genehmigungen, wie z.B. eine →Baugenehmigung für die Errichtung einer Anlage auf dem Nachbargrundstück, die entsprechende Störungen verursacht, schließen den Abwehranspruch grundsätzlich nicht aus. Etwas anderes gilt aber nach § 14 BImSchG ausnahmsweise dann, wenn für die beeinträchtigende Anlage auf dem Nachbargrundstück eine unanfechtbare Genehmigung nach BImSchG erteilt wurde. Durch sie wird der Abwehranspruch aus § 1004 BGB auf einen Anspruch auf Vornahme von Schutzmaßnahmen sowie auf Schadensersatzanspruch beschränkt (BGH NJW 1988, 478). Die Einstellung des Betriebs einer solchen Anlage kann also nicht verlangt werden, es können nur Vorkehrungen verlangt werden, die die benachteiligenden Wirkungen ausschließen. Sind solche Vorkehrungen nach dem Stand der Technik nicht durchführbar oder wirtschaftlich nicht vertretbar, kann lediglich Schadensersatz gefordert werden.

Ist der Wohnungseigentümer zur Duldung nicht verpflichtet, so kann er nach § 1004 BGB die Beseitigung der Beeinträchtigung, d.h. das Abstellen der Einwirkung verlangen. Daneben besteht bei Wiederholungsgefahr ein Anspruch auf Unterlassung für die Zukunft, § 1004 Abs. 1 S. 2 BGB. Beseitigungs- und Unterlassungsanspruch setzen ein Verschulden des Störers nicht voraus (BGHZ 102, 350). Der →Beseitigungsanspruch ist nur auf die Einstellung der Störung gerichtet. Die Wiederherstellung des ursprünglichen Zustandes kann nur aufgrund eines Schadensersatzanspruchs gem. § 249 BGB gefordert werden, der Verschulden voraussetzt. Sämtliche Ansprüche aus dem Eigentum kann der Wohnungseigentümer als Miteigentümer gem. § 1011 BGB allein geltend machen (BGHZ 116, 392; 121, 22).

Will ein Wohnungseigentümer gegen Dritte vorgehen, so ist das ordentliche Gericht zuständig, in dessen Bezirk sich die Wohnungseigentumsanlage befindet, oder nach Wahl des Wohnungseigentümers das Gericht, in dessen Bezirk der Anspruchsgegner seinen Wohnsitz hat.

2. Störungen durch Wohnungseigentümer

Einwirkungen der Miteigentümer hat ein Wohnungseigentümer zu dulden, soweit sie auf zulässigem Gebrauch des Sondereigentums oder des gemeinschaftlichen Eigentums beruhen. Unvermeidliche Folgen des Zusammenlebens der Wohnungseigentümer untereinander muss der Wohnungseigentümer deshalb hinnehmen, § 14 Nr. 3 WEG.

Überschreitet ein Wohnungseigentümer das zulässige Maß, z.B. durch eine unzulässige Nutzung seines Sondereigentums (→Gebrauch des Sondereigentums; →Wohnungseigentum; →Teileigentum) oder durch unzulässige bauliche Veränderungen, so können die übrigen Wohnungseigentümer Unterlassung (→Unterlassungsanspruch) verlangen, bei baulichen Veränderungen auch Beseitigung (→Beseitigungsanspruch) und Wiederherstellung des ursprünglichen Zustands (→Wiederherstellungsanspruch), ggf. auch Wiedereinräumung des Besitzes.

a) Anspruchsberechtigter

Die Ansprüche auf Unterlassung, Beseitigung, Wiederherstellung des früheren Zustands und Wiedereinräumung des Mitbesitzes stehen jedem einzelnen Wohnungseigentümer zu, der mehr als nur unerheblich beeinträchtigt wird und den störenden Maßnahmen, z.B. einer baulichen Veränderung nicht zugestimmt hat. Die individuellen Ansprüche eines einzelnen Wohnungseigentümers gegen einen anderen, etwa auf Unterlassung oder Beseitigung von zustimmungspflichtigen, aber ohne Zustimmung durchgeführten baulichen Veränderungen und auf Wiederherstellung des ursprünglichen Zustands oder auf Unterlassung von Störungen gem. § 15 Abs. 3 WEG i.V.m. § 1004 BGB kann jeder einzelne Wohnungseigentümer ohne ermächtigenden Beschluss geltend machen, da es sich nicht um Angelegenheiten der gemeinschaftlichen Verwaltung handelt (BGHZ 116, 392, 394; BayObLG ZMR 2000, 775; KG ZMR 2000, 213; OLG Düsseldorf ZMR 1996, 396; OLG Zweibrücken NZM 2002, 253). Die (übrigen) Wohnungseigentümer können aber den Verwalter ermächtigen, ihre Abwehransprüche wegen unzulässigen Gebrauchs des Gemeinschaftseigentums in gewillkürter Verfahrensstandschaft geltend zu machen (BGH WuM 1991, 418; NZM 2004, 227f; → Prozessführung durch Verwalter).

Ein weitergehender Schadensersatzanspruch kann allerdings nur aufgrund eines ermächtigenden Mehrheitsbeschlusses geltend gemacht werden, es sei denn, dass der über die Wiederherstellung hinausgehende Schaden allein bei einem einzigen Wohnungseigentümer eingetreten ist (→ Schadensersatz).

b) Anspruchsverpflichteter

Die verschuldensunabhängigen Unterlassungs-, Beseitigungs-, Wiederherstellungs- und Besitzwiedereinräumungsansprüche hat der Störer zu erfüllen, auf dessen Willensbetätigung die Beeinträchtigung unmittelbar oder adäquat mittelbar beruht (vgl. BGHZ 28, 110f; Staudinger/Gursky § 1004 BGB RN 91).

In erster Linie ist der Wohnungseigentümer passivlegitimiert, der im Zeitpunkt Störung, z.B. der Durchführung der Baumaßnahme als – ggf. werdender – Wohnungseigentümer im Grundbuch eingetragen ist und der den beeinträchtigenden Zustand geschaffen hat (BayObLG WE 1992, 198; KG OLGZ 1992, 55; OLG Hamm NJW-RR 1991, 910; BPM § 22 RN 264; Deckert PiG 51, 91, 101), sowie dessen Gesamt- (BayObLG NJWE-MietR 1996, 248, 250), nicht aber dessen → Sonderrechtsnachfolger. Verpflichtet ist auch der Wohnungseigentümer, der seine Wohnung vermietet hat, wenn der Mieter etwa durch unzulässigen Gebrauch des Sondereigentums gleichfalls Störer ist (→ Vermietung von Wohnungseigentum), oder auf dessen pflichtwidrigem Unterlassen eine bauliche Veränderung beruht (BayObLG WE 1991, 324 f; KG NJW-RR 1991, 1299), wobei das Unterlassen eines Widerspruchs oder die Zustimmung zu einer rechtswidrigen baulichen Veränderung eines anderen Wohnungseigentümers hierfür nicht genügt, oder derjenige, der eine rechtswidrige bauliche Veränderung aufrechterhält und von dessen Willen deren Beseitigung abhängt (BayObLG NJWE-MietR 1996, 248, 250; Staudinger/Gursky § 1004 BGB RN 92 mwN), unabhängig davon, ob er selbst oder ein Dritter den störenden Zustand geschaffen hat.

Verpflichtet ist auch der Verwalter, der eine bauliche Veränderung ohne Legitimation eigenmächtig durchführen lässt (LG Mannheim ZMR 1976, 51; Soergel/Stürner § 22 RN 8), nicht aber der Bauträger, der vor Entstehung der werdenden Wohnungseigentümergemeinschaft die Wohnanlage abweichend von den Aufteilungsplänen errichtet (→ Bauliche Veränderung).

Den Erwerber eines Wohnungseigentum mit baulichen Veränderungen können die Wohnungseigentümer nicht auf Beseitigung in Anspruch nehmen. Er ist allenfalls zur Duldung der Wiederherstellung des Gemeinschaftseigentums durch alle Wohnungseigentümer verpflichtet (→ Sonderrechtsnachfolger).

Entsprechend dem Rechtsgedanken des § 840 Abs. 1 BGB hat jeder aktivlegitimierte Wohnungseigentümer die Wahl, welchen von mehreren Störern er in Anspruch nehmen will. Insbesondere kommt bei vermietetem Sondereigentum ein Vorgehen sowohl gegen den vermietenden Eigentümer als auch gegen den Mieter direkt in Betracht (→ Vermietung von Wohnungseigentum).

c) Gerichtliche Durchsetzung von Abwehransprüchen

Für sämtliche Streitigkeiten der Wohnungseigentümer untereinander im Zusammenhang mit baulichen Veränderungen oder unzulässigen Nutzungen von Sonder- oder gemeinschaftlichem Eigentum ist gem. §43 Abs.1 Nr.1 WEG das Wohnungseigentumsgericht zuständig, da sie sich aus der Gemeinschaft der Wohnungseigentümer ergeben (Staudinger/Wenzel §43 RN 19, 21). Das Wohnungseigentumsgericht der ersten Instanz ist auch das zuständige Vollstreckungsgericht (BayObLG DWE 1994, 28).

Ein rechtskräftiger gerichtlicher Beschluss, der einen Wohnungseigentümer zur Unterlassung eines zweckwidrigen Gebrauchs seines Sondereigentums, also einer unvertretbaren Handlung verpflichtet, wird gem. §45 Abs.3 WEG i.V.m. §888 ZPO durch Anordnung von Zwangsgeld bzw. Zwangshaft durch das Gericht, ein Beschluss, der einen oder mehrere Wohnungseigentümer zur Beseitigung einer baulichen Veränderung und ggf. zur Wiederherstellung des ursprünglichen Zustands, also zu einer vertretbaren Handlung verpflichtet, gem. §45 Abs.3 i.V.m. §887 ZPO vollstreckt, indem das Gericht die Wohnungseigentümer als Vollstreckungsgläubiger im Wege der Ersatzvornahme ermächtigt, die erforderlichen Maßnahmen auf Kosten des Vollstreckungsschuldners, auf die dieser auf Antrag des Vollstreckungsgläubigers gem. §887 Abs.2 ZPO einen Vorschuss zu leisten hat, durch Dritte oder – bei Widerstand des Vollstreckungsschuldners – unter Einschaltung eines Gerichtsvollziehers gem. §892 ZPO ausführen zu lassen; dies gilt auch dann, wenn die bauliche Veränderung ausschließlich im Bereich eines Sondereigentums eines Wohnungseigentümers liegt (→ Zwangsvollstreckung). Hat der Wohnungseigentümer seine Wohnung vermietet und stört der Mieter, muss er auf diesen entsprechend einwirken (→ Vermietung von Wohnungseigentum).

▶ Strafen

Die Wohnungseigentümer können durch Vereinbarung Strafen für den Fall eines Verstoßes gegen Gemeinschaftspflichten oder gegen die Hausordnung vorsehen. So können z.B. der Verzug mit der Zahlung von Beiträgen sanktioniert (→ Verzug, Verzugszinsen,

Verzugsschaden) oder Verstöße gegen die Hausordnung mit einer Vertragsstrafe i.S. der §§ 339 ff BGB (BayObLG ZMR 1985, 421; vgl. BGHZ 87, 337, 343 ff) oder mit einer Geldstrafe i.S. einer Verbands- oder Vereinsstrafe (BayObLGZ 1959, 457, 463; Staudinger/ Kreuzer § 10 RN 103) geahndet werden. Ein Mehrheitsbeschluss, durch den Sanktionen für die Verletzung von Gemeinschaftspflichten neu eingeführt werden, ist nichtig (BGH NZM 2003, 946, 949; Kreuzer ZWE 2000, 325, 329; Wenzel ZWE 2001, 226, 235).

Der Betroffene kann gegen die Verhängung der Strafe durch Anfechtung des zugrunde liegenden Beschlusses nach §§ 23 Abs. 4, 43 Abs. 1 Nr. 4 WEG vorgehen. Eine Vertragsstrafe unterliegt umfassend – also auch hinsichtlich der Höhe – der richterlichen Kontrolle (BayObLG ZMR 1985, 421; BPM § 10 RN 75). Die gerichtliche Überprüfung einer Geldstrafe beschränkt sich entsprechend der Überprüfung von Vereinsstrafen (BayObLGZ 1959, 463; offen gelassen vom BayObLGZ 1985, 347) darauf, ob die Strafe eine Grundlage in der Vereinbarung hat, auf einem ordnungsgemäßen Verfahren beruht, nicht gesetzes- oder sittenwidrig, z.B. weil maßlos überhöht, ist und ob eine offenbare Unbilligkeit vorliegt (BGHZ 36, 109; 75, 159). Ein Fall der offenbaren Unbilligkeit ist z.B. ein Verstoß gegen den → Gleichbehandlungsgrundsatz (BGHZ 47, 385). Die Richtigkeit der tatsächlichen Feststellungen überprüft das Gericht nur bei willkürlichen Behauptungen (BGH JZ 1967, 31). Das Gericht kann die Strafe nur für wirksam oder ungültig erklären; eine selbständige neue Festsetzung erfolgt nicht (BayObLGZ 1959, 463).

▶ **Straßencafé** → Café, Eisdiele

▶ **Streitverkündung**

Im Zivilprozess kann eine Partei, die für den Fall des ihr ungünstigen Ausgangs des Rechtsstreits einen Anspruch auf Gewährleistung oder Schadloshaltung gegen einen Dritten erheben zu können glaubt oder den Anspruch eines Dritten besorgt, bis zur rechtskräftigen Entscheidung des Rechtsstreits dem Dritten gerichtlich den Streit verkünden, § 72 ZPO. Die Streitverkündung ist die Aufforderung an einen Dritten, den sog. Streitverkündeten,

Streitverkündung

dieser solle ihm als sog. Streithelfer beitreten und ihn damit im Rechtsstreit unterstützen. Der Streitverkündete ist nicht verpflichtet beizutreten. Tritt er jedoch nicht bei, so wird er gem. §§ 74 Abs. 1, 68 ZPO in dem späteren Prozess mit allen jenen Ausführungen tatsächlicher und rechtlicher Art nicht mehr gehört, die im Vorprozess geltend gemacht werden konnten (RGZ 45, 354); er kann dann auch nicht einwenden, der Rechtsstreit sei unrichtig entschieden worden oder die Hauptpartei habe den Rechtsstreit mangelhaft geführt. Die Streitverkündung hat also die Wirkung, dass der Streitverkündete an das Urteil des Erstprozesses in rechtskraftähnlicher Weise gebunden ist.

Anders als im Verfahren nach der Zivilprozessordnung will das Verfahren nach § 43 WEG und den Regeln der freiwilligen Gerichtsbarkeit durch Einbeziehung aller möglicherweise betroffenen Personen Folgeprozesse vermeiden. Nach § 43 Abs. 4 WEG sind deshalb stets alle Wohnungseigentümer an dem Verfahren zu beteiligen (→ Beteiligte). Eine rechtskräftige gerichtliche Entscheidung ist nach § 45 Abs. 2 Satz 2 WEG für alle Beteiligten bindend.

Nicht beteiligt im Wohnungseigentumsverfahren sind – außer im Fall des § 43 Abs. 1 Nr. 3 WEG (Verwalterbestellung durch das Gericht) – Dritte, die nicht Wohnungseigentümer sind. Gleichwohl können einzelne Verfahrensbeteiligte wegen möglicher Rückgriffsansprüche ein Interesse an einer bindenden Wirkung der Entscheidung auch für diese Dritten haben, z.B. im Fall der Inanspruchnahme eines Wohnungseigentümers wegen des Verhaltens seines Mieters für diesen Mieter (→ Vermietung von Wohnungseigentum). Die Verfahrensbeteiligten können daher auch in Wohnungseigentumssachen Dritten in entsprechender Anwendung der §§ 72 ff ZPO den Streit verkünden, da § 43 WEG ein dem Zivilprozessverfahren ähnliches streitiges Verfahren regelt und der Gesetzgeber den Wohnungseigentümern nicht das Recht zur Inanspruchnahme der Interventionswirkung nehmen wollte (BayObLGZ 1970, 65; OLG Celle DWE 1984, 90). Der Streit kann noch im Beschwerdeverfahren verkündet werden (BGH ZMR 1976, 182). Die Streitverkündung führt zur Hemmung der Verjährung, auch wenn sie im → selbständigen Beweisverfahren erfolgt (BGH NJW 1997, 859).

Streupflicht → Persönliche Dienstleistungen; Räum- und Streupflicht

Stromkosten

Jeder Wohnungseigentümer hat den innerhalb seines Sondereigentums verbrauchten Strom selbst zu bezahlen. Die Lieferung des Stroms erfolgt i.d.R. aufgrund von unmittelbaren Vertragsbeziehungen zwischen dem Eigentümer und dem Stromlieferanten. Jeder Wohnungseigentümer kann innerhalb der vorhandenen Stromkapazität beliebig Strom entnehmen, auch zum Anschluss von Nachtstromgeräten. Reicht die Stromkapazität nicht zu einer ausreichenden Versorgung aller Wohnungseigentümer aus, so kann jeder Wohnungseigentümer gem. § 21 Abs. 4 WEG eine Aufteilung nach der Größe der Miteigentumsanteile oder der Wohnflächen verlangen (BayObLG WE 1989, 62).

Die Kosten des für das gemeinschaftliche Eigentum verbrauchten Stroms für Außenbeleuchtung, Beleuchtung der von den Bewohnern gemeinsam benutzten Gebäudeteile wie Zugänge, Treppen, Keller, Bodenräume, Waschküchen, Trockenräume, Fahrradabstellräume sowie für technische Anlagen, z.B. die Heizungs-, Antennen- und Aufzugsanlage sind Kosten der Verwaltung des gemeinschaftlichen Eigentums und deshalb gem. § 16 Abs. 2 WEG von allen Eigentümern anteilig zu tragen.

Wenn Wohnungseigentümer ihre Wohnung vermieten, empfiehlt es sich, die Stromkosten für vorhandene Tiefgaragen durch eigene Zwischenzähler zu ermitteln, da Mieter von Eigentumswohnungen, die einen Abstellplatz nicht angemietet haben, nicht verpflichtet sind, die Stromkosten für eine Tiefgarage anteilig zu tragen.

Eine Besonderheit ergibt sich bei den Stromkosten für den Betrieb einer zentralen Heizungs- und/oder Warmwasserversorgungsanlage. Nicht zu den allgemeinen Betriebskosten, sondern zu den Heizkosten gehören die Kosten des Betriebsstroms einer zentralen Heizungsanlage, einer zentralen Brennstoffversorgungsanlage, einer zur Versorgung mit Fernwärme gehörenden Hausanlage oder einer zentralen Warmwasserversorgungsanlage (vgl. Anlage 3 Nr. 4, 5 zu § 27 der II. BV; seit 1. 1. 2004 BetriebskostenVO).

Der für diese Anlagen verbrauchte Strom ist ebenfalls gesondert zu ermitteln, die Kosten hierfür sind als Heizkosten in die verbrauchsabhängige Heizkostenabrechnung (→ Heiz- und Warmwasserkosten) einzustellen.

▶ **Stromleitungen** → Elektrizitätsleitungen

▶ **Stromversorgungsanlage**

Wird die Stromversorgungsanlage, die bisher nur für die Beleuchtung und die üblichen elektrischen Haushaltsgeräte ausgelegt ist, erweitert, so dass der gesamte Heizungs- und Warmwasserbedarf der Wohnungseigentümer mit Nachtstrom gedeckt werden kann, ist dies eine bauliche Veränderung, die über eine ordnungsgemäße Instandhaltung und Instandsetzung hinausgeht (BayObLG NJW-RR 1988, 1164). Anderes gilt für eine Erweiterung der Elektroinstallation auf einen modernen Standard, die als → modernisierende Instandsetzung durch Mehrheitsbeschluss möglich ist (Staudinger/Bub § 21 RN 174).

▶ **Sturmschadenversicherung** → Versicherungen

▶ **Sturmschäden** → Haus- und Grundbesitzerhaftpflicht

▶ **Swinger-Club**

In einem Laden ist der Betrieb eines „Swinger-Clubs" unzulässig, da der Betrieb eines Pärchentreffs gegen die in der Rechtsgemeinschaft anerkannten sozialethischen Wertvorstellungen verstößt (BayObLG ZMR 2000, 689). Ist der Betrieb unzulässig, darf für ihn auch keine Werbung betrieben werden, denn die Werbung gehört zum Betrieb und wirkt sich in gleicher Weise nachteilig auf das Ansehen und den Wert der Wohnanlage aus wie der Betrieb selbst (→ Werbe- und Reklameeinrichtungen).

T

▶ **Tätige Mithilfe** → Persönliche Dienstleistungspflicht

▶ **Tagescafé** → Café, Eisdiele

▶ **Tagesordnung**

Der → Einberufung zur Wohnungseigentümerversammlung ist eine Tagesordnung beizufügen.

1. Aufnahme von Tagesordnungspunkten

Welche Punkte in die Tagesordnung aufgenommen werden, bestimmt der Einberufungsberechtigte (BayObLGZ 1970, 1; OLG Düsseldorf NJW-RR 1986, 96) – nach § 24 Abs. 1 WEG also der Verwalter – nach pflichtgemäßem Ermessen (→ Einberufung der Wohnungseigentümerversammlung). Er kann als „Minus" zu seinem Einberufungsrecht bestimmte Tagesordnungspunkte nachschieben. Einzelne oder auch mehrere Wohnungseigentümer haben nach § 21 Abs. 4 WEG einen Anspruch darauf, dass bestimmte Beschlussgegenstände in die Tagesordnung aufgenommen werden, wenn hierüber nach den Grundsätzen ordnungsmäßiger Verwaltung ein Beschluss zu fassen ist (BayObLGZ 1988, 287, 292; ZWE 2001, 538; 2001, 603; OLG Düsseldorf NJW-RR 1986, 96) Das Quorum von mehr als einem Viertel der Wohnungseigentümer – nach Köpfen, nicht nach Miteigentumsanteilen gerechnet (BayObLG WE 1991, 358 f; OLG Hamm OLGZ 1973, 423, 425) – hat in entsprechender Anwendung von § 24 Abs. 2 WEG stets einen Anspruch, bestimmte Punkte zur Beschlussfassung auf die Tagesordnung setzen zu lassen (OLG Düsseldorf DWE 1981, 25). Weigert sich der Verwalter in diesem Falle pflichtwidrig, solche Tagesordnungspunkte aufzunehmen, hat der Verwaltungsbeiratsvorsitzende oder dessen Vertreter das Recht, gem. § 24 Abs. 3 WEG die Tagesordnung zu erweitern (OLG Düsseldorf NJW-RR 1986, 96).

Der Anspruch auf Ankündigung einer bestimmten Tagesordnung kann gegen den Verwalter gem. § 43 Abs. 1 Nr. 2 WEG gerichtlich geltend gemacht werden (BayObLG ZWE 2001, 538, 540; OLG Düsseldorf ZMR 1994, 520, 523). Durch einstweilige Anordnung gem. § 44 Abs. 3 WEG kann entweder der Verwalter zur Ankündigung eines Tagesordnungspunktes verpflichtet oder der antragstellende Wohnungseigentümer zur Ankündigung ermächtigt werden, wenn der Verwalter einem sachlich begründeten Verlangen nicht nachkommt (BayObLGZ 1988, 287f; Staudinger/Wenzel § 44 RN 28); dem steht auch nicht die Meinung des Verwaltungsbeirats entgegen, dass sich eine Diskussion in der Versammlung zu dem betreffenden Punkt erübrige, weil die Entscheidung hierüber nicht in ihre Zuständigkeit falle (BayObLGZ 1988, 287, 293).

Die Vollstreckung einer den Verwalter verpflichtenden gerichtlichen Entscheidung erfolgt gem. § 45 Abs. 3 WEG i.V.m. § 887 ZPO (Weitnauer/Lüke § 24 RN 2).

2. Bezeichnung in der Tagesordnung

Die Tagesordnung muss inhaltlich eine ausreichende Erkennbarkeit der einzelnen Beschlussgegenstände entsprechend ihrer Bedeutung gewährleisten, so dass das Informationsinteresse jedes Wohnungseigentümers gewahrt ist, er vor Überraschungen geschützt wird und sich auf die Versammlung vorbereiten kann (BayObLG WE 1997, 239f; OLG Hamm NJW-RR 1993, 468f; OLG Köln NZM 2003, 121f). Die Wohnungseigentümer müssen nämlich nur zu jedem ausreichend bezeichneten Tagesordnungspunkt mit einer Beschlussfassung rechnen, wobei die Bezeichnung eines Gegenstandes in der Tagesordnung regelmäßig auch die Beschlussfassung hierüber deckt, auch wenn dies im Einberufungsschreiben nicht ausdrücklich angekündigt wird (BayObLG WE 1999, 199; OLG Köln NZM 2003, 121f; Staudinger/Bub § 23 RN 187).

Wenn auch nicht alle Einzelheiten des Beschlussgegenstandes in der Tagesordnung angegeben werden können und müssen (BayObLG WuM 1985, 100; OLG Köln NZM 2003, 121f), so ist doch ein solches Maß an Erkennbarkeit und Voraussehbarkeit erforderlich, dass sich der einzelne Wohnungseigentümer über die wesentlichen rechtlichen und tatsächlichen Folgen und Konsequenzen einer vorgesehenen Maßnahme klarwerden kann (BayObLGZ WuM 1985, 100). Der Grad des berechtigten Informationsbedürfnisses korrespondiert mit dem Grad der erforderlichen Konkretisierung des Beschlussgegenstandes. Bei einfach gelagerten Sachverhalten (BayObLG WuM 1995, 500f; OLG Hamm NJW-RR 1993, 468f) oder, wenn der Wohnungseigentümer infolge einer früheren Erörterung oder Beschlussfassung oder eines gerichtlichen Verfahren bereits mit der Sache vertraut ist (BayObLG NJW-RR 1992, 403; OLG Hamm OLGZ 1992, 313), reicht eine schlagwortartige Bezeichnung des Beschlussgegenstandes aus (BayObLGZ 1992, 79, 84; WE 1997, 239f; NZM 2000, 499; OLG Stuttgart OLGZ 1974, 404); dies kann aber unbeschränkt nur gelten, wenn es seither zu keinem Eigentümerwechsel gekommen ist. Demgegenüber ist bei bedeutsameren Themen stets eine präzise Bezeichnung erforderlich. Beschlussanträge müssen nicht im Wortlaut angekündigt werden (OLG Celle ZWE 2002, 474).

Da sog. Geschäftsordnungsbeschlüsse über das Verfahren der Wohnungseigentümerversammlung i.d.R. mit Ablauf der Versammlung gegenstandslos werden (→ Geschäftsordnung), müssen sie bei der Einberufung nicht angekündigt werden (OLG Köln NZM 2000, 1017), da sie auch nicht anfechtbar sind.

3. Beispiele
a) Ausreichende Bezeichnung

Ausreichend ist die Ankündigung
- „Wahl eines Verwalters" für einen Beschluss über die Bestellung des Verwalters und den schuldrechtlichen Verwaltervertrag, insbesondere die Abreden über die Höhe der Verwaltervergütung (BayObLG MDR 1985, 412) und die Dauer des Verwaltervertrages, als auch eine Abwahl des bisherigen Verwalters (KG NJW-RR 1989, 460);
- „Änderung des Verwaltervertrages" oder „Erneuerung des Verwaltervertrages" für einen Beschluss über die Höhe der Verwaltervergütung (BayObLG MDR 1985, 412);
- „Verwaltervertrag" für die Verlängerung des Verwaltervertrages mit dem bisherigen Verwalter und dessen Wiederbestellung (Bay-

ObLGZ 1992, 79) ebenso wie der Tagesordnungspunkt „Vertragsschluss mit neuer Hausverwaltung", da die Bezeichnung „neu" nur erkennen lässt, dass überhaupt eine Verwalterbestellung beschlossen werden soll, ohne den alten Verwalter von einer Wiederwahl auszunehmen (Staudinger/Bub § 23 RN 190);
- „außerordentliche Kündigung des Verwaltervertrages" für die Abberufung des Verwalters aus wichtigem Grund (BayObLG WuM 1996, 116);
- „Bestellung des Verwalters" für den Beschluss über dessen Vergütung (BayObLG NZM 2003, 154) und wegen des Grundsatzes der →Einheitlichkeit der Verwaltung für die Abberufung des bisherigen Verwalters (KG WE 1989, 137);
- „Wirtschaftsplan 1988" für einen Beschluss über dessen Fortgeltung nach dem 31.12.1988 (KG OLGZ 1990, 425);
- „Wirtschaftsplan" für einen Beschluss über die Erhöhung der Zuführung zur Instandhaltungsrückstellung (BayObLG NZM 2000, 1239);
- „Finanzierung" einer Maßnahme für dessen Genehmigung (BayObLG NZM 2002, 869);
- „Abrechnungsbericht" für einen Beschluss über die Jahresabrechnung oder die Entlastung des Verwalters.
- „Abmeierungsklage" für den Beschluss über die →Entziehung von Wohnungseigentum nach § 18 Abs. 3 WEG (KG DWE 1996, 30f); erforderlich ist daneben die Angabe des Namens des Auszuschließenden;
- „Entzug von Wohnungseigentum der Hobbyräume R" für einen Beschluss über die Abmahnung eines Wohnungseigentümers mit Hinweis auf eine Pflichtverletzung gem. § 18 WEG.

Wenn in der Versammlung ein gesamter Regelungskomplex – z.B. Baumängel am Gemeinschaftseigentum bei einer neuerstellten Wohnungsanlage – beraten und beschlossen werden soll, so genügt eine stichwortartige Bezeichnung, wie z.B. „Baumängel am Gemeinschaftseigentum: gerichtliche und außergerichtliche Geltendmachung von Gewährleistungsansprüchen, technische Überprüfung und Finanzierung einzuleitender Maßnahmen"; alle Detailpunkte müssen dagegen nicht in der Einberufung bezeichnet werden.

Sind bestimmte Ansprüche der Wohnungseigentümer angekündigt, so ist die Ermächtigung des Verwalters mit der gerichtlichen Geltendmachung dieser Ansprüche stets gedeckt (BayObLG WE 1997, 239f); so deckt der Tagesordnungspunkt „Hausfassade Rückseite" einen Beschluss, Gewährleistungsansprüche gegen einen Bauunternehmer gerichtlich geltend zu machen, wenn alle Wohnungseigentümer bereits vorab über die Schadhaftigkeit der Fassade informiert sind (BayObLGZ 1973, 68, 70).

Wenn in einer Bezugnahme auf eine frühere Beschlussfassung eine falsche Jahreszahl angegeben ist, so ist dieser Schreibfehler, sofern er für alle Beteiligten offensichtlich ist, unbeachtlich (OLG Hamm OLGZ 1992, 313).

b) Nicht ausreichende Ankündigung

Nicht ausreichend ist die Bezeichnung
- „Verwaltung/Verwalter" für dessen Abberufung (OLG Düsseldorf NJW-RR 1986, 96f);
- „Beauftragung eines Rechtsanwaltes zur Durchführung der Rechte der Gemeinschaft" für einen Beschluss über die Entziehung des Wohnungseigentums (BayObLG WE 1990, 61f); ebensowenig ausreichend ist „Unterrichtung der Gemeinschaft über Aktivitäten des Wohnungseigentümers, seinen Schuldenstand und Beschlussfassung" (OLG Düsseldorf ZMR 1998, 244);
- „Änderung der Hausordnung" aufgrund der Vielzahl in der Hausordnung möglichen Benutzungsregeln für die Änderung nur eines einzelnen Gegenstandes der Hausordnung (OLG Köln DWE 1988, 24). Dies gilt ebenso für die Ankündigung „Änderung der Gemeinschaftsordnung";
- „Wohngelderhöhung" für einen Beschluss über das Wohngeld eines einzigen Wohnungseigentümers oder einer Gruppe von Wohnungseigentümern (BayObLG Rpfleger 1978, 445 [nur Ladeninhaber]);
- „Beschluss über den Wirtschaftsplan" für einen Beschluss über die Erhöhung der Hausmeistervergütung, selbst wenn der der Einberufung beigefügte Wirtschaftsplanentwurf einen höheren Kostenansatz als im Vorjahr ausweist (BayObLG WE 1990, 27f), da hieraus nicht erkennbar ist, ob für die Erhöhung Gründe spre-

chen, die außerhalb der Einflußmöglichkeit der Wohnungseigentümer liegen, oder ob die Erhöhung erst aufgrund eines Beschlusses zustande kommen soll;
- „Festsetzung des Hausgeldes – s. beil. Wirtschaftsplan" für einen Beschluss, dass entgegen den Bestimmungen der Teilungserklärung die Beiträge für das gesamte Wirtschaftsjahr fällig sein soll, wenn der Eigentümer mit einer Monatsrate in Verzug gerät (OLG Köln NZM 2002, 169);
- „Instandsetzungsarbeiten" oder „Reparaturarbeiten" für die Beschlussfassung über konkrete Maßnahmen (LG Wuppertal 16.3.1988, GT 168/88; Sauren RN 10).

c) „Sonstiges"/„Verschiedenes"

Unter einem Punkt „Verwaltungsangelegenheiten", „Verschiedenes", „Sonstiges", „Diverses", „Anträge" oder unter einem während der Versammlung neu aufgenommenen Punkt können nur Angelegenheiten von untergeordneter Bedeutung, mit deren Beratung und Beschlussfassung jedermann rechnen muss, ordnungsgemäß beschlossen werden (BayObLG ZMR 1998, 649; OLG Hamm NJW-RR 1993, 468; OLG Köln ZMR 1998, 372), da ansonsten nicht anwesende Eigentümer benachteiligt würden. Im Zweifel ist anzunehmen, dass der Beschlußgegenstand nicht von untergeordneter Bedeutung ist.

Nicht zu den Angelegenheiten von untergeordneter Bedeutung in diesem Sinn gehören z.B. Beschlüsse über
- die Verwendung eines gemeinschaftlichen Tischtennisraums als Abstellraum (BayObLG MDR 1985, 412);
- eine Gebrauchszeitenregelung der Waschmaschine, deren Betriebsgeräusche einzelne Wohnungseigentümer belästigen können (BayObLG NJW-RR 1987, 1463);
- die Vorlauftemperatur der Heizung in den Sommermonaten (AG Unna DWE 1981, 24);
- den Standort der Müllcontainer auf dem gemeinschaftlichen Grundstück, da die einzelnen Wohnungseigentümer von den hiervon ausgehenden Lärm- und Geruchsbelästigungen unterschiedlich betroffen sein können (BayObLG NJW-RR 1990, 784f);
- die Errichtung einer Nottreppe (BayObLG WuM 1992, 90);
- die Abwahl des Verwalters (KG OLGZ 1974, 309).

Ein Beschluss ohne vorherige Ankündigung in der Tagesordnung unter „Verschiedenes" ist aber dann möglich, wenn der Beschluss den Verwalter nur auffordert, gegenüber einzelnen Wohnungseigentümern das durchzusetzen, wozu diese ohnehin verpflichtet sind (OLG Köln ZMR 1998, 372).

4. Bezeichnung in Textform

Die Bezeichnung der Gegenstände der Beschlussfassung muss von demjenigen vorgenommen werden, der die Versammlung der Wohnungseigentümer einberuft. Die Einberufung muss gem. § 24 Abs. 4 S. 1 WEG in Textform erfolgen (→ Einberufung der Wohnungseigentümerversammlung), so dass auch die Beschlussgegenstände in Textform zu bezeichnen sind. Die mündliche Bekanntgabe der Tagesordnungspunkte der nächsten Versammlung in einer Wohnungseigentümerversammlung reicht deshalb auch dann nicht aus, wenn alle Wohnungseigentümer anwesend sind.

5. Abweichende Vereinbarung

Auf das Erfordernis, bei der Einberufung die Beschlussgegenstände in einer Tagesordnung zu bezeichnen, kann durch Vereinbarung aller Wohnungseigentümer verzichtet werden, da § 23 Abs. 2 WEG abdingbar ist (OLG Hamm NJW-RR 1993, 468). Ein Mehrheitsbeschluss hierüber ist nichtig, da er § 23 Abs. 2 WEG abändert, was gem. § 10 Abs. 1 S. 2 WEG nur durch Vereinbarung möglich ist. Ist die getrennte Verwaltung von abgegrenzten Teilen einer Wohnungseigentumsanlage vereinbart, so ist hiermit das Erfordernis der Einberufung mit Tagesordnung der von den Themen der Tagesordnung nicht betroffenen Wohnungseigentümer wirksam abbedungen (BayObLG DNotZ 1985, 415).

6. Folgen unzureichender Bezeichnung

Ist ein Tagesordnungspunkt nicht oder nicht ordnungsgemäß i.S. des § 23 Abs. 2 WEG in der Einberufung bezeichnet, so sind hierzu gefasste Beschlüsse nur auf Antrag gem. § 23 Abs. 4 WEG für ungültig zu erklären (→ Anfechtbarkeit und Anfechtung eines Beschlusses); sie sind nicht nichtig (BayObLG ZMR 1986, 249). Folgenlos ist die fehlende oder eine zu ungenaue Bezeichnung eines Tagesordnungspunktes allerdings, wenn über ihn in einer sog. Universalversammlung beschlossen wird, also in der Versammlung alle Eigentümer anwesend oder vertreten und mit der Behandlung des betreffenden Tagesordnungspunktes einverstanden sind (OLG Hamm OLGZ 1979, 296, 300). Die rügelose Teilnahme an der Versammlung und der jeweiligen Abstimmung ist i.d.R. als stillschweigender Verzicht auf die Einhaltung von Formalien zu verstehen (BayObLG ZMR 1997, 93; OLG Hamm OLGZ 1979, aaO). Eine Berufung auf die nicht ordnungsgemäße Ankündigung ist in diesem Fall ausgeschlossen (BayObLG NJW-RR 1993, 612; OLG Düsseldorf NJW-RR 1986, 97).

▶ **Tankraum** → Heizungsanlage, Heizungsraum

▶ **Tanzstudio** → Gymnastikstudio

▶ **Teestube**

In einem als Laden bezeichneten Teileigentum darf keine Teestube mit angegliedertem Spielsalon betrieben werden (BayObLG 1985, 235).

▶ **Teileigentum**

1. Begriff

Teileigentum ist das Sondereigentum an nicht zu Wohnzwecken dienenden Räumen eines Gebäudes, das unlösbar mit dem Miteigentumsanteil an dem gemeinschaftlichen Eigentum verbunden ist, zu dem es gehört, § 1 Abs. 3 WEG; die Vorschriften über das Wohnungseigentum gelten entsprechend, § 1 Abs. 6 WEG.

Teileigentum unterscheidet sich vom → Wohnungseigentum nur dadurch, dass die Räume, die dem Sondereigentum unterliegen, anderen als Wohnzwecken dienen, also nicht baulich als Wohnung ausgestaltet sind und nach der Teilungserklärung nicht zu Wohnzwecken bestimmt sind. Die Zwecke können gewerblicher Art (z.B. Werkstatt, Ladengeschäft, Büro), beruflicher Art (Praxis für Ärzte, Rechtsanwälte oder Steuerberater) oder sonstiger Art (Garage, Keller) sein (OLG Celle OLGZ 1983, 126).

Entscheidend ist nicht die tatsächliche Art der Benutzung, sondern die vereinbarte, ggf. sich im Wege der Auslegung der Teilungserklärung oder des Aufteilungsplans ergebende Zweckbestimmung oder – soweit keine Anhaltspunkte vorliegen – die bauliche Ausgestaltung der Räume und die sich hieraus ergebende ursprünglich gewollte Zweckbestimmung (BayObLGZ 1973, 1).

Dienen die im Sondereigentum stehenden Räume teils Wohn-, teils anderen Zwecken, z.b. bei einem Wohnbüro, so liegt sowohl Wohnungs- als auch Teileigentum vor. In das Grundbuch ist Wohnungs- und Teileigentum einzutragen, falls nicht einer der Zwecke offensichtlich überwiegt (§ 2 S. 2 WEGBVFg in der Fassung vom 24.1. 1995, BGBl. I 1995, 134).

2. Zulässige Nutzung

Ist in der Gemeinschaftsordnung oder der Teilungserklärung Teileigentum mit einem zweckbestimmenden Zusatz bezeichnet, z.B. als →Laden oder →Café, so ist dies i.d.R. als eine entsprechende Zweckbestimmung mit Vereinbarungscharakter aufzufassen (BayObLG ZMR 2000, 689f; NZM 2002, 255; OLG Düsseldorf NZM 2002, 259), auf welche die Wohnungseigentümer vertrauen können. Weichen die Zweckbestimmungen in Teilungserklärung und Aufteilungsplan voneinander ab, so ist die Teilungserklärung maßgeblich (→Abweichung zwischen Aufteilungsplan und Teilungserklärung). Gegenüber einer zweckbestimmungswidrigen Nutzung besteht aber kein Unterlassungsanspruch, wenn diese Art der Nutzung die übrigen Wohnungseigentümer nicht mehr stört oder beeinträchtigt als eine der Zweckbestimmung entsprechende Nutzung (→Unterlassungsanspruch). Die Zweckbestimmung eines Teileigentums kann auch gutgläubig erworben werden (→Gutgläubiger Erwerb).

▶ **Teilerbbaurecht** →Wohnungserbbaurecht, Teilerbbaurecht

▶ **Teilnahme an der Wohnungseigentümerversammlung**

1. Grundsatz der Nichtöffentlichkeit

Wohnungseigentümerversammlungen sind nicht öffentlich (BGHZ 121, 236; BayObLG ZWE 2002, 463; OLG Frankfurt NJW 1995, 3395; Palandt/Bassenge §24 RN 13). Der Grundsatz der Nichtöffentlichkeit bezweckt nicht in erster Linie, Beratung und Beschlussfassung der Eigentümerversammlung geheim zu halten, vielmehr sollen die Wohnungseigentümer in die Lage versetzt werden, Angelegenheiten der Gemeinschaft in Ruhe und ohne Einflussnahme Außenstehender erörtern zu können (BGHZ 121, 236, 241; 99, 90, 95; BayObLG ZWE 2002, 463 f). Dritte, die an die Beschlüsse nicht gebunden sind, sollen nicht durch aktive Teilnahme an der Versammlung auf die Willensbildung der übrigen Wohnungseigentümer Einfluss nehmen können, was auch für Vertrauenspersonen eines Wohnungseigentümers gilt. Weiter kann die Unbefangenheit der anderen teilnahmeberechtigten Personen von der Anwesenheit Dritter tangiert sein. Schließlich dient die Nichtöffentlichkeit auch dem vorbeugenden Schutz vor einer unnötigen Verbreitung von internen Angelegenheiten der Gemeinschaft in der Öffentlichkeit (BGHZ 99, 90, 95; z. den daraus folgenden Anforderungen an den Versammlungsort →Wohnungseigentümerversammlung).

Aufgrund des Grundsatzes der Nichtöffentlichkeit können die Eigentümer nicht mehrheitlich beschließen, dass die Eigentümerversammlungen zweier unabhängiger vom gleichen Verwalter betreuter, eine gemeinsame Wohnsiedlung bildender Gemeinschaften gemeinsam stattfinden sollen, da in diesem Fall die Mitglieder der einen Versammlung notwendig Zuhörer in der anderen sind (OLG Köln NZM 2002, 617 f).

Abweichend vom Grundsatz der Nichtöffentlichkeit kann vereinbart werden, dass Berater oder Beistände in der Versammlung beschränkt oder generell zugelassen sind (BGH WE 1993, 165). Der „Zutritt von Besuchern" (KG OLGZ 1986, 51) kann durch Vereinbarung jedenfalls ausgeschlossen werden. Interessierte Dritte, z.B. Mieter, Hausmeister etc., dürfen in diesem Fall schon dann nicht teilnehmen, wenn nur ein Wohnungseigentümer widerspricht.

Verstöße gegen den Grundsatz der Nichtöffentlichkeit sind nur kausal und führen nur dann zur Anfechtbarkeit gefasster Beschlüsse, wenn die Öffentlichkeit tatsächlich gestört hat (Palandt/Bassenge § 24 RN 13); die Anwesenheit der Ehefrau oder der Lebensgefährtin eines Wohnungseigentümers, die sich an der Aussprache nicht beteiligen, ist objektiv nicht geeignet, einen anderen

Versammlungsteilnehmer in seiner Unbefangenheit zu stören und die ordnungsmäßige Durchführung der Versammlung zu beeinträchtigen (OLG Hamm WE 1997, 23f).

2. Teilnahmeberechtigte Personen

Das Teilnahmerecht, das nicht nur das Recht auf Anwesenheit, sondern auch das →Rede- und Beschlussantragsrecht (→Mehrheitsbeschluss) umfasst, steht folgenden Personen zu:

a) Wohnungseigentümer

Jeder stimmberechtigte Wohnungseigentümer (→Stimmrecht) hat notwendig auch ein aktives Teilnahmerecht an der Versammlung, um dort sein Stimmrecht ausüben zu können (Palandt/Bassenge §24 RN 15). Da das Teilnahmerecht des Wohnungseigentümers zum →Kernbereich der personenrechtlichen Gemeinschaftsstellung zählt, kann es durch Vereinbarung näher geregelt, nicht aber ausgeschlossen werden (Staudinger/Bub §23 RN 19). Ist der Verwalter berechtigt ist, einen Wohnungseigentümer, der mit der Zahlung von Hausgeldern in Verzug ist, von der Abstimmung auszuschließen, kann er diesen deshalb nicht auch von der Teilnahme an der Versammlung ausschließen (→Verzug, Verzugszinsen, Verzugsschaden).

Ein Teilnahmerecht besteht auch dann, wenn der Wohnungseigentümer im Einzelfall von der Ausübung seines Stimmrechtes gem. §25 Abs.5 WEG ausgeschlossen ist (BayObLG NJW-RR 2002, 1308; →Ruhen des Stimmrechts). Sinn und Zweck des §25 Abs.5 WEG, die gemeinschaftliche Willensbildung vor gemeinschaftsfremden Interessen, z.B. des zur Veräußerung rechtskräftig verurteilten Wohnungseigentümers zu schützen, rechtfertigen es nur, das Teilnahmerecht des Wohnungseigentümers mittels Ausschluss des Stimmrechtes zu beschränken (BPM §24 RN 58), nicht aber, das Teilnahmerecht gänzlich auszuschließen. Nur wenn ein Wohnungseigentümer in der Versammlung anwesend ist, kann er nämlich hinreichend beurteilen, ob bei der Beschlussfassung die gesetzlichen oder vereinbarten Förmlichkeiten eingehalten werden und Fehler eine Beschlussanfechtung Erfolg versprechen. Das Teilnahmerecht hat somit auch den Zweck eines Kontrollrechtes, um einen effektiven Rechtsschutz gegen rechtswidrige Beschlüsse zu gewährleisten (BPM § 24 RN 60). Daher ist auch der rechtskräftig gem. § 18 WEG zur Veräußerung seines Wohnungseigentums verurteilte Wohnungseigentümer (→ Entziehung des Wohnungseigentums) zur Anwesenheit in der Versammlung berechtigt; denn er bleibt bis zur Übertragung des Wohnungseigentums auf den Ersteher im Versteigerungsverfahren gem. §§ 19, 53 ff WEG Mitglied der Wohnungseigentümergemeinschaft, also auch gem. § 43 Abs. 1 Nr. 4 WEG anfechtungsberechtigt.

b) Verwalter und Mitglieder des Verwaltungsbeirates

Ist der Verwalter nicht zugleich auch Wohnungseigentümer, so hat er kein mitgliedschaftliches Teilnahmerecht. Er ist aber gem. § 43 Abs. 1 Nr. 4 WEG berechtigt, Beschlüsse der Wohnungseigentümer anzufechten, so dass sich hieraus zwingend auch sein Recht auf Anwesenheit in der Versammlung ergibt. Andernfalls könnte er das rechtmäßige Zustandekommen der Beschlüsse nicht kontrollieren (BPM § 24 RN 86). Darüber hinaus resultiert sein Anwesenheitsrecht grds. auch aus seiner Stellung als Versammlungsvorsitzender (→ Vorsitz in der Wohnungseigentümerversammlung), sofern die Wohnungseigentümer nicht durch Vereinbarung oder Mehrheitsbeschluss eine andere Person als Vorsitzenden bestimmt haben. Auch → Hilfspersonen des Verwalters, die er z.B. zur Protokollführung hinzuzieht, sind ungeachtet einer Bestimmung der Teilungserklärung, wonach „Besucher" keinen Zutritt haben, zur Teilnahme berechtigt.

Ist ein Verwaltungsbeiratsmitglied nicht zugleich auch Wohnungseigentümer, so hat er kein mitgliedschaftliches Teilnahmerecht. Soweit er jedoch als Verwaltungsbeiratsvorsitzender oder dessen Stellvertreter nach § 24 Abs. 6 WEG die → Niederschrift der Versammlung unterzeichnen muss, resultiert hieraus auch sein Recht auf Teilnahme. Andernfalls kann der Zweck dieser Vorschrift, die Verantwortung für die inhaltliche Richtigkeit und Vollständigkeit der Niederschrift zu übernehmen, nicht erfüllt werden.

c) Sonstige stimmberechtigte Personen

Weiter sind dritte Personen, soweit sie berechtigt sind, das Stimmrecht eines Wohnungseigentümers auszuüben, zur Teilnahme an der Versammlung befugt (Palandt/Bassenge §24 RN 15; →Stimmrecht; →Vertretung in der Wohnungseigentümerversammlung).

d) Beistände und Berater

Ist die Anwesenheit von Dritten nicht durch Vereinbarung zugelassen, so sind Berater als außenstehende Dritte nach dem Grundsatz der Nichtöffentlichkeit grds. von der Teilnahme an der Versammlung ausgeschlossen und nur bei Vorliegen eines berechtigten Interesses des einzelnen Wohnungseigentümers an sachkundiger Beratung in der Versammlung, welches das Interesse der übrigen Wohnungseigentümer, die Versammlungsteilnehmer auf die Wohnungseigentümer zu beschränken, überwiegt, ausnahmsweise teilnahmeberechtigt (BGHZ 121, 236; KG NJW-RR 1993, 25). Ein berechtigtes Interesse des Wohnungseigentümers kann sich aus einem in seiner Person liegenden beachtlichen Grund – z.B. aus seinem hohen Lebensalter, Krankheit oder dem besonderen Schwierigkeitsgrad der in der Tagesordnung angekündigten Beschlussgegenstände – ergeben; andernfalls ist es dem Wohnungseigentümer zuzumuten, sich vorab ausführlich beraten zu lassen (BGHZ 121, 236, 241; BayObLG NZM 2002, 616f). Die erforderliche Interessenabwägung und die Entscheidung über die Teilnahme des Beraters kann erst in der konkreten Versammlung erfolgen, da sich dies im Einzelfall nach der Art und der Bedeutung der Angelegenheit richtet (BGHZ 121, 236, 242; OLG Düsseldorf NJW-RR 1995, 1294).

Im Rahmen der Interessenabwägung sind sowohl die genannten Gesichtspunkte als auch das konkrete Auftreten der Begleitperson zu berücksichtigen. Beschränkt sich der Dritte lediglich auf die interne Beratung des von ihm begleiteten Wohnungseigentümers, ohne auch als Beistand aktiv an der Beratung und Diskussion der Beschlussgegenstände teilzunehmen und dadurch die Willensbildung der übrigen Wohnungseigentümer zu beeinflussen, kann das Interesse des einzelnen Wohnungseigentümers an der

Beratung das Interesse der Gemeinschaft an der Nichtöffentlichkeit eher überwiegen als die Hinzuziehung eines Beistandes, der aktiv in den Versammlungsablauf eingreift. Ist der Dritte beruflich zur Verschwiegenheit – z.B. als Rechtsanwalt oder Steuerberater – verpflichtet, wird auch der Schutzzweck der Vorbeugung einer unnötigen Verbreitung von Interna in der Öffentlichkeit gewährleistet (BPM § 24 RN 80; a.A. BayObLG NZM 2002, 616f). Wenn der Dritte den ordnungsmäßigen Versammlungsablauf jedoch stört, so kann ihn der Vorsitzende aufgrund seines Ordnungsrechtes von der Versammlung ausschließen (→ Geschäftsordnung; → Saalverweis).

e) Entscheidung über die Teilnahme

Der Vorsitzende hat zu entscheiden, ob ein Nichtwohnungseigentümer an der Versammlung teilnehmen darf (KG ZMR 1986, 105f; vgl. BayObLG WE 1996, 197f z. einem Ausschließungsbeschluss), und zwar unter Berücksichtigung des Prinzips der Nichtöffentlichkeit der Versammlung, wenn die Wohnungseigentümer hierüber nicht mehrheitlich beschließen (BGHZ 121, 236, 242; OLG Karlsruhe WuM 1997, 242f); ein solcher Beschluss betrifft die → Geschäftsordnung und bedarf deshalb i.d.R. keiner Ankündigung in der → Tagesordnung (OLG Hamm WE 1997, 23f). Der Vorsitzende hat dafür zu sorgen, dass Personen, die nicht teilnahmeberechtigt sind, notfalls auch teilnahmeberechtigte Störer den Versammlungsraum verlassen.

3. Nichtteilnahme von Wohnungseigentümern

Da die Teilnahme des Wohnungseigentümers an der Versammlung nicht allein der Stimmabgabe, sondern auch der Aussprache und Diskussion dient, leiden Beschlüsse, welche in einer Versammlung gefasst wurden, an welcher einzelne Wohnungseigentümer wegen eines Ladungsmangels (→ Einberufung einer Wohnungseigentümerversammlung) oder deshalb nicht teilgenommen haben, weil sie oder ihr Vertreter (BayObLG ZWE 2001, 490 z. einem fehlenden Vollmachtsnachweis) zu Unrecht ausgeschlossen wurden, unabhängig davon an einem Mangel, der grds. auf Anfechtung zur Ungültigerklärung führt, ob die betreffenden Eigentümer im Einzelfall vom Stimmrecht ausgeschlossen waren

(BayObLG ZWE 2002, 469f; →Ruhen des Stimmrechts). Der Mangel betrifft nicht nur den Abstimmungsvorgang als solchen, sondern auch die verangegangene Willensbildung der Wohnungseigentümer, in die bei einem ordnungsgemäßen Verlauf der Versammlung Wortmeldungen und Beiträge des nicht (mehr) anwesenden Wohnungseigentümers hätten einfließen können (BayObLG NZM 1999, 33; OLG Köln WuM 1998, 176). Eine Ungültigerklärung scheidet ausnahmsweise nur dann aus, wenn feststeht dass bei Anwesenheit der nicht geladenen oder ausgeschlossenen Wohnungseigentümer die Beschlüsse ebenso gefasst worden wären (BayObLG ZWE 2002, 469f; WE 1999, 27f; OLG Köln NZM 2001, 1141), was der Tatrichter zu entscheiden hat (BayObLG NJW-RR 1990, 784f; →Anfechtbarkeit und Anfechtung eines Beschlusses). Sollten einzelne Wohnungseigentümer vorsätzlich von der Versammlung ausgeschlossen werden und unterblieb deshalb ihre Ladung, kommt sogar die Nichtigkeit der gefassten Beschlüsse in Betracht (OLG Celle ZWE 2002, 132f).

▶ **Teilungserklärung, Teilungsvereinbarung** →Begründung von Wohnungseigentum

▶ **Teilungsversteigerung** →Zwangsversteigerung

▶ **Teilveräußerung von Wohnungseigentum** →Unterteilung eines Wohnungseigentums

▶ **Teilversammlung** →Delegiertenversammlung, Teilversammlung

▶ **Telefonanschluss**

Die für einen Telefonanschluss erforderlichen Installationen stehen bis zum Übergang in die Sondereigentumsräume im gemeinschaftlichen Eigentum, ab dort im Sondereigentum, sofern sie nicht im Eigentum Dritter, z.B. der Telekom, stehen.

▶ **Telekommunkationsdienste** →Duldungspflicht

▶ **Teppichboden** →Fußboden, Estrich, Bodenbelag

Terrasse

An einer offenen Terrasse ohne vertikale Begrenzung zum Garten oder Hof, die sich an eine im Erdgeschoss gelegene Wohnung anschließt, kann mangels →Abgeschlossenheit Sondereigentum nicht begründet werden. Die Terrassenfläche ist deshalb zwingend gemeinschaftliches Eigentum (BayObLG DWE 1984, 30: Umdeutung der Einräumung von Sondereigentum in →Sondernutzungsrecht; OLG Köln MDR 1982, 757; RhNotK 1996, 61). Dem betreffenden Wohnungseigentümer kann aber das Recht zur alleinigen Nutzung der Terrasse durch Einräumung eines Sondernutzungsrechts verschafft werden. Dieses berechtigt zum Aufstellen und Bepflanzen von →Blumen- und Pflanztrögen, nicht aber zum Anbau einer Garage (BayObLG v. 27. 3. 1984, 2 Z 27/83), der dauerhaften Aufstellung eines Oldtimers (BayObLG DWE 1982, 133) oder der Anbringung einer Vertikalmarkise (KG WuM 1994, 99).

Die Anlegung einer Terrasse auf einer im gemeinschaftlichen Eigentum stehenden Rasenfläche ist eine bauliche Veränderung, die der Zustimmung aller Wohnungseigentümer bedarf, da dadurch eine intensivere Nutzung dieses Teils des gemeinschaftlichen Eigentums ermöglicht wird und Lärmimmissionen entstehen können (BayObLG NJW-RR 1993, 85). Die Sanierung von Schichten zur Feuchtigkeitsisolierung und Wärmedämmung, die unter dem Plattenbelag einer im Sondereigentum stehenden Terrasse liegen und gemeinschaftliches Eigentum sind, ist als ordnungsmäßige Instandsetzungsmaßnahme einem Mehrheitsbeschluss zugänglich (BayObLG NJW-RR 1991, 976).

Die Überdachung einer Terrasse (BayObLG WE 1996, 146; OLG Stuttgart OLGZ 1970, 74) und deren Vergrößerung (BayObLG NZM 1999, 1009), die Verglasung (BayObLG WuM 1995, 504; OLG Karlsruhe ZMR 2001, 224), die Anbringung eines Geländers (BayObLG WE 1991, 194) oder der Einbau eines Sockels und die Ersetzung der Trittstufen durch eine betonierte Treppe (BayObLG NZM 2003, 121 [L]) sind bauliche Veränderungen, die der Zustimmung aller Wohnungseigentümer bedürfen, da der architektonische Gesamteindruck verändert und – bei einer Überdachung (OLG Stuttgart aaO) – eine zusätzliche Beeinträchtigung durch

Lärm bei Regen geschaffen wird. Auch die Unterkellerung einer Terrasse bedarf aufgrund des damit verbundenen Eingriffs in Statik und Substanz des gemeinschaftlichen Eigentums der Zustimmung aller Wohnungseigentümer (BayObLG DWE 1984, 30; OLG Hamm OLGZ 1976, 61, das im konkreten Fall allerdings einen Antrag auf Beseitigung einer Terrassenunterkellerung zurückwies).

Die entgangene Nutzung einer Terrasse kann zum → Schadensersatz berechtigen.

▶ **Testamentsvollstreckung** → Erbe

▶ **Thermostatventile**

Nach § 12 Abs. 2 EnEV sind heizungstechnische Anlagen mit selbsttätig wirkenden Einrichtungen zur raumweisen Temperaturregelung, sog. Thermostatventilen, auszustatten bzw. nachzurüsten. Die Nichterfüllung dieser Verpflichtung ist zwar nicht bußgeldbewehrt, doch ist die Wohnungseigentümergemeinschaft nicht nur gem. § 21 Abs. 3 WEG berechtigt, sondern auf Verlangen jedes Wohnungseigentümers auch verpflichtet, als Maßnahme ordnungsmäßiger Verwaltung gem. § 21 Abs. 4 WEG die Wohnungen nachträglich mit Thermostatventilen auszustatten (OLG Hamm NZM 2001, 1130; Staudinger/Bub § 21 RN 175, 178). Ob entsprechend § 17 EnEV die Wohnungseigentümer aus wirtschaftlichen Gründen von der Pflicht zum Einbau durch die jeweils zuständige Behörde befreit werden können, ist eine Frage des Einzelfalls.

Thermostatventile sind als regelungstechnische Einrichtungen der Heizungsanlage wegen der gemeinschaftsbezogenen Funktion gemeinschaftliches Eigentum (OLG Hamm NZM 2001, 1130 f; OLG Karlsruhe DWE 1990, 106). Es liegt im gemeinsamen Interesse aller Wohnungseigentümer, den Energieverbrauch zu verringern.

Die Kosten für Anschaffung und Einbau sowie Reparatur und Austausch defekter Thermostatventile sind Verwaltungskosten gem. § 16 Abs. 2 WEG (OLG Hamm NZM 2001, 1130 f).

▶ **Tiefgarage** → Garagen, Sammel- und Tiefgaragen

▶ **Tierhaltung**

Tierhaltung in einer Eigentumswohnung entspricht nach der Verkehrsanschauung grds. in angemessenen Grenzen einem ordnungsgemäßen Gebrauch und gehört zur allgemeinen Lebensführung (→ Gebrauch des Sondereigentums). Die Haltung von anderen als Haustieren (OLG Frankfurt OLGZ 1990, 416: Schlangen und Ratten) und übermäßige Tierhaltung (OLG Köln ZMR 1996, 97: mehr als 100 Kleintiere in einer 2-Zimmer-Wohnung; KG NJW-RR 1991, 1116: mehr als vier Katzen in einer 1-Zimmer-Wohnung; OLG Zweibrücken ZMR 1999, 853: vier Schäferhunde) müssen die übrigen Wohnungseigentümer aber nicht hinnehmen.

1. Verbot

Die Tierhaltung in Wohnungseigentumsanlagen kann durch Vereinbarung (BayObLGZ 1972, 90, 92; OLG Karlsruhe WE 1988, 96), aber auch durch unangefochten gebliebenen Mehrheitsbeschluss (BGH NJW 1995, 2036; BayObLG NZM 2001, 105 –, beide z. Hundehaltung) verboten werden, da die Tierhaltung nicht zum → „Kernbereich des Sondereigentums" zählt und der Beschluss lediglich die Art und Weise der Benutzung des Sondereigentums regelt (→ Vereinbarungsändernder, vereinbarungsersetzender, vereinbarungswidriger Mehrheitsbeschluss), wobei die Durchsetzung eines solchen Verbots im Einzelfall nach § 242 BGB – etwa bei einem Blindenhund (BGH aaO), einem behinderten Eigentümer (BayObLG NZM 2002, 26) oder Tieren, von denen keinerlei Störungen ausgehen können (OLG Frankfurt Rpfleger 1978, 414), z.B. Zierfischen oder Goldhamstern – unzulässig sein kann. Auch die → Hausordnung kann ein generelles Verbot der Hundehaltung vorsehen (OLG Düsseldorf ZMR 1998, 45). Der Verwalter kann hingegen kein generelles Verbot aussprechen (OLG Karlsruhe ZMR 1988, 184).

2. Beschränkung

Bloße Beschränkungen der Tierhaltung, die geeignet sind, die im Zusammenhang mit der Tierhaltung abzusehenden oder auftretenden Belästigungen und sonstigen Beeinträchtigungen zu mindern oder sogar ganz auszuschließen, können auch mehrheitlich beschlossen werden (BayObLG NJW-RR 1994, 658; Palandt/ Bassenge § 15 RN 6), z.B. eine zahlenmäßige Begrenzung (KG ZMR 1998, 658: ein Hund oder drei Katzen pro Wohnung; OLG Celle NZM 2003, 242), auch wenn die Tiere artgerecht nur in einer die Festlegung übersteigenden Zahl gehalten werden können (OLG Celle NZM 2003, 242 z. Huskies), ein Verbot gefährlicher Tierarten (KG NZM 2002, 868; 2004, 145; OLG Frankfurt NJW-RR 1993, 981 z. Kampfhunden), Leinenzwang (OLG Hamburg ZMR 1998, 584) oder das Verbot des freien Auslaufs in den Außenanlagen (BayObLG NZM 1998, 961). Aus dem Rücksichtnahmegebot folgt, dass auch ohne Mehrheitsbeschluss jeder Wohnungseigentümer dem Besitzer eines Kampfhundes untersagen lassen kann, diesen ohne Leine und Maulkorb in gemeinschaftlich genutzten Kellerräumen frei laufen zu lassen (KG NZM 2002, 868). Lärmstörungen durch Vogelhaltung auf einem Balkon sind durch geeignete Maßnahmen während der Ruhezeiten zu unterbinden (LG Köln DWE 1987, 31 für einen Papagei). Werden die übrigen Wohnungseigentümer mehr als nur unwesentlich gestört, können sie einem Wohnungseigentümer durch Mehrheitsbeschluss aufgeben, die Haltung und den Aufenthalt von Katzen und Hunden in seiner Eigentumswohnung zu beenden und diese künftig dort nicht mehr zu halten, aufzunehmen oder zu betreuen (OLG Düsseldorf NZM 2002, 872).

Die Tierhaltung kann durch Vereinbarung oder bestandskräftigen Mehrheitsbeschluss von der Zustimmung der übrigen Wohnungseigentümer bzw. des Verwalter abhängig gemacht werden, die nur versagt werden darf, wenn von der Tierhaltung nicht ganz unerhebliche Nachteile erwartet werden. Ein solcher Zustimmungsvorbehalt kann auch mehrheitlich beschlossen (OLG Zweibrücken NZM 1999, 621), die Tierhaltung aber nicht von der schriftlichen Genehmigung jedes Eigentümers abhängig gemacht werden (OLG Karlsruhe ZMR 1998, 184).

▶ **Time-Sharing, Teilzeitwohnrechte**

Die Eintragung von Dauerwohnrechten zugunsten zahlreicher Personen mit nur periodischen Nutzungsrechten in das Grundbuch ist zulässig, z.B. 52 jeweils auf eine Woche im Jahr beschränkte Dauerwohnrechte nach Bruchteilen (BGH NJW 1995, 2639; LG Hamburg NJW-RR 1991, 823; Hoffmann, MittBayNot 1987, 177; Kappus in: v. Westphalen, Vertragsrecht und AGB-Klauselwerke, Abschn. „Time-Sharing-Verträge" RN 51; a.A. OLG Stuttgart NJW 1987, 2023).

Der deutsche Gesetzgeber hat mit dem Teilzeit-Wohnrechte-Gesetz die Time-Share-Richtlinie 94/47/EG des Europäischen Parlaments und des Rates vom 26. 10. 1994 (ABlEG Nr. L 280/ 83), die aufgrund der häufigen unseriösen Vertragspraktiken beim Time-Sharing, insbesondere von Ferienwohnungen, erlassen worden war, umgesetzt. Durch die Schuldrechtsreform wurden diese Bestimmungen in das BGB integriert.

Gem. § 481 Abs. 1 BGB ist ein Vertrag über die Teilzeitnutzung von Wohngebäuden oder eines Teiles davon, z.B. einer Eigentumswohnung, jeder Vertrag, durch den ein Unternehmer, § 14 Abs. 1 BGB, einem Verbraucher, § 13 BGB, gegen Zahlung eines Gesamtpreises das Recht verschafft oder zu verschaffen verspricht, für die Dauer von mindestens drei Jahren die Wohnung jeweils für einen bestimmten Zeitraum des Jahres zu nutzen. Das Nutzungsrecht kann ein dingliches oder anderes Recht sein und insbesondere auch durch eine Mitgliedschaft in einem Verein oder einen Anteil an einer Gesellschaft eingeräumt werden. Dem Interessenten ist ein Prospekt auszuhändigen, § 482 Abs. 1 BGB, der die in der Verordnung nach Art. 242 EGBGB bestimmten Pflichtangaben enthalten muss. Der Vertrag über die Teilzeitnutzung bedarf der Schriftform, soweit nicht nach anderen Vorschriften eine strengere Form vorgeschrieben ist, § 484 Abs. 1 S. 1 BGB. § 485 Abs. 1 BGB gewährt dem Verbraucher ein Widerrufsrecht binnen einer Frist von zwei Wochen, § 355 Abs. 1 S. 2 BGB. Anzahlungen vor Ablauf der Widerrufsfrist sind unzulässig, § 486 BGB. Ein mit dem Vertrag über die Teilzeitnutzung verbundener Finanzierungsvertrag wird gem. § 358 Abs. 2 BGB mit dem Widerruf ebenfalls unwirksam.

Tischtennis → Lärm

Tod des Verwalters

▶ **Tod des Verwalters** → Verwalter

▶ **Tod eines Wohnungseigentümers** → Erbe

▶ **Tonbandaufzeichnung**

Die Versammlungsniederschrift ist lediglich eine Privaturkunde i.S. des § 416 ZPO, der bezüglich der Richtigkeit ihres Inhalts keine gesetzliche Beweiskraft zukommt (→ Niederschrift). Im Streitfall muss das Gericht deshalb die Richtigkeit einer Niederschrift durch Einvernahme von Beteiligten feststellen. Dies lässt gelegentlich den Wunsch aufkommen, die gesamte Versammlung auf Tonband heimlich mitzuschneiden oder die Aufzeichnung auf Tonträger mehrheitlich zu beschließen.

Die unbefugte Aufnahme des nichtöffentlich gesprochenen Wortes eines anderen auf einen Tonträger ist gem. § 201 Abs. 1 StGB strafbar. Eine Eigentümerversammlung ist „nichtöffentlich" i.S.d. § 201 Abs. 1 StGB (→ Teilnahme an der Wohnungseigentümerversammlung), da das dort Gesprochene über den durch die persönlichen oder sachlichen Beziehungen abgegrenzten Personenkreis der Wohnungseigentümer hinaus nicht wahrnehmbar (Dreher/Tröndle § 201 RN 2), also nicht an die Öffentlichkeit gerichtet ist.

Verboten ist daher in jedem Fall die heimliche Aufnahme des Versammlungsablaufes durch einen Eigentümer oder den Vorsitzenden und zwar unabhängig davon, ob diese Aufnahme irgendwie verwertet werden soll, da dies einen widerrechtlichen Eingriff in das allgemeine Persönlichkeitsrecht des Sprechenden darstellt (BGHZ 27, 289, der offen lässt, ob dies auch für Versammlungen gilt; BVerfGE 34, 238, 246 ff z. Recht am gesprochenen Wort).

Nicht unbefugt und somit erlaubt ist der Mitschnitt dann, wenn *sämtliche* Anwesenden ihr Einverständnis ausdrücklich erklären oder gegen die Erklärung, die Versammlung werde auf Tonträger aufgenommen, keinen Widerspruch erheben (Godin/Wilhelmi § 119 RN 7 für die Hauptversammlung der AG). Durch Mehrheitsbeschluss über einen entsprechenden Antrag zur → Geschäftsordnung kann hingegen der Tonträgermitschnitt nicht gestattet werden, da jeder Wohnungseigentümer nur für sich selbst die Aufzeichnung des von ihm gesprochenen Wortes genehmigen kann (Merle DVE 1986, 104). Die Wohnungseigentümer können insoweit nicht über das geschützte Rechtsgut eines mit einer Tonbandaufzeichnung nicht einverstandenen Wohnungseigentümers disponieren, indem sie ihn überstimmen. Es ist jedoch ohne weiteres möglich, dass der Vorsitzende die in der Versammlung gestellten Anträge und die dazu gefassten Beschlüsse auf Tonband protokolliert, anstatt sie von einem Protokollführer schriftlich festhalten zu lassen. Dabei zeichnet der Vorsitzende nämlich nur das von ihm selbst gesprochene Wort auf Tonträger auf.

Stellt der Vorsitzende fest, dass ein heimlicher Mitschnitt erfolgt, so hat er aufgrund seiner Ordnungsgewalt Anspruch auf Herausgabe des Tonbandes zur Löschung; erfüllt der betreffende Versammlungsteilnehmer diesen Anspruch nicht und setzt er seine Aufzeichnung fort, so kann der Vorsitzende ihn zwar des Saales verweisen, aber nicht gewaltsam zur Herausgabe zwingen, da dies verbotene Eigenmacht wäre (a.A. v. Falkenhausen BB 1966, 343; Lamers DNotZ 1962, 300). Eine heimlich hergestellte Tonbandaufzeichnung ist gerichtlich nicht verwertbar.

▶ **Tragende Wand** → Zwischenwände

▶ **Treppenhaus** → Flur, Treppenpodest, Treppenhaus

▶ **Treppenlift** → Rollstuhl

▶ **Trittschallschutz** → Schalldämmung

▶ **Trockner, Trockenplatz** → Waschmaschine, Wäschetrocknen

▶ **Türöffnungsanlage** → Gegensprechanlage

U

▶ **Überbau**

1. Überbau auf Nachbargrundstück

Wohnungseigentum kann gem. § 1 Abs. 4 WEG nicht in der Weise begründet werden, dass Sondereigentum mit Miteigentum an mehr als an einem Grundstück verbunden wird (→ Begründung von Wohnungseigentum). Eigentumsrechtliche Zuordnungsprobleme entstehen, wenn eine Wohnungseigentumsanlage aufgrund Grenzüberbaus teilweise auf dem benachbarten Grundstück errichtet wird, da gem. §§ 93, 94 BGB der Eigentümer eines Grundstücks grds. stets auch Eigentümer eines darauf errichteten Gebäudes ist. Ein Überbau liegt hingegen nicht vor, wenn ein Gebäude völlig auf dem Nachbargrundstück steht (OLG Karlsruhe BWNotZ 1988, 91).

Fällt dem Bauherrn bei dem Überbau nur leichte Fahrlässigkeit zur Last und hat der Nachbar weder vor noch sofort nach der Grenzüberschreitung Widerspruch gegen den Überbau erhoben, § 912 BGB (unrechtmäßiger Überbau) oder hat der Nachbar den Überbau gestattet (rechtmäßiger Überbau), so hat der Nachbar den Überbau zu dulden. Eigentümer des gesamten Gebäudes wird der Überbauende (BGHZ 110, 298), der Nachbar ist durch Zahlung einer Überbaurente zu entschädigen. Liegen die Voraussetzungen des § 912 Abs. 1 BGB hingegen nicht vor und hat der Nachbar den Überbau auch nicht gestattet, so wird der Nachbareigentümer auch Eigentümer des überbauten Gebäudeteils (BGH NJW-RR 1989, 1039; OLG Karlsruhe DNotZ 1986, 753). Befindet sich danach ein vollständiger Sondereigentumsbereich auf dem Nachbargrundstück, dann ist der entsprechende Miteigentumsanteil, der mit diesem Sondereigentum verbunden werden sollte, ohne Sondereigentum, da dieses im Eigentum des Nachbarn steht (Palandt/Bassenge § 1 RN 9). Damit ist ein isolierter, nicht mit Sondereigentum verbundener → Miteigentumsanteil vorhanden und deshalb die Begründung von Wohnungseigentum fehlgeschlagen (BGHZ 109, 179). Sind die Grundbücher bereits angelegt, kommt ein →gutgläubiger Erwerb dieses Sondereigentums nicht in Betracht, da §892 BGB nicht den guten Glauben daran schützt, dass sich das Gebäude innerhalb der Grundstücksgrenzen befindet. Wohl aber ist ein gutgläubiger Erwerb der übrigen Sondereigentumseinheiten möglich.

Auch an einem gem. §912 BGB zu duldenden Überbau kann Wohnungseigentum begründet werden (BGH NJW-RR 1989, 631); dass der Überbau rechtmäßig oder entschuldigt ist, ist durch eine öffentliche oder öffentlich beglaubigte Urkunde in der Form des §29 GBO nachzuweisen (OLG Karlsruhe DNotZ 1986, 753; Palandt/Bassenge §1 RN 7). Die Eintragung einer Grunddienstbarkeit (→Belastungen), wonach der Überbau zu dulden ist, ist nicht erforderlich (OLG Hamm Rpfleger 1984, 98; OLG Karlsruhe DNotZ 1986, 253; a.A. OLG Stuttgart Rpfleger 1982, 375), jedoch zu empfehlen, da dies den Nachweis der Gestattung erleichtert und die Grunddienstbarkeit – anders als eine lediglich schuldrechtliche Gestattung – auch den Erwerber des Nachbargrundstücks bindet.

2. Überbau auf gemeinschaftliches Eigentum

Weicht die tatsächliche Bauausführung vom Aufteilungsplan (→Abweichung zwischen Aufteilungsplan und Bauausführung) in der Weise ab, dass im Sondereigentum stehende Räume baulich im Gemeinschaftseigentum stehende Flächen einbeziehen, so sind die Bestimmung über den entschuldigten oder den erlaubten Überbau (§§912 ff BGB) grundsätzlich nicht entsprechend anwendbar (BayObLG ZMR 1993, 423; OLG Köln NZM 1998, 1015); die überbaute Fläche bleibt gemeinschaftliches Eigentum (OLG Hamm DWE 1995, 127). Der Anspruch auf Beseitigung baulicher Übergriffe richtet sich gegen denjenigen Wohnungseigentümer, dem die bauliche Veränderung als Handlung zuzurechnen ist, den sog. Handlungsstörer (→Störungen und Beeinträchtigungen den Eigentums). Ein Erwerber (→Sonderrechtsnachfolge) haftet nicht. Vielmehr ist insoweit die Gemeinschaft als Ganze zur Herstellung des ordnungsmäßigen Zustandes verpflichtet, da die erstmalige dem Aufteilungsplan entsprechende Herstellung des Gemeinschaftseigentums zur ordnungsmäßigen →Instandhaltung und Instandsetzung der Wohnanlage gem. §21 Abs. 5 Nr. 2 WEG zählt (OLG Köln NZM 1998, 1015; →Abweichung zwischen Aufteilungsplan und Bauausführung).

▶ **Überhang**

Das Selbsthilferecht des Eigentümers gem. §910 BGB, herüberhängende Zweige nach Fristsetzung abzuschneiden, ist im Gemeinschaftsverhältnis der Wohnungseigentümer nicht – auch nicht entsprechend – anwendbar (OLG Düsseldorf NZM 2001, 861). Der Wohnungseigentümer muss nämlich stärkere Beeinträchtigungen seines Eigentums durch Miteigentümer hinnehmen als der Alleineigentümer, der nach §903 BGB andere von *jeder* Einwirkung ausschließen kann. Gegen Beeinträchtigungen seines Sondereigentums oder eines ihm zustehenden Sondernutzungsrechts, die er nicht gem. §14 Nr. 3 WEG zu dulden hat, kann er das Gericht gem. §43 WEG in Anspruch nehmen.

▶ **Umlage der Betriebs- und Nebenkosten auf den Mieter**

In Mietverträgen wird nahezu ausnahmslos vereinbart, dass der Mieter die auf seine Mietwohnung anfallenden Betriebskosten, insbesondere Heizkosten zusätzlich zur Miete zu tragen hat.

1. Umlagefähigkeit

Die Vereinbarung über die Abwälzung von Nebenkosten auf den Mieter muss inhaltlich bestimmt sein. Der Mieter muss wissen, mit welchen Nebenkosten er zu rechnen hat, um die Möglichkeit zu haben, den von ihm insgesamt zu zahlenden Mietzins zu kalkulieren. Deshalb reicht die Formulierung „Der Mieter trägt die Nebenkosten" nicht aus (OLG Frankfurt WuM 1985, 91). Dem Bestimmtheitsgrundsatz wird hingegen auch in Formularmietverträgen (→Allgemeine Geschäftsbedingungen) Genüge getan, wenn zur Bezeichnung der gesondert zu tragenden Betriebskosten auf Anlage 3 zu §27 II. Berechnungsverordnung (seit 1.1. 2004 BetriebskostenVO) verwiesen wird (OLG Hamm [RE] WuM 1997, 542; OLG Karlsruhe [RE] WuM 1986, 9).

Zu beachten ist, dass die umlagefähigen Betriebskosten auf den Mieter gem. §556a Abs. 1 BGB, soweit nichts anderes vereinbart ist, nach dem Anteil der Wohnfläche umzulegen sind. Dies bedeutet, dass entweder der vermietende Wohnungseigentümer im Mietvertrag einen Umlegungsmaßstab vereinbart, der dem Kostenverteilungsschlüssel entspricht, oder die Jahreseinzelabrechnung auf den im Verhältnis zum Mieter geltenden Umlegungsmaßstab umrechnet, wobei die Verwalter – i.d.R. gegen Zusatzhonorar – behilflich sind (Lützenkirchen ZWE 2003, 99, 117).

2. Betriebskosten

Zu den Betriebskosten i.S. von Anlage 3 zu §27 II. BV (seit 1.1.2004 BetriebskostenVO) zählen im Wesentlichen:
- die laufenden öffentlichen Lasten des Grundstücks (Grundsteuer, nicht Hypothekengewinnabgabe), die i.d.R. vom Wohnungseigentümer unmittelbar bezahlt werden und deshalb nicht Gegenstand der Abrechnung des Verwalters sind,
- die Kosten der Wasserversorgung (Kosten des Wasserverbrauchs, Grundgebühren, Zählermiete etc.),
- die Kosten der Entwässerung (Benutzungsgebühren einer öffentlichen Entwässerungsanlage, Betriebsgebühren einer nicht öffentlichen Anlage, Betriebskosten einer Entwässerungspumpe),
- die Kosten des Betriebs des maschinellen Personen- oder Lastenaufzugs (insbesondere die Kosten des Betriebsstroms, der Beaufsichtigung, Bedienung und Wartung, Überwachung und Pflege, Prüfung der Betriebsbereitschaft und Betriebssicherheit einschließlich der Einstellung durch einen Fachmann sowie die Kosten der Reinigung der Anlage),
- die Kosten der Straßenreinigung und Müllabfuhr (Gebühren der öffentlichen Straßenreinigung und Müllabfuhr oder Kosten entsprechender nicht öffentlicher Maßnahmen),
- die Kosten der Hausreinigung und Ungezieferbekämpfung (Säuberungskosten für die gemeinsam benutzten Gebäudeteile),
- die Kosten der Gartenpflege (Pflegekosten einschließlich Erneuerung von Pflanzen und Gehölzen, Pflege von Spielplätzen, Zugängen und Zufahrten, die dem nicht öffentlichen Verkehr dienen),

- die Kosten der Beleuchtung (Stromkosten für die Außenbeleuchtung und der Beleuchtung der von den Bewohnern gemeinsam benutzten Gebäudeteile wie Zugänge, Flure, Treppen, Keller, Bodenräume, Waschküchen),
- die Kosten der Sach- und Haftpflichtversicherung (Feuer-, Sturm- und Wasserschädenversicherung, Glasversicherung, Gebäudehaftpflichtversicherung, Versicherung von Öltank und Aufzug),
- die Kosten für den Hauswart (Vergütung, Sozialbeiträge und alle geldwerten Leistungen, die der Eigentümer dem Hauswart für seine Arbeit gewährt),
- die Kosten des Betriebs der Gemeinschafts-Antennenanlage (Betriebsstrom, Prüfung der Betriebsbereitschaft, Einstellung durch einen Fachmann, Nutzungsentgelt für eine nicht zur Wirtschaftseinheit gehörenden Antennenanlage) und der mit einem Breitbandkabel verbundenen Verteileranlage,
- die Kosten des Betriebs der maschinellen Wascheinrichtung (Betriebsstrom, Überwachung, Pflege und Reinigung, regelmäßige Prüfung der Betriebsbereitschaft und Betriebssicherheit sowie Kosten der Wasserversorgung),
- sonstige Betriebskosten (Betriebskosten von Nebengebäuden, Anlagen und Einrichtungen, z.B. von Müllschluckern, Feuerlöschern).

Bei der Wohnraummiete ist der Katalog der BetriebskostenVO abschließend, da § 556 Abs. 1 BGB auf ihn verweist und nach § 556 Abs. 4 BGB hiervon nicht zum Nachteil des Mieters abgewichen werden kann. Soweit sich der Mieter zur Übernahme anderer Nebenkosten, die nicht dort aufgeführt sind, <u>z.B. Beiträge zur Instandsetzungsrückstellung, Kosten der Instandhaltung und Instandsetzung, Verwaltungskosten, Sonderumlagen,</u> verpflichtet hat, sind diese nicht nach § 556 Abs. 1 BGB umlagefähig, sondern bilden einen Bestandteil der Grundmiete und müssen als solcher erkennbar ausgewiesen werden. Eine Vereinbarung zur Umlegung solcher Kosten als Betriebskosten ist unwirksam (OLG Karlsruhe NJW-RR 1988, 1036; OLG Koblenz OLGZ 1986, 117). <u>Für den Vermieter von Geschäftsräumen besteht eine solche Beschränkung nicht.</u>

3. Abrechnung

Nach §556 Abs. 3 BGB ist über die Vorauszahlungen jährlich binnen zwölf Monaten nach Ende des Abrechnungszeitraums abzurechnen. Nachforderungen des Vermieters nach diesem Zeitpunkt sind ausgeschlossen. Der Mieter hat seine Einwendungen ebenfalls zwölf Monate nach Zugang der Abrechnung dem Vermieter mitzuteilen; danach kann er Einwendungen nicht mehr geltend machen.

Die Abrechnung muss folgende Mindestangaben enthalten:
- die geordnete Zusammenstellung der Gesamtkosten, aufgegliedert nach Kostenarten, wobei die einzelnen Kostenarten jeweils in einem Gesamtbetrag ausgewiesen werden können,
- die Angabe und Erläuterung des zugrunde gelegten Verteilungsschlüssels, wobei bei fehlender Vereinbarung gem. §556a Abs. 1 BGB die Betriebskosten nach der Wohnfläche, verbrauchsabhängige Kosten nach Verbrauch bzw. Verursachungsanteil umzulegen sind,
- die Berechnung des Anteils des Mieters,
- die Saldierung mit den Vorauszahlungen des Mieters (BGH NZM 2003, 196 z. einem Ausnahmefall; KG DWW 1998, 244; OLG Düsseldorf WuM 1993, 411).

Ist vereinbart, dass der Vermieter die in der BetriebskostenVO genannten Betriebskosten umlegen kann, sollte der Verwalter in der Jahresabrechnung die dort genannten Betriebskostenarten getrennt und nicht mit umlagefähigen Kosten vermischt ausweisen. Der Vermieter muss die Kostenarten, die nicht umlegbar sind (Verwaltergebühr, Reparaturkosten, Instandhaltungsrücklage etc.), besonders kennzeichnen und in der dem Mieter zu erteilenden Abrechnung aussondern. Dies gilt z.B. auch dann, wenn in einem Haus, das zu einer aus mehreren Häusern bestehenden Wohnanlage gehört, ein Aufzug nicht vorhanden ist, dessen Kosten aber gleichwohl von allen Wohnungseigentümern anteilig zu tragen sind (→ Fahrstuhl).

Aus dem Gesamtbetrag der einzelnen Kostenarten ist in der Abrechnung unter Berücksichtigung des Verteilungsschlüssels der Anteil zu bezeichnen und darzustellen, der auf die betreffende Wohnung entfällt, der Gesamtbetrag der Betriebskosten der Wohnung ist zu ermitteln. Sodann sind die von dem Mieter geleisteten Vorschüsse für das jeweilige Abrechnungsjahr abzuziehen.

Umlaufverfahren

Insgesamt muss die Abrechnung klar, verständlich und nachvollziehbar sein, der Mieter darf nicht gezwungen sein, Untersuchungen anzustellen. Die der Abrechnung zugrunde liegenden Belege müssen nicht übersandt werden, der Mieter hat aber ein Einsichtsrecht, das er am Ort der Wohnanlage ausüben kann. Die Übersendung von Fotokopien kann nicht verlangt werden, wenn die Einsicht in die Originalunterlagen für Mieter und Vermieter der einfachere Weg ist (OLG Düsseldorf WuM 1993, 411). Da sich die Belege bei dem Verwalter befinden, haben vermietende Wohnungseigentümer gegen den Verwalter Anspruch darauf, dass dieser dem Mieter Einsicht in die Belege gewährt (zu den Modalitäten → Einsichtsrecht).

Nach Abrechnungsreife können rückständige Vorauszahlungen nicht mehr verlangt werden (OLG Düsseldorf ZMR 2000, 287). Verzögert der Vermieter trotz Abmahnung die Vorlage der Abrechnung, so kann der Mieter weitere Vorauszahlungen verweigern. Das Zurückbehaltungsrecht bezieht sich jedoch nicht auf die Grundmiete (OLG Koblenz NJW 1995, 394). Ein Rückzahlungsanspruch des Mieters hinsichtlich der geleisteten Vorauszahlungen besteht nicht (OLG Hamm [RE] NZM 1998, 568).

Verzögert der Verwalter die Abrechnung, sollte der vermietende Wohnungseigentümer, um eine Überschreitung der Ausschlussfrist des § 556 Abs. 3 BGB von einem Jahr und eine eventuelle Zurechnung von Fremdverschulden zu vermeiden, den Verwalter nicht nur zur Erstellung der Abrechnung auffordern, sondern ihn auch gerichtlich hierauf in Anspruch nehmen.

▶ **Umlaufverfahren** → Schriftlicher Beschluss der Wohnungseigentümer

▶ **Umsatzsteuer (Mehrwertsteuer)**

1. Veräußerung von Wohnungseigentum

Die Veräußerung und der Erwerb von Wohnungseigentum und von Wohnungserbbaurechten unterliegen der Grunderwerbsteuer, da Wohnungseigentum und Wohnungserbbaurechte wie Grundstücke behandelt werden. Umsätze, die unter das Grunderwerbsteuergesetz fallen, sind gem. § 4 Nr. 9 a UStG umsatzsteuerfrei,

Umsatzsteuer (Mehrwertsteuer)

und zwar auch dann, wenn sie von der Grunderwerbsteuer befreit sind (BFH BStBl 1967 III, 643). Durch diese Umsatzsteuerbefreiung wird eine Doppelbesteuerung verhindert.

2. Vermietung und Verpachtung von Wohnungseigentum

a) Umsatzsteuerfreiheit

Einnahmen einschließlich der Entgelte für Nebenkosten, die ein Wohnungseigentümer durch die Vermietung oder Verpachtung seines Wohnungseigentums erzielt, sind gem. § 4 Nr. 12 a UStG umsatzsteuerfrei. Ausgenommen von dieser Umsatzsteuerbefreiung sind Einnahmen, die durch die Vermietung zur kurzfristigen Beherbergung von Fremden und durch die Vermietung von Kraftfahrzeugabstellplätzen erzielt werden, § 4 Nr. 12 S. 2 UStG. Einnahmen aus der Vermietung von Ferieneigentumswohnungen, die jeweils auf eine kürzere Dauer als sechs Monate vermietet werden, unterliegen deshalb der Umsatzsteuer (BFH NV 1994, 744; 1999, 84). Unter diesem Gesichtspunkt sind auch Einnahmen aus der kurzfristigen Vermietung von Wohnungseigentum in Appartement-Hotels oder Boardinghäusern umsatzsteuerpflichtig (FG Münster UStR 1982, 122). Entscheidend ist im Einzelfall jedoch nicht die tatsächliche Dauer der Mietzeit, sondern die Absicht des vermietenden Wohnungseigentümers, ob er sein Wohnungseigentum auf Dauer oder nur kurzfristig zur Verfügung stellen will (BFH BStBl 1972 II, 557; Abschn. 84 Abs. 1 S. 2 UStR); bietet der Vermieter die Räume wahlweise kurz- und langfristig an, so ist die Steuerbefreiung ausgeschlossen, da die Räume auch zur kurzfristigen Vermietung bereitstehen (BFH BStBl 1988 II, 1021). Die Vermietung von Kfz-Abstellplätzen ist umsatzsteuerfrei, wenn sie als Nebenleistung zu einer ansonsten steuerfreien Vermietung, z. B. zur Vermietung einer Eigentumswohnung erfolgt (BMF BStBl 1994 I, 189).

Folge der Umsatzsteuerbefreiung ist, dass der vermietende Wohnungseigentümer die Umsatzsteuern, die in Rechnungen für Lieferungen und Leistungen anderer Unternehmen gesondert ausgewiesen sind, z.B. für Instandsetzungsarbeiten an der vermieteten Wohnung, nicht im Wege des sog. Vorsteuerabzugs berücksichtigen kann, § 15 Abs. 2 Nr. 1 UStG.

Umsatzsteuer (Mehrwertsteuer)

b) Verzicht auf Steuerbefreiung

Verzichtet der vermietende Wohnungseigentümer auf die Steuerbefreiung der Mieteinnahmen gem. § 9 UStG im Wege der sog. Mehrwertsteueroption durch Erklärung gegenüber dem Finanzamt, so gilt das Vorsteuerabzugsverbot nicht. Er kann dann gem. § 15 Abs. 1 Nr. 1 UStG die ihm nach § 14 UStG in Rechnung gestellte Umsatzsteuer für Lieferungen und sonstige Leistungen anderer Unternehmer abziehen. Voraussetzung für die Mehrwertsteueroption ist, dass der Wohnungseigentümer, der als Vermieter eine sonstige Leistung i.S. des § 3 Abs. 9 UStG erbringt und deshalb Unternehmer i.S. des UStG ist, sein Wohnungseigentum an einen anderen Unternehmer vermietet. Eine solche Vermietung liegt vor, wenn der Mieter Wohnungseigentum oder Teileigentum zum Zwecke der gewerblichen oder beruflichen Nutzung, nicht jedoch für eigene Wohnzwecke anmietet. Der Wohnungseigentümer kann dann für jede einzelne Eigentumseinheit entscheiden, ob er von der Mehrwertsteueroption Gebrauch macht oder nicht. Unvorteilhaft ist die Mehrwertsteueroption bei Vermietung an Unternehmer, deren Umsätze steuerbefreit sind, z.B. an Ärzte, da für diese zusätzlich zu bezahlende Umsatzsteuer wirtschaftlich zusätzlicher Mietzins ist; dies führt im Ergebnis zur Verringerung der Mieteinnahme um die abzuführende Umsatzsteuer. Regelmäßig zu empfehlen ist die Mehrwertsteueroption bei der Vermietung an vorsteuerabzugsberechtigte Unternehmer, da diese durch die zu bezahlende Umsatzsteuer wirtschaftlich nicht zusätzlich belastet werden und der vermietende Wohnungseigentümer von der abzuführenden Umsatzsteuer die seinerseits bezahlten Umsatzsteuern abziehen kann.

Die Mehrwertsteueroption ist gem. § 9 S. 2 UStG nicht bei der Vermietung von Wohnungseigentum zulässig, das Wohnzwecken dient oder zu dienen bestimmt ist, mit dessen Errichtung vor dem 1. 6. 1984 begonnen wurde und das nach dem 31. 3. 1985 bezugsfertig geworden ist, § 27 Abs. 2 Nr. 1 UStG. Unbeschränkt zulässig ist die Mehrwertsteueroption bei Wohnungen, die zur kurzfristigen Beherbergung von Fremden genutzt werden, da diese Nutzung nicht umsatzsteuerbefreit ist, Abschn. 148 Abs. 8 UStR.

3. Leistungen der Wohnungseigentümergemeinschaft an die einzelnen Wohnungseigentümer

Soweit die Wohnungseigentümergemeinschaft an einzelne Wohnungseigentümer im Rahmen der Verwaltung des gemeinschaftlichen Eigentums Leistungen erbringt, ist sie Unternehmer i.S. von § 2 UStG.

a) Umsatzsteuerpflicht

Gem. § 4 Nr. 13 UStG sind alle Leistungen der Wohnungseigentümergemeinschaft an ihre Mitglieder steuerbar, aber von der Umsatzsteuer befreit. Deshalb dürfen, soweit die Leistungen in der Überlassung des gemeinschaftlichen Eigentums zum Gebrauch oder zum Mitgebrauch, seiner Instandhaltung, Instandsetzung und sonstigen Verwaltung sowie der Lieferung von Wärme und ähnlichen Gegenständen bestehen (BayObLG ZMR 1996, 574, 575; OLG Hamm WE 1992, 258), in der Jahresabrechnung Umsatzsteuern grds. weder als Einnahmen noch als Ausgaben gesondert, sondern nur die Bruttobeträge ausgewiesen werden.

Gem. Abschn. 87 Abs. 2 S. 6 UStR 2000 sind Umlagen für Kohle, Koks, Heizöl und Gas nicht umsatzsteuerfrei; hieraus folgt aber nicht, dass die Heizöllieferung für Zentralheizungsanlagen eine Umsatzsteuerpflicht der Wohnungseigentümer auslöst, da die Wohnungseigentümergemeinschaft an sie nicht Heizöl, sondern Wärme liefert (a. A. unzutr. Schirrmann WuM 1996, 689 f). Umsatzsteuerpflichtig aber ist die Lieferung von Gas von der Wohnungseigentümergemeinschaft an die einzelnen Wohnungseigentümer, die ihre Wohnungen mit Gasetagenheizungen beheizen, deren Verbrauch über Zwischenzähler gemessen wird; die Umsatzsteuer kann in diesem Fall nur vermieden werden, indem der Gaslieferant mit jedem einzelnen Wohnungseigentümer einen Liefervertrag abschließt (Schirrmann WuM 1996, 689 f).

Umsatzsteuerpflichtig sind weiterhin Instandhaltungs- und Instandsetzungsleistungen der Wohnungseigentümergemeinschaft an einzelne Wohnungseigentümer, die deren Sondereigentum betreffen (Meyer DIV 1997, 70); die Umsatzsteuerpflicht kann aber dadurch vermieden werden, dass der Verwalter insoweit allein als Vertreter des zahlungspflichtigen Wohnungseigentümers auftritt, so dass unmittelbare Vertrags- und Leistungsbeziehungen nur zwischen dem Handwerker und dem betreffenden Wohnungseigentümer zustande kommen.

Auch die Anschaffung und Herstellung von gemeinschaftlichem Eigentum, die über die Instandhaltung und Instandsetzung hinausgehen, also insbesondere bauliche Veränderungen wie der Anbau eines Außenaufzugs oder der Anschluss an die Fernheizung sind nicht umsatzsteuerbefreit (Hartmann-Metzmacher § 4 Nr. 13 UStG RN 15; Meyer DIV 1997, 70; Schirrmann WuM 1996, 689f); die Abgrenzung erfolgt nach den ertragsteuerlichen Grundsätzen in Abschn. 157 EStR. Zu empfehlen sind auch für diese Fälle direkte Vertrags- und Leistungsbeziehungen zwischen den ausführenden Unternehmen und den einzelnen Wohnungseigentümern.

b) Verzicht auf Umsatzsteuerbefreiung

Nur wenn die Wohnungseigentümergemeinschaft gem. § 9 UStG für einzelne oder alle Leistungen gegenüber einzelnen oder allen Wohnungseigentümern auf die Umsatzsteuerbefreiung durch Erklärung gegenüber dem Finanzamt verzichtet hat (BayObLG ZMR 1996, 574f; OLG Hamm WE 1992, 258; Niedenführ NZM 1999, 640, 646), sind in der Jahresabrechnung die von den betreffenden Wohnungseigentümern im Abrechnungsjahr tatsächlich bezahlten Vorsteuerbeträge und die aufgrund der erforderlich werdenden Umsatzsteuererklärungen tatsächlich an die Finanzverwaltung bezahlten Umsatzsteuerbeträge getrennt auszuweisen. Verzichtet werden kann nur für steuerbare Umsätze, die an einen Unternehmer für dessen Unternehmen ausgeführt werden, so dass nur gegenüber Teileigentümern optiert werden kann, die ihre Einheit selbst gewerblich oder beruflich nutzen oder sie zu diesen Zwecken an Dritte vermietet haben (BayObLG ZMR 1996, 574, 576; Schirrmann WuM 1996, 689, 691).

aa) Mehrheitsbeschluss. Der Verzicht setzt einen Mehrheitsbeschluss der Wohnungseigentümer voraus, auf den jeder optierungswillige Wohnungseigentümer gem. § 21 Abs. 4 WEG Anspruch hat, wenn er zugleich die anderen Wohnungseigentümer von mit der Option zusammenhängenden Kosten, z.B. für Steuerberater und Verwalter freistellt (BayObLG ZMR 1996, 574, 576;

OLG Hamm WE 1992, 258f; Spiegelberger PiG 27, 69, 77 ff). Diese Grundsätze gelten auch, wenn die Wohnanlage im Bauherrenmodell errichtet wurde und die Wohnungseigentümer zur Umsatzsteuer optiert haben (BayObLG ZMR 1996, 574, 576).

bb) Auswirkungen auf die Abrechnung. Wenn und soweit die Wohnungseigentümergemeinschaft auf die in §4 Nr. 13 UStG bestimmte Umsatzsteuerbefreiung des Leistungsverkehrs zwischen der Wohnungseigentümergemeinschaft und einzelnen Wohnungseigentümern, die dies wünschen, gem. §9 UStG wirksam verzichtet hat, sind in der Einzelabrechnung, die aus der Gesamtabrechnung entwickelt wird, die von der Wohnungseigentümergemeinschaft den betreffenden Wohnungseigentümern im Abrechnungsjahr in Rechnung gestellten und von diesen bezahlten Umsatzsteuern als Einnahmen sowie die aufgrund entsprechender Umsatzsteuererklärung an das zuständige Finanzamt abgeführten Umsatzsteuern als Ausgaben auszuweisen.

Ohne diese Option ist in der Einzelabrechnung ausdrücklich darauf hinzuweisen, dass Angaben über vereinnahmte und verausgabte Umsatzsteuern nur der vollständigen Rechnungslegung dienen und kein Steuerausweis i.S. des §14 Abs. 3 UStG sind; weist der Verwalter nämlich in der Einzelabrechnung die Ausgaben getrennt nach Nettobeträgen und Mehrwertsteuern aus, ohne dass auf die Umsatzsteuerbefreiung wirksam verzichtet wurde, so gilt die Einzelabrechnung als ein solcher Verzicht (Bunjes-Geist §9 UStG RN 9; a.A. Schirrmann WuM 1996, 689, 692: nur gegenüber einem Teileigentümer, der Unternehmer ist) und als Steuerausweis i.S. des §14 Abs. 3 UStG mit der Folge der Abführungspflicht (BFH BStBl 1988 II, 752f; Schirrmann WuM 1996, 689, 692; a.A. Hartmann-Metzmacher §4 Nr. 13 UStG RN 28), was zu einer Liquiditätsunterdeckung führt, da die Wohnungseigentümergemeinschaft die Kosten brutto – also einschließlich Umsatzsteuer – verausgabt hat und die fehlerhaft ausgewiesene Umsatzsteuer nochmals an das Finanzamt zahlen muss, ohne die Möglichkeit des Vorsteuerabzugs zu haben. Insoweit kommt aber eine Berichtigung bei Rückgabe der jeweiligen Originaleinzelabrechnung in Betracht (BayObLG ZMR 1996, 574, 576; Jennissen VII RN 154; a.A. Schirrmann WuM 1996, 689, 692).

Der Verwalter hat gem. §28 WEG, §242 BGB i.V.m. §14 Abs. 1 UStG neben der Einzelabrechnung hiervon zu unterscheidende Rechnungen mit gesondert ausgewiesener Umsatzsteuer an die betreffenden Wohnungseigentümer über die während des Abrechnungsjahres insgesamt erbrachten Leistungen, für die wirksam zur Umsatzsteuer optiert wurde, zu erteilen und die dort ausgewiesenen Umsatzsteuern einzuziehen und an das Finanzamt abzuführen (vgl. Jennissen VII RN 154 z. Voranmeldungspflicht).

Zu unterscheiden ist zudem der Ausweis von Umsatzsteuern in der Gesamt- und Einzelabrechnung vom Anspruch eines Teileigentümers, der seinerseits Unternehmer ist, z.B. weil er sein Teileigentum beruflich oder gewerblich nutzt oder es zu diesen Zwecken vermietet und auf die Umsatzsteuerbefreiung seiner Mietzinseinnahmen verzichtet hat, und dem gegenüber die Wohnungseigentümergemeinschaft aufgrund Mehrheitsbeschlusses auf die Umsatzsteuerbefreiung verzichtet hat, auf Erteilung einer Rechnung mit gesondert ausgewiesener Umsatzsteuer, der auf §28 WEG, §242 BGB i.V.m. §14 Abs.1 UStG beruht, wenn die Finanzverwaltung die Einzelabrechnung nicht als Rechnung i.S. von §14 Abs.1 UStG anerkennt (Kahlen ZMR 1986, 41).

cc) Sonstige Rechtsfolgen der Option. Für die Wohnungseigentümergemeinschaft folgt aus der Option weiterhin

- die Verpflichtung zur Führung besonderer Aufzeichnungen gem. §22 UStG, wobei Entgelte und Vorsteuerbeträge getrennt auszuweisen sind;
- die Verpflichtung zur Umsatzsteuervoranmeldung gem. §18 UStG sowie zur Jahresumsatzsteuererklärung bis 31. 5. des Folgejahres;
- die Steueraufsicht mit regelmäßigen Betriebsprüfungen;
- die Verpflichtung zur Zahlung der in Abrechnungen ausgewiesenen Umsatzsteuern, wobei die für die betreffenden Vorleistungen bezahlte Umsatzsteuer aus auf den Namen der Wohnungseigentümergemeinschaft lautenden Rechnungen als Vorsteuer abgezogen werden kann und gem. §15 Abs.4, 5 und 6 UStG eine Aufteilung zwischen den Wohnungseigentümern stattfindet, denen gegenüber optiert wurde und denen gegenüber nicht optiert wurde;

- die Verpflichtung zur Zahlung einer zusätzlichen Vergütung für die zu übernehmenden zusätzlichen Tätigkeiten an den Verwalter und dritte Beauftragte, z.B. einen Steuerberater.

Die Wohnungseigentümer, denen gegenüber optiert wurde, können die gezahlten Umsatzsteuern von der Umsatzsteuer, die sie für Einnahmen aus Vermietung und Verpachtung an das Finanzamt abzuführen haben, als Vorsteuer abziehen.

▸ Umwandlung von Mietshäusern in Wohnungseigentum

Bei Umwandlung von Mietwohnungen in Eigentumswohnungen in Ballungsräumen sind die Mieter durch §577a BGB vor einer sofortigen Kündigung des Mietverhältnisses durch den Erwerber wegen Eigenbedarfs geschützt, da sich dieser sich auf das Vorhandensein berechtigter Interessen, welche eine Kündigung rechtfertigen würden, §573 Abs. 2 Nr. 2 BGB, vor Ablauf von drei Jahren nicht berufen darf Die Frist verlängert sich u. U. auf bis zu zehn Jahre (→ Kündigung des Mietvertrages über Wohneigentum). Ferner steht dem Mieter umgewandelter Wohnungen ein → Vorkaufsrecht zu.

▸ Umwandlung von Sondereigentum in gemeinschaftliches Eigentum und von gemeinschaftlichem Eigentum in Sondereigentum

Die nachträgliche Umwandlung von Sondereigentum in gemeinschaftliches Eigentum (BGH NZM 1998, 953) oder von gemeinschaftlichem Eigentum in Sondereigentum (OLG Frankfurt ZMR 1997, 367) bedarf der Einigung aller Wohnungseigentümer in Form der Auflassung, der Eintragung in das Grundbuch und gem. §§876, 877 BGB der Zustimmung der im Grundbuch eingetragenen Realberechtigten, insbesondere aller Grundpfandrechtsgläubiger (BayObLG NJW-RR 1992, 208). Die Zustimmung derjenigen Grundpfandgläubiger, deren Recht auf dem gesamten Grundstück oder allen Miteigentumsanteilen lastet, ist nicht erforderlich, weil sich am Haftungsobjekt im Ganzen bei Umwandlung nichts ändert (OLG Frankfurt ZMR 1997, 367).

Die vorweggenommene Zustimmung der übrigen Wohnungseigentümer oder Ermächtigung eines Wohnungseigentümers, Sondereigentum in Gemeinschaftseigentum oder Gemeinschaftseigentum in Sondereigentum umzuwandeln, kann nicht mit einer die Sonderrechtsnachfolger bindenden Wirkung als Inhalt des Sondereigentums vereinbart werden (BGH NZM 2003, 480 f; BayObLG NZM 2002, 70, 72; 2000, 1235; krit. Röll ZWE 2000, 446 ff). Eine Änderung der durch den dinglichen Begründungsakt festgelegten Grundstruktur der Gemeinschaft kann nämlich nicht Gegenstand von Vereinbarungen der Wohnungseigentümer sein, da er nicht das Verhältnis der Wohnungseigentümer untereinander betrifft (BayObLG ZWE 2000, 182 f). Zulässig ist jedoch die Aufnahme einer Vollmacht in die Kaufverträge, welche den Veräußerer zur Abgabe der erforderlichen Erklärungen berechtigt; eine solche in den Kaufverträgen über Wohnungseigentum dem Bauträger erteilte Vollmacht zur Schaffung neuen Wohnungseigentums durch Umwandlung von Gemeinschaftseigentum in Sondereigentum ist grundsätzlich unwiderruflich und schließt das Recht ein, Untervollmacht zu erteilen (BayObLG NZM 2002, 70 f). Ergänzend sollte die Anpassung des →Kostenverteilungsschlüssels geregelt werden.

▶ **Umwandlung von Wohnungseigentum in Teileigentum und von Teileigentum in Wohnungseigentum**

Die Änderung der Zweckbestimmung, d.h. die Umwandlung von Teil- in Wohnungseigentum oder umgekehrt, bedarf der Zustimmung aller Wohnungs- und Teileigentümer und der Eintragung in das Grundbuch (BayObLG NZM 2002, 24; KG ZMR 1998, 309; OLG Celle ZWE 2001, 33) sowie der Zustimmung der Realberechtigten, insbesondere der Grundpfandgläubiger (BGH DNotZ 1984, 939; BayObLG DNotZ 1992, 714; NJW-RR 2001, 1163). Die Einreichung eines neuen, amtlich berichtigten →Aufteilungsplans ist nicht erforderlich, wenn die Lage und die Grenzen des Sondereigentums unverändert bleiben (OLG Bremen NZM 2002, 610).

Da die Umwandlung das sachenrechtliche Grundverhältnis gem. §§ 4 und 5 WEG betrifft, ist sie einer Vereinbarung nach § 10 WEG, die mit dinglicher Wirkung zum Gegenstand des Sondereigentums gemacht werden könnte, nicht zugänglich. Die von der

Eigentümergemeinschaft dem Verwalter erteilte Verfahrensvollmacht (→ Prozessführung durch Verwalter) in einem Schadensersatzverfahren gegen einen einzelnen Wohnungseigentümer umfasst deshalb nicht die Umwandlung von Teileigentum in Wohnungseigentum. Ein insoweit „unter Widerruf" geschlossener →Vergleich ist schwebend unwirksam und bedarf zu seinem Wirksamwerden der Zustimmung aller Wohnungseigentümer (KG ZWE 2001, 612).

Die Gemeinschaftsordnung kann das Erfordernis der Zustimmung aller Wohnungseigentümer zur Umwandlung abbedingen (BayObLG NZM 2002, 24; Staudinger/Bub § 22 RN 14) oder die übrigen Wohnungseigentümer zur Zustimmung hierzu verpflichten (BayObLG NJW-RR 1997, 586f). Die Zustimmung der Grundpfandgläubiger ist in diesem Fall entbehrlich, da sie das Pfandrecht schon mit dem Vorbehalt der jederzeitigen Umwandelbarkeit erworben haben (BayObLG DNotZ 1996, 668). Die Voraussetzungen für die Eintragung der Umwandlung im Grundbuch liegen i.d.R. im tatsächlichen Bereich, z.B. wenn sie auf einer Beurteilung, ob vereinbarte Zulässigkeitsgrenzen eingehalten sind, beruhen; kann dies nicht in der Form des § 29 GBO nachgewiesen werden, so ist die Zustimmung der übrigen Wohnungseigentümer in öffentlich beglaubigter Form erforderlich (BayObLG NJW-RR 1997, 586f).

Von der Umwandlung im Rechtssinn, also der Änderung des dinglichen Begründungsaktes, zu unterscheiden ist eine Vereinbarung der Wohnungseigentümer, die Nutzung eines Teileigentums zu Wohnzwecken oder umgekehrt zu gestatten (BayObLG ZMR 1997, 537 – Nutzung eines Speichers zu Wohnzwecken; → Dach, Dachboden). Der dingliche Kernbereich des Wohnungs- bzw. Teileigentums bleibt in diesem Fall unberührt (BGHZ 129, 319, 323). Eine derart lediglich schuldrechtliche Vereinbarung wirkt aber nicht gegenüber → Sonderrechtsnachfolgern.

▶ **Umzugskostenpauschale**

Durch Umzüge werden Teile des gemeinschaftlichen Eigentums, insbesondere Flur, Treppenhaus, Eingangstüre und Fahrstuhl verstärkt in Anspruch genommen und häufig beschädigt.

Der Wohnungseigentümer, der selbst oder dessen Mieter umzieht, hat die hierdurch entstandenen Schäden zu ersetzen. Dieser Schadensersatzanspruch kann aber in aller Regel nicht durchgesetzt werden, weil die Verursachung der konkreten Beschädigung durch den Umzug nicht bewiesen werden kann. Eine Regelung, dass der betreffende Wohnungseigentümer eine sog. Umzugskostenpauschale zur Deckung nicht nachweisbarer Schäden an die Wohnungseigentümergemeinschaft bezahlt, ist daher sachgerecht.

Die Zahlung einer Umzugskostenpauschale kann zwischen den Wohnungseigentümern wirksam vereinbart, insbesondere in der Gemeinschaftsordnung festgelegt werden. Für den Fall des Umzugs im Zusammenhang mit einem Eigentümerwechsel kann die gesamtschuldnerische Haftung des Erwerbers und des Veräußerers angeordnet werden. Ein Mehrheitsbeschluss über eine Umzugskostenpauschale ist nichtig, da hierdurch der → Kostenverteilungsschlüssel abgeändert wird (Wenzel ZWE 200, 550, 556; a.A. Belz WE 1997, 293, 297), es sei denn, dass die Gemeinschaftsordnung einen Mehrheitsbeschluss über die Änderung des Kostenverteilungsschlüssels durch eine → Öffnungsklausel zulässt.

▶ Unauflöslichkeit der Gemeinschaft

Um eine Aufhebung der Wohnungseigentümergemeinschaft durch einen Wohnungseigentümer, einen Pfändungspfandgläubiger oder den Insolvenzverwalter zu verhindern, schließt § 11 WEG unabdingbar das Recht jedes Wohnungseigentümers, die Aufhebung der Gemeinschaft zu verlangen, das ihm als Bruchteilsgemeinschafter grds. gem. §§ 749 ff BGB zusteht, sowie das Recht des Pfändungsgläubigers nach § 751 BGB (→ Zwangsvollstreckung) und des Insolvenzverwalters nach § 84 InsO (→ Insolvenz eines Wohnungseigentümers), die Auflösung zu verlangen, aus. Der einzelne Wohnungseigentümer, der aus der Gemeinschaft ausscheiden will, muss daher sein Wohnungseigentum veräußern. Unwirksam ist auch die einseitige Aufgabe des Eigentums gem. § 928 BGB, da sich der Wohnungseigentümer nicht einseitig aus der Gemeinschaft lösen kann (→ Dereliktion).

Eine Ausnahme von dem Grundsatz, dass die Gemeinschaft einseitig unauflöslich ist, sieht § 11 Abs. 1 S. 3 WEG vor; er gestattet eine Vereinbarung, dass die Aufhebung dann verlangt werden kann, wenn das Gebäude ganz oder teilweise zerstört wird und eine Verpflichtung zum → Wiederaufbau nicht besteht. Der Anteil der Miteigentümer bestimmt sich in diesem Fall gem. § 17 WEG nach dem Verhältnis des Wertes ihrer Wohnungseigentumsrechte zur Zeit der Aufhebung der Gemeinschaft.

Von § 11 WEG unberührt bleibt das Recht der Wohnungseigentümer, eine Vereinbarung zu treffen, der sämtliche Beteiligten zustimmen müssen, die die Aufhebung der Sondereigentumsrechte allein und damit die Aufhebung der Wohnungseigentümergemeinschaft zum Gegenstand hat. Die Wohnungseigentümer können sich z.B. verpflichten, ein in Wohnungseigentum aufgeteiltes, mit zwei Einfamilienhäusern bebautes Grundstück, sobald dies rechtlich möglich ist, unter Aufhebung der Gemeinschaft real in zwei selbständige Grundstücksparzellen zu teilen (BayObLGZ 1979, 414; → Realteilung). Solche Vereinbarungen bedürfen der notariellen Beurkundung gem. § 4 Abs. 3 WEG i.V.m. § 311 b Abs. 1 BGB und wegen der Lösung vom Miteigentum am gemeinschaftlichen Eigentum der Zustimmung der im Grundbuch eingetragenen Realberechtigten (OLG Zweibrücken Rpfleger 1986, 93). Die Verpflichtung zur Aufhebung der Gemeinschaft kann im Wohnungseigentumsverfahren nach § 43 Abs. 1 Nr. 1 WEG durchgesetzt werden (BayObLG ZfIR 1999, 225).

Ungültigerklärung eines Beschlusses → Anfechtbarkeit und Anfechtung eines Beschlusses

Universalversammlung → Tagesordnung

Unterlassungsanspruch

1. Zweckbestimmungswidrige Nutzung von Sondereigentum

Ein Wohnungs-/Teileigentümer darf sein Sondereigentum nur entsprechend der jeweiligen Zweckbestimmung in der Gemeinschaftsordnung und im Aufteilungsplan (Wohnung, Laden, Café etc.) nutzen. Gegenüber einer zweckbestimmungswidrigen Nutzung steht den übrigen Wohnungseigentümern grds. ein Unterlassungsanspruch zu, wobei entscheidendes Kriterium stets ist, ob die tatsächliche Art der Nutzung die übrigen Wohnungseigentümer mehr stört oder beeinträchtigt als eine der Zweckbestimmung entsprechende Nutzung (BayObLG ZWE 2000, 525; NJOZ 2003, 1232f; OLG Düsseldorf NZM 2000, 866f). Der Unterlassungsanspruch leitet sich als Anspruch aus dem Eigentum aus § 1004 Abs. 1 S. 2 i.V.m. § 15 Abs. 3 WEG her und steht jedem gestörten Wohnungseigentümer je einzeln zu (BayObLG ZMR 2000, 775, 776; KG NZM 2002, 868 z. Unterlassungsanspruch bei Kampfhundehaltung); er bedarf für seine Geltendmachung keines ermächtigenden Beschlusses der Wohnungseigentümerversammlung. Nutzt ein Mieter das ihm überlassene Sondereigentum zweckbestimmungswidrig, ist auch er gem. § 1004 BGB einem unmittelbaren Unterlassungsanspruch der Wohnungseigentümer ausgesetzt (→ Vermietung von Wohnungseigentum).

Der Unterlassungsanspruch kann auch von einem Wohnungseigentümer geltend gemacht werden, der seine Wohnung selbst zweckbestimmungswidrig nutzt, ohne dass ein anderer Wohnungseigentümer dies beanstandet hätte, da es keinen allgemeinen Grundsatz gibt, dass nur derjenige Rechte geltend machen kann, der sich selbst rechtstreu verhalten hat (BayObLG NZM 2001, 137f; 1999, 85). Z. gerichtlichen Geltendmachung des Unterlassungsanspruchs → Störungen und Beeinträchtigungen des Eigentums.

2. Vorbeugender Unterlassungsanspruch

§ 1004 Abs. 1 S. 2 BGB gibt dem Eigentümer das Recht, auf Unterlassung zu klagen, wenn Beeinträchtigungen zu besorgen sind. Da der Anspruch auf Abwehr künftiger Beeinträchtigungen gerichtet ist, setzt er keine vorangegangene Beeinträchtigungen voraus, so dass schon der drohenden Erstgefahr entgegengetreten werden kann. Der Anspruch jedes Wohnungseigentümers, dass ein anderer rechtswidrige bauliche Veränderungen unterlässt, besteht unbeschränkt vor Beginn der Arbeiten (BayObLG WE 1997, 118f; KG WM 1972, 708f) und – eingeschränkt auf deren Fortsetzung – nach deren Beginn bis zur Vollendung (LG Stuttgart Rpfleger 1973, 401f), Letzterer neben dem Anspruch auf Beseitigung der bereits durchgeführten Maßnahme (BayObLG NJW-RR 1991, 1041; WE 1993, 279; OLG Frankfurt OLGZ 1986, 42).

Materielle Voraussetzung des Unterlassungsanspruches ist grds. eine objektive Wiederholungsgefahr (Deckert PiG 51, 91, 99). Vorangegangene Verletzungen des Eigentumsrechts der anderen Wohnungseigentümer – z.B. durch frühere eigenmächtige Veränderungen (BayObLG WE 1994, 116) – begründen deren tatsächliche Vermutung, die nur nach strengen Anforderungen widerlegt werden kann (BayObLG NJW-RR 1987, 1040; KG ZMR 1988, 268; OLG Köln NJW-RR 1993, 97). Es genügt aber auch die erstmals drohende Beeinträchtigung, so dass nicht abgewartet zu werden braucht, bis mit dem Eingriff begonnen oder dieser gar vollendet wurde (BayObLG WuM 1993, 294; OLG Zweibrücken NJW 1992, 1242; Niedenführ/Schulze § 22 RN 11; Staudinger/Gursky § 1004 RN 137); da die Erstgefahr in diesem Fall aber nicht durch vorangegangene Beeinträchtigungen indiziert ist, trifft den Störer die Darlegungs- und Beweislast (OLG Hamm NJW-RR 1995, 1399).

Entfällt die Wiederholungs- oder Erstgefahr, so erlischt der Anspruch (BGH NJW 1995, 132). Dies ist der Fall, wenn der Störer eine strafbewehrte Unterlassungserklärung abgibt (vgl. BGH NJW 1987, 3251), aber auch wenn er bereits begonnene Arbeiten einstellt, die bauliche Veränderung beseitigt und den ursprünglichen Zustand wiederherstellt (BayObLG DWE 1996, 81 [L]). Die bloße Erklärung, den Ausgang des Wohnungseigentumsverfahren abwarten zu wollen, genügt nicht (BayObLG WuM 1993, 294). Umgekehrt besteht regelmäßig auch ein rechtliches Interesse eines Wohnungseigentümers an der Feststellung seines Rechts zu einer konkret zu bezeichnenden und beabsichtigten baulichen Veränderung ohne Zustimmung der anderen Wohnungseigentümer (KG OLGZ 1967, 479, 482; OLG Düsseldorf WuM 1995, 337; Staudinger/Wenzel Vorbem. §§ 43ff RN 61), um das Risiko, nach Durchführung auf Beseitigung in Anspruch genommen zu werden, auszuschließen.

Ein Antrag auf vorbeugende Unterlassung vor Beginn der Maßnahmen – gerichtet auf ein Verbot, bestimmte Maßnahmen durchzuführen – setzt als Leistungsantrag trotz der Unanwendbarkeit des § 259 ZPO (Thomas/Putzo § 259 ZPO RN 2) eine ernstliche Gefährdung voraus, die schon in der Ankündigung (BayObLG WE 1997, 118f; Schleswig-Holsteinisches OLG FGPrax 1996, 138 f) oder Vorbereitung einer baulichen Veränderung liegt, z.B. wenn ein Wohnungseigentümer die bauordnungsrechtliche Genehmigung einer baulichen Veränderung beantragt (BayObLG WuM 1993, 294; BPM § 22 RN 234).

Der Unterlassungsanspruch hinsichtlich einer drohender, baulichen Veränderung wird gem. § 890 ZPO durch Ordnungsgeld oder Ordnungshaft, die vorher anzudrohen sind, vollstreckt (Staudinger/Wenzel § 45 RN 84; → Zwangsvollstreckung).

▶ **Unterteilung eines Wohnungseigentums**

Jeder Wohnungseigentümer ist berechtigt, sein Wohnungseigentum zu unterteilen, d.h. zwei rechtlich selbständige Wohnungseigentumseinheiten zu schaffen.

1. Voraussetzung der Unterteilung

Weder die Unterteilung noch die Veräußerung eines durch Unterteilung entstandenen Wohnungseigentums bedarf der Zustimmung der anderen Wohnungseigentümer oder Dritter (BGHZ 49, 250; 73, 150; BayObLG NJW-RR 2003, 950). Kann die Aufteilung jedoch nur in der Weise vorgenommen werden, dass ein Teil der bisher im Sondereigentum stehenden Räume und Gebäudeteile in gemeinschaftliches Eigentum überführt werden muss, so kann der Aufteilende nicht allein handeln, vielmehr müssen die übrigen Miteigentümer in der Form der §§ 4 WEG, 925 BGB mitwirken (BGH NZM 1998, 953). Die Unterteilung und Veräußerung kann durch Vereinbarung der Wohnungseigentümer von der Zustimmung der übrigen Wohnungseigentümer oder des Verwalters gem. § 12 Abs. 1 WEG abhängig gemacht werden (→ Zustimmung zur Veräußerung des Wohnungseigentums); diese Zustimmung kann dann nur aus wichtigem Grund gem. § 12 Abs. 2 WEG versagt werden (BGHZ 73, 150).

Ist es anlässlich einer Unterteilung erforderlich, einen weiteren Wohnungszugang zum Hausflur oder zum Treppenhaus zu schaffen, so stellt dies zwar eine bauliche Veränderung dar, die aber, wenn die Stabilität und Sicherheit des Gebäudes hierdurch nicht beeinträchtigt wird, mangels Betroffenheit keiner Zustimmung der übrigen Wohnungseigentümer gem. § 22 Abs. 1 S. 2 WEG bedarf (OLG Köln DWE 1988, 24; OLG Hamm OLGZ 1990, 167). Da jedes Wohnungseigentum einen unmittelbaren Zugang zu im gemeinschaftlichen Eigentum stehenden Räumen oder Flächen voraussetzt, würde das Zustimmungserfordernis jede Unterteilung ausschließen.

Soll durch die Unterteilung eines Wohnungseigentums auch Teileigentum oder durch die Unterteilung von Teileigentum auch Wohnungseigentum entstehen, so bedarf die Änderung der Zweckbestimmung der Zustimmung aller Wohnungseigentümer und der Eintragung in das Grundbuch (OLG Braunschweig MDR 1976, 1023; BayObLG MittBayNot 1986, 23). Dies gilt nicht, wenn durch die Unterteilung Räume verselbständigt werden, die nicht unmittelbar zu Wohnzwecken bestimmt sind, z.B. Kellerräume oder Garagen, da in einem solchen Fall die Zweckbestimmung nur formell, nicht aber materiell geändert wird.

Bei der Unterteilung eines Wohnungseigentums in selbständige Einheiten müssen dem Grundbuchamt auch dann → Aufteilungsplan (Unterteilungsplan) und → Abgeschlossenheitsbescheinigung vorgelegt werden, wenn das Wohnungseigentum durch die Vereinigung zweier Einheiten entstanden ist und jetzt der frühere Rechtszustand wiederhergestellt werden soll (BayObLG NJW-RR 1994, 716).

2. Nichtige Unterteilung

Die Unterteilung muss genauso wie die Gesamtaufteilung des Grundstücks eine Komplettaufteilung sein: Jeder neu gebildete Miteigentumsanteil muss mit Sondereigentum verbunden werden. Die Entstehung eines sondereigentumslosen (isolierten) → Miteigentumsanteils ist anlässlich der Unterteilung genauso unzulässig wie bei der → Begründung von Wohnungseigentum (BGHZ 109, 179). Ist bei der Unterteilung vergessen worden, einen im Sondereigentum stehenden Kellerraum einer der unterteilten Einheiten zuzuweisen, so ist dieses Sondereigentum im Grundbuch nicht mehr gebucht und die Unterteilung rechtlich gescheitert.

Unterteilung eines Wohnungseigentums

Wird anlässlich der Unterteilung ein bisher im Sondereigentum stehender Gebäudeteil zu gemeinschaftlichem Eigentum, z.B. wenn in einer Mehrhauswohnanlage ein Gebäude unterteilt wird und hierbei Flächen entstehen, die – wie Treppenhaus oder Flure – dem Gebrauch mehrerer Sondereigentumseinheiten dienen und somit gem. § 5 Abs. 2 WEG zwingend gemeinschaftliches Eigentum sind, und haben nicht alle Wohnungseigentümer der Vereinbarung formgerecht zugestimmt, so ist die Unterteilung nichtig (BGH NZM 1998, 953; BayObLG DNotZ 1996, 660; OLG München Urt. v. 5.7.1999, 31 U 5819/98). „Gemeinschaftliches Sondereigentum" an den Gemeinschaftsflächen allein der Eigentümer des unterteilten Gebäudes kann nicht entstehen, da die Rechtsfigur einer dinglich verselbständigten Untergemeinschaft in Form des → Mitsondereigentums dem Wohnungseigentumsrecht fremd ist (BGH NJW 1995, 2851, 2853). Die Gemeinschaftsflächen bleiben Sondereigentum, sind aber nicht mit einem Miteigentumsanteil verbunden (miteigentumsloses Sondereigentum). Anders als ein isolierter Miteigentumsanteil (BGHZ 109, 179) ist isoliertes Sondereigentum nicht denkbar (BayObLGZ 1987, 390, 395) die Unterteilung somit fehlgeschlagen.

Fehlgeschlagen ist die Unterteilung auch dann, wenn sie Räume erfasst, die nach dem ursprünglichen Aufteilungsplan im gemeinschaftlichen Eigentum stehen und nunmehr als Sondereigentum einer der neu gebildeten Einheiten ausgewiesen werden (BayObLG NZM 1998, 440).

Werden in Vollzug einer nichtigen Unterteilung Grundbucheintragungen vorgenommen, handelt es sich um inhaltlich unzulässige Eintragungen (BayObLG ZWE 2000, 69), da ein Rechtszustand verlautbart wird, den es von Rechts wegen nicht geben darf. Inhaltlich unzulässige Eintragungen können keine Grundlage für einen → gutgläubigen Erwerb nach § 892 BGB sein (BGH NJW 1995, 2851, 2854; BayObLGZ 1987, 390, 393; DNotZ 1996, 660).

3. Stimmrecht nach Unterteilung

Durch die Unterteilung dürfen die bestehenden Mitgliedschaftsrechte der übrigen Wohnungseigentümer nicht beeinträchtigt werden (Wedemeyer NZM 2000, 638; Briesemeister NZM 2000, 992). Aus der Summe der neu geschaffenen Wohnungseigentumsrechte dürfen sich nicht mehr Rechte herleiten lassen als aus dem ursprünglichen Wohnungseigentum (BGHZ 73, 150, 155; BayObLG NJW-RR 1991, 910; OLG Hamm NZM 2003, 123f); insbesondere darf nicht die Stimmzahl erhöht werden. Ist nach der Gemeinschaftsordnung das Objektprinzip (→ Stimmrecht) anzuwenden, so haben deshalb nach erfolgter Veräußerung einer der neu gebildeten Einheiten Erwerber und Veräußerer je eine halbe Stimme, die sie selbständig abgeben dürfen (KG NZM 1999, 850; OLG Hamm NZM 2003, 123). Die analoge Anwendung des § 25 Abs. 2 S. 2 WEG (so BayObLG NJW-RR 1991, 910) ist abzulehnen, da Erwerber und Veräußerer nicht in einer Rechtsgemeinschaft verbunden, sondern Inhaber selbständiger Eigentumsrechte sind.

Gilt das Wertprinzip, geht das Stimmrecht in Höhe der übertragenen Miteigentumsanteile auf den Erwerber über. Gilt hingegen das Kopfprinzip, so haben Erwerber und Veräußerer jeweils eine Stimme (KG ZMR 2000, 191; OLGZ 1994, 389f; Staudinger/Rapp § 6 RN 5; offen gelassen von BGHZ 73, 150,155). Es tritt mithin eine Vermehrung der Stimmrechte ein, was von den übrigen Wohnungseigentümern aber hinzunehmen ist, da bei Geltung des Kopfprinzips die Vermehrung der Stimmrechte strukturell bereits angelegt ist: Gehören einem Wohnungseigentümer mehrere Wohnungen und veräußert er lediglich eine, erlangt der Erwerber mit dem Wohnungseigentum auch das Stimmrecht (KG ZMR 2000, 191).

▶ **Untervollmacht** → Vertretung in der Wohnungseigentümerversammlung

▶ **Unterwohnungseigentum**

An einem Wohnungseigentum kann Unterwohnungseigentum nicht gebildet werden (OLG Köln OLGZ 1984, 294), da es sachenrechtlich keine Unterbruchteilsgemeinschaften gibt. Die Rechtsfigur einer dinglich verselbständigten Untergemeinschaft in

Form des →Mitsondereigentums ist dem Wohnungseigentumsrecht fremd. Die Rechtsprechung zur Zulässigkeit von Untererbbaurechten (BGHZ 62, 179) kann nicht entsprechend angewendet werden, weil das Wohnungseigentum anders als das Erbbaurecht, § 11 Abs. 1 S. 2 ErbbauVO, kein grundstücksgleiches Recht ist. Bei der →Unterteilung eines Wohnungseigentums kann deshalb kein Unterwohnungseigentum in Form des Mitsondereigentums, z.B. an einem Flur, entstehen (OLG Köln OLGZ 1984, 294).

V

▶ **Veräußerungsbeschränkung** → Zustimmung zur Veräußerung des Wohnungseigentums

▶ **Veräußerung, Zustimmung des Ehegatten** → Ehegattenzustimmung bei Veräußerung

▶ **Verbrauchserfassungsgeräte**

Verbrauchserfassungsgeräte wie z.B. → Heiz- und Warmwasserverbrauchszähler oder → Kaltwasserzähler, dienen der Erfassung der Verbrauchsdaten und somit einer ordnungsgemäßen Abrechnung zwischen den Wohnungseigentümern. Da die Wohnungseigentümergemeinschaft diese benötigt, um eine ordnungsgemäße Abrechnung, und zwar sowohl als Gesamt- wie auch als Einzelabrechnung, erstellen zu können, stehen sie zwingend im gemeinschaftlichen Eigentum, und zwar auch dann, wenn sie sich im Bereich einer Sondereigentumseinheit befinden (KG WuM 1994, 38 z. Gas- und Wasseruhren; OLG Hamburg ZMR 1999, 502; OLG Hamm ZWE 2001, 393f; Palandt/Bassenge § 1 RN 12). Sie unterliegen wegen ihrer Verwendung im geschäftlichen Verkehr der → Eichpflicht.

Die Kosten für die Reparatur und den Austausch defekter Verbrauchszähler sind Kosten der Verwaltung des gemeinschaftlichen Eigentums und nach dem gesetzlichen oder vereinbarten → Kostenverteilungsschlüssel zu verteilen (OLG Hamm ZWE 2001, 393)

▶ **Vereinbarung** → Gemeinschaftsordnung

▶ **Vereinbarungsändernder, vereinbarungsersetzender, vereinbarungswidriger Mehrheitsbeschluss**

Das WEG unterscheidet zwischen Angelegenheiten, welche die Wohnungseigentümer durch Mehrheitsbeschluss, und solchen, die sie nur durch Vereinbarung regeln können. Gem. § 23 Abs. 1 WEG können die Wohnungseigentümer durch Beschlussfassung solche Angelegenheiten regeln, über die sie nach dem WEG oder nach der Vereinbarung durch Beschluss entscheiden können. Dies betrifft im Wesentlichen Fragen des ordnungsmäßigen Gebrauchs und der ordnungsmäßigen Verwaltung einschließlich der ordnungsmäßigen Instandhaltung des gemeinschaftlichen Eigentums, §§ 15 Abs. 2, 21 Abs. 3, 22 Abs. 1, 28 Abs. 5 WEG. Dagegen ist für alle nicht der Beschlussfassung ausdrücklich zugewiesenen Angelegenheiten gem. § 10 Abs. 1 S. 2 WEG eine Vereinbarung erforderlich. Die Mehrheitsherrschaft bedarf somit der Legitimation durch Kompetenzzuweisung. Sie ist nach dem Willen des Gesetzgebers nicht die Regel, sondern die Ausnahme (Wenzel ZWE 2000, 2 ff).

1. Vereinbarungsändernde Mehrheitsbeschlüsse

Soweit nicht durch Vereinbarung der Wohnungseigentümer deren Veränderung durch Mehrheitsbeschluss ausdrücklich gestattet ist (→ Öffnungsklausel), dürfen Mehrheitsbeschlüsse weder die Vereinbarung ändern noch die gesetzlichen Vorgaben abbedingen. Regelungen mit diesem Inhalt können nur durch Vereinbarung getroffen werden. Ein gleichwohl gefasster Beschluss verstößt gegen die zwingenden Bestimmungen der §§ 10 Abs. 1, 23 Abs. 1 WEG und ist nichtig (BGHZ 145, 158 ff z. Bestellung eines Sondernutzungsrechtes durch Mehrheitsbeschluss; NZM 2003, 946, 949; Wenzel ZWE 2000, 2 ff). Dies gilt auch dann, wenn für den Beschluss ausschließlich vernünftige Gründe sprechen (OLG Köln NZM 2001, 288), z. B. für Beschlüsse, welche

- die Mindestanforderungen an den → Wirtschaftsplan herabsetzen),
- die Haftung für Beitragsrückstände des Veräußerers dem Erwerber auferlegen (→ Haftung des Erwerbers),
- den gesetzlichen oder vereinbarten → Kostenverteilungsschlüssel ändern,
- die Kontrollrechte aus §§ 28 Abs. 1 und 4, 24 Abs. 2 und 6 WEG ändern,
- das → Stimmrecht oder

- das Antragsrecht nach § 43 Abs. 1 und 4 WEG (→ Wohnungseigentumssachen, Verfahren) abändern oder
- übergesetzliche Verzugszinsen (→ Verzug, Verzugszinsen, Verzugsschaden) anordnen.

Für derartige Beschlüsse ist die Wohnungseigentümerversammlung bei Fehlen einer Öffnungsklausel in der Gemeinschaftsordnung unzuständig. Die Beschlusskompetenz der Wohnungseigentümerversammlung kann insoweit zwar vereinbart werden; sie wächst der Mehrheit aber nicht dadurch zu, dass ein in angemaßter Kompetenz gefasster Beschluss bestandskräftig wird.

Ist der unzulässigerweise durch Mehrheitsbeschluss geregelte Sachverhalt noch nicht abgeschlossen, kommt es darauf an, ob und inwieweit im Vertrauen auf die von der Rechtsprechung früher vertretene Auffassung, dass vereinbarungsändernde Mehrheitsbeschlüsse gültig sind, rechtlich schützenswerte Positionen entstanden sind, deren Beseitigung zu unzumutbaren Härten führen würde, so dass die Rechtsfolge der Nichtigkeit eines vereinbarungsändernden Mehrheitsbeschlusses unter dem Gesichtspunkt von Treu und Glauben ausnahmsweise nur für die Zukunft gilt (BGHZ 145, 158 ff; Wenzel ZWE 2000, 550, 557). Nichtige Beschlüsse über die generelle Abänderung des → Kostenverteilungsschlüssels können künftigen Abrechnungen nicht mehr zugrunde gelegt werden; es gilt die vereinbarte bzw. die gesetzliche Regelung. Bestandskräftig gewordene konkrete Abrechnungsgenehmigungsbeschlüsse bleiben hingegen wirksam.

2. Vereinbarungsersetzende Mehrheitsbeschlüsse

Kann eine Angelegenheit sowohl durch Vereinbarung als auch durch Beschluss geregelt werden, hat der Beschluss vereinbarungsersetzenden Charakter, wenn die Angelegenheit eine Vereinbarung erfordert hätte. Hauptanwendungsfall ist die Gebrauchsregelung. Die Wohnungseigentümer können den Gebrauch des Sondereigentums und des gemeinschaftlichen Eigentums nach § 15 Abs. 1 WEG durch Vereinbarung, nach § 15 Abs. 2 WEG, aber auch durch Beschluss regeln, wenn er der Beschaffenheit des Sonder- und des gemeinschaftlichen Eigentums entspricht und als ordnungsmäßig anzusehen ist. Liegen diese Voraussetzungen nicht vor, ist für die Regelung eine Vereinbarung erforderlich. Fassen die Eigentümer gleichwohl nur einen Beschluss, so tritt dieser an die Stelle der an sich erforderlichen Vereinbarung, hat also vereinbarungsersetzenden Charakter. Gleiches gilt für die Verwaltung und die Instandhaltung und Instandsetzung des gemeinschaftlichen Eigentums, §§ 21, 22 WEG. Hier räumt das Gesetz den Wohnungseigentümers ausdrücklich die Möglichkeit einer Mehrheitsentscheidung ein, sofern es um eine „ordnungsmäßige" Maßnahme geht.

Die Wohnungseigentümerversammlung ist also nicht von vornherein für eine Beschlussfassung unzuständig (Buck WE 1998, 90, 92; Wenzel ZWE 2000, 2, 4). Sie darf nur keine Beschlüsse fassen, die über die „Ordnungsmäßigkeit" des Gebrauchs, der Verwaltung und der Instandhaltung hinausgehen. Da dies aber von den Umständen des Einzelfalls abhängt und die Frage der Abgrenzung nicht leicht zu entscheiden ist, kann die Beschlusszuständigkeit der Wohnungseigentümerversammlung nicht davon abhängen, ob eine Maßnahme ordnungsmäßig ist. Die „Ordnungsmäßigkeit" ist nicht kompetenzbegründend, weshalb Beschlüsse über Gebrauchs-, Verwaltungs- und Instandhaltungsregelungen bestandskräftig werden können, auch wenn der Regelungsgegenstand den Abschluss einer Vereinbarung oder Einstimmigkeit erfordert hätte. Insbesondere Mehrheitsbeschlüsse über → bauliche Veränderungen sind nicht nichtig, sondern lediglich anfechtbar (BayObLG ZWE 2000, 577, 579; Staudinger/Bub § 22 RN 44).

3. Vereinbarungswidrige Mehrheitsbeschlüsse

Beschlüsse, welche die Vereinbarung oder die gesetzlichen Vorgaben mit Wirkung für die Zukunft abändern (Rechtsänderung), sind von solchen zu unterscheiden, die diesen lediglich widersprechen (Rechtsverletzung). Die Wirkung eines derartigen Beschlusses erschöpft sich in der betreffenden Maßnahme und ist lediglich anfechtbar (Wenzel ZWE 2000, 2, 7). So ist ein Beschluss, wonach der Verwaltungsbeirat zukünftig aus mehr als drei Wohnungseigentümern bestehen soll, wegen Abbedingung des § 29 Abs. 1 S. 2 WEG nichtig, ein Beschluss, durch den mehr als drei

Wohnungseigentümer bestellt werden, bei Fehlen einer entsprechenden Vereinbarung hingegen lediglich anfechtbar (Armbrüster ZWE 2001, 355). Entsprechendes gilt für einen Beschluß über die Genehmigung eines Wirtschaftsplans oder einer Abrechnung, welche die Lasten und Kosten abweichend vom gesetzlichen oder vereinbarten Kostenverteilungsschlüssels umlegen (BayObLG NZM 2001, 535).

▶ **Vereinigung von Wohnungseigentumsrechten**

Ein Wohnungseigentümer kann ohne Zustimmung der anderen Wohnungseigentümer oder eines Dritten mehrere ihm gehörige Wohnungseigentumsrechte, z.B. zwei nebeneinander liegende Wohnungen in entsprechender Anwendung der §§ 890 Abs. 1 BGB, 5 GBO vereinigen (BayObLG ZWE 2000, 467; ZMR 1999, 266). Das durch die Vereinigung entstehende neue Wohnungseigentum braucht nicht in sich abgeschlossen zu sein (BayObLG ZWE 2000, 467f). Ein hierfür erforderlicher →Decken- oder Wanddurchbruch bedarf als bauliche Veränderung nur dann der Zustimmung aller Wohnungseigentümer, wenn Eingriffe in die tragende Substanz des gemeinschaftlichen Eigentums erforderlich sind, welche die Statik des Gebäudes beeinträchtigen können (→Nachteil), hindert aber nicht den grundbuchlichen Vollzug (BGH NJW 2001, 1212; BayObLG NZM 1998, 308).

Zwei Wohnungseigentümer können auch ohne gleichzeitige Übertragung eines Miteigentumsanteils am Grundstück Teile des Sondereigentums von einem Wohnungseigentum abtrennen und mit einem anderen verbinden. Die Mitwirkung anderer Wohnungseigentümer ist auch hierzu nicht erforderlich (BGH NJW 1976, 1976; BayObLG ZWE 2000, 467f; KG FGPrax 1998, 94). Die Einigung über die Übertragung bedarf gem. §§ 4 Abs. 2 WEG, 311b Abs. 1 BGB der →notariellen Beurkundung. Befinden sich die beteiligten Wohnungseigentumsrechte in einer Hand, kann der Eigentümer die Änderung allein vornehmen.

Wird die Zuordnung einzelner Räume verändert und somit die Grenze zwischen zwei Sondereigentumseinheiten verschoben, bedarf es wie im Fall der →Unterteilung der Vorlage eines neuen

→ Aufteilungsplans sowie einer → Abgeschlossenheitsbescheinigung gem. §§ 3 Abs. 2 Nr. 2 und 7 Abs. 4 Nr. 2 WEG in Bezug auf die Räume, die zu einem einheitlichen Wohnungseigentum zusammengefasst wurden (BGHZ 49, 250; OLG Zweibrücken ZWE 2001, 395). Erforderlich ist weiter die Zustimmung der dinglich Berechtigten am hinsichtlich des Sondereigentums verkleinerten Miteigentumsanteil (BayObLG WE 1984, 32), insbesondere der Grundpfandrechtsgläubiger gem. §§ 877, 876 BGB. Die → Grundpfandrechte am erweiterten Sondereigentum erstrecken sich ohne Nachverpfändung auf das neu hinzuverbundene Sondereigentum (LG Düsseldorf MittRhNotk 1986, 78).

▶ **Verfahren in Wohnungseigentumssachen** → Wohnungseigentumssachen, Verfahren

▶ **Verfahrensführungsbefugnis des Verwalters** → Prozessführung durch Verwalter

▶ **Verfügungsbeschränkungen**

Durch Verfügungsbeschränkungen kann die Befugnis des Wohnungseigentümers zur Veräußerung, Belastung, Aufhebung oder Inhaltsänderung des Wohnungseigentums eingeschränkt sein. Zu unterscheiden sind absolute und relative Verfügungsbeschränkungen.

Absolute Verfügungsbeschränkungen machen entgegenstehende Verfügungen absolut unwirksam, da sie dem Schutz der Allgemeinheit dienen (BGH NJW 1983, 636). Der Erwerb durch Dritte ist i.d.R. auch dann ausgeschlossen, wenn diese gutgläubig annehmen, eine absolute Verfügungsbeschränkung liege nicht vor.

Typische absolute Verfügungsbeschränkungen sind
- das Genehmigungserfordernis des Vormundschaftsgerichts für bestimmte Verfügungen der Eltern gem. § 1643 BGB oder des Vormundes gem. §§ 1821, 1822 BGB über das Kindesvermögen, z.B. bei Bestellung einer Hypothek an dem Wohnungseigentum des Kindes (→ Geschäftsfähigkeit),
- das Zustimmungserfordernis der übrigen Wohnungseigentümer oder Dritter zur Veräußerung einer Eigentumswohnung oder eines

Dauerwohnrechts nach §§ 12, 35 WEG (→ Zustimmung zur Veräußerung des Wohnungseigentums),
- das Zustimmungserfordernis des Grundstückseigentümers zur Veräußerung des Wohnungserbbaurechts nach §§ 5, 6 ErbbauVO (→ Wohnungserbbaurecht, Teilerbbaurecht) oder
- das Erfordernis der Einwilligung des Ehegatten eines verheirateten Wohnungseigentümer zur Veräußerung seines Wohnungseigentums, sofern dieses sein einziges oder wesentliches Vermögen i. S. des § 1365 BGB ist (→ Ehegattenzustimmung zur Veräußerung).

In diesen Fällen ist die betreffende Verfügung bis zur Erteilung der Zustimmung schwebend und, wenn die Zustimmung endgültig verweigert wird, endgültig unwirksam. Eine absolute Verfügungsbeschränkung besteht auch für den Erben einer Eigentumswohnung, wenn die Eigentumswohnung der Verwaltung eines Testamentsvollstreckers unterliegt oder wenn eine sog. nicht befreite Vorerbschaft angeordnet ist (→ Erbe). Gleiches gilt, wenn der Wohnungseigentümer in die Insolvenz fällt (→ Insolvenz eines Wohnungseigentümers). In diesen Fällen ist jedoch bei Nichteintragung der Beschränkung im Grundbuch ein → gutgläubiger Erwerb möglich.

Relative Verfügungsbeschränkungen machen die Verfügung nur im Verhältnis zu jeweils besonders geschützten Personen unwirksam. Hierzu gehören insbesondere gerichtliche und behördliche Verfügungsverbote wie Beschlagnahme des Wohnungseigentums nach §§ 20, 23, 146 ZVG (BGH NJW 1997, 1582) oder ein durch einstweilige Verfügung erwirktes Erwerbsverbot nach § 938 ZPO (BayObLG NJW-RR 1997, 913). Wird z.B. ein Erwerber trotz eines Erwerbsverbotes als Eigentümer im Grundbuch eingetragen, so gilt er gegenüber Dritten als Eigentümer. Die Eintragung ist nur gegenüber dem durch Erwerbsverbot Geschützten unwirksam. Ein gutgläubiger Dritte erwirbt ohne Beschränkung, §§ 136, 135 Abs. 2 BGB.

Wird eine Verfügungsbeschränkung wirksam, nachdem der Wohnungseigentümer eine für eine Verfügung erforderliche Erklärung, z.B. die Auflassungserklärung, abgegeben hat und der Antrag auf Eintragung bei dem Grundbuchamt eingegangen ist, berührt dies die Wirksamkeit der Erklärung nicht, § 878 BGB (KG OLGZ 1994, 515, 519 z. Wirksamwerden einer Verfügungsbeschränkung nach § 12 WEG). Insoweit gelten die Ausführungen zur → Insolvenz eines Wohnungseigentümers entsprechend.

▶ **Vergleich**

In der mündlichen Verhandlung (→ Wohnungseigentumssachen, Verfahren) soll der Richter darauf hinwirken, dass sich die Parteien gütlich einigen, ohne dass aber der Rechtsschutz der Beteiligten bei eindeutiger Rechtslage durch einen ungerechtfertigten Vergleichsdruck des Richters beschnitten werden darf (BayObLGZ 1972, 348f).

Ist dem Verwalter eine Prozessvollmacht erteilt (→ Prozessführung durch Verwalter), berechtigt ihn dies entsprechend § 81 ZPO auch zum Vergleichsabschluss, wenn dieses Recht nicht ausdrücklich ausgeschlossen ist, § 83 ZPO. Die Verfahrensvollmacht umfasst aber nicht die Änderung der Teilungserklärung im Vergleichsweg; ein insoweit „unter Widerruf" geschlossener Vergleich ist bis zur Zustimmung aller Wohnungseigentümer schwebend unwirksam (KG ZWE 2001, 612). Sind allerdings alle Eigentümer im Termin anwesend, so kann auch die Teilungserklärung durch Vereinbarung im Wege des gerichtlichen Vergleich abgeändert werden (OLG Köln NZM 2003, 400).

1. Rechtsnatur

Kommt eine Einigung zustande, so schließen die Parteien einen gerichtlichen Vergleich, auf den Grundsätze der ZPO über den Prozessvergleich entsprechend anzuwenden sind (BayObLG NZM 1999, 861; Staudinger/Wenzel § 44 RN 17). Er ist wie im Zivilprozess (BGH NJW 1982, 2072, 2073) ein Prozessvertrag mit Doppelnatur: Er stellt sowohl ein das Rechtsverhältnis der Parteien zueinander regelndes materielles Rechtsgeschäft als auch eine Verfahrenshandlung dar (BayObLG NJW-RR 1990, 594, 596; KG ZWE 2001, 612). Im Gegensatz zu § 779 BGB setzt er jedoch nicht ein gegenseitiges Nachgeben voraus (Palandt/Bassenge § 44 RN 4). Seine prozessualen Wirkungen liegen in der unmittelbaren

Verfahrensbeendigung und in der Vollstreckbarkeit übernommener Leistungspflichten; dagegen kommt ihm anders als einem Urteil keine der Rechtskraft ähnliche Wirkung zu (BGHZ 86, 184, 186; OLG Saarbrücken ZMR 2001, 734). Auch wenn er zur Zwangsvollstreckung wegen Unbestimmtheit nicht geeignet ist, kann er als materiellrechtlicher Vergleich wirksam sein (BayObLG NZM 2001, 245).

Der Vergleich kann nicht durch Rücktritt beseitigt werden (BayObLG NZM 1999, 861). Seine Auslegung ist Sache des Tatrichters; sie kann vom Rechtsbeschwerdegericht nur auf Rechtsfehler überprüft werden (BayObLG WE 1992, 180). Ein Streit um seine Unwirksamkeit ist unabhängig davon, ob hierfür prozessuale oder materiellrechtliche Gründe geltend gemacht werden, in dem ursprünglichen Verfahren auszutragen (BGHZ 86, 184, 187; BayObLG NZM 1999, 861). Ein Rechtsirrtum kann die Unwirksamkeit nur dann begründen, wenn er auch irgendwelche für den Vergleichsabschluss erheblichen Tatsachen umschließt (BayObLG WE 1991, 199f).

Können sich die Parteien nur über einen Teil des Streitgegenstandes einigen, so schließen sie einen Teilvergleich. Wegen des noch streitigen Teils können sie eine Schiedsklausel vereinbaren und einen Schiedsrichter bestimmen oder die Entscheidung des Gerichts herbeiführen. Haben die Parteien das Verfahren in der Hauptsache übereinstimmend für erledigt erklärt, können sich die Parteien auch über die Verfahrenskosten vergleichen. Andernfalls ergeht eine isolierte Kostenentscheidung. Sie ergeht auch dann, wenn sich die Parteien nur in der Hauptsache vergleichen und die Anwendung von § 98 ZPO ausschließen.

2. Bindungswirkung

Ein Vergleich ist nur wirksam, wenn die Beteiligten über den Streitgegenstand verfügen können. Stehen sich zwei Eigentümer gegenüber, ist das regelmäßig der Fall. Sie können sich sogar auf ein gemeinschaftswidriges Verhalten einigen, wie etwa auf die Vornahme oder Duldung einer unzulässigen baulichen Veränderung oder einer ebenso unzulässigen neuen Nutzungsart. Die übrigen Eigentümer können jedoch ihrerseits den Vergleichsgläubiger auf Unterlassung oder Beseitigung in Anspruch nehmen. Ein Beschlussanfechtungsverfahren kann durch eine vergleichsweise Erledigung (Rücknahme, Ruhen) nur im Verhältnis aller Beteiligten zueinander beendet werden (BayObLG NZM 1999, 861). Dagegen wäre ein Vergleich über den Fortbestand, Inhalt oder Vollzug eines Versammlungsbeschlusses unwirksam, weil dies nach § 23 Abs. 4 WEG nur Gegenstand einer gerichtlichen Entscheidung sein kann. Ein Vergleich bindet nur die am Abschluss Beteiligten, nicht dagegen die Gemeinschaft im Übrigen und →Sonderrechtsnachfolger, es sei denn, dass die Vereinbarung im Grundbuch eingetragen oder ein inhaltsgleicher Eigentümerbeschluss herbeigeführt wird (BayObLGZ 1990, 15; Palandt/Bassenge § 44 RN 4).

Der Verwalter kann in der Verhandlung einen Eigentümerbeschluss nur erläutern, nicht dagegen ihn vergleichsweise abändern. Wohl aber kann er sich verpflichten, eine Versammlung zu einem bestimmten Thema einzuberufen, um die Wohnungseigentümer (erneut) mit der Sache zu befassen und ggf. insoweit auch einen Widerrufsvergleich abschließen, bei dem die Widerrufsfrist so bemessen ist, dass sie die Einberufung der Versammlung und die Beschlussfassung ermöglicht sowie die Anfechtungsfrist abdeckt (Staudinger/Wenzel § 44 RN 18).

3. Protokollierung und Vollstreckung

Der Vergleich ist gem. § 45 Abs. 2 WEG nach den Vorschriften der §§ 159 ff ZPO zu protokollieren (BayObLG WE 1989, 110), und zwar unabhängig davon, ob er Vollstreckungstitel sein soll oder eine im Grundbuch zu vollziehende Änderung der Teilungserklärung enthält, § 127a BGB. Die →Zwangsvollstreckung aus dem Vergleich erfolgt nicht nach § 33 FGG, sondern gem. § 45 Abs. 3 WEG nach den Vorschriften der ZPO (BayObLG NZM 1999, 770).

▶ Vergütung des Bauträgers

Nach § 641 Abs. 1 BGB ist der Werklohn erst bei der Abnahme fällig. Der Bauträger ist deshalb vorleistungspflichtig.

1. Vereinbarung von Abschlagszahlungen

Abweichend von der gesetzlichen Regelung werden im Bauträgervertrag üblicherweise Abschlagszahlungen nach Baufortschritt vereinbart. Solche Vereinbarungen sind gem. § 1 der VO über Abschlagszahlungen bei Bauträgerverträgen (BGBl. I [2001] S. 981) auch dann zulässig, wenn entgegen § 632a BGB das Eigentum zum Zeitpunkt der Zahlung noch nicht auf den Erwerber übertragen wurde. Nach § 3 Abs. 2 Makler- und Bauträgerverordnung (MaBV) darf der Bauunternehmer Ratenzahlungen jedoch nur in dem dort bestimmten Umfang entgegennehmen, um sicherzustellen, dass den Zahlungen des Erwerbers stets ein entsprechender Gegenwert am Bauvorhaben gegenübersteht.

Eine zum Nachteil des Erwerbers von § 3 Abs. 2 MaBV abweichende Vereinbarung von Abschlagszahlungen ist gem. §§ 12 MaBV, 134 BGB wegen Verstoßes gegen ein gesetzliches Verbot nichtig (BGH NJW 2001, 818). Die Nichtigkeit erfasst die gesamte Zahlungsvereinbarung, nicht nur die Rate, welche abweichend von § 3 Abs. 2 MaBV vereinbart wurde, da eine bauvertragliche Fälligkeitsregelung nicht teilbar ist. Anstelle der unwirksamen Vereinbarung tritt § 641 Abs. 1 BGB mit der Folge, dass der Kaufpreis insgesamt erst mit der Abnahme fällig wird. Im Übrigen bleibt der Vertrag wirksam (BGH NJW 2001, 818, 820). Vorzeitig entgegen dem Ratenzahlungsplan von § 3 Abs. 2 MaBV gezahlte Beträge kann der Erwerber gem. § 817 BGB zurückfordern (OLG Koblenz NJW-RR 1999, 671; OLG München NJW-RR 2001, 13). Da es sich bei den Raten gem. § 3 Abs. 2 MaBV um Höchstsätze handelt, ist eine Abweichung zugunsten des Erwerbers stets zulässig (OLG Saarbrücken NZBau 2000, 429).

Die Entgegennahme von Zahlungen durch den Bauunternehmer hat weiter zur Voraussetzung, dass der Vertrag zwischen ihm und dem Erwerber rechtswirksam ist und etwa erforderliche Genehmigungen vorliegen. Ferner muss Wohnungseigentum im Grundbuch begründet und zugunsten des Erwerbers eine Vormerkung eingetragen, die Freistellung des Objekts von der Vormerkung im Rang vorgehenden Grundpfandrechten (→ Rangstelle, Rangverhältnis) gesichert und die Baugenehmigung erteilt worden sein, § 3 Abs. 1 MaBV.

Eine Klausel in einem Bauträgervertrag, wonach der Notar angewiesen wird, den Antrag auf Umschreibung des Eigentums erst dann zu stellen, wenn der Kaufpreis voll gezahlt ist, ist gem. § 307

BGB unwirksam, da sie den Erwerber unangemessen benachteiligt. Er verliert nämlich die Möglichkeit, sein gesetzliches Leistungsverweigerungsrecht gem. § 320 BGB geltend zu machen, wenn der Bauunternehmer nicht oder nur schlecht erfüllt (BGH ZfIR 2001, 981 f).

2. MaBV-Bürgschaft

Die Parteien des Bauträgervertrages dürfen einen von § 3 Abs. 2 MaBV abweichenden Zahlungsmodus, auch die Zahlung des gesamten Kaufpreises vor Fertigstellung des Gebäudes vereinbaren, was nicht nur im Interesse des Bauunternehmers liegt, sondern aus steuerlichen Gründen häufig auch vom Erwerber gewünscht wird, wenn der Bauträger für die vom Erwerber erbrachten Zahlungen eine Bürgschaft nach § 7 MaBV stellt. Die Bürgschaft soll diesen gegen das Risiko absichern, dass der Bauträger z.B. aufgrund von Insolvenz (→ Insolvenz des Bauträgers) das Gebäude nicht fertig stellen kann (→ Fertigstellung stecken gebliebener Wohnanlagen) oder nicht die vereinbarten Leistungen erbracht hat, zur Rückzahlung bereits vereinnahmter Beträge, die z.B. aufgrund des Rücktritts des Erwerber vom Bauträgervertrag geschuldet sind (→ Gewährleistung), jedoch nicht in der Lage ist. Die Sicherheit ist aufrechtzuerhalten bis die Voraussetzungen von § 3 Abs. 1 MaBV erfüllt sind und das Gebäude vollständig fertig gestellt ist, § 7 Abs. 1 S. 2 MaBV. Tritt der Bauunternehmer seine Kaufpreisansprüche an einen Dritten ab, z.B. an die das Bauvorhaben vorfinanzierende Bank, unterliegt dieser zwar nicht den Beschränkungen der MaBV, der Erwerber darf jedoch die Zahlung an ihn so lange verweigern, bis er die dem notariellen Vertrag entsprechende Bürgschaft erhalten hat, § 404 BGB (BGH NZM 2001, 995).

§ 7 MaBV soll den Auftraggeber auch vor den Nachteilen schützen, die sich daraus ergeben, dass infolge eines Mangels des Bauwerks der Wert der erbrachten Leistungen hinter dem Wert der geleisteten Vorauszahlungen zurückbleibt. Daher sind auf Minderungsrechten (→ Gewährleistung) beruhende Rückzahlungsansprüche jedenfalls dann von einer gem. § 7 MaBV erteilten Bürgschaft umfasst, wenn der Mangel vor Abnahme geltend gemacht worden ist (BGH NZM 2001, 995, 997). Die Bürgschaft sichert auch Ansprüche des Käufers auf Ersatz von Aufwendungen zur Mängelbeseitigung und Rückzahlung eines Teils des im Voraus gezahlten Kaufpreises (BGH NJW 1999, 1105, 1107), auch wenn die Mängel dem gemeinschaftlichen Eigentum anhaften (BGH NZM 2003, 158). Sie sichert diese Ansprüche nicht, wenn der der Eigentümer die Wohnung als mängelfrei abgenommen hat (BGH NZM 2003, 158); sie sichert auch keine Schadensersatzansprüche wegen entgangener Nutzungen (BGH NZM 2002, 752; 2003, 158f) oder den wegen Überschreitung der Bauzeit entstandenen Verzugsschadens (BGH NZM 2003, 327).

Der Bauunternehmer kann wählen, ob er den Erwerber nach denVorschriften der §§ 2–6 MaBV oder durch die Bürgschaft nach § 7 MaBV sichert. Eine Vermischung beider Vorschriften, z.B. in der Weise, dass zwar § 3 Abs. 1 MaBV eingehalten, von den Höchstbeträgen nach § 3 Abs. 2 MaBV jedoch zu Lasten des Erwerbers abgewichen und lediglich die Differenz durch eine Bürgschaft nach § 7 Abs. 1 MaBV abgesichert werden soll, ist unzulässig (Marcks § 7 RN 4), da § 7 Abs. 1 MaBV die Sicherung *aller* etwaigen Ansprüche des Auftraggebers vorschreibt. Aus dem gleichen Grund dürfen auch nicht nur einzelne Raten gesichert oder die Sicherheiten des § 3 MaBV und des § 7 MaBV in der Weise vermischt werden, dass sich die Bürgschaft mit Baufortschritt reduziert (BGH NZM 2003, 646 – „Abschmelzungsvereinbarung"; Basty RN 513; Brych/Pause RN 162). Eine entsprechende Klausel im Vertrag ist gem. § 134 BGB nichtig.

3. Unterwerfung unter die sofortige Zwangsvollstreckung

Um nicht gezwungen zu sein, zunächst gerichtlich den Kaufpreisanspruch titulieren zu müssen, um gegen den nicht zahlenden Erwerber die Zwangsvollstreckung betreiben zu können, wird in Bauträger- und Kaufverträgen häufig die Unterwerfung des Erwerbers unter die sofortige Zwangsvollstreckung vereinbart. Eine solche Vereinbarung bedarf – unabhängig vom Formerfordernis des § 311b Abs. 1 BGB – gem. § 794 Nr. 5 ZPO der notariellen Beurkundung. Wird in das Wohnungsgrundbuch ein → Grundpfandrecht eingetragen, aus welchem die Zwangsvollstreckung auch gegen den → Sonderrechtsnachfolger zulässig sein soll, muss die Unterwerfungserklärung in das Grundbuch eingetragen werden, § 800 Abs. 1 ZPO. Einer notariellen Urkunde, die eine Unterwerfungsklausel enthält und durch einen Bevollmächtigten erichtet wurde, darf nur dann die Vollstreckungsklausel (→ Zwangsvollstreckung) erteilt werden, wenn die Vollmacht durch öffentliche oder öffentlich beglaubigte Urkunde nachgewiesen wird. Bloße Schriftform ist nicht ausreichend (RG DNotZ 1934, 425; BayObLG DNotZ 1964, 573; OLG Zweibrücken DNotZ 1970, 640; Zöller/Stöber § 794 RN ZPO 31 a).

Wird der Notar in einem Bauträgervertrag, in dem Abschlagszahlungen nach der MaBV vereinbart werden, ermächtigt, die Vollstreckungsklausel zu erteilen ohne den nach §§ 795 S. 1, 726 Abs. 1 ZPO vorgeschriebenen Nachweis der Fälligkeit durch öffentliche Urkunde, ist die Unterwerfungserklärung gem. §§ 3, 12 MaBV, 134 BGB nichtig, da der Bauunternehmer in diesem Fall auf Vermögenswerte des Auftraggebers zugreifen kann, ohne dass die Fälligkeitsvoraussetzungen des § 3 MaBV vorliegen müssen (BGHZ 139, 387, 391; OLG Zweibrücken NZM 2000, 200; Marcks § 3 RN 29). Durch den Nachweisverzicht stünde es nämlich im Belieben des Bauunternehmers jederzeit die Zwangsvollstreckung in voller Höhe einzuleiten, wodurch der Erwerber Gefahr liefe, Vermögenswerte endgültig zu verlieren, ohne durch einen entsprechenden Gegenwert am Grundstück gesichert zu sein. Die Unterwerfungsklausel ist auch dann nichtig, wenn sie ausdrücklich bestimmt, dass die Beweislast in einem gerichtlichen Verfahren durch sie nicht berührt wird und der Erwerber sämtliche Rechte in einer Vollstreckungsgegenklage behält (OLG Frankfurt BauR 2000, 739; OLG Hamm BauR 2000, 1509).

Wer ausschließlich oder hauptsächlich die rechtliche Abwicklung des Erwerbs einer Eigentumswohnung im Rahmen eines Bauträgermodells für den Erwerber besorgt, bedarf der Genehmigung nach Art. 1 § 1 RBerG; verfügt er darüber nicht, ist ein solcher Geschäftsbesorgungsvertrag nichtig (BGHZ 145, 265; NZBau 2002, 92; → Kaufvertrag). Nichtig ist auch die dem Geschäftsbesorger zur Ausführung des nichtigen Geschäftsbesorgungsvertrages erteilte umfassende Vollmacht, da er keine Rechtsgeschäfte zu Lasten des Geschützten abschließen und der Rechtsuchende allein auf Schadensersatzansprüche gegen den Rechtsberater verwiesen sein soll (BGH NZM 2002, 836; 2003, 529; a.A. Ganzter WM 2001, 195; Hermanns DNotZ 2001, 6, 8). Die Nichtigkeit der dem Treuhänder erteilten Vollmacht hat zur Folge, dass auch eine von ihm erklärte Unterwerfung des Erwerbers unter die sofortige Zwangsvollstreckung gegenüber der finanzierenden Bank im Darlehensvertrag unwirksam ist (BGH NJW 2004, 59). Ein Darlehensnehmer, der sich im Darlehensvertrag wirksam verpflichtet hat, sich der sofortigen Zwangsvollstreckung in sein gesamtes Vermögen zu unterwerfen, darf aber aus der Nichterfüllung dieser Verpflichtung keine Vorteile ziehen, § 242 BGB. Ist die Unterwerfungserklärung nicht durch ihn selbst, sondern durch einen Vertreter ohne Vertretungsmacht, nämlich den nicht wirksam bevollmächtigten Treuhänder, abgegeben worden, kann er sich daher gegenüber der kreditgebenden Bank nicht auf die Unwirksamkeit der Erklärung berufen (BGH NJW 2004, 59).

4. Sicherung des Bauträgers

Der Bauunternehmer kann nach § 648a Abs. 1 BGB vom Besteller Sicherheit für die von ihm zu erbringenden Vorleistungen verlangen; er kann hierzu dem Besteller zur Leistung der Sicherheit eine angemessene Frist mit der Erklärung bestimmen, dass er nach Ablauf der Frist die Leistung verweigere. Leistet der Besteller die Sicherheit nicht fristgemäß, kann der Unternehmer nach erfolgloser Nachfristsetzung und entsprechender Androhung den Vertrag kündigen. Dies gilt auch dann, wenn der Unternehmer mit dem Besteller Raten- oder Abschlagszahlungen vereinbart hat (BGH ZfIR 2001, 20). Dem Unternehmer bleibt es überlassen, ob er die Sicherheit in voller Höhe oder eingeschränkt in Anspruch nimmt. Dass der Besteller Mängel rügt, steht dem Sicherungsverlangen nicht entgegen, da das Leistungsverweigerungsrecht lediglich den Zahlungsanspruch, nicht aber die Sicherung des Bauunternehmers betrifft (BGH ZfIR 2001, 20, 23f; Staudinger/Peters § 648a RN 9; a.A. KG BauR 2000, 738). Die Sicherheit kann geleistet werden durch Garantie, eine Bürgschaft oder ein anderes in § 232 BGB genanntes Sicherungsmittel.

Vergütung des Verwalters

Der Vergütungsanspruch des Verwalters, der von seinem Anspruch auf Aufwendungsersatz zu unterscheiden ist, entsteht noch nicht mit seiner →Bestellung, sondern erst mit Abschluss des →Verwaltervertrages; er ergibt sich aus den §§ 675, 612 BGB (BGH NJW 1980, 2466, 2468). Ohne eine ausdrückliche Regelung hat der Verwalter gem. §§ 675, 612 Abs. 2, 632 Abs. 2 BGB Anspruch auf eine branchenübliche Vergütung, weil die Übernahme der Verwaltertätigkeit üblicherweise nur gegen eine Vergütung zu erwarten ist (OLG Hamm NJW-RR 1993, 845f).

Weist der →Verwaltervertrag schon ursprünglich Abschlussmängel auf und ist deshalb nicht wirksam zustande gekommen, z.B. weil er angefochten wurde oder weil die Wohnungseigentümer nicht wirksam vertreten worden waren, stehen dem Verwalter →Aufwendungsersatzansprüche in Höhe der üblichen Vergütung zu.

1. Höhe der Grundvergütung

Umfang, Höhe und Fälligkeit der Vergütung können, soweit die Verwaltung nicht unentgeltlich erfolgt, innerhalb der gesetzlichen Schranken der §§ 134, 138 BGB im Verwaltervertrag frei vereinbart werden (BayObLG DWE 1985, 124; OLG Frankfurt OLGZ 1991, 308f). Üblicherweise werden eine monatliche Vergütungspauschale, die nach Einheiten oder Fläche berechnet wird, als Gegenleistung für die zur Erfüllung der gesetzlichen Aufgaben und Befugnisse erforderlichen Tätigkeiten, und Zusatzvergütungen, die nach Zeitaufwand oder je Vorgang berechnet werden, für die darüber hinausgehenden Tätigkeiten verabredet.

Die Höhe der Vergütung wird i.d.R. nach den zu erbringenden Verwalterleistungen bemessen, die wiederum von der Art und der Größe der Wohnanlage, von den zu verwaltenden Gemeinschaftseinrichtungen (wie z.B. Schwimmbad, Sauna, große Rasenflächen, Sportanlagen) oder auch von den zu erwartenden Instandhaltungsmaßnahmen abhängen (vgl. Bärmann/Seuss B RN 392). Als Anhaltspunkt für die branchenübliche Vergütung kann die Regelung der Verwaltungskosten in der II. BV, die für den Verwalter öffentlich geförderter Eigentumswohnungen maßgeblich ist, herangezogen werden, die als Gegenleistung für die gesetzlichen Aufgaben des Verwalters, also die Grundleistungen eine jährliche Vergütung bis zu €275 pro Wohnung gem. §41 Abs.2 II. BVO und bis zu € 30 pro Garage oder Stellplatz gem. §26 Abs.3 II. BVO vorsieht (Bub ZdWBay 1992, 577, 582; a.A. Drasdo, Verwaltervertrag und -vollmacht 74); hierbei handelt es sich aber nicht um Höchstgebührensätze, da die II. BV nur für öffentlich geförderte Wohnungen verbindlich ist (BayObLGZ 1974, 305, 311). Die in der Praxis anzutreffenden erheblichen Unterschiede in den Vergütungen beruhen meist auf entsprechenden Differenzen im Leistungsbild, aber auch in der Qualität der Tätigkeit.

Eine Verwaltervergütung kann gegen die Grundsätze ordnungsmäßiger Verwaltung verstoßen, wenn das Äquivalenzverhältnis zur geschuldeten Gegenleistung mehr als nur unerheblich gestört ist, also bei einer überhöhten (BayObLG WE 1990, 111; OLG Köln 23.8.1991, 16 Wx 91/91 für DM 76,47 je Wohnung und Monat), aber auch bei einer zu niedrig bemessenen Vergütung. Ein solcher Verstoß führt auf Anfechtung zur Ungültigerklärung des auf Abschluss des Verwaltervertrages gerichteten Mehrheitsbeschlusses.

Ein Anspruch auf die Mehrwertsteuer zuzüglich zur vereinbarten bzw. üblichen Verwaltervergütung besteht nur, wenn dies vereinbart wurde. Andernfalls sind die angegebenen Beträge als Bruttobeträge zu verstehen, in denen die Mehrwertsteuer bereits enthalten ist.

2. Zusatzvergütungen

Die Parteien können im Verwaltervertrag für konkrete Leistungen Zusatzvergütungen frei – also pauschal oder auf Nachweis – vereinbaren (BayObLGZ 1985, 63, 69; OLG Frankfurt OLGZ 1991, 308f). Ohne eine solche Abrede hat der Verwalter grds. über die vereinbarte Vergütung hinaus keinen Anspruch auf Zahlung einer zusätzlichen Vergütung für Tätigkeiten im Rahmen der ihm gesetzlich zugewiesenen und vertraglich übernommenen Tätigkeiten (BGH NJW 1993, 1924f; Drasdo, Verwaltervertrag und -vollmacht 74f).

Soll mit dem Verwalter nach Vertragsabschluss eine Zusatzvergütung für besondere, nach dem Verwaltervertrag nicht geschuldete

Leistungen vereinbart werden, so bedarf diese Vertragsänderung eines Beschlusses. Anfechtbar ist ein solcher Mehrheitsbeschluss, wenn er gegen die Grundsätze ordnungsmäßiger Verwaltung verstößt, z.B. wenn eine Zusatzvergütung für Leistungen gewährt wird, die der Verwalter nach dem Verwaltervertrag auch ohne zusätzliche Vergütung zu erbringen hat; hierzu zählt i.d.R. nicht die gerichtliche Geltendmachung von Beitragsforderungen, da sie gem. § 27 Abs. 2 Nr. 5 WEG eines besonderen Beschlusses der Wohnungseigentümer bedarf (BGH NJW 1993, 1924f; BayObLG WE 1991, 11; a.A. KG NJW 1991, 1304f; BPM § 26 RN 116).

Die Zusatzvergütung muss sich der Höhe nach in einem angemessenen Rahmen halten und den voraussichtlich zusätzlich anfallenden Arbeits- und Zeitaufwand möglichst im Einzelfall berücksichtigen; sie kann nach Erfahrungswerten pauschaliert werden (BGH NJW 1993, 1924f; BayObLG WuM 1996, 490; OLG Köln NJW 1991, 1302).

Die Vereinbarung von Sondervergütungen kommt z.B. in Betracht für:

- **Architekten- und Ingenieurleistungen.** Die Übernahme von Architekten- oder Ingenieurleistungen, z.B. der Bauleitung (OLG Düsseldorf DWE 1989, 36), wobei eine Vergütung nach Maßgabe der HOAI sachgerecht ist, wenn der Verwalter oder dessen tätigwerdender Erfüllungsgehilfe eine entsprechende Qualifikation aufweist.
- **Ausgeschiedener Verwalter.** Arbeiten, die der ausgeschiedene Verwalter pflichtwidrig nicht durchgeführt hat, z.B. eine nicht erstellte Abrechnung (offen gelassen von KG WE 1993, 82f: abhängig von dem im Einzelfall erforderlichen Aufwand).
- **Baumängel.** Die Geltendmachung von Baumängeln, zu der der Verwalter nicht verpflichtet ist (OLG Celle DWE 1984, 126).
- **Bauüberwachung.** Eine besonders aufwendige Bauüberwachung, auch wenn es nach dem Verwaltervertrag grds. die Überwachung von Baumaßnahmen Aufgabe des Verwalters ist (OLG Köln NZM 2001, 470).
- **Fotokopien.** Die Erstellung von Fotokopien, wobei die Regelungen des GKG und der BRAGO für die Erstellung von Ablichtungen grds. sachgerecht sind (→ Einsichtsrecht).

- **Gerichtliche Verfahren.** Die Bearbeitung (BayObLGZ 1988, 54; OLG Frankfurt OLGZ 1988, 440) und Führung gerichtlicher Verfahren als Verfahrens- oder Prozessstandschafter im eigenen Namen oder als Vertreter der Wohnungseigentümer in deren Namen (→ Prozessführung durch Verwalter). Die Zusatzvergütung entspricht einer ordnungsmäßigen Verwaltung, zumal da dadurch den Wohnungseigentümern i.d.R. keine höheren Kosten entstehen, als wenn sie mit der Prozess- oder Verfahrensführung einen Rechtsanwalt beauftragen würden. Die Höhe der Zusatzvergütung muss sich in einem angemessenen Rahmen halten und den voraussichtlichen Zeit- und Arbeitsaufwand berücksichtigen, wobei eine pauschale Sondervergütung festgelegt werden kann. In diesem Fall ist es unbedenklich, dem Verwalter für die Führung gerichtlicher Verfahren eine Vergütung in Höhe der Pauschgebühren nach der BRAGO zuzubilligen (BGHZ 122, 327).

Die Bestimmung, dass eine pauschale Sondervergütung für den Fall der „Veranlassung von Klageverfahren bei Zahlungsrückstand, zahlbar vom säumigen Eigentümer" erhoben wird, ist in einem formularmäßigen Verwaltervertrag wegen Verstoßes gegen das Transparenzgebot unwirksam (OLG Düsseldorf NZM 2003, 119), da die Klausel zum einen nicht klärt, wann ein Zahlungsrückstand gegeben ist und ob Rückstände jeder Art und Höhe die Kostenfolge auslösen sollen, zum anderen unklar ist, wann ein Klageverfahren „veranlasst" wurde.

- **Mahnungen.** Mahnungen in einer Größenordnung von derzeit € 15 (Verwaltervertrag des DDIV). Da die Mahnung zur Anforderung der Beiträge i.S. von § 27 Abs. 2 Nr. 1 WEG gehört, können Mahngebühren ohne Verstoß gegen die Grundsätze ordnungsmäßiger Verwaltung nur bei Vertragsabschluss, nicht aber danach beschlossen werden (a.A. BayObLG WE 1991, 111).

- **Steuererklärungen.** Die Fertigung von Steuererklärungen und damit verbundenen Arbeiten.

- **Vermietung von Wohnungseigentum.** Den Mehraufwand infolge der Vermietung von Eigentumswohnungen; sachgerecht ist nach den Grundsätzen ordnungsmäßiger Verwaltung eine Erhöhung der Vergütung um € 2,50 je Monat, da die Verwaltung vermieteter

Wohnungen erfahrungsgemäß einen höheren Aufwand verursacht (OLG Frankfurt OLGZ 1991, 308 f).
- **Wohnungseigentümerversammlung.** Die Durchführung von außerordentlichen Wohnungseigentümerversammlungen.
- **Zinsabschlagsteuer.** Die Erstellung von Zinsabschlagsteuerbescheinigungen.
- **Zustimmung zur Veräußerung des Eigentums.** Zustimmungen zur Eigentumsübertragung (KG NJW-RR 1989, 975: Pauschale in Höhe von DM 600 zzgl. MwSt).

3. Erhöhung der Verwaltervergütung

Die Erhöhung einer einmal vereinbarten Vergütung bedarf der Zustimmung der Wohnungseigentümer durch Mehrheitsbeschluss. Sind nach den Bestimmung der Teilungserklärung aber alle die Verwaltung des gemeinschaftlichen Eigentums betreffenden Beschlüsse einstimmig zu fassen, so gilt das Einstimmigkeitserfordernis auch für die Erhöhung der Verwaltervergütung (OLG Köln NZM 2003, 685). Bei Ablehnung der Erhöhung durch die Wohnungseigentümer besteht für den Verwalter die Möglichkeit, diese im Wohnungseigentumsverfahren durchzusetzen, wenn die Ablehnung den Grundsätzen ordnungsmäßiger Verwaltung widerspricht (KG ZMR 1986, 94, 96), denn der Verwalter hat Anspruch auf eine Erhöhung, wenn diese sachlich gerechtfertigt und angemessen ist (Bärmann/Seuss B RN 398).

In Verwalterverträgen zulässig sind Spannungsklauseln, bei denen die Höhe der Zahlungsverpflichtung vom künftigen Preis oder Wert einer mit der Leistung des Gläubigers gleichartigen Leistung abhängig gemacht wird, etwa die Angleichung des Verwalterhonorars an Veränderungen eines Tariflohns für eine Tätigkeit, die der Verwaltertätigkeit entspricht, etwa dem Vergütungstarifvertrag für die Beschäftigen in der Wohnungswirtschaft (VTV). Zulässig sind auch Staffelvereinbarungen, nach der sich die Vergütung zu bestimmten Zeitpunkten in bestimmter oder zumindest bestimmbarer Höhe ändert.

4. Fälligkeit, Entnahmerecht

Die Fälligkeit der Vergütung richtet sich primär nach der Vereinbarung im Verwaltervertrag (vgl. KG OLGZ 1990, 61). Bei

Fehlen einer Vereinbarung wird die Vergütung gem. § 614 S. 1 BGB erst nach Erbringung der Leistung, insbesondere nach Aufstellung des Wirtschaftsplanes und Vorlage der Jahresabrechnung, fällig (OLG Hamm NJW-RR 1993, 845 f; wohl auch BGH ZfIR 1997, 284, 288); insbesondere die Erstellung der Jahresabrechnung steht im Mittelpunkt der Tätigkeit des Verwalters (BayObLG ZfIR 1997, 220 f), die insoweit werkvertraglichen Charakter hat, weswegen die Fälligkeit die Abnahme gem. § 641 BGB voraussetzt; i.d.R. bedingen die Vertragsparteien diese Regelung ausdrücklich oder stillschweigend ab und verabreden eine monatlich zu zahlende Vergütung (Staudinger/Bub § 26 RN 279).

Der Verwalter ist berechtigt, die vereinbarte und fällige Vergütung aus den seiner Verwaltung unterliegenden Geldern der Gemeinschaft zu entnehmen, da er damit ausschließlich eine Verbindlichkeit der Wohnungseigentümer erfüllt, so dass kein unzulässiges Insichgeschäft gem. § 181 BGB vorliegt (Lüke WE 1995, 74, 77; offen gelassen von BGH ZfIR 1997, 284, 288). Der Verwalter kann grds. mit seinem Vergütungsanspruch gegen Forderungen der Wohnungseigentümergemeinschaft aufrechnen (→ Aufrechnung, Zurückbehaltungsrecht),

5. Verteilung auf Wohnungseigentümer

Die Verwaltervergütung ist nach dem gesetzlichen oder vereinbarten → Kostenverteilungsschlüssel auf die einzelnen Wohnungseigentumseinheiten zu verteilen. Die Wohnungseigentümer können aber auch vereinbaren, dass die Verwaltervergütung in jeweils gleicher Höhe auf jedes Wohnungseigentum entfällt (BayObLG ZWE 2001, 369), ggf. mit einem Zuschlag für vermietete Einheiten (OLG Frankfurt ZMR 1991, 72) oder für gewerblich genutzte Einheiten und i.d.R. mit einem Abschlag für Garagen, die Gegenstand von Teileigentum sind (OLG Hamm PuR 1992, 373 f). Im Verwaltervertrag kann eine solche Regelung nicht getroffen werden, weshalb sich die Verteilung der Verwaltervergütung stets nach dem in der Teilungserklärung bestimmten Verteilungsschlüssel richtet (OLG Köln NZM 2002, 615). Nutzt ein Wohnungseigentümer zwei Eigentumswohnungen als eine Wohnung, schuldet er bei einer solchen Regelung gleichwohl das Verwalterhonorar für beide Wohnungen (BayObLG 13. 8. 1986, 2 Z 69/86), solange die Wohnungen nicht grundbuchlich vereinigt worden sind (Staudinger/Bub § 16 RN 31; →Vereinigung von Wohnungseigentum). Entstehen durch →Unterteilung eines Wohnungseigentums zwei Wohnungseigentumseinheiten, so entfällt im Innenverhältnis auf das neu geschaffene Wohnungseigentum die im Außenverhältnis zusätzlich zu bezahlende Verwaltervergütung (Hauger PiG 34, 93, 109).

Möglich ist eine Vereinbarung zwischen den Wohnungseigentümern (BayObLGZ 1988, 54), dass Mahngebühren des Verwalters (→Verzug, Verzugszinsen, Verzugsschaden) oder eine Zusatzvergütung des Verwalters für die Bearbeitung gerichtlicher Verfahren (BPM § 16 RN 113) von Beitragsansprüchen allein von dem säumigen Wohnungseigentümer zu tragen ist. Solche Regelungen sind einschränkend dahin auszulegen, dass Mahngebühren nur zu zahlen sind, wenn die angemahnte Forderung besteht und eine Zusatzvergütung für die gerichtliche Geltendmachung nur, wenn sich der in Anspruch genommene Wohnungseigentümer in Zahlungsverzug befindet (OLG Frankfurt OLGZ 1988, 440). Wird ein Verwaltervertrag aufgrund Mehrheitsbeschlusses abgeschlossen, der den säumigen Wohnungseigentümer zur Zahlung von Mahngebühren verpflichtet, so wird im Ergebnis der →Kostenverteilungsschlüssel geändert, weshalb der Beschluss nichtig ist (→Vereinbarungsändernder, vereinbarungsersetzender, vereinbarungswidriger Mehrheitsbeschluss).

Im Außenverhältnis haften die Wohnungseigentümer für den Vergütungsanspruch des Verwalters gem. § 427 BGB gesamtschuldnerisch (BGHZ 78, 57, 66; BayObLG ZWE 2000, 72, 76; KG OLGZ 1994, 266, 268). Der Verwalter kann deshalb jeden einzelnen, mehrere oder alle Wohnungseigentümer unmittelbar in Anspruch nehmen, soweit im Verwaltervertrag nichts anderes bestimmt ist (→Gesamtschuld). Neu eintretende Wohnungseigentümer schulden das Verwalterhonorar mit Beginn des Monats ihres Eintritts in die Eigentümergemeinschaft gesamtschuldnerisch mit den übrigen Wohnungseigentümern (KG OLGZ 1994, 266), da sie entsprechend § 10 Abs. 4 WEG auch in den Verwaltervertrag als Dauerschuldverhältnis eintreten (→Sonderrechtsnachfolge).

6. Erlöschen des Vergütungsanspruchs, Abschlussmängel

Der Vergütungsanspruch des Verwalters erlischt durch Aufrechnung des Verwalters gegen Forderungen der Wohnungseigentümermeinschaft, die auch nach Ende des Verwaltervertrages zulässig ist (→ Aufrechnung, Zurückbehaltungsrecht). Die Nichterfüllung von Leistungen führt zum Wegfall bzw. zur Kürzung des Vergütungsanspruchs des Verwalters. Der Vergütungsanspruch entfällt gem. § 326 Abs. 1 BGB bei Unmöglichkeit der Leistungserbringung, was voraussetzt, dass die Leistung nicht nachholbar ist (BayObLG ZfIR 1997, 220). Nicht mehr nachholbar ist z.B. die ordentliche Wohnungseigentümerversammlung oder die Aufstellung von Wirtschaftsplänen nach Ablauf des Jahres (BayObLG ZfIR 1997, 220f: 80% Kürzung für Nichterfüllung in Bezug auf Wohnungseigentümerversammlung, Wirtschaftsplan und Jahresabrechnung). Werden Leistungen durch den Verwalter schlecht erbracht, kommen gem. § 280 Abs. 1 BGB zudem Schadensersatzansprüche der Wohnungseigentümer in Betracht, mit denen sie gegen Vergütungsansprüche des Verwalters aufrechnen können (→ Aufrechnung, Zurückbehaltungsrecht).

Bei Kündigung des Verwaltervertrages steht dem ausgeschiedenen Verwalter, der seine Tätigkeit widerspruchslos fortsetzt, lediglich ein → Aufwendungsersatzanspruch zu, falls die Kündigung berechtigt war (BayObLG FGPrax 1997, 136). War sie hingegen nicht berechtigt, z.B. weil ein wichtiger Grund für die Kündigung des Verwaltervertrages nicht vorhanden war, und bietet der Verwalter seine Dienste weiter an, kann er gem. §§ 675, 615 BGB Fortzahlung der Vergütung verlangen. Die kündigenden Wohnungseigentümer laufen deshalb Gefahr, an den neuen *und* an den gekündigten Verwalter eine Vergütung zahlen zu müssen (→ Kündigung des Verwaltervertrages).

▶ **Verjährung**

Das Recht, von einem anderen ein Tun oder ein Unterlassen zu verlangen (Anspruch), unterliegt der Verjährung, § 194 BGB. Gestaltungsrechte, z.B. Anfechtung, Rücktritt, Aufrechnung, können nicht verjähren. Lediglich in einzelnen, gesetzlich festgelegten Fällen ist die Geltendmachung dieser Rechte durch Zeitablauf ausgeschlossen, §§ 121, 124 BGB. Der Ablauf der Verjährungsfrist ist nur auf Einrede des Schuldners zu beachten. Dieser ist dann berechtigt, die Leistung zu verweigern, § 214 Abs. 1 BGB, kann aber nicht das zur Befriedigung eines verjährten Anspruchs Geleistete zurückfordern, § 214 Abs. 2 BGB.

1. Regelmäßige Verjährungsfrist

Das Verjährungsrecht wurde durch die Schuldrechtsreform neu gestaltet. Die regelmäßige Verjährungsfrist beträgt nicht mehr 30, sondern lediglich 3 Jahre, § 195 BGB, und gilt gleichermaßen für Beitragsansprüche wie für Ansprüche aus festgestellten Abrechnungen. Hat sich der Erwerber hinsichtlich des Kaufpreises bzw. der Vergütung des Bauträgers in einer vollstreckbaren Urkunde der Zwangsvollstreckung wirksam unterworfen (→ Vergütung des Bauträgers), beträgt die Verjährungsfrist dreißig Jahre, § 197 Abs. 1 Nr. 4 BGB.

Die Verjährungsfrist beginnt gem. § 199 Abs. 1 BGB mit dem Schluss des Jahres, in welchem der Anspruch entstanden ist und der Gläubiger den Anspruch und die Person des Schuldners kennt oder grob fahrlässig nicht kennt. Soweit sich der Anspruch auf ein Unterlassen richtet, ist für den Verjährungsbeginn gem. § 199 Abs. 5 BGB nicht die Entstehung des Anspruchs, sondern die Zuwiderhandlung maßgeblich. Von Bedeutung ist die Frage einer etwaigen Kenntnis insbesondere bei Ansprüchen der Wohnungseigentümer wegen unzulässiger Nutzung des Sondereigentums oder baulicher Veränderungen. Hier ist entscheidend, wann die Wohnungseigentümer hiervon Kenntnis erlangt haben und ob ihnen das Wissen anderer Wohnungseigentümer und/oder des Verwalters zugerechnet werden muss.

a) Kenntnis

Für die Kenntnis ist erforderlich, aber auch ausreichend die Kenntnis der anspruchsbegründenden Tatsachen, nicht aber der rechtlichen Wertung, dass ein Schadensersatz- oder Unterlassungsanspruch besteht (Palandt/Heinrichs § 199 BGB RN 26). Ein Rechtsirrtum hindert den Verjährungsbeginn nicht (BGH NJW 1999, 2041), er muss innerhalb der Verjährungsfrist behoben werden.

Für die Kenntnis ist nicht allein auf das konkrete Wissen des einzelnen Wohnungseigentümers oder eines von ihm mit der Wahrnehmung seiner Rechte Bevollmächtigten abzustellen, vielmehr ist allen Wohnungseigentümern entsprechend § 166 Abs. 1 BGB u. U. das Wissen des Verwalters zuzurechnen: Maßgeblich ist die Kenntnis des sog. Wissensvertreters, wenn dieser mit der verantwortlichen Erledigung bestimmter Aufgaben betraut worden und in den betreffenden Aufgabenkreis eingebunden ist (BGHZ 133, 129, 139; 117, 104, 106f). Soweit die konkrete Pflichtverletzung den Aufgabenkreis des Verwalters betrifft, wie bei der Instandhaltung und Instandsetzung des gemeinschaftlichen Eigentums gem. § 27 Abs. 1 Nr. 2 WEG, ist dieser deshalb gehalten, die Gemeinschaft umgehend über eine solche Pflichtverletzung zu informieren. Unterlässt er dies, beginnt die Verjährungsfrist gleichwohl mit dem Zeitpunkt zu laufen, zu welchem er von der Pflichtverletzung Kenntnis erlangt hat. Dem einzelnen Wohnungseigentümer wird aber kein Wissen des Verwalters in Angelegenheiten zugerechnet, die ihn persönlich, z.B. als Verkäufer seines Wohnungseigentums, betreffen (BGH NZM 2003, 118).

Den Wohnungseigentümern ist nicht das Wissen oder Wissenmüssen einzelner Mitglieder des Verwaltungsbeirats zuzurechnen (anders bei der →Entlastung des Verwalters), da dem Verwaltungsbeirat keine dem Verwalter vergleichbaren gesetzlichen Aufgaben zugewiesen sind. Er ist insbesondere nicht Vertreter der Wohnungseigentümer (Staudinger/Bub § 28 RN 443). Auch das Wissen einzelner Wohnungseigentümer kann den anderen nicht wie bei gemeinsam Passivvertretungsberechtigten entsprechend §§ 28 Abs. 2, 1629 Abs. 1 S. 2 BGB, 125 Abs. 2 S. 3 HGB zugerechnet werden, da § 27 Abs. 2 S. 3 WEG ein ausschließliches und unabdingbares Passivvertretungsrecht des Verwalters in Bezug auf die Entgegennahme von Willenserklärungen bestimmt.

b) Grob fahrlässige Unkenntnis

Nach § 199 Abs. 1 Nr. 2 BGB beginnt die Verjährungsfrist auch dann zu laufen, wenn der Gläubiger von den maßgeblichen Umständen ohne grobe Fahrlässigkeit Kenntnis hätte erlangen müssen. Grobe Fahrlässigkeit liegt vor, wenn ganz nahe liegende Überlegungen beiseite geschoben werden und dasjenige unbeachtet geblieben ist, was im konkreten Fall jedem hätte einleuchten müssen (BGH NJW-RR 1994, 1471; Palandt/Heinrichs § 277 BGB RN 5). Die Verjährung beginnt in diesem Fall zu jenem Zeitpunkt zu laufen, zu welchem frühestens hätte Kenntnis erlangt werden können. Auch insoweit ist auf die Kenntnis eines Wissensvertreters abzustellen, da Kenntnis und grob fahrlässige Unkenntnis ausdrücklich gleichstehen und kein Grund dafür ersichtlich ist, beide in Fragen der Wissenszurechnung differenziert zu beurteilen.

Bei arbeitsteilig aufgegliederten Verwalterunternehmen ist nach den Grundsätzen der Wissenszusammenrechnung positive Kenntnis zu bejahen, etwa wenn allein einem Sachbearbeiter des Verwalterunternehmens die für die Entstehung des Anspruchs maßgeblichen Umstände bekannt sind, von denen der Geschäftsführer nichts weiß. Voraussetzung für eine solche Wissenszusammenrechnung ist, dass nach Treu und Glauben eine Pflicht zur Organisation eines Informationsaustausches bestand (Medicus, Karlsruher Forum 1994, 11); eine solche Pflicht setzt voraus, dass Anlass zur Speicherung des Wissens besteht, was insbesondere dann der Fall ist, wenn das Wissen typischerweise aktenmäßig festgehalten wird (BGHZ 135, 202; NJW 1996, 1341; Schultz NJW 1997, 2093). Bei arbeitsteiliger Organisation muss jedenfalls auf ein Mindestmaß an geregeltem Informationsaustausch geachtet werden (Sauren/Rupprecht NZM 2002, 585, 588).

2. Hemmung und Neubeginn der Verjährung

Die Verjährung wird gehemmt durch
- die Erhebung einer Klage auf Leistung oder Feststellung des Anspruchs, § 204 Abs. 1 Nr. 1 BGB; die Einreichung der Klage bei Gericht hemmt, wenn sie alsbald zugestellt wird, § 167 ZPO;
- die Zustellung eines Mahnbescheides im →Mahnverfahren, § 204 Abs. 1 Nr. 3 BGB, wobei eine Substantiierung nicht erforderlich ist, sondern die Individualisierung des Anspruchs ausreicht (BGH NJW 1996, 2152; 2000, 1420);
- die Bekanntgabe des Güteantrags bei einer Gütestelle, § 204 Abs. 1 Nr. 4 BGB, oder den Empfang des Antrags, die Streitigkeit einem Schiedsgericht vorzulegen, § 204 Abs. 1 Nr. 11 BGB (→Schiedsverfahren);

- die erfolglose (BGHZ 83, 270) Geltendmachung der →Aufrechnung des Anspruchs im Prozess, § 204 Abs. 1 Nr. 5 BGB, z.B. bei nichtberücksichtigter Eventualaufrechnung (BGH NJW 1990, 2681);
- die Zustellung der →Streitverkündung, § 204 Abs. 1 Nr. 6 BGB, in dem Prozess, von dessen Ausgang der Anspruch abhängt, auch im selbständigen Beweisverfahren (BGHZ 134, 190);
- die Zustellung des Antrags auf Durchführung eines →selbständigen Beweisverfahrens, § 204 Abs. 1 Nr. 7 BGB;
- den Beginn eines vereinbarten Begutachtungsverfahrens oder die Beauftragung des Gutachters in dem Verfahren nach § 641a BGB, § 204 Abs. 1 Nr. 8 BGB (→Abnahme);
- die Anmeldung des Anspruchs im Insolvenzverfahren, § 204 Abs. 1 Nr. 10 BGB (→Insolvenz des Bauträgers; →Insolvenz eines Wohnungseigentümers), in Höhe des angemeldeten Betrages;
- die Bekanntgabe des erstmaligen Antrags auf Gewährung von Prozesskostenhilfe oder, soweit die Bekanntgabe demnächst nach der Einreichung erfolgt, bereits die Einreichung des Antrags, § 204 Abs. 1 Nr. 14 BGB.

Gem. § 203 BGB ist die Verjährung weiter gehemmt, sofern zwischen dem Schuldner und dem Gläubiger Verhandlungen über den Anspruch oder die den Anspruch begründenden Umstände schweben, bis der eine oder andere Teil die Fortsetzung der Verhandlungen verweigert. Die Hemmung bewirkt, dass der Zeitraum, während dessen die Verjährung gehemmt ist, in die Verjährungsfrist nicht einberechnet wird, § 209 BGB.

Die Verjährungsfrist beginnt gem. § 212 Abs. 1 BGB erneut zu laufen, wenn der Schuldner dem Gläubiger gegenüber den Anspruch in irgendeiner Form anerkannt hat, z.B. durch Abschlags- oder Zinszahlung, oder wenn eine gerichtliche oder behördliche Vollstreckungshandlung vorgenommen oder beantragt, sofern dem Antrag stattgegeben und er nicht zurückgenommen wird, § 212 Abs. 3 BGB.

3. Gewährleistungsansprüche

Hat der Wohnungseigentümer als Zweiterwerber gekauft, so verjähren die Gewährleistungsansprüche – soweit diese nicht wirksam ausgeschlossen sind – in zwei Jahren von der Übergabe an, § 438 Abs. 1 Nr. 3, Abs. 2 BGB (→ Gewährleistung). Hat der Verkäufer einen Mangel arglistig verschwiegen, so verjährt der Anspruch auf Schadensersatz wegen Nichterfüllung innerhalb von drei Jahren nach Kenntnis vom Mangel, §§ 438 Abs. 3, 195, 199 BGB.

Hat der Wohnungseigentümer die Wohnung als Ersterwerber vom Bauträger gekauft, verjähren die Ansprüche des Wohnungseigentümers auf Nacherfüllung, Rücktritt, Minderung oder Schadensersatz gem. § 634a Abs. 1 Nr. 1 BGB bezüglich des Gebäudes in fünf Jahren seit der → Abnahme, im Übrigen gem. § 634a Abs. 1 Nr. 3 BGB in zwei Jahren. Hierunter fallen auch die früher in § 638 Abs. 1 BGB a.F. gesondert genannten Arbeiten am Grundstück, z.B. Erdarbeiten, Drainage, Einbau eines Heizöltanks, die einer einjährigen Verjährungsfrist unterlagen. Hat der Bauunternehmer einen Mangel arglistig verschwiegen, beträgt die Verjährungsfrist drei Jahre ab Kenntnis vom Mangel, §§ 634a Abs. 3, 195, 199 BGB. Bei Geltung der VOB beträgt die Verjährungsfrist zwei Jahre seit der Abnahme, § 13 Nr. 5 VOB/B.

Haften dem Grundstück Mängel an (BGHZ 100, 394), verjähren Gewährleistungsansprüche nach Kaufrecht gem. § 438 Abs. 1 Nr. 3 BGB in zwei Jahren nach der Übergabe. Da die Abnahme des Gemeinschaftseigentums nicht notwendig mit der des Sondereigentums zusammenfällt, können die Zeitpunkte des Ablaufs der Verjährung insofern unterschiedlich sein. Das Datum der Abnahme lässt sich i.d.R. anhand von Begehungsprotokollen ermitteln, die anlässlich der Abnahme erstellt werden sollten.

Der Rücktritt vom Kauf- bzw. Werkvertrag ist trotz der Verjährung der Gewährleistungsansprüche möglich. Gem. § 218 Abs. 1 BGB kann sich der Schuldner aber auf die Verjährung berufen und hierdurch die Unwirksamkeit des Rücktritts herbeiführen. Gleichwohl kann der Wohnungseigentümer die Zahlung des Kaufpreises bzw. der vereinbarten Vergütung bei Mängeln gem. §§ 484 Abs. 4 S. 1, 634a Abs. 4 S. 1 BGB verweigern – in diesem Fall ist der Verkäufer bzw. Werkunternehmer seinerseits zum Rücktritt berechtigt, §§ 484 Abs. 4 S. 3, 634a Abs. 4 S. 3 BGB – sowie gem. § 215 BGB mit bereits vor Ablauf der Verjährungsfrist entstandenen Schadensersatzansprüchen aufrechnen. Das frühere

Rügeerfordernis, §§ 639 Abs. 1 i.V m. 478, 479 BGB a. F., ist mit der Schuldrechtsreform entfallen.

4. Vereinbarungen über die Verjährung

Die Vertragsparteien können Verjährungsfristen grundsätzlich, soweit es sich nicht um die Haftung für Vorsatz handelt, nach § 202 BGB durch Individualvereinbarung abkürzen oder verlängern, nicht jedoch über eine Frist von dreißig Jahren hinaus, § 202 Abs. 2 BGB. Die Abkürzung der gesetzlichen fünfjährigen Gewährleistungsfrist für Baumängel in Formularverträgen ist allerdings ausgeschlossen, §§ 309 Nr. 8 b) ff), 634a Abs. 1 Nr. 1 BGB. Auch die Geltung der zweijährigen Verjährungsfrist des § 13 Nr. 4 VOB/B kann isoliert nicht vereinbart werden (vgl. BGHZ 109, 195; NJW 1994, 2547); zulässig ist eine entsprechende Vereinbarung nur, soweit die VOB/B insgesamt Vertragsinhalt geworden ist, § 309 Nr. 8 b) ff) HS 2 BGB. Der Beginn der Verjährungsfrist kann ebenfalls nicht vorverlegt werden (BGH NJW-RR 1987, 145).

▶ **Verkaufskiosk** → Kiosk

▶ **Verkehrssicherungspflichten**

Zu einer ordnungsmäßigen, dem Interesse der Gesamtheit der Wohnungseigentümer entsprechenden Verwaltung, § 21 Abs. 5 WEG, gehört die Wahrung der allgemeinen Verkehrssicherungspflicht (BayObLGZ 2000, 43; ZfIR 2000, 551f). Als Fall der allgemeinen Verkehrssicherungspflicht, der durch eine besondere Beweislastregelung gekennzeichnet ist, ist in § 836 BGB die → Haus- und Grundbesitzerhaftpflicht normiert.

1. Pflicht der Wohnungseigentümer

Die Wohnungseigentümer trifft eine allgemeine Verkehrssicherungspflicht für das Grundstück, das Gebäude sowie gemeinschaftlicher Einrichtungen und Anlagen (BGH NJW-RR 1989, 394; OLG Frankfurt OLGZ 1993, 188f) sowie ggf. aufgrund öffentlichen Rechts für anliegende Bürgersteige und Wege. Sie haben daher einen gefahrlosen Zustand herzustellen und Gefahrenherde sofort zu beseitigen (vgl. OLG Frankfurt OLGZ 1982, 16). Da eine Verkehrssicherung, die jede Gefahr ausschließt, nicht möglich ist, sind die Vorkehrungen zum Schutze Dritter zu treffen, die nach den Sicherheitserwartungen des jeweiligen Verkehrs (BGH NJW 1985, 1076) im Rahmen des Zumutbaren zur Abwendung solcher Gefahren erforderlich und geeignet sind, die bei bestimmungsmäßiger, aber nicht ganz fern liegender bestimmungswidriger Nutzung drohen (BGH NJW 1978, 1629). Die Regel, dass gegenüber Personen, die sich unbefugt in einen Gefahrbereich begeben, keine Verkehrssicherungspflicht besteht (BGH NJW 1957, 499; VersR 1964, 727), gilt nicht gegenüber Kindern (BGH VersR 1995, 672; OLG Köln WuM 1993, 684; → Kinderspielplatz) und gegenüber Dritten, mit deren Fehlverhalten erfahrungsgemäß zu rechnen ist (OLG Köln VersR 1992, 1241). Die Verkehrssicherungspflicht kann auf einen Wohnungseigentümer übertragen werden, z.B. soweit ihm ein Sondernutzungsrecht an Grundstücksflächen zusteht (BayOBLG NJOZ 2001, 1113, 1115).

2. Übernahme durch Verwalter

Wird die primär die Wohnungseigentümer treffende Verkehrssicherungspflicht vom Verwalter durch Annahme der Verwalterstellung oder im Verwaltervertrag übernommen, so wird er Garant für die Abwendung von Schäden durch tatsächliche Gewährsübernahme und tritt anstelle der Wohnungseigentümer in die Verkehrssicherungspflicht mit der Folge ein, dass er insoweit selbst gem. § 838 BGB verkehrssicherungspflichtig und bei schuldhafter Verletzung deliktisch verantwortlich wird (BGH NJW 1993, 1782). Der Verwalter ist demnach verantwortlich, dass sich das gemeinschaftliche Eigentum, insbesondere das Grundstück, das Gebäude sowie gemeinschaftliche Einrichtungen und Anlagen in einem gefahrlosen und verkehrssicheren Zustand befinden.

Diese Einstandspflicht besteht auch den delegierenden Wohnungseigentümern gegenüber, so dass auch der einzelne geschädigte Wohnungseigentümer Ansprüche auf Schadensersatz gegen den Verwalter hat (vgl. BGH NJW-RR 1989, 394f; BayObLG WE 1997, 315f; OLG Zweibrücken WE 1995, 26). Deren Verkehrssicherungspflicht beschränkt sich auf eine Kontroll- und Überwachungspflicht (BGH NJW-RR 1989, 394); die klare, die Ausschaltung von Gefahren zuverlässig sicherstellende Delegationsvereinbarung liegt allein schon in der Übertragung der Verwalterstellung, da die Verkehrssicherungspflicht zu den gesetzlichen, unabdingbaren Mindestpflichten gem. § 27 Abs. 1 Nr. 2 WEG zählt. Maßgebend ist, dass der in die Verkehrssicherungspflicht Eintretende tatsächlich die Verkehrssicherung als Aufgabe übernommen hat und die Wohnungseigentümer im Vertrauen darauf keine Verkehrssicherungsmaßnahmen ergreifen (BGH NJW 1985, 484; ZMR 1990, 27).

Der Verwalter genügt im Allgemeinen der verkehrsüblichen Sorgfaltspflicht, wenn er zuverlässige Fachkräfte mit den notwendigen Instandhaltungsmaßnahmen und der im gebotenen Umfang erforderlichen fortlaufenden, sachkundigen Überprüfung betraut (BGH WM 1993, 1341 f). Er muss nachweisen, dass er alle Maßnahmen getroffen hat, die erkennbare Gefahren abzuwehren geeignet sind, wobei die Rechtsprechung hohe Anforderungen an die Darlegungs- und Beweispflicht des Verwalters stellt, da das Gebäude mit seinen sämtlichen Bestandteilen gewöhnlichen Umständen, insbesondere Witterungseinwirkungen einschließlich ungewöhnlicher Sturmstärken standhalten muss (→ Haus- und Grundbesitzerhaftpflicht), ohne dass die Anforderungen allerdings überspannt werden dürfen.

Die Wohnungseigentümer sind verpflichtet, die Erfüllung dieser Gebäudesicherungspflichten durch Schadensanzeigen, ggf. Beschlussfassung über Verkehrssicherungsmaßnahmen sowie durch Sicherstellung der Finanzierung zu ermöglichen und zu erleichtern; sie werden aber durch die Bestellung des Verwalters nicht grds. frei von Überwachungs- und Kontrollpflichten (BGH Vers 1976, 66), es sei denn, dass sie nicht selbst in der Anlage wohnen (OLG Frankfurt OLGZ 1985, 144). Einem Dritten gegenüber kann sich der Verwalter nicht auf fehlerhafte Überwachung berufen (BGH VersR 1985, 243).

Im Innenverhältnis zwischen Wohnungseigentümern und Verwalter wird ein Schaden gem. § 426 Abs. 1 S. 1 BGB verteilt, was in der Praxis wegen der regelmäßig gem. § 21 Abs. 5 Nr. 3 WEG bestehenden Haus- und Grundbesitzerhaftpflichtversicherung (→ Versicherungen) ohne Belang ist. Haftet neben den Wohnungseigentümern und dem Verwalter noch ein Dritter, der mit Verkehrssicherungsaufgaben betraut ist, so hat dieser im Innenverhältnis gem. § 840 Abs. 3 BGB den Schaden allein zu tragen.

Der Verwalter haftet nach § 831 BGB aufgrund eines vermuteten Eigenverschuldens für unerlaubte Handlungen seiner Verrichtungsgehilfen, die diese in Ausführung der Verrichtung begehen. Verrichtungsgehilfe ist, wer weisungsabhängig im Pflichtenkreis eines anderen von diesem übertragene Tätigkeiten ausführt (Palandt/Thomas § 831 RN 6). Der Verwalter kann die Verschuldensvermutung mittels eines Entlastungsbeweises widerlegen. Er haftet nicht, wenn er bei der Auswahl und der Überwachung seiner Verrichtungsgehilfen und bei der Beschaffung von Geräten und Vorrichtungen die im Verkehr erforderliche Sorgfalt angewendet hat. Ferner kann er den Entlastungsbeweis durch Widerlegung der Ursächlichkeitsvermutung führen, wenn der Schaden auch bei Anwendung der erforderlichen Sorgfalt entstanden wäre. Die Haftung nach § 831 BGB besteht neben einer möglichen Haftung des Verwalters oder seiner Hilfspersonen aus § 823 BGB.

3. Einzelne Verkehrssicherungspflichten

Die meisten Verkehrssicherungsmaßnahmen zählen zur Instandhaltung und Instandsetzung i.S. der § 21 Abs. 5 Nr. 2 und § 27 Abs. 1 Nr. 2 WEG. Soweit die Verkehrsicherungspflichten nicht bereits bei den einzelnen Stichwörtern erläutert sind (→ Dach, Dachboden; → Flur, Treppenpodest, Treppenhaus; → Kinderspielplatz; → Räum- und Streupflicht; → Schwimmbecken), sind beispielhaft folgende Handlungen als Maßnahmen zur Erfüllung der Verkehrssicherungspflicht zu nennen:

- **Bäume und Hecken.** Geschädigte Bäume oder Hecken, von denen eine Gefährdung z.B. durch herabstürzende Äste ausgeht, sind zu entfernen oder auszulichten (OLG Hamm ZMR 1996, 218, 220, 221; OLG Köln MDR 1992, 1127; OLG Schleswig MDR 1995, 148 z. grenznahen Bäumen).
- **Betonschwellen.** In ein Verbundpflaster einer Parkplatzzufahrt können zur Verkehrsberuhigung und Gefahrenminderung Betonschwellen nach modernen verkehrstechnischen Erkenntnissen eingebaut werden (KG OLGZ 1985, 263, 265).

- **Garageneinfahrt.** Eine Garageneinfahrt ist erforderlichenfalls aufzufüllen, um das Aufsetzen der Pkws zu verhindern (LG Koblenz 26.4.1991, 10 T 43 und 44/91).
- **Glastüren.** Glastüren und -wände in Fußgängerbereichen sind zu kennzeichnen (BGH VersR 1969, 665; OLG Köln NJW-RR 1994, 349).
- **Hindernisse.** Hindernisse, z.B. Öl oder sonstige Verschmutzungen, z.B. durch Laub (BGH NJW-RR 1989, 394), sind zu beseitigen.
- **Kellerschächte.** Kellerschächte sind zu sichern, insbesondere Abdeckroste gegen unbefugtes Abheben (BGH NJW 1990, 1236).

▶ **Vermietung von gemeinschaftlichem Eigentum**

Über die Vermietung von in gemeinschaftlichem Eigentum stehenden Räumen kann durch Mehrheitsbeschluss entschieden werden, sofern nicht eine Vereinbarung entgegensteht und den Wohnungseigentümern kein Nachteil erwächst (BGH NZM 2000, 1010; BayObLGZ 1999, 377; OLG Hamburg NZM 2001, 132; ZMR 2003, 444). Ein derartiger Beschluss entzieht den Wohnungseigentümern nicht das Mitgebrauchsrecht, sondern regelt lediglich die Art und Weise seiner Ausübung, indem er an die Stelle des unmittelbaren (Eigen-)Gebrauchs den Anteil an den Mieteinnahmen treten lässt (BGH NZM 2000, 1010; OLG Hamburg ZMR 2003, 444). Nur unter besonderen Umständen kann die Vermietung von gemeinschaftlichen Räumen als nachteilig i.S. von § 14 Nr. 1 WEG angesehen werden; dies hat die Rspr. jedoch angenommen etwa bei der Vermietung eines →Fahrradraums (BayObLG WE 1988, 22 z. Vermietung einer Freifläche an ein Blumengeschäft).

▶ **Vermietung von Wohnungseigentum**

Nach § 13 Abs. 1 WEG kann jeder Wohnungseigentümer mit den in seinem Sondereigentum stehenden Gebäudeteilen (Wohnung, Garage, nicht zu Wohnzwecken dienende Räume) nach Belieben verfahren, insbesondere diese vermieten, soweit nicht das Gesetz oder Rechte Dritter entgegenstehen. Die übrigen Wohnungseigentümer dürfen dies nicht untersagen; sie können aber die Erhebung einer Vermietungspauschale, etwa einmalig zahlbar für jeden Fall der Vermietung oder fortlaufend durch einen Zuschlag auf die Beiträge, vereinbaren (AG Hamburg DWE 1979, 29; Staudinger/Bub § 16 RN 37). Ein Mehrheitsbeschluss ist wegen Änderung des → Kostenverteilungsschlüssels nichtig.

Das Recht zur Vermietung schließt die Befugnis ein, das dem einzelnen Wohnungseigentümer zustehende Recht auf Mitgebrauch des gemeinschaftlichen Eigentums auf den Mieter zu übertragen (BGH NZM 2003, 358f; BayObLG ZMR 1998, 182). Die übrigen Wohnungseigentümer können hierfür kein Entgelt fordern (OLG Düsseldorf WE 1996, 347).

1. Einschränkungen

Die Gemeinschaftsordnung kann die Vermietung von Wohnungs- oder Teileigentum an die Zustimmung des Verwalters knüpfen (BGHZ 37, 203; BayObLG NJW-RR 1988, 1163; Staudinger/Kreuzer § 10 RN 129; → Zustimmungsvorbehalt des Verwalters), nicht aber untersagen, da hierfür das WEG keine gesetzliche Grundlage bietet (Bub WE 1989). Wenn dem Wohnungseigentümer gem. § 12 WEG der Verkauf seiner Wohnung nicht generell, sondern nur bei Vorliegen eines wichtigen Grundes in der Person des Erwerbers untersagt werden kann, muss dies auch für deren Vermietung gelten (BayObLGZ 1987, 291; WuM 1992, 278). § 12 WEG ist aber nicht analog anwendbar (BayObLGZ 1983, 85), so dass das Fehlen der vereinbarten Zustimmung die Wirksamkeit des Mietvertrages nicht berührt, sondern allenfalls Schadensersatzverpflichtungen des vermietenden Wohnungseigentümers auslösen kann.

Die Wohnungseigentümer können vereinbaren, dass die Verwaltung des Sondereigentums generell (BayObLG NJW-RR 1988, 1163; WuM 1994, 156 z. Verpachtung an eine Betriebsgesellschaft; BayObLG WuM 1991, 442; Z 1999, 40, 44 z. Verwaltung einer Hotelappartementanlage) oder im Falle der Vermietung dem Wohnungseigentumsverwalter zu übertragen ist (BayObLG DNotZ 1996, 37f). Ein Eigentümerbeschluss, wonach der Verwalter für die ihre Wohnung vermietenden Wohnungseigentümer den Mietzins einzuziehen hat und diese einen Anteil des Mietertrags der Gemeinschaft zur Verfügung stellen müssen, ist wegen Fehlens der Beschlusskompetenz der Eigentümerversammlung nichtig, da das Recht, die Wohnung zu vermieten und den Mietzins zu vereinnahmen nach der gesetzlichen Regelung des § 13 Abs. 2 WEG allein dem Eigentümer zusteht (OLG Düsseldorf NZM 2001, 238).

Die Vermietung darf nicht gegen die Zweckbestimmung der im Sondereigentum stehenden Räume verstoßen (→ Gebrauch des Sondereigentums), es sei denn, dass hieraus keine größeren oder anderen Beeinträchtigungen folgen als durch die zweckbestimmungsgemäße Nutzung. Der gewissenhafte Wohnungseigentumsvermieter wird also vor Abschluss des Mietvertrages eine etwa erforderliche Zustimmung einholen und den mietvertraglichen Nutzungszweck auf die vereinbarte Zweckbestimmung abstimmen. Grds. zulässig ist auch die Vermietung an ständig wechselnde Feriengäste (→ Ferienwohnung).

2. Rechte und Pflichten des vermietenden Wohnungseigentümers

Der vermietende Wohnungseigentümer ist aufgrund des Mietvertrages verpflichtet, dem Mieter die Mieträume zu übergeben und den Gebrauch der gemieteten Räume während der Mietzeit zu gewähren, § 535 Abs. 1 S. 1 BGB. Dies schließt auch die Verpflichtung zur Instandhaltung und Instandsetzung von solchen Bauteilen ein, die zum gemeinschaftlichen Eigentum gehören. Der vermietende Wohnungseigentümer ist seinem Mieter gegenüber verpflichtet, seinen Anspruch auf Mitwirkung der übrigen Wohnungseigentümer zu erforderlichen Maßnahmen der ordnungsmäßigen Verwaltung gem. § 21 Abs. 4 WEG geltend zu machen, um ihm den vertragsmäßigen Gebrauch an der Mietsache zu gewähren, insbesondere um Mängel am gemeinschaftlichen Eigentum zu beseitigen, die den Gebrauch der Mietsache beeinträchtigen (KG NJW-RR 1990, 1166 f). Wird er zur Beseitigung von Mängeln am gemeinschaftlichen Eigentum verurteilt, so kann dieses Urteil gem. § 888 ZPO gegen ihn vollstreckt werden, wenn er seinen Anspruch gem. § 21 Abs. 4 WEG nicht mit allen zumutbaren Mitteln verfolgt (KG NJW-RR 1990, 1166 f).

Ist der Mieter körperbehindert, so hat er gegen den Vermieter gem. §554a BGB einen Anspruch auf Durchführung von baulichen Veränderungen, wenn diese für eine behindertengerechte Nutzung des Mietobjekts erforderlich sind (→ Rollstuhl). Bei ausländischen Mietern kann ferner ein Anspruch auf Gestattung der Installation einer Parabolantenne bestehen, um die Programme ihres Heimatlandes empfangen zu können (→ Antenne, Parabolantenne). Zahlt der Eigentümer keine Beiträge an die Eigentümergemeinschaft, kann auch bei vermietetem Wohnungseigentum eine Versorgungssperre gegen ihn verhängt werden (→ Verzug, Verzugszinsen, Verzugsschaden). Der Mieter seinerseits ist neben der Miete zur Zahlung der Nebenkosten an den Vermieter verpflichtet, sofern dies vereinbart ist (→ Umlage der Betriebs- und Nebenkosten auf den Mieter). Z. Einzelheiten der wechselseitigen Rechte und Pflichten im Mietverhältnis Bub/Treier, Handbuch der Geschäfts- und Wohnraummiete, 3. Aufl.

3. Einhaltung der Vereinbarung der Wohnungseigentümer und der Hausordnung

Der vermietende Wohnungseigentümer hat gegen seine Miteigentümer Anspruch darauf, dass der Mieter das Wohnungseigentum genauso nutzen kann, wie er selbst es darf. Andererseits muss er dafür Sorge tragen, dass der Mieter, ebenso wie der Wohnungseigentümer selbst, die Beschlüsse, Vereinbarungen und Nutzungsregelungen (→ Hausordnung) der Eigentümergemeinschaft beachtet (Staudinger/Bub §21 RN 129); er sollte diese dem Mieter zur Kenntnis geben und zum Gegenstand des Mietvertrages machen. Er erfüllt damit sowie mit der Überwachung des Mieters eigene Pflichten gem. §14 Nr. 2 WEG. Verletzt der Mieter, dem der Wohnungseigentümer die Erfüllung seiner Verbindlichkeiten nach §14 WEG gegenüber der Gemeinschaft übertragen hat, diese Pflichten, so haftet der Wohnungseigentümer den übrigen Wohnungseigentümern für das Verschulden seines Mieter gem. §14 Nr. 2 WEG (KG ZWE 2000, 419f; BayObLGZ 1970, 65).

Nutzt der Mieter das ihm überlassene Sondereigentum entgegen den Vereinbarungen und Gebrauchsregelungen der Wohnungseigentümer, so können die Wohnungseigentümergemeinschaft oder ein gestörter Wohnungseigentümer sowohl im Wohnungseigentumsverfahren gem. §§ 15 Abs. 3, 14 Nr. 1 und 2 WEG den vermietenden Wohnungseigentümer (BGH ZMR 1996, 147; BayObLG NZM 2001, 137 f) als auch im Zivilprozess den Mieter unmittelbar gem. § 1004 BGB (KG ZMR 1997, 315) auf Unterlassung der Störung in Anspruch nehmen, ohne dass zuvor die fehlende Berechtigung zur Nutzung gegenüber dem vermietenden Wohnungseigentümer festgestellt werden muss (Bub PiG 26, 137, 146; Weitnauer WE 1987, 97).

Der auf Unterlassung der unzulässigen Nutzung gerichtete Titel ist gegen den Vermieter gem. § 890 ZPO durch Zwangsgeld und Zwangshaft zu vollstrecken. Das Gericht kann dem Unterlassungspflichtigen eine angemessene Zeit zur Änderung der Nutzung einräumen (BayObLG ZMR 2000, 53). Der vermietende Eigentümer kann von den übrigen Wohnungseigentümern aber nicht zur Kündigung gezwungen werden, da ihm nicht vorgeschrieben werden kann, auf welche Weise er einen geschuldeten Erfolg, nämlich die Einhaltung der Hausordnung durch seinen Mieter, erreicht (KG NZM 2000, 879 f; OLG Köln ZMR 1997, 253); sie können vom Vermieter lediglich verlangen, im Rahmen des Möglichen und Zumutbaren darauf hinzuwirken, dass der Mieter die unzulässige Nutzung schon vor der Beendigung des Mietverhältnisses unterlässt (BayObLG NJW-RR 1994, 527 f; KG NZM 2000, 879 f; OLG Stuttgart OLGZ 1993, 65, 67). Deswegen wird auch das Vorgehen der Teil- und Wohnungseigentümer nach § 15 Abs. 3 WEG als „weitgehend stumpfe Waffe" bezeichnet und nur die unmittelbare Inanspruchnahme des Mieters gem. § 1004 BGB als effektiv angesehen (Bub PiG 26, 136, 147).

Gleiches gilt, falls ein Miteigentümer seine Eigentumseinheit zu Zwecken vermietet, die der zwischen den Wohnungseigentümern vereinbarten Zweckbestimmung widerspricht und dies die anderen Mitbewohner über § 14 Nr. 1 WEG hinausgehend benachteiligt, z.B. die Vermietung eines Ladens zum Betrieb eines Restaurants (BGH ZMR 1996, 147). Die Vereinbarung zwischen ihm und seinem Mieter ist zwar wirksam (Bub WE 1987, 116), die übrigen Wohnungseigentümer haben aber Anspruch gem. § 1004 i.V.m. §§ 15 Abs. 3, 14 Nr. 1 und 2 WEG auf Unterlassung und Beendigung der zweckbestimmungswidrigen Nutzung (BayObLG WE 1998, 76; KG ZMR 1985, 207). Untersagt die Eigentümergemeinschaft dem Mieter den mietvertraglich zugesagten Gebrauch (hierzu OLG München NJW-RR 1992, 1492), kann er seinen Vermieter auf Schadensersatz in Anspruch nehmen. Dieser ist seinerseits nicht berechtigt, das Mietverhältnis aus wichtigem Grund zu kündigen, da es zu seinem Risikobereich gehört, dass die Vermietung mit der Gemeinschaftsordnung vereinbar ist, selbst wenn ihm gem. § 15 Abs. 3 WEG die Vermietung untersagt wurde (BGH ZMR 1996, 147; KG NZM 2000, 879 f).

4. Bauliche Veränderung durch den Mieter

Gestattet ein Vermieter seinem Mieter eigenmächtig den Einbau von Dachflächenfenstern, ist er nicht nur Zustandsstörer, sondern als (mittelbarer) Handlungsstörer zur Beseitigung der Eigentumsbeeinträchtigung und zur Wiederherstellung des ursprünglichen Zustands verpflichtet (OLG Düsseldorf NZM 2001, 136; Staudinger/Bub § 22 RN 231). Die Wohnungseigentümer können den vermietenden Wohnungseigentümer aber auch verpflichten, dahin gehend tätig zu werden, dass sein Mieter die von ihm vorgenommenen baulichen Veränderungen wieder beseitigt; der Anspruch gegen den Eigentümer auf Vornahme der nicht vertretbaren Handlung ist in diesem Fall gem. § 888 ZPO zu vollstrecken (OLG Köln NZM 2000, 1018). Dabei ist ohne Belang, dass die Wohnungseigentümer auch dessen Mieter unmittelbar in Anspruch nehmen können (KG ZMR 1997, 315 f), da unter mehreren Störern, die kumulativ und gesamtverbindlich haften, kein Rangverhältnis besteht (OLG Celle NJW 1988, 424; OLG Köln NZM 2000, 1018).

Sind in Vollzug des Beschlusses bauliche Maßnahmen vorzunehmen und ist die Wohnung, in der die Maßnahmen vorzunehmen sind, vermietet, so setzt die Zwangsvollstreckung bei Weigerung des Mieters, die erforderlichen baulichen Maßnahmen durchführen zu lassen, einen Duldungstitel gegen diesen voraus (BayObLGZ 1988, 440, 443; OLG Frankfurt OLGZ 1983, 97 f); liegt ein solcher nicht vor, so kann nur gem. § 888 ZPO vollstreckt werden. Danach können gegen den Wohnungseigentümer als

Vollstreckungsschuldner Zwangsgeld oder Zwangshaft verhängt werden, soweit er nicht darlegen kann, alles Erforderliche getan zu haben, notfalls auch im gerichtlichen Verfahren, um von seinem Mieter die Zustimmung zur Beseitigung der baulichen Veränderung zu erlangen (BayObLGZ 1988, 440, 442; DWE 1994, 28).

5. Veräußerung der Eigentumswohnung

Bei Veräußerung einer vermieteten Eigentumswohnung tritt der Erwerber kraft Gesetzes gem. § 566 BGB mit seiner Eintragung als Eigentümer im Grundbuch als Vermieter in das bestehende Mietverhältnis ein. § 566 BGB findet auch dann Anwendung, wenn mehrere Miteigentümer und Vermieter ein Grundstück nach § 8 WEG aufteilen, so dass sich das Miteigentum an den einzelnen Raumeigentumsrechten fortsetzt, und anschließend einem von ihnen das Alleineigentum an der vermieteten Wohnung übertragen (BayObLG [RE] WuM 1982, 42). Der Erwerber und bisherige Mitvermieter tritt dann als Alleineigentümer an die Stelle der bisherigen Eigentümer und Vermietergemeinschaft in den Mietvertrag ein.

Wird nach der Überlassung der Mietsache an den Mieter Wohnungseigentum begründet und ist neben dem Sondereigentum Mietgegenstand auch ein nunmehr im gemeinschaftlichen Eigentum stehender Kellerraum, so wird der Erwerber alleiniger Vermieter, der Mietvertrag wird nicht in zwei Mietverträge mit dem Wohnungseigentümer und der Eigentümergemeinschaft aufgespalten (BGH NZM 1999, 553; a.A. OLG Hamburg, NJWE-MietR 1996, 254; OLG Celle, WuM 1996, 222; LG Hamburg, WuM 1997, 47: Vermieterstellung der Wohnungseigentümergemeinschaft für das gesamte Mietverhältnis). Dies gilt nicht, wenn der mitvermietete Nebenraum im Sondereigentum eines anderen Wohnungseigentümers steht (LG Hamburg ZMR 1999, 765).

Werden vermietete Wohnungen, an denen nach der Überlassung an den Mieter Wohnungseigentum begründet worden ist oder begründet werden soll, verkauft, so steht dem Mieter ein gesetzliches → Vorkaufsrecht zu. Weiter darf sich ein Erwerber zur Begründung einer Kündigung auf etwa vorhandenen Eigenbedarf nicht vor Ablauf von drei Jahren seit der Veräußerung berufen

(Warte- oder Sperrfrist), § 577a Abs. 1 BGB (→ Kündigung des Mietvertrages über Wohnungseigentum).

▶ **Vermittlung einer Eigentumswohnung** → Makler

▶ **Vermögenschadenhaftpflichtversicherung** → Versicherungen

▶ **Versicherungen**

Gem. § 21 Abs. 5 Nr. 3 WEG gehören zu einer ordnungsmäßigen Verwaltung die Feuerversicherung des gemeinschaftlichen Eigentums zum Neuwert und die angemessene Versicherung der Wohnungseigentümer gegen Haus- und Grundbesitzerhaftpflicht. Die Versicherungen hat der Verwalter i.d.R. im Namen der Wohnungseigentümer abzuschließen; nur dann behält nämlich die Wohnungseigentümergemeinschaft gem. § 25 Abs. 4 VGB 88 den Versicherungsschutz trotz eines Fehlverhaltens oder einer Obliegenheitsverletzung eines einzelnen Wohnungseigentümers (Jansen WE 1988, 8f); möglich ist aber auch der Abschluss durch den Verwalter im eigenen Namen für fremde Rechnung i.S.d. §§ 74ff VVG, da die Wohnungseigentümer damit Inhaber der Rechte aus dem Versicherungsvertrag werden (BayObLGZ 1996, 84, 87).

§ 21 Abs. 5 Nr. 3 WEG statuiert keine öffentlich-rechtliche Versicherungspflicht (BPM § 21 RN 147), sondern nur eine Pflicht der Wohnungseigentümer untereinander, für den dort vorgesehenen Versicherungsschutz zu sorgen, so dass Dritte, z.B. Mieter, aus einem Verstoß gegen diese Pflicht keine Rechte ableiten können (BayObLG WE 1991, 140).

1. Feuerversicherung

§ 21 Abs. 5 Nr. 3 WEG sieht obligatorisch zunächst die Feuerversicherung des gemeinschaftlichen Eigentums vor. Der Begriff des gemeinschaftlichen Eigentums ist dabei wie in den §§ 1 Abs. 5 und 5 WEG zu verstehen, so dass hiermit nicht das gesamte Gebäude gemeint ist. Soll das Sondereigentum mitversichert werden, so bedarf dies einer Vereinbarung der Wohnungseigentümer und der Einbeziehung in den Versicherungsvertrag. In diesem Fall wird die Feuerversicherung insgesamt zum Gegenstand der gemeinschaftlichen Verwaltung (KG WuM 1984, 308f; Sauren PiG 48, 71, 73). Die Gegenstände in den Wohnungen werden von der Feuerversicherung nicht umfasst. Der einzelne Wohnungseigentümer kann insoweit durch den Abschluss einer Hausratversicherung Versicherungsschutz erlangen, wenn er sein Wohnungseigentum selbst bewohnt. Schafft der Wohnungseigentümer – etwa durch Einlagerung brennbarer Flüssigkeiten – besondere Gefahrenquellen, so hat er i.d.R. die diesbezüglichen Risiken für das gemeinschaftliche Eigentum gesondert zu versichern.

Der Versicherer gewährt im Rahmen der Feuerversicherung i.d.R. Versicherungsschutz gegen Schäden durch
- Brand,
- Blitzschlag,
- Explosion und
- Anprall und Absturz von Luftfahrzeugen oder Teilen davon

sowie deren Folgeschäden, die durch
- Rauch, Ruß und Löschwasser,
- Niederreißen,
- Aufräumen der Gebäude oder Gebäudeteile

entstehen, z.B. Mietausfälle für Wohnräume; gewerblich genutzte Räume müssen zusätzlich versichert werden.

Es empfiehlt sich die gleitende Neuwertversicherung, um die Verpflichtung gem. §21 Abs. 5 Nr. 3 WEG stets zu erfüllen.

Haben sich die durch Grundpfandrechte abgesicherten Kreditgeber den Nachweis einer Feuerversicherung ausbedungen und dies beim Feuerversicherer angemeldet, so ist neben der Kündigung des Vertrages der Nachweis der Löschung des betreffenden Grundpfandrechts oder die Zustimmung des Grundpfandgläubigers bis spätestens einen Monat vor Vertragsende vorzulegen, §§ 106, 170b VVG (OLG Hamm NJW-RR 1988, 217).

2. Haus- und Grundbesitzerhaftpflichtversicherung

§21 Abs. 5 Nr. 3 WEG sieht auch eine angemessene Versicherung der Wohnungseigentümer gegen die Haus- und Grundbesitzerhaftpflicht zum Schutz gegen die aus dem gemeinschaftlichen Eigentum aufgrund gesetzlicher Haftpflichtbestimmungen privatrechtlichen Inhalts drohenden Risiken, insbesondere gegen gesetzliche Schadensersatzansprüche gem. §836 BGB (→ Haus- und Grundbesitzerhaftpflicht) oder solche wegen der Verletzung einer → Verkehrssicherungspflicht vor, wobei die Angemessenheit hinsichtlich Umfang des Versicherungsschutzes und Höhe der Versicherungssumme nach den konkreten, objektspezifischen Risikofaktoren zu beurteilen ist. Üblich ist eine Versicherungssumme von € 1 000 000 für Personen- und von € 250 000 bis 1 000 000 für Sachschäden mit einer Jahreshöchstentschädigung von € 2 000 000.

Neben der gesetzlichen Haftpflicht der Gemeinschaft aus dem gemeinschaftlichen Eigentum ist nach den allgemeinen Versicherungsbedingungen auch die persönliche gesetzliche Haftpflicht des Verwalters und sonstiger Dienstverpflichteter, z.B. des Hausmeisters, bei Betätigung im Interesse und für den Zweck der Wohnungseigentümer mitversichert. Sofern einzelne Wohnungseigentümer im Interesse und für Zwecke der Gemeinschaft tätig werden, ist auch ihre persönliche gesetzliche Haftpflicht mitversichert. Nach den besonderen Bedingungen der Haftpflichtversicherung sind grds. noch Ansprüche der einzelnen Wohnungseigentümer gegen den Verwalter und gegen die Wohnungseigentümergemeinschaft sowie gegenseitige Ansprüche der Wohnungseigentümer bei der Betätigung im Interesse und für Zwecke der Gemeinschaft eingeschlossen.

Haftpflichtansprüche der Gemeinschaft gegen den einzelnen Wohnungseigentümer wegen einer Beschädigung des gemeinschaftlichen Eigentums sind durch die Haus- und Grundbesitzerhaftpflichtversicherung nicht abgedeckt. Möglich ist aber eine Vereinbarung, dass auch diese Risiken in den Versicherungsschutz einbezogen werden (Staudinger/Bub §21 RN 23).

Versichert sind Personen- und Sachschäden, die durch den auf fehlerhafter Errichtung oder mangelhafter Unterhaltung beruhenden Gebäudeeinsturz oder die Ablösung von Gebäudeteilen verursacht sind, z.B. bei der Verletzung eines Passanten oder der Beschädigung eines Kraftfahrzeuges durch herabfallende Dachziegel (OLG Düsseldorf NJW-RR 1992, 1440; OLG Frankfurt NJW-RR 1992, 164) oder Mauerwerksteile (BGH NJW 1985, 1076), aufgrund der Verletzung der Verkehrssicherungspflichten, u.a. der → Räum- und Streupflichten bei Schnee- oder Eisglätte oder der

Beleuchtungspflichten bzgl. des Hauseingangs, Hausflurs oder Treppenhauses, nicht jedoch die Schäden an der Bausubstanz selbst, etwa die Kosten des Ersatzes eines herabgestürzten Dachziegels. Die Haus- und Grundbesitzerhaftpflichtversicherung deckt auch nicht die vom Sondereigentum ausgehenden Gefahren wie z.B. einen Schaden durch einen Sturz in der Wohnung wegen eines zu glatt gebohnerten Parketts. Insoweit kommt, falls der Wohnungseigentümer die Wohnung selbst bewohnt, eine Haushaltshaftpflichtversicherung oder, falls die Wohnung zu anderen als zu Wohnzwecken genutzt wird, eine Betriebs- und Berufshaftpflichtversicherung in Betracht. Auch wenn das Wohnungseigentum vermietet ist (→ Vermietung von Wohnungseigentum) und die vom Mieter verursachten Schäden mitversichert werden sollen, ist eine zusätzliche Vereinbarung erforderlich.

3. Weitere Versicherungen

Die Wohnungseigentümer können vereinbaren, über die in § 21 Abs. 5 Nr. 3 WEG genannten Versicherungen hinaus weitere Versicherungen abzuschließen, ggf. auch das Sondereigentum einzuschließen, insbesondere um den → Wiederaufbau gem. § 22 Abs. 2 WEG zu sichern. Dies hat zur Folge, dass der Abschluss solcher vereinbarter Versicherungen ordnungsmäßiger Verwaltung i.S. des § 21 Abs. 3 WEG entspricht und jeder Wohnungseigentümer diesen gem. § 21 Abs. 4 WEG verlangen kann. Fehlt eine Vereinbarung, so können die Wohnungseigentümer im Einzelfall durch Mehrheitsbeschluss entscheiden, ob sie weitere Versicherungen für das gemeinschaftliche Eigentum abschließen oder dies unterlassen wollen (OLG Braunschweig OLGZ 1966, 971). Folgende Versicherungsarten kommen in Betracht:

a) Gewässerschadenhaftpflichtversicherung

Sie deckt Schäden durch die Verschmutzung von See-, Fluss-, Bach- und Grundwasser, für die die Wohnungseigentümergemeinschaft nach der Gefährdungshaftung des § 22 WHG verschuldensunabhängig – nicht aber verursachungsunabhängig – haftet, sowie als sog. Rettungskosten Aufwendungen zur Verminderung und Abwendung eines Schadens (OLG Braunschweig OLGZ 1966, 571, 573).

Sie ist abzuschließen, wenn die Wohnungseigentümer dies vereinbart haben Ein hierauf gerichteter Mehrheitsbeschluss entspricht i.d.R. ordnungsmäßiger Verwaltung, wenn die Wohnanlage durch Ölzentralheizung wärmeversorgt wird und ein Risiko des Eindringens von Heizöl in das Grundwasser aufgrund einer Undichtigkeit des Tanks oder aus anderen Gründen besteht (OLG Braunschweig OLGZ 1966, 571, 573).

Da die Wohnungseigentümer neben einem Wohnungseigentümer, aus dessen in seinem Sondereigentum aufgestellten Öltank Öl in den unter der Kellersohle liegenden Grund ausläuft, als Zustandsstörer haften, können sie i.d.R. von den Wohnungseigentümern, die Öl in dieser Weise vorhalten, die Unterlassung einer solchen Nutzung für den Fall, dass sie nicht den Abschluss einer Gewässerschadenhaftpflichtversicherung und dessen Aufrechterhaltung nachweisen, durch Mehrheitsbeschluss verlangen, nicht aber isoliert den Abschluss einer Versicherung (OLG Braunschweig OLGZ 1966, 571f).

b) Leitungswasserschadenversicherung

Sie deckt Schäden, die durch Wasser verursacht werden, das infolge von Rohrbruch, Frost, Korrosion und sonstigen Undichtigkeiten – also bestimmungswidrig – aus den Zu- und Ableitungen der Wasserversorgung, der Heizung oder Sprinkler- und Berieselungsanlagen ausgetreten ist; Ableitungsrohre der Wasserversorgung außerhalb des Gebäudes sind nicht Versicherungsgegenstand, wenn sie nicht durch zusätzliche Vereinbarung einbezogen sind. Gedeckt sind auch Schäden an Zu- und Ableitungsrohren selbst durch Rohrbruch (BGH WE 1993, 310 [L]; OLG Köln WE 1994, 146: auch wenn diese durch Alterung völlig entwertet sind) und Frost sowie Frostschäden an Badeeinrichtungen, z.B. an Wasserarmaturen, Boilern, Heizkörpern, Heizkessel. Versichert ist das Sachersatzinteresse des einzelnen Miteigentümers an dem Gemeinschaftseigentum und dem Sondereigentum der anderen Wohnungseigentümer, weshalb ein den Schaden fahrlässig verursachender Miteigentümer nicht in Regress genommen werden kann (BGH NZM 2001, 624).

Sie ist mit diesem üblichen Deckungsumfang als Maßnahme ordnungsmäßiger Verwaltung abzuschließen, wenn die Wohnungseigentümer dies vereinbart haben. Fehlt eine solche Vereinbarung, so wird ein hierauf gerichteter Mehrheitsbeschluss i.d.R. ordnungsmäßiger Verwaltung entsprechen (AG Karlsruhe VersR 1980, 820; Jansen/Köhler WE 1993, 132), aber nur, wenn die Versicherung von Gegenständen des Sondereigentums ausgenommen wird, die Sache des einzelnen Wohnungseigentümers ist. Sind die Gegenstände des Sondereigentums wirksam einbezogen, so obliegt es dem einzelnen Wohnungseigentümer, dafür zu sorgen, dass ein eingetretener Schaden beseitigt und ein weiterer Schaden verhindert wird. Der Verwalter ist nur zu Notmaßnahmen und zur Unterrichtung des Versicherers verpflichtet (BayObLGZ 1996, 84, 87).

Die Leitungswasserschadenversicherung deckt bedingungsgemäß nicht Grundwasserschäden, Schäden aus stehenden und fließenden Gewässern, durch Hochwasser und Witterungsniederschläge sowie durch Plansch- und Reinigungswasser. Die Versicherung ist auf die Deckung solcher Risiken im Rahmen einer Elementarschadenversicherung zu erweitern, wenn die Wohnungseigentümer dies vereinbart haben. Ein Mehrheitsbeschluss entspricht ordnungsmäßiger Verwaltung allerdings nur, wenn die Wohnungseigentumsanlage konkret gefährdet ist; dies zu beurteilen liegt aber weitgehend im Ermessen der Wohnungseigentümer.

c) Sturm- und Hagelschadenversicherung

Sie deckt Schäden und Folgeschäden aus unmittelbaren Sturm- und Hagelschlageinwirkungen auf das Gebäude unter Ausschluss der Verglasungen und außen angebrachten Antenne, Markisen o. Ä. sowie Schäden am Gebäude durch Gebäudeteile, Bäume und andere Gegenstände, die durch die Sturmeinwirkung verursacht werden. Nicht abgedeckt sind Schäden aufgrund eindringender Feuchtigkeit bei Regen, Hagel und Schnee durch nicht sturmverursachte Schadensstellen. Zur Entscheidung über den Abschluss der Versicherung gelten die Ausführungen zu b).

d) Gebäudeglasversicherung

Sie deckt die Kosten der Erneuerung zerbrochener Scheiben des gemeinschaftlichen Eigentums, soweit diese nicht durch Feuer, Blitz oder Explosion entstanden sind. Ein Mehrheitsbeschluss über den Abschluss entspricht i.d.R. ordnungsmäßiger

Verwaltung, wenn großflächige Schaufenster im Erdgeschoss besonderen Glasbruchgefahren ausgesetzt sind. Bei der Interessenabwägung ist zu berücksichtigen, inwieweit einzelne Wohnungseigentümer Verglasungen im Bereich ihres Sondereigentums, die aber regelmäßig zum gemeinschaftlichen Eigentum gehören, in den Versicherungsschutz einer Hausratversicherung eingeschlossen haben, um Doppelversicherungen zu vermeiden. Verglasungen im Bereich des Sondereigentums sind vom Versicherungsschutz auszunehmen, wenn den Sondereigentümern deren Ersatz auf eigene Kosten obliegt.

e) Rechtsschutzversicherung

Der Abschluss einer Rechtsschutzversicherung für die gesamte Wohnungseigentümergemeinschaft kann als Maßnahme ordnungsmäßiger Verwaltung vereinbart, i.d.R. aber nicht mehrheitlich beschlossen werden, da es dem einzelnen Wohnungseigentümer freisteht, ob er sich gegen Rechtsberatungs-, Prozess- und Verfahrenskostenrisiken aus seinem Wohnungseigentum versichern will (vgl. BGH WuM 1995, 549f z. zulässigen faktischen Wahrnehmung der Rechte anderer Wohnungseigentümer durch einen Rechtsschutzversicherten).

f) Vermögensschadenhaftpflichtversicherung

Dem Verwalter von Wohnungseigentum ist für sog. reine Vermögensschäden eine entsprechende Haftpflichtversicherung anzuraten (Jansen/Köhler DWE 1990, 6ff). Die Vermögensschadenhaftpflichtversicherung deckt Kosten der Gemeinschaft im Zusammenhang mit der Erfüllung der Verwalterpflichten, z.B. Ersatzvornahmekosten, Sachverständigen- und Gerichtskosten nicht ab. Gedeckt sind grds. alle Schäden, die auf Verletzung des Verwaltervertrages beruhen. Von der Deckung ausgeschlossen sind Personen- und Sachschäden, Schäden, die auf der Nichterfüllung von Versicherungsverträgen beruhen, und Schäden, die durch Fehlbeträge bei der Kassenführung oder Veruntreuung des Personals entstehen. Die Kosten für die Vermögensschadenhaftpflichtversicherung sind von den Wohnungseigentümern nur zu tragen, wenn dies ausdrücklich vereinbart ist.

4. Abschluss, Durchführung und Kündigung der Versicherungsverträge

Die Wohnungseigentümergemeinschaft entscheidet durch Mehrheitsbeschluss über den Abschluss der Versicherungsverträge, die Auswahl des Versicherers und über die Kündigung, da unter § 21 Abs. 5 Nr. 3 WEG nicht nur der erstmalige Abschluss von Versicherungsverträgen fällt, so dass die bisherigen Verträge kündbar sein müssen, um überhaupt den Abschluss neuer Versicherungsverträge zu evtl. günstigeren Konditionen zu ermöglichen (Jansen-Köhler WE 1991, 41f; AG Karlsruhe VersR 1980, 820). Der Beschluss, einen Versicherungsvertrag zu kündigen, setzt nicht den gleichzeitigen Beschluss über den Abschluss eines neuen Versicherungsvertrages voraus (a. A. LG Berlin VersR 1986, 698); es ist aber sicherzustellen, dass bei Beendigung des gekündigten Versicherungsverhältnisses neuer Versicherungsschutz besteht. Dem kann z.B. durch eine dem Verwalter erteilte Vollmacht Rechnung getragen werden. Um Prämiennachteile zu vermeiden, sollten Kündigungen grds. zum Ablauf der Versicherungsperiode erklärt werden.

§ 70 VVG ermöglicht die Kündigung von Versicherungsverträgen bei Wechsel des Versicherungsnehmers, so dass jeder Eigentümerwechsel ein Kündigungsrecht auslöst, das innerhalb eines Monats nach dem Erwerb auszuüben ist, § 70 Abs. 2 VVG.

Die Versicherungssummen sind in regelmäßigen Abständen anzupassen, um der Gefahr einer Unterversicherung vorzubeugen, wenn nicht mit dem Versicherer ein Unterversicherungsverzicht vereinbart wird. Versicherungsleistungen sind von allen Wohnungseigentümern gemeinschaftlich geltend zu machen (→ Geltendmachung gemeinschaftlicher Ansprüche).

Der Verwalter ist nur dann berechtigt und verpflichtet, Versicherungsverträge für die Wohnungseigentümergemeinschaft abzuschließen und zu kündigen, wenn er hierzu durch Mehrheitsbeschluss oder Vereinbarung, z.B. im Verwaltervertrag, ermächtigt wurde. Liegt eine solche Vollmacht vor, sollte der Verwalter vor Abschluss mehrere vergleichbare Angebote von Versicherern einholen. Eine allgemeine Vollmacht zum Abschluss von Versicherungsverträgen umfasst auch die Befugnis zur Kündigung und zum Neuabschluss mit einem anderen Versicherer (LG Essen

VersR 1979, 80). Ist die Vollmacht auf den Abschluss einer bestimmten Versicherung beschränkt, z.B. wenn die Eigentümerversammlung mehrheitlich beschließt, ein konkret vorgetragenes Angebot eines Versicherers anzunehmen, umfasst sie die Befugnis zur Kündigung nicht (LG Bamberg NJW 1972, 1376 für die Kündigung eines Mietvertrages). Die Kündigungsvollmacht ist im Original der Kündigung beizufügen, da der Versicherer ansonsten die Kündigung gem. § 174 BGB zurückweisen kann (LG Berlin VersR 1986, 698; LG München I VersR 1990, 1378).

Bei der Abwicklung der Versicherungsverträge, die die Wohnungseigentümer gemeinsam abgeschlossen haben, hat der Verwalter für die rechtzeitige Prämienzahlung zu sorgen, um den Versicherungsschutz nicht zu gefährden, §§ 38, 39, 6 VVG. Ein Verschulden des Verwalters wird den Wohnungseigentümern gem. § 278 BGB zugerechnet.

5. Entfallen des Versicherungsschutzes

Der Versicherungsschutz entfällt i.d.R. gem. § 61 VVG, wenn der versicherte Schaden von dem betreffenden Wohnungseigentümer oder einem seiner *Repräsentanten* vorsätzlich oder grob fahrlässig verursacht wurde. Repräsentant ist, wer im Geschäftsbereich, zu dem das versicherte Risiko gehört, befugt ist, selbständig in einem gewissen, nicht ganz unbedeutenden Umfang für den Versicherungsnehmer zu handeln (BGHZ 122, 250; VersR 1993, 828). So müssen sich die Wohnungseigentümer eine verspätete Meldung eines Versicherungsfalls durch den Verwalter mit der Folge des Entfallens des Versicherungsschutzes zurechnen lassen, wenn der Verwalter aufgrund des Verwaltervertrages berechtigt ist, Versicherungsangelegenheiten selbständig abzuwickeln und deshalb als Repräsentant der Eigentümer anzusehen ist (OLG Köln NZM 2001, 551). Bezüglich der Mieter oder Pächter sollte eine Zusatzversicherung abgeschlossen werden. Der Versicherungsschutz der übrigen Wohnungseigentümer bleibt hiervon i.d.R. unberührt.

▶ **Versicherungsagentur**

Das Betreiben einer Versicherungsagentur in einer Wohnung ist zulässig, soweit dieser Gebrauch nicht mehr stört als eine Wohnnutzung (KG NJW-RR 1994, 206).

Ver- und Entsorgungsleitungen

▶ **Versorgungssperre** → Verzug, Verzugszinsen, Verzugsschaden

▶ **Ver- und Entsorgungsleitungen**

Versorgungsleitungen für Wasser, Abwasser (BayObLG NJW-RR 2003, 587), Gas, Strom, Telefon, Heizung sind bis zum Eintritt in die im Sondereigentum stehenden Räume, insbesondere somit die Hauptversorgungsleitungen, gemeinschaftliches Eigentum (BayObLG WE 1989, 147; ähnlich KG WE 1989, 97; OLG Stuttgart DWE 1988, 98), ab diesem Punkt Sondereigentum. Für Elektrizitätsleitungen gilt dies auch, wenn die einzelnen Wohnungs- und Teileigentumseinheiten durch getrennt verlegte Steigleitungen im Treppenhaus vom gemeinschaftlichen Hauptanschluss im Keller versorgt werden (BayObLG WE 1994, 21), nicht aber soweit die Leitungen durch Sondereigentumsräume verlaufen (BayObLG WE 1989, 147). In der Teilungserklärung kann aber bestimmt werden, dass Ver- und Entsorgungsleitungen, die nur dem Gebrauch eines Sondereigentums dienen, auch dann zum gemeinschaftlichen Eigentum gehören, wenn sie sich im Bereich eines (anderen) Sondereigentums befinden (OLG Düsseldorf NZM 1998, 864).

Jeder Wohnungseigentümer muss sein Sondereigentum so instandhalten und ggf. instandsetzen lassen, dass keinem anderen Wohnungseigentümer ein unzumutbarer Nachteil entstehen kann, § 14 Abs. 1 WEG. So müssen z.B. defekte, im Sondereigentum stehende Wasser- und Abflussleitungen unverzüglich repariert werden, damit kein Schaden am gemeinschaftlichen Eigentum oder am Sondereigentum eines anderen Wohnungseigentümers entsteht oder dieser Schaden möglichst gering gehalten wird. Unterlässt ein Wohnungseigentümer schuldhaft die erforderliche Reparatur oder führt diese nicht rechtzeitig aus, so ist er aufgrund Verletzung der Pflichten aus dem Gemeinschaftsverhältnis den geschädigten Wohnungseigentümern gegenüber gem. § 280 Abs. 1 BGB schadensersatzpflichtig.

Die Verlegung von Versorgungsleitungen – z.B. für Elektrizität oder Heizung – von den Hauptanschlüssen zu einem im Sondereigentum eines Wohnungseigentümers stehenden Raum, etwa zu einem im Keller gelegenen Hobbyraum (OLG Zweibrücken NJW-

RR 1987, 1367), insbesondere die eigenmächtige Verlegung im Gemeinschaftseigentum (BayObLG WE 1998, 149), oder die Beseitigung bestehender Versorgungsleitungen (BayObLG WuM 1990, 177f z. einem Waschmaschinenanschluss, den ein Wohnungseigentümer in einem gemeinschaftlichen Kellerraum eingerichtet hat), sind i.d.R. beeinträchtigende bauliche Veränderungen, die der Zustimmung der Wohnungseigentümer bedürfen. Eine Beeinträchtigung kann auch im Ausschluss von der Benutzung, z.B. einer neu verlegten Abwasserleitung (KG WE 1994, 51) als Entzug des Mitgebrauchsrechts liegen.

▶ **Verteilungsschlüssel** → Kostenverteilungsschlüssel

▶ **Vertragsstrafe** → Strafen

▶ **Vertragswesen**

Zur ordnungsmäßigen Verwaltung gehört das gesamte Vertragswesen, d.h. der Abschluss, die Durchführung, die Änderung und Beendigung von Verträgen, die die Verwaltung des gemeinschaftlichen Eigentums betreffen. Abgeschlossen werden können dabei nahezu alle Typen des bürgerlich-rechtlichen Schuld- und Vertragsrechts, insbesondere Dauerschuldverhältnisse (Bub WE 1995, 167ff). Als Beispiele sind zu nennen:
• **Anwaltsverträge** (BGH NJW 1987, 2240; BayObLG WE 1992, 144; OLG Zweibrücken NJW-RR 1987, 1366); der Beschluss, einen Anwaltsvertrag, den einige Bauherren vor Entstehung des Wohnungseigentums abgeschlossen haben, rückwirkend als mit allen Wohnungseigentümern geschlossen zu fingieren, widerspricht ordnungsmäßiger Verwaltung, insbesondere wenn der Auftrag Gegenstände des Sondereigentums umfasst (BayObLG WE 1993, 142f);
• **Arbeits- und Dienstverträge** mit unselbständig Tätigen, z.B. einem je nach Größe der Wohnanlage haupt- oder nebenberuflich tätigen Hausmeister (BGHZ 106, 179, 181; BayObLG WE 1992, 87; KG ZMR 1993, 478) oder einem Nachtportier (BayObLG ZMR 1988, 148, 150 für ein Kur- und Sporthotel) oder mit selbständig Tätigen, etwa einem Reinigungsunternehmen, einem Gärt-

ner (AG Bergisch-Gladbach WuM 1989, 657) oder einem Bewachungsunternehmen;
- **Bankverträge** (→ Verwaltung gemeinschaftlicher Gelder; → Kredit);
- **Kaufverträge** z.B. über Maschinen und Geräte, die zur Bewirtschaftung der Wohnungseigentumsanlage notwendig sind, etwa Schneeräum- und Reinigungsgeräte (→ Räum- und Streupflicht), Wasch- und Trockenmaschinen (BayObLG DWE 1982, 29 z. Ersatzbeschaffung), Bügler, über die Lieferung von Strom, Wärme, Gas und Wasser, über Heizöl zum Betrieb der Heizungsanlage (BGH NJW 1977, 1964) oder über sonstige zur Bewirtschaftung der Wohnungseigentumsanlage notwendige Betriebsmittel, etwa Streu- und Düngemittel oder Reinigungsmaterial;
- **Leasingverträge** über Gemeinschaftsantennen- oder Lüftungsanlagen, über Verbrauchsmesseinrichtungen (Wärmezähler, Kalt- und Warmwasserzähler) oder über Maschinen und Geräte;
- **Mietverträge** über Gegenstände des gemeinschaftlichen Eigentums, etwa einer im gemeinschaftlichen Eigentum stehenden Hausmeisterwohnung an den Hausmeister oder vorübergehend an Dritte (→ Vermietung von gemeinschaftlichem Eigentum) oder von im gemeinschaftlichen Eigentum stehenden Kfz-Abstellplätzen (BayObLG NJW-RR 1993, 205; KG OLGZ 1990, 416) oder eines in der Wohnanlage errichteten Heizwerks an einen Dritten, der nicht nach Aufwand, sondern nach Grund- und Arbeitspreisen abrechnet (OLG Stuttgart WuM 1984, 310f), aber auch über die im Sondereigentum einzelner Eigentümer stehenden Räume an Dritte, wenn die Vermietung von Sondereigentum durch Vereinbarung zum Gegenstand der gemeinschaftlicher Verwaltung erklärt wurde, etwa bei einer Hotelappartementanlage (BayObLG WE 1991, 83; 1992, 208) oder einem Studentenwohnheim (BayObLG DWE 1994, 40); zulässig sind auch Mietverträge über die Anmietung von Immobilien, z.B. der Wohnung eines Eigentümers zum Zwecke der Weitervermietung an den Hausmeister (→ Hausmeisterwohnung);
- **Sachverständigenverträge** (vgl. OLG Hamm OLGZ 1994, 22);
- **Steuerberatungsverträge**, z.B. bei Verzicht auf die Umsatzsteuerbefreiung (→ Umsatzsteuer);

- **Versicherungsverträge** (→ Versicherungen);
- **Verwalterverträge** (BGH NJW 1980, 2466; BayObLG WE 1991, 111; OLG Frankfurt OLGZ 1989, 60);
- **Werkverträge** insbesondere im Zusammenhang mit der Instandhaltung und Instandsetzung der Wohnungseigentumsanlage, z.B. mit Sonderfachleuten wie Architekten, Ingenieuren oder Projektanten (Deckert PiG 48, 95, 99), über die Durchführung von Instandhaltungs- und Instandsetzungsarbeiten mit Handwerkern (vgl. KG OLGZ 1994, 35), über die Wartung von Anlagen und Einrichtungen (vgl. OLG Düsseldorf NJW-RR 1988, 441), etwa von Heizungsanlagen, Aufzügen (OLG Zweibrücken OLGZ 1993, 339), Antennen-, Lüftungs- und Sprinkleranlagen, Feuerlöscheinrichtungen oder anderen Bauteile.

Die Bestimmung des Vertragsinhalts – auch ihre Änderung (BayObLG Rpfleger 1979, 265) – erfolgt primär durch Vereinbarung oder unangefochtene Mehrheitsbeschlüsse der Wohnungseigentümer, durch die sich nach den Grundsätzen ordnungsmäßiger Verwaltung ergebende Standards über- oder unterschritten werden können, z.B. die Beauftragung eines Bewachungsunternehmens für die gesamte Wohnanlage oder eine Tiefgarage aufgrund eines besonderen Sicherungsbedürfnisses, dem aber keine konkreten Anhaltspunkte für eine Gefährdung zugrunde liegen (Bub WE 1995, 167 f).

Ein Mehrheitsbeschluss, der den Abschluss eines Vertrages zum Inhalt hat, muss im Übrigen – also wenn sich die Wohnungseigentümer nicht geeinigt haben – ordnungsmäßiger Verwaltung, insbesondere auch den hierzu entwickelten Grundsätzen (→ Ordnungsmäßige Verwaltung) entsprechen. Für die Entscheidung steht den Wohnungseigentümern aber schon deshalb ein erweiterter Ermessensspielraum zu, weil die optimalen Wunschbedingungen der einen Partei meist am Widerstand der anderen Partei scheitern. Maßstab kann deshalb nicht der denkbar beste Vertrag für die Wohnungseigentümer sein (BayObLG NJW-RR 1992, 403).

Für den Vertragsabschluss mit einer Wohnungseigentümergemeinschaft gelten die allgemeinen Regeln. Wird die Wohnungseigentümergemeinschaft mit der noch h. M. entgegen der hier vertretenen Auffassung als nicht rechtsfähig beurteilt (→ Rechts- und Parteifähigkeit der Wohnungseigentümergemeinschaft), werden alle Wohnungseigentümer – zunächst in ihrer Zusammensetzung im Zeitpunkt des Vertragsabschlusses – Vertragspartner, also Träger der Rechte und Pflichten. Ein → Sonderrechtsnachfolger tritt in den Vertrag als Dauerschuldverhältnis ein.

Über die Erfüllung und Mitwirkung der Wohnungseigentümer bei Leistungshandlungen entscheiden diese gem. § 21 Abs. 1 und 3 WEG durch Mehrheitsbeschluss, den der Verwalter gem. § 27 Abs. 1 Nr. 1 WEG auszuführen hat, wenn nicht einzelne Wohnungseigentümer hierzu ermächtigt wurden (Lüke WE 1995, 74, 76). Leistungen zur Erfüllung vertraglicher Pflichten dürfen nur an alle Wohnungseigentümer zu Händen des Verwalters (→ Entgegennahme von Zahlungen und Leistungen), nicht aber an einen einzelnen Wohnungseigentümer erbracht werden; einzelne Wohnungseigentümer, die i.d.R. als Gesamtschuldner haften, sind auch zur Leistung grds. nicht berechtigt (a.A. Lüke WE 1995, 74, 77), es sei denn, dass die Voraussetzungen der Notgeschäftsführung vorliegen, etwa um Verzugsfolgen oder eine Klage zu vermeiden. Ansonsten ist im Einzelfall zu prüfen, ob die Entscheidung der Wohnungseigentümer eine Ermächtigung des Verwalters zu den erforderlichen Mitwirkungs- und Leistungshandlungen enthält. Eine solche Ermächtigung ist im Zweifel für Weisungen und andere Mitwirkungshandlungen, die dem Erreichen des mit dem Vertrag verfolgten Zwecks und Ziels dienen, mit der Ermächtigung zum Abschluss erteilt (Ehmann, in: FS Bärmann und Weitnauer [1990] 145, 186; Lüke WE 1995, 74, 77 f).

Gestaltungsrechte, die Verfügungen über gemeinschaftliche Ansprüche i.S.d. § 747 S. 2 BGB darstellen, wie z.B. die Kündigung eines Vertrages (OLG Frankfurt OLGZ 1987, 50 z. Kündigung eine Mietvertrages wegen Eigenbedarfs), die Aufrechnung (a.A. Lüke WE 1995, 74, 77) oder eine Fristsetzung können nur durch alle Anspruchsberechtigten gemeinschaftlich ausgeübt werden (Staudinger/Bub § 21 RN 318), so dass auch hierüber durch Mehrheitsbeschluss als Maßnahme ordnungsmäßiger Verwaltung zu entscheiden ist (BPM § 21 RN 28 f). Aus der Ermächtigung des Verwalters zum Vertragsabschluss allein folgt nicht eine Ermächtigung zur Umgestaltung eines Vertrages oder zu dessen Beendigung, z.B. durch Kündigung (LG Bamberg NJW 1982, 1376 [L]; Weitnauer/ Hauger § 27 RN 22; Lüke WE 1995, 74, 78; a.A. OLG Köln DWE 1990, 108 für die Kündigung eines Hausmeistervertrages).

▶ Vertretung in der Wohnungseigentümerversammlung

Das Stimmrecht des Wohnungseigentümers ist nicht höchstpersönlicher Natur, sondern Ausfluss des veräußerlichen und vererblichen Wohnungseigentums und der Teilhabe an der Eigentümergemeinschaft. Der Wohnungseigentümer kann deshalb grds. einen Dritten gem. §§ 164 ff BGB zur Teilnahme an der Wohnungseigentümerversammlung und zur Ausübung des Stimmrechts in seinem Namen bevollmächtigen (BGHZ 99, 90, 93; 121, 236; OLG Düsseldorf NJW-RR 1995, 1294; BPM § 25 RN 51). Eine allgemeine Vollmacht zur Erledigung aller Vermögensverhältnisse ist als Stimmrechtsvollmacht zu beurteilen (BayObLGZ 1984, 15, 19).

Macht ein Vertreter eines Wohnungseigentümers in der Wohnungseigentümerversammlung von seinem Stimmrecht keinen Gebrauch, so begründet dies für den Auftraggeber weder einen Anfechtungs- noch einen Nichtigkeitsgrund hinsichtlich der gegen seinen Willen zustande gekommenen Beschlüsse, da die Verantwortung für die Wahrnehmung seines Stimmrechts auch dann noch in der Sphäre des Wohnungseigentümers verbleibt, wenn er einen Dritten mit der Ausübung beauftragt. Dabei ist unerheblich, ob er die Vollmacht einem anderen Wohnungseigentümer, dem Verwalter oder einem Dritten übertragen hat und ob die Teilungserklärung insoweit Beschränkungen enthält (KG NJW-RR 1997, 776).

1. Gesetzliche Vertretung

a) Geschäftsunfähige und Minderjährige

Ist ein Wohnungseigentümer geschäftsunfähig, wird das Stimmrecht durch seinen gesetzlichen Vertreter – Eltern gem. §§ 1626, 1629 BGB oder Betreuer bei Betreuung mit Einwilligungsvorbehalt gem. § 1902 BGB – ausgeübt. Minderjährige dürfen ihr Stimmrecht nur dann selbst ausüben, wenn der Beschluss für sie lediglich rechtlich vorteilhaft ist, § 107 BGB. Andernfalls muss der gesetzliche Vertreter selbst das Stimmrecht ausüben oder in die Ausübung des Stimmrechts durch den Minderjährigen einwilligen, § 111 S. 1 BGB.

Übt der Minderjährige sein Stimmrecht mit dieser Einwilligung aus, ist die Stimmabgabe gleichwohl unwirksam, wenn er die Einwilligung nicht in schriftlicher Form vorlegt und der Vorsitzende der Versammlung aus diesem Grund die Stimmabgabe unverzüglich zurückweist, § 111 S. 2 BGB, was in entsprechender Anwendung des § 109 Abs. 1 S. 2 auch gegenüber dem Minderjährigen erfolgen kann. Die Zurückweisung ist ausgeschlossen, wenn der gesetzliche Vertreter den Vorsitzenden der Versammlung von der Einwilligung in Kenntnis gesetzt hatte, § 111 S. 3 BGB. Erfolgt die Stimmabgabe durch den Minderjährigen ohne Einwilligung seiner gesetzlichen Vertreter, ist sie gem. § 111 S. 1 BGB nichtig; eine nachträgliche Genehmigung der Stimmabgabe vermag die Nichtigkeit nicht zu heilen.

b) Gesellschaften

Das Stimmrecht üben bei einer juristischen Person der gesetzliche Vertreter (vgl. §§ 35 GmbHG, 78 AktG, 26 Abs. 2 BGB), bei einer BGB-Gesellschaft oder Personenhandelsgesellschaft der oder die vertretungsberechtigten Gesellschafter aus. Sind mehrere gesetzliche Vertreter nur gemeinsam vertretungsberechtigt (Gesamtvertretung), müssen sie das Stimmrecht einheitlich ausüben. Dies ergibt sich nicht aus der entsprechenden Anwendung von § 25 Abs. 2 S. 2 WEG, sondern aus der entsprechenden Regelung im Innenverhältnis der Gesellschaft, z.B. aus § 125 Abs. 2 HGB.

Für Personenhandelsgesellschaften kann auch ein Prokurist gem. § 48 HGB, der seine Vollmacht durch einen Handelsregisterauszug nachweist, der nicht neuesten Datums sein muss (BayObLGZ 1984, 15, 22), oder ein Handlungsbevollmächtigter gem. § 54 HGB (BayObLGZ 1981, 220; OLG Frankfurt OLGZ 1979, 134 f) das Stimmrecht ausüben.

2. Gewillkürte Stellvertretung

a) Person des Vertreters

In der Wahl des Vertreters ist der Wohnungseigentümer grds. frei. Die Vollmacht kann auch dem Verwalter erteilt werden (Bielefeld, in: FS Seuß [1987] 41 ff), soweit dieser nicht gem. § 25 Abs. 5 WEG von der Ausübung des Stimmrechts ausgeschlossen ist (→ Ruhen des Stimmrechts). Im Einzelfall kann allerdings die Bevollmächtigung einer bestimmten Person gegen Treu und Glauben verstoßen, z.B. bei der Bevollmächtigung eines ehemaligen Wohnungseigentümers, der im Verfahren nach § 18 WEG ausgeschlossen wurde, oder eines ehemaligen Verwalters, dem aus wichtigem Grund gekündigt wurde. Möglich ist auch eine Blankettvollmacht (KG OLGZ 1990, 421).

Die Wohnungseigentümer können vereinbaren, dass nicht anwesende oder nicht vertretene Wohnungseigentümer vom Verwalter vertreten werden (OLG Frankfurt OLGZ 1986, 45), um die Beschlussfähigkeit jeder Eigentümerversammlung zu sichern. Werden die Wohnungseigentümer, die weder anwesend noch anderweitig vertreten sind, in diesem Fall vom Verwalter vertreten, so kann ein einstimmiger Beschluss nicht als Vereinbarung ausgelegt werden, da die Vollmacht den Abschluss einer Vereinbarung nicht deckt (OLG Düsseldorf ZWE 2000, 538); insoweit gilt also nichts anderes als bei jeder anderen Stimmrechtsvollmacht.

Ehegatten gelten auch ohne ausdrückliche Regelung in der Vereinbarung der Wohnungseigentümer, dass sie als gegenseitig bevollmächtigt gelten, als jeweils einzeln berechtigt, das gemeinschaftliche Stimmrecht auszuüben (BayObLG i-telex 1984, 103; OLG Frankfurt DWE 1997, 80). Jedenfalls greifen die Grundsätze der Duldungsvollmacht ein, falls es jahrelanger Übung in der Wohnungseigentümergemeinschaft entspricht, jeden Ehegatten – auch ohne Nachweis – als von dem anderen bevollmächtigt anzusehen (KG WE 1989, 135). Verpflichtet die Gemeinschaftsordnung Ehegatten als Eigentümer einer Wohnung, einen von ihnen zur Ausübung des Stimmrechts zu ermächtigen, ist nur dieser stimmberechtigt (BayObLG ZMR 2003, 519).

b) Umfang und Dauer der Vollmacht

Der Vertretene kann den zeitlichen und sachlichen Umfang der Vollmacht frei bestimmen. Eine – mündlich oder schriftlich erteilte – Vollmacht muss Inhalt und Umfang zweifelsfrei erkennen lassen (BayObLGZ 1974, 294). Sie umfasst regelmäßig nicht nur das Recht zur Stimmabgabe, sondern bevollmächtigt den Vertreter auch zur Ausübung der anderen Rechte des Wohnungseigentümers in der Versammlung, insbesondere des Rede- und Antragsrechts (BGHZ 121, 236, 238; KG WE 1992, 287). Die Vollmacht kann als sog. Dauervollmacht für alle zukünftigen Versammlungen (BayObLGZ 1984, 13, 19), aber auch nur für einzelne Tagesordnungspunkte erteilt werden. Eine Bevollmächtigung für nur eine Versammlung ist dann anzunehmen, wenn das Vollmachtsformular gleichzeitig mit der Einladung zu einer terminlich bestimmten Versammlung unter Beifügung der Tagesordnung übersandt wird. In einem solchen Fall besteht ein enger zeitlicher und sachlicher Zusammenhang, der darauf schließen lässt, dass sich die Vollmachtserteilung nur auf diese konkrete Versammlung beziehen soll. Etwas anderes kann nur gelten, wenn sich dies ausdrücklich aus dem Vollmachtsformular ergibt (OLG Hamm NJW-RR 1993, 468).

Die Vollmacht muss regelmäßig dahin gehend ausgelegt werden, dass sie sich nur auf die im Einladungsschreiben vorgesehenen Tagesordnungspunkte erstreckt. Eine darüber hinausgehende Bevollmächtigung, z.B. zur Abstimmung über einen nicht angekündigten Tagesordnungspunkt, wird regelmäßig nicht gewollt sein, weil der Vollmachtgeber andernfalls mit einem nicht mehr vorhersehbaren rechtsgeschäftlichen Handeln des Bevollmächtigten rechnen müsste (OLG Hamm NJW-RR 1993, 468f).

Eine Stimmrechtsvollmacht kann gem. § 168 BGB jederzeit widerrufen werden. Der Widerruf bedarf keiner besonderen Form; er kann auch mit Telegramm (KG DWE 1990, 38 [L]) oder Telefax erfolgen. Eine unwiderrufliche Vollmacht ist unzulässig, da das Stimmrecht zum Kernbereich des Wohnungseigentum gehört, auf welches nicht verzichtet werden kann. Eine auf den Verwalter ausgestellte Dauervollmacht erlischt kraft Gesetzes mit Ablauf seiner Bestellungszeit (offen gelassen von OLG Zweibrücken ZMR 1986, 369).

c) Form der Bevollmächtigung

Die Bevollmächtigung ist gem. § 167 BGB grds. formfrei möglich und kann somit auch mündlich erfolgen. Erfordert allerdings die Vereinbarung der Wohnungseigentümer eine schriftliche Vollmachtsurkunde, kann der Versammlungsleiter den Vertreter, der eine solche nicht vorlegt, zurückweisen und von der Teilnahme an der Versammlung ausschließen; lässt er ihn aber zu, ist seine Stimmabgabe wirksam, falls er tatsächlich bevollmächtigt war (BayObLGZ 1981, 220, 225; WE 1991, 261 f). Auch eine mündlich erteilte Vollmacht ist in diesem Fall also wirksam (BayObLGZ 1984, 15, 22; WE 1991, 261 f; OLG Hamm WE 1990, 104 f). Anderes kann nur gelten, wenn die vereinbarte Verpflichtung zur Vorlage einer schriftlichen Vollmacht dahin gehend auszulegen ist, dass die schriftliche Vollmacht Wirksamkeitsvoraussetzung für die Vertretung sein soll (OLG Hamm WE 1990, 104 f).

Eine schriftliche Vollmachtsurkunde ist der Niederschrift über die Versammlungsbeschlüsse beizufügen. Die Wohnungseigentümer haben das Recht, dem Verwalter vorgelegte Vollmachten einzusehen und zu prüfen (BayObLG WE 1995, 30).

d) Nachweis der Bevollmächtigung und Zurückweisungsrecht

Auch ohne ausdrückliche Vereinbarung des Schriftformerfordernisses ist gem. § 174 BGB eine unverzügliche Zurückweisung des Vertreters möglich, falls der Stimmrechtsvertreter seine Bevollmächtigung nicht durch Vorlage einer schriftlichen Vollmachtsurkunde im Original nachweisen kann (BayObLGZ 1984, 15, 19; KG DWE 1990, 38 [L]); deshalb genügt ein Telegramm oder Telefax, das nach den geänderten Formvorschriften das gewillkürte Schriftformerfordernis grds. erfüllen könnte, nicht zur Stimmrechtsabgabe. Die Entscheidung über die Zurückweisung trifft der Vorsitzende der Versammlung (BayObLGZ 1984, 15, 23). Widerspricht auch nur ein Wohnungseigentümer der Stimmabgabe durch einen Bevollmächtigten ohne Vollmachtsurkunde, ist dieser von der Stimmabgabe ausgeschlossen. Eine Dauervollmacht muss in jeder Versammlung vorgelegt werden; die Vorlage in der vorangegangenen Versammlung reicht nicht aus (BayObLGZ 1984, 15, 18).

Macht der Vorsitzende von seinem Zurückweisungsrecht keinen Gebrauch und widerspricht auch kein Eigentümer, ist die Stimmabgabe des Vertreters wirksam (BayObLGZ 1984, 15, 23), wenn der Nachweis der Bevollmächtigung nachträglich erbracht wird (BayObLGZ 1981, 220, 225).

Ein Eigentümerbeschluss, durch den der Vertreter eines Wohnungseigentümers mangels Vollmachtsnachweis von der Teilnahme an der Versammlung ausgeschlossen wurde, ist als Geschäftsordnungsbeschluss nicht anfechtbar. Erfolgte der Ausschluss jedoch zu Unrecht, kann dies die Anfechtbarkeit in der Versammlung gefassten Beschlüsse begründen, sofern nicht ausgeschlossen werden kann, dass diese auch ohne den Ausschluss zustande gekommen wären (BayObLG NZM 2001, 766).

e) Untervollmacht

Ob der Bevollmächtigte eine Untervollmacht erteilen kann, ist im Einzelfall durch Auslegung zu ermitteln. I.d.R. hat der Vertretene erkennbar ein Interesse an der persönlichen Ausübung der Vertretungsmacht durch den Bevollmächtigten, was gegen die Zulässigkeit der Erteilung einer Untervollmacht spricht (vgl. BGH BB 1959, 319; OLG München WM 1984, 834). Deshalb ist der Unterbevollmächtigte zur Ausübung des Stimmrechts – unabhängig davon, ob dies einer der Wohnungseigentümer oder der Versammlungsvorsitzende beanstandet oder nicht – nur berechtigt, wenn ihm dies ausdrücklich oder konkludent gestattet ist. Hierzu ist die Hauptvollmacht auszulegen (BayOLG ZWE 2003, 193f). Zulässig ist die Erteilung einer Untervollmacht jedenfalls, wenn der Vertreter nach der Vereinbarung der Wohnungseigentümer nur eine bestimmte Anzahl von Wohnungseigentümern vertreten darf und die Anzahl der ihm erteilten Vollmachten das zulässige Maß übersteigt, da der Vertretene sein Stimmrecht andernfalls nicht – auch nicht durch einen Unterbevollmächtigten – ausüben könnte (BayObLG NJW-RR 1990, 784f). Gleiches gilt, soweit der Vertreter aus Rechtsgründen daran gehindert ist, von der ihm erteilten Vollmacht Gebrauch zu machen (BayObLG NZM 1998, 668 z. Abschluss des Verwaltervertrages).

Der Vertreter darf den Unterbevollmächtigten in diesen Fällen keine Weisungen erteilen, da ansonsten das Vertretungsverbot umgangen würde. Wird dem Vertreter aber eine Stimmrechtsvollmacht mit einer Weisung für die Ausübung des Stimmrechts erteilt, so bindet die Weisung auch den Unterbevollmächtigten (BayObLG ZWE 2003, 193), da dieser nicht mehr Rechte haben kann als der Hauptbevollmächtigte.

3. Vertretungsbeschränkungen

a) Grundsatz

Das Recht eines Wohnungseigentümers, Dritte mit der Ausübung seines Stimmrechts in der Wohnungseigentümerversammlung zu bevollmächtigen, kann wirksam durch eine entsprechende Vereinbarung – aber nicht durch (nichtigen) Mehrheitsbeschluss (BayObLG WE 1988, 208) – eingeschränkt werden (BGHZ 99, 90, 94; 121, 236, 238; BayObLG NZM 2001, 296; OLG Düsseldorf NJW-RR 1995, 1294; Staudinger/Bub § 25 RN 36).

Der Kreis der möglichen Vertreter kann durch die Teilungserklärung wirksam auf bestimmte Personen, z.B. den Ehegatten, andere Wohnungseigentümer, bestimmte Angehörige und den Verwalter beschränkt werden (BGHZ 99, 90, 94; 121, 236, 238; KG NJW-RR 1995, 147 f; OLG Düsseldorf NJW-RR 1995, 1294). Eine derartige Klausel hält sich im Rahmen der durch § 10 Abs. 1 S. 2 WEG den Wohnungseigentümern eingeräumten Gestaltungsfreiheit, die nicht mehr als notwendig beschränkt werden soll (BGHZ 95, 137, 140), und verstößt weder gegen die guten Sitten (§ 138 BGB) noch gegen Treu und Glauben (§ 242 BGB), zumal da Vertretungsbeschränkungen insbesondere den nach der Interessenlage berechtigten Zweck verfolgen, die Versammlung der Wohnungseigentümer von gemeinschaftsfremden Einflüssen freizuhalten und Gemeinschaftsangelegenheiten intern auszutragen (z. Grundsatz der Nichtöffentlichkeit der Wohnungseigentümerversammlung → Teilnahme an der Wohnungseigentümerversammlung).

Unwirksam und von der Gestaltungsfreiheit der Wohnungseigentümer nicht mehr gedeckt ist eine Klausel, die die Vertretung bei der Stimmabgabe gänzlich ausschließt oder auf die Person des Verwalters beschränkt (OLG Düsseldorf NJW-RR 1995, 1294).

b) Auslegung

Da die Vertretung eines Wohnungseigentümers in der Wohnungseigentümerversammlung grds. uneingeschränkt möglich ist, bedarf eine beschränkende Vereinbarung einer vorsichtigen, sogar einengenden Beurteilung (BayObLGZ 1981, 161, 164; WE 1991, 261 f). Bei der Auslegung ist insbesondere der Zweck der Klausel, gemeinschaftsfremde Dritte aus der Wohnungseigentümerversammlung fernzuhalten, zu berücksichtigen (OLG Frankfurt OLGZ 1979, 134f; LG Wuppertal ZMR 1995, 423).

Wird der Kreis der möglichen Vertreter auf den Ehegatten, andere Wohnungseigentümer und den Verwalter beschränkt, ist gleichwohl nach Sinn und Zweck der Klausel die Bevollmächtigung eines werdenden Eigentümers zulässig (offen gelassen von KG NJW-RR 1995, 147f; → Faktische Eigentümergemeinschaft), da es sich bei ihm nicht um einen gemeinschaftsfremden Dritten handelt, er der Wohnungseigentümergemeinschaft vielmehr bereits faktisch angehört. Unzulässig ist bei einer solchen Regelung hingegen die Vertretung durch den Partner einer nichtehelichen Lebensgemeinschaft (BayObLG NJW-RR 1997, 463), da dieser nach dem eindeutigen Wortlaut der Klausel nicht zu dem Personenkreis gehört, dem die Vertretung in der Eigentümerversammlung übertragen werden kann. Die Erwägungen des BGH zum Eintrittsrecht des Partner einer nichtehelichen Lebensgemeinschaft in den Mietvertrag (BGHZ 121, 116) können nicht entsprechend herangezogen werden (Staudinger/Bub § 25 RN 41). Auch die Vertretung durch einen Rechtsanwalt oder sonstigen Beistand ist bei vereinbarter Vertretungsbeschränkung grds. unzulässig.

c) Einschränkungen nach Treu und Glauben

Die Wirksamkeit zulässiger Vertretungsbeschränkungen findet dort ihre Grenze, wo sie die Betroffenen nach Treu und Glauben unzumutbar benachteiligen. Die anderen Wohnungseigentümer können deshalb im Einzelfall gehindert sein, sich auf die Vertretungsbeschränkung zu berufen (BGHZ 99, 90, 96; 121, 236, 240; BayObLG NJW-RR 1997, 463f; KG NJW-RR 1995, 147f). So kann sich ein Wohnungseigentümer trotz einer vereinbarten Vertretungsbeschränkung durch einen Dritten vertreten lassen, wenn z.B.

- in einer kleinen, im Wesentlichen selbst genutzten Wohnanlage zwischen den Wohnungseigentümern erhebliche Spannungen bestehen (OLG Braunschweig WE 1991, 107),
- die zugelassenen Vertreter wegen Interessenkollision für den Vertretenen unzumutbar sind (OLG Karlsruhe OLGZ 1976, 273),

- Angelegenheiten zur Beschlussfassung anstehen, die besondere Fachkenntnisse erfordern oder die schwerwiegende Eingriffe in die Rechte des Wohnungseigentümers mit sich bringen, etwa die Entziehung des Wohnungseigentums und eine vorherige Information nicht ausreicht,
- der Ehegatte aus gesundheitlichen Gründen zur Vertretung nicht in der Lage und der Wohnungseigentümer mit den übrigen völlig verstritten ist (OLG Düsseldorf ZMR 1999, 195).

Haben die Wohnungseigentümer über mehrere Jahre die Vertretung eines Wohnungseigentümers in der Wohnungseigentümerversammlung hingenommen, die nach der Vereinbarung nicht zulässig war, so dürfen sie ihre bisherige Handhabung nur in einer Weise ändern, die gewährleistet, dass der betroffene Wohnungseigentümer rechtzeitig für seine Vertretung sorgen kann. Fehlt es hieran, muss der Vertreter nach Treu und Glauben von den übrigen Wohnungseigentümern zur Teilnahme an der Versammlung zugelassen werden (OLG Köln NJW-RR 1997, 846).

d) Rechtsfolgen

Eine Vertretungsbeschränkung betrifft nicht nur die Stimmabgabe, sondern grds. jede aktive Beteiligung nicht vertretungsberechtigter Dritter (BGHZ 121, 236, 240; KG WuM 1992, 392f).

Die Stimmabgabe durch einen nicht zugelassenen Vertreter ist unwirksam. War seine Stimme für das Abstimmungsergebnis entscheidend und wurde die Stimmabgabe in der Versammlung beanstandet, können die anderen Wohnungseigentümer innerhalb der Monatsfrist des § 23 Abs. 4 S. 2 WEG den – unzutreffend als zustande gekommen festgestellten – Beschluss anfechten. Die Stimmabgabe durch den Vertreter ist allerdings wirksam, falls sie in der Versammlung weder von einem Wohnungseigentümer noch vom Versammlungsleiter beanstandet wird und die Vollmacht tatsächlich besteht (KG NJW-RR 1995, 147; OLG Frankfurt DWE 1994, 162).

Vertretungsmacht des Verwalters

1. Gesetzliche Vertretungsmacht

a) Mindestumfang

Der Mindestumfang der Berechtigung des Verwalters, im Namen aller Wohnungseigentümer zu handeln und diese mit Wirkung für und gegen sie nach außen zu vertreten, ist in § 27 Abs. 2 WEG festgelegt. Er hat insoweit gesetzliche Vertretungsmacht (BGHZ 111, 148, 151; BayObLG NJW-RR 1989, 270: Staudinger/Bub § 27 RN 204; Palandt/Bassenge § 27 RN 8). Eine Einschränkung des Umfangs seiner Vertretungsbefugnis ist gem. § 27 Abs. 3 WEG unwirksam. Die gesetzliche Vertretungsmacht des Verwalters erstreckt sich darauf,

- Lasten- und Kostenbeiträge, Tilgungsbeiträge und Hypothekenzinsen anzufordern, in Empfang zu nehmen und abzuführen, soweit es sich um gemeinschaftliche Angelegenheiten handelt, § 27 Abs. 2 Nr. 1 WEG (→ Lasten und Kosten; → Kredit);
- alle Zahlungen und Leistungen aus dem Verwaltungsvermögen zu bewirken und entgegenzunehmen, die mit der laufenden Verwaltung des gemeinschaftlichen Eigentums zusammenhängen, § 27 Abs. 2 Nr. 2 WEG (→ Lasten und Kosten; → Entgegennahme von Zahlungen und Leistungen);
- Willenserklärungen und Zustellungen in gemeinschaftlichen Angelegenheiten entgegenzunehmen, soweit sie an alle Wohnungseigentümer in dieser Eigenschaft gerichtet sind, § 27 Abs. 2 Nr. 3 WEG (→ Zustellung, Zustellungsvollmacht);
- Maßnahmen zu treffen, die zur Wahrung einer Frist oder zur Abwendung eines sonstigen Rechtsnachteils erforderlich sind, § 27 Abs. 2 Nr. 4 WEG (→ Abwendung von Rechtsnachteilen);
- Ansprüche gerichtlich und außergerichtlich geltend zu machen, sofern er hierzu durch Beschluss der Wohnungseigentümer ermächtigt ist, § 27 Abs. 2 Nr. 5 WEG (→ Geltendmachung gemeinschaftlicher Ansprüche);
- die Erklärungen abzugeben, die zur Vornahme der in § 21 Abs. 5 Nr. 6 WEG bezeichneten Maßnahmen (Herstellung eines Telefonanschlusses, einer Rundfunkempfangsanlage und des

Energieversorgungsanschlusses) erforderlich sind, § 27 Abs. 2 Nr. 6 WEG (→ Duldungspflicht).

b) Geschäftsführungsbefugnisse

Nach § 27 Abs. 1 WEG ist der Verwalter weiterhin berechtigt und verpflichtet,
- Beschlüsse der Wohnungseigentümer durchzuführen und für die Durchführung der Hausordnung zu sorgen, § 27 Abs. 1 Nr. 1 WEG (→ Mehrheitsbeschluss; → Hausordnung);
- die für die ordnungsmäßige Instandhaltung und Instandsetzung des gemeinschaftlichen Eigentums erforderlichen Maßnahmen zu treffen, § 27 Abs. 1 Nr. 2 WEG (→ Instandhaltung und Instandsetzung);
- in dringenden Fällen sonstige zur Erhaltung des gemeinschaftlichen Eigentums erforderliche Maßnahmen zu treffen, § 27 Abs. 1 Nr. 3 WEG (→ Notgeschäftsführung durch Verwalter);
- gemeinschaftliche Gelder zu verwalten, § 27 Abs. 1 Nr. 4 i.V.m. Abs. 4 WEG (→ Verwaltung gemeinschaftlicher Gelder).

Ob aus diesen Geschäftsführungsbefugnissen auch eine gesetzliche Vertretungsbefugnis für den Verwalter abzuleiten ist, ist umstritten und für jede Aufgabe getrennt zu beantworten. Von großer Relevanz ist dies deshalb, weil einerseits die Wohnungseigentümer – bei Bestehen von Vertretungsmacht – durch Handlungen des Verwalters verpflichtet werden können, der Verwalter andererseits – bei Fehlen der Vertretungsmacht – Gefahr läuft, gem. § 179 Abs. 1 BGB selbst einstandspflichtig zu werden (→ Haftung des Verwalters).

aa) Durchführung von Beschlüssen und der Hausordnung. Der Verwalter hat eine gesetzliche Vertretungsmacht, Beschlüsse der Wohnungseigentümer durchzuführen (Staudinger/Bub § 27 RN 75; a.A. Palandt/Bassenge § 27 RN 5: ggf. rechtsgeschäftlich erteilte Vollmacht), da nach § 10 Abs. 4 WEG Rechtshandlungen, die aufgrund eines Beschlusses der Wohnungseigentümer vorgenommen werden, Außenwirkung entfalten. Den Umfang der Vertretungsmacht bestimmen die Wohnungseigentümer durch den Inhalt ihrer Beschlüsse. Gleiches gilt für die Durchführung der Hausordnung, was sich insbesondere aus der dem Verwalter im

Innenverhältnis zugedachten Stellung ergibt. Auch insoweit bestimmen die Wohnungseigentümer den Umfang der Vertretungsmacht durch die Aufstellung der Hausordnung.

bb) Instandhaltungs- und Instandsetzungsmaßnahmen. Verträge über außergewöhnliche, nicht dringliche Maßnahmen größeren Umfangs – also insbesondere solche, die mit hohen Kosten verbunden sind, wie etwa die Instandsetzung von Aufzügen, Fassaden, Fenstern – kann der Verwalter nicht ohne vorherigen Beschluss der Wohnungseigentümer in deren Namen abschließen (BGHZ 67, 232, 235 z. Ausfall der Warmwasserversorgung im Sommer aufgrund eines defekten Boilers; OLG Hamm ZMR 1997, 377f; Palandt/Bassenge § 27 RN 8). Gleiches gilt für langjährige Verträge, etwa über die Wartung des Fahrstuhls (OLG Zweibrücken OLGZ 1983, 339f; OLG Hamburg DWE 1993, 164f; Soergel/Stürner § 27 RN 2) oder des Dachs (OLG Zweibrücken NJW-RR 1991, 1301f). Kleinere laufende Reparaturen (BGHZ 67, 232, 240; BayObLG WuM 1985, 30; OLG Hamm ZMR 1997, 377), erforderliche Arbeiten (KG NJW-RR 1991, 1235), „unproblematische Maßnahmen" (OLG Hamburg DWE 1993, 164f; OLG Hamm DWE 1997, 84, 86), notwendige Ersatzbeschaffungen (BayObLG NJW 1975, 2296f; → Erneuerung, Ersatzbeschaffung) oder sonstige Maßnahmen geringeren Umfangs (BayObLGZ 1978, 117; OLG Köln OLGZ 1978, 7) soll der Verwalter nach der Rspr. hingegen auch ohne ermächtigenden Beschluss der Wohnungseigentümer durchführen können. Eine solche Differenzierung je nach Qualität der Maßnahme bietet keine Rechtssicherheit für die Verkehrsteilnehmer und ist vom Wortlaut des Gesetzes nicht gedeckt; deshalb ist stets eine rechtsgeschäftliche Vollmacht, ggf. durch Beschluss der Wohnungseigentümer erforderlich (Staudinger/Bub § 27 RN 90).

cc) Notmaßnahmen. Das Recht des Verwalters, Notmaßnahmen selbständig durchzuführen, schließt die Befugnis ein, die Wohnungseigentümer zu vertreten (OLG Hamm NJW-RR 1989, 331; ZMR 1997, 377, 379; Palandt/Bassenge § 27 RN 7). Der Verwalter kann deshalb in dringenden Fällen die Wohnungseigentümer auch ohne vorherige Beschlussfassung rechtsgeschäftlich verpflichten. Hierfür spricht insbesondere, dass sich der Verwalter schadensersatzpflichtig macht, wenn er in dringenden Fällen untätig bleibt (OLG Hamm NJW-RR 1989, 331; ZMR 1997, 377, 379).

dd) Verwaltung gemeinschaftlicher Gelder. Der Verwalter ist berechtigt, im Namen der Wohnungseigentümer ein Konto für die gemeinschaftlichen Gelder zu eröffnen, da er andernfalls seiner Verpflichtung, deren Gelder von seinem Vermögen getrennt zu halten (§ 27 Abs. 4 WEG), nicht nachkommen könnte, nicht aber Kredite im Namen der Wohnungseigentümer aufzunehmen (Palandt/Bassenge § 27 RN 23; Staudinger/Bub § 27 RN 99; → Kredit).

2. Rechtsgeschäftliche Vollmacht

Dem Verwalter kann über die gesetzliche Vertretungsmacht hinaus rechtsgeschäftlich gem. § 164 BGB durch Gemeinschaftsordnung, Verwaltervertrag oder Beschluss der Wohnungseigentümer Vollmacht erteilt werden. Üblich ist die Erteilung einer generellen Vollmacht zum Abschluss der Rechtsgeschäfte, die im Rahmen der laufenden, ordnungsmäßigen Verwaltung zu tätigen sind, z.B. zum Abschluss und zur Kündigung von Hausmeisterverträgen, Mietverträgen über gemeinschaftliches Eigentum, Versicherungsverträgen oder Werkverträgen über Reparaturarbeiten, wobei aus der Bevollmächtigung des Verwalters zum Vertragsabschluss allein nicht schon eine Ermächtigung zur Umgestaltung eines Vertrages oder zu dessen Beendigung, z.B. durch Kündigung (→ Vertragswesen), und zur Führung von Aktivprozessen und -verfahren in Angelegenheiten der laufenden Verwaltung folgt, z.B. zur Geltendmachung gemeinschaftlicher Ansprüche aller Wohnungseigentümer gegenüber Dritten (→ Geltendmachung gemeinschaftlicher Ansprüche; → Prozessführung durch Verwalter).

Bei Ansprüchen gegen den Verwalter selbst ist seine Vertretungsbefugnis ausgeschlossen; Interessenkollisionen schließen die Vertretungsbefugnis jedoch dann nicht aus, wenn der Verwalter von den Beschränkungen des § 181 ZPO befreit ist (BayObLG DWE 1983, 126).

Zur ordnungsmäßigen Vertretung der Wohnungseigentümer genügt ein einfacher Mehrheitsbeschluss (BayObLG FGPrax 1997,

19f; KG WE 1992, 112f; OLG Zweibrücken NJW-RR 1987, 1366). Der Verwalter vertritt dann gem. § 10 Abs. 4 WEG auch die überstimmten Wohnungseigentümer (BGHZ 78, 166, 169; BayObLGZ 1980, 154). Der Verwalter kann sich durch Vorlage einer Fotokopie oder Abschrift der Niederschrift der Wohnungseigentümerversammlung, in der der Beschluss gefasst wurde, gegenüber Dritten legitimieren. Die Vollmacht muss aber nicht für den Einzelfall, sondern kann auch generell durch Vereinbarung erteilt werden (→ Geltendmachung gemeinschaftlicher Ansprüche). Der Verwalter kann sich dann durch Vorlage einer Vollmachtsurkunde oder – falls die Vollmacht schon in der Gemeinschaftsordnung enthalten ist (BayObLG WEM 1980, 31) – durch deren Vorlage legitimieren.

3. Beendigung der Vertretungsmacht

Die gesetzliche Vertretungsmacht dauert für einen aus der Gemeinschaft ausgeschiedenen Wohnungseigentümer jedenfalls so lange fort, als gemeinschaftliche Verpflichtungen der Wohnungseigentümer gegenüber Dritten aus der Zeit seiner Zugehörigkeit zur Eigentümergemeinschaft abzuwickeln sind (BGHZ 78, 166).

Mit dem Ende des Verwaltervertrags erlischt gem. § 168 Abs. 2 BGB sowohl die gesetzliche als auch die vertragliche Vertretungsmacht des Verwalters (BayObLGZ 1958, 234). Ob auch dem Verwalter erteilte Vollmachten zur Ausübung des Stimmrechts in der Wohnungseigentümerversammlung (→ Vertretung in der Wohnungseigentümerversammlung) mit dem Verlust der Verwalterstellung erlöschen, ist im Wege der Auslegung zu ermitteln; im Zweifel ist hiervon auszugehen, da sich das besondere Vertrauen i.d.R. auf den amtierenden, nicht auf den ausgeschiedenen Verwalter bezieht (offen gelassen von OLG Zweibrücken ZMR 1986, 369). Ist der Verwalter zur Geltendmachung gemeinschaftlicher Ansprüche im eigenen Namen ermächtigt worden, darf er den Prozess auch nach seinem Ausscheiden fortführen (→ Prozessführung durch Verwalter).

Eine dem Verwalter durch Beschluss erteilte Vertretungsmacht entfällt durch die Ungültigerklärung des Beschlusses mit Rückwirkung (BayObLGZ 1976, 211). Die Regeln über die Duldungs- und

Anscheinsvollmacht können nicht zu einer Haftung derjenigen Wohnungseigentümer führen, die gegen den Beschluss gestimmt haben oder bei der Beschlussfassung nicht anwesend waren (Gruber NZM 2000, 263, 268). Entsprechend § 32 FGG bleiben im Außenverhältnis jedoch Rechtsgeschäfte, die der Verwalter vor der Ungültigerklärung getätigt hat, wirksam.

4. Selbstkontrahierungsverbot

Ist der Verwalter nicht vom Selbstkontrahierungsverbot befreit, so kann er gem. § 181 BGB als Vertreter der Wohnungseigentümer weder mit sich selbst noch als Vertreter eines Dritten ein Rechtsgeschäft vornehmen, es sei denn, dass das Rechtsgeschäft ausschließlich in der Erfüllung einer Verbindlichkeit besteht. Im Falle der Befreiung vom Selbstkontrahierungsverbot kann der Verwalter bis zum Widerruf für die Wohnungseigentümer auch dann handeln, wenn ein Interessenskonflikt vorliegt (BayObLG WE 1990, 138). Wenn kein Interessenkonflikt vorliegt, haben die Wohnungseigentümer den Verwalter durch Beschluss von den Beschränkungen nach § 181 BGB zu befreien.

5. Vollmachtsurkunde

Der Verwalter kann von den Wohnungseigentümern gem. § 27 Abs. 5 WEG verlangen, dass diese ihm eine Vollmachtsurkunde aushändigen, aus der sich der Umfang seiner Vertretungsmacht ergibt. Der Anspruch kann gem. § 43 Abs. 1 Nr. 2 WEG auch gerichtlich durchgesetzt werden. Als Vollmachtsurkunde ist auch die gem. § 24 Abs. 6 S. 2 WEG unterzeichnete Niederschrift über den Bestellungsbeschluss geeignet (Staudinger/Bub § 27 RN 334). Als Nachweis für eine Einzelvollmacht in einer bestimmten Angelegenheit genügt die beglaubigte Abschrift der Niederschrift über den Beschluss (BayObLG NJW 1964, 1962). Muss die Verwaltereigenschaft durch eine öffentlich beglaubigte Urkunde nachgewiesen werden, hat der Verwalter Anspruch auf eine Niederschrift in der Form des § 26 Abs. 4 WEG.

Der Notverwalter kann sich durch Vorlage einer Ausfertigung des gerichtlichen Bestellungsbeschlusses, die mit dem Rechtskraftvermerk versehen ist, legitimieren.

Die Vollmachtsurkunde hat die Person des Verwalters und den Umfang seiner Vertretungsmacht zu bezeichnen (Muster s. Bärmann/Seuss G Nr. 108) und kann auch weitergehende Vollmachten, die ihm über die gesetzliche Vertretungsmacht hinaus erteilt wurden, ausweisen. Die Vollmachtsurkunde hat nur deklaratorische Wirkung, bildet aber die Grundlage für die Rechtsscheinshaftung der §§ 172 ff BGB. Die Wirksamkeit einer dem Verwalter übergebenen Urkunde endet danach nicht schon mit dem Widerruf durch die Wohnungseigentümer, sondern erst mit der Rückgabe der Urkunde, deren Kraftloserklärung durch öffentliche Bekanntmachung oder der Anzeige des Erlöschens der Vertretungsmacht gegenüber dem Dritten. Die Wohnungseigentümer haben gem. § 175 BGB einen Anspruch auf Rückgabe der Urkunde, ohne dass der Verwalter ein Zurückbehaltungsrecht geltend machen könnte.

▶ **Verwalter**

Der Verwalter ist neben der Wohnungseigentümerversammlung das wichtigste Organ der Eigentümergemeinschaft. Während die Wohnungseigentümerversammlung Willensbildungsorgan der Gemeinschaft ist, ist der Verwalter – notwendiges – Vollzugsorgan (BGHZ 106, 222, 226; NZM 2003, 946, 949; BayObLGZ 1993, 219f; OLG Düsseldorf WE 1995, 72f; z. Rechtsstellung des Verwalters eingehend Staudinger/Bub § 26 RN 64 ff). Seine Aufgaben und Befugnisse ergeben sich aus § 27 WEG sowie dem →Verwaltervertrag (→Aufgaben und Befugnisse des Verwalters).

1. Persönliche Voraussetzungen

Das WEG regelt nicht, welche subjektiven Voraussetzungen zu erfüllen sind, um zum Verwalter bestellt werden zu können. Diese sind deshalb nach Sinn und Zweck der Verwalterbestellung und der Verwaltertätigkeit zu bestimmen. Die den Verwalter treffende Verantwortlichkeit erfordert zum einen, dass er im Rechtsverkehr handlungsfähig ist (BGHZ 107, 268, 272; Merle, Verwalter 72; Bader, in: FS Seuß [1987] 1 ff), zum anderen, dass zweifelsfrei die zuständige Person feststeht.

Verwalter kann hiernach sein
- jede natürliche Person (BGHZ 107, 268, 272; BayObLGZ 1989, 4, 6; OLG Frankfurt WE 1989, 172), die gem. § 165 BGB zumindest beschränkt geschäftsfähig sein muss, auch ein Wohnungseigentümer (BayObLGZ 1974, 305; Merle, Verwalter 72 f) – nicht aber ein Mitglied des Verwaltungsbeirats, es sei denn, dass er für den Fall seiner Wahl das Verwaltungsbeiratsamt niederlegt –, oder der aufteilende Grundstückseigentümer (BayObLGZ 1974, 305, 310; Soergel/Stürner § 26 RN 3). Ein Einzelkaufmann kann unter seiner Firma zum Verwalter bestellt werden; er wird dann gem. § 17 HGB persönlich Verwalter. Die Bestellung eines Wohnungseigentümers zum Verwalter kann allerdings im Einzelfall schon wegen der kaum zu vermeidenden Interessenkollisionen den Grundsätzen ordnungsmäßiger Verwaltung widersprechen (OLG Hamburg OLGZ 1988, 299; Bader, in: FS Seuß [1987] 1 f);
- jede juristische Person (BGHZ 107, 268, 272; BayObLGZ 1989, 4, 6; KG NJW 1995, 62 f), z.B. eine GmbH (KG NJW 1956, 1679; OVG Bremen NJW 1981, 414) oder eine AG, aber auch eine Wohnungsgenossenschaft – diese aber im Rahmen ihrer Satzung im Wesentlichen auf selbst erstellte oder durch Aufteilung eigener Miethäuser geschaffene Wohnungseigentumsanlagen beschränkt – oder ein eingetragener Verein (Bader, in: FS Seuß [1987] 1 f), wobei die beschränkte Haftung allein der Eignung zum Verwalter nicht entgegensteht (BayObLG WuM 1993, 488 f);
- jede Personengesellschaft des Handelsrechts (BGHZ 107, 268, 272; BayObLGZ 1989, 4, 6; KG NJW 1995, 62 f), z.B. eine KG (OLG Düsseldorf Rpfleger 1990, 356), eine GmbH & Co. KG (BayObLG NJW-RR 1988, 1170) oder eine oHG (BayObLGZ 1989, 4, 6). Nach § 1 Abs. 2 HGB ist zur Erlangung der Kaufmannseigenschaft lediglich ein Gewerbebetrieb erforderlich, der nach Art und Umfang einen in kaufmännischer Weise eingerichteten Geschäftsbetrieb darstellt, nicht die Eintragung im Handelsregister. Ein wohnungsverwaltendes Unternehmen wird diese Voraussetzung i.d.R. erfüllen, weshalb es sich nicht um eine Gesellschaft bürgerlichen Rechts, sondern eine oHG handelt;
- nachdem der BGH ihr nunmehr die Rechtsfähigkeit zuerkannt hat (BGH NJW 2001, 1056) auch eine →Gesellschaft bürger-

lichen Rechts (Lautner MittBayNot 2001, 425, 436; a.A. LG Darmstadt RPfleger 2003, 178);
- ein Zusammenschluss von Angehörigen freier Berufe, etwa von Anwälten in der Rechtsform einer im Register eingetragenen Partnerschaftsgesellschaft.

Als Verwalter kann nicht wirksam bestellt werden
- eine juristische Person oder eine Personengesellschaft des Handelsrechts, die sich in Liquidation befindet, da sich ihr Zweck auf die Abwicklung beschränkt (AG München i-telex 1987, Heft 4, 20);
- ein nicht rechtsfähiger Verein, da ihm die Handlungsfähigkeit fehlt (Bader, in: FS Seuß [1987] 1, 2);
- erst recht nicht eine Personenmehrheit ohne rechtliche Verbindung (BGH WE 1989, 84 für eine Ehepaar, das sich nicht einmal zu einer Gesellschaft bürgerlichen Rechts zusammengeschlossen hatte; KG NJW 1995, 62f), z.B. mehrere oder alle Wohnungseigentümer gemeinsam oder alle Mitglieder des Verwaltungsbeirats gemeinsam.

Ein Beschluss, mit dem eine solche Personenmehrheit zum Verwalter bestellt wird, ist nicht nur anfechtbar, sondern nichtig, was in jedem Verfahren von Amts wegen zu berücksichtigen ist (→ Nichtigkeit eines Beschlusses). In gleicher Weise ist eine entsprechende Vereinbarung der Wohnungseigentümer nichtig.

2. Fachliche Voraussetzungen

a) Qualifikation

Den Verwalter trifft als sog. Fremdorgan, das die Wohnungseigentümer im Rahmen seiner → Vertretungsmacht unbeschränkt und gesamtschuldnerisch verpflichten kann, eine hohe Verantwortung, die nicht zuletzt ein persönliches Vertrauensverhältnis voraussetzt. Von seiner persönlichen und fachlichen Qualifikation hängt aber auch das Funktionieren einer Wohnungseigentümergemeinschaft (OLG Celle WE 1989, 199; OLG Düsseldorf WE 1996, 70) und die Erhaltung des Wertes der Wohnanlage ab. Es liegt daher im Interesse der Gesamtheit der Wohnungseigentümer, dass der Verwalter persönlich geeignet ist, den Anforderungen, die aufgrund seiner umfangreichen Aufgaben und Befugnisse an ihn gestellt werden, gerecht zu werden.

Die Ausübung des Verwalterberufes bedarf keiner Zulassung und keines Befähigungsnachweises, da weder das WEG noch das öffentliche Recht, insbesondere das Gewerberecht, Berufszugangs- oder Berufsausübungsvoraussetzungen i.S. des Art. 12 Abs. 1 S. 2 GG normieren (→ Gewerbebetrieb des Verwalters). Der Gesetzgeber hat bisher keinen Handlungsbedarf gesehen, obwohl dem Verwalter eine außergewöhnliche Stellung eingeräumt wurde, die ein nicht zu vernachlässigendes Schutzbedürfnis aller Wohnungseigentümer begründet. Die Verwirklichung dieses erforderlichen Schutzes kann z.B. durch Zulassungsregeln erfolgen, die die Wohnungseigentümer vor unqualifizierten Verwaltern bewahren und damit die Erhaltung der Wohnungsbestände sichern (Bub DIV 1996, Heft 6, 10 ff z. öffentlichen Verantwortung des Immobilienverwalters).

b) Prüfung der Eignung

Wegen des fehlenden Schutzes durch öffentlich-rechtliche Vorschriften und der wichtigen Funktion des Verwalters haben die Wohnungseigentümer bei der Auswahl im besonderen Maße sorgfältig vorzugehen. Üblich sind Erkundigungen durch eine Selbstauskunft der Bewerber (Peters, in: FS Seuß [1987] 223 ff), die Einholung von Referenzen, z.B. bei Verwaltungsbeiratsmitgliedern anderer von dem Bewerber verwalteten Wohnungsanlagen, durch die örtliche Inaugenscheinnahme anderer von ihm verwalteten Wohnanlagen und schließlich des Verwalterbüros. Mittels persönlicher Vorstellung und Befragung in einer vorbereitenden Verwaltungsbeiratssitzung und schließlich in der beschlussfassenden Wohnungseigentümerversammlung über die Berufsausbildung und zusätzliche Qualifikation als Wohnungseigentumsverwalter, Berufserfahrung, betriebliche Ausstattung, Rechtsform des Unternehmens, Bestehen von Berufshaftpflichtversicherung und Organisation des Verwalterbüros sollten sich die Wohnungseigentümer einen Eindruck über die objektiven Eignungsvoraussetzungen und von der Persönlichkeit des Verwalters verschaffen.

Von wesentlicher Bedeutung ist gerade wegen des Fehlens öffentlich-rechtlicher Berufszugangsbeschränkungen die freiwillige Zugehörigkeit zu Berufsverbänden, etwa zu den Verbänden der

Hausverwalter der einzelnen Länder (VdH) – zusammengeschlossen im Dachverband Deutscher Immobilienverwalter (DDIV) –, zum Bundesfachverband der Wohnungsverwalter (BfW), zu den Verbänden der Wohnungsunternehmen (VdW) in den einzelnen Ländern (ehemals gemeinnützige Wohnungsunternehmen) – zusammengeschlossen im Gesamtverband der Wohnungsunternehmen (GdW) –, zum Bundesverband freier Wohnungsunternehmen (BFW), zum Ring Deutscher Makler (RDM) oder zum Verband Deutscher Makler (VDM). Wegen der dortigen strengen Aufnahmebedingungen, der Berufsordnungen, die einzuhalten sich die Mitglieder verpflichten, und wegen der ständigen Fortbildung gilt die Mitgliedschaft als aussagekräftiges Gütesiegel.

Im Vordringen befindet sich daneben die Zertifizierung von Verwaltungsunternehmen nach der Normenreihe DIN EN ISO 9000ff durch zugelassene Stellen, z.B. durch die TÜV-Zertifizierungsgemeinschaft eV mit Sitz in Bonn. Voraussetzung der Zertifizierung ist die Feststellung in einem sog. Zertifizierungsaudit, dass im Betrieb des Verwalters die 20 Qualitätselemente der Normenreihe DIN EN ISO 9000ff, insbesondere der DIN EN ISO 9001 umgesetzt und tatsächlich praktiziert werden, was zumindest das Vorhandensein eines leistungsstarken Qualitätsmanagementsystems und einer funktionstüchtigen Aufbau- und Ablauforganisation des Verwalters sicherstellt, aber naturgemäß die Qualität der Dienstleistung nicht garantieren kann (Steinbrück NJW 1997, 1266; Lehner ZdWBay 1995, 132; Streck AnwBl 1996, 57). Dieses jeweils für drei Jahre gültige Zertifikat ist jährlich durch ein Überwachungsaudit zu bestätigen. Diese Zertifizierung ist ein notwendiger Zwischenschritt zum Total Quality Management (TQM), das die Qualität der Dienstleistung selbst thematisiert, die an der Zufriedenheit der Wohnungseigentümer bemessen wird und zentral auf den persönlichen Eigenschaften des Verwalters – fachliche Qualifikation und Zusatzqualifikationen durch Fortbildung, Engagement, Schnelligkeit, Zuverlässigkeit, Aufgeschlossenheit, Kommunikationsfähigkeit, Effizienz, Delegationsfähigkeit, Fehlervermeidung – sowie auf der Preis-Leistungsangemessenheit beruht.

Die Eignung des Bauträgers zum Verwalter der von ihm errichteten Wohnanlage, also des sog. Bauträgerverwalters, kann nur im konkreten Einzelfall, nicht generell beurteilt werden, so dass grds. der aufteilende Bauträger sich selbst oder eine ihm nahe stehende Firma zum Verwalter bestellen kann (BGHZ 67, 232, 236; BayObLGZ 1974, 305, 309 ff; OLG Frankfurt OLGZ 1993, 63 f). Diese hängt letztlich davon ab, ob er seine besseren Kenntnisse von den baulichen Vorgängen, über die Entwicklung und Planung des Bauvorhabens im Interesse der Wohnungseigentümer einsetzt und sein eigenes Interesse an der Durchsetzung von Gewährleistungsansprüchen gegen Subunternehmer zur Geltung kommt, oder ob die drohende eigene Haftung dieses Interesse lähmt; dass der Verwalter in eine Interessenkollision gerät, sobald Baumängel auftreten, liegt auf der Hand (BGHZ 67, 232; BayObLG WE 1997, 115 f). Nicht zu verkennen ist, dass schon der Erwerb vom Bauträger ein Vertrauensverhältnis voraussetzt, das durchaus in der Verwaltertätigkeit fortgesetzt werden kann.

Negativ kann abgegrenzt werden, dass jedenfalls ein Verwalter, gegen den ein wichtiger Grund zur Abberufung bestünde oder bei dem die Voraussetzungen für eine gewerberechtliche Untersagung der Tätigkeit nach § 35 GewO vorliegen (→ Gewerbebetrieb des Verwalters), z.B. wenn im Strafregister nicht getilgte, einschlägige Vorstrafen verzeichnet sind (KG WE 1989, 168), persönlich und fachlich nicht geeignet ist (KG WE 1994, 50), so dass seine Bestellung zum Verwalter gegen die Grundsätze ordnungsmäßiger Verwaltung verstößt und auf Anfechtung für ungültig zu erklären ist.

3. Höchstpersönlichkeit des Verwalteramtes

Den Verwalter trifft die Pflicht, seine Dienste höchstpersönlich zu erbringen; die Verwalterstellung ist an die Person des Verwalters gebunden (BGHZ 107, 268, 272; BayObLG NZM 2002, 346, 348; OLG Düsseldorf WE 1996, 72; BPM § 26 RN 75). Der Verwalter ist wegen des besonderen Vertrauensverhältnisses, auf dem jeder Verwaltervertrag beruht, daran gehindert, die Verwalterstellung im Ganzen oder auch nur seine gesamte tatsächliche Verwaltertätigkeit ohne Einwilligung der Wohnungseigentümer auf einen Dritten, z.B. eine zu diesem Zweck gegründete Tochter-GmbH, zu übertragen, auch wenn der Dritte weisungsgebunden und personell verflochten ist (BayObLGZ 1990, 173, 176; OLG Hamm WE

1997, 24f). Unwirksam sind deshalb Vereinbarungen oder Beschlüsse, welche den Verwalter zur rechtlichen Übertragung der Verwalterstellung ermächtigen (BayObLGZ 1990, 173, 176; OLG Schleswig WE 1997, 358; Palandt/Bassenge § 26 RN 1); dies gilt erst recht, wenn der Dritte eigenverantwortlich tätig werden soll (vgl. BGH NJW 1993, 1704). Ein Übertragung des Verwalteramtes auf Dritte durch den Verwalter rechtfertigt dessen →Abberufung. Allerdings darf sich der Verwalter bei der Ausübung seiner Tätigkeit →Hilfspersonen bedienen.

Wechselt der Verwalter während eines Prozesses, den er für die Wohnungseigentümer führt, kann der neue Verwalter im Zweifel den Prozess fortführen (→Prozessführung durch Verwalter).

a) Zustimmung der Wohnungseigentümer

Wirksam kann die Verwalterstellung nur mit Zustimmung der Wohnungseigentümer übertragen werden (BayObLGZ 1990, 173, 176). Übt der Dritte die Verwaltertätigkeit über einen nicht unbeachtlichen Zeitraum aus, ohne dass einer der Wohnungseigentümer dem widerspricht, so kann im Einzelfall hieraus ein Verzicht auf die höchstpersönliche Ausübung der Verwaltertätigkeit durch den Verwalter, nicht aber eine konkludente rechtliche Übertragung der Verwalterstellung im Ganzen hergeleitet werden, die gem. § 26 Abs. 1 S. 1 WEG eines Beschlusses der Wohnungseigentümer bedarf (a.A. OLG Hamm WE 1997, 24, 26), ohne dass es darauf ankommt, ob die Vereinbarung der Wohnungseigentümer eine entsprechende Ermächtigung enthält und ob die Übertragung vor Aufnahme der Verwaltertätigkeit erfolgt.

b) Tod des Verwalters

Da das Verwalteramt schon wegen der Höchstpersönlichkeit der Verwaltertätigkeit an eine bestimmte Person gebunden ist, endet die Verwalterstellung und – entsprechend §§ 673 S. 1, 168 BGB – auch der →Verwaltervertrag stets mit dem Tod des Verwalters; die Verwalterstellung geht nicht im Wege der Universalsukzession auf den oder die Erben über (BayObLG NZM 2002, 346, 348; Z 1990, 173, 176; OLG Düsseldorf Rpfleger 1990, 356).

c) Rechtsnachfolge, Rechtsformwechsel

Zur Beendigung der Verwalterstellung führen weiter sämtliche Rechtsvorgänge, welche im Ergebnis dazu führen würden, dass anstelle des von den Wohnungseigentümers bestellten Verwalters ein Dritter in die Verwalterstellung eintritt. Hierzu zählen das Ausscheiden eines Gesellschafters aus einer zweigliedrigen Personengesellschaft des Handelsrechts, was dazu führt, dass sein Anteil dem verbleibenden Gesellschafter anwächst und die Gesellschaft endet (BayObLGZ 1990, 173, 176; Staudinger/Bub § 26 RN 379), oder die Übertragung des Geschäftsanteils des einzigen Kommanditisten auf den Komplementär, wodurch das Vermögen der verwaltenden KG gem. § 142 Abs. 1 HGB dem Komplementär anwächst (BayObLGZ 1987, 54, 56f; offen gelassen von OLG Düsseldorf Rpfleger 1990, 356). Gleiches gilt für die Übertragung sämtlicher Geschäftsanteile einer KG auf eine GmbH oder für die rechtsformwechselnde Umwandlung einer KG in eine GmbH, die zum Erlöschen der KG führt (OLG Düsseldorf Rpfleger, 1990, 356). Weiter endet die Verwalterstellung durch Veräußerung des Einzelhandelsgeschäfts eines zum Verwalter bestellten Kaufmanns (BayObLGZ 1990, 28, 30; BPM § 26 RN 77). Träger der Rechte und Pflichten ist nämlich gem § 17 Abs. 2 HGB allein der Kaufmann in Person, so dass die Veräußerung des Handelsgeschäfts zur Übertragung der Verwalterstellung führt, die zwingend der Zustimmung der Wohnungseigentümer bedarf.

Die Stellung als Verwalter unberührt lässt demgegenüber ein Gesellschafterwechsel, auch der Wechsel des Komplementärs in einer mehrgliedrigen KG, der ebenso wenig zur Auflösung der Gesellschaft führt wie deren spätere Insolvenz (BayObLGZ 1987, 54, 57; NJW-RR 1988, 1170f; a.A. OLG Frankfurt OLGZ 1975, 100f).

Bei der Verschmelzung durch Aufnahme bleibt die Verwalterstellung i.d.R. bestehen, wenn das Unternehmen des Verwalters das aufnehmende Unternehmen ist, da alle Rechte und Pflichten bei dem fortbestehenden Unternehmen bestehen bleiben und auch die Gesellschafterstruktur keine Änderung erfährt, die über die zulässige Aufnahme weiterer Gesellschafter hinausgeht (offen gelassen von OLG Düsseldorf Rpfleger 1990, 356); dies gilt auch für die identitätswahrende Umwandlung gem. §§ 214 ff UmwG.

Demgegenüber endet die Verwalterstellung bei der Verschmelzung durch Neugründung gem. §§ 36 ff UmwG, aber auch bei einer Verschmelzung durch Aufnahme, wenn das Verwalterunternehmen aufgenommen wird, da es gem. § 20 Abs. 1 Nr. 2 UmwG erlischt. Ist Verwalter ein Einzelkaufmann, geht das Verwalteramt auch dann nicht auf die neu gegründete GmbH über, wenn der bisherige Verwalter alleiniger Gesellschafter und Geschäftsführer der aus dem Unternehmen des Einzelkaufmanns durch Ausgliederung hervorgegangenen GmbH ist (BayObLG NZM 2002, 346, 348); es bleibt bei dem bestellten Verwalter. Da die Wohnungseigentümergemeinschaft keine Mitwirkungsmöglichkeit bei der Auswechslung von Gesellschaftern und Geschäftsführern der juristischen Person hat (BayObLGZ 1987, 54, 58; Staudinger/Bub § 26 RN 381), verliert sie ihren Einfluss auf die Person des Verwalters, womit das persönliche Vertrauensmoment, das in der Bestellung einer natürlichen Person zum Verwalter zum Ausdruck kommt, verloren geht.

4. Steuerrechtliche Qualifizierung der Verwaltertätigkeit

Steuerrechtlich ist der Verwalter i.d.R. Gewerbetreibender i.S. von § 15 EStG (FG Bremen EFG 1985, 357), wenn er wegen des Umfangs der von ihm übernommenen Tätigkeit Mitarbeiter ständig beschäftigt und eine kaufmännische Organisation benötigt (BFHE 101, 215, 217; FG Bremen EFG 1985, 357 f).

Ein freier Beruf i.S. des § 18 Abs. 1 Nr. 1 EStG liegt vor, wenn er den in dessen S. 2 aufgeführten Katalogberufen in den typischen, wichtigen oder wesentlichen Merkmalen entspricht und ihnen deshalb ähnelt (Schmidt/Seeger § 18 EStG RN 60; Wolf-Diepenbrock DStZ 1981, 333, 338). Daher darf nicht auf eine beliebige Auswahl von Katalogberufen, etwa den rechts- und wirtschaftsberatenden oder den technischen Berufen, abgestellt werden; die Ähnlichkeit muss vielmehr mit einem bestimmten Katalogberuf festgestellt werden (BFH BStBl II 1993,100; Schmidt/Seeger § 18 EStG RN 12). Da für den Verwalterberuf allenfalls eine Gruppenähnlichkeit in Frage kommt, ist er kein freier Beruf i.S. von § 18 Abs. 1 Nr. 1 EStG.

Die Berufsausübung des Verwalters kann aber als sonstige selbständige Tätigkeit i.S. des § 18 Abs. 1 Nr. 3 EStG beurteilt werden, der beispielhaft den Vermögensverwalter nennt und alle Arten verwaltender Tätigkeit erfasst (BFH BStBl II 1988, 266), sofern kein Gewerbebetrieb ausgeübt wird (BFH BStBl II 1971, 239). Die sonstige selbständige Tätigkeit wird ganz überwiegend durch die eigene Arbeitsleistung des Steuerpflichtigen gekennzeichnet (BFHE 123, 507; BStBl II 1978, 137). Deshalb gilt die sog. „Vervielfältigungstheorie", die bei den Angehörigen der freien Berufe gem. § 18 Abs. 1 Nr. 1 S. 3, 4 EStG keine Anwendung mehr findet, für die Einkünfte aus § 18 Abs. 1 Nr. 3 EStG noch uneingeschränkt (BFHE 101, 250; BStBl II 1971, 239; Blümich/Hutter § 18 EStG RN 172). Dies bedeutet, dass aufgrund einer Mitarbeit von mehr als einer qualifizierten Fachkraft, die Verwaltertätigkeit zur gewerblichen wird (BFH BStBl II 1994, 936). Selbst wenn nur Hilfskräfte beschäftigt sind, die ausschließlich untergeordnete Arbeiten erledigen, kann im Einzelfall durch den Umfang der übertragenen Arbeiten die Tätigkeit des Geschäftsherrn als gewerblich einzustufen sein (BFHE 141, 505; FG Bremen EFG 1985, 357 für die Verwaltung von 280 Wohneinheiten).

▶ **Verwaltervergütung** → Vergütung des Verwalters

▶ **Verwaltervertrag**

1. Rechtsnatur des Verwaltervertrages

Der Verwaltervertrag ist ein schuldrechtlicher Vertrag über die Übernahme der Verwaltung einer Wohnungseigentumsanlage. Die rechtliche Qualifikation des Verwaltervertrages hängt von seiner jeweiligen Ausgestaltung ab. Der entgeltliche Verwaltervertrag ist, unabhängig davon, ob ein Wohnungseigentümer Verwalter ist, ein Geschäftsbesorgungsvertrag mit größtenteils dienstvertraglichem Charakter gem. § 675 BGB (BGH NZM 2002, 788, 792; ZfIR 1997, 284, 286; BayObLG ZfIR 1997, 220), auf den die Regeln des Dienstvertragsrecht (§§ 611 ff BGB) (BayObLG ZfIR 1997, 220 f; KG OLGZ 1990, 61, 64) und des Auftragsrechts (§§ 662 ff BGB) Anwendung finden, soweit der Verwaltervertrag keine abweichende Regelung trifft. Soweit der Verwalter einen Erfolg i.S. des Herbeiführens von Arbeitsergebnissen schuldet, z.B. bei der

Erstellung des Wirtschaftsplanes oder der Jahresabrechnung, enthält der Vertrag auch werkvertragliche Elemente, §§ 631 ff BGB (BayObLG WE 1993, 288; ZfIR 1997, 220; OLG Hamm NJW-RR 1993, 845f). Wird der Verwalter ausnahmsweise unentgeltlich tätig, so liegt ein Auftrag vor, auf den die §§ 662 ff BGB anzuwenden sind (OLG Köln NJWE-MietR 1997, 63 z. Vertrag mit dem Miethausverwalter). In der Praxis kommt dies insbesondere bei kleinen Gemeinschaften oder bei Verwaltungsübernahme durch einen Wohnungseigentümer vor (BayObLG ZMR 2000, 850).

Der Verwaltervertrag besteht unabhängig neben dem Organisationsakt der Bestellung (→ Bestellung des Verwalters). Dessen Abschluss ist nach nunmehr h.M. nicht Voraussetzung für das Erlangen der Rechtsstellung des Verwalters.

2. Parteien des Verwaltervertrages

Parteien des Verwaltervertrages sind der Verwalter und die – ggf. werdenden (BayObLGZ 1968, 233, 237f; OLG Hamburg NJW 1963, 818) – Wohnungseigentümer selbst, da die Wohnungseigentümergemeinschaft als solche von der noch h.M. – entgegen der hier vertretenen Auffassung – nicht rechtsfähig sein soll (→ Rechts- und Parteifähigkeit der Wohnungseigentümergemeinschaft), also auch nicht Vertragspartner und Träger von Rechten und Pflichten aus einem Vertrag sein könne; Vertragspartner wird dann auch die nicht mitstimmende und überstimmte Minderheit (OLG Köln NJW 1991, 1302f). Der Verwalter ist allen gegenüber verpflichtet und berechtigt. Ein einzelner Wohnungseigentümer kann deshalb i.d.R. nur mit Ermächtigung aller anderen Wohnungseigentümer durch Mehrheitsbeschluss Ansprüche gegen den Verwalter geltend machen. Da nur das Verhältnis zwischen dem Verwalter und den Wohnungseigentümern zu regeln ist, lässt der Verwaltervertrag die Vereinbarung der Wohnungseigentümer untereinander i.d.R. auch dann unberührt, wenn er davon abweicht, es sei denn, dass ein Wille der Wohnungseigentümer feststellbar ist, zugleich mit Beschluss des Verwaltervertrages auch die zwischen ihnen geltenden Regelungen zu ändern (OLG Hamm NZM 2000, 505). Enthält der Verwaltervertrag aber eine Regelung, die die Wohnungseigentümer mehrheitlich beschließen können, etwa zur Fälligkeit von Beiträgen gem. § 28 Abs. 2 WEG (KG FGPrax 2000, 221), so ist i.d.R. anzunehmen, dass die Wohnungseigentümer zugleich auch ihr Verhältnis regeln wollen (BayObLG WE 1995, 254). Rechtsnachfolger eines Wohnungseigentümers treten in den Vertrag ein (→ Sonderrechtsnachfolger).

3. Abschluss des Verwaltervertrages

Wurde der Verwaltervertrag nicht bereits gleichzeitig mit der Bestellung geschlossen, so können die Wohnungseigentümer einen oder mehrere von ihnen, i.d.R. den Verwaltungsbeirat, oder einen Dritten, z.B. einen Rechtsanwalt bevollmächtigen, den Verwaltervertrag bis zur Entscheidungsreife zu verhandeln und den Verwalter veranlassen, den Wohnungseigentümern zu Händen des Verwalters oder, wenn ein solcher fehlt, den Verhandlungsführern ein Verwaltervertragsangebot zu unterbreiten, über dessen Annahme dann die Wohnungseigentümer in einer weiteren Versammlung entscheiden. Dem steht ein Vertragsschluss unter dem Vorbehalt der Zustimmung durch die Wohnungseigentümerversammlung – Gremienvorbehalt – gleich. Der Verwaltungsbeirat kann auch durch Beschluss beauftragt und bevollmächtigt werden, das von der Wohnungseigentümerversammlung durch Beschluss angenommene Vertragsangebot zu unterzeichnen (OLG Düsseldorf NZM 1998, 36; OLG Hamm NJW-RR 2001, 226, 260f; F. Schmidt ZWE 2001, 137, 139).

In der Praxis üblich ist es, darüber hinaus den Verwaltungsbeirat (OLG Hamm NZM 2001, 49, 51; OLG Köln NZM 2002, 1002; BPM § 26 RN 89; Palandt/Bassenge § 26 RN 7) oder einen Dritten (BayObLGZ 1974, 305, 310; ZMR 1985, 278; OLG Hamburg OLGZ 1988, 299, 302) zu beauftragen und zu bevollmächtigen, den Verwaltervertrag mit dem bestellten Bewerber im Rahmen der im Bestellungsbeschluss im Wesentlichen festgelegten Bedingungen auszuhandeln und abzuschließen. Ein solcher Beschluss ist entgegen der h. M. aus mehreren Gründen nichtig: Gegen § 26 Abs. 1 S. 4 WEG, der nicht den Abschluss des Verwaltervertrages, sondern nur die Bestellung des Verwalters betrifft, verstößt er mit der Folge der Nichtigkeit gem. § 134 BGB, wenn der Vertragsabschluss der Bestellung vorausgeht und die Wohnungseigentümer deshalb mittelbar in ihrem unabdingbaren Recht auf freie Auswahl des Verwalters beschränkt, oder wenn der Verwaltungsbeirat die Vertragsdauer frei aushandeln soll, da sich daraus mittelbar die Bestellungszeit und damit der Zeitpunkt ergibt, von dem an die Wohnungseigentümer erneut über die Verwalterbestellung beschließen können.

Aber auch dann, wenn die Wohnungseigentümer die Bestellungsdauer beschlossen haben, ist der Beschluss wegen fehlender Beschlusskompetenz gem. § 134 BGB nichtig, da die Übertragung der Abschlusskompetenz von der Wohnungseigentümerversammlung auf den Verwaltungsbeirat der Vereinbarung bedarf (Hans-OLG Hamburg ZMR 2003, 864; a.A. OLG Köln NZM 2002, 1002: anfechtbar). Aus dem zutreffenden Argument, die zur Bestellung berufenen Wohnungseigentümer könnten auch über Einzelheiten des Verwaltervertrages beschließen (OLG Köln NZM 2002, 1002), kann die Zulässigkeit einer Vollmachtserteilung gerade nicht hergeleitet werden, weil dann anstelle der Wohnungseigentümer der Bevollmächtigte diese Einzelheiten festlegt.

Soweit der Verwaltungsbeirat durch Vereinbarung wirksam bevollmächtigt wurde, so ermächtigt eine entsprechende Vollmacht ihn nur zu solchen Regelungen, die ordnungsmäßiger Verwaltung entsprechen (OLG Hamm NZM 2001, 49, 51). Wegen des Grundsatzes der Vertragsfreiheit können die Wohnungseigentümer und der Verwalter die Ungültigkeitserklärung des Bestellungsbeschlusses, die Abberufung des Verwalters oder die Niederlegung des Verwalteramtes durch den Verwalter als auflösende Bedingung des Verwaltervertrages vereinbaren (BayObLG WE 1994, 147f; WE 1996, 314f; OLG Köln NJW-RR 1988, 1172), was die erforderliche Kongruenz zwischen Bestellung und Verwaltervertrag sichert. Eine solche Regelung kann als im Zweifel konkludent geschlossen angenommen werden.

4. Form und Inhalt des Verwaltervertrages

Der Verwaltervertrag ist grds. an keine Form gebunden (Bub ZdWBay 1992, 577, 580). In ihm können nur Regelungen über die Verwaltung des gemeinschaftlichen Eigentums getroffen werden, nicht dagegen auch für die Verwaltung der jeweiligen Sondereigentumseinheiten (BayObLG WuM 1996, 445; KG WuM 1991, 707 z. Abwicklung von Versicherungsschäden im Sondereigentum), es sei denn, dass nach der Vereinbarung der Wohnungseigentümer die Verwaltung des Sondereigentums ganz oder teilweise zur gemeinschaftlichen Angelegenheit erklärt wurde.

Die Vertragspartner sind in der Gestaltung des Verwaltervertrages grds. frei. Als Vorlage dienen in der Praxis meist Vertragsmuster (vgl. Bärmann/Seuss G RN 106 bis 108), die aber den konkreten Verhältnissen angepasst werden sollten, und zwar sowohl in Bezug auf die bestehende Vereinbarung/Gemeinschaftsordnung (BayObLG WuM 1991, 312f) als auch in Bezug auf die Nutzungsart und die bauliche Beschaffenheit der Anlage.

Regelungen in der Gemeinschaftsordnung/Vereinbarung der Wohnungseigentümer gelten zunächst nur im Verhältnis der Wohnungseigentümer untereinander, nicht aber im Verhältnis zwischen Wohnungseigentümer und Verwalter (KG WE 1989, 132f); sie verpflichtet die Wohnungseigentümer nur gegenseitig, ihr Verhältnis zum Verwalter entsprechend diesen Regelungen auszugestalten (BayObLG WuM 1991, 312f; → Aufgaben und Befugnisse des Verwalters). Es bedarf deshalb einer – ggf. auch nur konkludenten – Einbeziehung in den Verwaltervertrag, wenn diese Regelungen auch im Verhältnis zwischen den Wohnungseigentümern und dem Verwalter gelten sollen (KG WE 1989, 132f; Palandt/Bassenge § 27 RN 25; Bub NZM 2001, 503; a.A. Merle ZWE 2001, 145).

Welche Leistungen der Verwalter zu erbringen hat, ist im Verwaltervertrag festzulegen. Üblich ist es – ähnlich der HOAI für Verträge mit Architekten und Ingenieuren –, zwischen sog. Grundleistungen und Besonderen Leistungen zu differenzieren. Als Grundleistungen werden i.d.R. die zur Erfüllung der gesetzlichen Aufgaben – insbesondere gem. §§ 12, 24, 25, 27, 28 WEG – erforderlichen – i.d.R. pauschal vergüteten – Leistungen bezeichnet, während alle darüber hinausgehenden – nach Einzelpreisen vergüteten – Leistungen als Besondere Leistungen zu qualifizieren sind, was für die Bemessung der → Vergütung des Verwalters von Bedeutung ist; sind gesetzliche Aufgaben nicht regelmäßig zu erbringen, so sind sie aus Gründen der leistungsbezogenen Vergütung als Besondere Leistung zu qualifizieren. Sind keine Abreden getroffen, so schuldet der Verwalter lediglich die Erfüllung der gesetzlichen Aufgaben, was sich ohne weiteres aus der Übernahme der Verwalterstellung ergibt.

5. Dauer

Die Vertragsdauer kann von den Vertragsparteien frei vereinbart werden, wobei gem. § 26 Abs. 1 S. 2 WEG die Höchstdauer fünf Jahre beträgt. Entgegen ihrem Wortlaut kann diese Regelung nämlich Geltung auch für den von der Bestellung zu unterscheidenden schuldrechtlichen Verwaltervertrag beanspruchen. Zum Schutz der Eigentümer ist damit sichergestellt, dass diese einen durch den aufteilenden Bauträger in der Teilungserklärung bestellten Verwalter jedenfalls nach fünf Jahren ohne das Erfordernis einer Abwahl und ohne Einwirkungsmöglichkeit des Verwalters durch einen anderen ersetzen können. Ein unzulässiger Druck zur Bestellung eines bestimmten Verwalters kann aber auch dadurch ausgeübt werden, dass die Laufzeit des Verwaltervertrages über die Bestellungsdauer hinausgeht, da hierdurch faktisch ein Zwang geschaffen wird, den Verwalter neu zu bestellen. Aus § 26 Abs. 1 S. 2 und 4 WEG folgt somit eine vertragliche Bindung der Wohnungseigentümer für höchstens fünf Jahre (BGH NZM 2002, 788, 792).

Die Höchstdauer von fünf Jahren gilt auch bei Verwendung eines Formularvertrages. § 309 Nr. 9 lit. a BGB, der für Dienstverträge eine Höchstdauer von zwei Jahren vorsieht, ist auf einen Verwaltervertrag nicht anwendbar, da sich der Anwendungsbereich dieser Norm nicht auf solche Dauerschuldverhältnisse erstreckt, für welche bereits eine interessengerechte Sonderregelung besteht (BGH NZM 2002, 28, 293).

Eine Klausel im Verwaltervertrag, dass sich dieser mangels Kündigung um eine bestimmte Zeit verlängert, muss zum einen die zulässige Gesamtdauer von fünf Jahren beachten und ist im Übrigen nur zulässig, wenn die Verlängerung unter der ggf. stillschweigend vereinbarten Bedingung der Wiederbestellung steht und der Verwaltervertrag jedenfalls mit Ablauf der Bestellungsdauer endet (Staudinger/Bub § 26 RN 293; a.A. OLG Köln WE 1990, 171: unbeschränkt zulässig), da ansonsten entgegen § 26 Abs. 1 S. 4 WEG ein unzulässiger Druck zur Wiederbestellung des Verwalters besteht.

6. Beendigung

Die Beendigung des Verwaltervertrages richtet sich grds. nach den allgemeinen Regeln über die Beendigung von Dienst- bzw. Auftragsverhältnissen unter Berücksichtigung der wohnungseigentumsspezifischen Besonderheiten (Merle ZWE 2000, 9ff). Sie ist sowohl von der → Abberufung des Verwalters durch die Wohnungseigentümer als auch von der Amtsniederlegung durch den Verwalter (→ Niederlegung des Verwalteramtes) zu unterscheiden.

Der Verwaltervertrag endet außer durch Zeitablauf, § 620 Abs. 1 BGB, durch → Kündigung, den Eintritt einer – ggf. konkludent – vereinbarten auflösenden Bedingung, z.B. mit der Ungültigkeitserklärung des Bestellungsbeschlusses (→ Bestellung des Verwalters), der → Abberufung des Verwalters, dem Eintritt der Geschäftsunfähigkeit oder auch mit dem Verlust der Rechtsfähigkeit einer juristischen Person oder einer Personengesellschaft des Handelsrechts, dem Abschluss eines Aufhebungsvertrages, dem Tod des Verwalters sowie sämtlichen Rechtsvorgängen, welche dazu führen, dass anstelle des von den Wohnungseigentümers bestellten Verwalters ein Dritter in die Verwalterstellung eintreten würde, z.B. der Veräußerung eines Einzelhandelsgeschäfts (→ Verwalter).

Mit dem Ende des Verwaltervertrags erlischt gem. § 168 Abs. 2 BGB sowohl die gesetzliche als auch die vertragliche → Vertretungsmacht des Verwalters. Ob der Verwalter mit Kündigung des Verwaltervertrages auch seine Vergütungsansprüche verliert, hängt davon ab, ob die Kündigung berechtigt war und der Verwalter seine Tätigkeit trotz der Kündigung fortführt (→ Kündigung des Verwaltervertrages).

▶ **Verwaltervollmacht** → Vertretungsmacht des Verwalters

▶ **Verwaltung des gemeinschaftlichen Eigentums**

Verwaltungsentscheidungen trifft grds. die Gesamtheit der Wohnungseigentümer gemeinschaftlich, und zwar entweder durch Vereinbarung oder durch → Mehrheitsbeschluss. Der → Verwalter hingegen ist in erster Linie dafür zuständig, die Verwaltungsentscheidungen zu vollziehen, also die vereinbarten oder beschlossenen Verwaltungsmaßnahmen durchzuführen bzw. zu veranlassen. Solange ein Verwalter vorhanden ist, schließt §27 Abs.3 WEG die Wohnungseigentümer davon aus, ihre Verwaltungsentscheidungen selbst zu vollziehen.

1. Begriff der Verwaltung

Die Verwaltung umfasst die kaufmännische, technische und rechtliche Geschäftsführung im gemeinschaftlichen Interesse aller Wohnungseigentümer (OLG Köln Rpfleger 1969, 54f). Sie beinhaltet alle tatsächlichen und rechtlichen Maßnahmen, die auf eine Änderung des bestehenden Zustands in rechtlicher, wirtschaftlicher oder tatsächlicher Hinsicht gerichtet sind (BGHZ 121, 22) und die für die Erhaltung, Sicherung, Verbesserung und gewöhnliche Nutzung des gemeinschaftlichen Eigentums (OLG Hamm OLGZ 1991, 303) und des →Verwaltungsvermögens, eingeschränkt aber auch zu dessen Gebrauch erforderlich und geeignet sind. Zur Verwaltung gehören daneben die allgemeine Teilnahme am Rechtsverkehr durch Vertragsabschlüsse, deren Durchführung und Beendigung, insbesondere die Befriedigung der sog. →Verwaltungsschulden, die Erfüllung gesetzlicher Pflichten, etwa der →Verkehrssicherungspflicht, oder das Führen von Prozessen.

Rechtliche Grenze der Verwaltung ist die Verfügung durch Rechtsgeschäfte, die darauf gerichtet sind, auf das gemeinschaftliche Eigentum i.S. von §§1 Abs.5, 5 Abs.2 WEG einzuwirken, es inhaltlich zu verändern, zu übertragen, zu belasten oder aufzuheben (OLG Braunschweig OLGZ 1966, 571, 573). Eine Verfügung über das gemeinschaftliche Eigentum kann daher i.d.R. nicht mehrheitlich beschlossen werden; die Verfügung ist allen Wohnungseigentümern gemeinsam vorbehalten. Zur gewöhnlichen Verwaltung gehört aber die Verfügung über das Verwaltungsvermögen, insbesondere über die gemeinschaftlichen Gelder, oder über Früchte des gemeinschaftlichen Eigentums, aber auch die Anschaffung und Veräußerung von Gegenständen, die zur Verwaltung des gemeinschaftlichen Eigentums geeignet sind, z.B. einer Waschmaschine oder eines Rasenmähers.

Tatsächliche Grenze der Verwaltung ist die wesentliche Veränderung der Substanz des gemeinschaftlichen Eigentums (OLG

Braunschweig OLGZ 1966, 571, 573; Weitnauer/Lüke Vor § 20 RN 3), z.B. der Hinzuerwerb eines Grundstücks (BayObLGZ 1973, 30). Bauliche Veränderungen i.S. von § 22 Abs. 1 S. 1 WEG und Neuerungen sind gleichwohl Maßnahmen der Verwaltung; sie überschreiten aber die Grenzen ordnungsmäßiger Verwaltung. Die Grenze zur → modernisierenden Instandsetzung ist fließend.

2. Gegenstand der Verwaltung

Gegenstand der gemeinschaftlichen Verwaltung i.S. von § 20 Abs. 1 WEG ist das gemeinschaftliche Eigentums i.S. der §§ 1 Abs. 5, 5 Abs. 2 WEG (BayObLG WE 1993, 142; KG OLGZ 1992, 318; OLG Düsseldorf WuM 1996, 441f) einschließlich seiner wesentlichen Bestandteile, z.B. einer Grunddienstbarkeit an einem Nachbargrundstück (OLG Stuttgart NJW-RR 1990, 659; OLG Köln NJW-RR 1993, 982), aber auch des Verwaltungsvermögens (Bub WE 1994, 191). Daher unterliegt die Einziehung von Forderungen gegen andere Wohnungseigentümer gegen den Verwalter und gegen Dritte der gemeinschaftlichen Verwaltung der Wohnungseigentümer (→ Geltendmachung gemeinschaftlicher Ansprüche).

Gegenstand der Verwaltung ist – im Gegensatz zur Gebrauchsregelung – grds. nicht das Sondereigentum (vgl. Ausschussbericht, BT-Drucks 1802, PiG 8, 205, 211; BayObLGZ 1986, 444, 446), das grds. jeder Wohnungseigentümer in den Grenzen der §§ 13 bis 15 WEG frei und unabhängig von den anderen Wohnungseigentümern verwaltet (BGH NZM 2003, 358; → Gebrauch des Sondereigentums); daher unterliegt z.B. der Schadensersatzanspruch eines Wohnungseigentümers gegen den Verwalter oder gegen Dritte wegen Nichtvermietbarkeit seiner Wohnung oder wegen Beschädigung seines Sondereigentums oder sonstigen beweglichen Vermögens oder wegen sonstiger Beeinträchtigung seines Wohnungseigentums nicht der Verwaltung aller Wohnungseigentümer (→ Haftung des Verwalters). Die Wohnungseigentümer können aber gem. § 5 Abs. 3 WEG durch Vereinbarung Gegenstände des Sondereigentums zum gemeinschaftlichen Eigentum erklären, z.B. vereinbaren, dass die Verwaltung des Sondereigentums im Falle der Vermietung dem Wohnungseigentumsverwalter zu übertragen ist

(→ Vermietung von Wohnungseigentum); ein hierauf gerichteter Beschluss ist wegen fehlender Beschlusskompetenz nichtig (OLG Düsseldorf NZM 2001, 238).

Zur Verwaltung des gemeinschaftlichen Eigentums gehört nicht die Regelung des Verhältnisses zu Grundstücksnachbarn. So ist die Zustimmung zu Bauvorhaben auf Nachbargrundstücken im Baugenehmigungsverfahren ebenso Sache jedes einzelnen Wohnungseigentümers (→ Baugenehmigung) wie die Geltendmachung öffentlich-rechtlicher, nachbarrechtlicher Abwehrrechte, da etwaige Beeinträchtigungen jedenfalls auch das Sondereigentum treffen (OVG NW ZMR 1991, 276; WuM 1992, 551; VG Freiburg NJW 1988, 2689).

3. Recht und Pflicht zur Verwaltung

Die einzelnen Wohnungseigentümer und die Gesamtheit der Wohnungseigentümer wie auch der Verwalter und ein ggf. bestellter Verwaltungsbeirat sind zur Mitwirkung an der Verwaltung verpflichtet (BGHZ 141, 224, 228; OLG Köln WE 1989, 31), soweit nicht ein Recht zur Mitwirkung durch Vereinbarung oder Gesetz, z.B. § 25 Abs. 5 WEG (→ Ruhen des Stimmrechts), ausgeschlossen ist. Die Wohnungseigentümer sind daher verpflichtet, an Verwaltungsentscheidungen mitzuwirken und die Durchführung getroffener Verwaltungsentscheidungen zu ermöglichen. Näher ausgestaltet wird diese Pflicht durch § 21 Abs. 4 WEG, da mit dem Individualanspruch jedes einzelnen Wohnungseigentümers auf ordnungsmäßige Verwaltung eine entsprechende Mitwirkungspflicht der anderen Wohnungseigentümer an den Verwaltungsentscheidungen korrespondiert. Eine Pflicht zur Mitwirkung an der Verwaltung kann im Einzelfall auch aus der auf dem Gemeinschaftsverhältnis beruhenden Schutz- und Treuepflicht oder aus dem Notgeschäftsführungsrecht gem. § 21 Abs. 2 WEG hergeleitet werden.

Das Recht zur Verwaltung ist ein dem Wohnungseigentum immanentes, allen Wohnungseigentümern gleichberechtigt zustehendes Recht und kann deshalb nicht ausgeschlossen werden (→ Kernbereich des Wohnungseigentums).

Die Selbstverwaltung betrifft ausschließlich das Verhältnis der Wohnungseigentümer untereinander sowie zum Verwalter. Außenstehende Dritte können hieraus keine Rechte ableiten (BayObLG DWE 1990, 74).

4. Verwaltungsträger und -organe

Nach § 20 Abs. 1 WEG sind die Wohnungseigentümer nach Maßgabe der §§ 21 bis 25 WEG und der Verwalter nach Maßgabe der §§ 26 bis 28 WEG sowie fakultativ im Falle seiner Bestellung der → Verwaltungsbeirat nach Maßgabe von § 29 WEG zur Mitwirkung an der Verwaltung verpflichtet. Die Wohnungseigentümer sind also nicht nur Mitbestimmungsberechtigte, sondern selbst Verwaltungsträger mit einem Beschlussorgan (Kollektivorgan) → „Wohnungseigentümerversammlung", dem die Gesamtheit der Wohnungseigentümer im Verfahren zur Herbeiführung eines schriftlichen Beschlusses gem. § 23 Abs. 3 WEG (→ Schriftlicher Beschluss der Wohnungseigentümer) ausnahmsweise gleichsteht, dem Exekutivorgan Verwalter und dem fakultativen Hilfsorgan Verwaltungsbeirat (Staudinger/Bub § 20 RN 16). Der Wohnungseigentumsrichter gehört hingegen nicht zum Kreis der Verwaltungsträger; soweit er gem. §§ 43 Abs. 1 Nr. 1, 21 Abs. 4 WEG entscheidet, hat er lediglich das unterlassene Verwaltungshandeln der Wohnungseigentümer oder des Verwalters oder ggf. des Verwaltungsbeirats zu ersetzen.

▶ Verwaltung gemeinschaftlicher Gelder

Zur Verwaltung gemeinschaftlicher Gelder ist gem. § 21 Abs. 1 Nr. 4 WEG der Verwalter berechtigt und verpflichtet. Er hat dabei die Pflichten nach dem GeldwäscheG zu erfüllen (Bielefeld DWE 2002, 50). Die Wohnungseigentümer können über Weisungen zur Art und Weise der Geldverwaltung durch Mehrheitsbeschluss entscheiden, z.B. über die Anlageform oder über die Wahl des kontoführenden Kreditinstituts; ein einzelner Wohnungseigentümer kann hierüber nicht befinden (BayObLG Rpfleger 1977, 266).

1. Gemeinschaftliche Gelder

Gemeinschaftliche Gelder sind insbesondere Guthabensforderungen gegen Kreditinstitute, Bargeld in – z.B. vom Verwalter oder Hausmeister geführten – Kassen (Weitnauer PiG 21, 59, 64), Wertpapiere o.Ä., die i.d.R. im Depot eines Kreditinstituts verwahrt werden, oder andere Geldanlagen wie z.B. Sparbücher, Sparbriefe oder Schuldverschreibungen. Gleichgültig ist die Herkunft der Mittel, also ob sie aus Beitragszahlungen der Wohnungseigentümer oder sonstigen Zuflüssen wie Mietzinsen oder Zinsen stammen, und die Zweckbestimmung der Gelder, also ob sie zur Finanzierung der laufenden Lasten und Kosten oder bestimmter Anschaffungen oder als Instandhaltungsrückstellung angesammelt werden.

Keine gemeinschaftlichen Gelder sind Versicherungssummen (BGB-RGRK/Augustin § 27 RN 22) oder Gelder, die der Verwalter aufgrund seiner Tätigkeit als Sondereigentumsverwalter vereinnahmt, insbesondere Mietzinsen aus der Vermietung von Wohnungseigentum.

Die gemeinschaftlichen Gelder sind Teil des sog. → Verwaltungsvermögens (Staudinger/Rapp § 1 RN 44). Die gemeinschaftlichen Gelder stehen also den Wohnungseigentümern als Gesamthandsvermögen zu (a.A. eingehend Staudinger/Rapp § 1 RN 45 ff: einfache Bruchteilsgemeinschaft i.S.d. §§ 741 ff BGB).

2. Pflicht zur getrennten Vermögensverwaltung

Der Verwalter ist nach § 27 Abs. 4 S. 1 WEG verpflichtet, Gelder der Wohnungseigentümer von seinem Vermögen gesondert zu halten. Er darf sie nicht mit eigenen Geldern vermischen, § 948 BGB. Er muss deshalb Bargeld in einer gesonderten Kasse (BPM § 27 RN 92) und darf gemeinschaftliche Gelder nicht auf Eigenkonten aufbewahren. Ein Verstoß gegen diese Verpflichtung kann den Tatbestand einer Untreue gem. § 266 StGB verwirklichen (BGH NJW 1996, 65).

Der Verwalter darf die ihm anvertrauten Gelder auch nicht zusammen mit den Geldern anderer Wohnungseigentümergemeinschaften auf einem Sammelkonto führen. Die Führung von Sammelkonten widerspricht den Grundsätzen ordnungsmäßiger Verwaltung (LG Köln NJW-RR 1987, 1365; Bub PiG 27, 97, 114). Hierdurch wird vor allem die Kontrolle und Rechnungsprüfung unzumutbar erschwert. Eine Wohnungseigentümergemeinschaft trägt darüber hinaus das Insolvenzrisiko anderer Wohnungseigentümergemeinschaften; säumige Wohnungseigentümergemeinschaften könnten sich durch pünktlich zahlende finanzieren.

Die Verpflichtung zur getrennten Vermögensverwaltung ist abdingbar (BPM §27 RN 97; Pick JZ 1972, 99, 101). Die Wohnungseigentümer können deshalb dem Verwalter im Wege der Vereinbarung gestatten, die gemeinschaftlichen Gelder auf einem Eigenkonto, einem Treuhandkonto oder einem Sammelkonto zu führen (BGB-RGRK/Augustin §27 RN 25); ein Mehrheitsbeschluss reicht gem. §10 Abs. 1 S. 2 WEG nicht aus und wäre nichtig.

3. Verwaltungsmaßnahmen

Zur Geldverwaltung gehören alle den Geldverkehr betreffenden Maßnahmen, insbesondere Rechtsgeschäfte des Verwalters, z.B.
- der Abschluss von Bankverträgen, also Kontoeröffnungs-, Depot- oder Kreditverträge,
- die Anlage der gemeinschaftlichen Gelder,
- der Empfang von Geldern, §21 Abs. 2 Nr. 1 und 2 WEG,
- die Verfügung über die gemeinschaftlichen Gelder, §21 Abs. 2 Nr. 1 und 2 WEG,
- eine Kontrolle der sachlichen Richtigkeit der Rechnungspositionen aufgrund einer ggf. stichprobenartigen Belegprüfung,
- die Auskunft über die gemeinschaftlichen Gelder als Teil der Jahresabrechnung (→ Auskunft, Information).

a) Kontoeröffnung

Da der Geldverkehr und die Geldanlage im Wesentlichen bargeldlos abgewickelt wird, ist der Abschluss von Kontoeröffnungsverträgen durch den Verwalter unerlässlich. Hierzu hat er eine gesetzliche Vertretungsmacht (→ Vertretungsmacht des Verwalters).

Der Verwalter darf die Gelder der Wohnungseigentümer **nicht auf einem Eigenkonto** führen (BGH Betrieb 1976, 96), auch nicht auf einem Unterkonto zu einem Eigenkonto (LG München I vom 7. 8. 1985, 25 O 9125/85), da die gemeinschaftlichen Gelder entgegen §27 Abs. 4 S. 1 WEG nicht vom Vermögen des Verwalters getrennt sind; dass feststellbar ist, welche Gelder den Wohnungseigentümern zustehen, genügt nicht (BGH NJW-RR 2003, 1375: kein Aussonderungsrecht in der Insolvenz).

Der Verwalter darf die ihm anvertrauten Gelder auch nicht auf **einem sog. offenen Treuhandkonto**, d.h. einem Konto, welches auf den Verwalter lautet, über das er jedoch erkennbar für fremde Rechnung verfügt, führen (Staudinger/Bub § 27 RN 189; a.A. BayObLG Rpfleger 1979, 266, 267; KG NJW-RR 1987, 1160f; Palandt/Bassenge § 27 RN 22), da die Forderung aus einem Treuhandkonto, dessen Inhaber, also dem Verwalter zusteht und die Gelder nicht vom Vermögen des Verwalters i.S. von § 27 Abs. 4 S. 1 WEG getrennt sind. Die auf einem offenen Treuhandkonto geführten gemeinschaftlichen Gelder sind weiterhin gegen Zwangsvollstreckungsmaßnahmen von Gläubigern des Verwalters nicht ausreichend gesichert (LG Köln NJW-RR 1987, 1365; Bertram DWE 1987, 114). Die Wohnungseigentümer können zwar Pfändungen Dritter erfolgreich mit der Drittwiderspruchsklage gem. § 771 ZPO abwehren (BPM § 27 RN 92; vgl. BGH WM 1996, 662). Dies setzt aber voraus, dass sie von der Zwangsvollstreckungsmaßnahme Kenntnis erlangen und rechtzeitig Klage erheben; ansonsten ist die Bank verpflichtet, Guthaben an den Pfändungsgläubiger auszukehren (LG Köln NJW-RR 1987, 1365 f).

Auch die Verwaltung gemeinschaftlicher Gelder **auf einem Anderkonto ist unzulässig** (a.A. BGB/RGRK/Augustin § 27 WEG RN 25; Weitnauer/Hauger § 27 WEG RN 28), da ein Anderkonto nur von Angehörigen rechts- und steuerberatender Berufe eröffnet und geführt werden kann, so dass ohnehin nur ein Verwalter, der einer solchen Berufsgruppe angehört, hierfür in Betracht kommt.

Zulässig ist allein die Führung eines sog. **offenen Fremdkonto**s, das auf die Wohnungseigentümer als Inhaber lautet (OLG Frankfurt OLGZ 1980, 413). Auf einem offenen Fremdkonto sind die gemeinschaftlichen Gelder am sichersten vor dem Zugriff Dritter geschützt (Bub ZdWBay 1994, 163, 166). Als Bezeichnung des Kontoinhabers genügt die Angabe „Wohnungseigentümergemeinschaft XY Straße, vertreten durch den Verwalter Z".

Der Verwalter muss nicht zwingend die für die laufende Verwaltung bestimmten Mittel und die für die Instandhaltungsrückstellung bestimmten Mittel auf getrennten Fremdkonten halten (KG NJW-RR 1987, 1160; Bub PiG 27, 97, 105; WE 1988, 114,

116). Eine Pflicht hierzu wird aber meist aus der Anlagepflicht des Verwalters folgen; außerdem erleichtern getrennte Konten die Rechnungsprüfung.

Bei einem Verwalterwechsel ist lediglich die Bestellung des neuen Verwalters gem. § 26 Abs. 4 WEG gegenüber dem kontoführenden Kreditinstitut nachzuweisen, da sich daraus ohne weiteres ergibt, dass die Vertretungsmacht des bisherigen Verwalters erloschen ist; ein Widerruf ist nicht erforderlich, aber unschädlich.

b) Anlage der gemeinschaftlichen Gelder

Die Verwaltung gemeinschaftlicher Gelder erschöpft sich nicht in deren Ansammlung und geordneter Ausgabe, sondern schließt deren Anlage ein. Der Verwalter ist daher berechtigt und verpflichtet, Bankguthaben der Gemeinschaft, soweit sie nicht innerhalb bestimmter Zeiträume benötigt werden, nach Rentabilitätsgrundsätzen zinsgünstig und sicher anzulegen; er ist also zu einer vorausschauenden Finanzverwaltung verpflichtet (BayObLG WE 1995, 374 f; Bub WE 1988, 114, 116), und zwar auch dann, wenn die Wohnungseigentümer zur Anlage keine Beschlüsse gefasst haben.

Haben die Wohnungseigentümer Beschlüsse gefasst, wie die gemeinschaftlichen Gelder anzulegen sind (zur Anlageform der Instandhaltungsrückstellung s. dort), so hat der Verwalter diese gem. § 27 Abs. 1 Nr. 1 i.V.m. Nr. 4 WEG durchzuführen (BPM § 27 RN 86). Bis dahin hat er selbst über die Anlageform nach den gleichen Grundsätzen zu entscheiden, allerdings beschränkt auf kurzfristige Anlagen (Bub WE 1988, 114, 116), damit den Wohnungseigentümern nicht die Möglichkeit einer eigenen Entscheidung genommen wird.

Für die Verwaltung des gemeinschaftlichen Vermögens gilt der Grundsatz der sicheren Anlage, weshalb sie so anzulegen sind, dass Verluste ausgeschlossen werden können. Die Anlage in Pfandbriefen, Wertpapieren und Schuldverschreibungen öffentlicher Körperschaften oder in Anleihen der inländischen öffentlichen Sparkassen ist mündelsicher und entspricht dem Grundsatz sicherer Anlage, während der Erwerb von Aktien, Gold, die Anlage in Fremdwährungen oder die Ausleihung an Dritte als risikobehaftete, spekulative Anlage dagegen verstößt (Staudinger/ Bub § 21 RN 92).

Eine starre Handhabung, die nach dem Wirtschaftsplan vorgesehenen Zuführungen jeweils zum Quartalsende anzulegen (so aber BayObLG WE 1995, 374f), widerspricht jedenfalls dann den Grundsätzen ordnungsmäßiger Verwaltung, insbesondere sparsamer Wirtschaftsführung, wenn dadurch höhere Schuldzinsen verursacht werden (Staudinger/Bub § 27 RN 201).

c) Verfügung über gemeinschaftliche Gelder

Der Verwalter ist gem. § 27 Abs. 1 Nr. 4 WEG berechtigt, unbeschränkt über die gemeinschaftlichen Gelder der Wohnungseigentümergemeinschaft zu verfügen. Die Wohnungseigentümer können aber die Verfügungen des Verwalters dadurch überwachen, dass sie diese gem. § 27 Abs. 4 S. 2 WEG von der Zustimmung eines Wohnungseigentümers oder des Verwaltungsbeirats (Sauren ZMR 1984, 325) oder eines Dritten abhängig machen; als Dritter kommt jede natürliche oder juristische Person in Betracht. Die Verfügungsbeschränkung kann nur durch Vereinbarung der Wohnungseigentümer angeordnet werden (Palandt/Bassenge § 27 WEG RN 24; a.A. BPM § 27 WEG RN 101) oder aufgehoben werden. Für die Auswahl der mit der Aufgabe der Zustimmung bedachten Person genügt hingegen ein Mehrheitsbeschluss der Wohnungseigentümer. Da der Tätigkeit des Zustimmungsberechtigten ein Auftragsverhältnis zugrunde liegt, können die Wohnungseigentümer jederzeit durch Beschluss das Mandat widerrufen und einen anderen Zustimmungsberechtigten bestimmen. Verfügt ein Verwalter trotz Zustimmungspflicht ohne Zustimmung, so kann dies eine fristlose → Abberufung begründen (LG Freiburg NJW 1968, 1973).

▶ Verwaltungsbeirat

Die Wohnungseigentümer können durch Mehrheitsbeschluss einen Verwaltungsbeirat bestellen, §§ 20 Abs. 1, 29 Abs. 1 S. 1 WEG. Es steht den Wohnungseigentümern frei, ob sie von diesem Recht Gebrauch machen oder nicht. Stimmt die Mehrheit der Wohnungseigentümer nicht für die Wahl eines Verwaltungsbeirats, so können die überstimmten Wohnungseigentümer nicht die Zustimmung als Maßnahme ordnungsmäßiger Verwaltung verlangen und durch Antrag beim Wohnungseigentumsgericht durchsetzen (OLG Düsseldorf OLGZ 1991, 37; Bub ZWE 2002, 7, 11). Aus der Abdingbarkeit des § 29 WEG (BayObLG NJW-RR 1992, 210) folgt, dass in der Teilungserklärung die Bestellung eines Verwaltungsbeirats ausgeschlossen werden kann; ein solcher Ausschluss ergibt sich aber noch nicht aus der bloßen Streichung von Regelungen über die Bestellung eines Verwaltungsbeirates in einem Teilungserklärungsformular (OLG Köln Rpfleger 1972, 261; Palandt/Bassenge § 29 RN 1). Die Wohnungseigentümer können – ggf. neben dem Verwaltungsbeirat – auch Ausschüsse, z.B. einen „Bauausschuss" (OLG Frankfurt OLGZ 1988, 188), der aber nur beratend tätig sein und nicht selbständig über Maßnahmen der → Instandhaltung und Instandsetzung entscheiden darf, weil dies allein der Wohnungseigentümerversammlung vorbehalten ist; die Bestellung eines Rechnungsprüfers ist anfechtbar, weil § 29 Abs. 3 WEG die Prüfung dem Verwaltungsbeirat zuweist.

Schon wegen der Aufgaben, die das WEG dem Verwaltungsbeirat zuweist, sollten die Wohnungseigentümer von der Befugnis Gebrauch machen, einen Verwaltungsbeirat zu bestellen. Die Eigentümerversammlung, die einen Verwaltungsbeirat wählt, sollte auch über die Dauer der Bestellung, die Zahl der Mitglieder des Verwaltungsbeirates, die Geschäftsordnung einschließlich der Bestimmung des Verwaltungsbeiratsvorsitzenden und seines Stellvertreters, die Haftung (OLG Frankfurt OLGZ 1988: Beschränkung im konkreten Einzelfall zulässig) und über die Vergütung (BayObLG DWE 1983, 123) des Verwaltungsbeirates mehrheitlich beschließen, soweit die Gemeinschaftsordnung hierzu schweigt. Da die Bestellung eines Verwaltungsbeirats den Wohnungseigentümers freisteht, hat ein einzelner Wohnungseigentümer keine durchsetzbaren Anspruch hierauf (OLG Düsseldorf OLGZ 1991, 37, 38). Dies gilt auch bei großen Wohnanlagen (Staudinger/Bub § 29 RN 33).

Für die Bestellung bedarf es keines gesonderten Bestellungsbeschlusses, vielmehr ist die Wahl zum Verwaltungsbeirat ausreichend (BayObLG WuM 2000, 148; Palandt/Bassenge § 29 RN 1;

Armbrüster ZWE 2001, 355). Der Bestellungsbeschluss kann angefochten werden, wenn die Zusammenarbeit mit einem Mitglied des Verwaltungsbeirats unzumutbar und das erforderliche Vertrauensverhältnis nicht zu erwarten ist (BayObLG ZfIR 1999, 375; NJOZ 2003, 726). Ein falsches oder unzweckmäßiges Handeln im Einzelfall, etwa das Unterlassen von Tätigkeiten gegen den Bauträger bei der Abnahme (BayObLG WuM 2000, 148), eine Auseinandersetzung mit einem einzelnen Wohnungseigentümer (OLG Köln NZM 1999, 1155), die Vertretung von Wohnungseigentümern, der Wohnungseigentümergemeinschaft oder des Verwalters als Rechtsanwalt (OLG Frankfurt NZM 2001, 627) oder gar eine Verkaufsabsicht (BayObLG NZM 2001, 990) stellen die generelle Eignung nicht in Frage, möglicherweise aber eine Häufung oder Wiederholung von Pflichtwidrigkeiten.

1. Zusammensetzung des Verwaltungsbeirats

Nach § 29 Abs. 1 S. 2 WEG besteht der Verwaltungsbeirat aus einem Wohnungseigentümer als Vorsitzenden und zwei weiteren Wohnungseigentümern als Beisitzer. Die Zahl der Mitglieder des Verwaltungsbeirates kann von der Wohnungseigentümerversammlung nicht generell durch Mehrheitsbeschluss, sondern nur durch Vereinbarung (BayObLG 1998, 961) auf eine andere Zahl verändert werden; ein solcher Beschluss ist nichtig (→ Vereinbarungsändernder, vereinbarungsersetzender, vereinbarungswidriger Beschluss). Lediglich anfechtbar ist ein Beschluss über die konkrete Bestellung einer anderen Zahl als drei Verwaltungsbeiräten (BayObLG ZMR 2003, 760; Armbrüster ZWE 2001, 355). Es können auch – aufschiebend bedingt durch das Ausscheiden eines Beiratsmitglieds – Ersatzmitglieder bestellt werden, was zweckmäßig ist, da ein Verwaltungsbeirat sein Beiratsamt jederzeit niederlegen kann, Stellvertreter aber nur, wenn die Gemeinschaftsordnung dies ausdrücklich zulässt. Es ist zweckmäßig, wenn sich die Wohnungseigentümer, die sich zur Wahl stellen, der Eigentümerversammlung selbst vorstellen.

Zum Verwaltungsbeirat können gem. § 29 Abs. 2 S. 2 WEG nur Wohnungseigentümer gewählt werden, nicht aber außenstehende Dritte. Wohnungseigentümer sind auch alle Mitglieder einer → Gesellschaft bürgerlichen Rechts oder einer → Erbengemeinschaft, denen ein Wohnungseigentum gehört (BPM § 29 RN 12). Die Bestellung Außenstehender ist unanfechtbar nur dann möglich, wenn die Teilungserklärung dies ausdrücklich gestattet (BayObLG NZM 1998, 961); ohne eine solche Gestaltung ist der Bestellungsbeschluss anfechtbar (BayObLG NZM 2002, 529). Der Komplementär einer KG, die Miteigentümerin ist, kann zum Verwaltungsbeirat gewählt werden (OLG Frankfurt OLGZ 1986, 432), nicht jedoch gesetzliche Vertreter einer juristischen Person oder deren Gesellschafter (a.A. Palandt/Bassenge § 29 RN 2). Der Verwalter, der gesetzliche Vertreter oder ein leitender Angestellter des Verwalters können auch dann nicht zu Mitgliedern des Verwaltungsbeirats gemacht werden, wenn sie Wohnungseigentümer sind. Da die Geschäftsführungsaufgabe des Verwalters mit der Prüfungsaufgabe des Verwaltungsbeirats unvereinbar ist, verstößt eine solche Wahl gegen ein gesetzliches Verbot und ist nichtig (OLG Frankfurt OLGZ 1988, 188f; OLG Zweibrücken OLGZ 1983, 438f).

Beschließt die Versammlung nicht über die Person des Vorsitzenden des Verwaltungsbeirates, dessen Stellvertreter und über die Geschäftsordnung des Verwaltungsbeirates durch Mehrheitsbeschluss, so beschließt dies der Verwaltungsbeirat selbst (OLG Köln NZM 2000, 675; Palandt/Bassenge § 29 RN 2). Ist ein Vorsitzender nicht bestimmt, so können dessen Befugnisse nur alle Beiratsmitglieder gemeinsam ausüben (OLG Köln NZM 2000, 675; OLG Zweibrücken NZM 2000, 858f).

2. Rechte und Pflichten des Verwaltungsbeirats

Die Wohnungseigentümer können dem Verwaltungsbeirat jederzeit durch Mehrheitsbeschluss gem. §§ 662, 665 BGB Weisungen erteilen. Der Verwalter oder ein einzelner Wohnungseigentümer ist hierzu nicht berechtigt. Die Wohnungseigentümer können vom Verwaltungsbeirat im Rahmen des ihm erteilten Auftrags Auskunft verlangen. Der Vorsitzende des Verwaltungsbeirats hat die Wohnungseigentümerversammlung regelmäßig über wichtige Vorgänge und die Tätigkeit des Verwaltungsbeirats zu informieren. Der Verwaltungsbeirat hat gem. § 670 BGB einen Aufwendungsersatzanspruch (BayObLG NZM 1999, 862, 865; Weitnauer/Lüke

§ 29 RN 6). Zu empfehlen ist, dass die Wohnungseigentümer mehrheitlich einen pauschalen Aufwendungsersatz pro Kalenderjahr oder pro Sitzungstag beschließen (BayObLG NZM 1999, 862, 865). Der Aufwendungsersatz gehört zu den Verwaltungskosten i.S. von § 16 Abs. 2 WEG, seine Bewilligung zur ordnungsmäßigen Verwaltung (BayObLG NZM 1999, 862; Palandt/Bassenge § 29 RN 6). Eine weitergehende Vergütung erfordert eine Vereinbarung oder einen Mehrheitsbeschluss (Bub ZWE 2002, 7). Nimmt ein Verwaltungsbeiratsmitglied an einem einschlägigen Fachseminar teil, so hat er Anspruch auf Bezahlung der Kursgebühr und seiner weiteren notwendigen Auslagen (BayObLG DWE 1983, 123). Keine Aufwendungen sind die eigene Arbeitskraft und Tätigkeit oder ein Verdienstausfall.

3. Sitzungen des Verwaltungsbeirats

Die Sitzungen des Verwaltungsbeirates werden von dessen Vorsitzenden gem. § 29 Abs. 4 WEG nach Bedarf einberufen; bei Weigerung des Vorsitzenden kann jedes Mitglied des Verwaltungsbeirates einberufen. Der Verwaltungsbeirat bestimmt selbst darüber, ob er den Verwalter, der kein eigenes Teilnahmerecht hat (Armbrüster ZWE 2001, 355, 359) und andere Wohnungseigentümer an seinen Sitzungen teilnehmen lässt.

Soweit eine Geschäftsordnung nicht vereinbart oder mehrheitlich beschlossen ist, gilt Folgendes: Der Vorsitzende des Verwaltungsbeirats leitet die Sitzung, die beschlussfähig ist, wenn mehr als die Hälfte der Mitglieder anwesend ist. Jedes Mitglied hat eine Stimme. Beschlüsse werden mit einfacher Mehrheit gefasst; bei Stimmengleichheit ist ein Beschluss abgelehnt, die Stimme des Vorsitzenden gibt nicht den Ausschlag (BPM § 29 RN 41). Beschlüsse des Verwaltungsbeirats sind nicht anfechtbar. Sie sind in einer Niederschrift festzuhalten, die die teilnehmenden Beiratsmitglieder unterzeichnen.

4. Aufgaben und Befugnisse des Verwaltungsbeirats

Nach dem WEG sind dem Verwaltungsbeirat folgende Aufgaben zugewiesen:

Verwaltungsbeirat

a) Unterstützung des Verwalters

Der Verwaltungsbeirat hat den Verwalter bei der Durchführung seiner Aufgaben zu unterstützen, § 29 Abs. 2 WEG, z.B. bei der Vorbereitung der →Wohnungseigentümerversammlung oder der Überwachung der Einhaltung der →Hausordnung. Üblicherweise beschränkt sich die Unterstützung auf die Vorbereitung und Beratung von Verwaltungsmaßnahmen. Der Verwalter wird die Meinung des Verwaltungsbeirats sinnvollerweise für solche Verwaltungsmaßnahmen einholen, bei den ihm ein Ermessensspielraum eingeräumt ist und in denen er nach der Grundsätzen ordnungsmäßiger Verwaltung dem Interesse der Gesamtheit der Wohnungseigentümer entsprechend zu handeln hat. Sinnvoll ist es, wenn der Verwaltungsbeirat an der Vorbereitung der Eigentümerversammlung mitwirkt, etwa an der Festlegung der Tagesordnung durch Sammlung und Empfehlung von Beschlussthemen und der Vorbereitung von Beschlussvorlagen (OLG Hamm WuM 2001, 461).

Der Verwaltungsbeirat ist – anders als der Aufsichtsrat in einer AG – kein Kontrollorgan (Palandt/Bassenge § 29 RN 7). Die Pflicht zur Unterstützung schließt deshalb weder die Befugnis, noch die Verpflichtung ein, die Tätigkeit des Verwalters zu überwachen (BayObLG WE 1996, 234, 236).

Ungerechtfertigte Angriffe gegen den Verwaltungsbeirat (OLG Frankfurt NJW-RR 1988, 1169) oder ein nicht vom Verwaltungsbeirat herbeigeführtes Zerwürfnis, das eine vertrauensvolle Zusammenarbeit unmöglich macht (BayObLG NZM 2000, 510f; Z 1998, 310, 312) können im Einzelfall die →Abberufung des Verwalters rechtfertigen. Beleidigt allerdings ein Verwaltungsbeirat den Verwalter wiederholt schriftlich, kann der Verwalter, wenn er fruchtlos dessen Abberufung verlangt hat, das Verwalteramt fristlos niederlegen und den Verwaltervertrag kündigen (BayObLGZ 1999, 280, 287 ff).

b) Überprüfung von Wirtschaftsplan, Jahresabrechnung, Rechnungslegung und Kostenvoranschlägen

Der Verwaltungsbeirat hat den Wirtschaftsplan, die Jahresabrechnung, Rechnungslegungen und Kostenvoranschläge zu prüfen und über das Ergebnis seiner Prüfung gegenüber der Wohnungs-

eigentümerversammlung Stellung zu nehmen, bevor diese hierüber beschließt, §29 Abs. 3 WEG. Die Rechnungsprüfung umfasst
• eine rechnerische Schlüssigkeitsprüfung durch Vergleich der Differenz zwischen Einnahmen und Ausgaben einerseits mit der Differenz des Bankstandes am Jahresbeginn und Jahresende,
• eine Prüfung der Instandhaltungsrückstellung in gleicher Weise,
• eine Kontrolle der sachlichen Richtigkeit der Rechnungspositionen. Die Jahresabrechnung hat der Verwaltungsbeirat i.d.R. vollständig zu prüfen, da er die Gewähr für ihre Richtigkeit übernimmt, wenn er ihre Genehmigung empfiehlt. Er hat also einerseits sowohl die Einnahmen als auch die Ausgaben, andererseits sowohl die formelle und rechnerische als auch die materielle, sachliche Richtigkeit einschließlich der zutreffenden Kostenzuordnung zu prüfen (OLG Köln NZM 2001, 862f). Außerdem hat sich die Prüfung in gleicher Weise auf die Vermögensübersicht, insbesondere auf deren Vollständigkeit, sowie die Anwendung des zutreffenden Verteilungsschlüssels zu erstrecken. Vertretbar ist es, dabei die Belege nur stichprobenweise einzusehen (OLG Köln NZM 2001, 862f), z.B. beim Ausweis von Beitragsvorschüssen ohne Rückstände. Belege über außergewöhnliche Ausgaben, etwa über Sondervergütungen des Verwalters, die nicht im Verwaltervertrag geregelt sind, hat er stets einzusehen und zu prüfen (OLG Düsseldorf NZM 2002, 264, 266). Verzichtet der Verwaltungsbeirat auf die Kontrolle der Belege, verletzt er seine Pflichten grob fahrlässig (OLG Düsseldorf NZM 1998, 36),
• eine Kontrolle der Kostenzuordnung und -verteilung.

Die Stellungnahme ist mündlich oder schriftlich, spätestens in der beschließenden Versammlung abzugeben (BayObLG DWE 1984, 30). Liegt sie bereits bei Einberufung der Wohnungseigentümerversammlung vor, so hat der Verwalter sie den Wohnungseigentümern spätestens mit dem Einladungsschreiben zur Kenntnis zu bringen (OLG Hamburg v. 22.2. 1988, 2 W 84/86).

c) Einberufung der Wohnungseigentümerversammlung

Fehlt ein Verwalter oder weigert sich der Verwalter, eine Wohnungseigentümerversammlung einzuberufen, so ist hierzu der Vorsitzende des Verwaltungsbeirates bzw. dessen Stellvertreter gem.

§ 24 Abs. 3 WEG ermächtigt (→ Einberufung der Wohnungseigentümerversammlung).

d) Unterzeichnung der Niederschrift

Der Vorsitzende des Verwaltungsbeirats ist gem. § 24 Abs. 6 S. 2 WEG für die Unterzeichnung der →Niederschrift über die Eigentümerversammlung zuständig.

e) Übertragung weiterer Aufgaben

Weitere Aufgaben im Zusammenhang mit der Verwaltung des gemeinschaftlichen Eigentums können dem Verwaltungsbeirat durch Mehrheitsbeschluss nur unter der Voraussetzung übertragen werden, dass er sich hiermit einverstanden erklärt und dass weder in die gem. § 27 Abs. 3 WEG unabdingbaren Befugnisse des Verwalters (OLG Zweibrücken NJW-RR 1987, 1366) noch in die gesetzlichen Kompetenzen der Wohnungseigentümerversammlung eingegriffen wird. Dem Verwaltungsbeirat kann als originäre Aufgabe des Verwalters nicht die Vergabe von Sanierungsmaßnahmen übertragen werden (OLG Frankfurt OLGZ 1988, 188). Er kann aber mit der laufenden Überwachung des Verwalters (BayObLGZ 1972, 161) und, sofern dies als gemeinschaftliche Aufgabe vereinbart ist, mit der →Abnahme des gemeinschaftlichen Eigentums und der Geltendmachung von Mängelansprüchen (BayObLG ZfIR 1999, 375, 377; OLG Frankfurt NJW 1975, 2297) beauftragt werden.

Ist die gerichtliche oder außergerichtliche Geltendmachung von Ansprüchen zulässigerweise durch Mehrheitsbeschluss von der Zustimmung des Verwaltungsbeirats abhängig gemacht worden, so reicht es nicht aus, dass die Zustimmung vom Vorsitzenden des Verwaltungsbeirats erteilt wird. Dieser kann zwar die Meinung des Gremiums dem Verwalter übermitteln, kann sich jedoch nicht an die Stelle des gesamten Verwaltungsbeirats setzen. Erforderlich ist vielmehr eine Willensbildung des Verwaltungsbeirats (BayObLG NZM 2002, 529 f). Ausreichend ist aber auch, wenn jedes Verwaltungsbeiratsmitglied einzeln zugestimmt hat (BayObLGZ 1988, 212),

Dem Verwaltungsbeirat können keine originären Aufgaben der Wohnungseigentümerversammlung übertragen werden, z.B. die

Genehmigung der Jahresabrechnung oder die →Entlastung (BayObLG WE 1988, 207) oder die →Bestellung des Verwalters. Mit dem Abschluss und der Kündigung des →Verwaltervertrages kann er nur dann beauftragt werden, wenn diese bereits mehrheitlich beschlossen wurden (Staudinger/Bub §29 RN 122). Der Verwaltungsbeirat kann durch Mehrheitsbeschluss nicht mit der Entscheidung über Instandhaltungsmaßnahmen betraut werden (OLG Düsseldorf WE 1998, 31; NZM 2002, 1031f); ein Beschluss ist als Eingriff in die Verwaltungskompetenz der Wohnungseigentümer nichtig. Er kann auch nicht Beschlüsse der Wohnungseigentümerversammlung aufheben oder abändern (BayObLG DWE 1980, 62). Erst recht können ihm keine Aufgaben, die das gemeinschaftliche Eigentum nicht betreffen, z.B. die Abrechnung mit dem Bauträger, übertragen werden (BGH WM 1970, 789).

Soll der Verwaltungsbeirat für seine Tätigkeit entlastet werden, sind seine Mitglieder vom Stimmrecht ausgeschlossen (→Ruhen des Stimmrechts). Die einzelnen Verwaltungsbeiratsmitglieder haften gegenüber den Wohnungseigentümern für jegliche rechtswidrigen und schuldhaften Pflichtverletzungen unabhängig davon, ob ihrer Tätigkeit ein Auftrag oder ein Dienstvertrag zugrunde liegt (→Haftung des Verwaltungsbeirats).

5. Beendigung der Beiratsstellung

Da auf das Verhältnis zwischen Verwaltungsbeirat und Wohnungseigentümergemeinschaft im Zweifel Auftragsrecht Anwendung findet (BayObLG ZMR 1994, 575f) – die Wohnungseigentümer können das Amt jedoch auch durch Vereinbarung oder Beschluss als entgeltliche Geschäftsbesorgung mit Dienstvertragscharakter ausgestalten (Staudinger/Bub §29 RN 18; a.A. BayObLG DWE 1983, 123: Vereinbarung erforderlich) –, kann die Wohnungseigentümergemeinschaft den Verwaltungsbeirat jederzeit durch Mehrheitsbeschluss ohne Angabe von Gründen abberufen (OLG Hamm NZM 1999, 227), der Verwaltungsbeirat kann jederzeit, allerdings nicht zur Unzeit sein Amt niederlegen, §671 Abs.1 BGB (KG FGPrax 1997, 173; Palandt/Bassenge §29 RN 3). Wegen der Unvereinbarkeit beider Ämter endet die Mitgliedschaft im Verwaltungsbeirat auch durch Wahl zum Verwalter. Sie endet weiter mit der Ungültigerklärung der Bestellung, z.B. mangels Eignung (BayObLG WuM 2003, 233; OLG Köln NZM 1999, 1155) und, da nur ein Wohnungseigentümer Verwaltungsbeiratsmitglied sein kann, mit seinem Ausscheiden aus der Gemeinschaft, also der Eigentumsumschreibung im Grundbuch (BayObLG NZM 2001, 990).

Nach Beendigung der Verwaltungsbeiratstätigkeit ist der Verwaltungsbeirat gem. § 667 BGB verpflichtet, an den neuen Verwaltungsbeirat alles Erlangte, insbesondere nicht verbrauchte Vorschüsse sowie die Akten und Unterlagen herauszugeben, die er in seiner Eigenschaft als Verwaltungsbeirat angelegt und geführt hat (OLG Hamm FGPrax 1997, 157). Gläubiger des Herausgabeanspruchs sind die Wohnungseigentümer in ihrer Gesamtheit

6. Rechtsweg

Die Streitigkeiten über die Bestellung des Verwaltungsbeirates sind auch dann vom Amtsgericht, Abt. f. Wohnungseigentumssachen, zu entscheiden, wenn ein Außenstehender zum Verwaltungsbeirat gewählt ist (BayObLGZ 1972, 161; KG WE 1990, 149), da er sich mit der Annahme der Wahl der vorgesehenen gerichtlichen Zuständigkeit unterworfen hat.

▶ **Verwaltungskosten** → Lasten und Kosten

▶ **Verwaltungsschulden**

Verwaltungsschulden sind die Verbindlichkeiten sämtlicher Wohnungseigentümer einer Wohnungseigentümergemeinschaft gegenüber Dritten, die durch Verwaltungsgeschäfte begründet worden sind. Sie betreffen insbesondere die Lasten des gemeinschaftlichen Eigentums sowie die Kosten der Instandhaltung und Instandsetzung des gemeinschaftlichen Eigentums und der sonstigen Verwaltung (→ Lasten und Kosten). Verwaltungsschulden können begründet werden, wenn die Gesamtheit der Wohnungseigentümer entweder vom Verwalter im Rahmen seiner gesetzlichen Vertretungsmacht oder einer ihm erteilten Vollmacht (→ Vertretungsmacht des Verwalters) oder aufgrund berechtigter Geschäftsführung ohne Auftrag oder durch einen einzelnen Wohnungseigentümer bei Notmaßnahmen aufgrund gesetzlicher Vertretungsmacht gem. §21 Abs. 2 WEG (→ Notgeschäftsführung durch Wohnungseigentümer) wirksam vertreten worden ist. Für Verwaltungsschulden haften die Wohnungseigentümer im Außenverhältnis als Gesamtschuldner, also jeder Wohnungseigentümer in voller Höhe, wenn nicht eine anteilige Haftung der Wohnungseigentümer ausdrücklich vereinbart worden ist. Dem von einem Dritten in voller Höhe in Anspruch genommenen Wohnungseigentümer steht ein Ausgleichsanspruch gegen die übrigen Wohnungseigentümer zu (→ Gesamtschuld). Der ausgeschiedene Wohnungseigentümer haftet im Außenverhältnis für die während seiner Zugehörigkeit zur Wohnungseigentümergemeinschaft begründeten Verbindlichkeiten dem Gläubiger grds. fort (→ Haftung des Veräußerers); sein Innenverhältnis zum Erwerber und zu den übrigen Wohnungseigentümern bleibt hiervon unberührt. Da sich das Außenverhältnis allein nach dem Entstehungsgrund richtet, sind Gesamtschuldner allein die bei Vertragsabschluss im Grundbuch eingetragenen Wohnungseigentümer, nicht aber ein später im Grundbuch eingetragener Erwerber (→ Haftung des Erwerbers).

Es ist Aufgabe des Verwalters, als Vertreter der Wohnungseigentümer alle Handlungen vorzunehmen, um Verwaltungsschulden zu erfüllen, §27 Abs. 2 Nr. 2 WEG (BGHZ 67, 232, 241; OLG Hamm ZMR 1997, 377, 379), insbesondere Geldschulden bei Fälligkeit aus den gemeinschaftlichen Geldern auszugleichen (BayObLGZ 1978, 117, 120; KG WE 1993, 197; BPM §27 RN 107), z.B. den vereinbarten Werklohn zu bezahlen und im Innenverhältnis dafür zu sorgen, dass die hierfür erforderlichen Mittel bereitstehen. Hieraus folgt die Pflicht des Verwalters, dafür zu sorgen, dass der einzelne Wohnungseigentümer aus Verwaltungsschulden nicht persönlich in Anspruch genommen wird. §27 Abs. 2 Nr. 2 WEG ermächtigt den Verwalter aber nur zur Erfüllung bestehender, nicht zur Begründung neuer Verpflichtungen der Wohnungseigentümer (BGHZ 67, 232, 241; OLG Hamm ZMR 1997, 377, 379).

Für Klagen Dritter, die sich gegen Mitglieder oder frühere Mitglieder einer Wohnungseigentümergemeinschaft richten und sich auf das gemeinschaftliche Eigentum, seine Verwaltung oder auf das Sondereigentum beziehen, ist gem. § 29 b ZPO örtlich das Gericht zuständig, in dessen Bezirk die Wohnungseigentumsanlage liegt. Hierbei handelt es sich nicht um einen ausschließlichen Gerichtsstand, sondern um einen Wahlgerichtsstand i. S. des § 35 ZPO.

▶ **Verwaltungsunterlagen** → Aufbewahrung von Verwaltungsunterlagen; → Einsichtsrecht; → Herausgabe von Verwaltungsunterlagen

▶ **Verwaltungsvermögen**

Zum Verwaltungsvermögen der Wohnungseigentümer gehören z.b. gemeinschaftliche Gelder auf dem Beitrags- und dem Instandhaltungsrückstellungskonto, die der Verwalter getrennt von seinem Vermögen anzulegen hat (→ Verwaltung gemeinschaftlicher Gelder), Forderungen der Wohnungseigentümer gegen Miteigentümer oder Dritte, z.B. Mietzinsforderungen, die Verwaltungsunterlagen (BayObLGZ 1978, 231), Zubehör wie Werkzeuge und Geräte, Waschmaschinen (BayObLG NJW 1975, 2296), Rasen- und Kehrmaschinen, der Heizölbestand, aber auch Beitragsansprüche.

Das Verwaltungsvermögen steht den Wohnungseigentümern nach Bruchteilen im Verhältnis ihrer Miteigentumsanteile zu, ist vom Privatvermögen der einzelnen Wohnungseigentümer getrennt und unterliegt einer gesamthänderischen Bindung (a.A. BayObLGZ 1995, 103; Weitnauer § 1 WEG RN 13: einfache Bruchteilsgemeinschaft nach §§ 741 ff BGB), so dass die einzelnen Wohnungseigentümer über ihren Anteil am Verwaltungsvermögen oder den einzelnen Vermögensgegenständen entsprechend § 719 BGB nicht verfügen können; über einen Gegenstand des Verwaltungsvermögens können die Wohnungseigentümer vielmehr nur gemeinschaftlich verfügen. Die Vermögenssonderung wird insbesondere deutlich an der → Instandhaltungsrückstellung, die einer gemeinschaftlichen Zweckbindung unterliegt (Staudinger/Bub § 28 WEG RN 203; Hauger WE 1989, 15), weshalb der Anteil des einzelnen Wohnungseigentümers an ihr nicht zur Deckung seiner Beitragsrückstände herangezogen werden kann.

Verwaltungsvermögen

Die Beteiligung am Verwaltungsvermögen ist wesentlicher, sonderrechtsunfähiger Bestandteil des Wohnungseigentums i.S. des § 96 BGB (BPM § 21 RN 157; Staudinger/Bub § 28 RN 162; Roth ZWE 2001, 238, 243; seit der 62. Aufl. auch Palandt/Bassenge § 1 RN 14f; i.E. ebenso KG NJW-RR 1988, 844; OLG Köln NZM 1998, 874: Bestandteil des gemeinschaftlichen Eigentums; Soergel/Stürner § 5 RN 2: untrennbar mit dem Wohnungseigentum verbunden; a.A. BayObLG 2 1995, 103; Weitnauer § 1 RN 13: keine Verbindung mit dem Miteigentumsanteil), der beim rechtsgeschäftlichen Eigentumsübergang kraft Gesetzes auf den neuen Eigentümer übergeht (KG NJW-RR 1995, 975f; OLG Köln NZM 1998, 874; a.A. OLG Düsseldorf NJW-RR 1994, 1038: entsprechende Anwendung von § 314 BGB; Staudinger/Rapp Einl. RN 39 ff: Ergänzende Vertragsauslegung). Da der Erwerb kraft Gesetzes erfolgt, gilt dies auch für den Ersteher in der →Zwangsversteigerung, der auch die Beteiligung an Beitragsforderungen erwirbt (Staudinger/Bub § 28 RN 161; a.A. BayObLG Z 1995, 103 wegen des originären, nicht vom Voreigentümer abgeleiteten Erwerbs, so dass weiterhin der ausgeschiedene Wohnungseigentümer Mitgläubiger bliebe). Der Erwerber wird auch Mitgläubiger von den Wohnungseigentümern zustehenden Ansprüchen auf →Schadensersatz.

Anerkennt man die (Teil-)Rechtsfähigkeit der Wohnungseigentümergemeinschaft (→Rechts- und Parteifähigkeit der Wohnungseigentümergemeinschaft), ist Träger des Verwaltungsvermögens ohnehin die Wohnungseigentümergemeinschaft, also die Wohnungseigentümer in ihrer gesamthänderischen Verbundenheit; der Erwerber hat in diesem Fall am Verwaltungsvermögen zwanglos teil.

Der Anteil des einzelnen Wohnungseigentümers am Verwaltungsvermögen sowie einzelnen Vermögensgegenständen kann von seinen Gläubigern nicht gepfändet werden (Roth ZWE 2001, 238f; a.A. BayObLGZ 1984, 198; 1995, 103). Etwas anderes gilt für Individualforderungen einzelner Wohnungseigentümer, z.B. einer Guthabensforderung aufgrund der genehmigten Jahresabrechnung oder einer Abrechnung über Sonderumlagen. Über diese Forderung kann er verfügen, sie kann gepfändet werden (→Pfändung) und unterliegt der Zwangsvollstreckung. Scheidet ein Wohnungseigentümer aus der Gemeinschaft aus, kann er die anteilige Auszahlung der Instandhaltungsrückstellung nicht fordern, ebenso nicht die Auseinandersetzung des sonstigen Verwaltungsvermögens.

▶ Verwirkung

Ansprüche können gem. § 242 BGB wegen Verwirkung ausgeschlossen sein, wenn die aktivlegitimierten Wohnungseigentümer diese über einen längeren Zeitraum nicht geltend machen (sog. Zeitmoment) und sich der verpflichtete Wohnungseigentümer aufgrund deren Gesamtverhaltens darauf eingerichtet hat und einrichten durfte, dass die Ansprüche nicht mehr geltend gemacht werden (sog. Umstandsmoment). Wer illoyal verspätet Ansprüche geltend macht, verstößt gegen den Grundsatz von Treu und Glauben (BayObLG NZM 2001, 763, 765; 1999, 866f; OLG Hamm NZM 2003, 156f); die Verwirkung begründet eine zeitliche Grenze für die Rechtsausübung.

Seit Entstehen der Ansprüche muss eine längere Zeit verstrichen sein, deren Dauer sich nach den Gesamtumständen richtet. Kurze Zeitspannen (BayObLGZ 1982, 69, 72: knapp zwei Jahre; WE 1992, 84: ein Jahr; OLG Celle WuM 1995, 338, 339: zwei Jahre, in denen keine Wohnungseigentümerversammlung stattgefunden hat) erfüllen das Zeitmoment nicht. Da die regelmäßige Verjährungsfrist gem. § 195 BGB seit 1.1.2002 nicht mehr dreißig, sondern lediglich drei Jahre beträgt, wird das Rechtsinstitut der Verwirkung in Zukunft nur noch in Ausnahmefällen in Betracht zu ziehen sein. Die Zeitspannen, welche von der Rechtsprechung als ausreichend angesehen wurden (BayObLG NJW-RR 1993, 1165: 17 Jahre; KG ZMR 1997, 315, 317: 6 Jahre; OLG Hamm OLGZ 1990, 159: 10 Jahre; SaarlOLG ZMR 1997, 31, 33: mehr als 20 Jahre – alle zum Beseitigungsanspruch bei baulichen Veränderungen), überschreiten die regelmäßige Verjährungsfrist bei weitem.

Ist ein Anspruch bereits verwirkt, so wirkt dies auch für und gegen den Sonderrechtsnachfolger (BayObLG NZM 2001, 763, 765; OLG Köln NJW-RR 1995, 851; Palandt/Bassenge § 15 RN 28). Die Verwirkung ist vom Gericht von Amts wegen, nicht nur auf Einwand zu beachten (BGH NJW 1966, 345).

Verzug, Verzugszinsen, Verzugsschaden

Jeder Wohnungseigentümer ist gem. § 28 Abs. 2, 3 und 5 WEG der Wohnungseigentümergemeinschaft gegenüber verpflichtet, zu den Lasten des gemeinschaftlichen Eigentums und den Kosten der Instandhaltung, Instandsetzung, sonstigen Verwaltung und des gemeinschaftlichen Eigentums beizutragen, insbesondere nach Maßgabe des Wirtschaftsplanes Beitragsvorschüsse zu leisten.

1. Verzugseintritt

Ein Wohnungseigentümer kommt als Schuldner einer Beitragsforderung nach § 286 Abs. 1. S. 1 BGB in Verzug, wenn er auf eine Mahnung des Gläubigers, die nach Eintritt der Fälligkeit – i.d.R. also dem Abruf durch den Verwalter (→ Beiträge, Beitragsvorschüsse) – erfolgt, nicht leistet. Die Vertretungsmacht des Verwalters zur Mahnung folgt aus § 27 Abs. 2 Nr. 1 WEG, wonach der Verwalter berechtigt ist, im Namen aller Wohnungseigentümer und mit Wirkung für und gegen sie Lasten- und Kostenbeiträge anzufordern. Hierzu gehört auch die Mahnung säumiger Beitragsschuldner (Staudinger/Bub § 27 RN 209). Einzelne Wohnungseigentümer können nicht durch Mehrheitsbeschluss zur außergerichtlichen Geltendmachung einer Beitragsforderung und damit auch zur Mahnung ermächtigt werden (Staudinger/Bub § 28 RN 261), weil die Befugnis des Verwalters zur Anforderung von Lasten- und Kostenbeiträgen nach § 27 Abs. 3 WEG nicht durch Vereinbarung und daher erst recht nicht durch Mehrheitsbeschluss eingeschränkt werden kann (BayObLG WE 1998, 154 f).

Für den Verzugseintritt ist eine Mahnung gem. § 286 Abs. 2 Nr. 4 BGB nicht erforderlich, wenn ein Wohnungseigentümer die Zahlung ernsthaft und endgültig ablehnt. Eine Mahnung ist weiter entbehrlich, wenn die Leistungszeit nach dem Kalender bestimmt ist („Zahlung am 3. eines jeden Monats"), § 286 Abs. 2 Nr. 1 BGB, oder sich nach dem Kalender berechnen lässt („Zahlung zwei Wochen nach Beschlussfassung"), § 286 Abs. 2 Nr. 2 BGB. Haben die Wohnungseigentümer für Ansprüche aus dem Wirtschaftsplan oder die Erhebung einer Sonderumlage keine kalendermäßig bestimmte oder berechenbare Leistungszeit vereinbart, kann der

Verwalter gem. § 28 Ab. 2 WEG die Leistungszeit durch Abruf einseitig bestimmen, § 317 BGB, mit der Folge des Verzugseintritts bei Nichtzahlung. Für Ansprüche aus der Jahresabrechnung gilt § 28 Abs. 2 WEG nicht. Sie werden gem. § 271 Abs. 1 BGB sofort, d. h. mit der Beschlussfassung über die Abrechnung fällig; mangels einer kalendermäßig bestimmten Leistungszeit kommt ein Wohnungseigentümer als Schuldner einer Beitragsforderung aus der Jahresabrechnung deshalb erst durch Mahnung in Verzug, § 286 Abs. 1 S. 1 BGB.

§ 286 Abs. 3 BGB, wonach der Schuldner einer Entgeltforderung spätestens in Verzug gerät, wenn er nicht innerhalb von 30 Tagen nach Fälligkeit und Zugang einer Rechnung oder gleichwertigen Zahlungsaufforderung leistet, kann auf Beitragsforderungen nicht angewendet werden (a.A. Sauren/Rupprecht NZM 2002, 585 f), da Beiträge kein Entgelt für eine Gegenleistung darstellen, sondern lediglich zur Deckung des Finanzbedarfs der Wohnungseigentümer dienen.

Verzug setzt gem. § 286 Abs. 4 BGB Verschulden voraus, das nur vorliegt, wenn dem Wohnungseigentümer die Höhe seiner Schuld bekannt ist oder sein musste; ggf. muss der Verwalter die Rückstände erläutern (BayObLGZ 1985, 125). Den säumigen Wohnungseigentümer trifft kein Verschulden, wenn er dem Verwalter eine → Einzugsermächtigung erteilt hat und dieser hiervon nicht oder nicht rechtzeitig Gebrauch macht; mit der Erteilung der Einzugsermächtigung wird nämlich die Zahlungspflicht zu einer Holschuld (BGH NJW 1984, 872), so dass das Verzögerungsrisiko den Gläubiger trifft. Stets zu vertreten hat es ein Wohnungseigentümer, wenn er den empfangsberechtigten Verwalter nicht kennt, da ihn insoweit eine Erkundigungspflicht trifft (BayObLG DWE 1983, 94; Weitnauer/Hauger § 16 RN 37).

2. Verzinsungspflicht, Vorfälligkeit

Die rückständigen Beiträge sind ab Verzugseintritt gem. § 288 Abs. 1 S. 1 BGB (BayObLGZ 1981, 319; WuM 1994, 570) und ab Rechtshängigkeit, wenn nicht zuvor Verzug eingetreten war, gem. § 291 BGB (BayObLG ZMR 1980, 188; ZMR 1995, 130, 133) mit 5 % über dem Basiszinsatz der Euroleitzinsen jährlich zu verzinsen. Höhere Zinsen sind als Verzugsschaden gem. § 288 Abs. 4 BGB zu zahlen, wenn die Wohnungseigentümergemeinschaft wegen des Zahlungsrückstandes zur Zahlung von Verwaltungsschulden, die nicht durch liquide Mittel erfüllt werden konnten, einen Kredit aufnehmen musste (BGH NJW 1985, 913), etwa durch Überziehung des Gemeinschaftskontos (BayObLG DWE 1986, 23).

Höhere, vom entstandenen Schaden unabhängige Verzugszinsen oder eine Verzinsung ab Fälligkeit können in der Gemeinschaftsordnung vereinbart (BGHZ 115, 151, 153; BayObLG WE 1988, 200; OLG Düsseldorf NZM 2000, 502 f), nicht aber durch Mehrheitsbeschluss nachträglich eingeführt werden. Ein hierauf gerichteter Mehrheitsbeschluss ist – unabhängig von der Höhe der beschlossenen Verzugszinsen – nichtig (BGH NZM 2000, 1184; BayObLG NZM 2003, 66; Wenzel ZWE 2000, 2, 6), da er § 288 BGB abbedingt.

Die Wohnungseigentümer können eine Verfallsklausel beschließen, nach der die Vorschussforderungen aus einem beschlossenen Wirtschaftsplan zu Beginn des Wirtschaftsjahres insgesamt fällig werden, dem einzelnen Miteigentümer jedoch die Möglichkeit monatlicher Teilleistungen eingeräumt wird, solange er nicht mit mindestens zwei Teilbeträgen in Rückstand gerät (→ Beiträge, Beitragsvorschüsse). Nichtig ist hingegen ein Beschluss, wonach die Vorschussforderungen nur monatlich in Teilbeträgen fällig werden, bei einem näher qualifizierten Zahlungsverzug jedoch Fälligkeit des gesamten noch offenen Jahresbeitrags eintritt (ausdrücklich offen gelassen von BGH NZM 2003, 946, 949). Durch einen solchen Beschluss wird nämlich nicht nur die Fälligkeit der Beiträge abweichend von der gesetzlichen Regelung festgelegt, was – bezogen auf einen konkreten Wirtschaftsplan – durch Beschluss möglich ist (→ Beiträge, Beitragsvorschüsse), im Ergebnis entspricht die Vorverlegung der Fälligkeit darüber hinaus auch der Einführung von Strafzinsen für den säumigen Wohnungseigentümer, da Zinsen aus der Anlage des Betrages nunmehr der Eigentümergemeinschaft, nicht mehr dem säumigen Eigentümer zufließen, was eine über die gesetzlichen Verzugsvorschriften hinausgehende Sanktion für gemeinschaftswidriges Verhalten darstellt, die nach § 10 Abs. 1 S. 2 WEG der Vereinbarung bedarf (BGH NZM 2003, 946, 949; Wenzel NZM 2001, 257, 261).

3. Schadensersatzpflicht

Der in Verzug geratene Wohnungseigentümer hat den der Wohnungseigentümergemeinschaft durch den Verzug schuldhaft entstandenen Schaden gem. §§ 280 Abs. 2, 286 BGB zu ersetzen. Hierzu gehören z.B. die Kosten einer Mahnung, die nach Eintritt des Verzugs erfolgt und die Rechtsverfolgung zweckmäßigerweise einleitet (BayObLG DWE 1992, 131 [L]), nicht aber die Kosten einer Mahnung, durch die der Verzug erst begründet wird (BGH NJW 1985, 320, 324). Auch die Kosten eines Rechtsanwalts, die für sachdienliche Maßnahmen zur Einziehung der Forderung anfallen, sind zu ersetzen (BGHZ 30, 154, 156).

Erhält der Verwalter aufgrund einer entsprechenden Regelung im Verwaltervertrag oder in der Vereinbarung der Wohnungseigentümer oder aufgrund eines Mehrheitsbeschlusses ein Zusatzentgelt für Mahnungen und für Tätigkeiten im Zusammenhang mit der gerichtlichen Geltendmachung von Beitragsansprüchen (Staudinger/Bub § 16 RN 31; → Vergütung des Verwalters), so ist die Wohnungseigentümergemeinschaft Schuldner dieses Anspruchs des Verwalters (BayObLG ZMR 1985, 307; OLG Köln DWE 1990, 109). Die unmittelbare Zahlungspflicht des säumigen Beitragsschuldners kann von den Wohnungseigentümern nicht beschlossen werden; ein Beschluss wäre wegen Veränderung des Kostenverteilungsschlüssels nichtig. Vereinbarungen zur Zahlungspflicht des säumigen Eigentümers sind einschränkend dahin auszulegen, dass Mahngebühren nur zu zahlen sind, wenn die angemahnte Forderung besteht, und eine Zusatzvergütung für die gerichtliche Geltendmachung nur, wenn sich der in Anspruch genommene Wohnungseigentümer in Zahlungsverzug befindet (→ Vergütung des Verwalters). Hiervon unberührt bleibt die Verpflichtung des säumigen Beitragsschuldners, diese Kosten im Verhältnis zu seinen Miteigentümern als Verzugsschaden tragen zu müssen.

4. Versorgungssperre

Den Wohnungseigentümern steht gegenüber dem säumigen Beitragsschuldner ein Zurückbehaltungsrecht hinsichtlich ihrer Leistungen gem. § 273 BGB zu, da der Zahlungsanspruch der Wohnungseigentümer und der Lieferungsanspruch des säumigen Wohnungseigentümers einem einheitlichen Rechtsverhältnis, nämlich dem Gemeinschaftsverhältnis der Wohnungseigentümer entspringen. Unter Berücksichtigung des verfassungsrechtlichen Verhältnismäßigkeitsgebotes können sie nach vorheriger Androhung ihre Leistungen, insbesondere die weitere Lieferung von Wärmeenergie, Strom oder Wasser einstellen, wenn ein Wohnungseigentümer mit seinen laufenden Beitragspflichten in erheblichem Umfang in Verzug gerät (BayObLG NJW-RR 1992, 787; OLG Hamm OLGZ 1994, 269, 271; a.A. OLG Hamm NJW 1984, 2704, 2708 z. Anspruch beim stecken gebliebenen Bau). Der Einbau von hierzu erforderlichen technischen Einrichtungen, z.B. eines zusätzlichen Absperrventils, kann mehrheitlich als Maßnahme ordnungsmäßiger Verwaltung beschlossen werden (BayObLG NJW-RR 1992, 787; OLG Celle OLGZ 1991, 50), obwohl es sich um eine bauliche Änderung i. S. von § 22 Abs. 1 S. 1 WEG handelt; der Beitragsschuldner ist gem. § 14 Nr. 4 WEG verpflichtet, das Betreten seiner Wohnung zum Zwecke der Durchführung dieser Maßnahmen zu dulden.

Im Einzelfall ist festzustellen, welcher Zahlungsverzug die Ausübung des Zurückbehaltungsrechts rechtfertigt; i.d.R. wird es den Wohnungseigentümern nicht zugemutet werden können, einen Zahlungsverzug mit Beitragsvorschüssen für mehr als 6 Monate hinzunehmen (offen gelassen von BayObLG NJW-RR 1992, 787), wenn die Wohnungseigentümer dies nicht abweichend hiervon vereinbart haben. Die Möglichkeit, das Wohnungseigentum gem. § 18 WEG zu entziehen (→ Entziehung des Wohnungseigentums), schränkt die Ausübung des Zurückbehaltungsrechts nicht ein (BayObLG NJW-RR 1992, 787; OLG Hamm OLGZ 1994, 269, 272).

Ein Zurückbehaltungsrecht kann auch geltend gemacht werden, wenn das von der Sperrung betroffene Wohnungseigentum Dritten, z.B. einem Mieter, zum Gebrauch überlassen ist, da vertragliche Beziehungen, die ein Zurückbehaltungsrecht begründen könnten, zwischen der Wohnungseigentümergemeinschaft und dem Mieter nicht bestehen (BayObLG WE 1992, 347; KG ZWE 2001, 497; 2002, 182; a.A. OLG Köln ZWE 2000, 543: kein Zurückbehaltungsrecht auch bei erheblichen Rückständen des Vermieters). Da zwischen der Wohnungseigentümergemeinschaft und dem Mieter eines Wohnungseigentümers keine vertraglichen Beziehungen bestehen, hat der Mieter in diesem Verhältnis auch keinen Anspruch auf Ver- und Entsorgung. Diese Versorgungssperre ist allerdings gegen den Mieter dann nicht durchsetzbar, wenn dessen Wohnung zur Absperrung betreten werden muss, da er zur Duldung des Zutritts nicht verpflichtet ist. Ein Zurückbehaltungsrecht kann allerdings nicht gegenüber einem → Sonderrechtsnachfolger ausgeübt werden (BayObLG WE 1992, 347), es sei denn, dass dieser für die Rückstände des ausgeschiedenen Wohnungseigentümers haftet.

5. Ruhen des Stimmrechts

Für den Fall des Rückstandes mit Beiträgen kann das Ruhen des Stimmrechts des säumigen Wohnungseigentümers angeordnet werden, auch wenn ihn kein Verschulden trifft (BayObLG ZMR 2003, 519). Dies greift nicht in den Kernbereich des Wohnungseigentums ein, weil der Wohnungseigentümer durch Erfüllung seiner Pflichten den Stimmrechtsausschluss abwenden kann (KG WuM 1986, 150). Ein Ausschluss auch von der Teilnahme an der Wohnungseigentümerversammlung würde hingegen den dinglichen Kernbereich des Wohnungseigentums aushöhlen, da er den Eigentümer jeglicher Mitwirkungs- und Kontrollrechte im Hinblick auf das ordnungsgemäße Zustandekommen von Beschlüssen beraube, und ist deshalb nichtig (LG Regensburg NJW-RR 1991, 1169; Weitnauer/Lüke § 25 RN 27).

▶ Videothek

Der Betrieb einer Videothek in einem als „Laden" bezeichneten Teileigentum ist während der üblichen Geschäftszeiten zulässig (BayObLG WE 1994, 247).

▶ Videoüberwachung

Nach §6b BDSG ist die Beobachtung öffentlich zugänglicher Räume, z.B. des Eingangs einer Wohnungseigentumsanlage mit optisch-elektronischen Einrichtungen (Videoüberwachung) nur zulässig, soweit sie erforderlich ist und keine Anhaltspunkte bestehen, dass schutzwürdige Interessen der Betroffenen überwiegen. Der Umstand der Beobachtung und die verantwortliche Stelle sind erkennbar zu machen. Die Daten sind unverzüglich zu löschen, wenn sie zur Erreichung des Zwecks nicht mehr erforderlich sind oder schutzwürdige Interessen der Betroffenen einer weiteren Speicherung entgegenstehen.

Der Einbau einer Videoanlage im Hauseingangsbereich, deren Bilder in das hausinterne Kabelnetz ohne technische Beschränkungen eingespeist werden, ist eine bauliche Veränderung (Huff NZM 2002, 688) und verstößt gegen §6b BDSG (KG NZM 2002, 702): Die Möglichkeit der andauernden Beobachtung durch jeden Bewohner geht über das hinaus, was zur Wahrnehmung des Hausrechts erforderlich ist, und beeinträchtigt die Persönlichkeitsrechte der sich im Eingangsbereich aufhaltenden Personen. Zur Wirksamkeit eines Mehrheitsbeschlusses ist zwingend erforderlich, die Vorgaben des §6b BDSG einzuhalten. Die Überwachung muss mithin offen ausgestaltet sein, der Verwertungs- und Aufzeichnungsumfang muss klar geregelt, die vorgeschriebenen Löschungen müssen sichergestellt sein.

Der Einbau einer Video-Überwachungsanlage in einer Tiefgarage gehört, jedenfalls wenn konkrete Gefährdungen bestehen, als Maßnahme zur Erhöhung der Sicherheit zur mehrheitlich zulässigen →modernisierenden Instandsetzung (Staudinger/Bub §21 RN 174 a). Dergestalt gewonnene Aufzeichnungen dürfen im Fall der Verletzung der Rechte der Eigentümer, etwa bei der Beschädigung von Fahrzeugen, verwertet werden (OLG Düsseldorf NJW-RR 1998, 241; Huff NZM 2002, 688f; a.A. OLG Karlsruhe NZM 2002, 703).

▶ Vollstreckung →Zwangsvollstreckung

▶ **Vorhalle** → Eingangshalle

▶ **Vorkaufsrecht**

Mieter, deren Wohnung in eine Eigentumswohnung umgewandelt worden ist oder umgewandelt werden soll, haben im Verkaufsfall ein gesetzliches Vorkaufsrecht nach §577 Abs.1 S.1 BGB. Das gesetzliche Vorkaufsrecht soll der Gefahr einer spekulativen Verdrängung von Mietern im Zug der Umwandlung in Eigentumswohnungen entgegenwirken (BGHZ 141, 194, 199). Seine Ausübung erfolgt durch schriftliche Erklärung des Mieters gegenüber dem Vermieter, §577 Abs.3 BGB. Schon nach früherem Recht bedurfte es nicht der notariell beurkundeten Form (BGH NZM 2000, 858; OLG Düsseldorf NZM 1998, 1001 z. §§313, 570b BGB a.F.).

Das Vorkaufsrecht entsteht schon dann, wenn die Umwandlung der vermieteten Wohnung zwar noch nicht grundbuchamtlich vollzogen, dem Grunde nach jedoch bereits angelegt ist, indem etwa die Aufteilung durch Beurkundung/Beglaubigung einer Teilungserklärung nach §§3, 8 WEG konkretisiert ist (Langbein DNotZ 1993, 655; → Begründung von Wohnungseigentum) – nicht aber bei bloß vorbereitenden Handlung, etwa der Einholung einer Abgeschlossenheitsbescheinigung (Schmidt DWW 1994, 72) – und sich der Kaufgegenstand einer künftigen Eigentumswohnung so genau bestimmen lässt, dass das Teilobjekt in Verbindung mit dem Miteigentumsanteil an einem Grundstück der rechtlich selbständige Gegenstand eines Kaufvertrages sein kann (BayObLG ZMR 1992, 337, 340 z. §2b WoBindG).

Das Vorkaufsrecht kann auch dann ausgeübt werden, wenn der Mieter bereits Wohnungseigentümer in der betroffenen Wohnanlage ist (Wirth NZM 1998, 390, 393; a.A. BGHZ 13, 133; BayObLG MittBayNot 1981, 18f z. Verkauf eines ideellen Bruchteils). Ihm steht das Vorkaufsrecht lediglich für den ersten Vorkaufsfall nach Umwandlung der Mietwohnung zu (BGHZ 141, 194, 197f; Staudinger/Sonnenschein §570b RN 51). Die Gefahr der Verdrängung der bisherigen Mieter besteht regelmäßig nur beim ersten Verkauf nach der Umwandlung, weil der Eigentümer ein etwaiges Spekulationsinteresse typischerweise durch den baldigen Verkauf der umgewandelten Wohnungen realisiert. Dies gilt auch dann, wenn der erste Verkaufsfall ein nach § 471 BGB nicht zum Vorkauf berechtigender Verkauf im Wege der Zwangsvollstreckung oder durch den Insolvenzverwalter ist, da die Verwertung der Wohnung beeinträchtigt wäre, wenn der Erwerber das Vorkaufsrecht für eine Wohnung, die er durch einen Verkauf i.S. von § 471 BGB erworben hat, übernehmen müsste (BGHZ 141, 194, 201 z. § 512 BGB a. F.).

Die Zustimmung kraft Gesetzes vorkaufsberechtigter Mieter zur Begründung von Wohnungseigentum ist nicht erforderlich (Staudinger/Rapp § 3 RN 26).

▶ Vormerkung

Der Käufer von Wohnungseigentum wird durch den Abschluss des – notariell zu beurkundenden – Kaufvertrages mit dem Verkäufer noch nicht Eigentümer. Eigentum erwirbt er erst mit seiner Eintragung als Eigentümer im Grundbuch. Bis dahin kann der Verkäufer gem. § 903 BGB als Noch-Eigentümer mit der verkauften Sache nach Belieben verfahren, möglicherweise unter Verletzung kaufvertraglicher Pflichten.

Zur Absicherung des Käufers kann jedoch in das Grundbuch eine Vormerkung als Sicherungsrecht mit dinglicher Wirkung gem. §§ 883, 888 BGB eingetragen werden: Sie bewirkt zwar keine Grundbuchsperre, hindert jedoch den Erwerb durch einen Dritten vom „Berechtigten", da jede – nach Eintragung der Vormerkung erfolgte – Verfügung über das Eigentum, z.B. die Auflassung an einen Dritten oder die Eintragung einer Hypothek, gegenüber dem vormerkungsberechtigten Käufer relativ unwirksam ist, § 883 Abs. 2 BGB. Der Vormerkungsberechtigte kann gem. § 888 BGB von dem Dritten Zustimmung zur Löschung von dessen Recht verlangen. Darüber hinaus wirkt die eingetragene Vormerkung auch im Insolvenzverfahren und in der Zwangsversteigerung über das vorgemerkte Vollrecht, § 106 InsO, § 48 ZVG.

Der Anspruch auf Verschaffung einer Eigentumswohnung kann bereits vor der Begründung von Wohnungseigentum und der Anlegung der Wohnungsgrundbücher durch Eintragung einer Vormerkung im Grundbuch für das noch ungeteilte Grundstück gesichert werden (OLG Frankfurt DNotZ 1972, 180). Ein Anspruch, der das gemeinschaftliche Grundstück insgesamt betrifft, kann aber nicht bei einer einzelnen Wohnung vorgemerkt werden (BayObLG NZM 2002, 962).

Die Eintragung einer Vormerkung im Grundbuch erfolgt aufgrund einer Bewilligung des Verkäufers, einer einstweiligen Verfügung oder eines vorläufig vollstreckbaren Urteils, § 885 BGB, § 895 ZPO. Veräußert ein Miteigentümer eines Grundstücks seinen Miteigentumsanteil oder einen Teil desselben, der gem. § 3 WEG mit dem Sondereigentum an einer errichteten oder zu errichtenden Wohnung verbunden werden soll, so bedarf dies gem. § 747 S. 1 BGB nicht der Mitwirkung der übrigen Miteigentümer; daher genügt gem. § 19 GBO die Bewilligung des Veräußerers für die Eintragung der Auflassungsvormerkung (OLG Köln DNotZ 1985, 451).

Wird ein durch Vormerkung gesicherter Anspruch – ggf. aufschiebend bedingt – abgetreten, so kann hierfür ein Vermerk im Grundbuch eingetragen werden (BayObLG MittBayNot 1986, 77).

▶ **Vorschussanspruch** → Beitragsvorschüsse

▶ **Vorsitz in der Wohnungseigentümerversammlung**

Den Vorsitz in der Wohnungseigentümerversammlung führt gem. § 24 Abs. 5 WEG der Verwalter. Die Wohnungseigentümer können durch Vereinbarung, aber auch durch Mehrheitsbeschluss einen anderen Vorsitzenden bestimmen, und zwar auch ohne Ankündigung in der Tagesordnung (KG OLGZ 1989, 51 f). Aus dem Grundsatz der Nichtöffentlichkeit der Wohnungseigentümerversammlung (→ Teilnahme an der Wohnungseigentümerversammlung) folgt, dass nur eine teilnahmeberechtigte Person im Beschlussweg zum Vorsitzenden bestimmt werden kann (Bub PiG 25, 49, 65). Daher kann auch zum Vorsitzenden gewählt werden, wer als Vertreter an der Versammlung teilnimmt.

Die Wohnungseigentümer können nicht durch Beschluss den Vorsitz in künftigen Versammlungen generell oder für einen bestimmten Zeitraum regeln, z. B. den Vorsitzenden des Verwaltungsbeirats oder den ältesten Wohnungseigentümer zum Vorsitzenden bestimmen, da dies § 24 Abs. 5 WEG abbedingen würde; ein Mehrheitsbeschluss über den Vorsitz ist nur für die jeweils konkrete Eigentümerversammlung gestattet. Ein Wohnungseigentümer kann deshalb auch nicht das zeitlich unbegrenzte Verbot durchsetzen, dass ein anderer Wohnungseigentümer die Eigentümerversammlung leitet, selbst wenn der Wohnungseigentümer der Geschäftsführer einer Verwaltungsgesellschaft ist, die aus wichtigem Grund als Verwalterin abberufen worden ist (KG ZMR 2003, 598).

Dass der Verwalter den Vorsitz zu führen hat, gilt auch dann, wenn die Versammlung vom Vorsitzenden des Verwaltungsbeirats oder seinem Stellvertreter oder von einem hierzu gerichtlich Ermächtigten einberufen worden ist oder die Wohnungseigentümer zu einer Universalversammlung zusammentreten.

Ist der Verwalter eine natürliche Person, so ist er grds. persönlich (AG Mannheim PuR 1996, 44), ist der Verwalter eine juristische Person oder eine Personenhandelsgesellschaft, so ist deren gesetzlicher Vertreter zur Übernahme des Vorsitzes berechtigt und verpflichtet.

Da der Verwalter nicht verpflichtet ist, sämtliche Aufgaben und Pflichten aus dem Verwaltervertrag höchstpersönlich zu erfüllen, er sich vielmehr anderer Personen, insbesondere Angestellter als Erfüllungsgehilfen i.S.d. § 278 BGB bedienen kann (→ Hilfspersonen des Verwalters), kann auch ein Bevollmächtigter den Versammlungsvorsitz übernehmen (BayObLG ZWE 2001, 490f). Jedenfalls sind die Wohnungseigentümer, die sich rügelos auf eine solche Versammlungsleitung durch einen Mehrheitsbeschluss einlassen, mit ihr einverstanden, zumal da ihnen § 24 Abs. 5 WEG die Möglichkeit eröffnet, einen anderen Vorsitzenden zu bestimmen (BayObLG ZWE 2001, 490f). Der Verwalter kann den Vorsitz aber nicht Dritten übertragen, die nicht in seinen Betrieb eingegliedert sind, z.B. einem von ihm beauftragten Rechtsanwalt (LG Berlin WuM 1989, 203). Dies gilt entsprechend für den Fall, dass ein Dritter die Versammlungsleitung übernimmt, ohne dass die Wohnungseigentümer dies gem. § 24 Abs. 5 WEG beschlossen hätten (Bub PiG 25, 49, 65).

Im Übrigen ist die Leitung einer Versammlung durch einen Vorsitzenden keine tatbestandliche Voraussetzung für eine Wohnungseigentümerversammlung, so dass die Versammlung auch ohne Vorsitzenden Beschlüsse fassen (vgl. BGHZ 51, 209, 213; 76, 154, 156 z. GmbH), insbesondere einen Vorsitzenden durch Beschluss bestimmen kann, z.B. wenn der Verwalter die Versammlung rechtswidrig schließt und verlässt (BayObLGZ 1965, 34); dies setzt allerdings ein hohes Maß an Disziplin voraus, da ein ungeordneter Versammlungsablauf die Anfechtbarkeit von Beschlüssen begründen kann.

Erscheint nur ein einziger Wohnungseigentümer bei der Versammlung, so wird er hierdurch nicht zwangsläufig zum Versammlungsleiter, sondern nur, wenn er dies beschließt (a.A. Röll MittBayNot 1996, 358f). Auch die Pflicht des Vorsitzenden gem. § 24 Abs. 6 WEG, die Niederschrift über Beschlüsse zu erstellen und zu unterzeichnen, lässt die Bestimmung eines Vorsitzenden als zweckmäßig (Röll, in: FS Bärmann und Weitnauer [1990] 523f), aber nicht als zwingend erforderlich erscheinen, da weder die Niederschrift noch deren Unterzeichnung Gültigkeitsvoraussetzung für Beschlüsse ist (→ Niederschrift). Der Vorsitzende hat die Versammlung und etwaige Abstimmungen zu leiten (→ Geschäftsordnung).

W

▶ **Wärmedämmung**

Bei Errichtung einer Eigentumswohnanlage durch den Bauträger stellt eine nicht der DIN 4108 und der EnEV (früher: WärmeschutzVO) entsprechende Wärmedämmung einen Sachmangel dar, der Mängelansprüche der Wohnungseigentümer gegen diesen auslöst (BGH WM 1981, 683; BayObLG ZMR 1990, 29; WE 1990, 183; OLG Celle NJW-RR 1991, 1175; → Gewährleistung).

Nachträgliche Maßnahmen zur Wärmedämmung – z.B. im Rahmen der Sanierung der Fassade, etwa wegen Durchfeuchtung (OLG Düsseldorf NZM 2002, 1067) – können als Maßnahmen der modernisierenden Instandsetzung mehrheitlich beschlossen werden, so z.B. das Isolieren der Fassade durch eine Vollwärmedämmung (BayObLG NJW-RR 1989, 1293; KG WuM 1993, 429f; OLG Hamm PuR 1995, 560; a.A. KG ZMR 1996, 282f wegen einer Amortisationsdauer von mehr als 10 Jahren) oder eine Thermohaut (OLG Düsseldorf NZM 2003, 28), einen mehrlagigen Verputz (BayObLG NJW-RR 1988, 1169 z. Verwendung auf einer Sichtbetonfassade), eine Fassadenverkleidung (BayObLG NZM 2002, 75) oder ein Wärmedämmverbundsystem (OLG Düsseldorf NZM 2002, 704), um sie gegen Wärmeverluste zu isolieren.

Wird auf mindestens 20% der gesamten Fassadenfläche/Baufläche eine neue Wärmedämmung erstmalig angebracht oder ersetzt oder erneuert, so müssen die in Anh. 3 der EnEV (BGBl. I 2001, S. 3085) festgelegten Wärmedurchgangskoeffizienten eingehalten werden. Gleiches gilt, wenn wenigstens 20% außen liegender Fenster, Fenstertüren und Dachflächenfenster ersetzt oder erneuert werden.

▶ **Wärmeversorgung** → Fernwärme; Nah- und Direktwärme; → Heizungsanlage; → Heizungsbetrieb

▶ **Wahrsagerei**

Die Wahrsagerei ist in einer Wohnung zulässig, wenn diese Nutzung nicht mehr stört als die Wohnnutzung (KG NJW-RR 1994, 206).

▶ **Wanddurchbruch** → Decken- und Wanddurchbruch

▶ **Warmwasseranlage**

Für die Inbetriebnahme, die Ersetzung, Erweiterung, Um- und Nachrüstung von Warmwasseranlagen gelten die Vorschriften der EnEV. Danach sind die Anlagen mit selbsttätig wirkenden Einrichtungen zur raumweisen Regelung der Raumtemperatur (Thermostatventilen) auszustatten, § 12 Abs. 1 EnEV, sowie mit selbsttätig wirkenden Einrichtungen zur Ein- und Ausschaltung der Zirkulationspumpen in Abhängigkeit von der Zeit, § 12 Abs. 4 EnEV. Da Maßnahmen zur Einhaltung öffentlich-rechtlicher Pflichten stets ordnungsmäßiger Verwaltung entsprechen (→ Öffentlich-rechtliche Pflichten), kann die Nachrüstung mit Mehrheit gem. § 21 Abs. 3 WEG beschlossen und von jedem Wohnungseigentümer gem. § 21 Abs. 4 WEG verlangt werden. Voraussetzung für eine nächtliche Abschaltung ist jedoch eine nachweisbare Kostenersparnis. Ist das nicht der Fall und treten darüber hinaus Nachteile wie z.B. länger andauernder Kaltwasserfluss auf, so widerspricht die Nachtabschaltung ordnungsmäßiger Verwaltung (AG Kiel DWE 1990, 25).

▶ **Warmwasserkosten** → Heiz- und Warmwasserkosten

▶ **Waschmaschine, Wäschetrocknen**

Die sichtbare Errichtung einer Vorrichtung zum Trocknen von Wäsche auf dem Balkon ist eine bauliche Veränderung, die mehr als nur unerheblich beeinträchtigt (OLG Stuttgart DWE 1981, 125). Gleichfalls bedarf das Umsetzen oder Einbetonieren von Wäschestangen als bauliche Veränderung der Zustimmung aller Wohnungseigentümer (BayObLG WE 1988, 18; 1994, 151; a.A. OLG Zweibrücken ZWE 2000, 95 z. einer nicht fest verankerten

Wäschespinne). Ob hierdurch optische Beeinträchtigungen entstehen, ist jedoch eine Frage des Einzelfalls. War der Standplatz einer Wäschetrockenvorrichtung von Anfang an verfehlt gewählt, so wird mit dessen Verlegung erstmalig ein einwandfreier Zustand hergestellt (BayObLG WE 1994, 151 z. Aufstellen einer Wäschespinne).

Das Trocknen und Lüften von Wäsche auf einer gemeinschaftlichen Rasenfläche kann in der Hausordnung verboten werden. Auf Balkonen und Terrassen kann es hingegen jedenfalls insoweit nicht eingeschränkt werden, als die Trockenständer nicht über die Balkonbrüstung hinausragen (OLG Oldenburg DWE 1978, 86). Nicht mehrheitlich beschlossen werden kann eine Regelung in der Hausordnung, welche das „sichtbare Aufhängen von Wäsche, Betten usw. auf Balkonen, Terrassen, in Gartenbereichen und in den Fenstern" verbietet, da dies einem generellen Verbot des Wäschetrocknens im Freien entspricht, was – anders als eine zeitweise Einschränkung aus sachlichen Gründen – ordnungsmäßiger Verwaltung widerspricht (OLG Düsseldorf NZM 2004, 107).

Wasch- und Trockenmaschinen und Bügler, die dem gemeinschaftlichen Gebrauch zu dienen bestimmt sind, sind als Zubehör → gemeinschaftliches Eigentum (BayObLG NJW 1975, 2296).

Die Erstbeschaffung von Waschmaschinen geht über die ordnungsmäßige Instandhaltung und Instandsetzung des gemeinschaftlichen Eigentums hinaus und bedarf deshalb der Zustimmung aller Eigentümer (BayObLGZ 1977, 89). Werden die nicht zustimmenden Wohnungseigentümer nicht unzumutbar durch die Geräteaufstellung i.S. des § 14 Nr. 1 WEG beeinträchtigt – dies ist die Regel – (BayObLG WE 1989, 59 zu einem Gestattungsbeschluss), so können die zustimmenden Wohnungseigentümer die Geräte auf eigene Kosten anschaffen, betreiben und allein nutzen, §§ 22 Abs. 1 S. 2, 16 Abs. 3 WEG. Die Ersatzbeschaffung vorhandener Geräte in technisch einwandfreiem und modernem Zustand gehört hingegen zu den Maßnahmen ordnungsgemäßer Instandhaltung und Instandsetzung (→ Erneuerung, Ersatzbeschaffung).

Steht eine Waschmaschine im Sondereigentum, so ist sie innerhalb der Wohnung aufzustellen, es sei denn, dass eine Aufstellung in gemeinschaftlichen Räumen ausdrücklich gestattet ist. Den jeweiligen Eigentümer trifft dann eine Verkehrssicherungspflicht, die übrigen Wohnungseigentümer vor Überlaufschäden zu schützen (OLG Düsseldorf JMBl NRW 1972, 69). Die Aufstellung einer Wasch- und Trockenmaschine in einem im Sondereigentum stehenden Wirtschaftskeller ohne Abwasserleitung und ohne Abluftöffnung kann durch Mehrheitsbeschluss verboten werden (OLG Düsseldorf DWE 1985, 126). Nichtig ist ein Mehrheitsbeschluss, der den Betrieb einer Waschmaschine und das Trocknen von Wäsche in der Wohnung untersagt, da die Möglichkeit innerhalb des Wohnungseigentums die täglich anfallende Wäsche maschinell reinigen zu können, zum → Kernbereich des Wohnungseigentums gehört (OLG Frankfurt NZM 2001, 1136).

Die turnusmäßige Nutzung kann durch Gebrauchsregelungen, z.B. in der → Hausordnung näher bestimmt werden (BayObLG WuM 1991, 301; Palandt/Bassenge § 15 RN 11); dabei muss berufstätigen Wohnungseigentümern die Benutzung am späten Nachmittag oder Abend möglich sein (KG GE 1985, 305); zulässig sind auch Regelungen zur Lüftung (BayObLG WE 1994, 17) und zur Entlüftung von Ablufttrocknern ins Freie (LG Frankfurt DWE 1992, 86) und zur Benutzung der Waschmaschiene am Sonntag (OLG Köln NZM 2000, 191). Auch der Betrieb eigener Wäschetrockner im gemeinschaftlichen Wasch- und Trockenraum kann gestattet werden (LG Frankfurt aaO).

Für die Benutzung der Waschmaschine je Waschgang können die Wohnungseigentümer die Erhebung von Benutzungsgebühren („Trommelgeld") vereinbaren, nicht aber beschließen, da dies den → Kostenverteilungsschlüssel ändern würde. Dieses Entgelt muss zweckbestimmt auf einem gesonderten Sperrkonto angesammelt und verwendet werden, z.B. für Reparatur oder Neuanschaffung einer Waschmaschine; durch Mehrheitsbeschluss kann keine andere Verwendung – etwa als Instandhaltungsrückstellung – angeordnet werden, da das Trommelgeld nach dem Grad der Benutzung und nicht nach dem für die Ansammlung einer Instandhaltungsrückstellung geltenden Schlüssel angesammelt wird.

▶ **Waschsalon**

Der Betrieb eines Automatenwaschsalons in einer Teileigentumseinheit kann wegen der damit verbundenen Eingriffe in das gemeinschaftliche Versorgungssystem und der möglichen weiteren → Nachteile – erschwerte Zuordnung und Behebung von Schäden am gemeinschaftlichen Eigentum – als bauliche Veränderung zustimmungsbedürftig sein (BayObLG WE 1991, 256). Unzulässig ist der Betrieb eines Waschsalons mit Getränkeausschank in einem „Laden" (OLG Frankfurt WE 1987, 161).

▶ **Wasserenthärtungsanlage**

Der erstmalige Einbau einer Wasserenthärtungsanlage bedarf als bauliche Veränderung i.S. des § 22 Abs. 1 WEG der Zustimmung aller Wohnungseigentümer, da beim Betrieb einer solchen Anlage gesundheitliche Schäden aufgrund einer anderen Zusammensetzung beim Genuss des Trinkwassers nicht generell ausgeschlossen werden können. Etwaige wirtschaftliche Vorteile müssen demgegenüber zurücktreten (BayObLG DWE 1984, 86).

▶ **Wasserrohr, Wasserleitung** → Versorgungsleitungen

▶ **Wasseruhr** → Kaltwasserzähler; → Verbrauchserfassungsgeräte

▶ **WC**

Der Einbau eines WC in eine Dachkammer (BayObLG NJW-RR 1988, 589) oder einen Keller (BayObLG NJW-RR 1992, 272) stellt eine bauliche Veränderung i.S. von § 22 Abs. 1 WEG dar.

▶ **Weinstube, Weinkeller**

Mit der Zweckbestimmung eines Teileigentums als „Laden" ist der Betrieb einer Weinstube, die auch außerhalb der gesetzlichen Ladenöffnungszeiten geöffnet hat, nicht zu vereinbaren (OLG Karlsruhe WuM 1993, 290).

Ist ein Teileigentum als „Weinkeller" bezeichnet, ist der Betrieb einer Diskothek oder die Führung einer Gaststätte mit Tanzbetrieb unzulässig (BayObLG WE 1991, 512). Gleichfalls unzulässig ist der Betrieb eines Pilslokals mit Musikunterhaltung, da unter Weinstube eine Gaststätte zu verstehen ist, in welcher „in erster Linie Wein an Gäste eher gesetzteren Alters ausgeschenkt wird, die das Lokal zum geselligen Gespräch aufsuchen und leise Hintergrundmusik schätzen" (BayObLG ZWE 2000, 572).

▶ **Werbe- und Reklameeinrichtungen**

Das Anbringen von Werbe- und Reklameeinrichtungen an der Fassade verändert das gemeinschaftliche Eigentum dauerhaft und stellt eine bauliche Veränderung dar, die über eine ordnungsmäßige Instandhaltung und Instandsetzung hinausgeht (BayObLG NZM 2000, 1236; Z 1990, 120, 122; KG NJW-RR 1995, 333f). Beeinträchtigungen, die bei einem zweckbestimmungsgemäßen Gebrauch eines Wohnungs- oder Teileigentums unvermeidlich sind, sind jedoch hinzunehmen.

Wird ein Wohnungs- oder Teileigentum in zulässiger Weise gewerblich, z.B. als Ladengeschäft, aber auch als → Erotik-, Sexshop, genutzt, dann muss von den übrigen Wohnungseigentümern nicht nur diese Nutzung, sondern auch die Anbringung von angemessenen und ortsüblichen Werbeanlagen für das betriebene Gewerbe oder Ladengeschäft unter Inanspruchnahme von gemeinschaftlichem Eigentum geduldet werden (BayObLG NZM 2000, 1236f; 2002, 257f; KG NJW-RR 1995, 333, 334). Im Übrigen darf ein Teileigentümer grds. nicht schlechter gestellt werden als der Mieter in einem Mietshaus (OLG Celle NJW-RR 1994, 977; OLG Frankfurt Rpfleger 1982, 64).

Ob eine Leuchtreklame an der Fassade, die grds. eine bauliche Veränderung darstellt (BayObLG NZM 2000, 1236), zu Beeinträchtigungen der übrigen Wohnungseigentümer führt, ist eine Frage des Einzelfalls. Ein Nachteil i.S. von § 14 Nr. 1 WEG liegt jedenfalls dann nicht vor, wenn durch die Leuchtreklame der ästhetische Gesamteindruck nicht verunstaltet oder verschlechtert wird und die Sondereigentumsräume der anderen Wohnungseigentümer höchstens geringfügig beeinträchtigt werden. Bei dieser Beurteilung ist sowohl der Gesichtspunkt der Ortsüblichkeit als auch die Möglichkeit, durch zeitliche Beschränkungen der Beleuchtung eine Benachteiligung auszuschließen, zu beachten (BayObLG WE 1988, 18; OLG Oldenburg MDR 1990, 274, 276 z. Zulässigkeit von fünf übereinander angebrachten Leuchtkästen; OLG Stuttgart WEM 1980, 38).

Stört ein Mieter durch eine von seinem Ladenlokal aus betriebene, an der Außenfassade angebrachte Leuchtreklame rechtswidrig das gemeinschaftliche Eigentum, so löst das für die Wohnungseigentümer Beseitigungsansprüche nicht nur gegen den Mieter als unmittelbaren Störer, sondern auch gegen den Vermieter als mittelbaren Störer aus (OLG Oldenburg MDR 1990, 552).

Ob und wie Hinweisschilder und Reklameeinrichtungen (BayObLG NJW 1964, 47) angebracht werden dürfen, kann in der →Hausordnung näher geregelt werden, wobei für freiberuflich oder gewerblich genutzte Einheiten Schilder verkehrsüblicher Größe gestattet werden können (BayObLG WuM 1994, 562f; KG WuM 1994, 494); eine der Zweckbestimmung entsprechende Beschilderung kann nicht verboten werden. Eine Genehmigungspflicht, z.B. durch den Verwalter kann nur zur Wahrung der Einheitlichkeit der Beschilderung eingeführt werden; der Widerruf kann nicht vorbehalten bleiben. Sämtliche Eigentümer sind insoweit gleich zu behandeln (→Gleichbehandlungsgrundsatz).

Das Anbringen von Spruchbändern mit politischen Parolen (KG ZMR 1988, 268) oder Reklameschildern (LG Aurich NJW 1978, 444: „zu vermieten") in den Fenstern oder an der Fassade kann in der Hausordnung untersagt werden, ohne dass damit etwa gegen Art. 5 Abs. 1 GG verstoßen bzw. den Wertungen der Art. 12, 14 GG nicht hinreichend Rechnung getragen würde.

▶ **Werdende Wohnungseigentümergemeinschaft** →Faktische Wohnungseigentümergemeinschaft

▶ **Wertprinzip** →Stimmrecht

▶ **Wesentliche Bestandteile** →Bestandteile, wesentliche

▶ Wiederaufbau

Wiederaufbau ist die Wiederherstellung der alten Gestaltung einer Wohnungseigentumsanlage nach Zerstörung. Nach § 22 Abs. 2 WEG kann der Wiederaufbau nicht als Maßnahme ordnungsmäßiger Verwaltung verlangt werden, wenn sie zu mehr als der Hälfte zerstört ist und der Schaden nicht durch eine Versicherung oder anderweitig gedeckt ist. Die Wohnungseigentümer können den Wiederaufbau nur vereinbaren. Die Norm soll die Wohnungseigentümer vor der als nicht zumutbar beurteilten Kostenlast eines Wiederaufbaus schützen. Im Umkehrschluss ist hieraus zu folgern, dass eine Wiederaufbauverpflichtung der Wohnungseigentümer immer dann besteht, wenn der Schaden durch Versicherungen oder in sonstiger Weise gedeckt ist, aber auch dann, wenn das Gebäude nur zur Hälfte oder weniger zerstört ist, ohne dass es in diesem Fall auf eine Schadensdeckung ankäme (BayObLGZ 1975, 95, 101; Staudinger/Bub § 22 RN 7). Die Erfüllung dieser Verpflichtung kann jeder Wohnungseigentümer gem. § 21 Abs. 4 WEG verlangen; über deren Konkretisierung ist gem. § 21 Abs. 3 WEG zu beschließen.

Für den Fall der gänzlichen Zerstörung des Hauses wird § 22 Abs. 2 WEG durch § 9 Abs. 1 Nr. 2 WEG ergänzt, wonach die Wohnungsgrundbücher, auf Antrag sämtlicher Wohnungseigentümer mit einem entsprechenden Nachweis durch eine Bescheinigung der zuständigen Baubehörde dann geschlossen werden, wenn alle Sondereigentumsrechte durch völlige Zerstörung des Gebäudes gegenstandslos geworden sind.

§ 22 Abs. 2 WEG kann in der Gemeinschaftsordnung modifiziert werden (Palandt/Bassenge § 22 RN 31). So kann vereinbart werden, dass eine Wiederaufbaupflicht auch dann nicht besteht, wenn das Gebäude zu weniger als der Hälfte zerstört und der Schaden gedeckt ist (BayObLG ZMR 1996, 98, 100), eine Wiederaufbaupflicht auch für den Fall vereinbart werden, dass mehr als die Hälfte des Gebäudewertes zerstört ist, die Wiederaufbaupflicht auch auf das Sondereigentum erstreckt werden oder von der Zustimmung aller Wohnungseigentümer oder von einem Beschluss mit qualifizierter Mehrheit abhängig gemacht werden (KG ZMR

1997, 534 z. einer Regelung über „teilweise Zerstörung"). Auch kann bestimmt werden, dass ein Schiedsgutachter über den Zerstörungsgrad verbindlich entscheidet (→ Schiedsgericht, Schiedsverfahren).

1. Wertmäßig hälftige Zerstörung

Das Gebäude ist zerstört, wenn seine Funktionsfähigkeit in einem erheblichen Maße ganz oder teilweise entfallen ist. Dabei ist es unerheblich, worauf die Zerstörung zurückzuführen ist (Alsdorf BlGBW 1977, 88). Der Zerstörung steht daher auch der Verfall und die darauf beruhende Baufälligkeit gleich (MünchKomm/Röll § 22 RN 48 z. „Baufälligkeitsruine").

Zur Beurteilung, ob das Gebäude zu mehr als der Hälfte seines Wertes zerstört ist, wird der Restwert des Gebäudes nach der Zerstörung, bei dessen Ermittlung der Wert der zerstörten Teile mit den Entsorgungskosten zu berücksichtigen sind, mit dem Verkehrswert zum Zeitpunkt des Schadenseintritts verglichen. Letzterer wird ausgehend vom Wert des Gebäudes bei seiner Fertigstellung durch Abzug etwaiger Wertminderungen des gemeinschaftlichen Eigentums, z.B. infolge grober Vernachlässigungen, und Hinzurechnen etwaig zu berücksichtigender Wertsteigerungen des gemeinschaftlichen Eigentums ermittelt; der Wert des Grundstücks bleibt unberücksichtigt (Staudinger/Bub § 22 RN 258). Bei der Wertberechnung ist nur vom gemeinschaftlichen Eigentum auszugehen und das Sondereigentum unberücksichtigt zu lassen (Soergel/Stürner § 22 RN 6; Weitnauer/Lüke § 22 RN 25). Weder der Zerstörungsgrad noch der Verkehrswert des Gebäudes können von den Wohnungseigentümern im Wege des Mehrheitsbeschlusses festgelegt werden, sondern nur durch Vereinbarung. In praxi wird die Höhe des zerstörten Anteils i.d.R. durch sachverständige Schätzung bestimmt. Der nach § 43 Abs. 1 WEG im Streitfall zuständige Richter kann hierfür auf § 315 Abs. 3 BGB zurückgreifen.

Bei der Zerstörung nur eines von mehreren Einzelhäusern in einer → Mehrhauswohnanlage kommt es für die Wertberechnung ausschließlich auf den Umfang der Zerstörung des gemeinschaftlichen Eigentums dieses Gebäudes an (BPM § 22 RN 296; Staudinger/Bub § 22 RN 261); dies gilt aber nur für den Fall, dass die

Instandsetzungskosten aufgrund des zwischen den Wohnungseigentümern vereinbarten Schlüssels getrennt für jedes Gebäude ermittelt und nur auf die Wohnungseigentümer des jeweiligen Gebäudes verteilt werden.

2. Fehlende Schadensdeckung

§ 22 Abs. 2 WEG verlangt neben der mehr als hälftigen Zerstörung kumulativ das Fehlen einer entsprechenden Deckungsvorsorge, sei es durch eine Versicherung oder in sonstiger Weise. Folglich bleibt die Wiederaufbaupflicht unabhängig vom Ausmaß der Zerstörung bestehen, wenn und soweit der durch die Zerstörung eingetretene Schaden durch eine Versicherung oder auf andere Weise gedeckt ist. Soweit der Schaden nur zum Teil gedeckt ist und hierdurch ein Teilwiederaufbau mit der Folge möglich ist, dass dann das Gebäude weniger als zur Hälfte seines Wertes zerstört ist, kann der Wiederaufbau ebenfalls nach § 21 Abs. 3 WEG beschlossen oder nach § 21 Abs. 4 WEG verlangt werden, da die Wohnungseigentümer in diesem Fall nicht einer übermäßigen Kostenbelastung ausgesetzt sind, sondern nur die Kosten für den restlichen Teilwiederaufbau zu tragen haben.

Die Schadensdeckung muss stets auch tatsächlich möglich sein, d.h. der Anspruch muss bestehen und jederzeit durchsetzbar sein, so dass z.B. bei Vermögenslosigkeit des Ersatzpflichtigen keine Schadensdeckung besteht. Nicht erforderlich ist dagegen, dass der Schadenersatz tatsächlich geleistet ist, soweit er noch – ggf. im Wege einer gerichtlichen Geltendmachung – realisierbar ist (BPM § 22 RN 298).

Die Schadensdeckung erfolgt regelmäßig durch Leistungen der gem. § 21 Abs. 5 Nr. 3 WEG abzuschließenden → Versicherungen, insbesondere die Feuerversicherung des gemeinschaftlichen Eigentums, so dass in praxi § 22 Abs. 2 WEG selten zur Anwendung kommt (Röll PiG 51, 43, 45).

Als taugliche Deckungssurrogate („in anderer Weise") kommen sowohl zivilrechtliche Ansprüche als auch öffentlich-rechtliche Ansprüche der Wohnungseigentümergemeinschaft in Betracht. Zu nennen sind hier insbesondere zivilrechtliche Schadenersatzansprüche gegen Dritte (Röll PiG 51, 43, 45 z. Haftpflichtversicherung bei Flugzeugabsturz), Wiederaufbaurücklagen der Wohnungseigentümer oder Entschädigungsansprüche gegen die öffentliche Hand (BGB-RGRK/Augustin §22 RN 19), z.B. wegen Bodenabsenkungen infolge eines U-Bahn-Baus.

3. Rechtsfolgen

Besteht weder gem. §22 Abs. 2 WEG noch gem. einer abweichenden Vereinbarung der Wohnungseigentümer eine Pflicht zum Wiederaufbau, so führt dies selbst bei gänzlicher Zerstörung nicht automatisch zum Erlöschen der Wohnungseigentümergemeinschaft und des Wohnungseigentums oder zur Umwandlung der Gemeinschaft ipso iure in eine Bruchteilsgemeinschaft. In diesem Fall kann vielmehr jeder Wohnungseigentümer gem. §11 Abs. 1 S. 3 WEG die Aufhebung der Gemeinschaft verlangen, sofern die Wohnungseigentümer dies bereits vereinbart hatten. Fehlt dagegen eine entsprechende Vereinbarung, bedarf es einer nachträglichen Einigung (Staudinger/Kreuzer §11 RN 15). Die Wohnungseigentümer sind aber i.d.R. aufgrund ihrer wechselseitigen Treuepflicht zur Mitwirkung an einer Aufhebungsvereinbarung verpflichtet (Staudinger/Kreuzer §11 RN 13 mwNw).

Besteht eine Pflicht zum Wiederaufbau, haben die Wohnungseigentümer über die durchzuführenden Maßnahmen mit Mehrheitsbeschluss zu entscheiden. Der Wiederaufbau beschränkt sich grds. darauf, die alte Gestaltung wiederherzustellen, also den ursprünglichen Zustand der Wohnanlage wiederaufzubauen, der vor der Zerstörung bestanden hat (BPM §22 RN 300; BGB-RGRK/Augustin §22 WEG RN 21) und der sich primär aus der Teilungserklärung und dem Aufteilungsplan ergibt; zu berücksichtigen sind aber auch die zwischenzeitlich rechtmäßig durchgeführten baulichen Veränderungen. Soweit hiervon abgewichen werden soll, ist dies nur mit Zustimmung aller Wohnungseigentümer zulässig (OLG Köln WE 1990, 26); daneben sind aber auch Anpassungen an den neuen Stand der Bautechnik nach den Grundsätzen der →modernisierenden Instandsetzung möglich, die bei einem Wiederaufbau großzügig anzuwenden sind, um künftige Anpassungen kostenbewusst vorwegzunehmen (Röll PiG 51, 43, 46f).

Die Kosten des Wiederaufbaus sind zwischen den Wohnungseigentümern grds. nach dem Schlüssel zu verteilen, der für die Instandsetzungskosten gilt, bei Fehlen einer Regelung also gem. § 16 Abs. 2 WEG nach Miteigentumsanteilen. Soweit im Rahmen des Wiederaufbaus auch Sondereigentum wiederhergestellt wird, wozu grds. keine Pflicht besteht, trägt jeder Wohnungseigentümer die Kosten für den Aufbau seines Sondereigentums selbst (Weitnauer/Lüke § 22 RN 25).

Im Streitfalle ist das Amtsgericht, Abt für Wohnungseigentumssachen, gem. § 43 Abs. 1 Nr. 1 WEG zur Entscheidung darüber zuständig, ob eine Pflicht zum Wiederaufbau besteht.

▶ Wiedereinsetzung in den vorigen Stand

1. Versäumung der Beschwerdefrist

Gegen gerichtliche Entscheidungen in → Wohnungseigentumssachen gem. § 43 WEG ist die sofortige → Beschwerde und die sofortige weitere Beschwerde binnen einer Frist von zwei Wochen seit Zustellung der Entscheidung einzulegen, §§ 16 Abs. 2, 22 Abs. 1 bzw. 29 Abs. 4 FGG. Bei Fristversäumnis kann der Beschwerdeführer Wiedereinsetzung in den vorigen Stand beantragen, § 22 Abs. 2 FGG.

a) Voraussetzungen für die Wiedereinsetzung

Voraussetzung der Wiedereinsetzung ist, dass der Beschwerdeführer ohne sein Verschulden verhindert war, die Frist einzuhalten, § 22 Abs. 2 S. 1 FGG. Die Anforderungen an die Sorgfalt des Rechtsmittelführers richten sich einerseits nach seinen individuellen Kenntnissen und Fähigkeiten, andererseits nach der konkreten Verfahrenslage (BayObLG WE 1994, 311; Keidel/Kahl § 22 FGG RN 18); an eine rechtsunerfahrene Partei sind daher geringere Anforderungen zu stellen als an eine rechtskundige (BayObLG WuM 1991, 227 f). Hat die Partei, ihr gesetzlicher Vertreter oder ihr Verfahrensbevollmächtigter (BayObLG NZM 2001, 343 z. Einlegung der Beschwerde beim falschen Gericht durch einen Rechtsanwalt) die Fristversäumung verschuldet, kommt eine Wiedereinsetzung nicht in Betracht, § 22 Abs. 2 S. 2 FGG, so z.B. bei falscher Beurteilung der Rechtsmittelfähigkeit einer Entscheidung und der Rechtsmittelfrist durch den Rechtsanwalt (a.A. BayObLG NJW-RR 1990, 1432) oder bei Antritt eines Urlaubs von mehr als zwei Wochen nach der mündlichen Verhandlung, ohne dass die Partei Vorkehrungen für die Wahrung der Beschwerdefrist getroffen hat (BayObLG WuM 1996, 642). Ein Verschulden des anwaltlichen Büropersonals (BayObLG ZMR 1998, 181 z. einem juristischen Mitarbeiter, der eine Angelegenheit nicht selbständig bearbeitet) muss sich die Partei nur dann zurechnen lassen, wenn der Anwalt seine Organisations- und Aufsichtspflicht verletzt hat. Ein Rechtsanwalt der sich zur Übermittlung fristwahrender Schriftsätze eines Telefax-Gerätes bedient, muss sich anhand des Sendeprotokolls vergewissern, dass der Schriftsatz tatsächlich übermittelt wurde (BGH NJW 1993, 1655).

Wiedereinsetzungsgründe sind vor allem Kostenarmut und ungewöhnlich lange Postlaufzeiten (BVerfG NJW 1983, 1479; BayObLG NZM 2000, 769). Erhält dagegen ein Beteiligter am vorletzten Tag der Frist Kenntnis von einer ihm wirksam zugestellten Entscheidung, so ist ihm zuzumuten, alle Anstrengungen zu unternehmen, um eine Rechtsmitteleinlegung am letzten Tag der Frist sicherzustellen (BayObLG WuM 1990, 326). Ein Rechtsirrtum oder Rechtsunkenntnis rechtfertigen eine Wiedereinsetzung nur, wenn sie bei aller vernünftigerweise zumutbaren Sorgfalt, insbesondere durch Erkundigungen bei kompetenten Personen, nicht zu vermeiden war (BayObLG WE 1996, 358); so ist die Auffassung, die Rechtsmittelfrist beginne bei der Ersatzzustellung entsprechend § 132 ZPO erst mit der Abholung zu laufen, wegen der Erkundigungsmöglichkeit verschuldet (BayObLG WuM 1999, 185 f).

Für die befristeten Rechtsmittel in Wohnungseigentumssachen (→ Beschwerde, sofortige und sofortige weitere) ergibt sich das Erfordernis einer Rechtsmittelbelehrung unmittelbar aus der Verfassung. Unterbleibt sie, steht dies zwar weder der Wirksamkeit der gerichtlichen Entscheidung noch dem Beginn des Laufs der Rechtsmittelfrist entgegen, bei der Prüfung der Wiedereinsetzung ist aber fehlendes Verschulden des anwaltlich nicht vertretenen Rechtsmittelführers unwiderlegbar zu vermuten (BGH NZM

2002, 619). Nicht unverschuldet ist aber die Fristversäumnis, wenn ein Beteiligter bereits in einem früheren Verfahren (BayObLG ZWE 2001, 602) oder nach persönlicher Einlegung der sofortigen weiteren Beschwerde durch das Gericht (KG NZM 2002, 793) ausdrücklich darauf hingewiesen worden war, dass diese durch einen Anwalt erfolgen muss. Eine fehlende Rechtsmittelbelehrung ist auch bei einem gewerbsmäßig tätigen Verwalter, von dem zu erwarten ist, dass er über die erforderlichen Rechtskenntnisse verfügt, kein Wiedereinsetzungsgrund (BayObLG NZM 2003, 67).

b) Wiedereinsetzungsantrag

Der Wiedereinsetzungsantrag muss innerhalb von zwei Wochen seit Wegfall des Hindernisses gestellt werden. Zusätzlich ist die Beschwerdeeinlegung innerhalb derselben Frist nachzuholen. Eine verspätet eingelegte Beschwerde kann als Wiedereinsetzungsantrag ausgelegt werden. Auch gegen die Versäumung der Wiedereinsetzungsantragsfrist ist die Wiedereinsetzung in den vorigen Stand möglich (BayObLG ZMR 1980, 160). Der Beschwerdeführer muss die unverschuldete Verhinderung an der Fristeinhaltung und den Zeitpunkt des Wegfalls des Hindernisses glaubhaft machen; Begründung und Glaubhaftmachung können nachgereicht werden (BayObLGZ 1974, 305; a.A. OLG Braunschweig OLGZ 1989, 187). Wiedereinsetzung ist nicht mehr möglich, wenn seit Ablauf der Frist ein Jahr vergangen ist, § 22 Abs. 2 S. 4 FGG.

Gegen die Ablehnung des Wiedereinsetzungsantrags ist die sofortige weitere Beschwerde zulässig. Bei Verbindung von Hauptsacheentscheidung und Entscheidung über die Wiedereinsetzung sind nur beide zusammen, bei gesonderter Entscheidung über die Wiedereinsetzung ist diese allein anfechtbar.

Wird die Wiedereinsetzung im Rechtsbeschwerdeverfahren gewährt und das Verfahren zurückverwiesen, so ist es angemessen, demjenigen die Kosten des Rechtsbeschwerdeverfahrens aufzuerlegen, dem die Wiedereinsetzung gewährt wurde (BayObLG WE 1988, 206).

2. Versäumung der Frist zur Beschlußanfechtung

Aufgrund der rigiden Wirkungen der Ausschlussfrist des § 23 Abs. 4 WEG ist bei unverschuldeter Fristversäumung Wiedereinsetzung in den vorigen Stand zu gewähren, was mit einer Analogie zu § 22 Abs. 2 FGG begründet wird (BayObLG NJW 2002, 71; OLG Hamm NZM 1998, 971; 2003, 684; OLG Köln NZM 2002, 168; a.A. BPM § 23 WEG RN 198 mwNw).

Fehlende Kenntnis vom Beschluss entschuldigt, wenn der Beschlussgegenstand bei der Einberufung nicht ausreichend bezeichnet worden ist, der Wohnungseigentümer deshalb auf eine Teilnahme an der Versammlung verzichtet hat und unter Berücksichtigung einer einwöchigen Überlegungsfrist den Antrag nicht rechtzeitig nach Kenntniserlangung bei Gericht einreichen konnte; verschuldet ist die Fristversäumnis aber, wenn der Wohnungseigentümer nicht geladen worden ist, weil er dem Verwalter pflichtwidrig seine neue Adresse nicht mitgeteilt hat.

Dem Wiedereinsetzungsantrag ist stattzugeben, wenn innerhalb der Anfechtungsfrist das Protokoll über die Eigentümerversammlung noch nicht fertig gestellt oder dem Wohnungseigentümer eine Einsichtnahme nicht ermöglicht wird (BayObLG NZM 2003, 520). Auf mündliche Auskünfte über Abstimmungsergebnisse und Beschlussinhalte wie auch auf nicht unterschriebene Protokollentwürfe braucht sich ein Wohnungseigentümer nicht zu verlassen (KG NZM 2002, 168; a.A. OLG Hamm NZM 1998, 971). Die verspätete Erstellung der Versammlungsniederschrift ist deshalb als objektives Hindernis für eine sachgerechte Ausübung des Anfechtungsrechts anzusehen mit der Folge, dass einem Wohnungseigentümer Wiedereinsetzung zu gewähren ist, wenn er nach Übersendung des Versammlungsprotokolls innerhalb einer Zwei-Wochen-Frist das Anfechtungsverfahren einleitet.

▶ Wiederherstellungsanspruch

Bei rechtswidrigen baulichen Veränderungen ist der Störer neben einem Beseitigungsanspruch auch einem Wiederherstellungsanspruch der übrigen Wohnungseigentümer ausgesetzt. Während der Beseitigungsanspruch grds. nicht auf Wiederherstellung des ursprünglichen Zustands gerichtet ist (BPM § 22 RN 280; Palandt/ Bassenge § 1004 BGB RN 20), sondern nur auf Beseitigung der fortdauernden Beeinträchtigung, kann bei rechtswidrigen baulichen Veränderungen die Wiederherstellung des ursprünglichen Zustandes auf Kosten des Störers gem. § 1004 Abs. 1 S 2 BGB stets dann verlangt werden, wenn die Beeinträchtigung in der baulichen Umgestaltung des früheren baulichen Zustands liegt, was die Regel ist, und diese nur dadurch beseitigt werden kann, dass sie rückgängig gemacht wird (BayObLG WE 1996, 195 f). Insoweit deckt sich der Beseitigungsanspruch mit dem Anspruch auf Naturalrestitution. Etwaig erforderliche öffentlich-rechtliche Genehmigungen hat der Störer auf eigene Kosten herbeizuführen (BayObLG WE 1987, 51, 53).

Da die rechtswidrige bauliche Veränderung zugleich das Miteigentumsrecht der benachteiligten Wohnungseigentümer verletzt, bestehen konkurrierend Wiederherstellungsansprüche aufgrund Verletzung des Gemeinschaftsverhältnisses, insbesondere gem. § 14 Nr. 1 WEG (BayObLGZ 1982, 69, 73; KG ZMR 1985, 161; OLG Hamm NJW-RR 1991, 910 f), sowie gem. §§ 823 Abs. 1, 249 S. 1 BGB aus unerlaubter Handlung auf Wiederherstellung des ursprünglichen Zustands (BayObLG NJW-RR 1991, 1234 f; OLG Düsseldorf ZMR 1994, 376, 378), die aber ein Verschulden des Antragsgegners voraussetzen, wobei einfache Fahrlässigkeit genügt. Diese wird nicht durch die Einholung einer Auskunft zur Zustimmungsbedürftigkeit beim Verwalter beseitigt. Ein Rechtsirrtum kann nur ausnahmsweise entlasten, wenn die Rechtsauffassung des in Anspruch Genommenen oder seines Rechtsberaters zur Entbehrlichkeit der Zustimmung im Zeitpunkt der Durchführung der Maßnahme der h.M. entsprach (vgl. BGH NJW 1972, 1045) und mit einer abweichenden Meinung des zuständigen Gerichts bei sorgfältiger Prüfung nicht zu rechnen war (vgl. BGH NJW 1974, 1904; NJW-RR 1990, 161).

Der Anspruch auf Wiederherstellung eines rechtmäßigen Zustands kann als Anspruch auf ordnungsmäßige Verwaltung aus § 21 Abs. 4 WEG, also aus dem Gemeinschaftsverhältnis hergeleitet werden. Die Herstellung eines rechtmäßigen Zustands ist nämlich eine Maßnahme der ordnungsmäßigen Instandsetzung i.S.

von § 21 Abs. 5 Nr. 2 WEG (KG OLGZ 1993, 427, 429); ihr steht i.d.R. nicht entgegen, dass gegen frühere rechtswidrige bauliche Veränderungen keine Beseitigungsansprüche mehr bestehen (KG NJW-RR 1991, 1299). Aus den wechselseitigen Treuepflichten der Wohnungseigentümer folgt die Subsidiarität dieses Anspruchs im Verhältnis zu den gegen den Störer gerichteten Ansprüchen (Heerstrassen DWE 1994, 3 f).

Der Anspruch ist gerichtet auf Wiederherstellung des vor der unzulässigen Maßnahme bestehenden Zustandes, bei baulichen Veränderung also auf deren Entfernung, beim unzulässigen Fällen von Bäumen (z.B. durch einen Sondernutzungsberechtigten) auf Neuanpflanzung (→ Garten, Rasenflächen).

▶ **Windfang, Windschutz**

Die Anbringung eines verglasten Windfangs auf einer vor einer Hauseingangstür bereits vorhandenen Betonbrüstung ist eine bauliche Veränderung, die aufgrund der Veränderung des architektonisch-ästhetischen Gesamtbildes der Zustimmung aller Wohnungseigentümer bedarf (BayObLG Rpfleger 1982, 268).

Wird auf einer Dachterrasse ein feststehender Windschutz – Alu-Einfassung, Glaswand und Deckenplatte – installiert, so verändert dies den optischen Gesamteindruck des Gebäudes und bedarf daher der Zustimmung der übrigen Wohnungseigentümer. Auf die Zustimmung kann auch nicht unter dem Gesichtspunkt verzichtet werden, dass ohne einen solchen Windschutz die Dachterrasse nur beschränkt nutzbar ist, da der Erwerb einer solchen Dachterrassenwohnung i.d.R. in Kenntnis der besonderen Lageverhältnisse erfolgt ist (BayObLG WEM 1978, 116; LG Hannover DWE 1984, 127 [LS]).

▶ **Wintergarten, Balkonverglasung**

Der Anbau eines Wintergartens verändert die äußere Gestaltung der Wohnanlage nachhaltig und ist daher grds. eine zustimmungsbedürftige bauliche Veränderung (BayObLG NJW-RR 1995, 653 f; OLG Düsseldorf DWE 1994, 42 [L]). Gleiches gilt für die Errichtung eines Wintergartens auf einer Dachterrasse (BayObLGZ

1990, 120, 123) oder einem Balkon (OLG Köln MDR 1996, 1235; OLG Zweibrücken ZWE 2000, 93; NJOZ 2003, 227f z. einem Glaserker). Die Verglasung eines Balkons – sei es eine auf die seitlichen Balkonbrüstungen aufgebrachte Verglasung oder eine Vollverglasung – bedarf stets der Zustimmung der übrigen Wohnungseigentümer, da es sich um eine nicht unerhebliche und architektonisch nachteilige Beeinträchtigung des optischen Gesamteindrucks der Gebäudefassade handelt (BayObLG WuM 1995, 59; ZMR 2001, 365; OLG Bremen WuM 1993, 209f; OLG Düsseldorf WuM 1995, 337f; a.A. BayOLG WE 1995, 249 z. einer ausnahmsweise nicht störenden Verglasung); die architektonische Funktion der Balkone, die zumindest auch die Auflockerung der Fassade zum Ziel hat, wird durch die Balkonverglasung i.d.R. über das zulässige Maß hinausgehend beeinträchtigt (BayObLG NJW-RR 1987, 1357f; WE 1988, 65; OLG Stuttgart WEM 1980, 36f).

Ist es einem Wohnungseigentümer durch die Gemeinschaftsordnung gestattet, auf dem ihm zur Sondernutzung zugewiesenen Grundstücksteil einen Wintergarten zu errichten, haben die übrigen Wohnungseigentümer etwa erforderliche bauliche Veränderungen zu dulden (BayObLG NZM 1999, 132). Ist die Errichtung auf Balkonen gestattet, so ist dies dahin zu verstehen, dass der Balkon rundum verglast und als Innenwohnbereich genutzt werden darf (OLG Düsseldorf NZM 200, 344).

▶ **Wirtschaftsplan, Aufstellung**

Nach § 28 Abs. 1 hat der Verwalter jeweils für ein Kalenderjahr einen Wirtschaftsplan aufzustellen, worauf jeder Eigentümer als Maßnahme ordnungsmäßiger Verwaltung gem. § 21 Abs. 4 WEG einen Anspruch hat.

1. Begriff und Bedeutung des Wirtschaftsplans

Der Wirtschaftsplan ist der Haushaltsplan der Wohnungseigentümergemeinschaft für jeweils ein Kalenderjahr (BayObLG NJOZ 2002, 814, 817); seine Aufstellung gehört zu den beispielhaft in § 21 Abs. 5 WEG genannten Maßnahmen ordnungsmäßiger Verwaltung. Er dient vorrangig der Ermittlung und Festsetzung der

Wirtschaftsplan, Aufstellung

vorläufigen Beitragsverpflichtung der Wohnungseigentümer und damit der Aufbringung der für eine ordnungsmäßige Verwaltungsdurchführung der Wohnungseigentümer erforderlichen Finanzmittel, deren Höhe durch Gegenüberstellung der voraussichtlichen liquiden Forderungen und der voraussichtlich fällig werdenden Verbindlichkeiten festgestellt wird (BGH WE 1996, 144; BayObLGZ 1973, 78; WE 1991, 363).

Die Genehmigung eines Wirtschaftsplans kann im Wege der Auslegung nach den Umständen des Einzelfalls eine konkludente Anweisung und Bevollmächtigung des Verwalters beinhalten, die Maßnahmen, die im Wirtschaftsplan ihren Niederschlag gefunden haben, auch im Rahmen der beschlossenen Kostenansätze durchzuführen (OLG Hamm ZfIR 1997, 347), an die der Verwalter gebunden ist, weshalb er deren Einhaltung fortlaufend zu überwachen hat. Zeichnen sich Überschreitungen ab, so hat der Verwalter grds. einen Beschluss über einen Nachtrag zum Wirtschaftsplan herbeizuführen.

Bedeutung hat der Wirtschaftsplan auch für das Verhältnis eines vermietenden Wohnungseigentümers zu seinem Mieter. Er kann zwar nicht unmittelbar und allein Grundlage für eine Anpassung einer vereinbarten Betriebskostenvorauszahlung sein (a.A. Bassenge PiG 21, 102; Schmid BlGBW 1982, 104); die auf die Betriebskosten entfallenden Vorschussbeträge können aber zur Begründung eines Anpassungsverlangens herangezogen werden.

Der Beschluss über die Genehmigung des Wirtschaftsplans bestimmt den vorläufigen Beitrag der Wohnungseigentümer zu den Lasten und Kosten des gemeinschaftlichen Eigentums, der Beschluss über die Jahresabrechnung den endgültigen Beitrag (→ Beiträge, Beitragsvorschüsse; → Abrechnungsfehlbeträge, Abrechnungsguthaben). Der Wirtschaftsplan ist für die Abrechnung auch nicht vorgreiflich (BayObLG Rpfleger 1981, 284f; KG NJW-RR 1992, 845). So ist der mit dem Wirtschaftsplan beschlossene Verteilungsschlüssel für die Abrechnung über die aufgrund des Wirtschaftsplans geleisteten Vorschüsse nicht verbindlich (→ Abrechnung, Aufstellung); ein unrichtiger Verteilungsschlüssel im Wirtschaftsplan ist also in der Abrechnung durch den richtigen zu ersetzen.

2. Abweichende Vereinbarungen

Die Wohnungseigentümer können zum Wirtschaftsplan abweichende Vereinbarungen treffen. Durch Vereinbarung – nicht aber durch Mehrheitsbeschluss – kann z.B.
- auf die Aufstellung eines Wirtschaftsplans völlig verzichtet werden (LG Wuppertal 16.3.1988, 6 T 168/88), z.b. durch eine Bestimmung, dass die jeweilige Abrechnung als neuer Wirtschaftsplan bis zur nächsten Abrechnung gilt;
- der Verwalter von der Verpflichtung, einen Wirtschaftsplan zu erstellen und vorzulegen, befreit und diese Aufgabe dem Verwaltungsbeirat übertragen werden (OLG Köln ZMR 1998, 374; Bassenge PiG 21, 99; a.A. Schmid BlGBW 1976, 61);
- ein vom Kalenderjahr abweichendes Wirtschaftsjahr bestimmt werden (BPM § 28 RN 5; Weitnauer/Hauger § 28 RN 3).

Regelungen mit Ordnungsfunktion, die den Normzweck des Wirtschaftsplans unberührt lassen und die im Ergebnis weder die vereinbarte Kostenverteilung zwischen den Wohnungseigentümern noch Rechte und Pflichten aus dem Verwaltervertrag verändern, können in den Grenzen ordnungsmäßiger Verwaltung i.S. des § 21 Abs. 3 WEG nicht nur vereinbart, sondern auch mehrheitlich beschlossen werden, z.B.
- die Bestimmung einer angemessenen Frist, bis zu deren Ablauf der Verwalter den Wirtschaftsplan zur Beschlussfassung vorzulegen hat,
- eine Erweiterung des gesetzlichen Mindestinhalts, z.B. um Angaben zum Vermögen, soweit diese nicht über eine →Auskunft hinausgehen, die die Wohnungseigentümer auch durch Mehrheitsbeschluss verlangen können,
- eine Regelung der Form und Gliederung des Wirtschaftsplans.

3. Vorlage durch den Verwalter

Der Verwalter ist gem. §§ 28 Abs. 1, 21 Abs. 5 Nr. 5 WEG verpflichtet, für jedes Kalenderjahr ohne Aufforderung und ohne Beschluss der Wohnungseigentümer als Maßnahme ordnungsmäßiger Verwaltung (BGH WE 1990, 202) einen Wirtschaftsplan zu erstellen und den Wohnungseigentümern schriftlich zur Beschlussfassung vorzulegen. Entsteht Wohnungseigentum während des Kalenderjahres oder eines abweichend hierfür vereinbarten Wirtschaftsjahres, so hat der Verwalter einen auf das Rumpfwirtschaftsjahr beschränkten Wirtschaftsplan vorzulegen (Müller WE 1993, 11).

Wegen des primären Zwecks des Wirtschaftsplans, die Vorschüsse für das laufende Kalenderjahr festzulegen, hat der Verwalter nach h.M den Wirtschaftsplan möglichst frühzeitig in den ersten Monaten des Jahres zur Beschlussfassung vorzulegen (BayObLG NJW-RR 1990, 659f; NJOZ 2002, 814, 817; OLG Hamm WE 1990, 25), nicht jedoch vor Beginn des Kalenderjahres. Die Pflicht zur Vorlage wird damit i.d.R. Ende März, spätestens aber Ende Juni eines Kalenderjahres fällig. Der Verwalter muss einen Beschluss über den von ihm vorzulegenden Wirtschaftsplan aber vor, spätestens unmittelbar nach Beginn des Kalenderjahres herbeiführen, wenn der Vorjahreswirtschaftsplan über das Jahresende hinaus nicht fortgilt, der Verwalter deshalb keine weiteren Vorschüsse bei den Wohnungseigentümern abrufen kann und dadurch die Wohnungseigentümergemeinschaft zahlungsunfähig zu werden droht.

In Verzug mit der Erfüllung der Vorlagepflicht gerät der Verwalter innerhalb angemessener, kurzer Frist nach Zugang einer Mahnung auch nur eines einzigen Wohnungseigentümers, die nach Eintritt der Fälligkeit erfolgt (BayObLG NJW-RR 1990, 659: 2 Wochen).

4. Geltungsdauer des Wirtschaftsplans

Sämtliche Angaben im Wirtschaftsplan haben sich auf ein einziges Kalenderjahr zu beziehen; der Wirtschaftsplan darf sich also nicht auf kürzere Zeiträume beschränken (BayObLG NJOZ 2002, 814, 817; Staudinger/Bub § 28 RN 91) oder auf mehr als ein Kalenderjahr erstrecken (BayObLG WuM 1992, 448, 450), wenn die Vereinbarung der Wohnungseigentümer dies nicht ausdrücklich zulässt; hiervon zu unterscheiden ist die Frage, ob ein für ein Kalenderjahr aufgestellter Wirtschaftsplan über dieses Jahr hinaus fortgelten kann.

Ein durch Beschluss genehmigter Wirtschaftsplan gilt grds. nur für das Kalenderjahr, für das er aufgestellt wurde (OLG Hamm NJW-RR 1989, 1161f); wird er erst während des betreffenden Kalenderjahres beschlossen, so entstehen, wenn nichts anderes bestimmt ist, die Beitragsvorschussansprüche auch für die Zeit vom Jahresbeginn bis zur Beschlussfassung erst mit dieser (OLG Köln WE 1996, 112, 114; Drasdo WE 1996, 412).

Ansprüche auf Beitragsvorschüsse für die Zeit nach dem gegenständlichen Kalenderjahr können aus dem Beschluss nur hergeleitet werden, wenn die Fortgeltung zwischen den Wohnungseigentümern, z.B. in der Gemeinschaftsordnung, vereinbart ist, eine ständige Übung ersetzt die Vereinbarung nicht (BGH NJW 2002, 3240, 3243). Die Fortgeltung über das betreffende Wirtschaftsjahr hinaus kann von den Wohnungseigentümern auch beschlossen werden (BayObLG WE 1991, 363; NJOZ 2003, 419f; KG NZM 2002, 294; OLG Düsseldorf NZM 2003, 810). Ein solcher Fortgeltungsbeschluss übersteigt nicht die Beschlusskompetenz der Gemeinschaft (KG NZM 2002, 294); er entspricht auch den Grundsätzen ordnungsmäßiger Verwaltung, da er die Zahlungsfähigkeit der Wohnungseigentümergemeinschaft auch für den Fall sichert, dass der Verwalter seine Pflicht zur Pflicht zur Aufstellung oder die Wohnungseigentümer ihre Pflicht zur Genehmigung eines Wirtschaftsplans nicht erfüllen (Staudinger/Bub §28 RN 53). Nichtig ist aber ein Beschluss, der die Fortgeltung eines jeden Wirtschaftsplans generell bis zur Verabschiedung eines neuen anordnet (OLG Düsseldorf NZM 2003, 810), da ein solcher Beschluss einen die gesetzlichen Vorschriften ergänzenden Maßstab für die Ordnungsmäßigkeit künftigen Verwaltungshandelns begründet, wozu den Wohnungseigentümern die Beschlusskompetenz fehlt (BGH NZM 2003, 946, 950 z. einer generellen Fälligkeitsregelung). Auch wenn der Wirtschaftsplan gerichtlich durchgesetzt wird, entspricht die gerichtliche Anordnung der Fortgeltung billigem Ermessen (KG OLGZ 1994, 27, 31).

Da der Wirtschaftsplan im Unterschied zur Abrechnung der Deckung des laufenden Finanzbedarfs der Wohnungseigentümergemeinschaft dient und allein auf seiner Grundlage laufende Beiträge erhoben werden können, kann ein Wirtschaftsplan auch für bereits abgelaufene Wirtschaftsjahre beschlossen werden (a.A. OLG Schleswig NZM 2002, 302: nichtig), der im Ergebnis aufgrund der sofortigen Fälligkeit sämtlicher Beiträge wie eine Sonderumlage wirkt.

5. Inhalt und Darstellung des Wirtschaftsplans

In den Wirtschaftsplan sind sämtliche voraussichtlichen Einnahmen und Ausgaben aufzunehmen. Unberücksichtigt sind solche Ausgaben zu lassen, mit denen nur bei Eintritt außergewöhnlicher Umstände zu rechnen ist (OLG Hamm OLGZ 1971, 96, 104); derartige Aufwendungen kann die Wohnungseigentümergemeinschaft durch Sonderumlagen decken.

- **Abrechnungsguthaben, Abrechnungsfehlbeträge.** Guthaben aus beschlossenen oder zu beschließenden Einzelabrechnungen bleiben außer Betracht, da diese nicht durch neue, sondern aus den bereits bezahlten – zu hoch angesetzten – Beitragsvorschüssen zu decken sind (a.A. Weitnauer, in: FS Korbion [1986] 464). Gleiches gilt für Verbindlichkeiten gegenüber Wohnungseigentümern aus Vorjahres-Abrechnungen, da diese aus dem Vermögen zu berichtigen sind.
- **Altschulden.** Bei den Ausgaben sind auch die Mittel einzukalkulieren, die zur Tilgung von am Ende der vorangegangenen Abrechnungsperiode bestehenden Verbindlichkeiten (Altschulden) benötigt werden, ohne dass es auf die Frage ankommt, welche Wohnungseigentümer im Außenverhältnis haften (BGHZ 104, 197, 203). Nicht zu berücksichtigen sind allerdings Verbindlichkeiten aus der Zeit vor Entstehen der Wohnungseigentümergemeinschaft, da hierfür keiner der Wohnungseigentümer in dieser Eigenschaft haftet (insoweit zutr. KG ZMR 1992, 354 f).
- **Anfechtungsverfahren.** Werden die voraussichtlichen Kosten eines Anfechtungsverfahrens in den Wirtschaftsplan eingestellt, so darf der Antragsteller nicht anteilig belastet werden (BayObLG WuM 1993, 486; WuM 1994, 295 f).
- **Bauliche Veränderungen.** Als Ausgaben sind die voraussichtlichen Aufwendungen für Maßnahmen gem. § 22 Abs. 1 S. 1 WEG auszuweisen, also für solche, die über die ordnungsmäßige Instandhaltung und Instandsetzung hinausgehen, sowie für bauliche Änderungen, wenn die Wohnungseigentümer die Durchführung auf Kosten aller Wohnungseigentümer vereinbart haben (BPM § 28 RN 23; Bassenge PiG 21, 93).

Soweit Wohnungseigentümer gem. § 16 Abs. 3 von der Kostentragung für bauliche Veränderung befreit sind (→ Befreiung von

Kosten), ist dies bei der Berechnung ihrer anteiligen Vorschusspflicht zu berücksichtigen (BGHZ 116, 392, 398; BayObLG NJW 1981, 690; SaarlOLG ZMR 1997, 31, 33); dies gilt auch, wenn Wohnungseigentümer von einem Beitrag zu einzelnen Kosten und Lasten durch Vereinbarung befreit sind, z.B. weil sie anteilig Dienstleistungen selbst erbringen (KG NJW-RR 1994, 207).

- **Beitragsvorschüsse.** Beitragsvorschüsse (BayObLG Z 1986, 263, 269; KG ZMR 1986, 250f) einschließlich beschlossener Sonderumlagen sind als Einnahmen auszuweisen – auch wenn ihre Durchsetzung unwahrscheinlich oder fraglich ist, da insolvente Wohnungseigentümer nicht aufgrund Unvermögens von ihrer Leistungsverpflichtung, die durch den Beschluss des Wirtschaftsplans erst begründet wird, befreit werden können (BGHZ 108, 44; → Nachschusspflicht) –, und zwar in Höhe der Differenz zwischen allen anderen voraussichtlichen Einnahmen und allen voraussichtlichen Ausgaben.

Ausgabenerhöhend sind die zur Deckung von auf Dauer uneinbringlich gewordenen oder im betreffenden Wirtschaftsjahr mutmaßlich nicht einbringlichen Beitragsansprüchen gegen Wohnungseigentümer erforderlichen Mittel anzusetzen (BGHZ 108, 44, 47; BayObLG WuM 1990, 89; OLG Stuttgart OLGZ 1983, 172).

- **Belege.** Belege sind dem Wirtschaftsplan grds. nicht beizufügen; ausnahmsweise sind aber Kostenangebote und ggf. ein Preisspiegel für größere Instandsetzungs- und Modernisierungsmaßnahmen spätestens als Anlage zur Tagesordnung der Wohnungseigentümerversammlung vorzulegen, in der deren Durchführung – zugleich mit dem Wirtschaftsplan – beschlossen werden soll.
- **Benutzungsentgelte.** Einnahmen aus Benutzungsentgelten für gemeinschaftliche Einrichtungen oder Zubehör (→ Nutzungsentgelt) sind als Einnahmen auszuweisen.
- **Einnahmen und Ausgaben.** Einnahmen und Ausgaben sind möglichst vollständig zu erfassen und, soweit sie nicht der Höhe nach feststehen, großzügig zu schätzen, um Abrechnungsnachforderungen gegenüber den Wohnungseigentümern und Liquiditätsengpässe beim Verwalter zu vermeiden (BayObLG GE 1997, 371; KG WuM 1994, 721; OLG Hamm OLGZ 1971, 96, 104). Der Eigentümergemeinschaft steht ein weiter Ermessensspielraum zu,

der aber jedenfalls überschritten wird, wenn es mit großer Wahrscheinlichkeit zu einer erheblichen Liquiditätsunterdeckung (BayObLGZ 1999, 176; KG ZMR 1994, 295 f; Palandt/Bassenge § 28 RN 4) oder zu erheblichen Überschüssen kommen wird (BayObLG ZMR 1994, 295 f; KG WuM 1994, 721); kein Ermessensspielraum besteht bei feststehenden Positionen. Zulässig ist es auch, die Prognoseunsicherheit in einer sinnvoll bemessenen Position für noch nicht bekannte Ausgaben oder Einnahmenausfälle zu bewerten (KG WuM 1994, 721). Der Schätzung liegt i.d.R. die Abrechnung über das Vorjahr zugrunde, die unter Berücksichtigung bekannt gewordener oder nach Erfahrungswerten voraussehbarer Änderungen fortgeschrieben wird, wobei sich der Verwalter bei zu erwartenden Kostensteigerungen vorab zu informieren hat.

Die Einnahmen und Ausgaben dürfen nicht nur in globalen Beträgen angegeben werden, sondern sind in einzelne Rechnungspositionen nach Kostenarten zweckmäßig und übersichtlich aufzugliedern (BGH NJW 1982, 573 f), wobei zur Erleichterung einer Plausibilitätsprüfung die Gliederung derjenigen der Abrechnung und des Wirtschaftsplans für das Vorjahr entsprechen sollte. Nicht erforderlich ist eine Aufgliederung der Betriebskosten gem. Anlage 3 zu § 27 der II. BV (OLG Stuttgart OLGZ 1990, 175 f), aber zweckmäßig, wenn Eigentumseinheiten vermietet sind.

Inwieweit Einzelpositionen zusammengefasst werden können, ist eine Frage des Einzelfalls; wegen der Auskunftspflicht des Verwalters braucht kein zu enger Maßstab angelegt werden. Jedenfalls müssen solche Positionen gesondert ausgewiesen werden, an denen Wohnungseigentümer unterschiedlich beteiligt sind, z.B. weil einzelne Wohnungseigentümer von der Kostenbeteiligung befreit sind. Zulässig ist es, die im Gesamtwirtschaftsplan enthaltenen Einzelpositionen, die nach demselben Schlüssel aufzuteilen sind, zur Vorbereitung des Einzelwirtschaftsplans zusammenzurechnen (Bassenge PiG 21, 93, 98).

Die geschätzten Einnahmen und Ausgaben sind in einer geordneten, den Grundsätzen ordnungsmäßiger Buchführung entsprechenden und übersichtlichen Zusammenstellung zu vergleichen, die für jeden Wohnungseigentümer ohne besondere Fachkenntnisse nachvollziehbar sein muss.

- **Erträgnisse des gemeinschaftlichen Eigentums.** Erträgnisse des gemeinschaftlichen Eigentums gem. § 99 Abs. 3 BGB i.V. m. § 16 Abs. 1 sind als Einnahmen auszuweisen (BayObLG WE 1991, 363), insbesondere Einnahmen aus der →Vermietung und Verpachtung von gemeinschaftlichem Eigentum, aber auch ausnahmsweise von Sondereigentum, das der gemeinschaftlichen Verwaltung unterstellt wurde (→Vermietung von Wohnungseigentum). Wegen des Saldierungsverbots ist es unzulässig, dabei lediglich die Differenz zwischen Mieteinnahmen und den hiermit im Zusammenhang stehenden Ausgaben auszuweisen (OLG Düsseldorf WE 1991, 331).

Erträgnisse des gemeinschaftlichen Eigentums, die im Jahr des Eingangs an die Wohnungseigentümer tatsächlich ausgeschüttet werden sollen, sind ergebnisneutral als Einnahmen und als Ausgaben darzustellen (BayObLGZ 1973, 79); sie dürfen also nicht nur vorschussmindernd als Einnahmen angesetzt werden. Sonstige Ausschüttungen aus dem angesammelten Vermögen der Wohnungseigentümer, etwa bei Auflösung eines nicht erforderlichen Teils der Instandhaltungsrückstellung, können dagegen nicht nur als Ausgaben angesetzt werden (a.A. Bassenge PiG 21, 93, 96), da diese Beiträge bereits bei der Zuführung zum Vermögen wie eine Ausgabe behandelt werden und die Wohnungseigentümer sonst doppelt belastet würden; auch sie sind ergebnisneutral als Einnahme – „Entnahme aus der Instandhaltungsrückstellung" – und als Ausgabe darzustellen.

- **Form des Wirtschaftsplans.** Die Form des Wirtschaftsplans ist gesetzlich nicht vorgeschrieben. Wegen des Erfordernisses, Beschlussgegenstände in der Einberufung gem. § 23 Abs. 2 WEG aussagekräftig zu bezeichnen (→Tagesordnung), ist der Wirtschaftsplan i.d.R. schriftlich vorzulegen. Außerdem ermöglicht erst die Schriftlichkeit die Bezugnahme bei der Beschlussfassung über den Wirtschaftsplan; würde der Wirtschaftsplan nur mündlich vorgetragen, so müsste sein gesamter Inhalt aus Gründen der Bestimmtheit in den Beschlusswortlaut aufgenommen werden. Dies kann unterbleiben, wenn nur die Fortgeltung des Wirtschaftsplans des Vorjahres, der allen Wohnungseigentümern vorliegt, beschlossen werden soll (BayObLG WE 1991, 296). Eine

Unterschrift des Verwalters ist nicht erforderlich (vgl. KG NJW-RR 1996, 526f z. Abrechnung).
- **Forderungen.** Forderungen, mit deren Erfüllung gerechnet werden kann, z.b. gegen Versicherer, sind als Einnahmen auszuweisen, nicht jedoch, wenn die Einbringlichkeit ungewiss oder der Zeitpunkt der Einziehung unabsehbar ist (BGHZ 108, 44; BayObLGZ 1986, 263, 268ff; 1999, 176), etwa bei Ansprüchen gegen den Bauträger.
- **Gerichts- und Anwaltskosten.** Vorschüsse auf Gerichts- und Anwaltskosten von Verfahren nach § 43 WEG, an denen alle Wohnungseigentümer als Antragsteller oder als Antragsgegner beteiligt sind, sind im Wirtschaftsplan ebenso als Ausgaben anzusetzen wie die Kosten eines Entziehungsverfahrens gem. §§ 18, 19 WEG.
- **Gliederung des Wirtschaftsplans.** Der Wirtschaftsplan gliedert sich in den Gesamtwirtschaftsplan mit den Angaben zu den voraussichtlichen Gesamteinnahmen und -ausgaben und in die Einzelwirtschaftspläne, die die von jedem einzelnen Wohnungseigentümer zu bezahlenden Vorschüsse beziffert ausweisen (Weitnauer/Hauger § 28 RN; a.A. noch KG ZMR 1991, 188: keine Einzelwirtschaftspläne). Im Gesamtwirtschaftsplan ist das Anwesen und die Periode, auf die er sich bezieht, anzugeben; im Einzelwirtschaftsplan sollen zusätzlich der Eigentümer der betreffenden Eigentumseinheit benannt und die Eigentumseinheit identifizierbar bezeichnet werden.
- **Heizkostenvorschüsse.** Heizkostenvorschüsse sind grds. nach dem Schlüssel zu verteilen, nach dem der verbrauchsunabhängige Teil der Heizkosten in der Abrechnung umgelegt wird (Müller WE 1993, 12). Es ist auch zulässig, die Abrechnungsergebnisse des Vorjahres zugrunde zu legen, die von dem verbrauchsabhängig abzurechnenden Teil der Heizkosten beeinflusst sind; dass es im Falle eines Nutzerwechsels oder einer Änderung in der Zahl der Nutzer auch nur in einer einzigen Eigentumseinheit oder aus anderen Gründen zu einer Änderung von Verbrauchsgewohnheiten kommen kann, ist hinzunehmen. Werden die Heizkostenvorschüsse nach Miteigentumsanteilen statt nach dem in der Abrechnung anzuwendenden Schlüssel verteilt, so ist dies ebenfalls wegen der Vorläufigkeit des Wirtschaftsplans nicht zu beanstanden,

wenn die sich hieraus ergebende Differenz verhältnismäßig geringfügig ist (KG WE 1990, 210). Ergeben sich aber durch die Anwendung eines verbrauchsunabhängigen Schlüssels wegen der Verbrauchsgewohnheiten eines Wohnungseigentümers erhebliche Differenzen, so müssen die Vorschüsse im Verhältnis der Vorjahresergebnisse festgelegt werden (BayObLG WE 1992, 49 für eine Differenz von DM 1800,– bis DM 2500,– in mehreren vorangegangenen Jahren; ähnlich BayObLG WE 1991, 261).

- **Instandhaltungsrückstellung.** Der Wirtschaftsplan hat die nach objektbezogenen und generellen Erfahrungswerten zu schätzende Beitragsleistung der Wohnungseigentümer zu der →Instandhaltungsrückstellung zu beziffern und als Teil der Beitragsvorschüsse zu behandeln. Die geplante Zuführung zur Instandhaltungsrückstellung ist in gleicher Höhe als Ausgabe zu berücksichtigen, da sie von den einzelnen Wohnungseigentümern zunächst vorschussweise aufzubringen ist, im Vermögen der Wohnungseigentümer verbleibt, aber in der betreffenden Abrechnungsperiode noch nicht zur Tilgung von Verwaltungsschulden bestimmt ist (BayObLG WE 1991, 360, 362).

Der Beitrag zur Instandhaltungsrückstellung muss gesondert sowohl im Gesamt- als auch im Einzelwirtschaftsplan angegeben werden; Angaben zum Stand der Instandhaltungsrückstellung gehören nicht zum Wirtschaftsplan (OLG Düsseldorf WE 1991, 331).

Sollen der Instandhaltungsrückstellung keine Beträge zugeführt werden, z.B. weil das hierfür angesammelte Vermögen ausreicht, so hat ein Ansatz im Wirtschaftsplan zu unterbleiben. Die Wohnungseigentümer können im Rahmen der Grundsätze ordnungsmäßiger Verwaltung mehrheitlich beschließen, in welcher Höhe in den Folgejahren Mittel der Instandhaltungsrückstellung zugeführt werden sollen; sie können i.d.R. einen solchen Beschluss später wieder aufheben, insbesondere konkludent durch Genehmigung eines Wirtschaftsplans mit einem anderen Ansatz (KG WE 1993, 84f).

Beschließen die Wohnungseigentümer, Mittel der Instandhaltungsrückstellung zur Tilgung von Werklohnforderungen zu verwenden, sind die vorgesehenen „Entnahmen aus der Instandhaltungsrückstellung" als Einnahmen in den Wirtschaftsplan einzu-

stellen, da sie die Vorschusspflicht mindern (Bub PiG 27, 97, 111; s.a. → Erträgnisse).
- **Kredite.** Zuflüsse aus Krediten, die die Wohnungseigentümergemeinschaft aufgenommen hat (BGHZ 104, 197, 202; Bassenge PiG 21, 93, 96) oder aufnehmen wird, sind als Einnahmen auszuweisen.
- **Lasten und Kosten.** Im Wirtschaftsplan sind sämtliche voraussichtlichen Ausgaben anzusetzen, also die Lasten des gemeinschaftlichen Eigentums und die Kosten der Instandhaltung, Instandsetzung, sonstigen Verwaltung und eines gemeinschaftlichen Gebrauchs des gemeinschaftlichen Eigentums i.S. des § 16 Abs. 2 und 4 WEG, z.B. auch die voraussichtlich aufzuwendenden Heizkosten (BayObLG WE 1988, 204).
- **Sondereigentumsverwaltung.** Die Kosten, die im Zusammenhang mit der Verwaltung von Sondereigentum sowie dessen Instandhaltung und Instandsetzung entstehen (BayObLG WE 1992, 138), sind nicht im Wirtschaftsplan auszuweisen, es sei denn, dass ausnahmsweise das Sondereigentum der gemeinschaftlichen Verwaltung unterliegt.
- **Stellungnahme des Verwaltungsbeirats.** Dem Wirtschaftsplan beigefügt werden sollte die Stellungnahme des Verwaltungsbeirats gem. § 29 Abs. 3 WEG, wenn diese in Schriftform vorliegt.
- **Umsatzsteuer.** Soweit in der Gesamtabrechnung Umsatzsteuern getrennt ausgewiesen werden dürfen und müssen, sind sie auch im Wirtschaftsplan getrennt auszuweisen. Soweit in der Einzelabrechnung Umsatzsteuern getrennt berechnet werden dürfen und müssen, ist auch im Einzelwirtschaftsplan und in der Anforderung der Beitragsvorschüsse Umsatzsteuer getrennt auszuweisen (Schirrmann WuM 1996, 689, 692).
- **Vermögen der Wohnungseigentümer.** Das Vermögen der Wohnungseigentümer, z.B. Bankguthaben (LG Freiburg NJW 1968, 1973) oder Abrechnungsforderungen gegen Wohnungseigentümer bleibt unberücksichtigt.
- **Verteilungsschlüssel.** Der Wirtschaftsplan hat für die verschiedenen Arten von Einnahmen und Ausgaben den jeweils zutreffenden Verteilungsschlüssel anzugeben (BayObLG ZMR 1986, 190; KG DWE 1985, 126), anhand dessen aus den Positionen des

Gesamtwirtschaftsplans die auf den jeweiligen Wohnungseigentümer entfallenden Anteile errechnet werden (→ Kostenverteilungsschlüssel).
- **Vorschusspflicht der Wohnungseigentümer.** Im Wirtschaftsplan sind die anteilmäßige Verpflichtung aller Wohnungseigentümer zur Lasten- und Kostentragung anzugeben. Zu diesem Zweck sind alle voraussichtlichen Einnahmen und Ausgaben auf sämtliche Wohnungseigentümer grds. nach denselben Verteilungsschlüsseln aufzuteilen, die in der Jahresabrechnung anzuwenden sind.

Die auf jeden Wohnungseigentümer entfallende Vorschussverpflichtung ist i.d.R. unter Angabe der auf die jeweilige Kostenart anzuwendenden Verteilungsschlüssel betragsmäßig auszuweisen (BayObLG ZWE 2000, 264), zumindest muss sie sich leicht errechnen lassen (BayObLG ZMR 1997, 42, 44; NZM 1999, 853; OLG Köln WuM 1990, 613f; BPM § 28 RN 30; Palandt/Bassenge § 28 RN 5); dies gilt auch für die → Sonderumlage, die als Nachtrag den Wirtschaftsplan ändert oder ergänzt.

Ist zwischen den Wohnungseigentümern nicht anderweitig, etwa in der Gemeinschaftsordnung, geregelt, in welchen Teilbeträgen und zu welchen Zeitpunkten die Vorschüsse zu zahlen sind, so sollte dies im Wirtschaftsplan angegeben werden.
- **Zinsen, Erbbauzinsen.** Als voraussichtliche Einnahmen sind die Beiträge der Wohnungseigentümer für Zinsen und Tilgung gesamtschuldnerischer Belastungen, aber auch auf gemeinschaftlich geschuldete Erbbauzinsen zu verzeichnen.

Zins- und Tilgungsbeträge für gemeinschaftliche Belastungen, ggf. auch Erbbauzinsen sind als Ausgaben anzusetzen. Gleiches gilt für Beträge, die die Wohnungseigentümergemeinschaft für die Verzinsung und Tilgung aufgenommener Kredite aufzubringen hat.
- **Zinseinnahmen, Dividenden.** Früchte des Verwaltungsvermögens, z.B. Zinseinnahmen und Dividenden, sind Einnahmen soweit sie nicht der Instandhaltungsrückstellung zugeführt werden und diese erhöhen sollen, da sie dann den Vorschussanspruch nicht verringern (BayObLG; WE 1991, 363; OLG Düsseldorf WE 1991, 331). Die Zinsabschlagsteuer ist wegen des Saldierungsverbots als Ausgabe zu erfassen.

6. Gerichtliche Durchsetzung des Anspruchs auf Erstellung eines Wirtschaftsplans

Jeder Wohnungseigentümer kann vom Verwalter ohne ermächtigenden Beschluss der Wohnungseigentümer (a.A. noch KG WuM 1990, 615) die Erfüllung seiner Verpflichtung zur Erstellung des Wirtschaftsplans als Maßnahme ordnungsmäßiger Verwaltung verlangen und seinen Anspruch gem. § 43 Abs. 1 Nr. 2 WEG beim Wohnungseigentumsgericht geltend machen (BGH NJW 1985, 912f; BayObLG NJW-RR 1990, 659; KG WE 1993, 197; OLG Hamm WE 1996, 33, 37). Stellt der Verwalter nur einen Gesamtwirtschaftsplan auf, so kann jeder Wohnungseigentümer die Ergänzung um die Einzelwirtschaftspläne verlangen (BayObLGZ 1989, 310; KG ZMR 1991, 188), wenn sich nicht ausnahmsweise aus dem Gesamtwirtschaftsplan unschwer die auf jeden Wohnungseigentümer treffenden Beitragsvorschüsse errechnen lassen.

Ein gerichtlicher Beschluss, der den Verwalter zur Erstellung oder Ergänzung und Vorlage eines Wirtschaftsplans verpflichtet, kann gem. § 45 Abs. 3 i.V.m. § 887 ZPO (BayObLG WE 1989, 220; Palandt/Bassenge § 28 RN 1) im Wege der Ersatzvornahme vollstreckt werden, da die Erstellung des Wirtschaftsplans keine unvertretbare Handlung, sondern auch Dritten möglich ist.

▶ Wirtschaftsplan, Genehmigung

Gem. § 28 Abs. 5 WEG entscheiden die Wohnungseigentümer über die Genehmigung des Wirtschaftsplans durch Mehrheitsbeschluss. Durch die Genehmigung des Wirtschaftsplan entsteht die Vorschusspflicht der Wohnungseigentümer (→ Beiträge, Beitragsvorschüsse).

1. Genehmigungsbeschluss

Die Beschlussfassung über den Wirtschaftsplan ist in der Tagesordnung anzukündigen; der vom Verwalter entworfene Wirtschaftsplan ist i.d.R. beizufügen, soweit er den Wohnungseigentümern nicht schon zu einem früheren Zeitpunkt zugeleitet wurde. Entbehrlich kann die Übersendung sein, wenn sich die Vorauszahlungen nicht oder nur geringfügig ändern (Jennissen XI

RN 2). Ein Beschluss über die Vorschussbeträge der einzelnen Wohnungseigentümer muss daneben nicht angekündigt werden, da dies zum Inhalt eines Wirtschaftsplans gehört (BayObLG WE 1991, 295 f). Daher ist auch nur der den jeweiligen Wohnungseigentümer betreffende Einzelwirtschaftsplan vorzulegen, nicht jedoch jedem Wohnungseigentümer alle Einzelwirtschaftspläne, die jedoch in der Eigentümerversammlung zur Einsicht bereitzustellen sind (Hauger PiG 44, 174, 177).

Soll der ordnungsgemäß angekündigte Wirtschaftsplan über das betreffende Kalenderjahr hinaus fortgelten, so muss ein diesbezüglicher Beschluss i.d.R. nicht zusätzlich in der Tagesordnung angekündigt werden (KG NJW-RR 1990, 1298f).

Der Verwaltungsbeirat hat gem. § 29 Abs. 3 WEG vor der Beschlussfassung, also spätestens in der Wohnungseigentümerversammlung den Wirtschaftsplan zu prüfen und gegenüber den Wohnungseigentümern mündlich oder schriftlich Stellung zu nehmen (→ Verwaltungsbeirat). Die Stellungnahme ist keine Gültigkeitsvoraussetzung für den Beschluss; ihr Fehlen kann aber seine Anfechtung begründen. Da sich der Prüfungsumfang an Sinn und Zweck der Prüfung zu orientieren hat, genügt wegen der Vorläufigkeit des Wirtschaftsplans eine Plausibilitätskontrolle anhand der Abrechnung des Vorjahres sowie der Fakten, die eine Veränderung der dortigen Ansätze erfordern (Peters PiG 2, 49, 57). In seiner Stellungnahme hat der Verwaltungsbeirat Methode und Umfang seiner Prüfungstätigkeit anzugeben und – bei einer mündlichen Stellungnahme – protokollieren zu lassen.

Da es sich bei dem vom Verwalter vorgelegten Wirtschaftsplan lediglich um einen unverbindlichen Vorschlag handelt, steht es den Wohnungseigentümern frei, dessen Genehmigung mit oder ohne Abänderung zu beschließen (KG ZMR 1991, 188; WE 1993, 223). Gibt es mehrere Wirtschaftsplanvorschläge oder Änderungen des vorgelegten Wirtschaftsplans, so sind Beschlussantrag und Beschluss so präzise zu formulieren, dass Zweifel darüber, welche Version des Wirtschaftsplans genehmigt wurde, ausscheiden. Zur Klarstellung sollte der beschlossene Wirtschaftsplan der Versammlungsniederschrift als Anlage beigefügt werden (Bassenge PiG 21, 100); bei Änderungen des vom Verwalter vorgelegten Wirtschaftsplans hat der Verwalter dem einzelnen Wohnungseigentümer die Auswirkung der Änderungen auf die Höhe des von ihm zu zahlenden Vorschusses mitzuteilen.

Wird weder der vom Verwalter vorgeschlagene noch ein abgeänderter Wirtschaftsplan beschlossen, so fehlt jegliche Rechtsgrundlage für die Einziehung von Beitragsvorschüssen der Wohnungseigentümer. Jeder Wohnungseigentümer kann dann von seinen Miteigentümern die Zustimmung zu einem Wirtschaftsplan beanspruchen. Bis dahin sind die Mittel zur Erfüllung von Außenverbindlichkeiten gem. § 16 Abs. 2 WEG aufzubringen.

Beruht die Ablehnung auf Mängeln des Wirtschaftsplans oder auf Unklarheiten oder fehlender Information in der Wohnungseigentümerversammlung, so hat der Verwalter diese Hindernisse unverzüglich zu beseitigen, einen neuen Wirtschaftsplan vorzulegen und eine weitere Wohnungseigentümerversammlung zur Herbeiführung des Genehmigungsbeschlusses einzuberufen.

2. Änderung des beschlossenen Wirtschaftsplans, Sonderumlage

Waren Ansätze des beschlossenen Wirtschaftsplan unrichtig, sind sie durch neue Tatsachen überholt oder ist der Wirtschaftsplan aus anderen Gründen zum Teil undurchführbar geworden, können die Wohnungseigentümer einen Nachtrag zum Wirtschaftsplan oder einen neuen Wirtschaftsplan beschließen (BGHZ 108, 44, 47; KG WuM 1993, 426; OLG Hamm ZMR 1996, 337f).

Reichen die Vorschüsse nicht aus, so können die Wohnungseigentümer zur Beseitigung von Liquiditätsschwierigkeiten allein deren Erhöhung ohne förmliche Änderung des Wirtschaftsplans beschließen (BayObLG DWE 1984, 64). Mit dem Beschluss eines neuen Wirtschaftsplans wird der Beschluss über den alten Wirtschaftsplan i.d.R. konkludent aufgehoben, so dass auf diesen Vorschussansprüche, die zu diesem Zeitpunkt aufgrund des alten Wirtschaftsplans noch nicht fällig geworden waren, nicht mehr gestützt werden können. Bei der Aufhebung eines Mehrheitsbeschlusses durch einen sog. →Zweitbeschluss ist aber stets zu prüfen, ob damit in individuelle Rechtspositionen eines Wohnungseigentümers eingegriffen wird, deren Bestand geschützt ist, was beim Beschluss über einen Wirtschaftsplan wegen seiner Vorläufigkeit die Ausnahme sein wird.

Die Wohnungseigentümer können auch eine →Sonderumlage beschließen. In Ausnahmefällen, in denen die Beschlussfassung über eine Sonderumlage nicht rechtzeitig herbeigeführt werden kann, kann der Verwalter aus eigenem Recht einen weiteren Vorschuss anfordern (→Sonderumlage).

3. Anfechtung des Genehmigungsbeschlusses

a) Anfechtungsgründe

Der Genehmigungsbeschluss ist in folgenden Fällen (nicht) anfechtbar:

- **Änderung.** Ändert die Wohnungseigentümerversammlung Ansätze in dem vom Verwalter vorgelegten Wirtschaftsplan und werden hierdurch die entsprechenden Ansätze in den vorgelegten Einzelwirtschaftsplänen rechnerisch unrichtig, so kann der Beschluss über den Wirtschaftsplan nicht für ungültig erklärt werden (KG GE 1989, 781f: jedenfalls nicht nichtig); i.d.R. sind die Auswirkungen auf die Einzelwirtschaftspläne leicht errechenbar, so dass auch ein Ergänzungsanspruch nicht in Frage kommt. Hiervon ist die Verpflichtung des Verwalters zu unterscheiden, den einzelnen Wohnungseigentümern die geänderte Höhe der von ihnen zu zahlenden Beitragsvorschüsse mitzuteilen.
- **Einzelwirtschaftspläne.** Fehlen Einzelwirtschaftspläne, so kann mit dieser Begründung allein der Beschluss über den Gesamtwirtschaftsplan nicht für ungültig erklärt werden; vielmehr besteht ein durchsetzbarer Anspruch auf Ergänzung des Wirtschaftsplans, wenn sich nicht ausnahmsweise schon aus dem Gesamtwirtschaftsplan die die einzelnen Wohnungseigentümer treffenden Vorschusspflichten unschwer errechnen lassen (Bub II RN 89; Palandt/Bassenge § 28 RN 17; a.A. BayObLG NJW-RR 1991, 1360; OLG Hamm WE 1996, 33: Grundlegender Mangel, der Ungültigerklärung rechtfertigt). Die Einzelwirtschaftspläne des Vorjahres gelten jedenfalls nicht fort (OLG Düsseldorf WuM 2003, 167). Die Einzelwirtschaftspläne können aber nachträglich beschlossen werden (OLG Düsseldorf 5.12.1994, 3 Wx 144/94; AG

Bonn PuR 1995, 443 f). Werden danach vorgelegte Einzelwirtschaftspläne durch Mehrheitsbeschluss genehmigt, können im Anfechtungsverfahren nur Einwendungen gegen die Verteilung der Einnahmen und Ausgaben, nicht mehr aber Einwendungen gegen die Ansätze des Gesamtwirtschaftsplans erhoben werden.
- **Nachzahlungen, Überzahlungen.** Anfechtbar ist der Beschluss eines Wirtschaftsplanes, der mit einiger Wahrscheinlichkeit zu erheblichen Nachzahlungen oder Überzahlungen führen wird, da dies den Grundsätzen ordnungsmäßiger Verwaltung widerspricht (Palandt/Bassenge § 28 RN 4). Die Anfechtung kann dabei auf einzelne Posten des Wirtschaftsplans beschränkt werden, die dann allein Gegenstand des Verfahrens sind (BayObLG WE 1987, 56; WE 1989, 64 f). Wegen der Vorläufigkeit des Vorschussanspruchs rechtfertigen Ungenauigkeiten des Wirtschaftsplans, die sich auf die Höhe des Anspruchs nur verhältnismäßig geringfügig auswirken, keine Anfechtung (BayObLG WE 1991, 363).
- **Verteilungsschlüssel.** Zur Anfechtung berechtigt die Anwendung eines unzutreffenden Verteilungsschlüssels (OLG Hamm ZMR 1996, 337, 340 – Wohnfläche statt Miteigentumsanteil), z.B. wenn eine im Sondereigentum stehende Hausmeisterwohnung oder Teileigentum an Garagen von der Vorschusspflicht freigestellt werden, oder die Belastung eines Wohnungseigentümers mit Kosten, an denen er gem. § 16 Abs. 3 HS 2 WEG nicht teilnimmt. Anfechtbar ist auch der Beschluss eines Wirtschaftsplans, der Kosten und Lasten, die für verschiedene Gebäudeteile nach der Vereinbarung der Wohnungseigentümer getrennt zu ermitteln und abzurechnen sind, unaufgeteilt ausweist.
- **Verwaltervergütung.** Soll die Erhöhung der Vergütung für den Verwalter oder den Hausmeister durch Beschluss eines Wirtschaftsplans mit gegenüber dem Vorjahr erhöhten Ansätzen „mitbeschlossen" werden, so bedarf dies einer eigenständigen Ankündigung in der Tagesordnung; fehlt diese, so ist der Beschluss anfechtbar (BayObLG WE 1990, 27).
- **Vorbehalt der Richtigkeit.** Anfechtbar ist wegen Verstoßes gegen die Grundsätze ordnungsmäßiger Verwaltung ein Beschluss, der vom Verwalter noch zu erstellende Einzelwirtschaftspläne unter dem „Vorbehalt der Richtigkeit" genehmigt, da ein solcher Be-

schluss die Zahlungspflichten nicht abschließend festlegt, sondern Streit über die Richtigkeit der vom Verwalter später vorgelegten Wirtschaftspläne eröffnet (BayObLG WE 1990, 138).

Zugleich mit dem Anfechtungsantrag kann der Antragsteller die anderen Wohnungseigentümer auf Zustimmung zu einem geänderten oder ergänzten Wirtschaftsplan in Anspruch nehmen, da sich das Ziel der Anfechtung i.d.R. nicht auf die Ungültigerklärung eines fehlerhaften Wirtschaftsplans beschränkt, sondern darauf gerichtet ist, dass ein zutreffender Wirtschaftsplan als Anspruchsgrundlage für die Beitragsvorschüsse der Wohnungseigentümer genehmigt wird.

Anstelle des Anfechtungsantrages genügt aber auch ein Antrag auf Zustimmung zur Änderung oder Ergänzung eines beschlossenen, unvollständigen Wirtschaftsplans, damit bei Scheitern des Antrags jedenfalls der beschlossene Wirtschaftsplan als Anspruchsgrundlage für Beitragsvorschüsse bestehen bleibt. Der Antragsteller ist aber nicht auf einen Ergänzungsantrag beschränkt (a.A. BayObLG WE 1991, 360, 362).

b) Gerichtliche Entscheidung

Wird der Beschluss über die Genehmigung eines Wirtschaftsplans insgesamt angefochten und hat die Anfechtung nur hinsichtlich einzelner Positionen Erfolg, so ist der Beschluss i.d.R. insgesamt für ungültig zu erklären (OLG Hamm OLGZ 1971, 96, 103; a.A. KG WE 1991, 323), da die wesentliche Bedeutung des Wirtschaftsplans in der betragsmäßigen Festlegung der Vorschussverpflichtung liegt, die Ungültigerklärung jeder Position sich auf diesen Betrag auswirkt und dieser Betrag nur richtig oder falsch sein kann.

Wird die Anfechtung auf einzelne Positionen des Wirtschaftsplans beschränkt, so kommt eine teilweise Ungültigerklärung in Betracht (BayObLGZ 1989, 287); im Übrigen wird der Wirtschaftsplan bestandskräftig (BayObLG ZfIR 1998, 545; WuM 2003, 413; Palandt/Bassenge § 28 RN 18). Der Anfechtungsantrag ist aber stets dahingehend auszulegen, dass der Wirtschaftsplan auch hinsichtlich der rechnerischen Ergebnisse des beanstandeten Fehlers angegriffen wird, die die angefochtenen Positionen beeinflussen, so dass i.d.R. auch der Beschluss über den Einzelwirtschaftsplan für ungültig zu erklären ist. Mit der Ungültigerklärung kann das Gericht die anderen Wohnungseigentümer zur Zustimmung zu einem zutreffenden neuen Wirtschaftsplan verurteilen, da der im Wege der Auslegung zu ermittelnde Wille des anfechtenden Wohnungseigentümers i.d.R. darauf gerichtet sein wird, an Stelle eines unrichtigen Wirtschaftsplans einen richtigen als Grundlage für die Beitragsvorschüsse herbeizuführen, da ansonsten die Anspruchsgrundlage für die Zahlung von Beitragsvorschüssen ersatzlos entfiele (i. E. ebenso KG NJW-RR 1991, 275: ersatzweise Bestimmung des Wirtschaftsplans durch das Gericht). Ein Antrag auf Zustimmung zu einem geänderten Wirtschaftsplan kann nicht mit einem Hinweis auf die Bestandskraft des Beschlusses über den Wirtschaftsplan zurückgewiesen werden, wenn ein Anspruch auf Änderung oder Ergänzung als Maßnahme ordnungsmäßiger Verwaltung gem. § 21 Abs. 4 WEG gefordert werden kann (a.A. wohl KG ZMR 1991, 188).

Das Gericht kann die Ungültigerklärung nicht auf solche Fehler stützen, die vom Antragsteller nicht beanstandet werden, z.B. weil sich die Beteiligten über eine vom Kalenderjahr abweichende Wirtschaftsplanperiode einig sind (KG ZMR 1991, 188); auch während des Verfahrens können aber Fehler gerügt werden, auf deren Geltendmachung der Antragsteller nicht ausdrücklich verzichtet hat.

4. Gerichtliche Durchsetzung des Anspruchs auf Genehmigung des Wirtschaftsplans

Jeder Wohnungseigentümer kann von den anderen Wohnungseigentümern gem. § 21 Abs. 4, Abs. 5 Nr. 5 WEG die Genehmigung eines nach den Grundsätzen ordnungsmäßiger Verwaltung aufgestellten Wirtschaftsplans verlangen und diesen Anspruch gem. § 43 Abs. 1 Nr. 1 WEG gerichtlich geltend machen (BGH NJW 1985, 912f; KG OLGZ 1994, 27f; OLG Hamm WE 1996, 33, 37), wenn der Genehmigungsantrag in der Wohnungseigentümerversammlung keine Mehrheit gefunden hat und auch ein abgeänderter Wirtschaftsplan nicht beschlossen wurde, obwohl dies möglich gewesen wäre (KG NJW-RR 1991, 725).

Wird ein Wirtschaftsplan mit unzutreffenden Ansätzen beschlossen, so kann ein Wohnungseigentümer, der hiermit nicht einverstanden ist, statt eines Anfechtungsantrags Zustimmung zu einem Wirtschaftsplan mit abgeänderten Ansätzen verlangen. Mit dem Antrag kann nicht im Wege des Stufenantrags ein Anspruch auf Zahlung von Vorschussbeiträgen verbunden werden (a.A. OLG Karlsruhe WEM 1977, 118; Weitnauer/Hauger § 16 RN 35), es sei denn, dass der Antragsteller durch Beschluss der Wohnungseigentümer hierzu ermächtigt wurde.

Das Gericht ersetzt in diesen Fällen die unterbliebene Beschlussfassung über den Wirtschaftsplan oder die Abänderung eines beschlossenen Wirtschaftsplans durch seine Entscheidung (BGH NJW 1985, 913) und legt einen Wirtschaftsplan aufgrund eigenen billigen Ermessens ohne Bindung an den Antrag fest (KG ZMR 1991, 188 z. Abänderung; OLGZ 1994, 27f; Staudinger/ Wenzel §43 RN 48). Der vom Gericht zu beschließende Wirtschaftsplan muss nicht den Anforderungen genügen, die an den vom Verwalter vorzulegenden Wirtschaftsplan zu stellen sind, da das Gericht meist nicht über alle hierzu erforderlichen Informationen verfügen wird und eine zeitnahe Fälligstellung der Vorschussleistungen dem wohlverstandenen Interesse aller Wohnungseigentümer entspricht. Zulässig ist deshalb eine grobe Schätzung nach den Angaben der Beteiligten und die Festlegung bestimmter Vorschußpflichten der Wohnungseigentümer ohne Gesamt- und Einzelwirtschaftsplan, ggf. auch ohne Angabe der Beiträge zur Instandhaltungsrückstellung (KG WuM 1990, 614, 616; WE 1991, 104f). Dabei eintretende Ungenauigkeiten können wegen der Vorläufigkeit der Vorschußzahlungen in Kauf genommen werden.

Die gerichtliche Entscheidung ist gegenüber dem Beschluss der Wohnungseigentümer subsidiär, so dass sich das Verfahren erledigt, wenn die Wohnungseigentümer einen Wirtschaftsplan während des Verfahrens beschließen (KG NJW-RR 1991, 463; OLGZ 1991, 434). Auch nach Rechtskraft der gerichtlichen Entscheidung können die Wohnungseigentümer den dann gültigen Wirtschaftsplan ändern, aber nicht ersatzlos aufheben (KG WuM 1990, 615).

Wegen des Zwecks des Wirtschaftsplans, die zur ordnungsmäßigen Bewirtschaftung erforderlichen Mittel aufzubringen, sollte regelmäßig die sofortige Wirksamkeit des gerichtlich entschiedenen Wirtschaftsplans und die Fortgeltung über das betreffende Wirtschaftsjahr hinaus, bis ein neuer Wirtschaftsplan beschlossen ist, gem. §44 Abs. 3 WEG einstweilig angeordnet werden (Staudinger/Wenzel Vorbem. 63 zu §§43ff; §43 RN48).

▶ **Wirtschaftsprüferkanzlei** → Steuerberaterkanzlei

▶ **Wohnfläche**

Ein allgemeiner Sprachgebrauch für den Begriff der „Wohnfläche" hat sich nicht entwickelt (BGH NJW 2001, 818f; 1997, 2974f). Der Begriff ist deshalb auslegungsbedürftig. Es kann von einer Verkehrssitte ausgegangen werden, dass die Wohnfläche nicht mit der Grundfläche identisch ist, sondern in Anlehnung an die DIN 283 oder die II. BerechnungsVO – seit 1.1. 2004 WohnflächenVO – ermittelt wird (BGH NJW 1997, 2874f). Danach bleiben Flächen unter Schrägen, z.B. Dachflächen, bei der Wohnflächenberechnung unberücksichtigt, soweit der Raum eine lichte Höhe von weniger als 1m hat; beträgt die Höhe zwischen 1 und 2 m, werden die Flächen nur zur Hälfte angerechnet. Für die Bildung einer entsprechenden Verkehrssitte ist unerheblich, dass die DIN 283 nicht mehr in Kraft ist. Als Nutzflächen werden in der DIN 283 hingegen Flächen in Wirtschaftsräumen und gewerblichen Räumen bezeichnet.

Ein zur Minderung des Kaufpreises berechtigender Fehler liegt vor, wenn die tatsächliche Wohnfläche um mehr als 10% kleiner ist als nach dem Kaufvertrag geschuldet (BGH NJW 1999, 1859; 1997, 2874). Ein „ca.-Zusatz" macht die Angaben nicht unverbindlich, jedenfalls bei mehr als nur geringfügigen Abweichungen (BGH NJW 1997, 2874f). Abweichungen von weniger als 10% sollen hingegen nicht zur Minderung berechtigen (OLG Nürnberg BauR 2000, 1883 zu 8% Abweichung bei „ca.-Zusatz"; OLG Celle BauR 1999, 663 zu 1,94%). Bei Abänderung der Planung besteht aber eine Aufklärungspflicht des Bauunternehmers (OLG Celle BauR 1999, 663, 665). Da eine Nacherfüllung hinsichtlich fehlender Wohnflächen ausgeschlossen ist, bedarf es zur Geltendmachung des Minderungsrechts keiner vorherigen Fristsetzung durch den Erwerber (BGH NJW 2001, 818f).

Vereinbaren die Parteien, dass geringfügige Abweichungen der berechneten Wohnfläche, z.B. weniger als 3%, nicht zu einer Ermäßigung oder Erhöhung des Kaufpreises führen sollen, und ergibt die endgültige Berechnung der Wohnfläche eine deutliche Abweichung zu Lasten des Erwerbers, so kann die Geringfügigkeitsklausel dahin ausgelegt werden, dass die dann berechtigte Herabsetzung des Kaufpreises nicht um einen „Geringfügigkeitszuschlag" gekürzt werden darf (BGH NJW-RR 2000, 202). Bis zur Geringfügigkeitsgrenze kann somit gar nicht gemindert mindern, bei nur geringfügiger Überschreitung hingegen in voller Höhe.

Im Prospekt einer Immobilienanlage muss der potentielle Erwerber über Wohnflächen und deren Berechnung vollständig und unmissverständlich aufgeklärt werden, da Angaben zu den Wohnflächen aus Sicht des Erwerbers zu den für seine Entscheidung zentralen Beschaffenheitsmerkmalen des Objekts zählen. Sie ist ein maßgebliches Kriterium für den Verkehrswert der Wohnung und damit für die Möglichkeit der Finanzierung durch Fremdmittel sowie für die Prognose über die zukünftige Wertentwicklung der Wohnung und deren Vermietbarkeit. Konnte ein Erwerber aufgrund der Angaben im Prospekt den unzutreffenden Eindruck gewinnen, dass die prospektierte Fläche als Wohnfläche nutzbar ist, haften der Prospektersteller sowie die Initiatoren und Hintermänner nach den von der Rechtsprechung entwickelten Grundsätzen der Prospekthaftung auf Schadensersatz (BGH NJW 2001, 436f; Brych/Pause RN 975ff).

▶ **Wohnungseigentümergemeinschaft**

Die Wohnungseigentümergemeinschaft entsteht mit der → Begründung von Wohnungseigentum, d.h. entweder bei der vertraglichen Einräumung gem. § 3 Abs. 1 WEG mit der Entstehung von Wohnungseigentum durch Anlegung aller Wohnungsgrundbücher gem. § 7 Abs. 1 WEG oder im Falle der Teilung des Grundstückseigentums durch den Eigentümer gem. § 8 WEG durch Übertragung eines Wohnungseigentums an einen Dritten und den Vollzug der Eigentumsübertragung im Grundbuch. Wird für den ersten Erwerber eine Auflassungsvormerkung eingetragen, entsteht eine →faktische Wohnungseigentümergemeinschaft.

Die Wohnungseigentümergemeinschaft endet gem. §9 Abs.1 WEG, wenn die Sondereigentumsrechte entsprechend einer Vereinbarung der Wohnungseigentümer aufgehoben sind oder auf Antrag aller Wohnungseigentümer, wenn alle Sondereigentumsrechte durch völlige Zerstörung des Gebäudes gegenstandslos geworden sind und der Nachweis hierfür durch eine Bescheinigung der Baubehörde erbracht ist oder auf Antrag eines Wohnungseigentümers, wenn sich sämtliche Wohnungseigentumsrechte in seiner Person vereinigt haben.

Das Verhältnis der Wohnungseigentümer untereinander bestimmt sich nach

- den zwingenden Vorschriften des WEG, ggf. anderer Normen (erläutert bei →Nichtigkeit eines Beschlusses),
- den Vereinbarungen der Wohnungseigentümer, der die Teilungserklärung und die →Gemeinschaftsordnung gleichstehen,
- den abdingbaren Vorschriften des WEG,
- ergänzend nach den Vorschriften zur Gemeinschaft bürgerlichen Rechts gem. §§ 741 ff. BGB (BGHZ 99, 93),
- den →Mehrheitsbeschlüssen der Wohnungseigentümer, welche grds. weder die Gemeinschaftsordnung noch die gesetzlichen Vorgaben abändern können, sowie
- den Grundsätzen →ordnungsmäßiger Verwaltung,

und zwar in der genannten Reihenfolge.

Die Rechtsnatur der Wohnungseigentümergemeinschaft ist umstritten; die hierzu vertretenen Positionen decken das gesamte Spektrum zwischen besonders ausgestalteter Bruchteilsgemeinschaft i. S. der §§ 741 ff BGB (BGH NJW 1977, 1686; BayObLGZ 1984, 239; NJW 2002, 1506; Palandt/Bassenge Überbl. v. § 1 WEG RN 5) und „dinglicher Gesellschaft" (Junker, Die Gesellschaft nach dem Wohnungseigentumsgesetz, 1993) ab. Im Ausgangspunkt ist sie aufgrund des gemeinschaftlichen Eigentums am Grundstück eine Miteigentümergemeinschaft, die allerdings in mehrfacher Hinsicht vom gesetzlichen Leitbild der Gemeinschaft (§§ 741 ff BGB) abweicht und weitgehend autonom ausgeformt werden kann. Sie begründet ein gesetzliches Schuldverhältnis (BGH NJW 1999, 2108 f) mit gegenseitigen Treuepflichten (Armbrüster in: FS Merle [2000], 1 ff).

1. Abgrenzung zur Gemeinschaft bürgerlichen Rechts

Die Wohnungseigentümergemeinschaft unterscheidet sich in ihrer Organisation und Struktur nachhaltig von der schlichten Bruchteilsgemeinschaft der §§ 741 ff BGB.

a) Selbständiges Finanz- und Rechnungswesen

§ 28 WEG statuiert für die Wohnungseigentümergemeinschaft ein selbständiges Finanz- und Rechnungswesen. Entscheidender Unterschied zur bürgerlichen Gemeinschaft ist, dass das WEG davon absieht, jede Außenverbindlichkeit sogleich auf die einzelnen Wohnungseigentümer umzulegen (BGHZ 104, 197, 202; Staudinger/Bub § 16 WEG RN 5). Das Beitrags- und Finanzierungssystem des WEG ermöglicht es den Wohnungseigentümern vielmehr, den für die Erfüllung bestehender und künftiger Verwaltungsschulden sowie für die Ansammlung der Instandhaltungsrückstellung als Verbandsvermögen erforderlichen Geldbedarf durch Vorschusszahlungen gem. Wirtschaftsplan- oder Sonderumlagenbeschluss (→ Beiträge, Beitragsvorschüsse; → Sonderumlage) und durch Nachschusszahlungen gem. Abrechnungsbeschluss (→ Abrechnungsfehlbeträge, Abrechnungsguthaben) sowie durch sonstige Maßnahmen wie Kreditaufnahme (→ Kredit) oder Verwendung von Mitteln der → Instandhaltungsrückstellung aufzubringen (BGHZ 104, 197, 202; BayObLGZ 1986, 322, 326).

b) Gemeinschaftsbezogenheit

Bei der grds. unauflöslichen Wohnungseigentümergemeinschaft ist im Gegensatz zur schlichten Bruchteilsgemeinschaft nach §§ 741 ff BGB die Gemeinschaftsbezogenheit stark ausgeprägt, weshalb die Rechte und Pflichten der Wohnungseigentümer im Vergleich zu den Vorschriften des BGB über die Gemeinschaft eine wesentliche detailliertere Regelung erfahren haben (BGHZ 106, 222, 226). Dies zeigt sich insbesondere in der Begründung der Beitragsforderungen: Während § 748 BGB eine gesetzliche Ausgleichspflicht zwischen den Teilhabern als Reflex von Außenverbindlichkeiten begründet, die auch ohne, ja sogar gegen den Willen einzelner Teilhaber entstehen kann (Staudinger/Langhein § 748 RN 1), beruht die Beitragspflicht der Wohnungseigentümer auf einem rechtsgeschäftlichen Mehrheitsbeschluss, die sie als Willensgemeinschaft – im Gegensatz zur Bruchteilseigentümergemeinschaft als Zwangsgemeinschaft – kennzeichnet; besonders deutlich wird der Unterschied bei der auf Mehrheitsbeschluss beruhenden Ansammlung von Mitteln der Instandhaltungsrückstellung als gesetzlich vorgesehenes, zweckgebundenes Sondervermögen, die für die Bruchteilseigentümergemeinschaft gesetzlich nicht vorgesehen ist.

c) Zweckvereinbarung

Anders als die „schlichten Bruchteilseigentümer" verfolgen Wohnungseigentümer durch ihr Zusammenwirken den gemeinsamen Zweck der dauerhaften Nutzung und Verwaltung des gemeinschaftlichen Eigentums und des Sondereigentums. Während der notwendigerweise mit dem Bruchteilseigentum verbundenen Verwaltung und Nutzung der gem. § 752 BGB auf Teilung zustrebenden Bruchteilsgemeinschaft kein gemeinsamer Zweck zugrunde liegt, weist schon die auf Vertrag beruhende Wohnungseigentümergemeinschaft auf den gemeinsamen Zweck des Haltens und Verwaltens jedenfalls des gemeinschaftlichen Eigentums hin, was als gemeinsamer – der Bruchteilsgemeinschaft fremder – Zweck anerkannt ist (BGH NJW 1982, 170f; MünchKomm/Ulmer Vor § 705 BGB RN 92; Staudinger/Bub § 28 RN 154).

Ebenso wie die Gemeinschaftsbezogenheit der Ansprüche zeigt sich auch die Zweckvereinbarung besonders deutlich in der Begründung der Beitragsforderungen: Durch Mehrheitsbeschluss begründen die Wohnungseigentümer eine Zweckvereinbarung über die Ansammlung von Geldvermögen und dessen bestimmungsmäßige Verwendung, insbesondere als Folge der Teilnahme am Rechtsverkehr (Fikentscher, in: FS Westermann [1974] 87, 106; Bärmann NJW 1989, 1057, 1061; a.A. Hauger PiG 21, 17, 22; Storck PiG 29, 89, die keinen über die bestehenden Rechtsbeziehungen bzw. die bloße Mitverwaltung hinausgehenden Zweck erkennen), die sich nicht in einer Bestätigung bereits begründeter

Pflichten erschöpft, sondern originär jeweils neue Ansprüche und Verbindlichkeiten begründet. Dem entspricht die gemeinschaftliche, ungeteilte Rechtszuständigkeit der Wohnungseigentümer. Zum einen ist nämlich der einzelne Wohnungseigentümer nicht berechtigt, über seinen Anteil an einzelnen Vermögensgegenständen zu verfügen; es fehlt also an der sog. „Freihand" als Charakteristikum der Bruchteilsgemeinschaft (Staudinger/Langhein Vorbem. z. §§ 741 ff RN 12); zum anderen können alle Wohnungseigentümer – anders als die Bruchteilsgemeinschafter „besonderen Rechts" – gemeinsam über die ihnen zustehenden Ansprüche, z.B. auf Beitragszahlungen, verfügen (Staudinger/Langhein § 741 RN 251).

2. Abgrenzung zur Gesellschaft bürgerlichen Rechts

Die Wohnungseigentümergemeinschaft ist – insbesondere im Hinblick auf das eigenständige Finanz- und Rechnungswesen und die strenge Gemeinschaftsbezogenheit gemeinschaftlicher Gelder – als Gesamthandsgemeinschaft zu charakterisieren (BayObLG ZMR 1995, 130, 132; KG ZMR 1994, 277, 279). Gleiches gilt im Hinblick auf die – der Bruchteilsgemeinschaft strukturell fremde – Zweckvereinbarung insofern, als die Wohnungseigentümer wechselseitig verpflichtet sind, das Gemeinschaftseigentum gemeinsam zu verwalten, insbesondere instand zu halten und instand zu setzen, und zu nutzen, ggf. an Dritte zu vermieten. Die gesamthänderische Bindung erfasst das →Verwaltungsvermögen und gilt auch und insbesondere für Beitragsansprüche (→Beiträge, Beitragsvorschüsse). Gleichwohl handelt es sich beim Wohnungseigentum um echtes Eigentum, nicht eine besondere Ausprägung der Gesellschaft (so aber Junker: dingliche Gesellschaft).

a) Einstimmigkeits- und Mehrheitsprinzip

Bei Gesamthandsgesellschaften wie der Gesellschaft bürgerlichen Rechts, § 709 Abs. 1 BGB, sowie oHG und KG, § 119 HGB (Baumbach/Hopt § 119 RN 23) können Gesellschafterbeschlüsse nur mit Zustimmung aller zur Beschlussfassung berufenen Gesellschafter, also einstimmig gefasst werden. Dies impliziert notwendig eine Deckungsgleichheit der Willensrichtung der einzelnen Gesellschafter mit der der Gesellschaft. Demgegenüber setzt § 25

Abs. 1 WEG, der den Prozess der Entscheidungsfindung in der Wohnungseigentümerversammlung normiert, das Mehrheitsprinzip für Verwaltungsentscheidungen voraus („über die die Wohnungseigentümer durch Stimmenmehrheit beschließen"), ohne es allerdings – wie z.B. § 47 Abs. 1 GmbHG – ausdrücklich zu statuieren.

Weiterhin enthält § 21 Abs. 1 WEG eine gesetzliche Vermutung für die Verwaltungskompetenz der Wohnungseigentümer, aber keine Vermutung des Einstimmigkeitserfordernisses für Verwaltungsentscheidungen (Staudinger/Bub § 21 RN 32; a.A. OLG Hamm OLGZ 1980, 261; BPM § 21 RN 2). Zwar ist das Mehrheitsprinzip in der Wohnungseigentümergemeinschaft nachrangig gegenüber dem Einstimmigkeitsprinzip (Staudinger/Bub § 21 RN 3, 67), doch sind ihm die in der Praxis wesentlichen Entscheidungskomplexe, nämlich sämtliche Fragen des ordnungsmäßigen Gebrauchs und der ordnungsmäßigen Verwaltung einschließlich der ordnungsmäßigen Instandhaltung und Instandsetzung des gemeinschaftlichen Eigentums, überantwortet. Die Mehrheitsherrschaft der Wohnungseigentümerversammlung bedarf somit zwar der Legitimation durch Kompetenzzuweisung – für alle nicht der Beschlussfassung zugewiesenen Angelegenheiten ist gem. § 10 Abs. 1 S. 2 WEG eine Vereinbarung erforderlich (→ Vereinbarungsändernder, vereinbarungsersetzender, vereinbarungswidriger Mehrheitsbeschluss) – und ist nach dem Willen des Gesetzgebers nicht die Regel, sondern die Ausnahme (Wenzel ZWE 2000, 2 ff), eine solche Zuweisung in den §§ 15 Abs. 2, 21 Abs. 3, 28 Abs. 5 WEG aber ausdrücklich erfolgt. Der Gesellschaft ist eine solche Trennung zwischen nur einstimmig möglichen „Grundlagenentscheidungen" und mehrheitlich zu treffenden Verwaltungsentscheidungen, nach dem Willen des Gesetzgebers fremd.

Durch die Anordnung des Mehrheitsprinzips als Grundsatz der Entscheidungsfindung in der Gemeinschaft hat der Gesetzgeber dem Gemeinschaftsinteresse aller Wohnungseigentümer Vorrang vor dem Individualinteresse des einzelnen Wohnungseigentümers eingeräumt. Die Entscheidungen der Wohnungseigentümergemeinschaft sind deshalb nicht deckungsgleich mit den Interessen ihrer sämtlichen Mitglieder. Die autonome Selbstbestimmung der

Wohnungseigentümer wird erst durch die – vom Gesetzgeber angeordnete – Unterwerfung der Minderheit unter den Mehrheitswillen, der ihr gegenübertritt, konstituiert. § 10 Abs. 4 WEG bestimmt hierzu, dass Mehrheitsbeschlüsse auch für und gegen die Wohnungseigentümer wirken, die gegen den Beschluss gestimmt haben. Die Interessenlage aller Wohnungseigentümer wird durch den Beschluss gem. § 10 Abs. 4 WEG abschließend – unter Ausschluss hiervon abweichender Interessen einzelner Wohnungseigentümer – definiert und als Interesse des Verbandes „Wohnungseigentümergemeinschaft" verobjektiviert.

b) Selbstorganschaft und Fremdorganschaft

Weiter gilt in der Gesellschaft bürgerlichen Rechts gem. §§ 709 ff BGB – ebenso wie in den Personengesellschaften des Handelsrechts oHG und KG nach den §§ 114, 125 HGB – grundsätzlich das Prinzip der Selbstorganschaft. Die Stellung als Organ, insbesondere als Geschäftsführer, ist danach an die Mitgliedschaft im Verband gebunden. Wo eine solche Bindung fehlt, spricht man von Fremdorganschaft. Kern des Prinzips der Selbstorganschaft ist, dass die Organe einer Personengesellschaft (Gesamthand) nicht, wie bei der Körperschaft, erst besetzt werden müssen, denn die Gesamthandsgemeinschaft als ein in ihren Mitgliedern lebender Verband „hat" ihre Handlungsträger und erhält sie nicht erst (K. Schmidt § 14 II 2). Selbstorganschaft ist zugleich ein zwingendes Prinzip des gesamthänderischen Organisationsrechts: eine notwendig mitgliedschaftliche Legitimation aller Herrschaftsbefugnisse und die Beschränkung der Organvertretungsmacht auf die persönlich haftenden Gesellschafter. Dies unterstreicht den Gleichlauf von Gesellschafts- und Gesellschafterinteressen.

In der Wohnungseigentümergemeinschaft gilt hingegen das Prinzip der Fremdorganschaft, da die Funktion des Verwalters nicht an die Mitgliedschaft in der Wohnungseigentümergemeinschaft gebunden ist (Staudinger/Bub § 26 RN 64). Die besondere Bedeutung dieses verbandsrechtlichen Spezifikums besteht darin, dass das WEG eine unmittelbare persönliche und gesamtschuldnerische Haftung der einzelnen Wohnungseigentümer für Verwaltungsschulden vorsieht, die durch das Handeln eines Fremdorgans ausgelöst werden. Der „Gleichlauf von Herrschaft und Haftung" als Grundprinzip personalistisch strukturierter Personenverbände ist damit durchbrochen. Dies nähert die Wohnungseigentümergemeinschaft stärker körperschaftlich strukturierten Verbänden, insbesondere juristischen Personen, an, in denen Dritte zu vertretungsberechtigten Organen bestellt werden können, vgl. § 6 Abs. 3 GmbHG.

Die Wohnungseigentümergemeinschaft hat insoweit eine „Zwitterstellung": Die Wohnungseigentümer können durch das Handeln eines Gemeinschaftsfremden verpflichtet werden – dies verweist auf eine stärkere Verselbständigung des körperschaftlich strukturierten Verbandes im Verhältnis zu seinen Mitgliedern –, die Haftung ist aber nicht auf das Vermögen des Verbandes „Wohnungseigentümergemeinschaft" beschränkt, sondern persönlich und unmittelbar – in dieser Hinsicht steht sie der oHG gleich. An der Tatsache, dass der Verwalter nicht notwendigerweise aus der Mitte der Wohnungseigentümer kommt, sie aber gleichwohl nach §§ 26, 27 WEG vertreten und verpflichten kann, zeigt sich die Überindividualität der Wirkungseinheit „Wohnungseigentümergemeinschaft".

c) Übertragung und Anwachsung der Vermögensbeteiligung

Aufgrund der höchstpersönlichen Natur der Gesellschafterstellung ist der Gesellschaftsanteil nach den Vorstellungen des Gesetzgebers weder vererbbar – § 727 BGB ordnet für die Gesellschaft bürgerlichen Rechts beim Tod eines Gesellschafters sogar die Auflösung an; die Handelsgesellschaften werden von den verbleibenden Gesellschafter gem. § 131 HGB fortgeführt – noch übertragbar, § 719 Abs. 1 BGB, eine Übertragung ist nur mit Zustimmung aller Gesellschafter möglich. Ausfluss der engen und untrennbaren Verbindung zwischen Mitgliedschaft im Verband und Beteiligung am Gesellschaftsvermögen in Personengesellschaften ist vielmehr gem. § 738 Abs. 1 BGB beim Ausscheiden eines Gesellschafter das Prinzip der Anwachsung des Anteils des Ausscheidenden am Gesellschaftsvermögens bei den übrigen Gesellschaftern.

Auch dieses Grundprinzip personalistisch strukturierter Verbände findet im Wohnungseigentumsrecht keine Parallele. Die Unauflöslichkeit der Gemeinschaft gem. § 11 WEG, die eine Auseinandersetzung gem. § 723 BGB ausschließt und auf die Möglichkeit der Entziehung des Wohnungseigentums beschränkt, und die Zweckbindung des Verwaltungsvermögens, die unabhängig vom Wechsel der Mitglieder dauerhaft besteht, steht einer analogen Anwendung der §§ 736, 738 BGB entgegen, weshalb die Beteiligung am Vermögen beim Ausscheiden eines Gesellschafters nicht den anderen Wohnungseigentümern anwächst (Staudinger/Bub § 28 RN 162). Das Wohnungseigentum einschließlich der Beteiligung am Verwaltungsvermögen ist vielmehr vererbbar und – mit der Einschränkung des § 12 WEG (→ Zustimmung zur Veräußerung des Wohnungseigentums) – frei übertragbar. Dies entspricht der Rechtslage insbesondere bei juristischen Personen.

3. Rechtsnatur der Wohnungseigentümergemeinschaft

Die Wohnungseigentümergemeinschaft ist eine gesamthänderisch ausgeformte Bruchteilsgemeinschaft, die sich einerseits von der der schlichten Bruchteilsgemeinschaft dadurch unterscheidet, dass die Wohnungseigentümer einen gemeinschaftlichen überindividuellen Zweck insoweit verfolgen, als sie das gemeinschaftliche Eigentum halten und verwalten und zur Erfüllung dieses Zwecks ein gemeinsames, vom Vermögen der einzelnen Wohnungseigentümer getrenntes Vermögen bilden müssen, das einer gesamthänderischen Bindung unterliegt, andererseits im Unterschied zu Gesamthandsgemeinschaften körperschaftliche Elemente insoweit aufweist, als die Wirkungseinheit „Wohnungseigentümergemeinschaft" via Fremdorganschaft, Mehrheitsprinzip und Unauflöslichkeit gegenüber ihren Mitgliedern verselbständigt ist. Rechtlich ist die Wohnungseigentümergemeinschaft somit zwischen einer Gesamthandsgemeinschaft und einer juristischen Person angesiedelt ist. Ihr ist deshalb ebenso wie den Gesamthandsgemeinschaften des Handelsrecht und der → Gesellschaft bürgerlichen Rechts die (Teil-)Rechtsfähigkeit zuzuerkennen (→ Rechts- und Parteifähigkeit der Wohnungseigentümergemeinschaft).

▶ Wohnungseigentümerversammlung

Willensbildungsorgan der Wohnungseigentümergemeinschaft ist die Wohnungseigentümerversammlung, in der die Wohnungseigentümer über die gemeinschaftlichen Angelegenheiten durch Beschlüsse entscheiden. Die Wohnungseigentümerversammlung ist das oberste Organ der Wohnungseigentümergemeinschaft (KG DNotZ 1975, 102; Staudinger/Bub § 23 RN 1. Sie ist – angelehnt an die Mitgliederversammlung des Vereins – eine für die Beschlussfassung über gemeinschaftliche Angelegenheiten geeignete Organisationsform, bietet aber zugleich das Forum für den Meinungsaustausch der Wohnungseigentümer untereinander und zwischen Verwalter und Wohnungseigentümer. Information und Diskussion sind unabdingbare Grundrechte der Eigentümer, die der Verwalter in der Versammlung zu ermöglichen hat. In ihr entscheiden die Wohnungseigentümer über den Gebrauch von Sonder- und Gemeinschaftseigentum, § 15 Abs. 2 WEG, über die Verwaltung des gemeinschaftlichen Eigentums nach §§ 21 ff WEG und über alle ihr zugewiesenen Angelegenheiten durch → Mehrheitsbeschluss.

1. Zeitpunkt der Versammlung

Die Wohnungseigentümerversammlung ist zu einem zumutbaren Zeitpunkt einzuberufen, zu dem auch berufstätige Wohnungseigentümer, ohne sich beurlauben lassen zu müssen, erscheinen können (OLG Düsseldorf WuM 1993, 305: 17.00 Uhr zulässig [a.A. BPM § 24 RN 51: zulässig erst ab 18.00 Uhr]; OLG Frankfurt OLGZ 1982, 148: 10.00 Uhr unzulässig; OLG Hamm NZM 2001, 297, 299: unzulässig zwischen Weihnachten und Neujahr; Palandt/Bassenge § 24 RN 10). Auch der allgemeine Wunsch nach Ruhe und Erholung und ggf. ungestörter Religionsausübung ist zu berücksichtigen (BayObLGZ 1987, 219: unzulässig an Sonn- und Feiertagen vor 11.00 Uhr). An Samstagen ist die Durchführung einer Wohnungseigentümerversammlung ohne weiteres zulässig (OLG Zweibrücken WE 1994, 146: für 20.00 Uhr). Urlaubspläne einzelner Wohnungseigentümer sind ebenso wenig zu berücksichtigen wie Schulferien (BayObLG NZM 2002, 794) oder Sportübertragungen im Fernsehen. Eine Zeit während der Bürostunden des Verwalters ist jedenfalls dann zumutbar, wenn eine Vielzahl von Wohnungseigentümern eine längere Anreise zum Versammlungsort in Kauf nehmen muss und bei einer Wohnungseigentümerversammlung in den Abendstunden nicht mehr an demselben Tag zurückreisen kann.

Hat der Einberufende bei der Festlegung der Versammlungszeit – gleiches gilt für den Versammlungsort – die Grenzen des ihm eingeräumten Ermessens überschritten, so begründet dies grds. die Anfechtbarkeit aller gefassten Beschlüsse (OLG Frankfurt OLGZ 1982, 418; OLG Zweibrücken WE 1994, 146) und bei Wiederholungsgefahr einen Unterlassungsanspruch gegen den Einberufenden (OLG Köln NJW-RR 1991, 725). Das Erfordernis der Ursächlichkeit des Ermessensfehlgebrauchs für die zustande gekommenen Beschlüsse setzt aber i.d.R. voraus, dass der Anfechtende an der Versammlung nicht teilgenommen hat und auch nicht vertreten war.

2. Versammlungsort

Der Versammlungsort muss verkehrsüblich zu erreichen und den Wohnungseigentümern zumutbar sein (BGH NJW 2002, 1647, 1651). Die Versammlung hat im näheren Umkreis der Wohnanlage oder an einem mit zumutbarem Aufwand für die Wohnungseigentümer, die in der Wohnanlage wohnen, erreichbaren Ort, aber nicht zwingend in der selben politischen Gemeinde stattzufinden (OLG Frankfurt OLGZ 1984, 333; OLG Köln NJW-RR 1991, 725; OLG Düsseldorf DWE 1990, 116). Der Wohnsitz der nicht in der Anlage wohnenden Wohnungseigentümer, also der sog. Kapitalanleger, bleibt unberücksichtigt, da diese eine entsprechende Anreise schon beim Erwerb in Kauf genommen haben, während die selbst nutzenden Wohnungseigentümer darauf vertrauen können, dass die Versammlungen im näheren Umkreis der Wohnanlage stattfinden (OLG Köln NJW-RR 1991, 725). Auf den Sitz des Verwalters kommt es nicht an. Die Gemeinschaftsordnung kann aber vorsehen, Versammlungen am Sitz des Verwalters durchzuführen (OLG Celle NZM 1998, 822).

Die Wohnanlage selbst bietet sich als Versammlungsort an, wenn ein hierfür geeigneter Raum zur Verfügung steht. Selbstverständlich kann die Versammlung bei kleinen Anlagen auch im Büro des Verwalters oder in der Wohnung eines Wohnungseigentümers, bei einer kurzen Tagesordnung sogar in der Waschküche (OLG Düsseldorf WuM 1993, 305) oder im Kellerflur (OLG Hamm WE 1992, 136), nicht aber im Wohnwagen des Verwalters bei zwischenmenschlichen Spannungen (OLG Hamm NZM 2001, 297f) stattfinden.

Durch Vereinbarung, kann der Ort der Wohnungseigentümerversammlung festgelegt oder der Wohnungseigentümerversammlung die Befugnis eingeräumt werden, jeweils durch Mehrheitsbeschluss den Ort der nächsten Wohnungseigentümerversammlung zu bestimmen. Es kann allerdings kein Versammlungsort vereinbart werden, der dem Wohnungseigentümer die Teilnahme an der Wohnungseigentümerversammlung tatsächlich oder wirtschaftlich unmöglich macht, etwa bei Festlegung eines Versammlungsorts im Ausland.

Die Beschaffenheit des Versammlungsraums muss gewährleisten, dass die angekündigten Tagesordnungspunkte sachgerecht diskutiert und in rechtmäßiger Weise Beschlüsse gefasst werden können. Der Versammlungsraum in einer Gaststätte muss deshalb gegenüber den übrigen Lokalitäten abgetrennt sein, weil ansonsten der Grundsatz der Nichtöffentlichkeit der Wohnungseigentümerversammlung (OLG Frankfurt NJW 1995, 3395; OLG Hamm WE 1990, 97; →Teilnahme an der Wohnungseigentümerversammlung) nicht gewahrt ist, was zur Anfechtbarkeit gefasster Beschlüsse führen kann.

3. Ablauf der Versammlung

Nach §§ 23 ff WEG, die einer abweichenden Vereinbarung der Wohnungseigentümer zugänglich sind (BayObLG WE 1991, 297f), ist der Ablauf der Wohnungseigentümerversammlung wie folgt geregelt:

- Die Versammlung wird vom Verwalter, § 24 Abs. 1 WEG, oder – bei dessen Fehlen oder pflichtwidriger Weigerung – vom Vorsitzenden des Verwaltungsbeirats oder dessen Stellvertreter, § 24 Abs. 3 WEG, unter Beifügung einer →Tagesordnung einberufen. Die →Einberufung erfolgt mindestens einmal jährlich, § 24 Abs. 1

Wohnungseigentümerversammlung

WEG, jedenfalls aber, wenn die Einberufung von mehr als einem Viertel der Wohnungseigentümer unter Angabe von Zweck und Gründen verlangt wird, § 24 Abs. 2 WEG (→ Minderheitenschutz). Die Einberufung soll mit einer Frist von mindestens einer Woche erfolgen, wenn sie nicht besonders dringlich ist, § 24 Abs. 4 WEG. Einberufen werden müssen grds. alle Wohnungseigentümer (→ Delegiertenversammlung, Teilversammlung) und sonstigen Stimmberechtigten (KG FGPrax 1997, 92).

• Die Wohnungseigentümerversammlung ist nicht öffentlich (→ Teilnahme an der Wohnungseigentümerversammlung); es besteht ein schutzwürdiges Interesse, fremden Einfluss fern zu halten, die Versammlung ungestört durchzuführen und die Angelegenheiten der Wohnungseigentümer nicht unnötig in der Öffentlichkeit zu verbreiten.

• Den → Vorsitz in der Versammlung führt der Verwalter gem. § 24 Abs. 5 WEG, wenn die Versammlung nichts anderes beschließt. Der Vorsitzende darf eine ordnungsgemäß einberufene und beschlussfähige Versammlung nicht auflösen. Verlassen aber nach der Auflösung einzelne Wohnungseigentümer die Versammlung, so können unanfechtbare Beschlüsse nicht mehr gefasst werden.

• Der Versammlungsleiter hat festzustellen, ob Inhaber von mehr als der Hälfte aller Miteigentumsanteile erschienen oder vertreten sind, da die Versammlung nur dann beschlussfähig ist, § 25 Abs. 3 WEG (→ Beschlussfähigkeit). Ist die Versammlung nicht beschlussfähig, so beruft der Verwalter eine Zweitversammlung mit der gleichen Tagesordnung ein, die unabhängig von der Zahl der erschienenen oder vertretenen Wohnungseigentümer beschlussfähig ist, § 25 Abs. 4 WEG. Eine → Eventualeinberufung der Zweitversammlung für kurze Zeit nach Beginn der Erstversammlung ist, soweit dies nicht vereinbart ist, unzulässig.

• In der Versammlung wird über die in der → Tagesordnung angegebenen Punkte abgestimmt und Beschluss gefasst. Jeder Wohnungseigentümer hat, soweit die Gemeinschaftsordnung nichts anderes bestimmt, eine Stimme, § 25 Abs. 2 S. 1 WEG (→ Stimmrecht). Das Stimmrecht ist gem. § 25 Abs. 5 WEG ausgeschlossen, wenn ein Beschluss ein Rechtsgeschäft oder einen Rechtsstreit

mit den übrigen Wohnungseigentümern betrifft (→Ruhen des Stimmrechts).
- Über die in der Versammlung gefassten Beschlüsse ist gem. §24 Abs. 6 Satz 1 WEG eine →Niederschrift aufzunehmen und vom Versammlungsvorsitzenden, i.d.R. dem Verwalter (→Vorsitz in der Wohnungseigentümerversammlung), dem Vorsitzenden des Verwaltungsbeirats und einem weiteren Wohnungseigentümer zu unterschreiben, §24 Abs. 6 S. 2 WEG. Dies dient auch dem Schutz von →Sonderrechtsnachfolgern, z.B. Käufern, da die gefassten Beschlüsse zwar gem. §10 Abs. 3 WEG dingliche Wirkung haben, aus dem Grundbuch mangels Eintragung aber für diese inhaltlich nicht ersichtlich sind (→Eintragung von Beschlüssen in das Grundbuch); der Verwalter hat daher auch die Pflicht, die Protokolle aufzubewahren (→Aufbewahrung von Verwaltungsunterlagen). Der Wohnungseigentümer oder dessen Bevollmächtigter haben das Recht, in diese Unterlagen Einsicht zu nehmen, §24 Abs. 6 S. 3 WEG (→Einsichtsrecht). Tonbandmitschnitte durch Wohnungseigentümer sind i.d.R. unzulässig (→Tonbandaufzeichnung).
- Den technischen Ablauf der Versammlung regelt die →Geschäftsordnung, welche der Vorsitzende bestimmt und über welche die Eigentümer Beschluss fassen können.

4. Versammlung der faktischen Wohnungseigentümer

Veräußert der Bauträger Wohnungseigentum, so wird ein Erwerber zum faktischen oder werdenden Wohnungseigentümer, sobald sich seine Rechtsstellung der eines Wohnungseigentümers weitgehend angenähert hat und er in die Wohnungseigentümergemeinschaft tatsächlich eingegliedert ist, ohne dass er als Wohnungseigentümer im Grundbuch eingetragen ist, wenn zu diesem Zeitpunkt die Wohnungseigentümergemeinschaft rechtlich noch nicht entstanden ist (→faktische Wohnungseigentümergemeinschaft). Aus der Anerkennung der werdenden Wohnungseigentümer folgt auch deren Recht, eine Wohnungseigentümerversammlung durchzuführen und dort Mehrheitsbeschlüsse zu fassen.

5. Einmann-Versammlung

Eine Einmann-Versammlung, an der nur ein Wohnungseigentümer teilnimmt, ist rechtlich ohne weiteres bei Vorliegen der formellen Voraussetzungen – insbesondere der Beschlussfähigkeit – geeignet, Beschlüsse zu fassen (BayObLG WE 1996, 197f). Während die Einmann-Versammlung in Anwesenheit des Verwalters nach den üblichen Regularien durchgeführt werden kann (Röll MittBayNot 1996, 358, 359), gelten Besonderheiten, wenn der einzige erschienene Wohnungseigentümer zugleich Verwalter ist oder in Abwesenheit des Verwalters zwangsläufig die Versammlungsleitung übernimmt. In diesem Fall entfällt mangels weiterer Teilnehmer die Empfangsbedürftigkeit der Stimmabgabe. Unverzichtbar ist dann nach h. M. die Kundgabe der Stimmabgabe in der Wohnungseigentümerversammlung, z.B. durch schriftliche Niederlegung der Abstimmung oder durch vorläufige Aufzeichnung auf einem Ton- oder Datenträger oder durch Diktat, soweit ein Protokollführer anwesend ist (BayObLG WE 1996, 197f), schon um die Stimmabgabe des einzelnen Wohnungseigentümers von dem Beschluss der Wohnungseigentümergemeinschaft unterscheiden zu können; diese Auffassung steht im Widerspruch zu dem Grundsatz, dass die Niederschrift keine Voraussetzung für die Gültigkeit eines Beschlusses ist und keine konstitutive Wirkung hat (→ Niederschrift), so dass zwar die von dem betreffenden Wohnungseigentümer im Streitfall zu beweisende Kundgabe der Stimmabgabe in der Wohnungseigentümerversammlung erforderlich ist, nicht aber deren sofortige Protokollierung (Röll MittBayNot 1996, 358f).

Ein späteres Diktat außerhalb der Wohnungseigentümerversammlung kann ohne vorherige Kundgabe der Stimmabgabe die ordnungsmäßige Beschlussfassung in der Wohnungseigentümerversammlung nicht ersetzen, zumal da die Feststellung des Beschlussergebnisses Voraussetzung für das Zustandekommen eines → Mehrheitsbeschlusses ist und es gerade in einer Ein-Mann-Versammlung von besonderer Bedeutung ist, für klare Verhältnisse zu sorgen. Der allein erschienene Wohnungseigentümer kann insbesondere die Beschlussfassung und damit den Eintritt der Bindungswirkung nicht über die Beendigung der Wohnungseigentümerversammlung hinaus in der Schwebe lassen (BayObLG WE 1996, 197, 199).

Das Erscheinen eines einzigen Wohnungseigentümers in der Wohnungseigentümerversammlung ist nicht gleichzusetzen mit der Befugnis eines Wohnungseigentümers zur Ausübung aller Stimmrechte, die eine jederzeitige schriftliche Beschlussfassung gem. § 23 Abs. 3 WEG zulässt (BayObLG WE 1996, 197f).

Von der zulässigen „Ein-Mann-Versammlung" ist zu unterscheiden, dass der teilende Alleineigentümer vor Entstehen einer Eigentümergemeinschaft in Form von „Ein-Mann-Beschlüssen" Regelungen für die künftigen Wohnungseigentümer trifft; derartige Ein-Mann-Beschlüsse sind als Nichtbeschlüsse unbeachtlich (BayObLG NZM 2003, 317f; OLG Frankfurt OLGZ 1988, 439; Staudinger/Bub § 23 RN 93). Dem teilenden Eigentümer steht die Befugnis zur Änderung der Teilungserklärung bis zum Entstehen der faktischen Eigentümergemeinschaft zu; es besteht kein Bedarf für die Anerkennung von „Versammlungen" des teilenden Eigentümers. Auch gebietet es der Schutz der Erwerber, dass sich ihr Rechtsverhältnis untereinander allein nach den Bestimmungen der Teilungserklärung, nicht nach nicht im Grundbuch verlautbarten „Beschlüssen" regelt.

6. Kosten

Die mit der sachgerechten Durchführung einer Wohnungseigentümerversammlung notwendigerweise verbundenen Kosten, z.B. die Saalmiete oder die Miete für eine Lautsprecheranlage, sind Aufwendungen, die dem Verwalter von der Wohnungseigentümergemeinschaft gem. §§ 675, 670 BGB zu erstatten sind und die gem. § 16 Abs. 2 WEG als Kosten der sonstigen Verwaltung von den Wohnungseigentümern zu tragen sind, es sei denn, dass im Verwaltervertrag vereinbart ist, dass der Verwalter diese Kosten zu tragen hat (BayObLG DWE 1983, 124). Da in aller Regel für die Gebrauchsüberlassung eines Saales zur Durchführung von Wohnungseigentümerversammlungen ein Entgelt gefordert wird, sind Aufwendungen des Verwalters hierfür auch dem Grunde nach gerechtfertigt (AG Köln DWE 1980, 23).

Die Durchführung von Eigentümerversammlungen gehört zu den gesetzlichen Aufgaben des Verwalters, er erhält deshalb hierfür eine besondere Vergütung nur dann, wenn dies ausdrücklich vereinbart ist (LG Hamburg DWE 1988, 14). Verwalter und Wohnungseigentümer sollten im →Verwaltervertrag vereinbaren, ob und welche Vergütungen der Verwalter (→Vergütung des Verwalters) für außerordentliche Eigentümerversammlungen erhält.

▶ **Wohnungseigentum**

Wohnungseigentum besteht gem. §§ 1 Abs. 2, 6 Abs. 1 WEG in der untrennbaren Verbindung des Alleineigentums an einer Wohnung (→Sondereigentum) mit dem ideellen Miteigentumsanteil am →gemeinschaftlichen Eigentum, zu dem es gehört (BGHZ 91, 345). Bei →Mehrhausanlagen kann Wohnungseigentum auch an sämtlichen Räumen eines Hauses begründet werden (BGHZ 50, 56).

Wohnungseigentum ist rechtlich echtes Eigentum, nämlich eine Verbindung von Alleineigentum i. S. d. §§ 903 ff BGB an den im Sondereigentum befindlichen Räumen mit einem sachenrechtlich besonders ausgestalteten Miteigentum nach Bruchteilen i. S. d. §§ 1008 ff BGB am gemeinschaftlichen Eigentum sowie – in gesamthänderischer Bindung mit den übrigen Wohnungseigentümern (→Wohnungseigentümergemeinschaft) – Eigentum am →Verwaltungsvermögen, das durch die Sondereigentumsrechte der anderen Miteigentümer beschränkt ist, vgl. § 3 Abs. 1 WEG. Es ist kein grundstücksgleiches Recht (BayObLG NJW-RR 1988, 592), kann aber herrschendes Grundstück für subjektiv dingliche Rechte sein (BGHZ 100, 289).

Wohnungseigentum unterscheidet sich von →Teileigentum lediglich durch die Zweckbestimmung der im Sondereigentum stehenden Räume. Sind diese baulich als abgeschlossene Wohnung i. S. des WEG ausgestaltet (→Abgeschlossenheit) und zu Wohnzwecken nach der Teilungserklärung bestimmt, so handelt es sich unabhängig von der tatsächlichen Nutzung um Wohnungseigentum (BayObLGZ 1973, 1). Dienen die im Sondereigentum stehenden Räume teils Wohn-, teils anderen Zwecken, z.B. bei einem Wohnbüro, so liegt sowohl Wohnungs- als auch Teileigentum vor, wenn nicht einer der Zwecke deutlich überwiegt (→ Teileigentum). Wird Wohnungseigentum im Grundbuch eingetragen, so kommt es auf die Frage, ob die wohnungseigentumsrechtlichen Voraussetzungen einer Wohnung (→ Abgeschlossenheit) tatsächlich vorliegen, nicht mehr an.

Wird Teileigentum, etwa ein Speicher, als Wohnungseigentum verkauft und können andere Wohnungseigentümer die Nutzung der erworbenen Räume zu Wohnzwecken unter Berufung auf die Teilungserklärung untersagen, ist das Kaufobjekt mit einem → Rechtsmangel behaftet (BGH NZM 2003, 977; OLG Düsseldorf NZM 1998, 160). Zur Umwandlung in Wohnungseigentum ist die Zustimmung aller Wohnungseigentümer und die Eintragung in das Grundbuch erforderlich (→ Umwandlung von Wohnungseigentum in Teileigentum und von Teileigentum in Wohnungseigentum).

Jeder Wohnungseigentümer kann, soweit nicht das Gesetz oder Rechte Dritter entgegenstehen, mit den im Sondereigentum stehenden Gebäudeteilen entsprechend § 903 BGB nach Belieben verfahren, insbesondere diese bewohnen, vermieten (→ Vermietung von Wohnungseigentum), verpachten oder in sonstiger Weise nutzen und andere von Einwirkungen ausschließen, § 13 Abs. 1 WEG. Beschränkungen für Gebrauch und Verfügung ergeben sich aus den Pflichten als Wohnungseigentümer, § 14 WEG, Vereinbarungen, § 10 WEG, vereinbarten oder beschlossenen Gebrauchsregelungen, § 15 WEG, dem Nachbarrecht, §§ 904 ff BGB und der Sozialpflichtigkeit des Eigentums, Art. 14 GG.

Jeder Wohnungseigentümer kann über sein Wohnungseigentum frei verfügen, insbesondere dieses an Dritte veräußern, sofern nicht eine Zustimmungpflicht nach § 12 WEG vereinbart ist (→ Zustimmung zur Veräußerung des Wohnungseigentums). Ist der Wohnungseigentümer verheiratet und lebt in Zugewinngemeinschaft, ist zur Veräußerung die Zustimmung seines Ehegatten erforderlich, sofern das Wohnungseigentum sein wesentliches Vermögen darstellt (→ Ehegattenzustimmung zur Veräußerung).

Aus dem Wohnungseigentum folgen die Ansprüche der Wohnungseigentümer auf Herausgabe der im Sondereigentum befindlichen Räume gegen den unberechtigten Besitzer gem. § 985 BGB und auf Beseitigung (→ Beseitigungsanspruch) und Unterlassung (→ Unterlassungsanspruch) von Beeinträchtigungen des gemeinschaftlichen Eigentums in anderer Weise gem. § 1004 BGB (→ Störungen und Beeinträchtigungen des Eigentums).

Eine Wohnung kann grundsätzlich auch zu beruflichen oder gewerblichen Zwecken genutzt werden, wenn hiervon keine über die Wohnnutzung hinausgehenden Beeinträchtigungen ausgehen (→ Geschäftsraum, Gewerberaum), z.B. als → Arzt- und → Pychotherapiepraxis, → Architekturbüro, → Steuerberater-, → Wirtschaftsprüferkanzlei bei eingeschränktem Parteiverkehr oder → Massageinstitut im Erdgeschoss. Unberührt hiervon bleibt die Frage, ob die jeweilige Nutzung als Zweckentfremdung behördlich zu genehmigen ist.

Unzulässig ist hingegen die Nutzung einer Wohnung als → Blumenladen, Bordell (→ Prostitution), → Friseursalon in einer kleinen Wohnanlage, → Ballettinstitut, → Vereinsheim zur Betreuung von Jugendlichen, → Musik- und Volkshochschule oder als → Laden.

▶ Wohnungseigentumssachen, Verfahren

Für Wohnungseigentumssachen gilt das Verfahren der freiwilligen Gerichtsbarkeit. Die freiwillige Gerichtsbarkeit bildet den Gegensatz zur streitigen Gerichtsbarkeit, zu der z.B. der Zivilprozess zählt. Die freiwillige Gerichtsbarkeit bezeichnet man auch als vorsorgende Rechtspflege. Ihr Wesen besteht in der Sicherung und Gestaltung von Rechtsverhältnissen und Rechtsbeziehungen. Da sich bei Wohnungseigentumssachen i.d.R. Beteiligte mit gegensätzlichen Auffassungen gegenüberstehen – Ausnahme: Verwalterbestellung durch das Gericht (BayObLG WE 1989, 132) –, spricht man von echten Streitsachen der freiwilligen Gerichtsbarkeit (BGHZ 106, 373).

1. Zuständigkeit

Das Amtsgericht, in dessen Bezirk das Grundstück der Eigentumswohnanlage liegt, entscheidet als ausschließlich – die Zuständigkeit eines anderen Gerichts kann deshalb nicht vereinbart werden (BayObLGZ 1968, 240) – örtlich, sachlich und funktionell ausschließlich zuständiges Gericht (BGHZ 68, 233).

a) Rechte und Pflichten der Wohnungseigentümer

Das Amtsgericht entscheidet gem. §43 Abs.1 Nr.1 WEG auf Antrag eines Wohnungseigentümers über die sich aus der Gemeinschaft der Wohnungseigentümer und aus der Verwaltung des gemeinschaftlichen Eigentums ergebenden Rechte und Pflichten der Wohnungseigentümer untereinander. Maßgeblich ist der innere Zusammenhang mit Gemeinschaftsangelegenheiten (BGH NJW 1995, 2851; BayObLG NZM 2002, 460f). Ausgenommen sind die Ansprüche im Falle der Aufhebung der Gemeinschaft nach §17 WEG sowie auf Entziehung des Wohnungseigentums nach §§18, 19 WEG.

Hierzu zählen Streitigkeiten z.B. über Beitragsansprüche (BayObLGZ 1979, 58) und Ansprüche aus beschlossenen Abrechnungen (BGHZ 104, 199), über →Aufwendungsersatzansprüche eines Wohnungseigentümers (OLG Frankfurt OLGZ 1984, 148) oder Ausgleichsansprüche gem. §16 Abs.2 WEG bzw. §426 BGB (OLG Köln NJW-RR 1995, 910), über die Wirksamkeit und Auslegung von Vereinbarungen der Wohnungseigentümer oder der Anspruch auf Zustimmung zu einer Änderung der Gemeinschaftsordnung (BayObLG NJW-RR 1995, 529), über die Art und Weise der Nutzung des gemeinschaftlichen Eigentums, etwa die Benutzung der Fassade zu Reklamezwecken (BayObLG NJW 1964, 47; →Werbe- und Reklameeinrichtungen), über die Beseitigung baulicher Änderungen (BGHZ 116, 392ff), über das Bestehen eines →Sondernutzungsrechts (BGHZ 109, 396), über die →Umwandlung von Gemeinschaftseigentum in Sondereigentum aufgrund eines Anspruchs aus dem Gemeinschaftsverhältnis (BayObLGZ 1998, 111; a.A. KG NZM 1998, 581) sowie über die Benutzung des Sondereigentums, etwa bei Lärmstörungen oder nicht erlaubter gewerblicher Nutzung.

Im Zivilprozess hingegen sind zu entscheiden z.B. ein Streit aus der Veräußerung von Wohnungseigentum, selbst wenn der Veräußerer Wohnungseigentümer bleibt (BGHZ 62, 388; BayObLG NZM 2002, 460f), aus Streit vor Begründung von Wohnungseigentum (BayObLG ZWE 2001, 74), etwa zwischen den Mitgliedern einer Bauherrengemeinschaft (OLG Karlsruhe ZMR 2000, 56), die Begründung von Sondereigentum und dessen Grenzen zum Gemeinschaftseigentum (BGHZ 130, 159; OLG Bremen DWE 1987, 59), ein Prozess gegen den persönlich haftenden Gesellschafter einer KG, die Inhaber eines Wohnungseigentums ist (BayObLG WuM 1989, 99) sowie ein Streit wegen eines zwischen einzelnen Miteigentümern vereinbarten Konkurrenzverbots (BGH NJW-RR 1986, 1356) oder ein Streit über Beleidigungen (BayObLG WuM 1989, 266; str.), Streit zwischen Mitberechtigten eines Wohnungseigentums (BGH NJW-RR 1995, 588), zwischen einem Wohnungseigentümer und einem Mieter, dem Mieter einer anderen Eigentumswohnung (OLG Karlsruhe NJW-RR 1994, 146) oder Dritten (OLG Zweibrücken NZM 2002, 391).

b) Rechte und Pflichten des Verwalters

Das Amtsgericht entscheidet gem. § 43 Abs. 1 Nr. 2 WEG auf Antrag eines Wohnungseigentümers oder des Verwalters über die Rechte und Pflichten des Verwalters bei der Verwaltung des gemeinschaftlichen Eigentums.

Hierzu zählen alle Streitigkeiten zwischen den Wohnungseigentümern und dem Verwalter, sofern ein innerer Zusammenhang mit der Verwaltung des gemeinschaftlichen Eigentums (OLG Stuttgart ZMR 1986, 370) besteht, z.B. Streit über Schadensersatzansprüche gegen den Verwalter (BGHZ 106, 224), über die Vergütung des Verwalters (BGHZ 78, 57), Einsichtsgewährung (BayObLGZ 1972, 146; → Einsichtsrecht), die Wirksamkeit von Verwalterbestellung und Verwaltervertrag (KG OLGZ 1976, 266; → Bestellung des Verwalter; → Verwaltervertrag) sowie der Antrag auf → Abberufung durch das Gericht (OLG Düsseldorf ZMR 1994, 521). Dabei ist es ohne Bedeutung, ob die Anspruchsgrundlage ein Vertrag oder eine unerlaubte Handlung ist und ob der Verwalter bereits abberufen ist (BGHZ 78, 57; BayObLG ZWE 2001, 431). Für Streitigkeiten im Zusammenhang mit der Verwaltung des Sondereigentums, z.B. im Zusammenhang mit der Herausgabe inkassierter Mieten (BayObLGZ 1989, 308; DWE 1995, 118; OLG Köln WE 1996, 75f), oder für Ansprüche des Verwalters auf Unterlassung oder Widerruf ehrverletzender Äußerungen eines Wohnungseigentümers (BayObLG WE 1990, 131; OLG Düsseldorf ZWE 2001, 164) ist das ordentliche Gericht zuständig (str.); das Wohnungseigentumsgericht ist auch für Ansprüche gegen den ausgeschiedenen Verwalter (BayObLG NJW-RR 1994, 856) oder gegen einen persönlich haftenden Gesellschafter des ausgeschiedenen Verwalters zuständig (BayObLG WE 1988, 36).

c) Bestellung eines Notverwalters

Das Amtsgericht entscheidet gem. § 43 Abs. 1 Nr. 3 WEG auf Antrag eines Wohnungseigentümers oder Dritten über die Bestellung eines Verwalters in dringenden Fällen, § 26 Abs. 3 WEG (→ Notverwalter); materiellrechtlich ist Voraussetzung, dass der bisherige Verwalter nach § 21 Abs. 4 WEG vom Gericht auf Antrag aus wichtigem Grund abzuberufen ist, weil die Mehrheit der Eigentümer hierzu nicht bereit ist (OLG Düsseldorf WuM 1997, 67), oder dass ein Verwalter fehlt und ein dringender Fall vorliegt.

d) Gültigkeit von Mehrheitsbeschlüssen

Das Amtsgericht entscheidet gem. § 43 Abs. 1 Nr. 4 WEG auf Antrag eines Wohnungseigentümers oder des Verwalters über die Gültigkeit von Beschlüssen der Wohnungseigentümer (→ Anfechtbarkeit und Anfechtung eines Beschlusses); hierunter fallen auch Anträge auf Feststellung der Nichtigkeit oder Gültigkeit (BayObLG FGPrax 1996, 53; OLG Hamm OLGZ 1979, 296) oder des Inhalts eines Beschlusses, z.B. mit der Behauptung, ein Beschluss sei unrichtig protokolliert worden (OLG Hamm DWE 1985, 127; OLG Köln OLGZ 1979, 284).

2. Abgabe des Rechtsstreits

Wird ein solcher Antrag an das Prozessgericht gerichtet, so ist dieser gem. § 46 Abs. 1 WEG von Amts wegen an das Amtsgericht, Abt. für Wohnungseigentumssachen, abzugeben. Das Gericht ist entsprechend § 17a Abs. 2 GVG an einen solchen Abgabebeschluss gebunden, wenn der Abgabebeschluss nicht jeder rechtlichen Grundlage entbehrt (BGHZ 130, 159; BayObLG WE 1999, 196 f; OLG Köln NZM 1999, 319; OLG Stuttgart WE 1997,

316f). Der Abgabebeschluss kann gem. § 567 ZPO mit der sofortigen Beschwerde angefochten werden (BGHZ 106, 34; 130, 159; BayObLG WE 1998, 509f). Entsprechend § 17a Abs. 5 GVG prüft das Rechtsmittelgericht nicht, ob das Wohnungseigentumsgericht oder das Prozessgericht zuständig ist.

Wird ein Antrag an das Amtsgericht, Abt. für Wohnungseigentumssachen gerichtet, für den das Prozessgericht zuständig ist, so hat es diesen von Amts wegen in entsprechender Anwendung des § 46 Abs. 1 WEG – also ohne Abgabeantrag des Antragstellers – an das Prozessgericht abzugeben (BGHZ 106, 40); im Beschluss ist das zuständige Prozessgericht genau zu bezeichnen (BGHZ 106, 41). Gegen diesen Beschluss ist die sofortige Beschwerde gem. §§ 17a Abs. 4 S. 3 GVG, 567 ZPO statthaft (BGH NJW 2002, 3709; BayObLG NZM 1998, 515; ZMR 2003, 853). Ein Abgabebeschluss des Landgerichts unterliegt der sofortigen weiteren Beschwerde (BGHZ 106, 35). Ein formell rechtskräftiger Abgabebeschluss ist für das Prozessgericht bindend, soweit er nicht willkürlich ist (BayObLG ZMR 2003, 853).

Hat das angegangene Gericht über seine Zuständigkeit vorab entschieden, so hat das Rechtsmittelgericht in der Hauptsache die Frage nicht mehr zu prüfen (KG ZMR 1992, 119).

3. Antrag

Das Verfahren in Wohnungseigentumssachen wird stets durch einen schriftlichen – auch durch Telefax (BGH FamRZ 1999, 21) – oder zu Protokoll der Geschäftsstelle erklärten Antrag eingeleitet. Das Fehlen einer Unterschrift schadet nicht, wenn die Identität des Antragstellers zweifelsfrei feststeht (BayObLG NZM 1999, 424; OLG Hamm NJW-RR 2003, 1232). Der Antrag muss weder eine Begründung noch die Bezeichnung aller Beteiligten enthalten; dies kann nachgeholt werden (KG WuM 1986, 157). Ein Anfechtungsantrag muss den angefochtenen Beschluss nach Inhalt oder Nummer der Tagesordnung konkret bezeichnen (OLG Zweibrücken NJW-RR 1995, 397f). Wer den TOP nicht nach seiner Nummer benennt, muss jedenfalls den Gegenstand schlagwortartig benennen. Wer ohne eine solche Kurzbezeichnung des Themas anficht, muss innerhalb der Frist des § 23 Abs. 4 WEG klarstellen, welcher Beschluss gemeint ist, und kann nach Ablauf der Frist keine weiteren Beschlüsse mehr einbeziehen (→ Anfechtbarkeit und Anfechtung eines Beschlusses). Bei allen anderen Anträgen ist das Gericht nicht an deren Wortlaut gebunden, sondern muss den Willen des Antragstellers, ggf. durch Befragen erforschen, um im Rahmen des wirklich Gewollten eine sachgerechte und vollstreckungsfähige Entscheidung treffen zu können (BayObLG ZMR 1999, 846f; OLG Frankfurt OLGZ 1980, 76). Über den ausdrücklich erklärten Willen des Antragstellers darf sich das Gericht aber nicht hinwegsetzen, da er aufgrund der Dispositionsmaxime bestimmen kann, welches Begehren er durchsetzen will.

Neue oder zusätzliche Anträge können nur in den Tatsacheninstanzen, nicht mehr im Rechtsbeschwerdeverfahren gestellt werden (OLG Zweibrücken WE 1988, 59); für Antragsänderungen (Änderung, Ergänzung, Erweiterung, Beschränkung) sind die §§ 263, 264 ZPO entsprechend anzuwenden (BayObLG ZMR 1999, 422; OLG Düsseldorf WuM 1999, 428).

Verfahrensvoraussetzung ist ein Antragsrecht des Antragstellers, bei dessen Fehlen der Antrag als unzulässig zurückzuweisen ist (BGHZ 106, 222, 224). Das Antragsrecht kann sich aus dem Gesetz, insbesondere dem WEG, oder aus der materiellen Beteiligung gem. § 43 Abs. 4 WEG und einem (eigenen) materiellen Recht des Antragstellers ergeben, aber auch aus einer gewillkürten Prozessstandschaft in entsprechender Anwendung der für den Zivilprozess geltenden Grundsätze. Es steht jedem – auch dem werdenden, u. U. auch dem ausgeschiedenen – Wohnungseigentümer, dem Erwerber ab seiner Eintragung in das Grundbuch, dem Verwalter sowie dem Insolvenz- und dem Zwangsverwalter zu (→ Beteiligte).

Das Antragsrecht kann durch Vereinbarung dahingehend eingeschränkt werden, dass vor Anrufung des Gerichts ein wohnungseigentümerinternes Vorverfahren oder ein Schiedsverfahren durchzuführen ist (→ Schiedsverfahren, Schlichtungsabrede).

4. Verfahren

a) Anzuwendende Vorschriften

Für das Verfahren gelten gem. §43 Abs.3 WEG zunächst die besonderen Verfahrensgrundsätze der §§44–50 WEG, ergänzend in erster Linie die Vorschriften des FGG (BGH Rpfleger 1985, 24), danach die Vorschriften der ZPO, weil die Interessenlage der sich als Parteien gegenüberstehenden Beteiligten die gleiche ist wie im Zivilprozess (BGHZ 71, 314). Entsprechend §269 ZPO kann daher ein Antrag oder eine Beschwerde ab Beginn der mündlichen Verhandlung nur mit Einwilligung des Gegners zurückgenommen werden (a.A. BayObLG WE 1990, 214; KG WE 1988, 62). In analoger Anwendung der ZPO sind auch ein der Widerklage entsprechender Gegenantrag (BayObLGZ 1987, 50; KG OLGZ 1991, 190), jedoch nicht mehr in der Rechtsbeschwerdeinstanz (BayObLG WuM 1985, 31), Beteiligtenwechsel und -erweiterung entsprechend §263 ZPO (BayObLG NJW-RR 1995, 652f) und eine Trennung verschiedener Anträge gem. §145 ZPO (BayObLG DWE 1982, 136) sowie Zwischen- (KG NJW-RR 1989, 143; OLG Celle NJW-RR 1989, 143), Grund- (OLG Köln NZM 1999, 858) und Teilentscheidungen (OLG Zweibrücken NZM 1999, 858) zulässig, nicht aber Anerkenntnis- (BayObLG WE 1989, 209) und Versäumnisentscheidungen oder ein Urkundsverfahren.

b) Amtsermittlung

Von besonderer Bedeutung für das Verfahren ist der anzuwendende Grundsatz der Amtsermittlung gem. §12 FGG. Das Gericht muss von sich aus ohne Bindung an die Behauptungen und Beweisanträge die entscheidungserheblichen Tatsachen erforschen und Beweis erheben, auch wenn die Beteiligten nur unsubstantiiert und pauschal vortragen (BayObLG ZWE 2001, 71 z. den Verfahrensvoraussetzungen; ZWE 2001, 213; OLG Düsseldorf WE 1996, 424; OLG Köln WuM 1995, 343), z.B. bei der Anfechtung eines die Jahresabrechnung genehmigenden Beschlusses vollständige Feststellungen zu den beanstandeten Posten zu treffen, um den Beteiligten die Berichtigung von Fehlern zu ermöglichen

(KG WuM 1986, 154). Die Beteiligten sind nach dem Beibringungsgrundsatz gehalten, durch Tatsachenvorbringen und Angabe geeigneter Beweismittel zur Aufklärung des Sachverhalts und zur Entscheidungsfindung beizutragen (BayObLG WE 1991, 166). Unwidersprochener Sachvortrag eines Beteiligten kann von weiteren Ermittlungen entbinden (BayObLG WE 1989, 58; OLG Karlsruhe WE 1980, 81). Die Aufklärungspflicht des Gerichts endet, wo ein Beteiligter es allein oder hauptsächlich in der Hand hat, Tatsachen und Beweise für eine ihm günstige Entscheidung beizubringen (BGH NJW 2001, 1212; BayObLG ZfIR 1999, 596 NZM 2002, 616), insbesondere bei Vorgängen aus seinem unmittelbaren Lebensbereich (BayObLG ZWE 2001, 102).

Äußert sich ein Beteiligter nicht zum Vortrag des Gegners, kann das Gericht allein das bisherige schlüssige, unstreitige sowie glaubhafte Vorbringen (BayObLG WE 1996, 472f) seiner Entscheidung zugrunde legen. Äußert er sich nur unsubstantiiert oder bestehen Bedenken an der Zulässigkeit oder Schlüssigkeit eines Antrags, muss das Gericht hierauf hinweisen (BayObLG ZMR 1999, 119; OLG Köln WuM 1995, 343). Das Gericht kann seine Ermittlungen einstellen, wenn weitere Ergebnisse nicht zu erwarten sind (BGHZ 40, 54). Können entscheidungserhebliche Tatsachen nicht festgestellt werden, so richtet sich die Entscheidung nach den Regeln der objektiven oder materiellen Beweislast (BayObLGZ 1985, 68).

c) Verfahrensgrundsätze

Wer an einem Wohnungseigentumsverfahren zu beteiligen ist, ergibt sich aus § 43 Abs. 4 WEG (vgl. → Beteiligte). Die Verhandlung ist öffentlich gem. Art. 6 Abs. 1 S. 1 EMRK (BGHZ 124, 204, 208; BayObLGZ 1988, 436; OLG Düsseldorf WE 1995, 278). Da die Öffentlichkeit der Verhandlung ein gerichtsverfassungsrechtlicher Grundsatz ist, auf dessen Einhaltung die Parteien nicht verzichten können, führt ein Verstoß nur dann nicht zur Aufhebung der Entscheidung, wenn der Verfahrensfehler durch das nachfolgende schriftliche Verfahren überholt wird (BayObLG ZMR 1999, 349f). Im Beschwerdeverfahren muss die Verhandlung bei dem Landgericht vor der vollbesetzten Kammer erfolgen

(→ Beschwerde, sofortige und sofortige weitere). Zu beachten ist ferner das Grundrecht auf → rechtliches Gehör.

Der Richter soll mit den Beteiligten i.d.R. mündlich verhandeln, um gem. § 44 Abs. 1 WEG auf eine gütliche Einigung hinzuwirken und den Sachverhalt aufzuklären, es sei denn, dass die Beteiligten – etwa bei Rechtsfragen – hierauf verzichten (BGH NJW 1998, 3713). Kommt eine Einigung zustande, so schließen die Parteien einen → Vergleich. Der Richter kann gem. § 44 Abs. 3 WEG für die Dauer des Verfahrens → einstweilige Anordnungen treffen, die nicht selbständig angefochten werden können.

d) Unterbrechung, Aussetzung, Ruhen des Verfahrens

In entsprechender Anwendung der §§ 239 ff ZPO kann das Verfahren unterbrochen werden, insbesondere bei Tod, § 239 ZPO, oder Verlust der Verfahrens-/Prozessfähigkeit einer Partei, § 241 ZPO, sofern die Partei nicht durch einen Verfahrensbevollmächtigten vertreten wird und das Verfahren ein subjektives Recht der Partei zum Gegenstand hat (BayObLGZ 1973, 307 f). Ein Beschlussanfechtungsverfahren wird deshalb nicht unterbrochen. Das Verfahren wird außerdem durch die Eröffnung des Insolvenzverfahrens über das Vermögen einer Partei unterbrochen (→ Insolvenz des Bauunternehmers, → Insolvenz eines Wohnungseigentümers), wenn das Verfahren die Insolvenzmasse betrifft, § 240 ZPO. Entsprechend § 240 S. 2 ZPO wird ein Verfahren auch unterbrochen, wenn die Verwaltungs- und Verfügungsbefugnis über das Vermögen einer Partei auf einen vorläufigen Insolvenzverwalter gem. § 22 Abs. 1 InsO übergangen ist (BGH ZIP 1999, 1314).

Die Aussetzung des Verfahrens ist möglich nach §§ 246, 247 ZPO, aber auch nach §§ 148, 149 ZPO und § 46 Abs. 2 WEG. Diese Norm regelt ihrem Wortlaut nach die Aussetzung eines Verfahrens vor dem Prozessgericht bei Vorgreiflichkeit einer Wohnungseigentumssache, findet aber auf den umgekehrten Fall der Aussetzung durch das Wohnungseigentumsgericht bis zur Entscheidung einer Vorfrage durch das Prozessgericht entsprechende Anwendung. Ist z.B. die Notwendigkeit einer Balkonsanierung oder die Grenze zwischen laufender Instandhaltung und baulicher Veränderung streitig, so kann das Wohnungseigentumsverfahren bis zur Entscheidung eines gegen den Bauträger laufenden Prozesses ausgesetzt werden (Staudinger/Wenzel § 46 RN 22).

In entsprechender Anwendung des § 148 ZPO (BayObLG WE 1995, 346 f; WE 1996, 239 f; ZfIR 1999, 196 f) ist eine Aussetzung möglich, wenn die für das auszusetzende Verfahren rechtlich bedeutsame (OLG Köln WE 1989, 142) Vorfrage Gegenstand eines anderen Wohnungseigentumsverfahrens ist. Ist allerdings der Streitgegenstand, wie z.B. bei der Anfechtung desselben Beschlusses durch verschiedene Wohnungseigentümer, identisch, kommt eine Aussetzung nicht in Betracht, die Verfahren sind vielmehr notwendigerweise zu verbinden. Bei inhaltsgleichen, wiederholenden Beschlüssen kann das Verfahren über die Anfechtung des Zweitbeschlusses nur dann bis zur Entscheidung über die Anfechtung des Erstbeschlusses ausgesetzt werden, wenn die Anfechtung des Zweitbeschlusses zulässig ist, ihr insbesondere nicht das Rechtsschutzbedürfnis fehlt. Denkbar ist aber auch, das Verfahren über die Anfechtung des ursprünglichen Beschlusses bis zur Entscheidung über die Gültigkeit des neuen Beschlusses auszusetzen (BGHZ 106, 113, 116 f). Eine Aussetzung des Beitragszahlungsverfahrens bis zur Entscheidung über die Anfechtung des dem Anspruch zugrunde liegenden Eigentümerbeschlusses über den Wirtschaftsplan kommt i.d.R nicht in Betracht (→ Beiträge, Beitragsvorschüsse).

Die Aussetzung ist in jeder Lage des Verfahrens möglich, auch in der Rechtsbeschwerde- bzw. Revisionsinstanz. Gegen die Anordnung der Aussetzung findet die einfache Beschwerde, §§ 19, 20 FGG, und gegen die Ablehnung die sofortige Beschwerde, § 22 FGG, statt. Eine weitere Beschwerde ist nicht zulässig. Hat das Landgericht entschieden, ist die Beschwerde nur gegen die Ablehnung der Aussetzung statthaft, § 567 Abs. 1 Nr. 2 ZPO.

Das Gericht kann entsprechend § 251 ZPO das Ruhen des Verfahrens anordnen, wenn der Antragsteller und der Antragsgegner dies beantragen und anzunehmen ist, dass dies wegen Schwebens außergerichtlicher Vergleichsverhandlungen oder aus sonstigen wichtigen Gründen zweckmäßig ist (BayObLG ZMR 1999, 491).

e) Verfahrensverbindung

Eine förmliche Verbindung mehrerer Verfahren ist möglich, wenn die geltend gemachten Ansprüche in rechtlichem Zusammenhang stehen oder mit einem Antrag hätten geltend gemacht werden können. Verbunden werden können z.B. mehrere Anfechtungsanträge, die denselben Beschlussgegenstand betreffen (Belz PiG 54, 231, 236), ferner die Anfechtung eines Beschlusses und der Antrag auf eine Gebrauchsregelung nach § 15 Abs. 3 WEG oder die Anträge verschiedener Eigentümer auf Bestellung eines Verwalters (BayObLG WE 1989, 182), desgleichen verschiedene Beitragsverfahren gegen denselben Eigentümer für unterschiedliche Zeiträume. Die Verbindung anzuordnen, liegt im pflichtgemäßen Ermessen des Gerichts.

Betreffen die Verfahren – wie bei der getrennten Anfechtung desselben Versammlungsbeschlusses durch mehrere Eigentümer – denselben Verfahrensgegenstand, müssen die Verfahren – in den jeweiligen Instanzen – verbunden werden (notwendige Verbindung; vgl KG WE 1993, 52; LG Frankfurt NJW-RR 1987, 1423f). Hat die 1. Instanz die Anfechtungsverfahren gesondert durchgeführt, sind in 2. Instanz sowohl die verschiedenen Rechtsmittelverfahren als auch rückwirkend die Anfechtungsverfahren 1. Instanz zu verbinden (Staudinger/Wenzel § 44 RN 5). Werden die Anfechtungsverfahren fehlerhaft nicht verbunden, so tritt in den weiteren Verfahren Erledigung der Hauptsache ein, wenn in einem Verfahren der Antrag auf Ungültigerklärung rechtskräftig zurückgewiesen wird und die übrigen anfechtenden Wohnungseigentümer an diesem Verfahren förmlich beteiligt waren (BayObLG NZM 2003, 644; → Beteiligte).

f) Erledigung der Hauptsache

Die Hauptsache ist erledigt, wenn der Verfahrensgegenstand nach Anhängigkeit des Verfahrens (BayObLG NZM 1998, 488; OLG Zweibrücken WE 1996, 260) durch ein Ereignis, das eine Veränderung der Sach- und Rechtslage herbeiführt, fortgefallen ist, so dass für eine Fortführung des Verfahrens das Rechtsschutzbedürfnis fehlt (BayObLG NZM 2001, 1043), etwa wenn während eines Verfahrens über die Anfechtung eines Bestellungs- oder Abberufungsbeschlusses die Bestellungszeit endet (→ Rechtsschutzbedürfnis).

In einem Beitragsverfahren erledigt sich die Hauptsache erst durch die Aufrechnungserklärung, selbst wenn sie bewirkt, dass die Forderungen, soweit sie sich decken, als zu einem Zeitpunkt vor Rechtshängigkeit des Verfahrens erloschen gelten. Wurde aber die Gegenseitigkeit der Aufrechnungsforderungen erst durch eine im Verfahren offen gelegte Abtretung herbeigeführt, entspricht es der Billigkeit, dem aufrechnenden Wohnungseigentümer die Gerichtskosten aufzuerlegen (BayObLG NZM 2001, 1043 z. Kostenentscheidung). Weist die bestandskräftige Jahresabrechnung gegenüber dem Wirtschaftsplan ein Guthaben aus, so erledigt sich das Beitragsverfahren in Höhe des Differenzbetrages (→ Beiträge, Beitragsvorschüsse).

Die Parteien können die Hauptsache übereinstimmend für erledigt erklärt, wobei sich der Antragsgegner der Erledigterklärung des Antragstellers auch konkludent anschließen kann, nicht aber durch bloßes Schweigen (Staudinger/Wenzel § 44 RN 48; a. A. BayObLG ZfIR 1999, 762). Das Gericht an diese Erklärungen gebunden (BayObLG WuM 1996, 500f; WE 1998, 317) und hat ohne weitere Ermittlungen durch eine selbständig anfechtbare, nach Inhalt und Form einer Hauptsacheentscheidung entsprechende Endentscheidung nur noch über die Kosten nach § 47 WEG zu befinden – isolierte → Kostenentscheidung (BayObLG NZM 2002, 623; Staudinger/Wenzel § 44 RN 48). Stellt es dabei außerdem – unnötigerweise – fest, dass die Hauptsache erledigt sei, so hat das nur deklaratorische Bedeutung (BayObLG WuM 1994, 168). Mit der übereinstimmenden Erklärung werden alle vorangegangenen Entscheidungen – mit Ausnahme der Geschäftswertfestsetzungen – wirkungslos (BayObLG WE 1990, 178). Die Protokollerklärungen sind als Verfahrenshandlungen unwiderruflich und nicht anfechtbar (BayObLG WuM 1995, 733; 1996, 500f).

Ob sich die Hauptsache – vollständig oder teilweise – erledigt hat, muss das Gericht in jeder Lage des Verfahrens, d.h. auch noch in der sofortigen weiteren Beschwerde, von Amts wegen prüfen (BayObLG ZWE 2001, 492; OLG Zweibrücken NJW-RR

1993, 148f; Koss JR 1996, 359, 363). Die Prüfung bedarf keiner mündlichen Verhandlung. Nach Erledigung der Hauptsache können keine neuen Sachanträge (BayObLG WuM 1995, 733; WE 1997, 40) oder Gegenanträge (BayObLGZ 1979, 117, 121) mehr gestellt werden.

Im Beschwerdeverfahren führt die Hauptsacheerledigung zur Unzulässigkeit des Rechtsmittels, wenn es nicht auf die Kosten beschränkt wird (BGHZ 86, 393, 395; BayObLG NZM 1999, 320f; OLG Düsseldorf WE 1997, 311f), es sei denn, dass die Vorinstanz die Unzulässigkeit der sofortigen Beschwerde (BGH FamRZ 1978, 396) oder den Eintritt der Erledigung nicht erkannt und eine Entscheidung in der Hauptsache erlassen oder der Beschwerdeführer keine Gelegenheit erhalten hat, sein Rechtsmittel auf die Kosten zu beschränken (BayObLG ZWE 2001, 492f). Ist die Erledigung vor Einlegung des Rechtsmittels eingetreten, ist dieses unzulässig (BayObLG WE 1992, 86; OLG Hamm WE 1996, 33, 35).

War der Antrag ursprünglich zulässig und begründet, hat das Gericht bei einseitiger Erledigterklärung des Antragstellers die Erledigung der Hauptsache durch Beschluss festzustellen (BGHZ 106, 359, 366f). Es handelt sich um eine – mit der sofortigen Beschwerde anfechtbare (BayObLG WE 1999, 154; OLG Hamm WE 1999, 230) – Entscheidung in der Hauptsache mit der Folge, dass die Kostenentscheidung nicht allein angefochten werden kann (BayObLG WE 1992, 227f). Erklärt der Antragsteller die Hauptsache nicht für erledigt, so ist der Antrag durch Beschluss in der Hauptsache abzuweisen. Die einseitige Erledigungserklärung des Antragsgegners allein ist stets ohne Bedeutung (BayObLG WuM 1995, 504). Ist die Erledigung im Rechtsmittelverfahren eingetreten, so ist gegen die entsprechende Feststellungs- und Kostenentscheidung die sofortige weitere Beschwerde zulässig, weil es sich um eine Sachentscheidung des Beschwerdegerichts i.S. von § 45 Abs. 1 WEG handelt (OLG Bremen WuM 1991, 715).

5. Entscheidung

Der Richter entscheidet, soweit sich die Regelung nicht aus dem Gesetz, einer Vereinbarung oder einem Beschluss der Wohnungseigentümer ergibt, nach billigem Ermessen, § 43 Abs. 2 WEG, insbesondere nach den Grundsätzen der →ordnungsmäßigen Verwaltung. Im Verfahren über die sofortige weitere Beschwerde kann nur noch geprüft werden, ob bei einer Ermessensentscheidung wesentliche Umstände unberücksichtigt geblieben sind (→Beschwerde, sofortige und sofortige weitere). Nach billigem Ermessen entscheidet das Gericht auch über die Kosten des Verfahrens, § 47 WEG (→Kostenentscheidung).

a) Grundlage der Entscheidung

Grundlage der Entscheidung ist nicht die mündliche Verhandlung, sondern das gesamte mündliche und schriftliche Vorbringen der Beteiligten sowie das Ergebnis formloser und förmlicher Ermittlungen (BayObLGZ 1990, 173, 175). Schriftliches Vorbringen muss selbst dann berücksichtigt werden, wenn es erst nach der mündlichen Verhandlung bei Gericht eingeht. § 296a ZPO gilt nicht (BayObLG WE 1992, 50; KG WE 1993, 312f). Auch Schriftsätze, die nach Unterzeichnung des Entscheidungsentwurfs durch alle Richter und nach Fertigung der Reinschriften durch die Kanzlei, aber vor Absendung der Entscheidung an die Beteiligten eingehen, sind zu berücksichtigen (BayObLG NJW-RR 1999, 1685; OLG Köln NZM 2001, 863). Die Entscheidung muss nicht von den Richtern erlassen werden, die an der mündlichen Verhandlung mitgewirkt haben; § 309 ZPO gilt ebenfalls nicht (BayObLG WE 1991, 287f; NJOZ 2003, 399f; OLG Köln NZM 2001, 150)

Das Wohnungseigentumsgericht ist bei seiner Entscheidung nicht nur – wie jedes Gericht – an das Gesetz und privatrechtliche Vereinbarungen, sondern auch an Beschlüsse der Wohnungseigentümer gebunden, und zwar auch dann, wenn die getroffene Regelung gegen Grundsätze der Billigkeit oder ordnungsmäßigen Verwaltung verstößt (BayObLGZ 1987, 66; OLG Frankfurt OLGZ 1982, 269f; OLG Hamm OLGZ 1975, 428). Nicht gebunden ist der Richter dagegen – wie auch sonst – an Beschlüsse und Vereinbarungen, die gem. §§ 134, 138 BGB oder wegen Verstoßes gegen zwingende gesetzliche Vorschriften nichtig sind (BGHZ 107, 268, 271) oder deren Befolgung, z.B. aufgrund von neu hinzugetretenen Umständen (BayObLG WE 1994, 310), gegen Treu und Glauben verstößt bzw. nach den hierfür geltenden Grundsätzen der Geschäftsgrundlage entbehrt, sowie an Beschlüsse, die rechtskräftig für ungültig erklärt wurden.

Aufgrund des Dispositionsgrundsatzes ist das Gericht zwar nicht an den Wortlaut, wohl aber an das mit dem Antrag verfolgte Rechtsschutzziel gebunden (BGH NZM 2003, 952, 955; Staudinger/Wenzel §43 RN 46) und daher im Beschlussanfechtungsverfahren nicht befugt, den durch den Antrag bestimmten Streitgegenstand zu erweitern. Eine Auslegung des Antrags ist nur innerhalb des Rechtsschutzziels möglich und geboten (BGH NZM 2003, 952, 955; NJW 2002, 788). Das Gericht darf nicht mehr oder etwas anderes versprechen als begehrt (BGH NJW 1993, 593; BayObLG WuM 1990, 178f). Deswegen kommt bei einer Teilanfechtung i.d.R auch nur eine Teilungültigerklärung in Betracht.

Das Gericht darf ohne entsprechenden Antrag auch nicht eine in dem angefochtenen Beschluss getroffene Regelung ändern oder durch geeignet erscheinende andere Maßnahmen ergänzen oder ersetzen. Die Entscheidung hat sich vielmehr auf die Ungültigerklärung des angefochtenen Beschlusses zu beschränken (BGH NJW 1998, 3713, 3716), sofern der Anfechtende nicht zumindest stillschweigend zugleich einen Antrag gem. §§ 15 Abs. 3, 21 Abs. 4, 43 Abs. 1 Nr. 1, 2 WEG gestellt hat und auf diese Weise im Ergebnis eine von dem angefochtenen Beschluss abweichende Regelung getroffen werden kann, wenn die Wohnungseigentümer von ihrer Gestaltungsmöglichkeit keinen Gebrauch gemacht haben (BayObLG WE 1995, 245). Dagegen ist das Gericht an die vorgetragenen Anfechtungsgründe nicht gebunden. Denn Streitgegenstand ist die Gültigkeit des Beschlusses, so dass alle denkbaren Beschlussmängel und Nichtigkeitsgründe zu prüfen sind (a.A. BayObLG WE 1991, 198; → Anfechtbarkeit und Anfechtung eines Beschlusses).

b) Begründung und Bekanntmachung

Die Entscheidung ist zu begründen, §§ 44 Abs. 4 S. 2 WEG, 25 FGG (BGH ZMR 1991, 147). Hat sie einen vollstreckungsfähigen Inhalt, so sind die Beteiligten namentlich so genau zu benennen, dass ihre Identität zweifelsfrei festgestellt werden kann (BayObLG DWE 1985, 123). Eine nicht begründete Entscheidung setzt die Beschwerdefrist nicht in Lauf (BayObLG WE 1990, 140). Erlassen ist die Entscheidung mit der Übergabe an die Geschäftsstelle. Sie ist den Beteiligten gem. § 16 Abs. 2 FGG durch Zustellung bekannt zu machen (BayObLG WE 1989, 66). Die Entscheidung kann entsprechend § 16 Ab. 3 FGG auch „verkündet", d. h. den Anwesenden zu Protokoll bekannt gemacht werden. Dies setzt – anders als im Zivilprozess – aber voraus, dass die Beteiligten anwesend sind, wobei es genügt, wenn ein Verfahrensvertreter zugegen ist; eine wirksame Verkündung erfordert ferner, dass die Entscheidung in ihrem Wortlaut, mit Tenor und Gründen, bekannt gemacht und zu Protokoll gebracht wird (OLG Hamm WE 1997, 194; → Beschwerde, sofortige und sofortige weitere). Der bloße Hinweis im Protokoll auf eine kurze mündliche Begründung genügt nicht (OLG Düsseldorf WE 1995, 151). Ist die Entscheidung nicht vollständig abgefasst und wird sie auch nicht wörtlich in das Protokoll aufgenommen, sondern nur mit dem Tenor verkündet, so liegt ein Verfahrensfehler vor, der die Entscheidung jedoch nicht unwirksam macht (BGH NJW 1995, 404). Die wirksame Verkündung setzt die Frist zur Einlegung der sofortigen Beschwerde in Lauf (→ Beschwerde sofortige und sofortige weitere).

c) Berichtigung

Schreibfehler, Rechenfehler und ähnliche offenbare Unrichtigkeiten kann das Gericht jederzeit von Amts wegen in entsprechender Anwendung des § 319 Abs. 1 ZPO berichtigen, um eine versehentliche Abweichung des Erklärten vom Gewollten, nicht aber um eine falsche Willensbildung zu korrigieren (BGHZ 106, 370, 372; BayObLG ZWE 2000, 187). Gegen den Berichtigungsbeschluss ist die sofortige bzw. sofortige weitere Beschwerde eröffnet; der eine Berichtigung ablehnende Beschluss ist in entsprechender Anwendung des § 319 Abs. 3 ZPO unanfechtbar, da die geltend gemachte Unrichtigkeit jedenfalls dann nicht offenbar ist, wenn das Erstgericht nach sachlicher Prüfung eine offenbare Unrichtigkeit verneint (BGHZ 106, 372).

6. Rechtskraft, Zwangsvollstreckung

Die Entscheidung wird in Abweichung von § 16 Abs. 1 FGG nicht mit ihrer Bekanntmachung, sondern gem. § 45 Abs. 2 WEG mit Eintritt der formellen Rechtskraft wirksam und für alle Beteiligten bindend (BayObLG WuM 1993, 492). Die formelle Rechtskraft kann nur aufgehoben werden, wenn wegen Versäumung der Beschwerdefrist →Wiedereinsetzung in den vorigen Stand gewährt wird oder eine Wiederaufnahme des Verfahrens entsprechend den §§ 578 ff ZPO (BayObLG WE 1992, 52) zum Erfolg führt.

Die Rechtskraft tritt ein
- mit Zustellung einer Entscheidung, gegen die ein Rechtsmittel nicht zulässig ist,
- mit Ablauf der Beschwerdefrist, ohne dass Beschwerde eingelegt wird (→ Beschwerde, sofortige und sofortige weitere),
- bei Rechtsmittelverzicht aller Beteiligten,
- bei Rücknahme einer Beschwerde, sofern nicht ein anderer Verfahrensbeteiligter Beschwerde eingelegt hat (BayObLG ZMR 1993, 128).

Wird eine Entscheidung nur teilweise angefochten, wird hierdurch der Eintritt der formellen Rechtskraft auch hinsichtlich des nicht angefochtenen Teils gehemmt (BGH NJW 1992, 2296), solange insoweit kein Rechtsmittelverzicht erklärt wurde und ein Anschlussrechtsmittel eingelegt werden kann (Thomas/Putzo § 705 ZPO RN 10). Ein Rechtsmittelverzicht erfordert die nicht notwendig ausdrückliche, aber doch klare und unzweideutige Erklärung der beschwerten Partei, sich mit der Entscheidung zufrieden geben zu wollen und ein Rechtsmittel nicht durchzuführen. Wird die Entscheidung nur von einem Teil der beschwerten Eigentümer angefochten, sind nur diese Beschwerdeführer. Ihr Rechtsmittel hemmt jedoch auch für die übrigen Eigentümer den Eintritt der formellen Rechtskraft, weil die Entscheidung allen gegenüber nur einheitlich ergehen kann (BayObLG WuM 1993, 492). Eine Teilrechtskraft in Bezug auf einzelne Beteiligte und auf einzelne Verfahrensgegenstände kommt nur in Betracht, wenn im Rechtsmittelverfahren eine Abänderung nicht mehr möglich ist (OLG

Zweibrücken FGPrax 2003, 62). Rechtskraftzeugnisse werden durch die Geschäftsstelle des Amtsgerichts oder Rechtsmittelgerichts nach Vorlage eines von dem zuständigen Rechtsmittelgericht erteilten Notfristattests auf Antrag eines formell oder materiell Beteiligten (Keidel/Zimmermann § 31 FGG RN 11) erteilt, § 706 ZPO.

Die →Zwangsvollstreckung aus rechtskräftigen Entscheidungen erfolgt gem. § 45 Abs. 3 WEG nach den Vorschriften der ZPO.

7. Abänderung

Rechtskräftige Entscheidungen und gerichtliche – nicht außergerichtliche (BayObLG NZM 1998, 773) – Vergleiche können auf Antrag eines Beteiligten bei Änderung der tatsächlichen Verhältnisse, z.B. bei Abschluss einer späteren abweichenden Vereinbarung (OLG Celle NJW 1974, 1801), nicht aber einer Änderung der Rechtslage gem. § 45 Abs. 4 WEG geändert werden, soweit dies zur Vermeidung einer unbilligen Härte erforderlich ist. Die Änderung muss wesentlich sein (BayObLG WE 1995, 252). Zuständig ist stets das Amtsgericht, auch wenn Gegenstand der Änderung eine Beschwerdeentscheidung ist (OLG Frankfurt OLGZ 1988, 61).

▶ Wohnungseingangstür

Die Wohnungseingangstür gehört – abgesehen vom Innenanstrich – zum Gemeinschaftseigentum (BayObLG NZM 2002, 869, 871; OLG Düsseldorf NZM 2000, 193; BPM § 5 RN 37). Eine Aufspaltung in innenseitiges Sondereigentum und außenseitiges gemeinschaftliches Eigentum (so Staudinger/Rapp § 3 RN 25) ist nicht möglich. Instandsetzungs- und Instandhaltungskosten für Wohnungseingangstüren können aber allein den jeweiligen Wohnungseigentümern überbürdet werden (OLG Düsseldorf WuM 1996, 443 f). Die Wohnungseingangstür kann durch Vereinbarung auch dem Sondereigentum zugewiesen werden; in diesem Fall ist ein Mehrheitsbeschluss über die Erneuerung der Türen wegen fehlender Beschlusskompetenz der Eigentümerversammlung nichtig (OLG Düsseldorf NZM 2002, 571).

Der Einbau von Doppeltüren (BayObLGZ 1978, 117 z. Herstellung einer ordnungsmäßigen →Schalldämmung) oder das Auswechseln von Wohnungseingangstüren, z.B. durch Sicherheitstüren (BayObLG WE 1997, 77), sind bauliche Veränderungen, die die übrigen Wohungseigentümer i.d.R. nicht beeinträchtigen, soweit sie sich optisch den anderen Türen im Gebäude anpassen (BayObLG WuM 1988, 99), was eine Frage des Einzelfalls ist. Eine bauliche Veränderung ist gleichfalls die Auswechslung bestehender Schließzylinder durch ein Sicherheitsschließsystem (Staudinger/Bub § 22 RN 178). Der Einbau von Türspionen kann als Maßnahme zur Erhöhung der Sicherheit und damit als →modernisierende Instandsetzung mehrheitlich beschlossen werden (Staudinger/Bub § 21 RN 174 a).

Beschließen die Eigentümer, die Wohnungseingangstüren künftig in einer anderen Farbe zu streichen, ist dies eine bauliche Veränderung; diese ist aber hinzunehmen, auch wenn für eine gewisse Übergangszeit im Treppenhaus Türen unterschiedlicher Farbgestaltung vorhanden sind (BayObLG NZM 2002, 869). Der saisonübliche Schmuck der Wohnungstür, z.B. das Anbringen von Oster- oder Weihnachtsdekoration, bewegt sich im Rahmen zulässigen Gebrauchs (LG Düsseldorf NJW-RR 1990, 785).

▶ Wohnungserbbaurecht, Teilerbbaurecht

Das Erbbaurecht ist das veräußerliche und vererbliche Recht, auf oder unter einem Grundstück ein Bauwerk oder mehrere Bauwerke zu haben, § 1 Abs. 1 ErbbauVO. Die Verordnung gilt seit dem Jahre 1919; ihr Zweck ist es, den Wohnungsbau, insbesondere für sozial Schwächere, zu fördern und die Bodenspekulation zu bekämpfen. Durch das Erbbaurecht räumt der Grundstückseigentümer einem Dritten das Recht ein, auf einem Grundstück ein Gebäude zu haben, also zu errichten und zu nutzen. Es lässt das Eigentum am Grundstück unberührt, verschafft aber in Abweichung von § 94 BGB, wonach Gebäude nicht sonderrechtsfähig sind, dem Erbbauberechtigten Eigentum an dem entweder schon errichteten oder in Ausübung des Erbbaurechts noch zu errichtenden Bauwerk gegen Zahlung des Erbbauzinses. Der Erbbauberechtigte spart also hohe und deshalb oft unerschwingliche Kosten des Grundstückserwerbs, während dem Grundstückseigentümer der Wertzuwachs bleibt und er den Erbbauzins während der Laufzeit des Erbbaurechts erhält. Das Gebäude ist gem. § 12 Abs. 1 ErbbauVO wesentlicher Bestandteil des Erbbaurechts und steht somit im Eigentum des Erbbauberechtigten.

1. Begründung, Übertragung

Wie die Miteigentümer eines Grundstücks nach § 3 WEG oder der Eigentümer eines Grundstücks nach § 8 WEG Wohnungseigentum begründen können, so können mehrere Erbbauberechtigte Wohnungserbbaurecht gem. §§ 30 Abs. 1 i.V.m. 3 Abs. 1 WEG begründen oder der Erbbauberechtigte das Erbbaurecht gem. §§ 30 Abs. 2 i.V.m. 8 Abs. 1 WEG teilen. Der Grundstückseigentümer kann auch sein eigenes Grundstück mit einem Erbbaurecht belasten, dieses Eigentümererbbaurecht gem. §§ 30 Abs. 2, 8 Abs. 1 WEG in Wohnungs- und Teilerbbaurechte aufteilen und veräußern (BGH Rpfleger 1982, 143). Da ein Erbbaurecht als einheitliches Rechts auch an mehreren Grundstücken begründet werden kann (Gesamterbbaurecht), kann auch ein Gesamterbbaurecht ohne Verstoß gegen § 1 Abs. 4 WEG in Wohnungs- und Teilerbbaurechte aufgeteilt werden (BayObLG Rpfleger 1989, 503). Die Ausübung des Erbbaurechts kann auf eines von mehreren Gebäuden beschränkt werden, die sich auf dem von ihm belasteten Grundstück befinden (BayObLG DNotZ 1958, 409; OLG Hamm NZM 1999, 179f).

a) Form, Eintragung in das Grundbuch

Der Vertrag über die Verpflichtung zur Bestellung, Übertragung oder zum Erwerb des Erbbaurechts, der sog. Erbbaurechtsvertrag, sowie dessen Änderung (BGHZ 59, 269) bedürfen der notariellen Beurkundung, § 11 Abs. 2 ErbbauVO i.V.m. § 311b Abs. 1 BGB; die Bestellung selbst erfordert die formfreie (BGH LM Nr. 3 zu § 1 ErbbauVO) Einigung gem. § 11 Abs. 1 ErbbauVO i.V.m. § 873 BGB und die Eintragung im Grundbuch. Die Unterschriften zur Einigung sind gem. §§ 20, 29 GBO notariell zu beglaubigen.

Das Erbbaurecht kann nur zur ausschließlich ersten Rangstelle im Grundbuch bestellt werden, der Rang kann nicht geändert werden, § 10 Abs. 1 ErbbauVO. Sinn dieser nicht abdingbaren Regelung ist es zu verhindern, dass das Erbbaurecht bei der Zwangsversteigerung ausfällt, sowie die Beleihbarkeit des Erbbaurechts zu ermöglichen.

Für jedes Wohnungs- oder Teilerbbaurecht wird von Amts wegen ein besonderes Erbbaugrundbuchblatt angelegt (→ Wohnungserbbaugrundbuch, Teilerbbaugrundbuch), § 30 Abs. 3 S. 1 WEG. Das Erbbaugrundbuch wird von Amts wegen geschlossen.

b) Zustimmung des Grundstückseigentümers

Für die Begründung von Wohnungs- und Teilerbbaurechten ist die Zustimmung des Grundstückseigentümers auch dann nicht erforderlich, wenn die Veräußerung des Erbbaurechts gem. § 5 ErbbauVO dieser Zustimmung bedarf, da allein durch die Aufteilung keine Schlechterstellung des Grundstückseigentümers erfolgt; die Belastungen werden nämlich in voller Höhe auf jedes Grundbuchblatt übertragen (LG Augsburg MittBayNot 1979, 68 für Teilung nach § 3 Abs. 1 WEG; BayObLG ZMR 1980, 125; OLG Celle Rpfleger 1981, 222 für Teilung nach § 8 Abs. 1 WEG). Das Erfordernis einer solchen Zustimmung kann zwar zwischen Grundstückseigentümer und Erbbauberechtigten schuldrechtlich vereinbart, nicht aber dinglich gesichert werden (OLG Celle Rpfleger 1981, 222).

Der Zustimmung des Grundstückseigentümers bedarf hingegen die Veräußerung einzelner durch Teilung entstandener Wohnungserbbaurechte/Teilerbbaurechte, wenn gem. § 5 Abs. 1 ErbbauVO die Veräußerung des Erbbaurechts seiner Zustimmung bedarf (OLG Hamm Rpfleger 1979, 24); wird die Zustimmung ohne ausreichenden Grund verweigert, kann sie auf Antrag des Wohnungserbbauberechtigten gem. § 7 Abs. 3 ErbbauVO vom Amtsgericht ersetzt werden (OLG Frankfurt ZMR 1980, 154).

2. Inhalt

Der nähere Inhalt des Erbbaurechts wird durch die Vereinbarungen gem. § 2 ErbbauVO bestimmt. Sie können mit dinglicher Wirkung getroffen werden und wirken dann für und gegen Sonderrechtsnachfolger; Voraussetzung ist hierfür gem. § 877 BGB die Einigung und Eintragung im Grundbuch. Dies führt aber nicht zur dinglichen Haftung des Erbbaurechts für Pflichtverletzungen des Erbbauberechtigten (BGH NJW 1990, 832). Schuldrechtliche Vereinbarungen können den dinglichen Inhalt ergänzen. So kann vereinbart werden, dass die Veräußerung oder die Belastung des Erbbaurechts der Zustimmung des Grundstückseigentümers bedarf, die nur unter bestimmten Voraussetzungen versagt werden kann, §§ 5, 7 ErbbauVO, oder die Vermietung (BGH WM 1967, 616; a.A. BayObLG NJW-RR 2002, 885) oder Veränderung (BayObLG NJW-RR 1987, 459) des Bauwerks von der Zustimmung des Grundstückseigentümers abhängig gemacht werden.

Bei Begründung von Wohnungs- und Teilerbbaurechten besteht eine Mitberechtigung aller Erbbauberechtigten am Erbbaurecht samt gemeinschaftlichem Eigentum, die verbunden ist mit dem Sondereigentum an einer bestimmten Wohnung (Wohnungserbbaurecht) oder an nicht zu Wohnzwecken dienenden bestimmten Räumen (Teilerbbaurecht) in einem aufgrund des Erbbaurechts errichteten oder zu errichtenden Gebäude. Der Erbbauvertrag besteht fort, sein dinglicher Inhalt gem. § 2 ErbbauVO ist Inhalt der Wohnungserbbaurechte.

Für das Rechtsverhältnis zwischen dem Grundstückseigentümer und den Wohnungs-/Teilerbbauberechtigten gelten die Bestimmungen der ErbbauVO; § 43 WEG gilt in diesem Verhältnis nicht, zuständig ist also das Streitgericht. Das Verhältnis zwischen den Wohnungs-/Teilerbbauberechtigten unterliegt den Bestimmungen des WEG, für Streitigkeiten hieraus ist ausschließlich das Amtsgericht, Abt. für Wohnungseigentumssachen, zuständig, in dessen Bezirk das Grundstück liegt, § 43 WEG.

3. Erbbauzins

Die Bestellung des Erbbaurechts kann entgeltlich oder unentgeltlich erfolgen (BGH LM ErbbauVO § 9 Nr. 6).

a) Erbbauzinsreallast

Wird als Entgelt für die Bestellung des Erbbaurechts eine regelmäßig wiederkehrende Leistung des Erbbauberechtigten an den Grundstückseigentümer (Erbbauzins) vereinbart, kann dieser gem. § 9 ErbbauVO dinglich am Erbbaurecht durch eine Erbbauzinsreallast zugunsten des jeweiligen Grundstückseigentümers abgesichert und in das Erbbaugrundbuch als Belastung des Erbbaurechts (BGH NJW-RR 1987, 74) eingetragen werden. Als dinglicher Inhalt des Erbbauzinses kann gem. § 9 Abs. 3 Nr. 1 ErbbauVO vereinbart werden, dass die Reallast abweichend von § 52 Abs. 1 ZVG bestehen bleibt, wenn der Grundstückseigentümer aus ihr oder der Inhaber eines vorrangigen Rechts die Zwangsversteigerung des Erbbaurechts betreibt. Weiter kann schuldrechtlich eine Verpflichtung des Erbbauberechtigten zur Zahlung von Vertragsstrafen, z.B. bei unpünktlicher Zahlung von Erbbauzinsen vereinbart werden (BGH NJW 1990, 832).

b) Haftung, Einziehung durch Verwalter

Für die einzelnen Erbbauzinsbeträge haftet der Erbbauberechtigte nicht nur dinglich, sondern auch persönlich, §§ 9 Abs. 1 S. 1 ErbbauVO, 1108 Abs. 1 BGB. Bei Begründung von Wohnungs- und Teilerbbaurechten hat dies zur Folge, dass jeder Erbbauberechtigte dinglich und persönlich als Gesamtschuldner haftet (BayObLGZ 1978, 157). Eine Aufteilung auf die einzelnen Erbbauberechtigten durch diese ist nur mit Zustimmung des Grundstückseigentümers möglich, da sie den Haftungsgegenstand zu dessen Lasten schmälern würde (OLG Düsseldorf DNotZ 1977, 305).

Lastet die Verpflichtung zur Zahlung von Erbbauzins auf sämtlichen Wohnungserbbaurechten in voller Höhe, so handelt es sich um eine gemeinschaftliche Last i.S. des § 16 Abs. 2 WEG (OLG Karlsruhe Justiz 1962, 89). Der Verwalter hat insoweit gem. § 27 Abs. 2 Nr. 1 WEG gesetzliche Vertretungsmacht, die entsprechenden Beträge von den einzelnen Wohnungserbbauberechtigten einzuziehen und an den Grundstückseigentümer abzuführen. Eine unmittelbare Zahlung des Wohnungserbbauberechtigten an den Grundstückseigentümer befreit nicht von der Beitragspflicht (BayObLG NJW 1958, 1824). Nach Verteilung der Erbbauzinsverpflichtung auf die einzelnen Wohnungserbbaurechte ist der Verwalter hierzu nur aufgrund besonderer Vereinbarung verpflichtet (BayObLG Rpfleger 1978, 256), ohne dass diese Aufgabe hierdurch zu einer Angelegenheit der gemeinschaftlichen Verwaltung würde (KG NJW 1975, 318; a.A. OLG Schleswig NJW 1961, 1870).

c) Anpassung des Erbbauzinses

Neben dem dinglich gesicherten Erbbauzins konnten die Parteien bis zum 8.6. 1998 einen dinglichen Anspruch auf Anpassung des Erbbauzinses zum Rechtsinhalt der Reallast machen, §9 Abs. 2 und 3 ErbbauVO; der Anspruch wirkt dann auch gegen Sonderrechtsnachfolger der Parteien. Diese Möglichkeit ist durch die Neufassung von §9 Abs. 2 ErbbauVO entfallen (Hustedt RNotZ 2002, 277). Nunmehr können – wie früher – die Parteien schuldrechtlich, also nur zwischen ihnen wirkend, gem. §§ 11 Abs. 2 ErbbauVO, 311b Abs. 1 BGB in notarieller Form vereinbaren, unter welchen Voraussetzungen der Erbbauzins veränderten Umständen angepasst werden kann (BGHZ 61, 209; OLG Zweibrücken FGPrax 2000, 56). Die Veräußerung des Grundstücks oder des Erbbaurechts ändert am Bestand der Vereinbarung nichts (BGH NJW 1990, 2630); der Erwerber wird nur durch Vertragseintritt – Abtretung und Schuldübernahme – aus der Vereinbarung berechtigt und verpflichtet (BGH NJW-RR 1987, 74). Ab wann der geänderte Erbbauzins zu zahlen ist, ist Frage der Auslegung der Erhöhungsklausel (BGH NZM 1999, 677). Bei Wohngebäuden sind die Schranken des § 9a ErbbauVO zu beachten, wonach eine Erhöhung des Erbbauzinses nur verlangt werden kann, wenn dies unter Beachtung aller Umstände des Einzelfalls nicht unbillig ist. Der schuldrechtliche Anspruch auf Zahlung des sich unter bestimmten Voraussetzungen ändernden Erbbauzinses kann dinglich durch Eintragung einer Vormerkung gem. §§ 9a Abs. 3 ErbbauVO, 883 BGB zugunsten des Eigentümers des Erbbaugrundstücks gesichert werden. Der künftige Zinsanspruch muss in diesem Fall nach Höhe und Anpassungsvoraussetzungen bestimmbar sein (OLG Hamm FGPrax 1995, 136; OLG Zweibrücken FGPrax 2000, 56).

Enthält der Erbbaurechtsvertrag keine Anpassungsregelung, können die Vertragsparteien eine Änderung des Erbbauzinses nur gem. § 242 BGB (BGH WPM 1984, 662) bei Wegfall der Geschäftsgrundlage verlangen, wenn es aufgrund wesentlicher Änderung der Gesamtumstände im Wirtschafts- und Währungsbereich für die Vertragsparteien unzumutbar wird, an dem vereinbarten Erbbauzins fest zu halten. Die Zumutbarkeitsgrenze wird bei einem Kaufkraft- und Geldwertschwund von 60 % überschritten (BGHZ 97, 171). Für den Umfang der Anpassung ist die Steigerung der allgemeinen wirtschaftlichen Lebensverhältnisse seit Vertragsabschluss maßgebend, sofern nicht die Steigerung des Bodenwerts geringer (BGHZ 119, 220).

4. Beendigung, Heimfall

Das Erbbaurecht kann nicht durch auflösende Bedingungen beschränkt, § 1 Abs. 4 ErbbauVO, wohl aber als befristetes, z.B. auf 75 oder 99 Jahre, bestellt werden; eine Bestellung auf unbestimmte Dauer oder auf Lebenszeit des Erbbauberechtigten ist hingegen nichtig (BGHZ 52, 269). Wird das Erbbaurecht auf bestimmte Zeit ausgegeben, erlischt es nach Ablauf dieser Zeit; das Grundbuch wird unrichtig, die Löschung erfolgt gem. §§ 22, 24 GBO. Wird das Erbbaurecht aufgehoben, § 26 ErbbauVO, erlöschen die Mitberechtigungen der einzelnen Wohnungserbbauberechtigten an dem Erbbaurecht und auch das mit diesen verbundene Sondereigentum, das nicht ohne eine solche Mitberechtigung bestehen kann (BayOLG NZM 1999, 570). Wird das Grundstück zwangsversteigert, erlischt das Erbbaurecht nicht, § 25 ErbbauVO.

a) Voraussetzungen des Heimfalls

Die Parteien können eine Verpflichtung des Erbbauberechtigten begründen, das Erbbaurecht beim Eintreten bestimmter frei vereinbarer Voraussetzungen (vgl. BGH NJW 1984, 2213 z. Bestimmtheitserfordernis; NZM 2003, 774 z. zulässigen Verwendung unbestimmter Rechtsbegriffe) auf den Grundstückseigentümer zu übertragen (Heimfall), z.B. bei Vernachlässigung, Veränderung oder Untergang des Bauwerks (BGH NJW-RR 1986, 1269), zweckwidriger Nutzung (BGH NJW 1984, 2213), Nichteintritt eines Erwerbers in den Erbbaurechtsvertrag (OLG Oldenburg DNotZ 1988, 591), Eröffnung des Insolvenzverfahrens über das

Vermögen des Erbbauberechtigten oder dessen Zahlungsunfähigkeit oder Überschuldung (KG NZM 2002, 967; OLG Karlsruhe NZM 2001, 1053). Gem. § 6 Abs. 2 ErbbauVO kann aber die Veräußerung des Erbbaurechts ohne Zustimmung des Grundstückseigentümers oder seine Belastung mit einer Hypothek, Grund- oder Rentenschuld oder Reallast keinen Heimfallanspruch begründen; für den Fall einer anderen Belastung, z.B. mit einer Grunddienstbarkeit oder einem Nießbrauch ohne Zustimmung des Grundstückseigentümers kann hingegen ein Heimfallrecht wirksam vereinbart werden (OLG Hamm OLGZ 1986, 14). Besteht ein Heimfallanspruch, ist er auch dann durchsetzbar, wenn die verletzte Vertragspflicht zwischenzeitlich erfüllt wurde (BGH NJW-RR 1988, 715).

b) Erbbauzinsrückstände

Das Heimfallrecht kann insbesondere für den Fall des Rückstands des Erbbauberechtigten mit der Zahlung des Erbbauzinses vereinbart werden. Der Erbbauberechtigte muss aber gem. § 9 Abs. 4 ErbbauVO mit mindestens zwei Jahresbeträgen in Rückstand sein, um den Heimfallanspruch des Grundstückseigentümers auszulösen.

Ist der Erbbauzins nicht auf die einzelnen Einheiten verteilt, so ist für die Frage, ob zwei Jahresbeträge erreicht sind, der gesamte Erbbauzins maßgeblich. Die Übertragung des Erbbaurechts auf den Grundstückseigentümer kann in diesem Fall sowohl bezüglich einzelner Einheiten wie auch aller Einheiten, auch solcher, deren Eigentümer kein Verschulden trifft, verlangt werden (Staudinger/Rapp § 30 RN 8). Es empfiehlt sich deshalb, eine gesonderte Rücklage für Erbbauzinsen zu bilden, die beim Verwalter neben der Instandhaltungsrückstellung anzusammeln ist und dazu dient, ausfallende Erbbauzinsbeträge zu begleichen und die gesamtschuldnerische Inanspruchnahme eines Erbbauberechtigten und das Entstehen eines Heimfallanspruchs zu verhindern. Der Verwalter sollte zu Verfügungen über diese Rücklage ermächtigt werden.

Ist der Erbbauzins auf die einzelnen Einheiten verteilt, hat der Grundstückseigentümer auf die gesamtschuldnerische Haftung aller Erbbauberechtigten mit der Folge verzichtet, dass ein Heimfallanspruch – allerdings begrenzt auf diese Einheit – auch dann entstehen kann, wenn nur ein Erbbauberechtigter mit dem Erbbauzins in entsprechender Höhe in Rückstand ist.

c) Entschädigung

Macht der Grundstückseigentümer von seinem Heimfallanspruch Gebrauch, so hat er gem. § 32 Abs. 1 S. 1 ErbbauVO eine angemessene Vergütung zu bezahlen, die nach dem Sachwert des Bauwerks, dem Ertragswert des Erbbaurechts und dem Wert der zurückgewährten Bodennutzung zu berechnen ist (BGH DB 1975, 685). Abweichende Vereinbarungen sind zulässig, wenn das Erbbaurecht nicht zur Befriedung des Wohnbedürfnisses minderbemittelter Bevölkerungskreise dienen soll. Die einzelnen Wohnungserbbauberechtigten sind an der Entschädigungsforderung als Bruchteilsgemeinschafter gem. §§ 741 ff BGB beteiligt (Staudinger/Rapp § 30 RN 8).

5. Miet- und Pachtverträge

Da das Erbbaurecht wie ein Grundstück behandelt wird, § 11 ErbbauVO, berührt die Veräußerung des Erbbaurechts bestehende Miet- und Pachtverträge nicht, der Erbbaurechtserwerber wird gem. §§ 566 ff, 581 BGB Vermieter. Die Bestimmungen der §§ 566 ff, 581 BGB gelten aber auch für Miet- oder Pachtverträge, die bereits vor Bestellung des Erbbaurechts von dem Grundstückseigentümer über bereits errichtete Räume abgeschlossen wurden. Der Erbbauberechtigte, der Eigentümer des Bauwerks wird, tritt anstelle des Eigentümers in bestehende Miet- oder Pachtverträge ein. Umgekehrt wird der Grundstückseigentümer Vermieter bzw. Verpächter, wenn das Erbbaurecht erlischt, § 30 Abs. 1 ErbbauVO.

In den Fällen des Erlöschens des Erbbaurechts durch Zeitablauf, §§ 27 ff ErbbauVO, ist der Grundstückseigentümer, der Vermieter wird, gem. § 30 Abs. 2 ErbbauVO berechtigt, das Miet- oder Pachtverhältnis unter Einhaltung der gesetzlichen Kündigungsfrist nur für einen der beiden ersten Termine zu kündigen, für die sie zulässig ist; erlischt das Erbbaurecht vorzeitig, so kann der

Grundstückseigentümer das Kündigungsrecht erst ausüben, wenn das Erbbaurecht auch durch Zeitablauf erloschen wäre, § 30 Abs. 2 ErbbauVO. Wird das Erbbaurecht versteigert (→ Zwangsversteigerung), gelten die §§ 57 ff ZVG sowie die gesetzlichen Mieterschutzvorschriften (BGHZ 84, 90, 100; → Kündigung des Mietvertrages über Wohnungseigentum).

▶ Wohnungsgrundbuch, Teileigentumsgrundbuch

Wird ein Hausgrundstück vom Eigentümer gem. § 8 Abs. 1 WEG oder von den Miteigentümern gem. § 3 Abs. 1 WEG in Wohnungseigentum aufgeteilt (→ Begründung des Wohnungseigentums), so wird von Amts wegen gem. § 7 Abs. 1 WEG für jedes Wohnungs- und Teileigentum ein eigenes Grundbuchblatt angelegt, ein sog. Wohnungsgrundbuchblatt bei Miteigentumsanteilen, die mit dem Sondereigentum an einer Wohnung verbunden werden, ein sog. Teileigentumsgrundbuchblatt bei Miteigentumsanteilen, die mit dem Sondereigentum an nicht Wohnzwecken dienenden Räumen verbunden werden. Die Einzelheiten der Anlegung und Führung von Wohnungs- und Teileigentumsgrundbüchern regelt die Verfügung über die grundbuchmäßige Behandlung der Wohnungseigentumssachen (WGBV; Abdruck in BPM S. 1656).

Auf jedem Grundbuchblatt sind neben dem in einem zahlenmäßigen Bruchteil ausgedrückten Miteigentumsanteil gem. § 47 GBO auch das dazugehörige Sondereigentum an bestimmten Räumen, § 7 Abs. 1 S. 2 WEG, und die Beschränkung des Miteigentums durch die Einräumung der zu den anderen Miteigentumsanteilen gehörenden Sondereigentumsrechte verzeichnet, § 3 Abs. 1 WGBV. Zur Beschreibung von Gegenstand und Inhalt des Sondereigentums kann und wird i.d.R. auf die Eintragungsbewilligung gem. § 7 Abs. 3 WEG Bezug genommen, der gem. § 7 Abs. 4 WEG der → Aufteilungsplan und die → Abgeschlossenheitsbescheinigung beizufügen sind. Eine vereinbarte Veräußerungsbeschränkung nach § 12 WEG ist ausdrücklich einzutragen (→ Zustimmung zur Veräußerung). Belastungen des ganzen Grundstücks werden in allen Wohnungsgrundbüchern eingetragen; die Mithaft der anderen Wohnungseigentumseinheiten ist gem. §4 WGBV zu vermerken. Für jedes Wohnungs- und Teileigentumsgrundbuch wird eine eigene Grundakte angelegt.

Von der Anlegung besonderer Grundbuchblätter kann gem. §7 Abs. 2 WEG dann abgesehen werden, wenn „hiervon Verwirrung nicht zu besorgen ist". Dies ist z.B. bei sehr kleinen Wohnungseigentümergemeinschaften, deren Wohnungseigentumsrechte in Abt. III des Grundbuchs nicht verschieden belastet sind, der Fall. In derartigen Fällen wird ein gemeinschaftliches Wohnungsgrundbuch/Teileigentumsgrundbuch angelegt, wobei die Angaben über die Einräumung von Sondereigentum sowie über dessen Gegenstand und Inhalt in Abt. I einzutragen sind, §7 Abs. 2 WGBV.

Gleichzeitig mit der Anlegung der Wohnungs- und Teileigentumsgrundbücher wird das Grundbuchblatt des Grundstücks gem. §§7 Abs. 1 Satz 3 WEG, 36 WGBV geschlossen, außer wenn auf dem Grundbuchblatt weitere Grundstücke verzeichnet sind, §6 Satz 2 WGBV.

Die Wohnungsgrundbücher werden gem. §9 Abs. 1 WEG geschlossen:

• von Amts wegen, wenn die Sondereigentumsrechte gem. §4 WEG aufgehoben werden,

• auf Antrag sämtlicher Wohnungseigentümer bei völliger, von der Baubehörde bescheinigter Zerstörung des Gebäudes;

• auf Antrag des Eigentümers, der Inhaber aller Wohnungseigentumsrechte ist.

Zugleich wird für das Grundstück ein Grundbuchblatt angelegt, §9 Abs. 3 WEG. Die bestehenden Belastungen des Wohnungseigentums bestehen als Belastungen des entsprechenden Miteigentumsanteils fort und sind als solche einzutragen (OLG Schleswig Rpfleger 1991, 150).

Für das Wohnungs- und Teileigentumsgrundbuch gilt das allgemeine Grundbuchrecht (→ Grundbuch).

▶ Wohnungsrecht, dingliches

1. Inhalt

Gem. §1093 BGB kann als beschränkte persönliche Dienstbarkeit das Recht bestellt werden, ein Gebäude oder einen Teil des

Gebäudes, ggf. erstreckt auf einen unbebauten Teil eines Grundstücks außerhalb des Gebäudes, unter Ausschluss des Eigentümers zu Wohnzwecken zu benutzen (OLG Hamm ZWE 2000, 372). Es kann auch an einem Wohnungseigentum bestellt werden. Im Unterschied zum → Dauerwohnrecht der §§ 31 ff WEG ist es höchstpersönlich, nicht vererblich und nicht übertragbar und umfasst nicht auch das Recht, Nutzungen aus den betroffenen Grundstücksteilen zu ziehen, z.B. diese zu vermieten, sondern ist auf das eigene Wohnen beschränkt. Schuldrechtlich kann der Bestellung z.B. eine Schenkung oder ein Kaufvertrag zugrundeliegen. Die vertragliche Verpflichtung zur Bestellung eines Wohnungsrechts kann durch → Vormerkung gesichert werden, auch wenn der Gegenstand des Wohnungsrechts noch nicht feststeht, sondern vom Berechtigten selbst ausgewählt werden kann (BayObLG MittBayNot 1986, 77). Das Wohnungsrecht entsteht durch Einigung zwischen Gebäudeeigentümer und Berechtigtem gem. § 873 BGB und Eintragung im Grundbuch.

2. Aufteilung des belasteten Grundstücks

Wird ein mit einem Wohngebäude bebautes Grundstück, das mit einem dinglichen Wohnungsrecht in Bezug auf eine Wohnung belastet ist, gem. § 3 oder § 8 WEG in Wohnungseigentum aufgeteilt, so besteht die Belastung nur an demjenigen Wohnungseigentumsrecht fort, auf dessen Raumeinheit sie sich erstreckt, die übrigen Wohnungseigentumseinheiten werden in analoger Anwendung des § 1026 BGB von der Belastung frei (OLG Oldenburg NJW-RR 1989, 273). Dies Rechtswirkung kann allerdings nur eintreten, wenn der Ausübungsbereich des Wohnungsrechts mit der Nutzungsbefugnis einer oder mehrerer Sondereigentümer deckungsgleich ist. Geht hingegen der Ausübungsbereich des Wohnungsrechts darüber hinaus, muss das ganze Grundstück belastet bleiben (OLG Hamm ZWE 2000, 372).

3. Rechte und Pflichten des Eigentümers und des Wohnungsberechtigten

Der Eigentümer des Gebäudes ist während des Bestehens des dinglichen Wohnungsrechts von der Benutzung des Gebäudes oder des Gebäudeteils unabdingbar (BayObLGZ 1991, 431; OLG Hamm Rpfleger 1975, 357) ausgeschlossen. Ein dingliches Wohnungsrecht kann aber auch für den Eigentümer (LG Lüneburg Rpfleger 1998, 110) oder den Eigentümer und einen Dritten in Gesamthandsgemeinschaft bestellt werden (LG Lüneburg NJW-RR 1990, 1037; a.A. KG MDR 1985, 499). Der Berechtigte ist gem. § 1093 Abs. 2 BGB befugt, seine Familie, seinen Lebensgefährten (BGHZ 84, 36) sowie die zur standesgemäßen Bedienung und zur Pflege erforderlichen Personen in die Wohnung aufzunehmen; er kann die Wohnung aber nur bei ausdrücklicher Gestattung Dritten zum Gebrauch überlassen (BGHZ 59, 51). Er kann, wenn das Recht auf einen Teil des Gebäudes (Wohnung im Mehrfamilienhaus) beschränkt ist, die zum gemeinschaftlichen Gebrauch der Bewohner bestimmten Anlagen und Einrichtungen, z.B. die Zentralheizung (BGHZ 52, 234), Ver- und Entsorgungsanlagen (BayObLG Rpfleger 1992, 57) oder das Treppenhaus mitbenutzen, § 1093 Abs. 3 BGB. Dies gilt auch für außerhalb des Gebäudes liegende Anlagen und Einrichtungen, die zum Wohnen wesensmäßig gehören (BayObLGZ 1985, 34), wie z.B. eine Abwasserbeseitigungsanlage oder eine Zufahrt zu einer Garage, die Gegenstand des Wohnungsrechtes ist (LG Osnabrück Rpfleger 1972, 308), nicht aber den Garten und für den Zugang nicht notwendige Flächen (OLG Zweibrücken FGPrax 1998, 84).

Ist das dingliche Wohnungsrecht an einem Wohnungseigentum bestellt, so bleibt Inhaber des →Stimmrechts allein der Eigentümer (a.A. BGH Rpfleger 1977, 55 z. Fragen der Nutzung und des Gebrauchs der Wohnung; offen gelassen von BGH NZM 2002, 450, 454). Zur Instandhaltung und Instandsetzung der zum gemeinschaftlichen Gebrauch bestimmten Anlagen und Einrichtungen ist der Gebäudeeigentümer allein verpflichtet (BGH LM Nr. 8 zu § 1093 BGB).

Der Berechtigte muss für die gewöhnliche Erhaltung der von ihm genutzten Wohnung sorgen und die Kosten hierfür tragen. Er muss auch für die Wohnungsnebenkosten, z.B. Müll, Wasser, Heizung, aufkommen (LG Duisburg WuM 1988, 167), es sei denn, dass diese Kosten aufgrund Vereinbarung den Gebäudeeigentümer treffen.

4. Erlöschen

Das Wohnungsrecht erlischt durch Aufhebung gem. §§ 875, 876 BGB oder Zerstörung des Gebäudes (BGH LM Nr. 6 zu § 1093 BGB). Der Eigentümer ist zum Wiederaufbau nur verpflichtet, wenn dies vereinbart worden ist (LG Heilbronn BW-NotZ 1975, 124). Stirbt der Wohnungsberechtigte, erlischt das Wohnungsrecht, es ist nicht vererblich. Wird es jedoch auflösend bedingt durch den Tod des Berechtigten und zugleich aufschiebend bedingt für den Erben oder einen Dritten bestellt, so wird der Erbe oder der Dritte bei Eintritt der Bedingungen Wohnungsberechtigter.

X/Y/Z

▶ **Zahlungsverzug** → Verzug, Verzugszinsen, Verzugsschaden

▶ **Zaun**

Sieht die Vereinbarung der Wohnungseigentümer, insbesondere der durch die Teilungserklärung in Bezug genommene →Aufteilungsplan, oder der für die Ersthestellung maßgebliche Bauplan, insbesondere der Freiflächengestaltungsplan, oder die Baubeschreibung die Einzäunung des Grundstücks einer Wohnungseigentumsanlage vor, so handelt es sich bei der späteren Errichtung des Zaunes um die erstmalige mängelfreie Herstellung des gemeinschaftlichen Eigentums und damit um eine Maßnahme der ordnungsmäßigen Instandhaltung und Instandsetzung gem. §21 Abs. 5 Nr. 2 WEG, die gem. §21 Abs. 3 WEG mehrheitlich beschlossen und gem. §21 Abs. 4 WEG von jedem Wohnungseigentümer verlangt werden kann (KG OLGZ 1982, 131; →Abweichung zwischen Aufteilungsplan und Bauausführung). Dies gilt auch, wenn die Einzäunung zur Vervollständigung der Wohnanlage nach ihrer Zweckbestimmung oder zur Erfüllung von →öffentlich-rechtlichen Vorschriften, insbesondere von Auflagen der Baugenehmigung erforderlich ist.

Denkbar ist die Einzäunung als Maßnahme ordnungsmäßiger Verwaltung gem. §21 Abs. 3 WEG auch aus Sicherheitsgründen, wenn eine Gefährdung nicht von der Hand zu weisen ist und die Einzäunung als Abwehrmaßnahme zur Gefahrenabwehr geeignet ist. Bei der Festlegung der Ausführung sind in diesen Fällen vor allem die Grenzen des §14 Nr. 1 WEG zu berücksichtigen, also optische Beeinträchtigungen soweit als möglich zu vermeiden (BayObLG WE 1987, 94; KG OLGZ 1982, 131), aber auch der Grundsatz kostenbewußter und sparsamer Wirtschaftsführung ist zu beachten; die Wohnungseigentümer sind daher auch unter Berücksichtigung öffentlich-rechtlicher Vorschriften nicht verpflichtet, sog. Luxusausführungen hinzunehmen (OLG Stuttgart WuM 1994, 712 z. Anspruch auf Errichtung eines Zaunes).

Bei besonderen Gefahrenlagen entspricht die Errichtung eines Kinderschutzzauns ordnungsmäßiger Verwaltung (BayObLG NZM 2000, 513).

Ist die Errichtung des Zaunes nach vorstehenden Grundsätzen keine Maßnahme der ordnungsmäßigen Instandhaltung und Instandsetzung, so stellt sie – auch für den Inhaber eines → Sondernutzungsrechts – als Umgestaltung des Grundstücks jedenfalls eine bauliche Veränderung i.S. von § 22 Abs. 1 S. 1 WEG dar (BayObLGZ WE 1992, 179; KG ZMR 1985, 27; OLG Düsseldorf NJWE-MietR 1997, 111).

Die Frage, ob die Errichtung eines Zaunes durch einen einzelnen Wohnungseigentümer oder eine Gruppe von Wohnungseigentümern einen nicht unerheblichen und vermeidbaren Nachteil darstellt, ist nach den Umständen des Einzelfalls, insbesondere nach dem Charakter der Wohnanlage und der näheren Umgebung zu beurteilen. Dabei wird die äußere Umgrenzung des Grundstücks i.d.R. eine geringere Beeinträchtigung darstellen als die Umzäunung von Teilflächen eines Grundstücks. Gleichwohl kann auch diese den optischen Gesamteindruck nicht unerheblich verschlechtern; bei der Prüfung, ob der Nachteil vermeidbar ist, sind aber auch Nützlichkeits-, Zweckmäßigkeits- und Sicherheitsüberlegungen einzubeziehen, die sich möglicherweise erst aus späteren Entwicklungen ergeben, etwa wenn eine besonders großzügige Grünanlage von der Allgemeinheit als Spiel- und Erholungsfläche oder als „Hundeauslauf" o.Ä. angenommen wird.

Auch die Entfernung eines Zaunes ist eine bauliche Veränderung, die i.d.R. der Zustimmung aller Wohnungseigentümer bedarf (BayObLG WE 1987, 94).

Die Ersetzung eines schadhaften Holzzauns teils durch eine Berberitzenhecke, teils durch einen schmiedeeisernen Zaun ist eine bauliche Veränderung, die die widersprechenden Wohnungseigentümer aber nicht benachteiligt (BayObLG MDR 1982, 852 [L]). Die Ersetzung der Holzpfosten eines Zauns durch Stahlpfosten ist eine Maßnahme der → modernisierenden Instandsetzung.

◆ **Zentralheizung** → Etagenheizung; → Heizungsanlage; → Heiz- und Warmwasserkosten

▶ Zubehör

Zubehör sind bewegliche Sachen, die, ohne →Bestandteile der Hauptsache zu sein, dem wirtschaftlichen Zweck der Hauptsache zu dienen bestimmt sind, zur Hauptsache in einem dieser Bestimmung entsprechenden räumlichen Verhältnis stehen und im Verkehr als Zubehör angesehen werden, § 97 Abs. 1 BGB.

Wegen der realen Ausgestaltung des Wohnungseigentums ist Zubehör sowohl zum Sondereigentum, z.B. die Einrichtung einer im Teileigentum stehenden Gaststätte (BGHZ 62, 49) oder die Alarmanlage einer Wohnung (OLG München MDR 1979, 934), als auch zum gemeinschaftlichen Eigentum möglich, etwa in der Waschküche montierte Waschmaschinen (BayObLG NJW 1975, 2246), Rasenmäher, Rasensprenger, Schneeräumer und andere Hausmeistergeräte, das im gemeinschaftlichen Öltank befindliche Heizöl (a.A. OLG Düsseldorf NJW 1966, 1715 für die Bauphase).

Soweit Zubehör im WEG möglich ist, gelten die allgemeinen Regeln für Zubehör: Im Zweifel teilt das Zubehör das rechtliche Schicksal der Hauptsache, so dass sich die Verpflichtung zur Veräußerung oder Belastung einer Sache dann, wenn keine Vereinbarung hierüber getroffen wurde, auch auf das Zubehör erstreckt, §§ 926 Abs. 1 S. 2, 311c BGB. Ein Anspruch auf Zahlung des bei Übergabe vorhandenen Heizöls besteht deshalb nur bei einer ausdrücklichen Vereinbarung. Der Eigentumserwerb an der beweglichen Sache „Zubehör" vollzieht sich dann nach Immobiliarsachenrecht, wobei sich der gutgläubige – lastenfreie – Erwerb von Zubehör vom Nichtberechtigten (Nichteigentümer des Zubehörs) oder die Belastung des Zubehörs mit Rechten Dritter nach den Vorschriften des Mobiliarsachenrechts, §§ 926 Abs. 2, 932–936 BGB richtet. Wird vom Bauträger bei Übergabe einer Eigentumswohnung Zubehör übergeben, so kann der gutgläubige Erwerber hieran somit auch dann Eigentum erwerben, wenn der Bauträger selbst nicht Eigentümer des Zubehörs war.

Ein Grundpfandrecht, eine Reallast, ein dingliches Vorkaufsrecht oder ein Nießbrauch an einem Wohnungseigentumsrecht erstreckt sich auch auf das dem Wohnungseigentümer gehörende Zubehör §§ 1120, 1192 BGB, wobei unerheblich ist, ob die Zubehöreigenschaft der beweglichen Sache vor oder nach der Belastung der Hauptsache entstanden ist. Fremdes Zubehör haftet nicht.

Um die Einheit zwischen Zubehör und Hauptsache nicht zu zerstören, kann Grundstückszubehör gem. § 865 Abs. 2 ZPO nicht nach den Regeln der Zwangsvollstreckung in bewegliche Sachen gepfändet werden. Solange es nicht von der Hypothekenhaftung freigeworden ist, unterliegt es ausschließlich der Zwangsvollstreckung nach §§ 864–871 ZPO (Thomas/Putzo § 865 RN 2).

▸ **Zufahrtsweg**

Beschließen die Wohnungseigentümer einen im Aufteilungsplan vorgesehenen, aber nicht angelegten Versorgungsweg anzulegen, handelt es sich um eine Maßnahme ordnungsmäßiger Instandsetzung des gemeinschaftlichen Eigentums, da sie der erstmaligen Herstellung eines den Plänen und der Baubeschreibung entsprechenden Zustands der Anlage dient (BayObLG NZM 1999, 578; → Abweichung zwischen Aufteilungsplan und Bauausführung). Der Weg muss aber nicht in voller Länge errichtet werden. Um sicherzustellen, dass die Zufahrtswege einer Wohnanlage der ausschließlichen Benutzung durch Rettungsfahrzeuge vorbehalten bleiben, genügt es grds., dass Absperrpfosten angebracht werden, die mittels eines Schlüssels beseitigt werden können; weiter gehende Sicherungsmaßnahmen sind nicht erforderlich (BayObLG ZWE 2001, 547 f).

▸ **Zurückbehaltungsrecht** → Aufrechnung, Zurückbehaltungsrecht

▸ **Zuschreibung eines Grundstücks**

Ein Grundstück kann einem Wohnungs- oder Teileigentum als Bestandteil zugeschrieben werden (OLG Hamm NJW-RR 1996, 1100). Zwar dürfen Miteigentumsanteile an einem Grundstück nicht im Wege der Bestandteilszuschreibung, § 890 Abs. 2 BGB, miteinander oder mit Grundstücken verbunden werden (BayObLGZ 1993, 297). Das Alleineigentum an Räumen und Teilen des Gebäudes gebietet es jedoch, den Miteigentumsanteil des Wohnungs- oder Teileigentümers anders zu behandeln als schlichtes Miteigentum, da es materiell wie auch grundbuchrechtlich fast wie ein Grundstück Gegenstand des Rechtsverkehrs ist (OLG Hamm NJW-RR 1996, 1100). Demnach ist § 890 BGB auf Wohnungs- und Teileigentum entsprechend anwendbar.

▶ **Zuschreibung von Wohnungseigentum** → Vereinigung von Wohnungseigentumsrechten

▶ **Zustellung, Zustellungsvollmacht**

Gem. § 27 Abs. 2 Nr. 3 WEG ist der Verwalter berechtigt, im Namen aller Wohnungseigentümer und mit Wirkung für und gegen sie Zustellungen und Willenserklärungen entgegenzunehmen, soweit sie an alle Wohnungseigentümer in dieser Eigenschaft gerichtet sind. Die unabdingbare Empfangsvollmacht des Verwalters bezweckt den Schutz des Rechtsverkehrs, insbesondere im Hinblick auf das rechtlich komplizierte Gebilde der Wohnungseigentümergemeinschaft (BGHZ 78, 166, 172). Die Befugnis beinhaltet zugleich eine Verpflichtung des Verwalters zur Entgegennahme von Willenserklärungen und Zustellungen (BGHZ 78, 166, 173; BayObLG DWE 1983, 27).

1. Willenserklärungen

Der Verwalter ist ausschließlich zuständiger Empfangsvertreter für an die Wohnungseigentümer gerichtete rechtsgeschäftliche Willenserklärungen und rechtsgeschäftsähnliche Handlungen, wie z.B. von Kündigungen von Mietverhältnissen über gemeinschaftliches Eigentum oder von Anstellungsverhältnissen, z.B. eines Hausmeisters (Soergel/Stürner § 27 RN 3a) oder von Mahnungen. Mit Zugang beim Verwalter werden die Willenserklärungen gegenüber den Wohnungseigentümern gem. §§ 164 Abs. 1 und 3, 130 BGB wirksam. Eigene Erklärungen gegenüber den Wohnungseigentümern kann er für diese nur entgegennehmen, wenn er vom Selbstkontrahierungsverbot des § 181 BGB befreit ist (Weitnauer/Hauger § 27 RN 15).

2. Zustellungen

Der Verwalter ist ausschließlich zuständiger Zustellungsvertreter, insbesondere für Zustellungen von Willenserklärungen durch Vermittlung des Gerichtsvollziehers gem. § 132 BGB und gerichtliche Zustellungen
- im Zivilprozess (BGHZ 78, 166: als inhaltlich beschränkter Prozessbevollmächtigter; Weitnauer/Hauger § 27 RN 16);
- im Zwangsversteigerungsverfahren (BayObLG DWE 1983, 27; LG Göttingen NZM 2001, 1141; ausführlich Sauren § 27 RN 47 ff);
- im außergerichtlichen Verwaltungsverfahren (Mansel, in: FS Bärmann und Weitnauer [1990] 471, 475) und im Verwaltungsgerichtsverfahren (BVerwG NJW-RR 1995, 73; OVG Münster WuM 1994, 406 f; OVG).;
- im Wohnungseigentumsverfahren nach § 43 Abs. 1 Nr. 1 WEG (BGH NZM 2003, 952 f; BayObLG ZMR 1997, 613 f; OLG Zweibrücken ZMR 1987, 436), nach § 43 Abs. 1 Nr. 2 WEG (BayObLGZ 1989, 342) und nach § 43 Abs. 1 Nr. 4 WEG.

Der Verwalter ist wegen der gesetzlichen Vertretungsmacht im Rahmen von § 27 Abs. 2 Nr. 3 WEG Zustellungsvertreter für alle Wohnungseigentümer (BGHZ 78, 166, 172; BayObLGZ 1993, 219, 221; OLG Zweibrücken ZMR 1987, 436 f; Staudinger/Bub § 27 RN 226), soweit sich nicht einzelne Wohnungseigentümer durch eigene Antragstellung aktiv am Verfahren beteiligen (KG ZMR 2000, 698; Palandt/Bassenge § 27 RN 11). Daher genügt die Zustellung *einer* Ausfertigung der zuzustellenden Urkunde, und zwar auch dann, wenn der Verwalter selbst neben den Wohnungseigentümern am Verfahren beteiligt ist (BGHZ 78, 166, 172).

Voraussetzung für eine wirksame Zustellung ist allerdings, dass der Verwalter als Zustellungsvertreter bezeichnet ist (BayObLGZ 1983, 14, 17; Müller WE 1992, 62), jedenfalls muss erkennbar sein, dass die Zustellung an den Verwalter in seiner Eigenschaft als Vertreter der Wohnungseigentümer gerichtet ist (BayObLG WE 1995, 251; NZM 1999, 850). Die formlose Übersendung steht der Zustellung gleich.

3. An alle Wohnungseigentümer gerichtet

Der Verwalter ist berechtigt, Willenserklärungen und Zustellungen entgegenzunehmen, die an alle Wohnungseigentümer in dieser Eigenschaft gerichtet sind, auch an ausgeschiedene Wohnungseigentümer, wenn es sich um eine Angelegenheit aus der Zeit ihrer Zugehörigkeit zur Wohnungseigentümergemeinschaft handelt (BGHZ 78, 166, 174; OLG Köln ZMR 1980, 190f). Die Willenserklärung oder Zustellung muss also eine Angelegenheit der gemeinschaftlichen Verwaltung betreffen; für Angelegenheiten, die einen Wohnungseigentümer allein betreffen, etwa die Zustellung eines Grundsteuerbescheids oder eines Abgabenbescheides, ist der Verwalter nicht zuständig (BVerwG NJW-RR 1995, 73; BPM § 27 RN 119).

Die gesetzliche Vertretungsmacht des Verwalters erstreckt sich auch auf Zustellungen, die nicht an alle Wohnungseigentümer gerichtet ist, wenn alle Wohnungseigentümer durch die Zustellung rechtlich oder wirtschaftlich betroffen sind oder zumindest ursprünglich betroffen waren (BGHZ 78, 166; Mansel, in: FS Bärmann und Weitnauer [1990] 471, 476), etwa wenn ein Wohnungseigentümer als Gesamtschuldner für Verwaltungsschulden in Anspruch genommen wird. Sind z.B. bei einer Gesamthypothek die Einzelleistungen schon vom Gläubiger einzeln berechnet, und sind nur einige der Wohnungseigentümer säumig, so genügt auch ihnen gegenüber die Zustellung der Mahnung oder einer Klage an den Verwalter (Mansel, in: FS Bärmann und Weitnauer [1990] 471, 476).

Der Verwalter ist in Wohnungseigentumsverfahren nach § 43 Abs. 1 Nr. 4 WEG auch dann Zustellungsvertreter, wenn ein Wohnungseigentümer oder eine Minderheit von Wohnungseigentümern einen Mehrheitsbeschluss anficht, so dass der Anfechtungsantrag dem Verwalter als Zustellungsvertreter der übrigen Wohnungseigentümer zugestellt werden kann; der mit der Vorschrift verfolgte Zweck, die Abwicklung des Rechtsverkehrs mit Wohnungseigentümergemeinschaften zu vereinfachen, rechtfertigt eine entsprechende Anwendung des § 27 Abs. 2 Nr. 3 WEG (BGH NZM 2003, 952f; BayObLGZ 1989, 342, 345; ZMR 1997, 613f; OLG Hamm Rpfleger 1985, 257). Seine Zuständigkeit entfällt nicht, wenn z.B. ein Gläubiger von Verwaltungsschulden nur einen Teil der Wohnungseigentümer in Anspruch nimmt, da ansonsten die Zustellungsbefugnis durch Weglassen eines einzigen Wohnungseigentümers entzogen werden könnte.

4. Ausschluss der Vertretungsmacht

Nach dem Rechtsgedanken des § 178 Abs. 2 ZPO ist der Verwalter in Fällen der Interessenkollision von der gesetzlichen Zustellungsvertretung ausgeschlossen, also insbesondere, wenn er als Antragsteller/Kläger oder Antragsgegner/Beklagter oder Rechtsmittelführer Gegner der Wohnungseigentümer ist oder in anderen Fällen ernsthaft zu befürchten ist, dass er die Wohnungseigentümer wegen eigener gegenläufiger Interessen nicht unterrichtet (BayObLG WuM 1995, 328; OLG Zweibrücken ZMR 1987, 436). Erforderlich ist nach der Rspr. die konkrete Gefahr einer Interessenkollision; eine bloß abstrakte Gefahr soll nicht ausreichen (BayObLG NJW-RR 1989, 1168f; OLG Köln NZM 1999, 287; a.A. BPM § 27 RN 131; Staudinger/Bub § 27 RN 235: aus Gründen der Rechtssicherheit reicht abstrakte Gefahr). Die Grenze findet sich dort, wo ein echter Konflikt zwischen den Interessen des Verwalters und denen der übrigen Wohnungseigentümer auftritt (BayObLG NZM 2002, 346f). Der Verwalter ist hiernach jedenfalls nicht zustellungsvertretungsberechtigt in Wohnungseigentumsverfahren über seine Rechte und Pflichten gem. § 43 Abs. 1 Nr. 2 WEG als Antragsteller (BayObLGZ 1990, 173, 175) oder Verfahrensgegner (KG FGPrax 1997, 182; Palandt/Bassenge § 27 RN 13) oder wenn seine Rechtsstellung betroffen ist (offen gelassen von OLG Celle ZWE 2002, 474 z. Anfechtung eines Bestellungsbeschlusses). Betreibt ein Wohnungseigentümer seine Abberufung aus wichtigem Grund, ist er (passiv) zustellungsbevollmächtigt, solange er nicht die Gemeinschaft nicht oder unzutreffend über das Verfahren informiert (KG NZM 2003, 604f); er darf allerdings – aufgrund des Interessenkonflikts – das Verfahren nicht selbst führen (→ Prozessführung durch Verwalter).

Ist der Verwalter von der Zustellungsvertretung ausgeschlossen, so kann das Gericht in entsprechender Anwendung der §§ 57, 779 Abs. 2, 787 ZPO einen gemeinsamen Zustellungsbevollmächtigten bestellen (BayObLGZ 1973, 145, 147; KG NZM 2003, 604f; Weitnauer/Hauger §27 RN 18;). Eine Zustellung, die trotz des Ausschlusses der Vertretungsmacht an den Verwalter erfolgt, ist unwirksam (Staudinger/Bub §27 RN 237). Das – den Wohnungseigentümern versagte – rechtliche Gehör kann aber im Rechtsbeschwerdeverfahren nachgeholt werden (OLG Celle ZWE 2002, 474; → Beteiligte).

Erfolgt die Zustellung an alle Wohnungseigentümer, obwohl an den Verwalter hätte zugestellt werden können, sind die dafür entstandenen Kosten wegen unrichtiger Sachbehandlung nach §16 KostO nicht zu erheben (OLG Hamm Rpfleger 1985, 257).

5. Unterrichtungspflicht des Verwalters

Der Verwalter ist aus dem Verwaltervertrag i.V.m. §§675, 666 BGB verpflichtet, die Wohnungseigentümer – auch ausgeschiedene Wohnungseigentümer, soweit er für diese noch Zustellungsvertretungsmacht hat – unverzüglich über Zustellungen und Willenserklärung zu unterrichten (BGHZ 78, 166, 173; BayObLGZ 1989, 342, 344; OLG Hamm NZM 2003, 323). Diese Verpflichtung besteht auch, wenn zweifelhaft ist, ob der Verwalter von der Zustellungsvertretung ausgeschlossen ist.

Der Verwalter muss sicherstellen, dass alle Wohnungseigentümer seine Informationen erhalten, was i.d.R. nur durch Rundschreiben oder mündlich in der Wohnungseigentümerversammlung (BGHZ 78, 166, 178) – wobei die abwesenden Wohnungseigentümer schriftlich zu unterrichten sind, ggf. durch Übersendung der Niederschrift – erfolgen kann, nicht aber durch Aushang am „Schwarzen Brett", da dies eine zuverlässige Kenntnisnahme durch alle Wohnungseigentümer nicht gewährleistet (a.A. OLG Köln ZMR 1980, 190f). Die Wohnungseigentümergemeinschaft trägt die Kosten der Vervielfältigung und Versendung als Verwaltungskosten i.S. von §16 Abs. 2 (BGHZ 78, 166, 173; Palandt/Bassenge §27 RN 12). Diese Kosten gehören nicht zu den außergerichtlichen Kosten und sind daher nicht erstattungsfähig (LG Braunschweig NdsRpfl 1985, 138).

6. Bestellung eines Rechtsanwalts

Hat ein Wohnungseigentümer oder haben alle Wohnungseigentümer einen Rechtsanwalt bestellt, so ist dieser allein gem. § 176 ZPO zustellungsbevollmächtigt. Die Zustellungsvollmacht des Rechtsanwalts stellt keinen Verstoß gegen § 27 Abs. 2 Nr. 3 WEG dar. Wird eine Entscheidung in diesem Fall dem Verwalter oder den Wohnungseigentümern zugestellt, beginnt die Rechtsmittelfrist gem. § 16 Abs. 2 FGG, § 172 ZPO nicht zu laufen (BGHZ 65, 43); sie beginnt erst mit der Zustellung beim Verfahrensbevollmächtigten (BayObLG WuM 1984, 311; KG OLGZ 1986, 53).

▶ **Zustimmung des Ehegatten zur Veräußerung** → Ehegattenzustimmung bei Veräußerung

▶ **Zustimmung zur Veräußerung des Wohnungseigentums**

Gem. § 13 WEG kann jeder Wohnungseigentümer über sein Sondereigentum ganz oder teilweise verfügen, das bedeutet, er kann es veräußern, belasten oder inhaltlich verändern.

1. Zustimmungspflicht

§ 137 BGB bestimmt zwar, dass die Befugnis zur Verfügung über ein veräußerliches Recht nicht durch Rechtsgeschäft ausgeschlossen oder beschränkt werden kann; dieser Grundsatz wird durch die Regelung des § 12 WEG (Veräußerungsbeschränkung) durchbrochen: Als Inhalt des Sondereigentums, der gegen Sonderrechtsnachfolger wirkt (BGH WM 1991, 775), kann vereinbart werden, dass ein Wohnungseigentümer zur Veräußerung seines Wohnungseigentums der Zustimmung anderer Wohnungseigentümer oder eines Dritten bedarf. Sinn und Zweck der Einführung einer Zustimmungspflicht ist es, die Wohnungseigentümer vor dem Eindringen persönlich oder wirtschaftlich unzuverlässiger Personen in ihre Gemeinschaft zu schützen (BayObLG NJW-RR 1990, 657; Palandt/Bassenge § 12 RN 1).

Als Ausnahmevorschrift von einer gesetzlichen Regel ist § 12 WEG eng auszulegen (BayObLG WuM 1991, 612); eine Belastungsbeschränkung kann deshalb nicht als Inhalt des Sondereigentums vereinbart werden (LG Köln MittRhNotK 1983, 221), sondern nur als Gebrauchsregelung i.S. von § 15 WEG (BGHZ 37, 203); auch ein Gebot, das Wohnungseigentum nur an bestimmte Personen zu veräußern, kann nur schuldrechtlich wirksam vereinbart werden, nicht aber als eine vom Grundbuchamt zu beachtende Veräußerungsbeschränkung (BayObLG Rpfleger 1984, 404).

2. Eintragung im Grundbuch

Wirksamkeitsvoraussetzung der Veräußerungsbeschränkung ist ihre Eintragung als Inhalt des Sondereigentums. Zwar genügt es, gem. § 7 Abs. 3 WEG zur näheren Bezeichnung des Gegenstandes und des Inhalts des Sondereigentums auf die Eintragungsbewilligung Bezug zu nehmen; gem. § 3 Abs. 2 2. HS der Verfügung über die grundbuchmäßige Behandlung der Wohnungseigentumssachen (WGBV; Abdruck in BPM S. 1656) sind vereinbarte Veräußerungsbeschränkungen jedoch ausdrücklich einzutragen (BGH WM 1991, 776). Unterbleibt dies, wirkt die Veräußerungsbeschränkung nur schuldrechtlich, nicht aber dinglich. Im Wohnungsgrundbuch findet sich daher, wenn die Veräußerungsbeschränkung vereinbart worden ist, folgende Eintragung: „Die Veräußerung des Wohnungseigentums bedarf der Zustimmung der anderen Wohnungseigentümer (oder des Verwalters)". Das Zustimmungserfordernis kann durch eine im Grundbuch eingetragene Vereinbarung, die nicht der Zustimmung der Realberechtigten bedarf, aufgehoben werden (BayObLG Rpfleger 1989, 503).

3. Zustimmungsberechtigte

Zustimmungsberechtigt können alle oder einzelne Wohnungseigentümer (BayObLG MittBayNot 1987, 96) oder ein Dritter sein. Dritter i.S. des § 12 Abs. 1 WEG ist häufig der Verwalter, der als Träger eigenen Rechts (Bub NZM 2001, 503) oder als Treuhänder oder, was die Regel ist, als verdeckter Stellvertreter für alle Wohnungseigentümer handelt (BGHZ 112, 240; BayObLGZ 1980, 29), wenn nach der Vereinbarung seine Zustimmung erforderlich ist. Für den Regelfall bleiben die Wohnungseigentümer deshalb berechtigt, die Entscheidung über Erteilung oder Verweigerung der Zustimmung selbst durch Mehrheitsbeschluss (Staudinger/Kreuzer § 12 RN 37; a.A. OLG Zweibrücken NJW-RR 1987, 269; J. Schmidt PiG 59 [2000], 163, 167: Einstimmigkeit erforderlich) zu treffen und den Verwalter entsprechend anzuweisen (OLG Köln OLGZ 1984, 152). Der Verwalter hat seine Entscheidung über Versagung oder Erteilung der Zustimmung gleichwohl eigenverantwortlich zu treffen (OLG Karlsruhe OLGZ 1985, 135). Er kann nicht nur in Zweifelsfällen (BGHZ 131, 346), sondern stets eine Wohnungseigentümerversammlung einberufen, um die Wohnungseigentümer entscheiden zu lassen (KG ZMR 1994, 124; Staudinger/Kreuzer § 12 RN 37), es sei denn der Verwaltervertrag trifft eine andere Regelung. Es kann auch vereinbart werden, dass der Verwalter, der die Zustimmung nicht zu erteilen beabsichtigt, die verbindliche Entscheidung der Wohnungseigentümer herbeizuführen hat (OLG Hamm OLGZ 1967, 109).

Ist kein Verwalter bestellt, ersetzt die Zustimmung der Wohnungseigentümer seine Erklärung (OLG Saarbrücken DNotZ 1989, 439). Aus dem Weisungsrecht der Wohnungseigentümer ergibt sich auch die Pflicht des Verwalters, jedem interessierten Wohnungseigentümer gem. §§ 675, 666 BGB rechtzeitig – etwa einen Monat vor der Eigentümerversammlung – Auskunft über die Person des Erwerbers zu erteilen (KG WuM 1989, 652; OLG Köln OLGZ 1984, 162).

Der Verwalter kann die ihm obliegende Zustimmung auch bei Veräußerung eines ihm gehörenden Wohnungseigentums gegenüber einem Erwerber erteilen, da § 12 WEG eine Ordnungsvorschrift ist (BayObLG NJW-RR 1986, 1077). Er kann aber den Kaufvertrag, dem er zuzustimmen hat, nicht als Makler nachweisen oder vermitteln (→ Makler). Er ist nicht verpflichtet, den Kaufwilligen ungefragt auf anstehende, noch nicht finanzierte Renovierungsmaßnahmen und eine daraus zu erwartende erhöhte Umlage hinzuweisen (→ Aufklärungspflicht). Dem Verwalter kann durch Beschluss eine Kostenpauschale für sein Tätigwerden bewilligt werden; er kann sie nicht vom Erwerber verlangen, da der Veräußerer zustimmungsberechtigt (KG DWE 1989, 143) und Vertragspartner ist. Die Kosten sind solche der Gemeinschaft (KG NJW-RR 1997, 1231), sofern und soweit nicht die Gemeinschaftsordnung anderes bestimmt.

Als Inhalt des Sondereigentums kann wegen §§ 1136, 1192, 1199 BGB nicht wirksam vereinbart werden, dass die Veräußerung der Zustimmung eines Grundpfandrechtsgläubigers bedarf.

4. Veräußerung

Veräußerung i.S. des § 12 WEG ist jede rechtsgeschäftliche Übertragung des Wohnungseigentums unter Lebenden (BayObLGZ 1976, 328; Palandt/Bassenge § 12 RN 3), also z.B.

- die Veräußerung aufgrund Ausübung eines Vorkaufsrechts (Nies NZM 1998, 179);
- die Veräußerung des Wohnungseigentums an einen Miteigentümer (BayObLGZ 1977, 40; KG OLGZ 1978, 296) oder an einen Dritten;
- die Veräußerung eines Teils des Wohnungseigentums nach → Unterteilung des Wohnungseigentums (BGHZ 73, 150);
- die Veräußerung durch Zuschlag bei → Entziehung des Wohnungseigentums nach §§ 57 Abs. 1 und 18, 19 WEG;
- die Rückübertragung nach einvernehmlicher Aufhebung des zugrundeliegenden Kaufvertrages (BayObLGZ 1976, 328) oder nach Anfechtung oder Rücktritt (KG NJW-RR 1988, 1426); kein Fall des § 12 WEG liegt hingegen vor, wenn auch die Auflassung unwirksam war, da in diesem Fall der Veräußerer nie aus der Wohnungseigentümergemeinschaft ausgeschieden und nur das → Grundbuch unrichtig ist;
- die Veräußerung eines Miteigentumsanteils an einem Wohnungseigentum an den Inhaber eines anderen Miteigentumsanteils (OLG Celle Rpfleger 1974, 438);
- die Erstveräußerung von Wohnungseigentum nach → Begründung von Wohnungseigentum gem. § 3 Abs. 1 WEG (BayObLGZ NJW-RR 1987, 270; OLG Hamburg OLGZ 1982, 53) und nach Vorratsteilung gem. § 8 WEG (BGHZ 113, 374);
- die Übertragung des Wohnungseigentums von der → Erbengemeinschaft auf einen Miterben, auch wenn sie der Erfüllung einer Teilungsanordnung oder eines Vermächtnisses dient (BayObLGZ 1982, 46);
- die Veräußerung an den Ehegatten des Wohnungseigentümers;
- die Veräußerung im Wege der Zwangsvollstreckung oder durch

den Insolvenzverwalter, § 12 Abs. 3 S. 2 WEG (→ Insolvenz eines Wohnungseigentümers).

Durch Vereinbarung kann das Zustimmungserfordernis nicht auf Fälle ausgedehnt werden, die keine Veräußerung sind (OLG Hamm OLGZ 1979, 419; a.A. offenbar BGHZ 49, 250 zur Vorratsteilung). Keine Veräußerung i.S. des § 12 Abs. 1 WEG ist

- die Übertragung aller Wohnungseigentumsrechte auf einen einzigen Erwerber (LG München I DNotZ 1962, 193);
- der Erwerb durch Erbschaft oder durch Erbteilskauf, und zwar auch dann nicht, wenn der Nachlass nur aus einer Eigentumswohnung besteht (OLG Hamm DNotZ 1980, 53);
- die Umwandlung einer Gesamthandsgemeinschaft, z.B. einer →Erbengemeinschaft oder einer →Gesellschaft bürgerlichen Rechts, in eine Bruchteilsmiteigentümergemeinschaft ohne Änderung der Beteiligungsquote;
- die Veräußerung von Teilen des Sondereigentums wie Kellerräumen oder Garagen an andere Wohnungseigentümer ohne Übertragung von Miteigentumsanteilen und Auswirkungen auf das Stimmrecht (OLG Celle DNotZ 1975, 42; a.A. Palandt/Bassenge § 12 WEG RN 3); anders, wenn der Miteigentumsanteil mit übertragen wird und das Stimmrecht sich ändert (BayObLGZ 1977, 1; OLG Celle DNotZ 1975, 42);
- der Tausch von Teilen des Sondereigentums oder des gesamten Sondereigentums unter Beibehaltung der Miteigentumsanteile (BayObLG DWE 1984, 62);
- die Übertragung eines Sondernutzungsrechtes, z.B. an einem Kfz-Stellplatz auf den Eigentümer eines anderen Wohnungseigentums derselben Wohnungseigentümergemeinschaft (BGHZ 73, 145);
- die Änderung der Miteigentumsanteile und des Sondereigentums innerhalb der Wohnungseigentumsrechte eines Eigentümers.

5. Versagung der Zustimmung

Die bedingungsfeindliche, dem Veräußerer oder dem Erwerber gegenüber abzugebende Zustimmung zur Veräußerung kann gem. § 12 Abs. 2 S. 1 WEG nur aus wichtigem Grund versagt werden. Die Regelung ist unabdingbar (BayObLG NJW-RR 1993, 280); eine Vereinbarung oder ein Mehrheitsbeschluss, aus anderen als wichtigen Gründen, z.B. bei einer Veräußerung an Ausländer oder an kinderreiche Familien (OLG Zweibrücken MittBayNot 1994, 44), die Zustimmung verweigern können, ist nichtig (LG Frankfurt NJW-RR 1988, 596). Die Anspruchsvoraussetzungen können nur eingeschränkt, nicht erweitert werden (BGHZ 37, 203). Unwichtige Gründe können deshalb nicht als wichtige Gründe vereinbart oder beschlossen werden (BayObLGZ 1980, 29); in der Gemeinschaftsordnung genannte Gründe dienen aber als Auslegungshilfe des Wohnungseigentumsrichters.

Ein wichtiger Grund für die Versagung der Zustimmung liegt vor, wenn gewichtige Gründe in der Person des Erwerbers vorliegen, die befürchten lassen, er werde die Rechte der übrigen Wohnungseigentümer nicht beachten (BayObLG NZM 2002, 255), z.B. die persönliche oder finanzielle Unzuverlässigkeit des Erwerbers (BayObLG NJW-RR 1990, 657f; OLG Hamm NJW-RR 1992, 785), An das Vorliegen eines wichtigen Grundes können nicht dieselben hohen Anforderungen gestellt werden, welche eine Enziehung des Wohnungseigentums nach §18 WEG rechtfertigen können, da dieses ein Eingriff in das grundrechtliche geschützte Eigentum ist, die Versagung der Zustimmung zur Veräußerung hingegen nur eine relativ geringfügige Einschränkung der rechtlichen und wirtschaftlichen Dispositionsfreiheit des bisherigen Eigentümers darstellt (BayObLG NZM 2002, 255).

Nicht ausreichend ist die Gefahr, dass nach der Veräußerung eines bisher als Hausmeisterwohnung genutzten Wohnungseigentums diese Nutzungsart künftig nicht mehr gewährleistet ist (BayObLG NJW 1973, 153) oder Beitragsrückstände des Veräußerers (BayObLG DWE 1984, 60; OLG Schleswig WE 1985, 20; Palandt/Bassenge §12 RN 8). Die abstrakte Gefahr, der Erwerber könne sich pflichtwidrig verhalten, reicht ebenfalls nicht aus, da diese bei keinem Erwerber auszuschließen ist (LG Mannheim DWE 1978, 26), gleichfalls nicht die in der Haftungsbeschränkung bei juristischen Personen liegende allgemeine Gefahr des Beitragsausfalls (BayObLG NJW-RR 1988, 1425 z. GmbH).

Über den Inhalt und den Umfang des Sondereigentums entscheidet allein das Prozessgericht (BGHZ 130, 159). Die Gemeinschaft kann deshalb, da in einem Verfahren über die Verpflichtung der Wohnungseigentümer zur Erteilung der Zustimmung nicht mit bindender Wirkung unter allen Beteiligten festgestellt werden kann, welchen Umfang das Sondereigentum hat, mangels präjudizieller Wirkung die Zustimmung nicht mit der Begründung verweigern, der Eigentümer habe Teile des Gemeinschaftseigentums mitverkauft (KG NZM 2002, 29).

Wichtige Gründe können sein:
- Der Lebensgefährte des Veräußerers, der die Wohnung erwerben soll, hat in der Vergangenheit durch provozierendes, beleidigendes und lärmendes Verhalten immer wieder für Streit mit anderen Wohnungseigentümern gesorgt (BayObLG NZM 2002, 255);
- die durch Tatsachen nachgewiesene Zahlungsunfähigkeit des Erwerbers (OLG Hamm OLGZ 1993, 295), der deshalb über seine wirtschaftlichen Verhältnisse Auskunft zu erteilen hat;
- die erkennbar fehlende Bereitschaft zur Erfüllung gemeinschaftlicher Pflichten, die zu erheblichen Beeinträchtigungen des Gemeinschaftslebens führen können (BayObLGZ 1972, 348);
- der Erwerb zu einer zweckbestimmungswidrigen, nicht zumutbaren Nutzung, z.B. zum Betrieb eines Bordells (KG Rpfleger 1982, 283) oder eines Gewerbebetriebes in einer Eigentumswohnung; die Fortsetzung eines unzulässigen, jedoch seit langem geduldeten Gebrauchs ist aber kein wichtiger Grund (BayObLG NJW-RR 1990, 657);
- der Erwerber ist wegen nachgewiesener Streitsucht unfähig, sich in die Gemeinschaft einzugliedern;
- die beharrliche Weigerung, die Hausordnung zu erfüllen (OLG Düsseldorf ZMR 1998, 45);
- die Absicht des Erwerbers, das Wohnungseigentum dem wegen nachhaltiger Störungen des Gemeinschaftsfriedens zur Veräußerung verurteilten Voreigentümer zur weiteren Nutzung zu überlassen (BayObLG NZM 1998, 868).

6. Anspruch auf Zustimmung

Liegt ein wichtiger Grund nicht vor, hat der Veräußerer einen Anspruch auf Zustimmung; und zwar in der zum Nachweis gegenüber dem Grundbuchamt erforderlichen Form (OLG Düsseldorf NJOZ 2003, 2929; OLG Hamm NJW-RR 1989, 974).

Dieser mit dem Wohnungseigentum untrennbar verbundene Anspruch (OLG Frankfurt WE 1989, 172) kann einem Dritten, insbesondere dem Erwerber, zur Ausübung überlassen werden (BGHZ 33, 76); der Erwerber hat keinen eigenen Zustimmungsanspruch. Gegenüber diesem Anspruch können Zurückbehaltungsrechte nicht ausgeübt werden (BayObLG NJW-RR 1990, 657; OLG Schleswig DWE 1983, 26). Besteht kein Anlass zu Erkundigungen über die Person des Erwerbers – das ist allerdings die Regel, da sonst die Zustimmungspflicht bedeutungslos ist –, so ist die Zustimmung innerhalb kurzer Frist zu erteilen (BayObLG DWE 1984, 61: eine Woche; RGRK/Augustin § 12 RN 15: 3–4 Wochen, dies ist realistisch). Verzug tritt allerdings erst mit einer Mahnung, aber auch mit der endgültigen Verweigerung ein (BGHZ 65, 377).

7. Wirkung der Verweigerung

Die Verträge über die Veräußerung, also der Erwerbsvertrag und die Auflassung sind solange schwebend unwirksam (BGHZ 33, 76; OLG Köln NJW-RR 1996, 1296), bis die Zustimmung gegenüber dem Veräußerer oder dem Erwerber erteilt wird; dies gilt auch bei der Anfechtung einer Zustimmung gem. § 43 WEG bis zur Rechtskraft der Entscheidung (OLG Hamm DNotZ 1992, 232). Das Fehlen der Zustimmung steht der Eintragung der Auflassungsvormerkung nicht entgegen (BayObLG NJW 1974, 1962). Wird das Wohnungseigentum versteigert, muss die Zustimmung bei Zuschlagserteilung vorliegen (BGHZ 33, 88).

Wird der neue Eigentümer im Grundbuch eingetragen, obwohl die erforderliche Zustimmung fehlt, ist das Grundbuch unrichtig, da es sich um eine absolute →Verfügungsbeschränkung handelt (BPM § 12 RN 41). Weder dem Verwalter noch den übrigen Wohnungseigentümern, deren dingliches Recht durch die Eintragung eines schwebend unwirksamen Eigentumswechsels nicht beeinträchtigt wird, steht aber ein Anspruch auf Grundbuchberichtigung gem. § 894 BGB zu, sondern allein dem Veräußerer (OLG Hamm NZM 2001, 935; a.A. Staudinger/Kreuzer § 12 RN 89). Der Verwalter kann gegen die Eintragung deshalb auch nicht Beschwerde mit dem Ziel der Eintragung eines Amtswiderspruchs einlegen (OLG Hamm NZM 2001, 935). Die Eigentümer können aber den Verwalter ermächtigen, den veräußernden Wohnungseigentümer gerichtlich zur Geltendmachung seines Grundbuchberichtigungsanspruchs zu zwingen (OLG Hamm NZM 2001, 953).

8. Form der Zustimmung

Wird die Zustimmung erteilt, muss dies in öffentlich beglaubigter Form nachgewiesen werden, § 29 GBO, vorher darf das Grundbuchamt die Eigentumsübertragung nicht vollziehen (OLG Hamm OLGZ 1989, 302). Hat der Verwalter als Treuhänder der Wohnungseigentümer zuzustimmen, hat er seine Verwaltereigenschaft gem. § 26 Abs. 4 WEG durch Vorlage einer Niederschrift über den Bestellungsbeschluss nachzuweisen; die Unterschriften auf dem Protokoll der Eigentümerversammlung, § 24 Abs. 6 WEG, sind öffentlich zu beglaubigen (OLG Düsseldorf NJOZ 2003, 2929 f). Haben die anderen Wohnungseigentümer zuzustimmen und erfolgt die Zustimmung durch Mehrheitsbeschluss, so ist die Zustimmung durch Vorlage des Protokolls der betreffenden Eigentümerversammlung nachzuweisen. Die Unterschriften der in § 24 Abs. 4 WEG bezeichneten Personen auf dem Protokoll sind öffentlich zu beglaubigen (BayObLGZ 1978, 383).

9. Schadenersatz bei unberechtigter Verweigerung der Zustimmung

Wird die Zustimmung zu Unrecht verweigert oder verspätet erteilt, so hat der Veräußerer ggf. Schadenersatzansprüche gem. §§ 280, 286 Abs. 1 BGB, z.B. wegen Zinsverlustes, gegen den für die Zustimmung Zuständigen (BayObLG DWE 1986, 60; OLG Düsseldorf NJOZ 2003, 2929 f; OLG Hamburg DWE 1994, 148; OLG Karlsruhe OLGZ 1985, 143). Dieser trägt insbesondere regelmäßig das Risiko eines Irrtums über die Rechtslage; ein Rechtsirrtum ist nur dann unverschuldet, wenn bei Anwendung der im Verkehr erforderlichen Sorgfalt mit einem Unterliegen im Verfahren nicht gerechnet zu werden brauchte (OLG Karlsruhe OLGZ 1985, 143). Ein Schadensersatzanspruch gegen den Verwalter besteht auch dann, wenn dieser die Zustimmung zwar rechtzeitig, jedoch ohne den Nachweis seiner Verwaltereigenschaft in der erforderlichen grundbuchmäßigen Form erteilt (OLG Düsseldorf NJOZ 2003, 2929f). Versagen Verwalter und Wohnungseigentümergemeinschaft die Zustimmung zu einer Veräußerung rechtswidrig, so haften sie für einen Schaden als Gesamtschuldner gem. § 421 BGB, wobei die Wohnungseigentümer, die gegen den versagenden Beschluss gestimmt haben, von der Haftung frei sind (OLG Karlsruhe OLGZ 1985, 142). Dem Erwerber steht dieser Anspruch nicht zu, da er mit dem für die Zustimmung Zuständigen keinerlei Rechtsbeziehungen unterhält. Der Schadenersatzanspruch umfasst alles, was nach allgemeinen Rechtsgrundsätzen als Verzugsschaden gilt (OLG Hamburg DWE 1994, 118), insbesondere Verzugszinsen (OLG Düsseldorf NJOZ 2003, 2929f z. einem Zinsschaden), Anwaltskosten und weiterer Kosten, die nach Eintritt des Verzuges entstehen (BayObLG NJW-RR 1993, 280).

10. Gerichtliche Durchsetzung des Anspruchs auf Zustimmung

Der Anspruch des Veräußerers auf Zustimmung gegen den für die Zustimmung Zuständigen, z.B. den Verwalter (BayObLG NJW 1988, 1425; KG OLGZ 1978, 296) oder die anderen Wohnungseigentümer ist gem. § 43 Abs. 1 Nr. 1 WEG vor dem Amtsgericht, Abt. für Wohnungseigentumssachen, der Anspruch gegen Dritte vor dem Zivilgericht geltend zu machen. Bestimmt die Vereinbarung der Wohnungseigentümer, dass bei Versagung der Zustimmung durch den Verwalter die Wohnungseigentümerversammlung entscheidet, ist ein Antrag gegen den Verwalter unzulässig (BayObLGZ 1973, 1). Wird die Zustimmung durch Beschluss der Wohnungseigentümer versagt, obwohl der Anspruch besteht, ist dieser Beschluss gem. § 23 Abs. 4 WEG anzufechten und gleichzeitig zu beantragen, den Wohnungseigentümern aufzugeben, die geforderte Zustimmung zu erteilen. Der für die Zustimmung Zuständige hat die Umstände, auf die er die Verweigerung der Zustimmung stützt, vorzutragen und trägt das Beweisrisiko (BayObLG NJW 1988, 1425).

Die Zustimmung wird durch den gerichtlichen Beschluss nicht ersetzt, vielmehr wird der Zustimmungspflichtige durch die gerichtliche Entscheidung verurteilt, die Zustimmung zur Veräußerung abzugeben (BayObLGZ 1977, 40). Die Vollstreckung hieraus erfolgt nach § 894 ZPO: Die Zustimmung, zu der der Schuldner verurteilt worden ist, gilt als abgegeben, sobald die gerichtliche Entscheidung gem. § 45 Abs. 3 WEG rechtskräftig geworden ist.

Wird der Verwalter als Treuhänder der Wohnungseigentümergemeinschaft in Anspruch genommen, so können ihm die Kosten des Verfahrens nicht auferlegt werden, wenn er bei der Versagung der Zustimmung nicht überwiegend eigene Interessen verfolgt und nicht durch eigenes Verschulden am Verfahren beteiligt wurde. Hat er die Zustimmung aus sachlich nicht ausreichenden Gründen verweigert, ist es deshalb angemessen, den anderen Wohnungseigentümern die Gerichtskosten aufzuerlegen (BayObLG WE 1989, 67).

Der Geschäftswert für gerichtliche Verfahren, in denen der Verwalter oder die Wohnungseigentümer verpflichtet werden sollen, einem Vertrag über die Veräußerung einer Eigentumswohnung zuzustimmen, ist regelmäßig in Höhe von 10 bis 20 % des Kaufpreises festzusetzen (BayObLGZ 1990, 24; KG ZMR 1990, 68). Der Kaufpreis in voller Höhe bestimmt den Geschäftswert für die Kosten einer Beurkundung oder Beglaubigung der Zustimmung zur Veräußerung (OLG Hamm Rpfleger 1982, 489; BayObLGZ 1981, 202).

▶ **Zustimmungsvorbehalt des Verwalters**

Die Gemeinschaftsordnung kann vorsehen, dass bestimmte Nutzungen des Sondereigentums oder bauliche Veränderungen der Zustimmung des Verwalters bedürfen. So kann die gewerbliche Nutzung einer Wohnung (→ Geschäftsraum, Gewerberaum), die → Tierhaltung, die → Vermietung von Wohnungseigentum oder auch die Vornahme → baulicher Veränderungen an die Zustimmung des Verwalters geknüpft werden.

Fehlt eine ausdrückliche Regelung, ist im Wege der Auslegung zu ermitteln, ob die Zustimmung des hierzu legitimierten Verwalters neben oder an Stelle der Zustimmung der nachteilig betroffenen Wohnungseigentümer tritt; im Zweifel ist davon auszugehen, dass der Verwalter als Vertreter der nachteilig betroffenen Wohnungseigentümer zustimmt, so dass daneben eine Zustimmung der Wohnungseigentümer, die auch an eine vom Verwalter erteilte fehlerhafte Zustimmung gebunden sind (KG NZM 1998, 771), nicht erforderlich ist (BayObLGZ 1974, 269, 272; OLG Frankfurt OLGZ 1984, 60f; Staudinger/Bub §22 Rn 25; a.A. BayObLG ZWE 2000, 217; OLG Köln ZMR 2004, 146f).

Der Verwalter hat über die Zustimmung nach pflichtgemäßem Ermessen zu entscheiden (OLG Frankfurt OLGZ 1984, 60f), wobei in der Regelung hierfür Entscheidungskriterien festgelegt werden können, z.B. dass die Zustimmung nur aus wichtigem Grund versagt werden darf (BGHZ 131, 346; KG WuM 1994, 106f) oder dass bei Versagung ein Mehrheitsbeschluss der Wohnungseigentümer herbeizuführen ist (KG WE 1991, 328; OLG Frankfurt OLGZ 1985, 50), die der Verwalter zu beachten hat. Die Entscheidung des Verwalters ist unter dem Gesichtspunkt der ordnungsmäßigen Verwaltung gem. § 21 Abs. 4 WEG auf Antrag jedes Wohnungseigentümers gerichtlich nachprüfbar (BayObLGZ 1974, 269, 272; OLG Frankfurt OLGZ 1985, 50, 52), da die Delegation der Entscheidung über die Zustimmung die Verwaltungsbefugnis und Entscheidungskompetenz der Wohnungseigentümer nicht verdrängt (BGHZ 131, 346; KG WE 1991, 328; WuM 1994, 106f).

Er kann im Zweifel – auch wenn dies die Vereinbarung nicht vorsieht – eine Weisung der betroffenen Wohnungseigentümer durch einen ihn bindenden Mehrheitsbeschluss einholen (BayObLGZ 1974, 269; KG WuM 1994, 106f). Dieser Entschluss des Verwalters unterliegt der gerichtlichen Prüfung gem. § 21 Abs. 4 WEG, ob sie ermessensfehlerhaft – etwa bei einer eindeutigen Rechtslage – oder rechtsmissbräuchlich ist (OLG Frankfurt OLGZ 1984, 60, 62), der Beschluss der Wohnungseigentümer der gerichtlichen Prüfung gem. § 23 Abs. 4 WEG (BayObLGZ 1974, 269; KG WuM 1994, 106, 108). Ist z.B. geregelt, dass die Zustimmung nur aus wichtigem Grund versagt werden darf, so kann er eine solche Weisung einholen, wenn trotz sorgfältiger Prüfung der Rechtslage ernstliche Zweifel am Vorliegen eines wichtigen Grundes bestehen bleiben (BGHZ 131, 346). Der Verwalter muss in diesem Fall die Wohnungseigentümer umfassend über die aufgetretenen tatsächlichen und rechtlichen Zweifelsfragen aufklären und einen Vorschlag zum weiteren Vorgehen unterbreiten, um die

Versammlung in die Lage zu versetzen, das Risiko der Zustimmung oder deren Verweigerung zutreffend abzuschätzen, wobei der Pflichtenumfang danach zu bestimmen ist, ob der Verwalter seine Tätigkeit berufsmäßig oder nebenberuflich ausübt. Prüft er mit der erforderlichen Sorgfalt, ist ihm ein gleichwohl unterlaufener Rechtsirrtum nicht anzulasten (BGHZ 131, 346). Dieses Vorgehen kann durch eine Regelung institutionalisiert werden, dass bei Versagung der Zustimmung ein Recht auf Anrufung der Wohnungseigentümerversammlung eingeräumt wird (KG OLGZ 1992, 188).

▶ **Zutritt zu gemeinschaftlichen Anlagen und Einrichtungen**

Der Zutritt zu gemeinschaftlichen Räumen, die der Versorgung aller Wohnungseigentümer z.B. mit Strom, Wasser, Gas oder Heizung dienen, kann in der Hausordnung oder durch Mehrheitsbeschluss (OLG Köln WE 1997, 427 z. Heizungsraum) beschränkt oder verboten werden, da die Bedienung, Einstellung und Kontrolle nicht von allen Wohnungseigentümern gemeinsam vorgenommen werden kann und der Zutritt zu solchen Räumen deshalb auch nicht notwendig Teil des Mitgebrauchsrechts ist (BayObLGZ 1972, 94, 97; NZM 2002, 256 z. Beschränkung auf den Hausmeister und Mitglieder des Verwaltungsbeirats; KG ZMR 1989, 201). Es widerspricht aber ordnungsmäßiger Verwaltung, nur einem einzigen Wohnungseigentümer den Zutritt zu gewähren, wenn dessen überlegene Fachkenntnisse nicht nachgewiesen sind und dessen Kontrolltätigkeit berechtigt misstraut wird (LG Düsseldorf DWE 1992, 168 [L]).

▶ **Zwangssicherungshypothek**

Die Eintragung der Zwangssicherungshypothek erfolgt auf Antrag des Vollstreckungsgläubigers im Rang nach den bereits vorhandenen Belastungen, § 867 Abs. 1 ZPO. Ausreichend ist ein auf Zahlung eines bestimmten Geldbetrages gerichteter Zahlungstitel, ein besonderer Duldungstitel ist nicht erforderlich, § 867 Abs. 3 ZPO; die Mindestsumme beträgt € 750,–, § 866 Abs. 2 ZPO.

1. Sicherungswirkung, Unwirksamwerden

Die Eintragung einer Zwangssicherungshypothek gewährt noch keine Befriedigung, sondern nur eine Sicherung des Gläubigers, und zwar aufgrund der dinglichen Wirkung auch gegenüber einem Erwerber des Wohnungseigentums. Wie eine bloße Pfändung oder Überweisung zur Einziehung ist die Zwangsvollstreckung mit der Eintragung nicht abgeschlossen, sondern auf eine Fortführung durch Erwirkung eines Duldungstitels und nachfolgende Zwangsversteigerung oder -verwaltung angelegt (BGH NJW 1988, 828f; 1995, 2715). Sie ist erst dann beendet, wenn und soweit eine auf dieser Grundlage vorgenommene Zwangsversteigerung oder -verwaltung durchgeführt ist. Der Gläubiger kann aus der Sicherungshypothek mit entsprechender Rangwirkung die Zwangsversteigerung erst betreiben, wenn er einen Duldungstitel erwirkt hat.

Zur vorläufigen Sicherung des Gläubigers kann dieser aufgrund eines im Verfahren des einstweiligen Rechtsschutzes erwirkten Arrestbefehls eine sog. Arresthypothek in das Grundbuch des Schuldners eintragen lassen, sofern zu besorgen ist, dass die Vollstreckung eines Urteils ohne die Verhängung des Arrests vereitelt oder wesentlich erschwert werden würde, §§ 916, 917, 932 ZPO. Der Arrest muss binnen einen Monats nach Verkündung des Arrests vollzogen werden, sog. Vollziehungsfrist; nach Fristablauf ist die Vollziehung unstatthaft, § 929 Abs. 2 ZPO. Als Vollziehung gilt die Stellung des Eintragungsantrags, § 932 Abs. 3 ZPO, wobei es zur Fristwahrung ausreicht, wenn der Antrag fristgemäß bei dem Amtsgericht, zu welchem das Grundbuchamt gehört, eingeht, auch wenn er innerhalb der Vollziehungsfrist nicht mehr dem zuständigen Mitarbeiter des Grundbuchamtes vorgelegt wird (BGHZ 146, 361). Wird der Arrest durch Stellung des Eintragungsantrags oder Ersuchen des Gerichts, § 941 ZPO, vollzogen, so muss er binnen einer Woche dem Schuldner zugestellt werden, § 929 Abs. 3 S. 2 ZPO; andernfalls wird der Arrest unwirksam.

Mit der Eröffnung des Insolvenzverfahrens über das Vermögen des Wohnungseigentümers (→ Insolvenz eines Wohnungseigentümers) wird die Zwangssicherungshypothek nur dann unwirksam, wenn sie im letzten Monat vor der Verfahrenseröffnung eingetragen wurde, § 88 InsO. Der Insolvenzverwalter darf von der ihm zu erteilenden Löschungsbewilligung jedoch nur Gebrauch machen, soweit dies zur Verwertung des Wohnungseigentums im Rahmen des Insolvenzverfahrens notwendig ist (BGH NJW 1995, 2715). Erfolgte die Eintragung vor diesem Zeitpunkt oder ist jedenfalls der Eintragungsantrag vor diesem Zeitpunkt beim Grundbuchamt eingegangen, §§ 88, 91 Abs. 2 InsO, 878 BGB, bleibt der Gläubiger zur abgesonderten Befriedigung durch Zwangsversteigerung des Grundstücks berechtigt (Stöber § 15 ZVG RN 23 [23.6]).

2. Eintragung in das Grundbuch

Steht die durch Zwangshypothek gesicherte Forderung den übrigen Wohnungseigentümern zu, so müssen diese wegen der dem Wechsel unterworfenen Zusammensetzung auch bei großen Wohnungseigentümergemeinschaften einzeln unter Angabe von Vorname, Name, Adresse und Beruf im Eintragungsvermerk aufgeführt werden (BayObLG ZWE 2001, 375). Neben der Angabe von Namen und Wohnort genügt nicht die Angabe der jeweiligen Grundbuchblattnummer (so aber OLG Köln OLGZ 1994, 521), weil bei der Eintragung des Berechtigten im Grundbuch eine Bezugnahme ausgeschlossen ist (Demharter GBO § 19 RN 106, § 44 RN 47). Keinesfalls genügt eine Eintragung „für die Gemeinschaft der Wohnungseigentümer, bestehend aus den in der dem Vollstreckungstitel beigefügten Liste aufgeführten Personen als Berechtigte gem. § 432 BGB" den Eintragungserfordernissen gem. §§ 1184, 1115 Abs. 1 BGB, 15 Abs. 1 GBVfG (BayObLG WE 1995, 383f; OLG Köln OLGZ 1994, 521).

Das Beteiligungs- und Rechtsverhältnis der Vollstreckungsgläubiger muss sich gleichfalls aus dem Vollstreckungstitel ergeben oder durch Auslegung zu ermitteln sein, § 47 GBO; konkretisierende Angaben können die Vollstreckungsgläubiger durch einfache Erklärung an das Grundbuchamt ohne Wahrung der Form des § 29 GBO nachholen (OLG Köln OLGZ 1986, 11). Die Angabe „als Wohnungseigentümergemeinschaft" genügt (BayObLG WE 1995, 383f; KG OLGZ 1986, 50) oder „als Gesamtberechtigte gem. § 428", was die Wohnungseigentümer nicht sind (Staudinger/Wenzel § 45 RN 73), nicht dagegen die Bezeichnung „als Gesamtberechtigte" (BGH Rpfleger 1980, 464; BayObLG WE 1996, 356f).

Hat der Verwalter als Prozessstandschafter einen Vollstreckungstitel im eigenen Namen erwirkt (→ Prozessführung durch Verwalter), so kann er auch eine Sicherungshypothek im eigenen Namen für sich eintragen lassen, ohne dass die Wohnungseigentümer den Anspruch an ihn abtreten müssen (BGH NZM 2001, 1078; KG ZWE 2001, 377). Das Grundbuchamt als Vollstreckungsorgan ist zu einer materiellen Prüfung des Titels nicht befugt (BGHZ 110, 319, 322). Es kann deshalb gem. § 1115 Abs. 1 BGB nur die Person als Gläubiger eingetragen werden, die durch den Vollstreckungstitel oder eine beigefügte Vollstreckungsklausel als Inhaber der titulierten Forderung ausgewiesen ist (BGH NZM 2001, 1078f). § 1113 Abs. 1 BGB, der die Identität von materiellrechtlichem Forderungsinhaber und Hypothekengläubiger erzwingt (Akzessorietät), gilt nur für die rechtsgeschäftlich bestellte Sicherungshypothek, nicht aber für die Zwangssicherungshypothek, die eine Vollstreckungsmaßnahme in der Form eines Grundbuchgeschäftes darstellt (BGHZ 27, 310, 313; NZM 2001, 1078, 1080). Der Verwalter kann deshalb als Titelgläubiger den zuerkannten fremden Anspruch auch im eigenen Namen vollstrecken und erhält demgemäß auch die zur Zwangsvollstreckung erforderliche Vollstreckungsklausel (BGH JurBüro 1985, 1021; BayObLG ZWE 2001, 377, 380).

3. Löschung

Ist die Schuld getilgt, kann der Wohnungseigentümer von allen im Grundbuch eingetragenen Gläubigern eine in der Form des § 29 GBO ausgestellte Löschungsbewilligung verlangen, §§ 875 BGB, 19 GBO. Ausreichend für die Löschung ist aber auch die Vorlage einer löschungsfähigen Quittung, die den Nachweis liefert, dass der Gläubiger wegen der der Hypothek zugrunde liegenden Forderung vollständig befriedigt und die Hypothek gem. §§ 1163 Abs. 1 S. 2, 1177 Abs. 1 S. 1 BGB als Grundschuld auf den Eigentümer des belasteten Wohnungseigentums übergegangen ist (BayObLG ZMR 2001, 369f). Ist die Zwangssicherungshypothek für mehrere Gläubiger als „Berechtigte in Wohnungseigentümergemeinschaft" eingetragen, so genügt, dass der Verwalter in einer notariell beglaubigten Urkunde (BayObLGZ 1995, 103f) die Bezahlung der Forderung quittiert (BayObLG ZMR 2001, 369f; Palandt/Bassenge §27 RN 10) und seine Verwalterbestellung in der Form der §§24 Abs.6, 26 Abs.4 WEG nachweist, wobei eine Bezugnahme auf die Grundakten desselben Gerichts ausreicht (BayObLGZ 1995, 103f).

Ist die Sicherungshypothek dagegen für mehrere Wohnungseigentümer – unzulässig – „als Gesamtberechtigte" eingetragen, reicht eine Quittung des Verwalters nicht aus. Vielmehr müssen sämtliche Gläubiger die Löschung bewilligen (BayObLG WE 1996, 356f). Durch die Quittung wird der Nachweis, dass die Hypothek nicht mehr den eingetragenen Gläubigern zusteht, unabhängig davon erbracht, ob sie im Zeitpunkt der Quittungserteilung noch Wohnungseigentümer sind. Denn der Zahlungsverkehr mit den eingetragenen Gläubigern kann auch dann nur über den Verwalter und über die Gemeinschaftskonten abgewickelt werden, wenn die Gläubiger der Gemeinschaft nicht mehr angehören. Der Verwalter ist insoweit allein berechtigt, auch für sie schuldbefreiende Tilgungsleistungen in Empfang zu nehmen (BayObLG WE 1995, 383f; → Entgegennahme von Zahlungen und Leistungen). Wird trotz vollständiger Befriedigung der Gläubiger aus dem Titel weiter vollstreckt, kann der Schuldner oder sein Rechtsnachfolger (BGH NJW 1988, 828f) die Zwangsvollstreckung im Wege eines Vollstreckungsabwehrantrags für unzulässig erklären lassen.

▶ Zwangsversteigerung

Eine Eigentumswohnung kann nach den Regeln der Zwangsvollstreckung in das unbewegliche Vermögen, §§ 864ff ZPO, versteigert werden.

1. Wirkungen des Zuschlags

a) Eigentumserwerb

Durch den Zuschlag, der mit Verkündung wirksam wird, wird der Ersteher Eigentümer der versteigerten Eigentumswohnung, ohne dass es einer Umschreibung im Grundbuch bedarf (BGHZ 112, 59; OLG Düsseldorf ZMR 1995, 172f), sofern nicht im Beschwerdewege der Zuschlagsbeschluss rechtskräftig aufgehoben wird, §§ 89, 90 Abs. 1 ZVG. Das Eigentum des bisherigen Wohnungseigentümers geht unter (Stöber § 90 ZVG RN 2 [2.1]).

Da durch den Zuschlag das Eigentum durch öffentlich-rechtlichen Übertragungsakt gem. § 90 Abs. 1 ZVG auf den Ersteher übergeht, steht diesem ab Zuschlagserteilung das Stimmrecht zu. Die für den vorherigen Eigentümer sprechende Vermutung des § 891 BGB kann der Ersteher durch Vorlage einer Ausfertigung des Zuschlagsbeschlusses unschwer entkräften. Nicht erforderlich ist, dass die Voraussetzungen für das Grundbuchersuchen zum Verfahrensabschluss durch das Vollstreckungsgericht gem. § 130 Abs. 1 ZVG vorliegen, da die Umschreibung im Grundbuch lediglich eine Berichtigung ohne konstitutive Wirkung ist (BGHZ 95, 118, 127; OLG Düsseldorf ZMR 1995, 172f; OLG Hamm Rpfleger 1959, 130; Stöber § 130 ZVG RN 2 [2.9]). Von der Zuschlagserteilung an ist der Ersteher gem. § 56 S. 2 ZVG alleiniger Schuldner der ab diesem Zeitpunkt fällig werdenden Beitragsansprüche (LG Düsseldorf WuM 1991, 308; LG Hamburg DWE 1990, 33; Stöber § 56 ZVG RN 5 [5.2]).

b) Räumungstitel

Aus dem Zuschlagbeschluss findet gem. § 93 ZVG die Zwangsvollstreckung auf Räumung und Herausgabe gegen den Besitzer der Wohnung statt. Dies wird in aller Regel der frühere Wohnungseigentümer sein. In der Vollstreckungsklausel müssen der Ersteher als Gläubiger und als Schuldner die Person, gegen die vollstreckt werden soll, namentlich genannt sein. Der Ehegatte des Räumungsschuldners ist als Mitbesitzer, § 866 BGB, gleichfalls Räumungsschuldner und muss in der Vollstreckungsklausel bezeichnet werden; gleiches gilt für minderjährige wie auch volljährige Kinder, nicht aber für nur vorübergehend in der Wohnung weilende Angehörige oder Gäste (Stöber § 93 RN 2 [2.2]).

Gem. § 93 Abs. 1 S. 2 ZVG darf die Zwangsvollstreckung aus dem Zuschlagbeschluss nicht erfolgen, wenn das Besitzrecht des Besitzers durch den Zuschlag nicht erloschen ist. Dies erfasst insbesondere den Fall der Vermietung der Wohnung, da gem. § 57 ZVG die Vorschrift des § 566 BGB, wonach der Erwerber beim rechtsgeschäftlichen Erwerb in bestehende Mietverträge eintritt, beim Erwerb durch Zuschlag in der Zwangsversteigerung entsprechende Anwendung findet (→ Vermietung von Wohnungseigentum). Das Besitzrecht ist bereits im Verfahren auf Erteilung der Vollstreckungsklausel gegen den Besitzer, der gem. § 730 ZPO gehört werden kann, zu prüfen. Wird ein Mietvertrag vorgelegt, darf die Vollstreckungsklausel i.d.R. nicht erteilt werden (Stöber § 93 ZVG RN 3 [3.2]). Kein Recht zum Besitz ist im Klauselverfahren jedoch dargetan, wenn ein Mietvertrag zwar vorgelegt wird, dieser aber offenkundig eine Scheinvereinbarung ist, § 117 BGB (LG Freiburg Rpfleger 1990, 226; OLG Köln Rpfleger 1996, 121), wenn ein behauptetes Mietverhältnis mit einem Angehörigen mit großer Wahrscheinlichkeit wegen mangelnder Ernsthaftigkeit nicht wirksam ist (OLG Frankfurt Rpfleger 1989, 209) oder wenn der vorgelegte (kurz vor dem Zuschlag datierte) Vertrag ein Mietverhältnis nicht hinreichend ausweist (LG Wuppertal Rpfleger 1993, 81). In solchen Fällen ist das behauptete Besitzrecht mit Widerspruchsklage nach § 771 ZPO geltend zu machen. Ein Scheinmietvertrag liegt aber nicht vor, wenn der Mietvertrag vor Bezug der Wohnung abgeschlossen wurde und der vereinbarte Mietzins ortsüblich ist und auch tatsächlich gezahlt wird; in diesem Fall ist ein Mietvertrag zwischen Familienangehörigen auch dann nicht wegen Sittenwidrigkeit nichtig, wenn es sein alleiniger Zweck ist, die Rechtsfolge des § 93 ZVG auszuschalten (OLG Düsseldorf NJW-RR 1996, 720).

c) Sonderkündigungsrecht

Ist die Wohnung vermietet, räumt § 57a ZVG dem Ersteher gegenüber dem Mieter ein Sonderkündigungsrecht ein. Er darf das Mietverhältnis unter Einhaltung der gesetzlichen Frist kündigen, muss dies jedoch zum ersten zulässigen Termin tun. § 57a ZVG ermöglicht jedoch nur eine von den vertraglich vorgesehenen Fristen unabhängige Kündigung. Die Mieterschutzvorschriften des BGB für den Wohnraummieter, die einen Kündigungsgrund für den Vermieter nur unter besonderen Umständen gewähren (→ Kündigung des Mietvertrages über Wohnungseigentum), bleiben unberührt (BGHZ 84, 90, 100).

2. Haftung des Erstehers

Für Beitragsrückstände des früheren Wohnungseigentümers haftet der Ersteher weder kraft Gesetzes noch aufgrund einer Regelung in der Gemeinschaftsordnung, dass der Erwerber im Falle der Veräußerung als Gesamtschuldner für bestehende Hausgeldverbindlichkeiten haftet (BGHZ 88, 305; OLG Düsseldorf ZWE 2001, 77), da der Ersteher das Wohnungseigentum originär, nicht vom früheren Wohnungseigentümer abgeleitet erwirbt. Er erwirbt daher auch nicht dessen Mitgliedschaft oder dessen schuldrechtliche, nicht verdinglichte Rechte und Pflichten (BayObLGZ DNotZ 1985, 419). Eine Regelung in der Gemeinschaftsordnung, dass der Ersteher in der Zwangsversteigerung für fällige und rückständige Vorschussverbindlichkeiten des früheren Wohnungseigentümers mithaftet, verstößt gegen § 56 S. 2 ZVG und ist deshalb gem. § 134 BGB nichtig (BGHZ 99, 358, 361; OLG Hamm NJW-RR 1996, 911; Staudinger/Kreuzer § 10 RN 105; Stöber § 56 ZVG RN 5 [5.3]). Auch bereits fällig gewordene Ansprüche der Eigentümergemeinschaft gegen den nach der Gemeinschaftsordnung instandhaltungspflichtigen Voreigentümer, der zum →Dachausbau berechtigt war und Schäden am Gemeinschaftseigentum verursacht hat, können nicht gegenüber dem Ersteigerer geltend gemacht werden (KG NZM 2003, 113).

Der Ersteher haftet aber für Nachforderungen aus einer Abrechnung, die erst nach dem Zuschlagsbeschluss aufgestellt und genehmigt wurde, allerdings lediglich in Höhe der Abrechnungsspitze, nicht hingegen für Fehlbeträge, die darauf beruhen, dass der Voreigentümer keine Beitragsvorschüsse gezahlt hat (BGHZ 142, 290; OLG Düsseldorf NZM 2001, 432). Insoweit gelten dieselben Grundsätze wie für die Haftung des rechtsgeschäftlichen Erwerbers (→Haftung des Erwerbers).

Die übrigen Wohnungseigentümer können Beitragsrückstände des Voreigentümers im Zwangsversteigerungsverfahren nur in der Rangklasse 5 des § 10 ZVG geltend machen, wenn sie tituliert sind (Ebeling Rpfleger 1986, 125); dies gilt auch für den Anteil an den →Kommunalabgaben, Kaminkehrergebühren und an den Brandversicherungsprämien, die nur von der zuständigen Gemeinde, vom zuständigen Kaminkehrer und vom Versicherer selbst zur Vorzugsrangklasse 3 des § 10 ZVG angemeldet werden können (Ebeling Rpfleger 1986, 125; ebenso LG Oldenburg Rpfleger 1982, 435 für den Fall der Abtretung).

3. Verfahren

Bei der Versteigerung einer Eigentumswohnung sind die übrigen Wohnungseigentümer gem. § 9 Nr. 1 ZVG am Zwangsversteigerungsverfahren beteiligt (OLG Stuttgart OLGZ 1966, 57). Die Terminbestimmung ist dem Verwalter in einfacher Ausfertigung gem. §§ 41 ZVG, 27 Abs. 2 Nr. 3 und 4 WEG zuzustellen (BGHZ 78, 166; Stöber § 41 RN 2 [2.8]), es sei denn, dass der Verwalter selbst das Zwangsversteigerungsverfahren betreibt (BayObLGZ 1973, 145). Während des Zwangsversteigerungsverfahrens bleibt der Wohnungseigentümer zur Ausübung des Stimmrechts in der Wohnungseigentümerversammlung gem. § 24 ZVG berechtigt (LG Berlin i-telex 1986, 91).

Wird dem Vollstreckungsgericht ein aus dem Grundbuch ersichtliches Recht bekannt, welches der Zwangsversteigerung entgegensteht, ist das Verfahren – ggf. nach vorheriger Fristsetzung zur Beseitigung des Hindernisses – aufzuheben, § 28 Abs. 1 ZVG. Hierzu zählen die Eröffnung des Insolvenzverfahrens, wenn der Titel auf den Schuldner lautet, die Nachlassverwaltung bei einem Titel gegen den Erben oder das Nacherbenrecht (→ Erbe), wenn ein dinglicher Gläubiger aus einem den Nacherben gegenüber unwirksamen Recht, z.B. aus einem vom nicht befreiten Vorerben bestellten → Grundpfandrecht (Stöber § 15 RN 30 [30.10]) die Zwangsversteigerung betreibt, nicht aber eine Auflassungsvormerkung (BGHZ 46, 124) oder ein → Vorkaufsrecht. Ist in der Teilungserklärung vereinbart, dass die Veräußerung der Zustimmung anderer Wohnungseigentümer oder eines Dritten bedarf (→ Zustimmung zur Veräußerung des Wohnungseigentums), so gilt dies gem. § 12 Abs. 3 S. 2 WEG auch für einen Zuschlag in der Zwangsversteigerung, es sei denn, dass alle Miteigentumsanteile einer Wohnungseigentumsanlage versteigert werden sollen (BayObLGZ 1958, 273). Bis zur Zustimmung ist der Zuschlag schwebend unwirksam (LG Berlin Rpfleger 1976, 149).

4. Teilungsversteigerung

Wegen der Unauflöslichkeit der Wohnungseigentümergemeinschaft gem. § 11 Abs. 1 WEG kann ein Wohnungseigentümer nicht gegen die übrigen Miteigentümer eine Teilungsversteigerung gem. § 180 ZVG betreiben. Mehrere Bruchteilseigentümer einer Eigentumswohnung können aber ihre Gemeinschaft durch Teilungsversteigerung aufheben (Stöber § 180 ZVG RN 2 [2.9]). Der Bruchteilsmiteigentümer, dessen Miteigentumsanteil gepfändet wurde, kann gem. § 180 Abs. 2 ZVG die einstweilige Einstellung der Teilungsversteigerung beantragen, wenn sein Pfändungsgläubiger das Verfahren betreibt (OLG Hamm Rpfleger 1958, 269; Stöber § 180 RN 11 [11.12 a]; a.A. LG Berlin Rpfleger 1991, 107).

▶ Zwangsverwaltung

Eine Eigentumswohnung unterliegt gem. §§ 864 Abs. 2, 866 Abs. 1 ZPO als Grundstücksbruchteil der Zwangsverwaltung (Wolicki NZM 2001, 321 ff).

1. Wirkungen der Beschlagnahme

Durch die Anordnung der Zwangsverwaltung wird dem Eigentümer gem. § 148 Abs. 2 ZVG das Recht zur Verwaltung und Nutzung seines Wohnungseigentums entzogen und auf den Zwangsverwalter übertragen. Die Zwangsverwaltung erfasst aber nicht den Anteil des einzelnen Wohnungseigentümers am Verwaltungsvermögen (Weitnauer/Hauger § 3 RN 125; Stöber § 152 RN 16 [16.1]).

Wenn der Wohnungseigentümer seine Wohnung selbst bewohnt, kommt eine Zwangsverwaltung in der Praxis nur in Ausnahmefällen in Betracht, da ihm diese in der Zwangsverwaltung gem. § 149 Abs. 1 ZVG zu Wohnzwecken zu überlassen ist und hieraus keine Erträge zu erwarten sind. Gleichwohl fehlt auch in diesem Fall nicht das Rechtsschutzbedürfnis für eine Zwangsverwaltung (LG Frankfurt NZM 1998, 635; Wolicki NZM 2001, 321, 323). Die Zwangsverwaltung wird aber in aller Regel nur dann angestrebt, wenn Eigentumswohnungen vermietet sind. In bestehende Mietverträge tritt der Zwangsverwalter gem. § 152 Abs. 2

in vollem Umfang ein (Stöber § 152 RN 9 [9.3]). Vorausverfügungen des Schuldners über den Mietzins, z.B. Vorausabtretungen, sind ihm gegenüber allerdings gem. § 1124 BGB nur für den Monat, in dem die Beschlagnahme erfolgt, bzw. bei einer Beschlagnahme erst nach dem 15. des Monats, bis zum Ablauf des folgenden Monats wirksam. Sind Mieten gepfändet, so setzt die Beschlagnahme die Pfändung außer Kraft, die Mietpfändung ruht für die Dauer des Zwangsverwaltungsverfahrens und lebt erst mit dem Wegfall der Beschlagnahme wieder auf. Eine leer stehende Wohnung kann der Zwangsverwalter vermieten, §§ 148, 152 ZVG.

2. Rechte und Pflichten des Zwangsverwalters

Der Zwangsverwalter tritt in Bezug auf die sich aus dem Gemeinschaftsverhältnis ergebenden Rechte und Pflichten an die Stelle des Eigentümers insoweit, als die Handlung durch den Zweck der Zwangsvollstreckung gedeckt ist, dem Gläubiger Befriedigung aus den Erträgnissen der beschlagnahmten Eigentumswohnung zu verschaffen (AG Kerpen ZMR 1999, 126 f). Mit dieser Einschränkung kann auch er Beschlüsse anfechten und vor dem Wohnungseigentumsgericht auf Beiträge in Anspruch genommen werden, nicht dagegen ein von dem Eigentümer eingelegtes Rechtsmittel zurücknehmen, wenn dieser Beschlüsse der Eigentümerversammlung angefochten hat, durch die die Genehmigung zur Vornahme baulicher Veränderungen erteilt oder versagt worden ist (KG NJW-RR 1987, 77). An die zwischen den Eigentümern getroffenen Vereinbarungen ist der Zwangsverwalter gebunden (Stöber § 146 RN 3 [3.3]).

Das Stimmrecht in der Wohnungseigentümerversammlung steht allein dem Zwangsverwalter zu (BayObLG NZM 1999, 77; OLG Hamm WuM 1991, 220 für die Abberufung und Bestellung des Verwalters; Staudinger/Bub § 25 RN 139; a.A. KG NJW-RR 1987, 77 f: Stimmrecht des Zwangsverwalters nur wenn die Ausübung des Stimmrechts im Einzelfall dem Zweck der Zwangsverwaltung i.S. des § 152 ZVG entspricht, im Interesse der Gläubiger alle Maßnahmen zu ergreifen, um das Wohnungseigentum in seinem wirtschaftlichen Bestand zu erhalten und ordnungsgemäß zu benutzen). Jedenfalls besteht eine Vermutung dafür, dass die Beschlussgegenstände einer Eigentümerversammlung die Zwangsverwaltung berühren (BayObLG NZM 1999, 77).

Ist die Wohnung vermietet, hat der Zwangsverwalter die Betriebskosten auch für solche Abrechnungszeiträume abzurechnen, die vor seiner Bestellung liegen, sofern eine derartige Nachforderung von der Anordnung der Zwangsverwaltung erfasst wird, § 1123 Abs. 2 S. 1 BGB; §§ 21, 148 Abs. 1 S. 1 ZVG; ein Abrechnungsguthaben hat er an den Mieter selbst dann auszuzahlen, wenn ihm die Vorauszahlungen nicht zugeflossen sind (BGH NZM 2003, 473). An den Mieter auszuzahlen hat er nach Beendigung des Mietverhältnisses auch die Kaution unabhängig davon, ob sie ihm vom Vermieter ausgehändigt wurde (BGH NZM 2003, 849).

3. Beiträge, Abrechnungen

Die Beiträge zu den Lasten des gemeinschaftlichen Eigentums und den Kosten der Instandhaltung, Instandsetzung und sonstigen Verwaltung gem. § 28 Abs. 2 und 5 WEG, die während des Zwangsverwaltungsverfahrens fällig werden, hat der Zwangsverwalter als Ausgaben der Verwaltung gem. § 155 Abs. 1 ZVG vorweg aus den Einnahmen aus der Nutzung der Eigentumswohnung zu bestreiten (BayObLG NZM 1999, 715; OLG Hamburg OLGZ 1993, 431f), und zwar einschließlich der in den Vorschüssen enthaltenen Beiträge zur → Instandhaltungsrückstellung. Dies gilt auch für Beiträge aufgrund eines Sonderumlagebeschlusses (OLG Düsseldorf NJW-RR 1991, 724 f). Der Zwangsverwalter hat aber keine Zahlungen auf Beitragsrückstände zu leisten, die vor der Anordnung der Zwangsverwaltung fällig geworden waren (BayObLGZ 1991, 93; Stöber § 152 ZVG RN 16 [16.3 c]); diese Forderungen sind in der fünften Rangklasse gem. § 10 Abs. 1 Nr. 5 ZVG, bei dinglicher Sicherung in der vierten Rangklasse gem. § 10 Abs. 1 Nr. 4 ZVG zu berücksichtigen (Hauger, in: FS Bärmann und Weitnauer [1990] 353, 357; Steiger Rpfleger 1985, 474, 481).

Der Zwangsverwalter ist auch zahlungspflichtig für Abrechnungsfehlbeträge aus Abrechnungen, die nach Anordnung der Zwangsverwaltung beschlossen werden (OLG Karlsruhe WE 1990, 105), nicht aber soweit diese darauf beruhen, dass vor der Beschlagnahme fällige Beitragsvorschusszahlungen nicht bezahlt wurden (Staudinger/Bub § 28 RN 420; a.A. noch OLG Köln WE 1993, 54f für den Fall, dass die Vorschussansprüche gegen den Wohnungseigentümer bereits tituliert sind). Übersieht der Zwangsverwalter, dass in einer nach der Anordnung der Zwangsverwaltung beschlossenen Jahresabrechnung auch der Schuldsaldo aus einem vergangenen Jahr enthalten ist und bezahlt er den vollen Schuldsaldo, sind die Wohnungseigentümer zur Rückzahlung des auf die frühere Jahresabrechnung entfallenden Betrages wegen ungerechtfertigter Bereicherung verpflichtet (BayObLG NZM 1999, 715). Der Zwangsverwalter ist andererseits auch Gläubiger eines nach Anordnung der Zwangsverwaltung beschlossenen Abrechnungsguthabens (Stöber § 152 RN 16 [16.3 e]).

Unterliegen mehrere Eigentumseinheiten eines Wohnungseigentümers der Zwangsverwaltung und sind diese nur teilweise vermietet, so darf der Zwangsverwalter Erträge vermieteter Einheiten nicht zur Zahlung von Beiträgen für unvermietete Einheiten verwenden (OLG Stuttgart OLGZ 1977, 125; Soergel/Stürner § 16 RN 7; Müller PiG 17, 173, 184).

Der Wohnungseigentümer wird von seiner Zahlungspflicht nur in Höhe der Leistungen des Zwangsverwalters frei (OLG Köln DWE 1989, 30, 34; Bub, in: FS Seuß [1987] 86ff; Hauger, in: FS Bärmann und Weitnauer [1990] 356; offen gelassen von BayObLGZ 1991, 93); im Übrigen kann er persönlich in Anspruch genommen werden.

4. Vorschuss

Reichen die Mieteinnahmen nicht aus, hat das Vollstreckungsgericht auf Antrag des Zwangsverwalters vom Vollstreckungsgläubiger einen Vorschuss gem. § 161 Abs. 3 ZVG einzufordern (OLG Köln WE 1993, 54, 55; LG Oldenburg Rpfleger 1987, 326; Stöber § 152 ZVG RN 16 [16.3 a]). Wird der Vorschuss nicht fristgemäß bezahlt, ist das Zwangsverwaltungsverfahren aufzuheben (Stöber § 161 ZVG RN 4; Steiger Rpfleger 1985, 474, 476). Betreiben die Wohnungseigentümer selbst als Gläubiger die Zwangsverwaltung, so können die Vorschüsse, die als Beitragsvorschüsse an den Verwalter der Wohnanlage „zurückfließen" in der nachfolgenden

Zwangsversteigerung nur dann bevorrechtigt in der Rangklasse des § 10 Abs. 1 Nr. 1 ZVG, also an erster Rangstelle befriedigt werden, wenn sie im Einzelfall werterhaltend und -verbessernd für das konkrete Objekt verwendet worden sind; dies muss der die Zwangsverwaltung betreibende Gläubiger darlegen und beweisen (BGH NZM 2003, 602; a.A. noch OLG Düsseldorf NZM 2002, 1045; Wolicki NZM 2000, 321, 324: Berücksichtigung in der ersten Rangklasse in vollem Umfang). Nicht ausreichend ist z.B. die Verwendung für Straßenreinigung, Gebäudereinigung und die Instandhaltungsrücklage. Als vorrangige Forderung kommt aber der Teil der Beitragsvorschüsse in Betracht, der auf die Feuerversicherung entfällt, da diese dem Objekt i.S. von § 10 Abs. 1 Nr. 1 ZVG zugute kommen.

Für eine bevorrechtigte Erstattung geleisteter Vorschüsse ist überdies die rechtzeitige Anmeldung im Zwangsversteigerungsverfahren unter Angabe des beanspruchten Rangs, nämlich § 10 Abs. 1 Nr. 1 ZVG, erforderlich. Die Anmeldung muss zur Rangwahrung spätestens im Versteigerungstermin vor der Aufforderung zur Abgabe von Geboten erfolgen, §§ 37 Nr. 4, 45 Abs. 1, 110, 114 ZVG (Stöber § 10 RN 2 [2.7]). Die Vorschüsse sind gem. § 155 Abs. 3 S. 1 ZVG zu verzinsen.

Sind die übrigen Wohnungseigentümer Vollstreckungsgläubiger im Zwangsverwaltungsverfahren, kann der Zwangsverwalter gegen einen Abrechnungsfehlbetrag nicht mit seinem Anspruch auf Vorschuss aufrechnen, da dieser gem. § 161 Abs. 3 ZVG vom Gericht anzufordern ist (OLG Köln WE 1993, 54 f).

▶ **Zwangsvollstreckung**

1. Zwangsvollstreckung in eine Eigentumswohnung

Die Zwangsvollstreckung in eine Eigentumswohnung erfolgt durch Eintragung einer → Zwangssicherungshypothek, → Zwangsversteigerung oder → Zwangsverwaltung gem. § 45 Abs. 3 WEG i.V.m. §§ 750 Abs. 1, 866 Abs. 1 ZPO. Die Maßnahmen können auf Antrag des Gläubigers jeweils selbständig oder nebeneinander angeordnet werden. Die Zwangssicherungshypothek führt nur zur Sicherung des Gläubigers. Bei der Zwangsversteigerung erhält der

Gläubiger den Erlös zur Befriedigung seiner Forderung. Die Zwangsverwaltung befriedigt den Gläubiger aus den Erträgen der Eigentumswohnung (Mietzins, Pachtzins). Auch die Wohnungseigentümer können in eine Eigentumswohnung vollstrecken, wenn sie gegen einen Wohnungseigentümer, der z.B. mit der Zahlung von →Beiträgen oder →Abrechnungsfehlbeträgen in →Verzug geraten ist, einen rechtskräftigen Titel erlangt haben.

2. Zwangsvollstreckung in Wohnungseigentumssachen

In Wohnungseigentumssachen findet die Zwangsvollstreckung gem. § 45 Abs. 3 WEG aus rechtskräftigen gerichtlichen Entscheidungen – es sei denn, dass durch einstweilige Anordnung ihre vorläufige Vollstreckbarkeit vor Eintritt der Rechtskraft bestimmt wurde –, aus gerichtlichen Vergleichen und aus einstweiligen Anordnungen gem. § 44 Abs. 3 WEG nach den Vorschriften der ZPO statt (BayObLG WE 1996, 147).

Die Zwangsvollstreckung – auch aus einer einstweiligen Anordnung (BayObLG DWE 1986, 94) – setzt die Erteilung einer Vollstreckungsklausel durch das Amtsgericht, Abt. für Wohnungseigentumssachen, gem. §§ 724 ff ZPO sowie die Zustellung des Titels beim Vollstreckungsschuldner voraus.

Im Vollstreckungstitel müssen die Wohnungseigentümer so genau bezeichnet werden, daß ihre Identität einwandfrei festgestellt werden kann, da ansonsten eine allgemeine Voraussetzung der Zwangsvollstreckung i.S.d. § 750 Abs. 1 ZPO fehlt. Die Bezeichnung „Wohnungseigentümer der Anlage-X-Straße" reicht – anders als im Erkenntnisverfahren – zur Kennzeichnung als Schuldner nicht aus, wohl aber zur Bestimmung als Gläubiger (BGH NJW-RR 1986, 564), wenn der zu vollstreckende Anspruch auf eine an die Wohnungseigentümer gemeinschaftlich zu erbringende Leistung wie Beiträge gerichtet ist und die Wohnungseigentümer bei der Vollstreckung durch den Verwalter vertreten werden (BayObLG DWE 1986, 94).

a) Zuständigkeit

Während das Wohnungseigentumsgericht als Prozessgericht mit der Vollstreckung wegen einer Geldforderung nicht befasst wird, ist es für die Vollstreckung nach §§ 887, 888 und 890 ZPO ausschließlich zuständiges Vollstreckungsorgan (BayObLGZ 1988, 440f; WE 1996, 147). Dies gilt auch für die Vollstreckung von entsprechenden Verpflichtungen aus einem gerichtlichen Vergleich (BayObLG WE 1989, 32). Verfahren, Rechtsmittelzug und Kostenentscheidung richten sich nach der ZPO, die Vorschriften des FGG und die des WEG finden keine Anwendung (BayObLG WE 1988, 141f; 1991, 362f.; a.A. OLG Köln ZMR 1995, 326 für die Streitwertfestsetzung).

b) Vollstreckung vertretbarer und unvertretbarer Handlungen

Vertretbare Handlungen, d.h. Handlungen, die nicht nur der Pflichtige, sondern auch ein Dritter vornehmen kann, werden nach § 887 ZPO vollstreckt. Hierher gehören z.B. die Beseitigung einer baulichen Veränderung oder die Erstellung der →Abrechnung (BayObLG ZWE 2002, 585, 587; OLG Düsseldorf NZM 1999, 842), nicht aber die →Rechnungslegung (BayObLG ZWE 2002, 585, 587). Das Wohnungseigentumsgericht hat die Vollstreckungsgläubiger auf Antrag zu ermächtigen, die erforderlichen, konkret zu bezeichnenden Handlungen auf Kosten des Vollstreckungsschuldners, auf die dieser auf Antrag gem. § 887 Abs. 2 ZPO einen der Höhe nach substantiiert darzulegenden Vorschuss zu leisten hat, durch Dritte oder unter Einschaltung des Gerichtsvollziehers gem. § 892 ZPO vornehmen zu lassen (OLG Köln ZWE 2000, 491f; BayObLG ZWE 2000, 124f). Da der Dritte eine Abrechnung nur anhand der einschlägigen Verwaltungsunterlagen erstellen kann, ist es erforderlich, den Antrag auf Erstellung der Abrechnung von vorneherein mit einem Antrag auf Herausgabe dieser Unterlagen, hilfsweise auf Einsicht, zu verbinden (Belz Handbuch RN 157). Funktionell ist gem. § 887 Abs. 3 ZPO für die Zwangsvollstreckung zur Erzwingung der Herausgabe und Räumung nicht das Prozessgericht erster Instanz, sondern nach § 885 Abs. 1 ZPO der Gerichtsvollzieher zuständig (OLG Köln ZWE 2000, 491f).

Unvertretbare Handlungen, z.B. die Erteilung einer Auskunft oder die →Rechnungslegung, werden nach § 888 ZPO durch Verhängung von Zwangsgeld bzw. Zwangshaft vollstreckt.

c) Mitwirkung Dritter

Die Abgrenzung der Vollstreckungsformen nach § 887 und § 888 ZPO kann vor allem dort auf Schwierigkeiten stoßen, wo eine vertretbare Handlung des Schuldners von der Mitwirkung dritter Personen, insbesondere eines berechtigten Drittbesitzers (Mieter, Pächter, Nießbraucher, Inhaber eines dinglichen Wohnungsrechts, Käufer) abhängt. Schuldet z.B. ein Wohnungseigentümer die Beseitigung einer baulichen Veränderung, wie z.B. die Verschließung eines Mauerdurchbruchs (BayObLG WE 1990, 31) oder die Beseitigung einer Balkonverglasung (BayObLG WE 1994, 305), von Markisen, Blumenkästen, Antennen oder Firmenschildern, ist eine Zwangsvollstreckung nach § 887 ZPO nur dann möglich, wenn der Mieter, Käufer oder sonst berechtigte Besitzer der Wohnung sein Einverständnis mit der durchzuführenden Maßnahme erklärt hat oder wenn der Vollstreckungsgläubiger einen eigenen Duldungstitel gegen ihn in Händen hält (BayObLGZ 1988, 440, 443). Ist das nicht der Fall, so ist die Zwangsvollstreckung nach § 888 ZPO durchzuführen (BayObLG WE 1990, 31, 32; MünchKomm/Schilken § 888 RN 8; Stein/Jonas/Münzberg § 888 RN 13; Thomas/Putzo § 888 RN 3). Diese Möglichkeit scheidet nur dann aus, wenn eindeutig feststeht, dass der Dritte, der mitwirken oder zustimmen muss, dazu nicht bereit ist, obwohl der verpflichtete Wohnungseigentümer alles Erforderliche getan hat, und auch notfalls im Wege der Klage nicht dazu gezwungen werden kann (→ Vermietung von Wohnungseigentum). Es bleibt dann die Schadensersatzklage nach § 893 ZPO. Diesen Ausnahmetatbestand darzulegen, ist Aufgabe des Vollstreckungsschuldners, das Gegenteil, d.h. die Zulässigkeit einer Vollstreckung nach § 888 ZPO, zu beweisen, ist dagegen Sache des Vollstreckungsgläubigers (MünchKomm/Schilken § 888 ZPO RN 8). Bei der Höhe des Ordnungsmittels ist ggf. zu berücksichtigen, dass der Gläubiger den Dritten insbesondere aus §§ 823, 1004 BGB direkt in Anspruch nehmen kann, soweit dieser seine Eigentümerrechte durch eine nach der Gemeinschaftsordnung unerlaubte Nutzung der Mieträume unmittelbar beeinträchtigt (vgl. OLG Stuttgart NJW-RR 1993, 24).

d) Vollstreckung von Unterlassungs- und Duldungsverpflichtungen

Unterlassungs- und Duldungsverpflichtungen werden nach § 890 ZPO durch die Verhängung von Ordnungsmitteln (Ordnungsgeld, Ordnungshaft) vollstreckt. Dies setzt voraus, dass sie zuvor in dem Titel oder durch gesonderten – nicht notwendig rechtskräftigen (BayObLG ZMR 1999, 777) – Beschluss bestimmt, d.h. unter konkreter Benennung der Art und des bei vernünftiger Sicht tatsächlich in Betracht kommenden Höchstmaßes des Ordnungsmittels, angedroht wurden. Eine bloße Androhung „der gesetzlichen Ordnungsmittel gem. § 890 ZPO" genügt nicht (BGH NJW 1995, 3177). Die Androhung im Titel ist noch keine Vollstreckungsmaßnahme, wohl aber die durch besonderen Beschluss (BGH NJW 1992, 749 f; BayObLG WE 1996, 477 f). Zu den von Amts wegen zu prüfenden Voraussetzungen gehört ferner, dass der Schuldner gegen die Unterlassungs- oder Duldungspflicht verstoßen hat und die Zuwiderhandlung nicht verjährt ist (BayObLG WE 1996, 355 f).

Die Festsetzung und Vollstreckung des Ordnungsmittels scheitert nicht daran, dass nach der Zuwiderhandlung das Unterlassungsgebot gegenstandslos wird (BayObLG WE 1998, 80), wie z. B. im Falle der Schließung einer Gaststätte nach Überschreitung der aufgrund einer rechtskräftigen Verurteilung gebotenen Einhaltung der Ladenschlusszeiten. Die Verhängung von Ordnungsgeld hat auch bestrafenden Charakter (BVerfG NJW 1991, 3139; BayObLG WE 1996, 147; 1998, 30). Der Schuldner muss deshalb dem Unterlassungsgebot schuldhaft zuwider gehandelt haben (BayObLG WE 1990, 65; 1996, 147). Verschuldet ist der Verstoß, wenn der Vollstreckungsschuldner nicht alles in seiner Macht Stehende getan hat, um das Unterlassungsgebot zu erfüllen. Verpflichtet ein Unterlassungsgebot den Schuldner zur Einwirkung auf einen Dritten (Mieter u. a.), so muss er alle Anstrengungen unternehmen, um den Dritten zu einem entsprechenden Verhalten zu bewegen (OLG Köln NZM 2000, 1018). Welche Schritte er hierzu gehen will, bleibt grds. ihm überlassen und kann ihm nicht vorgeschrieben werden (BayObLG WE 1996, 147; OLG Köln WE 1997, 429). Ggf. ist ihm jedoch auch die Erhebung einer nur wenig aussichtsreichen Klage zuzumuten (OLG Stuttgart NJW-RR 1993, 24). Ist eine Räumungsklage gegen einen Mieter aussichtslos, so ist über die Auflösung des Mietverhältnisses zu verhandeln und auch eine angemessene Abfindung anzubieten (BayObLG WE 1996, 147; vgl. auch BGH ZMR 1996, 147).

e) Kosten, Rechtsmittel

Die Kosten der Zwangsvollstreckung hat stets der Schuldner gem. § 788 Abs. 1 ZPO zu tragen (BayObLG WE 1989, 32).

Gegen die Zwangsvollstreckung ist die Vollstreckungsgegenklage zulässig (BayObLG WE 1991, 201). Rechtsmittel gegen Zwangsvollstreckungsmaßnahmen richten sich nach der ZPO (BayObLG WE 1996, 147). Zuständig ist das Amtsgericht, Abt. für Wohnungseigentumssachen.

3. Unterwerfung unter die sofortige Zwangsvollstreckung

Die Wohnungseigentümer können die Unterwerfung unter die sofortige Zwangsvollstreckung wegen rückständiger Beitragsansprüche als Inhalt des Sondereigentums vereinbaren (OLG Celle NJW-RR 1955, 953; Staudinger/Bub § 28 RN 68). Vereinbart werden kann auch, dass ein Erwerber sich in notarieller Urkunde der sofortigen Vollstreckung zu unterwerfen hat (KG NJW-RR 1997, 1304). Den Unterwerfungsanspruch kann der Verwalter gerichtlich und außergerichtlich geltend machen, wenn er hierzu durch Beschluss der Wohnungseigentümer ermächtigt wird. Die begehrte Unterwerfungserklärung muss einen hinreichend bestimmten Inhalt haben. Hierzu ist erforderlich, dass die Unterwerfungserklärung den monatlich zu zahlenden Betrag genau festlegt.

Eine in der Gemeinschaftsordnung vereinbarte Unterwerfungspflicht wirkt nach § 10 Abs. 2 WEG auch gegen den Erwerber, wenn die Vereinbarung als Inhalt des Sondereigentums im Grundbuch eingetragen ist. Die Unterwerfung hat aber nicht zur Folge, dass der Erwerber für rückständige Betragsforderungen, die vor dem Eigentümerwechsel fällig geworden sind, haftet (→ Haftung des Erwerbers). Betreiben die Wohnungseigentümer deshalb die Zwangsvollstreckung aus der notariellen Urkunde in das Vermögen des Erwerbers, so kann dieser mit Erfolg Vollstreckungsabwehrklage gem. § 797 Abs. 4, 767 Abs. 1 ZPO erheben. Die Klage ist jedoch unbegründet, wenn die im Grundbuch eingetragene Gemeinschaftsordnung vorsieht, dass der Erwerber für Beitragsschulden des Erwerbers haftet (Becker ZWE 2000, 515).

▶ **Zweckbestimmung** →Gebrauch des gemeinschaftlichen Eigentums; →Gebrauch des Sondereigentums; →Teileigentum; →Wohnungseigentum

▶ **Zweitbeschluss**

Von einem „Zweitbeschluss" spricht man, wenn die Wohnungseigentümer über einen bereits behandelten Beschlussgegenstand erneut Beschluss fassen. Sie können grds. durch einen Zweitbeschluss einen früher gefassten Beschluss ersatzlos aufheben, abändern, ergänzen oder bestätigen (BGHZ 113, 197, 200; NZM 2001, 961, 966; BayObLG WuM 1996, 372; KG NJW-RR 1994, 1358). Die Befugnis hierzu ergibt sich aus der autonomen Beschlusszuständigkeit der Gemeinschaft. Die Bestandskraft des Erstbeschlusses hat nur zur Folge, dass dieser nicht mehr gerichtlich für ungültig erklärt werden kann. Für die Zulässigkeit eines Zweitbeschlusses spielt es keine Rolle, weshalb sich die Wohnungseigentümer mit der Angelegenheit erneut befassen (BGHZ 113, 197, 200; NZM 2001, 961, 966). So können die Wohnungseigentümer über eine bereits bestandskräftige Jahresabrechnung erneut beschließen, wenn sich diese nachträglich infolge eines Irrtums oder unrichtiger Buchführung als fehlerhaft erweist (OLG Düsseldorf ZWE 2000, 368, 465; →Abrechnung, Genehmigung).

Betrifft der Zweitbeschluss denselben Gegenstand wie der Erstbeschluss und wird gegenüber Letzterem eine neue Regelung getroffen, handelt es sich um einen „abändernden Zweitbeschluss". Dieser muss schutzwürdige Belange aus dem Inhalt und den Wirkungen des Erstbeschlusses berücksichtigen (BGHZ 113, 197, 200; NZM 2003, 952, 955; BayObLG WuM 1996, 372). Eine solche Beeinträchtigung von schutzwürdigen Belangen liegt vor, wenn der Zweitbeschluss ein subjektives Recht zu entziehen droht, das durch den Erstbeschluss begründet wurde (BayObLG WE 1989, 56f; OLG Stuttgart OLGZ 1990, 175, 177). Aufgrund des Vertrauens- und Bestandsschutzes kann ein Wohnungseigentümer nur unter besonderen Umständen gem. §242 BGB die Abänderung eines Mehrheitsbeschlusses entsprechend den zum Anspruch auf Änderung des →Kostenverteilungsschlüssels entwickelten Grundsätzen dann verlangen, wenn außergewöhnliche Umstände eine Festhalten an der beschlossenen Regelung als grob unbillig erscheinen lassen (BGH NZM 2003, 952, 955). Die Treuwidrigkeit muss sich grds. aus neu hinzugetretenen Umständen ergeben; verstößt nämlich ein Eigentümerbeschluss von Anfang an gegen die Grundsätze von Treu und Glauben, kann dies nur durch Anfechtung geltend gemacht werden (BayObLG NJW-RR 1994, 658f).

Die Wohnungseigentümer können auch eine im Verhältnis zum Erstbeschluss identische Regelung treffen („bestätigender Zweitbeschluss"). Dabei ist unerheblich, ob der Zweitbeschluss den Erstbeschluss wortgleich wiederholt oder nur sinngemäß bestätigt. In beiden Fällen bringen die Wohnungseigentümer zum Ausdruck, gerade die gleiche inhaltliche Regelung zu wollen. Sinn und Zweck eines solchen Zweitbeschlusses ist es zumeist, etwaige formelle Mängel des Erstbeschlusses, z.B. der Genehmigung der Abrechnung (→Abrechnung, Genehmigung) zu vermeiden, weshalb der Zweitbeschluss schon in derselben Versammlung gefasst werden kann (Staudinger/Bub §23 RN 124). Fassen dagegen die Wohungseigentümer einen inhaltsgleichen Zweitbeschluss nach Anfechtung des Erstbeschlusses weder zur Beseitigung formeller Mängel noch wegen einer geänderten Rechtslage, sondern allein in der Hoffnung, die Minderheit werde es nach wiederholten Versuchen aufgeben, weitere Beschlüsse anzufechten, so verstößt schon die Beschlussfassung als solche gegen die Grundsätze ordnungsmäßiger Verwaltung (KG NJW-RR 1994, 1358).

Ein bestätigender und die Anfechtungsgründe des Erstbeschlusses vermeidender Zweitbeschluss heilt die Mängel des Erstbeschlusses erst mit seiner Bestandskraft, im Falle der Anfechtung des Zweitbeschlusses also erst ab rechtskräftiger Zurückweisung des Anfechtungsantrags (BGHZ 106, 113, 116; BayObLG WE 1990, 374). Erst ab diesem Zeitpunkt besteht an der Ungültigerklärung des Erstbeschlusses kein Interesse mehr (→ Rechtsschutzbedürfnis). Der Erstbeschluss wird bestandskräftig und bleibt trotz seiner formellen Mängel wirksam. Bis zum Eintritt der Bestandskraft entfaltet der Zweitbeschluss hingegen keine Heilungswirkung. Ist er nämlich gleichfalls fehlerhaft, so kann auch er unabhängig davon aufgehoben werden, ob er an denselben Mängeln leidet wie der Erstbeschluss (BGHZ 106, 113, 117) oder an anderen.

War der Erstbeschluss zum Zeitpunkt des Zweitbeschlusses bereits bestandskräftig, so hängt das Schicksal des Erstbeschlusses vom Willen der Wohnungseigentümer ab (BGH WE 1995, 183). Es ist nach den Gesamtumständen zu entscheiden, ob der inhaltsgleiche Zweitbeschluss den Erstbeschluss nur verstärken oder ob er ihn ersetzen und damit zugleich aufheben soll. Wird z.B. ein Wohnungseigentümer zur Rücknahme seines Antrags auf Ungültigerklärung eines – noch nicht bestandskräftigen – Erstbeschlusses durch die Zusage der anderen Wohnungseigentümer veranlasst, über denselben Gegenstand erneut zu beschließen, und wird der Erstbeschluss daher bestandskräftig, so haben die Wohnungseigentümer zum Ausdruck gebracht, dass es nicht beim Erstbeschluss bleiben soll (BayObLG DNotZ 1995, 436), dieser also aufgehoben werden soll. Die rechtskräftige Ungültigerklärung des Zweitbeschlusses führt allerdings auch zur Unwirksamkeit der in ihm enthaltenen Aufhebung des Erstbeschlusses, weshalb dieser wirksam bleibt. Wird der Erstbeschluss durch den Zweitbeschluss lediglich bestätigt, liegen also zwei inhaltsgleiche Beschlüsse vor, so erfasst die Ungültigerklärung des Zweitbeschlusses nicht auch den Erstbeschluss (BGH NJW 1994, 3230; OLG Stuttgart OLGZ 1988, 437).

Nichtige Beschlüsse können auch durch ihre Wiederholung nicht geheilt werden; ihre Bestätigung ist daher eine Neuvornahme.

▶ **Zweitversammlung** → Eventualeinberufung

▶ Zweitwohnungssteuer

Zahlreiche Fremdenverkehrsgemeinden haben aufgrund des Kommunalabgabengesetzes des jeweiligen Bundeslandes Satzungen erlassen, die die Nutzer von Zweitwohnungen zur Zahlung sog. Zweitwohnungssteuern heranziehen.

Grds. kann ein Bundesland seine Kompetenz zur Erhebung von örtlichen Verbrauch- und Aufwandsteuern i.S. des Art. 105 Abs. 2a GG den Gemeinden übertragen (BVerfGE 65, 325, 343 ff). Örtliche Steuern sind Abgaben, die an örtliche Gegebenheiten, insbesondere an die Belegenheit einer Sache oder an einen Vorgang im Gebiet der steuererhebenden Gemeinde anknüpfen und wegen der Begrenzung ihrer unmittelbaren Wirkung auf das Gemeindegebiet nicht zu einem die Wirtschaftseinheit berührenden Steuergefälle führen (BVerfG WuM 1990, 59). Die Zweitwohnungssteuer ist eine örtliche Aufwandsteuer i.S. des Art. 105 Abs. 2a GG, da sie an die Inhaberschaft einer weiteren Wohnung im Gemeindegebiet für den persönlichen Lebensbedarf neben der Hauptwohnung anknüpft und die mit dem Innehalten verbundene Einkommensverwendung betrifft (BVerwG NZM 2002, 222 f). Sie ist weder der Einkommensteuer noch der Grundsteuer noch der Umsatzsteuer (BVerfG DWE 1986, 54) gleichartig, da sie die Einkommenserzielung und die Ertragsfähigkeit des Grundbesitzes nicht erfasst (BVerfGE 65, 325, 343 ff). Um eine Zweitwohnung i. S. der Zweitwohnungssteuersatzungen handelt es sich nur bei einer Wohnung, die zum persönlichen Lebensbedarf genutzt wird und nicht als reine Kapitalanlage dient; in diesem Fall kommt nämlich in dem Innehaben nicht eine Einkommensverwendung im Sinne eines Konsums, sondern die Absicht zum Tragen, Einkünfte zu erzielen (BVerwG NZM 2002, 222 f).

Bei einer Mischnutzung – die Zweitwohnung wird teilweise selbst genutzt und teilweise vermietet – ist zu differenzieren, wobei die im Begriff der Aufwandsteuer angelegte Abgrenzung zwischen zweitwohnungsteuerfreier reiner Kapitalanlage und zweitwohnungsteuerpflichtiger Vorhaltung auch für die persönliche Lebensführung eine Würdigung sämtlicher Umstände des Einzelfalls erfordert. Die bloß objektive Möglichkeit der Eigennutzung durch den Eigentümer schließt die Annahme einer reinen Kapitalanlage nicht aus. Allerdings darf die steuererhebende Gemeinde von der Vermutung der Vorhaltung der Zweitwohnung auch für die persönliche Lebensführung ausgehen, solange der Eigentümer keine Umstände vorträgt – etwa den Abschluss eines Dauermietvertrages –, welche diese Vermutung erschüttern (BVerwG NZM 2002, 222f; NVwZ 1997, 86).

Hat der Eigentümer eine rechtlich begründete Eigennutzungsmöglichkeit von lediglich vier Wochen im Jahr, wird also die Zweitwohnung lediglich für diesen Zeitraum für Zwecke der persönlichen Lebenführung vorgehalten, so kann, falls überhaupt eine Besteuerung in Betracht kommt, die Steuer nur noch anteilig festgesetzt werden (BVerwG NJW 2000, 375). Verfügt der Inhaber einer Zweitwohnung aber über eine rechtlich gesicherte Eigennutzungsmöglichkeit von mindestens zwei Monaten, so ist es nicht unverhältnismäßig, ihn mit dem vollen Jahresbetrag der Steuer zu veranlagen (BVerwG NZM 2002, 222).

▶ Zwischenwände

Bei Zwischenwänden ist zu unterscheiden zwischen tragenden und nicht tragenden Mauern.

Tragende Mauern stehen als konstruktive Bestandteile des Gebäudes, die gem. § 5 Abs. 2 WEG für dessen Bestand und Sicherheit erforderlich sind, im gemeinschaftlichen Eigentum; sie können keinesfalls Gegenstand des Sondereigentums sein.

Hingegen sind nicht tragende Zwischenwände z.B. innerhalb einer Wohnung, dann gem. § 5 Abs. 1 WEG Sondereigentum, wenn sie verändert, beseitigt oder eingefügt werden können, ohne dass dadurch das gemeinschaftliche Eigentum oder ein auf Sondereigentum beruhendes Recht eines anderen Wohnungseigentümers über das nach § 14 Nr. 1 WEG zulässige Maß hinaus beeinträchtigt wird.

Trennt eine Zwischenwand eine Wohnung und das gemeinschaftliche Treppenhaus, steht diese im gemeinschaftlichen Eigentum. Trennt eine nicht tragende Zwischenwand zwei Wohnungen, kann an ihr Miteigentum der Wohnungsnachbarn in entsprechender Anwendung des §922 BGB begründet werden. Das Rechtsverhältnis richtet sich dann in Bezug auf die Zwischenwand nach den Vorschriften über die Gemeinschaft bürgerlichen Rechts, §§741ff i.V.m. §§921, 922 BGB. Fehlt eine Regelung in der Teilungserklärung, so liegt im Zweifel Miteigentum der Wohnungsnachbarn (Nachbareigentum; → Mitsondereigentum) vor (BGHZ 57, 245, 248; NZM 2001, 196).